MIT BESTEN EMPFEHLUNGEN

medianet

INHALT

Auf: 1.000 Jahre
Geschichte
und Geschichten.
Klingt gut.
BAYERISCHE STAATSBRAUEREI
Weihenstephan
ÄLTESTE BRAUEREI DER WELT
1040

VON CONRAD SEIDL

LIEBE BIERFREUNDIN, LIEBER BIERFREUND

IM FRÜHJAHR 2023 HATTE ICH DIE FREUDE UND EHRE, einen japanischen Kollegen drei Tage durch Oberösterreich und Salzburg zu begleiten. Sein Staunen beim Besuch einer Braucommune, die den Grundbesitzern von Freistadt gehört; seine Begeisterung beim Besuch einer auf das Jahr 1229 datierten Brauerei in Hofstetten; seine Dankbarkeit für die Einladung in die Stiftsbrauerei in Schlägl; seine Freude an der Diskussion mit dem Bierschmied am Attersee; sein Genusserlebnis in der neuen Linzer Brauerei und sein offen zur Schau gestelltes Glücksgefühl, als er uralte Jahrgänge vom Samichlaus-Bier verkosten konnte: All das macht einen als Österreicher sehr stolz auf die heimische Brauereiszene!
Und natürlich unsere Gastronomiebesuche: Wir saßen mit einem Geistlichen in einem ehemaligen Bierlagerfass, mit einem Brautechniker in Österreichs größter Bierhalle und plauderten mit einer Opernsängerin in einem Bierstüberl in Salzburg. So was gibt es nicht in Japan (und auch kaum anderswo) – das ist typisch österreichisch! All das in knapp drei Tagen, in nur zwei Bundesländern.
Dabei gäbe es noch viel mehr zu entdecken. Das Bierland Österreich hat so viel Bierkultur zu bieten, dass das jedes Jahr ein ganzes Buch füllt – diesen Bier Guide, der heuer zum 24. Mal erscheint.

WAS MAN DEUTLICH ERKENNEN KANN: Diese Bierszene ist in ständiger Bewegung – und zwar in eine insgesamt sehr positive Richtung. Das hat auch damit zu tun, dass die Gäste heute viel mehr Verständnis für Bierkultur haben als noch zu Beginn des Jahrhunderts. Dazu haben zwei Vereine besonders beigetragen, die BierIG und die Kampagne für Gutes Bier (KGB). Als die KGB im Sommer 2022 ihr 20-jähriges Bestehen feierte, stellte deren Obmann Gerhard Halusa die rhetorische Frage, ob das Ziel der Kampagne nicht ohnehin erreicht sei: Schließlich gibt es heute eine Bierauswahl, die zum Zeitpunkt der Gründung der KGB noch undenkbar war, es gibt immer mehr Brauereien im Inland und in den Supermarkt-Regalen sowie auf den Bierkarten in der Gastronomie findet man Bierstile, die vor wenigen Jahren noch nicht einmal den Experten geläufig waren.
Das stimmt alles – und ist doch nur ein Teil des Bildes. Denn man kann nicht müde werden, auf höhere Bierqualität zu drängen. Das betrifft vor allem den Offenausschank von Bier. Bei den hunderten Lokalbesuchen, die ich selbst jedes Jahr zur Überprüfung der Biergastronomie mache, fällt mir mit unschöner Regelmäßigkeit die ganze Palette der Fehler auf, die dem Gast den Biergenuss verleiden. Auch in sonst recht hübsch gemachten Lokalen kommt es vor, dass der Kellner beim Zapfen das Bier aus zwei Gläsern zusammenschüttet. Und noch öfter muss man erleben, dass ein optisch schön gezapftes Bier einen Fehlgeruch hat oder gar säuerlich schmeckt: Da hapert es offensichtlich an der Schankpflege! Immer noch gibt es Wirte, die ihre Schankanlage nicht oft genug reinigen – und die die Infektion ihrer Bierleitungen nicht einmal erkennen. Da ist es notwendig, dass man dem Schankpersonal auf die Finger schaut – und auf die Fehler aufmerksam macht. Gerade das ist ja die Aufgabe von Konsumentenschutzorganisationen – der KGB wird die Arbeit nicht so schnell ausgehen. Der anderen Interessensgemeinschaft, der BierIG, auch nicht: Diese hat die Austrian Beer Challenge als Staatsmeisterschaft der (Klein-)Brauereien etabliert – und diese dokumentiert die erfreuliche Vielfalt und hohe Qualität der meisten in Österreich gebrauten Biere. Es gibt aber leider auch Beispiele von Bieren aus Kleinbrauereien, dass ein Sud danebengegangen ist und dennoch verkauft wird – die Behauptung, dass es kein schlechtes Bier gäbe, stimmt leider nicht.

VIELE KLEINE BRAUEREIEN BEREICHERN DIE HEIMISCHE BIERKULTUR – oft mit Bieren, die es so noch nie auf dem österreichischen Markt gegeben hat. Im Bier Guide wer-

Malz
BIER
GUIDE

VON CONRAD SEIDL

den diese Innovationen Jahr für Jahr präsentiert, ich kann gar nicht mehr mitzählen, wie viele das inzwischen sind. Und noch weniger sicher bin ich, welche dieser neuen Biere es ins Standardsortiment geschafft haben und welche einmalige Sude geblieben sind, die nicht wiederholt werden. Was aber noch trauriger macht: Einige Biere aus Kleinbrauereien kommen qualitativ mit dem Angebot der Großen nicht mit.
Speziell dann, wenn Kleinbrauer sich bemühen, die für den großen Maßstab gedachten Rezepte für Helles oder Pils in ihren kleinen Anlagen nachzubrauen, wird die Problematik sicht- und schmeckbar. Es macht schon Sinn, dass das Helle (ebenso wie das Märzen, wie wir es kennen) von großen, technisch perfekt ausgestatteten Brauereien entwickelt und zu seiner heutigen Qualität geführt worden ist. Solche Biere auf Kleinanlagen nachzubrauen, wird der Stildefinition und den Geschmackserwartungen eben selten gerecht – das kann dazu führen, dass enttäuschte Konsumenten sich gänzlich von Kleinbrauereien und ihren Bieren abwenden.
Das Potenzial dieser Brauereien liegt ja ganz woanders: Pale Ales und IPAs, Porters und Stouts, mit Kölsch- und Kweik-Hefen vergorene Biere, edelsaure und holzfassgereifte Kreationen und natürlich auch etliche Weizenbiere belegen, was alles in kleinen Anlagen möglich ist – und dass da die kleinen Sudgrößen und das handwerkliche Brauen den großgewerblichen und industriellen Verfahren zumindest ebenbürtig ist.
Auch der Bier Guide 2023 zeigt, dass es da immer wieder neue Trends gibt: So etabliert sich das Brauen mit ungewöhnlichen Zutaten (etwa ein IPA mit hohem Anteil von Roggenmalz in der Schüttung), ein im Vorjahr vorgestelltes Hanfbier haben wir heuer in einer „ausgefrorenen" Starkbierversion verkosten können und auch ein Grape-Ale hat es wieder in die Liste der Bier-Innovationen geschafft.
Die Palette der Sauerbiere wird noch breiter (Stiegl hat auf seinem Biergut in Wildshut einen eigenen Keller dafür eingerichtet), und wenn man einen Trend der letzten Monate suchen will, wird man bei den roten Bieren fündig: Reini Barta hat im Gusswerk sein Red Ale neu aufgelegt, denselben Stil braut Marcel Toifl in seiner neuen Gallien-Brauerei und in der Dornbirner Mohrenbrauerei ist man dem fränkischen Rotbier so gründlich auf die Spur gekommen, dass man sich die Reise nach Nürnberg womöglich ersparen kann. Um noch eins draufzusetzen, haben zwei junge Brauer in Zwettl als Gesellenstück eine Starkbierversion eines Rotbiers gebraut.

ES GIBT ALSO WIEDER EINMAL VIEL ZU ENTDECKEN.
Dieser Guide, nun in seiner 24. Ausgabe, hilft dabei, jene Lokale zu finden, wo das Bier mit besonderer Hingabe gepflegt wird und Brauereien jeder Größe zu vergleichen.
Viele bieten ja lohnende Besuchsprogramme an – und Bier frisch von der Brauerei zu kosten, hat natürlich auch seinen besonderen Reiz.
Dieser Guide will dafür die Augen, Nasen und natürlich die Gaumen öffnen. Nehmen Sie ihn mit auf Ihre Reisen durch Österreich, auf Ihre Lokaltouren in der Städten, auf Ihre Ausflüge zu Brauereien. Nützen Sie den Guide – und helfen Sie bitte mit, ihn weiter zu verbessern: Der Bier Guide lebt davon, dass sich Leute melden, die gute Nachrichten aus der Bierszene mit uns teilen. Und er lebt auch von der Kritik seiner Leser.
Denn so euphorisch manche Bierpioniere vermelden, dass sie ein neues Lokal oder eine neue Brauerei gegründet haben, so ungern teilen sie mir mit, dass es eben doch nicht geklappt hat – wer schreibt schon gerne: „Hast Du schon gehört? Ich sperre meine Brauerei wieder zu!" oder „Ich war zwar bemüht, bin aber trotzdem pleite"? Ja, sicher: In einer sich wandelnden Szene gibt es auch immer wieder Abgänge – mehrere bislang als ausgezeichnet gefeierte Lokale und Kleinbrauereien haben in den letzten Monaten (vorläufig, wer weiß?) zugesperrt. Da ist es hilfreich, wenn Leser des Bier Guide sich melden und die traurige Botschaft übermitteln.
Also: Schreiben Sie mir, wo es Ihnen geschmeckt hat, egal, ob in neuen oder alteingesessenen Lokalen – aber auch, wo Sie vielleicht enttäuscht waren. Und jetzt: Herzliches Prost!

Conrad Seidl
Bierguide2024@gmx.at

VON SIGI MENZ

Sigi Menz, Obmann des Verbandes der Brauereien Österreichs.

Bierland ÖSTERREICH

LIEBE FREUNDINNEN UND FREUNDE DES BIERIGEN GENUSSES!

Die heimische Bierbranche befindet sich nach der Pandemie in einer Phase der Erholung. Der mengenmäßige Bierabsatz liegt insgesamt knapp über dem Vergleichswert von vor drei Jahren, doch bereiten die enormen Teuerungen auch uns Brauerinnen und Brauern Kopfzerbrechen. Ebenso müssen wir feststellen, dass der Absatz an Fassbier spürbar unter dem Niveau von 2019 liegt, was dafür spricht, die Bierfreundinnen und -freunden anzuspornen, sich ihre gebraute Lieblingserfrischung gerne wieder in ihrem Lieblingslokal schmecken zu lassen. Dazu leistet dieser BierGuide einen wertvollen Beitrag.

Bier ist ein regionales Produkt, und der Trend zu Regionalität ist gekommen, um zu bleiben. Für uns ist der Einsatz erneuerbarer Energien oder innovativer Technologien ebenso eine Selbstverständlichkeit wie attraktive Arbeitsbedingungen und regionale Qualität.

Bier schafft Genussmomente, die entstehen, wenn Lebensfreude, Produkt- und Servicequalität zusammenfinden. Besonders stolz können wir daher auf die Biersommelier-Ausbildung sein, mit der Österreich in Sachen Aufbau und Pflege von Bierkultur in Europa eine Pionierrolle einnimmt.

Liebe Leserinnen und Leser des BierGuide, ich bedanke mich im Namen der österreichischen Brauwirtschaft bei Ihnen für die Treue und lade Sie als verantwortungsvolle Biergenießerinnen und -genießer herzlich ein, auch weiterhin als Botschafter unseres Kulturguts Bier sowie des Bierlandes Österreich aufzutreten.

Sigi Menz

Schärdinger
DIE PERFEKTE GENUSSKOMBI
BURGER & BIER
Schärdinger
Burger
& TOASTKÄSE
AROMATISCH
ZART-SCHMELZEND
IN RUNDEN SCHEIBEN
Serviervorschlag
Ungeöffnet, gekühlt (3-8°C) mindestens haltbar bis:
1001 2002
Wiederverschließbar
Schärdinger. So schmeckt mir das Leben!

WAS DIE KRÜGERL BEDEUTEN

PRACTICAL ADVICE ON FINDING GOOD BEER IN AUSTRIA

Schon seit über 20 Jahren zeichnet Conrad Seidls Bierguide in jedem Bundesland ein Lokal wegen seiner besonderen Leistungen in Sachen Bier aus, zudem gibt es Preise, etwa für besonders schöne Gastgärten oder besondere Initiative (Nachzulesen ab Seite 93). Dabei handelt es sich immer um Lokale, die bei den Tests besonders positiv aufgefallen sind, jedes Lokal kann nur einmal mit dieser Top-Position ausgezeichnet werden. Inzwischen haben wir insgesamt mehr als 240 Lokale besonders hervorgehoben.

FÜR DIESEN GUIDE HAT UNSER TEAM jene Lokale zusammengefasst, in denen eine besondere Bierauswahl, besondere Bierkompetenz oder eine besonders bierige Stimmung zu erwarten ist. Normalerweise können Lokale, die nur ein oder zwei Biere, noch dazu von derselben Brauerei, ausschenken, nur mit zwei bis drei Krügeln rechnen. Doch dann gibt es Lokale, die sich selber und die Kategorie übertreffen – durch besonderen Service, besondere Bierkompetenz und vor allem besonders bierige Stimmung.

Die Krügel, über deren Vergabe wir in mancher Redaktionssitzung stritten, heben jene Lokale heraus, die nach Beobachtung unseres Testerteams in ihrer Klasse Besonderes leisten:

- 🍺🍺🍺🍺🍺 International vorbildliche Top-Lokale mit ausgezeichneter Vielfalt an Bierstilen, einer „bierigen" Stimmung und einer rundum spürbaren Liebe zum Bier. Hier muss man als Biertrinker gewesen sein. Internationale Spezialitätenkompetenz wie im „White Horse on Parson's Green" (London), „Toronado" (San Francisco) oder das deutsche Maßstäbe setzende „Tap House Munich".
- 🍺🍺🍺🍺 Hervorragende Bierlokale, die durch ihre außergewöhnliche Leistung einen nationalen Standard setzen, vergleichbar mit „Proeflokaal Brouwerij t'IJ" (Amsterdam), „Brasserie Federal" (Zürich) oder „Schlenkerla" (Bamberg).
- 🍺🍺🍺 Sehr gute Bierlokale, die den regionalen Standard setzen, vergleichbar „Hofbräuhaus" (München), „Mort Subite" (Brüssel) oder „U Zlateho Tygra" (Prag).
- 🍺🍺 Überdurchschnittliche Bierlokale, die sich von der Masse absetzen.
- 🍺 Wirtshäuser, Bars und Beiseln mit einer Bierkultur, die sich von anderen Lokalen des gleichen Typs abhebt.

MANY INTERNATIONAL READERS have asked us to give some advice on the basics of the Good Beer Guide to Austria. It is basically an address book to the best places to enjoy beer in our country. Starting with a section on breweries and museums ("Brauen & Schauen"), bottle shops ("Biergeschäfte") and of course bars, pubs and restaurants. All entries are sorted alphabethically in the order of state (Burgenland to Wien), then by city (in Vienna by district) and by the name of the place.

PLEASE NOTE, that this guide has a rating system that will help you to find a place that suits your appetite.

- 🍺🍺🍺🍺🍺 Is reserved for places that are not necessarily typical for Austria, but represent an international approach – with their atmosphere as well as with their beer selection. Austria has a remarkably broad selection of these world class establishments – we like to compare them to the „Tap House Munich" or the „Toronado" in San Francisco.
- 🍺🍺🍺🍺 Set national standards: These are iconic examples of Austria's beer culture, some with remarkably beautiful interior, some with beautiful beer gardens or exceptionally great selections of beer. These are as important for Austria as Zurich's „Brasserie Federal" is for Switzerland or Bamberg's „Schlenkerla" is for Germany.
- 🍺🍺🍺 Means that the place sets a local standard – it is similar to the Hofbräuhaus in Munich: As a beer drinker you have not been to Munich if you have not given the beer at the Hofbräuhaus a try. Likewise Mc Sorley's Old Ale House may not be the best place to have a beer in NYC – but every beer drinker should have sampled his two beers there at least once in his lifetime. Compare these places to „Mort Subite" in Brussels or „U Zlateho Tygra" in Prague.
- 🍺🍺 Denotes pubs and bars that deliver top quality beer-wise. These are the places that we consider to be more beer-oriented than their local competitors. And in general they are good places to meet local people.
- 🍺 Stands for bars with good standards – expect a fairly basic choice of beers in good quality. We believe that this place is worth a visit even if it is not entirely focused on beer.

✕ Restaurants Spezielles Käseangebot | Special Chees Offer Beherbergung | Accommodation

AUF DER SUCHE NACH DEM IDEALEN BIERLOKAL

DAS LOKAL HEISST „MOON UNDER WATER“, ist gut mit öffentlichen Verkehrsmitteln zu erreichen – liegt aber zwei Gehminuten von der nächsten Station entfernt, versteckt genug in einer Seitenstraße, so dass es nicht jeder findet. Trunkenbolde und Rowdies kommen kaum hin, nicht einmal an einem Samstagabend. So leitete der Literat George Orwell am 9. Februar 1946 eine Lokalkritik im Evening Standard ein. Und weiter: „Seine Kundschaft, obwohl ziemlich umfangreich, besteht hauptsächlich aus Stammgästen, die jeden Abend den selben Sessel nehmen und wegen der Gespräche ebenso herkommen wie wegen des Bieres. Wenn man Sie fragt, warum Sie ein bestimmtes Pub bevorzugen, wäre es nur natürlich, das Bier an erster Stelle zu nennen, aber was mir am meisten am Moon Under Water gefällt, ist, was die Leute seine ‚Atmosphäre' nennen.“ Man möchte sich in so ein Lokal verlieben, möchte Stammgast werden – wenn man denn wüsste, wo es zu finden ist. Seit mehr als zwei Jahrzehnten versucht der Bier Guide, seine Leserinnen und Leser zu so einem idealen Bierlokal zu führen. Aber wer Orwells Text zu Ende gelesen hat, wird auf die Bemerkung stoßen, dass der Dichter sich den Moon Under Water nur ausgedacht hat: Sein ideales Pub gab es nicht im England des Jahres 1946 – und es gibt es auch nicht im Österreich des Jahres 2023.

Aber es gibt viele Lokale, die dem Ideal nachstreben – jedes auf seine Weise, mit sehr viel weiter ausdifferenzierten Konzepten, als sie 1946 auch nur vorstellbar waren. Und diese Vielfalt macht es auch schwer, die verschiedenen Konzepte gegeneinander abzuwägen. Orwells Moon Under Water mag das Ideal eines britischen Pubs darstellen – er erwähnt Stout, das zur Mittagszeit in Zinnkrüge gezapft wird, weil es aus diesen besser schmeckt. Das fand man zu seiner Zeit in London wohl nicht einmal in einem Zehntel der Londoner Pubs – bei uns gibt es das gar nicht. Man muss eben Abstriche machen – und Referenzen zur Hand haben, wenn man vergleichen will.

Es ist klar, dass die bierige Atmosphäre für die Einstufung eines Lokals ebenso relevant ist wie die Bierauswahl und die Bierpflege (dass also die Biere keinerlei Fehlaroma oder Fehlgeschmack haben und schön gezapft werden). So wird aus einen empfehlenswerten Lokal eines, das bierige Relevanz hat und daher mit Krügeln ausgezeichnet wird. Je nach Relevanz im Kontext: Mehr Krügel erleichtern den Vergleich mit international bedeutenden Betrieben.

SUCHT MAN IN ÖSTERREICH EIN BREWPUB, das verlässlich Ales und oft auch selbst gebraute Stouts und Porters auf der Karte hat, so kommt man um die **1516 Brewing Company** nicht herum: Sie war 2001 Brewpub des Jahres, wird in diesem Guide konstant mit fünf Krügeln ausgezeichnet und kann als internationaler Referenzbetrieb gelten – auf demselben Niveau wie etwa die Urban Chestnut Brewery in St. Louis.

So ist das Klassifizierungssystem dieses Bier Guide zu verstehen: Jeder gelistete Betrieb ist empfehlenswert, aber je mehr Krügel neben dem Namen stehen, desto größer ist die Bedeutung für die internationale Bierkultur. Im heurigen Bier Guide finden sich viele von mir hoch geschätzte und gern besuchte Lokale, die nur ein oder zwei Krügerl haben – nicht weil sie schlechtes Bier hätten oder sich zu wenig um das Bier kümmern würden. Aber es gibt eben sehr empfehlenswerte Lokale, in denen man durchaus gutes Bier bekommt, deren Fokus aber eher auf dem Speisenangebot liegt: Zur **Ilona** in der Wiener City geht man wegen der hervorragenden ungarischen Küche und genießt dankbar das gepflegte Bier dazu. Ähnlich ist es mit der perfekten Vorarlberger Regionalküche im **Landgasthof Hirschen**, den Fischen beim **Mitter** oder im **Wulfisch**, den Pizzen in der **Pause am Berg** oder den Nudelkreationen im **Marktcafe in der Nudelfabrik**. Sehr erfreulich, dass es dort gutes Bier gibt, aber hauptsächlich kommt man wegen des Essens. So wie man ins **Johann Enzinger Haus**, in den **Almgasthof Windlegern** oder ins **Hutmannshaus** wegen der Landschaft kommt. Man-

che Bierlokale bieten durchaus eine hohe Bierkultur, ihre Ausstrahlung ist aber sehr lokal begrenzt: Das trifft auf den urigen **Longhorn Saloon** in St. Georgen ebenso zu wie auf **Müllers Bierschänke** in Matrei in Osttirol oder die **Paularei** in Flachau. Oft ist in solchen Lokalen mit weniger Krügeln die Bierpflege hervorragend, die Auswahl aber beschränkt: Nicht jeder Wirt hat auch die Gäste, die Vielfalt zu schätzen wüssten. Ein Abstecher auf ein Bier in solche Lokale kann dennoch lohnen – deswegen werden sie ja in diesem Guide empfohlen, auch wenn sie keine überregionale Bedeutung haben. Sie bilden den soliden Grundstock der heimischen Bierszene.

DAS HEISST AUCH: EIN MIT DREI KRÜGERLN AUSGEZEICHNETER BETRIEB ist nicht schlechter als einer mit fünf Krügerln – er steht aber für eine andere Bierkultur. Als Referenz für Drei-Krügerl-Lokale kann man das Hofbräuhaus am Platzl in München hernehmen: Ein Biertrinker war nicht in München, wenn er nicht wenigstens einmal ein Bier dort getrunken hätte. Ebensowenig wäre ein Besuch in Kefermarkt vollständig ohne Einkehr in der **Schlossbrauerei Weinberg** – ja, den berühmten Flügelaltar sollte man sich schon auch anschauen, auch in München würde man ja nicht nur ins Hofbräuhaus gehen, sondern ein bisserl weiteres Sightseeing betreiben. Aber die Lokale mit drei Krügeln stehen für eine verlässlich ausgeprägte Bierkultur, die auch eine weitere Anreise lohnend macht: Das gilt für den **Pumpe** in Klagenfurt ebenso wie für den **Arkadenhof** in Leoben, das **Wirtshaus im Demutsgraben** nahe Zwettl, die **Bierstube zum Braumeister** im Salzburger Sternbräu oder den **Braugasthof Vitzthum** in Uttendorf, um ein paar Vertreter der traditionellen Bierkultur zu nennen. Es gilt ebenso für die Pflege der modernen Interpretation der heimischen Bierkultur im **Flieger Bräu** in St. Pölten, im **Alten Depot** in Mistelbach, dem **Brauhund** in Wien oder in der „Fusion Bar & Restaurant" **The Hungry Heart** in Gratkorn, die heuer als Bierrestaurant des Jahres ausgezeichnet wird.

Und die Einstufung mit drei Krügeln gilt auch für die Vertreter von Bierkulturen, die für andere Länder typisch sind: Der neue **Praterwirt** in Wien mit seinem vorbildlich gezapften Budweiser lohnt ebenso eine etwas weitere Anreise (obwohl er direkt an der U1 liegt) wie für das von bayrischem Augustiner Bier geprägte **Kornmesser**-Haus in Bregenz und natürlich die typisch irisch gestylten Pubs **Village Hill** (Vöcklabruck), **Finnegans** (Spittal), **Big Ben & Shamrock** (Leibnitz) oder die zahllosen Wiener Irish Pubs, die dem versteckt in einer Seitengasse der Naglergasse gelegenen Stil-Pionier **Bockshorn** gefolgt sind.

Es ist also ein sehr breites Spektrum von Lokalen, das quasi das Rückgrat der Vielfalt der heimischen Bierkultur bildet – etwas mehr als 300 Betriebe repräsentieren diese Kategorie, die wir international mit so renommierten Betrieben wie dem „Mort Subite" in Brüssel oder dem „U Zlateho Tygra" in Prag vergleichen würden.

SUCHT MAN DAGEGEN DAS BESONDERE, das im österreichischen Kontext Herausragende, so sind vier Krügeln in diesem Guide ein guter Wegweiser. Auch diese Kategorie ist sehr breit, der Bier Guide listet 115 Lokale von nationaler Bedeutung auf. Alphabetisch beginnt die Liste beim **2gether**, das seit mehr als einem Jahrzehnt die Kärntner Szene geschickt mit jener der Benelux-Staaten verbindet – 2013 gab es dafür die Auszeichnung als Kärntner Bierlokal des Jahres. In derselben Kategorie würde man international etwa die „Brasserie Federal", das berühmte Bierlokal im Züricher Hauptbahnhof finden: Man stellt sich den Reiseplan gerne so zusammen, dass eine Umsteigeverbindung über Zürich drinnen ist – mit genügend Umsteigezeit, um das eine oder andere Bier hier zu probieren. Ehrlich gesagt: Ich selbst komme bei Reisen nach Zürich oft gar nicht über diesen Stopp im Hauptbahnhof hinaus.

Lokale mit vier Krügeln sind meist eine Reise wert. Oder einen Stopp auf einer Reise. Reise ich durch St. Johann in Tirol, wird ein Stopp im **Huberbräu Turmstüberl** (Tiroler Bierlokal des Jahres 2014) eingelegt. Führt mich die Reise durch Villach, geht es in den **Brauhof** (Kärntner Bierlokal des Jahres 2002) und sein famoses **Biereck**. In Salzburg bin ich froh, dass das **Müllner Bräustübl** praktischerweise auch gleich an einer Bahnstation (Mülln-Altstadt) liegt – diese eingangs von George Orwell geforderte Nähe zum öffentlichen Verkehr hat es mit den erwähnten Lokalen in Villach und St. Johann gemeinsam.

In Wallfahrtsorten wie Mariazell oder Maria Taferl, wo man eher nicht „auf der Durchreise" vorbeikommt, braucht man viel Disziplin, wenigstens auf ein Vaterunser in die jeweiligen Barockkirchen zu gehen, ehe man zum **Girrer** ins **Brauhaus Mariazell** (Steirisches Bierlokal 2002) respektive zum **Goldenen Löwen** (Niederösterreichs Bierlokal 2014) „auf ein Bier geht". Und wie das in Lokalen mit vier Krügeln, entsprechender Stimmung und ebenso entsprechender Bierauswahl schon mal so ist: Es bleibt selten bei dem einen Bier.

Da ist es gut zu wissen, dass unter den Betrieben mit vier Krügeln viele auch Übernachtungsmöglichkeiten anbieten – oft auf sehr hohem Niveau wie auf der **Schwarz-Alm** bei Zwettl: Sie ist ein gutes Beispiel dafür, wie segensreich ein gutes Gastwirtschafts- mit einem guten Hotel-Konzept und einer regionalen Brauerei im Hintergrund zusammenwirken können. Das Ergebnis ist ein Bierlokal, das schon für sich genommen eine Reise wert ist. Schon im allerersten Bier Guide wurde es als Bierrestaurant des Jahres 2000 ausgezeichnet – die Schwarz-Alm ist bis heute ein Lokal, auf das nicht nur das Waldviertel, sondern ganz Österreich stolz sein kann. Ähnlich ist das mit dem ähnlich abgelegenen **Denkenhof** nahe von Kilb, dem **Brauhotel Weitra**, mit der **Neuen Post** in Mayrhofen, dem **Hotel Prägant** in Bad Kleinkirchheim oder dem **Markterwirt** in Altenmarkt. Alle diese Lokale wurden schon einmal als Bierlokal des Jahres ausgezeichnet.

Und manche der Vier-Krügel-Lokale sind Geheimtipps, die keine mehr sind, seit sie im Bier Guide gelistet sind. **Zum Holunderstrauch** würden viele Touristen vielleicht gar nicht finden, obwohl er gegenüber vom durch den Komponisten Franz Schubert berühmt gewordenen Dreimäderlhaus liegt – inzwischen ist der Holunderstrauch nicht nur unter Wiener Bierfreunden, sondern auch bei amerikanischen Beer Buffs ein Begriff für österreichische Bierkultur.

WOMIT WIR AN DER SCHNITTSTELLE ZU FÜNF KRÜGELN WÄREN. 50 Bierlokale sind in dieser Kategorie – und stellen quasi das Gegenstück zu den nationalen Aushängeschildern der Bierkultur dar: Hier handelt es sich um Lokale von internationaler Bedeutung, die diese internationale Bierkultur quasi nach Österreich hereintragen. Gleichzeitig ziehen diese Lokale auch internationale Aufmerksamkeit auf sich. Dem legendären Wiener Bürgermeister Helmut Zilk verdankt das **Schweizerhaus** im Prater die Einschätzung, dass es der berühmteste böhmische Biergarten der Welt sei. Seine Einzigartigkeit hängt damit zusammen, dass es zwar sensationell gezapftes Budweiser und legendäre Stelzen serviert – dass es aber gleichzeitig eine sehr weit darüber hinaus gehende Bierkarte (und ein zu Unrecht wenig bekanntes breites Speisenangebot) zu bieten hat. Es ist ein böhmischer Biergarten – aber eben mit sehr wienerischem Einschlag.

Ganz anders ist das gleich bewertete **Biergasthaus Schiffner** aufgestellt: Geführt wird es vom ersten Weltmeister der Biersommeliers in Aigen im Mühlviertel. Zu ihm pilgern die Bierexperten aus der ganzen Welt, um Anteil an seinem Bierwissen (und Kostproben aus seinem wohlsortierten Bierkeller) zu bekommen. Was Karl Schiffner im Mühlviertel leistet, kann man mit dem vergleichen, was Karl Zuser in dessen **Biergasthof Riedberg** in Ried im Innkreis bietet: Gestandene oberösterreichische Wirtshauskultur – gut gezapftes Bier zur regionalen Küche als Basis. Und eine mit großer Expertise zusammengestellte Biersammlung, aus der einzelne Biere mit kundiger Kommentierung zur Verkostung angeboten werden. Ähnliches leistet der dritte Karl im Bunde: Karl Stöhr mit seinem **Bierhotel Ranklleiten**. Auch er hat eine Kollektion von gereiften Bieren im Keller – wahrscheinlich die weltweit beste Gelegenheit, alte Jahrgänge vom Samichlaus zu verkosten und womöglich mit anderen Vintage-Bieren zu vergleichen.

Diese weltweite Geltung ist es, die ein Fünf-Krügel-Lokal ausmacht – diese Lokale werden in einem Atemzug mit dem „Toronado" in San Francisco, dem „Barley Wine" in Rom, dem „In de Wildeman" in Amsterdam, dem „Delirium Café" in Brüssel, der „Belmont Station" in Portland oder dem „Il Santo Bevitore" in Venedig genannt.

Unter den Fünf-Krügel-Lokalen finden sich Brewpubs (neben **1516** hervorzuheben: etwa **Bierschmiede**, **Brauhaus Breznik**, **Fischerbräu**, **Beaver Brewing Company** und das **Siebensternbräu**) und Taprooms von bedeutenden Brauereien wie: **Loncium**, **Bräustübl Kaltenhausen**, **Die Weisse**, **G(en)usswerk** und das **Freistädter Brauhaus**. In dieser Kategorie sind auch einige der europaweit best-positionierten Multitap-Bars (etwa **Gartenrast**, **Brot&Spiele**, **Hawidere**, **Hotel Aviva** und **Mel's Craft Beer Diner**) gelistet, zudem einige Lokale mit Bierkarten, die wir ihrer Länge halber im gedruckten Guide gar nicht komplett abdrucken können. Das betrifft etwa das **Känguruh** und sein Schwesterlokal **Timo's Living Room** – in dem einen gibt es neben dem Besten aus der heimischen Craftbier-Szene die vielleicht beste Auswahl belgischer Biere außerhalb Belgiens, im anderen Biercocktails, die allein schon eine Reise wert wären.

Apropos Bierkarte: Die am schönsten gemachte (und am ausführlichsten kommentierte) Karte gibt es neuerdings in der **Taube** in Rankweil. Dies ist eines der Bierlokale des Jahres 2023. Auch dazu ein Wort: Bierlokal des Jahres kann jeder Betrieb nur einmal werden – es sei denn, er ändert sein Konzept. Aber das wünschen wir uns weder von der Taube noch von den anderen hier genannten Betrieben.

DIE INTERESSANTESTEN BIERE DES VERGANGENEN JAHRES

1293ER ENGELSZELLER KLOSTERBRÄU

BRAUEREI Trappistenbrauerei Stift Engelszell, Engelhartszell
BRAUMEISTER Michael Hehenberger
ALKOHOL 4,9 % ABV
BIERSTIL Lagerbier, unfiltriert

Erstmals gibt es aus der oberösterreichischen Trappistenbrauerei ein untergäriges Bier. Obwohl das Rezept natürlich nicht aus dem auf dem Etikett prangenden Gründungsjahr 1293 stammt, handelt es sich tatsächlich um ein sehr klassisches Beispiel eines hellen Lagerbieres mit satter goldgelber Farbe und leichter Trübung (wenn man vorsichtig dekantiert, ist das Bier überhaupt fast blank).

Das Aroma erinnert an Hefe, Wachs und Apfel, der Antrunk ist erfrischend und der Körper schlank. Es prickelt leicht auf der Zunge, man hat fast einen Eindruck wie von Champagner – gefolgt von leichter Bittere. Der Nachtrunk ist dann trocken und bringt noch einmal die zarte Bittere zur Geltung. Definitiv ein Bier, das man auch in größeren Mengen trinken möchte – wie das wohl bei den bis 1929 hier gebrauten Klosterbieren der Fall war.

BIO PERLAGE

BRAUEREI Stieglgut Wildshut, Wildshut
BRAUMEISTER Markus Trinker
ALKOHOL 8 % ABV
BIERSTIL Bière Brut

Dieter Kiener ist ein großzügiger Brauereichef. Er begnügt sich nicht damit, dass das Salzburger Stammhaus der Stiegl-Brauerei zur größten konzernfreien Brauerei Österreichs geworden ist – er hat zudem mehrere kleinere Brauhäuser eingerichtet, von denen jenes im oberösterreichischen Wildshut die größte Freiheit zum Experimentieren bekommen hat. Vom Wildshuter „Biergut" kommen eigens weitervermehrte und selbst vermälzte Getreidesorten (die man etwa im „Sortenspiel" schmecken kann) und als vorläufig jüngster Streich ein mit Champagnerhefe vergorenes und in der Flasche gereiftes „Brut de Bière". Braumeister Markus Trinker räumt ein, dass er keineswegs der Erste war, der Bier mit Champagnerhefe vergoren hat. Schon vor Jahren sei er vom „Deus" begeistert gewesen, einem Bier aus der belgischen Brauerei Bosteels (heute AB Inbev), das Braumeister Ivo Bosteels als Bière Brut konzipiert und in Champagnerflaschen gefüllt hat. Für die „Bio Perlage", die im Juli Marktreife erlangt hat, hat Markus Trinker in der zu Stiegl gehörenden Brauerei in Wildshut eine helle, 16-grädige Bierwürze aus dem lokal angebauten Gerstenmalz hergestellt und mit Simcoe und Hallertauer Blanc Hopfen gehopft. Speziell der Hallertauer Blanc sorgt für den weinigen Charakter des am Champagner angelehnten Bieres: Er bringt ein fruchtiges, an Stachelbeere, Ananas und Cashewnüsse erinnerndes Aroma in die Nase. Schaum und Prickeln sind nicht sehr beständig, serviert wird das Bier aber ohnehin in 0,1-Liter-Portionen, vom Champagner gießt man ja auch nicht mehr in ein Glas. Und dann der Antrunk: Man merkt schon, dass da auf acht Prozent Alkohol auch acht Gramm CO2 pro Liter abgestimmt wurden, die Perlage ist aber sehr fein: Kleine, bei der Nachgärung auf der Flasche entstandene Bubbles spielen auf Zunge und Obergaumen. Das verleiht dem Bier eine hohe Drinkability, den Alkohol schmeckt man nämlich gar nicht – fruchtige Säure und eine leichte Süße im Antrunk aber sehr wohl. Die Süße wird allerdings von einer milden Hopfenbittere balanciert und diese wiederum wird von einem extra-trockenen Nachtrunk abgelöst. Die Champagnerhefe hat also ganze Arbeit geleistet – und gezeigt, dass man einen weinigen, ja sogar champagnerartigen Eindruck auch ganz ohne Zusatz von Traubensaft ins Bier bringen kann.

CHRISTKINDL ZWICKLBOCK TROPICANA

BRAUEREI Brauerei Schwechat, Schwechat
BRAUMEISTER Andreas Urban
ALKOHOL 7,6 % ABV
BIERSTIL Heller Bock, unfiltriert

Gerade in Großbrauereien halten die Braumeister die Tradition hoch, quasi zum Erntedank ein Starkbier einzubrauen, das dann in der Adventzeit ausgeschenkt wird. Andreas Urban, Präsident des Bundes der Braumeister und Brauereitechniker, ist da besonders engagiert: Der als „Mister Hophead" bekannte Braumeister

ist bei seinen Sondersuden stets bemüht, besondere Aromen aus den Hopfen herauszuholen – im Jahre 2022 waren es Aromen tropischer Früchte. Das Bier ist kräftig honiggelb und von satter Trübung, der Schaum reinweiß und feinporig. Und dann der schon im Namen angekündigte Fruchteffekt: Ananas und Zitrusschale in der Nase, ein voller, leicht süßer, aber nicht zu schwerer Körper, der auch wieder Früchte (Passionsfrucht, Mango, Stachelbeere, Ananas) andeutet und dann eine kurze, trockene Bittere im Nachtrunk.

DARK WEIZENGUSS

BRAUEREI Gusswerk, Hof bei Salzburg
BRAUMEISTER Reini Barta
ALKOHOL 5,4 % ABV
BIERSTIL Dunkles Weizenbier

Weißbier ist nur dem Namen nach weiß – dieser leitet sich nämlich nicht vom Bier selbst, sondern von der weißen Decke ab, die die obergärige Weißbierhefe am Ende des Gärprozesses an der Oberfläche des Gärgefäßes bildet. Es ist daher kein Widerspruch, wenn eine Brauerei ein mit dunklem Weizenmalz gebrautes Bier als „Dunkle Weisse“ oder gar als „Schwarze Weisse“ bezeichnet. Die Salzburger Bio-Brauerei Gusswerk hat für ihren Adventkalender 2022 ein solches dunkles Weißbier gebraut – kastanienbraun mit sehr starker Trübung und einem Duft nach Schokolade, Lebkuchen-Gewürzen und Dörrzwetschgen. Im Trunk verstärkt sich dieser vorweihnachtliche Eindruck noch: Die Kohlensäure ist sehr gut eingebunden, sie kitzelt mild die Zunge und lässt viel Platz für den schokoladigen Eindruck. Das Weizenbier-typische cremige Mundgefühl geht mit einer sanften, an Kakao erinnernden Bittere einher, was zu einem trockenen Nachtrunk führt. Wenn ein Weihnachtswunsch an den Braumeister erlaubt ist: Bitte dieses Bier ins reguläre Sortiment aufnehmen!

DER ROGGSTAR

BRAUEREI Stiftsbrauerei Schlägl
BRAUMEISTER Simon Saxinger
ALKOHOL 5,9 % ABV
BIERSTIL Hazy IPA mit Roggen

Kreativbrauer Simon Saxinger gilt als Rockstar unter den Bierbrauern – und das dürfte den Namen dieser Kreation miterklären. Gersten- und Roggenmalz bilden die Schüttung dieses hellorangen Bieres, das eine sehr eigenständige Interpretation des India Pale Ale darstellt: Zunächst fällt die außergewöhnlich satte und nicht ganz gleichmäßige Trübung auf, in der Nase machen sich Aromen von Zitrusschale, Karamell und Hefe bemerkbar. Der Antrunk ist erfrischend – er weckt Erinnerungen an Pink Grapefruit und wirkt unmittelbar pfefferig-bitter. Die Vollmundigkeit ist ausgeprägt, gerade noch nicht süß, im Trunk und retronasal kommen nochmals fruchtige und kräuterartige Aromen zur Geltung. Verwendet wurde für dieses Bier Schlägler Roggen und die Hopfensorten Aurora, Comet und Cascade.

FASTEN

BRAUEREI Die Weisse, Salzburg
BRAUMEISTER Felix Gmachl
ALKOHOL 6,2 % ABV
BIERSTIL Dunkles Weizenbier

Der knappe Name sagt schon, dass es sich hier um ein Bier für die Fastenzeit handelt, wenn auch lange nicht so stark wie die Doppelböcke, die man im benachbarten Bayern zu dieser Gelegenheit braut. In der Weissen wird es frisch vom Fass serviert – mit dem aus der katholischen Tradition stammenden Hinweis „Flüssiges bricht das Fasten nicht.“ Im Glas zeigt sich das Bier mahagonifarben mit dichtem, cremefarbigem Schaum. Der Trunk ist vollmundig, man meint, Chocolate-Cookies zu schmecken, retronasal gibt es einen Hauch von rotem Apfel.

G’FROREN‘S GANSCHA

BRAUEREI Landbrauhaus Hofstetten, St. Martin im Mühlkreis
BRAUMEISTER Peter Krammer
ALKOHOL 10,9 % ABV
BIERSTIL Eisbock mit Hanf gestopft

Ganscha – also Hanfbier – aus Hofstetten war eine der Bierinnovationen des vorigen Jahres. Und weil der Purple Mango Hanf aus dem Mühlviertel der Brauerei inzwischen vertraut war, hat Peter Krammer ein India Pale Ale zum Eisbock ausgefroren und mit diesem frisch geernteten Hanf gestopft (im Ganscha war der Hanf in Form von Mehl zugesetzt worden). Das Ergebnis ist ein leuchtend orangefarbenes, gleichmäßig trübes und mit zarter Schaumdecke im Glas liegendes Bier in Doppelbockstärke. Der Hanf ist deutlich zu riechen, aber auch getrocknete Südfrüchte, vielleicht auch Holzleim. Der Antrunk ist sehr süß, sehr vollmundig, sehr fruchtig und wieder hat man im Rachenraum ein wenig vom Aroma einer Tischlerwerkstätte. Ganz langsam schiebt sich die Bittere unter diesen Mantel von dessertartigen Eindrücken. Eine schöne Balance, doch bleibt der cremig-fruchtige Eindruck dominierend.

Das zugrunde liegende Verfahren wird in Amerika (wo es verboten ist) „cold distilling“ genannt – denn der Prozess besteht darin, einen dafür geeigneten Tank so stark herunterzukühlen, dass sich an den Wänden eine Eisschicht bildet. Wasser gefriert ja, während Alkohol flüssig bleibt – das (Bock)Bier wird also erheblich stärker, wenn man das Flüssige vom Eis trennt.

LINZER PALE ALE

BRAUEREI Craftvoll, Linz
BRAUMEISTER Martin Simion
ALKOHOL 5,4 % ABV
BIERSTIL Pale Ale

Linz hat seit dem Frühjahr 2022 wieder eine in der Tradition der ehemaligen Poschacher Brauerei stehende Brauerei. Sie wurde auf dem Gelände der ehemaligen Tabakfabrik eingerichtet und hat die 1981 eingestellte Marke Linzer Bier (zuletzt in Zipf gebraut) wieder nach Linz zurückgebracht. Dies mit einem an die ehemalige Rezeptur angelehnten Hellen und Zwickl – dann aber auch mit einem Pale Ale, wie es Linz noch nicht gesehen hat. Braumeister Martin Simion kann dabei auf eine Zutat zurückgreifen, die für Österreich einmalig ist: Sorachi Ace. Diese Hopfensorte wurde in den 1980er-Jahren in der gleichnamigen japanischen Präfektur für Sapporo Breweries gezüchtet und wird nun auch auf dem Pfaffenhof von Josef Reiter im Mühlviertel angebaut. Im orangefarbenen Bier mit festem weißen Schaum sorgt der Sorachi Ace für einen Duft nach Lychees und Lemon Grass, wer frisch geschnittenes Holz und getrocknete Petersilie zu riechen vermeint, liegt auch nicht ganz falsch. Der Antrunk ist erfrischend herb, eine leichte fruchtige Süße scheint durch, wird aber rasch von den Bitternoten abgelöst.

MOSA GRAPE ALE

BRAUEREI Mosa Culture Collective, gebraut im Brauhaus Breznik, Bleiburg
BRAUMEISTER Georg Moser, Gerhard Primožič-Breznik, Vasja Golar und Manuel Ploder
ALKOHOL 6,3 % ABV
BIERSTIL Grape Ale

Eines vorweg: Dieses Bier ist nichts für Märzenbiertrinker. Es ist, obwohl mit einem Anteil von Traubensaft vergoren, auch nichts für Weintrinker. Ein so saures Getränk würden die Einen so wenig vertragen wie die Anderen. Aber an diese Zielgruppe wendet sich das Mosa Culture Collective auch nicht. Und während andere Grape Ales versuchen, die Besonderheiten gewisser (Süß-)Weine ins Bier zu übertragen und dem Ale vielleicht mehr Körper zu geben, dient der mitvergorene Traubensaft hier nur der aromatischen Abrundung und wohl auch ein wenig dazu, etwas mehr Alkohol zu erzeugen. Denn hier wurde Traubensaft aus dem Jahr 2017 mit einer Bierwürze aus demselben Jahr spontan vergoren und dann mit einem ebenfalls spontan vergorenen Sauerbier aus dem Jahr 2020 verschnitten und nochmals gut ein Jahr im Holzfass gereift. Das Ergebnis sprudelt hellgelb und vorerst sehr trüb mit viel reinweißem Schaum ins Glas. Es macht sich ein Duft nach Hefe, Ananas und Trauben breit – und dann nimmt man den ersten Schluck, der sofort extrem sauer wirkt. Wie Zitronensaft, aber spritziger. Und schlank. Trocken. Adstringierend. Nachdem einem vielleicht kurz die Luft wegbleibt, versucht man den nächsten Schluck und merkt nun, dass hier noch viel mehr Geschmack und Aromen (das Holzfass merkt man erst, wenn das Bier im Glas etwas wärmer geworden ist) drinnen stecken. Hinter der zunächst dominierenden Säure verbirgt sich nämlich durchaus eine an Pfirsiche, Mispeln, Zitronenschale und Schlehen erinnernde Fruchtigkeit. Nach dem dritten oder vierten Schluck entdeckt man dann auch ein wenig vom Malzkörper und einen Hauch an Bittere. Möglicherweise werden diese Verkostungsnotizen irgendwann von einer weiteren Entwicklung überholt: Auf der Flasche ist das Haltbarkeitsdatum nämlich mit dem 17. Juli 2036 angegeben – wahrscheinlich wird die Säure dann weicher und der weinige Charakter stärker sein. Es lohnt wohl, ein paar Flaschen wegzulegen, um ihnen Zeit zu geben.

MYSTIQUE

BRAUEREI Stieglgut Wildshut, Wildshut
BRAUMEISTER Markus Trinker
ALKOHOL 5,8 % ABV
BIERSTIL Sour Ale, holzfassgereift

Essigsäure. Das nimmt die Nase als Erstes wahr, wenn man an diesem rotbraunen Bier riecht. Und man kann ganz gut erahnen, dass da auch wilde Brettanomyces-Hefen, Milchsäurebildner, Pediokokken und alle möglichen anderen Mikroorganismen, die Braumeister Markus Trinker liebevoll „meinen kleinen Zoo“ nennt, beteiligt waren. Das Mystische daran: Was da an Gärungsprozessen abläuft, bleibt immer ein bisserl ein Mysterium. In einem Keller der von Stiegl wiederbelebten Brauerei Wildshut darf sich diese Mikroflora jedenfalls an einem Red Ale abarbeiten, im Stiegl-Labor in Salzburg hält Trinker die Sache unter Kontrolle – und zur rechten Zeit wird das Bier dann abgefüllt und pasteurisiert. Ein bisserl was tut sich dann dennoch in der Flasche, das Bier wird reifen. Aber dieses Bier ist natürlich nicht für die Liebhaber des allseits bekannten Stiegl Goldbräu gedacht, die wären nicht nur vom Aroma schockiert, sie würden auch kaum verstehen, dass im Antrunk Himbeeren und Ribisel wahrzunehmen sind, dass der Trunk voll und weich, aber kaum süß ist. Und dass die Bittere überhaupt nicht zu spüren ist. Sollen solche Leute beim Goldbräu bleiben! Dieses Bier aber ist für Experten – und ein ideales Pairing zu Krebsen und Hummer.

NÜRNBERGER ROT US'M LÄNDLE

BRAUEREI Mohrenbrauerei Dornbirn
BRAUMEISTER Albert Mühlwerth
ALKOHOL 6,6 % ABV
BIERSTIL Rotbier

So ganz rot ist dieses an Fränkisches Rotbier angelehnte Bier nicht – es schillert in goldenen, bernsteinfarbenen und ja, dann auch roten Tönen im Glas. Hellbeiger, allerdings nicht sehr stabiler Schaum und ein Duft nach frischem Brot. Ein erfrischendes Prickeln ist der erste Eindruck, er wird von einer an rote Früchte (Ringlotten, Ribisel) erinnernden Säure gefolgt. Und dann breitet sich ein weicher, malzig-süßer Ton aus. Der Blogger Volker Quante fühlte sich auch hier an frisches, „vom noch warmen Laib gesäbeltes“ Brot erinnert – man möchte ergänzen: bestrichen mit fruchtigem Gelee. Dabei wird die Süße nie aufdringlich, da sorgt schon die wohlbalancierte, ebenfalls nicht auffällig werdende Bittere dafür. Sehr komplex, sehr sättigend und doch von hoher Drinkability.
Ach ja: Ein guter Speisenbegleiter ist dieses Bier auch. Nürnberger Rostbratwürste empfiehlt die Brauerei. Aber Nusskuchen passt auch. Und, weil wir in Vorarlberg sind: Reifer Bergkäse ist ebenfalls eine spannende Begegnung.

REBENSKUNST X THE THIRSTY HEART

BRAUEREI Noom, Riegersburg
BRAUER Sandra Loidolt & Philipp Carstanjen
ALKOHOL 6,3 % ABV
BIERSTIL Grape Ale

Von all den roten Bieren, die 2023 die Auszeichnung als Bierinnovation des Jahres erhalten, ist dieses wohl jenes mit dem am stärksten leuchtenden Rot. Dabei ist dieses Bier gar kein Rotbier. Seine rote Farbe hat es von der blauen Wildbacherrebe, die auch dem Schilcher seine Farbe gibt – 26 Prozent des Flascheninhalts sind (vergorener) Traubensaft. Das reicht aber für den speziellen Charakter: Das Aroma ist tatsächlich mehr von diesem Wein geprägt. Die innovative Weinakademikerin Sandra Loidolt von Rebenskunst hat es mir so erklärt: „Wir haben die Traubenmaische spontan kurz angären lassen, als natürlicher Hefestarter sozusagen, und die frische Bierwürze draufgelassen. Dann ist die Würze zirka vier bis fünf Wochen auf den Trauben gewesen und ist dann in die Barrique Fässer gekommen.“
Das Ergebnis? In der Nase kitzelt etwas von der Säure des Schilcher, unterstützt von Fruchtaromen: Zwetschken, gelbe Äpfel, vielleicht auch Senf. Der darunter liegende Karamellton erinnert

aber daran, dass es sich hier um ein Bier-Wein-Hybrid handelt, das seine Herkunft aus dem Schilcherland nicht verleugnen kann (und auch nicht will). Der Antrunk hat diese ausgesprochen erfrischende Säure, obwohl CO2 kaum wahrgenommen werden kann. Der bittere Eindruck folgt auf dem Fuß, da dürfte der Hopfen deutlich mitspielen – wobei der adstringierende Effekt dann doch eher vom Wein kommt. Und diese Frucht! Schlehen sind die nächstliegende Assoziation. Dann noch eine Erinnerung an den Karamellton in der Nase, er kommt retronasal noch einmal hervor, nicht aber geschmacklich. Damit erweist sich der extrem trockene Nachtrunk als bleibender Eindruck – ein idealer Aperitiv, wohl auch ein guter Begleiter zu Fischgerichten.

RED ALE

BRAUEREI Gallien Bräu, Pernegg
BRAUER Marcel Toifl
ALKOHOL 4,7 % ABV
BIERSTIL Red Ale

Gallien liegt, das wissen Menschen, die im Lateinunterricht Caesars Beschreibung des Gallischen Krieges lesen durften, im heutigen Frankreich, Belgien und der Schweiz – Lesern von Asterix und Obelix ist das ebenfalls vertraut. Aber das Gallien, von dem hier die Rede ist, liegt im Waldviertel – nicht weit von Horn. Familie Toifl hat es sich seit dem Jahr 2004 aufgebaut. Ein Fischteich in der Mitte, ein Blockhaus für einen Restaurationsbetrieb dazu. Nach und nach sind indianisch wirkende Tipis dazugekommen, weitere Blockhäuser für Gäste, ein offenes Gehege für die Freilandhaltung von Angusrindern und Schweinen. Und seit 2021 auch noch eine durchaus herzeigbare Hausbrauerei.

Hier werkt der Sohn des Hauses – und er beschränkt sich nicht auf das typische Angebot einer Gasthausbrauerei. Besser noch: Das Bier wird nicht nur im eigenen Betrieb ausgeschenkt, sondern auch in Flaschen gefüllt. Das Ale ist kastanienbraun mit leichtem Rotstich und cremefarbenem Schaum. Es hat einen intensiven Malzduft, in den sich fruchtige Aromen (Zwetschke, Kirsche und Marille) mischen. Angenehmerweise gibt es im Trunk kaum Malzsüße, der Körper ist von Malzgeschmack und Hopfenbittere geprägt – vollmundig, aber eben nicht süß. Und kräftiger als es die 4,7 Prozent Alkoholgehalt vermuten lassen. Im Nachtrunk wirkt das Bier sehr trocken.

REIFEPRÜFUNG

BRAUEREI Privatbrauerei Zwettl, Zwettl
BRAUER René Binder und Benjamin Pollak
ALKOHOL 6,7 % ABV
BIERSTIL Rotbier-Bock

Es ist immer noch äußerst selten, dass Brauereien den Namen des Braumeisters auf das Etikett der Bierflaschen schreiben. Noch schwieriger ist es zumeist, die Namen der Brauer herauszufinden, die das Bier tatsächlich gebraut haben. So eine Ausnahme ist das „Reifeprüfung" genannte Bier der Zwettler Brauerei. Da stehen die Namen von René Binder und Benjamin Pollak gleich zweimal drauf und auf dem Rückenetikett sind die beiden jungen Männer auch abgebildet.

Die Reifeprüfung, die dem Namen des Bieres zugrunde liegt, ist tatsächlich der Lehrabschluss – zu dessen Feier ihnen die Brauerei die Gelegenheit gegeben hat, ein besonderes Bockbier zu brauen. Es handelt sich um eine sehr starke Version des aus Nürnberg und Umgebung bekannten Rotbiers. Kupferfarben mit beigem, feinporigem Schaum liegt das Bier im Glas – und verströmt Aromen von Heu, Orangenschale und gerösteten Nüssen. Im Antrunk zeigt sich bereits die Komplexität des Bieres: Die Malze (Pilsner, Münchner, Melanoidin und Carared) sorgen für einen robusten Körper, die Hopfen (Tradition im Sudhaus, Ariana und Sultana im Kaltbereich) für Fruchtigkeit, Balance und trockenen Nachtrunk.

ROGGENBOCK – ABTEIBIER EDITION 2022

BRAUEREI Stiftsbrauerei Schlägl, Schlägl
BRAUMEISTER Reinhard Bayer
ALKOHOL 6,3 % ABV
BIERSTIL Bockbier mit Roggen

Das Stift Schlägl war seit seiner Gründung vor über 800 Jahren das geistliche Zentrum des Mühlviertels – noch heute treffen einander die Geistlichen jeden Tag früh am Morgen zu den Laudes und der Heiligen Messe in der barocken Stiftskirche. Das Stift ist aber auch gleichzeitig ein wichtiger Wirtschaftsbetrieb. 6500 Hektar Wald gehören zum Stift, noch bekannter ist es allerdings für seine Brauerei. Diese hat sich in den vergangenen Jahren zu einem der innovativsten Brauunternehmen des Landes gemausert – immer wieder überraschen die Schlägler mit neuen Kreationen.

Vor 30 Jahren war die erste Innovation das „Gold Roggen", dazumal das erste Roggenbier Österreichs. Die Chorherren von Schlägl haben nämlich eine alte Beziehung zum Roggen: 1908 wurde im Stift erstmals eine eigene Roggensorte gezüchtet. Dieses Getreide war die erste ins österreichische Sortenbuch eingetragene Sorte, sie wird heute noch angebaut. Und auch vermälzt und verbraut – im erwähnten „Gold Roggen" und auch in der Edition 2022 des Abteibiers. Als „Roggen Bock" ist es quasi der stärkere Bruder des Gold Roggen: Dunkelgelb mit einem leichten Orangeton und sehr feinem Mousseux liegt es im Glas. Es duftet nach Bisquit und Bananen, der Trunk ist weich und süß, gegen das Finish kommt eine angenehme Bittere hervor.

SCHWARZER MILAN

BRAUEREI Fischerbräu, Wien
BRAUMEISTER Florentin Aigner
ALKOHOL 5 % ABV
BIERSTIL Dark Ale

Das Fischerbräu ist in den letzten Jahren wieder etwas mutiger geworden – neben dem Hellen werden alle paar Wochen neue Biere an den Zapfhahn gehängt. Im Spätwinter 2022 beispielsweise: Fast schwarz mit cremefarbenem Schaum liegt dieses Bier im Glas, man könnte es für ein Böhmisches Dunkles halten. Aber Floki Aigner hat dieses Bier mit einer obergärigen Hefe vergoren, was den Kaffeeton in der Nase noch verstärkt. Der Antrunk ist schlank, aber dann wird das Bier spürbar runder, um dann im Nachtrunk eine schöne Balance von Röst- und Lakritzaromen mit der englischen Hopfung (Fuggles und Goldings) zu finden.

SONNENKÖNIG VIII

BRAUEREI Stiegl, Salzburg
BRAUMEISTER Markus Trinker
ALKOHOL 11,3 % ABV
BIERSTIL Saison, holzfassgereift

Wenn man mit vier der bestqualifizierten Bierverkoster der Welt an einem Tisch sitzt, um die Medaillen für „Wood and Barrel Aged Strong Beer" zu vergeben, kann man schon ins Grübeln kommen: Aus dem Dutzend holzfassgereifter Biere, die es unter 198 Einreichungen in die Endrunde des World Beer Cup geschafft haben, sticht eines besonders hervor. Kein schwerer Barley Wine, der durch Lagerung in einem mit Bourbon oder Rum vorbelegten Fass noch zusätzlich Aromen (und einige Volumenprozent an Alkohol) zugelegt hätte. Sondern ein Bier, das an den belgischen Saison-Stil angelehnt ist – viel heller als die anderen Biere auf dem Tisch. Mit 11,3 Prozent ein eher leichter Vertreter der Klasse. Und im Aroma von Süßwein (konkret: Tokajer) gepägt. In der Blindverkostung mein persönlicher Favorit. Und dann die Diskussion unter den Juroren – schnell einigt man sich über ein paar Biere, die sicher keine Medaille bekommen werden, weil sie zu schwer, zu süß, zu stark vom Holz geprägt sind. Irgendwann muss man dann dieses etwas leichtere Bier ansprechen. Findet es jemand zu leicht? Man kann zweifeln. Aber: Jeder einzelne Juror hat es als seinen heimlichen Favoriten eingestuft. Einstimmig: Gold.

THE DUKE

BRAUEREI Brauerei Egg, Egg
BRAUMEISTER Dominik Lissek
ALKOHOL 8,5 % ABV
BIERSTIL Heller Bock, holzfassgereift

Der Vorarlberger Bierladen Hops & Malt kooperiert schon seit einigen Jahren mit der Bregenzerwälder Brauerei Egg – und diese wiederum mit der Destillerie Keckeis in Rankweil. So kommt ein Bockbier aus Egg nach dem Ausreifen in der Brauerei in Whiskyfässer und dann in Bügelverschlussflaschen, die für Hops & Malt abgefüllt werden. In diesem Fall bekommt das Bockbier einen rosa-orangefarbenen Ton, einen üppigen (wenn auch nicht sehr haltbaren) Schaum und einen Duft, der einen glatt umhauen könnte: Reife Äpfel und Zwetschken meint man da zu riechen, Karamell und Vanillekipferl und einen deutlichen Holzton. Das Bier selbst ist erfreulicherweise nicht ganz so wuchtig: Es kommt erfrischend rezent auf die Zunge, fruchtige Säure spielt mit robuster Bittere und den adstringierenden Holznoten. Dabei explodieren nochmals die Aromen im Mund- und Rachenraum, man kommt mit dem Schmecken gar nicht nach, schon will man den nächsten Schluck nehmen – auch weil jeder Schluck so trocken ausklingt, dass man durstig bleibt.

TOWER ALE

BRAUEREI Pinzgau Bräu, Bruck an der Glocknerstraße
BRAUMEISTER Hans Peter Hochstaffl
ALKOHOL 4,9 % ABV
BIERSTIL Amber Ale

Dieses vom Brauer als „Bavarian Ale" bezeichnete Bier wird als Hausbier für das Café Schwammerlturm in Leoben gebraut, es gibt aber auch eine Flaschenfüllung. Und diese präsentiert sich sehr trüb, dunkel-bernsteinfarben mit cremefarbenem Schaum und Aromen von Karamell und gebrannten Mandeln. Der Antrunk ist voll und leicht süß, die Süße macht aber rasch einem nussigen Ton Platz. Und dieser prägt dann den Gesamteindruck: Viele herbe Geschmackseindrücke, wiederum Mandeln und Nüsse, aber auch eine feine Hopfenbittere runden das Trinkerlebnis ab.

TRI 22

BRAUEREI Bevog, Bad Radkersburg
BRAUMEISTER Vasja Golar
ALKOHOL 10,2 % ABV
BIERSTIL Triple, holzfassgereift

Der internationale Erfolg der Bevog-Brauerei erlaubt es dem umtriebigen Besitzer Vasja, immer wieder neue Brauversuche zu machen – und diese ganz nach eigenem Geschmack weiterzuentwickeln und zu vermarkten. Der Aufwand reicht bis zur Gestaltung der Etiketten (in diesem Fall ist darauf eine Maus mit goldenen Schnurrbarthaaren zu sehen), aber die wesentlichen Arbeiten passieren nun doch im Sudhaus, dem Gär- und Lagerkeller und in diesem Fall auch bei der Nachreifung in einem Fass, in dem vorher der Barleywine Hagger (und noch vorher wohl Bourbon) gereift wurde. Das Ergebnis ist ein belgisches Tripel

BEVOG
BRAUHAUS • BREWERY

von sattem Goldgelb mit leichter Trübung und weißem, nicht sehr haltbarem Schaum. In der Nase treffen einander die fruchtigen Aromen, die die belgische Hefe erzeugt, und die vanilleartigen Holznoten des Fasses. Erwartungsgemäß ist dieses Bier nicht sehr spritzig – den erfrischenden Ton muss eine Kombination aus alkoholischer Schärfe und Hopfenbittere des slowenischen Styrian Goldings beisteuern. Damit kommt das Bier schon im Antrunk sehr wuchtig daher: Es ist fruchtig-süß (vor allem wird man an getrocknete Aprikosen erinnert), wird dann rasch wärmend alkoholisch – und zeigt immer sein hopfig-bitteres Rückgrat. Wenn das Bier im Glas langsam wärmer wird, kommen noch weitere fruchtige (Kirschen!) und auch kuchenartige (Nusstorte!) Eindrücke dazu – aber dann tritt zur Hopfenbittere auch noch der Holzcharakter dazu und sorgt für perfekte Balance. Und das alles für 10,40 Euro pro Flasche!

VIRGIL

BRAUEREI Hofbräu Kaltenhausen, Hallein
BRAUMEISTER Martin Simion
ALKOHOL 7,5 % ABV
BIERSTIL Imperial Stout

Der Bierstil „Imperial Stout" ist in den letzten Monaten einer kritischeren Betrachtung unterzogen worden – nicht nur, aber wahrscheinlich auch wegen des russischen Kriegs gegen die Ukraine. Zar Peter der Große (1672-1725) soll den Stil in England kennengelernt haben; in anderen Erzählungen war es Zarin Katharina II (1729-1796). Letztere war nie in England, sie hat aber die englische Dominanz im Ostseehandel eingedämmt, was darauf hinweist, dass englisches Bier (neben solchem aus Deutschland, denn Zerbster wird immer wieder erwähnt) möglicherweise an ihrem Hof getrunken wurde. Zar Peter ist aus dem Rennen, weil sein Englandaufenthalt auf das Jahr 1698 datiert – also etwa zwei Jahrzehnte, bevor schlankes Porter und dessen vollmundigere (engl. „stout") Varianten in England so richtig populär wurden. Soweit man inzwischen weiß, begann die Londoner Barclay's Brewery erst im Jahr 1931 als Allererste, ein Bier „As brewed for the Tsars of Russia" als „Russian Imperial Stout" zu vermarkten. Zu einer Zeit also, als Russland in der Sowjetunion aufgegangen war. Ein besonders starkes Bier „Imperial" zu benennen, ist ungefähr 110 Jahre älter – 1810 wurde die Bezeichnung so im Caledonian Mercury verwendet.
Jetzt also auch in Kaltenhausen: Ihr Imperial Stout ist von sehr dunklem Braun, hat einen dichten, cremefarbenen Schaum und einen Duft nach Kakao. Mild und weinig ist es im Antrunk mit einer deutlichen Alkoholnote. Man schmeckt bei aller Vollmundigkeit kaum Süße und wird zu einem schokoladig-herben, etwas an Whisky erinnernden Nachtrunk geleitet.

WALDBIER 2022 – WACHAUER AUWALD

BRAUEREI Kiesbye Naturbrauerei, gebraut bei Trumer Privatbrauerei, Obertrum
BRAUMEISTER Axel Kiesbye
ALKOHOL 6,2 % ABV
BIERSTIL Kreativbier mit Weidenrinde und Mädesüß

Seit dem „Jahr des Waldes" 2011 braut Axel Kiesbye jährlich einen Sud mit Zutaten, die er aus einem Revier der Österreichischen Bundesforste gewinnt. 2022 wurde er im Wachauer Auwald im Bundesforste-Revier Leiben fündig: 50 Kilo der Triebe von Silberweiden wurden Mitte April an einem Donau-Altarm geerntet, entrindet, geschreddert und als teilweiser Ersatz des Hopfens im Sud mitgekocht. Von den im Juli geernteten cremefarbenen Blüten des Echten Mädesüß – einer traditionell in der bäuerlichen Küche als Süßstoff eingesetzten Pflanze – hat Axel einen Auszug bereitet und gegen Ende des Brauprozesses zugegeben. Das Ergebnis ist ein strohgelbes, leicht trübes Bier mit dichtem, reinweißem Schaum. Es duftet tatsächlich nach Blüten, hat einen erfrischend herben, aber nicht bitteren Antrunk. Die Bittere ist insgesamt mild und kräuterartig, man denkt an Wermut – aber sehr gut verpackt in die angenehme Süße, die das Bier dennoch nicht zu vollmundig wirken lässt. Damit schmeckt das Bier leichter als es ist – es hat eine sehr hohe Drinkability, auch wegen des trockenen Nachtrunks.

WALDVIERTLER WAHNSINN

BRAUEREI Friedl.Original.Bier, Spital bei Weitra
BRAUMEISTER Jürgen Friedl
ALKOHOL 4,7 % ABV
BIERSTIL Session Pale Ale

Die älteste Braustadt Österreichs hat eine weitere, kleine Brauerei – und diese profiliert sich mit Craftbieren. Der Waldviertler Wahnsinn ist ein hell-bernsteinfarbenes, leicht trübes Ale mit sehr viel weißem Schaum. Der Duft erinnert an Heu und Birnen. Ein erfrischend-schlanker Antrunk vermittelt viel Hopfigkeit – der Mundraum wird sofort vom Hopfengeschmack (Amarillo, Citra und Magnum) gefüllt, die Bittere ist dennoch zurückhaltend und auch der Körper bleibt leicht. Die Aromen aber sind noch lange im Nachtrunk präsent.

WILDE WEICHSEL

BRAUEREI Alefried, Graz
BRAUMEISTER Raf Toté, Alfried Borkenstein
ALKOHOL 7,1 % ABV
BIERSTIL Kirschbier

Sauerbiere sind in Österreich immer noch eine Rarität, in Belgien sind sie aber fixer Teil der Bierkultur. Auch und gerade jene Sau-

DAS ENDE DER DURST-STRECKE.
www.brauwerk.wien
BEER BASE VIENNA
Ottakringer Brau Werk
EST. 2014
Ottakringer Brau Werk
SESSION IPA
No. 2
EST. 2014
Ottakringer Brau Werk
NATIVE TONGUE
No. 5

erbiere, die mit Weichseln verfeinert werden – allen voran die Kriek-Biere, für die einem Blend von spontan vergorenen Lambics Weichseln zur Nachgärung zugesetzt werden. Diesen Bierstil hat „Alefried" Alfried Borkenstein in seinem Fermentorium nachzuempfinden versucht. In Zusammenarbeit mit dem belgischen Brauer Raf Toté wurde ein Saison-Bier mit verschiedenen holzfassgereiften Sauerbieren aus der Alefried-Produktion und einem zu 100 Prozent mit Brettanomyces-Hefe vergorenen Bier geblendet und dann von Juni 2021 bis August 2022 auf 300 Kilo Marchfelder Weichseln auf 500 Liter Bier weitervergoren. Herausgekommen ist ein satt rotes Bier mit rosafarbenem, wenig stabilem Schaum und einem intensiven Duft von Weichseln, Mandeln und Karamell. Der Antrunk ist von milder Säure geprägt, die Intensität des Weichselgeschmacks gehört zum Besten, was in diese Richtung weltweit angeboten wird. Dank der Brett-Hefe ist das Bier zwar vollmundig, es zeigt aber keine Süße, sondern ist staubtrocken.

WINTERBOCK

BRAUEREI Sitzenberger Biermanufaktur, Sitzenberg-Reidling
BRAUMEISTER Christian René Tomitsch
ALKOHOL 7,9 % ABV
BIERSTIL Gewürzbier

Von Bockbieren erwartet man an sich schon einen kräftigeren Geschmack – sie enthalten ja mehr Malz (und in der Folge mehr daraus vergorenen Alkohol), oft eine Menge unvergorenen Restextrakt und meist auch mehr Hopfen als andere Biere, damit das Ganze in Balance bleibt. „Christo", wie sich der Chef der Brauerei im Zeichen der Ringelnatter nennt, greift beim Hopfen auf eigenen lokalen Anbau zurück und tut außerdem noch mehr dazu: In seinem Winterbock sind Ingwer und ein paar andere Gewürze mitverbraut, zudem Waldhonig und Tannenwipfel. Letzteren wird bereits seit der Antike Heilkraft nachgesagt, aber mit solchen Behauptungen muss man jetzt vorsichtig sein: Die EU verbietet, auf positive gesundheitliche Wirkungen alkoholischer Getränke hinzuweisen.

Daher schauen wir lieber auf das Bier selbst: Dunkel-bernsteinfarben und beinahe blank liegt es unter einem rasch dünner werdenden hell-beigen Schaum. Die weihnachtlichen Gewürze erobern die Nase rasch – man fühlt sich an Spekulatius-Kekse erinnert. Und dieser Eindruck prägt auch den Antrunk: Wuchtigsüß zuerst, dann die Schärfe von Ingwer und Pfeffer, die Bittere kommt langsam hervor. Diese ist von harzigen Tönen geprägt – und zum Nachtrunk hin spielen die Süße und die Bittere miteinander, die gewürzhaften Töne siegen zum Schluss und sorgen für einen herben und weitgehend trockenen Nachtrunk.

WOIGARTL LOGA FEIA

BRAUEREI Woigartlbräu, Schalchen
BRAUER Alexander Schiemer
ALKOHOL 5,4 % ABV
BIERSTIL Rauchbier

Rauchbiere sind eine Spezialität der Region Bamberg – viele Legenden ranken sich darum, wie es dazu gekommen ist, dass dort Malze mit Rauchgeschmack für die Bierproduktion herangezogen werden. So wird erzählt, dass das damit zusammenhängt, dass die sparsamen Franken nach einem Dachstuhlbrand das im Haus gelagerte und vom Brandgeruch verdorbene Malz nicht einfach verwerfen wollten und daraus unverdrossen Bier gebraut hätten. Wahr ist viel wahrscheinlicher, dass bis weit ins 19. Jahrhundert viele Darren so konstruiert waren, dass wie in einer Selch der Rauch zum Trocknen des Malzes verwendet wurde und seinerzeit viele Biere etwas angekokelt geschmeckt haben. Im Innviertel jedenfalls hat man lange nichts von Rauchbieren gehört – bis der gelernte Koch Alex Schiemer sich im Wollgarten seiner Mutter daran gewagt hat, ein Bier mit Rauchmalz einzubrauen. So wie aus dem Wollgarten innviertlerisch „Woigartl" wird, wird aus dem Lagerfeuer das „Loga Feia". Das so genannte Bier liegt kastanienbraun mit deutlichem Rotstich (und überraschend klar) im Glas, hat eine feine, cremefarbene Borte und duftet nicht nur nach Rauch, sondern auch nach Trockenobst. Auch im Antrunk wird man an Dörrpflaumen erinnert – das Bier macht einen runden, aber nicht süßen Eindruck – es ist spritzig und leicht bitter, der Rauchgeschmack ist präsent, bleibt aber auch im Nachtrunk unaufdringlich.

ZAUNGAST SUMMER SESSIONS

BRAUEREI Zaungast, gebraut bei Brauschneider, Schiltern
BRAUER Martin Wohlkoenig
ALKOHOL 4,1 % ABV
BIERSTIL Session IPA

Man muss die Innovationen nicht unbedingt im Starkbier-Bereich suchen. In „Omas Keller", so die von Martin Wohlkoenig verbreitete Legende, sei dieses strohgelbe Bier erfunden worden – dort seien erstmals die für das fruchtige Aroma (Limetten, Lychees, Mandarinen) verantwortlichen Hopfensorten für einen Sud eines obergärigen Schankbieres eingesetzt worden. Als da wären: Cryo, Sabro, Galaxy, Mosaic und Idaho7. Das Ergebnis dieser Mischung ist ein leicht zu trinkendes, dennoch ausreichend vollmundiges Ale. Im Trunk spielt es die erfrischend-fruchtigen Töne nochmals aus, man schmeckt neben den erwähnten Früchten auch deutlich Stachelbeeren und Kiwis – sowie eine angenehm trockene Bittere.

Andreas Urban,
Präsident Braumeisterbund

Bund Österreichischer Braumeister und Brauereitechniker

OB JEMAND MEISTERLICH BRAUEN KANN, ZEIGT DAS BIER

Conrad Seidl: *Du bist Präsident des Bundes Österreichischer Braumeister und Brauereitechniker – wie wird man das?*

Andreas Urban: Als Präsident wurde ich von den derzeit 269 ordentlichen Mitgliedern des Bundes gewählt. Aber wenn Du meinst, wie man Braumeister wird ...

Seidl: *Darauf hat meine Frage abgezielt: Wie wird man Braumeister? Man hat ja den Eindruck, jeder, der in einem Kochtopf einen Sud braut, kann sich Braumeister nennen.*

Urban: Da ist etwas dran: Ein Tischlermeister oder ein Schneidermeister muss eine spezifische Ausbildung vorweisen und eine Prüfung machen. Die Bezeichnung „Braumeister" ist aber nicht geschützt. Aber natürlich gibt es auch da sehr gut geregelte Ausbildungswege.

Seidl: *Mit einem Curriculum: Matura - Lehre - Praxis - Studium?*

Urban: Nicht unbedingt Matura, aber das ist tatsächlich ein häufig eingeschlagener Weg, dass man an die Matura eine Lehre anschließt und dann an der TU München in Weihenstephan oder an der VLB in Berlin ein Studium zum Braumeister macht. Ein anderer Weg führt über Lehre, Berufspraxis und die Doemens-Schule in Gräfelfing. Auch in Wien kann man an der Boku ein Studium der Lebensmittel- und Biotechnologie absolvieren und dann etwa im Labor einer Brauerei beginnen. Und in den letzten Jahren kommen Techniker vermehrt über die Fachhochschulen.

Seidl: *Jeder dieser Ausbildungswege dauert mehrere Jahre?*

Urban: Ja, allein die Lehrlingsausbildung. Wobei wünschenswert wäre, dass alle Lehrbetriebe, die Brauerlehrlinge ausbilden, auch entsprechende technische und fachliche Voraussetzungen bieten, was leider nicht bei allen der Fall ist. Bei der Lehrabschlussprüfung werden strenge Maßstäbe angelegt.

Seidl: *Maßstäbe, denen nicht jeder gerecht wird, der eine Brauerei betreibt?*

Urban: Es kann sich, wie gesagt, jeder Braumeister nennen – auch wenn viele Lehrlinge fachlich besser sind. Manche Brauereigründer haben ja technische Vorkenntnisse und wissen um die Bedeutung von Betriebshygiene – anderen fehlt das. Ein Hintergrundwissen als Hobbybrauer oder Biersommelier reicht oft nicht aus. Aber ich sehe das leidenschaftslos: Ob jemand wirklich meisterlich brauen und die Qualität konstant halten kann, das zeigt letztlich das Bier, das er verkauft. Es steht jedem frei, Biere minderer Qualität anzubieten – die sind dann aber bald weg vom Markt.

Seidl: *Und andere gewinnen Preise ...*

Urban: Ich habe das immer wieder als Juror beim World Beer Cup gesehen: Medaillen, die von dort nach Österreich gegangen sind, wurden immer von hochprofessionellen Braumeistern errungen. Im Vorjahr war das beispielsweise der Sonnenkönig VIII, ein Bier von unserem Braumeister-Kollegen Markus Trinker. Und wir bemühen uns als Braumeisterbund umgekehrt, dass unsere traditionellen österreichischen Bierstile wie „Österreichisches Märzen" und „Wiener Lager" anerkannte Kategorien bei internationalen Wettbewerben werden.

BRAUEN & SCHAUEN

BURGENLAND

DEUTSCH JAHRNDORF

WESTWIND BRAUEREI

2423 Deutsch Jahrndorf, Obere Hauptstraße 43 (hintaus)
+43/660/7008599
westwindbrauerei.com
Gabriel Manahl ist ein Diplomingenieur aus Vorarlberg, der das Bierbrauen in Oregon gelernt hat und nun mit der Winzerin Julia eine Brauerei im Weinbaugebiet betreibt. Dass dabei unter anderem ein Grape Ale entsteht, liegt auf der Hand. Brauereiführung inkl. Bierverkostung (5 Sorten à 0.1l) für 4 bis 8 Pers. Euro 18,- / Pers. Dauer: 90 Min.

GOLS

PRIVATBRAUEREI GOLS

7122 Gols, Brauhausplatz 1, +43/2173/2719
www.golserbier.at
Familie Sautner begann die Braugeschichte von Gols mit der Errichtung eines importierten Kupfer-Sudwerks im Jahr 2007. Mit Markus Sautner als Braumeister, Diplom-Biersommelier und Master of Beer Candidate bietet Golser Bier neben traditionellen Bierstilen saisonal auch regional verwurzelte Kreationen. So braut man als Partner der Genuss-Regionen Österreich Kästen-, Dinkel- und Kräuter-Bier. Wer ein individuelles Bieretikett will, kann dies hier gestalten lassen – und wer eine größere Menge (15.000 Flaschen) abnehmen kann, kann sogar Bier nach seinen eigenen individuellen Vorstellungen brauen lassen. Besichtigung mit Verkostung: Fixtermin immer freitags um 13.30 Uhr gegen Voranmeldung. Für Gruppen ab 5 Personen werden gerne individuelle Termine innerhalb der Öffnungszeiten vereinbart. Ganztägige Brauworkshops.

HEUGRABEN

ZICKENTALER BIER

7551 Heugraben, Heugraben 19, +43/676/88041402
www.zickentaler-bier.at
In der Nähe des Zickentaler Moors, eines mystisch-schönen Naturschutzgebiets, hat Patrick Krammer 2016 die Zickentaler Brauerei in einem aufwendig renovierten ehemaligen Wirtschaftsgebäude des großelterlichen Bauernhofes eingerichtet. Sie wurde von der Falstaff Community zur beliebtesten Brauerei 2022 im Burgenland gewählt.Die Braumeister der Zickentaler Brauerei kreieren hier unter den Marken Zickentaler und Freibrauerei mehrfach ausgezeichnete traditionelle und innovative Craftbiere – sieben Biere schafften es 2022 ins Finale der Austrian Beer Challenge, sowohl das „Space Captain Black IPA" als auch auch das „Edelzicke Strong Ale" kamen auf den dritten Platz ihrer jeweiligen Kategorie. Sie geben Leidenschaft für Hopfen und Malz auch gerne weiter: Es werden Sensorik Trainings, Führungen und Verkostungen angeboten. Wer es genauer wissen w ll, bucht das Modul „Bierbrauen live", wo im Sudhaus Hand angelegt und es im Gärkeller bis zur Schank im besten Wortsinn „cool" wird. Der Biergarten lädt ebenso zum Entspannen wie auch zu geselligen Runden mit Zickentaler Bier und regionalen Spezialitäten ein. 🛏4

Zickentaler Bier – Bierquelle Heugraben

JENNERSDORF

FRANZ JOSEF BRÄU

8380 Jennersdorf, Bahnhofring 19, +43/664/5920656
www.franzjosefbraeu.at
Bei diesem Brauereiprojekt hat der ehemalige Murauer Braumeister Hans Seidl dem Gründer Franz Windisch geholfen - traditioneller Biergeschmack steht hier im Mittelpunkt.

KOBERSDORF

BRAUEREI KOBERSDORF

7332 Kobersdorf, Hauptstraße 43, +43/2618/20173
www.kobersdorfer.at
Rund 850 Hektoliter produziert die bio-zertifizierte Brauerei pro Jahr, zusätzlich noch 150 hl Whiskymaische. Braumeister Peter Döllinger braut ein Märzen, ein an friesisches Pils erinnerndes stark gehopftes Pils, ein Spezial hell, ein Spezial dunkel, das Honigbier sowie unfiltriertes Dinkel- und Weißbier und verschiedene

Festbiere (etwa ein belgisches Starkbier, das Dorffestbier sowie das Honigbier des Schwarzenbacher Keltenfestes). Öffnungszeiten Verkauf: Fr.: 16:00 bis 18:00, Sa.: 10:00 bis 12:00 Uhr. Während dieser Zeit sind nach Voranmeldung auch Besichtigungen möglich.

NECKENMARKT

HOPFENSCHWINGER

7311 Neckenmarkt, Lange Zeile 14, +43/650/7170684
www.hopfenschwinger.at
Michael Draskovits hat seine Liebe zu Bier und zu Musik in einem Brauprojekt zusammengeführt.

NEUSTIFT/LAFNITZ

RABENBRÄU

7423 Neustift/Lafnitz, Lafnitz 64, +43/3338/2330
www.rabenbraeu.com/brauerei
Gasthausbrauerei mit eigenem, 98 Meter tiefen Brunnen. In der angeschlossenen Brennerei „Old Raven" wird die (natürlich ungehopfte) Bierwürze destilliert und in ausgewählten Fässern zu Whisky gereift. Siehe auch unter Lokale Burgenland – Neustift.

OBERWART

BIERARIUM 1. BURGENLÄNDISCHES BRAUEREI-SOUVENIR-MUSEUM

7400 Oberwart, Keplergasse 14, +43/664/1620699
www.bierarium.at
Besuchen kann man dieses kleine Privatmuseum ausschließlich gegen telefonische Voranmeldung. Gruppen bis maximal 15 Personen. Gezeigt werden unter anderem 11.000 Bierdosen aus 173 Ländern und 6.000 Bieröffner – und wer einen Bieröffner einer bisher noch nicht vertretenen Brauerei in die Sammlung von Herrn Balasz einbringt, macht sich natürlich besonders beliebt.

KÄRNTEN

ARNOLDSTEIN

PREWSTONE BREWING

9601 Arnoldstein, Kärntner Straße 12, +43/676/7963637
www.prewstone.com
2015 wurden Martin Printschler und Uwe Wedam nach eigener Erinnerung „mit dem Craftbier-Virus infiziert". Braustätte war zunächst noch der Pausenraum der Tischlerei Mikula, der aber durch die stetige Weiterentwicklung und die erweiterten Platzanforderungen bald aus allen Nähten platzte. Folglich wurde eine etwas professionellere Drei-Hektoliter-Anlage angeschafft, die im Sommer 2018 den Betrieb aufnahm.

BLEIBURG

BRAUHAUS BREZNIK

9150 Bleiburg, 10. Oktoberplatz 9, +43/4235/2026
www.brauhaus.breznik.at
Stefan Breznik führt mit dieser 2007 eingerichteten Gasthausbrauerei die Tradition einer lokalen Steinbier-Brauerei und der viel größeren Stich-Brauerei in Bleiburg-Sorgendorf weiter, die 1991 von der Steirerbrau geschlossen wurde. In dem kleinen Brauhaus werden von Gerhard Primozic-Breznik zu besonderen Anlässen auch Spezialbiere gebraut (z. B. Hemmabier, Zitronenbier) – und seit 2021 gibt es eine Kooperation mit dem Projekt Mosa-Bier. Brauereiführung nach vorheriger Anmeldung möglich. Siehe auch unter Lokale Kärnten – Bleiburg.

KLAGENFURT

BRAUEREI SCHLEPPE

9020 Klagenfurt, Schleppe-Platz 1, +43/463/42700
www.schleppe.at; Mo-Fr: 8:00 bis 16:00 Uhr
Seit dem Jahre 1607 übt die Schleppe Brauerei vor den Toren der Stadt Klagenfurt das Brauhandwerk aus. Neben dem traditionellen Schleppe Märzen, dem naturtrüben Hausbier sowie dem Schleppe Bock werden seit 2014 auch unterschiedliche Kreativbiere gebraut. Bei den regelmäßig stattfindenden Hausführungen erhält man einen Einblick in das Handwerk des Bierbrauens. Neben dem Brauereibetrieb dient die angeschlossene Eventhalle mit der Schleppe Freiluft-Arena als Eventlocations für Kunst und Kultur.

Lindwurm Braucra

LINDWURM BRAUCRAFT

9020 Klagenfurt, Dr. Wutte Straße 14, +43/650/5545165
www.lindwurm.beer
Die Lindwurm BrauCraft GmbH hat sich aus der 2015 gegründeten Mahler Artisan Brauerei entwickelt. Christian Waltl braut bevorzugt hopfenbetonte, zumeist obergärige Biere, die auf eigene Rezepturen zurückgehen und meist auch einer „secondary fermentation" in der Flasche unterzogen werden. Die an deutsche Stile angelehnten Biere führen einen Drachen im Namen, die Ales dagegen nehmen Bezug auf einen „Dragon".

CARANTANA CRAFTBEER BRAUEREI

9073 Klagenfurt am Wörthersee, Jugenddorfstraße 2
+43/676/5770212
www.carantana.beer
Am westlichen Stadtrand von Klagenfurt haben Clemens Springer und Alexander Macnik im Jahr 2021 eine 8-Hektoliter-Brauerei eingerichtet. Sie brauen sehr ausdrucksstarke, aber tendenziell eher leichte Biere – die Rezepte wurden an das eher harte Klagenfurter Wasser (18 Grad deutscher Härte) angepasst.

KÖTSCHACH-MAUTHEN

BIERMANUFAKTUR LONCIUM

9640 Kötschach-Mauthen, Mauthen 60, +43/664/88941055
www.loncium.at
Alois Planner und Klaus Feistritzer haben ihre Brauerei 2008 gegründet. Das Austrian Amber Lager und der dunkle Bock „Schwarze Gams" haben auch internationale Auszeichnungen eingeheimst. Das Free Pale Ale ist eines der interessantesten alkoholfreien Biere auf dem Markt, man erkennt beim Verkosten kaum, dass es keinen Alkohol enthält. Der Brauerei angeschlossen ist ein sehr schöner Verkostungsraum. Besuche in der Brauerei müssen im Vorfeld angemeldet werden, auch Brauseminare erfolgen nach vorheriger Terminvereinbarung. Bestelllungen des Bieres unter www.myproduct.at Details zum Brauereiausschank unter Lokale Kärnten – Kötschach-Mauthen.

Biermanufaktur Loncium

KRAIG

WIMITZBRÄU

9311 Kraig, Wimitz 7, +43/4212/28074
www.wimitzbraeu.com
Das Bier aus der 2011 gegründeten Kleinbrauerei gibt es nur im Umkreis von rund 50 Kilometern (und bei vielen Partnern des Marktplatz Mittelkärnten). Die Braugerste stammt seit 2014 fast vollständig aus eigenem Anbau auf 50 Hektar, es gibt auch selbst angebauten Bio-Hopfen. Zu dessen Ernte findet jährlich ein Hopfenbrockerfest statt, Brauereichef Josef Habich ist besonders auf die Qualität des Wimitzer Brauwassers stolz, dem nach langem Weg durch Glimmerschiefer-Gestein eine spezielle Heilwirkung und Weichheit nachgesagt wird. In den vergangenen Jahren hat das Wimitzbräu sein Angebot deutlich verbreitert – inzwischen gibt es neben Hellem und Märzen auch Pils, Weißbier, Pale Ale, India Pale Ale, Summa Ale und saisonale Bockbiere – auch im eigenen Webshop.

LAVAMÜND

LAVAMÜNDER BRÄU

9473 Lavamünd, Lavamünd 39, +43/677/64031725
www.lavamuender-bier.at
Nach dem Motto: „Bier ist unser Brot!" hat die Firma Karl Kramer & Söhne vom Backen von festem Brot, (1895 bis 2008) auf die Produktion von flüssigem Brot, wie Bier von Mönchen auch genannt wird, umgestellt.

MICHELDORF

PRIVATBRAUEREI HIRT VERTRIEB GMBH

9322 Micheldorf, Hirt 1, +43/4268/2050-0
www.hirterbier.at
Die Hirter Braugeschichte beginnt 1270: Damals gab es hier eine von nur sieben öffentlichen „Tabernas" in Kärnten und Oberkrain – was als Beleg gilt, dass hier wahrscheinlich auch gebraut wurde. Bekannt ist Hirter als jene Brauerei, die den Pils-Begriff in der Zweiten Republik richtig populär gemacht hat – schon zu einer Zeit, als Hirter Bier außerhalb von Kärnten noch eine echte Rarität war. Brauereiführungen für Gruppen ab 10 bis max. 30 Personen mit individuellem Termin. Dauer: 1 Stunde 15 min – 11,90 Euro pro Person inkl. ProBier-Schachterl mit 2 x 0,3 lt. Hirter Bierkostproben. Reservierungen: fuehrung@hirterbier.at. In der BeerCademy haben Bier-Fans die Möglichkeit, weiter in die vielfältige Bierwelt einzutauchen. Beim Hirter Brautag wird die Möglichkeit geboten mit dem Hirter Braumeister Bier zu brauen. Das Ausbildungsangebot zum Biersommelier macht aus lernbegierigen Bier-Liebhabern, die sich dem über mehrere Wochen verteilten Lehrgang und der Abschlussprüfung stellen, echte Profis. Infos: www.beercademy.eu Für Festivitäten kann die Hirter Malztenne, welche Platz für bis zu 140 Personen bietet, angemietet werden.

RENNWEG

STAMPERL AM KATSCHBERG

9863 Rennweg, Katschberghöhe 19, +43/4734/612
www.stamperl-katschberg.at
Im Dezember 2015 hat die Hinteregger-Hotelgruppe in ihrer Pizzeria auf dem Katschberg in 1.670m Seehöhe eine moderne 10-Hektoliter-Brauanlage installiert. Gebraut wird das Katsch-Beer, ein helles Lager und Werwolf Dunkel. Brauereiführungen montags von

16:00 bis 17:00 Uhr inklusive Bierverkostung und Snack. Anmeldung unter +43/4734/612. Mehr zum angeschlossenen Bierlokal unter Lokale Kärnten.

SANKT VEIT AN DER GLAN

Gelter Bräu

GELTER BRÄU

9300 Sankt Veit an der Glan, Goggerwenig 8, +43/4212/36878
www.wirtshaus-gelter.at/gelter-braeu
2015 eingerichtete Kleinbrauerei im 500 Jahre alten Guts- (und deutlich neueren) Gasthaus der Familie Gelter. Auf der Labu-Brauanlage wird hauptsächlich das Märzenbier Simale gebraut. Angeboten werden Brauereiführungen mit Verkostung und Biersensorik-Kurse mit Christan Gelter, der ausgebildeter Biersommelier ist. Siehe auch unter Lokale – Wirtshaus Gelter.

SPITTAL AN DER DRAU

GÄRAGE / THE SATISFACTORY

9800 Spittal an der Drau, Hauptplatz 12, +43/4762/2217
www.the-satisfactory.at/gaerage
Zwei Sorten Fass-Lagerbiere und mittlerweile zwölf ausschließlich in 0,33lt.-Flaschen gereifte Spezialbiere. Siehe auch unter Lokale Kärnten – Spittal an der Drau.

UNTERTWENG BEI RADENTHEIN

PRIVATBRAUEREI SHILLING

9545 Untertweng bei Radenthein, Gartenraststraße 12
+43/4246/2017
www.shilling.at
Der Name von Ulli Bachers Brauerei bezieht sich auf die (inzwischen nicht mehr übliche) schottische Kategorisierung der Biere, für die je nach Alkoholgehalt ein gewisser Preis gezahlt werden musste. Ein Shilling entsprach 12 Pence, 20 Shilling ergaben ein Pfund. Brauereiführungen und Verkostungen Freitag und Samstag um 17:00 Uhr oder gegen Vereinbarung für Gruppen ab 8 Personen, ansonsten kann das Bier 100 Meter weiter in der Gartenrast gekostet werden.

VILLACH

BRAUEREI VILLACH

9500 Villach, Brauhausgasse 6, +43/4242/23494
www.villacher.com
Villacher schreibt seit 1858 erfolgreich Kärntner Braugeschichte. Kärntner Braugerste und Kärntner Sonnenenergie machen den Genuss von Villacher besonders regional und nachhaltig. Villacher ist stolzer Partner von über die Landesgrenzen hinaus bekannten kulturellen Veranstaltungen wie dem Villacher Fasching oder dem Villacher Kirchtag und legt im Sport-Sponsoring sein Hauptaugenmerk auf die Unterstützung vieler Sportvereine direkt in der Region.

VILLACH-MARIA GAIL

TURMBRÄU MELCHER

9500 Villach-Maria Gail, Antor-Tuder-Straße 2, +43/4242/37875
www.gaestehaus-melcher.at
In Villachs erster Hausbrauerei braut Stefan Melcher seit 2008 das eigene Turmbräu Bier – seit 2018 auf einer neuen Labu-Anlage, die auch als Schaubrauerei dient. Angeboten werden 30/50l Partyfässer. Die Schaubrauerei ist von Montag bis Samstag ab 16 Uhr ganzjährig geöffnet. Auf Anfrage auch gerne außerhalb der Öffnungszeiten. Führungen auf Anfrage.

VILLACH-OBERWOLLANIG

MALLE BIERMANUFAKTUR

9500 Villach-Oberwollanig, Hochpirkachweg 3, +43/660/7624040
www.mallebier.at
Rudolf Malles Nanobrauerei – die Malle Biermanufaktur – positioniert sich als „Kleinste Brauerei Kärntens" mit einer Grundfläche von nur 9 Quadratmetern – beliefert werden Gastronomie und der regionale Handel. Verschiedene Biersorten wie Pale Ale, IPA, Light Ale, Xmas Ginger Ale, Heller Rudolph, Smart Rosy, Bockige Rosy, Dampfbier, Grünhopfenpils und Wollaniger Helles werden saisonal gebraut und händisch in drei Flaschengrößen (0,33 Liter, 0,66 Liter und 1,0 Liter) abgefüllt. Wer Bier kaufen will, kann das Montag bis Freitag von 9:00 bis 12:00 und 14:00 bis 17:00 Uhr nach vorheriger Anmeldung tun. Und ebenfalls nach vorheriger Anmeldung gibt es eineinhalbtägige Brauseminare für angehende Hobbybrauer.

VÖLKERMARKT

MÜHLENBRÄU OSCHENITZEN

9100 Völkermarkt, Oschenitzen 10, +43/664/9797108
www.facebook.com/Mühlenbräu-Oschenitzen-1573350732940081
Franz Posod hat 2015 die von ihm gepachtete alte Mühle in Oschenitzen bei Völkermarkt reaktiviert – sie liefert nun den Strom, mit dem er sein Bier braut. Ende August gibt es in der Brauerei einen Kirchtag.

/druckwerkkrems
DEIN RABATT
€ 100
DRUCK
WERK
KREMS
ETIKETTEN
Labelicious®
Gönne deinen Etiketten ein Upgrade. Mit unseren schönsten Papieren und Veredelungen.
Gültig bis 30. Juni 2023. Mindestbestellwert: EUR 500,00 / Barablöse ausgeschlossen.
DRUCKWERKKREMS.AT
02732 854 22 71
Design: meilensteinkrems.at / Meilenstein Brands & Design

NIEDERÖSTERREICH

AMSTETTEN

S'EDLA CRAFT BIER

3300 Amstetten, Agathastraße 2-4, Halle 18, +43/650/9227372
www.edla-craft.at
Biersommelier Joachim Schnabel hat seine kleine Mostviertler Brauerei eingerichtet, um bei seinen Bierverkostungen auch eigenes Bier anbieten zu können – Verkostung und Besichtigung nach Vereinbarung. Aktuell gibt es vier Sorten. Zu kaufen gibt es s'Edla in sämtlichen Billa und Billa Plus Filialen in Amstetten.

ARBESBACH

MAXBIER

3925 Arbesbach, Brunn 18, +43/676/6644100
maxbier.at

Maxbier

MAX BIER
STOLZENTHALER

Rund 150 Anläufe hat Markus Rametsteiner in seinen Jahren als Hobbybrauer genommen, hat mit Familie und Freunden gekostet und getüftelt, um zu den optimalen Braurezepten für jene Biere zu kommen, die er seit 2021 professionell auf seiner 200-Liter-Anlage braut. Fünf Rezepte haben sich als Kernangebot herauskristallisiert. Diese werden unter an Tiere erinnernden Namen - WaldRammler (Pils), LiebhaBär (Märzen), Zieglo (Helles), Zwitscherer (American Lager) und KellerschMaus (Zwickl) - vermarktet. Und zwar online, direkt am Klein Stolzenthalerhof in Brunn bei Arbesbach, auf Märkten, dem Weitraer Bierkirtag, im Walala sowie lokalen Geschäften und in einigen regionalen Gaststätten. Für die Bison Ranch in Mitterschlag gibt es sogar ein eigenes Bison-Bier.

BREITENFURT BEI WIEN

6BEERS BREWING COMPANY

2384 Breitenfurt bei Wien, Margaritenweg 23, +43/677/62416866
www.6beers.at
Kleine, bei Wettbewerben aber ziemlich erfolgreiche Craftbierbrauerei aus dem Wienerwald. Das High'n'Dry Brut IPA gewann die Kategorie IPA bei der Austrian Beer Challenge 2019. Die Biere gibt es im Beer Store Vienna und im Ausschank im Känguruh.

ENZENREITH

ZECHERBRÄU

2640 Enzenreith, Siedlaustraße 129, +43/676/4235432
www.zecherbraeu.at
Luis Lechner ist ein erfahrener Hobbybrauer, der sich zum Biersommelier weitergebildet hat und inzwischen eine professionelle Hausbrauerei betreibt – allerdings vor allem zu Demonstrationszwecken: In der kleinen Brauerei gibt es auf Voranmeldung Verkostungen für sechs bis zwölf Personen.

ENZERSDORF BEI STAATZ

KURV'N BRÄU NESTLER

2134 Enzersdorf bei Staatz, Bahnhof Staatz 1, +43/676/4060080
www.kurvnbraeu.at
Die Brauerei mit angeschlossenem Bierheurigen wurde im Jahr 2014 von Roland Nestler zwei Kilometer ausserhalb von Staatz direkt gegenüber der Bahnstation eingerichtet. Auf einer Labu-Anlage werden drei Hauptsorten sowie ein wechselndes Saisonbier (New England IPA, Pale Ale, Schwarzbier, Bock ...) gebraut. Geöffnet ist jeden Freitag ab 16:00 Uhr sowie sonntags von 9:00-12:00 Uhr sowie zu den Bierheurigen Terminen – wobei zum Bier so genannte „Bierfleck" (Bierteigflammkuchen) angeboten werden. Brauereibesichtigungen nur nach Voranmeldung.

ESCHENAU

BRAU.HAND.WERK.KNALLER

3153 Eschenau, Hauptstraße 47, +43/680/2372317
www.brauhandwerk.at
Der Maschinenbauer Gerhard Knaller hat die Ausbildung zum Diplombiersommelier gemacht und 2016 seinen Betrieb eröffnet. Und weil er auch Bienen züchtet, gibt es bei ihm unter anderem ein Honigbier, weiters ein Blonde, Weizen, Stout, Kupfergold und Rot-

blond und jedes Jahr einen Weihnachtsbock. Ab „Brauhof"-Verkauf nach vorheriger Anmeldung, die Biere sind in Flaschen (0,5l, 1l, 2l und 3l) oder im 18l Container inkl. Zapfgerät erhältlich. Ebenfalls gegen Voranmeldung ist auch eine Brauereibesichtigung möglich (natürlich mit Bierverkostung).

FELS AM WAGRAM

WAGRAM BRÄU

3481 Fels am Wagram, Feldstraße 6, +43/664/1278117
www.wagrambraeu.at
Andrea und Stefan Riedinger haben sich mit ihrer kleinen Brauerei rasch eine große Fangemeinde geschaffen.

GALLIEN

GALLIEN BRÄU

3753 Gallien, Gallien 1, +43/664/5303441
www.gallien.at

Gallien Bräu

Die Erlebniswelt im Waldviertel
GALLIEN
www.gallien.at

Familie Toifl beschäftigt sich seit einigen Jahren auch mit Bierbrauerei – und hat sich 2020 eine professionelle Anlage beschafft, die in ihre Erlebniswelt integriert wurde. Brauereiführungen von April bis Dezember jeden Freitag ab 15:30 Uhr, individuelle Termine für Gruppen ab 25 Personen.
Microbrauerei des Jahres, siehe Seite 105.

GAMING

ERZBRÄU – BRUCKNERS BIERWELT

3292 Gaming, Grubberg 4a, +43/7485/98599
www.erzbräu.at
Peter Bruckners Brauerei wurde im Frühjahr 2012 eröffnet. Der Standort ist Produktionsstätte, Platz für Veranstaltungen und natürlich Biererlebnis. Er braut auf einer 10 Hektoliter Sudanlage das Erzbräu – und zwar mit erneuerbarer Energie, der Dampferzeuger funktioniert mit Biomasse, der Strom kommt aus Fotovoltaik. Gebraut werden 12 Biersorten ganzjährig sowie saisonal Bockbiere und andere Spezialitäten. Peter Bruckner veranstaltet öffentliche Brautage zu gewissen Terminen, mit geführter internationaler Bierverkostung und Theorie „Wissenswertes rund ums Bier". Es werden belgische Biere, Porters, Stouts, Samichlaus, Trappistenbiere usf. bei den Verkostungen den Gästen nähergebracht. Führungen: Mittwoch bis Sonntag jeweils um 11.00 und 15.00 Uhr. Dauer ca. 1 Stunde. Direktverkauf von Erzbräu und regionalen Produkten, viele Geschenkideen. Öffnungszeiten: Mo-So 10.00 bis 18.00 Uhr, geschlossene Feiertage: 25./26. Dezember. Online-Shop. Auch der GeBIERgsweg Gaming führt hier vorbei.

GAMINGER KARTAUSENBRÄU

3292 Gaming, Kartause 1, +43/7485/98466
www.kartause-gaming.at
2018 wurde diese Bauerei technisch mit einer Brauanlage des Bamberger Herstellers Kaspar Schulz aufgerüstet, was der Bierqualität sehr gut getan hat und auch eine umfangreichere Abfüllung ermöglicht. Das „Kartausenbräu" gibt es zum Mitnehmen in der 0,33 Liter Flasche und in der 0,5 Liter Flasche. Braumeister Sebastian Dorrer verbraut seit Herbst 2021 regionale Rohstoffe – selbst angebaute Gerste und Hopfen aus dem Mühlviertel. Das Kartausen Oktoberbier errang 2022 den 1. Platz bei der Austrian Beer Challenge (Export- und Festbier). Das Oktoberbier gibt es Anfang September 2023 am Bierkirtag in GamingGeBIERgsweg Gaming: Am Themenweg rund um Gaming werden ein bieriges Wandererlebnis mit Bier-Attraktionen und 18 Wissens- und Mitmachstationen rund ums Bier geboten. Siehe auch unter Lokale Niederösterreich – Gaming.

GEROLDING

GEROLDINGER BRAUHAUS

3392 Gerolding, Graf Geroldstraße 43, +43/664/3408592
www.geroldinger-brauhaus.at
Nadine Willach stammt aus Bayern – gemeinsam mit ihrem Mann Friedrich hat sie im Dunkelsteiner Wald 2012 eine Brauerei errichtet, die nach einem Brandanschlag erst 2013 eröffnet werden konnte. Bei der Brauerei (deren Sudwerk putzigerweise nach der Lokomotive aus der Serie Jim Knopf „Emma" genannt wird) gibt es

auch einen Hofladen, wo man Dienstag und Freitag von 14:00 bis 19:00 Uhr Bier sowie Whisky, Edelbrände, Liköre und Honig aus der Region kaufen kann.

GLOGGNITZ

BRAUGASTHOF DIEWALD

2640 Gloggnitz, Raach am Hochgebirge 38, +43/2662/43905
www.gasthof-diewald.at
Seit 1998 werden beim Diewald im Braukeller Spezialitäten aus Braugerste, Hopfen, Wasser, Hefe, Hanf, Kräutern und Gewürzpflanzen hergestellt. Nach Vereinbarung kann man beim Brauen zuschauen oder bei einem Brauseminar unter fachkundiger Anleitung selber Bier brauen und über die Geschichte des Bierbrauens höchst Interessantes erfahren.Siehe auch unter Lokale Niederösterreich – Raach.

GRAFENBACH-ST. VALENTIN

FRIEDRICHSBRÄU

2632 Grafenbach-St. Valentin, Bärentalgasse 10
+43/677/62535503
www.membier.com
Das Friedrichsbräu ist die Heimat der Membier-Biere (Lager, Rosso, Red Ale und Pale Ale), die 2020 auf der Tagung des Biomasseverbands vorgestellt wurden. Die Biere können online bestellt werden oder nach Absprache vor Ort abgeholt werden.

GROSSKRUT

MILLER'S BEER

2143 Großkrut, Kleine Teichmühle 1, +43/720/516337
www.millers.beer
In einer 600 Jahre alten Mühle braut Gerald Köhler eine Reihe klassischer Bierstile. Abgefüllt werden diese in Bügelverschlussflaschen – und ein paar Auszeichnungen bei der Austrian Beer Challenge hat es auch schon gegeben. Verkauf ab Brauerei nach telefonischer Vereinbarung.

HAINFELD

BRAUEREI HAINFELD

3170 Hainfeld, Wienerstraße 10, +43/2764/2350
www.brauerei-hainfeld.at
1757 gegründete Mittelstandsbrauerei, die 1808 von Karolus Riedmüller, dem Sohn eines „Chyrurgen" aus Weyr, gekauft wurde. Karl Riedmüller, Sohn des Karolus Riedmüller, übernahm dann die Brauerei in Hainfeld, sein Bruder Josef die Brauerei in Waidhofen an der Ybbs. Dessen Sohn kaufte dann die Brauerei in Wieselburg. In Hainfeld ist nun Peter Riedmüller in sechster Generation Braumeister – und auf Anfrage zeigt er den Betrieb gerne her, Besuchergruppen von 8 bis 15 Personen sind nach Terminvereinbarung willkommen. Führungszeiten Mo – Fr 8:00 bis 17:00 Uhr, Dauer 1 Stunde. Zu den Besonderheiten der Hainfelder Brauerei gehört auch, dass ihre Energieversorgung auf Kleinwasserkraft und Biomassefeuerung beruht.

Brauerei Hainfeld

HAINFELD-MUSEUM – MUSEUM HISTORISCHER BIERKRÜGE

3170 Hainfeld, Wiener Straße 16, +43/676/842246287
www.hainfeld.gv.at/Museen, www.bierkrugmuseum.at
Das Museum historischer Bierkrüge verfügt über seltene, wirklich sehenswerte Exponate aus verschiedenen Epochen von 1500 bis 1950. Diese ist im Gebäude des ehemaligen Bezirksgerichts gemeinsam mit dem Hainfeldmuseum (Stadtgeschichte, darunter die des Einigungsparteitages der Sozialdemokratie 1888/89) untergebracht. So können Besucherinnen und Besucher gleich zwei Museen besuchen.

HANFTHAL

HOPFIUS

2136 Hanfthal, Hanfthal 270, +43/699/10504013
www.hopfius.at
Diplom -Biersommelière Beate Uhl und ihr Partner Markus Pernold haben ihr Brau-Hobby zum Zweitberuf gemacht. Sie geben gegen Voranmeldung Einblick in das Brauhandwerk und bieten Verkostun-

gen an. Bierverkauf samstags von 9:00 – 12:00 Uhr. Ausschank bzw. Verkauf von Hopfius im Gasthaus Herbst und beim Hanfwirt in Hanfthal, in Jupp's Hausbergstubn in St. Ulrich, Weingut Bischof in Kleinweikerdorf, im Hofladen „Hausgmocht" beim Weingut Strobl in Eibesthal, im Schwarzen Peter in Laa und in der B10 Hagenberg.

HASSBACH

HASSBACHER BRAUECK

2831 Haßbach, Berggasse 6, +43/2629/7326, +43/664/4515416
www.braueck.at
Martin Gruber hat sich 1999 eine kleine, gewerblich betriebene Brauerei in seinem Privathaus eingerichtet. Er braut – wie schon vorher als Hobbybrauer – neben seiner Hausmarke „G'roda Michl" immer wieder saisonale Spezialitäten.

JAPONS

DANGL PRIVATBRAUEREI

3763 Japons, Zettenreith 7, +43/2914/70206 oder +43/664/73059199
www.danglbier.at
Mit dem Gründungsjahr 1991 ist Günther Dangls Hausbrauerei in Zettenreith (eine winzige Ortschaft im Bezirk Horn) eine der ältesten ihrer Art. Günther Dangl ist im Lauf der Zeit immer experimentierfreudiger geworden, seit 2019 braut er etwa das seiner Aussage zufolge weltweit erste Bier aus Waldstaudenkorn, einer alten Roggenvariante. Die Biere sind in 0,33 l und 0,5 l Flaschen sowie in 5 l Bierdosen und im Fass erhältlich. Derzeit erfolgt der Verkauf ab Hof nach telefonischer Voranmeldung.

KARLSTETTEN

BRAUHOF DUNKELSTEIN

3121 Karlstetten, Schaubing 2, +43/2782/86961
www.schaubing.at
Fünf Kilometer nördlich von St. Pölten (mit dem Auto orientiert man sich in der Stadt am Krankenhaus und biegt gegenüber Richtung Weitern ab) betreiben Erich und Martina Diesmayr diesen gastlichen Bauernhof. Gebraut werden Schaubinger Helles, Schaubinger Spezial (halbdunkel), Schaubinger Kürbisbier, Schaubinger Weizenbier, erhältlich während der Sommermonate, auch in der 1l Flasche zum Mitnehmen sowie Saufbock, ein dunkler Bock und das helle Bier-Landpomeranze in der 0,33l Flasche. Die Biere können auch online über myProduct bestellt werden. Bierverkauf: Mo-Do 9:00 bis 18:00 Uhr und Fr-Sa 9:00 bis 20:00 Uhr.

Brauhof Dunkelstein

KASTEN

KASTNER BIER

3072 Kasten, Steinabruck 35, +43/660/7004016
www.kastnerbier.at
Kleinstbrauerei, die seit Herbst 2017 für den Ausschank im kleinen Cosmic-Stüberl braut.

KOGL

SPECHT BIERBRAUEREI

3443 Kogl, Kogler Hauptstraße 11, Zufahrt Kapellenweg
+43/660/5232317
www.spechtbier.at; www.facebook.com/brauereispecht
Nach ihrem Selbstverständnis ist diese 2017 gegründete Brauerei in der Nähe von Sieghartskirchen die „Wienerwald-Brauerei". Neben klassischen Lagerbieren und Ales gibt es auch experimentelle Biere wie Apfelsauerbier, Zirbenbier oder Nussbier. Angeboten wird eine Kostbar mit Bierverkauf, Verkostungen und Brauworkshops. Ebenso ist dieser Raum mit einer Kapazität für 30 Personen für Veranstaltungen mietbar.

KORNEUBURG

DRUNKEN UNICORN BEER FACTORY

2100 Korneuburg, Hauptplatz 33, +43/664/1327760
www.drunkenunicorn.eu
Die Drunken Unicorn Beer Factory ist eine Mikrobrauerei mitten im

Herzen von Korneuburg. Es werden traditionelle und kreative Biere per Hand gebraut und abgefüllt. Eine Brauereibesichtigung und Verkostung der Sorten ist jeden Freitag von 14:00 bis18:00 Uhr möglich. Weiters werden einmal im Monat Braukurse ab 6 Personen angeboten.

KRUMBACH

PRIVATBRAUEREI GERALD SCHWARZ – SCHWARZBRÄU

2851 Krumbach, Bundesstraße 100, +43/660/8712288
www.schwarzbraeu.at
Diplombiersommelier Gerald Schwarz braut auf seiner handwerklichen Brauanlage Bierspezialitäten aus Rohstoffen, die nach Möglichkeit von örtlichen Landwirten bezogen werden. Daraus entstehen nach aktueller Zählung inzwischen 32 verschiedene Biere – vom Altbier über ein helles Lagerbier bis zu diversen Ales. Offene Brauereiführungen jeden 2. und 4. Samstag im Monat um 14:00 Uhr, individuelle Führungen für Gruppen ab 10 Pers. nach Anmeldung (buchung@schwarzbraeu.at oder +43/660/871228). Nach Vereinbarung gibt es einstündige Brauereiführungen. Für Gruppen bis zu 16 Personen bietet Gerald Schwarz zu Fixterminen (und nach Vereinbarung etwa für Betriebsausflüge) auch Bierseminare im historischen Ambiente des Krumbacher Museumsdorfs, bei denen man acht Stunden lang die Entstehung des Bieres mitverfolgen kann – so ein Seminar endet üblicherweise in gemütlicher Runde im Krumbacherhof. Es gibt aber auch einen Ausschank im Verkostungsraum. Dieser hat wechselnde Öffnungszeiten, die jeweils auf der Website bekanntgegeben werden.

LAA A.D.THAYA

HUBERTUSBRÄU

2136 Laa a.d.Thaya, Hubertusgasse 1, +43/2522/2246
www.hubertus.at
Das Braurecht von Laa reicht bis ins Jahr 1454 zurück – das sieht man der modernen und sehr innovationsfreudigen Hubertus-Brauerei aber nicht an. Nach Voranmeldung (02522/2246-30) sind Gruppenführungen für bis zu 50 Personen möglich, Bierverkostung inbegriffen – „durstig darf mir da keiner raus", sagt Brauereichef Hermann Kühtreiber.

LANDEGG

GALLIER BRÄU

2486 Landegg, Alfred Weber Straße 9, +43/650/6733378
www.gallier-braeu.at
Der Belgier Jan Van Laere braut seit 2015 in seiner eigenen Brauerei belgische Bierstile. Neben Stilen wie Golden Strong Ale, Special Belge oder Wit spezialisiert er sich auch auf spontan-gereifte Sauerbiere, die er traditionell über Nacht, ohne Zugabe von Hefe oder Milchsäure, im Koelschip vergären lässt. Sein Holzfasslager beinhaltet Lambic von verschiedenen Jahrgängen, die als Geuze verschnitten oder mit Kriek oder Framboise assembliert werden ... Mit dem „Oud Bruin" errang er den ersten Platz bei der BierIG Staatsmeisterschaft.

LANGENLOIS

FIAKER BRÄU

3550 Langenlois, Holzplatz 7, +43/2734/2150
www.fiakerwirt.at/brauerei
Seit Juni 2008 wird im Stadtzentrum von Langenlois das Fiakerbräu gebraut – Pils, Märzen, Dunkles und Weizen (2012 Vizestaatsmeister bei den Klein- und Privatbrauereien) und saisonale Spezialitäten wie Bock zu Ostern und zu Weihnachten (2011 Staatsmeister bei den Klein- und Privatbrauereien), Langenloiser Herbstbier im Oktober. Die Biere werden auch in Ein- und Zweiliterflaschen abgefüllt. Siehe auch unter Lokale Niederösterreich – Langenlois.

LANGENZERSDORF

L.E. EAST BREWERY

2103 Langenzersdorf, Finkengasse 35-37, 43/664/8341787 und +43/660/6705507
www.le-east.at
Stefan Paradeiser und Patrick Fritz haben in ihrer Heimatgemeinde Langenzersdorf (L.E.) am Wiener Stadtrand eine kleine Versuchsbrauerei eingerichtet – die eigentliche Produktion passiert aber bei 100 Blumen. Das Bier gibt es beim Golfklub-Restaurant Spikes und einmal im Monat im Langenzersdorfer Ab-Hof-Verkauf.

L.E. East Brewery

LAXENBURG

LAXENBURGER BRAUHANDWERK

2361 Laxenburg, Wiener Straße 5, +43/677/61270777
laxenburger.at
Seit 2016 etablierte Wanderbrauerei, die aus einem Hobby im Keller

zu einem auf Craftbierfesten gefragten Betrieb gewachsen ist und in der alten Wagengarage der kaiserlichen Schlossbewohner (im Schlüsseltrakt, rechts neben dem Haupteingang zum Schlosspark) angesiedelt ist. Die Biere gibt es in mehreren Lokalen und Geschäften in Laxenburg und Wien, eine jeweils aktuelle Liste ist auf der Website.

MARIA ENZERSDORF

Perchtoldsdorfer Privatbrauerei

TSCHÖAMS BIERE

2344 Maria Enzersdorf, Dobrastraße 106, +43/650/2944101
www.tschoeams-biere.at
Seit 6 Jahren braut Stefan „TSCHÖAM" Germany, Hochschullehrer, Brauer und Diplombiersommelier, kommerziell bei 100 Blumen und Braumanufaktur Schalken seine Biere. Aktuell bilden Mödlinger Helles, Wiener Wunder, Citra Pale Ale, New England IPA, Hopfenheiter IPA, Bock und Schwarz wie die Nacht das breite Repertoire, doch sind laufend neue Kreationen zu erwarten. Samstag Vormittag gibt es Ab-Hof-Verkauf in der Südstadt inklusive Verkostungsmöglichkeiten.

MATZEN

BÄRENBRÄU

2243 Matzen, Hauptstraße 21, +43/676/6969141
www.baerenstubn.at
Wirtshausbrauerei, Rundgang durch das Brauhaus möglich. Siehe auch unter Lokale Niederösterreich – Matzen – Bärenstubn.

MÜNICHREITH AM OSTRONG

HASEL-BRÄU – WIRTSHAUSBRAUEREI HASELBÖCK

3662 Münichreith am Ostrong, Hausbrauerstraße 3
+43/7413/6119
www.wirtshausbrauerei.at
Landgasthaus aus dem frühen 19. Jahrhundert, in dem Paul Haselböck 1999 eine 3 hl-Brauerei eingebaut hat: Hopfen aus Neufelden, Malz aus Bamberg. Paul Haselböck braut klassisch Helles, Böhmisches Dunkles, Caramel, Wiener Lager, Pils, Bruder (ein kräftiges Stout) und Schwester (IPA). Das Bier gibt es zum Mitnehmen in 0,5L, 1L- oder 2 L Bügelverschlußflaschen sowie im Fass. Auch online erhältlich unter myproduct.at Siehe auch unter Lokale Niederösterreich – Münichreith.

OBER-GRAFENDORF

BAHNHOFSBRÄU

3200 Ober-Grafendorf, Bahnhofsplatz 1, +43/2747/3250
www.bahnhofsbräu.com
Wolfgang Stix, der in Obergrafendorf die World of Styx mit Schokolademanufaktur und Naturkosmetik etabliert hat, ist im Herbst 2014 unter die Brauer gegangen und hat im ehemaligen Bahnhof eine Kleinbrauerei eröffnet. Brauseminare werden mehrfach im Jahr für fünf bis zehn Personen durchgeführt: Dauer zwischen vier und sechs Stunden, inkludiert sind Jause, Bierverkostung, abschließend Stelzen Essen. Näheres dazu auf der Homepage. Brauereiausschank unter Niederösterreich – Obergrafendorf.

PAYERBACH

RAX BRÄU

2650 Payerbach, Hauptstraße 40, +43/676/6409628
Am Fuße der Rax, direkt beim Viadukt der Semmeringbahn, braut Alexander Hauser, der das Raxbräu von Franz Gerhofer 2019 übernommen hat. Erhältlich ist sein Bier im Looshaus am Kreuzberg. Die Biere kann man im Raxbräu freitags von 15:00 bis 18:00 Uhr und samstags von 9:00 bis 12:00 Uhr oder nach Vereinbarung für zu Hause kaufen.

PERCHTOLDSDORF

P3 – PERCHTOLDSDORFER PRIVATBRÄU

2380 Perchtoldsdorf, Tilgnergasse 1, +43/664/1481979
www.perchtoldsdorf.beer
Im Weinort Perchtoldsdorf gibt es auch eine über 100 Jahre alte Bierbrautradition, welche P3 wieder aufleben hat lassen. Im Jahr 2021 erfolgte die Bio-Zertifizierung. Insgesamt gibt es aktuell 4 Biere, das kaltgehopfte Pils „Turmsteiger", ein kaltgehopftes Bio-Weizen namens „Burgfräulein", das unfiltrierte Bio Lager „Burgwächter" und den „Marktrichter", einen kaltgehopften Bock. Zu besichtigen gibt es hier nichts, weil die Biere im Lohnbrauverfahren hergestellt werden.

PERNITZ

TWO IN A ROCKET

2763 Pernitz, Mathildensteig 33, +43/664/3544835
www.twoinarocket.at

Gypsy-Brewery, die einige interessante Projekte auf den Weg gebracht hat. Viele ihrer Biere werden in Deutschland gebraut.

PILLICHSDORF

FUXX BREWING

2211 Pillichsdorf, Sechshauserstraße 21
www.fuxx.at
Kleinbrauerei, die ihre Rezepte auf einer 50-Liter-Anlage entwickelt. Für die eigentliche Produktion weicht man in eine größere Brauerei aus. Es gibt IPA (ausgezeichnet mit dem 3. Platz bei der Staatsmeisterschaft 2022) und Märzen, gelegentlich auch ein untergäriges Rotfuxx Bier.

PURKERSDORF

GABLITZER PRIVATBRAUEREI

3002 Purkersdorf, Linzerstraße 61, +43/664/8520352
www.gablitzer.at Do-Fr: 9:00 bis 12:00 Uhr, 14:00 bis 17:00 Uhr; Sa: 10:00 bis 12:00 Uhr
Markus Führer hat mit seiner 2009 gegründeten Kleinbrauerei schon etliche Auszeichnungen bei der Staatsmeisterschaft der Haus- und Kleinbrauereien erzielt, zu seinen Spezialitäten gehört ein Whiskey-Stout und ein Rosenbier. 2016 belebte er die Marke des Hütteldorfer Bieres für zwei Gastronomiebetriebe im 14. Wiener Gemeindebezirk neu. Das „Hütteldorfer Bräu" gibt es in der 0,33l-Flasche im Retrodesign beim Bier Keissler in Hütteldorf.

PYHRA

SPITZENBIER

3143 Pyhra, Kyrnbergstraße 4, +43/660/4990047
www.spitzenbier.at
Diese Brauerei ist aus dem Hobbybrauverein „Flüssiges Gold" hervorgegangen, war anfangs ein Contract-Brewer und hatte seinen Outlet in einer ehemaligen Spitzenfabrik in St. Pölten, was den hochtrabenden Namen erklärt. 2020 wurde die Brauerei als Schulprojekt der Landwirtschaftlichen Fachschule (LFS) Pyhra professionell eingerichtet. Jährlich werden rund 1000 Hektoliter Bier gebraut, welches auch Online-Shop, bei Sodek und Kern in St. Pölten und im Lagerhaus St. Veit/Gölsen verkauft wird.

SANKT ANDRÄ-WÖRDERN

HAGENTHALER BIER – BRAUHAUS MARCHART

3423 Sankt Andrä-Wördern, Greifensteinerstraße 92
+43/2242/33156, +43/676/9112512
www.hagenthaler-bier.at, www.brauhaus-marchart.at
Die Gasthausbrauerei wurde 2014 als Familienbetrieb neu gegründet. Es werden mit einer 5-Hektoliter-Anlage des steirischen Herstellers Fleck 4 Sorten Bier gebraut: Hagenthaler Hell (Märzenzwickl), Hagenthaler Gold (Red Ale) und Hagenthaler Dunkel (Stout) sowie ein wechselndes Bier (z. B. Weizen, Rauchbier und verschiedene Bockbiere). Führungen durch die Brauerei (Sudhaus, Gär- und Lagerkeller) sind jederzeit während der Öffnungszeiten des Lokals möglich. Für private Feiern gibt es 5l Partyfässer, für größere Feste auch Holzfässer zu 30l und 50l auf Bestellung. Siehe auch unter Lokale Niederösterreich – Brauhaus Marchart.

Hagenthaler Bier – Brauhaus Machart

SANKT VEIT/GÖLSEN

PETRI-BRÄU – BIERFISCH

3161 Sankt Veit/Gölsen, Brillergraben 8, +43/680/2077380
www.bierfisch.at
Das Petri-Bräu ist eine in den nur zu sehr beschränkten Zeiten geöffneten Gasthof „Bierfisch" integrierte Hausbrauerei. Es werden immer vier selbstgebraute Biersorten angeboten, Landbier und Dunkles das ganze Jahr, dazu kommen abwechselnd zwei Spezialbiersorten, z.B Lüstling (Haferbier), Amber, Porter, Honigbier, Weizenbier, Roggenbier, Rauchbier, Bockbiere etc. Es lohnt, sich vor einem Ausflug hierher zu informieren, ob offen ist – und wenn offen ist, dann lohnt der Lokalbesuch. Aus eigener Aufzucht Treberschweine sowie Forellen, Saiblinge, Karpfen. Geöffnet vom 23.3. bis 10.12.2023: Do-Fr 17:00 bis 22:00 Uhr, Sa 11:00 bis 14:00 Uhr und 17:00 bis 22:00 Uhr, So 11:00 bis 15:30 Uhr.

SCHALLADORF

BRAUKÜCHE 35

2022 Schalladorf, Schalladorf 35, +43/680/2122242
www.braukueche35.at
Die Brauküche 35 ist eine kleine Handwerksbrauerei in Schalladorf nahe Hollabrunn. Jörg Gartler braut neben klassischen Bierstilen wie dem Hausbier (Helles) oder dem Weizentanz auch immer wieder wechselnde Biersorten wie z.B. verschiedene Versionen eines Saisons oder eines Stouts. Sehr oft wird das Weinviertel in den Bieren verewigt. So werden Biere in Weinfässern regionaler Winzer gereift

und Fruchtsauerbiere mit Früchten aus der Region hergestellt. Bei der Austrian Beer Challenge 2022 gab es für das zwölf Monate im Portweinfass gelagerte Portbier den dritten Platz. Die Biere kann man direkt im Ab-Hof-Shop (Samstag 10:00 - 12:00 Uhr oder gegen telefonische Voranmeldung) verkosten und erstehen. Es werden auch Brauereiführungen und Braukurse angeboten.

SCHILTERN

BRAUSCHNEIDER

3553 Schiltern bei Langenlois, Laabergstraße 5, +43/2734/32917
www.brauschneider.at
Michael Schneiderhat als Gastbrauer beim Erzbräuin Gaming „aus dem Stoff, aus dem echte Biere sind", wie die BrauSchneider-Philosophie lautet, die Marke BrauSchneider aufgebaut. Sohn Felix Schneider entwickelte nicht nur die Rezepte, er entwickelte auch gemeinsam mit dem ehemaligen Puntigamer-Braumeister Gilbert Moser die Technik des 2017 eröffneten Sudhauses und firmiert nun als HeadBrewer – oder, wie er es nennt, „der BrauSchneiderMeister für den guten Stoff". Familie Schneider hat lange daran getüftelt, diese technologisch innovative Brauerei zu errichten. Der Bau bietet nicht nur dem eigentlichen Braubetrieb Platz, sondern empfängt die Besucher auch mit einem Braushop. Gebraut werden in der 0,33 l Flasche: Helles, Pilsner, Hanfbier, Session Pale Ale, India Pale Ale, Weißbier, Dark Mild, Urkorn Bier und saisonale Sondereditionen, wie Marillen Kettle Sour im Frühjahr/Sommer oder Powidl Porter im Herbst/Winter. Außerdem gibt es noch eine Sonderedition in der 0,75 l Flasche: Mièlo Ale, ein Bier mit geringer Restsüße aus feinstem Krumauer Honig, und ab Frühjahr/Sommer 2023 ein Imperial Stout in der 0,75 l Flasche. Führungen und Verkostungen sind zu den Öffnungszeiten der BrauSchank ab 8 Personen und gegen Voranmeldung möglich. Veranstaltungen in und um die Räumlichkeiten der Brauerei werden auf der Homepage www.brauschneider.at/events bekannt gegeben.

SCHÖNBACH

PFARRHOFBRAUEREI SCHÖNBACH

3633 Schönbach, Schönbach 1a, +43/664/2509759
www.schoenbacherpils.at
Von 2006 bis 2020 betrieb die Familie Pichler in einem im stilvoll adaptierten Kellergewölbe des ehemaligen Klosters ihr „Braugewölbe". Ab dem 1.1.21 hat der Berliner Whiskyhändler Klaus Pinkernell, seit vielen Jahren regelmäßiger Besucher des Ortes Schönbach, Brauerei und Gaststätte übernommen und plant, die Aktivitäten nach und nach auszubauen. Gebraut wird auf einer 3 hl Anlage der Firma Buchrucker (Labu Bräu – Ottensheim) ein sehr mild gehopftes Pils, für Weihnachten gibt es jedes Jahr auch etwa 400 Liter Bockbier. Führungen für Gruppen und Bierverkostungen können jederzeit vereinbart werden.

SCHREMS

BRAUEREI SCHREMS

3943 Schrems, Niederschremser Straße 1, +43/2853/77275
www.schremser.at
Seit über 600 Jahren wird in Schrems Bier gebraut, seit 1838 von der Familie Trojan, mittlerweile in 5. Generation. „Bier und Bierbrauen ist pure Emotion", meint Brauereibesitzer und Braumeister DI Karl Th. Trojan, „und auch die Grundlage für Weiterentwicklung und Erfolg. Bier ist nicht einfach ein Produkt, das man herstellt, Bier ist unser Lebensinhalt." So setzt man in der Schremser Brauerei auf eine handwerkliche und traditionelle Brauweise. Es ist selbstverständlich, dass im Sudhaus noch ein klassischer „Biersieder" das Steuer führt und nicht eine zentrale Computersteuerung. Im klassischen Gärkeller wird kalt und langsam vergoren, das garantiert bekömmliche und ausbalancierte Biere. Die Hefe wird nach der einwöchigen Hauptgärung, die vom Gärführer penibel begleitet wird, abgetrennt und dann schließt eine mehrwöchige Lagerzeit in traditionellen Lagertanks an. Das Bier hat ausreichend Zeit, in den kühlen Tanks und Kellern zu reifen, die natürliche, milde Gärungskohlensäure aufzunehmen und sich zu klären. Filtriert oder unfiltriert, wie bei den Biobieren, ist dann nur mehr die Frage der jeweiligen Produktphilosophie. Natürlich setzt man auf modernste Abfülltechnologie, um den Biergenuss auch perfekt und haltbar in Fässer- und Flaschen zu füllen. „Der Mix macht's aus", ist DI Karl Trojan überzeugt, „Traditionelle handwerkliche Brauweise, die Verwendung bester heimischer Rohstoffe, kombiniert mit moderner Technologie." Führungen gibt es Mo-Sa für Gruppen ab 10 Personen gegen Voranmeldung. Verkostet werden dabei auch Spezialitäten wie Roggenbier und Vienna IP. Der Spaß dauert inklusive Verkostung etwa 90 Minuten und kostet €12,00 pro Person. Souvenirshop: Mo-Fr 7:00 bis 12:00 und 13:00 bis 16:00 Uhr, Sa 9:00 bis 11:00 Uhr.

SCHWECHAT

BRAUEREI SCHWECHAT

2320 Schwechat, Mautner-Markhof-Straße 11, +43/1/70140-0
www.schwechater.at, www.facebook.at/BrauhausSchwechat
Die im 19. Jahrhundert von Anton Dreher zu internationaler

Brauerei Schwechat

Berühmtheit geführte Brauerei Schwechat gehört heute zur Brau-Union und damit zum Heineken-Konzern. Schwechat ist die Geburtsstätte des Wiener Lagerbiers durch Anton Dreher. Ein Biertyp, der hierzulande erst vor wenigen Jahren wiederbelebt und in Schwechat hoch in Ehren gehalten wird. Auf dem Brauereigelände können die Besuchergruppen (10 bis 50 Personen) verschiedene Bereiche der Produktion und Abfüllung besichtigen. Eindrucksvoll ist das 2006 auf dem neuesten Stand der Technik erbaute Sudhaus sowie das Dosenkompetenzzentrum mit seiner im Jahr 2019 erneuerten Hochleistungsfüllanlage von 60.000 Dosen pro Stunde. Besuchsmöglichkeiten bzw. Brauereiführungen für Gruppen ab 10 Personen: ganzjährig Mo, Di und Do von 10:00 bis 18:00 Uhr. Kosten pro Person 10,- Euro für die Führung und anschließender Bierverkostung inkl. einer Bierbrezn. Auch im Sudhaus werden die einzelnen Bierausbaustufen verkostet, direkt aus dem Frischetank.

SCHWEIGGERS

WINDHOFBRÄU

3931 Schweiggers, Windhof 20, +43/664/1735677
www.windhofbraeu.at
Halb Mufflon, halb Damhirsch – so sieht das Logo dieser Kleinstbraurei aus – und ein solches Präparat (gestaltet von Gerhard Blabensteiner) ziert auch die Braustube. Erhältlich sind die Biere (etwa ein Honigbock) vor allem in den Bezirken Zwettl und Gmünd. Für das Dorfwirtshaus Sallingstadt wird jeweils ein Monatsbier gebraut.

SIEBENHIRTEN

GRAD BIER

2130 Siebenhirten, Im Kirchfeld 7, +43/650/9383019
www.gradrichtig.at
Klaus und Michael Lahner sind zwei Hobbybrauer, die als Contract Brewer ihr Helles in größeren Brauereien herstellen lassen. Zu Trinken gibt es ihr Bier im „Altes Depot" in Mistelbach, im „Siebenhirter Hof" in Siebenhirten und im „Sheperd´s" beim MZM in Mistelbach.

SIEGERSDORF

BRAUWERKSTATT THOMAS FRITSCHE

2486 Siegersdorf, Pottendorfer Straße 106, +43/680/2042899
www.siegersdorfer.at
Thomas Fritsche braut seit 2011 in seiner Brauwerkstatt im niederösterreichischen Siegersdorf kleine Chargen, die in Flasche und Fass vermarktet werden. Alle paar Wochen gibt es einen Ausschank in der Brauerei. Auf Anfrage gibt es auch gerne Bierverkostungen.

ST. PÖLTEN-UNTERRADLBERG

PRIVATBRAUEREI FRITZ EGGER GMBH & CO KG

3105 St. Pölten-Unterradlberg, Tiroler Straße 18, +43/2742/392-0
www.egger-bier.at

Privatbrauerei Fritz Egger

Egger zählt zu den modernsten Brauereien Europas, sie legt aber besonderen Wert auf Beachtung des traditionellen Reinheitsgebots von 1516. Gegründet wurde das Unternehmen 1675 als Vorstadtbrauerei Gwercher in Kufstein. Diese wurde 1868 von der Familie Egger übernommen. 1978 übersiedelte das Unternehmen von Kufstein nach St. Pölten-Unterradlberg. Egger Bier wird seit 2017 „klimaneutral gebraut": Bis dato wurde dank des hauseigenen Biomassekraftwerkes und eines externen Stromanbieters, der ausschließlich mit erneuerbaren Energieträgern arbeitet, bereits zu 99 % klimaneutral produziert, der verbleibende CO_2 Ausstoß wird durch Klimazertifikate kompensiert. Dabei wird das Wasseraufbereitungsprojekt in Kambodscha, das Projekt zur Brunnen-Instandsetzung in Malawi und das Projekt „Schutz der Alpen" unterstützt.

THERNBERG

WOLFSBRÄU – PRIVATBRAUEREI FAMILIE WAGNER

2831 Thernberg, Blumengasse 7, +43/664/1925560
www.wolfsbrau.at
Das Wolfsbräu ist als das Bucklige Welt Bier relativ neu, es hat aber eine lange Geschichte, die im Kärntner Wolfsberg beginnt. Karin und Markus Wagner brauen nun seit 2012 in der 9. Generation „Gutes Bier für liebe Leut'" in Thernberg/NÖ in der „Buckligen Welt". Folgende Biere werden gebraut: „Wolfsbräu Kristall": Märzenbier, durch natürliche Filtration von Hefe befreit, „Wolfsbräu Zwickl": naturtrübes Kellerbier, saisonale Bierspezialitäten, wie z.B. „Wolfsbräu Bock". Das Bier wird bis Wien geliefert. Brauereiführung: Mag. Markus Wagner führt persönlich durch die Brauerei (ca. 60 min), auf Wunsch mit anschließender Bierverkostung in der Verkostungsstube oder im Sommer im Hof.

TRAISEN

LINKO BRÄU – GASTHOF LINKO

3160 Traisen, Gartengasse 9, +43/2762/62802
www.linko.at
Gasthausbrauerei, die auch die Craftbierschiene mit einem IPA bedient. Details unter Lokale Niederösterreich – Traisen.

TRAISKIRCHEN

2514 BIER PRIVATBRÄU LEIMER

2514 Traiskirchen, Alfons Petzoldstraße 30, +43/660/8148881
www.2514-bier.at
Roland Leimer braut mit seinem Sohn Matthias eine breite Palette an unfiltrierten, unpasteurisierten Bieren – vom untergärigen „a'WienerLager" bis zum obergärigen Weizenbier „a'Weisse". Saisonale Starkbiere ergänzen das Sortiment. Bierverkostungen und Brautage nach Vereinbarung. Zapfanlagenvermietung, Eventgastro und „BierCatering". Ab Hof Verkauf Di – Do nach telefonischer Vereinbarung. Frisch gezapft gibts das Bier u. a. hier: Traiskirchner Bierfest: 12.-14.5.2023, Weinfest Traiskirchen: 30.6.-16.7.2023.

BREWERY52

2514 Traiskirchen, Winzergasse 1, +43/664/3565082
www.brewery52.at
2020 gegründete Kleinbrauerei, die in 100 % Handarbeit Bierstile von Sauerbieren über Grape Ales, vom Saison bis hin zu leichten Lagerbieren oder IPAs sowohl umweltgerecht als auch experimentierfreudig braut. Die Zahl 52 im Firmennamen steht für das Alter des Gründers Kurt Welsch im Gründungsjahr sowie die Ausschlagmenge von etwas mehr als einem halben Hektoliter je Sud. Regelmäßig werden Bierverkostungen durch den Diplom Bier-Sommelier Kurt Welsch – auf Wunsch auch mit passender Speisenbegleitung – angeboten.

TRAUTMANNSDORF AN DER LEITHA

EHRENTRAUTMANNSDORFER BIERMANUFAKTUR

2454 Trautmannsdorf an der Leitha, Hauptstraße 107
+43/664/73487857
www.ehrentrautmannsdorfer-biermanufaktur.at
2016 gründete Wolfgang Ehrentraut in Trautmannsdorf seine Bier-

manufaktur. Sein Sortiment reicht vom Pils (Blanc) bis zum Baltic Porter. Ab Hof-Verkauf, Brauereibesichtigung und Verkostungen auf Anfrage.

TÜRNITZ

TÜRNITZER BIER

3184 Türnitz, Mariazellerstraße 56, +43/660/5338099
www.türnitzer-bier.at
Seit dem Jahr 2000 aktive Kleinstbrauerei von Karl Karner, der das Türnitzer Natur und das Geburtstagsbier braut.

TULLN

ADLERBRÄU

3430 Tulln, Rathausplatz 7, +43/2272/62676
www.adlerbraeu.at
Gasthausbrauerei in einem Haus aus dem Jahre 1621.

UNTERRETZBACH

WINZERBRÄU

2074 Unterretzbach, Hauptstraße 1, +43/2942/2505
www.winzerbraeu.at

Winzerbräu

WINZERBRÄU
HOFBAUER

Ludwig Hofbauer reist mit den Augen eines Winzers durch die Bierwelt – und braut mit der Sorgfalt eines erfolgreichen Weinguts. Seine „Retzbacher Weisse" spielte von Anfang an in derselben Klasse wie die Top-Vertreter der Kategorie aus Bayern. „2022 konnten wir bei der Falstaff Bewertung mit dem Kellerbier 94 Punkte erreichen. Mit dem Dunklen und dem Weissen 90. Bei der Austrian Beer Challenge holten wir mit dem Dunklen den Vizestaatsmeister", berichtet er von seinen aktuellen Erfolgen. Im Jahr 2023 geht ein neue Brauerei in Betrieb, die mit Biomasse, teilweise aus den Rodungen der eigenen Weingärten, betrieben wird. Weiters wird beabsichtig, die Biere auf Bio umzustellen.

UNTERSIEBENBRUNN

MARCHFELDER STORCHENBRÄU

2284 Untersiebenbrunn, Erste Straße 7, +43/2286/27422
www.bauersbier.at
Manfred Bauer startete seine Brauer-Karriere in einem ehemaligen Presshaus in Untersiebenbrunn: 2015 wurde die Brauerei mit einem 10hl Sudhaus neu errichtet und übersiedelt. Während der Shop-Öffnungszeiten Di-Fr von 13:00 bis 19:00 Uhr sowie Sa von 9:00 bis 14:00 Uhr können alle Produkte nicht nur erworben, sondern selbstverständlich auch verkostet werden. So kann man gleichzeitig auch einen Blick in die Brauerei werfen und mitunter auch dem Braumeister beim Bierbrauen über die Schulter gucken. Exkursionen werden gegen Voranmeldung durchgeführt. Erhältlich sind die Biere auch an mehreren Verkaufsstellen in Wien.

WAIDHOFEN AN DER THAYA

HOPFENSPINNEREI

3830 Waidhofen an der Thaya, Mühlgasse 4 (Zufahrt über Wiener Straße, Höhe Kreuzung mit Rudolf Reißmüller-Straße)
+43/660/2009869
www.hopfenspinnerei.at
Die Hopfenspinnerei hat den Stillstand während der Pandemie genutzt, um ihren Standort vom niederösterreichischen Zentralraum ins nördliche Waldviertel zu verlegen. Brauerin Evelyn Bäck und Lebensgefährte Gwaël Gauthier haben eine leerstehende Mühle in Waidhofen an der Thaya für den Braubetrieb adaptiert. Seit Herbst 2021 kann am neuen Standort gebraut werden, der Verkaufs- und Verkostungsbereich im historischen Ensemble am Thayaufer ist jeweils an Samstagen (9:00 bis 12:00 Uhr, 14:00 bis 17:00 Uhr) geöffnet, im Sommer soll auch an weiteren Tagen offen sein. Beibehalten werden natürlich auch im Waldviertel die beliebten Heimbrau-Workshops. Das Biersortiment umfasst mit dem „Waidhofner Schlederwamperl" (Blond) und „Ziegengeist" (Altbier) weiterhin Varianten der bekannten, mehrfach preisgekrönten Hopfenspinnerei-Standards. Ergänzt wird das Sortiment durch unregelmäßig angebotene Sondersude.

WARTH

HOLZB(R)AUER HANDWERKSBRAUEREI

2831 Warth, Wiesengasse 9, +43/650/8703422 oder +43/2629/3280
www.holzbrauer.at
Gebraut wird hier schon seit 1996, 2011 wurde dann das Gewerbe angemeldet. Bei der Anlage handelt es sich um eine 150-Liter Sudpfanne, in der alle Biere im Infusionsverfahren hergestellt werden. An das Sudhaus ist ein kleiner Verkostungsraum, der etwa 15 Personen gemütlich Platz bietet, angeschlossen. Die Brauerei kann gegen telefonische Voranmeldung besucht werden. Das Lagerbier wird auch im Heurigenlokal Böhm in Katzelsdorf ausgeschenkt.

WARTMANNSTETTEN

PRIVATBRAUEREI MICHAEL ZEISEL

2620 Wartmannstetten, Steinfeldgasse 12, +43/664/3133640
www.zeiserl.at
Die Biere von Michael Zeisel gibt es nach vorheriger Vereinbarung ab Hof oder jeden zweiten Samstag auf dem Wochenmarkt in Bad Vöslau. Zeiserl Bier kann man aber auch auf www.myproduct.at bestellen. Und wer einen Sondersud für sein Fest haben will, kann auch das mit dem Brauereichef ausmachen.

WEITRA

Privatbrauerei Michael Zeisel

BIERWERKSTATT WEITRA

3970 Weitra, Sparkasseplatz 160, +43/2856/2387
www.bierwerkstatt.at
Die kleine Waldviertler Stadt Weitra hat Österreichs ältestes städtisches Braurecht: Es wurde 1321 verliehen und diese Tradition wird von der Bierwerkstatt Weitra im Verbund mit der Privatbrauerei Zwettl weiter gepflegt – insbesondere durch die Produktion des nach dem Stadtgründer Hadmar von Kuenring benannten Biobieres. Schönes kupfernes Sudhaus aus den 1960er-Jahren, technisch wurde aber im Hinblick auf das 700-Jahr-Jubiläum 2021 in den vergangenen Jahren stark nachgerüstet, insgesamt wurden 4,5 Millionen Euro investiert. Seit der Übernahme durch die Privatbrauerei Zwettl hat sich der Ausstoß der Brauerei Weitra auf rund 17.500 Hektoliter im Jahr 2022 erhöht. Vor allem das Hadmar Bio-Bier hat der Bierwerkstatt bundesweite bekanntheit gebracht, das Hadmar hat national 12 Prozent Marktanteil unter den Bio-Bieren. Jährlich Mitte Juli wird in der Braustadt Weitra der Bierkirtag gefeiert.

BRAUEREI FRIEDL

3970 Weitra, Spital 70, +43/664/8117523
www.friedlbier.at
Drei Waldviertler Cousins haben in Spital, einer Katastralgemeinde der Braustadt Weitra, ihre eigene Kleinbrauerei eingerichtet. Neben Bier wird auch ein bierbasiertes Duschgel erzeugt. Das Signature-Beer ist der Waldviertler Wahnsinn – ein Session Pale Ale. Der Name eignet sich auch vorzüglich als Statement, das man auf einer Mütze aufgestickt zur Schau stellen kann – so eine Mütze ist als Merchandise erhältlich.

BRAUHOTEL WEITRA

3970 Weitra, Rathausplatz 6, +43/2856/2936-0
www.brauhotel.at
Quasi das erste Haus am Platz, wenn man genau hinschaut, sieht man, dass es sich tatsächlich um ein ehemaliges Hofbräuhaus handelt – architektonisch fällt der Turm auf, der ehemals eine Malzdarre war und heute als Stiegenhaus dient. Die Tradition reicht hier am Stadtplatz der alten Braustadt Weitra weit zurück, denn die Stadt erhielt ihr Braurecht im Jahre 1321 gemeinsam mit dem Stadtrecht. Und: Seit mehr als drei Jahrzehnten wird in den Kellergewölben des Hauses in der eigenen Gasthausbrauerei wieder Bier gebraut. Neben dem ganzjährig verfügbaren Weitraer Brauhaus Bio-Bier und einem Weizenbier werden auch Saisonbiere angeboten. Bei einer Führung wird über die Tradition des Bierbrauens und die Kunst des Bierstachelns informiert und anschließend das naturtrübe Brauhaus Bio-Bier verkostet. Eine (Film)Führung durch die Gasthausbrauerei im Brauhotel – je nach inkludierter Verköstigung um € 4,00 bis € 20,20 kann telefonisch oder per E-Mail arrangiert werden. Für Gruppen wird um Terminvereinbarung gebeten. Wer zum echten Bierspezialisten werden möchte, kann an einem Bier-Tag oder Bier-Wochenende teilnehmen.

ERLEBNISWELT BIER SCHLOSS WEITRA

3970 Weitra, Schloss Weitra, +43/2856/3311
www.schloss-weitra.at/Erlebniswelt_Bier
1645 gab es in Weitra 33 bürgerliche Brauhäuser, weiters das Städtische Brauhaus und das Herrschaftliche Brauhaus. Das Brauerei-Museum im Keller des Schlosses Weitra bietet seit einem Vierteljahrhundert mit zahlreichen historischen Gegenständen und Werkzeugen des Brauhandwerks, aber auch gehüteten Sammlerschätzen aus Privatbesitz und jahrelang zusammengetragenen „Bierreliquien", einen Überblick über die Entwicklung des Brauwesens in Weitra seit 1321 und über Brauereien, die mit den Fürsten-

bergern verbunden waren. Daher gibt es hier auch Dokumente zur Fürstenbergischen Brauerei in Donaueschingen und zur Brauerei Krusovice, die heute zu Heineken gehört. Das Museum wurde 2021 neu gestaltet: Im Rahmen der Weitraer Biertour gibt es eine Führung durch die Erlebniswelt Bier (mit Aperitif-Bier, einem Rundgang mit dem Nachtwächter und danach ein 3-gängiges Biermenü mit Bierbegleitung). Öffnungszeiten und Eintrittspreise siehe Homepage.

WIENER NEUDORF

WieNeuBräu

WIENEUBRÄU

2351 Wiener Neudorf, Parkstraße 35, +43/664/4757699
www.wieneubraeu.at
Helmut Dobritzhofer knüpft an die 1769 von Johann Conrad in Wiener Neudorf gegründete Brauerei, die spätere Austria Brauerei, an. Für Dobritzhofers eigene Brauerei war es dann 2015 so weit, dass aus dem Hobby der Beruf wurde, mehrmals im Monat geht die 500l-Anlage in Betrieb. Die Biere werden im hauseigenen Braustüberl ausgeschenkt und als Flaschenbier ab Hof angeboten. Siehe unter Lokale – Wiener Neudorf.

WIESELBURG

BRAUEREI WIESELBURG

3250 Wieselburg, Dr.-Beurle-Straße 1, +43/7416/5010
www.wieselburger.at
Seit dem Jahr 1770 wird in Wieselburg – damals noch im Stadtzentrum in Nachbarschaft des Brauhofs – Bier gebraut. Die Brauerei bildet die Heimat der Marken Wieselburger und Kaiser und steht neben dem kürzlich renovierten Museum bei Voranmeldung zur Besichtigung offen. Eine interaktive Präsentation erschließt Besucherinnen und Besuchern die Hintergründe des Bierbrauens von seinen Anfängen an und der Besuch der Produktion führt bis zu den modernen Abfüllanlagen. Die Anmeldung zur Führung ist auf der Website oder bei Martina Scheibel unter m.scheibel@brauunion.com bzw. telefonisch unter +43/664/8381718 (7:00 bis 15:00) möglich. Führungen ausschließlich gegen Voranmeldung und ab einer Gruppengröße von 10 Personen. Für Einzelpersonen besteht die Möglichkeit einer gemischten Gruppenführung jeden 1. Donnerstag des Monats um 13:30 Uhr. Besuchszeiten sind Mo-Do 9:30 bzw. 13:30 Uhr, Fr 10:00 Uhr. Im Führungspreis von €9,50 sind eine Bierkostprobe und ein Bierweckerl inkludiert. Getränke- und Souvenirshop. Das Museum kann auch für Veranstaltungen gebucht werden.

HÖLZL BRAUEREI

3250 Wieselburg, Teichweg 6, +43/664/4136260
www.hqbier.at
Manfred Hölzl braut seit 2006 auf kommerzieller Basis – erst war es das „Erlauftaler Bier", inzwischen aber wurde nicht nur die Brauerei mit einem 15-Hektoliter-Sudwerk ausgebaut, sondern auch das Branding auf „Hölzl" umgestellt. Es gibt vier reguläre Biere – darunter ein an die Märzenbiere der 1980er-Jahre angelehntes Helles, eine Weisse und zwei fruchtige Ales.

WINKLARN

BIERKANTER

3300 Winklarn, Haag 2, +43/664/1831717
www.bierkanter.at
Vier junge Leute aus dem Mostviertel haben auf einen Vierkanthof nahe Amstetten eine Zwei-Hektoliter-Craftbierbrauerei eingerichtet – und diese funktioniert nach Bekunden der Brauer „besser als gedacht": Daher brauen sie Craftbiere entsprechend den traditionellen Rezepturen unter Verwendung des eigenen Braumalzes, gemälzt aus Braugerste vom eigenen Vierkanthof – vom Session IPA über das Amber Ale bis zu einem Saison. Führung durch die Hofbrauerei mit Bierverkostung ab 4 bis max. 10 Personen nach Voranmeldung. Onlineshop https://bierkanter.at/shop

WÖSENDORF IN DER WACHAU

BRAUHAUS WÖSENDORF

3610 Wösendorf in der Wachau, Kellergasse 101
+43/677/61958342
www.brauhaus-woesendorf.at
Umringt von Weingärten inmitten der Ur-Wachau im Gemeindegebiet von Weißenkirchen in der Wachau, brauen Daniela und Stefan Friesenbichler von Hand auf einer 5 HL-Anlage unter- und obergärige Biere. Der Ausschank erfolgt zu vorher auf der Homepage und Facebook bekanntgegebenen Terminen. Bierverkauf sehr gerne nach telefonischer Vereinbarung.

WÜRFLACH

PRIVATBRAUEREI SCHNEEBERGBRÄU

2732 Würflach, Felsweg 15, +43/676/4288738
www.schneebergbrau.at
Auf Weißbier spezialisierte Kleinbrauerei am Eingang zur Johannesbachklamm, das Brauwasser kommt aus dem nur wenige Meter

entfernten Johannesbrunnen. Aufgrund der kleinen Produktionsmengen und der ständig steigenden Nachfrage ist das Schneebergbräu leider sehr oft ausverkauft (telefonische Anfrage!). Das Bier gibt es im Dambäckhaus am Hochschneeberg.

YBBS AN DER DONAU

DOK'S BREWERY

3370 Ybbs an der Donau, Trewaldstraße 6, +43/7412/58000
www.doks.beer Mo: 7:30 bis 13:00 Uhr; Mi: 7:30 bis 13:00 Uhr; Do: 7:30 bis 12:00 Uhr, 16:00 bis 20:00 Uhr; Fr: 7:30 bis 13:00 Uhr
Diese 2,5 Hektoliter – Brauanlage wurde 2017 von der Firma HQ Hölzl aus Wieselburg für „Dok" Alois Obernberger geplant und realisiert. Auffallend sind die besonders gestalteten Künstleretiketten und Bierdeckel von C. Eplinger, die als Sammlerstücke gelten.

ZWETTL

PRIVATBRAUEREI ZWETTL ZWETTLER BRAUERLEBNIS

3910 Zwettl, Syrnauerstraße 22-25, +43/2822/500-10
www.zwettler.at, www.schwarzalm.at Mo-Fr: 9:00 bis 17:00 Uhr; Sa: 9:00 bis 12:00 Uhr
Die 1708 gegründete Zwettler Brauerei wird als Familienunternehmen in der fünften Generation von der Brauerfamilie Karl Schwarz geführt und widmet sich seit einigen Jahren auch engagiert dem Thema Kreativbiere. Der Jahresausstoß am Standort Zwettl lag im Jahr 2022 bei 196.600 Hektolitern. Dank der langjährigen, intensiven Kooperation mit der Erzeugergemeinschaft Edelkorn, die Landwirte der Region vereint, kann Zwettler den Großteil seines Bedarfs an Braugerste regional decken. Auch der Hopfenbedarf wird zu einem beachtlichen Teil lokal gedeckt: Sechs Bauernfamilien ernten auf 14 Hektar Hopfen, teilen sich insgesamt vier Darren und bringen Jahr für Jahr rund 20.000 Kilogramm Hopfen ein. Das Zwettler Brauerlebnis bietet verschiedene Besucherarrangements an. Führungen finden, nach Voranmeldung, unter der Woche von 8.00 - 15.00 Uhr statt, samstags um 9.00 und 11.00 Uhr.Die Zwettler Bierzeit findet ganzjährig am Dienstag von 16.00 bis 18.00 Uhr statt. Eine große Auswahl an bierigen Souvenirs gibt es im Zwettler Biershop: Mo-Fr 9.00 bis 17.00 Uhr, Sa 9.00 bis 12.00 Uhr.

OBERÖSTERREICH

AIGEN-SCHLÄGL

STIFTSBRAUEREI SCHLÄGL

4160 Aigen-Schlägl, Schlägl 1, +43/7281/8801-254
www.stiftsbrauerei-schlaegl.at
Mo-Fr: 9:00 bis 17:00 Uhr; Sa: 9:00 bis 12:00 Uhr
Das Prämonstratenser Chorherrenstift Schlägl gilt als geistiges und kulturelles Zentrum des oberen Mühlviertels. Seit 1580 wird die Kunst des Bierbrauens in Schlägl gepflegt. Das Know-how von vielen Jahrhunderten im Kloster gebrauter Biere wird seit Generationen gehütet und weitergegeben – und die Brauerei dennoch immer wieder erneuert. So gibt es ein – barrierefrei zu erreichendes – Besucherzentrum, aus dem heraus gelegentlich auch Online-Verkostungen übertragen werden. Die Brautechnik wurde mehrfach erneuert, zu besichtigen gibt es ein historisches Sudhaus aus den 1950er-Jahren, viele außer Dienst gestellte Apparaturen sind museal aufbewahrt worden, während die Produktionstechnik auf den neuesten Stand gebracht worden ist – ein kleines Sudhaus für eine Vielzahl von Sondersuden wurde schon angeschafft, demnächst steht die Erneuerung des großen Sudwerks an. Bei den Führungen zum „Mythos Stiftsbrauerei" begleiten Experten die Besucher in die Welt der Braukunst – ein Erlebnis für alle Sinne. Eine Führung kostet € 15,00 (inkl. Verkostungsbrett) und dauert ca 1,5 Stunden. Bei einer Gruppengröße von 8 bis 30 Personen können ganzjährig gesonderte Führungen unter 07281/8801-810 bzw. fuehrungen@stift-schlaegl.at vereinbart werden. Der Brauereishop ist Montag - Freitag von 9:00 bis 17:00 Uhr und Samstag von 9:00 bis 12:00 Uhr geöffnet.

Stiftsbrauerei Schlägl

ALTHEIM

BRAUEREI RASCHHOFER

4950 Altheim, Braunauer Straße 12, +43/7723/42205-0
www.raschhoferbier.at

1645 gegründete Brauerei, seit 1777 in Familienbesitz. Bewährte klassische Brautechnologie (direkt befeuerte Sudpfanne; offene Gärung; kleine, liegende Lagertanks) wird mit innovativen Rezepten zusammengeführt. Unter der Leitung von Christoph Scheriau und Doris Scheriau-Raschhofer wurde ein Schwerpunkt des Sortiments auch auf Craft Bier gelegt. Raschhofer hat nicht nur mit Zwicklbier – es war seinerzeit das erste unfiltrierte Bier unter dieser Bezeichnung in der Flasche –, sondern auch mit internationalen Rezepten wie Lebenskünstler Witbier, Silberpfeil Pale Ale oder Musenkind Porter Innovationen auf den Markt gebracht. Seit 2018 ist der „Innviertler Brauturm" in der Brauerei für Bierliebhaber und Kunden geöffnet: die neue Raschhofer Biererlebniswelt mit einem Besucheraufzug zur Aussichtsplattform, einem Spiegelkabinett mit einem nicht alltäglichen Film, mit einer Führung durch die Brauerei und einem bierigen Abschluß im benachbarten Bierhaus.

Brauerei Raschhofer

WURMHÖRINGER PRIVATBRAUEREI

4950 Altheim, Stadtplatz 10/11, +43/7723/42204
www.wurmhoeringer.at
Wurmhöringer Bier wird in einer traditionellen Landbrauerei in Altheim, in der Thermenregion Innviertel mitten im Zentrum der Oberösterreichischen Braulandschaft gebraut. Das Brauwasser stammt aus dem eigenen Brunnen, Hopfen & Malz aus der heimischen Landwirtschaft. Details siehe Lokale Oberösterreich – Altheim.

AMPFLWANG

PFEIFFI´S BRÄU

4843 Ampflwang, Vorderschlagen 19, +43/664/5340771
www.pfeiffis-braeu.at
Robert Pachinger ist im Hauptberuf Bierbrauer bei der Zipfer Brauerei – aber das macht ihm so viel Spaß, dass er in seiner Freizeit einen eigenen kommerziellen Braubetrieb eingerichtet hat. Damit beliefert er seit 2003 einige private Stammkunden sowie Feste im Hausruckviertel. Gebraut wird Pfeiffi's Bräu, Märzen und Weisse – diese Biere werden in 10 und 20 Liter Fässer abgefüllt, den passenden Bierkühler und Biergläser kann man sich ausborgen.Führungen gibt es auf Anfrage.

ASPACH

BRAUEREI ASPACH

5252 Aspach, Mettmacher Straße 5, +43/7755/6901
www.starzinger.at
In der 1990 von August Starzinger übernommenen Brauerei ist man stolz, „seit 200 Jahren nach dem Reinheitsgebot" zu brauen. Aspach war ursprünglich eine Herrschaftsbraurei, die zum Schloss gehört hat, 1795 betrug der Bierausstoß 4656 Eimer.

ATTERSEE

BRAUEREI KALTENBÖCK

4864 Attersee, Palmsdorf 17, +43/699/12644109 oder +43/676/3755051
www.hoangarten.at
Im 300 Jahre alten Bauernhof von Herwig Kaltenböck brauen er und sein Bruder Volkher, der in Weihenstephan TU-München Brauwesen und Getränketechnologie studiert hat. Stammbräu ist das Hoangartenbier, rein aus oberösterreichischen Rohstoffen und Eigenanbau, sowie das Attersee-Honigbier. Je nach Saison werden im Fünf-Hektoliter-Sudhaus Spezialbiere wie Citra-Weißbier, Pfahlbaubier® (extra als Einstimmung auf die Landesausstellung 2027 in der 0,33 Liter Flasche), Kramperlbock, Palmsdorfer Ernte oder auch Aurum Purum, ein IPA, eingebraut und mit einem feierlichen Bier-Anstich angezapft. Die Termine und Bierbeschreibungen findet man auf der Homepage und der aktuellen Bierkarte. Brauereiführungen werden ab einer Gruppengröße von 10 Personen angeboten, Dauer ca. 1 Stunde. Erhältlich ist das Bier im Fass und zum Teil in Flaschen ab Hof und in der Schenke „Zum Hoangarten" sowie auf www.myproduct.at Details zum Ausschank unter Oberösterreich – Attersee. Für die Landesausstellung wurde auch eine Kopie des sogenannten Mondseekruges – der Pfahlbaukrug – entwickelt.

BAD ISCHL

3 PRINZEN BRÄU – ISCHLER BIER

4820 Bad Ischl, Kaiser-Franz-Josef-Straße 14, +43/664/8300800
www.3prinzen.at
Der Name dieser zur Ischler Institution gewordenen Brauerei leitet sich von den drei „Salzprinzen" ab – dem kaiserlichen Nachwuchs, der dem Erzherzog Franz Karl und seiner Frau Sophie beschert war, nachdem das bis dahin unfruchtbare Paar Bad Ischl zur Mineralsolebad-Kur besucht hatte: Der älteste dieser Prinzen war Kaiser Franz Joseph (1830-1916), die beiden anderen waren Ferdinand Maximilian (1832-1867), der nachmalige unglückliche Kaiser von Mexiko, und Karl Ludwig (1833-1896). In deren Namen nimmt Dip-

lom-Biersommelier Markus Brandl gemeinsam mit dem vom Hobbybrauer zum Brauereiguru avancierten Thomas Sams seine Fünf-Hektoliter-Brauerei einmal pro Woche (meistens Montag) in Betrieb, um einfache Landbiere zu brauen.

BAD LEONFELDEN

KROAFTBIER

4190 Bad Leonfelden, Gewerbepark 2 / 1. Stock der Mühlviertler Landbäckerei, +43/677/62892489
kroaftbier.at
Ruben Knitter hat die amerikanische Craftbierszene drei Jahre lang studiert, danach beschloss er im Mai 2022, die Leonfeldner Brautradition wieder aufleben zu lassen, Gebraut werden das „Brotkäppchen“ (mit Altbrot gebrautes, obergäriges Bier), das „Zwergengold“ (goldenes, fruchtig-hopfiges Pale Ale) und das „Dunkelstilzchen“ (dunkles Porter mit Schokolade und Kaffeenoten).

EGGELSBERG

BRAUEREI SCHNAITL GMBH & CO KG

5142 Eggelsberg, Gundertshausen 9, +43/7748/6682-0
www.schnaitl.at
Schon von Weitem erkennt man die Brauerei an dem Sudkessel, der in der Mitte eines Kreisverkehrs aufgestellt ist. Auch das Kirchlein gegenüber der Brauerei kann als Wegweiser dienen. Die Brauerei ist ein typischer Innviertler Mittelstandsbetrieb. Gruppen ab acht Personen können sich bei Braumeister Alexander Pöllner (Tel.: 077 48/66 82-16) voranmelden. Zu sehen ist eine handwerkliche, noch nicht vollautomatisierte Brauerei. Führungen inklusive Zwicklprobe im Lagerkeller. Auch online erhältlich bei www.myproduct.at

ENGELHARTSZELL

TRAPPISTENBRAUEREI ENGELSZELL

4090 Engelhartszell, Stiftstraße 6, +43/7717/8010
www.stift-engelszell.at
Die einzige Trappistenbrauerei des deutschen Sprachraums wurde 2012 nach mehr als 80 Jahren Braupause wieder eröffnet. Damit reiht sich das Stift Engelszell als achte Brauerei in die Riege der Trappistenbrauereien ein. Drei Biere, der Engelszeller Nivard, Benno und Gregorius werden nach dem Vorbild der Belgischen Trappistenbrauereien gebraut. Jedoch gibt es auch Biere, die typisch für die Region sind. Um dem Wunsch der österreichischen Biergenießer nach einer leichteren und untergärigen Sorte nachzukommen, wurde 2023 das 1293er auf den Markt gebracht. Es ist ein naturtrübes Helles mit 4,9% vol. und soll, mit dem Gründungsdatum benannt, die 730-jährige Geschichte des Hauses widerspiegeln. Führungen sind gegen Voranmeldung über das Onlineformular auf der Homepage (mindestens eine Woche im Voraus) von Montag bis Freitag möglich. Der Verkauf von Bieren und Likören an der Klosterpforte hat saisonbedingt wechselnde Öffnungszeiten. Im Frühsommer 2023 wird in der Klosterpforte ein eigens betriebener Ausschank der im Kloster hergestellten Biere und Liköre eröffnet. Im Innenbereich, aber auch vor der Stiftskirche, wird es Sitzmöglichkeiten geben. Das Getränkeangebot wird mit einer kleinen Imbisskarte abgerundet.

FRANKENBURG AM HAUSRUCK

RAMP'N BRÄU – HOFBRAUEREI PREUNER

4873 Frankenburg am Hausruck, Vordersteining 5
+43/676/7936423
www.rampn-braeu.at

Ramp´n Bräu – Hofbrauerei Preuner

Thomas Preuner stammt aus einer alteingesessenen Frankenburger Familie und hat auf seinem Hof eine nur im Sommer betriebene Brauerei eingerichtet, in der es von Mai bis Oktober jeweils Donnerstag, Freitag und Samstag ab 16:00 Uhr eine Verkostungsmöglichkeit gibt.

FRANKENMARKT

BRÄU AM BERG

4890 Frankenmarkt, Bahnhofstraße 1, +43/7684/6444-0
www.braeuamberg.at
Frankenmarkt hat eine lange Brautradition, die ersten Belege dafür finden sich 1626, also mitten in der Zeit des 30-jährigen Krieges. Das heutige Bräu am Berg (das ist jene Steigung, die zum Hauptplatz hinaufführt) ist 1985 von August Starzinger gerettet worden. 2015 übernahm Victor Starzinger, Enkel von August und Sohn von Ludmilla Starzinger, nach dem Abschluss seines Bachelorstudiums zum Brau- und Getränketechnologen und Betriebsbraumeister die Brauerei. In Handarbeit werden die Rohstoffe lokaler Bauern zum mehrfach preisgekrönten Märzenbier verarbeitet.

FREISTADT

BRAUCOMMUNE IN FREISTADT

4240 Freistadt, Brauhausstraße 2, +43/7942/75777
www.freistaedter-bier.at

Braucommune in Freistadt

Wie in einer alten Freistädter Urkunde nachzulesen ist, verlieh bereits im Jahre 1363 Herzog Rudolf IV den Bürgern von Freistadt das Privileg, in ihren eigenen Häusern Bier zu brauen und es dort auch auszuschenken. Ein Bürger war damals nur jemand, der ein Haus innerhalb der Stadtmauern von Freistadt besaß. Im Jahre 1770 beschlossen die brauberechtigten Bürger, außerhalb der Stadtmauern gemeinsam eine Brauerei zu errichten. Die 149 brauberechtigten Bürger schlossen sich zur Braucommune in Freistadt zusammen, deren Rechte und Pflichten bis heute unangetastet blieben. Die „Commune" als Rechtsform einer Gesellschaft ist mittlerweile einzigartig in ganz Europa. Im Jahr 2014 wurde die Freistädter „BierAkademie" ins Leben gerufen. Für Bierinteressierte werden 7 verschiedene Module rund um Bierwissen und Biergenuss angeboten. Nähere Informationen dazu unter www.freistaedter-bier.at/biererlebnis/ Öffnungszeiten Biershop: Montag bis Freitag 8:00 bis 17:00 Uhr, Samstag 9:00 bis 12:00 Uhr, Öffnungszeiten Rampenverkauf (Hopfenallee 1): Montag bis Donnerstag 7:00 bis 16:30h, Freitag 7:00 bis 12:00 Uhr.

GAMPERN

BRAUHAUS ZUM GUGG

4851 Gampern, Braugasse 5, +43/664/73588686
www.zumgugg.at
Gasthausbrauerei von respektabler Größe. Näheres unter Lokale Oberösterreich – Gampern.

GARSTEN

POLDI BIER

4400 Garsten, Schmiedingerweg 9, +43/664/4251871
www.poldibier.at
Leopold Schmidthaler ist gelernter Installateur und hat nach jahrelangem Hobbybrauen die Bierbrauerei in einer selbst umgebauten Molkereianlage zu seinem Zweitberuf gemacht. Die Biere sind ab Brauerei und in wenigen Betrieben der Region (etwa beim Knapp am Eck in Steyr) erhältlich.

GRIESKIRCHEN

BRAUEREI GRIESKIRCHEN & PILSNEREI

4710 Grieskirchen, Stadtplatz 14, +43/7248/607
www.grieskirchner.at
Die 1708 gegründete, historische Brauerei in Familienbesitz und Leitung von Marcus Mautner Markhof, ist direkt im Ortszentrum von Grieskirchen gelegen. Zu dem mehrfach ausgezeichneten und überregional bekannten Grieskirchner Pils gesellen sich 10 weitere Biere ins Standardsortiment. Regelmäßig werden diese durch verschiedene Craft Beer Sorten als limited editions erweitert. Durch die Bio-Zertifizierung werden seit einiger Zeit auch Biere in biologischer Qualität von den Grieskirchnern gebraut. Jeden Donnerstag ab 17:00 Uhr finden offene Brauereiführungen inkl. Bierverkostung für Kleingruppen und Einzelpersonen statt. Individuelle Führungen können ab 10 Personen nach Absprache und Anmeldung unter +43/7248/607-0 vereinbart werden. Die 2017 in der Grieskirchner Brauerei eröffnete „Pilsnerei" ist das Bierkompetenzzentrum für Verkostungsabende, Schulungen und Beerkeeper-Kurse. Die Räumlichkeiten können auch für private oder geschäftliche Anlässe genutzt werden. Anfragen unter +43 7248 607-0 oder per E-Mail an events@grieskirchner.at

BRAUFUX

4710 Grieskirchen, Moos 8, +43/664/5895098
www.braufux.at
2021 haben ehemalige Mitarbeiter der Grieskirchner Brauerei diese kleine Bierwerkstatt gegründet – wobei ein Teil der Biere in Kooperation mit der Rieder Brauereigenossenschaft hergestellt wird. Bierverkostung mit Jause gegen telefonische Voranmeldung jederzeit möglich.

GROSSRAMING

CRAFTWERK

4463 Großraming, Mitterweg 19, +43/664/5116099
www.craftwerk-brauerei.pub
Instagram : @craftwerk_pub_brauerei
Gebraut wird auf einer 3 Hektoliter LABU-Brauanlage. Das Grundsortiment besteht aus einem hellen Lagerbier (Saphirbier), einem Roten Zwickl und einem traditionellen Hefeweißbier (Kupferweißbier). Zusätzlich gibt es ein „Bier aus Leitung 4", ein in unregelmäßigen Abständen wechselndes Spezialbier. Eine Flaschenabfüllung ist meist während der Öffnungszeiten des Braupubs möglich oder aber auf Vorbestellung für den nächsten Tag.

HERZOGSDORF

PETERLEHNER

4175 Herzogsdorf, Gaisberg 5, +43 / 650 / 2255442
www.peterlehner.at
Bäuerliche Brauerei im ehemaligen Saustall und mit einer „Hofschank am Goasberg". Im Hofladen finden die Besucher eine Vielzahl an Brauerei-Fanartikel wie verschiedene Gläser,Regenschirme, Sonnenschirme, Servietten, Pitcher, Siphon, Bierdeckel und noch vieles mehr.

KEFERMARKT

EDER-BRÄU

4292 Kefermarkt, Netzberg 32, +43/7236/20940
+43/699/12150697
www.ederbraeu.at
Eder-Bräu ist ein Bierbuschenschank mitten in den Hopfengärten des Mühlviertels, die Biere werden nach Hopfensorten benannt: Gebraut wird „Eder-Bräu Golding" – ein helles Märzenbier, „Eder-Bräu Hersbrucker" – ein halbdunkles, süffiges, malzbetontes Bier und das „Malling", ein helles Weizenbier sowie saisonale Spezialitäten. Näher Informationen auch unter Lokale Oberösterreich – Kefermarkt.

SCHLOSSBRAUEREI WEINBERG, ERSTE O.Ö. GASTHAUSBRAUEREI

4292 Kefermarkt, Weinberg 2, +43/7947/7111
www.schlossbrauerei.at
Die im Jahr 1989 eröffnete Erste oberösterreichische Gasthausbrauerei befindet sich im 1595 errichteten Maierhof des Schlosses Weinberg in den historischen Stallgebäuden. Auf Wunsch werden für Gruppen Biervorträge gehalten. Zudem gibt es einen drei Kilometer langen „Bierlehrpfad", eine leichte, lehrreiche Wanderung, die den Blick auf das Mühlviertler Bier öffnet. Details unter Lokale Oberösterreich – Kefermarkt.

KREMSMÜNSTER

SANDBERG BRÄU

4550 Kremsmünster, Sandberg 1, +43/664/4259812
www.sandbergbraeu.online
Bauernhofbrauerei, die sich der Kreislaufwirtschaft verpflichtet hat: Martin Bergmair baut selbst die Braugerste an, lässt sie bei Plohberger in Grieskirchen vermälzen, verbraut sie in einer selbst aus ehemaligen Milchkühlwannen konstruierten Brauerei und verfüttert die Biertrebern an das eigene Vieh (nach Voranmeldung zu besichtigen!). Die Biere werden ganzjährig jeweils an Freitagen auf dem Bauernmarkt in Kremsmünster verkauft. Im Winter gibt es das „Sandberg Gold" auch in der Stiftsschänke Kremsmünster.

KRENGLBACH

HAIDINGER BRAUHAUS

4631 Krenglbach, Bahnhofplatz 2, +43/699/10487992
www.haidinger-brauhaus.at
Seit der Gründung im Jahr 2017 werden im Haidinger Brauhaus verschiedene Pale Ales, Baltic Porter, irisches Rotbier, Russian Imperial Stout, Weizenbier und das Haidinger Pils gebraut.Brauereiführung inklusive Verkostungen und Brauseminare sind nach Terminvereinbarung an jedem Tag möglich. Jeden Mittwoch gibt es Kesselheisse von 9:00 bis 22:00 Uhr.

LENZING

Leimer Bräu

LEIMER BRÄU

4860 Lenzing, Atterseestraße 34, +43/7672/92920
www.leimer-braeu.com
Gasthausbrauerei. Details unter Lokale Oberösterreich – Lenzing.

LEONDING

MICHAELI-BRÄU – FREUNDE DER LEONDINGER BRAUKUNST

4060 Leonding, Lugwiesstraße 40, +43/664/5068924
www.braukunst.at

Die erste und einzige Brauerei in Leonding braut seit 1995 ausschließlich für die 200 Mitglieder des Vereins „Freunde der Leondinger Braukunst“ (Präsident Wolfgang Nigl), die das Bier jeden ersten Freitag im Monat in der Brauerei abholen können. Die Mitgliederzahl ist begrenzt, es gibt lange Wartelisten. Beim Leondinger Stadtfest und dem Leondinger Advent sind die beiden öffentlichen Auftritte des Vereins, da sind die Raritäten für jeden zugänglich.

LINZ

LINZER BRAUEREI

4020 Linz, Peter-Behrens-Platz 10, +43/664/5157756
www.linzerbier.at

In der ehemaligen Tabakfabrik hat die BrauUnion 2022 eine Brauanlage von Kaspar Schulz eingerichtet – sie steht in einem modernem Taproom, der nach dem Logo des Linzer Bieres „Zur Liesl“ heißt. Angeschlossen ist auch die „Bier-Uni“, ein Ausbildungs- und Seminarzentrum.

Linzer Brauerei

MAYRHOF

BRAUEREI KRONEDT

4777 Mayrhof, Mayrhof 33, +43/676 814 245 518

Helmut Voitleitner hat im Herbst 2021 seine kleine Brauerei gegründet. Auf einer 2-Hektoliter-Anlage braut er sein Kroneder Kellerbier, das in Flasche und Fass erhältlich ist und „ab Hof“ bezogen werden kann.

MOOSBACH

DIETRACHINGER PRIVATBRAUEREI

5271 Moosbach, Dietraching 24, +43/664/2084681
www.bierobelix.at

„Bierobelix“ Martin Seidl ist als langjähriger Obmann der Bier IG ein Begriff in der Bierszene – in seiner Hausbrauerei entwickelt er vielfach Rezepturen, die dann in Kooperation mit größeren Brauereien umgesetzt werden, sowie einen Barleyvine.

NEUFELDEN

NEUFELDNER BIOBRAUEREI

4120 Neufelden, Bräuhausgasse 3, +43/7282/86927
www.biobrauerei.at

2011 haben Alois und Martin Meir die 1997 wiedergegründete Neufeldner Brauerei mit einer Kapazität von rund 4000 Hektolitern übernommen. So wurde eine bis ins Jahr 1523 zurückverfolgbare Brautradition im Zentrum des österreichischen Hopfenanbaus wiederbelebt. Die beiden Brüder aus Wels positionierten den Betrieb als „1. oberösterreichische Bio-Brauerei“ neu. Besonders stolz sind sie auf die offene Gärung und darauf, dass alle Rohstoffe von Menschen angebaut würden, die auf eine nachhaltige wirtschaftliche Entwicklung des Mühlviertels Wert legen. Ein Großteil der Wertschöpfung bleibt somit in der Region.

NEUMARKT IM HAUSRUCKKREIS

MAX & MALZ

4720 Neumarkt im Hausruckkreis, Kallham 24
+43/699/12822405
www.maxundmalz.at

Seit 2018 braut Maximilian Meindl in Kallham mittlerweile über zwölf biozertifizierte Biere. Darüber hinaus werden Auftragsbiere für unterschiedlichste Kunden, exklusive Biere für die Haubengastronomie und ein „Social Business Bier“ gemeinsam mit der Caritas OÖ gebraut; hierbei finden Menschen mit Beeinträchtigungen einen qualifizierten Arbeitsplatz: Es entstand das Piusbräu-Bernstein20, ein bernsteinrotes Pale Ale mit Wasser aus einer Quelle, der besondere Kräfte zugeschrieben werden. Max & Malz Biere sind naturbelassen, werden weder filtriert noch pasteurisiert, enthalten ausschließlich biozertifizierte Rohstoffe. Öffnungszeiten: nach telefonischer Vereinbarung.

RITTERBRÄU

4720 Neumarkt im Hausruckkreis, Bräuhausgasse 1
+43/7733/7555-0
www.ritterbraeu.at

Seit 1609 bestehende Mittelstandsbrauerei, eigentlich als „Mitterbräu“ (weil damals zwischen zwei anderen, längst nicht mehr

bestehenden Brauereien gelegen) gegründet, übernahm die Ritterfigur aus dem Neumarkter Wappen. Die Brauerei kann nach Anmeldung besichtigt werden, man sieht einen modernen Braubetrieb mit traditioneller offener Gärung. Und wer mal ein Bier mit individuell gestaltetem Etikett haben will, kann das hier auch bekommen.

BIO-HOFBRAUEREI FÜRST

4212 Neumarkt im Mühlkreis, Möhringdorf 8, +43/7941/8518
www.biofuerst.at
Seit 1990 wird der 300 Jahre alte Bauernhof von Siegfried Fürst biologisch bewirtschaftet. Er liefert außer Bier auch Brot, Nudeln, Müsli, Knabbereien und Kekse an Bioläden in Linz und Umgebung. Seit dem Jahr 2005 existiert am Gelände die kleine, aber feine Hofbrauerei.

OBERHOFEN AM IRRSEE

RÖMERBRÄU

4894 Oberhofen am Irrsee, Römerhof 100, +43/664/8929540
www.römerbräu.at
Das Römerbräu wurde 2014 von Josef Schweigerer im Anbau des landwirtschaftlichen Gebäudes des Jedingerhofes gegründet. Auf einer Labu-Anlage braut er fünf verschiedene Sorten, darunter einen bemerkenswerten Grenzbock (so benannt, weil die Brauerei an der oberösterreichischen Grenze liegt). Brauereibesichtigung nur gegen Voranmeldung bis maximal 16 Personen. Der Rampenverkauf findet wöchentlich jeweils samstags von 10:00 bis 16:00 Uhr statt.

OSTERMIETHING

ERNSTINGER WIRTS-BRÄU

5121 Ostermiething, Ernsting 6, +43/6278/6325
www.hausbrauereien.at/wirtsbraeu_ernsting
Gasthausbrauerei – Details unter Lokale Oberösterreich – Ostermiething, Wirt z'Ernsting.

OTTENSHEIM

THOR-BRÄU

4100 Ottensheim, Hostauerstraße 2, +43/7234/823710
+43/676/4609534
www.thor-braeu.at
Herzeigebetrieb für Labu-Brauereianlagen, hier brauen auch die Leute von der früheren Marktbrauerei in Linz. Auch wenn der Name des Thor-Bräu auf altnordische Verbindungen hindeutet, ist es nach offizieller Lesart von Ingo Laska einfach eine Abkürzung für „Tradition, Handwerk, Originalität und Reinheit', wofür auch der Ottensheimer Brauanlagenbauer Labu steht. Die ganze Familie ist dem Bier verbunden, es gibt Bierlikör, Biermarmelade, Bierbrand, Schwarz- und Pilsbier-Essig sowie einen Hopfengeist von Ingos Schwester. Achtung: Der Ausschank ist nur mehr an Freitagen geöffnet.

PETTENBACH IM ALMTAL

BIERFLASCHENMUSEUM

4643 Pettenbach im Almtal, Ranklleiten 8, +43/699/81795398
bierheuriger.com/museum

Karl Kolnbergers Bierflaschensammlung – unter den 10.000 Exponaten sind etliche Raritäten zu entdecken – hat im Jahr 2016 auf einem großen Dachboden beim Hotel Ranklleiten eine Heimat gefunden. Die Sammlung wächst eigentlich wöchentlich und gehört mittlerweile zu den größten Europas. So musste das Museum im Jahr 2021 um gute 50 m² erweitert werden. Das Museum wird für jeden Gast im Bierhotel oder Bierheurigen auf Wunsch geöffnet. Wünscht jemand eine Führung (Dauer ca. 1,5 Stunden) durch den Sammler, dann ist eine Voranmeldung erforderlich – die Führung kann auch mit einer Verkostung kombiniert werden, denn Karl Kolnberger ist auch Biersommelier.

RAAB

RAABER BIER

4760 Raab, Dr. Pflugerstraße 94, +43/7762/2242
www.raaberbier.at
Die Innviertler Gemeinde Raab hatte früher drei Brauereien, die sogar vom Heimatdichter Franz Stelzhamer besungen worden sind. 2012 haben Reinhard und Wolfgang Schraml das Brauwesen wieder aufleben lassen und brauen ihre beiden Sorten in verschiedenen Brauerein, z.B. in der Brauerei Ried, ein. Sie knüpfen an die alte Tradition, unter anderem mit Bierfesten in der Kellergöppe (einer Kellergasse mit historischen Bierkellern, ähnlich den Weinkellern im Weinviertel, an.

RIED IM INNKREIS

BRAUEREI RIED

4910 Ried im Innkreis, Brauhausgasse 24, +43/7752/82017
www.rieder-bier.at

Brauerei Ried

Die Brauerei Ried steht für Tradition, Innovation und Regionalität. Ihre Ursprünge reichen zurück bis ins Jahr 1536, weit in die Zeit, als das Innviertel noch ein Teil Bayerns war. Die bayerischen Wurzeln sind bis heute zu spüren, nicht zuletzt in der Weißbierkompetenz: Schon 1932 wurde in Ried das erste Weißbier gebraut. Besonders deutlich zeigt sich die Bierkompetenz der Rieder in der Braugalerie: Hier werden nicht nur Besucher von den vier Biersommeliers des Unternehmens in die Geheimnisse des Brauvorgangs eingeweiht, sie ist auch eine vollständige Brauerei in kleinerem Maßstab. Es entstehen außergewöhnliche Bierkreationen wie das India Pale Ale, das inzwischen österreichweit vertrieben wird. Auch ein Honig- und ein Kürbiskern-Bier haben die Rieder im Programm, wobei sowohl der Honig als auch die Kürbiskerne aus dem Innviertel stammen. „Wir legen größten Wert auf regionale Rohstoffe", unterstreicht Braumeister Josef Niklas. Denn die lange Tradition und die Verbundenheit mit der Region bedeuten für die Genossenschaftsbrauerei auch Verantwortung für Land und Leute. Brauseminar – an einem Tag zum Experten! In der Brauerei Ried kann man sämtliche Arbeitsschritte der Bierherstellung live miterleben und den gesamten Brauprozess aktiv begleiten. Begleitet wird das Seminar von diplomierten Biersommeliers der Brauerei Ried. Dabei erfährt man auch, was es mit Begriffen wie „Anschwänzen" oder „Austrebern" auf sich hat. Im Zuge eines Brauseminars gibt es auch die Möglichkeit, sein eigenes Bier mit individueller Note ab einer Menge von 300 Litern selbst zu brauen. Infos über Führungen und Brauseminare auf www.rieder-bier.at bzw. office@rieder-bier.at Öffnungszeiten Brau-Shop: Mo-Fr 7:00 bis 16:00 Uhr.

RUTZENHAM BEI SCHWANENSTADT

ZUM ALFONS

4690 Rutzenham bei Schwanenstadt, Bergern 2, +43/7673/2442
www.zum-alfons.at
In dieser abgelegenen, aber gut besuchten Gasthausbrauerei wird zweimal in der Woche direkt im Lokal gebraut – in den letzten Jahren hat sich Alfons Baldinger mit großem Erfolg auch an speziellere Biere gewagt und etwa ein Bier im Whiskyfass gelagert. Gassenverkauf gibt es keinen – dafür aber viele lustige Souvenirs, etwa einen Polster in Form eines Bierkrugs und viele, viele Teddybären. Siehe auch unter Lokale Oberösterreich – Rutzenham.

SANKT GEORGEN AM WALDE

BRATL-BRÄU

4372 Sankt Georgen am Walde, Markt 13, +43/7954/2203
www.bratl.at

Bratl-Bräu

In dieser Gasthausbrauerei werden seit 2005 bis zu 15 hl pro Woche gebraut. Der Chef des Hauses stellt bis zu 30 Biersorten her, wobei immer drei verschiedene zur Ausschank gelangen. Im „Braustüberl" des Bratl-Bräu werden Brauereiführungen, Schulungen und Bierverkostungen durchgeführt. Sonderbestellungen ab 150 Liter Bier sind möglich. Siehe auch unter Lokale Oberösterreich – St. Georgen.

SANKT MARTIN IM MÜHLKREIS

LANDBRAUHAUS HOFSTETTEN

4113 Sankt Martin im Mühlkreis, Adsdorf 5, +43/7232/2204
www.hofstetten.at Mo-Fr: 8:00 bis 12:00 Uhr, 13:00 bis 17:00 Uhr; Sa: 8:00 bis 12:00 Uhr
Die idyllisch auf einem Hügel gelegene Brauerei kann sich auf die bis ins Jahr 1229 zurückreichende Tradition berufen – durch Exporte, unter anderem bis in die USA, ist Hofstetten mittlerweile weltbekannt. Hier wird Traditionelles mit Neuem kombiniert: Das Sudhaus von 1929 wird immer noch betrieben und gepflegt, auch wenn der Großteil der Produktion seit 2016 auf einer neuen Anlage läuft. Brauereichef Peter Krammer hat in seinem Programm eine breite Palette von Spezialitäten, die unter anderem mit heißen Steinen, mit längst vergessen geglaubten Gerstensorten (Heines Haisa) oder auch mit wilden Brettanomyces-Hefen hergestellt werden. Nach einem Umbau 2023 soll es bald wieder mit Brauereibesichtigungen losgehen – zu verkosten gibt es genug!

Landbrauhaus Hofstetten

SANKT STEFAN-AFIESL

AVIVA BRAU-BOUTIQUE

4170 Sankt Stefan-Afiesl, Höhenweg 1, +43/7216/37600
www.brau-boutique.at Do-Sa: 14:00 bis 22:00 Uhr; So: 10:00 bis 21:00 Uhr
Am 29. Mai 2016 eröffnete die Kleinbrauerei und Brau-Lounge „AVIVA Brau-Boutique" beim Hotel AVIVA und der AVIVA-Alm. Der Sudkessel mit 2,5 Hektoliter-Ausschlagmenge kommt vom ehemaligen Voralpenbräu. Bier brauen live: jeden Mittwoch 9:30 bis 15:00 Uhr; € 50,- pro Person inkl. Bierjause und 2 Alm-Bräu.

SANKT ULRICH I. MÜHLKREIS

HOPFENERLEBNISHOF - GASTHAUS & MUSEUM

4120 Sankt Ulrich i. Mühlkreis, Pehersdorf 7, +43/664/2342641
www.hopfenerlebnis.at
Mitten in den Hopfengärten bei St. Ulrich hat die Familie Allerstorfer auf ihrem Hopfenbauernhof ein Museum zum Hopfenanbau eingerichtet und damit große Aufmerksamkeit auf die Hopfentradition Oberösterreichs gelenkt. Auf 150 Hektar wird im Mühlviertel der Hopfen kultiviert, rund ein Drittel der gesamten österreichischen Hopfenproduktion, der Rest kommt aus der südlichen Steiermark und ganz wenig aus dem Bezirk Zwettl. Das ist nur mehr ein Bruchteil der ursprünglichen Anbaufläche, denn die betrug im 18. Jahrhundert allein im Mühlviertel noch mehr als 2000 Hektar – allerdings von deutlich weniger ertragreichen Sorten. Gleichzeitig musste man unter den damaligen hygienischen Bedingungen die Biere wesentlich bitterer als heute brauen, um sie haltbar zu machen, also brauchte der Hopfen mehr Fläche. Geführte Rundgänge nach Vereinbarung. Mit der Hopfenstubn gibt es auch eine sehr bierkundige Gastronomie. Was das Projekt aber besonders macht, ist die Kooperation mit den Mühlviertler Brauereien.

SCHÄRDING

BRAUEREI JOS. BAUMGARTNER GMBH

4780 Schärding, Franz-Xaver-Brunner Straße 1, +43/7712/3119-21
www.brauerei-baumgartner.at
Wer an Bier aus Schärding denkt, hat die Marken Baumgartner und Kapsreiter im Kopf: Kapsreiter lebt nur noch als Marke von Baumgartner weiter, aber Baumgartner hat seine eigenen Vorzüge. Wer nämlich Baumgartner Bier trinkt, dient damit einem guten Zweck – denn die Brauerei gehört einer wohltätigen Stiftung, der die Gewinne zufließen. Die Biere sind mehrfach prämiert worden, etwa das Pils beim World Beer Cup. Seit 2015 gibt es aus Schärding auch ein Weizenbier, womit nach 400 Jahren ein Plan aufgeht, den der damalige bayerische Herzog für Schärding hatte: Schärding sollte nämlich eine Weizenbier-Stadt werden. Dem steht nun nichts mehr im Wege. Und es gibt hier auch allerhand zu sehen – schließlich baut die Baumgartner Brauerei seit einigen Jahren auch ihren eigenen Hopfen an. Ebenso werden Führungen in einem der technisch modernsten Braubetriebe mit anschließendem Besuch der Bierapotheke mit direktem Blick in die Flaschenabfüllhalle sowie einem Imbiss nach individueller Vereinbarung angeboten. Hübsche „Apothekerinnen" servieren die Brotzeit (vom Weißwurstfrühstück bis hin zum Bauernbuffet) und Bier, so viel man trinken mag. Wer auch den Daheimgebliebenen ein Souvenir aus Schärding mitbrin-

gen möchte, dem steht eine reiche Auswahl an Geschenkideen rund ums Bier im Braushop zur Verfügung. Anmeldung unter besichtigung@brauerei-baumgartner.at

KANONENBRÄU

4780 Schärding, Leonhard-Kaiser-Weg 1, +43/7712/7350
www.innschifffahrt.at
Kapitän Manfred Schaurecker betreibt auf einem seiner Fahrgastschiffe in Schärding die erste Binnenschiffsbrauerei Europas. Auf diesem Schiff befindet sich eine kupferne Hausbrauanlage, wie sie zu Beginn des 17. Jahrhunderts in Schärdinger Gasthäusern verwendet wurde. Mit dieser Anlage wird den Fahrgästen, mit deren Mithilfe, authentisch das Bierbrauen nahe gebracht. Weiters befindet sich am Heck des Schiffes eine moderne 250-Liter Edelstahlbrauerei. Im ehemaligen Gasthaus „Zur Kanone" im „Stiegler-Haus" in der Wieningerstr. 5 wird eine kleine Weißbierbrauerei betrieben. Der Name „Kanonenbräu" wurde von diesem ehemaligen Gasthaus abgeleitet und übernommen. Buchungen für eine Brauschifffahrt unter Tel. +43/7712/7350 oder per email: kapitaen@innschifffahrt.at.

Kanonenbräu

SCHALCHEN

WOIGARTL-BRÄU

5231 Schalchen, Oberharlochen 6, +43/660/3473494
www.woigartlbraeu.at Mi-Fr: 14:00 bis 22:00 Uhr; Sa: 12:00 bis 22:00 Uhr; So: 10:00 bis 22:00 Uhr
Carmen Schober und Alexander Schiemer haben die elterliche Kleinlandwirtschaft, das sogenannte „Woigartl", übernommen und 2018 im ehemaligen Kuhstall eine Kleinbrauerei eingerichtet, die an den Aktivitäten der Bierregion Innviertel teilnimmt. Gebraut werden Weizenbiere und ein naturtrübes Kellerbier, die verkostet werden können. Auf dem Hof gibt es auch Schafe. Natürlich kann man Hof und Brauerei auch besichtigen.

SCHIEDLBERG

BRAUHOF GOLDBERG

4521 Schiedlberg, Weichstettenstraße 119, +43/7251/592 oder +43/660/1304000
www.brauhof-goldberg.at
Nach dem Konzept einer wirklichen Schaubrauerei ist die 2003 gegründete Bauernhof-Brauerei zur Gänze einsehbar. Gebraut wird im Eingangsbereich auf einem 200 Liter LABU-Braublock, bestehend aus Sudpfanne, Läuterbottich und Whirlpool. Details unter Lokale Oberösterreich – Schiedlberg.

SCHWERTBERG

SCHWERTBERGER BRÄU

4311 Schwertberg, Aisttalstraße 17, +43/660/3763644
www.schwertberger-braeu.at
Richard Zwirner hat für das im Jahr 2012 gegründete Schwertberger Bräu in der Aisttalstraße 17 zwar einen neuen Standort gefunden. Hier findet derzeit allerdings nur der Ausschank statt. Das Bier wird bis auf Weiteres bei den Beer Buddies hergestellt.

STEINBACH AM ATTERSEE

BIERSCHMIEDE

4853 Steinbach am Attersee, Seefeld 56, +43/664/5486321
www.bierschmiede.at, www.facebook.com/bierschmiede.at
Der „Bierschmied" Mario Scheckenberger hat sich mit der Bierschmiede seinen Lebenstraum erfüllt: Er hat mit seinem „Meisterstück" genannten Pils im Jahr 2018 den European Beer Star in Gold gewonnen. Die Bierschmiede ist damit eine der kleinsten Brauereien, die jemals einen European Beer Star in Gold gewonnen haben. Inspiration für den Markennamen war sein Großvater, einst Schmied in Steinbach – und der Slogan: „Wir hämmern den Geschmack ins Bier", ist auch nicht von schlechten Eltern. Brauereiführungen macht der Bierschmied persönlich ab 6 Personen ganzjährig nach Vereinbarung, 15,- Euro/P. inklusive Bierverkostung von drei Bieren und Bierbrezn. Bierige Souvenirs sowie alle Biere sind im angeschlossenen „Gschäft'l" erhältlich – geöffnet Mai-September: Do-Fr 15:00 bis 18:00 Uhr, Sa 10:00 bis 12:00 Uhr; Oktober-Dezember: Fr 15:00 bis 18:00 Uhr, Sa 10:00 bis 12:00 Uhr. Siehe auch Oberösterreich – Steinbach am Attersee.

STEYR

STEYRER BRÄU

4407 Steyr, Gleinker Hauptstraße 3d, +43/650/5606263
www.steyrerbraeu.at
Klaus Kremsmayr begann 2011 mit der Produktion von Frucht- und Honigweinen, im Februar 2015 setzte er erste Schritte zur Errichtung einer Kleinbrauerei im südlichen Steyrer Ortsteil Gleink. Öffnungszeiten nach telefonischer Terminvereinbarung.

TRAGWEIN

THE BEER BUDDIES

4284 Tragwein, Zeller Straße 44, +43/676/847265200
www.thebeerbuddies.at
Das Wasser von Tragwein galt schon im 18. und 19. Jahrhundert als besonders gut für das Bierbrauen geeignet – jedenfalls ist urkundlich belegt, dass 1795 Josef Jachs hier 858 Eimer Bier braute, das waren rund 480 Hektoliter. Am Ufer des Kettenbachs an der Gemeindegrenze zu Bad Zell hat der Biologe Andreas Weilhartner im sogenannten „Russenhaus" – einem 400 Jahre alten, ehemaligen Gutshof mit angeschlossener Schmiede – im Frühjahr 2015 eine eigene Brauerei eingerichtet. Ins ehemalige Waschhaus des Anwesens wurde das Sudwerk der ehemaligen Weizerl-Brauerei eingebaut. Nach wie vor wird in Tragwein gebraut, die Beer Buddies sind aber in der Umsetzung eines Neubaus der Brauerei in Spattendorf, Teil der Gemeinde Alberndorf. Gebaut wird eine komplett moderne Craftbrauerei, die voraussichtlich im Jahr 2025 in Betrieb gehen wird. Derzeit werden neben saisonalen Spezialitäten 4 konventionelle Bierstile (Märzen, Wiener Lager, IPA, Porter) sowie 4 Bio Bierstile (Pils, Pale Ale, Märzen, Biermischgetränk mit Pedacola) gebraut.

TRAUN

Sudhaus Traun - Trauner Bier

SUDHAUS TRAUN – TRAUNER BIER

4050 Traun, Madlschenterweg 7, +43/7229/21109
www.sudhaus-traun.at
2011 als erste Brauereigründung in Traun seit mehr als 200 Jahren eröffnet – heute werden etwa 1250 Hektoliter pro Jahr erzeugt. Familie Koll braut in dieser Gasthausbrauerei fünf Sorten Bier, von denen zwei auch in Flaschen mitgenommen werden können. Um die Qualität seiner Produkte den Endkonsumenten nahezubringen, veranstaltet Karl-Heinz Knoll auch regelmäßig Bierseminare. Details unter Lokale Oberösterreich – Traun.

TREUBACH

PFESCH OG PRIVATBRAUEREI

5272 Treubach, Pfendhub 3, +43/676/7787090
www.pfesch.at
2014 gegründete Bauernhof-Brauerei mit 100 Hektoliter Jahresausstoß, in der Bürgermeister Martin Erlinger auch anbietet, bei einem Brautag eigenes Bier zu brauen. Dafür gibt es verschiedene Packages – von der dreistündigen Brauereiführung und Verkostung um 45 Euro über den Braunachmittag, an dem neben dem laufenden Brauprozess eine breite Palette innviertler Biere verkostet wird, bis zum ganztägigen „Mitmach"-Brauseminar um 105 Euro pro Person. Ein zusätzliches Angebot ist, in Zusammenarbeit mit einer nahe gelegenen Töpferei, einmal einen eigenen Bierkrug zu töpfern. Das Bier wird am Bauernhof Erlinger-Pfendhuber Mo - Fr: 9:00 bis 18:00 Uhr und Sa 9:00 bis 12:00 Uhr verkauft.

UTTENDORF

BRAUEREI VITZTHUM GMBH & CO

5261 Uttendorf, Uttendorf 25, +43/7724/2508
www.uttendorf-bier.com
Die Uttendorfer Brauerei befindet sich in einem eindrucksvollen Gebäude im Zentrum von Uttendorf. Gegründet wurde der Betrieb im Jahr 1600. 1906 erwarb Mathias Vitzthum den Betrieb. Heute werden rund 20.000 Hektoliter Bier gebraut, wobei viele der Biere sich durch besonders intensive Hopfung und einen dennoch milden Charakter auszeichnen. Das Bräustüberl befindet sich im selben Haus, Details unter Lokale Oberösterreich – Uttendorf.

VORCHDORF

BRAUEREI SCHLOSS EGGENBERG

4655 Vorchdorf, Eggenberg 1, +43/7614/6345-0
www.schloss-eggenberg.at Mo-Fr: 8:00 bis 17:00 Uhr
Seit 1681 gebraut, steht das „Bier zum Salzkammergut" für Qualität, Bierkultur und Biervielfalt. Im Besucherzentrum „Alter Eiskeller" trifft die Tradition auf Moderne und lädt nach einer Brauereiführung dazu ein, neben den Klassikern wie „Hopfenkönig", „Naturbursch Bio Zwickl" oder „Classic Märzen" auch außergewöhnliche Spezialitäten wie „Urbock" oder „Samichlaus" zu probieren. Der geführte Rundgang (für Gruppen ab 10 Personen, Termine nach Vereinbarung) lässt dabei die Besucher in die Kunst des

Bierbrauens eintauchen. Das Paket um € 12,50 pro Person beinhaltet auch die Verkostung und eine ofenfrische Brezn. Vertiefende Bierschwerpunkte und alle Informationen zu den Besuchsprogrammen und zur Anmeldung unter www.schloss-eggenberg.at bzw. telefonisch unter +43/7614/6345-71. Für Bierfreunde gibt es eine Übernachtungsmöglichkeit im ehemaligen, neu renovierten Braumeisterhaus über dem Märzenbierkeller. Der Brauerei-Shop „Bierdepot" (Eggenberg 3) ist Montag-Freitag von 8:00 bis 17:00 Uhr und Samstag von 8:00 bis 12:00 geöffnet.

WERNSTEIN

WENZL PRIVATBRÄU GMBH

4783 Wernstein, Wimberg 1, +43/664/73909828
www.wenzl-bier.at Sa: 8:00 bis 13:00 Uhr
Johann Kieslinger-Furtner, der 39 Jahre lang bei der Kapsreiter Brauerei gearbeitet hatte, eröffnete 2015 seine Drei-Hektoliter-Brauerei von Labu in der Garage seines Wohnhauses. Dieses hat den Hausnamen Wenzl, woraus sich der Brauereiname ableitet.

WILDSHUT

STIEGL-GUT WILDSHUT

5120 Wildshut, Wildshut 8, +43/6277/64141
www.wildshut.at
Mo: 17:00 bis 22:00 Uhr, Di-So: 10:00 bis 22:00 Uhr

Stiegl-Gut Wildshut

Am Stiegl-Gut Wildshut entschied sich die Eigentümerfamilie der Stieglbrauerei zu Salzburg, Familie Kiener dazu, die Tradition des Bierbrauens an diesem Standort fortzusetzen. Denn dort wo heute Bio-Bierkreationen geschaffen werden, wurde bereits vor 100 Jahren Bier gebraut. Das Biergut, gelegen im „Dreiländereck" Salzburg-Oberösterreich-Bayern, lädt mit einem schönen Gastgarten und dem Bio-Restaurant Krämerladen, zum Verweilen und Entspannen ein. In der Bio-Landwirtschaft werden längst vergessene Urgetreidesorten kultiviert. Diese werden auch vor Ort vermälzt und zu außergewöhnlichen Bieren (Antique, Mystique, Perlage) verbraut. Die Holzarchitektur der mit dem alten Gebäudebestand des Gutes verbundenen Vollholzbraueri ist ein besonderes Kennzeichen des Bierguts. Hier werden die Wildshut-Bio-Bierspezialitäten gebraut. Dazu zählen die Frischebiere „Gmahde Wiesn", „Hopfenherz", „Malzreigen" und „Sortenspiel". Termine für Führungen und Wildshut Werkstätten finden Sie auf der Homepage wildshut.at

WILHERING

DÖRNBACHER FLORIANIBRÄU

4061 Wilhering, Dörnbacherstraße 132, +43/699/10190820
www.florianibraeu.at
Diese 1998 von Familie Kölbl in einem ehemaligen Feuerwehrhaus eingerichtete Familienbrauerei hat einmal im Monat – am ersten Samstag ab 9:00 Uhr – geöffnet, sonst auf Voranmeldung für Gruppen von 12 bis 30 Personen. Man kann die Biere (vier Sorten) in Flaschen und Fässern mitnehmen.

WINDISCHGARSTEN

KEMMET-BRÄU

4580 Windischgarsten, Hauptstraße 22, +43/7562/20066
www.kemmet.at
Gasthausbrauerei. Seit Dezember 2001 werden neben den Sorten Kemmet Bräu Hell und Dunkel auch themen- und jahreszeiten-bezogene Biere gebraut (z.B. Festbock). Siehe auch unter Lokale Oberösterreich – Windischgarsten.

ZIPF

BRAUEREI ZIPF

4871 Zipf, Zipf 22, +43/7682/3600-0,
+43/810/2069797 (Hotline)
www.zipfer.at
Zipf ist nicht nur Heimat des gleichnamigen Bieres, hier wird auch das Edelweiss Weizenbier gebraut und gereift – unter Leitung des erfahrenen Braumeisters Christian Mayer. Bei einer Brauereiführung durch die 1858 gegründete und zum 150-jährigen Jubiläum rundum renovierte Zipfer Brauerei kann man den ganzen Entste-

hungsvorgang des Zipfer Bieres vom Rohstoff bis zum fertigen Bier live mitverfolgen: So wird in der Brauerei Zipf beispielsweise eine spezielle Hopfung mit Naturhopfen betrieben. Eindrucksvoll ist das kupferblitzende Sudhaus, der große Läuterbottich und der Hopfenkeller, der zum Schauraum für Hopfen umgebaut worden ist. Aktuelle Informationen zu Öffnungszeiten unter www.zipfer.at.

SALZBURG

ANTHERING

RAGGEI-BRÄU – HAUSBRAUEREI RAGGINGER

5102 Anthering, Acharting 32, +43/6223/20396
+43/664/2001795
www.raggei.at
Die in einer ehemaligen Käserei eingerichtete Gasthausbrauerei Raggei-Bräu braut obergärige, hefetrübe Weizen- und Dinkelbiere, ein untergäriges Kellerbier, saisonale Spezialbiere, Bockbiere sowie innovative Kreativbiere, welche im offenen Gärverfahren nach eigenem Rezept hergestellt werden – insgesamt über 20 verschiedene Bierspezialitäten. Siehe auch unter Lokale Salzburg – Anthering.

BAD HOFGASTEIN

SCHMARANZBRÄU

5630 Bad Hofgastein, Wieden 52, +43/6432/671940
www.biobauernhof-gastein.com/restaurant-gasteinertal/salzburger-kraftbierbrauerei
Erste österreichische Bioweißbier-Brauerei. Das Bier wird im 480 Jahre alten Kehrerhaus gebraut, Brauereiführungen nach telefonischer Anmeldung. Siehe auch unter Lokale Salzburg – Bad Hofgastein.

BAD VIGAUN

RBB ROLBRETTBRÄU

5424 Bad Vigaun, Langgasse 62, +43/650/4611783
www.rolbrett.at; www.facebook.com/Rolbrett
Nanobrauerei. Gebraut wird zu Hause, bis ein Rezept steht, danach mieten sich Georg Hagn und Roland Hallinger in größere Brauereien ein und brauen dort ihr Rezept ein. Derzeitige Kapazität: ca. 600hl/Jahr, dabei werden ca. 20 Gasthäuser beliefert sowie der regionale Einzelhandel. Derzeit gibt es 4 Sorten, darunter auch ein Zwickl und ein WeizenPaleAle. Einen Lagerverkauf mit Bierverkostungen gibt es jeden Freitag (jeweils in einer geraden Kalenderwoche) von 17:00 bis 21:00 Uhr.

BERGHEIM

FRANZ.DER BRAUER

5101 Bergheim, Dorfstraße 35, +43/662/452124-70
www.franz-bergheim.at/der-brauer, Mi: 18:00 bis 23:00 Uhr
Franz Gmachl jun. hat Anfang 2019 erfolgreich seine Ausbildung zum Dipl. Biersommelier bei Axel Kiesbye abgeschlossen. Mittwochs werden viele nationale und internationale Biere (Craftbiere) ausgeschenkt, an diesen Tagen werden den Gästen auch Bierschmankerl wie Bierstacheln, Glühbier oder ein Sommerbierpunch je nach Saison geboten.

BERGHEIM

ISI-BRÄU

5101 Bergheim, Bäckerstraße 3, +43/699/17220531
www.isi-braeu.at
Gebraut wird das kellertrübe Isi-Bräu Zwicklbier sowie Spezialitäten wie Bockbier, Stout, Fastenbier usw. Siehe auch unter Lokale Salzburg – Bergheim.

BRUCK AN DER GLOCKNERSTRASSE

KOHLSCHNAIT BRÄU

5662 Bruck an der Glocknerstraße, Niederhof 3, +43/6545/6112
www.kohlschnait.at
Seit Mai 2007 wird am Kohlschnait-Hof Bier gebraut, das im Oktober 2007 bei der Staatsmeisterschaft für Gasthaus- und Kleinbrauereien mit der Silbermedaille ausgezeichnet wurde. 2014 wurde die Kleinbrauerei neu gebaut. Brauereiführungen mit Verkostung sind auf Anfrage möglich. Siehe auch unter Lokale Salzburg – Bruck.

PINZGAU BRÄU

5671 Bruck an der Großglocknerstraße, Glocknerstraße 60 a
+43/6545/93080
www.pinzgau-braeu.at Mo-Fr: 8:00 bis 12:00 Uhr
Hans-Peter Hochstaffl hat im Sommer 2015 seine eigene Brauerei eröffnet, um mit dem Pinzga' Bier vor allem den Pinzgau (dort ist das Bier etwa in den Raiffeisen-Lagerhäusern gelistet), aber auch die Stadt Salzburg, wo er 13 Jahre lang in der Weissen gebraut hat,

zu erobern. Gebraut wird auf einem 10-Hektoliter-Sudwerk mit Plohberger Malz und Hallertauer Aromahopfen. Öffnungszeiten Brauerei-Shop: Mo-Fr: 8:00 bis 12:00 Uhr.

FAISTENAU

BRAMSAU BRÄU

5324 Faistenau, Bramsaustraße 36, +43/6228/2566
www.bramsau-braeu.at
Gasthausbrauerei auf einem Hof mit Blick über das Salzburger Land. Gebraut wird auf einer LABU-Brauanlage: Faistenauer Gerstl, helles und dunkles Weizenbier, diverse Festbiere, z.B. zum „Faistenauer Jedermann" und zum „Bauernherbst", in der Adventzeit Bockbier. Für besondere Anlässe wie Geburtstage und Hochzeiten wird auch gerne ein spezielles Bier gebraut. Vorbestellung für solche Sondersude mindestens fünf Wochen im Vorhinein. Brauereibesichtigung auf Anfrage gerne möglich. Siehe auch unter Lokale Salzburg – Faistenau.

GROSSARL

WOCHTA

5611 Großarl, Gewerbepark 10, +43/664/75140602
www.wochtabier.at
2018 gründeten Ernst Toferer und Peter Hettegger diese winzige Brauerei im Namen der denkmalgeschützten „Alten Wacht", einem Mauthaus, das den Zugang zum Großarltal bewacht hat. Auf der nur einen halben Hektoliter großen Anlage werden mittlerweile acht verschiedene Biere gebraut, zu jedem Bier gibt es eine Sage, die auf dem Etikett abgedruckt wird.

HALLEIN

SPEZIALITÄTENMANUFAKTUR HOFBRÄU KALTENHAUSEN & BINDEREIMUSEUM

5400 Hallein, Salzburgerstraße 67, +43/6245/7955267
www.kaltenhausen.at
Das Hofbräu Kaltenhausen ist die älteste Brauerei Salzburgs (gegründet 1475). Seit 2011 widmet man sich hier mit einer feinen Spezialitäten-Manufaktur, in der die Traditionen gepflegt und spannende Innovationen entwickelt werden, und einem Schulungszentrum, in dem alle Facetten des Brauens und Genießens anschaulich vermittelt werden, ganz der Bierkultur. Im Sommer 2018 übernahm Martin Simion als neuer Braumeister die Geschicke von Kaltenhausen. Aus der Spezialitäten-Manufaktur kommen regelmäßig streng limitierte Sondereditionen. Neben den bierigen Spezialitäten lockt auch das Entdecken des historischen Handwerks nach Kaltenhausen: Ein hoch spezialisiertes Museum in den originalen Werkstätten der ehemaligen brauereieigenen Fassbinderei zeigt unter anderem Bierfässer, Reifenbiegemaschine, Binderwerkzeug, Bodenzirkel, Schnitzwerkzeuge und Zunftteller und kann im Rahmen einer Brauereiführung besichtigt werden. Bierverkostungen, Braukurse sowie die Ausbildung zum Biersommelier ergänzen das Angebot rund ums Thema Bierkultur. Führungen und Verkostungen mit rechtzeitiger Voranmeldung täglich möglich.

HOF BEI SALZBURG

BRAUEREI GUSSWERK GMBH

5322 Hof bei Salzburg, Römerstraße 3, +43/6229/39777
www.brauhaus-gusswerk.at
Österreichs erste bio-dynamische Brauerei braute seit 2007 im ehemaligen Gusswerk am Stadtrand von Salzburg nach dem Demeter-Prinzip. Im Jahr 2013 ist die Brauerei nach Hof bei Salzburg übersiedelt. Zahlreiche in- und ausländische Bierprämierungen, darunter 29-facher österr. Staatsmeister, 4 „European Beer Star" (Gold 2018 für „Die Schwarze Kuh"), etc. Die Brauerei Gusswerk ist auch Partner mehrerer Collaboration-Breweries – so werden etwa einige Biere von Brew Age hier gebraut und abgefüllt. Siehe auch unter Lokale Salzburg – Hof bei Salzburg.

KRIMML

ANTON WALLNER BRÄU

5743 Krimml, Oberkrimml 118, +43/6564/7295-0
www.krimml.com
Gasthausbrauerei, deren Biere (darunter etwa ein Zirbenbier) auch in Flaschen erhältlich ist unter https://antonwallner-biershop.at. Mehr zum Bräustüberl unter Lokale Salzburg – Krimml.

MAUTERNDORF

MÜHLTALER BRAUEREI

5570 Mauterndorf, Markt 86, +43/664/4523817
www.mühltaler.at
Die Mühltaler Brauerei, deren Geschichte bis weit in das 19. Jahrhundert zurückreicht, war bis 1916 ein fixer Bestandteil des Salzburger Lungaus. Im Jahre 1916 musste die Mühltaler Brauerei den Betrieb einstellen. Christian Mauser, Urenkel des letzten Brauereibesitzers und Braumeisters der Mühltaler Brauerei, nahm 2016 – genau nach 100 Jahren – den Brauereibetrieb wieder auf.

OBERTRUM

BIERKULTURHAUS BY AXEL KIESBYE

5162 Obertrum, Dorfplatz 1, +43/676/4777168
kiesbye.at
Kiesbye's Bierkulturhaus wurde 1999 unter Verwendung alter Braugerätschaften von Axel Kiesbye, Weihenstephaner Brauingenieur und Braumeister, persönlich geplant und eingerichtet. Das hand-

werkliche und offene Brauen lockte immer wieder Passanten an, sodass bereits im Jahr 2000 Creativbrauen für Jedermann angeboten wurde. Von 2003 bis 2004 entwickelte Kiesbye die Ausbildung zum Diplom Biersommelier. Seit 2013 werden zudem High-End-Seminare für Brautechnologen aus der Braubranche, Spitzenkräfte der Biergastronomie und dem Bierhandel angeboten. Unter dem Label „Master Class" Spezialseminare gehen Sie mit den Besten auf Kurs und erfahren in Kleingruppen Bierkultur, die bewegt. Seit 2020 bietet die Akademie zusätzlich einen Biersommelier Onlinekurs an, der sich höchster Beliebtheit erfreut und praktisch jederzeit bequem zu Hause erlernt werden kann. Den begehrten Diplomtitel kann man nach Abschluss der Online Akademie als Präsenzkurs in Obertrum absolvieren.

TRUMER PRIVATBRAUEREI

5162 Obertrum bei Salzburg, Brauhausgasse 2, +43/6219/7411-0
www.trumer.at
Die Trumer Welt ist ein touristischer Anziehungspunkt im Salzburger Seenland: Die Besonderheiten der Privatbrauerei – etwa offene Gärbottiche – werden ebenso erlebbar wie die Besonderheiten des Trumer Pils, das mehrfach international ausgezeichnet wurde. Persönlich geführt durch ausgebildete Biersommeliers oder Brauer, können Besucher jeden Tag die Trumer Welt entdecken, einen Blick in die Gärbottiche werfen und Trumer Pilsspezialitäten in der eindrucksvollen Gärlounge verkosten. Trumer Brauerei-Shop: Mo-Fr 9:00 bis 12:30 und 13:00 bis 18:00 Uhr, Sa 8:30 bis 12:00 Uhr. Brauereiführungen für Individualbesucher ohne Voranmeldung Mai bis September jeweils Di um 16:30 Uhr, im August und September zusätzlich immer Donnerstags um 18:00 Uhr. Für Gruppen ab 10 Pers. auf Anfrage, 365 Tage im Jahr zu flexiblen Zeiten.

RAURIS

LANDGASTHAUS WEIXEN

5661 Rauris, Seidlwinkelstraße 114, +43/6544/6437
www.weixen.at
Die Gasthausbrauerei im hintersten Teil des Rauristales besteht seit Sommer 2003. Das Brauwasser ist ein stilles Mineralwasser aus der eigenen Quelle, die nur 200 Meter oberhalb der Brauerei aus einem Quarzfelsen entspringt. Siehe auch unter Lokale Salzburg – Rauris.

SAALFELDEN

PALFEN – GASTHOF HUBERTUS

5760 Saalfelden, Bachwinkl 23, +43/664/2118198
www.gh-hubertus.at
Hausbrauerei im Keller des Gasthofes. Gebraut werden verschiedene Sorten Palfen Craftbier. „Palfen" ist einerseits der umgangssprachliche Name für die nahegelegene Einsiedelei, andererseits ein Pinzgauer Ausdruck für Felsen. Für Gruppen wird eine Einführung in die Welt des Bierbrauens angeboten. Siehe auch unter Lokale Salzburg – Saalfelden.

SALZBURG

AUGUSTINER BRÄU KLOSTER MÜLLN

5020 Salzburg, Lindhofstraße 7, +43/662/431246
www.augustinerbier.at

Augustiner Bräu Kloster Mülln

Die 1621 gegründete Brauerei des Augustinerklosters (der Haupteigentümer ist das Kloster Michaelbeuren) ist in den vergangenen Jahren technisch runderneuert worden, eigenes Kleinkraftwerk unter dem Parkplatz inklusive. Trotz der installierten modernen Brautechnik (Sudhaus von Kaspar Schulz) wird immer noch handwerklich gebraut – mit Kühlschiff, offenem Gärkeller, Wasserspundapparat und einer Fasswichs, wo noch mit Holzfässern hantiert wird. Seit 2022 wird auch wieder Holz für die Bierkisten verwendet. Miterleben kann man den Entstehungsweg des Bieres – vom Sudhaus bis zur Abfüllung – von Montag bis Freitag nachmittags nach telefonischer Terminvereinbarung (+43/662/431246), ab Euro 19,90 p./P. inklusive einem kleinen Souvenir. Willkommen sind Gruppen ab 10 bis max. 30 Personen. Öffnungszeiten Rampe: Mo- Fr 7:00 bis 22:00 Uhr, Sa-So & Feiertag 14:00 bis 22:00 Uhr.

BRAUTON

5020 Salzburg, Arnogasse 5, +43/699/12275003
www.brauton.at
Mit Crowdfunding im Frühjahr 2019 realisiertes Kleinbrauerei-Projekt: Peter Kreyci und Phil Zezula glauben fest daran, dass die Beschallung des reifenden Bieres – „Back from Space" – mit zu dessen Wohlgeschmack beiträgt. Das Bier ist in der Stadt Salzburg inzwischen zu einem Kult-Produkt geworden und etwa beim Biershop des Alchimiste Belge Guggenthal vom Fass, in der academy Bar und im Musikladen in der Linzergasse erhältlich.

DIE WEISSE SALZBURGER BIERMANUFAKTUR GMBH

5020 Salzburg, Bayerhamerstraße 10, +43/662/876376
www.salzburgerweissbier.at, shop.dieweisse.at

Österreichs mit Abstand älteste Weissbierbrauerei wurde im Jahr 1901 gegründet und hat sich von Beginn an auf das Brauen von Weizenbieren konzentriert. Das Ur-Rezept für Die Weisse stammt noch vom Gründer Adalbert Behr. Die Weisse ist mittlerweile international bei über 100 Betrieben in der gehobenen Gastronomie vertreten. Der junge Bräu und Geschäftsführer Felix Gmachl legt mit dem Fokus auf regionale Zutaten und die nachhaltige Ausrichtung seiner Weissbierbrauerei gerade den Grundstein für die Zukunft von Österreichs ältester Weissbierbrauerei. Onlineshop: https://shop.dieweisse.at/ Siehe auch unter Lokale Salzburg – Salzburg.

Die Weisse Salzburger Biermanufaktur GmbH

DIE WEISSE®
SALZBURG

'S KLOANE BRAUHAUS

5020 Salzburg, Schallmooser Hauptstraße 27, +43/662/871154
www.kastnersschenke.at

Das 1998 eingerichtete Kloane Brauhaus ist als kleinste (Gast-haus)Brauerei in Salzburg bekannt. Gebraut wird das Gerstlbier und ein Weizenbier. Alle Sorten kommen unfiltriert aus den Zapfhähnen. Details unter Lokale Salzburg.

STIEGL-BRAUWELT / STIEGLBRAUEREI ZU SALZBURG

5020 Salzburg, Bräuhausstraße 9, +43/50/1492-1492
www.brauwelt.at

Stiegl-Brauwelt / Stieglbrauerei zu Salzburg

Stiegl-Brauwelt
SALZBURG

Die Brauwelt in Maxglan präsentiert nicht nur die Markenwelt der eindrucksvoll das Stadtviertel prägenden Stieglbrauerei, sondern die gesamte Kultur- und Technikgeschichte des Brauwesens vom Acker bis zum fertigen Bier und von den bescheidenen Anfängen der modernen Brauerei bis hin zur Leistungsfähigkeit sehr großer und sehr kleiner Brauanlagen. Ganzjährig geöffnet, findet sich neben einer eigenen Gastronomie und einem Shop auch ein Museum mit über 5.000 m². Im ehemaligen Mälzereigebäude gibt es ein 270° Braukino, eine Hausbrauerei und einen sehenswerten Fassreifekeller – außerdem einen Verkostungskeller, in dem 8.000 Flaschen auf kundige Verkoster warten. Das Museum ist täglich von 10:00 bis 18:30 Uhr geöffnet (Mai bis September 10:00 bis 20:00 Uhr). Tickets für Führungen gibt's auch online auf www.stiegl-shop.at (es wird empfohlen, ein Ticket im Vorhinein zu kaufen). Die Stiegl-Brauwelt bietet mit ihren drei kulinarischen Bereichen – dem Bräustüberl, dem Stieglitz, der Paracelsusstube und einer eigenen Veranstaltungslocation, dem Braugewölbe, nicht nur gastronomische Vielfalt an einem Ort, sondern auch die Möglichkeit, seine eigene Veranstaltung dort durchzuführen. Weitere Informationen unter: brauwelt.at

SANKT MICHAEL / LUNGAU

MANDLBRÄU

5582 Sankt Michael / Lungau, Marktstraße 10
+43/660/4908304
Das Mandlbräu ist die Nano-Brauerei von Florian Mandl, der für das gleichnamige Café seit dem Jahr 2014 in sehr kleinen Chargen ein eher hopfenbetontes Mandl- und ein mild-malziges Weibl-Bier braut.

SEEKIRCHEN AM WALLERSEE

WOIF BIERSIEDER

5201 Seekirchen am Wallersee, Mühlbachstraße 30d
+43/664/1426779
www.woif.at
Gypsy-Brauer, Mostpresser und Schnapsbrenner. Als Hobbybrauer begonnen, hat Wolfgang Hartl als Wanderbrauer Biere, unter anderen mit alternativen Getreidesorten (zum Beispiel Emmer, Einkorn) oder natürlichen Zutaten (etwa Holunderblüten), im Sortiment.

STROBL

ERSTE WOLFGANGSEER BRAUGESELLSCHAFT

5350 Strobl, Ischlerstraße 5, +43/664/88199488
www.facebook.com/StroblerHelles
Kleinbrauerei, die beim Falstaff-Voting 2019 zur zweitbeliebtesten ihrer Art im Land Salzburg gewählt worden ist.

ZELL AM SEE

PINZGA BRÄU AM SEE

5700 Zell am See, Esplanade 4-6, +43/6542/788
www.pinzgabraeu.at
Ein Schmuckstück unter Österreichs Kleinbrauereien: Das „Pinzga Bräu am See" ist Teil des Grand Hotel Zell am See, einem 4-Sterne-Superior-Betrieb, der auf einer Halbinsel direkt am Zeller See liegt. Das Fünf-Hektoliter-Sudhaus – um mehr als 300.000 Euro vom Bamberger Hersteller Kaspar Schulz eingerichtet – bietet einen Blick auf Biergarten, See und Berge, im Stüberl wird in ungezwungener Atmosphäre ausgeschenkt. „Unser Ziel ist ein süffiges, g'schmackiges Bier mit einem eigenständigen Charakter. Wir ver-

suchen, möglichst viel der Wertschöpfung in Österreich zu halten. Den Hopfen beziehen wir aus dem Mühlviertel, das Gerstenmalz aus Grieskirchen“, erklärt Bier-Sommelier und Brauer Valentin Klien. Kurze oder ausführliche Führungen und Vergleichsverkostungen für Bier-Interessierte.

STEIERMARK

BAD MITTERNDORF

PETERWIRTSBRÄU

8983 Bad Mitterndorf, Bad Mitterndorf 68, +43/3623/2597
www.peterwirt.com
Das Peterwirtsbräu erzeugt seit 2008 unfiltriertes, naturbelassenes Bier. Im Bräustüberl, das täglich ab 15:00 Uhr geöffnet ist, werden eine Jause und auch Edelbrände aus der eigenen Erzeugung angeboten.

BAD RADKERSBURG

BEVOG BREWERY

8490 Bad Radkersburg, Gewerbepark B Nr. 9, +43/3476/4154313
www.bevog.at
Vasja Golar, ein slowenischer Hobbybrauer, hat im Herbst 2012 im Dreiländereck Österreich/Slowenien/Ungarn eine professionelle Microbrewery eingerichtet, die keinen Vergleich mit ihren amerikanischen Vorbildern zu scheuen braucht. Das reicht bis dahin, dass die Kommunikation nach außen auf Englisch erfolgt. Die meisten Biere werden hier in Dosen gefüllt, was den Export erleichtert. inzwischen ist auch ein sehr netter Taproom dazugekommen, in dem auch die Biere und Merchandise verkauft werden. Brauereibesuche auf Anfrage – am besten in englischer Sprache.

BIRKFELD

JOGLLAND HOAMATBRÄU

8190 Birkfeld, Waisenegg 78, +43/3174/4410
www.hoamatbrau.at
2016 wurde von Robert und Andrea Rennhofer die Kleinbierbrauerei „Joglland Hoamatbräu“ gegründet. Gebraut wird ein helles und dunkles Naturbier, nicht filtriert und nicht pasteurisiert, mit dem Quellwasser aus den Fischbacher Alpen. Brauereiführung nach telefonischer Anmeldung. Die Biere sind erhältlich im Gasthaus Gallbrunner, Birkfeld.

BRODINGBERG BEI GLEISDORF

STEIRISCH URSPRUNG

8200 Brodingberg bei Gleisdorf, Brodersdorfstraße 85
+43/3117/5171
www.steirischursprung.at
Walter Neuwirth kam 1997 zum Bierbrauen, weil er zu viel Honig produziert hatte: Anfangs war es lediglich Honigbier, ein mildes, leicht süßliches, vollmundiges Bier, das in der Region unter dem Namen „Sauschneider“ bekannt wurde und von Anfang an seine Freunde fand. Der leer stehende Stall am Hof wurde zur Brauerei im Heustadl, in der mittlerweile neben dem Honigbier noch weitere Sorten gebraut werden. Für Interessenten gibt es nach Voranmeldung Sonnenbierführungen.

EBERSDORF

TONI BRÄU
MARTIN JOSEF HOFER

8273 Ebersdorf, Wagenbach 61, +43/699/10616161
www.tonibraeu.at
In der mit dem GREEN BRAND ausgezeichneten Brauerei werden naturtrübe, biozertifizierte Biere sowie ein Bierlikör und der Styrian Whisky „Toni Woka“ hergestellt. Die Biobraugerste sowie der Biohopfen werden direkt aus der angrenzenden Ökoregion Kaindorf bezogen. Bei den Brauereiführungen (Gruppen bitte unbedingt mit Voranmeldung), die Montag und Donnerstag um 16:00 Uhr und Samstag um 10:30 Uhr stattfinden, kann man das BioGold, helles und dunkles Vollbier oder die Saisonbiere Bock- und Weizenbier verkosten. Das „Toni Bräu Braufest“ findet jährlich zu Christi Himmelfahrt statt.

EGGERSDORF BEI GRAZ

AFFENBERGER BRAUEREI
PÖLZER SPEZIALITÄTEN

8063 Eggersdorf bei Graz, Wetterkreuzweg 1, +43/3117/3556-11
www.affenberger.at
Bierbrauerei und Essigproduktion sind historisch eng verbunden: Vergorene Malzauszüge sind ja Basis für Malzessig, und wenn man die Gärungsorganismen sauber auseinanderhält, ergeben sich positive Synergieeffekte. Nach telefonischer Voranmeldung ist eine Besichtigung der Affenberger Brauerei sowie Verkostung der Pölzer Spezialitäten jederzeit möglich.

EISENERZ

PRIVATBRAUEREI ERZBERGBRÄU

8790 Eisenerz, Trofengbachgasse 2, +43/664/3202340
www.erzbergbraeu.at
Seit Mai 2012 wird am Rande der Eisenerzer Altstadt von Reini Schenkermaier wieder Bier gebraut. Aufgrund des Pensionsalters der Betreiber wurden die Aktivitäten etwas eingeschränkt, aber in der 3-Hektoliter Schaubrauerei werden auch noch immer Brauseminare (https://www.erzbergbraeu.com/seminare/brauseminar/), Degustationen und Führungen mit dem Brauer, Diplom-Biersommelier und Österreichs erstem Mitglied im „Institute of Masters of Beer" angeboten. Die Biere werden im angeschlossenen Restaurant (geöffnet nur mehr für entsprechend vorreservierte Gruppen) ausgeschenkt und in Flaschen vor Ort sowie in Regional- bzw. Bierläden im Bezirk Leoben und in Graz verkauft. Über www.abenteuer-erzberg.at ist auch ein Package mit Schaubergwerks-Besuch am „Steirischen Brotlaib", Brauereiführung, Eisenerzer Kesselheisser und Bier buchbar. Und für die Zukunft wird Nachfolge für den Betrieb gesucht, Detailinfos dazu: https://www.erzbergbraeu.com/nachfolge.

FEHRING

WALHALLA GENUSSKULISSE

8350 Fehring, Pertlstein 30, +43/664/4292056
www.walhalla-genusskulisse.at
Sleipnir heißt das achtbeinige Pferd des Göttervaters Wotan (oder Odin, je nach Lesart) und Sleipnir heißt auch die Bierserie aus der Genusskulisse Walhalla: Tamara und Erik sind nach Eigendefinition „zwei Querköpfe mit vier fleißigen Händen", die zeigen, dass die Südoststeiermark mehr bietet als Wein, Mais und Kürbis. Jede Jahreszeit bekommt zudem ihren eigenen Geschmack – das Frühjahrsbier 2023 ist ein mit Zitronenverbene gebrautes Pilsner. Geführte Bierverkostungen mit Food Pairing oder Genussjause im neuen Verkostungsraum (nach Voranmeldung) sowie Braukurse mit der Option, das eigene Wunschbier zu brauen bzw. Auftragsbiere von 20l bis 200l.

FELDBACH

LAVA BRÄU BIER- UND WHISKYMANUFAKTUR

8330 Feldbach, Auersbach 130, +43/3152/8575-201
www.lavabraeu.at
Im Herzen des Steirischen Vulkanlandes hat Braumeister Günter Schmidt bis zu seinem Tod im Jänner 2023 in der Kleinbrauerei Lava Bräu eine weithin geschätzte Biervielfalt aus zertifizierten Bio-Rohstoffen handbereitet. Bruder Roman Schmidt führt die Brauerei im Sinn des Bruders weiter. Die Ausschlagmenge jedes Suds beträgt nur fünf Hektoliter. Neben dem Bier widmet man sich auch der Whiskyherstellung. Eine Exkursion zur Lava Bräu-Brauwerkstatt umfasst die Besichtigung der Mikrobrauanlage und ist zugleich eine gedankliche Reise durch eine einzigartige Region – das Steirische Vulkanland. Führungen können nach telefonischer Voranmeldung zu den Öffnungszeiten oder jederzeit per Mail gebucht werden. Der Preis beträgt ab 14 Personen 9,90 € (inkl. Verkostung von 2 Sorten Bier) und darunter 11,90 € pro Person.

FÜRSTENFELD

EDER BIO BIER

8280 Fürstenfeld, Rennmühlstraße 18, +43/664/9604170
www.facebook.com/edersbiobier/?locale=de_DE
Eders Hofbrauerei befindet sich am rund 120 Jahre alten Bauernhof der Familie Eder. Helmut Eder hat sich auf die Produktion von hochwertigem, rein biologischen Bier spezialisiert, das in kleinen Mengen von rund 80 bis 180 Litern pro Brauvorgang hergestellt wird.

FÜRSTENBRÄU

8280 Fürstenfeld, Hauptstraße 31, +43/3382/55255-0
www.fuerstenbraeu.at
Gasthausbrauerei, die an eine 1913 begonnene Brautradition in Fürstenfeld anknüpft. Individuelle Brauereiführungen nach Voranmeldung inkl. Verkostung aller selbstgebrauten Biersorten (Bierprobe 0,2 l). Es gibt viel Wissenswertes über die Geschichte des Bieres und launige Anekdoten rund um das Wirtshaus bzw. dessen Entstehungsgeschichte. Dauer: ca. eine Stunde, beginnend beim Sudhaus mit Rundgang durch das Herzstück – den Braukeller. Siehe auch unter Lokale Steiermark – Fürstenfeld.

Fürstenbräu

NIBELUNGENGOLD BRAUEREI & DESTILLERIE

8280 Fürstenfeld, Franz-Bauer-Weg 4, +43/664/8636564
www.nibelungengold.at
Brauereineugründung aus dem Jahr 2011, die sich als sehr experimentierfreudig erweist. Zudem wird eine Brennanlage betrieben, für Hobbybrauer gibt es eine Versorgung mit Braumaterial. Es werden auch Betriebsführungen sowie Brauseminare, Schnapsbrennkurse und Verkostungen im rustikalen Braustüberl angeboten, ebenso werden ein Schankwagen und Festausstattung zur

Miete angeboten. Bierliebhaber ohne eigene Brauanlage werden mit Lohnbrauen nach ihren eigenen Rezepten unterstützt – auch die Biere der Grazer Marke Tosta kommen aus dieser Produktion. Die 3 Fürstenfelder Brauereien veranstalten gemeinsam am 15.7.2023 das Fürstenfelder „Bierbrauerfest" in der Pfeilburg.

Nibelungengold Brauerei & Destillerie

GABERSDORF

SAJACHER SCHLÖSSL BRÄU

8424 Gabersdorf, Sajach 23, +43/3452/74879
+43/664/1335648
www.bierbrauerei.info

Der Braumeister Siegfried Neuhold absolvierte seine Lehre im Jahr 1955 bei Peter Reininghaus und hat sich 1999 den Lebenstraum einer eigenen Kleinbrauanlage erfüllt. Seine Tochter Annemarie hat nun das Brauen übernommen und braut das Schlößlbräu Lager/Märzenbier nach den alten Rezepten ihres Vaters. Geöffnet Mo-Sa 9:00 bis 20:00 Uhr.

GAMS BEI HIEFLAU

FORSTAUERS HOFBRÄU

8922 Gams bei Hieflau, Gamsforst 18, +43/676/5104561
www.forstauer.at

Familie Schmiedbauer hat sich zum Ziel gesetzt, die Nationalparkregion mit ungewöhnlichen Bieren zu bereichern und „die Geschmäcker der Welt in die Region zu bringen". Etwa mit einem herben norddeutschen Pils oder einem Irish Stout.

GLEISDORF

LAURENZIBRÄU

8200 Gleisdorf, Hauptplatz 3, +43/3112/36795
www.laurenzibraeu.at

2013 gegründete Gasthausbrauerei neben der dem Heiligen Laurentius – dem Schutzpatron der Mälzer – geweihten Stadtpfarrkirche von Gleisdorf. Kleine Schaubrauerei im Lokal, kurze Führungen und Verkostungen jeweils am Mittwochnachmittag und Samstagnachmittag nach telefonischer Voranmeldung. Für Unternehmen, Firmenfeiern oder Großveranstaltungen können auch Sonderbiere gebraut werden – auf Wunsch mit exklusivem Etikett. Zusätzlich zu den beiden regulären Bieren wird ein Bierlikör und ein „Mahoko"-Likör (aus Malz, Hopfen und Kornbrand) angeboten. Siehe auch unter Lokale Steiermark – Gleisdorf.

GRAZ

ALEFRIED

8010 Graz, Rechbauerstraße 24, +43/680/1114407
www.mikrozirkus.com

Alfried Borkenstein hat sich in den vergangenen Jahren immer mehr der Produktion von holzfassgereifen Bieren zugewendet, seine stark limitierte Mikrozirkus Serie ist vielen, die sich für belgisch inspirierte (und natürlich auch moderne amerikanische) Sauerbiere begeistern können, ein Begriff. Viele dieser Biere sind spontan vergoren, erklärt der Brauer: „Die Einbindung und Unterstützung lokaler Mikroflora ist mir ein besonderes Anliegen, ich sehe mich da sehr stark in der Tradition der „Farmhouse Ales", in denen besonders die Umgebung einen sehr starken Einfluss auf das finale Produkt hat. In unserem Gärkeller befinden sich neben Barriques aus Frankreich, Italien und Österreich nun auch große 1600-Liter-Fässer aus Venetien, die mit Amarone Wein gefüllt waren." Die Biere sind unfiltriert, nicht pasteurisiert und in der Flasche nachvergoren.

ANTON PAAR SUDHAUS

8054 Graz, Weblinger Straße 10, –43/316/2695700
www.sudhaus.at

Diese Brauerei ist ein Schmuckstück unter den Kleinbrauereien Österreichs – einerseits gibt es eine moderne Flexibrew-Anlage, die alle Stückerl spielt, andererseits wurde hier nicht nur die Brautechnik, sondern auch die Messtechnik perfektioniert. Exklusive Brauereiführungen für Gruppen von 10 bis 20 Personen nach Voranmeldung, Preis: € 10,00 pro Person inkl. Kostprobe. Braukurse ab 10 Pers. nach Voranmeldung, Dauer: 7 Stunden - Preis: € 98,00 pro Person inkl. einer Mahlzeit und 2 Glas Bier.

BRAUEREI PUNTIGAM

8055 Graz, Triester Straße 357-359, +43/316/502-0
www.puntigamer.at

Diese Großbrauerei im Süden von Graz ist Heimstätte der Puntigamer- und auch der Reininghaus-Biere. Puntigam lag bis 1938 vor den Mautgrenzen der Stadt, wodurch es zu einem steuerlich begünstigten Ausflugsziel geworden ist. Anlässlich des 75-Jahr-Jubiläums des Zusammenschlusses der Brauerei Reininghaus am Steinfeld mit dem Braustandort in Graz Puntigam im Jahr 1947 wurde 2022 ein Brauerei- und Biererlebnisprogramm mit über 50 touristischen Veranstaltungen gestartet, das neben dem Brauhandwerk die Verwendung von heimischen Rohstoffen sowie die

Verbundenheit der Brauerei zur Stadt Graz und ihren Bürgern in einer abwechslungsreichen und geselligen Art und Weise vermittelt. Die Geschichte der „Brauer zu Puntigam" wurde neu aufbereitet und zeitgemäß interpretiert. Dafür wurden die Veranstalter unter der Leitung von Markus Leingruber mit dem steirischen PR-Panther ausgezeichnet. Bei dieser Tour stehen die Verkostung der Würze ebenso wie das „Mittendrin" in einer Flaschenkontrollstation auf dem Programm. Im Zuge der Führung können auch bierige Boutique-Artikel gekauft werden.

TOSTA

8020 Graz, Herrgottwiesgasse 62/14, +43/664/1900620
www.facebook.com/tosta.drinks
Innovatives Start-up, gegründet 2021 von Manuel Zettl, Phillip Clarke und Martin Stahl. Der Name und lateinische Begriff „Tosta" bedeutet dabei so viel wie „Trinkspruch". Da sich die hauseigene Brauanlage noch im Bau befindet, werden die Biere derzeit bei Nibelungengold in Fürstenfeld gebraut.

GROSS SANKT FLORIAN

NASSAUER CITY BIER

8522 Groß Sankt Florian, Nassau 48, +43/664/5972032
www.nassauercitybier.at
Bereits seit 2006 braut Richard Achleitner sein Bier, das Nassauer City Bier. Das „Hausbier" ist ein malziges, obergäriges Bier, das „Helle" ein hopfenbetontes, frisches Kellerbier und das „Schwarze" ein dunkles, leicht herbes Malzbier mit kaffee-schokoladiger Note. Verkostungen für Gruppen sind auf Vorbestellung möglich.

ILZ

BIERWERKSTATT

8262 Ilz, Nestelberg 8, +43/664/4575911
www.grafenbier.at/services/museum
Richard Graf ist Mitglied des Brauvereins „Ursprüngliche Braukultur 1875", der statutengemäß die Braukultur und die regionale Biervielfalt sowie das Qualitätsbewusstsein zum Getränk Bier fördert. Im August findet das „Woazbrot'n" Fest mit Brauereiführungen und Bierverkostung statt. Und: Richard Graf braut nicht nur selber kreative Biere (unter anderem mit Feigen aus dem eigenen Garten), er lässt auch interessierte Gruppen an sein Braugerät, das 2014 vom Königsdorfer Bergbräu erworben wurde. Anfang August 2015 eröffnete er am selben Standort das Brauereimuseum – vom Liesinger Braumuseum (Liesinger Brauerei 1838-1973) konnte ein Teil der Exponate nach Nestelberg gebracht werden. Zu sehen sind u.a. Brautensilien, Zapfhähne, Schriftstücke, Fotografien und Pläne aus dem 19. und 20. Jhdt. Neben den Ausstellungsstücken aus Liesing sind auch andere zahlreiche Exponate zum Thema „ursprüngliche Braukultur" ausgestellt. Anmeldung erforderlich.

FARM BRÄU

8262 Ilz, Neudorf 23, +43/664/3912355
www.hermanns-farm.at/de/die-farm/farmbraeu
Seit 2013 wird in der kleinen Hobby-Brauerei in Neudorf bei Ilz auf der Hopfenfarm mit einem 50 Liter Kessel Bier gebraut, zunächst nur für den Eigenbedarf. In Kooperation mit einer nahe gelegenen CO_2-neutralen Brauerei wurde 2020 Farm Bräu naturtrüb gebraut, mit steirischer Gerste und 3 erlesenen Hopfensorten. Das Hausbier erreichte 2022 bei der Austrian Beer Challenge den 3. Platz in der Rubrik „Wiener Lager". Dieses ist in der 0,33 l Flasche oder im 30 l Fass erhältlich. Direkt vor der Brauerei wächst der Aromahopfen, der für verschiedene Kreationen verwendet wird. Im August wird der Internationale Tag des Bieres gefeiert, und im September findet der traditionelle Brausilvester statt.Öffnungszeiten April bis Oktober: Freitag 16:00 bis 19:00 Uhr, Samstag 10:00 bis 13:00 Uhr oder nach telefonischer Vereinbarung. Samstags kann man beim Bierbrauen zuschauen – Brautage werden angeboten! Veröffentlichung eines steirischen Biersongs inkl. Brauvideo im Mai 2023, in Kooperation mit dem angeschlossenen Farm Studio.

Farm Bräu

KAINDORF

BRAUEREI GRATZER

8224 Kaindorf, Obertiefenbach 26, +43/664/3023344
www.brauereigratzer.at
Alois Gratzer betreibt hier eine kleine, interessanterweise aber bundesweit gut etablierte Brauerei, die sich durch klimaneutrale Produktion auszeichnet und ihre Biere mit Vornamen benennt. Auch online erhältlich bei www.myproduct.at

KAPFENBERG

TOM & HARRY BREWING

8605 Kapfenberg, Werk-VI-Straße 35, +43/664/9132672
www.tomandharry.beer
Kleinbrauerei, die im Falstaff-Voting zur beliebtesten Kleinbrauerei der Steiermark 2020 gewählt wurde. Gebraut werden fixe Sorten wie Californian Moonshine – das erste Craftbier aus Österreich,

das mit CBD Hanfblüten gebraut wird –, Wüds Püs (Pils), Maiwipferl sowie ein wechselndes saisonales Craft Bier-Sortiment.

KÖFLACH

SCHWANNLBRÄU

8580 Köflach, Werkstraße 27, +43/650/6264015
www.schwannlbraeu.jimdo.com
Ein-Frau-Unternehmen, gegründet von Julia Schwinger, die Sude von nur 50 Litern braut. Alles sehr kreativ und bunt, aber immer nur in Kleinstmengen. Bierverkauf daher nur nach Vereinbarung.

LEITRING

RICHARDS BIERATELIER

8435 Leitring, Ahornweg 2, +43/664/3412060
www.richardsbieratelier.at
Ein wesentlicher Teil der Idee von Richard Lipps Bieratelier ist nicht nur das Kreieren von neuen Naturbier-Spezialitäten, sondern auch, den damit verbundenen Genuss in den Mittelpunkt zu stellen. Bierverkauf nach Vereinbarung.

LEOBEN

BRAUEREI GÖSS & GÖSSEUM

8700 Leoben, Brauhausgasse 1, +43/3842/2090-5802
www.goesser.at/braumuseum.html
Braumeister Michael Zotter leitet in Göss die größte Brauerei Österreichs – bemerkenswert nicht nur für das weit über die Landesgrenzen bekannte Bier, sondern auch für die innovative Umwelttechnik. So wird das Wasser für den Maischprozess beispielsweise durch 1.500 Quadratmeter thermische Solarkollektoren erhitzt. Führungen durch die Brauerei mit ihrem besonders schönen Sudhaus und das Brauereimuseum (je eine Stunde) nach Voranmeldung ganzjährig Montag-Freitag für Gruppen (ab 10 Personen) und Einzelpersonen. Museumsbesichtigung gegen Voranmeldung, April-Oktober: Samstag, Feiertag 11:00 und 15:00 Uhr ohne Voranmeldung. Brauerei- und Gösseumsführung: ganzjährig von Montag bis Sonntag, Anmeldung erforderlich. Preis: € 15,50, ermäßigter Eintritt: € 12,50. Im Preis inbegriffen ist eine Bierverkostung mit Brezn und ein Erinnerungsgeschenk. Dauer: ca. 2 Stunden (Führung und Verkostung).

LEUTSCHACH

DIE BRAUEREI & 1. STEIRISCHES HOPFENMUSEUM

8463 Leutschach, Schillerplatz 3, +43/699/10438749
www.diebrauerei.com
Kleine Erlebnisbrauerei im Steirischen Hopfenland. Entsprechend hopfig ist das Angebot: Bierverkostung inkl. Führung (Verkostung von 2 Biersorten, Dauer ca. 30 Min.) um € 8,00 p./P., Gruppe ab 10 Personen à € 7,00. Längere Bierseminare, bei denen man selber mitbrauen kann, dauern 5,5 Stunden und kosten € 69,00 p./P. Angeschlossen ist das „erste Steirische Hopfenmuseum“: Besichtigung des Museums und Brauereiführung ab 6 Personen mit Bierverkostung (2 x 0,1 l), Dauer ca. 60 Min. Anmeldung notwendig.

MARIAZELL

Brauhaus Mariazell / Girrer Bräu

BRAUHAUS MARIAZELL / GIRRER BRÄU

8630 Mariazell, Wiener Straße 5, +43/3882/25230
www.bierundbett.at
Die älteste Hausbrauerei der Steiermark feierte 2016 das 20-jährige Jubiläum und führt seit 2017 erstmals die Mariazeller Interpretation eines Altbiers, das Mariazeller Alt: Das ist eine Erinnerung an die alte Brauerei, die vor Mitte des 16. Jhdts. bis 1888 bestanden hat: stockdunkel, obergärig, herb, serviert im klassischen Brauerstutzen – einer alten Glasform, die etwas an alte Teegläser erinnert. Gebraut wird im Schnitt 2 Mal pro Woche. Hannes Girrer fachsimpelt dabei freimütig mit den Gästen darüber, wie er braut, wo er die Hefe her hat und wie man sein Bier daheim nachbrauen könnte. Hobbybrauer sind willkommen. Siehe auch unter Lokale Steiermark – Mariazell.

MARKT HARTMANNSDORF

HERMAX BRÄU

8311 Markt Hartmannsdorf, Reith 72, +43/664/1690783
Idyllisch abgelegener Bauernhof, auf dem Hermann Nothdurfter seit 1999 „mit der natürlichen Kraft des Drachens“ spezielle Biere braut. Aus seiner Brauerei kommt auch das Eule Koffeinbier.

MURAU

BRAUEREI MURAU / BRAUEREI DER SINNE

8850 Murau, Raffaltplatz 19-23, +43/3532/3266-505
www.murauerbier.at
Die Produktion des Murauer Bieres ist seit Jahrzehnten auf Nach-

haltigkeit getrimmt, sie läuft schon seit 2014 mit Fernwärme aus Bioenergie und damit ohne fossile Brennstoffe. So modern die Produktion ist, so sehr wird auf Tradition geachtet: Die geschichtlichen Aufzeichnungen der Murauer Brauerei lassen sich bis ins Jahr 1495 zurückverfolgen. 1910 wurde die vormals in Privatbesitz befindende Brauerei eine Genossenschaft. In der sogenannten „Brauerei der Sinne", einer modernen Erlebnistour, erfährt der Besucher viel Wissenswertes über das Bierbrauen, erhält einen kleinen „Ausflug" in die Geschichte im alten Gewölbekeller, kann die Murauer Wasserquelle in einem Schaubrunnen bewundern und erhält rund um die Tour sinnhafte Eindrücke. Einzelführung: 16,50 Euro/Person, Gruppe ab 10 - 20 Personen: 13,50 Euro/Person, Busgruppen: 12,00 Euro/Person. Jugendliche, Studenten, Schüler, Pensionisten: 9,00 Euro/Person, Schülergruppen: 6,00 Euro/Person, 0-6 Jahre: Eintritt frei.

NEUMARKT

DER SEIDL – IHR BRAUWIRT

8820 Neumarkt, Zeutschach 7, +43/3584/2440
www.brauwirtseidl.at
Gasthausbrauerei – siehe unter Lokale Steiermark – Zeutschach.

RIEGERSBURG

NOOM KREATIVBRAUEREI

8333 Riegersburg, Breitenfeld 30, +43/660/5752891
www.noom.at
Im April 2019 haben die Brüder Johannes und Jakob Marn in einem ehemaligen Gasthaus ein Zwei-Hektoliter-Sudwerk eingerichtet und begonnen, obergärige Kreativbiere zu brauen.

SANKT JAKOB IM WALDE

BERGER BRÄU

8255 Sankt Jakob im Walde, Kirchenviertel 34, +43/3336/8259
www.familienhotel-berger.at
Seit 2002 wird das „Berger Bräu" gebraut – ein halbdunkles Bier mit 5,3 Volumsprozent Alkohol. Gebraut wird mit Bergquellwasser aus eigener Quelle, das mit Wiener und Pilsner Malz angereichert wird. Das Bier wird nach der Gärung sofort ins Fass zur Lagerung abgefüllt und hauptsächlich im Hotel ausgeschenkt. Bei Interesse ist eine Besichtigung der Brauerei im Keller möglich.

SANKT NIKOLAI IM SAUSAL

FLAMBERGER

8505 Sankt Nikolai im Sausal, Flamberg 101, +43/3185/3266
www.flamberger.at Mo-Fr: 8:00 bis 12:00 Uhr, 14:00 bis 18:00 Uhr; Sa: 9:00 bis 16:00 Uhr

Michael Löscher gilt als einer der Pioniere der steirischen Kleinbrauer-Szene, er hat seit 1986 schon über 50 Sorten Bier gebraut – und er destilliert Whisky. Die Schaubrauerei, der Brauereishop und die Whiskydestillerie können besichtigt werden. Führungen ab 6 Personen nach Vereinbarung, außer Sonn- & Feiertage.

SANKT VEIT IN DER SÜDSTEIERMARK

POCKBIER LANDWERKSTATT UND GENUSSLABOR

8481 Sankt Veit in der Südsteiermark, Pichla bei Mureck 31
+43/664/1915963
www.pockbier.com
Georg Pock bespielt mit seiner Familie eine kleine Landwerkstatt in der Südsteiermark. Seit 2011 wird dort das Pockbier im Genusslabor gebraut. Die verschiedenen Sorten können vor Ort verkostet und gekauft werden. Bei Anmeldung kann man auch Führungen buchen. Das Bier wird unter anderem im Pub am Hauptplatz in Bad Gleichenberg und im Noel in Graz angeboten.

SCHLADMING

Brauerei Schlaming

BRAUEREI SCHLADMING

8970 Schladming, Hammerfeldweg 163, +43/3687/22591-0
www.schladmingerbier.at Mo-Fr: 7:00 bis 16:45 Uhr
Die 1909 als Erste Alpenländische Volksbrauerei gegründete Brauerei Schladming ist eine regionale Spezialitätenbrauerei im Verbund der Brau Union Österreich, spezialisiert auf Bio-Zwickl und Bio-Weizenbier (Schnee-Weiße). Seit Juni 2019 ist die Brauerei Schladming eine „Grüne Brauerei". Der Anschluss zur Fernwärme und ein hauseigenes Pellet-Heizwerk sorgen für 100 % nachhaltige Energiegewinnung.

STUBENBERG AM SEE

MOAR BRÄU

8223 Stubenberg am See, Vockenberg 46, +43/3176/8546
www.moarbraeu.at

Gasthausbrauerei. Gebraut wird Moarbräu Hell und Dunkel, je nach Saison auch Märzen-, Weizen- und Stout Bier. Führungen mit dem Braumeister für Gruppen ab 8 Personen. Siehe auch unter Lokale Steiermark – Stubenberg am See.

THALHEIM

THALHEIM

8754 Thalheim, Sauerbrunnstraße 7, +43/3577/2022-7124
www.thalheimerheilwasser.at
Dietrich Mateschitz und sein Sohn Mark haben in Thalheim bei Pöls das alte Schloss und die dazugehörige Heilquelle gekauft und dann mit der Thalheimer Heilwasser GmbH eine hochmoderne Brauerei hingestellt. Seit 2018 kommen von dort mit Heilwasser gebraute, sonst aber eher konventionelle Biere in exklusiver Aufmachung. Erhältlich sind die Biere im Onlineshop und im Shop „zum Thalheimer", Rattenbergerweg 11, 8740 Zeltweg.

Thalheim

WUNDSCHUH

HERZOG HOFBRÄU

8142 Wundschuh, Ponigler Straße 52, +43/676/3530560
www.bierbotschaft.at
Im Jahr 2008 hat sich Diplom-Biersommelière Anita Herzog ihre Leidenschaft zum Beruf gemacht und ihre eigene Brauerei eröffnet, die 2014 von diesem Bierguide als Kleinbrauerei des Jahres ausgezeichnet wurde. Bierführungen mit Verkostung sind nach telefonischer Voranmeldung möglich. Der Bierverkauf erfolgt in der Bierbotschaft in Wundschuh. Näheres unter Lokale Steiermark – Wundschuh – Bierbotschaft.

TIROL

ALPBACH

KRISTALL BRAUEREI

6236 Alpbach, Inneralpbach 431, +43/664/4501566
www.kristallbrauerei.com
Josef „Jos" Moser hat seine 2006 gegründete Brauerei nach dem kristallklaren Wasser des Alpbachtals benannt. Die Hausbrauerei verfügt über ein 10 hl Sudhaus, in dem jährlich 1500 hl Zwicklbier, Kellerbier, Bock und Weizenbier gebraut werden. Brauereibesichtigungen auf Anfrage.

BERWANG

STADL BRÄU

6622 Berwang, Rinnen 38, +43/5674/8150
www.hotelthaneller.at
Seit 1995 gibt es die kleine Hausbrauerei in dem 4Sterne-Wellness-Hotel. Aus frischem Gebirgsquellwasser werden 3 Biersorten gebraut. Brauereibesichtigung montags um 11:00 Uhr und freitags 17:00 Uhr, auf Voranmeldung auch andere Tour-Zeiten möglich. Siehe auch unter Lokale Tirol – Berwang.

HALL IN TIROL

S' 4ER BRÄU

6060 Hall in Tirol, Kiechlanger 9b +43/676/88088708
www.viererbier.at
´s 4er Brauerei, oder kurz „Viererbier", ist eine lokale Biermarke mit der legendären Straßenbahnlinie 4 im Logo, die seinerzeit als „Vierer-Liesl" zwischen Innsbruck und Hall verkehrt ist. In der Mikro-Brauerei, betrieben von Bernhard Wackerle und Tommi Plenk, gibt es auf Vorbestellung die Biersorten Altbier, IPA, Weizen, Wiener Lager und Zwickl. Ebenso sind Spezialsude und Sonderabfüllungen auf Bestellung (mind. 12 Wochen vorher) mit individuell gestaltetem Etikett für spezielle Anlässe möglich. Zur Tiroler Braukost – 2023 am 3. Juni von 10:00 bis 18:00 Uhr – gibt es alle Sorten zum Verkosten am 4er-Stand am Stiftsplatz in Hall in Tirol.

HOLZGAU

STRICKERS DORF-ALM

6654 Holzgau, Nr. 71, +43/5633/5586
www.dorfalm.com
Seit 2008 verwöhnen die Wirtsleute Inge und Hubert Hosp die Gäste dieser Gasthausbrauerei mit selbstgebrautem Stricker Bier. Die Brauanlage wurde inzwischen in einen eigenen Braustadel ausgelagert, dort gibt es Brauereibesichtigung mit Führung und einer Bierprobe (ca. 20 Min., Reservierung telefonisch erforderlich). Siehe auch unter Lokale Tirol – Holzgau.

HOPFGARTEN IN DEFEREGGEN

GEIGENSEER PRIVATBRAUEREI

9961 Hopfgarten in Defereggen, Dölach 33, +43/664/5388898
www.geigenseer.at

Der namensgebende Geigensee liegt auf 2404 Meter Höhe über dem Defereggental, nahe der Gemeinde Hopfgarten, deren Name darauf hinweist, dass hier schon vor langer Zeit einmal Bierzutaten gewachsen sind. Diese urige Ecke Osttirols haben sich sechs Bierprofis ausgesucht, um (natürlich in Tallage) eine Brauerei zu errichten, die mit dem Wasser der Romisquelle den „Geigenseer Edelsud" braut. Die ersten Kisten waren umgehend ausverkauft. Brauereiführungen nach telefonischer Anmeldung oder per Mail.

IMST

PRIVATBRAUEREI KUGLER

6460 Imst, Josef-Koch-Straße 1, +43/676/4616535
www.privatbrauerei-kugler.at
Das „Kugler-Bier" von Clemens Kugler kommt aus der ehemaligen „Oldy-Bier" Brauerei, die in der jüngeren Vergangenheit deutlich verjüngt wurde und jetzt Privatbrauerei Kugler heißt.

INNSBRUCK

BIERFABRIK

6020 Innsbruck, Viaduktbogen 24-25, +43/664/2172107
www.bierfabrik.at
Kleine Brauerei unter zwei der Bahnbögen mit einem jungen, sehr versierten tschechischen Braumeister. Ausschank vor Ort und in einigen Studentenlokalen der Stadt. Siehe auch unter Lokale.

TIROLER BIER BRAUEREI BAUMGARTNER GMBH

6020 Innsbruck, Feldstraße 11a, +43/664/2346839
www.tirolerbier.at Mo: 14:00 bis 18:00 Uhr; Mi: 14:00 bis 18:00 Uhr; Fr: 14:00 bis 18:00 Uhr

Bierfabrik

Braumeister Harald Baumgartner hat sich 1999 seinen Traum verwirklicht und die Brauerei „Baumgartner Harald Tiroler Bier" gegründet. 2020 wurde die Brauerei von der nächsten Generation, den Geschwistern Tamara, Niklas und Peter Baumgartner, übernommen. Das naturtrübe Vollbier gibt es als Weizen- und Märzenbier in Fässern und Bügelverschlussflaschen zu kaufen. Rampenverkauf Montag, Mittwoch und Freitag von 14:00 bis 18:00 Uhr, Brauereibesichtigungen auf Anfrage. Anfang Februar 2022 wurde die „Tiroler Bierhalle" eröffnet. Siehe auch unter Lokale Innsbruck.

LANERSBACH, TUX I. ZILLERTAL

TUX 1280

6293 Lanersbach, Tux i. Zillertal, Lanersbach 391
+43/664/4126235
www.facebook.com/TUX1280/
Auf 1280 Meter Höhe – daher der Name – brauen zwei Engländer seit 2016 verschiedene Ales. Untergebracht ist die Brauerei im Wohnhaus von Neil Vousden, sein Landsmann Tim Jones kümmert sich um das Marketing. Die Brauanlage selbst befindet sich in einer ehemaligen Skiwerkstatt und ein bisserl etwas vom Ski-Feeling haftet den Bieren bis heute an.

LIENZ

BRAUEREI FALKENSTEIN

9900 Lienz, Pustertaler Straße 40, +43/4852/62062-6211
Als Johann Baptist Steiner 1900 seine „Erste Osttiroler Dampfbrauerei" einrichtete, da gab es in der Gegend um Lienz nur ein paar Hausbrauereien: Lienz, Matrei und Prägraten. Die Brauerei Falkenstein ist heute eine regionale Spezialitätenbrauerei für Osttirol und Oberkärnten. Gebraut wird hier seit Jahrzehnten Gösser Bier, vermarktet teilweise unter der lokalen Marke Falkenbräu. Die Spezialität ist das Zwickl-Bier. Für die Biererzeugung werden ausschließlich heimische Rohstoffe verwendet. Siehe auch unter Lokale Lienz – Braugasthof Falkenstein.

PERTISAU

ACHENSEE BIER

6213 Pertisau, Naturparkstraße 81, +43/5243/5206
www.facebook.com/achenseebier
Im Langlaufstüberl am Eingang zu den Karwendeltälern wird seit Dezember 2010 naturtrübes Bier produziert. Die Stammsorten sind das Achensee Bier Hell und Achensee Weizen sowie Saisonbiere. Auf Anfrage sind Brauereiführungen und Käse- oder Käse-Bier-Verkostungen mit Achenseebier und Käse aus der Genussregion Alpbachtaler Heumilchkäse möglich. Brausilvester und Anstiche der Saisonbiere werden entsprechend gefeiert. Ausgeschenkt wird das Bier vom Achensee im Ausflugsgasthaus Langlaufstüberl und im Hotel Karlwirt, Pertisau. Siehe auch unter Lokale Tirol – Pertisau.

PFUNDS

DIE BERGBRAUER

6542 Pfunds, Greit 364, +43/676/6640187
www.diebergbrauer.tirol

Wenn man die Bergbrauer – Biersommelier Roman Hänseler plus Familie und Freunde – trifft, dann merkt man, wie sehr Bierbrauen Spaß machen kann. Auf 1400 Meter Seehöhe hat der gebürtige Schweizer eine 2,5-Hektoliter Dreher-Anlage in den ehemaligen Fitnessraum des Hotels „Berghof" der Familie seiner Freundin Elisa eingebaut und braut seit 2022 dort Biobiere.

SANKT JOHANN IN TIROL

FAMILIENBRAUEREI HUBER

6380 Sankt Johann in Tirol, Brauweg 2, +43/5352/62221
www.huberbraeu.at
Diese weithin an ihrem Turm (in dem Sudhaus und Bräustüberl untergebracht sind) erkennbare Brauerei gibt es an diesem Standort seit 1727 – und sie beruft sich mit ihrem „Augustinus-Bräu" auf eine Tradition von 1770. Das Rezept für dieses Bier soll aus der Zeit des lokal berühmten Schützenmajors Andreas Augustinus Feller, wenn nicht gar von diesem selbst, stammen. Das Huberbräu selbst kann nur in Ausnahmefällen nach Voranmeldung von Kleingruppen besichtigt werden, weil sehr wenig Platz ist. Ein kleines Souvenirgeschäft gibt es beim Rampenverkauf (Mo - Fr 7:30:00 bis 12:00 und 13:00 bis 17:00 Uhr, Sa 9:00 bis 12:00 Uhr). Siehe auch unter Lokale Tirol – Sankt Johann – HuberBräu Turmstüberl.

Familienbrauerei Huber

SCHLITTERS

PRITZ BRÄU

6262 Schlitters, Schlitters 134, +43/680/3044434
Seit 2008 braut Peter Pritz in 2. Generation ein mild gehopftes Schlitterer Märzen Bier mit 12,2% STW. Das Bier wird ausschließlich vor Ort im Braustüberle ausgeschenkt. Die Öffnungszeiten sind freitags ab 19:00 Uhr und werden am Garagentor ausgehängt.

SCHWENDT

MAIRWIRT

6385 Schwendt, Dorfstraße 17, +43/5375/2777
www.mairwirt.at
Gasthausbrauerei seit 2011. Gebraut wird das natürtrübe „Moa-Bier" und die „Moa-Weisse". Angeboten wird die „Braugaudi" – in gemütlicher Runde werden die Grundzüge der Brauerei vermittelt sowie ein „kleines Brauseminar" mit Bierverkostung und einer deftigen Jause. Individuelle Buchungen jederzeit. Siehe auch unter Lokale Tirol – Schwendt.

SCHWOICH

BIEROL

6334 Schwoich, Sonnendorf 27, +43/5372/58207
www.bierol.at
Ursprünglich eine Gasthausbrauerei (nämlich das Stöfflbräu), aus der sich eine Microbrewery herausgeschält hat. Stöffl-Bauer Peter Bichler jun. hat auf seinem Hof 2004 die erste private Hausbrauerei des Bezirks Kufstein eröffnet. Diese Anlage wird seit 2014 von Christoph Bichler, Maximilian Karner und Marko Nikolic für ihre Bierol-Brauerei genutzt, die die Craftbier-Schiene produzieren und gleichzeitig mit anderen Brauern kooperieren. Sie experimentieren mit lokalem Getreide, haben ein Barrel-Projekt ins Leben gerufen, interpretieren klassische Stile neu und wurden 2018 für ihr Bomboclaat mit dem Gault&Millau Bier des Jahres ausgezeichnet.

SEEFELD

KLOSTERBRÄU

6100 Seefeld, Klosterstraße 30, +43/5212/26210
www.klosterbraeu.com

Klosterbräu

Nach über 80 Jahren wurde das Klosterbräu 2014 wieder aktiviert. Gebraut werden Märzen, Pils und Weizenbier. Zusätzlich gibt es Einzelsude mit besonderem Brauwasser (z.B. vom Isarursprung, Gletscherwasser) mit Hopfen aus dem eigenen Garten. Zur Oktoberfestzeit wird regelmäßig das Karwendelirium Bier gebraut. Immer wieder Brauereiführung mit Verkostung. Die Biere gibt es in den fünf unterschiedlichen Restaurant- und Barbereichen des Klosterbräu Seefeld. Eigene Gerstenfelder und ein Hopfengarten sind angelegt, man darf sich also auf künftige Brauexperimente freuen. Siehe auch unter Lokale Tirol – Seefeld – Bräukeller.

SÖLDEN

BÄCKELAR BREWERY

6450 Sölden, Untere Gewerbestraße 7, +43/664/9226790, +43/664/88907488
www.soelsch.com
Sölsch ist ein obergäriges und unfiltriertes Bier - gebraut auf 1.500 m in der Bäckelar Brewery in Sölden. Seit Herbst 2020 ist das Bier aus dem Ötztal tirolweit im Handel und in vielen lokalen Gastronomiebetrieben erhältlich. Verkostet werden kann das regionale Qualitätsprodukt bei einer exklusiven Brauereibesichtigung und beim wöchentlichen Rampenverkauf.

TANNHEIM

S'HÖFBRÄU

6675 Tannheim, Höf 19, +43/676/9122643
www.hoef-braeuhaus.at
Im modernen Sudkessel wird hier Helles, Dunkles und Weizenbier gebraut. Der Ausschank und das Hotel Drei Tannen waren zu Redaktionsschluss 2023 allerdings wegen Renovierung geschlossen.

TARRENZ/IMST

STARKENBERG BIERMYTHOS – BRAUEREI SCHLOSS STARKENBERG

6464 Tarrenz/Imst, Griesegg 1, +43/5412/66201
www.starkenberger.at
Die von Bernhard Prosser geführte Brauerei nördlich von Imst gehört zu den klassischen Mittelstandsbrauereien mit einem hohen Gastronomieanteil: In den letzten Jahren hat sie die Produktionsanlagen ökologisch optimiert und sich auf regionale Rohstoffe konzentriert und im Skigebiet Fiss-Serfaus-Ladis ein regionales Bier-Projekt hochgezogen. Fur das neue Bierli aus Fiss kommt nur Gerste, die in Fiss angebaut wurde, in die Starkenberger Brauerei. Neben den traditionellen Bierstilen gibt es unter anderem auch Bier- und Hopfenliköre. Mit dem Biermythos wurden die Geschichte des Schlosses und der Brauerei erfahrbar gemacht. Auf einer Schaufläche von über 4.000 Quadratmeter ist ein Rundgang entstanden, der sich von oberhalb der hochmodernen Brauerei hinauf in den Schlossturm mit Panoramablick über das Tal und bis in die tiefsten Gewölbe, Keller und Gänge des mittelalterlichen Schloss Starkenberg erstreckt. Das Biererlebnis geht bis zum Bierbad, das in ehemaligen Gärbottichen eingerichtet wurde. Geöffnet Mai bis Oktober täglich von 10:00 bis 17:00 Uhr. Vom 1. November bis 30. April Führungen Mo - Fr von 10:00 bis 16:00 Uhr. Eintrittspreis Erwachsene € 8,50 ohne Führung inkl. Bierverkostung, Gruppenführung ab 15 Pers. € 10,00 p./P. inkl. Bierverkostung (bitte um Voranmeldung bei Andrea Stigger unter der Tel. Nr. +43/5412/66201). Das weltweit einzigartige Bierschwimmbad ist abendweise mietbar, jeweils Di-Fr von 16:30 bis 19:00 Uhr (nur auf Vorbestellung unter +43/5412/66201). Die Becken sind unter anderem mit Geläger, also den Rückständen des Gärprozesses im Lagertank, gefüllt. Und die Beckentemperatur ist individuell wählbar.

UNTERPERFUSS BEI INNSBRUCK

BRANGER BRÄU

6175 Unterperfuß bei Innsbruck, Unterperfuß, +43/5232/2209
www.brangeralm.at
1993 hat Georg Hörtnagl auf dem seit Jahrhunderten in Familienbesitz befindlichen Branger Hof in Unterperfuß bei Innsbruck die älteste Tiroler Wirtshausbrauerei eingerichtet. Siehe auch unter Lokale Tirol – Branger Alm – Unterperfuß.

VOMP

STUBBACHER BRAUKUNST

6134 Vomp, Josef-Heiß-Straße 48, +43/664/2334915
www.hurrycurry.at
Robert Holzleitner hat seine damalige Brauerei „Freundsberg 66" 2014 gegründet, um sein Lokal Hurry Curry in Vomp mit eigenem Bier beliefern zu können. 2020 verlegte er die Brauerei direkt ins Lokal. Da nun das Wasser aus der örtlichen Stubbachquelle stammt, änderte er den Namen der Brauerei in „Stubbacher Braukunst". Das Rezept des süffigen, untergärigen Vollbiers ist das Gleiche geblieben.

WALCHSEE/KAISERWINKL

LODER BRÄU PRIVATBRAUEREI

6344 Walchsee/Kaiserwinkl, Kalvarienweg 5, +43/5374/5247
www.walchsee-tirol.at; www.bieressig.at/
Alois Loder sen. und jun. haben 2009 die Familientradition des Brauens (1669 bis 1863 Loder Bräu/München und 1726 bis 1960 Marthabräu/Fürstenfeldbruck) wieder aufleben lassen. Im Gästehaus Seerose/Loder Bräu in Walchsee können Bierfreunde die bereits bei Staatsmeisterschaften der Klein- und Heimbrauer prämierten Kaiserwinkler-Bierspezialitäten in Gruppen bis max. 8 Personen an Samstagen und nach Vorreservierung verkosten. Der Starkbier-Shop und das Bieressig-Ladl sind immer Dienstag und Freitag von 16:00 bis 18:00 Uhr geöffnet (www.bieressig.at).

ZELL AM ZILLER

ZILLERTAL BIER MIT BRAUKUNSTHAUS

6280 Zell am Ziller, Bräuweg 1, +43/5282/2366
www.zillertal-bier.at
Diese Brauerei besteht bereits seit dem Jahr 1500 und hat sich nicht zuletzt für ihr Pils einen Namen gemacht – obwohl der jährlich für das rund um den 1. Mai stattfindende Gauder-Fest gebraute Gauder Bock mehr Prozente und mehr internationalen Ruhm eingeheimst hat. 2012 ist die Braustätte an den südlichen Rand von Zell am Ziller in ein architektonisch bemerkenswertes Gebäude übersiedelt. In einem eigenen Holzfasskeller werden Spezialbiere aus der hauseigenen Kleinbrauerei in neuen und gebrauchten Barriquefässern ausgebaut. Neu ist seit Sommer 2020 das BrauKunstHaus. Besonders in der Zeit nach der Corona-Zäsur wurden die Werte Nachhaltigkeit und Regionalität wichtiger denn je, erläuterte Brauerei-Geschäftsführer Martin Lechner die Motivation. Bei einem multimedialen Rundgang mit abschließender Bierverkostung erhalten Gäste auf unterhaltsame Art und Weise interessante Einblicke in die Vergangenheit, Gegenwart und Zukunft von Tirols ältester Privatbrauerei sowie zur Volkskultur des Zillertals. Im Verkostungsraum gibt es neben dem gängigen Bierangebot auch einige Raritäten, die bei Spezialverkostungen angeboten werden. Nähere Infos unter: www.braukunsthaus.at

VORARLBERG

BLUDENZ

BRAUEREI FOHRENBURG

6700 Bludenz, Fohrenburgstraße 5, +43/5552/60615
www.fohrenburger.com
Mo-Fr: 9:00 bis 18:00 Uhr; Sa: 9:00 bis 12:00 Uhr
Die im Zeichen des Einhorns stehende Brauerei Fohrenburg braut als erste Brauerei in Vorarlberg ausschließlich mit erneuerbaren Energien. Durch die vollständige Umstellung der gesamten Produktion auf Ökostrom zu 100 Prozent aus österreichischer Wasserkraft und auf Vorarlberger Biogas, werden mehr als 2.000 Tonnen CO_2 pro Jahr eingespart. Die Geschichte des Brauunternehmens reicht ins Jahr 1881 zurück, da wurde diese Brauerei zunächst zur Versorgung der Arbeiter, die die Arlbergbahn errichteten, als „Bierbrauerei Fohrenburg" gegründet. Ferdinand Gassner, ein damals 38 Jahre alter Unternehmer, löste damit ein Versprechen an Freunde ein, seine Heimat mit bestem Bier zu versorgen. Braumeister und Biersommelier-Vizeweltmeister Felix Schiffner trägt dieses Versprechen weiter: Als erste Brauerei in Vorarlberg wurde Fohrenburger beim European Beer Star 2022 mit zwei Gold- und einer Bronzemedaille prämiert. Das älteste Gebäude der Brauerei Fohrenburg ist die alte Schreinerei. Diese wurde innen im Jahr 2014 renoviert und bietet seither Platz für Brauereiführungen, Bierverkostungen in der „Brauerei Stuba" und das hauseigene Brauerei Museum. Der „Fohrenburger Lada" ist von Mo-Fr 9:00 bis 18:00 Uhr, Sa 9:00 bis 12:00 Uhr geöffnet. Individuelle Führungen inklusive Bierverkostung für Gruppen sind nach Voranmeldung möglich.

BREGENZ

GRABHERS SUDWERK

6900 Bregenz, Fluh 24d
www.grabhers.com
Kleine, von zwei Hobbybrauern inzwischen professionell betriebene

ERFRISCHEND NEU!
ÜSOR MOHRENBRÄU WEIZEN
Weizen
WEISSBIER
DAS VORARLBERGER BIER
PRIVATBRAUEREI
DAS VORARLBERGER BIER
SEIT 1763
Mohrenbräu
Weizen
WEISSBIER
Erfrischend, schlank und einfach süffig.
Das Vorarlberger Weizen mit stark ausgeprägtem Eigencharakter.
Der Neuzugang in unserer Bierfamilie ist der perfekte Durstlöscher, egal ob im Garten oder auf dem Berg.
www.mohrenbrauerei.at
Mohrenbräu
das Vorarlberger Bier

Brauerei, die in ebenso kleinem Maßstab sogar eigenen Hopfen anbaut.

DORNBIRN

MOHRENBRAUEREI – BIERERLEBNISWELT

6850 Dornbirn, Dr.-Waibel-Straße 2, +43/5572/3777-0
www.mohrenbrauerei.at
Mo-Fr: 9:00 bis 12:00 Uhr, 13:30 bis 17:00 Uhr; Sa: 9:00 bis 12:00 Uhr
In der ältesten Brauerei Vorarlbergs befindet sich die Mohrenbrauerei Biererlebniswelt. Im neuen interaktiven und multimedialen Museum wird die Entwicklung des Brauhandwerks und die Biergeschichte lebendig. Rund um die historische Brauanlage aus dem 19. Jahrhundert und zahlreichen Sammlerobjekten wird Wissen zum Thema Bier in einem multimedialen Rahmen vermittelt. Öffnungszeiten Museum: Do 10:00 bis 20:00 Uhr, Fr und Sa 10:00 bis 18:00 Uhr und So 10:00 bis 17:00 Uhr. Zudem gibt es im Lädele alles rund um das Thema Bierkultur. Da findet man, neben verschiedensten Biersorten, von bittersüßen Bierpralinen, bierigen Chutneys bis hin zu Weihnachtspullovern alles, was des Bierfreundes Herz begehrt. Öffnungszeiten im Lädele: Mo-Fr von 9:00 bis 12:00 Uhr und 13:30 bis 17:00 Uhr, Sa 9:00 bis 12:00 Uhr. Im historischen Braukeller werden Feierlichkeiten einzigartig veranstaltet und in den modernen Seminarräumen wird Bierwissen bis ins Detail vermittelt. Die Biererlebniswelt bietet das ganze Jahr über Veranstaltungen und Seminare rund um das Thema Bier und Brauen an. Neben der Bier-Sommelier Ausbildung kann in der hauseigenen Creativ Brauerei das eigene Bier kreiert werden. Gruppenbuchungen inkl. Erlebnispaket auf Voranmeldung.

EGG

BRAUEREI EGG SIMMA, KOHLER GMBH & CO. KG

6863 Egg, Gerbe 500, +43/5512/2201
www.brauerei-egg.at
Die Brauerei Egg – nicht zu verwechseln mit der Egger Brauerei in Unterradlberg – ist die kleinste der mittelständischen Privatbrauereien in Vorarlberg. Ihr Sitz ist in Egg im Bregenzerwald und ihr Vertriebsgebiet beschränkt sich fast nur auf diesen Landesteil. Brauereiführungen gibt es gegen Voranmeldung.

FRASTANZ

BRAUEREI FRASTANZ E.GEN.

6820 Frastanz, Bahnhofstraße 22, +43/5522/51701-0
www.frastanzer.at
1902 gegründete regionale Brauerei, mit denkmalgeschütztem Sudhaus und offener Gärung. Bekannt für die „3 Schwestern“ im Firmenlogo, das sich auf eine bekannte Gebirgsformation bezieht. Aushängeschild ist die Braugaststätte Rösslepark in Feldkirch. Dort sind auch einige Einrichtungsgegenstände des alten Brauhauses zu bewundern. Nach Beendigung von Bauarbeiten können Brauerei-Besichtigungen voraussichtlich ab Juli 2023 gebucht werden.

GARGELLEN

CERVECERIA RIOHOMBRE

6787 Gargellen, Alpbellaweg 55b, +43/5557/6126
www.wulfenia-montafon.com/de/home.html
Microbrauerei von Manfred Bachmann (sein Name ins Spanische übersetzt), ein Nebenbetrieb des Gasthof Wulfenia in Gargellen.

LECH AM ARLBERG

OMES-BRÄU

6764 Lech am Arlberg, Omesberg 119, +43/5583/3560-0
www.gotthard.at/bierbrauerei-omes.html; www.omes2557.com
Das Omes-Bräu ist die Hausbrauerei des Hotel Gotthard – sie war mit ihrem Verkostungsraum „Old Bakery“ Vorarlberger Bierlokal des Jahres im Bierguide 2020. Auf der Fünf-Hektoliter-Sudanlage werden nicht nur die hauseigenen Omes-Biere gebraut – es werden dort auch Brauseminare unter Patronanz von Günter Seeleitner, dem langjährigen Präsidenten des Bundes Österreichischer Braumeister und Brauereitechniker, angeboten.

NENZING

PANÜLERBRÄU

6710 Nenzing, Bahnhofstraße 45, +43/664/8145449
www.panueler.at
Johann Kessler hat seine ersten Biere zu Beginn des vorigen Jahrzehnts in einer Schnapsbrennerei gebraut – und dann seine eigene Anlage installiert, auf der er fünf Standardbiere und den einen oder anderen Sondersud braut, darunter ein kräftiges belgisches Quadrupel.

Panülerbräu

SCHRUNS

BIERSIEDEREI

6780 Schruns, Bahnhofstraße 10, +43/650/3241116
www.biersiederei.at
Nach 6jährigem Hobbybrauen und mehrmaliger Teilnahme am Craft Beer Festival in der Panzerhalle Salzburg haben sich Heinz und Jörg Tiefenbacher entschlossen, im Jahr 2021 eine eigene kleine Brauerei mit einem innovativen Crowdfunding-Modell einzurichten.

WIEN

1. BEZIRK

1516 BREWING COMPANY

1010 Wien, Krugerstraße 18, +43/1/9611516
www.1516brewingcompany.com
Es muss einen Grund geben, warum der Bierpapst hier seit Anfang der Brautätigkeit Stammgast ist. Eigentlich gibt es mehrere dieser Gründe – denn „Europe's finest brewpub" überrascht immer wieder mit neuen Bierkreationen und mit einem ständig wechselnden kulinarischen Angebot. Seit einigen Jahren gibt es gelegentlich auch im Holzfass gereifte Biere – zu einem unschlagbaren Preis. Wegen des amerikanischen Ambiente und der entsprechenden Küche ist die 1516 Brewing Company zum sozialen Mittelpunkt der Englisch sprechenden Community in Wien geworden. Siehe auch unter Lokale Wien – 1. Bezirk.

MAMA KRAFT

1010 Wien, Himmelpfortgasse 24, +43/1/5124580
www.mamakraft.at/#mikrobrauerei

Mama Kraft

In einem Souterrain-Lokal wurde eine Anlage von Kaspar Schulz – quasi der „Rolls Royce" der Kleinbrauanlagen – eingebaut, um die Lokale der Familie Huth mit selbst gebrautem Bier zu versorgen. Drei Sorten sind im regulären Angebot: „Mama Kraft" ist ein Helles, die „Herzdame" ein rotes Lager Wiener Art und der „Wit Bull" ein belgian Wit. In dem modern eingerichteten Braukeller ist auch ein Taproom eingerichtet

3. BEZIRK

SALM BRÄU

1030 Wien, Rennweg 8, +43/1/7995992
www.salmbraeu.com
Eine international viel beachtete Vorzeigebrauerei unter den Gasthausbrauereien: Die Brautechnik stammt aus eigener Produktion, denn Salm & Co ist einer der ältesten Hersteller von Brauereianlagen. Gebraut werden das Salm Bräu Pils, das nach dem Originalrezept der Brauerei Pilsen in der Tschechischen Republik gebraut wird, Salm Bräu Helles (typischer Wiener Biertyp), Salm Bräu Märzen, Salm Bräu Böhmisch G´mischt und das Salm Bräu Weizen. Siehe auch unter Lokale Wien .

STÖCKL IM PARK RESTAURANTBRAUEREI ZU BELVEDERE

1030 Wien, Prinz Eugen-Straße 25, +43/1/7965050
www.stoecklimpark.at
Das ehemalige Restaurant Belvederestöckl wurde von den Betreibern des Salm Bräu entkernt und mit einer modernen Brauanlage modernster Generation ausgestattet: Das 22-Hektoliter-Sudwerk ist auf eine Produktion von 5000 Hektoliter ausgelegt. Gegenüber herkömmlichen Anlagen ist der CO_2-Ausstoß um 60 Prozent geringer, rechnet Hersteller Walter Welledits vor. Eine Besonderheit der Anlage besteht darin, dass eine alte Steuerungsanlage für eine Mittelstandsbrauerei demontiert, wieder auf Schuss gebracht und im benachbarten Brauereiausschank aufgestellt wurde. Mit dieser blitzenden Gerätschaft kann die Brauanlage tatsächlich gesteuert werden. Siehe auch Lokale Wien.

5. BEZIRK

LAURENZ 4

1050 Wien, Wiedner Hauptstraße 111, +43/681/20448505
www.laurenz4.at
Diese Brauereigründung aus dem Jahr 2018 ist nach einem technischen Gebrechen im Haus zur Zeit des Redaktionsschlusses nicht aktiv gewesen. Gebraut wurden hier ein halbes Dutzend Biere – vor allem für die Lokale der Nest-Gruppe, die als solche aber nicht mehr aktiv ist.

6. BEZIRK

MUTTERMILCH VIENNA BREWERY

1060 Wien, Gumpendorfer Straße 35, +43/1/5810513
www.muttermilchbrewery.at
Die im November 2017 eröffnete Mikrobrauerei Muttermilch –

Vienna Brewery befindet sich im Souterrain des BeerLovers Craftbeer Store. Aktuell kümmert sich Karl Karigl (u.a. Blakstoc Cider) um den kreativen Output der Mikrobrauerei in Wien Mariahilf. Gebraut werden neben den ganzjährig verfügbaren Core Range Bieren auch Special Editions und limitierte Collaboration Brews mit namhaften nationalen und internationalen Craftbrauern, wie O'Haras, Gutmann oder De Molen. Mit einem Augenzwinkern verkörpern die Muttermilch-Biere ihren Stil – einzigartig, mutig mit viel Kreativität. Auch hinter dem Design und der Namensgebung steckt die Liebe zum Detail. So findet man neben saisonal wechselnden Limited Editions den „Wiener Bubi", ein Wiener Lager, sowie das Pils „Bitta von Tresen" in der ständigen Bierfamilie.

7. BEZIRK

SIEBENSTERN BRÄU

1070 Wien, Siebensterngasse 19, +43/1/5238697
www.7stern.at
Klassische Wiener Gasthausbrauerei, in der Bierkultur zelebriert wird. Die im 7Stern-Bräu gebrauten Biere sind naturbelassen und unfiltriert. Gebraut werden Wiener Helles, Wiener Dunkles, Märzen, Hanf-, Chili- und Rauchbier sowie das India Pale Ale und verschiedene Bockbier-Spezialitäten. Zum Mitnehmen gibt es alle Sorten in nostalgischen 1 l-Pfandflaschen mit Tragbügelverschluss oder im pfandfreien 5 l-Partyfass. Weitere Details unter Lokale Wien.

9. BEZIRK

BEAVER BREWING COMPANY

1090 Wien, Liechtensteinstraße 69, +43/677/61012253
www.beaverbrewing.at
Brewpub amerikanischen Stils mit einer geradezu winzigen Anlage für den großen Andrang – Zwickl, Pale Ale, American Style Oatmeal Stout, Amber Ale, Pils, Honey Ale gibt es an den Standorten im fünften und neunten Bezirk. Die Flaschenbiere Blue Sky Lager, Great Lakes American Pale Ale, Holiday American IPA sind im Beer Store Vienna, Biergreissler, Biergschäft Güssing und in ausgewählten Bars erhältlich. Führung durch die Microbrauerei mit 6 Kostproben 29,- Euro/Pers oder de Luxe Tour inkl. Spare Ribs (vegane Alternative vorhanden) 47,- Euro/Pers. nach Voranmeldung unter manager@beaverbrewing.at

HIGHLANDER BREWPUB

1090 Wien, Sobieskiplatz 4, +43/1/3152794
www.the-highlander.at
Dieses klassische Brewpub, in dem seit 2000 Bier gebraut wird, unterteilt sich in drei Bereiche: Sudhaus, Gärkeller und Lager- und Ausschankkeller. Gebraut werden Märzen, Lager und Stout. Siehe auch unter Lokale Wien.

STIEGL AMBULANZ

1090 Wien, Uni-Campus Altes AKH Alser Straße 4, +43/1/4021150-0
www.stiegl-ambulanz.com
Die Gasthausbrauerei von Stiegl: Hier werkt Markus Trinker, einer der besten Vertreter der jungen Brauergeneration und engagierter Biersommelier, am Braukessel. Das Hausbier gibt es nur hier im Haus.

THRASHER BREWERY

1090 Wien, Fechtergasse 16/21, +43/677/62427599
www.thrasher.beer
Die Thrasher Brewery hat jene Geschichte, aus der in Amerika Craftbier-Legenden gewoben werden: Jakob und Alex haben mit dem Einkochtopf begonnen, Homebrews zu brauen, dann kam eine richtige Hobbybrauanlage dazu – und der Geschäftssinn, mehr daraus zu machen. Also beschlossen die beiden Brauer, als Wanderbrauer ihre eigenen Bierkreationen (klassische Stile mit einem modernen „Twist") herzustellen und zu vermarkten. Ihre Biere findet man unter anderem im Beer Store Vienna und im Das Gru.

10. BEZIRK

BRÄUHAUS TEN.FIFTY

1100 Wien, Absberggasse 27, +43/650/2158959
de.tenfifty.at

Bräuhaus Ten.Fifty

Ursprünglich in der Bräuhausgasse in 1050 Wien gegründet (daher der Name), ist diese Brauerei in das ehemalige Maschinenhaus der Ankerbrotfabrik nach Favoriten gezogen. In der Brotfabrik werden derzeit vier Biere regulär gebraut (The White One, The Pale One, The Red One, The Other One). Es lohnt aber, öfter vorbeizuschauen, denn es gibt immer wieder Sondersude. Ausschank, Brauereiführung und ab Hof Verkauf immer Mittwoch, Donnerstag und Freitag von 17:00 bis 23:00 Uhr bzw. nach Vereinbarung. Die Brauerei kann auch nach Vereinbarung als Eventlocation gemietet werden. Und einmal im Jahr wird ein kleines, aber feines Craftbierfest organisiert.

HUTSCHN BRÄU

1100 Wien, Laaer Wald 473, +43/16885422
www.hutschn-braeu.at

In einem Biergarten im Böhmischen Prater wurde 2020 eine Brauanlage der Firma Salm installiert. Näheres unter Lokale Wien.

SCHNAUZER & BEAGLE

1100 Wien, Hasengasse 56, +43/664/99853823
www.schnauzerbeagle.com
Nanobrauerei mit sehr kreativen Bieren, die in kleinen Chargen gebraut werden. Termine für Braukurse, Foodpairing und Bierverkostungen siehe Homepage.

12. BEZIRK

NEXT LEVEL BREWING

1120 Wien, Wilhelmstraße 23, +43/1/9744627
www.nextlevelbrewing.at Di-Fr: 12:00 bis 19:00 Uhr; Sa: 10:00 bis 18:00 Uhr
Johannes Grohs und Alexander Beinhauer, die auch den Bier- und Heimbraushop MashCamp mit einer Filiale in Meidling betreiben, haben 2015 Next Level Brewing gegründet, um die Craftbierkultur auf ein neues Niveau – also Next Level – zu heben. Sie sind Gypsy-Brewer und können eine Vielzahl unterschiedlicher Sorten, oftmals einmalige Specials, anbieten. Etliche ihrer Biere konnten dabei bei nationalen und internationalen Prämierungen punkten: 2016 galten sie bei RateBeer als „Austria's Best New Brewer" und 2019 wurden sie zur „Brauerei des Jahres" bei der Austrian Beer Challenge ausgezeichnet. Speziell die New England IPAs haben mehrfach Staatsmeistertitel eingeheimst: 2022 war es das „Indiana Juice". Neben einigen kreativen Sorten, wie beispielsweise mit Frucht und Kräutern vergorene Biere, ist Next Level Brewing hauptsächlich für hopfige Bierstile wie Pale Ale und IPA bekannt. Abgerundet wird das Portfolio durch spezielle Bierbrände, Next Level-mäßig natürlich gebrannt aus IPA's.

14. BEZIRK

MEDL-BRÄU

1140 Wien, Linzer Straße 275, +43/1/9144340
www.medl-braeu.at
Die Erste Penzinger Gasthausbrauerei ist mit ihrem Gründungsjahr 1989 eine der ältesten ihrer Art in Österreich. Der Braumeister braut vor allem drei Biersorten – das Medl-Bräu (Märzen, Helles und Dunkles), das ganzjährig angeboten wird, und das Bockbier (Weihnachten und Ostern). Im Sommer kommt ein Weißbier dazu. Details unter Lokale Wien.

15. BEZIRK

COLLABS BREWERY

1150 Wien, Ullmannstraße 31/1-3, +43/664/88230343
www.collabs.beer
Die 2014 gegründete Collabs Brewery ist eine sogenannte Nomadenbrauerei, deren Braulady Dipl. Biersommelière Dominique Schilk von Brauerei zu Brauerei zieht, um vor Ort gemeinsam mit den dortigen Braumeistern exklusive Sude einzubrauen. Das Brauerei-Flaggschiff ist das „Domrep Pils" (wird bei der Brauerei Schrems gebraut) und wurde bereits mehrfach ausgezeichnet. Jedes Jahr werden ein bis zwei neue Kollaborationsbiere gebraut. Die Biere der Collabs Brewery gibt es im Headquarter der Brauerei, dem Hawidere in 1150 Wien, wo auch regelmäßig geführte Verkostungen stattfinden.

KALTENHAUSER BOTSCHAFT FÜNFHAUS

1150 Wien, Mariahilfer Straße 156-158, +43/1/8924000
www.kaltenhausen.at/kaltenhauser-botschaft/brauerei
Die Brauerei zur Kaltenhauser Botschaft – eine Wiederbelebung der alten Brautradition, die in den Straßennamen der Umgebung aufzuspüren ist: Die Zwölfergasse (nach Heinrich Zwölfer 1776-1836) und die Denglergasse (nach Johann Franz Dengler 1781-1862) tragen die Namen sonst vergessener Bierbrauer. 2019 wurde wieder eine Brauerei an der Mariahilferstraße eingerichtet – wie es sich gehört mit großer Bierhalle dazu. Und zeitgemäß mit der Produktion sowohl von Wiener Lager als auch von India Pale Ale. Siehe auch Lokale Brauhof Wien Fünfhaus – Kaltenhauser Botschaft.

16. BEZIRK

BRAUWERK WIEN

1160 Wien, Ottakringer Platz 1, +43/1/49100-5480
www.brauwerk.wien
In der Kreativbrauerei am Areal der Ottakringer Brauerei werden seit 2014 Craftbiere hergestellt. Bei Brauwerkführungen erhält man einen Einblick in die Produktionsstätte, bei geführten Verkostungen kann man die Biere unter professioneller Anleitung

probieren. Bei einem gemeinsamen Brautag mit dem Braumeister oder mit den Brauwerkern erlebt man das handwerkliche Bierbrauen hautnah bzw. braut selbst. Do-Fr von 17:00 bis 22:00 Uhr.

OTTAKRINGER BRAUEREI

1160 Wien, Ottakringer Platz 1, +43/1/49100-0
www.ottakringerbrauerei.at
Die historischen Bauten von Wiens einziger Großbrauerei – besonders die weithin sichtbare alte Malzdarre – stellen ein Wahrzeichen des 16. Bezirks dar. Teile des Brauereigeländes haben sich in den vergangenen Jahren als Eventlocation bewährt, das Ottakringer Bierfest ist in den Sommermonaten stets ein Treffpunkt für Bierfreunde, die teilweise weit anreisen. Wer mehr erfahren will: Bei Führungen wird Einblick in die bis 1837 zurückreichende Geschichte der Brauerei sowie in die einzelnen Schritte des Brauprozesses gegeben. Der Rundgang dauert etwa eine Stunde, anschließend werden gemeinsam die verschiedenen Biersorten verkostet. Führungen können nach Voranmeldung ab 15 Personen für Gruppen mit Erwachsenen von Montag bis Freitag zwischen 9:00 und 17:30 Uhr gebucht werden. Preis: € 15,00/Pers., Abend- und Wochenendführungen nach Vereinbarung. Sollte die Personenanzahl nicht erreicht werden, besteht die Möglichkeit, sich für einen offenen Termin gemeinsam mit anderen Bier-Interessierten anzumelden. Im Ottakringer Shop können bierige Souvenirs, das vielfältige Ottakringer Sortiment sowie mehr als 150 verschiedene Craftbier-Sorten mitgenommen werden.

17. BEZIRK

SIEBZEHNA BIER

1170 Wien, Rötzergasse 63/21, +43/660/8144630
siebzehna.at
Vier Freunde aus dem 17. Bezirk haben ihre Hobby-Braurezepte als Gastbrauer professionell herstellen lassen. Die offizielle Firmenanschrift ist nicht der Produktions- oder Lagerstandort, daher derzeit keine Besichtigungen möglich. Die Biere kommen vielmehr von Drunken Unicorn in Korneuburg und von Schalken in Wien. Erhältlich sind die Biere Siebzehna Hopfertes, Lockeres Helles, Flottes Rotes und Klana Insulana sowie regelmäßig saisonal der Siebzehna Cybock (in Kooperation mit zwerkstatt) jeden Samstag am Siebzehna-Stand am Alszeilenmarkt, im Onlineshop und im neuen Siebzehna Shop in der Rötzergasse 41 (geöffnet Mittwoch 14:00 bis 19:00 Uhr. Abholung von Webshopbestellungen: Freitag 13:00 bis 14:00 Uhr).

19. BEZIRK

FISCHER BRÄU

1190 Wien, Billrothstraße 17, +43/1/3695949
www.fischerbraeu.at
Die erste Wiener Gasthof-Brauerei wurde 1985 von Sepp Fischer (der vorher schon das Krah Krah im Bermudadreieck eingerichtet hatte) gegründet. Inzwischen hat sie Hans Diglas übernommen. Siehe auch unter Lokale Wien – 19. Bezirk.

21. BEZIRK

LEOPOLDAUER BRAUHANDWERK

1210 Wien, Leopoldauer Platz 86, +43/676/4167060
www.leopoldauer.at

Leopoldauer Brauhandwerk

Wanderbrauerei mit sehr vielen Projekten neben der Hauptsorte Wiener Lager (gebraut bei BrauSchneider) - unter anderem ein mit Himbeeren gestopfter Bierschampus. Monatlicher Bierverkauf.

22. BEZIRK

BRAUMANUFAKTUR SCHALKEN

1220 Wien, Lobgrundstraße 3, +43/670/5572051
www.schalken.at
Die kleine Brauerei aus Ottakring ist drauf und dran zu expandieren: Mittels Crowd Funding hat sie die Übersiedlung an einen größeren Standort im 22. Bezirk finanziert. Für ihre Biere nimmt sie alle erdenklichen Mühen auf sich: So fuhren die Brauer in die Wachau, um eigenhändig die Marillen zu pflücken, die dann im

Apricot Sour gelandet sind. Trinken kann man die Biere ziemlich regelmäßig im Polkadot. Brauereiführungen ab 8 Personen inkl. 4 Kostproben € 25,00/Pers. Dauer: 90 Min.

BREW AGE

1220 Wien, Hausfeldstraße 198, +43/680/1155120
www.BrewAge.at
BrewAge ist es gelungen, eine der bekanntesten Craftbiermarken Österreichs aufzubauen. Noch sind sie Gypsy-Brewer, die etwa beim Gusswerk in Hof bei Salzburg ihre Biere brauen und abfüllen lassen. Da gibt es unter anderem ein Wiener Lager mit dem Namen „Malzstraße", ein „Hopfenauflauf" genanntes Pale Ale und die „Dunkle Materie", ein Cascadian Dark Ale oder „Nussknacker" (Barley Wine), „Affenkönig" (Imperial I.P.A.), „Fructosaurus" (Sauerbier) und „Chicxulub" (Oatmeal Stout).

ENKIDUS BRAUSTUBE

1220 Wien, Obachgasse 2, +43/676/9020015 (Stephan Hülber) +43/650/8029515 (Ute Stutzig)
www.enkidu.beer

Enkidus Braustube

Enkidu
Enkidus Braustube
EST. 2021

Stephan Hülber hat sich in den Kopf gesetzt, in Österreich nicht gängige Bierstile wieder zu beleben. Im Frühjahr 2023 hat er in Wien-Donaustadt seine Produktionsstätte mit Bierheurigem aufgebaut. Der Name seiner – mit Crowd-Investing aufgebauten – Brauerei leitet sich von einer Figur im Gilgamesch-Epos ab, die durch den Genuss von Bier vom Wilden zum (zivilsierten) Menschen und zum Gefährten des Halbgottes Gilgamesch wird. Das erste Bier aus der Serie war der „Grantscherben" (im Stil an Berliner Weisse angelehnt), es folgten „Samtgoscherl" (ein Cream Ale mit Haferflocken und Mais) sowie der „Dariwudl" (ein in der Brauküche 35 gebrautes American Pale Ale), der „Pleampl" (ein Dark Mild Ale), das Rotbier „Schani" und das Hanfbier „Dulliöh".

HIASLBRÄU – ZUM ROTEN HIASL

1220 Wien, Biberhaufenweg 228, +43/1/2807122
www.roterhiasl.at
2012 gegründete Gasthausbrauerei von Roland Reisinger – Details unter Lokale Wien.

23. BEZIRK

100 BLUMEN BRAUEREI

1230 Wien, Endreßstraße 18, +43/677/61945188
www.100blumen.at Do-Sa: 16:00 bis 22:00 Uhr
Alexander Forstinger hat 2017 in den Gemäuern der alten Klavierfabrik Luner & Pattart in Atzgersdorf auf über 550 m² seine eigene Brauanlage installiert und inzwischen auch weiter ausgebaut: Sie ist nun die zweitgrößte im Wiener Stadtgebiet, wenn auch mit großem Abstand zu Ottakringer. Gefördert wurde das von der Wirtschaftskammer per „Shared Facility Förderung", die darauf abzielt, dass Anlagen gemeinsam genutzt werden. In diesem Fall nicht nur für die Eigenproduktion von 100-Blumen-Bier, sondern auch für mehrere Gypsy-Brauer, die sich hier einmieten. Freitagnachmittag ist meist „open house". Brauereiführung Do-Sa um 15:00 Uhr mit anschließender geführter Verkostung 3 x 0,1 l Biere ab 4 Pers. auf Anfrage. Dauer: ca. 1 Std., € 20,00 pro Person.

DER BELGIER

1230 Wien, Endreßstraße 18, +43/660/8230703
www.derbelgier.at Do-Sa: 16:00 bis 22:00 Uhr
Raf Toté ist „Der Belgier", den die Liebe nach Wien gezogen hat – und der 2016 in Wien sein Brau-Hobby zum Beruf gemacht hat. Er braut seit 2019 seine Biere im belgischen Stil in der 100 Blumen Brauerei und bietet Workshops und Verkostungen für Unternehmen an.

RODAUNER BIERMANUFAKTUR

1230 Wien, Manowardagasse 5a, +43/664/9648123
www.rodauner-biermanufaktur.at
Kurt Tojner war im Hauptberuf Bankmanager, in seiner Leidenschaft aber ein Hausbrauer, der die Biersommelier-Ausbildung gemacht hat, um nach Jahren des Hobbybrauens 2016 in die gewerbliche Craftbier-Szene einzusteigen. Nach dem Start mit einem Wiener Lager, dem Rodauner Strizzi, hat er mittlerweile sechs Biere in seinem Standardsortiment.

BIERGESCHÄFTE

BURGENLAND

HOPFEN & SÖHNE
7000 Eisenstadt, Hauptstraße 9, +43/660/9294809
www.hopfenundsoehne.at
ÖFFNUNGSZEITEN Di-Do: 16:00 bis 23:00 Uhr; Fr-Sa: 9:00 bis 00:00 Uhr

Hopfen & Söhne

SHOP Clemens Kainradl ist passionierter Bierexperte und Inhaber des Manufakturbier Verlags Bierfracht. Daher ist er immer auf der Suche nach spannenden, in Österreich sonst nicht verfügbaren Bieren. Mit dem Hopfen & Soehne in Eisenstadt hat er 2018 eine Kombination aus Bierhandel und Bierlokal eröffnet, in deren Sichtkühlschränken sich eine immer wechselnde Auswahl an Flaschen und Dosen aus dem Bierfracht-Sortiment findet.

KÄRNTEN

GREISSLEREI MILLSTATT
9872 Millstatt am See, Kaiser-Franz-Josef-Straße 61
+43/699/12477065
greisslerei-millstatt.business.site
ÖFFNUNGSZEITEN Mo-Sa: 10:00 bis 21:00 Uhr
SHOP Hipper Laden, der regionale Produkte in modernem Design verkauft. Einige davon werden auch in der Greisslerei zum Verkosten angeboten oder direkt vor Ort zu allerlei Köstlichkeiten verarbeitet und zusammen mit ausgewählten Bieren serviert. Dahinter steht Mario Egger, der sich auch in Wien schon im Lokal Vorstadt oder der Shultz Bar einen Namen gemacht hat, und ein Fan von India Pale Ales ist. Das drückt sich auch in der Bierauswahl in der Greisslerei aus – neben ein paar heimischen Märzenbieren aus Villach, Göss und Murau und globalen Playern wie Brew Dog zeigen vor allem regionale Craft Brauer Präsenz: Das Sortiment von Loncium aus Mauthen ist mit 6-7 Sorten ziemlich gut vertreten, ebenso die Shilling-Brauerei aus Radenthein und natürlich das Klagenfurter Schleppe Bier. Von der Brauerei Hirt wird die komplette Range angeboten, fix im Programm ist auch die Trumer Brauerei und Gusswerk.

SHOP 013
9761 Greifenburg, Bruggen 8, +43/4712/82354
www.wulz-greifenburg.at
ÖFFNUNGSZEITEN Mo-So: 8:00 bis 23:00 Uhr
SHOP Mehr als 1.000 Sorten aus aller Herren Länder – ein besonderes Augenmerk lässt die Familie Petit den belgischen Starkbieren und (weil die Familie aus den Niederlanden stammt) den Eigenimporten aus Benelux zukommen. Alle Biere gibt es auch gekühlt für die Konsumation im Gasthaus Wulz.

NIEDERÖSTERREICH

AMMERSIN GETRÄNKEWELT BRUNN AM GEBIRGE (AMMERSIN GETRÄNKESHOP)
2345 Brunn am Gebirge, Wiener Straße 131-133
+43/2236/312199-70
www.ammersin.at
ÖFFNUNGSZEITEN Mo-Fr: 9:00 bis 18:00 Uhr; Sa: 10:00 bis 16:00 Uhr
SHOP Ammersin war schon Pionier im Bierspezialitätensegment, als noch kein Mensch den Begriff „Craftbier" verwendet hat. Im Shop in Brunn gibt es eine gut ausgestattete Verkostungsecke, die aber für das (ebenfalls sehr breite) Spirituosen-Angebot reserviert ist.

AMMERSIN GETRÄNKEWELT KLOSTERNEUBURG
3400 Klosterneuburg, Inkustraße 22, +43/2243/32583
www.ammersin.at
ÖFFNUNGSZEITEN Mo-Fr: 9:00 bis 18:00 Uhr; Sa: 10:00 bis 15:00 Uhr

Ammersin Getränkewelt Klosterneuburg

SHOP Im modernen Flagship-Store präsentiert der Getränkehändler Ammersin sein Vollsortiment an Spirituosen, Wein, Cider, alkoholfreien Getränken und nicht zuletzt auch (Craft)Bier. Auf einer Verkaufsfläche von 240 m² stehen in der Getränkewelt Klosterneuburg eine unglaubliche Auswahl feinster Getränke für Durstige bereit. Auch ein erheblicher Teil des beachtlichen, etwa

1.500 Biere umfassenden BeerLovers-Sortiments ist erhältlich. Das Herzstück des Bier-Sortiments ist eine acht Meter lange Kühltheke, mit deren Hilfe der (Bier)Durst wohltemperiert gestillt werden kann. Wichtig ist die Kühlung allerdings nicht zuletzt für die Wahrung der Kühlkette bei empfindlichen Produkten.

BIERGREISSLEREI IM SCHMID'S

3500 Krems an der Donau, Schmidgasse 8, +43/2732/21164
www.schmids.at
ÖFFNUNGSZEITEN Mo-Mi: 11:00 bis 23:00 Uhr, Do-Sa: 11:00 bis 00:00 Uhr
SHOP Die Biergreisslerei befindet sich in einem historischen Keller im Schmidt's. Die im Lokal angebotenen Biere werden zum Mitnehmen über die Gasse angeboten. Auch 4 Biere vom Fass können auf Wunsch in 2 Liter Growler abgefüllt werden.

Biergreisslerei im Schmid´s

GETRÄNKEHAUS KRAUSE & VINOTHEK WEINBLATT

2201 Gerasdorf bei Wien, Wagramer Straße 259, +43/1/7346969
www.krause-getraenke.at
ÖFFNUNGSZEITEN Mo-Fr: 8:00 bis 18:00 Uhr; Sa: 8:00 bis 12:00 Uhr
SHOP Mit über 150 verschiedenen Bieren ist dieser seit mehr als 40 Jahren etablierte Getränkehandel recht gut sortiert, man findet hier vom American Bud über Beck's, Core und so weiter fast zu jedem Buchstaben des Alphabets ein Bier, darunter das lokale Gerasdofer, das tschechische Kozel, das bayerische Tegernseer und unter „Z" gibt es sogar das Zillertaler Pils.

WALALA WALDVIERTLER LAND-LADEN

3970 Weitra, Rathausplatz 9, +43/664/1257694
www.walala.at
ÖFFNUNGSZEITEN Mo-Do: 9:00 bis 12:00 Uhr, 14:00 bis 18:00 Uhr; Fr-Sa: 9:00 bis 18:00 Uhr; So: 13:00 bis 18:00 Uhr
SHOP Eine Greißlerei modernen Zuschnitts in einem historischen Gebäude: Mit großem Engagement werden in einem ehemaligen Supermarkt auf dem Hauptplatz von Weitra bevorzugt regionale Produkte – darunter natürlich auch die Biere aus den Waldviertler Brauereien – in kompetenter Bedienung feilgeboten.

OBERÖSTERREICH

AB-HOF-VERKAUF HOFSTETTEN

4113 Sankt Martin/Mühlkreis, Adsdorf 5, +43/7232/2204-0
www.hofstetten.at/ab-hof-verkauf
ÖFFNUNGSZEITEN Mo-Fr: 8:00 bis 12:00 Uhr und 13:00 bis 17:00 Uhr, Sa: 8:00 bis 12:00 Uhr, So & Feiertag geschlossen.
SHOP Das hoch über dem Ortskern von St. Martin gelegene Landbrauhaus Hofstetten hat einen großen Rampenverkauf – dort gibt es natürlich das frischeste Bier aus der Brauerei. Neben den Hofstettner Bieren sind auch Biere der anderen Mühlviertler Brauereien und ausgewählte internationale Spezialitäten im Sortiment. Außerdem: Bierige Deko-Objekte und Mühlviertler Honig.

ALE-HOPS

4600 Wels, Bauernstraße 1, +43/720/444234
ale-hops.beer
ÖFFNUNGSZEITEN Mi-Fr: 14:00 bis 18:00 Uhr; Sa: 9:00 bis 12:00 Uhr
SHOP Biergeschäft des Jahres, siehe Seite 108.

Ale-Hops

ALE-HOPS
CRAFT BEER STORE

SALZBURG

ALCHIMISTE BELGE GUGGENTHAL

5023 Guggenthal, Wolfgangsee Straße 26, +43/664/4512058
www.facebook.com/AlchimisteBelgeGuggenthal
ÖFFNUNGSZEITEN Mo-So: 14:00 bis 22:00 Uhr

SHOP Mit dem Alchimiste Belge hat der Belgier Dirk Baert schon vor Jahren die Salzburger Bierszene bereichert, 2019 hat er mit dem Alchimiste Belge Guggenthal ein Biershop installiert, das zum Zentrum für die Menschen werden soll, die hier am Fuß des Nocksteins leben. Andere tun sich vorläufig schwer, das etwas abseits der Straße liegende Geschäft zu finden. Nein, es ist nicht bei der alten Brauerei, man muss noch ein Stückchen weiterfahren, um das künstlerisch gestaltete Gebäude zu finden. Dirk hat im ersten Stock seine Privaträume, zu ebener Erde gibt es einen großzügig angelegten Laden mit großem Verkostungsbereich. Uraltes Holz und moderne Kühlräume wurden hier sinnvoll miteinander verbunden – und Fassbier gibt es auch. Regelmäßig sind Verkostungen (und Tage mit verbilligten Fassbierproben) angesetzt, unregelmäßig füllt sich die Lounge zu Events. Der Weg und die Suche danach lohnen sich also.

STEIERMARK

JODL STAND

8010 Graz, Hauptplatz, Stand 1, +43/676/9113030
www.candyshopjodl.at
ÖFFNUNGSZEITEN Mo-So: 10:00 bis 22:00 Uhr

SHOP Ein Biergeschäft, wie man es in Österreich sonst nicht kennt: Mitten auf dem Hauptplatz kann man hier Bierspezialitäten bei sehr langen Öffnungszeiten kaufen. Der ursprüngliche Gemüsestand bietet nun Biere aus Belgien, Deutschland, Frankreich, England und vielen anderen Ländern. Um den Kundenservice abzurunden, gibt es innerhalb von Graz auch einen Zustelldienst.

TIROL

BIERSHOP.TIROL

6020 Innsbruck, Marktgraben 2, +43/677/61158171
www.beershop.tirol
ÖFFNUNGSZEITEN Mo-Fr: 10:00 bis 21:00 Uhr; Sa: 10:00 bis 18:00 Uhr

SHOP Igor Pshenyshnyuk hat der Innsbrucker Innenstadt mit seinem Bierladen einen weiteren Eckpfeiler internationaler Bierkultur hinzugefügt. Das Geschäft ist zwar winzig, hält aber erfreulich lange geöffnet – bei einem Bierangebot, das vom kleinen Ötztaler Brauhaus bis in Igors Heimat Ukraine reicht. Die Spezialitäten sind gekühlt, das ist nicht nur für deren Qualität günstig, man kann auch gleich kosten. Einen kleinen Verkostungstisch gibt es hier – man fühlt sich sofort als Freund unter den Gästen, die alle hohe Bierexpertise zu haben scheinen. Dann wird sofort über die Entwicklung der Craftbierszene zwischen Tux und Kiew, über neue Biere aus Polen und die inzwischen durchaus etablierten Biere aus der Brauerei Bierol gefachsimpelt. Und wer meint, da noch nicht mitreden zu können, muss sich keine Sorgen machen: Denn wer Beratung zu den Bieren braucht, ist hier auch richtig – und man muss das Bier nicht einmal selbst heimschleppen, innerhalb des Stadtgebiets wird Hauszustellung geboten. Alles zusammen war ein Grund, die Auszeichnung als Biergeschäft des Jahres im Jahr 2019 nach Innsbruck zu vergeben.

MORANDELL

6300 Wörgl, Wörgler Boden 13-15, +43/50220
www.morandell.com

Morandell

SHOP Morandell ist einer der wesentlichsten Bierlieferanten für brauereiunabhängige Gastronomie – und hat eine Auswahl von gut und gerne 1.000 verschiedenen Bieren. Zudem ein Schankservice-Team für die Österreichische Gastronomie. Ausgezeichnet unter anderem als „Hogast-Partner 2022" und als „Nachhaltiges Unternehmen 2019". Online-Shop für registrierte gewerbliche Kunden.

VORARLBERG

HOPS & MALT

6900 Bregenz, Maurachgasse 16, +43/664/4178714
www.hopsandmalt.at
ÖFFNUNGSZEITEN Mi: 13:00 bis 18:30 Uhr; Do: 16:30 bis 18:30 Uhr; Fr: 14:30 bis 18:30 Uhr; Sa: 10:00 bis 14:00 Uhr

SHOP Dietmar Menzingers 2014 eingerichtetes Bierspezialitätengeschäft bietet neben den Bieren zum Mitnehmen auch einen kleinen Ausschank – da werden sogar Biercocktails angeboten.

Der Lagerita besteht etwa aus Tequila, Limettensaft, Orangenlikör und einem Summer Ale. In den Regalen findet man Raritäten wie Rodenbach Vintage Biere neben dem breiten und starken Angebot von Brewdog (inklusive dem Rip Tide 8%) und anderer britischer Brauereien. Interessante Spezialitäten aus dem nahen Liechtenstein ebenso wie aus den fernen USA (Rogue, Anderson Valley).

HOPS & MALT

6850 Dornbirn, Eisengasse 2, +43/664/4178714
www.hopsandmalt.at
ÖFFNUNGSZEITEN Mi-Do: 10:00 bis 18:30 Uhr; Fr: 10:00 bis 14:00, 16:00 bis 18:30 Uhr; Sa: 10:00 bis 13:00 Uhr
SHOP Diese Filiale von Dietmar Menzingers Bierspezialitätengeschäft mit einer Auswahl von über 300 verschiedenen Bieren war 2017 Biergeschäft des Jahres. Hier findet man auch Raritäten wie Vintage-Biere von Rodenbach neben dem breiten und starken Angebot von Brewdog (inklusive dem Rip Tide 8%) und anderer britischer Brauereien. Interessante Angebote aus dem nahen Liechtenstein ebenso wie aus den fernen USA (Rogue, Anderson Valley). Ein Bier gibt es stets vom Fass, es gibt also immer wieder etwas zu verkosten - und stets kundigen Rat beim Bierkauf.

MORHRENBRAUEREI - S'LÄDELE

6850 Dornbirn, Doktor-Waibel-Straße 2, +43/5572/3777-224
www.mohrenbrauerei.at/biererlebniswelt/sladele
ÖFFNUNGSZEITEN Mo-Fr: 9:00 bis 12:00 Uhr, 13:30 bis 17:00 Uhr; Sa: 9:00 bis 12:00 Uhr

Mohrenbrauerei s'Lädele

SHOP Nicht einfach ein Rampenverkauf einer Brauerei, sondern ein Geschenkeshop, das von Hand hergestellte Köstlichkeiten mit Bierbezug aus der Region anbietet – da gibt es von Biersenf über Bockbierbrand bis hin zu herbsüßen Bierpralinen. Zudem Geschenkpackungen der Mohrenbräu Bierspezialitäten, Verkostungsgläser und Mohrenbräu-gebrandete Kleidung.

RAMPENVERKAUF DER BRAUEREI FRASTANZ

6820 Frastanz, Bahnhofstraße 22, +43/5522/51701-33
www.frastanzer.at/rampenverkauf
ÖFFNUNGSZEITEN Mo-Fr: 8:30 bis 18:00 Uhr; Sa: 8:30 bis 12:00 Uhr

Frastanzer Rampenverkauf

SHOP Seit Herbst 2016 hat die Brauerei Frastanz ein neues Liebkind: den Rampenverkauf im neuen und modernen Design. Dieser einladende Holzbau bietet ein großzügiges Sortiment an Bieren, Weinen und anderen Erfrischungsgetränken, auch österreichische Weine und Bio-Limonaden findet man an der Rampe. Der Rampenverkauf der Frastanzer Brauerei ist nicht einfach die Auslieferung der im Haus gebrauten Biere, sondern ein wohlsortiertes (und schön gestaltetes) Einzelhandelsgeschäft für rund 200 Bierspezialitäten. Darunter rare Jahrgangsbiere wie das Old Foghorn von Anchor in San Francisco. Regelmäßig kann man hier auch Biere direkt verkosten: Beim regelmäßigen Craftbeer-Stammtisch mit Biersommelier Stephan Summer werden jeweils ausgewählte Biere aus aller Welt in der Taub in Rankweil probiert.

WIEN

AMMERSIN GETRÄNKEWELT 1130 (AMMERSINO)

1130 Wien, Speisingerstraße 31, +43/1/8044200
www.ammersin.at
ÖFFNUNGSZEITEN Mo-Fr: 9:00 bis 18:00 Uhr; Sa: 8:00 bis 12:30 Uhr
SHOP Das Stammhaus der Firma Ammersin, die hier früher Sodawasser abgefüllt hat. Dann kam ein Bierhandel und eine Vinothek dazu – wobei sich Ammersin seit Jahren bemüht hat, auch Biere zu importieren, die sonst schwer erhältlich sind – darunter Biere aus USA, Dänemark und natürlich auch Belgien. Bei den österreichischen Bieren sind auch Raritäten wie die Sauerbiere aus Hofstetten zu finden.

BEERLOVERS & MUTTERMILCH VIENNA BREWERY

1060 Wien, Gumpendorfer Straße 35, +43/1/5810513
www.beerlovers.at
ÖFFNUNGSZEITEN Mo-Fr: 11:00 bis 20:00 Uhr; Sa: 10:00 bis 17:00 Uhr

BeerLovers & Muttermilch Vienna Brewery

SHOP Der Getränkehändler Ammersin hat mit dem BeerLovers eines der bestsortierten Biergeschäfte des Kontinents geschaffen, es wurde 2016 als Biergeschäft des Jahres ausgezeichnet. Mit fachkundiger Beratung werden im größten Craftbier Store des Landes über 1.000 verschiedene Craft Bier Sorten in rund 100 Bierstilen von über 120 Brauereien angeboten. Neben dem Onlinestore unter www.BeerLovers.at und dem Shop in Wien bieten BeerLovers außerdem Verkostungen und Beratungen an – die Bierschulungen sind meist rasch ausgebucht. Das erklärte Ziel ist es, die Welt der Craftbiere den Österreicherinnen und Österreichern näher zu bringen und so heimische Brauereien zu unterstützen und zu vernetzen. Neben einem begehbaren Kühlhaus und einer – in Österreich einzigartigen – Growler Abfüllung ist eine eigene Kleinbrauerei, die Muttermilch Vienna Brewery, entstanden. Aktuell kümmert sich Karl Karigl (u.a. Blakstoc Cider) um den kreativen Output der Mikrobrauerei in Wien Mariahilf.

BIER KEISSLER

1140 Wien, Keißlergasse 18, +43/681/81488943
bierkeissler.at
ÖFFNUNGSZEITEN Mo-Fr: 10:00 bis 22:00 Uhr
SHOP Modern gestaltetes Biergeschäft, das sich auf die Biere der Schremser und der Gablitzer Brauerei konzentriert. Dass an einem Standort gegenüber der Bahnstation Hütteldorf das (in Gablitz gebraute) Hütteldorfer Bier eine besondere Rolle spielt, ist selbstverständlich. Schließlich befand sich wenige 100 Meter von hier die Großbrauerei, die bis 1937 das Hütteldorfer Bier gebraut hat.

CASA MEXICO SHOP AM SPITTELBERG

1070 Wien, Siebensterngasse 16, +43/1/3154539-6
www.casamexico.at
ÖFFNUNGSZEITEN Mo-Fr: 10:00 bis 19:30 Uhr; Sa: 10:00 bis 18:00 Uhr
SHOP Die Casa Mexico ist ein lateinamerikanischer Spezialitätenhandel. Im Flagship-Store am Spittelberg gibt es eine ganz nette Auswahl an aus Mexico importierten Bieren – von den Klassikern Negro Modelo, Sol , Guzman y Gonzales und Pacifico Clara bis hin zu Craftbieren und dem glutenfreien Latina auf Basis von Agave.

DIE BIEROTHEK WIEN

1070 Wien, Neubaugasse 72, +43/1/5225100
www.bierothek.de/stores/wien
ÖFFNUNGSZEITEN Mo-Fr: 10:00 bis 21:00 Uhr; Sa: 10:00 bis 18:00 Uhr
SHOP Die Bierothek ist der bierige Nahversorger für Wiens „Bobotown": Mit seiner Lage auf der verkehrsberuhigten Neubaugasse ist der Laden prädestiniert für kleine Mengen – kaum jemand schleppt gleich mehrere Kisten von dort nach Hause. Dafür hat man eine wirklich gute Auswahl, die ebenso gut vorsortiert angeboten wird. In einer eigenen Bier-Schatzkammer werden besonders rare Biere bereitgehalten, darunter Sondersude aus sehr kleinen österreichischen Brauereien. In einem Kühlschrank befindet sich ein vorgekühltes Sortiment für den zeitnahen Verbrauch – das freundliche Personal öffnet die Flaschen auf

Wunsch. Und natürlich berät es auch – wer mehr Bierwissen will, dem werden auch Bierothek-Seminare angeboten.

Diwoky

DIWOKY

1210 Wien, Stadlweg 54, +43/1/4792104
www.bier-diwoky.at
SHOP Im Jänner 2023 ist dieser gut sortierte Bierladen an seine neue Adresse gezogen und bietet kompetente Beratung durch einen Biersommelier an. Das Angebot reicht von alteingesessenen Brauereien wie Schlenkerla oder Rothaus bis zu den Craftbieren von amerikanischen Mikrobrauereien wie Anchor oder Sierra Nevada. Dazu kommt ein breites österreichisches Sortiment von österreichischen Klein- und Micro-Brauereien.

JUICEBROTHERS

1090 Wien, Althanstraße 10-12 Frachtenbahnhof (Ladestraße 2 / Tor, 91, +43/676/6630109
juicebrothers.at/; www.facebook.com/JUICEBROTHERS
ÖFFNUNGSZEITEN Di-Do: 10:00 bis 16:00 Uhr; Fr: 10:00 bis 15:00 Uhr
SHOP Als Spezialisten für alternative Limonaden führen die Juicebrothers auch ein paar außergewöhnliche Biersorten im Sortiment. Das BOKU-Bier vom Marchfelder Storchenbräu, regionale Craft Biere der Braumanufaktur Schalken, ein paar Klassiker der Schnaitl Brauerei und nicht zuletzt die gemeinwohlorientierte Biermarke Quartiermeister aus Bayern.

MASHCAMP FILIALE MEIDLING

1120 Wien, Wilhelmstraße 23, +43/1/9744627
mashcamp.shop/
ÖFFNUNGSZEITEN Di-Fr: 12:00 bis 19:00 Uhr; Sa: 10:00 bis 18:00 Uhr
SHOP Die Biersommeliers und Brauer Johannes Grohs und Alexander Beinhauer bieten, neben einer beeindruckenden Bierauswahl und einem umfangreichen Sortiment im Heimbraubedarf, auch kompetente Beratung an. Das Bierangebot konzentriert sich auf österreichische und internationale Craft Brewer – die Auswahl erfolgt hauptsächlich nach aromatischen Kriterien und repräsentiert die Sortenvielfalt und Kreativität der Brauereien. Da das gesamte Sortiment gekühlt gelagert wird, können alle Biere gleich getrunken werden.

MEIN-NASCHMARKT

1020 Wien, Vorgartenmarkt Stand 37, +43/677/63869621
www.facebook.com/pg/meinnaschmarkt
ÖFFNUNGSZEITEN Di-Mi: 13:00 bis 18:00 Uhr; Do: 11:00 bis 18:00 Uhr; Fr: 11:00 bis 19:00 Uhr; Sa: 9:00 bis 14:00 Uhr
SHOP Ein gehobener Feinkostladen auf dem Vorgartenmarkt, der in den letzten Jahren überhaupt eine völlige Neuorientierung erfahren hat. Hier jedenfalls gibt es Pasta Fresca, Käse, Wein und eine Auswahl von Craftbieren aus italienischen und österreichischen Kleinbrauereien (etwa 100 Blumen, Brew Age, Gratzer, Brauviertel oder Rodauner Biermanufaktur).

Ottakringer Shop

OTTAKRINGER SHOP

1160 Wien, Ottakringer Straße 95, +43/1/49100-900
www.ottakringerbrauerei.at/de/ottakringer-erlebniswelt/brauereishop
ÖFFNUNGSZEITEN Mo-Fr: 9:00 bis 18:00 Uhr, vom 1. April – 30. September: Sa: 9:00 bis 14:00 Uhr
SHOP Der Ottakringer-Shop erhebt den Anspruch, Bierliebhaberinnen und Bierliebhaber mit dem „frischesten Bier der Stadt" zu versorgen. Das 2021 eingeführte Konzept der „Ottakringer Fassbar" bietet frisch in die mitgebrachten Refill-Gebinde abgefüllte Zwickl-Biere für daheim. Im begehbaren Kühlhaus gibt es auch exklusive Spezialitäten sowie eine Vielzahl an Brauerei-Souvenirs. Ottakringer bietet auch ein Online-Shop und im Raum Wien liefern die Ottakringer Bierführer das Bier kistenweise auch nach Hause.

VERDE 1080

1080 Wien, Josefstädter Straße 27, +43/1/4051329
www.verde1080.at
ÖFFNUNGSZEITEN Mo-Fr: 11:00 bis 18:00 Uhr
SHOP Ursprünglich ein Bioladen, mehr oder weniger nebenbei ein Lokal mit gutem Mittagstisch, im Bierguide als Bierlokal des Jahres ausgezeichnet und mittlerweile eine Pilgerstätte für Craftbier-Fans.

BIER LOKALE DES JAHRES

BIEROSOPHIE

1160 Wien, Gablenzgasse 60a, +43/664/5333628
www.bierosophie.at

ÖFFNUNGSZEITEN Mi-Sa: 11:30 bis 23:00 Uhr, So: 11:30 bis 20:00 Uhr

FASSBIER Budweiser Budvar Original Lager, Hackl Bräu Spezial, Schneider's Helles Landbier, Zwettler Saphir Pils, Zwettler Stadtbräu Zwickl, Ottakringer dunkles Zwickl, Ottakringer Rotes Zwickl

FLASCHENBIER Brauwerk Big Easy IPA , Brauwerk Black & Proud Porter, Brauwerk Avalanche Double IPA, Schneider Weisse Aventinus Eisbock, Die Weisse Bio Glutenfrei, Hirter Bio-Hanfbier, Zwettler Stiftsbräu, Zwettler Luftikus, Schneider Weisse Alkoholfrei, Brew Age Rampensau IPA Alkoholfrei

LOKAL Seit 2016 führt Familie Hackl dieses nostalgisch eingerichtete Lokal mit alter Stuckdekoration im Restaurant am Rand der Schmelz und in Nachbarschaft des Militärkommandos Wien. Der Biergarten wurde aufwändig neu gestaltet und verbindet moderne Ansprüche mit Wiener Gemütlichkeit – und dies bei flinkem Service. Die Küche bietet österreichische Hausmannskost und Klassiker, die Herkunft der Zutaten ist nachvollziehbar angegeben, was Regionalität garantiert. Am Sonntag gibt es ofenfrischen Kümmelbraten, am Donnerstagabend Schweinsstelze vom Grill. Gute Zapfkultur. Es werden auch einige Biercocktails geboten. 200 Plätze im Lokal, 200 im Garten.

MICRO BRAUEREI DES JAHRES 2023

GALLIEN BRÄU

3753 Gallien, Gallien 1, +43/664/5303441
www.gallien.at

ÖFFNUNGSZEITEN Ostern – 30. Juni: Do-So ab 8:00 Uhr; Juli & August: täglich ab 8:00 Uhr; September – 26. Oktober: Do-So ab 8:00 Uhr; November & Dezember: Sa & So ab 8:00 Uhr

FASSBIER Gallien-Bräu Sortiment

FLASCHENBIER Gallien-Bräu Sortiment

LOKAL Man kennt die Geschichte von dem kleinen Dorf in Gallien, das sich so witzig wie erfolgreich gegen den römischen Zeitgeist stellt. Die Familie Toifl ist ein Fan der entsprechenden Comic-Serie und hat in einem kleinen Tal nördlich von Horn ihr eigenes Gallien verwirklicht – mit Fischteich, Weiden und Stallungen – eine ländliche Idylle mitten im Wald. Es gibt also Holz, ein Sägewerk gibt es auch. Aus dem Sägewerk kam dann das Holz für den Bau der 2022 eröffneten Brauerei, die einen großen Taproom besitzt. Dieser ist in die Gallien-Erlebniswelt perfekt eingebaut und dient auch für Veranstaltungen. Vier von Marcel Toifl gebraute Biere sind immer am Zapfhahn, darunter das auch als Bierinnovation des Jahres 2023 ausgezeichnete Red Ale. Marcel hält auch Braukurse ab. Auf der Speisekarte steht viel aus eigener Produktion – von den selbstgemachten Käsekrainern über Steaks vom Angus-Beef bis zum Schweinsbraten. Und Übernachtungsmöglichkeiten in den Blockhäusern und Holztipis gibt es ebenfalls. 81

SALZBURG

BIER INITIATIVE DES JAHRES 2023

AUSTRIAN BREWING WEEK

Stephen Wilkinson
www.ebc-symposium.org

Manchmal braucht es den Blick von draußen, um zu erkennen, was mit dem Blick von innen so selbstverständlich erscheint, dass man kein Aufhebens davon machen würde. Der seit seiner Jugend in Österreich lebende (und in der internationalen Brauwirtschaft tätige) Engländer Stephen Wilkinson ist diesen Perspektivenwechsel gewohnt. „Hier wird Bierkultur auf höchstem Niveau gelebt, was international kaum bemerkt wird", ist Wilkinsons Erfahrung: Von Österreich kenne man selbst in der Getränkewirtschaft nur den Wein. Dabei hat Österreich mit der Entwicklung des Wiener Bierstils historische Verdienste; auch die Brautechnik war immer auf dem Stand der Zeit und manchmal dieser voraus. Aber das werde (oft im Schatten des deutschen Bieres) nicht wahrgenommen. „To put Austria on the map", hat sich Wilkinson gemeinsam mit John Brauer von der European Brewers Convention (EBC) auf die Fahnen geschrieben – und die „Austrian Brewing Week" für den 8. bis 14. Oktober ins Leben gerufen. Sie wird internationale Top-Manager und Brauwissenschaftler nach Salzburg bringen. Als Auftakt findet das EBC-Symposium mit dem Schwerpunkt Hefewirtschaft für nachhaltiges Brauen statt. Vom 10. bis 12. Oktober ist dann das Treffen der Science Group angesetzt, die seit 2018 nicht mehr tagen konnte. Und den Abschluss des Reigens hochrangig besetzter Fachkonferenzen bildet die Arbeitstagung der österreichischen Braumeister.

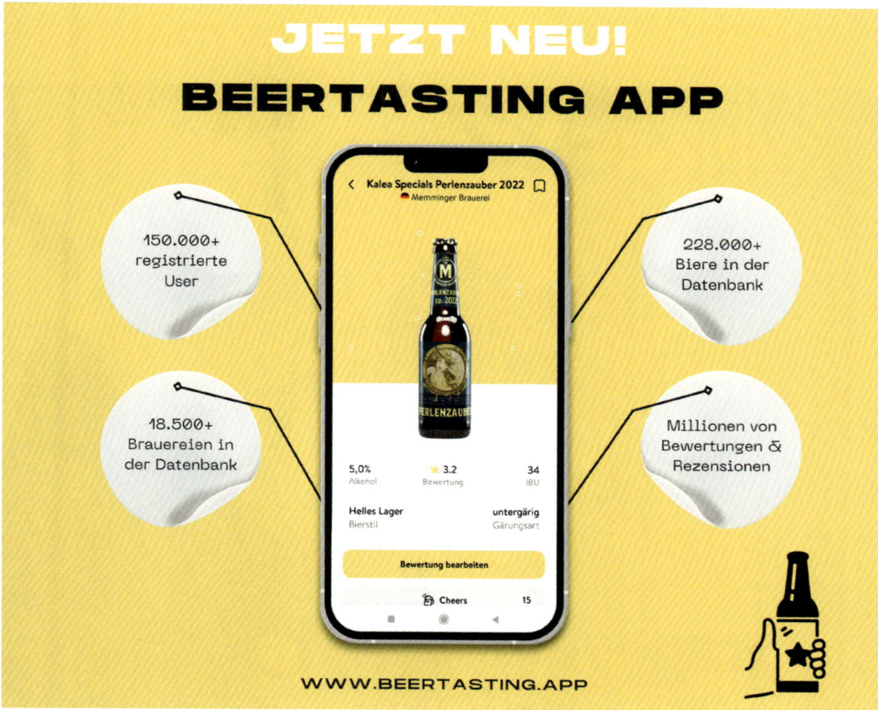

DIE BEERTASTING.APP BIERBEWERTUNG „STATE OF THE ART"

Über 2 Millionen Bewertungen für mehr als 228.000 Biere aus der ganzen Welt - nach nur sechs Jahren Laufzeit eine sagenhafte Bilanz! Dennoch wurde die BeerTasting App von Grund auf neugestaltet. Optisch ist sie frisch wie sprudelndes Märzen. Ein EAN-Code-Scan ersetzt das Fotografieren der Bierflasche. Das ist angenehmer und nicht fehleranfällig, so findet das System bei jedem Bier garantiert zum richtigen Eintrag. Das erlaubt genauere Beurteilungen. Der persönliche Bereich wurde prominenter platziert und ist übersichtlicher gestaltet. Die Neuigkeiten aus der Bierwelt sind sichtbarer geworden und das Handling der App ist insgesamt einfacher und intuitiv.

BeerTasting ist immer in Bewegung.
Die jüngsten Neuerungen sind die logische Fortsetzung der recht jungen Erfolgsgeschichte der BeerTasting App. Als sie im November 2016 als erste deutschsprachige Bierbewertungsplattform das Licht der Welt erblickte, traf sie den Nerv der Zeit und reüssierte auf Anhieb. Die Zahl der Nutzer:innen wächst stetig, bis dato sind über 150.000 Menschen registriert. Für viele ist die App ein treuer Begleiter bei der Verkostung von neuen Bieren geworden. Downloads gibt es auf der ganzen Welt, die App ist längst zweisprachig.

„Immer in Bewegung" ist das Versprechen des BeerTasting Teams: „Wir lieben die App und werden auch weiter daran arbeiten. Wir wollen die Features weiter verbessern, noch mehr Biere einstellen und auf die Tipps unserer User:innen hören."

BEERTASTING

WWW.BEERTASTING.APP

WELS

ALE-HOPS

4600 Wels, Bauernstraße 1a, +43/720/444234
ale-hops.beer
ÖFFNUNGSZEITEN Mi-Fr: 14:00 bis 18:00 Uhr, Sa: 9:00 bis 12:00 Uhr

SHOP Viele Craftbiere sind Frischeprodukte, die möglichst gekühlt gelagert werden sollten. Das ist ein Teil der Erklärung dafür, dass sehr viele der in diesem Craft Beer Store angebotenen Flaschen und Dosen in großen Getränkekühlschränken stehen. Der andere Grund ist natürlich, dass viele Kunden erst einmal probieren wollen, bevor sie größere Mengen der raren und nicht ganz billigen Biere aus den kleinen Brauereien kaufen – und das kann man hier eben auch: Es gibt einen Stehtisch, an dem man mal ein Bier trinken und mit anderen Kunden und den Geschäftsführern Romed Haberl und Clemens Pierer über Hopfenaromen und Alegeschmack fachsimpeln kann. Zu essen gibt es nur Popcorn – in verschiedenen, aber stets süßen Sorten von der Popkonditorei Knalle in Berlin. Der „craftige" Eindruck dieses im Herbst 2022 eröffneten Geschäfts wird dadurch verstärkt, dass es kleine handgefertigte Kisten aus Holz gibt, in denen man das Bier mitnehmen kann.

BIER RESTAURANT DES JAHRES 2023

THE HUNGRY HEART – FUSION BAR & RESTAURANT

8101 Gratkorn, Dr.-Karl-Renner-Straße 1, +43/3124/21803
thehungryheart.at/hungry-heart-gratkorn

ÖFFNUNGSZEITEN Di-Sa: 11:00 bis 22:00 Uhr

FASSBIER Andechser Hell, Andechser Spezial Hell, Andechser Weißbier, Hirter Morchl, Ottakringer Bio Zwickl

FLASCHENBIER Liefmans Fruitesse, Brew Age Alphatier, Wimitz Pale Ale, Tom & Harry Drunken Cat sowie weitere Bierspezialitäten von Craftbierbrauereien

LOKAL Spricht man eigentlich schon von einer „Kette“, wenn ein Gastronom drei Lokale mit ähnlicher Ausrichtung aufgebaut hat? Wenn ja, dann ist Philipp Carstanjen dazu zu gratulieren, dass er eine Kette von Craftbierlokalen aufgebaut hat. Wenn nein – auch kein Problem, nur die Bitte: bitte, bitte weiter so! Mit dem ersten Hungry Heart in Graz hat der Spitzenkoch Street Food und Bierspezialitäten in einer in Österreich noch unbekannten Weise zusammengeführt. Mit dem Thirsty Heart folgte eine stilprägende Craftbierbar in der Grazer Innenstadt. Und hier in Gratkorn hat er nun eine Showküche, die alle Stückerln spielt – und ein Bierrestaurant, das aufgrund der Bierauswahl stilprägend sein dürfte: Immer wieder gibt es besondere Biere aus Kleinbrauereien zum amerikanisch geprägten Food-Menu, das Service ist bemüht, entsprechende Empfehlungen zu geben. 60 Plätze im Lokal, 35 auf der Terrasse.

Vom Produzenten direkt zu Dir
Bauernladen
Das Beste aus Österreichs Regionen
Das Beste aus Österreichs Regionen -
Vom Produzenten direkt zu Dir
ÖSTERREICHS GRÖSSTE DIREKT-VERMARKTUNGSPLATTFORM
18.000
PRODUKTE VON
1.000
HEIMISCHEN KLEIN- & FAMILIEN-BETRIEBEN
Regionalität & Qualität
Direkt vom Produzenten
Ab Hof & Versand
www.bauernladen.at

VON **B** WIE BERNSTEIN BIS **W** WIE WIMPASSING

BURGEN LAND

112
BURGENLANDS BIERLOKAL DES JAHRES

OBERWART

RATHAUSKELLER

7400 Oberwart, Hauptplatz 9, Top 2, +43/3352/22366
www.kulinarik-rathauskeller.at

ÖFFNUNGSZEITEN Mo-Di: 10:00 bis 22:00 Uhr, Mi: 8:00 bis 22:00 Uhr, Do-Sa: 10:00 bis 22:00 Uhr, So: 10:00 bis 15:00 Uhr

FASSBIER Budweiser, Rathausbräu, Zwickl, Rotes Zwickl

FLASCHENBIER Schneider Weisse, Null Komma Josef

LOKAL Das Rathaus von Oberwart stammt aus dem Jahr 1905 und wurde nach einer aufwändigen Sanierung auch kulinarisch herausgeputzt. In die von Ziegelbögen getragenen Gewölbe ist ein Restaurant mit auffallend bemühter Bierpflege eingezogen. Man geht vom Hauptplatz ein paar Schritte ins Souterrain, um in diese Kulinarik-Welt einzutauchen: weiß lackierte Möbel, ein Wandgemälde mit einer wohl aus der Bauzeit des Rathauses stammenden Darstellung der Stadt Oberwart samt Gruß in ungarischer Sprache und natürlich die Schank gleich gegenüber vom Eingang. Die Biere kommen großteils von Ottakringer – und das „Rathausbräu" genannte, ebenfalls in Ottakring gebraute Hausbier kann man auch für daheim in Zweiliterkannen füllen lassen. Die Speisekarte ist von österreichischen Klassikern geprägt, die originell verfeinert werden: Die Schweinsmedaillons kommen nicht nur im Speckmantel, sondern auch im Biersaft. Es gibt auch den seit Jahrzehnten etablierten Brauhausklassiker, das überbackene Braumeisterbrot. Und im Cordon Bleu verbirgt sich neben Speck und Käse auch eine Wildwurst. 60 Sitzplätze im Lokal, 30 Sitzplätze im Schanigarten.

BERNSTEIN

PANNONIA ROTH

7434 Bernstein, Hauptstraße 58, +43/3354/6543
www.pannonia-roth.at
ÖFFNUNGSZEITEN Di-So: 8:00 bis 00:00 Uhr
FASSBIER Gösser Märzen, Reininghaus Jahrgangspils, Schladminger Bio Zwickl, Gösser Zitronenradler
FLASCHENBIER Puntigamer Märzen, Guinness Stout (Dose)
LOKAL Seit mehr als einem halben Jahrhundert betreibt die Familie Roth dieses Restaurant mit traditioneller Wirtshauskultur und typisch südburgenländischer Küche. Die meisten Zutaten kommen von Partnerbetrieben aus der Region und der Betrieb ist auch entsprechend in die Netzwerke der Schmankerlwirte Burgenland und in das Kulinarische Erbe Österreich mit AMA-Gütesiegel eingebunden.

BRUCKNEUDORF

JOSEPH

2460 Bruckneudorf, Lagerstraße 2, +43/2162/64357
www.joseph.rest
ÖFFNUNGSZEITEN Di: 8:00 bis 15:00 Uhr, Mi-Sa: 8:00 bis 22:00 Uhr, So: 9:00 bis 15:00 Uhr
FASSBIER Ehrentrautmannsdorfer Amarillo, Schwechater Hopfenperle
FLASCHENBIER Ehrentrautmannsdorfer Festbier Lilly 0,75L, Prugger Hopfengold, Weihenstephaner Hefeweißbier Trüb
LOKAL Vor dem Gemeindeamt von Bruckneudorf und gegenüber von diesem Lokal steht eine Büste von Franz Joseph – den Blick fest auf das Joseph gerichtet. Das ungarische Wappen auf dem Sockel erinnert daran, dass Franz Joseph hier in Transleithanien ungarischer König war – das Burgenland kam ja erst zu Österreich, als dieses bereits eine Republik war. Im Joseph jedenfalls gilt der Gast als König: Sehr aufmerksame Bedienung, gute Bierempfehlungen und ein Gastgarten unter einer Platane, die als Naturdenkmal geschützt ist. 12

DRASSMARKT

BERNIE „DAS WIRTSHAUS"

7372 Draßmarkt, Hauptstraße 66, +43/2617/2238 oder +43/676/9655327
www.bernie.at
ÖFFNUNGSZEITEN Di: 9:00 bis 00:00 Uhr, Mi: 9:00 bis 13:30 Uhr, Do-So: 9:00 bis 00:00 Uhr
FASSBIER Hirter, Murauer
FLASCHENBIER Gösser Märzen, Hirter Bio Hanfbier, Schremser Hanfbier, Murauer Märzen, Puntigamer Märzen, Paulaner Hefe-Weizen Naturtrüb, Veltins Alkoholfrei
LOKAL Bernhard und Sylvia Köllerer betreiben sehr mehr als einem Vierteljahrhundert dieses schon seit dem 17. Jahrhundert in der Dorfmitte von Draßmarkt bestehende Wirtshaus. Bernie hat eine Zapfkaiserauszeichnung der BrauUnion und ist Vorstandsmitglied des Vereins der Pannonischen Schmankerlwirte. Da der Bernie gleichzeitig der Kirchenwirt ist, haben bei ihm viele Vereine ihren Stammtisch – vom Fußballklub über den Sparverein bis zur Vereinigung der Peacekeeper, dem der Wirt als Milizsoldat angehört. Er ist ein begeisterter Lokalpatriot. Den Gästen bietet er eine kleine heimatkundliche Bibliothek im Gastzimmer und er weiß auch zu erzählen, dass sein Haus früher als Schenke zum „Grünen Baum" bekannt war. Dazumals soll hier der Räuberhauptmann Schuwara Jos'chi seinen Durst gestillt haben. Kegelbahn, Hopfengastgarten mit Kräuteroase und Naschecken. 110 Sitzplätze im Lokal, 9 Plätze an der Bar, 40 Sitzplätze draußen im Kiwi-Schatten.

EISENSTADT

CEBU

7000 Eisenstadt, St.-Rochus-Straße 48, +43/650/3436349
www.facebook.com/pages/CEBU-Cocktail-Bar-Eisenstadt/366794535789
ÖFFNUNGSZEITEN Mi-So: 18:00 bis 2:00 Uhr
FASSBIER Paulaner Märzen
FLASCHENBIER Paulaner Hefeweizen, Puntigamer Märzen, Heineken, Desperados, Corona, Clausthaler
LOKAL Lokal im Kolonialstil mit täglich wechselndem Partyprogramm. Jeden Monat gibt es eine neue Cocktailkarte, dazu werden Burger und Fingerfood serviert. 150 Sitzplätze, im Garten 40 Sitzplätze.

HAYDNBRÄU

7000 Eisenstadt, Pfarrgasse 22, +43/2682/63945
www.haydnbraeu.at
ÖFFNUNGSZEITEN Mo-Sa: 9:30 bis 23:00 Uhr, So: 9:30 bis 21:00 Uhr
FASSBIER Haydnbräu Hell, Haydnbräu Zwickl, Haydnbräu Weisse, Ottakringer Dunkles

FLASCHENBIER Haydnbräu Hell, Null Komma Josef
LOKAL Ehemalige Gasthausbrauerei, die ihr Bier nun aus Ottakring bezieht. Es werden extra Biergerichte angeboten, Bierbrezn sind im Gebäckskörberl eine Selbstverständlichkeit. Idyllischer Garten unmittelbar an der historischen Stadtmauer. 250 Plätze im Lokal, 20 an der Bar, 250 Plätze im Garten.

Hopfen & Söhne

HOPFEN & SÖHNE

7000 Eisenstadt, Hauptstraße 9, +43/660/9294809
www.hopfenundsoehne.at
ÖFFNUNGSZEITEN Di-Do: 16:00 bis 23:00 Uhr, Fr-Sa: 9:00 bis 00:00 Uhr
FASSBIER Bierol Schwoicher Helles, FrauGruber Brewing Midnight Meditation, Basqueland Zumo New England IPA, Sakiškės Marshmellow IPA
FLASCHENBIER Über 70 wechselnde Flaschen- und Dosenbiere, z.B. von Bierol, Big Drop, FrauGruber, BFM, Lervig, Piggy Brewing, Toccalmatto, Jopen, Brauküche 35, Basqueland ...
LOKAL Gemütliche Bar mit gut durchdachter Auswahl an Fassbieren, Flaschenbieren, Gins, Tonics und Kaffee. Auch der lange Tresen in der Raummittte, das Soundsystem und die Musikauswahl sind – dem Konzept entsprechend – irgendwie anders, als man das gewohnt ist. Als Abrundung gibt es frisch fertiggebackene Sauerteigwecken mit verschiedenen Aufstrichen und vor Ort gebackene Laugenbrezel. Bierverkostungsseminare und Baristakurse. 25 Sitzplätze im Lokal, 25 im Schanigarten.

HOTEL-RESTAURANT OHR

7000 Eisenstadt, Ruster Straße 51, +43/2682/62460
www.hotel-ohr.at
ÖFFNUNGSZEITEN Mi-Do: 11:30 bis 14:00 Uhr und 18:00 bis 22:00 Uhr, Fr-Sa: 11:30 bis 21:00 Uhr, So: 8:00 bis 16:00 Uhr
FASSBIER Gösser Zwickl, Zipfer Urtyp, Gösser Naturradler
FLASCHENBIER Zipfer Sparkling, Edelweiss, Kaiser Doppelmalz, Gösser Märzen, Heineken
LOKAL Hat einen schönen, ruhigen Gastgarten und ein gediegenes Restaurant mit kreativer und gutbürgerlicher Küche und einer bierigen Bar, an der sich die Gesellschaft von Eisenstadt trifft. Täglich wechselnde, teilweise mit Bier zubereitete Speisen. In der Küche ist Johannes Ohr in dritter Generation verantwortlich und setzt seine Philosophie mit Herbert Furtner und Team um. Alte Klassiker, die schon die Ohr-Oma in erster, und Ohr-Papa in zweiter Generation gekocht haben, sind auch heute nicht wegzudenken. Ausgezeichnet mit der „Bierkrone 2006“ und dem „Goldenen Teeblatt 2009“ von Gault Millau für das Burgenland. 150 Plätze, 10 an der Bar, 120 im Gastgarten mit beheizter Terrasse.

RUCKENDORFER

7000 Eisenstadt, Haydngasse 43, +43/2682/64688
www.ruckendorfer.com
ÖFFNUNGSZEITEN Do-So: 11:00 bis 23:00 Uhr
FASSBIER Reininghaus Jahrgangspils, Schwechater Zwickl, Schwechater Saisonbiere
FLASCHENBIER Hofbräu Münchner Weisse, Beck's Blue
LOKAL Das Ruckendorfer ist eine zeitgemäße Bierbar und Lounge – ergänzt um regionale Küche in hoher Qualität, die bei jedem unserer Besuche ebenso wie das freundliche Service überzeugt hat. In den vergangenen Jahren ist dann die Bierkompetenz auf ganz neuem Niveau weiter ausgebaut worden. Jeden Mittwoch gibt es Burger und Craftbiere – und zwar mit sinnvollen Pairing-Empfehlungen. Und auch in der Küche findet das Bier nun Verwendung. 50 Sitzplätze im Lokal, 15 an der Bar, 15 im Wintergarten.

ST. MARTIN'S ARMS

7000 Eisenstadt, Kirchengasse 1, +43/677/62980141
st-martins-arms.eatbu.com
ÖFFNUNGSZEITEN Mo-Sa: 9:00 bis 21:00 Uhr, So: 9:00 bis 18:00 Uhr

St. Martin's Arms

FASSBIER Puntigamer ‚das Bierige‘, Guinness, Kilkenny, Radler
FLASCHENBIER Heineken, Budweiser, Stiegl-Pils, Weihenstephaner Hefetrüb, Schneider Weisse, Kaltenhauser Pale Ale, Zickentaler Pale Ale, Zickentaler Curcuma Pale Ale, Zickentaler Uhudler-Pale Ale, Zickentaler Weißbier Dunkel, Zickentaler Stout
LOKAL Gegenüber der als „Haydn-Kirche“ bekannten Wallfahrts-

kirche „Maria Heimsuchung" befindet sich dieses einfache Neighbourhood-Pub: Es gibt lokale (also: pannonische) Speisen vom Sacherwürstel über das Weinbeuschel bis zum Gulasch – aber eben auch britisches Pub-Food vom Ham & Eggs über diverse Burger und Steaks bis zum sonntäglichen (und traditionsgemäß ganztägig servierten!) Sunday Roast, der aus pannonischer Gans oder Kalbsrollbraten ebenso bestehen kann wie aus irischer Lammkeule. Neben Bieren gibt es an der gut bestückten Bar auch eine feine Whisky-Selektion mit „Rare Batch Releases". Die Betreiber sind sehr auf britisch-irische Lebensart und den dazu passenden Humor eingestellt. 25 Sitzplätze im Lokal, fünf an der Bar, 10 im Schanigarten.

FRAUENKIRCHEN

ALTES BRAUHAUS

7132 Frauenkirchen, Kirchenplatz 27, +43/2172/2217
www.altesbrauhaus.at
ÖFFNUNGSZEITEN Mi-So: 9:00 bis 23:00 Uhr
FASSBIER Altes Brauhaus Helles, Starobrno, Gösser Naturradler, Edelweiss (im Sommer)
FLASCHENBIER Wieselburger Schwarzbier, Franziskaner Hefeweizen, Erdinger Hefeweizen, Edelweiss Alkoholfrei
LOKAL Der älteste Landgasthof des Seewinkels, das ehemalige „Virts- und Brayhaus" des Fürsten Esterházy, liegt gegenüber der barocken Wallfahrts-Basilika „Maria auf der Heide". Brauhauskeller und Klosterkeller verbindet heute noch ein unterirdischer Gang. Die Paprikawirtin Ilona Püspök verwöhnt ihre Gäste mit regionalen Speisen wie Podersdorfer Seespargel oder G'sottener Topfenstrudel mit Paradeissoße und der besonders geschätzten „Paprikaküche" (z.B. Halászlé Fischsuppe oder Hortobágyer Fleischpalatschinke). Das mit viel Liebe gepflegte Haus bietet neben 3 gemütlichen Stüberln einen schattigen Arkadeninnenhof und einen Saal für Hochzeiten und Familienfeiern. Der Gasthof ist auch ein beliebter Anziehungspunkt für Radfahrer. 30 Sitzplätze je Stüberl (Bauern, Jagd und Paulus), 15 Plätze an der Bar. Garten im Arkadenhof: 90 Sitzplätze plus Veranstaltungsraum für 100 Gäste.

GOLS

GOLSER BIERGARTEN

7122 Gols, Brauhausplatz 1, +43/2173/2719
golser-biergarten.at
ÖFFNUNGSZEITEN April bis September: Fr 13:00 bis 16:30 Uhr, Sa 9:00 bis 12:00 Uhr
FASSBIER Golser Premium, Golser Bio Weißbier, Radler
FLASCHENBIER Golser Bio Export Spezial, Golser Zwickl, Golser Lager Pils, Golser Rotgold, Golser Nullerl, saisonale Biere
LOKAL Im Verlauf der letzten Jahre ist die Markt- und Weinbaugemeinde Gols zu einem veritablen Brauzentrum geworden. Und zur Golser Brauerei gehört natürlich auch ein Brauereiausschank – und dieser ist besonders gelungen: Es handelt sich um einen Biergarten direkt am Brauereigelände, dekoriert mit zwei alten Braupfannen. Im Garten gibt es zu den Bieren Brezen und Aufstriche.

GROSSHÖFLEIN

GROSSHÖFLEINER ZECHE

7051 Großhöflein, Eisenstädter Straße 3, +43/2682/63225
www.zeche.at
ÖFFNUNGSZEITEN Mo-Sa: 10:00 bis 22:00 Uhr, So: 10:00 bis 20:00 Uhr
FASSBIER Ottakringer Hell, Zwickl Rot
FLASCHENBIER Budweiser, Gösser Märzen
LOKAL Liebevoll geführter Gasthof mit vollem Angebot der gutbürgerlichen Küche (und einer eigenen Burger-Kreation). Bierige Kultur, die sich auch im Weinland behaupten kann. 300 Sitzplätze im Lokal, 20 Plätze an der Bar. 8

Großhöfleiner Zeche

GROSSPETERSDORF

WURGLITS – GASTHOF ZUR POST

7503 Großpetersdorf, Hauptstraße 27, +43/3362/2303
www.gasthaus-wurglits.at
ÖFFNUNGSZEITEN Di-Mi: 8:00 bis 14:00 Uhr, Do-So: 8:00 bis 23:00 Uhr
FASSBIER Puntigamer Panther, ein saisonales Bier, Gösser Naturradler im Sommer
FLASCHENBIER Puntigamer Märzen, Gösser Dunkel, Edelweiss Hefetrüb, Schlossgold, Edelweiss Alkoholfrei
LOKAL Dieser seit 1927 bestehende Gasthof wird vor allem wegen seiner Bierpflege gerühmt (der Wirt ist Zapfkaiser) – und wegen der pannonischen Küche (Mitglied der pannonischen Schmankerlwirte!). In den Sommermonaten Juni/Juli/August betreibt Hr. Wurglits auch die Westernstadt Lucky Town in Großpetersdorf (nähere Infos unter www.lucky-town.at). 70 Sitzplätze im Gasthof, 15 Plätze an der Bar, 160 Sitzplätze im großen Saal, zusätzlich 20 Sitzplätze im Garten.

GÜSSING

LOKAL

7540 Güssing, Pater-Gratian Leserstraße 15, +43/664/4252222
www.lokal-guessing.com
ÖFFNUNGSZEITEN Mo-Do: 16:00 bis 00:00 Uhr, Fr-Sa: 16:00 bis 4:00 Uhr
FASSBIER Stiegl-Goldbräu
FLASCHENBIER Puntigamer, Heineken, Guinness, Corona, Desperados
LOKAL Der Name sagt eigentlich alles: Wenn man in Güssing in ein Lokal „auf ein Bier" gehen möchte, dann ist man eben im Lokal richtig. Es empfängt einen eine freundliche Bedienung hinter einer kleinen Bar. Wenn man nicht an der Bar oder auf der Terrasse an der Straße sitzen will, dann findet sich ein Platz an den kleinen Tischen. Die Dekoration mit (Jugend-)Bildern bekannter Stars in Schwarz-Weiß vermitteln einen leicht nostalgischen Effekt.

Lokal

THE BAR

7540 Güssing, Wiener Straße 12, +43/660/5034622
www.thebarguessing.at
ÖFFNUNGSZEITEN Mo-Sa: 9:00 bis 00:00 Uhr, So: 16:00 bis 00:00 Uhr
FASSBIER Puntigamer Panther, Kaltenhauser Original, Weihenstephaner Weizen, Guinness Stout
FLASCHENBIER Guinness Hop House 13, Gösser Stifts-Zwickl Hell, Desperados, SOL mexican beer, Puntigamer, Gösser Naturgold
LOKAL Die Bar mit dem schlichten Namen liegt an einer Ausfallstraße – und Karin Weber hat in der familieneigenen Tankstelle ein amerikanisches Diner eingerichtet, das keine Vergleiche zu scheuen braucht: Das Industrial Design wirkt kühl und stellt einen Kontrast zur Herzlichkeit des Serviceteams dar. Die Freundlichkeit und das Lächeln der Chefin sind ansteckend.Die Nachbarschaft zur Kaserne bedingt, dass nach Dienstschluss etliche Soldaten ein schnelles Bier trinken kommen. Doch das überwiegend junge Publikum ist nicht nur männlich geprägt, es sind auch viele junge Frauen da, die aber weniger dem Bier als dem Cocktailangebot zusprechen. Falstaff vergibt 85 Punkte für die Bar, die überhaupt als eine der besten Bars Europas gilt. Dabei ist die Bierkarte durchaus einladend gestaltet, auch wenn das Angebot vor allem von der BrauUnion stammt. Ergänzt wird es um Diageo-Produkte (Guinness vom Surger und Hop House 13). Besonders schön ist die Sonnenterrasse, von der aus man einen Blick auf Stadt und Burg Güssing hat. 50 Plätze im Lokal, 60 auf der Terrasse.

The Bar

HEILIGENKREUZ

GASTHOF GERLINDE GIBISER

7561 Heiligenkreuz, Obere Hauptstraße 10, +43/3325/4216
www.g-gibiser.at
ÖFFNUNGSZEITEN Di-Mi: 9:00 bis 23:00 Uhr, Fr-Sa: 9:00 bis 23:00 Uhr, So: 9:00 bis 17:00 Uhr
FASSBIER Gösser Gold, Gösser Zwickl, Gösser Radler, Murauer Weißbier, Murauer Zwickl Dunkel
FLASCHENBIER Schlossgold, Gösser Naturgold
LOKAL Ein Speiselokal, das seit über 50 Jahren seinen guten Ruf pflegt und seit fast drei Jahrzehnten von der Hoferbin Gerlinde Gibiser geführt wird. Vier sehr stimmungsvolle, strohgedeckte Kellerstöckel, wo man sich nicht nur um den burgenländischen Wein, sondern auch um die Bierkultur bemüht. 80 Sitzplätze, 20 an der Bar, im Garten 80 Sitzplätze.

GASTHOF RUDOLF PUMMER

7561 Heiligenkreuz, Obere Hauptstraße 11, +43/3325/4225
www.pummer.at
ÖFFNUNGSZEITEN Mo-So: 7:00 bis 00:00 Uhr
FASSBIER Puntigamer Panther, Schlossgold
FLASCHENBIER Franziskaner
LOKAL Einfaches Dorfwirtshaus, das seiner Funktion als Treffpunkt der Gemeinde gerecht wird – vor allem, wenn es um Fußball geht (viele Clubs nutzen die Trainingsmöglichkeiten in Heiligenkreuz). Dazu kommt die gute und preiswerte Küche. 90 Sitzplätze, 11 an der Bar, im Garten 80 Sitzplätze.

HORNSTEIN

S' Schmankerlwelt

S' SCHMANKERLWELT

7053 Hornstein, Rechte Hauptzeile 5, +43/2689/2084 oder +43/650/9581152
www.saftweinundmehr.at

ÖFFNUNGSZEITEN Mi-Sa: 9:00 bis 1:00 Uhr, So: 9:00 bis 15:00 Uhr

FASSBIER Reininghaus Jahrgangspils, Schladminger Märzen, Schladminger Schneeweisse, Schladminger Bio-Zwickl, Ottakringer Rotes Zwickl, Starobrno, Guinness, saisonale Bierspezialitäten

FLASCHENBIER 150 Flaschenbiere, z.B. Brew Age Holzknacker, Kiesbye's Waldbier, Steamwork Jasmin IPA, Brauhaus Gusswerk, Brew Age, Bevog

LOKAL Die Schmankerlwelt ist bei Familien beliebt, weil hier gut und frisch und preiswert gekocht wird – aber der Bierkenner wird vor allem deshalb hierherkommen, weil es hier vierzehn Biere vom Fass gibt, und das in einer stilistischen Breite, die jeder Großstadt alle Ehre machen würde. Der 2018 als burgenländisches Bierlokal des Jahres ausgezeichnete Betrieb selbst befindet sich in einem für burgenländische Straßendörfer typischen lang gestreckten Bau, es gibt zwei Bars und einen klug gegliederten Restaurantbereich. In den Kühlschränken ist das umfangreiche Bierangebot zu sehen und der Kellner hilft bei der Auswahl. Rund um's Jahr bierige Veranstaltungen, etwa zum St. Patrick's Day, Bier-Tasting, Bayrische Thementage/Oktoberfest. 150 Sitzplätze im Lokal, 200 im Gastgarten.

JENNERSDORF

GERNOT

8380 Jennersdorf, Kirchenstraße 4 und 7, +43/664/1267449
www.gernots.at

ÖFFNUNGSZEITEN Di-Sa: 9:00 bis 00:00 Uhr, So: 8:00 bis 00:00 Uhr

FASSBIER Puntigamer, Schladminger Zwickl, Gösser Naturgold

FLASCHENBIER Franz Josef Bräu Dunkel, Franz Josef Bräu Weizen, Heineken, Corona extra

LOKAL Gernot Schmidt hat in Jennersdorf zwei gegenüber liegende Locations – eine als Lounge, eine weitere als Café-Restaurant-Bar eingerichtet. Damit wird eine bis ins Jahr 1778 zurückreichende Tradition der Gastlichkeit fortgeführt. Neben dem Angebot der BrauUnion gibt es auch das lokale Franz Josef Bier. Sehr freundliches Service. 60 Plätze in der Lounge, 80 im Restaurant, 20 an der Bar, 20 auf der Terrasse.

Gernot

KITTSEE

GASTHAUS LEBAN

2421 Kittsee, Untere Hauptstraße 41, +43/2143/2234
www.gasthaus-leban.at

ÖFFNUNGSZEITEN Mi-So: 9:00 bis 23:00 Uhr

FASSBIER Schwechater Hopfenperle, Kaiser Doppelmalz, Heineken

FLASCHENBIER Gösser Märzen, Edelweiss Weizen, Zwickl

LOKAL Das in den 30er-Jahren erbaute Gasthaus wird mittlerweile in dritter Generation geführt. 2004 erfolgte ein Umbau und es war den Wirtsleuten Leban wichtig, möglichst keine optischen Veränderungen vorzunehmen, es jedoch technisch auf den heutigen Stand zu bringen. So ist die Einrichtung aus den 60er-Jahren, der Fußboden noch original aus den 30er-Jahren. Der herrliche Gastgarten ist komplett von alten Weinstöcken überwachsen. Ca. 80 Sitzplätze im Restaurant, ca. 50 in der Gaststube und ca. 100 im Gastgarten.

MATTERSBURG

PEACOCK-PUB

7210 Mattersburg, Gustav-Degen-Gasse 8, +43/2626/62843
www.facebook.com/pages/Peacock

ÖFFNUNGSZEITEN Di-Do: 16:00 bis 22:00 Uhr, Fr: 9:00 bis 12:00 Uhr, 16:00 bis 2:00 Uhr, Sa: 16:00 bis 2:00 Uhr, So: 16:00 bis 22:00 Uhr

FASSBIER Paulaner Zwickl, Guinness, Kilkenny, Budweiser Original, ein Saisonbier

FLASCHENBIER Heineken, Corona, Paulaner Weizen, San Antoniana Lager, Murauer, Weitra Hadmar Biobier, Puntigamer, Schladminger Bio Zwickl
LOKAL Dieses seit zwei Jahrzehnten etablierte, britisch gestylte Pub hat seit 2018 mit Holger Stefanitsch einen neuen Besitzer, der das Interieur ein wenig aufgefrischt und den Garten neu gestaltet hat. Die Zapfsäulen wirken weiterhin originalgetreu. Mindestens einmal im Monat gibt es hier Live-Konzerte, und dann ist die Bude gerammelt voll. Relativ junges Publikum vor allem an den Wochenenden, aber speziell an der Bar fühlen sich auch ältere Gäste wohl. Und Holger erweist sich als hervorragender Gastgeber, der alle willkommen heißt. Die Biere wechselt er öfter, zeitweise ist Budweiser Budvar vom Fass der Renner, dann wieder gibt es ein Craftbier-Angebot, das allerdings von der eher traditionsorientierten Gästeschar weniger geschätzt wird. Regelmäßig Bierverkostungen, Bier der Woche. 100 Sitzplätze, im Garten 30 Sitzplätze.

MÜHLGRABEN

The Irish Rover – Traditional Irish Pub

THE IRISH ROVER – TRADITIONAL IRISH PUB

8385 Mühlgraben, Nr. 65, +43/3329/20085
www.irish-rover.at
ÖFFNUNGSZEITEN Di-Do: 18:00 bis 00:00 Uhr, Fr-Sa: 18:00 bis 2:00 Uhr
FASSBIER Guinness Stout, Kilkenny Red Ale, Murphy's Red Ale, Tegernseer Hell, Leffe Blonde
FLASCHENBIER König Ludwig Dunkel, Duvel, Leffe Brune, Lindemans Framboise, Westmalle, Rochefort, Brasserie Lefebvre - Barbar, Fentimans Alkoholfrei, Kasteel Triple, La Chouffe, Kwak, Mc Chouffe, Hoegaarden
LOKAL 2004 wurde das ehemalige Feuerwehrhaus grün angestrichen und in diese typisch irische Lounge-Bar umgewandelt, zehn Jahre später war der Irish Rover das Bierlokal des Jahres im Burgenland. Man findet am Kamin oder im Cigar Room im Obergeschoß eine beachtliche Bierauswahl, perfekt gezapftes Guinness und eine selbst in Großstädten kaum zu findende Vielfalt an Single-Malts. Projektionswand/Sportübertragungen, Musik, DVD – und eine kleine fachspezifische Bibliothek – obwohl das Lokal eigentlich zu dunkel zum Lesen ist. 2007 wurde es beim Guinness Arthur Award unter die drei besten Irish Pubs in Österreich gereiht. Feste: Livemusik, St. Patrick's Day, Halloween, Oktoberfest. 90 Sitzplätze im Lokal, 20 Plätze an der Bar, 20 Sitzplätze im Garten.

NECKENMARKT

GASTHOF ZUR TRAUBE

7311 Neckenmarkt, Herrengasse 42, +43/2610/42256
www.zurtraube.at
ÖFFNUNGSZEITEN Mo: 8:00 bis 14:00 Uhr, Di-Sa: 8:00 bis 22:00 Uhr, So: 8:00 bis 17:00 Uhr
FASSBIER Stiegl-Goldbräu, Ottakringer Zwickl, Paulaner Weißbier
FLASCHENBIER Gösser Märzen, Stiegl-Braukunst, Ottakringer Dunkles, Hopfenschwinger Kellerbier, Golser Kästensud (Maronibier), Golser Biobier, Edelweiss Alkoholfrei, Null Komma Josef
LOKAL Der Gasthof „Zur Traube" liegt im Herzen des Blaufränkischlandes, und trotzdem kann man hier neben einem guten Glas Wein auch ein gepflegtes Glas Bier genießen. Seit 1988 ist der Gasthof im Besitz der Familie Glatz, die für die Erhaltung des Grundkonzepts eines traditionellen Gasthofes eintritt. In den gemütlichen Stüberln werden pannonische Schmankerl wie Krautsuppe und gesalzener Topfenstrudel und Spezialitäten aus der Region wie Zickentaler Moorochse oder Neckenmarkter Wild serviert. 250 Plätze im Lokal, 10 an der Bar, Terrasse : 50.

NEUDÖRFL

Bierkistl Neudörfl

BIERKISTL NEUDÖRFL

7201 Neudörfl, Hauptstraße 19, +43/676/9325108
www.facebook.com/bierkistl7201
ÖFFNUNGSZEITEN Mo-Do: 15:00 bis 00:00 Uhr, Fr-Sa: 15:00 bis 2:00 Uhr
FASSBIER Puntigamer ‚das Bierige', Stiegl-Goldbräu, Schlad-

minger Schneeweisse Hefe, Gösser Zwickl, ein wechselndes Monatsbier

FLASCHENBIER Golser, Murauer Märzen, Guinness Stout, Kilkenny, Gösser Märzen, Forster's, Corona, Desperados, Villacher Märzen, Eggenberg Naturbursch Bio Zwickl, Zwettler Dunkel, Heineken, Wieselburger Stammbräu, Gösser Naturgold und immer ca. 25 wechselnde Flaschenbiere von A - Z

LOKAL Thomas Tschurlovich ist ein Gastgeber, wie man ihn sich nur wünschen kann – schon 1997 wurde er zum „Lieblingswirt des Burgenlandes" gewählt. Im Bierkistl ist er meist selbst präsent, er scheint alle Gäste persönlich zu kennen und schaut jedenfalls darauf, dass alle zufrieden sind. Das Lokal ist rustikal eingerichtet, Holz und Ziegel sorgen für eine gemütliche Atmosphäre mit einer grossen Theke – rechts davon ein Kühlschrank mit Bierspezialitäten. Immer wechselnde Speisen sorgen für Abwechslung – Chili con Carne, Sandwich, Pizza, Salate u.v.m. 35 Sitzplätze + 15 Sitzplätze an der Bar, Biergarten mit 40 Plätzen.

NEUSIEDL AM SEE

Joe's Pub

JOE'S PUB

7100 Neusiedl am See, Untere Hauptstraße 15, +43/660/6500042
www.joespubneusiedl.at

ÖFFNUNGSZEITEN Mi-So: 16:00 bis 00:00 Uhr

FASSBIER Puntigamer Märzen, Schladminger Bio Zwickl, Guinness Draught, Starobrno

FLASCHENBIER Flensburger Pils, Gutmann Hefeweizen Dunkel, Gutmann Hefeweizen Hell, Heineken, Corona, Gösser Naturradler, Gösser Naturgold, Gutmann Hefeweizen Alkoholfrei

LOKAL Oliver Ruiner hat dieses Bierlokal zum zentralen Treffpunkt von Neusiedl gemacht: Großer Schanigarten, innen dominiert eine lange Bar, hinter der bemüht gezapft wird. Vor allem der vordere Barbereich eignet sich gut als Kommunikationszone. Zu Essen gibt es Pizze – und diese in einer Qualität, die 2022 die Falstaff-Auszeichnung als beliebteste Pizzeria des Burgenlands eingebracht hat. 40 Plätze, 20 an der Bar, 25 im Garten.

LARGO

7100 Neusiedl am See, Obere Hauptstraße 5, +43/650/8821116
www.largo-weinbar.at

ÖFFNUNGSZEITEN Mo-Sa: 17:00 bis 2:00 Uhr, So: 17:00 bis 00:00 Uhr

FASSBIER Wieselburger

FLASCHENBIER Heineken, Stiegl-Goldbräu, Corona, Golser Weizen, Gösser Naturradler

LOKAL Sympathische Bar mit Ziegeloptik, die seit 2012 von Bianca Hartmann aus Weimar mit viel Charme geführt wird. Kleine, italienisch inspirierte Snacks. 30 Plätze im Lokal, 20 im Garten.

SONNENSTUBE

7100 Neusiedl am See, Seestraße 50, +43/2167/8111
www.hotel-wende.at

ÖFFNUNGSZEITEN Mo-So: 12:00 bis 14:00 Uhr, 18:00 bis 21:00 Uhr

FASSBIER Zipfer Pils

FLASCHENBIER Wieselburger Stammbräu, Schlossgold, Budweiser, Kaiser Doppelmalz, Edelweiss Hefetrüb, Guinness

LOKAL Restaurant und Bar im mehrfach ausgezeichneten Hotel Wende. Wirtshaus-Sonntag an jedem 2. Sonntag von 12:00 bis 15:00 Uhr mit traditioneller, regionaler Küche. 170 Sitzplätze im Restaurant, 15 an der Bar, 20 im Garten.

NEUSTIFT AN DER LAFNITZ

BRAUGASTHOF SCHMIDT – RABENBRÄU

7423 Neustift an der Lafnitz, Lafnitz 64, +43/3338/2330
www.rabenbraeu.com

ÖFFNUNGSZEITEN Di-Sa: 6:00 bis 22:00 Uhr, So: 6:00 bis 21:00 Uhr

FASSBIER Rabenbräu aus der eigenen Brauerei - Rabenbräu Hell, Bernstein, Sommerbier

FLASCHENBIER 2 L-Blutzer Rabenbräu Hell und Bernstein, Clausthaler, Raben Original

LOKAL Der Nukleus dieses eindrucksvollen Gasthofs ist ein ehemaliges ungarisches Zollhaus aus der Zeit, zu der das Burgenland noch zu Ungarn gehört hat. Im Dezember 1999 wurde eine Gasthausbrauerei installiert und gleich im nächsten Jahr wurde das Lokal zum beliebtesten Bierlokal des Burgenlands gewählt. Seither ist auch eine Destillerie für Malt-Whisky entstanden, im Keller gibt es eine der interessantesten Whisky-Sammlungen zu verkosten. Die Küche ist ganz Malz-orientiert: Viele Speisen werden mit Bier und Malt-Whisky zubereitet, es gibt Weißbiersuppe, Brauhauspfandl und sogar ein Whiskyparfait. Bier- oder Whisky-Verkostungen mit speziell abgestimmten Menüs. Und: Wer sich mehr Bier schmecken hat lassen, als mit dem 0,5-Promille-Limit vereinbar ist, der kann auch ein Gästezimmer mieten. Selbstverständlich kann man auch den im Haus gebrannten „Old Raven"-Whisky als Schlaftrunk nehmen – und aus diesem Whisky wird auch eine wunderbare Schokolade gemacht. Insgesamt 400 Sitzplätze, 50 Plätze im Garten. 26

OBERPULLENDORF

HABE D'ERE

7350 Oberpullendorf, Hauptstraße 61, +43/2612/43330
www.habedere.at
ÖFFNUNGSZEITEN Mo-Sa: 7:00 bis 24:00 Uhr, So: 8:00 bis 23:00 Uhr
FASSBIER Hausbier Paulaner (gemischt - hell/dunkel), Paulaner Hell, Paulaner Weißbier, Radler
FLASCHENBIER Puntigamer, Gösser Natur
LOKAL Wer einen Paulaner-Wirt im Burgenland sucht, ist hier richtig: Dem Selbstverständnis nach ein „Heurigen-Restaurant", erweist sich das Habe d'Ere bei näherem Hinsehen als durchaus stilgerechtes Bierlokal – dekoriert mit alten Bierdeckeln, Bierwerbung und einer Zapfanlage, die in einen alten Motorblock eingebaut ist. Die Kellner sind außergewöhnlich freundlich und die Speisen nicht nur wohlschmeckend, sondern auch überaus großzügig angerichtet. Angeschlossen ist das Dreisterne-Hotel „Schlof Guat". 200 Plätze im Lokal, 200 im Garten. 26

OBERWART

DER STADTWIRT

7400 Oberwart, Steinamangerer Straße 6, +43/3352/31520
www.der-stadtwirt.at
ÖFFNUNGSZEITEN Mi-Do: 11:00 bis 15:00 Uhr, Fr-Sa: 11:00 bis 23:00 Uhr, So: 11:00 bis 15:00 Uhr
FASSBIER Ottakringer Wiener Original, Ottakringer Zwickl, Gösser Märzen
FLASCHENBIER Ottakringer Dunkles, Ottakringer Pils, Schneider Weisse, Gösser Naturgold
LOKAL Raimund Schmidinger hat das seit 1906 bestehende Stadtbeisl vor mehr als zehn Jahren, im Oktober 2009, als Stadtwirt herausgeputzt und zu einem kulinarischen und gesellschaftlichen Treffpunkt im Burgenland entwickelt. Der Innenhof ist als Gastgarten ausgestaltet und gilt in Oberwart als einzigartig. Dieser typische Südburgenland-Charakter spiegelt sich auch auf der Speisekarte wider: Neben pannonischen und internationalen Schmankerln (Wirtshausschmankerl) werden die Gäste mit urigen Pfandlgerichten und immer frischem Fisch verwöhnt. Der Stadtwirt lockt außerdem mit Storchennest und Uhudlerlaube sowie einer gemütlichen Wirtshausatmosphäre. 140 Plätze im Lokal, 100 im Garten.

GOTTHARDTS BANK

7400 Oberwart, Hauptplatz 5, +43/3352/38677
www.gotthardt.at
ÖFFNUNGSZEITEN Mo-Do: 9:00 bis 23:00 Uhr, Fr-Sa: 9:00 bis 1:00 Uhr, So: 9:00 bis 23:00 Uhr
FASSBIER Stiegl-Goldbräu
FLASCHENBIER Stiegl-Weisse, Heineken, Corona, Stiegl-Radler
LOKAL Dieses 2004 gegründete Café im Industrial Style hat sich zu einem wichtigen Treffpunkt und zu einem kulinarischen Zentrum von Oberwart (Schwerpunkt: Pizza und Eisvariationen) entwickelt. Heimische und italienische Küche – und gut gezapftes Stiegl-Bier, was die Auszeichnung als Stiegl-Bierwirt 2022 eingebracht hat. Kurt Balazs vom nahen Bierarium (www.bierarium.at) lobt die moderne und doch gemütliche Einrichtung, die freundliche Bedienung und die moderaten Preise. 150 Sitzplätze im Lokal, 25 Plätze an der Bar, 50 auf der Terrasse.

RATHAUSKELLER

7400 Oberwart, Hauptplatz 9, Top 2, +43/3352/22366
www.kulinarik-rathauskeller.at
ÖFFNUNGSZEITEN Mo-Di: 10:00 bis 22:00 Uhr, Mi: 8:00 bis 22:00 Uhr, Do-Sa: 10:00 bis 22:00 Uhr, So: 10:00 bis 15:00 Uhr
FASSBIER Budweiser, Rathausbräu, Zwickl, Rotes Zwickl
FLASCHENBIER Schneider Weisse, Null Komma Josef
LOKAL Bierlokal des Jahres, siehe Seite 112

Rathauskeller

TAMDHU IRISH PUB

7400 Oberwart, Wienerstraße 51, +43/664/5261938
ÖFFNUNGSZEITEN Mo-So: 17:00 bis 2:00 Uhr
FASSBIER Guinness, Murphy's Irish Red, Trumer Pils, Kaltenhauser Bernstein, Augustiner, Velkopopovický Kozel, Hopfenschwinger Kellerbier
FLASCHENBIER Newcastle Brown Ale, Fuller's IPA, Kwaak, Duvel, Lindemans Kriek, Lindemans Cassis, Heineken, Veltins, Anheuser Busch, Corona, Salzburger Weisse, Beck's Blue
LOKAL Kommt man ins Tamdhu, dann fühlt man sich nach Irland (oder eventuell Schottland) versetzt: Es ist ein dunkles, gemütli-

ches Pub, eine Welt aus geselligem Flair, gemütlicher Kneipenstimmung und originellen Details, wie man sie eben im keltisch beeinflussten Kulturkreis kennt. „Am Tamdhu kommt man nicht vorbei", schreibt Kurt Balazs, der in der Nähe sein Privatmuseum Bierarium betreibt. Zum einen liegt das an seiner hervorragenden Lage direkt an der Hauptstraße in der Oberwarter Innenstadt. Zum anderen weiß Carmen Schmidbauer mit ihrem Team, wie man Feste feiert und Gäste bewirtet, sodass sie als Freunde gerne wiederkommen. Und sie setzt auch immer wieder regionale Craftbiere auf die Karte. Rund 40 Live-Bands spielen pro Jahr entweder im Pub oder im Gastgarten mit 100-jährigem Nussbaum unter freiem Himmel. Blues, Rock, Austropop, Irish Music oder Jazz – hier treten die besten Bands der Region auf. 25 Plätze im Lokal, 20 an der Bar, 70 Sitzplätze im Gastgarten.

Tamdhu Irish Pub

OSLIP

CSELLO – CSELLEY-MÜHLE

7064 Oslip, Sachsenweg 63, +43/2684/2209
www.cselley-muehle.at
ÖFFNUNGSZEITEN Fr-Sa: 16:00 bis 00:00 Uhr
FASSBIER Murauer
FLASCHENBIER Heineken, Schneider Weisse, Null Komma Josef
LOKAL Die sechseinhalb Jahrhunderte alte Cselley-Mühle dient mit der Stadtl-Bühne seit Jahrzehnten als Kultur- und Musikzentrum des nördlichen Burgenlands. In den letzten Jahren gab es umfangreiche Umbauarbeiten, bei denen der Kunstsammler Mario Müller und die Mario Müller Privatstiftung den alten Charakter bewahrt und die Gastronomie ausgebaut haben. Zu Redaktionsschluss dieses Guides war die komplette Eröffnung noch ausständig, nur die Mü- Bar an Wochenenden geöffnet. 150 Sitzplätze in verschiedenen Bereichen.

PAMHAGEN

VILA VITA PANNONIA – STADLBRÄU

7152 Pamhagen, Storchengasse 1, +43/2175/2180-0
www.vilavitapannonia.at
ÖFFNUNGSZEITEN Mo: 17:30 bis 00:00 Uhr, Do-Sa: 17:30 bis 00:00 Uhr, So: 10:00 bis 00:00 Uhr
FASSBIER Vila Vita Stadlbräu und Hofbräu (braufrisch von der Brauerei Göss)
FLASCHENBIER Heineken, Desperados, Gösser Naturgold
LOKAL Im Hotel Pannonia gibt es mehrere Gastronomiebereiche – im Stadlbräu liegt der Schwerpunkt auf dem Bier. Eigene Cigar Lounge mit diversen kubanischen Sorten, insgesamt zurzeit 33 Sorten. 48 bzw. 200 Plätze im Lokal, 36 Plätze an der Bar, 60 Sitzplätze im Garten + 127 Bungalows.

Vila Vita Pannonia – Stadlbräu

PODERSDORF

GASTHAUS DANKBARKEIT

7141 Podersdorf, Hauptstraße 39, +43/2177/2223
www.dankbarkeit.at
ÖFFNUNGSZEITEN Do-Fr: 11:30 bis 14:00 Uhr, 18:00 bis 21:00 Uhr, Sa-So: 11:30 bis 21:00 Uhr
FASSBIER Golser Bier
FLASCHENBIER Golser Griazeich (Pale Ale), Golser Lager Pils, Golser Nullerl (alkoholfrei), Golser Weißbier
LOKAL In alten Urkunden wird das von den Zisterzienser-Mönchen errichtete Gebäude als „Ebenerdiges Schloss" bezeichnet, worunter man sich nichts Pompöses, aber immerhin ein solide gemauertes, für damalige Verhältnisse großes Bauwerk vorstellen darf. Als Gasthaus besteht es seit vier Generationen unter beständiger Führung von Wirten namens Josef Lentsch, 2021 hat Markus Josef den Betrieb von seinem Vater übernommen.

JUPP'S BIERSTÜBERL

7141 Podersdorf, Hauptstraße 14, +43/2177/2274 oder +43/676/7042058
www.jupps-bierstüberl.at
ÖFFNUNGSZEITEN Do-Sa: 9:00 bis 21:00 Uhr, So: 9:00 bis 14:00 Uhr
FASSBIER Zwettler, Stiegl, Hirter, Puntigamer
FLASCHENBIER Stiegl-Freibier
LOKAL Das Bierstüberl bietet weit mehr als nur einfach „ein Bier": Erstens gibt es vier Zapfhähne, zweitens ist der Wirt Josef Waba

stolz auf seine eigene Mangalitzazucht. Daher ist ein breites Angebot von hausgemachten Fleisch- und Selchwaren im Lokal erhältlich. Das Gehege liegt ca. 2, 5 km außerhalb von Podersdorf – auf dem Radweg B 10 in Richtung Illmitz – und kann ganzjährig besucht werden. Hier kann man sehr gut beobachten, wie sich die Mangalitzaschweine in ihrer natürlichen Umgebung verhalten. Mit etwas Glück kann man im Frühjahr auch Ferkel mit ihrer Mutter beobachten. 100 Sitzplätze.

PÖTTSCHING

Gasthof zur Grenze

GASTHOF ZUR GRENZE

7033 Pöttsching, Zipfwald 1, +43/2631/2265
www.gasthof-zur-grenze.at
ÖFFNUNGSZEITEN Mi-Sa: 11:00 bis 21:30 Uhr, So: 11:00 bis 15:30 Uhr
FASSBIER Zipfer Urtyp, Gösser Spezial, Kilkenny
FLASCHENBIER Schwechater Lager, Edelweiss Weizen Hefetrüb, Heineken, Corona, Schlossgold
LOKAL An einer Straße mit Zipfer Bierwerbung entlang geht es hinein in den „Zipfwald“ am Rand von Pöttsching. Hier war einmal die „Erste Österreichische Bierzunft“ daheim – ein elitärer Verein, der versucht hatte, dem Bier seinen Platz in der Society zu sichern. Auch wenn nun dieser Verein vor einigen Jahren sanft entschlafen ist, kümmern sich die bierengagierten Wirtsleute weiterhin rührig um die Bierkultur. Mitglied der Chaîne des Rôtisseurs. 250 Sitzplätze im Lokal, Garten: 180 Sitzplätze.

RIEDLINGSDORF

ZUM BURGENLÄNDER

7422 Riedlingsdorf, Untere Hauptstraße 14, +43/3357/42385
www.burgenlaender.at
ÖFFNUNGSZEITEN Mo-Di: 9:00 bis 21:00 Uhr, Mi: 9:00 bis 15:00 Uhr, Fr-Sa: 9:00 bis 21:00 Uhr, So: 10:00 bis 15:00 Uhr
FASSBIER Puntigamer
FLASCHENBIER König Ludwig Hefeweißbier, Edelweiss
LOKAL Das Gasthaus zum Burgenländer ist seit über 100 Jahren im Familienbesitz und verbindet Tradition mit modernen Einflüssen. Bierwirt des Jahres 2011. Spezialität des Hauses ist die Original Charbonnade „zan sölwa grüll'n – gmüatli(ch) am Tisch“, dünne Fleischscheiben vom Holzkohlengrill, und Pfandlgerichte. 200 Sitzplätze im Lokal, 20 Plätze an der Bar, 30 Sitzplätze im Garten.

RUST

SIGI'S PUB

7071 Rust, Oggauerstraße 1, +43/681/81573113
www.facebook.com/Sigispub
ÖFFNUNGSZEITEN Mi-Do: 17:00 bis 2:00 Uhr, Fr-Sa: 19:00 bis 4:00 Uhr
FASSBIER Murauer Steirergold, Maisel's Weisse
FLASCHENBIER Gösser Märzen, Stiegl, Maisel's Zwickl, Budweiser Pils, Mohrenbräu, HB, Corona, Desperados
LOKAL Im Februar 2014 hat Sigi Hodosi das ehemalige Rusty Stork neu eröffnet und damit dem kultigen Feuerwehrgebäude neues Leben eingehaucht. Immer wieder Partys und gelegentlich Live-Musik. 40 Plätze im Lokal.

SANKT MARGARETHEN

WEINSTUBE SONNENHOF

7062 Sankt Margarethen, Hauptstraße 28, +43/2680/2266
ÖFFNUNGSZEITEN Mo-Di: 11:00 bis 18:00 Uhr, Mi: 11:00 bis 20:00 Uhr, Do: 10:00 bis 20:00 Uhr, Fr-So: 11:00 bis 20:00 Uhr
FASSBIER Zwettler Zwickl, Egger
FLASCHENBIER Zwettler
LOKAL Uriges Lokal, entgegen dem Namen nicht nur dem Wein verschrieben. 50 Sitzplätze.

SCHATTENDORF

PLTZ Café & Pub

PLTZ CAFÉ & PUB

7022 Schattendorf, Bahnhofstraße 1, +43/664/3568882
www.cafeschattendorf.com
ÖFFNUNGSZEITEN Di-So: 8:00 bis 20:00 Uhr
FASSBIER Puntigamer

FLASCHENBIER Puntigamer, Paulaner Hefeweißbier, Schwechater, Edelweiss, Gösser, Gösser Naturgold, Gösser Naturradler
LOKAL An heißen Sommertagen bekommt man den Eindruck, dass das Lokal mit dem Vokal-freien Namen (das „A" aus „Platz" dürfte irgendwann verloren gegangen sein) vor allem ein Eissalon ist – und tatsächlich ist das Eisangebot beachtlich. Der Garten eignet sich aber auch gut dazu, ein gepflegtes Puntigamer zu genießen. Und drinnen pflegt die ungarische Betreiberfamilie Hujber 60er-Jahre Nostalgie im Stile eines American Diner, was für eine sehr angenehme Stimmung sorgt. Und neben Eis und Kuchen aus eigener Produktion gibt es natürlich auch Burger und Pulled Pork auf der Karte. 25 Plätze im Lokal, vier an der Bar, 30 im Garten.

WEIDEN AM SEE

DAS FRITZ

7121 Weiden am See, Seebad 1, +43/2167/40222
www.dasfritz.at
ÖFFNUNGSZEITEN Mo-So: 9:00 bis 22:00 Uhr
FASSBIER Golser Premium, Golser Radler, Bier des Monats von den Privatbrauereien Österreichs
FLASCHENBIER Golser Bio Weißbier, Weihenstephaner Weizen Naturtrüb, Stiegl-Paracelsus Bio-Zwickl, Tegernseer Hell, Corona Extra, Golser Nullerl (alkoholfrei), Gusswerk Jakobsgold
LOKAL Neben dem Seebad liegt dieses Top-Lokal, das 2022 als Burgenlands Bierlokal des Jahres ausgezeichnet wurde. An den drei Bars – Indoor, auf der Terrasse und auf dem Oberdeck – kann man zu den „Pannonischen Koststücken" wie regionalen Antipasti, Gemüse-Tapas oder Tatar von Fisch und Fleisch aus dem Vollen schöpfen. Gleich wenn man hineinkommt, stößt man an eine sehr große Bar, die sich für einen bierigen Aperitiv empfiehlt. Die Bierkarte ist (wie die wesentlich umfangreichere Weinkarte) lokal basiert und mit internationalen Produkten abgerundet – leider nicht mehr im selben Umfang wie in den vergangenen Jahren. Exzellentes Service – unter anderem durch den Biersommelier Peter Palkovics, der sich in seiner Freizeit auch persönlich als Hobbybrauer betätigt und seinen Gästen zu jedem Bier präzise Informationen geben kann. 35 Plätze an der Bar, 130 Plätze im Restaurantbereich, 130 auf der Terrasse.

RESTAURANT SCHÜTZ

7121 Weiden am See, Pointgasse 2, +43/2167/7317
www.restaurant-schuetz.at
ÖFFNUNGSZEITEN Mo: 9:00 bis 22:00 Uhr, Fr-So: 9:00 bis 22:00 Uhr
FASSBIER Stiegl, Golser Lager, Franziskaner Hefeweizen
FLASCHENBIER Schwechater Lager, Null Komma Josef
LOKAL Im Familienbetrieb geht es um gepflegtes Genießen in einer unkomplizierten, gemütlichen Atmosphäre in den heimeligen Stuben. 230 Sitzplätze, im Garten 100 Sitzplätze.

WEPPERSDORF

GASTHAUS FUCHS

7331 Weppersdorf, Hauptstraße 33, +43/2618/2250
www.gasthaus-fuchs.at
ÖFFNUNGSZEITEN Mi & Do und Sa ab 10:00 Uhr, Fr ab 11:00 Uhr, So ab 9:00 Uhr. Mo & Di Ruhetag.
FASSBIER Puntigamer Panther, Gösser Zwickl, Gösser Naturradler
FLASCHENBIER Puntigamer Panther, Edelweiss Hefeweizen
LOKAL Einfaches Landgasthaus mit guter Bierpflege. Jeden Mittwoch gibt es hausgemachte Blunz'n (auch zum Mitnehmen) oder auch gebackene Blunz'n mit Knoblauchrahm. Insgesamt 150 Sitzplätze im Lokal, 20 Sitzplätze auf der Terrasse.

WIMPASSING AN DER LEITHA

Ziegelwerk

ZIEGELWERK

2485 Wimpassing an der Leitha, Ziegelofengasse 28
+43/2623/73796
www.ziegelwerk-gasthaus.at
ÖFFNUNGSZEITEN Mo: 16:00 bis 23:00 Uhr, Fr: 16:00 bis 23:00 Uhr, Sa: 11:00 bis 23:00 Uhr, So: 11:00 bis 16:00 Uhr
FASSBIER Trumer Pils
FLASCHENBIER Trumer Zwickl, Radler
LOKAL Dieses moderne Lokal hat seinen Platz an einem Industriedenkmal gefunden: Der namensgebende Kalkofen wurde im 19. und 20. Jahrhundert verwendet, um den im nahen Steinbruch gebrochenen Stein zu Branntkalk zu verarbeiten. Der Wirt Werner Tschiedel hat dazu eine familiäre Beziehung – sein Urgroßvater hat in Wimpassing einst ein Ziegelwerk betrieben. 2018 übersiedelte er mit Partnerin Julia Weber und ihren zwei kleinen Söhnen Moritz und Emil schließlich in die burgenländische Ortschaft, um hier ein Gasthaus ganz nach ihren Vorstellungen zu verwirklichen. Das Gasthaus ist Teil der Initiative „Leithaland", einem Zusammenschluss von neun Gemeinden, die sich zu einer Genuss-, Kultur- und Naturregion verbinden.

VON **A** WIE ALTHOFEN BIS **Z** WIE ZELL-PFARRE

KÄRNTEN

KLAGENFURT

BIER LOKAL DES JAHRES KÄRNTEN

DAS WOHNZIMMER

9020 Klagenfurt am Wörthersee, Villacher Ring 21
+43/664/2444964
das-wohnzimmer-cafe-bar-musik.eatbu.com

ÖFFNUNGSZEITEN Mo-Do: 16:00 bis 1:00 Uhr, Fr: 16:00 bis 2:00 Uhr, Sa: 18:00 bis 2:00 Uhr

FASSBIER Wimitz Märzen, Wimitz Lemisch, Mischbier

FLASCHENBIER Meckatzer Hell, Tegernseer Spezial, Velkopopovický Kozel Dunkel, Stiegl Freibier, Leffe Brune, Leffe Blonde, Brewdog Punk IPA, Brewdog Elvis Juice, Thalheim Märzen, Obertrumer Zwickl, Augustiner Hell, wechselnde Biere von Loncium, Bier des Monats

LOKAL Wie der Name schon sagt: Dies ist eine Art erweitertes Wohnzimmer für die jüngere Bevölkerung in Klagenfurt – eingerichtet mit Versatzstücken aus der Mitte des 20. Jahrhunderts. Alte Stehlampen, längst vergessen geglaubte 45er-Schallplatten, dekorative Musikinstrumente und eine kleine Bibliothek schaffen ebenso wie die aus historisch wirkenden Sitzgelegenheiten und Ikea-Kreationen zusammengestellte Möblage den Eindruck eines gemütlichen Studentenlokals. Man kann sich je nach Stimmung in einen Lehnsessel fallen lassen oder an der Bar hocken – da sieht man dann auch gleich, was es an immer wieder wechselnden Bierspezialitäten gibt, unter anderem auch von der örtlichen Carantana Craftbeer Brauerei. Gelegentlich wird das Lokal auch für einen Brunch oder zum Mittagessen geöffnet, auch wenn das den aktuell publizierten Öffnungszeiten nicht entspricht – oder es werden geschlossene Veranstaltungen (bis hin zu ganzen Hochzeitsfeiern) eingeschoben. Jeden zweiten Mittwoch im Monat gibt es um 19:00 Uhr einen Pub Quiz.

ALTHOFEN

PRECHTLHOF

9330 Althofen, Schobitzstraße 1, +43/4262/26140
www.hotelprechtlhof.com

ÖFFNUNGSZEITEN Mo: 6:00 bis 00:00 Uhr, Mi: 16:00 bis 00:00 Uhr, Do-So: 6:00 bis 00:00 Uhr

FASSBIER Hirter Märzen, Zwickl, Hirter 1270er, Weizen, im Sept./Okt.: Hirter Herbstcult

FLASCHENBIER Gusswerk ‚Zum Wohl' glutenfrei, YaoYao Bio-Ingwer-Bier, Hirter Copper IPA, Rieder IPA, Hofstettner Sündenbock, Granitbock, Horny Betty, Die schwarze Kuh, Gusswerk Jakobsgold, Samichlaus Classic, Engelszell Gregorius

LOKAL Erlebnishotel mit mehrfach ausgezeichnetem Küchenpersonal, das ab und zu auch Bier als Küchenzutat verwendet. Und da Bierkultur hier großgeschrieben wird, hat Wirt Leopold Kraßnitzer 2015 die Ausbildung zum Biersommelier absolviert. Gemeinsam mit der Hirter Brauerei wurde sogar ein Bierkulinarium und ein Besuchsprogramm für die Brauerei entwickelt. Hier wird Bier auf Wunsch „gestachelt". 130 Sitzplätze im Lokal, 60 im Garten, 30 auf der Terrasse.

BAD KLEINKIRCHHEIM

HOTEL PRÄGANT

9546 Bad Kleinkirchheim, Kirchheimer Weg 6, +43/4240/452
www.hotel-praegant.at

ÖFFNUNGSZEITEN Mo-So: 7:30 bis 00:00 Uhr

Hotel Prägant

FASSBIER König Ludwig Weißbier Hell, Shilling Granatbier, Stiegl-Goldbräu, Loncium Rauchbier (zur Fastenzeit)

FLASCHENBIER Loncium Carinthipa, Loncium Schwarze Gams, Loncium Austrian Amber Lager, Loncium Royal Dark, Loncium Helles Zwickl, Wimitzbräu Kärntner Pils, Stiegl-Columbus Pale Ale, Loncium Freepa, König Ludwig Dunkel, Insel Kreide

LOKAL Eine Hotelbar, wie man sie sich wünscht: Ein kleiner, intim wirkender Thekenbereich, von Barchef Anton mit einem unvergleichlichen Charme und großer Leidenschaft für die angebotenen Biere geführt. Und daran anschließend ein größerer, bequem möblierter Sitzbereich – dazu ein offener Kamin, in dem im Winter das Feuer prasselt. Rund um das Haus gibt es einen „Elementegarten", die Gästezimmer sind sehr individuell gestaltet – etwa auch als „Elementezimmer" (Feuer, Wasser, Erde, Luft und Liebe) oder als Künstlerzimmer. Die Küche wird geprägt vom kulinarischen Angebot des Alpe-Adria-Raums – und die kleine, aber gut durchdachte Bierkarte tut das ebenfalls. Gelegentlich gibt es auch kulinarische Events rund um das Thema Bier. 80 Plätze im Lokal, 12 an der Bar. 72

BAD ST. LEONHARD IM LAVANTTAL

GASTHOF GEIGER

9462 Bad St. Leonhard im Lavanttal, Hauptplatz 67
+43/4350/2253
www.gasthof-geiger.at

ÖFFNUNGSZEITEN Di-Sa: ab 8:00 Uhr, Sonn- und Feiertag 8:00 bis 14:00 Uhr, Montag Ruhetag

FASSBIER Reininghaus, Gösser Naturradler

FLASCHENBIER Weihenstephaner Weizen, Gösser Naturgold

LOKAL Großer Gasthof am nördlichen Ende des Hauptplatzes. Schöner Schanigarten, von dem aus man diesen Platz auch gut überblicken kann – und damit Treffpunkt der Jugend. Kleine Bar in der Gaststube, ein Speisezimmer und ein großer Speisesaal für die, die es etwas ruhiger haben wollen. Sehr gute regionale Küche. 180 Sitzplätze. 23

BERG IM DRAUTAL

GASTHOF ZUR SCHMIEDE

9771 Berg im Drautal, Berg 4, +43/4712/562
www.gasthofzurschmiede-berg.at

ÖFFNUNGSZEITEN Di-So: 10:00 bis 00:00 Uhr

FASSBIER Villacher Märzen, Villacher Hausbier, Franziskaner Weißbier, Gösser Stiftzwickl Hell

FLASCHENBIER Gösser Naturgold, Franziskaner Alkoholfrei

LOKAL Leider hat dieser geschichtsträchtige Gasthof, dessen Grundmauern aus dem 13. Jahrhundert stammen, seine Bierkarte reduziert. Die Chefin Michaela Weiss, die Biersommelière ist und auch die Auszeichnung als Kärntner Bierwirtshaus des Jahres ins Haus geholt hat, bedauert das sehr, „aber die Gäste haben halt das Traditionelle bevorzugt". Und Tradition gibt es hier viel: Die Holzdecke mit einer Malerei eines italienischen Künstlers und ein Fresko oberhalb des Einganges zeugen von Geschichte, Gastlichkeit und Tradition als Wirtshaus. Geboten wird bodenständige kärntner-österreichische Wirtshausküche mit saisonalen Speisen (Wildwochen!) und Schmankerln. 150 Sitzplätze im Lokal, 20 an der Bar und 60 im Garten.

BLEIBURG

BRAUHAUS BREZNIK

9150 Bleiburg, 10. Oktoberplatz 9, +43/4235/2026-0
www.brauhaus.breznik.at
ÖFFNUNGSZEITEN Mo-Sa ab 17:00 Uhr

Brauhaus Breznik

FASSBIER Breznik Helles, Breznik Dunkles, Breznik Schwarzes, Puntigamer Märzen, Murauer Hefeweizen, saisonale Spezialbiere
FLASCHENBIER Birra del Borgo - My Antonia, Schleppe No. 1, Brew Dog Punk IPA, Gusswerk Schwarze Kuh, Lindemans Kriek, Rodenbach Grand Cru, Chimay Bleu, Breznik Mosa - Grape Ale, Mosa Gueuze Style Ale, Bevog Hagger, Edelweiss Alkoholfrei
LOKAL Der erste Eindruck in diesem Brauereiausschank wird von der großen Biertafelsammlung vermittelt. Das Brauhaus Breznik entstammt einer uralten Steinbierbrauerei, an deren Tradition die 2007 eingerichtete Gasthausbrauerei anknüpft – allerdings mit Bieren, die mehr dem heutigen Geschmack entsprechen. Gerhard Primozic Breznik ist ein selbstbewusster Brauer, der nicht nur die eigenen Biere präsentiert, sondern auch ein paar Raritäten aus kleinen Brauereien des In- und Auslandes anbietet. Sehr bierige Atmosphäre. Zum Essen gibt es eine breite Auswahl an traditionellen heimischen Gerichten sowie an Pizzen. Und wenn man hier übernachtet, dann findet man sich in einem kleinen Stadthotel, in dem man in nach heimischen Künstlern benannten Themenzimmern nächtigt. Kärntens Bierlokal des Jahres 2009 – diese Auszeichnung hat die Besitzer animiert, weitere Bieraktivitäten zu setzen und Kärnten-würdige Bierfeste zu veranstalten. 150 Plätze im Lokal, 15 an der Bar, 50 im Garten.

BODENSDORF

HOTEL MOUNTAIN RESORT FEUERBERG

9551 Bodensdorf, Gerlitzenstraße 87, +43/4248/2880
www.feuerberg.at
FASSBIER Hirter Kellermeister Bio Zwickl, Hirter Privat Pils, Hirter Weizen
FLASCHENBIER Eggenberger Hopfenkönig, Freistädter Junghopfenpils, Trumer Pils, Hirter Morchl, Hirter 1270, Freistädter Rotschopf, Gusswerk Steinbier, Hirter Bio Hanfbier, Samichlaus, Loncium Royal Dark, Hirter Honigbier, Schleppe No. 1, Gusswerk Nicobar, Bierol Mountain Pale Ale, Loncium Juicy Neipa, Der Belgier Saison, Murauer Hoamat Weiße, Engelszell Gregorius, Gusswerk Glutenfrei, Hirter Freigeist Alkoholfrei
LOKAL Das Familien- und Wellnesshotel auf 1.760m Höhe bietet im Jänner eine Bierwoche mit begleitenden Biermenüs – in Kooperation mit dem „Biersepp" Sepp Wejwar.

EISENKAPPEL

MARKTSTUBE BEI ALEX

9135 Eisenkappel, Bad Eisenkappel 24, +43/4238/750
+43/699/11286840
www.marktstubealex.at
ÖFFNUNGSZEITEN Mo: 9:00 bis 00:00 Uhr, Mi-So: 9:00 bis 00:00 Uhr
FASSBIER Murauer Märzen, Murauer Dunkel
FLASCHENBIER Stiegl-Märzen, Puntigamer Märzen, Murauer Märzen, Stiegl-Freibier
LOKAL Alexander Piskernik hat die Marktstube zunehmend auf Regionalität getrimmt und serviert zum Bier regionale Küche – es gibt Bio-Fische vom Fischereibetrieb Karawankenfisch, die Nudelkreationen werden im Familienbetrieb Klancnik am Arlitscherhof mit viel Sorgfalt hergestellt. Jeden Donnerstag Ripperlessen. 110 Plätze im Lokal, 60 auf der Veranda.

FELDKIRCHEN

GASTHOF SEITNER

9560 Feldkirchen, Villacher Straße 11, +43/4276/2158
www.gasthof-seitner.at
ÖFFNUNGSZEITEN Mo-Sa: 8:00 bis 23:00 Uhr
FASSBIER Villacher Märzen, Villacher Dunkel, Franziskaner Hefeweizen, Radler

FLASCHENBIER Erdinger Alkoholfrei, Schlossgold
LOKAL Traditionsgasthaus und Mitglied der Kärntner Wirtshauskultur. Schöne Bar aus hellem Holz gleich hinter dem Eingang. 12 Plätze an der Bar, 200 Sitzplätze im Lokal, 50 auf der Sonnenterrasse (kann überdacht werden!).

Hirter Genusstheke Feldkirchen

HIRTER GENUSSTHEKE FELDKIRCHEN

9560 Feldkirchen, Dr.-Arthur-Lemisch-Straße 5a
+43/664/4008100
www.hirterbier.at/genusstheke/feldkirchen
ÖFFNUNGSZEITEN Mo-Fr: 7:00 bis 18:00 Uhr, Sa: 7:00 bis 12:30 Uhr
FASSBIER alle Biere der Hirter Brauerei
FLASCHENBIER alle Biere der Hirter Brauerei
LOKAL Diese Location wäre auch erwähnenswert, wenn es sich „nur" um ein Bottleshop handeln würde: Hirter gibt es hier kistenweise zum Mitnehmen, zudem ein breites Sortiment an regionalen Produkten aus dem Umland der Brauerei. Das reicht von der Gourmetfein Feinkosttheke über Edelbrände und vor Ort produzierte Dinkel-Mehlspeisen. Es wird aber auch vor Ort gekocht (zwei Menüs täglich) und Hirter Bier ausgeschenkt.

ROCKCAFE FILIALE

9560 Feldkirchen, Hauptplatz 8, +43/664/3335500
ÖFFNUNGSZEITEN Mo-So: 16:00 bis 2:00 Uhr
FASSBIER Stiegl-Goldbräu, Stiegl-Weisse
FLASCHENBIER Schlossgold, Velkopopovický Kozel Hell, Wimitz Lemisch, Heineken, Schwechater Lager, Wieselburger Gold, Corona
LOKAL Gerry Sobians „Filiale" gibt die Öffnungszeiten als „Besuchszeiten des Freistaats" an. Ganz genau dürfte es mit dem Schankschluss um 2:00 Uhr auch nicht sein, denn es steht „wia da Filialleita Lust hat" als Einschränkung dabei. Und Sonntag sei offen „wenn ma durschtig sind". Ist man mal in dem langgestreckten Raum, der der Länge nach durch die Bar getrennt wird, drinnen, dann wird man freundlich empfangen und bekommt gut gezapftes Bier – oder Dosenbier aus Wieselburg und Schwechat. 30 Plätze im Lokal, 10 im Schanigarten.

FERLACH

GASTHOF PLASCH „AUF DER HUABN"

9170 Ferlach, Ressnigg 17, +43/4227/2370
www.gasthof-plasch.at
ÖFFNUNGSZEITEN Di-Do: 7:30 bis 20:00 Uhr, Fr-Sa: 7:30 bis 23:00 Uhr, So: 7:30 bis 17:00 Uhr
FASSBIER Schleppe Märzen, Schleppe Radler, Franziskaner Weizen, Schleppe Dunkel
FLASCHENBIER Franziskaner Weizen, Schleppe Märzen
LOKAL Alteingesessener Familienbetrieb im Ortsteil Ressnigg, zwei Kilometer nördlich vom Ferlacher Zentrum und ganz in der Nähe von Drauradweg und Strandbad Ferlach. Eigene Landwirtschaft (inklusive Wildgehege und Fischteich). Spezielle Aktionen wie Biergartenzeit mit Stelzen am Donnerstag und Maßbier (nur am Abend). Kunsteis- und Kegelbahn in einem eigenen Pub-Bereich mit eigener Bar. Sehr bemüht um Bierpflege und Reinigung der Bierleitungen! 220 Sitzplätze, 20 an der Bar, 130 im Garten.

FRIESACH

VILLA BUCHER

9360 Friesach, Hauptplatz 11, +43/4268/2510-0
www.villabucher.at
ÖFFNUNGSZEITEN Mo-Di 12:00 bis 14:00 Uhr und 18:00 bis 20:00 Uhr, Fr-Sa 12:00 bis 14:00 Uhr und 18:00 bis 20:00 Uhr,
So & Feiertag 12:00 bis 14:30 Uhr, ab 15:30 Uhr geschlossen

Villa Bucher

FASSBIER Hirter Märzen, Hirter Zwickl, Hirter Pils, Wimitz Märzen
FLASCHENBIER Hirter Morchl, Hirter 1270, Wimitz Weizen
LOKAL Dieses den Hauptplatz von Friesach überblickende Landhotel hat eine schöne Terrasse, eine nette Bierbar und ein freundliches Service – typische Kärntner Wirtshauskultur. Bierkäsesuppe, Biernockerln. Innenstüberl: ca. 220 Sitzplätze, 30 an der Bar, 40 auf der Aussichtsterrasse.

GMÜND

Gasthof Kohlmayr

GASTHOF KOHLMAYR

9853 Gmünd, Hauptplatz 7, +43/4732/2149
www.gasthof-kohlmayr.at
ÖFFNUNGSZEITEN Di-So 7:00 bis 24:00 Uhr Uhr, im November geschlossen.
FASSBIER Gösser Märzen, Weihenstephaner, Starobrno Altbrünner Gold
FLASCHENBIER Gösser Märzen, Gösser Stiftsbräu, Schlossgold
LOKAL Schöner Kleinstadtgasthof mit bis zu 400 Jahre alten Gebäudeteilen, seit 200 Jahren in der Familie. Gutbürgerliche Küche und rustikale Gasträume. Zudem eine kleine Bar, an der sich die Einheimischen auf ein Bier treffen. 100 Sitzplätze im Lokal, 20 an der Bar, 30 Sitzplätze im Garten. ✕ 🛏55

GASTHOF PRUNNER

9853 Gmünd, Hauptplatz 15, +43/4732/2187
www.prunner-gmuend.at
ÖFFNUNGSZEITEN Mo-So 9:00 bis 22:00 Uhr, Küche von 11:30 bis 14:00 Uhr und 17:30 bis 20:30 Uhr; von September bis Ende Juni: Dienstag Ruhetag
FASSBIER Gösser Märzen, Gösser Stiftsbräu, Weihenstephaner, Puntigamer, saisonal: Weihnachtsbock, Oktoberbier, Osterbock
FLASCHENBIER Weihenstephaner, Schlossgold
LOKAL Schöner großer Gasthof unmittelbar am Unteren Stadttor. Der Hl. Florian am Hauseck erinnert noch heute daran, dass das Haus einst ein Brauereibetrieb war. Einladender Schanigarten, noch einladendere Theke, toller Arkadenhof – und vor allem freundliche Wirtsleute. 150 Sitzplätze, 20 im Schanigarten. 150 Sitzplätze, 20 Plätze im Schanigarten. ✕ 🛏

GÖDERSDORF BEI VILLACH

HOTEL RESTAURANT ZOLLNER

9585 Gödersdorf bei Villach, Finkensteiner Straße 14
+43/4257/2856
www.hotel-zollner.at
FASSBIER Villacher Märzen, Villacher Doppelmalz, Hirter Pils (nur Juli und August), eine wechselnde Bierspezialität
FLASCHENBIER Erdinger Hefetrüb, Erdinger Kristallklar, Erdinger Dunkel, Erdinger Alkoholfrei, Clausthaler
LOKAL „Wir sind Wirtsleut' mit Leib und Seel", versichert Wirtin Gudrun Zollner. Sie führt einen 300 Jahre alten Betrieb, der im 19. Jahrhundert auch eine eigene Brauerei hatte. Kulinarische Schwerpunktsetzung auf regionale Produkte. Die Saiblinge stammen aus dem hoteleigenen Teich, aus dem sie auf Wunsch auch selbst gefangen werden können. Das Fleisch kommt zum Teil aus der eigenen Landwirtschaft und wird in der hauseigenen Selch geräuchert. 280 Plätze, 20 an der Bar, 80 Plätze im Garten. ✕ 🛏

MARKT CAFÉ IN DER NUDELFABRIK

9585 Gödersdorf bei Villach, Warmbaderstraße 34
+43/4257/22116
nudelfabrik.at
ÖFFNUNGSZEITEN September bis Ende Juni: Di-Sa: 9:00 bis 19:00 Uhr; Juli bis Ende August: Mo-Sa: 9:00 bis 21:00 Uhr

Markt Café in der Nudelfabrik

FASSBIER Stiegl Goldbräu, Stiegl Weisse, Stiegl Grapefruit Radler
FLASCHENBIER Loncium Classic, Loncium Carinthipa, Loncium Gailtaler Weisse, Loncium Freepa Pale Ale Alkoholfrei
LOKAL Die Nudelfabrik ist tatsächlich eine Manufaktur, in der alle möglichen Nudeln hergestellt werden – und im angeschlossenen Lokal gibt es diese in verschiedenen Zubereitungsformen. Dazu Stiegl und Loncium Biere. 100 Sitzplätze im Lokal, 120 im Gastgarten.

GREIFENBURG

GASTHAUS WULZ

9761 Greifenburg, Bruggen 8, +43/4712/82354
www.wulz-greifenburg.at
ÖFFNUNGSZEITEN Mo-So: 08:00 bis 23:00 Uhr
FASSBIER Stiegl, Villacher, Gösser
FLASCHENBIER Dolle Brouwers Oerbier, Orval, Chimay und eine Auswahl von über 100 Bieren aus Belgien und Niederlande

LOKAL Dieses unscheinbare Gasthaus an der Straße zum Weissensee wird von einer sehr bierbegeisterten niederländischen Familie geführt, die es zu einem Paradies für Freunde ausgefallener Biere gemacht hat. Sehr gemütlicher Gastraum, kleine Bar und schöner Kastaniengarten. Moderne und preiswerte Gästezimmer. 60 Plätze im Lokal, 12 an der Bar und 100 im Garten mit überdachter Terrasse. ✕ 🛏21

GRIFFEN

HA – „DAS" LOKAL

9112 Griffen, Hauptplatz 3, +43/660/8115696
de-de.facebook.com/hadaslokal
ÖFFNUNGSZEITEN Mo-Fr: 8:00 bis 20:00 Uhr, Sa: 8:00 bis 12:00 Uhr
FASSBIER Puntigamer Panther, HA-Bräu (Hausbier)

HA – „das" Lokal

FLASCHENBIER Puntigamer „das bierige" Bier, Heineken Lager, Edelweiss Hofbräu, Edelweiss Hefetrüb, Edelweiss Dunkel
LOKAL Andreas Handke – ein Verwandter des Dichters – führt dieses kleine Bierlokal im Zentrum von Griffen mit seiner Frau Andrea seit rund zehn Jahren. Billard-Freunde finden Entspannung im neu eingerichteten Billardzimmer. Jährlich stellt er ein Oktoberfest auf die Beine. 25 Plätze im Lokal, 7 an der Bar, 20 im Garten.

GURK

KRONENWIRT

9342 Gurk, Domplatz 8, +43/4266/8237
www.kronenwirt.at
ÖFFNUNGSZEITEN Mo-Di: 8:00 bis 22:00 Uhr, Fr-So: 8:00 bis 22:00 Uhr
FASSBIER alle Biere der Hirter Brauerei
FLASCHENBIER alle Biere der Hirter Brauerei
LOKAL Bodenständiges Gasthaus gegenüber vom Dom von Gurk. Regionale Kärntner Küche, freundlich serviert. Gut gezapftes Hirter – und viele lokale Sportfreunde, die hier auch ihre Pokale stehen haben. 25 Plätze im Gastzimmer, 150 im Speiseaal, 200 im Gastgarten. ✕ 🛏45

GUTTARING

GASTHAUS MOSER

9334 Guttaring, Unterer Markt 17, +43/4262/8112
www.mosergasthof.at
ÖFFNUNGSZEITEN Mi-Sa: 11:30 bis 13:30 Uhr, 17:45 bis 20:30 Uhr, So: 11:30 bis 14:00 Uhr
FASSBIER Hirter Zwickl, Hirter Pils
FLASCHENBIER Hirter Märzen, Hirter 1270er, Hirter Morchl, Maisel's Weisse, Clausthaler, Erdinger Alkoholfrei
LOKAL Bis vor hundert Jahren wurde beim Moser in Guttaring selbst Bier gebraut. Heute ist es ein „Genusswirt in der norischen Region", gelegen an der ehemaligen Eisenstraße. 120 Sitzplätze im Lokal, 15 Sitzplätze an der Bar und im Garten finden 60 Gäste Platz. ✕ 🛏

HEILIGENBLUT

LATERNDL

9844 Heiligenblut, Hof 4, +43/650/5031287
www.laterndl.com
ÖFFNUNGSZEITEN Mo-So: 9:00 bis 4:00 Uhr
FASSBIER Budweiser Premium Lager, Franziskaner Weißbier, Hirter 1270
FLASCHENBIER Budweiser Budvar, Franziskaner Dunkel, Guinness, Corona extra, Duvel, Brewdog Punk IPA, Beck's Blue
LOKAL Nette Bierbar im Zentrum von Heiligenblut – sehr angenehm, um am Spätnachmittag draußen zu sitzen und bei einem Budweiser die Dämmerung in den Bergen zu genießen. Und in der holzverkleideten Stube kann man lange weiterfeiern – gelegentlich mit Livemusik. ✕

HERMAGOR

PLATTNER'S EINKEHR

9620 Hermagor, Sonnenalpe Nassfeld 99, +43/4285/8285
www.plattner.at
ÖFFNUNGSZEITEN Winter: 10:00 bis 18:00 Uhr; Sommer: 10:00 bis 22:00 Uhr
FASSBIER Puntigamer Panther, Weihenstephaner Hefeweizen
FLASCHENBIER Gösser Märzen, Gösser Stiftsbräu, Villacher, Weihenstephaner Weizenbier Dunkel
LOKAL Gemütliche Gaststube mit Sonnenterrasse, im Winter Après-Ski-Bar. Trotz großer Frequenz gibt es im Alpenhof Plattner immer ein gepflegtes Bier mit dazugehöriger Kärntner Schmankerlküche vom Kärntner Genusswirt und SLOW FOOD Travel Betrieb. Im Sommer finden zahlreiche kulinarische Feste mit Bierspezialitäten statt: Wulfeniafest / Frigga ohne Grenzen / Nassfeldkirtag / Bergfest. 80 Sitzplätze im Lokal, 10 Plätze an der Bar, 150-200 Sitzplätze im Garten. ✕ 🛏

HIRT

HIRTER BRAUKELLER

9322 Hirt, Hirt 1, +43/4268/2050-503
www.hirterbraukeller.at
ÖFFNUNGSZEITEN Mo-Di: 10:00 bis 22:00 Uhr, Do-So: 10:00 bis 22:00 Uhr
FASSBIER Hirter Märzen, Privat Pils, Zwickl, Morchl, 1270, Festbock, Weizen, Hirter Kellermeister Bio Zwickl
FLASCHENBIER Hirter Biohanfbier, saisonale Bierspezialitäten
LOKAL Der Hirter Braukeller, wenige Kilometer südlich von Friesach gelegen, wurde 1270 das erste Mal urkundlich erwähnt – die Taverne war wahrscheinlich derselbe Betrieb, aus dem die Hirter Brauerei hervorgegangen ist. Hervorragende Bierkultur: Alle Sorten sind ausführlich beschrieben, neben den Werten und Fakten finden die Gäste eine von Biersommeliers verfasste sensorische Beschreibung und Vorschläge zur Kombination mit Speisen. Denn dass es zu jeder Mahlzeit einen passenden Wein gibt, ist bekannt. Dass es aber auch zu jeder Mahlzeit das passende Bier geben kann, davon kann man sich bei einem Bierkulinarium überzeugen (bereits ab 2 Personen). Bodenständige Brauhausküche bis hin zu raffiniert zubereiteten Spezialitäten aus vorwiegend regionalen Produkten und saisonalen Themenschwerpunkten. 180 Plätze, weitere 140 in der Malztenne, 25 an der Bar, 250 im Kastaniengarten.

Hirter Braukeller

HOCHRINDL

GASTHAUS ZUR BAUERNSTUBN

9571 Hochrindl, Steingartenweg 1, +43/4279/564 oder +43/664/3958339
www.bauernstubn.at
ÖFFNUNGSZEITEN Vorsaison: 9:00 Uhr bis 17:00 Uhr (18:00 Uhr);Saison: 9:00 Uhr bis 20:00 Uhr (21:00 Uhr); Mai, Juni und ab September: Di & Mi Ruhetag
FASSBIER Villacher Märzen, Weihenstephaner Weizenbier (nur im Winter)
FLASCHENBIER Villacher Märzen, Villacher Bernstein (Hausbier), Weihenstephaner Weizenbier, Villacher Freilich Alkoholfrei
LOKAL Auf der Hochrindl, im Herzen von Kärnten, liegt auf rund 1600 Meter dieser gastliche Betrieb, der von Günter und Renate Schwarz geführt wird. Neben den traditionellen Gaumenfreuden (Auszeichnung als Genusswirt) genießt man hier die beeindruckende Kärntner Landschaft von oben. Die Fernsicht verspricht im Süden einen Blick bis nach Klagenfurt und auf die Karawanken. 100 Sitzplätze und Terrasse, im Wintergarten: 45 Sitzplätze.

INNERKREMS

ALPENHOTEL HUTMANNSHAUS

9862 Innerkrems, Innerkrems 9, +43/4736/216, +43/664/6376174
www.ski-heil.at

Alpenhotel Hutmannshaus

ÖFFNUNGSZEITEN Juni bis September Mo-So 9:00 bis 20:00 Uhr, Dezember bis März 8:00 bis 22:00 Uhr
FASSBIER Villacher Märzen
FLASCHENBIER Franziskaner Weiße, Dunkel und Alkoholfrei, Corona, Clausthaler, Villacher
LOKAL Über 150 Jahre altes, schönes, renoviertes Haus im rustikalen Stil mit alten Traditionen, beliebt als Ausgangs- oder Erholungspunkt bei Bergwanderungen in den Nockbergen und durch die Nähe zum Lift auf 1.550 m (auch im Sommer in Betrieb). Einzigartiges Panorama, traumhafte Bergkulisse zum Wandern, Biken, Reiten und Relaxen. Die Chefin ist sehr freundlich, und sie serviert Kärntner Küche, unter anderem eine Schweinshaxe, die in Bier geschmort wird. Ca. 100 Sitzplätze, 50 im Biergarten. 38

KIRCHBERG

NORISCHER FORELLENWIRT – GASTHOF BACHER

9374 Kirchberg, Kirchberg 14, +43/4264/2434
www.forellenwirt.at
ÖFFNUNGSZEITEN Mo-Di: 8:00 bis 00:00 Uhr, Do-Sa: 8:00 bis 00:00 Uhr, So: 8:00 bis 16:00 Uhr

FASSBIER Hirter Märzen
FLASCHENBIER Hirter Morchl, Hirter Radler, Hirter 1270, Hirter Kellermeister, Schneider Weisse, Schneider Weisse Alkoholfrei
LOKAL Manche kommen wegen des Wassers hierher: Die Wallfahrtskirche Maria Moos ist wegen des Augenheilwassers berühmt. Die meisten aber kommen auf ein Hirter ins nahe Gasthaus Bacher: Der Forellenspezialist am Fuße der Saualm wurde 1970 gegründet und bietet Bio-Produkte, Forellen und Damwild aus der eigenen Landwirtschaft. Das Wirtshaus wurde auch für seine Unterkunftsmöglichkeiten durch booking.com ausgezeichnet. 120 Sitzplätze, auf der Terrasse 30 Sitzplätze. 19

KLAGENFURT

2GETHER

9020 Klagenfurt, Bahnhofstraße 22, +43/699/17177678
www.cafe2gether.at
ÖFFNUNGSZEITEN Mo-Fr: 8:00 bis 20:00 Uhr
FASSBIER alle 4-6 Wochen gibt es 4 wechselnde Fassbiere
FLASCHENBIER Hertog Jan Karakter, Gouverneur Speciale 140, Amstel, La Trappe Tripel, Leffe Radieuse, Grolsch Schwingtop Bügelflasche, Grolsch Kanon, Hoegaarden De Verboden Vrucht, Hoegaarden Grand Cru, Kwak, Duvel, Huyghe Delirium Tremens, Bosteels Karmeliet Tripel, Westmalle Dubbel, Chimay Bleu, Affligem Blonde und weitere belgische Spezialitäten
LOKAL Benelux-inspirierte Bierbar an der Ecke Bahnhofstraße/Lidmanskygasse. Es gibt hier auch eiskaltes Heineken und eine kleine Speisekarte mit Toast, Salaten, Flammkuchen usw. für den kleinen Appetit – Wirt Bruce van Els stammt aus den Niederlanden. Verlockender ist aber der Kühlschrank hinter der Bar, in dem es belgische und holländische Biere gibt – teilweise exklusiv importiert und von den Wirtsleuten ebenso kundig wie enthusiastisch kommentiert. Das hat ihnen die Auszeichnung „Kärntner Bierlokal 2013" beschert. Die Spezialiäten werden auch über die Gasse verkauft. 40 Sitzplätze im Lokal, 12 an der Bar, ca. 30 im Garten.

BIERHAUS ZUM AUGUSTIN

9020 Klagenfurt, Pfarrhofgasse 2, +43/463/513992
www.gut-essen-trinken.at
ÖFFNUNGSZEITEN Mo-Sa: 11:00 bis 23:00 Uhr
FASSBIER Augustin Hausbier, Puntigamer Panther, Gösser Zwickl, Augustiner München Lagerbier Hell, Gösser Märzen, Gösser Stiftsbräu Dunkel
FLASCHENBIER Schladminger Weisse, Gösser Naturradler
LOKAL Die Zeitlosigkeit dieses vor Jahrzehnten mit viel dunkler Lamperie und kupferner Brauhausoptik in einem der ältesten Profanbauten Klagenfurts eingerichteten Lokals ist schon erstaunlich: Moderne und Tradition sind hier eng miteinander verwachsen und das Personal ist extrem gastfreundlich. Das Wirtshausbier ist garantierte BrauUnion-Qualität, gebraut in Puntigam. Das bodenständige Angebot reicht von Kernöleierspeis über Kalbsrahmbeuscherl und Saiblingsfilets mit Knoblauchbutter und Paprikapolenta bis zum ofenfrischen Schweinsbraten, der am Dienstag und Donnerstag auf der Karte steht. 130 Sitzplätze im Lokal, im Garten 90 Plätze.

FELSENKELLER

9020 Klagenfurt, Feldkirchner Straße 141, +43/463/420130
www.felsen-keller.at
ÖFFNUNGSZEITEN Mo-Sa: 11:00 bis 23:00 Uhr

Felsenkeller

BIERKULT SEIT 1607
Felsen Keller.
SCHLEPPEKURVE

FASSBIER Schleppe Märzen, Kellerbier, Schleppe Kurvenbier, Schleppe Doppelmalz, Schleppe No. 1 Pale Ale, Naturradler, Weihenstephaner Hefetrüb, Reininghaus Jahrgangspils, Schleppe Klagenfurter Stadtbräu 1607,
FLASCHENBIER Schleppe No. 3 Imperial IPA, Schleppe No. 4 Belle Saison, Schleppe Porta No. 5
LOKAL Wenn man sich diesem Lokal nähert, dann sieht man schon an der bierigen Dekoration des Gartens, dass das hier eine Brauereiwirtschaft ist – und zwar seit 1607. Ihr heutiges Aussehen hat das Traditionslokal der Schleppe-Brauerei seit 1998. Sehr umfangreiche und gut kommentierte Bierkarte. An bierigen Speisen wird etwa Bier-Sauerkraut zum Felsenkeller Schweinsbraten serviert. 150 Sitzplätze und 30 Stehplätze im Lokal, im Gastgarten stehen 150 Plätze zur Verfügung.

KLAGENFURT

GASTHOF KRALL

9020 Klagenfurt, Ehrentalerstraße 57, +43/463/41444
www.gasthof-krall.at
ÖFFNUNGSZEITEN Mo-Sa: 10:00 bis 23:00 Uhr
FASSBIER Villacher Bernstein (Hausbier), Villacher Märzen, Radler
FLASCHENBIER Villacher Märzen Hell, Villacher Doppelmalz, Franziskaner Weißbier, Franziskaner Alkoholfrei, Villacher Freilich Alkoholfrei
LOKAL Kärntner Traditionslokal im nördlichen Klagenfurter Stadtteil Annabichl – unweit vom Flughafen. Sehr angenehm ruhig gelegen, aber meist gut besucht, schließlich ist die Bedienung familiär und freundlich, die Bierpflege gut. 290 Plätze in verschiedenen Stuben und Sälen, 75 auf der Terrasse, wo es wöchentlich einen Grillabend gibt. ✕ 80

Hofbräu zum Lindwurm

HOFBRÄU ZUM LINDWURM

9020 Klagenfurt, Neuer Platz 10, +43/463/503280
www.hofbraeu-zum-lindwurm.at
ÖFFNUNGSZEITEN Mo-Di: 11:30 bis 22:30 Uhr, Do-So: 11:30 bis 22:30 Uhr
FASSBIER Hofbräu Original Helles, Hofbräu Münchner Weisse, Hofbräu Schwarze Weisse, Hofbräu Dunkel, Maibock, Oktoberfestbier, Winterzwickl
FLASCHENBIER Sommer Bier, Münchner Weisse Alkoholfrei
LOKAL Eine verlässliche Adresse, wenn man in Kärnten Münchner Bier trinken will: Schon beim Gang durch das Eingangstor am Neuen Platz sieht man die bayrischen Farben, dann kommt man in einen Innenhof-Garten und an eine Bar, die mit Jagdtrophäen und Herzerln dekoriert ist. Flotte Sprüche an den Wänden („Hopfen und Malz erleichtern die Balz"). Für Stammgäste gibt es im Eingangsbereich einen handgeschmiedeten Maßkrugtresor – einer der Krüge ist für den jeweils amtierenden Bürgermeister reserviert. Ab und zu stehen besondere Biere auf der Karte. Das Bier ist gepflegt, die Küche preiswert, die ofenfrischen Rippen, Stelzen und der Schweinsbraten werden allesamt im Biersud gegart. Besonderes Angebot: Bierverkostung (ab 5 Personen buchbar) 30,- €/ Person mit Verkostung von mind. 7 Bieren, Weißwurst und Obazta mit Brezen. 35 Plätze an der Bar, 75 in zwei Stüberln, 100 im Garten. ✕

MCMULLENS

9020 Klagenfurt, St. Veiter Ring 16, +43/676/4206612
www.mcmullens.at
ÖFFNUNGSZEITEN Mo-So: 17:00 bis 2:00 Uhr
FASSBIER Guinness, Guinness Hop House 13, Kilkenny, Heineken, Puntigamer Panther, Schladminger Bio Zwickl, Radler
FLASCHENBIER Guinness Hop House 13, Anheuser Busch - American Bud, Budweiser, Heineken, Coopers Pale Ale, Desperados, Weihenstephaner, Edelweiss, O'Hara's Irish Red, O'Hara's Irish Stout, O'Hara's Pale Ale, Crew Republic Drunken Sailor
LOKAL Julian Mullen hat den Betrieb des viel kleineren Claddagh in sein zweites, im Februar 2020 eröffnete Pub übersiedelt – und die Gäste sind ihm gefolgt. Das „Mc" im Lokalnamen stammt von Julians Mutter, die aus der Familie McDonnell stammt. Das Familienwappen der Mullens zeigt drei Mondsicheln (die Erleuchtung durch den Herrscher symbolisieren) und ein Schwert als Zeichen von Macht und Gerechtigkeit. Das Lokal ist wesentlich größer als es von außen aussieht – hintenhinaus gibt es auch eine geräumige Terrasse. Was diese Location auch auszeichnet: Man kann im Café Room Pool Billard spielen, einmal im Monat ist Pub Quiz und ab und zu gibt es Live-Konzerte. 90 Plätze im Lokal, 15 an der Bar, 35 auf der Terrasse.

McMullens

MOLLY MALONE

9020 Klagenfurt, Theatergasse 7, +43/664/1550700
www.facebook.com/mollymalone.klagenfurt/
ÖFFNUNGSZEITEN Mo-Sa: 17:00 bis 1:00 Uhr, So: 18:00 bis 1:00 Uhr
FASSBIER Guinness, Kilkenny, Hirter Märzen, Hirter 1270, Hirter Kellermeister Bio Zwickl
FLASCHENBIER Edelweiss Weizen, Heineken, Hirter Freigeist Alkoholfrei, saisonale Bierspezialitäten
LOKAL Sehr wohnliches irisches Pub, dunkel eingerichtet, gemütliche Sofas, alte Bilder, altes Holz, alte Guinness-Werbung – unter einer alten Schreibtischlampe liegt der jeweils aktuelle Bierguide

auf. Mit seinem Dining Room und dem Sports Room (Dartboard, Sportübertragungen) spielt das Molly Malone durchaus in der Oberliga der „Irish Watering Holes" in den deutschsprachigen Ländern mit – auch weil durchgehende Dienstsprache Englisch ist. Die Bierauswahl bleibt aber leider weit hinter der Whiskey-Auswahl zurück – mehr Craft Beer wäre durchaus wünschenswert. 100 Plätze im Lokal, 40 an der Bar, 50 im Garten.

Panima

PANIMA

9020 Klagenfurt, Osterwitzgasse 6, +43/463/501386
www.panima.at

ÖFFNUNGSZEITEN Di-Sa 11:00 bis 14:00 Uhr und 18:00 bis 22:00 Uh

FASSBIER Wimitz Märzen, Wimitz Lemisch, Wimitz Weizen, Wimitz Black Jack (Bio-Stout), Saisonbiere wie z.B. Wimitz Fastenbier

FLASCHENBIER Stiegl Freibier, Stiegl Sport-Weisse, Wimitz Biere (take away und in 2 L Geschenkflaschen)

LOKAL Das PA NI MA ist das Klagenfurter Aushängeschild der Wimitzbrauerei: Das Wimitz-Bräu unterstützt das Konzept „Essen. Bier.Wir" mit einem eigens für dieses Lokal gebrauten Bio-Stout „Black Jack". Auch andere Sondersude werden hier gelegentlich angeboten – während die Mannschaft hinter der Bar ein paar Mixgetränke mit Bier erfunden hat, unter anderem einen Weizen-Mojito. Martin Adolf Heigl hat das Lokal im Frühjahr 2018 in einem denkmalgeschützten, mit einer Biedermeierfassade versehenem Bürgerhaus aus dem 18. Jahrhundert eröffnet und ihm auch eine moderne Küchenlinie verpasst. 60 Plätze, 8 an der Bar. ✕

PAVLVS

9020 Klagenfurt, 10. Oktoberstraße 19, +43/664/1716922
www.pavlvs.at

ÖFFNUNGSZEITEN Mo-Fr: 10:00 bis 22:00 Uhr

FASSBIER Lasko Pivo, Villacher Märzen, Velkopopovický Kozel

FLASCHENBIER Lasko zlatorog svetlo, Wimitz Lemisch, Puntigamer, Schneider Weisse TAP 6, Schneider Weisse Tap 7, Corona Extra, Loncium, Velkopopovický Kozel Hell, Velkopopovický Kozel Dunkel, Villacher Freilich Alkoholfrei, Franziskaner Alkoholfrei

LOKAL Seit mehr als zwei Jahrzehnten Treffpunkt für Medienmenschen (persönliche Empfehlung von Markus Vouk von den Regionalmedien), Künstler und Intellektuelle, vor allem solche mit slowenischer Muttersprache. Zentraler Barbereich, hinter dem oft der Chef selber ausschenkt. Geboten werden neben feiner Bierauswahl mit regionalem Schwerpunkt kleine Snacks wie Toast, ital. Fladenbrot und diverse Pizze. Der Lokalname Pavlvs steht für die römische Schreibweise des vom Saulus zu Paulus gewandelten Apostels. Immer wieder Aktionen, etwa ein Oktoberfest mit großer Bierauswahl Mitte Oktober, mehrmals im Monat gibt's Live Musik vom anspruchsvollen Jazz bis zur Oberkrainer Session. Und wer als Stammgast einen Bierpass hat, bekommt jedes 16. Bier umsonst. 25 Plätze im Lokal, 25 an der Bar, 12-15 im durch Holzbänke erweiterten Gastgarten.

Pavlvs

SCHLOSSWIRT

9020 Klagenfurt, St. Veiter Straße 247, +43/650/2632552
www.schlosswirt-klagenfurt.at

ÖFFNUNGSZEITEN Mo-Fr: 8:00 bis 22:00 Uhr, Sa: 9:00 bis 16:00 Uhr

FASSBIER Schleppe Märzen, Doppelmalz Dunkel, Franziskaner Hefeweizen

FLASCHENBIER Villacher, Murauer, Puntigamer, Hirter, Franziskaner Naturtrüb und Klar, Schlossgold, Gösser Naturgold

LOKAL Uriger alter Gasthof am Stadtrand von Klagenfurt, kann mit dem Bus der Linie 40 (Station Annabichl) erreicht werden. Das Anfang der 50er-Jahre zuletzt umgebaute Lokal wird seit ca. 80 Jahren von der Familie Egger nunmehr in der dritten Generation betrieben. Viele Stammgäste, die schätzen, dass man an der Theke Öl hören kann – und dass der Speisesaal gar nicht beschallt wird. Originale Kärntner Kasnudel, Klachelsuppe, Ritschert, Kletzennudel, Hascheeknödel ... (der Koch liebt ein gutes frisch gezapftes Schleppe). Bis zu 100 Sitzplätze im Lokal, bis zu 60 Plätze im Garten. ✕ 🛏

UNI.WIRT.

9020 Klagenfurt, Nautilusweg 11, +43/463/218905
www.uniwirt.at

ÖFFNUNGSZEITEN Mo-Sa: 10:00 bis 00:00 Uhr

FASSBIER Stiegl-Goldbräu, Trumer Pils, Thalheim Märzen, Puntigamer Märzen, Hirter Kellermeister Bio Zwickl, Velkopopovicky Kozel Dunkel, Benediktiner Mischbier (halb Kozel Dunkel/halb Goldbräu), Loncium Amber Naturtrüb, Loncium Gailtaler Weisse
FLASCHENBIER Loncium Carinthipa, Corona, Stiegl-Freibier, Loncium Freepa, Stiegl-Sport Weisse sowie saisonale Bierspezialitäten
LOKAL Die Wirte Patrick Leitgeb und Alexander Präsent sind beide Bierfreaks und achten auf Bierkultur. Ihr Studentenlokal gegenüber der Mensa wurde 1998 eröffnet und dient als akademischer Treffpunkt. Charmant: Auf den Servietten stehen Aphorismen – wie dieser von Konrad Adenauer: „Wir leben alle unter dem gleichen Himmel, aber wir haben nicht alle den gleichen Horizont." Sehr bemühte Bierpflege und freundlicher Service. Frühstück von 8:00 bis 10:30 Uhr. 90 Sitzplätze im Lokal, 12 an der Bar, im Biergarten mit BBQ Smoker 110 Plätze. Erweiterung um 60 Plätze in einem extra Raum passend für Sponsionen, Weihnachts- oder Geburtstagsfeiern. ✕

BEIM PUMPE – GASTHAUS ZUM GROSSGLOCKNER

9020 Klagenfurt am Wörthersee, Lidmanskygasse 2
+43/463/57196
www.beim-pumpe.at
ÖFFNUNGSZEITEN Mo-Fr: 8:30 bis 23:00 Uhr, Sa: 8:30 bis 14:30 Uhr

Beim Pumpe – Gasthaus zum Grossglockner

FASSBIER Puntigamer Panther, Gösser Stiftsbräu Dunkel, Radler, eine saisonale Bierspezialiät
FLASCHENBIER Edelweiss Naturtrüb, Gösser Naturgold, Edelweiss Hefeweizen Dunkel
LOKAL Der Klassiker unter den Kärntner Bierlokalen und eine Klagenfurter Institution, die sämtliche Pächterwechsel überstanden hat und an Beliebtheit nichts eingebüßt hat. Das im Jahr 1882 gegründete Lokal trägt seit 1906 den Beinamen „Zum Pumpe", weil vor allem studentische Stammgäste früher hier das Puntigamer Bier „auf Pump" trinken konnten, wenn sie kein Geld dabei hatten. Die Schulden wurden mit Kreide auf einer Tafel, welche auf der Innenseite der Kellertüre angebracht war, notiert. Ultimo wurde bezahlt – und die Tafel hinausgehängt, damit alle sehen konnten, wer noch etwas schuldig geblieben war. Aus der Küche gibt es – neben dem legendären Gulasch, für das täglich 25 kg Fleisch und ebenso viele Zwiebel verarbeitet werden, unter anderem Münchner Weißwürste. 150 bis 200 Sitzplätze im Lokal, 15 Plätze an der Theke, im Innenhof-Garten stehen 50 bis 70 Sitzplätze zur Verfügung. ✕

DAS WOHNZIMMER

9020 Klagenfurt am Wörthersee, Villacher Ring 21
+43/664/2444964
das-wohnzimmer-cafe-bar-musik.eatbu.com
ÖFFNUNGSZEITEN Mo-Do: 16:00 bis 1:00 Uhr, Fr: 16:00 bis 2:00 Uhr, Sa: 18:00 bis 2:00 Uhr

Das Wohnzimmer

FASSBIER Wimitz Märzen, Wimitz Lemisch, Mischbier
FLASCHENBIER Meckatzer Hell, Tegernseer Spezial, Velkopopovický Kozel Dunkel, Stiegl Freibier, Leffe Brune, Leffe Blonde, Brewdog Punk IPA, Brewdog Elvis Juice, Thalheim Märzen, Obertrumer Zwickl, Augustiner Hell, wechselnde Biere von Loncium, Bier des Monats
LOKAL Bierlokal des Jahres, siehe Seite 126.

KÖTSCHACH-MAUTHEN

LONCIUM BREW PUB

9640 Kötschach-Mauthen, Mauthen 60, +43/4715/284
www.bierhotel-loncium.at
ÖFFNUNGSZEITEN Täglich ab 16:00 Uhr geöffnet
FASSBIER 6 ständige Loncium Biere vom Fass – im Winter: Glühbier & Bierpunsch
FLASCHENBIER Sämtliche Loncium Flaschenbiere und ein Repertoire an Gastbieren aus dem In- und Ausland
LOKAL Aus dem alteingesessenen Familiengasthof Edelweiss im Ortskern von Mauthen im Gailtal hat sich nach und nach ein Zentrum der Bierkultur entwickelt. Zunächst gab es vorne traditionelle Gastronomie und im Hinterhaus, einem ehemaligen Stallgebäude mit Schlachtung, die kleine Brauerei. Diese ist längst über die anfänglich bescheidenen Dimensionen hinausgewachsen und in einen anschließenden modernen Neubau übersiedelt. Nun gibt es das Hotel und dazu einen eigenen, ganz modern gestalteten Verkostungsraum für bier-orientierte Veranstaltungen. Im Lokal stehen 95 Sitzplätze zur Verfügung, an der Bar 20 Plätze, und im Garten 50 Sitzplätze. 50

S' BEISL

9640 Kötschach-Mauthen, Mauthen 20, +43/699/12680924
www.facebook.com/beislmauthen
ÖFFNUNGSZEITEN Mo-So ab 18:00 Uhr geöffnet
FASSBIER Gösser Märzen, Bayreuther Hell
FLASCHENBIER Loncium Classic, Loncium Gailtaler Weisse, Prinzregent Luitpold Weißbier, Loncium Freepa
LOKAL Kultiger Treffpunkt in einer engen Bar gegenüber der Martinskirche, die von einem besonders herzlichen Wirt mit viel Liebe zum Bier geführt wird.

MALLNITZ

PENSION EDLINGER

9822 Mallnitz, Mallnitz 18, +43/664/2523667
www.pensionedlinger.com
ÖFFNUNGSZEITEN Mo-So: 15:30 bis 23:00 Uhr,
FASSBIER Stiegl-Goldbräu
FLASCHENBIER Erdinger Urweisse, Duvel, Karmeliet Tripel, La Chouffe, Mc Chouffe, Leffe Blonde und Brune, Franziskaner Kellerbier, Orval, Stiegl Sport-Weisse

LOKAL Dennis und Vanessa Henebiens aus Rotterdam betreiben dieses sehr familiäre Bed & Breakfast mit Bar und Biergarten im Nationalpark Hohe Tauern – und bieten ihren Gästen unter anderem Wander- und Mountainbike-Touren. Dem internationalen Publikum entspricht auch die Flaschenbier-Auswahl - zum Beispiel war die „leichte" Version vom Duvel (Duvel 666 mit 6,66 Prozent Alkohol) hier früher erhältlich als in anderen Lokalen. Kleine Stube, kleiner Garten mit einem Holzpavillon.

MARIA SAAL

GASTHOF FLEISSNER

9063 Maria Saal, Zollfeld 3, +43/4223/2218
gasthof-fleissner.at
ÖFFNUNGSZEITEN Di-Sa: 11:30 bis ca. 22:00 Uhr, So: 11:30 bis nachmittags
FASSBIER Villacher
FLASCHENBIER Villacher Märzen, Franziskaner
LOKAL Ein traditionelles Einkehrgasthaus, archäologisch angehaucht. Das „Virunumstüber" ist mit Funden aus der Römerzeit ausgeschmückt. Gekocht wird bodenständig. Die Produkte für die Jausen und Fleischspeisen liefern der eigene Garten und die Landwirtschaft. Veranstaltungssaal mit Kegelbahn – viele Ausflügler, weil direkt am Radweg gelegen. 150 Sitzplätze im Lokal, 30 Plätze im Garten. 13

OBERDRAUBURG

GASTHOF PONTILLER

9781 Oberdrauburg, Marktstraße 17, +43/4710/22440
www.pontiller.at
ÖFFNUNGSZEITEN Mo-So: 11:00 bis 23:00 Uhr
FASSBIER Falkenstein Märzen

Gasthof Pontiller

FLASCHENBIER Zipfer Märzen, Gösser Märzen, Gösser Naturgold, Gösser Stiftsbräu, Edelweiss Hofbräu, Maisel's Weisse
LOKAL Historischer, seit 1803 familiengeführter Einkehrgasthof (und daher traditionell auch radlerfreundlich) mit einer gemütlichen, holzgetäfelten Gaststube, wo die Einheimischen einkehren, und einem bürgerlichen Speisesaal. Das Haus ist bekannt für seine Fischgerichte, die Grundprodukte dafür kommen aus dem eigenen Fischwasser in der Drau. Natürlich gibt's auch die traditionellen Kärntner Nudeln. 150 Sitzplätze, 30 Sitzplätze im kleinen Schanigarten.

Gasthof Post

GASTHOF POST

9781 Oberdrauburg, Marktplatz 4, +43/4710/22570
www.gasthofpost.at
ÖFFNUNGSZEITEN Mo: 10:00 bis 00:00 Uhr, Mi-So: 10:00 bis 00:00 Uhr
FASSBIER Wieselburger
FLASCHENBIER Wieselburger, Gösser, Edelweiss
LOKAL Karl Brandstätters Gasthof liegt im Zentrum von Oberdrauburg direkt am mittelalterlichen Marktplatz. Er wurde in den letzten Jahren fein herausgeputzt. Kärntner Schmankerln mit Fleisch aus eigener Landwirtschaft und Fisch aus eigener Fischzucht. Grill im Gastgarten. Besondere Angebote für Radfahrer (Gepäckstransport am Drautal-Radweg). 100 Plätze, Terrasse: 50.

PÖRTSCHACH AM WÖRTHERSEE

'S WIRTSHAUS

9210 Pörtschach am Wörthersee, Hauptstraße 211
+43/4272/24161
www.swirtshaus.eu
ÖFFNUNGSZEITEN Mo-Di: 12:00 bis 22:00 Uhr, Do-So: 12:00 bis 22:00 Uhr
FASSBIER Hausbier, Puntigamer Panther, Gösser Naturradler
FLASCHENBIER Gösser Stiftsbräu, Edelweiss Hofbräu, Edelweiss Alkoholfrei, Heineken, Salitos, Guinness (Dose)
LOKAL Natürlich kann man einfach auf ein Bier ins Wirtshaus kommen, sich in den Garten zu den Zwergerln setzen und den Tag genießen. Da entgeht einem aber das Angebot an regionaler Küche (unter anderem Kasnudeln, Beuschl, Gulasch, Ritschert, Kalbskopf, Saures Rindfleisch), jeden Samstag und Sonntag gibt's Schweinsbraten vom Schwartlkarree in Stiftsbräusauce. Jährlich Bierdegustationsmenü – in den Wintermonaten ist die Flaschenbierkarte

länger, dafür wird das Fassbierangebot eingeschränkt. 100 Plätze im Lokal, bis zu 50 in der Wirsthausstub'n, die als Extrazimmer genutzt werden kann, 15 an der Bar, 60 im Garten.

RADENTHEIN

DIE GARTENRAST

9545 Radenthein, Gartenraststraße 9, +43/4246/2017
www.gartenrast.at
ÖFFNUNGSZEITEN Mi-So: 11:00 bis 22:00 Uhr

Die Gartenrast

FASSBIER Shilling Hell, Shilling Granatbier, Shilling Nock Ale, saisonale Bierspezialitäten wie z. B. Fastenbier
FLASCHENBIER Breite Auswahl, insbesondere aus Hofstetten (u.a. Granitbier, Granitbock Eis, G'froren's Vic Secret, Ganscha) und von Trappistenbrauereien (Chimay, Rochefort, La Trappe, Orval und Engelszell). Sauerbiere kommen etwa von Rodenbach (Grand Cru, Caractere Rouge), Boon (Oude Kriek, Gueuze Mariage Parfait) sowie Lindemans (Oude Gueuze Cuvée René, Oude Gueuze Anniversary Blend 2022 Cuvée Francisca, Pecheresse, Kriek, Cassis). Die Weißbierschiene reicht von der Blanche de Namur über den Aventinus bis zur Schneider Hopfenweisse. Unter den Starkbieren ragt daneben auch das Temptation Imperial Stout von Durham und das Gouden Carolus Whisky Infused heraus
LOKAL Uli Bacher ist einer der Pioniere der Kärntner Bierkultur. Er hat seine oberhalb von Radenthein gelegene Gartenrast in den letzten Jahren behutsam modernisiert. Wer hereinkommt, stößt zunächst an eine kleine Bar, an der es offenes Bier aus der eigenen Shilling-Brauerei gibt (sie liegt keine 100 Meter weiter auf der Gartenrast-Straße und kann an Wochenenden besucht werden). Von der Bar geht es in weitere im Landhaus-Stil eingerichtete Gastzimmer und auf eine Terrasse, auf der es in unregelmäßigen Abständen Bierfestivals gibt, zu denen selbst englische Brauer mit ihrem cask conditioned Ale anreisen. 150 Sitzplätze im Lokal, 8 Plätze an der Bar, 50 im Garten.

METZGERWIRT

9545 Radenthein, Hauptstraße 22, +43/4246/2052
www.metzgerwirt.co.at
ÖFFNUNGSZEITEN Mo-Di: 11:00 bis 21:00 Uhr, Fr-So: 11:00 bis 21:00 Uhr
FASSBIER Villacher, Shilling-Bier, Guinness
FLASCHENBIER Franziskaner Weißbier Hell und Dunkel
LOKAL Seit 1909 das erste Haus am Platz mit einer 2012 auch von der Stiegl-Brauerei ausgezeichneten regionalen Küche (Spezialitäten: Schinken und Spargel). Zu den Stammgästen zählt unter anderen Ex-Bundeskanzler Christian Kern. Der Metzgerwirt wird von Angelika und Emanuel Stadler bereits in vierter Generation geführt – sie verstehen ihr Haus als im besten Sinn „gutbürgerlich". Die holzgetäfelten Räume und der Garten sind ein einladender Platz für ein Bier nach dem Besuch des Granatium-Museums nebenan. Zudem gibt's für Genießer auch feine Bierschnäpse von Schleppe und auch das Bier von der lokalen Shilling Brewery ist ein Fixstarter geworden. 75 Sitzplätze im Lokal, 8 Plätze an der Bar, 45 Sitzplätze im Garten. 30

RENNWEG

STAMPERL KATSCHBERG

9863 Rennweg, Katschberghöhe 19, +43/4734/612
www.stamperl-katschberg.at
ÖFFNUNGSZEITEN Mo-Mi: 10:00 bis 23:00 Uhr, Do: 10:00 bis 2:00 Uhr, Fr-So: 10:00 bis 23:00 Uhr
FASSBIER Katsch Beer Mountainstoff Hell, Katsch Beer HEDU Hell Dunkel, Katsch Beer Werwolf (dunkel), Stiegl-Goldbräu, Stiegl-Weisse, Radler
FLASCHENBIER Trumer Pils, Stiegl-Freibier, Stiegl-Sport Weisse
LOKAL Auf der Katschberghöhe, unmittelbar an der Grenze zwischen Kärnten und dem Salzburger Lungau, hat die Hinteregger-Hotelgruppe die Pizzeria Stamperl eingerichtet. Im Spätherbst 2015 wurde das Lokal um eine Bierbar mit eigener Brauanlage – eine der höchstgelegenen in Europa – erweitert. Die Biere gibt es auch in den anderen Hinteregger-Betrieben auf dem Katschberg. Brauereiführungen gibt es an jedem Montag von 16:00 - 17:00 Uhr – inklusive Bierverkostung und Snack. 130 Plätze im Lokal, 20 an der Bar, 90 auf der Sonnenterrasse.

SANKT DANIEL / DELLACH IM GAILTAL

GASTHOF GRÜNWALD

9635 Sankt Daniel / Dellach im Gailtal, St. Daniel, +43/4718/677
www.gruenwald.dellach.at
ÖFFNUNGSZEITEN Mo: 8:00 bis 22:00 Uhr, Do-So: 8:00 bis 22:00 Uhr
FASSBIER Loncium Helles, Loncium Spezial
FLASCHENBIER Loncium Gailtaler Weisse, Gösser Märzen
LOKAL Traditionsreiche, in der vierten Generation als Familienbetrieb geführte Gastwirtschaft aus dem Jahr 1786 neben der Kirche von St. Daniel, zwei Kilometer westlich von Dellach. In dem stattlichen Haus gibt es eine schöne Bierbar und mehrere Gasträume – die Küche mit ihrem Nudl-Kudl-Mudl ist weit über das Gailtal hinaus bekannt. 120 Plätze, 15 Plätze an der Bar. 13

SANKT PAUL

GASTHAUS POPPMEIER

9470 Sankt Paul, Hauptstraße 4, +43/4357/2087
www.poppmeier.co.at
ÖFFNUNGSZEITEN Mi-Sa: 8:00 bis 00:00 Uhr, So: 8:00 bis 14:00 Uhr

Gasthaus Poppmeier

FASSBIER Puntigamer Braufrisch, Weihenstephaner Hefeweizen, Gösser Stiftsbräu, Gösser Radler, eine saisonale Bierspezialiät
FLASCHENBIER Reininghaus Jahrgangspils
LOKAL Hohe Räume mit prachtvollen Gewölben zeichnen dieses alte, erstmals 1510 als „Kreuzbäck" erwähnte Gasthaus aus. Es liegt am Stiftshügel, auf dem sich das Benediktinerstift St. Paul erhebt, und wird seit fünf Generationen von derselben Familie geführt – die Poppmeiers sind besonders herzliche Gastgeber. Sie haben sich kompromisslos der Bierpflege verschrieben, die Hauptsorte Puntigamer kommt aus „Braufrisch"-Tanks. Bemerkenswert: An der Bar hängt, für jeden Gast sichtbar, eine viele Jahre alte Anleitung der Reininghaus Brauerei für gute Bierpflege (inklusive Hinweisen, was beim Zapfen alles schiefgehen kann). Man kann also überprüfen, ob die Wirte es richtig machen. Wirtin Gisela Poppmeier hält sich natürlich daran. Man würde sich das in vielen anderen Lokalen auch so wünschen. 150 Plätze im Lokal, 20 Plätze an der Bar, 75 Plätze im Felsenkeller, 80 Plätze im Garten.

SANKT VEIT AN DER GLAN

BIERADIES

9300 Sankt Veit an der Glan, Hauptplatz 24, +43/664/5662609
www.facebook.com/pages/Bieradies/135489593187052
ÖFFNUNGSZEITEN Mo-Do: 17:00 bis 1:00 Uhr, Fr-Sa: 17:00 bis 2:00 Uhr
FASSBIER Hausbier (Mischbier-Villacher Brauerei), Guinness, Trumer Pils, Wimitz Bräu, Radler (Villacher Brauerei), Murauer, Villacher
FLASCHENBIER Heineken, Corona, Desperados, Villacher Märzen, Villacher Hugo, Villacher Weizen Dunkel, Murauer, Erdinger Weizen Alkoholfrei, Erdinger Weizen, Duvel Blond, Leffe Blonde
LOKAL Dieses freundliche Lokal am Hauptplatz von St. Veit zieht sich entlang einer langen Bar in die Tiefe des Hauses. Davor ein schöner kleiner Schanigarten. Freundliche Bedienung und junges Publikum, das manchmal recht laut wird. Die Guinness Anlage wurde getauscht und das Guinness wird, nach Einschulung der Mitarbeiter, präzise und genau gezapft. Die Marke „Bieradies" ist das Franchisekonzept für eine Systemgastronomie der Villacher Brauerei. In St. Veit gibt es immer wieder verschiedene Programmpunkte wie etwa Livebands einmal pro Monat (Reggae, Blues, Cover Bands, Austro Pop usw.), live-DJ einmal im Monat, im November Bockbier-Anstich, Halloween-, Christmas- (24. Dezember) und Silvesterpartys, Laydies Night ... 60 Sitzplätze in Lokal und 15 im Garten.

HIRTER BIERSTÜBERL

9300 Sankt Veit an der Glan, Postgasse 10, +43/4212/2551
www.hirterstube.at
ÖFFNUNGSZEITEN Di-Do: 9:00 bis 00:00 Uhr, Fr-Sa: 9:00 bis 2:00 Uhr
FASSBIER Hirter Märzen, Hirter Privat Pils, Hirter Kellermeister Bio Zwickl, Hirter 1270, Hirter Weizen, Hirter Morchl, Hirter Radler, saisonal Hirter Festbock
FLASCHENBIER Hirter Märzen, Null Komma Josef, Schneider Weisse Alkoholfrei
LOKAL Traditionell eines der wenigen Lokale, in denen das Hirter Märzen ausgeschenkt wird, jetzt in recht moderner Form: In die alte Stadtmauer und deren Gewölbe wurde eine moderne Bar und ein Restaurantbereich eingerichtet, wo traditionelle Kärntner und Internationale Küche serviert wird. Jeweils im März wird ein Guinness vom Fass ausgeschenkt. Im Sommer von Juni bis August jeden Dienstag Ripperlaben mit Livemusik. Alle 2 Jahre WM und EM Live Fußballübertragung im Gastgarten auf Riesenleinwad. 40 Plätze

im Lokal, 40 im Stüberl und 20 an der Bar. Im Sommer 100 Sitzplätze im Garten, 20 an der Bar und 14 in der Lounge.

WIRTSHAUS GELTER

9300 Sankt Veit an der Glan, Goggerwenig 8, +43/4212/36878
www.wirtshaus-gelter.at
ÖFFNUNGSZEITEN Fr-So: 11:00 bis 00:00 Uhr
FASSBIER Gelter Bräu Motl - helles Märzen, Gelter Bräu Simale - dunkles Märzen
FLASCHENBIER Franziskaner Weißbier
LOKAL Der Familienbetrieb von Christian und Gabi Gelter entwickelte sich seit der Wiedereröffnung nach fünf Jahren Renovierungsarbeiten 2009 zu einem Treffpunkt für alle Liebhaber der Dorfwirtshauskultur – mehrfache Auszeichnungen als Genusswirt. Die Gelters bewirtschaften ein auf moderne Ansprüche ausgerichtetes Wirtshaus in einem rund 500 Jahre alten Gebäude östlich von St. Veit an der Glan – zwischen der Burg Hochosterwitz und Ruine Taggenbrunn. Seit 2015 gibt's ein eigenes Bier, das der Wirt selbst braut. 90 Plätze im Lokal, 80 im Gastgarten.

WIRTSHAUS STEIRERHOF

9300 Sankt Veit an der Glan, Klagenfurter Straße 38
+43/660/4836423
www.wirtshaus-steirerhof.at
ÖFFNUNGSZEITEN Mo-Do: 10:00 bis 23:00 Uhr, Fr: 10:00 bis 00:00 Uhr

Wirtshaus Steirerhof

FASSBIER Wimitz Märzen, Wimitz Lemisch (Dunkel), Wimitz Weizen, Wimitz Landpils, saisonale Spezialbiere
FLASCHENBIER Wimitz Biere (Take Away und in 2 L Geschenkflaschen), Wimitz Pale Ale, Wimitz India Pale Ale
LOKAL Der Steyrer Hof (oder Steirerhof, wie er manchmal geschrieben wird) ist ein bodenständiges Wirtshaus knapp außerhalb vom St. Veiter Stadtzentrum. 2012 wurde es nach zehnjähriger Schließzeit als „Generalkonsulat" vom Wimitzbräu adaptiert. Da gibt es mehrere kleine Stuben, eine kleine Bar, der gegenüber ein alter Ofen einen imposanten Schürhaken zum Glühen bringt. Dann wird auch fleißig Bier „gestachelt". Regionale und saisonale Küche. Schöner kleiner Garten mit Lauben und freundlicher Bedienung. 100 Plätze innen, 100 im Gastgarten.

SEEBODEN

BIERWIRT

9871 Seeboden, Liesereggerstraße 8, +43/4762/81156
www.gasthof-bierwirt.at
ÖFFNUNGSZEITEN Di-Fr ab 16:30 Uhr, Sa-So 10:30 bis 14:30 Uhr & ab 16:30 Uhr

Bierwirt

FASSBIER Trumer Märzen, Hausbier, Velkopopovicky Kozel Dunkel, eine saisonale Bierspezialität
FLASCHENBIER Wimitzer Märzen, Trumer Pils, Stiegl-Weisse, Stiegl Sport-Weisse, Stiegl Freibier, saisonale Bierspezialitäten
LOKAL Mitglied der Kärntner Wirtshauskultur. Alteingesessenes Kärntner Wirtshaus – einer der ältesten Gasthöfe Seebodens, etwas außerhalb des Zentrums (300 Meter westlich vom Hauptplatz). Der Betrieb ist bereits in dritter Generation in Familienbesitz. Aus früheren Zeiten stammt auch der Name des Wirtshauses: Es wurde nämlich auch als Bierdepot verwendet, wo die Kühlung mittels Eis aus dem See erfolgte. Reichhaltige Speisekarte wie hausgemachte Kärntner Kasnudeln, Hirschbraten, Biersuppe. Gaststube: 25 Sitzplätze, Saal: 64 Sitzplätze, Bar: 6, Terrasse: 60 Sitzplätze.

SPITTAL AN DER DRAU

CHRISTOF'S VESPA CAFE BERNSTEIN

9800 Spittal an der Drau, Ebnergasse 14, +43/676/6338012
www.facebook.com/Christofs-Vespa-Caf%C3%A9-Bernstein-676145832563548/
ÖFFNUNGSZEITEN Mo-Sa: 7:00 bis 23:00 Uhr
FASSBIER Villacher Hausbier, Radler, saisonale Biere
FLASCHENBIER Gösser Märzen, Gösser Naturweizen, Gösser Stifts-Zwickl Hell, Gösser Stifts-Zwickl Dunkel, Heineken, Co-

rona, Schleppe No. 1 bis 5, Schwechater Wiener Lager, Villacher Märzen, saisonale Bierspezialitäten
LOKAL Der Treffpunkt für alle Vespa-Fahrer. Angenehme Atmosphäre, im Sommer auf der Terrasse oder im Winter im Bernstein Zimmer mit Kachelofen. Ein bisschen sehr weinlastig, aber das Bernstein-Bier wird gepflegt. 25 Sitzplätze, Garten: 25 Sitzplätze.

Christof's Vespa Cafe Bernstein

FINNEGANS

9800 Spittal an der Drau, Brückenstraße 10, +43/699/11890216
ÖFFNUNGSZEITEN Mi-So: 20:00 bis 2:00 Uhr
FASSBIER Guinness, Kilkenny, Villacher Märzen
FLASCHENBIER Thorbräu Fucking Rock'n'Roll Pale Ale, Thorbräu Schwarzbier, Thorbräu Mac Mallow Bockbierradler, Franziskaner Weizen, Corona
LOKAL Kleines, aber gerade deshalb besonders typisch wirkendes Irish Pub mit viel Steh- und wenig Sitzbereich – ein paar breite Stufen führen hinauf zur Bar. Sport-Übertragung auf Sky auf Großbildleinwand. Gute Stimmung und irische Stimmungsmusik – strikte Altersbeschränkung auf Gäste über 18. Verschiedenste Sorten Cider (Magners, Strongbow, Kopparberg). 40 Sitzplätze im Lokal, 8 an der Bar.

THE SATISFACTORY

9800 Spittal an der Drau, Hauptplatz 12, +43/4762/2217
www.the-satisfactory.at
ÖFFNUNGSZEITEN Di-Sa: 17:00 bis 22:00 Uhr
FASSBIER Gärage Hell, Gärage Dunkel (Kellerbier), Gösser Märzen
FLASCHENBIER Gärage Bierspezialitäten
LOKAL The Satisfactory ist ein Lokalkomplex, der immer wieder umgebaut wird und mit neuen Eindrücken überrascht. Gebraut wird das eigene „Gärage" Bier, in denselben Räumlichkeiten ist auch eine Thai-Küche, eine „Bäckstage" (auf der Pizza gebacken wird) und ein Smoker untergebracht. Mit „Thai-Bier-Inha" und „Stout Sauga" gibt es auch zwei Cocktails. Die Möblierung besteht aus frisch aufgemöbelten Kino-, Flugzeug- und Reisebussitzen, dazu Pflanzen, die an den Weltladen nebenan erinnern. Wer länger bleiben will, kann im angeschlossenen Hotel Post nächtigen, in dem einige Zimmer mit Bier-Thema eingerichtet sind – mit dem Codewort „Feierabend" gibt es dort eine Ermäßigung. 100 Sitzplätze im Lokal, 30 Plätze an zwei Bars, 20 Sitzplätze auf der Sonnenterrasse über dem Hauptplatz.

WEISSES RÖSSL – BLACHA GAUL

9800 Spittal an der Drau, Hauptplatz 23 / Ortenburgerstraße 1
+43/4762/36549
www.facebook.com/BlacherGaul
ÖFFNUNGSZEITEN Mo-Fr: 9:00 bis 22:00 Uhr
FASSBIER Villacher Märzen, Villacher Zwickl, Villacher Hausbier, eine saisonale Spezialität
FLASCHENBIER Schleppe No. 1 Pale Ale, Thornbridge Jaipur, Camba Bavaria - Hop Gun und Dry Stout, La Trappe Tripel, La Trappe Quadrupel, und viele weitere Craftbiere
LOKAL Mit Lokalnamen muss man sich auskennen – denn was ein Szenebierlokal ist, das heißt unter den Gästen aus der Region oft ganz anders als es an der Türe angeschrieben ist. Das gilt auch für den „Blachen Gaul" – im Dialekt die Beschreibung eines bleichen Pferdes, eines Schimmels, also: eines weißen Rössls. Richtig, so steht es an der Tür. Auch muss man wissen, dass dieser Gaul sich genau genommen nicht am Hauptplatz, sondern um die Ecke in der Ortenburger Straße gegenüber dem Schloss Porcia befindet. Die lokalen Gäste finden jedenfalls in großer Zahl hin, zu den Essenszeiten ist es ratsam, zu reservieren. Dabei ist besonders erfreulich, dass die Chefin ausgebildete Bier-Sommelière ist und aus einem wachsenden Angebot an Craftbieren das richtige Beer&Food-Pairing empfehlen kann. 40 Sitzplätze im Lokal, 40 Plätze an der Bar, 2 Sitzplätze im Garten.

Weisses Rössl – Blacha Gaul

TREFFEN

GEGENDTALERHOF – FAMILIE KRAMER

9521 Treffen, Millstätterstraße 39, +43/676/7416167
www.gegendtalerhof.com
ÖFFNUNGSZEITEN Mo, Do-Sa 10:00 bis 21:30 Uhr, So 10:00 bis 16:00 Uhr. Di - Mi Ruhetag
FASSBIER Villacher Hell, Villacher Hausbier, Villacher Zwickl
FLASCHENBIER Villacher Dunkel, Villacher Märzen, Weizenbier

LOKAL Das kleine Familienunternehmen liegt am Fuße der Gerlitzen im Herzen der Marktgemeinde Treffen am Ossiacher See. Die Wirtsleute Gabi und Peter Kramer legen großen Wert auf Produktwahrheit und -qualität, Produkte wie Fisch und Wild beziehen sie ausschließlich von Bauern und Jägern aus dem Gegendtal. Daher ist es nicht verwunderlich, dass sie vom Land Kärnten als GenussWirt 2011 ausgezeichnet wurden. Gäste kommen offenbar auch aus Italien, um hier zu speisen. Und die Bierpflege ist sehr gut, die Bedienung sehr freundlich, auch wenn man nicht zu speisen wünscht.

ZUM TREFFNER

9521 Treffen, Eichrainweg 7-9, +43/4248/29777
www.zumtreffner.at
ÖFFNUNGSZEITEN Di-Sa: 6:30 bis 21:00 Uhr

Zum Treffner

FASSBIER Villacher Märzen, Loncium Gaitaler Weisse, Wimitz Lemisch, Loncium Carinthipa, Loncium Schwarze Gams, Radler
FLASCHENBIER Loncium Carinthipa, Loncium Schwarze Gams, Hefeweizen Alkoholfrei, saisonale Craftbiere
LOKAL An das Hotel educare angeschlossenes Restaurant mit dem Schwerpunkt auf Süßwasserfischen. Beachtliche Bierauswahl – und eine Bierkarte, die schon allein wegen der Beschreibung der Biere (inklusive der Nennung der Braumeister!) aus der Masse heraussticht. 102

VILLACH

DER STADTWIRT

9500 Villach, Italienerstraße 14, +43/4242/24619
www.stadtwirt-villach.at
ÖFFNUNGSZEITEN Mo: 10:00 bis 23:00 Uhr, Mi-Sa: 10:00 bis 23:00 Uhr, So: 10:00 bis 20:00 Uhr
FASSBIER Gösser Märzen, Gösser Stiftsbräu Dunkel, Gösser Naturgold, Altbrünner, Edelweiss Hefetrüb, Gösser Naturradler
FLASCHENBIER Franziskaner, Edelweiss Alkoholfrei
LOKAL In einer Seitengasse der Italienstraße gelegenes Restaurant mit Wintergarten. Ist irgendwie der Gösser-Wirt von Villach, aber auch das Altbrünner Bier wird hier schön aus der Computerschankanlage gezapft. Empfehlenswertes aus der Küche: Tafelspitz, Gulasch und Kärntner Seesaibling. 180 Sitzplätze, im Garten ca. 110 Sitzplätze, an der Bar nur Stehplätze.

JOSEF & NICOLETTA

9500 Villach, Treffner Straße 100, +43/4242/27833
+43/4242/22717
www.josef-villach.at, www.nicoletta.at
ÖFFNUNGSZEITEN Josef: Mo-Do 9:00 bis 22:00 Uhr, Fr-Sa 9:00 bis 23:00 Uhr, So 9:00 bis 22:00 Uhr; Nicoletta: Mo, Mi & Do 16:00 - 23:00 Uhr, Fr & Sa 16:00 bis 00:00 Uhr, So & Feiertage 11:00 bis 22:00 Uhr
FASSBIER Josef Naturtrüb Zwicklbier (Hausbier von der BrauUnion), Josef Dunkel Doppelmalz, Budweiser, Wieselburger Märzen, Edelweiss Weizenbier, Gösser Naturgold, Gösser Naturradler
FLASCHENBIER Villacher Märzen, Edelweiss Hofbräu
LOKAL Sehr gemütlich gemachtes Bierlokal mit viel Ziegeloptik. Das Konzept des gleichnamigen Linzer Braugasthauses wurde hier erstmals in Lizenz angewendet, auch wenn weder da noch dort aktuell gebraut wird. Auch wurde die Linzer Idee inzwischen von Gudrun und Guido Rheintaler weiterentwickelt – im selben Haus gibt es auch die Pizzeria Nicoletta. Monatlich gibt es eine Wahl eines Bieres des Monats. Gute Bierpflege, freundliche Bedienung und auch mittags eine typisch bierige Stimmung. Besonders gut zum Bier passt hier das Gulasch vom Jungstier. Ca. 300 Sitzplätze im Lokal, im Garten 150 Sitzplätze.

Josef

LÜCKE

9500 Villach, Freihausgasse 5, +43/670/2022640
www.facebook.com/pg/LueckVillach
ÖFFNUNGSZEITEN Di-Sa: 18:00 bis 4:00 Uhr
FASSBIER Guinness, Starobrno, Wimitz Märzen
FLASCHENBIER Weihenstephaner, Wimitz IPA, Wimitz Lemisch, Wimitz Bayerisches Weißbier, Wimitz Landpils, Wimitz Weizenbock
LOKAL Dieses Souterrainlokal in Villach ist ein angenehm bieriger Treffpunkt – ausnahmsweise ohne die Biere der örtlichen Großbrauerei. Aber mit viel lokalem und überraschend wenig lautem Publikum sowie einer sehr freundlichen Bedienung, die sich sehr

um das Bier bemüht. Einmal im Monat Pubquiz. Ca. 30 Sitzplätze im Lokal, 15 Plätze an der Bar.

MCMULLENS

9500 Villach, Dietrichsteingasse 5, +43/676/5302353
www.mcmullens.at
ÖFFNUNGSZEITEN Mi-Sa: 17:00 bis 2:00 Uhr
FASSBIER Guinness, Guinness Hop House 13, Kilkenny, Heineken, Schladminger Zwickl, Puntigamer Panther, Radler
FLASCHENBIER O'Hara's Irish Pale Ale, O´Haras Irish Red Ale, O'Hara's Irish Stout, Crew Republic Drunken Sailor, Anheuser Busch - American Bud, Heineken, Budweiser, Coopers Pale Ale, Desperados, Weihenstephaner, Edelweiss, Wieselburger
LOKAL Mit dem McMullens ist im Jahr 2019 ein neuer Stern am Himmel der irischen Pubkultur in Österreich aufgegangen, das ist dann auch im Bierguide 2020 mit der Auszeichnung als Kärntner Bierlokal des Jahres gewürdigt und gefeiert worden. Die Betreiber des Claddagh in Klagenfurt, Linda Valentin-Mullen und ihr Mann Julian, haben hier eine Villacher Location entdeckt und ihr irisches Leben eingehaucht. Die Bierkarte ist lesenswert, sie erzählt nicht nur viel über Guinness, sondern zählt auch 18 irische Slang-Ausdrücke für Trunkenheit auf, darunter „rat-arsed" und „bollixed", was man hierzulande weder hören noch sein will. Und wer sonst noch Fragen zu Irland hat: Das Personal kommt von dort und gibt gerne Auskunft – in verständlichem, wenn auch irisch gefärbtem Englisch. 90 Plätze im Lokal.

RACER'S

9500 Villach, Gewerbezeile 2a, +43/4242/37333
www.racerscafe.at
ÖFFNUNGSZEITEN Mo-Do: 8:00 bis 00:00 Uhr, Fr-Sa: 8:00 bis 2:00 Uhr, So: 9:00 bis 00:00 Uhr

Racer's

FASSBIER Villacher Märzen, Villacher Hausbier, Franziskaner Hefeweizen, Radler
FLASCHENBIER Loncium Austrian Amber Lager, Loncium Carinthipa, Loncium Royal Dark, Villacher Freilich Alkoholfrei
LOKAL Seit mehr als einem Dutzend Jahren ein Fixpunkt in der Villacher Bierszene, beliebt nicht nur bei Bierfreunden, sondern auch bei Zweiradfans: Die Bar ist wie ein amerikanisches Diner eingerichtet – thematisch stark an Motorräder angelehnt. Großer zentraler Ausschank – und eine Küche, die einem wirklich das Gefühl gibt, in den USA zu sein: Burger, Pizza, Pasta, Ribs und Steaks. Es gibt hier die größte Indoor-Videowall Kärntens – und immer wieder auch Rockkonzerte. Sehr freundliches, unkompliziertes Personal. Zu finden ist das Lokal am besten, wenn man den Hinweisen zum ÖAMTC-Stützpunkt folgt, der ist gleich gegenüber. 150 Plätze im Lokal, 45 an der Bar, 50 im Garten.

Stauber's Stadtschenke

STAUBER'S STADTSCHENKE

9500 Villach, Nikolaigasse 14, +43/4242/22767
www.stadtschenke.at
ÖFFNUNGSZEITEN Mo-Fr: 10:00 bis 23:00 Uhr, Sa: 17:00 bis 00:00 Uhr
FASSBIER Villacher Märzen, Villacher Hausbier, Villacher Zwickl, Franziskaner Weizenbier, saisonal Villacher Doppelbock
FLASCHENBIER wechselndes Angebot
LOKAL Wirtshaus in unmittelbarer Nachbarschaft von Kongresshaus und Brauerei. Der sehr bierig gestaltete Eingangsbereich macht dem Begriff „Stadtschenke" alle Ehre, weiter hinten kann man zum Speisen Platz nehmen – und das lohnt, weil Küchenchef und Lokalinhaber Klaus Stauber eine traditionsbewusste lokale Küche zu fairen Preisen anbietet. 50 Sitzplätze im Lokal, 20 an der Bar, 60 auf der Terrasse.

STERN AM KAISER JOSEF PLATZ

9500 Villach, Kaiser-Josef-Platz 5, +43/4242/24755
stern-villach.jimdofree.com/kaiser-josef-platz
ÖFFNUNGSZEITEN Do: 14:00 bis 00:00 Uhr, Fr: 14:00 bis 2:00 Uhr, Sa: 10:00 bis 2:00 Uhr
FASSBIER Heineken, Schladminger Bio Weisse
FLASCHENBIER Corona, Wieselburger Schwarzbier
LOKAL Seit 2002 bietet „der Stern" eine erfolgreiche Kombination aus drei Lokaltypen: Café (mit sehr guter Zeitungs- und Magazinauswahl), Bar und Restaurant, Schwerpunkt Steaks und Burger. Täglich (außer Sonntag) beinahe rund um die Uhr geöffnet und Treffpunkt der Gay Community. Freundliche, bierkundige Bedienung. 50 Plätze im Lokal, 18 an der Bar, 30 im Schanigarten.

STERN HANS GASSER PLATZ

9500 Villach, Hans-Gasser-Platz 9, +43/4242/23755
stern-villach.jimdofree.com/hans-gasser-platz

ÖFFNUNGSZEITEN Mo-Fr: 7:00 bis 23:00 Uhr, Sa: 9:00 bis 23:00 Uhr

FASSBIER Stern Hausbier, Schladminger Bio Weisse, Gösser Märzen

FLASCHENBIER Wieselburger, Guinness, Heineken

LOKAL Heller und freundlich gestalteter Ableger des schon länger etablierten Stern am Kaiser-Josef-Platz. Freundliche Bedienung, gute Zapfkultur. Sehr beliebt zu Mittag – denn es gibt nicht nur traditionelle Gasthofgerichte, sondern auch moderne und vegane Speisen. 60 Sitzplätze im Lokal, 10 Sitzplätze an der Bar, 50 Sitzplätze im Schanigarten.

TURMSTÜBERL

9500 Villach, Widmanngasse 44, +43/664/5655028

ÖFFNUNGSZEITEN Di-Mi: 17:00 bis 23:30 Uhr, Do-Sa: 17:00 bis 1:00 Uhr

Turmstüberl

FASSBIER Schneider's Helles Landbier, Schneider Weisse Original, Hirter 1270, Leffe Brune, eine wechselnde Bierspezialität

FLASCHENBIER Loncium Schwarze Gams, Loncium Royal Dark, Bevog Deetz, Bevog Kramah, Bevog Baja, Bevog Rudeen, Bevog Ond, Schneider Aventinus Eisbock, Guinness Stout, Schneider Weisse TAP 3 Alkoholfrei, Loncium Freepa Pale Ale Alkoholfrei

LOKAL Leo Schuster hat sein 1986 gegründetes Turmstüberl im Sommer 2022 an fünf Stammgäste und ihre Vikings Gastro GmbH übergeben. Ein witziges Schild in einem Torbogen weist Touristen den Weg: Der Alpenverein hat, wie auf Wanderwegen üblich, die Wegzeit zur Stadtmauer mit einer Minute, in seine eigene Kanzlei mit 30 und ins GH Turmstüberl mit 20 Sekunden angegeben. Drinnen steht man vor der raumfüllenden Bar (rechts geht es allerdings weiter in einen weiteren Raum mit Sitzbereich) – jedenfalls fühlt man sich gleich willkommen. Die Bierkarte ist umfangreich, die Speisekarte schlicht: Sie umfasst fünf verschiedene Brote. 24 Sitzplätze, 14 an der Bar.

VILLACHER BRAUHOF & BIERECK

9500 Villach, Bahnhofstraße 8, +43/4242/24222
www.villacherbrauhof.at

ÖFFNUNGSZEITEN Brauhof: Di-Sa: 10:30 bis 23:00 Uhr; Biereck: Mo-Do: 12:00 bis 21:00 Uhr, Fr-Sa: 12:00 bis 00:00 Uhr, So: 10:00 bis 20:00 Uhr

FASSBIER Villacher Hausbier, Villacher Märzen, Villacher Zwickl, Villacher Pils, Villacher Dunkel, Franziskaner Franzi, Franziskaner Weizenbier, Villacher Radler

FLASCHENBIER Schleppe No. 1, Villacher Freilich Alkoholfrei, Edelweiss Weizen Alkoholfrei und ein breites Angebot an Bierspezialitäten im Biereck

LOKAL Nur ein paar Schritte vom Hauptbahnhof entfernt empfängt den Bierfreund dieser gepflegte Brauereiausschank, der sich als traditionsreiche Gaststätte präsentiert und als „Genusswirt Kärnten" ausgezeichnet ist. Die Karte wird von wohl überlegten Biermenüs und bierigen Speisen geprägt. Perfekt gezapftes Bier gibt es von den Biersommeliers. Eine Besonderheit des Brauhofs ist seine unmittelbare Nachbarschaft zu Kärntens größter Brauerei, deren Kunsthaus-Sudhaus an den Brauhof grenzt.Ebenfalls im selben Gebäudekomplex befindet sich das Villacher Biereck. Die außergewöhnlich gut kommentierte Bierkarte umfasst hier mehr als 80 verschiedene nationale und internationale Biere sowie einige Biercocktails. Jeden 1. Freitag im Monat gibt es eine Bierverkostung mit passenden kleinen Happen aus der Küche und Biersommeliers informieren über die verschiedenen Biersorten und -stile sowie das Zusammenspiel zwischen Bier und Speisen. Im Villacher Eck gibt es monatlich mindestens eine neue Biersorte. 250 Sitzplätze, 60 an der Bar, im Garten mit großen Kastanienbäumen: 200 Plätze.

Villacher Brauhof & Biereck

VILLACH-MARIA GAIL

MELCHER

9500 Villach-Maria Gail, Anton-Tuder-Straße 2, +43/4242/37875
www.gaestehaus-melcher.at

ÖFFNUNGSZEITEN Do - Sa ab 16:00 Uhr, So ab 11:00 Uhr

FASSBIER Turmbräu Helles Märzen, Turmbräu Ur-Märzen, saisonal Bockbier, Turmbräu Nr. 45, Leichtbier, Honigbier, Weihnachtsbier

FLASCHENBIER Turmbräu Ur-Märzen

LOKAL Brauereiausschank von Stefan Melchers Turmbräubier mit angeschlossener neuer Schaubrauerei. Die Karte bietet besondere Schmankalan der Kärntner Küche. Das Haus liegt südlich von der Radroute „Drauradweg" (für die Räder steht eine versperrte Garage zur Verfügung). Für Feiern wird auch gerne früher oder sonntags geöffnet. Das Gästehaus verfügt über 6 Doppel- und Mehrbettzimmern und 3 Familien Appartements. 60 Sitzplätze im Lokal, bis 25 Plätze in zwei kleineren Räumen, 60 auf der Terrasse mit Blick auf die Karawanken.

VÖLKERMARKT

ALTES BRAUHAUS

9100 Völkermarkt, Bürgerlustgasse 2, +43/664/2428395
altes-brauhaus-vk.at
ÖFFNUNGSZEITEN Mi-Sa: 11:00 bis 22:00 Uhr, So: 11:00 bis 15:00 Uhr

Altes Brauhaus

FASSBIER Schleppe Hausbier, Villacher Märzen
FLASCHENBIER Schleppe No. 1 Pale Ale, Schleppe No. 2 Weizenbock, Schleppe No. 3 Imperial IPA, Schleppe No. 4 Belle Saison, Schleppe No. 5 Porter, Hirter Hanfbier, Villacher Naturradler
LOKAL Georg Riepl ist „Kärntner Genusswirt" und Schleppe Bierspezialitäten-Wirt. Gute Bierkarte mit Beer&Food-Pairing-Vorschlägen, etwa Carpaccio vom Kärntner Saibling mit dem Schleppe No 4 Belle Saison. Oder Warmer Schokoladenkuchen mit Porterbier. Im Winter jeden Mittwoch Fondueabend, im Sommer statt dessen Stelzenabend mit Hirter Zwickl aus dem Holzfass, täglich 2 Mittagmemüs. 80 Sitzplätze im Lokal, Bar: 15, Gastgarten: 70.

BIERBARON

9100 Völkermarkt, Herzog-Bernhard-Platz 6, +43/664/3903983
www.facebook.com/bierbaronvk/?rf=182935385075138
ÖFFNUNGSZEITEN Mo-Di: 8:00 bis 00:30 Uhr, Mi: 8:00 bis 1:00 Uhr, Do-Sa: 8:00 bis 2:00 Uhr, So: 8:00 bis 00:30 Uhr
FASSBIER Bierbaron Premium Lager Hausbier, Guinness Draught, Weihenstephan, Hirter Märzen, Murauer Märzen, Velkopopovický Kozel, Tegernseer Hell, Radler
FLASCHENBIER Corona, Sol, Heineken, O'Hara's Irish Pale Ale, O'Hara's Irish Stout, Kilkenny, Schleppe No. 1, Hirter IPA, Hirter Kellermeister, Astra Kiezmische, Astra Urtyp, Stiegl Columbus 1492, US-Bud, Corona, Affligem, Beck's, Brooklyn Lager, Anchor Steam Beer, Gusswerk Steinbier, Gusswerk Green Betty, Hofbräu Kaltenhausen 1475 Pale Ale, Fuller's London Pride
LOKAL Schon ein Vierteljahrhundert dient dieses Bierlokal quasi als Wohnzimmer der Stadt. Eines der gepflegtesten Bierlokale in Kärnten mit imposanter Schankanlage. Im Jahr 2014 war der Bierbaron auch Kärntner Bierlokal des Jahres. Jeden Donnerstag gibt es Live Musik sowie einen Karaoke Abend. 60 Plätze, Terrasse: 30.

Bierbaron

ZELL-FREIBACH

TERKLBAUER

9170 Zell-Freibach, Freibach 1, +43/4227/7101
www.terklbauer.at
ÖFFNUNGSZEITEN Mo - So 9:00 Uhr „bis Sperrstund"
FASSBIER Schleppe Hell
FLASCHENBIER Villacher Dunkles
LOKAL Maximilian Rakuscheks Gasthaus ist bereits 400 Jahre im Familienbesitz. Es ist ein gastronomischer Stützpunkt auf der bei Bikern, Mountainbikern und Wanderern beliebten, sonst aber wenig befahrenen Strecke zwischen Zell-Pfarre und Eisenkappel. Weitgehend unverdorbener Gastraum mit kleiner Schank. Große Linde als Schattenspender im kleinen, aber feinen Biergarten. 30 Sitzplätze im Gastraum, 120 im Saal, Biergarten: 45 Sitzplätze.

ZELL-PFARRE

ALPENGASTHOF MALLE

9170 Zell-Pfarre, Zell-Pfarre 16, +43/4227/7201, +43/664/5120412
ÖFFNUNGSZEITEN Mo: 9:00 bis 00:00 Uhr, Do-So: 9:00 bis 00:00 Uhr
FASSBIER Villacher, Schleppe Hell
FLASCHENBIER Schleppe, Villacher
LOKAL Elisabeth Malle führt dieses bereits im Jahre 1900 gegründete Gasthaus in Zell-Pfarre. 60 Sitzplätze im Lokal, 30 Sitzplätze auf der überdachten Veranda.

HAMBURG 2021
WORLD
MEDIA
FESTIVALS
INTERMEDIA-GLOBE
SILVER
TOURISM & TRAVEL MEDIA

NIEDER ÖSTER REICH

NIEDERÖSTERREICHS BIERLOKAL DES JAHRES

BERNDORF

NIEDERÖSTERREICH BIER LOKAL DES JAHRES

BERNDORFER STADTWIRT

2560 Berndorf, Hernsteinerstraße 2, +43/2672/82202
www.facebook.com/BerndorferStadtwirt

ÖFFNUNGSZEITEN Di-Sa: 9:00 bis 22:00 Uhr

FASSBIER Gösser, Schwechater Hopfenperle, Schladminger Bio-Zwickl, Kaltenhauser Original

FLASCHENBIER Hofbräu Kaltenhausen Pale Ale, Hofbräu Kaltenhausen Salina, Reininghaus Jahrgangspils, Brewdog Punk IPA, Gusswerk Weizenguss, Aecht Schlenkerla Rauchbier, Budweiser Budvar Reserve, La Chouffe, Liefmans Kriek

LOKAL Zum niederösterreichischen Bierlokal des Jahres kann man bequem mit dem Bummelzug durch das Triestingtal anreisen: Christian Floh, ein ehemaliger Mitarbeiter der BrauUnion, führt dieses Ecklokal gegenüber vom Bahnhof Berndorf seit 2016. Damals setzte sich die Vorbesitzerin zur Ruhe, ein Nachfolger sprang in letzter Minute ab – und der damalige Bierverkäufer sprang persönlich ein, hängte den Job beim Braukonzern an den Nagel und wurde Wirt. Bereut hat er das bis heute nicht. Floh hat den Stadtwirt behutsam erneuert (die dunklen Vorhänge und die alte Polsterung der Sitze flogen hinaus) und so zu einem Treffpunkt für die kleine niederösterreichische Stadt gemacht. Dabei hat er das Bier ins Zentrum gestellt. Das erkennt man nicht nur daran, dass gleich gegenüber vom Eingang eine Bierbar lockt, hinter der der Chef selber steht und perfekt zapft. Daneben gibt es nämlich auch einen Getränkekühlschrank, in dem Christian einige Schätze – teilweise auch Einzelflaschen für besondere Gäste – bereithält. In unregelmäßigen Abständen veranstaltet er auch Bierabende, an denen der Schwechater Braumeister Andreas Urban vorbeikommt, um die Kostproben zu kommentieren. Zu essen gibt es den ganzen Tag etwas – wobei das Menü vor 14:00 Uhr etwas billiger ist als am Nachmittag. 45 Plätze, 8 an der Bar, 20 im Schanigarten.

AMSTETTEN

STADTBRAUHOF

3300 Amstetten, Hauptplatz 14, +43/7472/62800
stadtbrauhof.at
ÖFFNUNGSZEITEN Mo-Sa: 10:00 bis 23:00 Uhr

Stadtbrauhof

FASSBIER Kaiser Märzen, Wieselburger Spezial, Gösser Zwickl, Gösser Naturradler, Weihenstephan Hefeweizen, Bier des Monats
FLASCHENBIER Weitra Bräu Helles, Weitra Schwarzes, Amstettner Stadtluft Bier, Weihenstephan Weizen Alkoholfrei
LOKAL Für Bierfans quasi das erste Haus am Platz – und vor allem wegen des großzügigen Schanigartens im Sommer sehr beliebt. Aber auch bei Schlechtwetter kann man es sich an der gemütlichen Bar – die Wirtsleute Houska bedienen persönlich – oder an einem der Tische bequem machen und die traditionelle Küche (geschmorte Rindsbackerl, zweierlei gefüllter Knödel) oder auch Mostviertler Wan Tan (gefüllt mit Erdäpfel-Schafskäse-Creme) genießen. 30 Plätze an der Bar, 60 an Tischen, 40 im Schanigarten.

YELLOW

3300 Amstetten, Preinsbacher Straße 1, +43/7472/64000
de-de.facebook.com/ywamstetten
ÖFFNUNGSZEITEN Mo-So: 9:00 bis 00:00 Uhr
FASSBIER Wieselburger Gold, Heineken, Edelweiss Hefetrüb
FLASCHENBIER Desperados, Gösser Naturgold
LOKAL Freundliche Bar wenige Meter vom Hauptplatz. Tagsüber mehr Café, abends mehr Club – mit kulinarischen (monatlich ein Abend mit Sushi) und kulturellen Angeboten sowie themenbezogenen Parties. 60 Plätze im Lokal, 30 auf der Terrasse.

ARDAGGER MARKT

SCHIFFSMEISTERHAUS

3321 Ardagger Markt, Markt 16, +43/7479/6318
www.schiffsmeisterhaus.at
ÖFFNUNGSZEITEN Mo-So 11:00 bis 21:30 Uhr
FASSBIER „Unser Bürgerbräu" Gustl, Ottakringer Naturradler, Zwickl, Dunkles Weizenbier je nach Saison
FLASCHENBIER Bürgerbräu „Unser Bürgerbräu", Bürgerbräu Weizen (Flaschengärung), Null Komma Josef
LOKAL Das Schiffsmeisterhaus diente tatsächlich früher der Schifferzunft, die Schiffe und Flöße durch den gefährlichen Studengau und gelegentlich weiter bis Budapest geleitet hat. Der heutige Bau stammt aus der Zeit der Renaissance, die schöne Holzdecke ungefähr aus der Zeit um 1596. Top Wirt bei NÖ Wirtshauskultur. Ca. 100 Sitzplätze, 10 Plätze an der Bar, Garten: ca. 100 Sitzplätze. 30

BAD VÖSLAU

BIERHOF – BIERPUB-RESTAURANT

2540 Bad Vöslau, Wr. Neustädter Straße 20, +43/2252/251680
www.b-h.at
ÖFFNUNGSZEITEN Mo-Do: 11:00 bis 23:00 Uhr, Fr-Sa: 11:00 bis 00:00 Uhr, So: 11:00 bis 23:00 Uhr
FASSBIER Ottakringer Helles, Ottakringer Zwickl Naturtrüb, Schneider Weisse, Murauer, Budweiser
FLASCHENBIER Augustiner Edelstoff, Corona, Heineken, Ottakringer Dunkles
LOKAL Das Lokal entstand aus einem alten Werkstatt-, Wohnhaus- und Innenhof-Komplex einer Tischlerei. Die abgestimmten Materialien und Farben sowie das Glasdach über der Bar sorgen für Wohlfühlatmosphäre. Regelmäßige Tanzveranstaltungen mit DJ, Themenwochenenden (Weißwurscht-Wochenende, teuflisch scharfe Tage etc.) 155 Sitzplätze im Lokal, ca. 20 an der Bar, 60 Sitzplätze auf der Dachterrasse und 60 im Schanigarten.

BADEN BEI WIEN

AMTERL

2500 Baden bei Wien, Hauptplatz 2, +43/2252/45953
www.amterl.at
ÖFFNUNGSZEITEN Mo-Do: 10:00 bis 23:00 Uhr, Fr-Sa: 10:00 bis 00:00 Uhr, So: 11:00 bis 20:00 Uhr

Amterl

FASSBIER Gösser Braufrisch, Gösser Zwickl Hell, jeweils eine saisonale Spezialität
FLASCHENBIER Reininghaus Jahrgangspils, Heineken, Edelweiss Hefetrüb, Edelweiss Dunkel, Gösser Stiftsbräu
LOKAL In diesem zentral in der Fußgängerzone gelegenen Lokal verwebt die Dekoration Postmoderne mit augenzwinkernder Rustikalität: Allein schon der aus Abwurfstangen konstruierte Luster ist eine Sehenswürdigkeit für sich. Seit Jahren erweist sich das Amterl als optimaler Treffpunkt für alle, die in der Stadt wichtig sind und gesehen werden wollen, vor und nach Events und überhaupt. Die Speisekarte bietet gehobene Hausmannskost, teilweise mit italienischem Einschlag. Das Gösser wird „braufrisch" vom Tank gezapft und freundlich serviert. 120 Plätze im Lokal, 25 im Schanigarten.

EDELSBERGER

2500 Baden bei Wien, Marchetstraße 30, +43/660/2599198
www.edelsberger.at
ÖFFNUNGSZEITEN Mi-Fr: 17:00 bis 22:00 Uhr, Sa: 11:30 bis 22:00 Uhr, So: 11:30 bis 20:00 Uhr
FASSBIER Ottakringer Bio Pur, Ottakringer Rotes Zwickl, Radler
FLASCHENBIER Ottakringer Bio Zwickl, Schneider Weisse, Brew Dog Punk IPA, Leffe Brune, Sol, Null Komma Josef
LOKAL Das schon 1881 erstmals als Gasthaus erwähnte Gebäude ist ebenso ein optischer wie ein kulinarischer Genuss. Die Speisekarte bietet das Beste aus der Wiener Küche wie Tafelspitz oder Wiener Schnitzel in der Butterschmalzpfanne bis hin zu veganen und vegetarischen Gerichten – dazu auch das eine oder andere Craftbier. 50 Plätze im Lokal, 4 an der Bar, 50 im Garten.

ZUM REICHSAPFEL

2500 Baden bei Wien, Antonsgasse 5 / Ecke Spiegelgasse
+43/664/7824968
www.reichsapfel.com
ÖFFNUNGSZEITEN Mi-So: 17:00 bis 23:30 Uhr
FASSBIER Wirtsbräu, Piestinger Gambrinus, Zwickl Jungbier naturtrüb, Guinness Stout, Hirter Bio Bier, saisonale Biere
FLASCHENBIER Orange Pale Ale (Saisonbier), Clausthaler
LOKAL Dieses Gasthaus sieht aus, als hätte schon Beethoven hier gezecht – stimmt aber nicht und wird auch nicht behauptet. Wohl aber lässt sich belegen, dass Teile des Gebäudes über 600 Jahre alt sind und daher Beethoven hier wohl vorbeispaziert ist. Da handelte es sich aber noch um einen Hafnerbetrieb, ein Gasthaus wurde erst 1862 eingerichtet – und einige Versatzstücke (wie die ledernen Löscheimer) könnten wohl auch aus der Beethoven-Zeit stammen. Bis heute ist dem Haus eine eigene Landwirtschaft angeschlossen – so kann man hier auch Eier, Fruchtsäfte, Marmeladen und Chutneys „ab Hof" kaufen. Chef Augustinus Haslwanter kocht selbst (z.B.: Lammkeulenbraten, Lammbeuschel, Rehmedaillions) – und er zeigt Mut, gelegentlich auch ausgefallene Biere wie das exquisite Orange Pale Ale auf die Karte zu setzen. 50 Plätze im Lokal, 4 an der Bar, 12 im Garten.

BERNDORF

BERNDORFER STADTWIRT

2560 Berndorf, Hernsteinerstraße 2, +43/2672/82202
www.facebook.com/BerndorferStadtwirt
ÖFFNUNGSZEITEN Di-Sa: 9:00 bis 22:00 Uhr
FASSBIER Gösser, Schwechater Hopfenperle, Schladminger Bio-Zwickl, Kaltenhauser Original
FLASCHENBIER Kaltenhauser Pale Ale, Hofbräu Kaltenhausen Salina, Reininghaus Jahrgangspils, Brewdog Punk IPA, Gusswerk Weizenguss, Aecht Schlenkerla Rauchbier, Budweiser Budvar Reserve, La Chouffe, Liefmans Kriek
LOKAL Bierlokal des Jahres, siehe Seite 150.

Berndorfer Stadtwirt

BOCKFLIESS

ARCHIV

2213 Bockfließ, Hauptstraße 70, +43/676/5779778
www.facebook.com/CafeArchiv
ÖFFNUNGSZEITEN Mo-Sa: 9:00 bis 23:00 Uhr
FASSBIER Zwettler, Saisonbiere
FLASCHENBIER Schremser Premium Hell, Franziskaner Weißbier, Schremser Radler Naturtrüb, Franziskaner Alkoholfrei

LOKAL Eine der nettesten kleinen Bierbars des Weinviertels. An der Auslage kann man noch sehen, dass es sich hier wohl einmal um eine Gemischtwarenhandlung gehandelt hat, eines der Fenster ist mit bierigen Ausstellungsstücken dekoriert. Innen herrscht angenehm gedämpftes Licht und eine freundschaftliche Atmosphäre. 50 Sitzplätze im Lokal, 19 Plätze an der Bar, 20 Sitzplätze im Schanigarten.

BÖHEIMKIRCHEN

Wia Z'Haus beim Fritz

WIA Z'HAUS BEIM FRITZ

3071 Böheimkirchen, Mechters 11, +43/664/9789362
www.fritz-mechters.at
ÖFFNUNGSZEITEN Mi-Fr: 11:00 bis 14:00 Uhr, 17:00 bis 22:00 Uhr, Sa: 17:00 bis 22:00 Uhr, So: 11:00 bis 15:00 Uhr
FASSBIER Biere der Spitzenbier-Brauerei
LOKAL Das ehemaligen Gasthaus Mechters, auf halbem Weg zwischen St. Pölten und Böheimkirchen, wurde 2019 zunächst als Bier-Heuriger der Spitzenbier-Brauerei in der Landwirtschaftsschule Pyhra wiederbelebt und als „Fritz" positioniert. Inzwischen finden hier auch Kulturveranstaltungen – etwa eine Ausstellung von Karl Mayerhofers Kunstwerken – statt. Zum Bier werden warme und kalte Schmankerl mit Fleisch und Fisch aus der Region serviert – Speis und Trank gibt es auch zum Mitnehmen. Das Lokal kann auch für Feste und Feiern gemietet werden.

BROMBERG

GASTHOF WINDBICHLER – „KARNERWIRT"

2833 Bromberg, Hauptstraße 16, +43/676/9082288
www.gasthof-windbichler.at
ÖFFNUNGSZEITEN Mi-Fr: 11:00 bis 14:00 Uhr, 17:00 bis 00:00 Uhr, Sa: 11:00 bis 15:00 Uhr, 18:00 bis 00:00 Uhr, So: 9:00 bis 16:00 Uhr
FASSBIER Schwarz Bräu Helles, Gösser Helles, Gösser Naturgold, Gösser Naturradler
FLASCHENBIER Saisonales Angebot in der 0,3l Flasche von Schwarz Bräu Krumbach, Thernberger Burgbräu, Weizen, Pils, Pale Ale, Wiener Lager, Münchner Dunkel ...
LOKAL Der Karnerwirt (wie er an der Eingangstür genannt wird) ist ein regionaler Top-Wirt der NÖ Wirtshauskultur, bisher wurde er 15 Mal als solcher ausgezeichnet. Der legendäre Gastro-Kritiker Christoph Wagner lobte schon die Kuttelflecksuppe, das Luftgetrocknete vom Schneeberglandbeef und die Erdäpfel-Grammel Roulade. Und für die klimafreundliche Beschaffung gab es 2008 eine Auszeichnung von der Hagelversicherung. Zwischen Wirtshaus und Kirche beginnt auch der Hexenweg, ein Lehrpfad über die Hintergründe der Hexenverfolgung in der frühen Neuzeit. 80 Sitzplätze im Lokal, 10 Sitzplätze an der Bar und 25 im Garten.

BRUCK AN DER LEITHA

ZUM G'SELCHTEN

2460 Bruck an der Leitha, Altstadt 5, +43/2162/62252
dergselchte.at
ÖFFNUNGSZEITEN Mo: 11:00 bis 14:00 Uhr, Di-Fr: 11:00 bis 14:00 Uhr, 17:00 bis 21:00 Uhr, Sa-So: nach Vereinbarung geöffnet.
FASSBIER Starobrno
LOKAL Wenn man die Fassade dieses 1632 erbauten Gasthauses betrachtet, fällt sofort der große Adler und ein – leider beschädigtes – Logo der Schwechater Brauerei auf. Zunächst hieß das Haus, belegbar ab 1693, nämlich „Gulden Adler Wührt" und auf der Speisekarte heißt es immer noch „Zum Goldenen Adler" – da steht aber auch „Der G'selchte" drauf. Am Eingang steht „Zum G'selchten" – und so kann man ihn auch finden. Der Name deutet darauf hin, dass hier im Haus immer noch Fleisch geselcht und Wurst gemacht wird. Innen hat das Gasthaus einen liebenswürdig-nostalgischen Charme, zur Deko gehört auch eine alte mechanische Tabellen-Schreibmaschine. Das Bierangebot ist leider sehr klein, allerdings findet man hier ab und zu lokale Biere vom Brauhaus Prugg. 40 Plätze im Lokal, 10 an der Schank, 40 im Garten.

Zum G'selchten

BRUNN AM GEBIRGE

CLOCKTOWER WIEN-SÜD

2345 Brunn am Gebirge, Ziegelofengasse 6, +43/2236/377070
www.clocktower.at
ÖFFNUNGSZEITEN Mo-So: 11:00 bis 22:00 Uhr

FASSBIER Gösser Märzen, Gösser Stiftsbräu Dunkel, Starobrno, Edelweiss Hefetrüb
FLASCHENBIER Gösser Stifts-Zwickl Hell, Wieselburger Stammbräu, Heineken, Gösser Naturgold, Anheuser Busch - American Bud, Corona, Edelweiss Weizen Alkoholfrei, Gösser Naturradler
LOKAL Das nach eigenen Angaben größte amerikanische Lokal in Europa und möglicherweise das aufwendigst gestaltete Restaurant des Landes – jedenfalls stehen in dieser 2014 eröffneten Bar reihenweise Harleys herum, es wurden hunderte Deko-Stücke (davon viele mit Bezug zu Harley Davidson) zusammengetragen. Alles sehr amerikanisch, auch die Karte mit einem umfangreichen Steak-, Smoker- und Grill-Angebot zu wirklich vertretbaren Preisen. Leider nicht so amerikanisch ist die Bierkarte, auf der offenbar kein Craftbier Platz finden konnte. 400 Sitzplätze im Lokal, 40 an der Bar.

DÜRNKRUT

CAFE PUB GIULIA

2263 Dürnkrut, Hauptstraße 18A, +43/699/11639033
www.cafepubgiulia.at
ÖFFNUNGSZEITEN Mo-Fr: 7:30 bis 22:00 Uhr, Sa: 8:00 bis 23:00 Uhr, So: 8:30 bis 20:00 Uhr
FASSBIER Wieselburger Spezial, Starobrno, Heineken Premium Lager, Gösser Stifts-Zwickl Hell
FLASCHENBIER Gösser Märzen, Desperados, Edelweiss, Sol
LOKAL Nettes, kleines Bierlokal im Design eines viktorianischen Pubs, viel dunkles Holz, gepflegtes Bier freundlich serviert. Über der Bar das Motto: „Je mehr i trink, desto gscheiter werd i" – möge es wahr sein! 80 Sitzplätze im Lokal, 14 an der Bar, 25 Sitzplätze im Garten.

EGGENBURG

DIE KRAMEREY

3730 Eggenburg, Grätzl 2, +43/2984/20810
www.diekramerey.at
ÖFFNUNGSZEITEN Mo-Do: 9:00 bis 23:00 Uhr, Fr-Sa: 9:00 bis 1:00 Uhr, So: 9:00 bis 23:00 Uhr
FASSBIER Wieselburger Gold, Gösser Zwickl, Villacher Bernstein
FLASCHENBIER Villacher Märzen, Corona, Desperados
LOKAL Die Kramerey befindet sich in einem alten Grätzel, das den Stadtplatz von Eggenburg teilt. Das Haus stammt in seiner heutigen Form aus dem frühen 16. Jahrhundert. Hier war seinerzeit das Kaufgewölbe des Krämers Wolf Marholt – Kramerey war die Bezeichnung sowohl für die Ware wie auch für das Verkaufslokal. Die Bar wurde aber von Familie Stift, den heutigen Besitzern der Kramerey, durchaus zeitgeistig gestaltet. 50 Plätze im Lokal, 10 an der Bar, 20 im Keller für kleine Feiern, 50 im Schanigarten auf dem Stadtplatz.

FALKENSTEIN

GENUSSWERKSTATT SIEBEN:SCHLÄFER

2162 Falkenstein, Kellergasse 8, +43/2554/88086
+43/664/1502323
www.7schlaefer.at
ÖFFNUNGSZEITEN Mi.-Fr: 10:00 bis 17:00 Uhr, Sa: 9:00 bis 17:00 Uhr
FASSBIER Sieben:schläfer Bürgerbräu (eigener Tonkrug), Grieskirchner Tradition, Gusswerk Edelguss, Ottakringer helles und rotes Zwickl, Rieder Weisse, saisonal Ottakringer Zwickl Bock
FLASCHENBIER Starobrno, Grieskirchner Tradition, Weihenstephan Hefetrüb, Grad Bier Helles, Grad Bier Kardamom und ein breites Craftbierangebot mit ziemlich komplettem Sortiment von Brew Age, Gusswerk, Boris Pivo und einigen Mittelstandsbrauereien.
LOKAL Severin Weber hat in eineinhalb Jahrzehnten dieses Lokal zu einer Institution im Weinviertel gemacht: Als gelernter Koch ist er ein hervorragender Gastgeber, der seinen Gästen gepflegt aufkocht: Es gibt saisonal wechselnde, täglich frisch zubereitete Speisen auf Selbstbedienungs-Basis, immer zwei Suppen (eine davon Vegan), zwei Hauptspeisen (eine Vegan), eine gartenfrische Salatvariation und einen Tageskuchen. Die Genusswerkstatt sieben:schläfer veranstaltet gemeinsam mit Brew Age vom Braumeister kommentierte 5-gängige Biermenüs und einmal monatlich ein Frühschoppen mit Live-Musik. 45 Sitzplätze im Lokal, 80 im Saal, 15 Stehplätze an der Bar, 50 Sitzplätze im Garten.

GÄNSERNDORF

CAFE PUB ENTE

2230 Gänserndorf, Rathausplatz 3, +43/664/1246459
www.www.facebook.com/cafepubente/?locale=de_DE
ÖFFNUNGSZEITEN Mo-Fr 8:00 bis 1:00 Uhr, So & Feiertage 15:00 bis 1:00 Uhr.
FASSBIER Zipfer Urtyp, Starobrno
FLASCHENBIER Guinness, Heineken, Wieselburger, Hirter Pils, Hirter Morchl, Corona, Gösser Radler, Heineken 0,0
LOKAL Wer durch die Bezirksstadt Gänserndorf spaziert, wird bei jeder auch nur halbwegs passenden Gelegenheit auf eine Anspielung zum Thema Gans treffen. Wilhelm Patera wollte einen Kontrapunkt setzen: Als er das längere Zeit geschlossene Lokal Fidelio erwarb, nannte er es wegen des Kontrasts „Ente" – und dabei ist es geblieben. Sehr familiär geführter Betrieb, in dem Gäste rasch zu Freunden werden. 40 Plätze im Lokal, 5 an der Bar.

Café Pub Ente

GALLBRUNN

LANDGASTHOF & HOTEL MUHR

2463 Gallbrunn, Hauptstraße 87, +43/2230/2858
www.muhr.co.at
ÖFFNUNGSZEITEN Mo-Di: 9:00 bis 23:00 Uhr, Fr-So: 9:00 bis 23:00 Uhr
FASSBIER Ottakringer Pils, Ottakringer helles Zwickl, Andechser Klosterbräu Märzen, saisonale Angebote wie z.B. Bock, Osterbock, Oktoberbier, Paulaner
FLASCHENBIER Andechser Hefetrüb, Schneider Weisse, Zwettler Dunkel, Ottakringer Helles, Ehrentrautmannsdorfer Craftbiere
LOKAL Jakob & Gertraud Muhr führen diesen Betrieb, der seit 1950 im Zentrum von Carnuntum von der Familie Muhr betrieben wird. Eigene Hausschlachtung und eigene Speisenkreationen mit Bier – etwa ein Bier-Sorbet. Küchenchef Jakob Muhr bemüht sich auch um die richtige Präsentation von Käse: Es gibt nicht nur einen Weinsommelier, sondern auch einen Zapfkaiser und Käsesommelier. 200 Sitzplätze im Lokal, 25 Plätze an der Bar, 50 im Garten.

GALLIEN

GALLIEN ERLEBNISWELT

3753 Gallien, Gallien 1, +43/664/5303441
www.gallien.at
ÖFFNUNGSZEITEN Ostern – 30. Juni: Do-So ab 8:00 Uhr; Juli & August: täglich ab 8:00 Uhr; September – 26. Oktober: Do-So ab 8:00 Uhr; November & Dezember: Sa & So ab 8:00 Uhr

Gallien Erlebniswelt

FASSBIER Gallien-Bräu Sortiment
FLASCHENBIER Gallien-Bräu Sortiment
LOKAL Microbrauerei des Jahres, siehe Seite 105.

GAMING

BRUCKNERS BIERWELT

3292 Gaming, Grubberg 4a, +43/7485/98599
www.erzbräu.at
ÖFFNUNGSZEITEN Mo-So: 10:00 bis 18:00 Uhr
FASSBIER Bergquell (helles Märzen), Erzbräu Schwarzer Graf Märzen, Schwarzer Peter, Dinkel Weisse (obergärig), Ötscher Pils, India Pale Ale, Spezial- und Fruchtbiere nach Saison
LOKAL Der Ausschank der kleinen Brauerei des Biersommeliers Peter Bruckner. Im Rahmen eines Um- und Zubaues wurde der Shop neu gestaltet, die Möbel sind im Upcycling aus Alteisen und Altholz hergestellt. Einfache Biergartengarnituren und freundliche Bedienung. Sechs Biere im Ausschank und, soweit Vorräte davon vorhanden sind, auch ein im Haus gebrannter Whisky sowie die Ötscher-Spirits aus der Brennerei: Bio Rum, Bio Gin und Bio Wodka. Bei seinen Seminaren – Voranmeldung nötig – gibt es auch Biere anderer Brauereien zu verkosten. Ca. 20 Sitzplätze an der neu gestalteten Sitzecke.

KARTAUSE GAMING

3292 Gaming, Kartause 1, +43/7485/98466
www.kartause-gaming.at
ÖFFNUNGSZEITEN Mo-Sa 7:00 bis 22:00 Uhr, warme Küche von 11:30 bis 21:00 Uhr, So 7:00 bis 18:30 Uhr

FASSBIER Gaminger Kartausenbräu Märzen, Gaminger Kartausenbräu Helles Zwickl, Gaminger Kartausenbräu Kartausen Dunkel, Gaminger Kartausenbräu Saisonbier
FLASCHENBIER Gaminger Kartausenbräu Stout, Gaminger Kartausenbräu Chez Pierre Honey Ale, Gaminger Kartausenbräu BierNen Radler, Gaminger Kartausenbräu Weizen, Saisonbiere
LOKAL Das Kartäuser-Kloster von Gaming war zeitweise eines der Bedeutendsten seiner Art in Europa. Nachdem es unter Joseph II. aufgehoben wurde, ist es verfallen. Nach der Einrichtung einer Gasthausbrauerei 2008 ist das alte Gemäuer wieder ein gastliches Haus – in dem gelegentlich auch Sondersude (2017 etwa ein Imperial Stout) gebraut werden. Einige der in der Kartause gebrauten Biere gibt es auch zum Mitnehmen in Flaschen – und wenn man besonderes Glück hat, sogar gratis: Bei unserem Besuch am Vatertag gab es für jeden Mann eine kleine Flasche Kartausenbräu als Draufgabe. Ca. 200 Sitzplätze im Lokal, 20 Plätze an der Bar, 80 Sitzplätze im Garten.

GARS AM KAMP

SAPPALOT

3571 Gars am Kamp, Hauptplatz 6, +43/664/3680609
www.sappalot.at
ÖFFNUNGSZEITEN Sommer: Mo-Do 7:30 bis 24:00 Uhr, Fr-Sa 7:30 bis 2:00 Uhr, So 9:00 bis 23:00 Uhr; Winter: Mo, Mi, Do 7:30 bis 24:00 Uhr, Di 7:30 bis 14:30 Uhr, Fr-Sa 7:30 bis 2:00 Uhr, So 9:00 bis 23:00 Uhr
FASSBIER Hadmar Bio Bier, Hubertus Pils, Hubertus Kelten, Puntigamer, Jörger Weisse
FLASCHENBIER Garser Bier, Hubertus Märzen, Festbock, Wieselburger Stammbräu, Beck's, Corona, Hubertus Dunkel
LOKAL Nettes, helles Lokal mit langer Bar. Das Opernensemble der OpernAir Gars ist hier während der Saison Stammgast. 120 Sitzplätze im Lokal, 10 vor dem Lokal.

GLOGGNITZ

BRAUGASTHOF-BRAUEREI-GREISSLEREI DIEWALD

2640 Gloggnitz, Raach am Hochgebirge 38, +43/2662/43905
www.gasthof-diewald.at
ÖFFNUNGSZEITEN Mo: 8:30 bis 23:00 Uhr, Di: 11:00 bis 14:00 Uhr, 17:30 bis 23:00 Uhr, Mi-So: 8:30 bis 23:00 Uhr
FASSBIER selbst gebrautes „Franzl-Bier", „Josef's Bier" (5-Korn Bier), Saisonbiere: Nessi Brennesselbier (Mai), Himmelblau mit Eichen und Himmelschlüssel (Juni), helles BIO Bier (Juli), Federweiße Weißbier (August), Jagabluat Honig & Ingwer (Oktober), Ganslbier Zwickl mit Rosmarin & Thymian (November), Festbock (Weihnachten & Ostern), Puntigamer Panther, Stiegl-Goldbräu, Zwettler Original 1890, Gösser Naturradler, Murauer Märzen
FLASCHENBIER Gösser Stiftsbräu, Gösser Helles, Gösser Naturgold, Edelweiss Hefetrüb, Weihenstephan Hefetrüb, Puntigamer Märzen, weitere Bierspezialitäten.
LOKAL Das regionale Gasthaus liegt in Raach am Hochgebirge, in wunderschöner Lage am Berg inmitten zweier Täler (Schwarzatal und Feistritztal) in 813 m Seehöhe. Im Jahr 1998 errichtete Franz Diewald, der gern experimentiert (etwa mit Brennnesselbier und Gewürzbier) eine kleine Hausbrauerei, die auch besichtigt werden kann. Die Küche bietet bodenständige Schmankerl aus der Region und legt zudem großes Augenmerk auf die Verarbeitung der Produkte. Top Wirt, Tut-Gut-Wirt und Genusswirt. Anstich der Saisonbiere jeweils am 1. Samstag des Monats und so lange der Vorrat reicht! Platz für große und kleine Gruppen bis zu 200 Personen, in der Brauerei 60 Plätze, im Garten 250 Sitzplätze, Terrasse: 50 Sitzplätze.

Braugasthof-Brauerei-Greisslerei Diewald

S' PLATZL

2640 Gloggnitz, Haupstraße 24a, +43/2662/44028
www.s-platzl.at
ÖFFNUNGSZEITEN Mo-Mi 10:30 bis 14:00 Uhr, 17:00 bis 22:00 Uhr; Do-Sa 10:30 bis 22:00 Uhr
FASSBIER Hassbacher Groda Michl, Puntigamer Panther
FLASCHENBIER Edelweiss Weizen
LOKAL Modern gestaltetes Wirtshaus in historischem Gebäude (die Fundamente stammen aus dem 12., das Haus selbst aus dem

16. Jahrhundert): Wenn man eintritt, stößt man auf eine lange Theke, in zwei weiteren Räumen hat Jürgen Seehofer im Jahr 2018 eine Gaststätte mit zeitgemäß präsentierter österreichischer Küche eingerichtet, Mittagsmenüs von 11:30 bis 14 Uhr, abends kann man von 17 bis 21 Uhr essen. 60 Plätze in zwei Räumen, 15 Plätze an der Bar, je 10 im Schanigarten und im hinteren Garten.

GMÜND

CELLO

3950 Gmünd, Kirchengasse 23, +43/2852/54834 und +43/664/3771356
www.gasthaus-cello.at
ÖFFNUNGSZEITEN Di-Sa: 17:00 bis 1:00 Uhr
FASSBIER Schremser Märzen, Guinness, Budweiser, Kilkenny
FLASCHENBIER Kilkenny, Franziskaner, Corona, Pilsner Urquell, Stiegl
LOKAL Historisches Gemäuer, das zu einer einfachen, aber sehr stimmungsvollen Bierbar umgebaut worden ist. Guinness wird schön gezapft, man hat fast den Eindruck, in einem ländlichen Pub in Irland zu sein. Mehrmals im Jahr finden Bierverkostungen statt sowie Veranstaltungen rund ums Bier, wie z.B. St. Patricks Day mit grünem Bier und Dudelsackmusik. Die Küche bietet saisonale und regionale Produkte. Im Innenhofgarten werden im Sommer Surstelzen und tschechisches Bier serviert. 70 Plätze im Lokal, 60 im Garten und 40 im Stadl (für Gruppenfeiern).

PIPELINE

3950 Gmünd, Prof.-Krejci-Graf-Straße 2, +43/2852/51400-15
www.aviagmuend.at
ÖFFNUNGSZEITEN Mo-Sa: 6:30 bis 22:00 Uhr, So: 8:00 bis 22:00 Uhr
FASSBIER Aviane Hausbier Hell (gebraut von der Zwettler Brauerei), Budweiser, Schneider Weisse, Zwettler Radler, ein saisonales Bier
FLASCHENBIER Zwettler Dunkles, Schremser Märzen, Pipeline Bleifrei (= Zwettler Luftikus Alkoholfrei)
LOKAL Tankstellen-Bars kommen im Bierguide sonst nicht vor – dieses an die Avia-Tankstelle am Gmünder Stadtrand angeschlossene Lokal ist aber eine verdiente Ausnahme: Es ist ein wirklich netter Biertreff, ausgesprochen witzig als eine Art Rennstall dekoriert und offenbar auch Treffpunkt für jene, die keineswegs zum Auffüllen des Benzintanks hier Halt machen. Die Pipeline – definiert als „Rohrleitungs- und Pumpensystem zum Transport von flüssigen oder gasförmigen Betriebsstoffen" – dient hier als „Transportmittel für gute Laune, nette Menschen, Gedanken und Freundlichkeit". Es gibt eine alte Benzinzapfsäule mit eingebautem Durchlaufkühler – für saisonale Biere oder auch bei Events im Freien. Alle Servicemitarbeiter haben eine Barista Ausbildung. Regelmäßige Mitarbeiterschulungen bzw. firmeninterne Trainings gibt es seit 1998. 75 Plätze im Lokal, 10 an der Bar, 66 in der Genusswerkstatt und ganzjährig eine Seecontainer Terrasse mit 30 Sitzplätzen. Außerdem begrüßt Sie der digitale Roboter Assistent „PIPELINO". 20

Stadtwirtshaus Hopferl

STADTWIRTSHAUS HOPFERL

3950 Gmünd, Stadtplatz 24, +43/2852/51980
www.hopferl-gmuend.at
ÖFFNUNGSZEITEN Mo: 9:00 bis 23:00 Uhr, Mi-Do: 9:00 bis 23:00 Uhr, Fr-Sa: 9:00 bis 00:00 Uhr, So: 10:00 bis 15:00 Uhr
FASSBIER Gmünder Stadtbier (Brauerei Schrems nach eigenem Rezept), Schremser Premium, Zwettler Original 1890, monatlich wechselnde Saisonbiere, z.B.: zur Weihnachtszeit den Schremser Weihnachtsbock
FLASCHENBIER Weitra Hadmar Bio Bier, Weitra Schwarzes, BrauSchneider Emmerbier, BrauSchneider IPA, BrauSchneider Pilsner, Neufeldner Mühlviertler Weisse, Neufeldner Hoppala, Schremser Bio-Roggen, Schremser Doppelmalz Dunkel, Zillertaler Märzen, Zillertaler Gauder Steinbock, Zillertaler Imperial Zwickl, Brew Age Nussknacker, Franziskaner Hefeweisse, Paulaner Hefeweisse, Schneider Hefeweizen, Augustiner Edelstoff, Riegele Commerzienrat, Aecht Schlenkerla Rauchbier, Fullers London Pride, Leffe Blonde, Krumbacher Altbier, Krumbacher Witt, Krumbacher Pale Ale, wechselnde internationale Biere, saisonal wechselnde Bierkarte.
LOKAL Familie Hag, die in der Waldviertler Bierszene seit vielen Jahren aktiv ist, hat mit diesem Haus am Gmünder Stadtplatz bereits viele Auszeichnungen erhalten – 2022 etwa einen Sonderpreis für „ausgezeichnete Mitarbeiterführung" als Top Wirte der N.Ö. Wirtshauskultur. 2014 hat Josef Hag seine Ausbildung als Dipl. Biersommelier an der Doemens-Akademie in Gräfelfing absolviert und bei Axel Kiesbye sein Wissen über Bier weiter vertieft – ab und zu braut er auf einer Kleinanlage ein Bier, das er für seine Gäste ausschenkt. Einmal im Monat im Rahmen von „Musik bei'm Wirten" an einem Freitag wird ein spannendes „Monatsbier vom Fass"

persönlich von dem jeweiligem Braumeister vorgestellt. Am 23. März wird zum traditionellen „Sepp'n Fest" geladen, um das Bierwissen der Gäste zu verbessern. Zur „Bier Gemeinschaft" ist bereits ein junger Braumeister gestoßen und die Brauerei Schrems unterstützt die Initiative mit dem einen oder anderen Versuchssud. Das „Gmünder Stadtbier" wird exklusiv für das Hopferl gebraut. In den Sommermonaten Juli & August gibt's jeden Freitag ab 17:30 Uhr das Angebot Ripperl & Bier im Stadtplatz Lounge-Gastgarten. 114 Sitzplätze im Lokal, 25 an der Bar, 50 Sitzplätze im Garten.

GÖSTLING

Zirbenstube

ZIRBENSTUBE

3345 Göstling, Pfarrer-Schauer-Platz 169, +43/7484/2330
www.zirbenstube-goestling.at

ÖFFNUNGSZEITEN Mi-So: 9:00 bis 00:00 Uhr

FASSBIER Starobrno, Weihenstephaner Hefetrüb, Kaiser Premium, Heineken oder Gösser Märzen

FLASCHENBIER Kaiser Märzen, Birra Moretti, Zipfer Drei

LOKAL Als die BrauUnion im Jahr 2008 Tester ausschickte, um die Bierqualität in ihren Ausschankstätten zu kontrollieren, kam die Zirbenstube österreichweit auf den fünften Platz unter 180 Betrieben. Die Zapfkultur stimmt weiterhin, es gibt sogar eigens für das Lokal gebrandete Biergläser! Klar, dass Wirtin Maria Maierhofer will, dass alles so bleibt, wie es ist: Wer in diesem ländlich-gemütlichen Lokal Stammgast ist, kann einen eigenen Stammkrug einstellen – und unter den namhaften Gästen befinden sich Thomas Sykora und Katrin Zettl. Küchenzutaten von Biobauern aus der Umgebung. 80 Sitzplätze im Lokal, 60 Sitzplätze auf der Terrasse, 20 an der Bar.

HAINFELD

BRAUSTÜBERL HAINFELD

3170 Hainfeld, Wienerstraße 8, +43/664/4166680
www.facebook.com/Braustueberl.HF

ÖFFNUNGSZEITEN Mo: 9:00 bis 22:00 Uhr, Di: 9:00 bis 12:00 Uhr, Do-So: 9:00 bis 22:00 Uhr

FASSBIER Hainfelder Lager, Edelpils, Zwickl Kellertrüb, Dunkles, Spezial, Bock (Weihnachten + Ostern)

LOKAL Allein schon die historische Anlage des Gastraums ist einen Abstecher wert: Der 1687 gegründete Braugasthof ist ein einfacher und gemütlicher Landgasthof. Bodenständige Kost zu fairen Preisen. Jeden ersten Donnerstag im Monat gibt's eine Kesseldürre. An Veranstaltungen werden sonntags ein Frühschoppen sowie im September eine Weißwurstparty geboten. 100 Plätze, 6 an der Bar, 30 im Garten.

Braustüberl Hainfeld

HAGINVELT

3170 Hainfeld, Hauptplatz 1, +43/2764/2465
www.haginvelt.at

ÖFFNUNGSZEITEN Di-Sa: 16:00 bis 00:00 Uhr

FASSBIER Hainfelder Pils, Hausbier, Wieselburger Spezial, Edelweiss Weizenbier

FLASCHENBIER Guinness, Schwendl Schalchner Weisse Hell und Dunkel, Gösser Naturgold, Hofbräu Kaltenhausen 1475 Pale Ale, Affligem Blonde und Double, Hölzl Weisse

LOKAL Dieses von Ilse und Mario von Haginvelt Streimetweger geführte Lokal hat sich zum „ersten Haus am Platz" in Hainfeld (dessen historischer Name Haginvelt lautet) gemausert – und bietet eine zum Durchprobieren anregende Biervielfalt. Jährlich Bockbieranstich der nahen Hainfelder Brauerei – der Festsaal fasst bis zu 250 Personen.

HARMANNSDORF

BUCHINGER – DAS WIRTSHAUS

3713 Harmannsdorf, Harmannsdorf 18, +43/2984/8241
www.gasthofbuchinger.at

ÖFFNUNGSZEITEN Mi-Sa: 10:00 bis 14:00 Uhr, 18:00 bis 22:00 Uhr, So: 10:00 bis 15:00 Uhr

FASSBIER Ottakringer Goldfassl Spezial, Ottakringer Rotes Zwickl

FLASCHENBIER Schneider Weisse Tap 7

LOKAL Innovatives Landgasthaus, zwischen Maissauer Berg und Maria Dreieichen gelegen, mit regionalem sowie nationalem Speisenangebot, das auch die Bierkultur hochhält. Brunch gibt es hier am Mittwoch, Donnerstag und Freitag. 275 Plätze, 75 im Garten, 10 an der Bar.

HEIDENREICHSTEIN

BURGSTÜBERL

3860 Heidenreichstein, Waidhofener Straße 1, +43/2862/58993
www.burgstueberl.at

ÖFFNUNGSZEITEN Di-Mi: 10:00 bis 14:30 Uhr, Do 10:00 bis 21:00 Uhr, Fr-Sa 10:00 bis 22:00 Uhr, So 10:00 bis 21:00 Uhr

FASSBIER Schremser Naturparkbier, Zwettler Zwickl, Zwettler Pils, Starobrno, Saisonbiere

FLASCHENBIER Zwettler Export, Zwettler Dunkles, Franziskaner

LOKAL Vom Schanigarten Blick auf die mächtige Wasserburg, auf deren Dach ein Storch zu beobachten ist. Breite, immer gute Speisenauswahl (Fleisch, Fisch, Vegetarisches und Pizzen nach eigener Zusammenstellung) saisonale Speisenangebote, Karpfenwirt der Genussregion „Waldviertler Karpfen", delikate Vollwert- und traditionelle Mehlspeisen. Jährlich im September wird ein Bierkulinarium mit mehrgängigem Menü mit Bierbegleitung angeboten. Im Winterhalbjahr werden Themenbuffets veranstaltet, genannt. „Kulinarische Reise um die Welt" mit Bierbegleitung, siehe Homepage. 35 Sitzplätze in der Gaststube, 25 im Extrazimmer, 48 im Gewölberaum, 60 Sitzplätze im neu gestalteten, barrierefreien Gewölbe-Eventkeller, 28 Plätze im Schanigarten – erweiterbar im Innenhof auf 150 Plätze.

HEILIGENKREUZ

Klostergasthof Heiligenkreuz

KLOSTERGASTHOF HEILIGENKREUZ

2532 Heiligenkreuz, Stift Heiligenkreuz, +43/2258/8703-138
www.klostergasthof-heiligenkreuz.at

ÖFFNUNGSZEITEN Mo-Fr: 10:00 bis 22:00 Uhr, Sa-So: 9:00 bis 22:00 Uhr

FASSBIER Schlägl Abtei Pils, Gösser Märzen

FLASCHENBIER Andechser Weizen Hefetrüb, Edelweiss Weizen Alkoholfrei, Schlägl Malz König, Gösser Naturgold, monatlich wechselnde Spezialbiere aus der Stiftsbrauerei Schlägl, wie Bio-Roggenbier, Kristall leicht, Fastenbier, Bio Zwickl, Doppelbock, und das Heiligenkreuzer Klosterbier gibt es zum Mitnehmen im 8er Träger

LOKAL Gut geführter Klostergasthof im Stift Heiligenkreuz mit freundlicher Bedienung im großen Biergarten. Der Ausschank dürfte eine gut 800-jährige Baugeschichte aufweisen, errichtet wurde er als Hospital außerhalb der eigentlichen Klostermauern – und die Verwendung als Taverne ist seit 1554 nachgewiesen. Mehrere Säle (für bis zu 180 Personen), Wintergarten für 12 Personen und ein Garten für 200 Gäste.

HERZOGENBURG

MAHLZIG

3130 Herzogenburg, Hotelstraße 2, +43/2782/20701
www.mahlzig.at

ÖFFNUNGSZEITEN Mo-Fr: 8:00 bis 22:00 Uhr

FASSBIER Mahlzig Hausbier (selbst gebraut), Zwickl Hausbier (selbst gebraut), Egger Premium

FLASCHENBIER Augustiner Edelstoff, Tegernseer Hell, 100 Blumen Pils, Pilsner Urquell, Warsteiner, Schneider Weisse Tap 7, König Ludwig Weißbier Dunkel, Augustiner Weißbier, Leffe Brune, Leffe Blonde, St. Pöltner Biergenossenschaft Spitzenbier, Inselbrauerei Baltic Ale, Eggenberg Samichlaus, Stift Engelszell Beno, Stift Engelszell Gregorius u.a.

LOKAL Das Mahlzig ist kein Lokal, bei dem man eben mal vorbeispaziert – die nächste Bahnstation Herzogenburg ist mehr als 20 Minuten Fußmarsch entfernt, das Stadtzentrum von Herzogenburg noch viel weiter. Die Abfahrt der S33 dagegen liegt in unmittelbarer Nachbarschaft. Man muss also gezielt hierherkommen, und das nur unter der Woche, denn am Wochenende ist hier wirklich nichts los. An Wochentagen aber wird man in einem freundlich-hellen Lokal mit einer sehr langen Bar und einer kleinen Terrasse empfangen, wo auch preiswerte Mittagsmenüs angeboten werden. Auf einem Bildschirm kann man sehen, welche Bierspezialitäten gerade im Angebot sind. Zudem gibt es einen großen verglasten Kühlschrank, in dem man das Flaschenbierangebot überblicken kann – aber es lohnt auch, die Getränkekarte zu studieren, in dieser sind die Biere sehr ausführlich beschrieben. Es gibt auch ein eigenes Mahlzig-Hausbier, entwickelt vom hauseigenen Diplom-Biersommelier. Wenn man mit dem Auto gekommen ist (was die logische Anreise hierher ist) und vielleicht etwas mehr gekostet hat als fahrtüchtigkeits-kompatibel wäre, bietet es sich an, ein preiswertes Zimmer im angeschlossenen Cleverhotel zu nehmen. 85 Plätze im Lokal, 16 an der Bar. Bei Drucklegung des Bierguide war das Lokal wegen Krankheit geschlossen.

HINTERBRÜHL

PFIFF

2371 Hinterbrühl, Hauptstraße 53, +43/676/7093748
www.pfiffhinterbruehl.at
ÖFFNUNGSZEITEN Mo-So: 17:00 bis 00:00 Uhr
FASSBIER Velkopopovický Kozel, Stiegl-Goldbräu, Murauer Märzen, Innstadt Passauer Weisse, Stiegl-Radler Grapefruit, Ottakringer Zwickl, Goldfassl Spezial
FLASCHENBIER Stiegl Goldbräu, Ottakringer Dunkles
LOKAL Großzügiges Fassbierangebot in gemütlich-ländlicher Atmosphäre, Einrichtung und Bar sind aus alten Ziegeln gemauert, für die Möbel wurden alte Holzbalken verwendet. Die Küche reicht von traditionellen österreichischen Speisen (Rindsgulasch nach Bauernart oder Fiakergulasch, Cordon Bleu mit Salat, Grammelschmarrn, Tiroler Gröstl) bis zum Bierradi mit Schnittlauchbrot. Jährliches Oktoberfest. 50 Sitzplätze im Lokal, 50 Sitzplätze im Garten.

HOLLENBURG

LUMPAZIBRÄU – DAS BIERLOKAL

3506 Hollenburg, Obere Hollenburger Hauptstraße 44
+43/2739/77027
www.lumpazi.at
ÖFFNUNGSZEITEN Mi-So: 11:00 bis 22:00 Uhr

Lumpazibräu – das Bierlokal

FASSBIER Lumpazibräu Premium, Lumpazibräu Dunkel, Lumpazibräu Zwickl, saisonal Weizenbier, Radler
FLASCHENBIER Edelweiss Weißbier, Gösser Naturgold
LOKAL Der Name dieses am südlichen Donauufer gelegenen Lokals erinnert an „Lumpazivagabundus", den bösen Geist aus Nestroys gleichnamigem Theaterstück. Das in viel hellem Holz gehaltene, recht rustikal wirkende Lokal (kein wirkliches Bräu, sondern gut versorgt von der Brau Union) bietet deftige Küche – etwa Braumeisterpfandl, Bierfleisch, Putenrahmgeschnetzeltes. 200 Sitzplätze, 20 an der Bar, Garten: 250 Plätze. Von Oktober – April Montag und Dienstag Ruhetag, alle anderen Monate nur Montag (außer feiertags).

HORN

ACHTERBAR

3580 Horn, Florianigasse 8, +43/2982/35088
www.achterbar.at
ÖFFNUNGSZEITEN Di-Do ab 17:00 Uhr, Fr-Sa ab 18:00 Uhr
FASSBIER Schladminger Märzen, Starobrno Altbrünner Gold, Schladminger Bio Zwickl, Wieselburger Spezial, Hacker Pschorr Münchner Hell, Saisonbier vom Fass
FLASCHENBIER Wieselburger Stammbräu (Bügelflasche), Heineken, Desperados, Corona Extra, Sol, Weihenstephan Hefeweisse, Guinness Extra Stout, Gösser Naturgold
LOKAL Sieht sich als „InLokal für Jung und Alt" und die erste Adresse in Horn. Viele Feste und beachtliche Bierauswahl. 150 Sitzplätze im Lokal, 50 Plätze an der Bar, 50 Sitzplätze im Garten.

CAFÉ CARAMBOL

3580 Horn, Thurnhofgasse 14, +43/681/84044197
www.billardsalon.at
ÖFFNUNGSZEITEN Mo-So: 17:00 bis 1:00 Uhr
FASSBIER Zwettler Original
FLASCHENBIER Wieselburger Stammbräu, Stiegl, Zwettler Dunkles, Paulaner Weißbier, Zwettler Luftikus
LOKAL Seit mehr als 30 Jahren gibt es an dieser Location gepflegtes Bier bei einem Billardspiel (neun Tische). Schwarzbrot-Toasts, Standard-Toasts, Bratwurst, Käsekrainer, Carambol-Pizza und Carambol-Burger. Jeden Dienstag trifft sich hier der Union Billard-Club Horn. 80 Sitzplätze, 15 an der Bar, Schanigarten: 15.

CORNER BAR

3580 Horn, Rathausplatz 7, +43/2982/30733
de-de.facebook.com/pages/category/Cocktail-Bar/CORNER-BAR-HORN-392618990410/
ÖFFNUNGSZEITEN Mi 16:00 bis 1:00 Uhr, Do 17:00 bis 00:00 Uhr, Fr 17:00 bis 4:00 Uhr, Sa: 18:00 bis 4:00 Uhr
FASSBIER Goldfassl Spezial, Murauer, Schneider Weisse, eine wechselnde Bierspezialität
FLASCHENBIER König Ludwig Dunkel, Heineken, Kilkenny, Corona
LOKAL An der Ecke der Florianigasse liegt seit drei Jahrzehnten diese immer noch trendig wirkende Cafe-Bar, seit einigen Jahren heißt sie Corner-Bar und zeichnet sich durch gute Bierpflege und freundliche Bedienung aus. 60 Sitzplätze im Lokal, 15 an der Bar. 5

GASTHOF ZUR STADT HORN – HOTEL BLIE

3580 Horn, Hamerlingstraße 17, +43/2982/2257
www.blie.at
ÖFFNUNGSZEITEN Mo-Fr: 7:00 bis 14:00 Uhr, 17:00 bis 22:00 Uhr, Sa: 17:00 bis 22:00 Uhr
FASSBIER Zwettler Original, Stiegl-Goldbräu, Schremser Premi-

um, Hadmar Bio Bier, Schremser Zwickl, Franziskaner Hefeweisse
FLASCHENBIER Schremser Dunkel, Clausthaler
LOKAL Eine schöne Lamperie aus dunklem Holz, nett gedeckte Tische und eine wohlbestückte Schank mit freundlicher Bedienung empfangen einen in diesem Eckhaus. Alte Fotografien belegen, dass dieser gemütliche Stadtgasthof bereits seit 1866 (nunmehr in siebenter Generation) in der Familie Blie ist. 300 Sitzplätze in verschiedenen Stuben, 15 an der Bar, weitere 30 im Garten. ✕ 🛏74

KASTEN

Gwörthwirt

GWÖRTHWIRT

3072 Kasten, Gwörth 3, +43/2744/5224
www.gwoerthwirt.at
ÖFFNUNGSZEITEN Mo: 9:00 bis 23:00 Uhr, Do-Fr: 9:00 bis 23:00 Uhr, Sa: 9:00 bis 13:30 Uhr, So: 9:00 bis 21:00 Uhr
FASSBIER Hainfelder Lager, Gösser, Schremser Premium, saisonal: Schladminger Bio Zwickl, Winterbock
FLASCHENBIER Edelweiss Hofbräu, Wieselburger
LOKAL Landgasthof mit vielen Biergeniessern unter den Stammgästen, seit 1927 Familienbetrieb, Wirt und Wirtin sind selbst am Werk. Wirt Franz Kübel ist Bierkönig und veranstaltet jeden Freitag Spezialitäten zum/mit Bier, z. B. mit Backhuhn, Rossleberkäs oder Blunzengröstl etc. In unregelmäßigen Abständen: Bestes aus Österreichs Wirtshauskuch'l mit Bier zum Selberzapfen, Motorradler Stammtische, Frühschoppen mit Spanferkel, Oktoberfest und Ganslessen sind nur einige der Fixpunkte. 190 Sitzplätze im Lokal, 8 an der Bar, 60 Sitzplätze im Garten sowie 4 teilrenovierte, Gästezimmer, Motorradunterstellplatz, Reisemobilstellplätze. ✕ 🛏

KILB

DENKENHOF

3233 Kilb, Rametzberg 4, +43/2748/7269
www.pitterle.at
ÖFFNUNGSZEITEN Mi 10:00 bis 20:00 Uhr, Do-Sa: 10:00 bis 21:00 Uhr, So: 10:00 bis 15:00 Uhr
FASSBIER Zwettler Original, Budweiser Pils, Krumbacher „light" Bier, ein Saisonbier
FLASCHENBIER Schiffner Aurora Champion Bitter, Erzbräu Springbock, Nivard Trappistenbier, Bierzauberer Aleysium 1852, Samichlaus, IPA G'froren's aus der Hofstetter Brauerei, Schneider Aventinus Eisbock, Geroldinger Brauhaus Smoky Oak (Rauchdoppelbock eichenfassgereift), Gusswerk Nicobar, wechselnde Monatsbiere, bis zu 101 Biere, unterschiedlich bedingt durch jeweilige Saisonbiere.
LOKAL Was in Österreich unter dem Namen „Backhendlstation" läuft, entpuppt sich oft als sehr kompetentes Bierlokal (man kennt das von der Gartenrast in Radenthein). Am Rametzberg, südlich vom Zentrum der sich weit ins Land erstreckenden Gemeinde Kilb, hat die Familie Pitterle einen schönen Gastbetrieb mit einem in die Wiese hineinreichenden Naturgastgarten eingerichtet, der repräsentativ für die Niederösterreichische Wirtshauskultur ist und auch als Top-Wirt des Jahres 2019 ausgezeichnet wurde. Hervorzuheben ist besonders das Engagement für Craftbiere. Breites Küchenangebot (im Winter Damwild, zu Ostern Lamm, im Herbst Ente und Gans – alles aus der Region), die Spezialität des Hauses sind aber Henderln in allen Variationen. Das Bierangebot wird quartalsmäßig erneuert, es finden auch Bierdegustationsmenüs begleitet von einem Biersommelier statt. Als besonderes Angebot gibt es Hubschrauberflüge – denn gleich gegenüber vom Gastgarten liegt ein Heliport. 100 Plätze im Lokal, 100 im Festsaal, 80 Plätze im Gastgarten. ✕

Gasthof Fischl

GASTHOF FISCHL

3233 Kilb, Kirchenplatz 1, +43/2148/7378
www.fischl.at
ÖFFNUNGSZEITEN Mo: 9:00 bis 22:00 Uhr, Mi-So: 9:00 bis 22:00 Uhr
FASSBIER Zipfer Urtyp
FLASCHENBIER Wieselburger Stammbräu, Wieselburger Lager, Schwechater Lager, Schlossgold
LOKAL Kilb war einst eine der bedeutenderen Marktgemeinden in Niederösterreich, davon zeugt noch die prächtige, den Heiligen Simon und Judas geweihte Pfarrkirche. Der Gasthof Fischl gleich nebenan fungiert quasi als „Kirchenwirt" – im Sommer sitzt man mit Blick auf die „Königin der Landpfarrkirchen" unter der Hofrats-

eiche. Die Gaststube ziert der schöne Spruch: „Gott segne Deinen Eingang, wenn Du Durst hast, Deinen Ausgang, wenn Du bezahlt hast". Dieses Lokal ist in Thomas Bernhards „Holzfällen" als „Gasthaus zur Eisernen Hand" verewigt. Die Lamperie der Gaststube stammt aus dem Jahr 1947, die Schank wurde nach einem Hochwasser (Fotos davon im Eingangsbereich) in den späten 1950er-Jahren ergänzt und ist ihrerseits schon wieder eine innenarchitektonische Besonderheit. Auf der Schank steht meist ein Brotkörberl mit frischem Gebäck, denn das Wirtschaus ist gleichzeitig auch Bäckerei. Der Wirt lädt jeden Mittwoch ab 16.00 Uhr zum „Wochenteiler". Zur ständig wechselnden Biersorte wird jeweils typische Hausmannskost serviert. 280 Sitzplätze im Lokal, ca. 80 Sitzplätze im Gastgarten, 10 Plätze an der Bar.

TONI'S BIER- UND WEINSTUBE

3233 Kilb, Kettenreith 9, +43/2748/7538
www.toni-kettenreith.at
ÖFFNUNGSZEITEN Do-Mo ab 9:00 Uhr
FASSBIER Wieselburger Spezial, Murauer, Schwarzbräu Helles (Krumbacher Bier), Gösser Naturradler
FLASCHENBIER Weihenstephaner Weizen Naturtrüb, Kaiser Doppelmalz, Edelweiss Weizen Alkoholfrei, Gösser Naturgold
LOKAL Ein etwas abgelegenes Wirtshaus in der zu Kilb gehörenden Ortschaft Kettenreith – aber hier lebt die Dorfseele! Schon um 1907 befand sich hier eine Branntweinstube, eine Landkrämerei und eine Tabak-Trafik. Das Gastzimmer versteht sich als „öffentliches Wohnzimmer" mit Kachelofen. Im „Wöchentlichen Localblatt" kann der Gast die „unabhängigen Küchenneuigkeiten" nachlesen – und zwei, drei Witze. Die Wirtsleut' verstehen sich als Partner der Landwirte und werden von mehr als einem Dutzend Betrieben beliefert – unter anderem mit lokal produziertem Käse. Wirtsstube: 45 Plätze, Bar: 15 Plätze, im Stüberl: 25, Garten: 50.

KIRCHBERG A.D. PIELACH

GASTHOF KALTEIS

3204 Kirchberg a.d. Pielach, Melkerstraße 10, +43/2722/7223
www.kalteis.at
ÖFFNUNGSZEITEN Do-Mo: 8:30 bis 00:00 Uhr
FASSBIER Schremser Märzen, Schremser Roggenbier
FLASCHENBIER Franziskaner Weißbier, Schremser Doppelmalz, Erzbräu Pale Ale, Erzbräu Bergquell, Clausthaler
LOKAL Hubert Kalteis führt einen seit zumindest 1693 bestehenden Gastbetrieb unmittelbar an der Brücke über die Pielach. Wenn man durch den kleinen Gastgarten eintritt, hat man den Eindruck, in einem stark modernisierten Betrieb zu kommen – aber wenn man in die Gastsstube kommt, dann merkt man rasch, dass hier alles genau so ist, wie man es sich wünscht: Bodenständige Einrichtung, freundliche Bedienung und ein Kachelofen sorgen für die richtige Stimmung. Dass die Küche mehrfach (unter anderem mit zwei Gault Millau Hauben) ausgezeichnet wurde, hat die Wirtsleute glücklicherweise nicht abheben lassen. 40 Plätze in der Gaststube, 60 im Hirschenstüberl, 30 im Föhrenstüberl.

Gasthof Kalteis

KIRCHBERG AM WECHSEL

GASTHOF GRÜNER BAUM

2880 Kirchberg am Wechsel, Markt 55, +43/2641/2254
www.wirtshaus-gruenerbaum.at
ÖFFNUNGSZEITEN Mi-Sa 10:00 bis ca. 14:00 Uhr und 17:00 bis 22:00 Uhr, So 9:00 bis ca. 15:00 Uhr, Feiertag geöffnet.
FASSBIER Puntigamer Panther Premium, Hofbräu Kaltenhausen Bernstein, Schwarzbräu Altbier, Hacker Pschorr
FLASCHENBIER Schneider Weisse, Zipfer Urtyp
LOKAL Christian Donhauser führt dieses regionaltypische Wirtshaus in 9. Generation – aber die Wurzeln des Hauses reichen bis 1650 zurück. Bei einem Haus dieser Tradition spürt man das, wenn man durch die mit Butzenscheiben verzierte Tür in die Gaststube tritt. 2019 wurde der Grüne Baum als Top-Wirt der NÖ Wirtshauskultur ausgezeichnet. Viel Spaß und gutes Bier (mit Spezialitäten „Schwein und Bier – das rat ich dir" oder Bierfleisch vom Reh) gibt es bei den Festen, wie z.B. bei den Kirchberger Frühlings-Biertagen, schwerpunktmäßige bierige Angebote, zum Oktoberfest und zum Tag des Bieres ein spezielles Angebot aus Küche und Keller. Schwerpunktmäßige Angebote aus der Wirtshausküche wie Wildes Bierfleisch vom Reh, Pikanter Käseleberkäse vom Reh, Weißwürste, Bierbrezel. 130 Plätze, 20 an der Bar, Garten: 40 Sitzplätze. 10

ZUM FALLY

2880 Kirchberg am Wechsel, Ödenkirchenstraße 7
+43/2629/7205
www.zum-fally.at
ÖFFNUNGSZEITEN Do 9:00 bis 22:00 Uhr, Fr 9:00 bis 23:00 Uhr, Sa 11:00 bis 22:00 Uhr, So 11:00 bis 18:00 Uhr
FASSBIER Puntigamer Panther, Gösser Zwickl, Piestinger Märzen, Piestinger Weihnachtsbock, Piestinger Frühlingsbier, Hassbacher Michl

FLASCHENBIER Wieselburger, Piestinger Dunkles Bier, Edelweiss, Schlossgold, Reininghaus Jahrgangspils
LOKAL Dieser etwas abgelegene Landgasthof (zwischen Hochegg, Kranichberg und Rams) macht einen Spagat zwischen anspruchsvoller Gastronomie (zum Speisen sollte man an Wochenenden reservieren) und grundg'scheitem Wirtshaus. Mit einer Wirtsstube mit dicken Ahorn-Tischplatten einerseits (Musikanten- und Sängertreffen mit Zwickelbieranstich vom Holzfass) und einem eleganten Stüberl andererseits. Ausgezeichnet unter anderem als niederösterreichischer Bierkönig. Käseverkostungen, Mitglied des Käseclubs. Gastzimmer für ca. 30 Personen und im Stüberl ca. 35 Personen, Saal ca. 100 Personen, ca. 20 Plätze an der Bar, ca. 50 im Garten und 30 im Terrassencafé. 18

KLOSTERNEUBURG

EULENSPIEGEL

3400 Klosterneuburg, Markgasse 6, +43/2243/36254
www.eulenspiegel.at
ÖFFNUNGSZEITEN Do-So: 18:00 bis 23:00 Uhr
FASSBIER Budweiser Budvar, Schladminger Bio Zwickl, Murauer Märzen
FLASCHENBIER Wieselburger Stammbräu, Murauer Märzen, Stiegl-Goldbräu, Hirter Privat Pils, Grieskirchner Export Dunkel, Paulaner Weißbier Hefetrüb, Stiegl-Zitronenradler, Beck`s Blue
LOKAL Die Eule vom Eulenspiegel wird hier großgeschrieben, das örtliche Publikum kennt das Lokal auch nur als „Eule" – und hinter der Bar gibt es eine kleine Sammlung von Statuetten dieses sympathischen Vogels zu bewundern. Mehrmals im Jahr treten Bands live auf. Die Speisekarte ist kurz und biertypisch mit Sandwiches, Ribs und den getoasteten Schwarzbroten, die in Österreich immer noch als Klassiker der Bierlokal-Küche gelten. Viele Portionen sind so groß, dass sie für zwei Leute reichen, dann wird für ein zweites Gedeck ein kleiner Centbetrag eingehoben. 110 Sitzplätze im Lokal, 12 Plätze an der Bar, 20 im Gastgarten gegenüber.

KORNEUBURG

GWÖLB

2100 Korneuburg, Hauptplatz 20, +43/2262/71047
www.gwoelb.com
ÖFFNUNGSZEITEN Di-Sa: 17:00 bis 00:00 Uhr
FASSBIER Stiegl-Goldbräu, Stiegl Paracelsus, Stiegl-Weisse, König Ludwig Dunkel, Korneuburger, saisonal Original Stieglbock
FLASCHENBIER Budweiser, Corona extra, Stiegl-Pils, Murauer Märzen, Schremser Doppelmalz, Guinness, Clausthaler Extraherb
LOKAL Schon 2012 war dieses Musiklokal Niederösterreichs Bierlokal des Jahres – und die Qualität ist nach wie vor empfehlenswert: Im Sommer kommt man zunächst durch den lauschigen, überdachten Gastgarten im Innenhof. Dann kommt man ins Lokal, das zwei Ebenen besitzt. Eine ebenerdige Bar, die zweite Ebene bilden die Katakomben des Hauses, also das namensgebende Gwölb. Oft findet im Kellergwölb eine Veranstaltung statt, Folk, Jazz, Kabarett. Sehr bierige Einrichtung mit alten Emailletafeln. 100 Plätze im Lokal, 40 an der Bar, 100 im Innenhofgarten.

ZUM ALTEN ZOLLHAUS

2100 Korneuburg, Bahnhofplatz 2, +43/2262/72600
www.zumaltenzollhaus.at
ÖFFNUNGSZEITEN Mo-Fr: 9:00 bis 22:00 Uhr, Sa-So und Feiertage: 9:30 bis 15:00 Uhr
FASSBIER Hirter Märzen, Budweiser, Grieskirchner Pils, Ottakringer Rotes Zwickl
FLASCHENBIER Wieselburger, Die Weisse, Hirter 1270, Trumer Pils, Grieskirchner Dunkel, Liefmans Fruitesse, Clausthaler
LOKAL Schöner Biergarten gegenüber vom Korneuburger Bahnhof – im Jahr 2004 österreichweit als „Biergarten des Jahres" prämiert und seit 2017 Mitglied der Niederösterreichischen Wirtshauskultur. Im Garten leben einige kleine Hühner, es ist lustig, diese zu beobachten, während man sein Bier genießt. Traurig nur, dass es einige Gäste gibt, die man extra darauf hinweisen muss, dass man die Tiere nicht mit Steinen bewerfen darf. Das Gasthausgebäude ist tatsächlich ein ehemaliges Zollhaus mit kleinem Zollmuseum. Die Küche bietet regionale Schmankerl und ist vor allem wegen der Vielfalt an Gulaschvariationen bekannt. Ca.140 Sitzplätze im Innenbereich, 130 Sitzplätze im Biergarten.

Zum alten Zollhaus

KOTTES

GASTHOF ZUR KIRCHE

3623 Kottes, Nr. 21, +43/2873/7254
www.waldviertler-bierbad.at
ÖFFNUNGSZEITEN Di-Sa: 8:00 bis 23:00 Uhr, So bis 21:00 Uhr
FASSBIER Zwettler Zwickl, Zwettler Pils
FLASCHENBIER Edelweiss Naturtrüb, Zwettler Export, Kaiser Dunkles, Gösser Naturgold, saisonale Biere
LOKAL Familie Schrammel hat in ihrem Landgasthof einen bierorientierten Wellnessbereich eingerichtet. Die Inhaltsstoffe des Biertrubes, der Hefe und des Hopfens wirken im „Biertrub-Gesundheitsbad" von außen auf den Körper ein. Das Bierbad hat positive Auswirkungen nicht nur auf den Organismus, sondern auch auf die Haut. Natürlich kann man hier das Bier auch bloß trinken wie überall sonst. Essen kann man dazu Waldviertler Hausmannskost. Weiters auf der Karte: Bierschaumsuppe, Schweinslungenbraten in Biersauce. Neuer Festsaal für Feiern und Gruppen. 130 Plätze im Lokal, Gastgarten: 20, 8 an der Bar.

KREMS

HOFBRÄU AM STEINERTOR

3500 Krems, Südtiroler Platz 2, +43/2732/72897
www.hofbraeu-am-steinertor.at
ÖFFNUNGSZEITEN Mo-So: 11:00 bis 22:00 Uhr

Hofbräu am Steinertor

FASSBIER Hofbräu Original, Hofbräu Dunkel, Hofbräu Münchner Weisse, Hofbräu Schwarze Weisse
FLASCHENBIER Hofbräu Alkoholfrei, Hofbräu Weisse Alkoholfrei
LOKAL Seit zwei Jahrhunderten gibt es hier einen Brauhof mit Biergarten – auch wenn die 1788 bis 1916 bestehende Brauerei längst nur noch Geschichte ist. 1931 wurde der Brauhof nach Plänen des bekannten Architekten Hans Steineder aus Linz im Stil der damaligen Zeit umgebaut. 2016/17 wurde der Gastronomiebetrieb neu eingerichtet und seither gibt es hier auch das Bier aus dem Hofbräuhaus München (und einen Bierkrug-Tresor für Stammgäste) – 2018 brachte das die Auszeichnung „Biergarten des Jahres" im Bier Guide. Was besonders auffällt: Die Mannschaft hier kümmert sich sehr um Bierpflege (also auch um die Reinigung der Bierleitungen) und um die Zapfkultur. 300 Plätze im Lokal, 300 Plätze im Garten.

SCHMID'S BURGER & CRAFT BEER

3500 Krems an der Donau, Schmidgasse 8, +43/2732/21164
www.schmids.at
ÖFFNUNGSZEITEN Mo-Mi: 11:00 bis 23:00 Uhr, Do-Sa: 11:00 bis 00:00 Uhr
FASSBIER Schmids Hausbier (Märzen aus der Bierwerkstatt Weitra), Zwettler Saphir Premium Pils, BrauSchneider Hanfbier, Session Pale Ale und IPA im Wechsel, Hofstettner Granitbier, Bevog Tak Pale Ale, Brew Age Alphatier New England IPA, eine saisonale Wechselleitung
FLASCHENBIER Eine der längsten Bierkarten in Niederösterreich mit vielen Klassikern (Zwettler Zwickl, Leffe Blonde, Riegele Commerzienrat und viele andere) und einer umfassenden Auswahl an Craftbieren, etwa: BrauSchneider Pilsner, Flying Dog Pale Ale, Thornbridge AM:PM Glutenfrei, Mohren Pale Ale, Brew Age Affenkönig IPA, Huyghe Delirium Tremens, Der Belgier Saison, Zwettler Black Magic oder De Molen Hel & Verdoemenis.
LOKAL Schon in seinem ersten Jahr hat sich das Schmid's in der Kremser Schmidgasse die Auszeichnung als Bierlokal des Jahres verdient – und es hat seine hohen Qualitätsansprüche treffsicher gehalten. Es handelt sich um ein historisches Gewölbe, das mit pfiffiger Dekoration zu einem Hotspot der Burger & Craftbier-Kultur ausgebaut worden ist. Man betritt zuerst einen kleinen Barraum, in dem es nicht nur eine Theke mit einer klug gewählten Auswahl an Fassbieren gibt, sondern auch einige Stehtische, an denen verkostet werden kann. Daran anschließend zwei Räume, die zum Sitzen einladen – das lokale Publikum hat die Möglichkeit, moderne amerikanische Küche gemeinsam mit modernen Bieren zu genießen, erfreut angenommen. Es gibt Burger in einer Vielzahl von Variationen, von Black Angus Premium Beef über vegetarische bis hin zu veganen Burger- Kreationen. Auch die Super-Food-Bowls und die Salate spielen alle Stückerln. Einmal im Monat findet die „Bierwisserei" statt – ein Abend, an dem Bierkultur von Diplombiersommeliers präsentiert wird. Aber auch an den anderen Abenden

ist die Beratung zum Beer- and Food-Pairing von hohem Bierwissen geprägt. Hervorzuheben ist auch die gut gestaltete Bierkarte – die Flaschenbiere finden sich auch in der hauseigenen Biergreisslerei, einem historischen Keller, in dem die Biere zum Mitnehmen „über die Gasse" angeboten werden. Auch 4 Biere vom Fass können je nach Kundenwunsch in 2 Liter Gebinden abgefüllt werden. Im Lokal ca. 60 Plätze, im Gastgarten 50 Plätze.

Schmid's Burger & Craft Beer

STEIRISCH IRISH PUB

3500 Krems an der Donau, Margarethenstraße 1, +43/2732/86755
www.steirisch-irish.at

ÖFFNUNGSZEITEN Mi-Sa: 20:00 bis 4:00 Uhr

FASSBIER Puntigamer, Guinness, Guinness Hop House 13, Kilkenny

FLASCHENBIER Kilkenny Red Ale, Guinness Extra Stout, Heineken, Desperados, Weihenstephaner Hefeweizen, Kaltenhauser Original, Kaltenhauser Pale Ale, Kaltenhauser Kellerbier, Gösser Stifts-Zwickl Hell, Gösser Stifts-Zwickl Dunkel, Hacker Pschorr Münchner Kellerbier, Gösser Naturradler, Heineken 0,0

LOKAL „Guinness & Rock" ist das Motto dieses Pubs gleich bei der Stadtpfarrkirche. Das Interieur ist eine wilde Mischung aus typisch irischen Elementen mit einer ländlich-österreichischen Deko sowie steirischen Snacks, die Chef Armin Oswald (ein gebürtiger Steirer) nach Neuübernahme des Lokals hinzugefügt hat. Es gibt immer wieder Aktionen wie Whisky&Beer oder Weekend Happy Hour. 70 Sitzplätze im Lokal.

KREMS-STEIN

PIANO BIERLOKAL

3504 Krems-Stein, Steiner Landstraße 21, +43/2732/20330
www.piano-krems.at

ÖFFNUNGSZEITEN Mo-Do: 17:00 bis 00:00 Uhr, Fr-Sa 17:00 bis 2:00 Uhr, So: 17:00 bis 00:00 Uhr

FASSBIER Hausbier Schladminger Märzen, Trumer Pils, Schladminger Bio Zwickl, Schneider Weisse Original, ein Monatsbier

FLASCHENBIER Ayinger Urweisse Dunkel, Bayreuther Aktien Zwickl, Murauer Märzen, Mohren Spezial, Hirter Privat Pils, Budweiser Lager, Zwettler Original, Zwettler Dunkles, Stiegl-Pils, Stiegl-Paracelsus Bio Zwickl, Augustiner Edelstoff, Augustiner Lager Hell, Tegernseer Hell, Wieselburger Stammbräu, Paulaner Hefeweizen, Weitra Hadmar, Schremser Bio Roggen, Heineken, Corona, Kilkenny, Guinness, BrauSchneider IPA, BrauSchneider Session Pale Ale, BrauSchneider Hanf Bier, BrauSchneider Pilsner, BrauSchneider Brown Ale

LOKAL Wer durch die Drehtür hereinkommt, steht in einem Klassiker unter den niederösterreichischen Bierlokalen – Fotos in den Gängen erinnern an frühere Besucher, Bierdeckel in manchen Bereichen der Decke des Piano erinnern an Biere, die es so auch nicht mehr gibt. Im Piano trifft sich, begünstigt durch die Nähe zur Donau-Universität und der Landesgalerie, internationales – zumeist junges, intellektuelles – Publikum, das durch die ständig wechselnde Bilderausstellung und die Themenveranstaltungen mit Livemusik angelockt wird und wegen des Bieres bleibt. Immer wieder neue Biere, die in einem offenen Kühlregal präsentiert werden – und eine große Fangemeinde. Aus der Küche kommt unter anderem ein Bier Chili con Carne mit zwei Bierarten und ein Biergulasch mit drei Bierarten. Ca. 70 Sitzplätze im Lokal, 25 an der Bar, 30 Sitzplätze im Schanigarten.

Salzstadl

SALZSTADL

3504 Krems-Stein, Donaulände 32, +43/2732/70312
www.salzstadl.at

ÖFFNUNGSZEITEN Oktober-April: Mo-Di, Do, Fr-Sa 11:00 bis 15:00 Uhr und 18:00 bis 23:00 Uhr, Mi & So geschlossen; Mai-Septem-

ber: Mo-Fr 11:00 bis 15:00 Uhr und 18:00 bis 23:00 Uhr, Sa & So geschlossen.
FASSBIER Schremser Märzen, Schremser Zwickl, Bio-Roggen
FLASCHENBIER Schremser Dunkel, Franziskaner, Clausthaler
LOKAL Der Salzstadl gilt als massives Denkmal einer Zeit, zu der der Salzhandel der Stadt Stein Wohlstand gebracht hat – die rund 500 Jahre alten Mauern, teilweise in der Gaststube freigelegt, zeigen das ebenso eindrucksvoll wie die uralte Holzdecke im hinteren Raum. Auf den ersten Blick sieht man, dass dieser Betrieb besonders musikantenfreundlich ist – Musikinstrumente dienen hier offenbar nicht nur der Dekoration. Seniorchefin Margit Werner-Pietsch werkt weiterhin in der Küche, legendär ist ihr Gulasch ebenso wie die regionaltypischen Marillenknödel. 60 Sitzplätze in der Gaststube, Historischer Saal für 60-80 Personen, 50 Sitzplätze im sonnigen Schanigarten, 10 Plätze an der Bar.

KURZSCHWARZA

WALDSCHENKE SCHREIBER

3944 Kurzschwarza, Kurzschwarza 37, +43/664/4033390
www.waldschenke-schreiber.at
ÖFFNUNGSZEITEN Fr, Sa: ab 11:00 Uhr, Sonn- und Feiertag ab 9:00 Uhr; Sommerferien zusätzlich Do ab 16:00 Uhr, gegen Voranmeldung jederzeit geöffnet.
FASSBIER Schremser
FLASCHENBIER Schremser Bio Roggen
LOKAL Diese Schenke ist den Umweg wert: Idyllisch in der Nähe einer Wallfahrtskapelle gelegen, bietet sie – neben regionaler Küche und Käse von den Käsemachern – schön gezapftes Schremser Bier.

Waldschenke Schreiber

LAA AN DER THAYA

GASTHAUS MARTIN WEILER

2136 Laa an der Thaya, Staatsbahnstraße 60, +43/2522/2379
www.weilerlaa.at
ÖFFNUNGSZEITEN Mi-Fr: 10:00 bis 15:00 Uhr, 18:00 bis 22:00 Uhr, Sa-So: 10:00 bis 16:00 Uhr
FASSBIER Hubertus Pils, Hubertus Zwickl, Ottakringer Zwickl
FLASCHENBIER Hubertus Märzen, Hubertus Dunkel, Hubertus Pils, Hubertus Lager, Clausthaler
LOKAL Herr Weiler bietet in seinem auf halbem Weg zwischen dem Laaer Ostbahnhof und dem historischen Stadtzentrum gelegenenen Gasthaus moderne Weinviertler Schmankerlküche zum frischen Bier aus der ums Eck liegenden Hubertus-Brauerei. Die Gaststube ist seit den 60er-Jahren mit dekorativen Ansichtskarten aus der Zeit um 1900 geschmückt – hier herrscht klassische Gasthausatmosphäre. Daneben gibt es auch einen vornehm gestalteten Restaurantbereich – mit Ganslwochen „Gans, Ente & Co." im November, die beweisen, wie gut der Hubertus Bock zur Martinigans passt! Neu: Männerkochkurs nur für männliche Teilnehmer. Ca. 180 Sitzplätze, im Garten 40 Sitzplätze.

Schwarzer Peter

SCHWARZER PETER

2136 Laa an der Thaya, Hubertusgasse 4, +43/664/2349143
www.gastinlaa.at/schwarzerpeter
ÖFFNUNGSZEITEN Fr-Sa: 17:30 bis 00:00 Uhr, So: 17:00 bis 22:00 Uhr
FASSBIER Schwarzer Peter Bräu Hell, Schwarzer Peter Bräu Schnitt, Hubertus Pils, Edelweiss Weizen, Ottakringer Rotes Zwickl, Paulaner, Starobrno, Budweiser
FLASCHENBIER Hubertus Lager, Hubertus Herrnpils, Corona, Kilkenny, Murauer, Hirter, Weitra Hell, Augustiner Edelstoff, Hopfius
LOKAL Seit 1987 ist dieses sehr bierig eingerichtete Lokal in unmittelbarer Nähe der Hubertus Brauerei ein Klassiker der Weinviertler Lokalszene. Sehr gute, zum Bier passende Küche – vor allem die gefüllten Fladen in verschiedenen Größen. Und: Der Kraft-Radler wird aus Bockbier und Grape-Limo gemischt, was ihn stärker und bieriger schmecken lässt. 130 Sitzplätze, Saal: 120 Sitzplätze, 100 Stehplätze an der Bar, Terrasse: 140 Sitzplätze, 30 Stehplätze.

LANGENLEBARN

GASTWIRTSCHAFT FLOH

3425 Langenlebarn, Tullnerstraße 1, +43/2272/62809
www.derfloh.at

ÖFFNUNGSZEITEN Mo 9:00 bis 14:00 Uhr und 17:30 bis 21:00 Uhr, Do 17:00 bis 21:00 Uhr, Fr 9:00 bis 14:00 Uhr und 17:30 bis 21:00 Uhr, Sa - So 9:00 bis 15:00 Uhr und 17:30 bis Uhr 21:00, Di und Mi Ruhetag

FASSBIER Schremser Premium, Schremser Roggenbier

FLASCHENBIER Schremser Doppelmalz, Stiegl-Freibier, Stiegl Weisse und nach Saison Wildshut Sortenbiere, variabel - Meinklang Urgetreide Bier, Jörg Ganter, Brauküche Golden Bay, RotALEchen, Gablitzer, Sepperlbier - hauseigene Spezialabfüllung von Schremser mit eigenem Label.

LOKAL Josef Flohs Lokal gilt manchen als innovatives Gourmet-Restaurant (was der ausgezeichnet interpretierten Regionalküche durchaus gerecht wird), seiner Eigendefinition jedoch nicht: „Wir sind ein Wirtshaus" – und da kann man auch mal das eine oder andere Bier am Stehtisch genießen, zum Essen sollte man unbedingt reservieren. 2022 wurde Flohs Konzept mit der Auszeichnung als „Topwirt der niederösterreichischen Wirtshauskultur" honoriert. Exklusiv gibt es Fische aus Wildfang aus den Gewässern der Bundesforste. Speziell das Mangalitza-Schwein wird hier oft mit Bier zubereitet – etwa als geschmorte Schweinsbackerl in Kümmel-Roggenbiersaftl. Neu – das „Radius 66 Menü", eine Bio-Six-Pack Begleitung oder das Gemüse-Hauptgericht mit glasweiser Bio-Bierbegleitung. So gibt es hier die teilweise sehr speziellen Biere der Brauküche 35, die auch ein Mangalitza Stout entwickelt hat. 80 Sitzplätze, Garten: 26 Plätze, 10 Plätze an der Bar. Im Sommer gibt es noch zusätzlich eine Außenstelle – eine Art Biergarten mit 80 Plätzen, gleichen Öffnungszeiten, Fr-Mo auch nachmittags für eine Jause geöffnet und Biersorten wie im Haupthaus, Naturgarten mit Hochbeeten, Bocciabahn und Spielkiste für Kinder.

LANGENLOIS

BRAUGASTHOF ZUM FIAKERWIRT

3550 Langenlois, Holzplatz 7, +43/2734/2150
www.fiakerwirt.at

ÖFFNUNGSZEITEN Mo: 10:00 bis 14:00 Uhr, Mi: 10:00 bis 22:00 Uhr, Do: 10:00 bis 15:00 Uhr, Fr: 10:00 bis 22:00 Uhr, Sa: 10:00 bis 15:00 Uhr, So: 8:00 bis 14:00 Uhr

FASSBIER Fiakerbräu Helles, Märzen, Dunkles, Weizen, Bock Hell, Radler, Gösser Naturgold, saisonale Spezialitäten

FLASCHENBIER Fiakerbräu Helles, Märzen, Dunkles, Weizen

LOKAL 1957 gegründetes Gasthaus, das sich der traditionellen Gaststättenkultur verbunden fühlt. Man kommt zunächst an eine kleine Bar, wo an den großen Tischen die Stammgäste sitzen, dahinter ein größerer Saal. Vorzeigebetrieb für die Braustar-Brauanlage, auf welcher seit Juni 2008 eigenes Bier gebraut wird. Und das sehr erfolgreich: Die Fiakerbräu-Brauer haben bereits mehrere Auszeichnungen erbraut, und seit Dezember 2018 gibt es auch den „Fiaker Whisky". Ca. 120 Plätze im Lokal, 6 an der Bar, auf der Terrasse – im Schanigarten: 50 Plätze.

Braugasthof zum Fiakerwirt

LIUBISA

3550 Langenlois, Kaserngasse 1, +43/650/9991893
www.facebook.com/LiubisaLangenlois

ÖFFNUNGSZEITEN Di-Do: 16:00 bis 1:00 Uhr, Fr-Sa: 16:00 bis 2:00 Uhr

FASSBIER Zwettler Zwickl, Trumer Pils, ein Monatsbier

FLASCHENBIER Augustiner Edelstoff, Hacker Pschorr Helles, Tegernseer Spezial, König Ludwig dunkles Weizen, Zillertal Märzen, Schremser Roggen, Erdinger Hefeweizen, Zwettler Luftikus

LOKAL Man könnte meinen, dass man in diesem geschmackvoll renovierten Gewölbe im Wohnzimmer von Langenlois ist. Und kommt man im Sommer, so geht es im Gastgarten weiter: Dieser hat den Charakter eines Privatgartens – nur eben mit flinkem Service. Der 2022 von Eduard Gschwandtner übernommene Betrieb ist mit einer witzigen Mischung aus modernen und alten Möbeln eingerichtet, ein großer Tisch wurde aus einer alten Hobelbank gezimmert, die Bar ist mit alten Schubladen dekoriert. Historisch ist der Name: Liubisa ist ein alter Name für Langenlois und bedeutet „die Liebliche". Viele verschiedene Pinsa und Burger, auch vegetarisch, unter anderem mit Tomaten und Mozzarella. Immer wieder Veranstaltungen (Oktoberfest, Schlagerabend, Grillfeste). Schöner kleiner Garten mit Natursteinmauer und Springbrunnen. 46 Plätze in zwei Räumen, 12 an der Bar, 40 im Garten.

LANGSCHWARZA

Wia Z' Haus

WIA Z'HAUS

3944 Langschwarza, Langschwarza 19-20, +43/664/88605488
www.wia-zhaus.at
ÖFFNUNGSZEITEN Mi-Do: 16:00 bis 22:00 Uhr, Fr-So: 9:00 bis 22:00 Uhr
FASSBIER Schremser Premium
FLASCHENBIER Schremser Märzen, Schremser Doppelmalz, Zwettler Export Lager, Franziskaner Hefeweißbier, Schremser Naturpark Radler, Clausthaler, Franziskaner Alkoholfrei
LOKAL Zwei junge, engagierte Wirtinnen – Jenny Böhm und Jacky Fettinger – sind die Gastgeberinnen in dieser Gastwirtschaft, die sich zum gesellschaftlichen Zentrum des kleinen Waldviertler Ortes entwickelt hat. Man fühlt sich in dem hell eingerichteten Gastzimmer mit der kleinen Bar tatsächlich sofort „wia z'Haus" – und wenn man mit Kindern kommt, finden diese einen einzigartigen Spielplatz (mit Drachenboot!) im Gastgarten. 45 Plätze im Lokal, 4 an der Bar.

LAXENBURG

FLIEGER & FLIEGER

2361 Laxenburg, Münchendorfer Straße 7, +43/2236/71334
www.lax1.at/flieger-flieger-laxenburg
ÖFFNUNGSZEITEN Mo-Sa: 11:00 bis 21:30 Uhr, So: 10:00 bis 21:00 Uhr
FASSBIER Gösser, Schwechater Zwickl, Flieger Weißbier (Hofbräu Kaltenhausen), Radler
FLASCHENBIER Wieselburger Stammbräu, Heineken, Zipfer Drei
LOKAL Flieger-Ambiente, eine sehr umfangreiche Speisekarte und die Bierauswahl machen das Lokal am Stadtrand von Laxenburg unweit von Wien seit mehr als zwei Jahrzehnten zu einem lohnenden Ausflugsziel. Ca. 350 Sitzplätze im Lokal, 160 Sitzplätze im Garten.

LITSCHAU

Gasthof Kaufmann

GASTHOF KAUFMANN

3874 Litschau, Stadtplatz 88, +43/2865/50560 und +43/664/2345363
www.gasthof-kaufmann.at
ÖFFNUNGSZEITEN Di-Mi 10:00 bis 18:00 Uhr (Küche 10:30 bis 17:00 Uhr) , Do-Sa: 10:00 bis 00:00 Uhr (Küche 10:30 bis 21:00 Uhr)
FASSBIER Zwettler Original 1890, Zwettler Zwickl, Starobrno, Gösser Naturradler
FLASCHENBIER Schremser Märzen, Zwettler Dunkles, Weihenstephaner Weizenbier, Gösser Naturgold, Edelweiss Alkoholfrei
LOKAL Ein Landgasthaus, wie man es heute nur noch selten findet – und das daher nicht nur die lokale Bevölkerung anzieht. Die Betreiberfamilie Hofbauer wurde mehrfach für ihre Bemühungen ausgezeichnet, unter anderem als Top-Wirt der niederösterreichischen Wirtshauskultur 2020 und im Falstaff Restaurantguide. Das aus der Mitte des 19. Jahrhunderts stammende Gasthaus war einmal der Ausschank der längst geschlossenen Litschauer Brauerei. Aus der unverfälschten heimischen Küche gibt es Waldviertler Schmankerl mit Zutaten, die die Bauern aus der Region anliefern. Hausgemachte Pizzen. Ca. 50 Sitzplätze im Lokal, im Schanigarten ca. 30 Sitzplätze, im Garten im Innenhof ca. 90 Sitzplätze, im Veranstaltungs-Stadl ca. 60 Sitzplätze.

MANNERSDORF

ARBACHMÜHLE

2452 Mannersdorf, Arbachmühle 275, +43/2168/62300
www.arbachmuehle.at
ÖFFNUNGSZEITEN Di-Fr: 7:00 bis 22:00 Uhr, Sa: 8:00 bis 22:00 Uhr, So: 8:00 bis 20:00 Uhr
FASSBIER Schwechater Zwickl, Wieselburger Spezial, Schladminger, Edelweiss Hefeweizen
FLASCHENBIER Schlossgold, Gösser Märzen, Kaiser Doppelmalz
LOKAL Ausflugslokal mit großem Biergarten. Service mit Liebe zum Bier. Küche mit regionalem Bezug. Angeschlossen ist ein nettes Landhotel. 230 Plätze im Lokal, 60-80 im Garten.

MARBACH A. D. DONAU

ZUR SCHÖNEN WIENERIN

3671 Marbach a. d. Donau, Marktstraße 1, +43/7413/7077
www.wienerin.co.at
ÖFFNUNGSZEITEN Mo: 9:00 bis 23:00 Uhr, Mi-So: 9:00 bis 23:00 Uhr
FASSBIER Zwettler Original, Haselbräu Weihnachtsbier, Haselbräu Das Helle (im Sommer), Haselbräu Herbstbier (im Herbst), Haselbräu Böhmisches (im Winter)
FLASCHENBIER Zwettler Saphir, Gaminger Kartausenbräu Weizen, Gaminger Kartausenbräu Zwickl Hell , Haselbräu Münichreither Dunkles , Gusswerk Jakobsgold, Egger Zisch Naturtrüb, Gaminger Kartausenbräu BierNen Radler, ein Craftbier der Saison von kleinen Privatbrauereien aus der nahen Umgebung
LOKAL Schon seit über 400 Jahren ein Flößergasthaus, 1644 und 1697 waren die hier Ansässigen Marktrichter auch Ufermeister. Um die Wende vom 19. zum 20. Jahrhundert ist der Name „Zur schönen Wienerin" etabliert worden. Bier wird hier mit viel Liebe gezapft, dazu werden herzhafte Speisen angeboten. Die Regionalität spiegelt sich auch auf der Bierkarte, es werden immer wieder Craftbiere aus den nahen Kleinbrauereien angeboten. Familie Engel hat etliche Auszeichnungen eingeheimst, unter anderem als Top-Wirt der Niederösterreichischen Wirtshauskultur. Terrasse mit Donaublick und neu gestaltete Gasträume - ideal für Radausflüge. 90 Plätze im Lokal, 26 im Garten.

MARIA ANZBACH

FIRLEFANZ

3034 Maria Anzbach, Unter Oberndorf 41, +43/2772/51758
www.firle.at
ÖFFNUNGSZEITEN Mo-Do: 18:00 bis 2:00 Uhr, Fr-Sa: 18:00 bis 4:00 Uhr, So: 18:00 bis 2:00 Uhr
FASSBIER Zwettler Original 1890, Zwettler Dunkles, Zwettler Zwickl, Weitra Hell
FLASCHENBIER Hirter, Hadmar Bio Bier, Schneider Weisse, Budweiser, Corona, Gösser Naturgold
LOKAL Gemütliches Pub mit bodenständiger Kost (Schweinsripperl gelöscht mit Bierschaum und Bratkartoffel) in einem schönen Jahrhundertwendehaus. Regelmäßig Livemusik, einmal jährlich großes Open-Air. 55 Sitzplätze im Lokal, 30 Plätze an der Bar, 35 Sitzplätze im Garten.

MARIA TAFERL

ZUM GOLDENEN LÖWEN

3672 Maria Taferl, Hauptstraße 6, +43/7413/340
www.freyswirtshaus.at
ÖFFNUNGSZEITEN Fr-Sa: 8:00 bis 21:00 Uhr, So: 8:00 bis 15:30 Uhr
FASSBIER Wieselburger, Starobrno, Schwechater Zwickl und eine Bierspezialität, etwa Oktoberbier
FLASCHENBIER Biere vom Brauhaus Gusswerk, aus Schlägl, Stiegl-Hausbiere und immer wieder andere Spezialitäten
LOKAL Am 6. Jänner 1907 hat Lambert Frey, Urgroßvater des heutigen Chefs, in Maria Taferl den Goldenen Löwen erworben und schon damals mit „gut abgelagerten Wieselburger Bieren nebst aufmerksamster Bedienung" geworben. Biersommelier Andreas Frey pflegt diese Tradition in der Nachbarschaft der weithin sichtbaren Wallfahrtskirche aus dem Jahr 1660 – und es gibt viel zu sehen, etwa einen mit Maßkrügen zusammengebauten Luster. Mehrere (vorab zu reservierende) Varianten eines Biermenüs – viergängig, zweigängig (Bierbraten und Graumohnparfait) oder nur Brötchen – jeweils mit sechs Bierproben. 2014 gab es die Auszeichnung als Bierlokal des Jahres durch den Bierguide und die immer wieder ergänzte Bierkarte ist umfangreicher, als sie hier wiedergegeben werden kann. Mehrmals im Jahr gibt es bierorientierte Veranstaltungen wie Historische Dinner Lesung und Dinner & Comedy. Zu den Sehenswürdigkeiten gehört ein historisches Alpenpanorama und der Nachbau eines Salettls, wie es hier von 1870 bis 1957 bestanden hat. 150 Sitzplätze im Lokal, 40 Sitzplätze auf der Veranda vorm Haus, 10 Plätze im kleinen Biergarten mit Blick auf die Wallfahrtskirche. 15

Zum goldenen Löwen

MATZEN

BÄRENSTUBN

2243 Matzen, Hauptstraße 21, +43/676/6969141
www.baerenstubn.at
ÖFFNUNGSZEITEN Mo: 10:30 bis 22:00 Uhr, Do: 16:00 bis 00:00 Uhr, Fr-Sa: 10:30 bis 00:00 Uhr, So: 10:30 bis 22:00 Uhr
FASSBIER Bärenbräu Zwickl, Uttendorfer Dunkles
FLASCHENBIER Storchenbräu Pils, Hubertus Märzen, Hadmar Bio Bier, Murauer Weißbier, Brauwerk Flanders Red, Brew Age Honigbock, Fuxx Rotbier, Gösser Naturgold
LOKAL Petra Bruckmayer stammt aus einer alteingesessenen Wirtsleutefamilie und hat die Bärenstub'n 2017 übernommen. Nachdem sie einen Biersommelier-Kurs besucht hatte, wagte sie sich daran, im Hinterhaus eine kleine Brauanlage mit zwei Hektoliter Ausschlagmenge einzurichten und dort vorwiegend ein ausgewogen malziges Helles zu brauen. In der Gaststätte hat sie – „auch wenn viele Gäste Craftbier ablehnen", wie sie erfahren musste – stets eine kleine Auswahl besonderer Biere aus Kleinbrauereien (etwa Brew Age oder Brauwerk) zur Auswahl. Die Restaurantküche bietet klassische österreichische Angebote, was angesichts des rundum grassierenden Wirtshaussterbens tröstlich ist. 220 Plätze in verschiedenen Stuben, 20 Plätze an der Bar, 30 Plätze im Garten.

Bärenstubn

MELK

KALMUCK

3390 Melk, Hauptstraße 10, +43/660/5377388
www.kalmuck.net
ÖFFNUNGSZEITEN Mai bis Oktober: Mo-Do, So 11.00 Uhr bis 00.00 Uhr, Fr-Sa 11:00 bis 3:00 Uhr; November bis April: Mo-Do, So 17.00 Uhr bis 00.00 Uhr, Fr-Sa 17:00 bis 3:00 Uhr
FASSBIER Zwettler Original
FLASCHENBIER Unertl Hell, Weitra Schwarzes, Zwettler Zwickl, Unertl Bio-Dinkel Weisse, Zwettler Luftikus
LOKAL Bar in Nachbarschaft zum Rathauskeller von Melk und mit diesem auch organisatorisch verbunden. Abends eine Cocktailbar, tagsüber mehr Bier-Schwerpunkt. Obacht: Wer die Schiffsglocke hinter der Bar läutet, muss eine Lokalrunde zahlen! Winteröffnungszeiten von Okt. bis Ende April täglich von 17:00 bis 00.00 geöffnet, von Mai bis Ende September täglich ab 11:00 Uhr. 40 Sitzplätze im Lokal, ca. 40 im Gastgarten.

KOLOMAN

3390 Melk, Linzer Straße 25, +43/2752/52265
www.koloman-melk.at
ÖFFNUNGSZEITEN Mi-Do: 17:00 bis 00:00 Uhr, Fr-Sa: 17:00 bis 1:00 Uhr, So: 11:00 bis 14:00 Uhr, 17:00 bis 21:00 Uhr
FASSBIER Melker Bier, Budweiser, Gold Fassl Zwickl, Mischbier, Zitrusradler
FLASCHENBIER Paulaner Weizenbier, Null Komma Josef
LOKAL Unterhalb vom Stift, gleich an der Donau, stand seinerzeit die Melker Brauerei. Eine in Stein gemeißelte Inschrift erzählt davon, wie „durch die grausame Feuersbrunst, die in der Fastenwoche 1548 in des Bräuers Leonhard Halbing Hause seiner bösen Feuerstelle wegen entstanden" die Bürgerschaft zu merklichem Schaden gekommen sei. Das Koloman wird seit August 2015 von Heinz Laubert geführt, der am historischen Standort des Melker Brauhauses eine sanft modernisierte Gaststätte eingerichtet hat – dabei wurde gleich auch die Speisekarte an moderne Ansprüche angeglichen. Kompetente, freundliche Bedienung. Das nebenan gelegene Café Piccolo wurde zum Kolomanikirtag 2016 als „Koloman – Die Bar" in den Betrieb integriert – wobei die Speisekarte dort ein wenig schlanker ist, dafür ist in der Bar der Schwerpunkt mehr auf Stimmung gelegt.

MISTELBACH

ALTES DEPOT

2130 Mistelbach, Oserstraße 9, +43/2572/3955
www.altesdepot.at
ÖFFNUNGSZEITEN Di-Do: 16:00 bis 1:00 Uhr, Fr-Sa: 16:00 bis 2:00 Uhr
FASSBIER Zipfer Urtyp, Edelweiss Hefetrüb, Starobrno, Guinness, Gösser Dunkles Zwickl, Kilkenny, Oktoberbräu
FLASCHENBIER Wieselburger Stammbräu, Heineken, Schwechater Zwickl, Kaiser Doppelmalz, Grad Bier - Helles, Edelweiss Hefetrüb Dunkel, Corona, Desperados, Kaltenhauser 1475 Pale Ale
LOKAL Im Zentrum von Mistelbach gab es bis 1989 tatsächlich ein Bierdepot – nachdem dieses geschlossen wurde, ist das Gebäude in ein modernes Wirtshaus umgebaut worden. Liebhaber einer regionalen Beislküche kommen hier auf ihre Rechnung. Der Betrieb ist Mitglied der NÖ Bühnenwirtshäuser, es wird hier Live-Music geboten – Jazz, Rock, Blues oder Latin. Nachwuchskünstler aus der Region und bekannte Weinviertler präsentieren ihre Projekte und Programme. Zudem gibt es Sportübertragungen auf Groß-

bild-Leinwand. Einmal im Monat findet am Sonntag das 1. Mistelbacher Pubquiz im Alten Depot statt. 120 Plätze, 30 an der Bar, überdachte Terrasse: 70 Plätze.

Altes Depot

CAFE HARLEKIN

2130 Mistelbach, Bahnstraße 5, +43/2572/2712
www.cafe-harlekin.at
ÖFFNUNGSZEITEN Mo-Do: 8:00 bis 23:00 Uhr, Fr-Sa: 8:00 bis 00:00 Uhr, So: 8:00 bis 23:00 Uhr
FASSBIER Murauer Pils, Thalheim Märzen
FLASCHENBIER Stiegl-Weisse Naturtrüb, Stiegl-Goldbräu, König Ludwig Dunkel, Budweiser, Schwechater Zwickl, Erdinger Hefeweisse Alkoholfrei, Thalheim Radler
LOKAL Für seine Stammgäste ist das „Harlekin" kein normales Lokal, vielmehr eine Philosophie – der Werbeguru Manfred Pretting schätzte es besonders, aber in der Gästeliste finden sich auch Peter Turrini, Heinz Marecek sowie Michael Köhlmeier. Und ein Denkmal für die Cafetier-Legende Leopold Hawelka gibt es auch. 120 Plätze, Garten: 85 Plätze, Bar: 12 Plätze.

MÖDLING

MAUTWIRTSHAUS

2340 Mödling, Kaiserin-Elisabeth-Straße 22, +43/2236/24481
www.mauts.at
ÖFFNUNGSZEITEN Mo-So: 10:00 bis 00:00 Uhr
FASSBIER Original Budweiser, Weitra Bräu, Augustiner Edelstoff, Zwettler Zwickl, saisonal: Paulaner Oktoberfestbier, Zwettler Zwickl-Weihnachtsbock
FLASCHENBIER Hirter Morchl Dunkel, Erdinger Hefeweisse, Tschöams Mödlinger Lager, Tschöams Wiener Wunder, Tschöams Citra Pale Ale, Zwettler Citrus Radler, Beck's Alkoholfrei
LOKAL Das Mautwirtshaus ist heute das älteste Mödlinger Gasthaus in Familienbesitz – 1968 entstand unter Franz Josef Mayer mithilfe einiger Gleichgesinnter im Speisesaal die „Bühne Mayer". Das „Schaufenster Kultur.Region" feierte die Kulturwirtin Edda Mayer-Welley als „kulturelle Nahversorgerin in Mödling" – und tatsächlich hat die Kleinkunstbühne schon als Karrieresprungbrett für etliche junge Künstler gedient. Hier geht es nicht nur um Bierkultur, sondern auch um Film, Theater und Jazzabende. In den Restauranträumen wird altösterreichische Küche und gepflegtes Bier serviert – das hier gezapfte Augustiner schmeckt so gut wie in München und ist allein schon den Besuch wert. 130 Sitzplätze, 15 Plätze an der langen Bar. Garten und Schanigarten in der Fußgängerzone: 130 Sitzplätze.

Ratzhaus – Haus der Biere

RATZHAUS – HAUS DER BIERE

2340 Mödling, Babenbergergasse 2, +43/2236/866327
www.hausderbiere.com
ÖFFNUNGSZEITEN Mo-So: 11:00 bis 00:00 Uhr
FASSBIER Murauer Steirergold, Tegernseer Hell, Trumer Pils, Velkopopvický Kozel, Schnaitl Dunkel, Hirter HerbstCult, Hoegaarden, Villacher Zwickl
FLASCHENBIER Wieselburger Stammbräu, Obertrumer Original Zwickl, Hirter Privat Pils, Schladminger Vollbier, Grieskirchner Dunkel, Schneider Weisse, Corona, Weihenstephan Weißbier, Guinness, Brewdog Punk IPA
LOKAL Auf der Eingangstüre steht nach wie vor Ratzhhaus, bis 1997 hießt das Lokal „Haus der 100 Biere", aber die Auswahl ist auch nach der Reduzierung auf 32 beeindruckend. Gediegene, dunkle Einrichtung – und in der Vertäfelung findet sich hinter Glas auch der Hinweis auf die Familie Ratz, die namensgebend war: Im März 1919 hat der Mödlinger Männergesangsverein Herrn Julius Ratz, den damaligen Wirt, zum Ehrenmitglied ernannt. Als besonderes Angebot gibt es täglich bis 17 Uhr Spareribs zum Sonderpreis. 115 Sitzplätze im Lokal, 7 an der Bar, Vorgarten: 100 Sitzplätze.

SCHLOSSEREI

2340 Mödling, Wehrgasse 4, +43/2236/26025
www.schlosserei.at
ÖFFNUNGSZEITEN Di-Sa 18:00 Uhr bis 00:00 Uhr
FASSBIER Schlosserei Hausbier (Tank), Starobrno, Reininghaus Jahrgangspils, Schwechater Zwickl, Hofbräu Kaltenhausen Kellerbier, ein Monatsbier
FLASCHENBIER Wieselburger Schwarzbier, Schladminger Bio Schneeweiße, Gösser Stifts-Zwickl Dunkel, Tschöams IPA,

Gusswerk ‚Zum Wohl' Glutenfrei, Schneider Weisse, Augustiner Edelstoff, Bayreuther Hell
LOKAL Dieses Traditionslokal wurde im August 2017 neu übernommen, behutsam renoviert und wird im traditionellen Sinn weitergeführt. Das Hausbier kommt ohne CO_2-Druck aus dem Tank. Auf der Speisekarte findet sich immer ein Gericht, das mit Bier zubereitet wird, typische Pfannenklassiker sowie urige Burger, ebenso wie vegane und vegetarische Gerichte. Eierpecken mit Osterbock Anstich, Bierstacheln, Weißwurstparty beim Schladminger Nightrace, Schlosserei Kirtag im August, 2x pro Monat Bierbrunch mit Holzfassanschlag. Ca. 70 Plätze, 75 im Garten mit großer Linde und Pergola.

WALDGASTHAUS BOCKERL
2340 Mödling, An der Goldenen Stiege 22, +43/2236/46868
www.bockerl.at
ÖFFNUNGSZEITEN Di-So: 10:00 bis 23:00 Uhr
FASSBIER Gösser Zwickl, Gösser Märzen und Radler, Starobrno
FLASCHENBIER Edelweiss Weißbier, Gösser Naturgold
LOKAL Dieses Waldgasthaus liegt nur wenige Gehminuten vom Mödlinger Stadtzentrum entfernt – und lädt zu Wanderungen auf den Anninger ein. In seiner heutigen Form wurde das Bockerl im Jahr 1988 errichtet und heimelig mit viel Holz und etwas Kitsch (darunter die §11-Tafel, die zum Weitertrinken anregen soll) eingerichtet. Die gemütlichen Stuben stehen auch für Feiern zur Verfügung. Außerdem gibt es im Bockerl auch anlassbezogene Speisekarten, wie die Gansl-Karte, Weihnachtskarte oder Osterkarte und Themenabende wie den Steak- oder Gulasch-Abend. Gastgarten mit romatischem Felsengarten – und freilaufenden Kaninchen. 120 Plätze im Lokal, 130 im Garten.

MÜNCHENDORF

Brunner´s Bräu

BRUNNER'S BRÄU
2482 Münchendorf, Hauptstraße 46, +43/699/11602622
www.brunnersbraeu.at
ÖFFNUNGSZEITEN Mo, Di, Mi 11:00 bis 14:00 Uhr und 17:00 bis 22:00 Uhr, Fr 11:00 bis 14:00 Uhr, So 9:00 bis 15:00 Uhr
FASSBIER Budweiser, Ottakringer Rotes Zwickl
FLASCHENBIER Wieselburger Gold, Paulaner Hefeweißbier Naturtrüb, Augustiner Edelstoff, Puntigamer
LOKAL Gutbürgerliche Küche und saisonale Schmankerl. Sport Live-Übertragungen auf Videoleinwand. In der Gaststube 30 Sitzplätze, im Festsaal 70 Sitzplätze, Biergarten.

MÜNICHREITH

Wirtshausbrauerei Haselböck

WIRTSHAUSBRAUEREI HASELBÖCK
3662 Münichreith, Münichreith 3, +43/7413/6119
www.wirtshausbrauerei.at
ÖFFNUNGSZEITEN Mo: 17:00 bis 21:00 Uhr, Do-Sa: 9:00 bis 21:00 Uhr, So: 9:00 bis 18:00 Uhr
FASSBIER Haselbräu Das Helle (im Sommer), typisch Böhmisches, Spezial, ein Saisonbier
FLASCHENBIER Haselbräu Spezial, Haselbräu Waldviertel IPA Schwester 0,75l, Bruder Stout, Pale Ale No. 1, Pils, Saisonbiere
LOKAL Landgasthaus aus dem frühen 19. Jahrhundert mit Waldviertler Küche und angeschlossener Brauerei. Hier braut Paul Haselböck mit seinem Braumeister Lukas Kerschbaumer ober- und untergärige Biere. Seine Hauptsorten sind: Helles, Böhmisches, Dunkles, Wiener Lager, Pils, Bruder (ein kräftiges Stout) und Schwester (IPA). Experimentierfreudig! Hopfen aus Neufelden, Malz aus Wien und Bamberg. Brauereiführungen nach Voranmeldung gerne möglich! Bier in Fässern (auf Vorbestellung) und natürlich auch in Flaschen zum Mitnehmen oder auf myproduct.at. Wer nach Maria Taferl wallfahrtet, sollte den Weg nach Münichreith (zu Fuß, da steigt die Vorfreude auf frisches Bier!) auf sich nehmen! 30 Sitzplätze im Lokal, im Garten 25 Plätze.

NASSWALD

WIRTSHAUS „ZUM RAXKÖNIG"
2661 Nasswald, Graben 96, +43/2667/35111
www.raxkoenig.at
ÖFFNUNGSZEITEN 1. Mai – 31. Oktober: Mi-So 10:00 bis 22:00 Uhr, 1. Nov. –30. April: Do-So 10:00 bis 21:00 Uhr
FASSBIER Magister Märzen Hausbier (Stiftsbrauerei Schlägl)

FLASCHENBIER Schlägl Urquell, Schlägl Böhmerwald Zwickl, Schlägl Malz König, Schlägl Kristall, Raxkönig, Andechs Weißbier Hell, Andechser Weißbier Dunkel, Clausthaler
LOKAL Stefan Haiszan hat diesen alten Landgasthof von 1848 wachgeküsst und um eine Bierspezialität für das Rax-Schneeberg-Gebiet bereichert: Das Raxkönig-Bier ist den Bergsteigern gewidmet, man bekommt es in „Limited Editions", die bekannten Bergfexen gewidmet sind. Auch der „Raxkönig" selber ist eine legendäre Figur – als Holzknecht stieg er auf zum Pionier des regionalen Holzhandels zur Zeit Kaiser Franz I. Die Speisekarte: Wildspezialitäten im Malzbiersaftl stehen ebenso auf der Karte wie Käsevariationen zum Bier. 150 Sitzplätze im Lokal, 15 Plätze an der Bar, 150 Plätze im Garten. 35

NEUNKIRCHEN

ALTES BRÄUHAUS NEUNKIRCHEN

2620 Neunkirchen, Hauptplatz 14, +43/2635/62225
www.altes-brauhaus-neunkirchen.at
ÖFFNUNGSZEITEN Di-Fr: 9:00 bis 22:00 Uhr, Sa-So: 9:00 bis 14:00 Uhr
FASSBIER Schwechater Hopfenperle, Schwechater Wiener Lager, Schwechater Zwickl, saisonale Biere
FLASCHENBIER Edelweiss Hofbräu, Kaiser Doppelmalz
LOKAL Ein Bierwirtshaus, wie es im Buche steht: Das „Alte Brauhaus", das nach Zerstörung im Türkenkrieg von 1694 bis ins 19. Jahrhundert als Brauerei mit Bierausschank geführt wurde, gehörte zeitweise dem Wiener Braupionier Anton Dreher. Von 1920 bis 1961 war es im Besitz der Brauerei Schwechat und wurde als Bierdepot genutzt. Daher gehört die „Schwechater Dreifaltigkeit" aus Wiener Lager, Schwechater Zwickl und Hopfenperle zum Stamm-Repertoire. Der Wirt Hans Bauer ist damit ein treuer Schwechater-Botschafter im südlichen Niederösterreich – und seine Qualitätsphilosophie verdient, hier zitiert zu werden: „Ich weiß natürlich, dass drei Fassbiere nicht die ‚große Bierauswahl' darstellt, uns ist es allerdings wichtiger, wenige Biere, dafür im Angebot variierend anzubieten, als zehn verschiedene Biere zu haben, von denen einzelne vielleicht aufgrund mangelnder Nachfrage nach einiger Zeit einen eher schalen Beigeschmack im Glas hinterlassen." Im Winter 2020/2021 wurde der Schankraum neu hergerichtet. Jeweils am 30. September wird „Brausilvester" gefeiert, weil das Braujahr früher mit der Verwendung heuriger Rohstoffe im Oktober begonnen hat. Ca. 90 Sitzplätze.

NÖHAGEN

GASTHAUS SCHWARZ

3521 Nöhagen, Nöhagen 13, +43/2717/8209
www.gasthaus-schwarz.at
ÖFFNUNGSZEITEN Mi-So: 10:00 bis 00:00 Uhr
FASSBIER Kaiser Premium, Zwettler Zwickl
FLASCHENBIER Kaiser Doppelmalz, Nöhagen Bräu, Edelweiss Hefetrüb, Edelweiss Alkoholfrei, Gösser Naturgold
LOKAL Stammtischkultur trifft in diesem 1917 in Familienbesitz befindlichen Gasthaus auf erlesene österreichische Küche. Erwin Schwarz war schon 1999 „Wirt des Jahres", sein Bier-Engagement in der Küche zeigt sich etwa dann, wenn er Schweinsfilet in Kümmelbiersauce auf die Speisekarte setzt. Zwei Hauben von Gault Millau und zwei Sterne von A la Carte. 50 Plätze im Lokal, 10 Plätze an der Bar. Sommer- bzw. Wintergarten: ca. 12 Sitzplätze.

OBER-GRAFENDORF

BAHNHOFSBRÄU

3200 Ober-Grafendorf, Bahnhofstraße 1, +43/2747/3250605
www.bahnhofsbräu.com
FASSBIER Bahnhofsbräu BIO-Bier, Bahnhofsbräu Zwickl, saisonal Bahnhofsbräu Dirndlbier, wechselnde Sondersude
LOKAL Wolfgang Stix hat den – immer noch in Betrieb befindlichen – Bahnhof der Mariazellerbahn themengerecht zu einem sehenswerten Brauereiausschank seiner Kleinbrauerei eingerichtet: So wurden alte Schienen zu Fußstützen bei Stehtischen umfunktioniert und neben der Bar gibt es noch die Hebel für die Weichen zu bewundern. Gebraut werden stets mindestens drei Spezialitäten, etwa Rosenbier, Dirndlbier oder Wiener Lager. 40 Plätze im Lokal, 5 an der Theke. Ca. 40 Plätze im überdachten Schanigarten.

OBERWEIDEN

Weydner Wirtshaus

WEYDNER WIRTSHAUS

2295 Oberweiden, Schönfelder Straße 2, +43/2284/20153
www.weydner-wirtshaus.at
ÖFFNUNGSZEITEN Mi: 9:00 bis 14:00 Uhr, 17:00 bis 23:00 Uhr, Do: 9:00 bis 14:00 Uhr, Fr: 9:00 bis 14:00 Uhr, 17:00 bis 00:00 Uhr, Sa-So: 9:00 bis 15:00 Uhr
FASSBIER Weitra Bräu, Storchenbräu Pils, Zwettler Pils
FLASCHENBIER Zwettler Dunkles, Storchenbräu Weizen, Zwettler

Luftikus Alkoholfrei, Zwettler Citrus Radler
LOKAL Ein klassisches Wirtshaus aus dem Jahr 1906, seit 2014 modern interpretiert: Schlichte dunkle Möbel, regionale und saisonale Küche mit Zutaten, die Marchfelder Bio-Bauern liefern. Und ab und zu spielt die Musik auf – schließlich gibt es einen 100 Personen fassenden Festsaal, den man auch für Veranstaltungen mieten kann.

PAYERBACH

LOOSHAUS AM KREUZBERG

2650 Payerbach, Kreuzberg 60, +43/2666/52911
www.looshaus.at
ÖFFNUNGSZEITEN Mo-So: 11:30 bis 20:30 Uhr

Looshaus am Kreuzberg

FASSBIER Mohrenbräu
FLASCHENBIER Rax Bier, Franziskaner Weizenbier, Mohren Dunkel, Mohren Gambrinus
LOKAL Architektonisches Kleinod unter den Ausflugslokalen: Dieses Haus geht tatsächlich auf einen Entwurf von Adolf Loos zurück. Man kommt aber vor allem wegen des Ausblicks in die Bergwelt, bleibt dann gern wegen Essen und Bier – gern auch über Nacht. 60 Sitzplätze im Lokal, 70 im Garten.

PERNITZ

LINDENHOF

2763 Pernitz, Muggendorfer Straße 16, +43/2632/72277
www.facebook.com/gasthaus.lindenhof
ÖFFNUNGSZEITEN Mi-So: 10:00 bis 20:00 Uhr
FASSBIER Weitra Bräu Lager, Zwettler Saphir, Piestinger Lager
FLASCHENBIER Villacher Märzen, Villacher Dunkles, Wieselburger Stammbräu, Wieselburger Schwarzbier, Hefeweizen, Clausthaler
LOKAL Typisches Landgasthaus an der Straße zu den Mirafällen und zur Steinwandklamm. Schöner, kleiner Gastgarten. Am Wochendende ist Reservierung ratsam. 70 Plätze im Lokal, 35 im Gastgarten.

PETZENKIRCHEN

BÄRENWIRT

3252 Petzenkirchen, Ybbser Straße 3, +43/7416/52153-0
www.bärenwirt.at
ÖFFNUNGSZEITEN Mo-Sa 7:30 bis 21:00 Uhr, Küche durchgehend von 11:00 bis 21:00 Uhr, Sonntag von 8:00 bis 11:00 Uhr Frühstück & Frühschoppen
FASSBIER Wieselburger Spezial, Schwechater Zwickl, Kaiser Premium, Gösser Naturgold, Hölzl Weißbier
FLASCHENBIER Wieselburger Schwarzbier, Edelweiss Alkoholfrei
LOKAL Erich Mayrhofer kümmert sich von früh bis spät um seine Gäste – im Landgasthof Bärenwirt gibt es „Zur kleinen Vormittagsjause" das (von der Niederösterreichischen Wirtshauskultur als solches prämierte) beste Gulasch der Region, Würstel mit Saft oder hausgemachtes Kalbsrahmbeuschel. Da passt das gepflegte Bier, das es hier in guter Auswahl gibt, perfekt dazu. Und wer es spannender haben will: Mayerhofer beteiligt sich auch an den „Mostviertler Feldversuchen" – einer Initiative zur Verwendung lokaler Produkte in der Spitzengastronomie, bei denen die Gäste selbst an den Herd gebeten werden. Der Bärenwirt wurde von Gault Millau mit zwei Hauben ausgezeichnet – und Conrad Seidls Bierguide zeichnete das Haus schon im Jahr 2000 als bestes Bierlokal Niederösterreichs aus. 120 Sitzplätze, 15 an der Bar, im Garten 60 Sitzplätze. 56

Kreuzeralm

KREUZERALM

3252 Petzenkirchen, Kaiserstraße 5, +43/7416/52152-33
www.kreuzeralm.at
ÖFFNUNGSZEITEN Mo, Do-So: 17:00 bis 22:00 Uhr
FASSBIER Wieselburger, Schwechater Zwickl, Edelweiss Hefetrüb, Kaiser Doppelmalz, Schladminger, Gösser Kräuterradler
LOKAL Urgemütliches Tiroler Bauernhaus, in dem ein dreifacher niederösterreichischer Bierzapfkaiser auf die Zapfkultur achtet. Aus der Küche kommen unter anderem die mit Bierrahmsauce verfeinerte Kreuzeralm-Pfanne, Reindl-Rostbraten, hausgemachte Blunzen und Tiroler Schmankerl wie Käsespätzle, Kaspressknödelsuppe und original Tiroler Graukäse. Der ursprüngliche Standort

dieses Gebäudes war in Thiersee-Mitterland (nahe Kufstein). Das dem Abbruch preisgegebene Bauernhaus wurde 2002 vom jetzigen Besitzer Heinz Mayerhofer fachgerecht abgebaut, 300 km nach Osten in das Mostviertel transportiert und original wieder aufgebaut, selbst die alte Windmühle kam mit. Und wo es nicht original ist, ist es originell, bis hin zu den Toiletten. 200 Sitzplätze im Lokal, 25 an der Bar, 150 auf der Terrasse, bis 300 im Garten.

PÖCHLARN

JOHNY'S BURGER

3380 Pöchlarn, Regensburger Straße 35, +43/2757/2336
www.johnys.at
ÖFFNUNGSZEITEN Di-Fr ab 16:00 Uhr; Sa ab 15:00 Uhr, So ab 16:00 Uhr
FASSBIER Kaltenhauser Bernstein, Budweiser, Schwechater Zwickl, Puntigamer Winterbier, Ottakringer Rotes Zwickl, Starobrno, Weihenstephaner, Reininghaus Pils, Ottakringer Bio Pur, Schneider Weisse
FLASCHENBIER Edelweiss, Foster's, Stiegl Goldbräu, Hirter, Corona, Beck's, Weihenstephaner, Guinness, Clausthaler, Schlossgold
LOKAL Das Johny's hat sich in den vergangenen Jahren als Burger-Spezialist etabliert – seine Küche liefert Burger in allen Variationen (etwa auch einen Brezenburger) aus eigener Fleischerei, Flammkuchen, Bagels und Wraps. An einem Wall of Fame kann man diejenigen bewundern, die die größte Burger-Portion aufgegessen haben – viel mehr sind an der Herausforderung gescheitert. Dem Garten merkt man noch an, dass dies einmal ein Landgasthaus wie viele andere war – mit kleiner Gaststube, kleinem Biergarten und einer Fleischerei nebenan. Die Bar ist modern gestaltet und wurde 2004 als Niederösterreichs Bierlokal des Jahres ausgezeichnet. Wirt Johann Daxböck macht beinahe jede Woche ein anderes Themen-Event. 80 Plätze, Bar: 20, Garten: 160.

PURGSTALL AN DER ERLAUF

GUINNESS ISLAND

3251 Purgstall an der Erlauf, Ötscherlandstraße 14
+43/7489/30080
www.guinness-island.at
ÖFFNUNGSZEITEN Mo-Do: 7:00 bis 2:00 Uhr, Fr-Sa: 7:00 bis 4:00 Uhr, So: 14:00 bis 00:00 Uhr
FASSBIER Puntigamer Panther, Kilkenny, Guinness Stout, Gösser Naturradler
FLASCHENBIER Edelweiss Weizen Hefetrüb, Desperados, Wieselburger Stammbräu, Schlossgold, Heineken, Corona
LOKAL Ein klassisches Irish Pub: Mit seiner Lage im Einkaufszentrum ist es ein guter Treffpunkt für die Community, die sich hier auch zusammensetzt, um Sportereignisse auf dem Großbildschirm zu verfolgen. Insgesamt sehr stimmig dekoriert und die Bedienung ist auch nett. Die Speisekarte ist von österreichischen und italienischen Speisen dominiert, Irisches findet man leider nicht. Dafür gibt es sensationell lange Öffnungszeiten, wenn es jemanden um sieben Uhr nach einem Guinness oder Kilkenny gelüsten sollte (für die anderen gibt es Kaffee). 50 Plätze im Lokal, 20 an der Bar, im Garten 55 Plätze.

SZENARIO – STEIG4

3251 Purgstall an der Erlauf, Busatisstraße 1, +43/664/1017637
www.steig4.at
ÖFFNUNGSZEITEN Mo-Do: 17:00 bis 00:00 Uhr, Fr-Sa: 17:00 bis 3:00 Uhr, So: 17:00 bis 00:00 Uhr

Szenario - Steig4

FASSBIER Wieselburger Gold, Oktoberbräu, Schwechater Zwickl, Starobrno
FLASCHENBIER Heineken, Desperados, König Ludwig Weißbier Hell, Wieselburger Stammbräu, Wieselburger Märzen, Gösser Naturradler, Gösser Naturgold, weitere Bierspezialitäten
LOKAL Im Ortszentrum von Purgstall befindet sich diese Bar auf zwei Geschossen direkt an der Erlauf. Rasch hat sie sich unter dem neuen Namen und unter neuer Führung (der vom Clappos in Scheibbs bekannte Werner Hajek hat das Lokal im Herbst 2016 übernommen) zu einem beliebten Treffpunkt in der mit hoher Lokaldichte gesegneten Gemeinde entwickelt. Die Bar im Untergeschoß mit der Terrasse am Wasser firmiert als „Steig4 – La Terassa" und ist vor allem im Sommer gut besucht. Oft Live-Musik und für den kleinen Hunger zwischendurch Pizzen und warme Speckbrote. 90 Sitzplätze im Lokal, 15 an der Bar. Bar La Terassa mit Flaschenbierspezialitäten im Untergeschoss mit Blick auf die Erlauf.

PURKERSDORF

NIKODEMUS

3002 Purkersdorf, Hauptplatz 10, +43/2231/65454
www.nikodemus.at
ÖFFNUNGSZEITEN Di-Sa ab 17:00 Uhr
FASSBIER Gösser Gold, Gösser Zwickl

FLASCHENBIER Gösser Naturgold, Edelweiss Alkoholfrei
LOKAL Dass hier Kultur gepflegt wird, hat schon Wolfgang Amadeus Mozart gewusst, der sich in diesem Haus von seinem Vater Leopold verabschiedet hat. Heute präsentiert sich das Lokal mit dem Charme einer Studentenkneipe – die vielen Sammlerstücke an den Wänden lassen einen stets staunend herumschauen. Immer wieder Veranstaltungen mit Musik. 150 Plätze in Gaststube, Hinterzimmer und Keller, 30 Plätze im Garten.

SHAKESPEARE PUB

3002 Purkersdorf, Kaiser-Josef-Straße 31, +43/2231/63486
www.facebook.com/shakespearepub.purkersdorf
ÖFFNUNGSZEITEN Mo-Do: 16:00 bis 00:00 Uhr, Fr: 16:00 bis 2:00 Uhr, Sa: 16:00 bis 1:00 Uhr

Shakespeare Pub

FASSBIER Budweiser, Murauer, Stiegl-Goldbräu, Zwettler Saphir Premium Pils, Ottakringer Rotes Zwickl, Franziskaner Weizen Hell, Hirter Privat Pils
FLASCHENBIER Guinness, Gösser Naturgold
LOKAL Gut besuchtes Landhaus-Pub mit passender Patina. Stimmungsvolle Stichreproduktionen von Brautätigkeiten und beleuchtete Landschaftsmalereien an den Wänden sowie Werbeplakate für lokale Art-Events. Einige Polstersitzgarnituren wie zu Hause im gemütlichen Wohnzimmer (mit Großbild-TV). Zum vielsortigen Bierkosten gibt es große Portionen ordentlicher Brotzeit (Riesen-Bierlaugenbrezn). Auch für einen erfrischenden Biergenuss zwischendurch an der Schank sehr gut geeignet. Ca. 60 Sitzplätze im Lokal, Garten: ca. 60 Plätze.

SANKT ANDRÄ-WÖRDERN

BRAUHAUS MARCHART

3423 Sankt Andrä-Wördern, Greifensteinerstraße 92
+43/2242/33156, +43/664/3519921
www.brauhaus-marchart.at, www.hagenthaler-bier.at
ÖFFNUNGSZEITEN Di-Sa: 16:00 bis 23:00 Uhr
FASSBIER Frisch vom Kellertank: Hagenthaler Helles (Märzenzwickl), Hagenthaler Gold (Red Ale), Hagenthaler Dunkles (Stout), wechselnde Spezialbiere (z.B. Rotes Zwickl, Bockbiere, Weizen, Rauchbier)
FLASCHENBIER Weihenstephaner Hefeweißbier, Liefmans Kriek Cuvée Brut, Gösser Naturgold, wechselnde Spezialitäten
LOKAL Viel Holz, ein wenig Kupfer und viel lokale Verbundenheit vermitteln Gemütlichkeit und ein familiäres Gefühl in dieser 2014 gegründeten Gasthausbrauerei. Die Brauhaus-Küche ist bodenständig und passt gut zu den hausgebrauten Bieren. Alle Speisen werden frisch im Haus zubereitet. Zu den Spezialitäten des Hauses zählen der Original-Brauhaus-Burger, das selbst gemachte Gulasch und der warme Topfenstrudel-Auflauf. Es gibt auch vegetarische Angebote und immer frische Salate. Auf Wunsch persönliche Information und Beratung durch die Biersommeliers. Führungen durch die Brauerei (Sudhaus, Gär- und Lagerkeller) sind jederzeit während der Öffnungszeiten des Lokals möglich. 60 Plätze, 39 im Gastgarten.

SANKT GEORGEN AN DER LEYS

HUEBER – DER WIRT IN BRÜNDL

3282 Sankt Georgen an der Leys, St. Georgen an der Leys 18
+43/7482/46206
www.hueberderwirt.at
ÖFFNUNGSZEITEN Mi-Do ab 17:30 Uhr, Fr-Sa 11:30 bis 14:00 und 17:30 bis 22:00 Uhr, So 11:00 bis 14:00 Uhr
FASSBIER Gösser Zwickl Dunkel, Kaiser Märzen, Gösser Naturgold, Hölzl Weißbier
FLASCHENBIER Erzbräu Schwarzer Graf, Gusswerk ‚Zum Wohl' glutenfrei, Gusswerk Steinbier, Gusswerk Schwarze Kuh, Zwettler Black Magic, Einstök White Ale
LOKAL Landgasthof, der sich in letzter Zeit vermehrt der Biervielfalt verschrieben hat. Das Herz des Betriebes ist die Wirtsstube mit besonderem Augenmerk auf regionsbezogene Küche, in der Juniorchef Stefan Hueber werkt: Er versteht seine Speisekarte auch als eine „Landkarte des Mostviertels" – und ist an der Initiative „Mostviertler Feldversuche" beteiligt, die eine innovative Zubereitung von lokalen Produkten schmackhaft machen will. Im Jahr 2020 wurde das Lokal als „Top Wirt" der Niederösterreichischen Wirtshauskultur ausgezeichnet. ca. 100 Sitzplätze im Lokal und 100 im Gastgarten.

SANKT OSWALD

GASTHOF ZUR ROTEN SÄGE

3684 Sankt Oswald, Urthaleramt 2, +43/7415/7328
www.rotesaege.at
ÖFFNUNGSZEITEN Mo 9:00 bis 14:00 Uhr, Do ab 9:00 Uhr, Fr ab 9:00 Uhr, Sa 9:00 Uhr bis 17:00 Uhr, So 9:00 Uhr bis 17:00 Uhr, Di und Mi Ruhetag
FASSBIER Kaiser Märzen, Zwettler Original 1890, Gösser Zwickl

FLASCHENBIER Weihenstephaner mit und ohne Alkohol, Gösser Naturgold, Kaiser Doppelmalz, Gösser Naturradler, Wieselburger Schwarzbier, Schwechater Wiener Lager, Zwettler Saphir
LOKAL Abgelegenes, im Jahr 2005 behutsam renoviertes Wirtshaus an einem der schönsten Flecken des Yspertals, dort wo die Straße aus dem Tal nach links hinauf nach St. Oswald abzweigt. Kulinarisch hat es sich zu einem Treffpunkt für Liebhaber gut zubereiteten Rindfleischs entwickelt. Hier wurde der Verein der Freunde des Yspertales gegründet, der das hiesige Kraftwerksprojekt verhindert hat. Gut so. Noch besser: Der Verein wurde zum Nukleus der Anti-Hainburg-Bewegung und des Kuratoriums Rettet den Wald. Küchenchef Christian Bamberger legt großen Wert auf Produkte von heimischen Lieferanten und Erzeugern aus der Region, er ist einTop-Wirt der Niederösterreichischen Wirtshauskultur. Im Sommer jeden Donnerstag und Freitag Grillabend im Gastgarten mit einer Bierspezialität vom Holzfass. Ca. 80 Sitzplätze, 20 Plätze an der Schank und 60 im Garten.

SANKT PÖLTEN

FLIEGER-BRÄU

3100 Sankt Pölten, Ferstlergasse 9, +43/2742/26060
www.fliegerbraeu.at
ÖFFNUNGSZEITEN Mo-Fr ab 11:00 Uhr, Sa ab 16:00 Uhr

Flieger-Bräu

FASSBIER Flieger Bräu Zwickl (Zwettler), Zwettler Original, Schneider Weisse, Hadmar Bio Bier, Zwettler Dunkles, Zwettler Radler Naturtrüb, eine saisonale Bierspezialiät, gelegentlich Craftbiere, z.B. Zwettler Young Symphony Witbier
FLASCHENBIER Paulaner Hefeweißbier, Budweiser, Beck`s Blue , Craftbiere nach Jahreszeit wechselnd
LOKAL Gegenüber der Zentrale der niederösterreichischen ÖVP liegt seit 1995 dieser Biertreff – nur einen Steinwurf von der Traisen entfernt. Er war zeitweise Trendsetter der Bierkultur im Lande – etwa, als es darum ging, Beer&Cheese-Pairings zu etablieren, was leider wieder in Vergessenheit geraten ist. Im Frühjahr 2020 hat er ein Face-Lifting erfahren. Aus der Küche kommen saftige Burger (100 Prozent Rindfleisch mit hausgemachten Saucen dazu), Salate, Flammkuchen, saisonale Klassiker und wöchentlich wechselnde Mittagsmenüs. Jeden Dienstag stehen Stelzen auf der Karte – bemerkenswert ist aber das zuletzt gewachsene Angebot an vegetarischen Gerichten. „Schmecken muss es und das tut es auch – am besten aber in guter Gesellschaft und in Begleitung von kühlen Drinks oder unseren Biervariationen", sagt Chef Gerhard Groiss. Lokal auch für große Gruppen geeignet (mit Bierverkostung). 80 Sitzplätze, Bar: 25, Garten: 60.

SCHAU.SPIEL

3100 Sankt Pölten, Rathausgasse 1, +43/2742/43742
www.schauspiel.at
ÖFFNUNGSZEITEN Mo-Do: 7:30 bis 23:00 Uhr, Fr-Sa: 7:30 bis 00:00 Uhr, So: 10:00 bis 22:00 Uhr

Schau.Spiel

FASSBIER Egger Premium, Egger Zwickl, Hofbräuhaus Traunstein Weißbier
FLASCHENBIER Hofbräuhaus Traunstein Dunkel, Hofbräuhaus Traunstein Weißbier Alkoholfrei, Egger Zisch
LOKAL Otto Raimitz hat weltstädtisches Flair an dieses prominente Eck der Landeshauptstadt gebracht: Er hat die neuesten internationalen Trends studiert und mit Wohnzimmer-Atmosphäre kombiniert. Die Uhr des Rathauses findet sich über der langgestreckten Bar wieder, das Fliesenmuster des Rathausplatzes zieht sich im Inneren des Lokals weiter.

VINZENZ PAULI

3100 Sankt Pölten, Alte Reichsstraße 11, +43/650/6202077
www.vinzenzpauli.at
ÖFFNUNGSZEITEN Di-Fr 17:00 bis 00:00 Uhr, Sa 11:30 bis 14:00 Uhr und 17:00 bis 00:00 Uhr
FASSBIER Starobrno, Wieselburger Gold, Schladminger Bio Zwickl, eine weitere Bierspezialität
FLASCHENBIER Gösser Dunkel, Kaltenhausner Pale Ale, Brew Age Hopfenauflauf, Weihenstephaner, Weihenstephaner Alkoholfrei
LOKAL Diese Gastwirtschaft hat eine bewegte Vergangenheit, war

dann einige Zeit geschlossen und im Jahr 2017 sorgsam frisch herausgeputzt. Benannt ist das Vinzenz Pauli nach dem Wirten, der das Lokal zu dem gemacht hat, was es heute ist: eine Gastwirtschaft, in der Gemütlichkeit schon eine lange Tradition hat. Diese besondere Atmosphäre prägen nicht nur die geschichtsträchtigen und liebevoll sanierten Mauern, sondern auch das eingeschworene Team rund um Maurice Harant und Ernst Koch. 160 Sitzplätze im Lokal, 120 im Garten plus Terrasse.

SANKT VALENTIN

AM TEICH

4300 Sankt Valentin, Am Teich 3, +43/7435/54003 oder +43/650/4507071
www.amteich.net
ÖFFNUNGSZEITEN Mi-Do: 17:00 bis 23:00 Uhr, Fr-Sa: 16:00 bis 23:00 Uhr, So: 11:00 bis 15:00 Uhr

Am Teich

FASSBIER Reininghaus Jahrgangspils, Schladminger Bio Zwickl, Puntigamer Panther
FLASCHENBIER Schladminger Schneeweisse, Gösser Naturgold
LOKAL Dieses 2012 an den Teich übersiedelte Lokal hat seine Ursprünge wohl in einer mittelalterlichen Burgtaverne. Urkundlich belegt erstmals durch eine Zehentkarte aus dem Jahr 1751. Idyllische Aussicht auf den Teich – und vor allem: sehr gute Bierpflege. Sitzplätze: 90 im Lokal, 80 auf der Terrasse, 20 an der Bar.

GASTHOF PILLGRAB „ZUR LINDE“

4300 Sankt Valentin, Westbahnstraße 32, +43/7435/52319
www.pillgrab.at
ÖFFNUNGSZEITEN Mo-Di: 9:00 bis 14:00 Uhr, Mi: 9:00 bis 14:00 Uhr, 18:00 bis 21:00 Uhr, Do-Fr: 9:00 bis 14:00 Uhr, So: 9:00 bis 14:00 Uhr
FASSBIER Zipfer Urtyp, Edelweiss Hofbräu Weizen, Gösser Jubiläums Zwickl, Zipfer Stefanibock, Oktoberbier
FLASCHENBIER Zipfer Urtyp, Zipfer Drei, Schlossgold
LOKAL Ursprünglich ein altes Bräuhaus, heute ein Hotel-Restaurant gegenüber dem Bahnhof. Im Jahre 1908 von der Familie Pillgrab erworben, ist der Gasthof „zur Linde“ heute bereits in dritter Generation ein traditioneller gutbürgerlicher Familienbetrieb, bei dem Bier auch in der Küche nicht fehlen darf. Vater Hans und Sohn Wolfgang kochen dort auf: Im Herbst wird zur Gans und Wild auch das Kaltenhausener Spezialbier „Maroni Style“ serviert und im Frühjahr zu Fisch, Kalb und Geflügel das Reininghaus Jahrgangspils empfohlen. Seit über 50 Jahren auch Treffpunkt des rührigen Biervereins der Gambrianer. Auf Wunsch gibt es Klavierschmankerl vom Chef des Hauses. Kochkurse, Live-Kochen vor den Augen der Gäste. 120 Sitzplätze im Lokal, 3 Plätze an der Bar, 70 Sitzplätze im Garten.

Gasthof Pillgrab „Zur Linde“

SANKT VEIT/GÖLSEN

GASTHOF HASLER

3161 Sankt Veit/Gölsen, Gölsentalstraße 35, +43/2763/2225
gasthof-hasler.jimdosite.com
ÖFFNUNGSZEITEN Mi-So: 8:00 bis 16:00 Uhr
FASSBIER Hainfelder, Murauer
LOKAL Ländliches Gasthaus, welches seit vier Generationen im Familienbesitz ist – mit weithin gerühmter Küche und Hainfelder Bier.

SCHEIBBS

CLAPPO'S

3270 Scheibbs, Gamingerstraße 23, +43/7482/43848
www.facebook.com/pages/Clappos-Pub-Bar/185998598105813
ÖFFNUNGSZEITEN Mo-So: 16:30 bis 01:00 Uhr
FASSBIER Schwechater Zwickl, Stiegl-Goldbräu, Murauer
FLASCHENBIER Stiegl Weisse, Franziskaner, Corona, Schlossgold
LOKAL Ein Biergewölbe mit enorm langer, mehrfach verwinkelter Bar. Offenbar der Treffpunkt für den gesamten Bezirk, und auch an „schwächeren“ Tagen wie dem Montag sehr gut gefüllt. Umsichtiges Service. 90 Plätze, im Garten 30.

SCHÖNBACH

SCHÖNBACHER BIERGWÖLB

3633 Schönbach, Schönbach 1a, +43/664/2509759
www.schoenbacherpils.at
ÖFFNUNGSZEITEN Fr-Sa: 20:00 bis 1:00 Uhr, So: 16:00 bis 1:00 Uhr
FASSBIER Schönbacher Pils
FLASCHENBIER Schönbacher Pils, Bockbier
LOKAL Das Lokal befindet sich in einem über 300 Jahre alten Kellergewölbe des Pfarrhofes (ein ehemaliges Kloster) in Schönbach. Von 2006 bis 2020 betrieb die Familie Pichler hier eine kleine Brauerei mit Gastronomiebetrieb. Die Öffnungszeiten sind derzeit an die eines „Heurigen" angelehnt, die Räumlichkeiten werden aber auch für diverse Feiern vermietet, außerdem gibt es Jazzseminare und Chorseminare (näheres unter www.fredwork.at). Am 1.1.21 hat der Berliner Whiskyhändler Klaus Pinkernell Brauerei und Gaststätte übernommen und erweitert die Gaststätte um ein Whiskysortiment, welches in Niederösterreich seinesgleichen sucht. 45 Sitzplätze im Lokal, 5 Plätze an der Bar.

SCHÖNBERG AM KAMP

PAPPERL À PUB

3562 Schönberg am Kamp, Hauptstraße 18, +43/2733/61352, +43/664/4430684
www.papperl-a-pub.at
ÖFFNUNGSZEITEN Do-Fr: 16:00 bis 00:00 Uhr, Sa: 10:00 bis 00:00 Uhr, So: 10:00 bis 16:00 Uhr
FASSBIER Zwettler Pils, Zwettler Zwickl, Weitra „das Helle", Schneider Weisse
FLASCHENBIER Corona, Heineken, Guinness, Hacker Pschorr Münchner Gold, Zwettler Dunkles, Erdinger Weizen Alkoholfrei
LOKAL Nicole Diewald hat diese moderne Bierbar in einem Bürgerhaus von 1896 eingerichtet – die erneuerte Architektur stammt von Christian Vollkrann, die Innenausstattung von Christian Lintschinger. Ausgezeichnet mit der Goldenen Kelle 2013. Weil die Familie Diewald vom Radfahren begeistert ist und das Kamptal eine beliebte Radtour darstellt, ist das Papperl à Pub rasch zu einem Radfahrertreff geworden. Wer Billard spielen will, ist ebenso willkommen. Events wie Oktoberfest und St. Patrick's Day.

SCHRANAWAND

ZUR MINA TANT

2442 Schranawand, Obere Ortsstraße 2, +43/2254/73478
minatant.heimat.eu
ÖFFNUNGSZEITEN Mi-Fr: 10:30 bis 14:30 Uhr, 17:30 bis 22:00 Uhr, Sa-So: 10:00 bis 22:00 Uhr
FASSBIER Kaiser Premium, Starobrno, 1516 Bayrisch Hell
FLASCHENBIER Wieselburger Gold, Wieselburger Stammbräu, Edelweiss Hell, Schlossgold
LOKAL Karin Huber führt hier ein Lokal im gehobenen Landhausstil – offener Kamin, weithin bekannte Küche. 60 Plätze im Lokal, 80 im Extrazimmer, 40 im Garten.

SCHREMS

GASTHOF SCHÖNAUER

3943 Schrems, Schulgasse 12, +43/2853/77291
www.gasthofschoenauer.at
ÖFFNUNGSZEITEN Mo-Mi: 7:00 bis 23:00 Uhr, Fr-Sa: 7:00 bis 23:00 Uhr, So: 7:00 bis 14:00 Uhr
FASSBIER Schremser Roggenbier, Schremser Premium
FLASCHENBIER Franziskaner Dunkel, Clausthaler
LOKAL Ein Familienlokal mit hervorragender, bodenständiger Küche. Die Wirtsleute sind geprüfte Küchenmeister, bereiten zum Beispiel den Karpfen mit Bockbier zu – und geben ihr Können sehr gern an ihre Gäste weiter. Für Ausflüge sind die sehr schönen Zimmer zu empfehlen. Bierzapfen ist hier wie Liebeskunst. 130 Sitzplätze im Lokal.

MOORBAD SCHREMS

3943 Schrems, Moorbadstraße 2, +43/2853/77483
www.moorbad-restaurant.at
ÖFFNUNGSZEITEN Mi: 9:00 bis 14:00 Uhr, Do-Sa: 9:00 bis 22:00 Uhr, So: 9:00 bis 21:00 Uhr

Moorbad Schrems

FASSBIER Velkepopovicky Kozel Hell, Schremser Premium
LOKAL Kleine Ausschank am Moorbadeteich, auf den man aus der hellen Gaststube einen schönen Ausblick hat. 30 Plätze im Lokal.

ZUM WALDVIERTLER SEPP – GASTHAUS TRINKL

3943 Schrems, Schulgasse 5, +43/2853/77254
www.waldviertlersepp.at
ÖFFNUNGSZEITEN Täglich ab 9:00 Uhr, Mi ab 14:00 Uhr geschlossen, Mo Ruhetag
FASSBIER Schremser Premium

FLASCHENBIER Schremser Märzen, Edelweiss Hefetrüb
LOKAL Geburtshaus des Heimatdichters Josef Allram, genannt Waldviertler Sepp. Im Lokal sind viele Bilder der Schremser Brauerei und Faksimile alter Dokumente ausgestellt. Sehr nette Wirtsleute und eine regionale Küche (Bruckfleisch, Zweibelrostbraten vom Karpfen, Donnerstag Mittag Grammelknödel) zeichnen dieses Haus ebenso aus wie die bemühte Bierpflege. Der Garten besitzt gemauerte Lauben, die vor der sommerlichen Hitze genauso schützen wie vor dem herbstlichen Regen. Ca. 170 Sitzplätze, Garten: ca. 170 Sitzplätze. ✕

Zum Waldviertler Sepp – Gasthaus Trink

SCHWECHAT

BRAUHAUS SCHWECHAT

2320 Schwechat, Mautner Markhof-Straße 13, +43/1/7068606
www.brauhausschwechat.at
ÖFFNUNGSZEITEN Mo-Sa: 11:00 bis 23:00 Uhr, So: 11:00 bis 16:00 Uhr
FASSBIER Schwechater Wiener Lager, Schwechater Hopfenperle, Schwechater Zwickl, Schwechater „Schnitt“ (Schwechater Hopfenperle und Kaiser Doppelmalz), Gösser Naturradler, saisonale Fassbierspezialitäten
FLASCHENBIER Edelweiss Hefetrüb und Alkoholfrei, Gösser Naturgold
LOKAL Biergartenstimmung und Brauhausatmosphäre in unmittelbarer Nachbarschaft der Schwechater Brauerei, an deren Tradition auch ein alter Bierwagen vor der Tür und eine Skulptur der Braureibüffel erinnert: Sehr schön gestaltetes modernes Bierlokalkonzept, schöner Rahmen für Treffen von Bierfreunden der Kampagne für Gutes Bier. Zur Erstpräsentation des Wiener Lagers kamen Gäste sogar aus Japan und England. Die Küche bietet bodenständige, bierige Brauhausküche. 270 Sitzplätze im Lokal, 400 im Garten. ✕

FELMAYER'S GASTWIRTSCHAFT

2320 Schwechat, Neukettenhoferstraße 2 - 8/1, +43/1/8904352
www.felmayer.at
ÖFFNUNGSZEITEN Di-Sa ab 11:00 Uhr
FASSBIER Schwechater Hopfenperle, Hofbräu Kaltenhausen Bernstein, Stiegl Paracelsus Bio-Zwickl
FLASCHENBIER Schwechater Zwickl, Schwechater Wiener Lager, Wieselburger Stammbräu, Weihenstephaner Weizenbier, Kaiser Doppelmalz, Gösser Naturgold, Edelweiss Alkoholfrei
LOKAL Von Thomas Aschenbrenner im Namen des Textilindustriellen Franz Felmayer (1829-1898) geführtes Gasthaus in einem denkmalgeschützten Backsteingebäude aus dem Jahr 1886. Großer, mit schattenspendenden Linden bepflanzter, buntmöblierter Garten, der an einen Park und einen Kinderspielplatz grenzt. Herzeigebetrieb der nahen Schwechater Brauerei – an Donnerstagabenden gibt es meist Jazz.Sessions im „Himmel“, wie hier das Obergeschoß genannt wird. ✕

SCHWEIGGERS

DORFWIRTSHAUS SALLINGSTADT

3931 Schweiggers, Sallingstadt 46, +43/2829/8347
www.sallingstadt.net/wirtshaus
ÖFFNUNGSZEITEN Mo: 16:00 bis 23:00 Uhr, Mi-Fr: 16:00 bis 23:00 Uhr, Sa: 10:00 bis 23:00 Uhr, So: 9:00 bis 23:00 Uhr

Dorfwirtshaus Sallingstadt

FASSBIER Zwettler Zwickl, Zwettler Pils Classic, Zwettler Radler
FLASCHENBIER Zwettler Luftikus, Zwettler Export, Schneider Weisse, Schneider Weisse Original, wechselnde Monatsbiere von Windhofbräu
LOKAL Großes Dorfwirtshaus zwischen Zwettl und Gmünd gelegen. Ein Schwerpunkt der Küche liegt in der Zubereitung von Waldviertler Erdäpfel-Gerichten, von den berühmten Erdäpfelknödeln über Erdäpfel Cordon Bleu, Erdäpfel-Gröstl usw. – „die tolle Knolle steht bei uns im Rampenlicht“, sagt Geschäftsführerin Roswitha Schaden. Einmal im Monat gibt es einen Musikantenstammtisch, bei dem groß aufgespielt wird – jeweils an einem Mittwoch gegen Ende des Monats zum „Wochenteilen“. In der Gaststube 45 Sitzplätze, 30 im Erpfiköllа, 45 im Dorfstüberl, bis 150 im großen Saal und 30 Sitzplätze im Gastgarten. ✕ 🛏79

Schremser

SENFTENBERG

SCHLAPF'N WIRT

3541 Senftenberg, Unterer Markt 44, +43/2719/2449
www.schlapfnwirt.at
ÖFFNUNGSZEITEN Mi-Sa: ab 18:00 Uhr, So: 10:00 bis 13:00 Uhr, Mo-Di: Ruhetage
FASSBIER Murauer Märzen, Hadmar Bio Bier, Haselbräu, Hacker Pschorr
FLASCHENBIER Stiegl Paracelsus-Zwickl, Stiegl-Weisse, Gösser Stiftsbräu, Clausthaler
LOKAL Es ist eine Freude hier hereinzukommen und ein Bier an der historisch wirkenden, aber gut gepflegten Schank zu bestellen: In einer Zeit, da viele kleine Dorfwirtshäuser zusperren, ist der Schlapf'n Wirt ein außergewöhnliches Beispiel für Kontinuität der alten Wirtshaustradition. Gegründet wurde das Haus 1578 als „Pachhaus" (Bäckerei), seit 1887 war es das Gasthaus Weinkopf. 1981 wurde es von der Familie Braun übernommen und sehr behutsam renoviert. Hier ist immer wieder etwas los, es gibt Sautanz, Schmankerl-Donnerstag, einen Musikantenstammtisch und immer wieder kleine Feiern der Stammgäste. 45 Sitzplätze, davon 15 im Extrazimmer und 10 an der Bar.

Schlapf'n Wirt

SOLLENAU – MARIA THERESIENSIEDLUNG

BIER17

2601 Sollenau – Maria Theresiensiedlung, Ecke Engerthstraße und B17, +43/2628/65778
www.bier17.com
ÖFFNUNGSZEITEN Mo-Sa: 8:30 bis 23:00 Uhr, So: 8:30 bis 16:30 Uhr
FASSBIER Puntigamer, Gösser, Schladminger Bio Zwickl Naturtrüb, Starobrno, ein Bier des Monats
FLASCHENBIER Wieselburger Stammbräu, Puntigamer, Edelweiss Hefetrüb, Gösser Zwickl, Gösser Stiftsbräu Dunkel, Kaiser Doppelmalz, Corona, Heineken, Kilkenny, Edelweiss Alkoholfrei
LOKAL Mit viel hellem Holz und alter Bierwerbung stimmig eingerichtetes Lokal. „Schnörkellose, ehrliche Hausmannskost zu vernünftigen Preisen", lautet das Credo. Freundliches Service in gebrandeter Kleidung, dazu eine große Bier-Auswahl von der BrauUnion. 90 Sitzplätze im Lokal, 10 Plätze an der Bar, 100 auf der Terrasse, 35 im Wintergarten.

STADT HAAG

MITTER

3350 Stadt Haag, Linzerstraße 11, +43/7434/42426
www.mitter-haag.at
ÖFFNUNGSZEITEN Mo-Di: 7:00 bis 23:00 Uhr, Mi: 7:00 bis 14:00 Uhr, Fr-So: 7:00 bis 23:00 Uhr
FASSBIER Stiegl-Goldbräu, Stiegl-Paracelsus Bio-Zwickl
FLASCHENBIER Die Weisse, König Ludwig Dunkel
LOKAL Großer Gasthof, der 2020 einem kleinen Facelifting unterzogen wurde, mit feinem Restaurant und einem sehr privat wirkenden Garten, in dem ein eigener Bier- und Weinausschank-Pavillon für rasches, sehr freundliches Service sorgt. Und an Samstagen finden in diesem Garten, sommerliches Schönwetter vorausgesetzt, kleine Musikdarbietungen statt – da muss man allerdings unbedingt reservieren. Besitzer Albin Hawel bietet auch typisch mostviertlerische Gerichte wie Schwarzbrotsuppe mit Speck, Mostschaumsuppe, Blutwurstgröstel, Mostrostbraten mit Dörrzwetschken und gebackene Apfelknödel. Samstag gibt es ofenfrischen Schweinsbraten. 58 Plätze im Restaurant, 52 in der Gaststube und im Stüberl, ca.100 im Garten.

STOCKERAU

VEGGIE BRÄU

2000 Stockerau, Schulgasse 8, +43/2266/72604
www.veggie-bräu.at
ÖFFNUNGSZEITEN Mo-Sa: 18:00 bis 00:00 Uhr
FASSBIER Hadmar Bio Bier, Zwettler Original 1890, Stiegl-Paracelsus Bio-Zwickl, Stiegl-Goldbräu, wechselnde Bierspezialität
FLASCHENBIER Hirter Bio Hanfbier, Schremser Doppelmalz, Stiegl-Weisse, Stiegl-Freibier, Murauer, Stiegl-Zitronen Radler
LOKAL Seit 17 Jahren bietet das vegetarische Bio-Bierpub in Stockerau vegane und vegetarische Speisen und Getränke vom Bio-Bauernhof an. So stammen z.B. Rohprodukte wie Getreide, Öle, Sojabohnen, Linsen, Obst, Gemüse usw. vom eigenen Biobauernhof in Leitzersdorf. 50 Sitzplätze, 20 an der Theke, 50 im Garten.

STÖSSING

SCHUTZHAUS HEGERBERG (JOHANN ENZINGER HAUS)

3073 Stössing, Hochstraß 27, +43/2744/5652
www.schutzhaus-hegerberg.eatbu.com
ÖFFNUNGSZEITEN Mi-So: 9:00 bis 20:00 Uhr
FASSBIER Egger Bier

LOKAL Zugegeben: Das Bier ist vielleicht nicht der wichtigste Grund, dieses 1930 vom Touristenverein Hegerberg errichtete Schutzhaus aufzusuchen. Aber der Ausblick ist es definitiv wert - und es gibt nicht viele schöner Platzerl, sein Bier zu genießen.

STRANING-GRAFENBERG

STRANINGER HOF – BIERGREISSLERS WIRTSHAUS

3722 Straning-Grafenberg, Straning 39, +43/2984/37020
straningerhof.at

ÖFFNUNGSZEITEN Mi-Do: 11:00 bis 15:00 Uhr, Fr-Sa: 11:00 bis 22:00 Uhr, So: 9:00 bis 15:00 Uhr

FASSBIER Augustiner Hell, Hirter Privat Pils

FLASCHENBIER ca. 100 gekühlte Flaschenbiere

LOKAL Der Biergreissler, der zuletzt auch in Wien für Biervielfalt gesorgt hat, hat sich nach Niederösterreich zurückgezogen: Zusätzlich zum breiten Bierangebot bietet Max Gaspar im Wirtshaus seines Heimatdorfes 50 Whiskey-Sorten, 20 Rum-Sorten und Weine aus der Region, dazu Hausmannskost und kalte Gerichte. Großer schattiger Gastgarten, Salettl für 60 Personen, Saal für 200 Personen, Schankraum für 20 Personen, Extrazimmer für 50 Personen.

STRASSHOF AN DER NORDBAHN

ZÜNDWERK – FINE STEAKS, BURGER & BEER

2231 Strasshof an der Nordbahn, Hauptstraße 1a
+43/2287/40955-90
www.zuendwerk.at

ÖFFNUNGSZEITEN Di-Sa: 11:30 bis 23:00 Uhr, So: 11:30 bis 17:00 Uhr

FASSBIER Augustiner Edelstoff, Budweiser Original, Ottakringer Rotes Zwickl, Zwettler Zwickl, Zündwerk Hausbier

FLASCHENBIER Brew Age Alphatier, Brew Age Affenkönig, Trumer Hopfenspiel, Gratzer Naturbier Johann, Baladin Rock`n`Roll, Schleppe No. 1, Zwettler Saphir, Zwettler Zwickl, Augustiner Weizen, Blanche de Namur, Der Belgier, Schremser Bio-Roggen, Baladin Wayan, Gusswerk Weizenguss, Rodauner Gselchter, Gratzer Hermann, Schneider Aventinus Eisbock, Brew Age Dunkle Materie, Brew Age Nussknacker, Hirter Morchl

LOKAL Erich Windisch und sein Zündwerk-Team eröffneten im Herbst 2015 ein Restaurant im Industrie-Stil des 50er-Jahre-Amerikas. Es wurde unmittelbar darauf zum Bierlokal des Jahres in Conrad Seidls Bierguide 2016 erkoren – und ist jetzt noch größer und vielfältiger geworden: Im ehemaligen Harley-Davidson Schauraum ist der Zündwerk Living Room entstanden – eine Diner-Bar als überdimensionales Wohnzimmer mit spanisch-mexikanisch-italienischen Köstlichkeiten. Seit dem Sommer 2022 ergänzt das Zündwerk Motel mit seinen 23 Zimmern die Zündwerk Gruppe – „damit niemand nach einem Bier zu viel nach Hause fahren muss". Und im Zündwerk Fine Steaks, Burger & Beer gibt es ein „Zündwerk For Home" Sortiment (hausgemachte Feinschmecker-Saucen, Beef-in-the-Box-Pakete) für den Genuss daheim. Was bleibt, ist ein großer Bierkühlschrank und eine der ausführlichst kommentierten Bierkarten des Landes. Auch die Kellner wissen wirklich, was sie servieren und wo die guten Biere herkommen. Perfekte Bierauswahl – auch zur sehr amerikanisch anmutenden, aber doch mit lokalen Zutaten versorgten Küche. Bierkarte und Ausbildung des Personals stammen von Sepp Wejwars Institut für Bierkultur. Einmal monatlich wird eine „Bier&Genuss"-Reise angeboten, für die man das Lokal gar nicht verlassen muss: Ein Biersommelier führt als „Reiseführer" durch ein mehrgängiges Menü mit Bierbegleitung. 190 Sitzplätze im Lokal, 20 zusätzliche Plätze an der Bar, 10 Sitzplätze in der Kamin-Lounge und im Sommer gibt es ca. 120 weitere Gastgartenplätze.

Zündwerk – Fine Steaks, Burger & Beer

ZÜNDWERK
FINE STEAKS, BURGER & BEER

TATTENDORF

RAHOFER BRÄU

2523 Tattendorf, Dumba Park 1, +43/2253/80870
www.rahoferbraeu.at

ÖFFNUNGSZEITEN Di-Do: 16:00 bis 23:30 Uhr, Fr: 16:00 bis 1:00 Uhr, Sa: 9:00 bis 1:00 Uhr, So: 9:00 bis 22:00 Uhr

FASSBIER Rahofer Hausbier Hell, Rahofer Zwickl, Rahofer Rotes

Zwickl, Ottakringer Dunkles, Schneider Weisse, Budweiser, Bockbier (saisonal)
FLASCHENBIER Ottakringer Citrus-Radler, Null Komma Josef
LOKAL Der ehemalige Parkheurige im Dumba Park wurde von Susanne und Christoph Rahofer 2012 mit viel Liebe zum Detail in einen modernen Braugasthof mit tollem Ambiente verwandelt und viel Innovation in das Wohlbefinden der Gäste investiert. Man ist dem Wein insofern treu geblieben, dass die Weinauswahl – rund 100 Sorten – die Bierauswahl noch übertrifft. Mehrere Bierbikes stehen zur Anmietung für bis zu 14 Personen bereit. Sie können sich aus allen Fassbieren eines aussuchen und dieses an Bord des Bierbike selbst zapfen. Termine für Fahrten in Tattendorf oder auch andernorts fixiert man über die Homepage des Rahofer Bräu. Ab 2018 bietet das Rahofer Bräu erstmalig Bier brauen für Gäste an. Anmeldungen erfolgen über die Homepage des Rahofer Bräu (www.rahoferbraeu.at). Für Gäste, die lieber nicht mehr nach Hause fahren, stehen seit 2017 die Schlaffässer direkt im Dumba Park zur Verfügung (www.schlaffass.at). Im Rahofer Bräu finden regelmäßig Veranstaltungen und Konzerte statt, und der Klettergarten mit verschiedenen Parcours und Kletterstationen und dem „Tandem Flying Fox" als besonderes Highlight bietet Spaß für Jung und Alt (www.kletterpark-tattendorf.at).

Rahofer Bräu

THERNBERG

ZUM THALER

2832 Thernberg, Markt 4, +43/2629/3611
landgasthausthaler.at
ÖFFNUNGSZEITEN Mo-Di: 11:00 bis 23:00 Uhr, Fr-So: 11:00 bis 23:00 Uhr
FASSBIER Wolfsbräu, Puntigamer
FLASCHENBIER Edelweiss, Schlossgold
LOKAL Stolz wird in der Gaststube dieses Wirtshauses der Tisch gezeigt, an dem der später für sein Engagement in der Steiermark bekannte Erzherzog Johann im ersten Viertel des 19. Jahrhunderts immer wieder zu Gast war. In unmittelbarer Nachbarschaft befindet sich seit 2012 das Wolfsbräu, das hier auch ausgeschenkt wird. 120 Plätze in drei Stuben.

TRAISEN

LINKO BRÄU – GASTHOF LINKO

3160 Traisen, Gartengasse 9, +43/2762/62802
www.linko.at
ÖFFNUNGSZEITEN Mo-Mi: 9:00 bis 14:00 Uhr, 17:00 bis 21:00 Uhr, Do: 9:00 bis 14:00 Uhr, So: 9:00 bis 14:00 Uhr
FASSBIER Pilsner, Traisner Weisse, Schwarzbier, Bockbier, Wiener Gerstl
LOKAL Landgasthof in Traisen, der in den Jahren um 2000 ein wenig aufgestylt wurde und nun mit selbst gebrautem Bier ein Fixpunkt im Traisental geworden ist. Walter Heimerl von der Kampagne für Gutes Bier lobt die Bierqualität. Die Biere sind in folgenden Gebinden erhältlich: Flaschen 0,33l, Fässer: 10l, 20l, 30l, 50l. 90 Sitzplätze im Lokal, 12 Sitzplätze an der Bar.

TULLN

Pfiff 2.22 Bierpub

PFIFF 2.22 BIERPUB

3430 Tulln, Hauptplatz 25, +43/660/5492171
www.facebook.com/permalink.php?story_fbid=105763551993748&id=101243029112467
ÖFFNUNGSZEITEN Mi-Do: 17:00 bis 22:00 Uhr, Fr-Sa: 17:00 bis 1:00 Uhr
FLASCHENBIER Mythos, Pils, Heineken, Desperados, Wieselburger Stammbräu, Stella Artois, Birra Moretti, Corona, Dunkles, Weizenbier, Alkoholfreies Bier
LOKAL Eigentlich ein klassisches Bierlokal, sehr bierig dekoriert. Aber bei unserem letzten Besuch waren die Zapfhähne trockengelegt und die Fassbiere von der Karte verschwunden. Er hoffe, sie würden wieder eingeführt, sagte der Kellner. Dass die Luft schon am frühen Abend verraucht gewirkt hat, war ziemlich ungewohnt. 45 Plätze an der Bar.

S'PFANDL AM HAUPTPLATZ

3430 Tulln, Hauptplatz 25, +43/2272/66670
www.s-pfandl.at
ÖFFNUNGSZEITEN Do 11:00 bis 21:30 Uhr, Fr 11:00 bis 22:00 Uhr, Sa 10:00 bis 22:00 Uhr, So & Feiertag 11:00 bis 18:00 Uhr; Mo, Di,

Mi Ruhetag. Oktober bis März: So & Feiertag 11:00 bis 15:00 Uhr
FASSBIER Weitra Bräu, Ottakringer Rotes Zwickl
FLASCHENBIER Weitra Schwarzes, Zwettler Dunkles, Zwettler Saphir Pils, Zwettler Radler, Zwettler Luftikus, Hofbräu Traunstein Hefeweisse, Hofbräu Traunstein Weißbier Alkoholfrei
LOKAL Das im 15. Jahrhundert erbaute Haus steht unter Denkmalschutz und strahlt doch eine gewisse Modernität aus. Geteilt ist es in drei Bereiche – mit dem gemütlichen Beisl im Erdgeschoß, wo man auf ein Bier kommt, Stammtischrunden hat, Karten spielt und schon mal abends zu tanzen beginnt und mit der Bar, die über einen separaten Seiteneingang zu erreichen ist. Als Kontrast dazu im Obergeschoß die renovierten mittelalterlichen Räumlichkeiten (Donaustüberl, Rosenstüberl und Nibelungenstüberl). 120 Sitzplätze im Lokal, 40 in der Bar, 90 Sitzplätze im Garten.

ZUM GOLDENEN SCHIFF

3430 Tulln, Wiener Straße 10, +43/2272/62671
www.zumgoldenenschiff.at
ÖFFNUNGSZEITEN Mo-Fr: 11:30 bis 14:00 Uhr, 18:00 bis 21:00 Uhr
FASSBIER Murauer Steirer Gold, Ottakringer Rotes Zwickl, Ottakringer Wiener Original, Dangl Helles, Trumer Pils, saisonal Trumer Herbstbier
FLASCHENBIER Die Weisse, König Ludwig Dunkel, Stiegl-Freibier, saisonal Trumer Imperial
LOKAL Seit 1862 im Familienbesitz – Thomas Baumgartlinger ist in der 5. Generation der Chef, sein Vater hat in den 1950er-Jahren die Intarsien in der gemütlichen alten Wirtsstube in Auftrag gegeben. Wirtshauskulturbetrieb, Top-Wirt durchgehend seit 2004 und Bierwirt 2014. 80 Sitzplätze im Lokal, 40 im Garten.

Zum goldenen Schiff

UNTERRETZBACH

POLLAK'S WIRTSHAUS

2074 Unterretzbach, Bahnstraße 1, +43/2942/20171
www.retzbacherhof.at
ÖFFNUNGSZEITEN Do-Sa: 10:00 bis 23:00 Uhr, So: 9:00 bis 16:00 Uhr
FASSBIER Pollak's Hausbräu (Weitra Bräu), saisonal Zwettler Zwicklbock, Zwettler Zwickl Naturtrüb
FLASCHENBIER Zwettler Saphir Pils, Weihenstephaner Weizenbier, Gösser Naturgold, Winzer-Bräu Kellerbier, Zwettler Black Magic, Kaltenhauser Pale Ale
LOKAL Sonja und Harald Pollak haben 2004 ein brachliegendes Gasthaus wieder in seine ursprüngliche Pracht versetzt und bieten im vom Retzbacherhof zu Pollak's Wirtshaus mutierten Lokal auch Craft Biere an – vor allem für das Zebedäus-Bier aus Zellerndorf ist der Retzbacherhof ein prestigeträchtiger Ausschankort. Gekocht wird regionale Küche mit regionalen Produkten. Im Sommer lockt ein schöner Kastaniengarten, 100 Plätze im Lokal, 20 an der Bar, 90 im Garten.

VELM

VELMER BIERPUB

2325 Velm, Velmer Straße 48, +43/2234/79353
www.facebook.com/velmerbier
ÖFFNUNGSZEITEN Mo-Di: 10:00 bis 23:00 Uhr, Mi: 10:00 bis 1:00 Uhr, Do: 10:00 bis 00:00 Uhr, Fr-Sa: 10:00 bis 1:00 Uhr, So: 10:00 bis 16:00 Uhr

Velmer Bierpub

FASSBIER Stiegl-Pils, Budweiser
FLASCHENBIER Stiegl-Goldbräu, Hirter, Wieselburger, Heineken, Beck's, Corona, Beck's Alkoholfrei, Stiegl-Freibier, Gösser Naturradler, Guinness (Dose), wechselnde Monatsbiere
LOKAL Diese lang etablierte Bierkneipe hat im Jahr 2020 ein dezentes Facelifting erfahren, die Ziegelwände aus dem 19. Jahrhundert kann man aber immer noch sehen. Die Speisen sind täglich frisch zubereitet und werden auch mit Bier abgeschmeckt. Beach-Party, Après-Ski, Oktoberfest mit Blaskapelle, Jahresfeier mit Spanferkel und Gratisbier und, nicht zu vergessen, St. Patrick's Day. Im Lokal ca. 40 Sitz- und ebenso viele Stehplätze, im Garten 80, Extraraum: 25 Sitzplätze und 20 Stehplätze. Dieser Raum kann auch für Selbstausschank gemietet werden.

VÖSENDORF

Fabrik Braugasthof

FABRIK BRAUGASTHOF

2331 Vösendorf, Ortsstraße 8-10, +43/1/6982127
fabrik-voesendorf.at
ÖFFNUNGSZEITEN Mo-So: 10:00 bis 22:00 Uhr
FASSBIER Hausbier Leicht, Ottakringer Helles, Ottakringer Zwickl, Ottakringer Rotes Zwickl, Hausbier Dunkel, Gösser Zitronenradler
FLASCHENBIER Stiegl-Goldbräu, Weitra Bräu, Hirter Pils, Corona, Schneider Weisse, Gösser Naturgold
LOKAL Modern gestalteter Gasthof in einem prächtig renovierten Backsteinbau einer ehemaligen Schnapsfabrik – hier wird an die Tradition der ehemaligen Austria-Brauerei (1769-1938) angeknüpft. Saal für Festivitäten (bis zu 60 Personen), mediterraner Gastgarten mit eigener Bar. 250 Plätze im Lokal, 250 Plätze im Garten.

WAIDHOFEN AN DER THAYA

FOGGY MIX

3830 Waidhofen an der Thaya, Heidenreichsteinerstraße 28
+43/2842/24184
www.foggy-mix.at
ÖFFNUNGSZEITEN Mo: 11:00 bis 14:00 Uhr, 17:30 bis 23:00 Uhr, Do: 11:00 bis 14:00 Uhr, 17:30 bis 23:00 Uhr, Fr-Sa: 11:00 bis 1:00 Uhr, So: 11:00 bis 22:00 Uhr
FASSBIER Guinness, Zwettler Pils, Wieselburger Zwickl, Gösser Märzen, ein wechselndes Foggy Mix Spezial Bier
FLASCHENBIER Kilkenny, Corona, Desperados, Anheuser Busch - American Bud, Edelweiss Weizen Hell, Weihenstephaner
LOKAL Bernhard Zimmerl hat im Jahr 2012 dieses große Lokal in Waidhofen a.d. Thaya mit irischer Bar, amerikanischer Lounge und einem Billardraum eingerichtet. Das Lokal ist mit viel dunklem Holz, Lustern – und einem Motorrad hinter der Bar eingerichtet. Für ein Irish Pub hat es lange Öffnungszeiten und vor allem eine auffallend umfangreiche Karte, die viermal im Jahr wechselt. Apropos Karte: Es gibt nicht nur preiswerte Snacks, sondern auch gehobene Küche – die von Gault Millau 2021 wieder mit einer Haube ausgezeichnet wurde. Und der Falstaff-Restaurant-Guide legte 2021 auch wieder die erste Gabel dazu – großer Lob für das Service inklusive. Als Koch hat Zimmerl übrigens auch schon bei der Oscar-Verleihung für Hollywood-Prominenz gekocht – dennoch verspricht er, dass das Foggy-Mix durch die Haube nicht etwa zum Nobel-Lokal mit gehobenen Preisen wird: „Es bleibt alles, wie es ist, wir werden nicht teuer." 100 Plätze im Lokal, 15 an der Bar.

LORBAER

3830 Waidhofen an der Thaya, Wiener Straße 5, +43/2842/52911
www.bitt.biz/lorbaer
ÖFFNUNGSZEITEN Mo-Sa ab 18:00 Uhr
FASSBIER Schremser Premium, Trumer Pils, Schremser Bio Roggen
FLASCHENBIER Erdinger Urweisse, Schremser Doppelmalz
LOKAL Haus aus dem 17. Jahrhundert, innen mit viel Holz dekoriert – trotz hoher Weinkompetenz dem Bier treu. In der Küche wird viel Gemüse aus dem eigenen Bio-Garten verarbeitet, der Käse kommt von den Käsemachern in Waidhofen. 40 Sitzplätze, 10 an der Bar, Garten: 20 Sitzplätze.

WAIDHOFEN AN DER YBBS

SCHLOSSWIRT

3340 Waidhofen an der Ybbs, Schlossgasse 1, +43/7442/53657
www.schlosswirt-rothschild.at
ÖFFNUNGSZEITEN Mo-So: 11:00 bis 00:00 Uhr

Schlosswirt

FASSBIER Wieselburger Spezial, Reininghaus Pils, Bruckners Erzbräu Bergquell
FLASCHENBIER Weihenstephaner Weizen, Bruckners Erzbräu - Ötscher Pils, Bruckners Erzbräu IPA, Bruckners Erzbräu Imperial Ale, Edelweiss alkoholfreies Weizenbier, saisonale Biere
LOKAL Stilvolles Wirtshaus in den historischen Gemäuern des Rothschild-Schlosses, das Waidhofen überragt. Schlosswirt Andreas Plappert ist einer jener Wirte, die mit den „Mostviertler Feldversuchen" spannende neue Rezepte mit regionalen Produkten anbieten. Zu besonderen Anlässen gibt es etwa ein „verkehrt

gegartes Rindsfilet" (es wird an glühenden Spießen von innen heraus gegart) oder Schofkas in der Rauchasche. Plapperts feine, aber leistbare Küche stützt sich auf regionale Produkte. Gelegentliche Bierverkostungen, bei denen Food&Beer-Pairings angeboten werden. Mit dem Erzbräu Versuche, auch Craftbier zu etablieren. 60 Plätze im Lokal, 30 auf der Terrasse.

WAIDHOFNER BIERPLATZL

3340 Waidhofen an der Ybbs, Hoher Markt 12, +43/676/3393339
ÖFFNUNGSZEITEN Mo: 9:00 bis 23:00 Uhr, Di: 8:30 bis 23:00 Uhr, Mi-Do: 9:00 bis 23:00 Uhr, Fr: 8:30 bis 23:00 Uhr, Sa-So: 9:00 bis 13:00 Uhr
FASSBIER Gösser Märzen, Erzbräu Bruckner Bier, Hausbier (Kaiser Märzen)
FLASCHENBIER Kaiser Fasstyp, Puntigamer, Wieselburger Stammbräu, Murauer Märzen, Weihenstephaner, Schneider Weisse, Edelweiss Weizen, Desperados
LOKAL Dieses von Agnieszka Minhard mit viel Charme geführte Bierlokal zeichnet sich durch seinen großen, an die steinernen Säulen des Hauses angelehnten Barbereich und die ausgesprochen kompetente Bierberatung aus. 2011 war es niederösterreichisches Bierlokal des Jahres. Gäste aus allen Altersschichten und Berufen, aber alle humorvoll. Dekoriert ist das Lokal mit alten Bierkrügen und alter Bierwerbung. Jährlich Oktoberfest und Bockbieranstich. 30 Sitzplätze im Lokal, 35 an der Bar, 20-25 im Garten.

WEIGELSDORF

MASON'S PUB

2484 Weigelsdorf, Eisenstädter Straße 6, +43/650/2244438
www.facebook.com/MasonsAUT
ÖFFNUNGSZEITEN Mo-Do: 18:00 bis 22:00 Uhr, Fr-Sa: 18:00 bis 00:00 Uhr
FASSBIER Guinness, Stiegl-Goldbräu, Velkopopovický Kozel
FLASCHENBIER Gösser Märzen, Corona, Stiegl-Weisse, Heineken, Kilkenny, Kaiser Doppelmalz, Wieselburger Stammbräu (Bügelverschluss)
LOKAL Weigelsdorf wurde das erste Mal urkundlich im Jahr 1180 unter dem Namen Wiglinsdorf erwähnt. Seit Jänner 2012 erfreuen sich viele „Wiglinger" in der kleinen, aber gemütlichen Stube der vielen alten Fotos von früher. Diverse Veranstaltungen, St. Patrick's Day. 40 Plätze im Lokal, 60 auf der Terrasse.

WEITERSFELD

AUBERG PUB

2084 Weitersfeld, Auberg 156, +43/2948/8632-15
www.aubergpub.at
ÖFFNUNGSZEITEN Mi-Sa ab 17:00 Uhr
FASSBIER Hubertus Märzen, Ottakringer Rotes Zwickl
FLASCHENBIER Zwettler Export, Hubertus Märzen, Gösser Märzen, Paulaner Hefeweizen, Murauer Märzen, Hubertus Dunkel, Corona, Guinness (Dose), Weitra Hell, Wieselbuger Gold, Desperados
LOKAL Außen modern gestaltetes, innen recht urig gestaltetes Pub an der Grenze zwischen Wald- und Weinviertel – an der Decke über der Bar ist eine Tischplatte mit Bieren, Spielkarten und Aschenbecher verkehrt herum angebracht, man darf rätseln, wie diese Deko wohl dorthin gekommen ist. Treffpunkt für die Leute aus dem Ort und weit darüber hinaus. Das Hausbier kommt von Hubertus. Spezialität des Hauses sind die hausgemachten Steinofen-Pizzen und im Sommer Spareribs vom Grill. Ca. 100 Plätze im Lokal und ca. 100 Plätze im Biergarten.

WEITRA

Brauhotel Weitra

BRAUHOTEL WEITRA

3970 Weitra, Rathausplatz 6, +43/2856/2936-0
www.brauhotel.at, www.facebook.com/brauhotel
ÖFFNUNGSZEITEN Do-Sa: 10:00 bis 22:00 Uhr, So: 10:00 bis 16:00 Uhr
FASSBIER Hefetrübes Weitraer Brauhaus Weizenbier, naturtrübes Weitraer Brauhaus Bio-Bier, Schremser Premium
FLASCHENBIER Schremser Roggenbier, Schremser Hanfbier, Edelweiss Hefetrüb Alkoholfrei, Gösser Naturgold, Weitraer Brauhaus Bio-Bier (als Souvenir)
LOKAL Direkt im Herzen der ältesten Braustadt Österreichs befindet sich das Brauhotel Weitra. Im ehemaligen Hofbräuhaus aus dem 16. Jahrhundert treffen bierorientierte Küche und gepflegte Bierkultur auf gastliche Hotelatmosphäre. In den Kellergewölben des Hauses werden in der eigenen Gasthausbrauerei, neben dem ganzjährig verfügbaren Weitraer Brauhaus Bio-Bier und dem Weizenbier, auch Saisonbiere angeboten. Bei einer (Film)Führung durch die Gasthausbrauerei mit Verkostung erfahren die Besucher Interessantes über die Bierherstellung im Haus. Wer zum Bierspezialisten werden möchte, kann an einem Bier-Tag oder einem Bier-Wochenende teilnehmen. Das Brauhotel Weitra ist auch Gastgeber für Seminar- oder Busgruppen sowie für Feste und Feiern jeglicher Art. 70

RATHSKELLER WEITRA

3970 Weitra, Rathausplatz 8, +43/2856/2296
www.rathskeller-weitra.at
ÖFFNUNGSZEITEN Mai - Sept.: Mo 8:30 bis 15:00 Uhr, Di-Sa 8:30 bis 00:00 Uhr, So 8:30 bis 22:00 Uhr; Okt.-April: Dienstag Ruhetag
FASSBIER Keller Hausbier, exklusiv gebraut, Weitra Bräu „Das Helle“, saisonal Keller Sommerweizen
FLASCHENBIER Weitra Schwarzes, Waldviertler Wahnsinn Pale Ale, Weihenstephaner Hefeweißbier, Zwettler Luftikus
LOKAL Direkt gegenüber vom Rathaus der 1321 als Braustadt etablierten Waldviertler Kleinstadt wurde 2021 der Rathskeller im ehemaligen Gasthaus Waschka eingerichtet. Von der Terrasse sieht man hinüber zum Rathaus und zum Storchennest auf dem benachbarten Brauhaus. In der Küche wirkt Daniel „Shorty“ Kurzmann an Waldviertler Küche mit moderner Ausprägung. Ca. 140 Sitzplätze im Lokal, 25 an der Bar, ca. 70 Plätze auf der Terrasse.

Rathskeller Weitra

GASTHOF | HOTEL | CAFÉ
RATHSKELLER
zum Waschka

WIENER NEUDORF

OASE SEERESTAURANT

2351 Wiener Neudorf, IZ NÖ-Süd Straße 3 / Ecke Triestertraße
+43/2236/63304
oase.fabrik-voesendorf.at
ÖFFNUNGSZEITEN Mo-Fr: 11:00 bis 21:00 Uhr
FASSBIER Hausbier, Ottakringer Zwickl, Ottakringer Rotes Zwickl, Wochinger Bräu Hell, Zitronenradler
FLASCHENBIER Weitra Bräu, Corona, Hirter Pils, Hirter Morchl
LOKAL Viel mehr als das Buffet zum Freibad, als das sich dieses Lokal auf den ersten Blick präsentiert: Hier findet man einen schönen Biergarten am Teich, in dem flink ein gut gezapftes Bier serviert wird. Und zwar vom Wochinger in Traunstein – definitiv einen Ausflug wert. 80 Sitzplätze, 30 im zugebauten Wintergarten.

WIENEUBRÄU – BRAUSTÜBERL

2351 Wiener Neudorf, Parkstraße 35, +43/677/61733835 oder +43/664/2045970
www.wieneubraeu.at
ÖFFNUNGSZEITEN Mo-So: 16:00-23:00 Uhr
FASSBIER Haus- und Hofbier, Black Duck, eine wechselnde Bierspezialität
FLASCHENBIER Haus- und Hofbier, Black Duck, Hopfenstrudl „Session IPA“, White Rabbit Weizenbier, Festbock, Rogg'n Roll Roggenbier, Wiener Neudorfer Landbier Märzen, 4 Jahreszeiten - obergärige Spezialität
LOKAL Ausschank der Wiener Neudorfer Hausbrauerei – mit ähnlichen Öffnungszeiten, wie sie von den Heurigenbetrieben der Umgebung gewohnt sind – die angegebenen Öffnungszeiten gelten jeweils vom 1. Freitag im Monat 21 Tage lang. Die dritte Zapfleitung wird immer mit einem wechselnden Spezialbier belegt – solange der Vorrat reicht! Diese Biere gibt es dann auch in Flaschen ab Hof. Im Stüberl gibt es neben den im Haus gebrauten Bieren auch Flaschenbiere verschiedener befreundeter regionaler Kleinbrauer. Das Speiseangebot besteht aus Toasts, belegten und überbackenen Broten und Würstel. 23 Plätze im Stüberl, 25 im Gastgarten. Tischreservierung unter office@wieneubraeu.at.

WieNeuBräu

WieNeuBräu
DIE MICROBRAUEREI IN WIENER NEUDORF

WIENER NEUSTADT

MARY'S SCOTTISH COFFEEPUB

2700 Wiener Neustadt, Bahngasse 7, +43/676/9695680
www.maryscoffeepub.at
ÖFFNUNGSZEITEN Di-Do: 16:00 bis 00:00 Uhr, Fr-Sa: 16:00 bis 1:00 Uhr, So: 10:00 bis 15:00 Uhr

Mary's Scottish Coffeepub

Mary's
Scottish Coffeepub

FASSBIER Mary`s Hausbräu, Stiegl-Hell, Stiegl-Columbus 1492 Pale Ale, Velkopopovický Kozel, Stiegl-Monatsbier, Kilkenny, Guinness Stout
FLASCHENBIER Samuel Smith IPA, Stiegl-Zwickl, Guinness Hop House 13, O`Hara`s Irish Pale Ale, O`Hara`s Irish Red Ale, Fuller`s London Pride, St. Peters Cream Stout, Guinness Extra Stout, Stiegl-Radler, Unertl Bio-Dinkel Weisse
LOKAL Mary und Andy sind mit ihrem schottischen Pub 2022 als Niederösterreichs Bierlokal des Jahres ausgezeichnet worden. Es gibt, wie der Name sagt, Kaffee (und Tee), aber vor allem gut gezapftes Guinness, mehrere Ales aus der Flasche und immer wieder Gastbiere, die dann nur eine kurze Zeit lang verfügbar sind. Die Küche ist sehr Pub-typisch, gelegentlich gibt es sogar die schottische Nationalspeise Haggis (mit Innereien gefüllter Schafsmagen), Fish & Chips, Pulled Pork oder Salmon Pie. Jeden Sonntag gibt es Brunch mit selbstgebackenem Brot, frischen Schmankerln und schottischen und englischen Frühstücksspezialitäten wie Baked Beans, Scrambled Eggs und gebratenem Speck von 10:00 bis 14:00 Uhr. Auch der Bier-Whisky „Claravallis" vom ansässigen Whisky-Club (Zwettler Brand Nr. 1) wird hier neben vier Dutzend anderen Whiskies ausgeschenkt. Die soziale Ader von Mary und Andy sieht man unter anderem daran, dass einmal im Jahr für Bedürftige gekocht wird: Da verteilen sie Suppe, Chili und Eintopf an Bedürftige, bei allen anderen bittet man um eine freie Spende. Immer wieder Livekonzerte mit Musikern aus Österreich, aber auch aus den Nachbarländern. 100 Plätze im Lokal.

SIEGL'S PUB

2700 Wiener Neustadt, Hauptplatz 11, +43/2622/22132
sieglspub.eatbu.com
ÖFFNUNGSZEITEN Mo-Do: 16:00 bis 00:00 Uhr, Fr: 16:00 bis 1:00 Uhr, Sa: 10:00 bis 1:00 Uhr

Siegl's Pub

FASSBIER Hausbier (Paulaner Oktoberfest Märzen), monatlich wechselndes (Fass)bier aus dem In- und Ausland – unterschiedlichste Biertypen auch von Microbrauereien, Stiegl-Goldbräu, Golser Rotgold, Ottakringer Rotes Zwickl, Stiegl-Paracelsus Bio Zwickl, Guinness Draught, Siegl`s „Hopf`n G`Stopfte"
FLASCHENBIER Immer abwechselnde Bierspezialitäten aus Österreich und der ganzen Welt – vom klassischen Trumer Pils über das leichtere Trumer Hopfenspiel zu den bayerischen Klassikern (etwa Chiemseer Hell, Augustiner Weißbier, Paulaner Hefeweißbier Dunkel, Hacker Pschorr Kellerbier) und zu Kreationen wie Honey I Love You von Der Belgier, Hildegonde vom Gallier oder dem Black Magic von Zwettler
LOKAL Typisches Bierlokal in einem 2008 adaptierten Gewölbe, das in früheren Jahrhunderten zum Haus des „Magister Civium", also des Bürgermeisters, gehört hat. Ab 1834 gehörte es der Familie des Schokolademachers Siegl, daher auch der Name. Die sehr gut kommentierte und mit Erklärungen zu den Fachbegriffen ausgestattete Bierkarte ist in den letzten Jahren deutlich erweitert worden – und die freundlichen jungen Damen hinter der Bar erweisen sich als sehr kenntnisreich in Sachen Biervielfalt. 2022 absolvierte Chefin Simone den Kiesbye Biersommelier – damit kümmern sich dann mit Biersommelier Martin zwei ausgebildete Biersommeliers um Gast und Bier – mit einer kommentierten Verkostung pro Monat. Neuerdings auch mit im Haus gebrauten Bie-

ren. Jeden ersten Dienstag im Monat ein Pub Quiz. Von Zeit zu Zeit werden hier Musikabende und in den Sommermonaten Themenabende, vom Heurigen bis zur Burger-Night, veranstaltet. 40 Sitzplätze im Lokal, 84 im Schanigarten direkt am Hauptplatz.

ZUM EINHORN

2700 Wiener Neustadt, Singerstraße 15, +43/2622/25567
einhorn.gusti.at
ÖFFNUNGSZEITEN Mo-Di: 11:00 bis 00:00 Uhr, Mi: 11:00 bis 15:00 Uhr, Do-Sa: 11:00 bis 00:00 Uhr

Zum Einhorn

FASSBIER Wieselburger Spezial, Heineken, Schladminger Bio-Zwickl, Starobrno, Puntigamer, Gösser Radler
FLASCHENBIER Murauer Märzen, Hirter Privat Pils, Stiegl, Budweiser Budvar, Edelweiss Hefetrüb, Schlossgold, Unertl Bio-Dinkel Weisse, Unertl Bio Dinkel Weisse Alkoholfrei
LOKAL Gehobenes Beisl mit guter Bierkultur, einem Kellergewölbe aus dem 15. Jahrhundert und einer Terrasse an der historischen Stadtmauer. Die Betreiber kooperieren mit der Anstalt für Getränke in Wiener Neustadt für Verkostungen.

WIESELBURG

BRAUHAUS / Z'WIESL

3250 Wieselburg, Hauptplatz 2, +43/7416/52700
www.brauhauswieselburg.at
ÖFFNUNGSZEITEN Di-Sa: 9:00 bis 23:00 Uhr, So: 9:00 bis 15:00 Uhr / Z'Wiesl: Di-Sa 16:00 bis 23:00 Uhr
FASSBIER Wieselburger Gold (aus dem Tank), Schwechater Zwickl, Kaiser Märzen, Kilkenny, Starobrno, Radler, Brauerei Hölzl Handcrafted Beer, Schladminger Bio Weisse, Gösser Naturgold, Reininghaus Pils
FLASCHENBIER Wieselburger Stammbräu, Wieselburger Schwarzbier, Gösser Radler
LOKAL Johannes Heindl hat den früheren Brauhof von Wieselburg im Herbst 2015 zu einem Schmuckstück der österreichischen Braugaststätten umgebaut – vorne ein gutbürgerliches Restaurant mit Kachelofen und Schützenscheiben, dahinter eine moderne Tagesbar, an der das Bier sehr aufmerksam gezapft wird. Und ganz hinten, wo früher das Lokal „Sudhaus" urige Stimmung verbreitet hat, ist jetzt mit der Abendbar Z'wiesl ein zeitgemäßer Relaunch gelungen. An der Bar vom Z'wiesel gibt es übrigens auch das Bier aus der lokalen Kleinbrauerei Hölzl. 350 Sitzplätze, 50 im Z'wiesl (geöffnet Di-Sa 16:00 bis 23:00 Uhr).

Fritz

FRITZ

3250 Wieselburg, Josef-Riedmüller-Straße 1, +43/664/4434447
www.facebook.com/gasthaus.fritzwieslburg
ÖFFNUNGSZEITEN Mo-So: 16:00 bis 00:00 Uhr
FASSBIER Wieselburger Gold, Schneider Weisse, Ottakringer Zwickl, Starobrno, Guinness
FLASCHENBIER Wieselburger Schwarzbier, Wieselburger Stammbräu, Guinness, Gösser Naturgold, Edelweiss Weißbier Alkoholfrei
LOKAL Das im Stil eines viktorianischen Pub gehaltene Lokal ist urbaner Treffpunkt für die Region Scheibbs-Melk-Ybbs-Wieselburg. Die Atmosphäre ist angenehm – die Chefs de service Janine und Theresa sorgen mit dezenter Hintergrundmusik für den guten, nicht zu lauten Ton. Und mit einer häufigen Reinigung der Bierleitungen für perfekte Bierpflege. Ca. 60 Sitzplätze im Lokal, 40 Plätze auf der Terrasse.

WOLKERSDORF IM WEINVIERTEL

SCHLOSSTAVERNE WOLKERSDORF

2120 Wolkersdorf im Weinviertel, Schloßplatz 2, +43/2245/4212
wolkersdorf-schlosstaverne.at
ÖFFNUNGSZEITEN Mi-So: 17:00 bis 00:00 Uhr
FASSBIER Villacher Märzen, Piestinger Schneeberglandbier, Schnaitl Naturtrüb, ein zusätzliches Monatsbier
FLASCHENBIER Franziskaner Hefeweizen, Budweiser, Zwettler Dunkel, Heineken, Guinness Draught, Corona Extra, Franziskaner Hefeweißbier Alkoholfrei, Beck`s Blue , ein monatlich wechselndes, regionales Monatsbier
LOKAL Wo Wein wächst, ist oft auch gut Bier trinken: Die mitten im Weinviertel gelegene Schloßtaverne setzt nach einem leichten

Facelifting im Frühjahr 2020 immer mehr auf Biervielfalt. Ihre Gewölbe liegen hinter meterdicken Mauern im mittelalterlichen Schloss der Gemeinde Wolkersdorf. Geboten werden Schmankerl aus der österreichischen / regionalen Küche und eine lange Bar aus dunklem Holz, die mit einer neuen, optimierten Zapfanlage ausgestattet wurde. Zu den regulären Bieren aus dem Villacher Angebot gibt es monatlich ein Gastbier sowie ein monatlich wechselndes, regionales Monatsflaschenbier. 90 Plätze im Lokal, 10 an der Bar, ca. 100 im Gastgarten.

YBBSITZ

KIRCHENWIRT – KIWI

3341 Ybbsitz, Markt 29, +43/7443/88143
www.kiwi-ybbsitz.at
ÖFFNUNGSZEITEN Restaurant: Mi-Fr ab 17:00 Uhr, Sa-So & Feiertage 10:00 bis 14:00 Uhr und ab 18:00 Uhr; Bar: Fr-Sa und vor Feiertagen ab 20:00 Uhr
FASSBIER Gösser Märzen
FLASCHENBIER Weihenstephan, Wieselburger Stammbräu, Desperados, Gösser Naturgold, saisonale Biere
LOKAL In einer Seitengasse abseits des Marktplatzes findet sich der Eingang in dieses offenbar alteingesessene, aber schön herausgeputzte Wirtshaus, in dem es lokale Spezialitäten und gepflegtes Bier gibt. Großer Loungebereich, der Freitag und Samstag ab 20 Uhr geöffnet ist. 60 Sitzplätze in der Gaststube, 60 Plätze im Garten.

ZEILLERN

DORFSCHMIEDE

3311 Zeillern, Ludwigsdorf 71, +43/7472/64787
www.dorfschmiede.at
ÖFFNUNGSZEITEN Do-Fr: 16:00 bis 1:00 Uhr, Sa: 10:00 bis 1:00 Uhr, So: 10:00 bis 15:00 Uhr

Dorfschmiede

FASSBIER Kaiser Premium, Gösser Naturradler, Gösser Stiftsbräu, Weihenstephaner
LOKAL Wolfgang Bruckners 1992 in der familieneigenen Schmiede eingerichtetes Lokal hat sich als Weinlokal einen Namen gemacht, ist aber wegen seiner Urigkeit auch bei Bierfreunden beliebt. Ca. 65 Sitzplätze, Garten: ca. 40 Sitzplätze, 15 an der Bar.

ZWETTL

KUBA – DIE BAR

3910 Zwettl, Syrnauer Straße 1, +43/2822/20166
www.kuba-diebar.at
ÖFFNUNGSZEITEN Mo-So ab 17:00 Uhr

Kuba – Die Bar

FASSBIER Zwettler Pils, Zwettler Dunkles, Zwettler Zwickl
FLASCHENBIER Schneider Weisse, Weitra Hadmar Biobier, Corona, Desperados, Zwettler Citrus Radler
LOKAL Diese große, in warmen Orange-Tönen dekorierte Cocktailbar ist in den vergangenen zwei Jahrzehnten zu einer Institution in Zwettl geworden. Und weil sie in unmittelbarer Nachbarschaft der Zwettler Brauerei liegt, wird hier auch das Bier gepflegt serviert, schließlich schaut Brauerei-Chef Karl Schwarz hier gelegentlich persönlich vorbei. Zum Oktoberfest (in den letzten beiden Septemberwochen) gibt es Paulaner Oktoberfestbräu vom Fass. Insgesamt 40 Sitzplätze und 60 Plätze an der Bar.

'S BEISL

3910 Zwettl, Landstraße 15, +43/2822/52410
www.sbeisl.at
ÖFFNUNGSZEITEN Mo-Sa: 10:00 bis 00:00 Uhr, So: 10:00 bis 13:00 Uhr
FASSBIER Zwettler Pils, Zwettler Zwickl, Trumer Pils
FLASCHENBIER Zwettler Dunkles, Porters, Ales, Zwettler Luftikus, Franziskaner Hefe-Weizen, unterschiedliche Craftbiere
LOKAL Durch einen freundlichen in hellem Holz gestalteten Eingang kommt man in dieses Lokal, das seit 1988 von Biersommelier Reinhard Todt zu einem der wichtigsten Treffpunkte im ganzen Bezirk entwickelt wurde. Reinhard berät gerne bei der Auswahl der Spezialitäten – und hat immer mindestens ein Craftbier im Angebot. Man hat den Eindruck, dass man hier im Wohnzimmer der Stadt ist, es liegen nicht nur Zeitungen auf, sondern auch Spiele – und

diskutiert wird sowieso, wie es sich für ein Bierlokal gehört. 2021 wurde der Schanigarten erweitert – durch die in der Höhe verstellbaren Glaselemente und die massiven Großschirme kann er auch bei schlechterer Witterung genutzt werden. 32 Sitzplätze im Lokal, 30 Plätze an der Bar. Gastgarten mit ca. 35 Sitzplätzen.

SCHWARZ ALM

3910 Zwettl, Almweg 1, +43/2822/53173-0
www.schwarzalm.at
ÖFFNUNGSZEITEN Mo-So: 11:30 bis 22:30 Uhr

Schwarz Alm

FASSBIER Zwettler Zwickl, Zwettler Pils, Hadmar Bio Bier, Zwettler Saphir, Zwettler Original, Zwettler Radler
FLASCHENBIER Zwettler Bock, Zwettler Dunkles, Zwettler Luftikus, Stiegl Weisse
LOKAL Dieses idyllisch mitten auf einer Waldlichtung hoch über dem Kamp gelegene Hotel ist der Brauereiausschank der Zwettler Brauerei. Berühmt ist die Schwarz Alm für die Bierkulinarien – das hat ihr schon im Jahr 2000 die Auszeichnung als bestes Bierrestaurant Österreichs eingebracht. Die Schwarz Alm war zu Beginn des 20. Jahrhunderts tatsächlich einmal eine vom Brauereibesitzer Georg Schwarz eingerichtete Alm – heute ist sie ein Refugium für Gäste, die Ruhe suchen. In der Küchenphilosophie wird das Thema Bier aufgegriffen und so werden die Gäste nicht nur zu, sondern auch mit Bier kulinarisch verwöhnt – und Hotelgäste können auch eine „Bierabreibung nach Keltenart" oder einen Hopfenblütenöl-Massage bekommen. Restaurant: 170 Sitzplätze, Zwickl-Bar mit 25 Plätzen, 80 auf der Panoramaterrasse. 70

STADT-PUB

3910 Zwettl, Kremser Straße 1, +43/2822/51773
www.stadtpub.at
ÖFFNUNGSZEITEN Mo-Mi 11:00 bis 14:00 Uhr und 16:00 bis 22:00 Uhr, Fr-Sa 11:00 bis 14:00 Uhr und 16:00 bis 00:00 Uhr, So 11:00 bis 14:00 Uhr und 16:00 bis 22:00 Uhr
FASSBIER Zwettler Pils, Zwettler Zwickl, Zwettler Radler Zitrone
FLASCHENBIER Hadmar Bio Bier, Zwettler Export, Guinness, Schneider Weisse, Schlossgold, Zwettler Zitronenradler
LOKAL Das Lokal sieht von außen wie viele andere alteingesessene Landgasthäuser aus – und das ist kein Wunder: Eine Tafel am Eingang erinnert daran, dass das Haus bereits 1607 als Schickenhofische Taverne urkundlich erwähnt wurde und vor der Umgestaltung zum Pub als Schildwirtshaus „Zum Goldenen Rössl" bekannt war. Seit vielen Jahren ist es aber innen ein modernes, vielfach gegliedertes, sehr bierig wirkendes Lokal. Lange Bar, freundliche Bedienung – und preiswerte Zimmer, wenn man hier gleich übernachten will. 50 Sitzplätze, Bar: 20 Plätze, Extrastube (Café Classic): 30 Sitzplätze, Garten: ca. 70 Sitzplätze.

WIRTSHAUS IM DEMUTSGRABEN

3910 Zwettl, Niederstrahlbach 36, +43/2822/52364
www.demutsgraben.at
ÖFFNUNGSZEITEN Mi-Do: 15:00 bis 00:00 Uhr, Fr-So: 11:00 bis 00:00 Uhr

Wirtshaus im Demutsgraben

FASSBIER Zwettler Pils, Zwettler Zwickl, Hadmar Bio Bier
FLASCHENBIER Schremser Roggen, Zwettler Dunkles, Zwettler Luftikus
LOKAL Martin Huber junior hat im Jahr 2021 dieses etwas abseits der kleinen Ortschaft Niederstrahlbach gelegene Schmuckstück von einem Wirtshaus von seinen Eltern übernommen. Kommt man – per Auto oder zu Fuß auf dem Wanderweg ins Zwettltal – vor dem Haus an, empfängt einen ein „Begrüßungskomittee" von mehreren, leider recht scheuen Katzen. Dann tritt man in die liebevoll restaurierte Gaststube, in der der Stil der Fünfzigerjahre gut konserviert wurde – mit originaler Lamperie, Einrichtung und Schank. Kritiker-Papst Florian Holzer nennt das Lokal den „besten Platz, wenn im Waldviertel die Nebel einfallen". Dabei gibt es, wenn gerade mal kein Nebel ist, einen schönen Gastgarten im Innenhof. Bier kommt auch in der Küche zu seinem Recht – etwa beim Zwettler Bierknödel. Es kommen aber auch andere schmackhaft gefüllte Knödel auf den Teller. 95 Plätze im Lokal, 35 im Garten.

GRIESKIRCHNER
BIER-SPECIALITÄTEN

VON **A** WIE AFIESL BIS **Z** WIE ZWETTL AN DER RODL

OBER ÖSTER REICH

OBERÖSTERREICHS BIERLOKAL DES JAHRES

LINZ

OBERÖSTERREICH BIER LOKAL DES JAHRES

ZUR LIESL

4020 Linz, Peter-Behrens-Platz 1, +43/664/800221180
www.zurliesl.at

ÖFFNUNGSZEITEN Di-Sa: 11:00 bis 00:00 Uhr, So: 10:00 bis 22:00 Uhr

FASSBIER Linzer Zwickl vom Brautank, Linzer Edelstahl, Linzer Pale Ale, Linzer Original, Linzer Weizen

FLASCHENBIER Schleppe No. 3 Imperial IPA, Birra Moretti L'Autentica, Kilkenny Red Ale, Guinness Extra Stout, Kaltenhauser Pilgrim Weizenbock, Kaltenhauser Sigismund Barley Wine

LOKAL In der historischen Tabakfabrik hat das Linzer Bier wieder eine Heimat in seiner Heimatstadt gefunden: 2022 wurde eine Brauerei auf neuestem technischen Stand eingerichtet – und zu dieser Brauerei ist „Zur Liesl" das passende Brauereirestaurant. Es ist nicht nur sehr schön geworden, sondern kann auch kulinarisch einiges bieten. Am Sonntag wird ein vorzügliches Bratl mit allem drum und dran serviert. Am Brauertisch können die Gäste ihr Bier selber zapfen. Optimal für alle, die bei ihrer Feier gerne selber Hand anlegen. Reservierung ist aber notwendig. Der Name des Lokals leitet sich übrigens vom im 19. Jahrhundert geläufigen Motiv der „Schützenliesl" ab. Die Geschichte geht so: „Unsere Liesl ist nicht Irgendeine! Sie ist die Schönheitskönigin eines Schützenfests – eine ‚Schützenliesl'. Die erste Illustration geht auf ein Gemälde einer „Bayrischen Schützenliesl" aus dem Jahr 1881 zurück. Die damalige Hatschek-Brauerei machte kurzerhand die „Linzer Liesl" daraus – natürlich in oberösterreichischer Tracht. Wir konnten sogar klären, wer für das frühere Porträt Modell stand, denn ihre Nachfahren haben ‚Linzer Bier' kontaktiert: Bei der jungen Dame mit Mühlviertler Kopfhaubentracht handelt es sich um die 1891 geborene Augustine Jungwirth aus Gramastetten." ✕

AFIESL

BERGERGUT

4170 Afiesl, Oberafiesl 7, +43/7216/4451
www.romantik.at/wellnesshotel
ÖFFNUNGSZEITEN Mo-So: 8:00 bis 22:00 Uhr
FASSBIER Alm Bräu Dunkelblond, Schlägl Kristall, ein Monatsbier, Andechser Weißbier
FLASCHENBIER Aviva Glüxx, Andechser Weißbier Hell, Gusswerk Jakobsgold, Andechser Weizen, Gusswerk ‚Zum Wohl' glutenfrei, Freistädter Junghopfenpils, Freistädter Bio Zwickl, Sonderbiere der Stiftsbrauerei Schlägl, Hofstetter G'froren's Iced IPA, Beer Buddies Pale Ale, Schleppe No. 1 Pale Ale, Schloss Eggenberg Samichlaus, Chimay Rouge, Lindemans Framboise, La Chouffe Golden Ale, Rochefort 6, Birra del Borgo Cortigiana und weitere Spezialitäten
LOKAL Dieses exklusive Romantikhotel wurde als erstes Loveness-Hotel & Genussatelier etabliert und ein besonderer Schwerpunkt auf Bierkulinarik gelegt. Im Jänner 2017 ist das 2-Hauben-Restaurant Culinariat ins Bergergut eingezogen - tagsüber lockt die Privatissimum-Bar zu gepflegtem Bier. Tamas Zsoldos ist Biersommelier, wie er im Buche steht. Der jungen Ungar liefert perfekte Empfehlungen zum Bierpairing im Restaurant des Hotel Bergergut in Afiesl, einer kleinen Gemeinde im Mühlviertel, westlich von Bad Leonfelden. Als Chef de Rang ist Tamas der Regent über den Bierkeller und die Bierkarte des Hotels – es gibt täglich wechselnde Bier-Begleitung zum Dinner. Im Jahr 2002 hat das Haus bereits die Auszeichnung als Bierrestaurant des Jahres erhalten. Liebes-Urlaubstipp für Bierliebhaber: vom Live-Brauen über Bierbegleitung, vom Bier-Sommelier bis zur Hopfenöl-Massage. Bierverkostung mit Häppchen, Stachelbier in der Winterzeit. 25 Plätze in der Bergergut-Stube, 72 im Kulinarischen Wohnzimmer/Genussatelier.

HOTEL AVIVA & AVIVA ALM

4170 Afiesl, Höhenweg 1, +43/7216/37600
www.hotel-aviva.at, www.aviva-alm.at
ÖFFNUNGSZEITEN Mo-So: 7:00 bis 21:00 Uhr
FASSBIER Aviva Hellblond, Aviva Dunkelblond, Aviva Weisse
FLASCHENBIER Riesige Auswahl auf einer gut dokumentierten Karte – vom vor Ort gebrauten Aviva viva l'aviva (Pale Ale) und dem Leonfelder Chilli Billy über die Freistädter, Schlägler und Hofstettner Spezialitäten zu den Klassikern (etwa Trumer Pils, Pilsner Urquell, Franziskaner Weißbier, Schloss Eggenberg Samichlaus und viele andere) bis zu belgischen, italienischen und britischen Craftbieren.
LOKAL Drei Biersommeliers arbeiten in diesem Seminar- und Single-Hotel in unmittelbarer Nachbarschaft der Aviva Alm mit der eigenen Brauerei, aus der es auch Spezialitäten wie das Bockbier auf der Karte gibt. Die wechselnde Karte wurde immer wieder erweitert – man findet darauf Biere aus sehr kleinen Mühlviertler Brauereien ebenso wie Spezialitäten aus USA, England und Belgien. Alle Biere auf der aufwendig gestalteten Karte sind gut beschrieben. Das Angebot wird mit alkoholfreiem Bier und einigen Bier-Mixxes abgerundet. Vor dem Hotel lockt eine große Sonnenterrasse, die einen schönen Ausblick über das Mühlviertel bietet. Beeindruckend ist sowohl die lange, ovale Bar als auch das Restaurant, in dem ein kompetent zusammengestelltes Beer&Food-Pairing angeboten wird. Auf demselben Grundstück befindet sich die Aviva-Alm, die die hauseigene Brauerei und weitere Verkostungsräume bietet. Es gibt ein proBIER-Brettl (3 Pfiff AVIVA Brauboutique Bier – Hellblond / Dunkelblond / Weisse), Bierige Aperitifs (Bierol Spritz, Alm Secco Bier), Mixxes (aviva.Mix „Mango" oder „Zwetschke") und Bierige Digestifs (Freistädter Bierbrand vom „Affenzeller", hausgemachter AVIVA Bierlikör). 100 Plätze, 20 an der Bar, 40 auf der Terrasse.

AIGEN-SCHLÄGL

BIERGASTHAUS SCHIFFNER

4160 Aigen-Schlägl, Linzer Straße 9, +43/7281/8888
www.biergasthaus.at
ÖFFNUNGSZEITEN Mo, Mi, Do 18:00 bis 23:00 Uhr, Fr 9:00 bis 23:00 Uhr, Sa 9:00 bis 23:00 Uhr, So 9:00 bis 21:00 Uhr, Di Ruhetag; Von November bis April ist am Mittwoch und Donnerstag sowie am Sonntag Abend nur nach Bedarf geöffnet.

Biergasthaus Schiffner

FASSBIER Schiffner BIO-Dinkelbier, Schiffner Aurora Champion Bitter, Fohrenburger Jubiläum, Freistädter Pegasus, Schleppe No. 1 Pale Ale
FLASCHENBIER Breite Auswahl aus Österreich (etwa Freistadt, Hofstetten, Schlägl, Loncium), Deutschland (Schneider, Inselbrauerei Rügen, Schönram, Uerige), Belgien (Boon, Dupont, Duvel Moortgat, Achouffe, Rodenbach, Orval, Rochefort, Westmalle, La Trapp), Niederlande (Jopen, De Molen) und vielen anderen Ländern.
LOKAL Zu Besuch beim 1. Biersommelier-Weltmeister Karl Schiffner erkennt man die Leidenschaft für Bier auf Anhieb. Die von ihm

ausgewählten Biere aus vielen Ländern stehen in ständigem Wechselspiel. Dadurch ergeben sich immer neue Genussfreuden. Im Hause Schiffner wird die Kombination aus Bier und Speisen perfektioniert. Highlight ist hierbei das Bierkulinarium, ein fünfgängiges Menü mit kommentierter Bierbegleitung. Auf der Speisekarte finden sich das „Mühlviertler Bierschnitzel" und ein „Bieramisu". Bierverkosterschulungen, Themenverkostungen wie Bier & Käse, Bier & Schokolade werden gesondert angeboten. Das Biergasthaus bietet auch 12 Zimmer, die neu gestaltet wurden – unterm Hopfenbild schläft sich's besonders gut – und eine Suite mit Kombisauna. Und wer es nicht schafft, selber nach Aigen-Schlägl zu kommen: Die Biere gibt es auch im Onlineshop! Restaurant: 100 Sitzplätze, 20 an der Bar, 45 Sitzplätze auf der windgeschützten Sonnenterrasse. 26

Stiftskeller Stift Schlägl

STIFTSKELLER STIFT SCHLÄGL

4160 Aigen-Schlägl, Schlägl 1, +43/7281/8801-280
www.stift-schlaegl.at
ÖFFNUNGSZEITEN Di-Sa: 11:00 bis 22:00 Uhr, So: 9:00 bis 22:00 Uhr
FASSBIER Schlägl Urquell, Schlägl Roggen Gold, Schlägl Böhmerwald Zwickl, Schlägl Zwickl Doppel Bock, Schlägl Kristall, Schlägl Stifter Bier, Schlägl Malz König, Andechser Weißbier, Spezialbiere der Stiftsbrauerei Schlägl
FLASCHENBIER Schlägl Hopfenbrise, Andechser Weißbier Dunkel, Schlägl Chorherren Pils, Abtei Bier, Clausthaler extra herb
LOKAL Seit 1580 wird vom Prämonstratenser Chorherrenstift Schlägl gebraut – der gastronomische Bereich des Stiftskellers wurde früher für die Bierproduktion genutzt. Die alten Bierlagerfässer sind zu Sitzplätzen für kleine Gruppen umgebaut worden, unter den steinernen Gewölben gibt es einen Restaurant- und Barbetrieb. Diesem hat der Schriftsteller Jaroslav Rudis ein literarisches Denkmal gesetzt: „Wir sitzen in der Stiftsbrauerei Schlägl, essen Speckknödel und trinken Bier. Eine Sorte wurde nach Stifter benannt. Das Bier ist ein wenig schwer, aber auch schön rund und sehr süffig. Es hat die Farbe der Wildbäche, die im Böhmerwald ausquellen und an denen wir mit dem Zug gefahren sind: hell und doch ein wenig modrig und dunkel." Die hier im Ausschank befindlichen Biere können auch für daheim gekauft werden. 180 Sitzplätze, über 90 im Garten.

ALKOVEN

LEHNERWIRT

4072 Alkoven, Alte Hauptstraße 9, +43/7274/6338
www.lehnerwirt.at
ÖFFNUNGSZEITEN Mo: 10:00 bis 00:00 Uhr, Do-Sa: 10:00 bis 00:00 Uhr, So: 10:00 bis 14:30 Uhr
FASSBIER Gösser Märzen, Gösser Dunkles Zwickl, Saisonbier
FLASCHENBIER Rieder India Pale Ale, Weihenstephaner Hefeweizen, Hoffstettner Granitbier, Zipfer Drei, Edelweiss Alkoholfrei
LOKAL Sehr familiär geführtes, klassisches Wirtshaus, das der KultiWirt Gernot Sames in einem Bauernhof aus den 1890er-Jahren eingerichtet hat. Nach Jahren in der internationalen Gastronomie bietet Sames traditionelle oberösterreichische Küche und veranstaltet gelegentlich auch Kochkurse. Die Leberknödel gelten als sensationell, ebenso das Rindfleisch mit Semmelkren. Einige Rezepte wurden mit modernem Twist versehen – etwa Wildfleischtascherl oder Mostkrautfleckerl und verschiedenfarbige Erdäpfel. Die Zutaten für die Speisen werden großteils regional beschafft – das Eferdinger Becken ist ja Österreichs Gemüsegarten – und manches kommt aus dem Hausgarten. An Freitagen im Sommer gibt es Steckerlfisch. Schöner Gastgarten mit Linden und Nussbäumen. 45 Plätze im Gastzimmer, 60 im Kaminzimmer, 35 im Café und ca. 200 Sitzplätze im Gastgarten und Innenhof.

ALTENFELDEN

WILDPARKWIRT

4121 Altenfelden, Atzesberg 7, +43/7282/5586
www.wildparkwirt.at
ÖFFNUNGSZEITEN Mi-So: 9:00 bis 00:00 Uhr

FASSBIER Zipfer Urtyp, Zipfer Drei, Gösser Stifts-Zwickl Hell
FLASCHENBIER Edelweiss Hofbräu, Edelweiss Alkoholfrei, Erdinger Weißbier, Hofstettner Mühlviertler Bio Pale Ale
LOKAL Viele Gäste kommen wohl vor allem wegen des Tierparks nach Altenfelden, wo man immerhin 213 verschiedene Tierarten beobachten und auch etwas ausgedehntere Wanderungen machen kann. Aber viele kommen auch nur wegen der schönen Location, der Küche (nein, nicht nur Burger: sonntags ist in den Wintermonaten Bradltag, und klarerweise gibt es im Herbst Wildwochen) und natürlich wegen des Biers. Je 40 Plätze in Gaststube und im Stüberl, bis zu 300 im Saal.

Wildparkwirt

ALTHEIM

BRAUGASTHOF WURMHÖRINGER

4950 Altheim, Stadtplatz 10-11, +43/7723/42204
www.wurmhoeringer.at/gasthof
ÖFFNUNGSZEITEN Fr-Mo 10:00 bis 14:00 Uhr, Di-Do 10:00 bis 14:00 Uhr und 16:00 bis 24:00 Uhr
FASSBIER Wurmhöringer Märzen, Wurmhöringer Römerweg-Radler, Wurmhöringer Zwickl, Wurmhöringer Kellertrübes
FLASCHENBIER Wurmhöringer Leichtes-Landbräu, Wurmhöringer Privat-Pils, Premium-Märzen, Thermenbräu, Goldkrone, Zitronen-/Grapefruitradler, Wurmhöringer Festbock (saisonal)
LOKAL Die prächtige Fassade verspricht außen, was die renovierten Gastlokale im Inneren halten. Man kommt in das sehr gepflegte traditionelle Braugasthaus der auf demselben Grundstück befindlichen Brauerei Wurmhöringer (gegründet im Jahr 1652). Gelungene Mischung aus traditionellem Stadtwirtshaus und modern angehauchter Küche – hier werden zum Beispiel Bier-Zwiebelsuppe, Szegedinergulasch mit Bier und Bierkrapferl serviert. Der ehemalige Schalander (Aufenthaltsraum der Brauer) ist nun eine Stube für die besonderen Tage, hier ist Platz für 25 Personen. Weiteres Stüberl: Gambrinus (ein Platz für jeden Anlass, gemütlich feiern mit bis zu 40 Freunden), Gaststube: ca. 120 Sitzplätze, Gastgarten im Arkadenhof: ca. 60 Sitzplätze.

ENGLWIRT

4950 Altheim, St. Laurenz 37, +43/7723/42336
www.englwirt.at
ÖFFNUNGSZEITEN Mo: 9:00 bis 2:00 Uhr, Di: 9:00 bis 14:00 Uhr, Fr-Sa: 9:00 bis 2:00 Uhr, So 9:00 bis 23:00 Uhr
FASSBIER Raschhofer Classic, Raschhofer Zwickl, saisonal: Raschhofer Herbstbier
FLASCHENBIER Raschhofer Pils, Raschhofer Hefe Hell, Raschhofer Hefe Dunkel
LOKAL Der Englwirt liegt gegenüber der spätgotischen (und innen barockisierten), dem Heiligen Laurentius geweihten Kirche. Der Heilige Laurentius ist bekanntlich Schutzpatron der Mälzer – und das passt natürlich gut zu einem Bierwirtshaus. Familie Burgstaller hat eine enge Geschäftsbeziehung zur nahen Brauerei Raschhofer – die Brauerei lobt den Wirt Josef Burgstaller umgekehrt als „einen unserer großartigen Wirte". Bevor man dieses weitläufige, helle Landgasthaus betritt, kommt man durch einen sehr schönen Biergarten. Drinnen warten eine Bar und ein großer Restaurantbereich. Gekocht wird hier mit Bier – etwa rustikal gefüllter Rostbraten mit Zwicklbiersauce und Bratkartoffeln. Jährlich „Innviertler Starkbieranstich' mit einem Jahresrückblick auf die prägnantesten politischen und gesellschaftlichen Ereignisse des Vorjahres – so ähnlich wie am Nockherberg in München. 160 Sitzplätze im Lokal, Saal mit 220 Plätzen, 15 Plätze an der Bar, 200 Sitzplätze im Garten.

ALTMÜNSTER

DIE STUBE IM MAXIMILIANHOF

4813 Altmünster, Maximilianstraße 1, +43/664/1821188
www.maximilianstube.at
ÖFFNUNGSZEITEN Di-Sa: 17:00 bis 00:00 Uhr

Die Stube im Maximilianhof

FASSBIER Eggenberger Zwickl, Eggenberg Classic , ein wechselndes saisonales Bier
FLASCHENBIER Erdinger Urweisse, Erdinger Alkoholfrei
LOKAL Die 200 Jahre alte Maximilianstube in unmittelbarer Nach-

barschaft zum Schlosspark wurde 2018 neu übernommen und auf neuesten Stand gebracht. Kernstück des Lokals ist die historische Gaststube – aber die dazu im Kontrast stehende moderne Bar ist mindestens so einladend, die freundlichen Schankkräfte sowieso. Allerdings: Das frühere Craftbier-Konzept ist einem Wein-Schwerpunkt gewichen, denn das Haus ist auch eine der ältesten Weinstuben Österreichs. Die Karte bietet neben Klassikern wie Wiener Schnitzel im Butterschmalz gebacken auch verrückte Kreationen von Koch Florian Eckmair wie Beuschl von Hühnerherzen mit Briocheknöderl und scharfem Miesmuschelragout. 100 Plätze im Lokal, 15 an der Bar.

ASPACH

HOTEL GASTHOF DANZER

5252 Aspach, Höhnharter Straße 19, +43/7755/7066
www.hotel-danzer.at
ÖFFNUNGSZEITEN Di-Sa: 7:00 bis 1:00 Uhr, So 7:00 bis 22:00 Uhr

Hotel Gasthof Danzer

FASSBIER Weihenstephan Weizen Hell, Aspacher Urbräu, Stiegl-Goldbräu, Rieder UrEcht, Rieder Weisse Hell, Arcobräu Weizen, Wurmhöringer Märzen, Gösser Märzen, Zipfer Märzen, Gösser Naturradler, Oktoberbier
FLASCHENBIER Weihenstephan Weizen Hell, Weihenstephan Weizen Dunkel, Wieselburger Stammbräu, Gösser Märzen, Heineken, Uttendorfer Pils, Zipfer Pils, Desperados, Corona, Schladminger Bio Zwickl, saisonal Reininghaus Pils (Frühjahr), Edelweiss Gamsbock (Winter), Edelweiss Weizen Dunkel, Gösser Naturgold
LOKAL Große Hotelbar eines netten und sehr preiswerten Seminarhotels – einer der größten Veranstaltungsorte im Innviertel – mit bodenständigem Restaurant und einem großen Wellnessbereich. Bemerkenswert ist, dass sich an der Bar nicht nur Hotelgäste, sondern sehr viele Menschen aus der Nachbarschaft treffen, etwa, um gemeinsam Sportübertragungen anzuschauen. Auf den drei Kegelbahnen wurde auch schon das eine oder andere Krügerl Bier ausgespielt. Bis zu 1.600 Sitzplätze, 50 Sitzplätze im Garten sowie 250 Plätze an der Bar.

ATTERSEE

GAST-HOF-LADEN SCHNEEWEISS

4864 Attersee, Abtsdorf 30, +43/699/11140308
www.gasthofladen.at
ÖFFNUNGSZEITEN Do - Sa ab 17:00 Uhr, So ab 10:00 Uhr

Gast-Hof-Laden-Schneeweiss

FASSBIER Zipfer Märzen, Hoangartenbier der Brauerei Kaltenböck
FLASCHENBIER das gesamte Sortiment der Brauerei Kaltenböck, Weihenstephaner Hefeweizen Dunkel, Edelweiss Naturtrüb
LOKAL Ein etwas abgelegenes Wirtshaus, das sich bemüht, Anlaufstelle und Treffpunkt für die Leute aus der Umgebung zu sein. Lokal produziertes Bier (vom Kaltenböck) inklusive. Daraus ist eine Kombination aus Gasthof mit Zimmer und Restaurant mit Hofladen entstanden. Inhaber und Küchenchef Roland bemüht sich um Regionalität im ganzen Betrieb, es wird großer Wert auf Produzenten aus der Umgebung gelegt.

ZUM HOANGARTEN

4864 Attersee, Palmsdorf 17, +43/7666/7003 oder +43/699/12644109, +43/676/3755051
www.hoangarten.at
ÖFFNUNGSZEITEN Fr-So: 16:00 bis 00:00 Uhr
FASSBIER Hoangartenbier der Brauerei Kaltenböck, Attersee-Honigbier, Summer Pils, Palmsdorfer Ernte aus 100 % eigenen Rohstoffen, Citra-Weißbier, Kramperlbock, Bockbier
FLASCHENBIER Hoangartenbier, Saisonbier, Attersee-Honigbier,

Aurum Purum Imperial IPA, Imperial Pils, saisonal: Citra Weißbier, Rauchbock, Pfahlbaubier, Kramperlbock, AtterseeHonigbier, Imperial Pilsner, Summa Pils, Aurum Purum IPA, Hoangartenbier Barrel Aged

LOKAL Bäuerliche Idylle pur: Eine kleine, heimelige Braugaststätte, wo Braumeister Volkher Kaltenböck und sein Bruder Herwig ihre im 300 Jahre alten Bauernhaus gebrauten Bierspezialitäten ausschenken. In der Stube fühlt man sich als wäre man persönlicher Gast der Bauersleute. Gastgarten, der übrigens Biergarten des Jahres 2013 war, mit Blick zum Attersee und ins Höllengebirge sowie literarische und musikalische Veranstaltungen. Zum Essen gibt es herzhafte Bauernjausen. Mit dabei ist eine Landwirtschaft, die im Nebenerwerb mit Mutterkuhhaltung, Ackerflächen, Wald in Plenterwirtschaft und Streuobstwiesen genutzt wird. Seit Sommer 2009 wird auf den eigenen Ackerflächen Gerste für das eigene Bier angebaut. 40 Sitzplätze in der Stube, 70 Plätze im Garten.

ATTNANG-PUCHHEIM

GASTHOF WEISSL

4800 Attnang-Puchheim, Gmundnerstraße 31, +43/7674/66500
www.gasthof-weissl.at

ÖFFNUNGSZEITEN Mo: 8:00 bis 23:00 Uhr, Di-Do: 6:00 bis 23:00 Uhr, Fr: 6:00 bis 14:00 Uhr, So: 9:00 bis 14:00 Uhr

FASSBIER Zipfer Doppelgold, Zipfer Märzen, Zipfer Kellerbier

FLASCHENBIER Gösser Stifts-Zwickl Hell, Wieselburger Stammbräu (Bügelflasche), Gösser Naturweizen, Zipfer Drei

LOKAL Am Eingang begrüßt einen ein Hinterglas-Bild des „Bierherzogs" Gambrinus in diesem Landgasthaus, das seit 1932 im Familienbesitz ist. Hausherr Klaus Kofler gehört zu den wenigen Wirten, die noch das in der Region beheimatete Zipfer Doppelgold in perfekter Weise zapfen – aber auf der groß im Garten ausgehängten Bierkarte findet man noch mehr Angebote aus dem Brau-Union-Angebot. Als langjähriger Kunde der früheren Gmundner und anschließend der Zipfer Brauerei gibt es als Rarität auch das Zipfer Kellerbier. Gute Bierpflege und netter Biergarten. Zu den Wildwochen wird das Kaltenhauser Maronibier serviert. Die Nachbarschaft zur Wallfahrtskirche Maria Puchheim und die Nähe zum Salzkammergut sowie zum Seengebiet machen das Haus zum idealen Stützpunkt für Geschäftsreisende und Urlauber. Weil man selbst dem Motorsport sehr verbunden ist, ist das Haus motorradfreundlich mit Unterstellplätzen für Bikes. 100 Plätze, Garten: 50.

AU/DONAU

BIERTREFF HAUSBOOT

4332 Au/Donau, Marktstraße 40, +43/7262/58898
de-de.facebook.com/biertreff

ÖFFNUNGSZEITEN Mi-Sa: 16:00 bis 2:00 Uhr, So: 9:30 bis 12:00 Uhr, 16:00 bis 00:00 Uhr

FASSBIER Freistädter Ratsherrntrunk, Freistädter Bio Zwickl, Kaiser Premium, Hirter Pils, Guinness, saisonal Oktoberbier, Freistädter Junghopfen Pils

FASSBIER Freistädter Ratsherrntrunk, Freistädter Bio Zwickl, Freistädter Rotschopf, Freistädter Märzen, Franziskaner Weizenbier, Kaiser Märzen Fasstyp, Null Komma Josef

LOKAL Großes Bierlokal mit hundertjähriger Tradition. Unterschiedliche Bereiche (zum Beispiel für Dart und Billard). 38 Plätze im Lokal, 25 im Saal, 20 an der Bar, 50 im Garten.

BAD GOISERN

STEEGWIRT

4822 Bad Goisern, Au 12, +43/6135/8302
www.steegwirt.at

ÖFFNUNGSZEITEN Die Öffnungszeiten sind im Winter variabel (Montag und Dienstag Ruhetag) und im Sommer gibt's keinen Ruhetag – geöffnet täglich von 10:00 bis 22:00 Uhr

Steegwirt

FASSBIER Hallstatt Bier (extra für den Steegwirt gebraut), Weihenstephaner Hefetrüb, Augustiner Bräu Mülln, Gösser Märzen, Spezialbiere nach Saison, Gösser Naturgold, Gösser Naturradler

FLASCHENBIER Edelweiss Dunkel, Reininghaus Jahrgangspils, Weihenstephaner Alkoholfrei, saisonale Spezialbiere

LOKAL An jener Klause, wo die Traun den Hallstätter See verlässt, kehrt man beim Welterbe-Wirtshaus Steegwirt in eines der wenigen erhaltenden Renaissance-Gebäude des Salzkammerguts (Schankgerechtigkeit seit 1571) ein. Die Speisekarte sollte man mit entsprechendem Humor lesen: Da gibt es beispielsweise „Hundefutter für Gourmets" (in Wirklichkeit die besten Kutteln weit und breit). Und das Hallstatt-Bier wird gut gezapft. Das von Gault Millau mit 2 Hauben bedachte Haus wurde nach der Renovierung 2018 umgehend zum Wirtshaus des Jahres 2019 ernannt. Und das verstehen die Besitzer Fritz und Tamino Grampelhuber als Auftrag: „Wirtshaus sein und Wirtshaus bleiben". Die Gäste danken es ihnen – einige Stammgäste haben sogar einen eigenen Krug im Biertresor. Sitzplätze: Gaststube 80, Durigong 20, Traunstube 40 und Veranda 40, im Gastgarten mit Terrasse an der Traun: 260 Sitzplätze.

BAD ISCHL

BRASSERIE 3 PRINZEN

4820 Bad Ischl, Kaiser-Franz-Joseph-Straße 14
+43/664/88963240
www.3prinzen.at
ÖFFNUNGSZEITEN Di-Sa: 17:00-22:00 Uhr

Brasserie 3 Prinzen

3 PRINZEN
BRASSERIE

FASSBIER 3 Prinzen Ischler Weisse, 3 Prinzen Rudolph, Ischler Prinzen Ae, 3 Prinzen Sommerfrische, leichtes Session, 3 Prinzen Franzl Märzen Naturtrüb, 3 Prinzen Kaisers Helles Märzen, 3 Prinzen Honey Babe
FASSBIER Gusswerk Edelguss, Gusswerk Weizenguss, Gusswerk Schwarze Kuh, Gusswerk Horny Betty, Gusswerk Wiener Lager, Gusswerk Austrian Amber Ale, Gusswerk Nicobar IPA, Gusswerk White Nicobar IPA, Bierschmiede Meisterstück Pils, Bierschmiede Rotglut Altbayrisch Dunkel, Bierschmiede Funkenflug, Kaltenhausen Maroni Bier, Kaltenhausen Zirbenbier, Bevog Kramah IPA, Bevog Tak Pale Ale, Bevog Baja Oatmeal Stout, Bevog ZO Session IPA, Woif-Biere
LOKAL 2017 eingerichtetes, elegant und verspielt gestaltetes Tagesrestaurant und Abendlokal mit eigener Brauerei. Diese Brauerei ist im Keller des Hauses, man kann auf dem Weg zu den Nassräumen schön sehen, wie das Bier reift. Auch die Küche bietet Bieriges wie Braugulasch, überbackene Blunzn auf Biersenf, Bieramisu, Bierbratl mit Stöcklkraut etc. Zudem gibt es auch einen Bierlikör aus der St. Wolfganger Gin- und Whiskey Schmiede sowie einen Bierbrand (in Kooperation mit der Schnapsbrennerei Primushäusl). Beeindruckende Vielfalt an Bieren aus anderen Kleinbrauereien. Tipp: Mittwochabend vorbeischauen, da wird der Brauprozess erklärt.

K.U.K. HOFBEISL

4820 Bad Ischl, Wirerstraße 4, +43/6132/27271
www.kukhofbeisl.com
ÖFFNUNGSZEITEN Mo-Sa: 9:00 bis 2:00 Uhr, So: 9:00 bis 00:00 Uhr
FASSBIER Trumer Pils, Obertrumer Original, Augustiner Hell
FLASCHENBIER Maisel's Weisse, Unertl Weiße, Trumer Hopfenspiel, Erste Wolfgangseer Braugesellschaft - Strobler Weizen, Kiesbye's Waldbier, Augustiner Heller Bock (saisonal), Augustiner Edelstoff, Augustiner Dunkel, Maisel & Friends Pale Ale, Maisel & Friends IPA, Maisel's Weisse Dunkel, Maisel & Friends Pale Ale Alkoholfrei, Maisel, saisonale Biere
LOKAL Seit rund 35 Jahren eine Institution, die weit über Bad Ischl hinaus strahlt – ein Spruch über der Bar besagt, dass der Kunde König ist, solange er sich wie ein solcher benimmt. Passt. Das aufmerksame und freundliche Serviceteam zapft das Pils höchst sorgfältig und in angemessener Zeit, auch wenn der Andrang einmal größer ist. 200 Plätze an drei Bars. Den Garten teilt sich das k.u.k. Hofbeisl mit dem Hofwirt – im Winter werden dort Gondeln aufgestellt, um ihn wetterfest zu machen.

K.U.K. HOFWIRT

4820 Bad Ischl, Wirerstraße 2, +43/664/1528684
www.kukhofwirt.com
ÖFFNUNGSZEITEN Mo-So: 11:00 bis 00:00 Uhr
FASSBIER Trumer Pils, Augustiner München Lagerbier Hell, Obertrumer Original
FLASCHENBIER Maisel's Weisse, Unertl Weiße, Trumer Hopfenspiel, Erste Wolfgangseer Braugesellschaft - Strobler Weizen, Kiesbye Waldbier, saisonal: Augustiner Heller Bock, Augustiner Edelstoff, Augustiner Dunkel, Maisel & Friends Pale Ale, Maisel's Weisse Dunkel, Maisel & Friends IPA
LOKAL Im Jahr 2012 wurde direkt neben dem Hofbeisl, und mit einem Durchgang verbunden, der k.u.k Hofwirt eröffnet, ein bürgerliches Wirtshaus, in dem das Bier nicht zu kurz kommt. Gleich an der Tür findet sich der Hinweis: „Sie betreten gerade ein Wirtshaus! Hier wird laut und deutlich miteinander kommuniziert! Der entstehende ‚Wirtshauslärm' ist Musik in unseren Ohren – und so gewünscht! Wir sind kein Flüster-Restaurant". Drinnen ist es aber keineswegs lärmig, der helle Boden und die dunkle Lamperie passen gut zusammen und man ist geneigt, gleich mehrere der gut gezapften Augustiner Biere nacheinander zu bestellen. Da würde einem aber etwas entgehen, denn die Bierkarte umfasst mehrere Raritäten, die ebenfalls wert sind, gekostet zu werden. 120 Sitzplätze im Lokal, ca. 250 im Gastgarten.

BAD LEONFELDEN

LEONFELDNER-HOF

4190 Bad Leonfelden, Hauptplatz 8, +43/7213/6301
www.leonfeldner-hof.at
ÖFFNUNGSZEITEN Mo-Mi: 7:00 bis 22:00 Uhr, Fr-So: 7:00 bis 22:00 Uhr
FASSBIER Leonfeldner Hof-Bräu (von Gösser aus hauseigenem Biertank), Gösser Zwickl Dunkel, Radler
FLASCHENBIER Edelweiss Weißbier, Freistädter Bio Zwickl, Hofstettner Granit
LOKAL Gediegene Gastlichkeit und ein von hellem Holz geprägtes Ambiente sind die auffälligsten Merkmale des am Hauptplatz gelegenen Leonfeldner Hofes. Der besondere Stolz des Wirts ist die Schankanlage: Als einziger Wirt in der Region zapft er das Gösser „braufrisch" aus dem Tank und vermarktet es als „Leonfeldner-Hof Bräu". 300 Sitzplätze im Lokal, 10 Plätze an der Bar, 50 Sitzplätze im Garten. 31

BAD SCHALLERBACH

GRÜNES TÜRL

4701 Bad Schallerbach, Gebersdorf 1, +43/7249/48163-0
www.gruenes-tuerl.at
ÖFFNUNGSZEITEN Di- Sa 11:30 Uhr bis 14:00 Uhr und 17:00 Uhr bis 21:30 Uhr, So & Feiertag 11:30 Uhr bis 21:30 Uhr

Grünes Türl

FASSBIER Grieskirchner Pils, Grieskirchner Zwickl
FLASCHENBIER Grieskirchner Export, Grieskirchner Dunkel, Grieskirchner Jörger Weisse, Grieskirchner Landlbier, Grieskirchner Alkoholfrei, Grieskirchner Saisonbiere, Clausthaler extra herb, Paulaner Weizen Alkoholfrei
LOKAL Alter Vierkanthof mit schönem Gewölbe, idyllischem Gastgarten und – wenn man übers Wochenende bleiben möchte – Komfortzimmern im Herzen von Bad Schallerbach. 135 Sitzplätze im Lokal, im Garten: 100 Plätze.

Hotel „Stadt Wien"

HOTEL „STADT WIEN"

4701 Bad Schallerbach, Badstraße 8, +43/7249/48109
www.hotelstadtwien.at
ÖFFNUNGSZEITEN Mo-So: 7:00 bis 22:00 Uhr
FASSBIER Vorstadt Kellerbier (Brauerei Zipf), Zipfer Märzen
FLASCHENBIER Kaltenhausen 1475 Pale Ale, Schladminger Schnee Weiße BIO, Weihenstephan Alkoholfrei, Gösser Naturgold
LOKAL Neubau in zentraler Lage in Bad Schallerbach – im Foyer führt Familie Aschauer eine Hotelbar, die einem modern gestalteten Café-Restaurant gleicht. Mediterranes Flair durch viele Pflanzen im Café und im Schanigarten, der von Oleandern und Palmen eingegrenzt ist. Verfeinerte Wiener Küche. 120 Plätze im Lokal, 15 an der Bar, 60 im Garten.

PARZERWIRT

4701 Bad Schallerbach, Schönauerstraße 43, +43/7249/48046
www.parzerwirt.at
ÖFFNUNGSZEITEN Mi ab 17:00 Uhr, Do-Sa 10:30 bis 14:30 Uhr und 17.00 bis 23.00 Uhr, So & Feiertag 10:00 bis 17:00 Uhr
FASSBIER Grieskirchner Pils, Grieskirchner Zwickl, Grieskirchner Jörger Weisse, Budweiser, Oktoberbräu und Festbock je nach Saison
FLASCHENBIER Grieskirchner Jörger Weisse Dunkel, Grieskirchner ‚Das Leichte'
LOKAL Gutbürgerliches Traditionsgasthaus – seit 100 Jahren in Familienbesitz und 2004 vorsichtig renoviert. Der Wirt Ernst Roithmeir hat für jeden Gast ein Späßchen über. 140 Sitzplätze, 15 Plätze an der Bar, 70 im Garten.

BRAUNAU

BRAUHAUS HASELBACH

5280 Braunau, Haselbach 22, +43/7722/22358
www.brauhaus-haselbach.at
ÖFFNUNGSZEITEN Mi-Fr: 17:00 bis 23:30 Uhr, Sa 11:00 bis 14:00 Uhr und 17:30 bis 23:30 Uhr, So: 10:00 bis 14:00 Uhr, 17:30 bis 21:00 Uhr, Mo-Di: Ruhetag

Brauhaus Haselbach

FASSBIER Baumgartner Märzen (Hausbier), Baumgartner Weizen Hell
FLASCHENBIER Baumgartner Weisse Dunkel, Baumgartner Pils, Baumgartner Weizen Alkoholfrei, Baumgartner Alkoholfrei
LOKAL Die Brauanlage dominiert den Eindruck von diesem mehr als 150 Jahre alten Brauwirtshaus – sie ist allerdings derzeit nicht in Betrieb: Zu hohe Energiekosten. Familie Friedl bemüht sich sehr um Gastfreundschaft, sie bietet Speisen nach Innviertler und bayerischer Tradition, zum Bier passend und mit Bier gekocht. So gibt es beispielsweise ein Biereis, das den malzigen Charakter gut ins Dessert überträgt. Die Chefin hat 2023 eine Biersommelier-Ausbildung absolviert – demnächst soll die Bierauswahl um einige internationale Spezialitäten erweitert werden. Die Einrichtung hat viel bierigen Charme, ebenso der schöne Kastaniengarten. 190 Sitzplätze im Lokal, 250 Plätze im Saal, 250 Sitzplätze im Garten mit alten Kastanienbäumen.

SCHLUCKERL

5280 Braunau am Inn, Linzerstraße 43, +43/650/6403339 oder +43/7722/82344
www.facebook.com/Bier-Weinbar-Schluckerl-259268668678
ÖFFNUNGSZEITEN Mo: 17:00 bis 00:00 Uhr, Mi: 10:00 bis 14:00 Uhr, Do: 17:00 bis 00:00 Uhr, Fr-Sa: 17:00 bis 2:00 Uhr, So: 17:00 bis 00:00 Uhr
FASSBIER Hopfenkopf Babba, Murauer Gold, Schnaitl Gundertshausner Ernte, Schnaitl Meisterbräu, ein saisonales Bier
FLASCHENBIER Zombräu Voodoo, Zombräu Motoroil, Zombräu Makumba, Hopfenkopf Mandal, Hopfenkopf Weibal, Hopfenkopf Grosvoda, Raschhofer Zwickl, Raschhofer Silberpfeil Pale Ale, Schnaitl Dunkel, Schnaitl Pils, Murauer Dunkel, Murauer Preisel&Bier, Murauer Märzen, Franziskaner Weißbier Hell und Dunkel, Franziskaner Weißbier Alkoholfrei
LOKAL Das Schluckerl war schon als Bierbar etabliert, als man im deutschen Sprachraum mit dem Begriff Craftbier noch nichts anfangen konnte. 1995 war das schließlich auch in den USA noch ein Minderheitenprogramm. Wolfgang Kern und Stephanie Fleischmann aber haben ein Gefühl dafür entwickelt und in dem rustikalen Lokal neben der innviertler Tradition (die bis hin zum Oktoberfest reicht) ein wenig amerikanisches Flair einziehen lassen. Daher gibt es auch das eine oder andere für US-Craftbierlokale typische Gericht – etwa Pulled Pork aus dem Smoker – für Coffeeheads gibt es gelegentlich Pulled Pork mit Wolfis Spezial Inndie Beans Rub. An die Wand wurde eine „Beer Map" gezeichnet, um Gästen grafisch verständlich zu machen, wie die einzelnen Bierstile zusammenhängen.

DORF AN DER PRAM

DORF.WIRT

4751 Dorf an der Pram, Dorf 3, +43/7764/20277
www.dorfer-wirt.at
ÖFFNUNGSZEITEN Mo: 10:00 bis 00:00 Uhr, Do-Sa: 10:00 bis 00:00 Uhr, So: 9:00 bis 16:00 Uhr
FASSBIER Baumgartner Märzen
LOKAL Seit 2008 betreiben Markus Bischof und seine Familie dieses aufwendig restaurierte Wirtshaus, in dem deftige Kost (Innviertler Knödelteller – auf Vorbestellung gibt es auch ein Bratl in der Rein!) oder moderne vegetarische Küche zu Baumgartner Bier angeboten wird.

EFERDING

Zum Goldenen Kreuz – Gasthof Kreuzmayr

ZUM GOLDENEN KREUZ – GASTHOF KREUZMAYR

4070 Eferding, Schmiedgasse 29, +43/7272/4142
www.gasthof-kreuzmayr.at, koll-kocht.com
ÖFFNUNGSZEITEN Mo 16:45 bis 23:00 Uhr, Di-Fr: 9:30 bis 14:30 Uhr und 16:45 bis 23:00 Uhr, So & Feiertage: 9:00 bis 15:30 Uhr

FASSBIER Haus Bier „Goldenes Kreuz" Bio naturtrüb, Eggenberg Classic, Eggenberg Hopfenkönig
FLASCHENBIER Die Weisse Hell, Linzer Bier Original, Eggenberg Freibier, Die Weisse Alkoholfrei, saisonale Spezialbiere
LOKAL Mit seinem Bier-Angebot – immer wieder verschiedenste Saisonbiere vom Fass – hebt sich das Goldene Kreuz im Zentrum von Eferding vom üblichen Angebot ab. Die Küche ist regional, Pächter Markus Koll steht selbst hinter dem Herd. Für das Jahr 2020 holte er sich in der Genussspecht-Wertung der Kulti-Wirte die Note 1,12 – und Ende September wird hier der Brau-Silvester gefeiert. Von Mai bis Oktober monatliche Veranstaltungen mit Livemusik im Gastgarten. 140 Sitzplätze im Lokal, 80 Sitzplätze auf der Terrasse.

EGGELSBERG

GÖSSNITZER
5142 Eggelsberg, Salzburgerstraße 15, +43/7748/2346
www.amphicles.net
ÖFFNUNGSZEITEN Mo: 11:00 bis 14:00 Uhr, 17:30 bis 23:00 Uhr, Do-So: 11:00 bis 14:00 Uhr, 17:30 bis 23:00 Uhr
FASSBIER Schnaitl Original, Raschhofer Pils
FLASCHENBIER Augustiner Weißbier, Stiegl, Gusswerk Craft Bier, Schnaitl, Franziskaner Hefeweizen, Raschhofer Weizen
LOKAL Das Gasthaus ‚Gössnitzer' in Eggelsberg besteht seit dem Spätmittelalter und liegt an einer Hauptstraße durchs obere Innviertel. Es war immer Mittelpunkt des öffentlichen Lebens im Dorf und immer auch ein Bierwirtshaus. Die Verbindung zur Privatbrauerei Matthias Schnaitl in Gundertshausen ist immer präsent und in der Getränkekultur des Hauses spürbar. Dem Brauhaus Raschhofer in Altheim ist man durch frühere Verwandschaftsverhältnisse zum Gasthaus Stöger immer noch verbunden. Die mit einer Falstaff-Gabel ausgezeichnete Küche von Bernhard Gössnitzer bietet traditionelle Speisen, jahreszeitlich trifft man dort das Mangalitza Schwein, die Maiböcke, die Innviertler Weidegans und die Milchkälber der Region, die noch kleinbäuerliche Viehmastbetriebe besitzt. Beim hausgemachten Brot gibt es ab und zu auch Biertreberbrot – das Treber, Rückstände vom Biersud, kommt aus der Brauerei Schnaitl im Ort. 60 Sitzplätze im Lokal, 10 Plätze an der Bar, 60 Sitzplätze im Garten.

SCHNAITL BRAUGASTHOF HOTEL GARNI
5142 Eggelsberg, Gundertshausen 37, +43/7748/20701
www.braugasthof-schnaitl.at
FLASCHENBIER Schnaitl Original, Pils de Luxe, Gundertshausener Ernte, Schnaitl Radler Classic/Naturtrüb, Schnaitl Dunkel, Bayern Weisse Hell/Dunkel, Schnaitl Festbock (saisonal), Schnaitl Alkoholfrei „Stille Nacht" Festtagsbier (saisonal), Schnaitl Alkoholfrei, Flaschenbiere diverser Kleinbrauereien: Brauerei Gusswerk, Schwarzbräu, Loncium, Gratzer, Bierzauberei u.v.m. sowie Biere der Bierregion Innviertel.
LOKAL Dort, wo die Bierstraße die Salzstraße an einem Kreisverkehr mit Kapelle kreuzt, befindet sich direkt neben der Privatbrauerei Schnaitl der brauereieigene Braugasthof, der als Hotel Garni (Bed & Breakfast) geführt wird. Elisabeth Schnaitl ist eine tolle Gastgeberin, zapft perfekt und hat das Haus zu einem vorbildlichen Bräuwirt gemacht. Auf der kleinen, aber feinen Speisekarte finden sich saisonale, hausgemachte und österreichische Schmankerl, wie z. B. Schnaitl Biergulasch, Schweinsbraten in Dunkelbiersauce und die Schnaitl Jaus'n. Der Schnaitl Braugasthof lockt auch mit Brauereibesichtigungen mit anschließender Bierverkostung – und wer zu ausgiebig verkostet hat, kann auch gleich in einem der zeitgemäß gestalteten Zimmer (6 Einzel- und 10 Doppelzimmer) übernachten. 100 Sitzplätze im Saal, 30 unter dem historischen Brauerei-Bild in der Florian Stub'n, 20 im Wirzinger Stüberl, 30 im Gastgarten. 26

Schnaitl Braugasthof *** Hotel Garni

EIDENBERG

EIDENBERGER ALM
4201 Eidenberg, Eidenberg, +43/7239/5050
www.eidenberger-alm.at
ÖFFNUNGSZEITEN Do-Sa: 11:00 bis 23:00 Uhr, So: 11:00 bis 20:00 Uhr
FASSBIER Eidenberger Herzblut naturtrübes Zwickl, Gösser Märzen, Edelweiss Hofbräu, Freistädter Junghopfenpils, Gösser Naturradler
LOKAL Ausfluggasthof wenige Kilometer nördlich von Linz-Urfahr und doch in fast unberührter Natur. An das bestehende Gasthaus haben Monika und Johann Schütz im Jahr 2000 ein Stück für Stück in Angerberg bei Wörgl abgebautes 250 Jahre altes Bauernhaus stilgerecht wieder aufgebaut und mit einer sehr stimmigen Bar eingerichtet. Sitzplätze: Eidenberger Alm: 200, Tiroler Alm: 120, Gastgarten: 150, Lounge-Bereich im Gastgarten: 40, Bar in der Eidenberger Alm: 10, Bar Tiroler Alm Erdgeschoß: 10, Bar Tiroler Alm Galerie: 10.

ENGELHARTSZELL

Bernhard's

BERNHARD'S

4090 Engelhartszell, Maierhof an der Donau 17, +43/7717/8123
www.bernhards-restaurant.at
ÖFFNUNGSZEITEN Mai-September: Mi 17:00 bis 23:00 Uhr, Do-Fr 11:00 bis 14:30 Uhr und 17:00 bis 23:00 Uhr, Sa 11:00 bis 24:00 Uhr, So 11:00 bis 21:30 Uhr; Oktober-April:Mi ab 17:00 Uhr, Do-So ab 11:00 Uhr
FASSBIER Gösser Märzen, Weihenstephaner Weißbier, Gösser Naturradler
FLASCHENBIER Stift Engelszell Nivard, Stift Engelszell Benno, Gösser Stifts-Zwickl Hell 0,5l Bügelverschluss, Gösser Naturgold
LOKAL Hoch über dem Donaukraftwerk Jochenstein liegt dieses feine Restaurant von Christina Bernhard und Daniel Kristl – mit schönem Blick auf die Donau und schönen grünen Wiesen rundherum. Das Fassbierangebot kommt von der BrauUnion, die Flaschenbierauswahl ist von der Nähe zur Trappistenabtei Engelszell geprägt. Sehr aufmerksame Bedienung. 80 Sitzplätze im Lokal. ✕ ⛿19

GOLDENES SCHIFF

4090 Engelhartszell, Nibelungen Straße 2, +43/7717/8009
www.goldenesschiff.co.at
ÖFFNUNGSZEITEN Mo-Sa: 17:00 bis 22:00 Uhr, So: 11:00 bis 14:00 Uhr, 17:00 bis 22:00 Uhr
FASSBIER Baumgartner Garten Radler, Baumgartner Export, saisonal Trappisten Zwickl, Baumgartner Junghopfenpils
FLASCHENBIER Stift Engelszell Benno, Stift Engelszell Gregorius, Stift Engelszell Nivard, Baumgartner Pils, Baumgartner Weisse, Kapsreiter Landbier Hell
LOKAL Der neu renovierte Gasthof mit großer Terrasse liegt direkt an der Donau, neben dem Radweg von Passau nach Wien. Der Wirt Markus Steininger führt das Haus in dritter Generation, er kocht hier selber – und steht auch hinter der Schank, was für gute Bierpflege bürgt. Wer das nahe Stift Engelszell und die dortige Brauerei besuchen möchte, findet hier auch einen guten Radfahrer- und Biker-freundlichen Platz für eine Nächtigung. Von Jänner bis Mitte März ist saisonbedingt geschlossen. ✕ ⛿

ENNS

GASTHAUS LICHTL – BACKHENDLSTATION

4470 Enns, Mauthausener Straße 37, +43/660/7729441
www.gh-backhendlstation.at
ÖFFNUNGSZEITEN Mo: 15:00 bis 22:00 Uhr, Do: 15:00 bis 22:00 Uhr, Fr-Sa: 11:00 bis 22:00 Uhr, So: 10:00 bis 22:00 Uhr
FASSBIER Kaiser Pils, Weihenstephan Weißbier, Freistädter Bio Zwickl, Gösser Naturradler
FLASCHENBIER Zipfer Urtyp, Schlossgold, Edelweiss Weizen Alkoholfrei, Bürgerbräu Hefeweizen Dunkel
LOKAL Jochen Lichtls Gasthaus hat einen der schönsten Gastgärten von Oberösterreich (er selbst nennt ihn bescheiden den schönsten Biergarten von Enns) – wo gut gezapftes Bier und Backhendl serviert werden. 50 Plätze in der Gaststube, 80 im Speisesaal im 1. Stock, 130 Plätze im Gastgarten. ✕ ⛿

FRANKENBURG AM HAUSRUCK

FREIWÜD

4873 Frankenburg am Hausruck, Seilergasse 4, +43/7683/7585
www.facebook.com/freiwued.frankenburg
ÖFFNUNGSZEITEN Mo-Mi: 17:00 bis 00:00 Uhr, Fr-Sa: 18:00 bis 2:00 Uhr

Freiwüd

FASSBIER Rieder Weisse
LOKAL Helle Bar und Pizzeria mit freundlicher Bedienung und Speisen mit urwüchsigen Bezeichnungen: Wer eine „Hoizwüde Gusti" bestellt, bekommt die Pizza mit Pulled Beef belegt, „De eitle Mitzi" kommt mit haugemachter Bolognese und Wachteleiern und „De Varruckte Fanni" hat einen schwarzen Pizzateig mit verschiedenem Belag zu bieten. Da passt das Rieder Bier gut dazu.

PREUNERWIRT

4873 Frankenburg am Hausruck, Seilergasse 10, +43/7683/50033
www.preuner.at
ÖFFNUNGSZEITEN Mi-Sa: 17:00 bis 20:00 Uhr, So: 10:00 bis 13:30 Uhr, 17:00 bis 20:00 Uhr

FASSBIER Zipfer Märzen, Zipfer Doppelgold, Gösser Stifts-Zwickl Hell
FLASCHENBIER Zipfer Kellerbier, Eggenberger Bio-Zwickl, Gösser Naturgold, Rieder India Pale Ale, Rieder Honigbier, Rieder Schwarzmann, Birra Moretti, Eggenberger Dunkles Malzbier, Weihenstephan Weizenbier Hell, Franziskaner Hell/Dunkel, Rieder Weisse Hell, Rieder Weisse Dunkel, Zitrone, Zipfer Drei, Edelweiss Alkoholfrei, saisonal: Zipfer Stefani oder Josefi-Bock, Kaltenhauser Maroni-Bier, Rieder Weißbier-Bock, Edelweiss Gamsbock
LOKAL Familienbetrieb – das Haus gehört schon seit 200 Jahren der Familie Preuner – mit modernem Auftritt und guter Bierpflege. Erfreulich: Es gibt das Zipfer Spezialbier „Doppelgold" vom Fass. Eventhof / Saal / Stadl / großer Hochzeitsgarten – 800 Plätze indoor (im Hauptbereich 100), 100 im Kastaniengastgarten.

Preunerwirt

FRANKENMARKT

GASTHAUS WEISSL-OBER

4890 Frankenmarkt, Hauptstraße 71, +43/676/7535105
www.barcuba.at
ÖFFNUNGSZEITEN Di-Sa: 9:30 bis 23:00 Uhr, So: 9:30 bis 12:00 Uhr
FASSBIER Bräu am Berg Märzen, Zipfer Märzen
FLASCHENBIER Bräu am Berg Hefeweizen, Pils u. Festbock, Zipfer Märzen, Edelweiss Hefetrüb Weißbier, Edelweiss Weißbier Dunkel
LOKAL Uriger und unverfälschter Dorfgasthof (alter Kachelofen neben der Schank!) mit gutbürgerlicher Küche in zentraler Lage. Sehr freundliche Wirtsleute und eine Stammtischrunde, bei der auch Fremde Anschluss finden. Gemütlicher Gastgarten im Hof.

FRANKING

MOORHOF

5131 Franking, Dorfibm 2, +43/6277/8188 oder 8201
www.moorhof.com
ÖFFNUNGSZEITEN Mo-So:8:00 bis 22:00 Uhr
FASSBIER Schnaitl Original, Schnaitl Pils de luxe und Schnaitl Dunkel
FLASCHENBIER Schnaitl, Wieninger Hell (Bügelflasche), Wieninger Weißbier Alkoholfrei, Wieninger Lagerbier Dunkel (Bügelflasche)
LOKAL Dieses etwas abgelegen in der Moorlandschaft gelegene Viersternehotel hat sich der Gesundheit verschrieben. Das zeigt auch die mit vegetarischen und Vollwertgerichten garnierte Speisekarte. Die Spezialität ist aber der im Keller eingerichtete Badebereich. Hier kann man im Bier der Schnaitl-Brauerei baden, was auf die Haut und den Stoffwechsel anregend wirkt – einen Bierbad-Erholungstag gibt es zum Preis von 149 Euro p.P., Biermenü und Nutzung des Wellnessbereiches inklusive. Auch sonst wird Bier in der Küche fleißig eingesetzt: Hefesuppe, Broccoli in Bierbackteig, Innviertler Bierschnitzel (gefüllte Hendlbrust) mit Kroketten und Gemüsevariation, Bierpalatschinken mit Preiselbeeren. 120 Plätze, Bar: 15 Plätze, Garten: 90 Plätze. 57

FREINBERG

WEINBEISSER

4785 Freinberg, Freinberg 2, +43/7713/20971
www.facebook.com/Feibrg
ÖFFNUNGSZEITEN Do-Fr: 16:00 bis 00:00 Uhr, Sa-So: 11:00 bis 00:00 Uhr
FASSBIER Baumgartner Märzen, Baumgartner Garten Radler, Baumgartner Zwickl Hell, Kapsreiter Hell, Kapsreiter Stadtbräu
FLASCHENBIER Erdinger, Baumgartner Weisse, Baumgartner Weisse Dunkel, Baumgartner Weizen Alkoholfrei, Baumgartner Naturtrüb Alkoholfrei
LOKAL Der Weinbeisser hat zwar den Wein im Namen und im zur Gaststätte ausgebauten ehemaligen Stallgebäude herrscht tatsächlich ein wenig Heurigen-Atmosphäre. Hier lockt das Weinbeisser-Team von Wirtin Simone Diebetsberger mit bodenständiger, deftiger Küche (hausgemachte Blut- und Leberwürste, vielerlei gefüllte Knödel, begleitet von saftigem Kraut und knackigen Salaten), aber zu trinken gibt es dann doch eher Bier.Das Bier kommt aus der Baumgartner Brauerei in der nahen Bezirksstadt Schärding – viele Gäste aber aus der noch näheren Stadt Passau. Tatsächlich geht auch der Blick aus dem großen Biergarten weit hinein ins Bayernland. Und der Biergarten ist eine wahre Sensation: Alte Bäume sorgen auch im Sommer für Schatten und Kühle, die Holzhütten für ländlichen Charme und an Wochenenden wird auch fleißig gegrillt. Sehr familienfreundlich. Jährliches Maibaumkraxeln mit rund 3.000 Besuchern. 200 Sitzplätze im Lokal, 600 im Biergarten, 15 an der Bar. Winterpause von November bis März.

WIRTH Z'HARETH

4785 Freinberg, Hareth 15, +43/7713/8115-0
wirth.freinberg.at
ÖFFNUNGSZEITEN Mi-So: ab 11:00 Uhr durchgehend geöffnet
Ruhetage (ganzjährig) Montag und Dienstag, außer Feiertage

FASSBIER Kapsreiter Landbier Hell, Baumgartner Märzen, Wenzl Bräu, Stiegl-Goldbräu, Paracelsus Zwickl Bio, Rieder Hefe Weißbier, Radler

FLASCHENBIER Edelweiss Weißbier Dunkel, Rieder Märzen, Kroneder Bier, Edelweiss Weißbier Alkoholfrei, Arco Bräu Weizen Alkoholfrei, Stiegl Freibier

LOKAL Ein Blick auf den Parkplatz dieses Wirtshauses zeigt, dass etliche Gäste eine lange Anfahrt in die kleine Ortschaft Hareth in Kauf nehmen, um an den Esstischen rund um den alten Herd Platz zu nehmen. Oder an der Bar, an der man freundlich bedient wird, auch wenn man mal nicht zum Speisen kommt. Da gibt es dann auch das Bier aus der Brauerei Wenzl im nahen Wernstein. Der Gasthof besteht seit ca. 1870 und ist seit 1931 im Besitz der Familie Wirth, mehrfach ausgezeichnet als „Oberösterreichischer Biergarten des Jahres." Jährlich wird hier eine Hopfenprinzessin gewählt. Als Besonderheit vorgesehen hat Hubert Wirth einen Bierkochkurs für Männer. Und er ist überzeugt: „Die perfekte Bierpflege hängt nicht allein von der Kunst des Zapfens ab. Auch die Lagerung, die richtige Kühlung und die richtige Gläserwahl und Vorbereitung sind entscheidend!" 70 + 70 Sitzplätze im Lokal, 10 Plätze an der Bar, 150 Sitzplätze im Garten.

FREISTADT

FOXI'S SCHLOSSTAVERNE

4240 Freistadt, Hauptplatz 11, +43/7942/73930
www.foxis.at

ÖFFNUNGSZEITEN Mo: 9:00 bis 00:00 Uhr, Do-So: 9:00 bis 00:00 Uhr

FASSBIER Freistädter Ratsherrntrunk oder Junghopfenpils, Freistädter Bio-Zwickl, Schleppe No. 1 Pale Ale, Schneider Weisse Original, Leffe Blonde, Guinness Stout, Ipa Punk , Augustiner Edelstoff, Kozel Dark, im Sommer Belgisches Fruitbeer, ein wechselndes Monatsbier

FLASCHENBIER Freistädter Märzen, Freistädter Pegasus, Freistädter Rotschopf, Hofstettner Granit Amber Ale, Hofstetter G'froren's Iced IPA, Schlägler Bio Roggen, Schlägl Abtei Bier, Schlägl In Primus, Neufeldner Bio-Zwickl, Neufeldner Bio Weizen, Beer Buddies Mojo Ale (Dark IPA), Beer Buddies Pale Ale, Thorbräu Mühlviertler Weißbier, Thorbräu Altbier, Stift Engelszell Benno, Gusswerk Nicobar IPA, Gusswerk Horny Betty, Eggenberg Samichlaus, Bevog Kramah, Bevog Ond, Bevog Deetz, Bevog Tak Pale Ale, Kisbye's Waldbier sowie viele andere Biere aus traditionellen Brauereien und Craftbierbrauereien.

LOKAL In dieser Schlosstaverne gehen weder Rittersleut' noch der Hochadel aus und ein – stattdessen tun das die selbstbewussten Bürger von Freistadt. Diese trinken aber nicht nur das in der Stadt omnipräsente Bier der Braucommune. Das hintere Zimmer scheint irgendwie das Wohnzimmer der Stadt zu sein. Im Barraum ist die Stimmung etwas laut. Diverse Veranstaltungen wie Bierfest, Bierverkostungen, Foxis Summer Beer Festival im September am Hauptplatz, „Dub inna Fox's den", Gastgartenmusi, Stubenmusi, Hills of Eden in August (Musik-Genuss Festival), St. Patrick Day mit irischen Bieren, Bockbierstachel u.s.w. Traditonelle Küche von Currys, Ramen (Japanische Küche), BBQ, Pizzas bis zu Vegetarisch. Neu gestaltet wurde der Gastgarten vor dem Haus am Hauptplatz. Der Gastgarten im Schlosshof ist überdacht und mit Heizstrahlern ausgestattet, sodass auch an kühleren Tagen ein Sitzen mit Blick auf die Altstadt möglich ist. 90 Plätze im Lokal, 15 an der Bar, 66 im Garten.

Foxi's Schlosstaverne

FREISTÄDTER BRAUHAUS

4240 Freistadt, Brauhausstraße 2, +43/7942/72772
www.freistaedter-bier.at/brauhaus

ÖFFNUNGSZEITEN Di-Sa ab 9:00 Uhr, So 9:00 bis 15:00 Uhr

FASSBIER Freistädter Ratsherrn Premium, Freistädter Bio Zwickl, Freistädter Junghopfenpils, Freistädter Rotschopf, Freistädter Lager, Freistädter Pegasus, Freistädter Kellerbier vom Holzfass, Andechser Weizen, ein Bier des Monats

FLASCHENBIER Freistädter Märzen, Freistädter Elixier (Jahrgangsbier), Freistädter Black Bock, Hofstettner Granit, Schlägl Heimat, Freistädter Imperator, wechselnde Monatsbiere

LOKAL Die Braucommune, die im Jahr 2020 ihr 250-jähriges Bestehen feierte, hat in ihrem historischen Gebäude eine Braugaststätte eingerichtet, die der großen Tradition würdig ist: sehr kompetentes Personal, ideenreiche Küche und zusätzlich zu den Freistädter Bieren immer wieder auch Gastbiere anderer Brauer.

Das Brauhaus bietet Platz für bis zu 300 Gäste (Bierstube, Braumeisterstube, Bürgerstube, Bar/Lounge-Bereich, der Braukeller, Brauhaus-Galerie, Seminarräume) und weitere 200 Sitzplätze im Biergarten im Innenhof, Spielplatz und Spielzimmer für Kinder.

Freistädter Brauhaus

GOLDENER ADLER

4240 Freistadt, Salzgasse 1, +43/7942/72112
www.hotels-freistadt.at

ÖFFNUNGSZEITEN Mo-So: 7:00 bis 00:00 Uhr – längerer Betriebsurlaub im Winter.

FASSBIER Freistädter Ratsherrn Premium, Freistädter Märzen

FLASCHENBIER Böck'l (saisonal), Rotschopf, Junghopfenpils, Dunk'l, Black Bock (prämiertes Starkbier mit 7 vol%), Clausthaler, Edelweiss Hefeweizen Hell, Edelweiss Hefeweizen Dunkel

LOKAL Die ehemalige Weißbierbrauerei (erbaut ca. 1350, als Brauerei in Betrieb bis 1777) ist schon seit 1806 und nunmehr in der 6. Generation in Familienbesitz. Das Hotel Goldener Adler ist Mitglied der Mühlviertler Bierwirte und bietet Bierseminare, Bierkulinarien und verschiedene Arrangements, wie zum Beispiel ein dreigängiges bzw. fünfgängiges Menü mit entsprechenden Bieren zur Verkostung und als Einführung ein Kurzreferat über die Brautradition in Freistadt. A la carte gibt es Mühlviertler Bierschnitzel, Böhmisches Bierfleisch, Böhmisches Biergulasch, Bierrostbraten „Mälzerin", Scholle in Bierteig und Biertiramisu. Gaststube mit viel Holz rustikal eingerichtet, im Stüberl schöne alte Gewölbe. Die Liebe zum Bier geht hier so weit, dass im Wellnessbereich zwischen den Sauna-Aufgüssen Bier serviert wird. 160 Sitzplätze im Lokal, Garten: 120 Plätze.

LATINO

4240 Freistadt, Eisengasse 10, +43/7942/73854
www.latino.co.at

ÖFFNUNGSZEITEN Do-Sa ab 18:00 Uhr

FASSBIER Freistädter Ratsherrntrunk, Freistädter Bio Zwickl, Beer Buddies Urgesteinsmärzen, Hofstetter Granit, Stiegl-Paracelsus Bio Zwickl, Freistädter Black Bock, Freistädter Junghopfenpils, wechselnde Biere aus der Region

FLASCHENBIER Freistädter Black Bock, Freistädter Junghopfenpils, Freistädter Rotschopf, Stiegl-Weisse, Andechser Weizen, Schneider Aventinus Eisbock, Wieselburger Stammbräu, Wieselburger Schwarzbier, Stiegl-Paracelsus Zwickl, Kaltenhauser Original, Trumer Pils, Beer Buddies Urgesteinsmärzen, Hirter Privat Pils, Sierra Nevada Pale Ale und weitere Spezialitäten aus nah und fern.

LOKAL Das Latino schreibt seit mehr als 30 Jahren Freistädter Lokal-Geschichte, die Bar wurde mehrfach umgebaut und dem Zeitgeist angepasst. Den Gast empfängt eine freundliche Bar im ersten Stock eines direkt an der Freistädter Stadtmauer gelegenen Hauses. Viele Cocktails, darunter Bier Cocktails, vor allem aber gute Bierauswahl, eine gut kommentierte Bierkarte und eine freundliche Bedienung, die über die Drinks Bescheid weiß. Ist auch notwendig, weil etwa alle zwei Wochen ein neues „Bier der Woche" angeboten wird. Ebenso werden Bierverkostungen (teilweise mit Snackbegleitung) angeboten! Für Feiern wie Geburtstags- oder Firmenfeiern gibt es Bier zum Selberzapfen. 120 Plätze im Lokal, 15 an der Bar, 40 auf der Dachterrasse.

GALLNEUKIRCHEN

LANDERL

4210 Gallneukirchen, Hauptstraße 21, +43/7235/62349
www.land-erl.at

ÖFFNUNGSZEITEN Di-Sa: 9:00 bis 00:00 Uhr, So: 9:00 bis 15:00 Uhr

FASSBIER Grieskirchner Pils, Hirter Privat Pils, Radler, Budweiser Budvar, Paulaner Weißbier

FLASCHENBIER Grieskirchner Dunkel, Clausthaler Classic, Null Komma Josef, Paulaner Weißbier Alkoholfrei

LOKAL Durchgestyltes Gasthaus mit etlichen auf die 1960er-Jahre verweisenden Stilelementen. Gute, unkomplizierte Küche. 90 Plätze im Lokal.

MATHIS EATERY, COFFEE & BAR

4210 Gallneukirchen, Gaisbacherstraße 8, +43/7235/21809
www.mathis.kitchen
ÖFFNUNGSZEITEN Di-Mi 11:00 bis 14:00 Uhr und 17:00 bis 24:00 Uhr, Do-Sa 11:00 bis 24:00 Uhr, So 8:30 bis 14:30 Uhr
FASSBIER Linzer Lager, Heineken Lager, Reininghaus Jahrgangspils, Schwechater Zwickl, Schwechater Wiener Lager
FLASCHENBIER Linzer Zwickl, Linzer Edelstahl, Bierschmiede Meisterstück Pils, Kona Longboard Lager, Hofstettner Granitbier, Weihenstephan Weizenbier Hell, Kaltenhauser Pale Ale, Lagunitas IPA, Gösser Naturradler
LOKAL Das Mathis ist ein unkompliziertes Restaurant mit großer Abend- und kleinerer Mittagskarte. Die Liebe zum Bier ist gleich beim Eintreten spürbar, die Bar ist für ein schnelles Bier gut geeignet. Dieses wird rasch, aber sorgfältig gezapft und serviert. Es lohnt aber, die Karte zu studieren: Eine grafische Darstellung zeigt auch bierigen Laien, was man sich von den Bieren zu erwarten hat – Weihenstephaner Weizenbier lässt sich da leicht als hell, wenig hopfig und deutlich vom Malz geprägt finden – währen auf der anderer Seite das Lagunitas als hopfig-bitter aromatisch mit eher weniger Malzprägung in der Grafik zu finden ist. Blättert man weiter, findet man die Biere gut beschrieben – dass man in Oberösterreich Schwechater Bier in zwei Varianten vom Fass findet, zeugt von hoher Bierkompetenz.

GAMPERN

BRAUHAUS ZUM GUGG

4851 Gampern, Braugasse 5, +43/7682/8016
www.zumgugg.at
ÖFFNUNGSZEITEN Mi-Sa 11:00 bis 14:00 Uhr und 17:00 bis 23:00 Uhr, So 11:00 bis 21:30 Uhr

Brauhaus zum Gugg

FASSBIER Gugg Hell, Gugg Dunkel
LOKAL Thomas Gugg führt hier im Zentrum von Gampern eine Gasthausbrauerei einfachen Zuschnitts – es gibt ein Helles, gelegentlich ein Dunkles, mehr muss nicht sein. Er hat sich damit eine große Fangemeinde geschaffen und auch der deutsche Bierkritiker Volker Quante schreibt: „Wenn es sie je gegeben haben sollte, die ‚gute, alte Zeit', dann ist sie hier recht gut konserviert worden ... Es ist alles richtig, so wie es ist." Der riesige Gasthof besteht seit über 200 Jahren – so lang ist er jedenfalls schon in Familienbesitz. 500 Plätze in verschiedenen Räumen (der größte ist rund um das Sudhaus), aber die Gäste scheinen es an der kleinen Bar am gemütlichsten zu finden.

GMUNDEN

BRAUHAUS GMUNDEN

4810 Gmunden, Druckereistraße 3, +43/7612/65204
www.facebook.com/people/Brauhaus-Gmunden/100057221389270/
ÖFFNUNGSZEITEN Mo-Sa: 9:00 bis 21:00 Uhr

Brauhaus Gmunden

FASSBIER Stiegl-Goldbräu, Stiegl-Weisse, Stiegl-Paracelsus Bio Zwickl, Stiegl-Radler Zitrone
FLASCHENBIER Franziskaner Dunkel/Alkoholfrei, Stiegl-Columbus Pale Ale, Clausthaler
LOKAL Auch wenn es den Anschein erweckt, ist das Brauhaus keine Brauerei, sondern ein hübsch gemachtes Bierwirtshaus mit Indoor-Biergarten – besonderes Bemühen um die Bierpflege. Jeden Donnerstag Live-Musik. 200 Plätze im Lokal, 30 an der Bar, 50 im Indoor-Biergarten.

GASTHOF ENGELHOF

4810 Gmunden, Engelhofstraße 1, +43/7612/64892
www.engelhof.at
ÖFFNUNGSZEITEN Mi-Sa: 8:00 bis 23:00 Uhr. Feiertage geöffnet, wenn sie auf Mi-Sa fallen.
FASSBIER Eggenberg Hopfenkönig, Eggenberg Dunkel, Eggenberg Weißbier Hell & Dunkel, ein Saisonbier, Wildschütz (Herbst)
FLASCHENBIER Erdinger Weißbier, Erdinger Weißbier Alkoholfrei, König Ludwig Weißbier Dunkel, Eggenberg Freibier Alkoholfrei
LOKAL Familie Bergthaler gehört mit dem Engelhof – an der Romantikstraße etwas außerhalb des Gmundner Zentrums gelegen – zu den oberösterreichischen Kulti-Wirten, und von diesen wiederum erhielten sie 2020 die Auszeichnung als Regionalsieger im

Seengebiet. Schon auf dem Parkplatz und auch im Lokal selbst findet man vielfältige Hinweise auf die Pferdeeisenbahn, die im 19. Jahrhundert hier vorbei geführt worden ist. „Wir legen großen Wert auf regionale Produkte, daher beziehen wir den Großteil unseres Biersortiments aus der nicht weit entfernten Privatbrauerei Schloss Eggenberg. Auch in der Küche verwenden wir bevorzugt Produkte aus der Traunseeregion", sagt Wirtin Christine Bergthaler, die auch für das freundliche Aussehen des Biergartens verantwortlich zeichnet. Sie pflegt die zahlreichen Pflanzen im Gastgarten, wo sich das Bier entspannt im Grünen genießen lässt. 70 Plätze in mehreren Stuben, 8 an der Bar.

LANDHOTEL GRÜNBERG AM SEE

4810 Gmunden, Traunsteinstraße 109, +43/7612/77700
www.gruenberg.at
ÖFFNUNGSZEITEN Mo-So: 7:00 bis 00:00 Uhr
FASSBIER Eggenberg Hopfenkönig, Stiegl-Weisse, Stiegl-Paracelsus Bio Zwickl
FLASCHENBIER Eggenberg Leichtsinn Medium, Stiegl-Sport Weisse, Bierschmiede Rotglut Altbayrisch Dunkel, Bierschmiede Zunder Rauchbier, Eggenberg Freibier
LOKAL Franz Pernkopf ist Bierzapfmeister und führt ein sehr bierorientiertes Hotel-Restaurant, das auch mit einer Falstaff-Gabel ausgezeichnet wurde. Viele Gäste kommen einfach nur auf ein Bier, das sie auf der Seeterrasse mit Blick auf Schloß Orth genießen. Andere nützen es aus, dass auf der Karte stets zwei oder drei Biergerichte stehen – und dass auch am späteren Abend noch freundliches Personal ein perfekt gezapftes Bier serviert. 220 Sitzplätze, 12 an der Bar, Garten: 150 Sitzplätze.

GRIESKIRCHEN

PILSNEREI

4710 Grieskirchen, Stadtplatz 14, +43/7248/607-0
www.grieskirchner.at/index.php/pilsnerei
ÖFFNUNGSZEITEN „Hoppy Hour" jeden Donnerstag 18:00 bis 22:00 Uhr
FASSBIER Brauerei Grieskirchen: Pils, Jörger Weisse, Zwickl, Landl
FLASCHENBIER Brauerei Grieskirchen: Pils, Märzen, Jörger Weisse, Export, Landl, Dunkles, Bock, Bio-Helles, Das Leichte, Radler
LOKAL Die PILSNEREI befindet sich im ältesten Gebäude des historischen Ortszentrums von Grieskirchen. Jeden Donnerstag ab 17 Uhr gibt es eine offene Führung durch Sudhaus, Lagerkeller und Flaschenfüllerei. Danach bietet die „Hoppy Hour" eine ideale Gelegenheit, sämtliche frisch gezapften Biersorten zu verkosten.Für besondere Gäste (etwa Teilnehmer an Brauereiführungen, aber auch Gruppen bis zu 130 Personen, die sich für ein paar Stunden einmieten wollen), wird auch zu anderen Zeiten aufgesperrt. 73 Sitzplätze, Parkplatz vorhanden.

TUBA

4710 Grieskirchen, Manglburg 13, +43/7248/64200
www.manglburg.at/tuba
ÖFFNUNGSZEITEN Mo & Mi 11:00 bis 14:00 Uhr, Di, Do-Sa 11:00 bis 14:00 Uhr und 17:00 bis 2:00 Uhr, So 11:00 bis 14:00 Uhr geöffnet – abends geschlossen.

Tuba

FASSBIER Grieskirchner Pils, Radler, Tuba- Bier
FLASCHENBIER Grieskirchner Dunkel, Clausthaler
LOKAL Gemütliches Lokal in Zentrumsnähe, in dem man häufig Mitglieder der rührigen Gambrinus Bruderschaft von Grieskirchen antreffen kann – sie hält hier auch einmal im Monat ihr Stammtischtreffen ab. Die Spezialität des Hauses ist ein von der Brauerei Grieskirchen extra für die Tuba abgefülltes kellertrübes Bier. Jeden Donnerstag Schnitzeltag. 65 Sitzplätze, 40 an der Bar, 70 im ersten Stock, 80 im Garten.

ZWEIMÜLLER

4710 Grieskirchen, Stadtplatz 4, +43/7248/62226
www.hotel-zweimueller.at
ÖFFNUNGSZEITEN Mo-Do: 9:00 bis 14:00 Uhr, 17:00 bis 23:00 Uhr, So: 9:00 bis 14:00 Uhr
FASSBIER Grieskirchner Pils, Zwickl, Jörger Weisse, saisonal: Festbock
FLASCHENBIER Grieskirchner Weisse dunkel, Paulaner Alkoholfrei, Clausthaler Classic
LOKAL Gutbürgerliches Gasthaus am Stadtplatz, errichtet 1604 von Gundacker von Pollheim – und 1605 eines von vier Brauhäusern von Grieskirchen. Gute Bierpflege, speziell zur Bockbierzeit gibt es ein entsprechendes Speisenangebot. Man trifft sich am Sonntag nach der heiligen Messe zum Frühschoppen. Sehr freundliche und bemühte Bedienung. Ca. 100 Sitzplätze im Lokal, 6 Sitzplätze an der Bar, im teilweise überdachten Gastgarten: 40 Plätze.

GROSSRAMING

Craftwerk Pub & Brauerei

CRAFTWERK PUB & BRAUEREI

4463 Großraming, Mitterweg 19, +43/664/5116099
www.craftwerk-brauerei.pub, Instagram: @craftwerk_pub_brauerei
ÖFFNUNGSZEITEN Di-So: 16:00 bis 4:00 Uhr
FASSBIER Saphir Bier (Helles Lager), Rotes Zwickl, Kupferweißbier (Hefeweißbier), Leitung 4: wechselnde Spezialitäten
LOKAL Seit Mai 2016 ist das Konzept eines Braupubs vollends umgesetzt und der gesamte Bierbedarf wird in der zugebauten Brauerei hergestellt. Daher erfolgte auch die Namensänderung von „Braupub Rubinica" auf „Craftwerk". Gebraut wird auf einer 3 Hektoliter LABU-Brauanlage. Das Grundsortiment besteht derzeit aus einem hellen Lagerbier (Saphirbier), einem Roten Zwickl und einem traditionellen Hefeweißbier (Kupferweißbier). Zusätzlich gibt es das beliebte „Bier aus Leitung 4", ein in unregelmäßigen Abständen wechselndes Spezialbier – zu passenden Anlässen beispielsweise heller und dunkler Bock, Festbier, am St. Patrick's Day das „Grüne Bier aus Leitung 4", bei einem unserer Besuche ein Baltic Porter (Grosraminger Porter), das Großraminger IPA, auch Stouts und zur Jahreszeit passende Biere. Eine Flaschenabfüllung ist meist während der Öffnungszeiten des Braupubs möglich oder aber auf Vorbestellung für den nächsten Tag. Diverse Veranstaltungen wie Live-Musik, Oktoberfest, Weißwurstparty, zusätzlich Billard, Darts, Tischfußball. 60 Sitzplätze, 25 Plätze im neu gestalteten Biergarten.

GUNSKIRCHEN

D'SCHMÖLLER'N

4623 Gunskirchen, Kirchengasse 3, +43/7246/6246
www.schmoeller.at
ÖFFNUNGSZEITEN Mo-Fr: 16:00 bis 00:00 Uhr, Sa: 19:00 bis 00:00 Uhr
FASSBIER Gösser Gold, Zipfer Urtyp, Radler, Maisel's Weisse, Gösser Zwickl
FLASCHENBIER Desperados, Gösser Naturradler, Zipfer Drei
LOKAL Ein Lokal, das Modernität und Gastfreundschaft sehr eindrucksvoll verbindet – so viel Freundlichkeit des Personals findet man selten. Pepi Schmöller hat in den ehemaligen Postwirt seines Vaters ein modernes Lokal eingebaut, in dem die Bereiche Bar, Wirtshaus und Café einander treffen, ohne dass ein Stil-Mischmasch entsteht. 80 Plätze, 20 an der Bar, 30 im Extrastüberl, bis zu 100 Sitzplätze im Saal für Veranstaltungen.

HAAG AM HAUSRUCK

STEINER'S GASTHOF

4680 Haag am Hausruck, Lambacher Straße 1, +43/699/19091878, www.steinersgasthof.com
ÖFFNUNGSZEITEN Mo: 17:00 bis 00:00 Uhr, Do-Sa: 17:00 bis 4:00 Uhr, So: 17:00 bis 23:00 Uhr
FASSBIER Grieskirchner Pils, Grieskirchner Edelsud, Grieskirchner Craft Loser Dunkel, Grieskirchner Zwickl
FLASCHENBIER Schneider Weisse Dunkel, Paulaner Weisse Alkoholfrei, Corona, Desperados, Grieskirchner Alkoholfrei
LOKAL Am unteren Ende des Marktplatzes liegt ein gemütlicher Gastbetrieb, der in der dritten Generation in der Familie ist, aber bemüht erneuert wurde. Kulinarischer Schwerpunkt auf leichte österreichische Küche. Sehr schöne Bar. In den Sommermonaten schöner Gastgarten zur Marktplatzseite hin. 70 Plätze im Lokal, 20 im Garten.

HAGENBERG IM MÜHLKREIS

BURGEREI

4232 Hagenberg im Mühlkreis, Softwarepark 30, +43/7236/31551
www.burgerei.at
ÖFFNUNGSZEITEN Mo-Do 11:00 bis 14:00 Uhr und 16:00 bis 21:00 Uhr, Fr-Sa 11:00 bis 22:00 Uhr
FASSBIER Gösser Märzen, Weihenstephan Hefeweizen, Schladminger Bio Zwickl, Gösser Naturradler
FLASCHENBIER Weihenstephan Weißbier, Gösser Naturgold
LOKAL Pfiffig gestaltetes Burgerlokal beim Softwarepark in Hagenberg. Wöchentlich wechselnde Burger-Kreationen. Freundliche Bedienung.

HAIBACH

GASTHOF SCHLÖGEN

4083 Haibach, Mitterberg 3, +43/7279/8241
www.freizeitanlage-schloegen.at
ÖFFNUNGSZEITEN Mo-So: 7:30 bis 00:00 Uhr
FASSBIER Eggenberg Classic , König Ludwig Weißbier Hell
FLASCHENBIER Eggenberg Pils, Eggenberg Dunkel, König Ludwig Dunkel

LOKAL Der Gasthof Schlögen mit Ausblick auf die spektakuläre Schlögener Donauschlinge ist ein idealer Halt bei Radwanderungen durch das obere Donautal. Direkt am Yachthafen und nahe der Schiffsstation. 100 Sitzplätze im Lokal, 80 Sitzplätze im Garten.

HOAMAT

4083 Haibach, Hinterberg 9, +43/7279/85485
www.hoamat.net
ÖFFNUNGSZEITEN Do: 10:00 bis 23:00 Uhr, Fr-Sa: 10:00 bis 00:00 Uhr, So: 10:00 bis 20:00 Uhr
FASSBIER Hofstettner Kübelbier, Gösser Gold, Weihenstephaner Weizenbier, Gösser Radler
FLASCHENBIER Hofstettner Granitbier
LOKAL Regionale Küche, im Winter ein Teich zum Eisstockschiessen. 170 Sitzplätze im Lokal, 200 im Gastgarten.

HASLACH

VONWILLER

4170 Haslach, Stelzen 15, +43/7289/71316
www.gasthaus-vonwiller.at
ÖFFNUNGSZEITEN Mi-Sa: 11:00 bis 23:00 Uhr, So: 10:00 bis 21:00 Uhr

Vonwiller

FASSBIER Kaiser Märzen, Gösser Zwickl, Weihenstephaner Hefetrüb
FLASCHENBIER Weihenstephaner Hefeweizen Dunkel, Schlossgold, Schlägl Kristall, Schiffner Aurora Champion Bitter, Schiffner Bio-Dinkelbier
LOKAL Die Gemeinde Haslach hat die zentral im alten Webermarkt gelegenen Gebäude der ehemaligen „Leinen- & Baumwollfabrik Vonwiller & Comp." (1819-1998) zu einem Kulturzentrum entwickelt – und die kulinarische Kultur sollte hier nicht zu kurz kommen. Im Jahr 2002 wurde dieses moderne Restaurant mit seiner außergewöhnlich schönen Bar eingerichtet – und neuerdings gibt es auch die Schiffner-Biere, die das lokale Craftbier-Segment vertreten. 140 Plätze im Lokal, 20 an der Bar, 60 im Garten.

HIRSCHBACH

KULTURWIRTSHAUS PAMMER

4242 Hirschbach, Guttenbrunn 3, +43/7948/230
www.kulturwirtshaus.at
ÖFFNUNGSZEITEN Mo-Di: 10:00 bis 14:30 Uhr, Mi: 10:00 bis 23:00 Uhr, Fr: 17:00 bis 23:00 Uhr, Sa-So: 10:00 bis 23:00 Uhr

Kulturwirtshaus Pammer

FASSBIER Freistädter Ratsherrn, Freistädter Bio-Zwickl, Freistädter Märzen, Bockbier, Oktoberbier
FLASCHENBIER Freistädter Rotschopf, Neufeldner, Thor Bräu Ottensheimer Spezial, Schlägler
LOKAL Der typische Mühlviertler Bauernhof mit schönem Innenhof besteht seit 1714 als Wirtshaus und befindet sich seit Generationen im Besitz der Familie Pammer. Die Gaststube, holzgetäfelt und vom Kachelofen gewärmt, ist ein Ort zum Sitzenbleiben und zum Reden. Das Lamm sowie die Eier kommen aus der eigenen biologischen Landwirtschaft. Das Schweinsbratl mit Semmel- und Mehlknödel ist das Aushängeschild vom Wirtshaus Pammer. Mitglied der Bierweltregion (Mühlviertler Wirtshauskultur). Sitzplätze: Gaststube 30, Gewölbestüberl 45, Zechstube 80, Innenhof und Gastgarten 250.

KEFERMARKT

EDER-BRÄU

4292 Kefermarkt, Netzberg 32, +43/7236/20940 oder +43/699/12150697
www.ederbraeu.at
ÖFFNUNGSZEITEN Fr-Sa: 15:00 bis 22:00 Uhr
FASSBIER Eder Bräu Golding, Eder Bräu Malling, Eder Bräu Hersbrucker (halbdunkel), saisonal: Fastenbier, Leichtbier, Erntebier, Weihnachtsbock
LOKAL Margit Ehrensperger führt auf dem eigenen Hopfenbauernhof eine Buschenschank, in der sich alles um das Bier dreht. Gebraut wird in einem 300 Liter Braublock mit Gärkeller, gelagert wird in sechs eigenen Lagertanks und gezapft wird direkt von drei Ausschanktanks. Ab 10 Personen gibt es auf Vorbestellung Hopfen-

zupferessen (warmes Buffet) mit regionalen Schmankerln oder Bierbrat'l mit Brezenknödel und Kraut. Das Eder-Bräu wurde 2021 neu umstrukturiert und die Gasträume neu umgebaut. 70 Sitzplätze in der Hopfenstube, 30 im Tabakstüberl, 100 im neuen Biergarten.

SCHLOSSBRAUEREI WEINBERG

4292 Kefermarkt, Weinberg 2, +43/7947/7111
www.schlossbrauerei.at
ÖFFNUNGSZEITEN So & Feiertage ab 10:00 Uhr - ganzjährig, Sa ab 11:00 Uhr - ganzjährig; Mai - Mitte Oktober: Di-Fr 11:00 bis 24:00 Uhr; Mitte Oktober - Ende April: Di-Fr 16:00 bis 24:00 Uhr
Mo Ruhetag - Jänner bis März: auch Di Ruhetag!
FASSBIER Weinberger Schlossbräu naturtrüb Hell und Dunkel, Weinberger Herbstbock naturtrüb (saisonal), Weinberger Roggenbier naturtrüb (saisonal)
FLASCHENBIER Weinberger Schlossbräu naturtrüb Hell und Dunkel, Weinberger Herbstbock naturtrüb (saisonal), Weinberger Roggenbier naturtrüb (saisonal), Franziskaner Weißbier, Schlägl Stifter Bier
LOKAL Die älteste Gasthausbrauerei von Oberösterreich wurde bereits vor 30 Jahren gegenüber von Schloss Weinberg eingerichtet. Im Sommer genießt man vom Gastgarten den Blick auf das Schloss und die Mühlviertler Landschaft. Zudem gibt es einen drei Kilometer langen „Bierlehrpfad", eine leichte, lehrreiche Wanderung, die den Blick auf das Mühlviertler Bier öffnet. Reichhaltige Speisekarte von Bierspezialitäten bis Mühlviertler Schmankerln, zur Jause gibt's das Biertrebernbrot. Die Käsekompetenz hat der Schlossbrauerei im Jahr 2011 die Auszeichnungen als „Bier&Käse-Lokal des Jahres" eingebracht. Im ersten Stock des Gutshofes befinden sich Ferienwohnungen. Ca. 200 Sitzplätze im Lokal, 80 Sitzplätze im Gastgarten mit Blick auf das Schloss Weinberg.

KIRCHDORF

TARTUFFEL

4560 Kirchdorf, Redtenbacherplatz 3, +43/7582/60562
www.tartuffel.at
ÖFFNUNGSZEITEN Mo-Fr: 10:00 bis 14:00 Uhr, 17:00 bis 2:00 Uhr, Sa: 17:00 bis 2:00 Uhr
FASSBIER Linzer Bier, Budweiser Budvar, Trumer Pils, Ottakringer Zwickl Rot, Maisel's Weisse Hell, Saisonbier vom Fass
FLASCHENBIER Corona, Maisel's Weisse Dunkel, Null Komma Josef, Maisel's Weisse Alkoholfrei, Bayreuther Aktien Zwickl
LOKAL Ein originelles, zeitgeistiges Lokal mit dem kulinarischen Schwerpunkt auf der Tartuffel, also der Kartoffel. Schafft es, über Jahre hinweg immer noch aktuell zu wirken – war bereits 2006 Bierlokal des Jahres in Oberösterreich. Angenehm gegliedert in ein Restaurant, einen Barbereich sowie ein Café. Gelegentlich Live-Konzerte. 70 Sitzplätze, 20 an der Bar, im Garten: 100.

KIRCHSCHLAG BEI LINZ

MAURERWIRT E.U.

4202 Kirchschlag bei Linz, Kirchschlag 46, +43/7215/2663
www.maurerwirt.at
ÖFFNUNGSZEITEN Mi-Sa: 10:00 bis 24:00 Uhr, Sonntag & Feiertage 10:00 bis 17:00 Uhr, Mo & Di Ruhetag
FASSBIER Freistädter Bio-Zwickl, Freistädter Ratsherrn Premium, Freistädter Junghopfenpils, Beer Buddys Lager Helles, Hofstettner Granitbier (saisonal), Linzer Bier Weizen
FLASCHENBIER Freistädter Märzen, Wermutströpferl, Gösser Naturgold, Beer Buddies Hopfn Foppa, Beer Buddies Holy Mojo, Weihenstephaner Weizen Alkoholfrei, Linzer Bier Pale Ale, Linzer Bier Edelstahl, Birra Moretti (saisonal)
LOKAL Echt gmiatlich' ist das Attribut, das sich der Maurerwirt in seinem offiziellen Auftritt gibt – seit 2021 wurde die Gemütlichkeit noch durch eine Renovierung des Hotel- und Gastbetriebs mit viel Holz unterstrichen. Lange war das von Günter Maurer geführte Lokal als „der g'sunde Maurerwirt" bekannt. Aber gesunde Küche ist in diesem gastlichen Haus mit familiärer Atmosphäre ohnehin selbstverständlich, die gesunde Höhenluft (trotz Nähe zur Landeshauptstadt) auch. Produkte von Kirchschlager Biobauern, im September gibt's den „bierigen Herbst" – jede Woche gibt es neue Craftbiere aus dem Mühlviertel zu verkosten. 250 Sitzplätze im Lokal, 10 Plätze an der Bar. 31

Maurerwirt e.U.

KÖNIGSWIESEN

DAS WIRTSHAUS AM PLATZ

4280 Königswiesen, Markt 38, +43/7955/6217
www.alml.at
ÖFFNUNGSZEITEN Mi-Sa ab 9:00 Uhr, So ab 8:00 Uhr

Das Wirtshaus am Platz

FASSBIER Kaiser Premium, saisonal Oktoberbräu
FLASCHENBIER Edelweiss, Schlossgold
LOKAL Das Wirtshaus der Familie Aglas liegt direkt am Marktplatz in Königswiesen, dem Ort, der sich als „Blumeninsel des Mühlviertels" einen Namen gemacht hat. 1664 kaufte der Braumeister Paul Wagner das stattliche Gebäude um 104 Gulden vom Hammerschmied Matthis Hinterreither und erhielt von der Herrschaft Ruttenstein den „Braukonsens". Von 1664 an hatte das Haus damit eine eigene Braugerechtigkeit, die bis 1911 auch ausgeübt wurde. 1848 wurde ein Bierausstoß von 1040 Eimer, das entspricht beachtlichen 587 Hektolitern, verzeichnet – die gesamte Geschichte lässt sich an einem eindrucksvollen Wandgemälde in einer der Gaststuben nachlesen. Die Liebe zum Bier und zur regionalen Brauhausküche (Bratl in der Rein!) hat sich jedenfalls erhalten. Sehr gemütliche Wirtsstube, in der im Winter ein prasselndes Feuer im Kaminofen für Wärme sorgt. 75 Plätze im Lokal, 4 an der Bar, 50 im Garten.

WIRT AUF DA HOAD – GASTHAUS GUSENLEITNER

4280 Königswiesen, Haid 8, +43/7955/6263, +43/664/1335838
www.wirtaufdahoad.at
ÖFFNUNGSZEITEN Mi-Do: 17:00 bis 00:00 Uhr, Fr-Sa: 10:00 bis 00:00 Uhr, So: 10:00 bis 20:00 Uhr
FASSBIER Stiegl-Paracelsus Bio Zwickl, Kaiser Märzen, Gösser Zwickl, Weizenbier
FLASCHENBIER Kaiser Märzen, Wieselburger Stammbräu, Gösser Naturgold, Edelweiss Hofbräu, Stiegl-Sport Weisse
LOKAL „Lieber Gast, hier finds't Du Rast und einen Stall für's Ross wenn Du ein's hast", lautet der Spruch, der einen hier empfängt – und anzeigt, dass dieses Gasthaus sehr Pferde- und natürlich auch reiterfreundlich ist. Es handelt sich um eine von der Familie Gusenleitner seit 1874 geführte Mühlviertler Bierstube, deren Wurzeln in der 1799 erstmals belegten „Schmiedtafern der Herrschaft Baumgartenberg" liegt. Zum Bier gibt's Mühlviertler Schmankerln (weiterer Spruch: „Hier kommt das Essen nicht vom Band – hier schafft man noch mit Herz und Hand") wie g'riebene Fleischknödel, Hoada-Knödeltrio und an zünftigen Schweinsbraten mit g'riebene Knödl und warmem Krautsalat. Ausgangspunkt für Wanderungen und Ritte rund um Königswiesen. 30 Sitzplätze im Lokal, 60 Plätze im Wintergarten, 300 im urigen Feststadl, 25 Plätze im Garten.

KREMSMÜNSTER

GASTHOF KÖNIG

4550 Kremsmünster, Bahnhofstraße 48, +43/7583/5217
www.gasthof-koenig.at
ÖFFNUNGSZEITEN Mo-Fr: 15:00 bis 00:00 Uhr

Gasthof König

FASSBIER Kaiser Premium, Weihenstephaner Weizen, Eggenberg Hopfenkönig
FLASCHENBIER König Ludwig Hefeweißbier Dunkel, König Ludwig Hefeweißbier Hell, König Ludwig Dunkel, Schlossgold
LOKAL Sehr gepflegter ländlicher Gasthof in dritter Generation in derselben Familie – viel Holz, geräumiger Schankraum und ein gediegener Restaurantbereich. Die Gastleute heißen Gabi und Helge, aber nicht König, sondern Pachner: Weil bei ihnen der Gast König sein soll, wie sie versichern: „Insbesondere auf Zapfkultur bei den Bieren legen wir großen Wert." Oktoberfest mit Oktoberbräu. Gastzimmer und Extrazimmer: 200 Sitzplätze, 20 an der Bar, Gastgarten: 130 Sitzplätze.

MCDANIELS TAVERNE

4550 Kremsmünster, Hauptstraße 1, +43/7583/20523
www.mcdaniels.rocks
ÖFFNUNGSZEITEN Mo-Fr 11:30 bis 14:00 Uhr und ab 16:00 Uhr, Samstag auf Wunsch für Events geöffnet.

FASSBIER Eggenberger Hopfenkönig Pils, saisonale Spezialitäten der Brauerei Schloss Eggenberg
FLASCHENBIER Corona Extra, Guinness (Dose)
LOKAL Tagsüber ein Burger-Imbiss und abends eine pfiffig gemachte Bar: So präsentiert sich das McDaniels im Zentrum von Kremsmünster.

SCHWARZER ADLER

4550 Kremsmünster, Hauptstraße 28, +43/7583/50759
www.s-adler.at
ÖFFNUNGSZEITEN Di - Fr 11:00 bis 14:00 Uhr und ab 17:00 Uhr, Sa ab 17:00 Uhr, So & Feiertage 11:00 bis 14:00 Uhr
FASSBIER Trumer Pils, saisonal Trumer Hopfenspiel / Trumer Herbstbier
FLASCHENBIER Rieder Weisse, Rieder Freispiel
LOKAL Gediegenes Restaurant mit schönem Schankbereich im Rechbergerhaus, wo man auch nur „auf ein Bier" reinschauen kann. Das ist dann ein gepflegtes Trumer Pils, das man unter einem Deckenbalken mit dem ehrfurchtgebietenden Datum 1636 genießen kann. Der Schwarze Adler steht vor einer Neuübernahme.

STIFTSSCHANK

4550 Kremsmünster, Stift 1, +43/7583/7555
www.stiftsschank.at
ÖFFNUNGSZEITEN Mo: 10:00 bis 00:00 Uhr, Mi: 10:00 bis 14:00 Uhr, Do-So: 10:00 bis 00:00 Uhr

Stiftsschank

FASSBIER Schlägl Kristall, Schlägl Abtei Pils, Sandberg Bräu, Andechser Weizen
FLASCHENBIER Weihenstephaner Hefeweizen Dunkel
LOKAL Ein von mächtigen Säulen getragenes Gewölbe gegenüber vom Eingang zum Benediktinerstift Kremsmünster beherbergt dieses freundliche Lokal, dessen moderne Möblierung und graue Lamperie einen interessanten Kontrast zur uralten Bausubstanz bietet. 100 Sitzplätze im Lokal und ca. 150 Plätze im anschließenden Saal sowie etwa 70 Plätze auf der Terrasse.

LAAKIRCHEN

WIRT AM BACH

4664 Laakirchen, Am Bach 13, +43/7612/74503
www.wirtambach.at
ÖFFNUNGSZEITEN Mo-Sa: 16:00 bis 23:00 Uhr
FASSBIER Stiegl-Goldbräu
FLASCHENBIER Stiegl-Freibier
LOKAL Gasthof mit gemütlicher Bar (mächtiger Kachelofen) schönem Garten (überdachte Laube) und gehobener Küche.

LAMBACH

Kinski

KINSKI

4650 Lambach, Bahnhofstraße 8, +43/7245/31261
www.kinski.at
ÖFFNUNGSZEITEN Di-Fr: 16:00 bis 00:00 Uhr, Sa-So: 11:00 bis 00:00 Uhr
FASSBIER Grieskirchner Pils, Grieskirchner Zwickl, Grieskirchner Jörger Weisse
FLASCHENBIER Corona, Paulaner Weißbier Alkoholfrei
LOKAL Eine optisch gelungene Stilmischung mit der alten Industriearchitektur: In der ehemaligen Stiftsbrauerei wurde eine Bar im Kolonialstil eingerichtet – Klaus Kinski und Werner Herzogs „Fitzcarraldo" lassen grüßen. Zentrales Möbel ist die Bar, darüber ein Kristallluster, rundum Tische und eine Galerie. Nettes, flinkes Personal und eine Speisekarte, die kaum Wünsche offen lässt. Und um die Bierpflege will sich die Grieskirchner Brauerei künftig mehr kümmern. 170 Sitzplätze im Lokal, 100 Plätze an der Bar, 120 Plätze im Garten.

ZUM GRÜNEN BAUM

4650 Lambach, Marktplatz 13, +43/7245/28963
www.gasthof-eitzinger.at
ÖFFNUNGSZEITEN Mo-Di: 10:00 bis 14:00 Uhr, 17:00 bis 22:00 Uhr, Mi: 10:00 bis 14:00 Uhr, Do-Fr: 10:00 bis 14:00 Uhr, 17:00 bis 22:00 Uhr, Sa: 17:00 bis 22:00 Uhr, So: 9:00 bis 14:00 Uhr
FASSBIER Stiegl-Goldbräu, Stiegl-Pils, Stiegl-Weisse Naturtrüb

FLASCHENBIER Stiegl-Paracelsus Zwickl, Corona, Sigls
LOKAL Das ursprünglich als „Dirrnhauß" bezeichnete Gebäude im Stadtzentrum besteht seit dem 15. Jahrhundert und ist das älteste Wirtshaus am Markt. Es trägt seit 1820 den Hausnamen „Weinwirth zum grünen baum". Nette Gaststube und kleiner Innenhofgarten. Die Familie Eitzinger hat das seit den Zeiten Maria Theresias mit einem Ausschankrecht ausgestattete Lokal 1914 übernommen und führt es mit Herzlichkeit. 70 Sitzplätze im Lokal, 20 Sitzplätze im Garten. ✕ 🛏23

LENZING

LEIMER BRÄU

4860 Lenzing, Atterseestraße 34, +43/7672/92920
www.leimer-braeu.com
ÖFFNUNGSZEITEN Mo-Do: 14:00-22:30 Uhr, im Juni / Juli /August auch Sa: 14:00-21:00 Uhr, So 14:00-20:30 Uhr
FASSBIER Leimer Bräu Hell, Leimer Bräu Dunkel, Zipfer Doppelgold, Budweiser, jeweils eine saisonale Spezialität
FLASCHENBIER Weihenstephaner Hefeweizen Hell, Zipfer Märzen, Edelweiss Weizen Alkoholfrei, Gösser Naturgold
LOKAL Im ältesten Haus von Lenzing (1734 errichtet) befindet sich die Brauanlage, die in eine moderne Lounge integriert ist. Die große zentrale Bar ist ein Treffpunkt für die ganze Region – und an der Bar wird man auch abends noch freundlich bedient. Es gibt die Biere der Hausbrauerei, aber auch Budweiser, wenn man einmal bloß zur Erfrischung ein Bier trinken will und Abwechslung von den deftigen Hausbieren sucht. Auch die Flaschenbierauswahl ist für ein selbst brauendes Lokal beachtlich. Hier hängt auch eine Ahnengalerie der Leimers, die darauf verweist, dass Gastronomie und Bierbrauerei in der Familie Tradition hat. Netter kleiner, teilweise überdachter Biergarten. Bierfeste, Kellerbiertage im Sommer, Show rund ums Bierstacheln. Viele mit Bier zubereitete Speisen. Und eine tolle Gelegenheit, in der Region zu übernachten. 200 Sitzplätze, 280 in der Lounge-Bar, Garten: 200 Sitzplätze. ✕ 🛏

LICHTENBERG BEI LINZ

BERGGASTHAUS ZUR GIS

4040 Lichtenberg bei Linz, Auf der Gis 1, +43/7239/6230
www.gisaustria.com
ÖFFNUNGSZEITEN Fr-So: ab 10:00 Uhr, Feiertag: 10:00-17:00 Uhr, wetterabhängige Abweichungen möglich
FASSBIER GIS Hausbier (Gipfelsieger v. Wildshut), Stiegl-Goldbräu, Stiegl-Hell, Stiegl-Weisse, Freistädter Ratsherrntrunk, Stiegl-Radler Zitrone, im Oktober saisonaler Bieranstich
LOKAL Die Gis hat nichts mit den Gebühreneintreibern des ORF zu tun. Gis war zuerst der Rufname des hier um 1900 tätigen Wirts Johann Hengstschläger, den alle den „Gis-Hans" nannten. Jetzt ist Gis auch die Adresse, an der dieses Gasthaus in 900 Meter Seehöhe im Winter wie im Sommer als Ausflugsziel dient. Wobei es im Sommer einen wunderbaren Ausblick zur Landeshauptstadt gibt. Das Gasthaus wurde 1702 von Zäzilia Hengstschläger als Jausenstation gegründet, Martina Hengstschläger führt die Familientradition charmant fort. Kaminstube mit 60 Sitzplätzen, Gaststube mit 40 Sitzplätzen, 300 Plätze im Garten.

HOLZPOLDL

4040 Lichtenberg bei Linz, Am Holzpoldlgut 2, +43/7239/6225
www.manuelgrabner.at/
ÖFFNUNGSZEITEN Do-Fr 18:00 bis 23:00 Uhr, Sa 11:30 bis 15:00 Uhr & 18:00 bis 23:00 Uhr, So 11:30 bis 17:00 Uhr
FASSBIER Reininghaus Jahrgangspils, Schloss Eggenberg Hopfenkönig, Schloss Eggenberg Wildschütz
FLASCHENBIER Salzburger Weisse, Salzburger Weisse Alkoholfrei, Schloss Eggenberg Radler, Schloss Eggenberg Alkoholfrei
LOKAL Manuel Grabner hat das Landgasthaus Holzpoldl 2017 übernommen und führt es als Wirtshaus der gehobenen Klasse mit ebenso gehobener Küche, aber zu bürgerlichen Preisen, weiter. Der Name Holzpoldl kommt vom Holzhändler Leopold Hemelmayr, der der erste Bürgermeister von Lichtenberg war. Gaststube mit Kachelofen und kommunikative Wirtshausbar. 100 Sitzplätze im Lokal, 10 an der Bar, 40 Plätze im Garten. ✕

LINZ

Alte Welt

ALTE WELT

4020 Linz, Hauptplatz 4, +43/732/770053
www.altewelt.at
ÖFFNUNGSZEITEN Mo-Sa 17:30 bis 24:00 Uhr, So 12:00 bis 14:30 Uhr und 17:30 bis 24:00 Uhr. Abends
FASSBIER Linzer Bier, Hofstettner Kübelbier, Radler
FLASCHENBIER Edelweiss Hell, Edelweiss Dunkel
LOKAL Das Ehrentletzbergerhaus ist ein altes Handelshaus, im dreiseitigen Arkadenhof sieht man einen spätmittelalterlichen Brunnen, gleich daneben geht es in die Gewölbe. Im Sommer gibt es im historischen Innenhof einen schattigen Biergarten, im Winter

findet man sich auch an einer der beiden Bars zusammen. Es gibt auch einen großen Keller und eine kleine, nur nach Voranmeldung zu besichtigende Hauskapelle. Ca. 180 Sitzplätze in verschiedenen Räumlichkeiten. Das Gewölbe kann für Feiern und Veranstaltungen gemietet werden.

BAR SOLARIS

4020 Linz, Dametzstraße 30, +43/732/907606
solarisbar.at
ÖFFNUNGSZEITEN Di-Do: 17:00 bis 1:00 Uhr, Fr-Sa: 17:00 bis 4:00 Uhr, So: 17:00 bis 1:00 Uhr
FASSBIER Freistädter Ratsherrn Premium, Freistädter Bio Zwickl, Krusovice Premium Hell
FLASCHENBIER Freistädter Junghopfenpils, Hofstetter Granit, Krusovice Cerne, saisonal Freistädter Weihnachtsbock, Schneider Weisse, Schneider Weisse Alkoholfrei
LOKAL Das Solaris, das Schwesterlokal des Gelben Krokodils an derselben Adresse, lädt die Besucher von OK und Moviemento ein, vor und nach dem Ausstellungs- oder Filmbesuch auf einen Kaffee oder ein Getränk aus der umfangreichen Bier-, Wein- und Cocktailkarte zu wählen. Alle Mitarbeiter wurden von der Freistädter Brauerei in Bierpflege geschult. Am Wochenende verändert das Solaris sein Gesicht ein wenig, und DJs gestalten die Freitag- und Samstagabende mit Musikprogramm. An Schwerpunktabenden mit House, Electro oder Hip Hop präsentiert das Solaris einige der besten Underground DJs Österreichs. 60 Sitzplätze im Lokal, 15 Plätze an der Bar.

Barok België

BAROK BELGIË

4020 Linz, Hofgasse 14, +43/732/282324
www.facebook.com/Barokbelgielinz
ÖFFNUNGSZEITEN Di-Do: 18:00 bis 1:00 Uhr, Fr-Sa: 18:00 bis 4:00 Uhr
FASSBIER Leffe Blonde (Sommer), Leffe Brune (Winter), Hoegaarden, Stella Artois
FLASCHENBIER Dutzende belgische Spezialiäten, beginnend mit Affligem Blonde über Corsendonk Agnus, Duchesse de Bourgogne, Orval und Oude Geuze Boon bis zu Deus Brut des Flandres.
LOKAL Die erste belgische Bierbar in Linz wurde 2013 im ehemaligen Cafe Central eingerichtet – zu den rund 40 verschiedenen Bieren, die aus einem goldenen (tatsächlich recht barock wirkenden) Rahmen über die Bar gereicht werden, gibt es Flammkuchen und Waffeln. Extrem freundliche Bedienung: Kellner Marco hat sich den Job auch durch die Zwischenfälle in der Linzer Altstadt nicht verdrießen lassen – das schlechte Publikum der umliegenden Lokale ist weg, Barok België bleibt – und das ist sehr gut so!

BIERGARTL AN DER DONAU

4040 Linz, Fischergasse 17, +43/664/6417619
www.biergartl-linz.at
ÖFFNUNGSZEITEN April bis Oktober:Di-Mi 15:00 bis 22:00 Uhr, Do-Sa 12:00 bis 22:0000 Uhr, So 12:00 bis 20:00 Uhr, Mo Ruhetag

Biergartl an der Donau

FASSBIER Puntigamer Panther, Trumer Pils, Hofstettner Granitbier, Stift Engelszell Klosterbräu 1293, Kaltenhauser Original, Eggenberger Märzen, Schladminger Bio Schnee-Weisse, Gösser Naturradler
FLASCHENBIER Umfangreiche Karte mit regionalen Bieren (z. B. Bierschmiede Meisterstück, Wildbräu Bayrisch Hell, Mühlviertler Bio Bier, Hofstettner Granitbock, Hofstettner Honigbock, Bierschmiede Funkenflug) und internationalen Spezialitäten (z.B. Samuel Smith Chocolate Stout, Delirium Nocturnum, Guinness Hop House 13, Westmalle Trappist Tripel, Rodenbach Grand Cru)
LOKAL Hier treffen neue Technik und alte Tradition zusammen: Wer Details zu den Bieren aus der sehr umfangreichen Karte wissen will, wird eingeladen, mit dem QR-Code die Bierbeschreibungen von der Homepage auf das Handy zu laden. Für die „analogen Gäste" gibt es auch ein Exemplar des „Bierkatalogs" zum Blättern. Und analog ist man hier schon lange: Urkundlich erwähnt wurde das heutige Biergartl erstmals 1640 – es ist heute die letzte erhaltene ehemalige Fischerbehausung in Alturfahr, wenige Meter flussaufwärts vom Neuen Rathaus. Das Gebäude steht unter Denkmalschutz – im reinen Gastgartenbetrieb genießt man den schönen Ausblick auf den Schlossberg und die Donau, und die beachtliche

internationale Auswahl von mindestens 80 Bieren (8 davon vom Fass), welche von den vier in Kaltenhausen ausgebildeten Biersommeliers zusammengestellt werden. Jedes Bierglas kommt vorgekühlt aus dem Kühlschrank. Auf der Karte findet man kalte und warme Speisenangebote, überwiegend in Bio-Qualität. 180 Plätze im Gastgarten, davon 100 Plätze im Bedarfsfall überdacht. Weitere 150 Plätze befinden sich direkt an der Donau auf der sogenannten Hochwasserwand, die über das Selbstbedienungsbuffet serviciert werden.

Bierkanzlei

BIERKANZLEI

4020 Linz, Bahnhofplatz 3-6, Linz Hauptbahnhof
+43/664/9677368
www.don.at/locations/bierkanzlei
ÖFFNUNGSZEITEN Mo-So: 10:00 bis 20:00 Uhr
FASSBIER Linzer Bier, Zipfer Urtyp, Puntigamer Panther
FLASCHENBIER Weihenstephaner Hefeweißbier Hell
LOKAL Kleine, sehr stimmig eingerichtete Bierbar im Untergeschoß der Linzer Bahnhofshalle: Viele alte Bierschilder – und der schöne Spruch: „Ein Tag ohne Bier wird mich nicht umbringen, aber warum das Risiko eingehen?" an der Wand. Flinker Service, wie er sich in einer Bahnhofswirtschaft gehört, und eine freundliche Atmosphäre.

BIGOLI

4020 Linz, Dametzstraße 38 / OK-Platz 1A, +43/732/770711
www.facebook.com/bigolilinz
ÖFFNUNGSZEITEN Di-Mi: 11:30 bis 14:30 Uhr, 17:00 bis 00:00 Uhr, Do-Sa: 11:30 bis 00:00 Uhr
FASSBIER Freistädter Ratsherrn, saisonal: Freistädter Black-Bock (Weihnachtszeit), Freistädter Pegasus, Freistädter Rotschopf (Frühling). Bio-Zwickl (Sommer), Oktoberbier
FLASCHENBIER Theresianer Premium Pils, Theresianer Pale Ale, Theresianer Vienna Lager, Theresianer Strong Ale, saisonal Theresianer Winterbier, Austrian Lager, Rieder Weisse
LOKAL Mit dem Bigoli am Arenaplatz kehrte Szenewirt und Koch Gerhard Hinterleitner (früher Stern, gelbes Krokodil) zu seinen Anfängen zurück und hat ein feines stylisches Restaurant mit venezianisch-friulanisch orientierter Küche eröffnet. Die Karte bietet ein ansprechendes Angebot an exquisiten Antipasti, hausgemachter Pasta und traditionellen norditalienischen Gerichten vom offenen Grill. Passend dazu das Theresianer Bier aus Triest, das auch in der Küche, z.B. bei gedünsteten Artischocken oder Wildschweinragout in Bier geschmort, seine Verwendung findet. Hervorzuheben ist, dass Hinterleitner mit dem Pale Ale und Strong Ale zwei exponierte Vertreter der „neuen, wilden" italienischen Biere anbietet. 35 Plätze im Lokal, 50 im Gastgarten.

BUG'S BAR

4020 Linz, Hauptplatz 3, +43/732/785688
www.bugs-bar.at
ÖFFNUNGSZEITEN Di-Do: 16:00 bis 2:00 Uhr, Fr-Sa: 18:00 bis 4:00 Uhr
FASSBIER Gösser Märzen, Weihenstephaner Weizenbier, Gösser Naturradler
FLASCHENBIER Wieselburger Stammbräu, Heineken, Corona, Desperados, Weihenstephaner Dunkel, Gösser Zwickl, Gösser Naturgold, Weihenstephan Helles Weizenbier Alkoholfrei
LOKAL Kultbar mit Gastgarten direkt am Hauptplatz. Die „Bugs", die dort serviert werden, sind verschiedenste Sorten von Baguettegerichten. Man spürt die Liebe zum Bier und zur Musik – an den Wänden hängen verschiedene Instrumente als Dekoration. Abends öfters auch Livemusik. Wer laute Betriebsamkeit mag, ist hier richtig. 100 Sitzplätze im Lokal, 20 Plätze an der Bar, 40 Sitzplätze außen vor dem Lokal.

Chelsea Pub

CHELSEA PUB

4020 Linz, Domgasse 5, +43/732/779409
www.facebook.com/chelseapub
ÖFFNUNGSZEITEN Mo-Mi: 18:00 bis 1:00 Uhr, Do-Fr: 18:00 bis 2:00 Uhr, Sa: 15:30 bis 2:00 Uhr, So: 14:30 bis 00:30 Uhr
FASSBIER Guinness, Kilkenny, Hofstettner Kübelbier, Hofstettner Granit, Schlägl Kristall (und Magners Cider), Freistädter Ratsherrn Premium

FLASCHENBIER Mehrere Dutzend, darunter Die Weisse, Franziskaner, Schneider Weisse, Rieder Weisse, Mühlviertler Weisse, Neufeldner Hopferl, Freistädter Bio Zwickl, Hofstettner Honig, Hofstettner Mühlviertler Bio Pale Ale, Schlägl Roggen Gold, Rieder IPA, Bierschmiede Meisterstück Pils, Bierschmiede Zunder Rauchbier, Raschhofer Silberpfeil Pale Ale, Hopfen Maderl Pale Ale, Full Scottish Breakfast, Ottensheimer Spezial, Zaubertaler Altbier, Awesomeness Pale Ale, Beer Buddies Bernstein, Hopf'n Foppa IPA, Mojo Black IPA, Woif Oids Troad Pale Ale, Weana Bazi Wiener Lager, Boustaa IPA, Boustaa Macchiato Stout, Baja Oatmeal Stout, Ond Smoked Porter, Mountain Pale Ale, Das Schwarze Schaf Stout, Nicobar IPA
LOKAL Gemütliches, mit viel Holz eingerichtetes irisches Lokal – nur wenige Meter von Hauptplatz und Taubenmarkt entfernt, fühlt man sich mitten ins ländliche Irland versetzt. Kieran Bates ist derselbe Chef, der schon für die Bierkultur im Old Dubliner sorgte. Gleich geblieben sind das authentische Pub-Flair (sogar mit einem oberösterreichischen Stoutbier), Kierans Charme und der Besucherandrang. Montag Abend gibt es immer ein lustiges Pub-Quiz. 120 Plätze im Lokal, 12 Plätze an der Bar.

DIE DONAUWIRTINNEN

4040 Linz, Webergasse 2, +43/732/737706
www.diedonauwirtinnen.at
ÖFFNUNGSZEITEN Mo-Do: 11:30 bis 22:00 Uhr

Die Donauwirtinnen

FASSBIER Freistädter Bio-Zwickl, Beer Buddies Helles
FLASCHENBIER Beer Buddies Hey, Porter!, Thorbräu Mühlviertler Weißbier, Loncium Freepa Pale Ale Alkoholfrei, Beer Buddies Ped-Ale Bio-Radler
LOKAL Lange bevor wenige Blocks von hier das Neue Rathaus errichtet worden ist, bestand hier in Alt-Urfahr schon das Gasthaus zum Blumenstöckl, zeitweise auch als Gartenwirt, später Zeugmacherwirtshaus bekannt. Ein auf Nachhaltigkeit bedachtes Team hat die alte Tradition wiederbelebt und schenkt hier Mühlviertler Biere aus. Die Zutaten für die Speisen kommen ebenfalls bevorzugt aus der Region und, wenn möglich, aus ökologischem Anbau.

DIE WIRTSLEUT IM LEOPOLDISTÜBERL

4020 Linz, Adlergasse 6, +43/732/777242
stueberl.diewirtsleut.at
ÖFFNUNGSZEITEN Mo-Sa 11:30 bis 14:30 Uhr und 17:00 bis 23:00 Uhr
FASSBIER Beer Buddies Bio Pils, Beer Buddies Bernstein, Beer Buddies Bio Pale Ale, Beer Buddies Altbrot Ur-Märzen
FLASCHENBIER Beer Buddies Urgesteinsmärzen, Beer Buddies Hopfn Foppa
LOKAL Das ehemalige Leopoldistüberl ist seit einigen Jahren der beste Platz in Linz, um die Biere der Beer Buddies aus Tragwein in der Landeshauptstadt zu genießen. Seit dem Jahr 2020 sind „die Wirtsleut" Pierre Levassor und sein Team (Nora Stinglmayer, Tanja Obernberger und Christoph Boxhofer) am Werk. Der Küchenstil („Junge Wirtshausküche trifft Slow Food") hat sich geändert, die Qualität und das Bierangebot sind gleich geblieben. Wer das möchte, kann das „Tragweiner Urgestein" hier auch für daheim kaufen.

EASTWOOD DIVE BAR

4020 Linz, Hahngasse 7, +43/699/18838311
www.facebook.com/eastwoodsdivebar
ÖFFNUNGSZEITEN Mo: 17:00 bis 1:00 Uhr, Mi-So: 17:00 bis 1:00 Uhr
FASSBIER Baumgartner Märzen, Baumgartner Pils, Hofstettner Kübelbier
FLASCHENBIER Kapsreiter Landbier Hell, Baumgartner Weisse
LOKAL Markus Voitleitner (Künstlername: Eastwood) hat seine Dive-Bar rasch als Fixpunkt im Linzer Bermuda-Dreieck etablieren können. Zu essen gibt es nichts, die Gäste können sich aber aus den umliegenden Lokalen problemlos das Gewünschte mitnehmen oder bestellen. 50 Plätze im Lokal, 70 im Schanigarten.

EXXTRABLATT

4020 Linz, Spittelwiese 8, +43/732/77247755
exxtrablatt.at
ÖFFNUNGSZEITEN Mo-Sa ab 17:00 Uhr
FASSBIER Grieskirchner Landl, Tegernseer Hell, Freistädter Ratsherrntrunk, Velkopopovický Kozel Premium Lager, Eggenberg Naturbursch Bio Zwickl, Radler
FLASCHENBIER Andechser Weizen, Tegernseer Dunkel, Hofstettner Granit, Hirter Privat Pils, Freistädter Bio Zwickl, Freistädter, Murauer Märzen, Schloss Eggenberg Radler
LOKAL Sarah Duringer hat dieses gemütliche Souterrain-Bierlokal mit heimeliger Atmosphäre im Jahr 2021 übernommen. Die über die Jahrzehnte gewachsene Sammlung an Film- und Musikplakaten, für die das Lokal bekannt ist, blieb unangetastet. Spezialität im Exxtrablatt sind die hausgemachten Hamburger. Die Bierkarte ist gut kommentiert – zumindest in Fassbierbereich. In der warmen Jahreszeit gibt's einen Gastgarten auf der Spittelwiese. Ca. 80 Sitzplätze im Lokal, 80 im Gastgarten.

GELBES KROKODIL

4020 Linz, Dametzstraße 30, +43/732/784182
www.krokodil.at

ÖFFNUNGSZEITEN Mo: 12:00 bis 15:00 Uhr, 17:00 bis 23:30 Uhr, Di: 12:00 bis 15:00 Uhr, 18:00 bis 23:30 Uhr, Mi-Fr: 12:00 bis 15:00 Uhr, 17:00 bis 23:30 Uhr, Sa-So: 16:00 bis 23:30 Uhr

FASSBIER Freistädter Ratsherrntrunk, Freistädter Bio Zwickl, Bier des Monats

FLASCHENBIER Augustiner Hell, Freistädter Pegasus Dunkel, Unertl Alkoholfrei

LOKAL Das Gelbe Krokodil befindet sich seit 1990 im „O.K.-Centrum für Gegenwartskunst" und ist dem Programmkino Moviemento angeschlossen, was es zum Treffpunkt der Linzer Kunstszene macht. Der FilmBrunch bietet jeden Sonntag die Gelegenheit, Filmbesuch und Brunchbuffet zu einem Pauschalpreis zu konsumieren. Die gesamte Mannschaft wurde von der Freistädter Brauerei in Sachen Bierpflege geschult – bessere Leitungspflege wäre dennoch wünschenswert. 80 Plätze im Lokal, 10 an der Bar, Garten: 80.

Gelbes Krokodil

GLORIOUS BASTARDS LINZ

4020 Linz, Promenade 25, +43/732/299800
www.glorious-bastards.at/linz

ÖFFNUNGSZEITEN Mo-Mi: 11:30 bis 23:00 Uhr, Do-Sa: 11:30 bis 00:00 Uhr

FASSBIER Raschhofer-Spezialitäten: Wild Horses Pegasus Spezial, Wild Horses Vollblut Zwickl Naturtrüb, Marengo Weißbier Hell, Italien Stallion American Amber, Crazy Horse Witbier, Black Beauty Porter, Mustang Chesnut Blonde, Unicorn Pale Ale, Marwari IPA, Kutscher Leichtbier, Centaurus Radler

FLASCHENBIER 40 verschiedene Flaschenbiere (wechselndes Sortiment je nach Saison)

LOKAL Dieses Großlokal gegenüber vom Landhaus ist mit rund 1.200 m² ein Aushängeschild sowohl für die oberösterreichische Bierkultur als auch für die Brauerei Raschhofer, von der viele der Biere kommen. Heiner Raschhofers Konzept, die Raschhofer Biervielfalt mit Gastbieren und moderner Küche in einem postmodernen Lokal zu vereinen, hat sich bereits in Innsbruck und Salzburg bewährt – in Linz wirkt das Ganze besonders opulent, weil hier Baker (Pizza-Guru Guido Medeot), Butcher (Kasper Stuart) und Brewer (Hans Eder von der Raschhofer Brauerei) in kreativer Weise zusammengeführt wurden. Ideal ist die italienisch-amerikanische Kombination von Pizza und Craftbier – und tolle Steaks gibt es auch. Jeden ersten Donnerstag im Monat After Work Party von 17:00 -24:00 Uhr. Übrigens wurde Heiner Raschhofers Soulkitchen vom Fachmagazin „Rolling Pin" als bester gastronomischer Arbeitgeber 2021 ausgezeichnet. 450 Sitzplätze inkl. Barefoot Coffee & Bar.

Glorious Bastards Linz

GOLDEN PUB

4040 Linz, Jahnstraße 9, +43/732/732097
www.goldenpub.at

ÖFFNUNGSZEITEN Do-Mo: 11:00-23:00 Uhr,

FASSBIER Gösser Spezial, Puntigamer Panther, Gösser Zwickl, Wieselburger Spezial, Gösser Naturradler, Edelweiss Hofbräu

FLASCHENBIER Gösser Stiftsbräu, Zipfer Doppelgold, Zipfer Drei

LOKAL Dieses Lokal war ein Vorreiter der Linzer Pubkultur: Im Mai 1976 wurde es im englischen Stil eingerichtet (oder dem, was man damals dafür gehalten hat) . Allerdings ohne englisches oder irisches Bier vom Fass – dafür Holzhackertoast und Mühlviertler Bauernsalat. Peter Schöppl belegte den zweiten Platz bei den Kaiser-Bierzapfmeisterschaften. 100 Sitzplätze im Lokal.

GRANIT BIERSTUBE

4020 Linz, Pfarrgasse 12, +43/732/772578
www.facebook.com/granitpublinz

ÖFFNUNGSZEITEN Di-Do: 17:00 bis 00:00 Uhr, Fr-Sa: 17:00 bis 2:00 Uhr

FASSBIER Hofstettner Granitbier, Hofstettner Kübelbier, Schloss Eggenberg Classic, Schloss Eggenberg Zwickl, ein Monatsbier, saisonal Schlägl Kristall

FLASCHENBIER König Ludwig Weizen Hell und Dunkel

LOKAL Das Granit gab es sieben Jahre lang in der Steingasse, im Sommer 2012 ist es in die Pfarrgasse übersiedelt. Dort bietet sich für den Liebhaber enger Verhältnisse eine gemütliche Wohnzimmeratmosphäre. Nettes Lokal, gut und freundlich geführt. Geboten werden kleine Snacks. Ca. 40 Plätze an kommunikationsfördernden Hochtischen.

Granit Bierstube

JOSEF LINZ

4020 Linz, Landstraße 49, +43/732/773165
www.josef.eu
ÖFFNUNGSZEITEN Di-Sa: 11:00 bis 00:00 Uhr, So: 9:00 bis 13:00 Uhr
FASSBIER Josef Hell (speziell für das Josef gebraut), Josef Gold-Braun (für Josef abgefüllt von der BrauUnion), Zipfer Urtyp, Edelweiss Weizenbier, Gösser Naturradler
FLASCHENBIER Linzer Bier Original, Heineken, Desperados
LOKAL Der Josef-Wirt heißt eigentlich Günther Hager – und ist einer der engagierten Kämpfer für Qualität in der österreichischen Gastronomie, sein Buch „Fucking Gastro“ wurde zum Bestseller. Günther hat Erfahrung als Haubenkoch gesammelt, ist aber mit dem Josef seit zweieinhalb Jahrzehnten konsequent auf der Bier-Schiene unterwegs. Das ehemalige Stadtbräu (einige Zeit lang wurde im Josef sogar eine Brauerei betrieben) serviert österreichische „Wirtshaus-Tapas“, kleine Schmankerl, gerade recht als Damenportionen. Und für Zigarrenfans gibt es sogar eine eigene Josef-Zigarre. 280 Sitzplätze im Lokal, 190 im Garten.

LUI – LINZER UNI INN

4040 Linz, Altenbergerstraße 69, +43/732/2468-5988
www.oeh.jku.at/abschnitte/lui
ÖFFNUNGSZEITEN Geöffnet nur während des Studienjahres – im Sommersemester aber weit in den Juli hinein. Mo-Do 13:00 bis 1:00 Uhr, Fr 17:00 bis 2:00 Uhr.
FASSBIER Freistädter Ratsherrn Premium, Freistädter Bio-Zwickl, Schlägl Kristall, Franziskaner Weißbier
FLASCHENBIER Hofstettner Bio Hochland Honigbier, Hofstettner Granit, Hofstettner Kübelbier, Desperados, Kilkenny, Corona, Guinness, Murauer, Budweiser, Augustiner Edelstoff, Kaiser Fasstyp, Kaiser Goldquell, Augustiner Weißbier, Weihenstephaner, Erdinger Weißbier, Zipfer Urtyp, Wieselburger Gold, Wieselburger Stammbräu, Hirter, Stiegl, Freistädter Zwickl Radler
LOKAL Das Studierendenlokal im Keller des Mensagebäudes sieht sich als „wichtigste Institution auf dem JKU-Campus“. Es dient während des Studienjahres als Kommunikationszentrum der ÖH – es wird nur der Selbstkostenpreis verrechnet. Die ÖH behauptet, die beste Auswahl Oberösterreichs mit den besten Preisen zu bieten. Und: Nicht nur Studierende sind willkommen. Kleine Snacks wie Pizza, Baguettes und Schinken-Käse-Toast.

MEZZANIN

4020 Linz, Johann-Konrad-Vogel Straße 11, +43/650/8601441
www.mezzanin.bar
ÖFFNUNGSZEITEN Di-Do: 17:00 bis 1:00 Uhr, Fr-Sa: 17:00 bis 2:00 Uhr
FASSBIER Freistädter Ratsherrntrunk, Freistädter Bio-Zwickl, Hofstettner Granitbier, Radler
FLASCHENBIER Schneider Weisse, Kilkenny, Tegernsee Hell, La Chouffe Golden Ale, Fentimans Ginger Beer
LOKAL An der Stelle der 2018 geschlossenen Kulturbar Konrad ist dieses nette Lokal entstanden, das Mühlviertler Bierkultur mit ein paar Importbieren ergänzt. 50 Plätze im Lokal.

PAUL'S

4020 Linz, Domplatz 3, +43/732/783338
www.pauls-linz.at
ÖFFNUNGSZEITEN Mo-Do: 11:00 bis 23:00 Uhr, Fr-Sa: 11:00 bis 00:00 Uhr

Paul's

FASSBIER Paul's Pale Ale (Hofbräu Kaltenhausen), Schlägl Kristall, Linzer Bier, Schladminger Bio Zwickl, Hofbräu Kaltenhausen Bernstein, Andechser Weizen
FLASCHENBIER Freistädter Bio-Zwickl, Hoffstettner Granitbier, Hofstettner BIO Hochland Honigbier, Mühlviertler Weisse, Gusswerk Nicobar IPA, Gusswerk Horny Betty, Augustiner Edelstoff, Weihenstephan Dunkel, Gusswerk Zum Wohl Glutenfrei
LOKAL Dieses in Nachbarschaft des Mariendomes gelegene Lokal versucht sich als „Küche.Bar.Greisslerei“ – und bemüht sich, die oberösterreichische Craft Beer Szene zu repräsentieren: Hier findet man die Sondersude aus Hofstetten, die Trappistenbiere aus Engelszell und natürlich den Samichlaus. Dazu nationale und inter-

nationale Bierangebote. Beim Lokal handelt es sich um das ehemalige Domviertel, das geschmackvoll umgebaut wurde und vor allem abends oft ausgebucht ist. Reservierung ist vor allem dann geboten, wenn man essen will. An der Bar findet sich aber fast immer Platz – und dort gibt es auch eine sehr kundige Bedienung sowie Cocktails mit Bier! Ein besonderes Plus ist die Glaskultur an der Bierbar. 130 Sitzplätze im Restaurantbereich, 120 auf der Galerie, 24 an der Bar und 100 auf der Terrasse.

PÖSTLINGBERG SCHLÖSSL

4040 Linz, Am Pöstlingberg 14, +43/732/716633
poestlingberg.at
ÖFFNUNGSZEITEN Mo-Sa: 10:00 bis 00:00 Uhr
FASSBIER Schlössl-Bräu (aus der Brauerei Stift Schlägl), Schlägl

Urquell, Trumer Pils, Paulaner Hefe Weißbier
FLASCHENBIER Sehr umfangreiches Angebot vom Schlössl-Bräu 1l-Henkelkrug, über Hofstettner Granitbock, Zipfer Pils, Corona, Guinness, Beck's, Crooked Stave Vieille Artinasal, Brew Dog Punk IPA, St. Bernardus Abt 12 bis zu Anchor Porter und Schlägl In Primus.
LOKAL Aus dem 1898 erbauten ehemaligen Bergbahn-Hotel wurde ein Restaurant mit gemütlicher Bar, Terrasse und großem Eventgarten: Von hier hat man den schönsten Blick über die Landeshauptstadt Linz. Sehr bemühte Küche und ein einwandfreier Service – wobei schon zum Aperitif ein Bier angeboten wird. Was aber besonders begeistert, ist die stetige Verbesserung des Bierangebots (kommentierte Bierkarte!) und der Bierpflege. Das hat dem Pöstlingberg Schlössl im Jahr 2010 die Auszeichnung als Oberösterreichs Bierlokal des Jahres eingebracht – woraufhin gleich weitere bierige Aktivitäten (Verkostungen, Anlegen eines Raritätenkellers) gefolgt sind. Restaurant: 180 Plätze, Terrasse: 200 Plätze, Eventgarten: 300 Plätze und – wahrscheinlich das kleinste Restaurant der Welt – Turm für zwei Personen.

RAUNER

4020 Linz, Kraußstraße 16, +43/732/918484
www.rauner.restaurant
ÖFFNUNGSZEITEN Mo-Fr: 11:00 bis 23:00 Uhr
FASSBIER Avar Lager
LOKAL Hell eingerichtetes Gourmet-Lokal mit vielen vegetarischen Angeboten (dabei viele mit Rauner, also Rote Rüben) und Bier aus der tschechischen Avar Brauerei, die der Linzer Christopher Kocian betreibt.

SPUTNIK ROCKCAFÉ

4020 Linz, Untere Donaulände 16, ggü. Lentos, +43/660/1611209
www.sputnikrockcafe.at
ÖFFNUNGSZEITEN Di-Do: 17:00 bis 00:00 Uhr, Fr: 18:00 bis 3:00 Uhr, Sa: 18:00 bis 4:00 Uhr
FASSBIER Hofstettner Märzen, Hofstettner Granitbier, Schladminger Bio Zwickl, Linzer Bier
FLASCHENBIER Hofstettner Mühlviertler Bio Pale Ale, Hofstettner Pils, Hofstettner Kübelbier, Hofstettner Granitbock, Mühlviertler Bio Bier, Thor Bräu Landbier, Thor Bräu Vierkorn, Freistädter Ratsherrntrunk, Freistädter Rotschopf, Weihenstephaner Weißbier, Wieselburger Zwickl, Augustiner Hell, Uttendorfer Pils, Trauner Spezial, Trauner Spezial Naturtrüb, Trauner Dunkel
LOKAL Gegenüber vom Lentos Museum liegt diese kleine Rock-Kneipe, in der – neben der Musik – das Bier im Mittelpunkt steht. Das wird vom Chef Uwe sorgfältig gezapft – und kundig serviert. Bemerkenswert ist, dass die Musik gerade nicht zu laut ist, man kann sich durchaus unterhalten. Speziell an Samstagen gibt es Themenabende, etwa zur Neuen Deutschen Welle. Gemischtes Publikum von Anfang 20 bis 80, vom Bankier bis Punk. 70 Sitzplätze im Lokal, 12 Plätze an der Bar, 30 Sitzplätze im Garten.

STADTLIEBE

4020 Linz, Landstraße 31, +43/732/770605
www.stadtliebe.at
ÖFFNUNGSZEITEN Mo-Do 11:00 bis 24:00 Uhr, Fr 11:00 bis 1:00 Uhr, Sa 9:00 bis 1:00 Uhr
FASSBIER Linzer Bier, Linzer Bier Zwickl, Linzer Edelstahl, Freistädter Bio Zwickl, Schladminger Bio Schnee-Weisse, Kaltenhau-

ser Bernstein, Kaltenhauser 1475 Pale Ale, Hofstettner Granitbier, Gösser Naturradler
FLASCHENBIER Linzer Pale Ale, Gusswerk Schwarzes Schaf Stout, Neufeldner Mühlviertler Weisse, Rieder Dunkle Weisse, Gusswerk Horny Betty, Brew Age Eisknacker, Gusswerk Krinnawible, Gusswerk Dies Irae, Gusswerk ‚Zum Wohl' Glutenfrei
LOKAL Der Ursulinenhof, von 1679 bis 1968 Kloster des Schulkonvents der Ursulinen, ist seit 1977 ein Kulturzentrum des Landes - in dem seit 2016 im Erdgeschoß die Stadtliebe eingezogen ist, ist auch ein Zentrum der Bierkultur: Die Stadtliebe ist nach eigener Definition „kein Lokal, sondern eine Lebenseinstellung." Zentrale Bar, viele Kühlschränke mit mehr oder weniger ausgefallenem Craftbierangebot. Dazu passendes Essen und freundliches Service. Jeden Sonntag gibt es einen Bierbrunch. 300 Sitzplätze im Lokal.

STEFAN STUBM

4020 Linz, Garnisonstraße 30, +43/732/604080
www.stubm.at
ÖFFNUNGSZEITEN Mo-Fr: 11:00 bis 23:00 Uhr
FASSBIER Linzer Bier, Linzer Edelstahl, Freistädter Ratsherrn Premium, Freistädter Bio Zwickl, Gösser Naturradler
LOKAL Ein Linzer Bierwirt, wie man ihn sich vorstellt – und der seit einigen Jahren wieder Linzer Bier ausschenkt: Philipp Berndl, der schon lange Zeit hier im Service tätig war, hat 2019 gemeinsam mit Andrea Maier diese auf einfach und gemütlich getrimmte Stube mit kleiner Bar und einem Herd als Blickfang übernommen. Ein Großteil des früheren Teams ist weiterhin hier tätig, das garantiert Kontinuität. Das Bier wird teilweise in Tonkrügen ausgeschenkt und auch in der Küche eingesetzt. Zu den Essenszeiten ist es ratsam, früh zu kommen, die Stubm sind dann immer gut besucht. 80 Plätze, im Kastaniengarten 80 Plätze.

STERN – CAFÉ-BAR

4020 Linz, Graben 30, +43/732/797887
krokodil.at/stern
ÖFFNUNGSZEITEN Mo-Do: 11:30 bis 00:00 Uhr, Fr: 11:30 bis 1:00 Uhr, Sa: 14:00 bis 1:00 Uhr, So: 16:00 bis 00:00 Uhr
FASSBIER Hofstettner Granitbier, Freistädter Bio Zwickl, Freistädter Ratsherrn Premium, Radler, ein Saisonbier
FLASCHENBIER Hofstettner Kübelbier, Die Weisse Hell, Gusswerk Schwarzes Schaf Stout, Gusswerk Nicobar IPA, Gusswerk Black Sheep, Freistädter Junghopfen-Pils, Gusswerk Green Betty
LOKAL Der gemütlichste Stern in Linz bietet seinen Besuchern urbanen Flair mit außergewöhnlicher Beleuchtung, lässige Musik und bis abends immer einen Happen zum Essen. Tagsüber bekannt für seine Barespressi und die Tagesgerichte aus dem Gelben Krokodil, verwandelt sich am Abend das Café in eine Bar. Freistädter Bier ist immer schön gezapft, die Auswahl an Gusswerk-Bieren beachtlich. Ca. 60 Plätze, 12 an der Bar.

STIEGL-KLOSTERHOF & STIEGLITZ

4020 Linz, Landstraße 30, +43/732/773373
www.klosterhof.at
ÖFFNUNGSZEITEN Klosterhof: Di-So 11:00 bis 23:00 Uhr; Stieglitz: Di-So 10:00 bis 24:00 Uhr

FASSBIER Gesamtes Stiegl-Sortiment sowie eine Auswahl an internationalen Bieren.
FLASCHENBIER Gesamtes Stiegl-Sortiment, Wildshut Frischebiere, Franziskaner Weissbier Dunkel, König Ludwig Dunkel, eine Auswahl an internationalen Bieren.
LOKAL Dieser Linzer Traditionsbetrieb wurde 2020 von der Salzburger Gastronomen-Familie Gassner neu übernommen – die Trennung in eine moderne Bierbar und ein bodenständiges Wirtshaus wurde beibehalten. Hier gibt es ja viel Tradition zu pflegen, der Betrieb geht auf ein urkundlich 1595 erstmals erwähntes Renaissance-Haus zurück, das im Jahr 1626 von Abt Kaspar von Baumgartenberg erworben wurde. Bis 1928 beherbergte es die Studienbibliothek des Klosters Kremsmünster. Dann wurde der Klosterhof eingerichtet. Der Stiegl-Klosterhof verfügt über den größten Biergarten Oberösterreichs. Für jüngeres Publikum ist Stieglitz, direkt an der Linzer Landstraße, das passendere Lokal. Kleiner Tipp: Es wird hier auch ein Probier-Brettl mit 3 oder 7 verschiedenen Seiterl Stiegl-Bier angeboten.

THE OLD DUBLINER

4020 Linz, Hauptplatz 15-16, +43/676/4321000
de-de.facebook.com/theolddublinerlinz

ÖFFNUNGSZEITEN Mo-Do: 20:00 bis 2:00 Uhr, Fr-Sa: 20:00 bis 4:00 Uhr

FASSBIER Guinness, Kilkenny, Gösser

FLASCHENBIER Hofstettner Granit, Hofstettner Kübelbier, Wieselburger Stammbräu, Gösser Naturradler, Karlovacko, Weihenstephaner Weißbier, O'Hara's Irish Pale Ale, O'Hara's Irish Red Ale, Kwak, Desperados, Heineken, Corona, San Miguel, Brewdog Punk IPA

LOKAL Ein „Hidden Gem" der oberösterreichischen Landeshauptstadt – nur ein kleines Guinness-Schild am Hauptplatz weist den Weg in einen langen Gang, der in ein verstecktes Pub im Hinterhaus führt. Es handelt sich um das erste (und in einer früheren Ausgabe des Bierguides ausgezeichnete) Irish Pub in Oberösterreich, das einige Jahre gesperrt war, aber 2011 neu übernommen wurde. Es wird seitdem mit viel Leidenschaft geführt – jedes Guinness wird mit einem Kleeblatt serviert und der Original Irish Coffee kommt flambiert an den Tisch. Auch die Anzahl an internationalen Whiskys (45 Sorten) ist bemerkenswert. Die Öffnungszeiten sind schlichtweg sensationell, das Service bis in die frühen Morgenstunden freundlich. Ca. 60 Plätze.

TRAMWAY IM STOCKHOF

4020 Linz, Stockhofstraße 27, +43/732/781564
www.gasthaus-tramway.jimdo.com

ÖFFNUNGSZEITEN Mo-Fr: 10:00 bis 22:00 Uhr

FASSBIER Freistädter Ratsherrntrunk, Zipfer Urtyp, Freistädter Bio-Zwickl

FLASCHENBIER Freistädter Rotschopf, Edelweiss Weizenbier

LOKAL Helmut Mayrleb führt eines der originellsten Bierlokale Österreichs – die gesamte Einrichtung wurde an das Interieur historischer Linzer Straßenbahnzüge angeglichen. Beliebt für den Mittagstisch. Auf der Karte findet sich ein passendes Zitat von Charles Dickens: „Eine Gaststätte, in welcher man sich wohlfühlen kann, muss gerade groß genug um bequem, und klein genug um behaglich zu sein." Trifft es sehr gut. 35 Sitzplätze im Stüberl, 16 an der Bar, 50 im Garten.

WIA Z'HAUS LEHNER

4040 Linz, Harbacher Straße 38, +43/732/730510
+43/699/12764964
www.wiazhaus-lehner.at

ÖFFNUNGSZEITEN Mi-So: 11:00 bis 00:00 Uhr

FASSBIER Gösser Gold, Zipfer Urtyp, Linzer Bier, Lehner's Bier, Weihenstephan Hefetrüb, Gösser Naturradler

FLASCHENBIER Schladminger Bio Zwickl, Zipfer Drei, Edelweiss Hofbräu, Gösser Naturgold, Edelweiss Hofbräu Alkoholfrei

LOKAL Noch mitten in Urfahr – in einer Seitenstraße der Leonfelder Bundesstraße – aber doch schon fast am Land, liegt am Fuße des Bachlberges dieses 1847 gegründete Mühlviertler Wirtshaus. 2012 wurde es vom Bierguide für den Gastgarten des Jahres ausgezeichnet. Fünf Jahre später wurde hier das (in Zipf gebraute). Linzer Bier wiederbelebt. Im Frühjahr 2022 hat der bisherige Küchenchef Michael Wenzl mit seiner Partnerin Andrea Füreder das Wia z'haus übernommen. Jeden ersten Donnerstag im Monat veranstaltet Wenzl einen Grillabend. Es gibt aber auch so feine saisonale Spezialitäten wie Spargelmousse mit Rhabarber. Viele Feste im großen Garten, Fischen und Eisstockschießen am hauseigenen Fischteich. 60 Plätze in der traditionellen Gaststube, 45 im G'wölb (den ehemaligen Stallungen), 70 in der Lehner-Alm, bis zu 300 im SB-Garten und ca. 80 Plätze im Gastgarten mit Bedienung.

ZUR LIESL

4020 Linz, Peter-Behrens-Platz 1, +43/664/800221180
www.zurliesl.at

ÖFFNUNGSZEITEN Di-Sa: 11:00 bis 00:00 Uhr, So: 10:00 bis 22:00 Uhr

FASSBIER Linzer Zwickl vom Brautank, Linzer Edelstahl, Linzer Pale Ale, Linzer Original, Linzer Weizen

FLASCHENBIER Schleppe No. 3 Imperial IPA, Birra Moretti L'Autentica, Kilkenny Red Ale, Guinness Extra Stout, Kaltenhauser Pilgrim Weizenbock, Kaltenhauser Sigismund Barley Wine, Edelweiss Weizen Alkoholfrei, Zipfer Hell Alkoholfrei

LOKAL Bierlokal des Jahres, siehe Seite 196.

Zur Liesl

LOSENSTEIN

GASTHOF BRÄUHAUS MARXRIESER

4460 Losenstein, Burgstraße 74, +43/7255/6214
ÖFFNUNGSZEITEN Mo: 10:00 bis 22:00 Uhr, Do-Sa: 10:00 bis 22:00 Uhr, So: 9:00 bis 18:00 Uhr
FASSBIER Zipfer Urtyp
FLASCHENBIER Zipfer Märzen, Edelweiss Hefetrüb, Franziskaner Weizen Dunkel, Kaiser Doppelmalz, Gösser Naturgold
LOKAL Stattliches Gasthaus am Fuß der Burgruine Losenstein. Im Gastzimmer scheint die Zeit stehen geblieben zu sein – und allein das rechtfertigt einen Besuch (das gut gezapfte Zipfer aber ebenso). Eine Tafel im Lokal führt vor Augen, wie traditionsreich das Haus ist: Ursprünglich war es Meierhof (also Sitz der Wirtschaftsverwaltung) und Brauhaus der Herrschaft Losenstein, erstmals 1339 erwähnt und 1670 bei der Erweiterung der Brauerei erstmals als solche beurkundet. Gebraut wurde hier bis 1913, seit 1924 ist das ehemalige Brauwirtshaus in Familienbesitz. 30 Plätze im Lokal, 20 im Gastgarten. 🛏10

MATTIGHOFEN

Badhaus & Jam Rock Café

BADHAUS

5230 Mattighofen, Moosstraße 28, +43/7742/2372
www.badhaus.at
ÖFFNUNGSZEITEN Mi-Sa: 10:00 bis 00:00 Uhr, So: 9:00 bis 15:00 Uhr
FASSBIER Zipfer Märzen, Franziskaner Weißbier Hell, Gösser Naturradler, ein wechselndes Saisonbier
FLASCHENBIER Franziskaner Weizenbier Dunkel, Schnaitl Dunkel, Uttendorfer Pils, Zipfer Drei, Zipfer Hell Alkoholfrei, Die Weisse, Franziskaner Alkoholfrei
LOKAL Herbert Karrer ist ein Wirt mit großem Engagement für Bierqualität und für lokale Küche – gemeinsam mit zwei weiteren Wirten der Umgebung hat er sich zum Ziel gesetzt, möglichst oft Speisen mit Einkorn auf die Karte zu setzen. Das Zipfer Märzen dazu kommt „braufrisch" aus dem Tank. Das Badhaus hat seinen Namen daher, dass es ursprünglich ein Beherbergungs- und Gastronomiebetrieb für Kurgäste war, die in der Mattig frische Lebensenergie tankten. Das Kurwesen gibt es längst nicht mehr, das Badhaus mit seiner gepflegt-traditionellen Gastronomie und der ungezwungenen Atmosphäre eines gemütlichen Landgasthofs blieb jedoch bestehen. 200 Plätze im Badhaus, 120 im Gastgarten.

MATTIGTALERHOF

5230 Mattighofen, Postgasse 18, +43/7742/2562
www.mattigtalerhof.at
ÖFFNUNGSZEITEN Mi - Fr ab 14:00 Uhr, Sa 10:00 bis 14:00 Uhr & 17:00 bis 24:00 Uhr, So 10:00 bis 14:00 Uhr & 17:00 bis 23:00 Uhr
FASSBIER Uttendorf Kellerbier, Uttendorf Export
FLASCHENBIER Schwendl Schalchner Weisse Hell und Dunkel, Pinzga Weizen Hell, Uttendorf Pils, Schnaitl Dunkel, Pinzga' Zwickl, Baladin Isaac Witbier, Woif Hopfengaudi New England IPA, Woif Weana Bazi, Pinzga' Pale Ale, Rieder India Pale Ale, Brauwerk Black & Proud Porter, Dietraching Schwarze Tinte Stout, Stift Engelszell Gregorius, Pinzga Phönix, Rieder Honigbier, Liefmans Fruitesse, Schwendl Schalchner Weisse Leicht
LOKAL Der Mattigtalerhof ist ein gutbürgerlicher Gasthof, der sich besonders der Kultur der Bier-Region Innviertel annimmt: Gelegentlich gibt es Bierdinner, die der Obmann des Bierkonsumentenvereins BierIG kommentiert, aber auch die Standardkarte verrät, dass das Haus an keinen bestimmten Lieferanten gebunden ist, sondern sich schwerpunktmäßig mit Bieren aus dem Innviertel, Salzburg und Bayern eindeckt. Die Küche bietet innovative Speisen, die Zutaten hierfür stammen von regionalen Lieferanten. Eines der Highlights sind die „Home-created Currys" mit Innviertler Einkornreis und 12 Variationsmöglichkeiten. Auf der neu überdachten und beheizten Gartenterrasse wurde ein gemütliches Plätzchen geschaffen. Zwei kanadische Ahornbäume runden das stimmige Gefühl des Gastgartens ab. 🍴 🛏

MAUTHAUSEN

DONAUHOF – ESSEN.TRINKEN.SCHLAFEN

4310 Mauthausen, Promenade 30, +43/7238/2183
www.donau-hof.at
ÖFFNUNGSZEITEN Mo-Fr: 16:00 bis 22:00 Uhr, So: 10:00 bis 15:00 Uhr
FASSBIER Freistädter Bio Zwickl, Freistädter Rotschopf, Gösser Gold, Hofbräu Kaltenhausen Bernstein, Gösser Zwickl, Trumer Pils, Trumer Zwickl, Trumer Linzer Original
FLASCHENBIER Edelweiss Hefe, Edelweiss Alkoholfrei, Gösser Naturgold, Kaiser Fasstyp, Kaiser Doppelmalz
LOKAL Im August 2016 hat auf die Initiative eines Mitglieds der KGB (Kampagne für Gutes Bier) der Wirt Heimo Schöllbauer die dortig erste Bierverkostung mit Flaschenbieren der Freistädter

Braucommune durchgeführt. Sie scheint gut angekommen zu sein. Seither führt das Haus, das direkt an der Donau und am Donauradweg unweit des Zentrums Mauthausen gelegen ist, deutlich mehr Biersorten. Neu erbaute Gästezimmer mit Blick auf die Donau. Gelegentliche Veranstaltungen wie Bierverkostungen, Sommerkonzert ... 60 Sitzplätze im Wirtshaus, 10 an der Wirtshaus-Bar, 20 im Stüberl, 80 im Restaurant/Saal, 15 an der Restaurant-Bar, 20 im Innenhof beim Restaurant, 60 im Donau Gastgarten.

Donauhof – Essen.Trinken.Schlafen

ED. KAISER'S GASTHAUS

4310 Mauthausen, Vormarktstraße 67, +43/7238/2294
www.wirtshauskueche.at
ÖFFNUNGSZEITEN Mi: 9:00 bis 18:00 Uhr, Fr: 9:00 bis 13:00 Uhr
FASSBIER Gösser Gold, Freistädter Bio Zwickl
FLASCHENBIER Edelweiss Alkoholfrei, Weihenstephaner Weizen Hell, Andechser Weißbier Dunkel, Andechser Weißbier Alkoholfrei, Andechser Weißbier Hell, Gösser Naturgold
LOKAL Andreas und Gabi Windner haben das Konzept ihres Kulti-Wirts-Hauses geändert – jetzt gibt es nur noch mittags Wirtshaus, dafür kann man sich die Wirtshauskost für abends mit heimnehmen: Weinbeuschel, Gulasch vom Mühlviertler Rind oder Hühnersuppe gibt es im Glas, ebenso lokales Rapsöl oder Nudlen, Gewürze und Honig. Gekocht und Bier ausgeschenkt wird in dem seit 1929 „Ed Kaiser's Gasthaus" genannten Betrieb leider nur noch mittags. Das Ambiente mit alten Emailleschildern ist immer noch okay – und wenn sich Gruppen voranmelden, können sie hier durchaus auch am Abend feiern. 28 Plätze im Lokal, 2 Veranstaltungsräume mit 30 und 35 Plätzen, 50 Sitzplätze im Garten.

MICHELDORF

TAVERNE IN DER SCHÖN

4563 Micheldorf, Schön 38, +43/7582/62438
www.taverne-schoen.at
ÖFFNUNGSZEITEN Mi: 10:00 bis 15:00 Uhr, Do-So: 10:00 bis 22:00 Uhr
FASSBIER Kienberger (nach Rezept von Markus Felbermayr), Hirter Pils, Hirter Morchl, Murauer Märzen
FLASCHENBIER Paulaner Hefe-Weißbier, Gösser Naturgold
LOKAL Gepflegtes Einkehrgasthaus in altem Gemäuer mit rustikaler Anmutung. Freundliches Service. Preiswerte Mittagsmenüs und jeden Donnerstag Ripperl ab 16:00 Uhr. Im angeschlossenen Getränkehandel kann man sich auch mit Bier für daheim eindecken. 70 Sitzplätze.

ZUM SCHWARZEN GRAFEN

4563 Micheldorf, Gradnstraße 9, +43/7582/61160
www.schwarzergraf.at
ÖFFNUNGSZEITEN Di-Sa: 9:00 bis 00:00 Uhr, So: 9:00 bis 16:00 Uhr
FASSBIER Gösser Gold, Gösser Stiftsbräu, saisonal: Oktoberbier, Edelweiss
FLASCHENBIER Zipfer Drei, Heineken, Edelweiss, Saisonbier
LOKAL Dieses uriges Gasthaus mit großer Stehbar befindet sich in einem 1828 errichteten Gebäude, das zu einem großen Sensenschmiedekomplex gehörte. Die Hammerschmiede galten als die „Schwarzen Grafen" der Region – und so fanden Angela Pfarrsbacher und Stephan Sarms 1997 den Namen für ihr Lokal. Im Sinne der Schwarzen Grafen wird natürlich auch das traditionelle Bier-Stacheln praktiziert. Das kulinarische Angebot – viele Wildgerichte! – wurde 2012 vom Landesjagdverband gewürdigt. 100 Sitzplätze im Lokal, 30 Plätze an der Bar, 40 Sitzplätze im Garten.

MÖRSCHWANG

Dorfhaus

DORFHAUS

4982 Mörschwang, Mörschwang 1, +43/7758/26714
www.dorfhaus.at
ÖFFNUNGSZEITEN Mo: 10:00 bis 00:00 Uhr, Do-So: 10:00 bis 00:00 Uhr
FASSBIER Rieder UrEcht, Rieder helles Weißbier, Rieder Naturtrüb, Rieder Bayerisch Märzen
FLASCHENBIER Rieder dunkle Weisse mit Hefe, Rieder alkoholfreies Weißbier, saisonal: Rieder Kürbisbier, Rieder Honigbier
LOKAL Irmi und Günther Brand haben dieses ländliche Wirtshaus

an der Stelle eines baufälligen Holzhauses über einem alten Keller errichtet und der kleinen innviertler Gemeinde damit wieder einen Kirchenwirt verschafft. Kleines feines Lokal mit lokaltypischem Essen (von Günther Brand teilweise mit Bier zubereitet) und gepflegte Bierkultur. Die Nebenräume der Gaststube wie der neugestaltete Seminarraum und der Veranstaltungssaal können mit oder ohne Ausschank genützt werden und dienen auch für Bälle, Feste, Stammtische, Chorproben, Sitzungen sowie als Wahllokal. 70 Sitzplätze im Lokal, 70 im Garten.

MONDSEE

Benediktus

BENEDIKTUS

5310 Mondsee, Wredeplatz 1, +43/6232/5001
www.schlossmondsee.at
ÖFFNUNGSZEITEN Mo-Di, Do-Fr 11:00 bis 14:00 Uhr und 17:00 bis 24:00 Uhr, Sa 10:00 bis 24:00 Uhr, So & Feiertag 9:00 bis 24:00 Uhr, Mi Ruhetag
FASSBIER Stiegl-Goldbräu, Stiegl-Paracelsus Bio Zwickl
LOKAL Das Schlossbräu in Mondsee erfuhr im Jahr 2022 einen Relaunch als „Benedictus". Die Karte bietet österreichische Küche mit internationalem Einschlag. 80 Sitzplätze im Lokal, 15 an der Bar, 45 im Garten.

MOOSDORF

WIRT Z'FURKERN

5141 Moosdorf, Furkern 5, +43/7748/6195
wirtzfurkern.at
ÖFFNUNGSZEITEN Mi 11:00 bis 14:00 Uhr, Do-Fr 11:00 bis 14:00 Uhr und 17:00 bis 24:00 Uhr, Sa-So 11:00 bis 24:00 Uhr
FASSBIER Schnaitl Original, Schnaitl Dunkel, Bayern Weisse Hell
FLASCHENBIER Schnaitl Pils, Bayern Weisse Dunkel, Franziskaner Weißbier Alkoholfrei, Schnaitl Radler Classic/Naturtrüb
LOKAL Hier stand schon um das Jahr 1300 ein Gasthof, im Jahr 2002 wurde er von Familie Hochradl auf den neuesten Stand gebracht und zu einem der schönsten Landwirtshäuser Oberösterreichs herausgeputzt – die alte Jukebox ist schon eine Rarität. Die Küche ist traditionell. 100 Sitzplätze in den Stüberln, bis zu 250 Sitzplätze im Saal, 100 Plätze im Garten.

MÜNZKIRCHEN

WÖSNER TENNE, GASTHOF WÖSNER

4792 Münzkirchen, Hofmark 12, +43/7716/7240
www.woesner.at
ÖFFNUNGSZEITEN Mi-Fr: 9:00 bis 13:30 Uhr und ab 16:30 Uhr, Sa: ab 9:00 Uhr, So: 8:00 bis 15:00 Uhr
FASSBIER Stiegl-Goldbräu, Stiegl-Paracelsus Bio Zwickl, Stiegl-Weisse, ein Saisonbier
FLASCHENBIER Stiegl-Pils, Stiegl Paracelsus Zwickl, Stiegl Weisse, Franziskaner Hefe-Weizen, König Ludwig Weizen, Desperados
LOKAL Gäste können unter verschiedenen Lokaltypen in einem Haus wählen, die nach und nach in das seit 1900 im Familienbesitz stehende Gasthaus eingebaut wurden. Saisonale Schmankerln. Gaststube: 68 Plätze, Restaurant: 90-130, Ratsherrnkeller: 35, Wösner Tenne: 450, Bar Vincenzo: 70, Hopfengarten: 120 Sitzplätze, teilw. überdacht, Schanigarten: 30.

NEUFELDEN

HOPFEN UND SCHMALZ

4120 Neufelden, Bräuhausgasse 3, +43/7282/6258
www.hopfenundschmalz.at
ÖFFNUNGSZEITEN Fr-So: 12:00 bis 23:00 Uhr

Hopfen und Schmalz

FASSBIER Neufeldner Zwickl, Hopfengestropftes Zwickl, Mühlviertler Weisse, Radler
FLASCHENBIER Neufeldner Hopferl, Neufeldner Pils Naturtrüb, Neufeldner Alkoholfrei
LOKAL Das Bräustüberl von Neufelden erfreut sich als „Hopfen und Schmalz" höchsten Lobes von Kritikern und Publikum – 2021 wurde es im Bierguide als Bierrestaurant des Jahres ausgezeichnet. Das Braugasthaus ist das zweite Lokal von Philip Rachinger, die Karte bietet neben den Bio-Bieren der Brauerei so ziemlich

alles, was gehobene Gasthausküche hergibt – die mit Curry eingelegten Karfiolstückchen sind ein ebenso gelungener Versuch, die Brauhausküche neu zu interpretieren wie die Stelze, die Kollege Severin Corti so beschrieben hat: „knusprig und willig splitternd wie mundgeblasenes Glas, innen saftig und von einem Wohlgeschmack erfüllt, der selbst nach einem Parforceritt durch die Karte immer noch ein Stück bedingt."

NEUKIRCHEN AN DER ENKNACH

GASTHAUS HOFER

5145 Neukirchen an der Enknach, Untere Hofmark 11
+43/7729/2282
www.gasthaus-hofer.com
ÖFFNUNGSZEITEN Mi-Do: 10:00 bis 14:00 Uhr, 17:00 bis 00:00 Uhr, Fr-So: 10:00 bis 00:00 Uhr
FASSBIER Franziskaner Hefeweizen, Stiegl-Zitronenradler, saisonal Stiegl-Hausbier
FLASCHENBIER Stiegl-Pils, Stiegl Sport-Weisse, Franziskaner Leichte Weisse, Stiegl-Columbus Pale Ale, Uttendorfer Pils, Stiegl Paracelsus Glutenfrei
LOKAL Typisches Landgasthaus mit regionalen und saisonalen Angeboten. Ausgezeichnet als KultiWirt Innviertel 2020 mit der Note 1,1 in der Genussspechte-Wertung. Gudrun im Service und Franz in der Küche sorgen dafür, dass Gaumen und Gemüt mit regionalen und saisonalen Schmankerln verwöhnt werden. 90 Sitzplätze im Lokal, 55 im Gastgarten.

NEUKIRCHEN AN DER VÖCKLA

BEIM BÖCKHIASL – BÖCKSBAR

4872 Neukirchen an der Vöckla, Hauptstraße 14, +43/7682/7106
www.boeckhiasl.at
ÖFFNUNGSZEITEN Di: 16:00 bis 00:00 Uhr, Mi-Do: 8:00 bis 00:00 Uhr, Fr: 16:00 bis 00:00 Uhr, Sa: 8:00 bis 00:00 Uhr, So: 8:00 bis 17:00 Uhr
FASSBIER Braufrisches Zipfer Märzen vom Tank, Gösser Stifts-Zwickl Dunkel, Weihenstephan Hefetrüb, Zipfer Doppelgold, Guinness, Gösser Naturradler
FLASCHENBIER Zipfer Drei, Weihenstephan Dunkel, Zipfer Kellerbier, Linzer Bier Original, Kaiser Doppelmalz, Zipfer Hell
LOKAL Andrea und Wolfgang Streibl betreiben diesen großen Einkehrgasthof in der Nähe der Zipfer Brauerei mit zentraler Bar, mehreren Gaststuben und einem Saal für Veranstaltungen sowie 2 Kegelbahnen. Besonders der Bereich rund um die moderne „Böcksbar" ist heimelig eingerichtet und bildet einen interessanten Kontrast dazu – von der altertümlich wirkenden Wandbemalung über den Kachelofen und den Herrgottswinkel bis hin zur Pendeluhr, die auch im nahen Museum Stehrerhof einen würdigen Platz finden könnte. 200 Plätze im Lokal, 220 im Saal.

NEUKIRCHEN BEI ALTMÜNSTER

ALMGASTHOF WINDLEGERN

4814 Neukirchen bei Altmünster, Kollmannsberg 122
+43/7617/2844
www.windlegern.at
ÖFFNUNGSZEITEN Fr: ab 17:00 Uhr, Sa-So & Feiertage: ab 10:00 Uhr
FASSBIER Stiegl-Goldbräu, Stiegl-Paracelsus Bio Zwickl, Stiegl-Weisse, Bierschmiede Meisterstück Pils, saisonal wechselnde Spezialbiere
FLASCHENBIER Stiegl-Freibier, Stiegl Sport Weisse, Bierschmiede Werkstück Märzen, Bierschmiede Rotglut Altbayrisch Dunkel, wechselnde Belgische Bierspezialitäten
LOKAL Ein Ausflugslokal mit besonderem Flair: Hoch über dem Traunsee ist man ein wenig der Welt entrückt, die lange Anfahrt über eine gewundene Straße wird mit frisch gezapftem Stiegl belohnt. Die Stuben sind hell, viele Gäste scheinen aus der Region zu sein. Schöne Gästezimmer mit Himmelbetten. 130 Sitzplätze im Lokal, 120 Sitzplätze auf der Terrasse mit tollem Blick auf den Traunstein.

NEUMARKT IM HAUSRUCKKREIS

THOBI'S BRAUWIRTSHAUS NEUMARKT

4720 Neumarkt im Hausruckkreis, Marktplatz 23
+43/664/3695241
brauwirtshaus.com
ÖFFNUNGSZEITEN Mi-Sa: 9:00 bis 14:00 Uhr und ab 17:00 Uhr, So & Feiertage: 9:00 bis14:00 Uhr
FASSBIER Ritterbräu Märzen, Ritterbräu Helle Weisse
FLASCHENBIER Ritterl Radler Naturtrüb, Clausthaler
LOKAL Stattliches Brauereiwirtshaus im Ortskern, einen Steinwurf von der Brauerei entfernt. Die Küche bietet ein 4-gängiges Biermenu mit den dazu passenden Bieren der Brauerei Ritterbräu (auf Vorbestellung). Frühstücksbuffet Donnerstag und Samstag von 8:30 Uhr bis 11:00 Uhr. Gaststube für ca. 50 Personen, im neu eingerichteten Stüberl ca. 100 Sitzplätze, 70 im Brauwirtkeller.

NEUSTIFT IM MÜHLKREIS

FAMILIENGASTHOF WEISS

4143 Neustift im Mühlkreis, Pühret 5, +43/7284/8104
www.hotel-weiss.com

ÖFFNUNGSZEITEN Di-So: 8:00 bis 2:00 Uhr

FASSBIER Baumgartner Märzen, Schlägl Stifter Bier, Paulaner Weizen

FLASCHENBIER Hofstettner Honigbier, Hofstettner Granitbier, Hofstettner Sündenbock, Hofstettner Kübelbier, Baumgartner Pils, Schlägl Kristall, Schlägl Hopfenbrise, Schlägl Roggen Gold, Schneider Weisse, Neuzeller-Klosterbräu Schwarzer Abt, Cantillon Kriek, Young's Double Chocolate Stout, Wolferstetter Dunkelweizen, Wolferstetter Weizen Alkoholfrei, Schlägl Doppelbock, Clausthaler, Engelszell Benno und Gregorius

LOKAL Familiär geführter Mühlviertler Landgasthof. Martina und Gerhard Weiss (er ist Bier-Sommelier und auch bei der BierIG engagiert) bieten eine umfangreiche Bier-Speisekarte mit Bierkulinarium, Pilsner Geschnetzeltes und Bier-Schmankerlmenü, Bierbuffet, Bierverkostungen, Mühlviertler Bierschnitzel, Bierfleischkas, Schweinsrücken in Bier-Kräutersaft'l, Kalbsmedaillons in Honig-Bier-Senfsauce, Salzburger Bierfleisch und Malzkartoffeln an. 150 Sitzplätze, Garten: 80 Sitzplätze.

OBERHOFEN AM IRRSEE

Zur Westbahn

ZUR WESTBAHN

4894 Oberhofen am Irrsee, Römerhof 1, +43/6213/8219
www.hitzl.at

ÖFFNUNGSZEITEN Mo: 16:00 bis 22:00 Uhr, Do-Sa: 16:00 bis 22:00 Uhr, So & Feiertage: ab 9:00 Uhr, Di-Mi Ruhetag.

FASSBIER „s'Gscheite Bier", Salomos Weisheit, Schönramer Helles, ein Saisonbier

FLASCHENBIER Schönramer Grünhopfenpils, Uttendorfer Pils, Schönramer Saphir-Bock, Schönramer Bayrisch Pale Ale, Schönramer Imperial Stout, Brauton „Back from Space", Stift Engelszell Benno, Stift Engelszell Gregorius

LOKAL Dieses gemütliche Lokal hat seinen Namen von der Lage unmittelbar an der ÖBB-Haltestelle Oberhofen/Zell am Moos. Der Trip lohnt: Die Chefin Anneliese Hitzl kocht selber – unter anderem „Zoamglegte Knödel in Butter mit geröstetem Selchfleisch." Und wenn der Sohn des Hauses selbst gebraut hat, gibt es auch dessen Biere zu verkosten – das Hausbier lässt er bei der Bierschmiede am Attersee herstellen. Auch sonst bietet die Bierkarte Außergewöhnliches – zum Beispiel die schwarze Version des Samichlaus oder das Grünhopfenpils aus Schönram. Von Zeit zu Zeit werden Bierverkostungen mit Speisenbegleitung und Anwesenheit einiger Brauer durchgeführt. 55 Sitzplätze in zwei Stuben, 70 unter den Kastanien im Garten.

OBERKAPPEL

GASTHOF SÜSS

4144 Oberkappel, Marktplatz 7, +43/7284/215
www.gasthofsuess.com

ÖFFNUNGSZEITEN Di: ab 17:00 Uhr, Mi-So: 9:00 bis 1:00 Uhr, Mo Ruhetag

FASSBIER Kaiser Märzen, Gösser Märzen, Edelweiss Weizen Hefetrüb, Hofstetter Kübelbier, Hofstetter Granit, Schlägler Bio Roggenbier, Schlägler Zwickl, Gösser Naturradler

FLASCHENBIER Weihenstefan Hefetrüb, Edelweiss Dunkel, Zipfer Drei, Hofbräu Kaltenhausen Edition Cervinia, Neufeldner Bio Weizen, Hofstettner Bio Leinsamenbier, Freistädter Rotschopf

LOKAL Johannes Süss hat seinem alteingesessenen Gastbetrieb – seit 1885 im Familienbesitz und stets behutsam erneuert, die rustikale Stimmung in der Bar blieb erhalten – in den letzten Jahren besondere Bierkompetenz verliehen: Beim Fassbier-Angebot dominiert das Mühlviertel, zudem viele Biere der BrauUnion. 250 Sitzplätze im Lokal, 35 Plätze an der Bar, Gastgarten: 25 Sitzplätze. 12

OBERNBERG AM INN

ALTE SCHMIEDE

4982 Obernberg am Inn, Vormarkt Gurten 21, +43/7758/3688, +43/664/4012122
www.alteschmiede-obernberg.info

ÖFFNUNGSZEITEN Di-Sa: 17:00 bis 1:00 Uhr

FASSBIER Eggenberg Hopfenkönig, Schneider Weisse Dunkel, Radler

FLASCHENBIER Schneider Weisse Hell, Die Weisse, Schnaitl Dunkel, Raschhofer Zwickl, Birell Alkoholfrei

LOKAL In dem urigen Gewölbe mit viel Ziegeloptik, wo bereits vor über 250 Jahren das Schmiedefeuer loderte, werden jetzt ganz besondere Gaumenfreuden zubereitet. Vor einem Vierteljahrhundert wurde die alte Bausubstanz in einen Gastronomiebetrieb umgebaut. 70 Plätze im Lokal, 100 im Garten.

GASTHOF ZUR POST

4982 Obernberg am Inn, Marktplatz 8, +43/7758/40154
www.gh-zurpost.at
ÖFFNUNGSZEITEN Mo: 10:00 bis 22:00 Uhr, Do-So: 10:00 bis 22:00 Uhr
FASSBIER Rieder UrEcht, Rieder Weisse Hell, Rieder Naturtrüb, Rieder Weisse Dunkel, Rieder Radler Naturtrüb
FLASCHENBIER Schnaitl Dunkel, Uttendorfer Pils, Rieder Weißbier Alkoholfrei
LOKAL Am Marktplatz steht dieser stolze Gasthof, innen mit viel hellem Holz freundlich neu gestaltet. Die Liebe zum bierigen Detail erkennt man daran, dass im Hauszeichen statt eines Posthorns ein Bierkrug baumelt – oder an der hölzernen Hopfendolde als Türgriff. Sehr freundliche Wirtsleute. Viele mit Bier zubereitete Gerichte (Chicorée Cremesuppe mit Weißbier und Weichkäse, Besoffene Wildsau, Zanderfilet auf Gemüse-Bierschaumsauce). 100 Sitzplätze in diversen Stüberln, 70 im Gastgarten. 19

OFTERING

ZUM ALTEN BACKHAUS

4064 Oftering, Rohrerstraße 6 in Hausleiten, +43/7221/63892
www.backhaus.at
ÖFFNUNGSZEITEN Do: 15:00 bis 00:00 Uhr, Fr: 17:00 bis 00:00 Uhr, Sa: 11:00 bis 00:00 Uhr, So: 11:00 bis 21:00 Uhr

FASSBIER Grieskirchner Pils, Grieskirchner Landl, Grieskirchner Jörger Weisse, Mühlviertler Vierkorn, saisonal: Dörnbacher Florianibräu
FLASCHENBIER Thorbräu Mühlviertler Landbier, Thorbräu Zaubertaler Altbier, Grieskirchner Bio-Helles, Paulaner Weisse, Grieskirchner Alkoholfrei, Craftbiere lt. Aushang im Lokal, saisonale Bierspezialitäten
LOKAL Dieses Lokal wird von einem Mitglied der Grieskirchner Gambrinus-Bruderschaft betrieben, die hier auch gelegentlich ihren Stammtisch abhält. Fünf Wochen Oktoberfest von Anfang September bis in die erste Oktoberwoche mit Bierkrügerlrutsche und Bierradidrehen. 92 Sitzplätze im Lokal, 4 Plätze an der Bar, 115 Sitzplätze im Garten mit Hütte, Salettl und Bühne.

OSTERMIETHING

WIRT Z' ERNSTING

5121 Ostermiething, Ernsting 6, +43/6278/6325
www.hausbrauereien.at/wirtsbraeu_ernsting
ÖFFNUNGSZEITEN Mo: 10:00 bis 22:00 Uhr, Mi: 17:00 bis 22:00 Uhr, Do-Fr: 10:00 bis 22:00 Uhr, Sa: 10:00 bis 17:00 Uhr, So: 10:00 bis 22:00 Uhr
FASSBIER Ernstinger Wirts-Bräu (aus der eigenen Hausbrauerei), Schnaitl Original
FLASCHENBIER Schnaitl Dunkel, Schnaitl Alkoholfrei, Bayern Weisse dunkel, Baumburger Kloster Weisse, Unertl Bio Dinkel Weisse Alkoholfrei, Schnaitl Pils de Luxe
LOKAL Stefan Borer hat in einem 1875 gegründeten und immer noch sehr einfach und bodenständig wirkenden Gasthaus mit seinen original erhaltenen Gaststuben eine Gasthausbrauerei eingerichtet: laufend wechselnde Angebote mit typisch bierigen Speisen, in denen Bier verkocht wird. 70 Sitzplätze im Lokal, bis zu 100 im Garten.

OTTENSHEIM

THOR-BRÄU – DAS BRAUHAUS IN OTTENSHEIM

4100 Ottensheim, Hostauerstraße 2, +43/676/4609534
www.thor-braeu.at
ÖFFNUNGSZEITEN Fr: 14:00 bis 22:00 Uhr
FASSBIER Ottensheimer Spezial, Mühlviertler Vierkorn, Zaubertaler Altbier, Mühlviertler Landbier
FLASCHENBIER Mühlviertler Weisse, Chilibier, Schlotfeger Rauchbier, Whisky Ale, India Pale Ale
LOKAL Modern gestaltete Bierbar mit Blick auf die Brauanlage, die in einem ehemaligen Fleischerbetrieb eingebaut wurde. Auch wenn der Name des Thor-Bräu auf altnordische Verbindungen hindeutet, ist es nach offizieller Lesart von Ingo Laska einfach eine Abkürzung für „Tradition, Handwerk, Originalität und Reinheit', wofür auch der

Ottensheimer Brauanlagenbauer Labu steht. Die ganze Familie ist dem Bier verbunden, es gibt Bierlikör, Biermarmelade, Bierbrand, Schwarz- und Pilsbier-Essig sowie einen Hopfengeist von Ingos Schwester. 30 Sitzplätze und 8 Stehplätze in dem kleinen Lokal, 38 im Garten.

PASCHING

ROBKINS OLD IRISH PUB

4061 Pasching, Tennispointstraße 1, +43/676/848811220
www.facebook.com/Robkins1
ÖFFNUNGSZEITEN Mo-Do: 18:00 bis 00:00 Uhr, Fr-Sa: 18:00 bis 2:00 Uhr, So: 18:00 bis 00:00 Uhr

Robkins Old Irish Pub

FASSBIER Guinness, Guinness Hop House 13, Kilkenny, Gösser Zwickl, Edelweiss Weizen, Wieselburger
FLASCHENBIER Desperados, Hofstettner Granit Bier, Heineken, Anheuser Busch - American Bud, Zipfer Hell Alkoholfrei, Edelweiss Alkoholfrei
LOKAL Gemütliches Pub mit viel Holz- und Ziegeloptik. Am St. Patricks Day wird besonders gefeiert, da gibt es zu jedem irischen Getränk einen Jameson Whisky gratis dazu. Es lohnt, jeweils nach dem Monatsbier zu fragen, da waren vom Bayreuther Hell über das Hop House 13 bis zum Alphatier schon sehr unterschiedliche Brauereien mit ihren Bieren zu Gast. Wie es sich für ein Irish Pub gehört, gibt es natürlich auch Cider – und zwar gleich 7 verschiedene. Neben den Bieren gibt es auch Cocktails sowie 12 Eisteespezialitäten, 8 Milchshakes und 10 diverse Kakao. Zu Essen gibt es Kleinigkeiten zum Bier. 85 Sitzplätze, 50 Plätze im Garten.

PERG

PERGWERK

4320 Perg, Herrenstraße 28, +43/7262/225000
www.pergwerk.at
ÖFFNUNGSZEITEN Di-Do ab 16:00 Uhr, Fr-Sa 11:30 bis 04:00 Uhr, Mo Ruhetag
FASSBIER Gösser Braufrisch (Tank), Gösser Zwickl, Weihenstephaner Hefetrüb, Gösser Naturradler, Gösser Radler
FLASCHENBIER Heineken, Desperados, Sol Mexican Beer, Gösser Naturgold
LOKAL Das Pergwerk liegt in einem geräumigen Innenhof an der Herrenstraße – viel Platz für einen Gastgarten und einen langgezogenen Innenraum, in dessen Mitte eine große, quasi als Raumteiler dienende Bar zum Biergenuss einlädt. Vor der Bar einige Stehtische, an denen man unkompliziert trinken kann – im hinteren Bereich der Räumlichkeiten stehen Tische, an denen man speisen kann. Wobei das Angebot so verlockend ist, dass man auch im vorderen Bereich eine „Kleinigkeit" bestellt. Diese „Kleinigkeiten" sind nicht nur ziemlich groß dimensioniert, sondern auch von hervorragender Qualität. Das hat dem Pergwerk auch schon etliche Auszeichnungen gebracht – in der Krone-Wirtewahl erreichte das Team von Andreas Breitenfellner im Jahr 2020 den 1. Platz in Oberösterreich. 50 Sitzplätze im Lokal, 50 Plätze an der Bar, 40 Sitzplätze im Garten.

Pergwerk

WIRTSHAUS HOFER

4320 Perg, Herrenstraße 9, +43/7262/52588
www.hoferwirt.com
www.facebook.com/wirtshaushofer/?locale=de_DE
ÖFFNUNGSZEITEN Mo: 10:00 bis 22:00 Uhr, Di: 10:00 bis 14:00 Uhr, Mi-Do: 10:00 bis 20:00 Uhr, Fr: 10:00 bis 00:00 Uhr, So: 9:00 bis 12:00 Uhr
FASSBIER Puntigamer ‚das bierige' Bier, Schlägl Kristall, Gösser Zwickl
FLASCHENBIER Freistädter Ratsherrntrunk, Freistädter Rotschopf, Edelweiss Hofbräu, Andechser Weißbier
LOKAL Edith Aistleitner führt den Hoferwirt, ein gepflegtes Wirtshaus im Zentrum von Perg. Der Einrichtung ist in dunklem und hellem Holz gehalten. Sie sorgt für einen gepflegten, urigen Charakter. Im Lokal stehen 45 Sitzplätze zur Verfügung, acht an der Bar und 45 im Gastgarten.

PETTENBACH IM ALMTAL

BIERHOTEL RANKLLEITEN

4643 Pettenbach im Almtal, Rankleiten 8, +43/699/14133140
bierheuriger.com
ÖFFNUNGSZEITEN Mo-Mi: 16:00 bis 22:00 Uhr, Fr: 16:00 bis 22:00 Uhr, Sa-So: 11:00 bis 22:00 Uhr

Bierhotel Rankllleiten

FASSBIER Schloss Eggenberg Hopfenkönig, Schloss Eggenberg Naturbursch Bio Zwickl, ein Gastbier
FLASCHENBIER Spezialitäten von Ried, Hofstetten, Gusswerk, Stift Schlägl, Engelszell – und ein gut sortierter Vintage-Keller
LOKAL Die Rankleiten ist ein beschaulich gelegenes Einkehrgasthaus auf dem Weg von Pettenbach hinein ins Almtal. Nach Generalsanierung wurde das Traditionsgasthaus Rankleiten Mitte 2015 mit Hotelbetrieb wieder eröffnet. Jetzt dreht sich alles um's Bier – und Karl Stöhr aus der Brauereibesitzerfamilie von Schloss Eggenberg schaut persönlich darauf! Bierspezialitäten aus der Region, Küche mit und rund um's Bier. Weiters werden auch geführte Bierverkostungen mit Speisebegleitung angeboten. Nur auf Voranmeldung kann man den gut bestückten Verkostungskeller besuchen, in dem Karl Stöhr etliche rare Starkbiere für besondere Gäste vorrätig hält – darunter Beispiele des auf Schloss Eggenberg gebrauten Samichlaus-Starkbieres aus vielen verschiedenen Jahrgängen (und einige Flaschen aus der früheren Produktion in Zürich, aber die hütet Karl Stöhr wie seinen Augapfel). An das Lokal angeschlossen ist auch ein umfangreiches Bierflaschenmuseum, in dem mehr als 10.000 verschiedene Bierflaschen hübsch arrangiert ausgestellt sind. 70 Sitzplätze im Lokal, 5 an der Bar, 70 im Gastgarten.

PREGARTEN

BRUCKMÜHLE

4230 Pregarten, Bahnhofstraße 12, +43/650/3054233 oder +43/7236/20960
www.bruckmuehle.at
ÖFFNUNGSZEITEN Mi-Sa: 11:00 bis 14:00 Uhr, 17:00 bis 00:00 Uhr, So: 11:00 bis 15:00 Uhr
FASSBIER Freistädter Ratsherrn Premium, Freistädter Bio Zwickl, Hofstetter Granit, Radler (Freistädter mit Almdudler)
FLASCHENBIER Andechs Weißbier Hell, Andechs Weißbier Alkoholfrei, Zwettler Luftikus Alkoholfrei
LOKAL Ein Zugang im Erdgeschoß des alten Traktes der Steingutfabrik führt direkt in das Gasthaus. Eine schlichte Inneneinrichtung aus Metall, Holz und Glas, Transmissionsstangen und Riemenscheiben an der Holzdecke oder alte Gussformen aus Gips zur ehemaligen Herstellung von Tafelgeschirr schaffen eine außergewöhnliche Atmosphäre, und Erinnerungen an eine glanzvolle Produktionszeit werden dadurch geweckt. Die original belassenen Industriefenster fassen ein historisches Ambiente mit Ausblick in die Natur und zum Fluss.

PUCHENAU

TREFFPUNKT PÜHRINGER

4048 Puchenau, Großambergstraße 3, +43/732/221685 od. +43/676/5052516
www.treffpunktpuehringer.at
ÖFFNUNGSZEITEN Mo-Do: 10:00 bis 23:30 Uhr, So: 10:00 bis 14:00 Uhr, 17:00 bis 22:00 Uhr
FASSBIER Zipfer Urtyp, Schwechater Wiener Lager, Puntigamer, Weihenstephaner Weißbier, eine saisonale Bierspezialiät
LOKAL Einem alten Witz zufolge unterscheidet ein Gasthaus von einem Wirtshaus, dass im Wirtshaus eben der Wirt das Sagen hat. Das wird hier auch durch ein hübsch gemaltes Schild klargemacht: „Die Gäste haben sich so zu verhalten, dass der Wirt sich wohlfühlt." Das tut er offenbar, er kocht gut und gerne – und die Gäste verhalten sich dem Schild entsprechend. Dieses Wirtshaus ist tatsächlich der Treffpunkt für alle Menschen in der Gemeinde und darüber hinaus – vor allem an Sonntagen zu Mittag ist kaum Platz zu bekommen, da drängen sich die Gäste um den Mittagstisch (köstlich das Bratl mit Stöcklkraut). Man kann aber auch einfach ein Bier an der Bar trinken oder draußen auf der Terrasse Platz nehmen. 45 Plätze im Lokal, 30 auf der Terrasse.

PUCKING

GASTHAUS STEINDL

4055 Pucking, Hasenufer 12, +43/7229/87544
www.gasthaus-steindl.at
ÖFFNUNGSZEITEN Mo-Sa: 8:00 bis 00:00 Uhr
FASSBIER Grieskirchner Pils, Grieskirchner Tradition, Paulaner Hefeweizen, Saisonbiere
FLASCHENBIER Paulaner Hefeweizen Alkoholfrei, Clausthaler
LOKAL Günther und Karoline Steindl haben den Traditionsbetrieb (er wurde im Jahr 1883 gegründet) nett herausgeputzt und servieren zum gepflegten Bier ein Bratl in der Rein, Ripperl und im Herbst Wild oder Gansl. Fünf große Kastanienbäume spenden viel Schatten im Gastgarten rund um einen schönen Brunnen aus Granit, unmittelbar am Traun-Radweg. 120 Sitzplätze im Lokal, im Garten 70 Sitzplätze, 10 an der Bar.

RAAB

GASTHAUS SCHRAML

4760 Raab, Dr. Pflugerstraße 1, +43/7762/2242
gasthaus-schraml.at
ÖFFNUNGSZEITEN Mo, Mi, Fr: 9:00 bis 13:30 Uhr, 17:00 bis 00:00 Uhr; Di, Sa, So: 9:00 bis 13:30 Uhr und nach Vereinbarung geöffnet. Do Ruhetag.
FASSBIER Raaber Altwiener Lager im 1/8 Weinglas, Baumgartner Märzen, Baumgartner Zwickl Dunkel, Baumgartner Pils
FLASCHENBIER Rieder Weizen Hell, Kapsreiter Landbier Hell, Baumgartner Weizen Hell, Baumgartner Weizen Dunkel, Rieder Weißbier Alkohofrei, Baumgartner Naturtrüb Alkoholfrei, saisonal A'Raaber Festbock
LOKAL Gemütliches Landgasthaus mit jagdlichem Flair: Viele Trophäen an den Wänden, in einer Ecke der Gaststube hängt ein Kreuz, in einer anderen steht ein uralter Radioapparat und dazwischen trifft man sich auf ein Bier und genießt gutbürgerliche Küche. Das Raaber Bier gibt es hier nur in Achtelgläsern – man kann es aber auch in 0,75l und 0,33l Flaschen für zu Hause mitnehmen. Ca. 100 Sitzplätze im Lokal, 20 auf der Terrasse.

RIED IM INNKREIS

BIERGASTHOF RIEDBERG

4910 Ried im Innkreis, Südtiroler Straße 11, +43/7752/826100
www.riedberg.at
ÖFFNUNGSZEITEN Mo-Fr: 16:00 bis 00:00 Uhr, Sa: 9:00 bis 14:30 Uhr
FASSBIER Zuser's Bürgerbräu (Sondersud der Rieder Brauerei), Rieder Märzen, Rieder Weißbier Hell, Rieder Naturtrüb, ein Monatsbier
FLASCHENBIER Guinness, sämtliches Trappistenbier, Schneider Weisse TAP 4 „Meine Festweisse", Schneider Weisse TAP 5, „Meine Hopfenweisse", Schneider Aventinus Eisbock, Forstner 5 vor 12 Barley Wine 2011, Frank Boon Kriek, Brew Dog Hardcore IPA, Delirium Tremens, Rieder Weißbier, Rieder Weißbierbock, Samichlaus, Nussknacker (Barley Wine), Brew Age (Affenkönig Imperial IPA), Samuel Adams Utopias, Brewdog Sink the Bismark, Schorschbock 16 % Holzfass gereift, Schorschbock ICE 30 %, Schorschbock 57 %, Schorschbock 13 %
LOKAL Karl Zuser ist einer der Stars der modernen Bierkultur in Österreich – er unterrichtet auch Biersommeliers zum Thema Küche und Bier. Dementsprechend gibt es im frisch herausgeputzten und klimaneutral umgebauten Biergasthof auch täglich ein 3-gängiges Biermenü (Montag bis Freitag) mit passender Bierbegleitung – um Reservierung wird gebeten und empfohlen. Der Raritäten-Bierkeller, der auch mit einer großen Auswahl an gereiften Bieren bestückt ist, ist eine Sehenswürdigkeit für sich. Dort und auf der Bierkarte im Lokal findet man nicht nur die Biere der Innviertler Bierszene, für die er monatlich einen Stammtisch ausrichtet. Alle Biere werden sachgerecht kommentiert, dafür gab es (neben der Auszeichnung als Bierlokal des Jahres im Bierguide 2014) beim Bierkultur-Mystery-Check die höchste Punktezahl und auch Auszeichnungen für die Mitarbeiterinnen. 145 Sitzplätze gesamt in drei abgetrennten Räumlichkeiten (Bürgerstube, Konventstube und Claudi Saal), gemütlicher, schattiger Biergarten, teilüberdacht mit einer Pergola. 22

Biergasthof Riedberg

Braugasthof Träger

BRAUGASTHOF TRÄGER

4910 Ried im Innkreis, Rossmarkt 27, +43/7752/82160
www.hotel-traeger.at

ÖFFNUNGSZEITEN Mo-Di: 8:00 bis 00:00 Uhr, Mi-Fr: 16:30 bis 1:00 Uhr, Sa: 11:00 bis 14:00 Uhr

FASSBIER Rieder Naturtrüb, Rieder Weißbier Dunkel, Rieder Märzen, Rieder Zwickl Naturtrüb, ein Saisonbier, Rieder Weißbierbock, Rieder dunkles Zwickl

FLASCHENBIER Rieder IPA, Rieder Stelzhamer, Rieder UrEcht, Rieder Pils, Rieder Leichte Weisse, Honigbier, Kürbiskernbier

LOKAL In der Altstadt von Ried befindet sich dieser Familienbetrieb, der bereits in 4. Generation geführt wird – hier war von 1931 bis 1981 die 1. Oberösterreichische Weißbierbrauerei untergebracht. Die Brauerei wurde schließlich in ein Museum umgewandelt, das auch heute noch während der Öffnungszeiten des Gasthofes besichtigt werden kann. Die Gaststube wurde behutsam renoviert. Biersuppe, Braumeister-Steak mit Bier-Cognacsauce und verschiedenen Beilagen auf Vorbestellung! 140 Sitzplätze im Lokal, 10 Plätze an der Bar, Garten: 30 Sitzplätze.

BRAUWIRTSHAUS Z'RIED

4910 Ried im Innkreis, Am Kellerbräuberg 1, +43/7752/70330
www.brauwirtshaus-ried.at

ÖFFNUNGSZEITEN Mo-Do: 11:00-14:00 Uhr, 17:00-00:00 Uhr, Fr: 17:00-00:00 Uhr, Sa-So & Feiertag geschlossen

FASSBIER Rieder Märzen, Rieder Weißbier, Rieder Kellerbräu Naturtrüb, Stiegl-Hell

FLASCHENBIER Rieder Weißbier Dunkel, Rieder Alkoholfrei, Rieder Weißbier Alkoholfrei, Saisonbier

LOKAL Diese Gaststätte ist über 550 Jahre alt – zumindest deuten Teile der Holzdecke auf dieses hohe Alter. Das Lokal war früher

Ausschank des benachbarten Kellerbräu – einer der ältesten Brauereien Österreichs, die 2013 ihren Betrieb eingestellt hat. Die Gaststätte wechselte den Besitzer und das Bier – es kommt von der nahen Brauereigenossenschaft. Jährlich gestaltet Walter Egger seinen humoristischen Jahresrückblick, das „Derblecken“ in diesem Haus. Traditionelle Österreichische Küche. Ca. 120 Sitzplätze im Lokal, 17 Plätze an der Bar und 170 Sitzplätze im Gastgarten.

THE IRISH VIKING PUB

4923 Ried im Innkreis, Rainerstraße 23, +43/676/5099421
www.irish-viking-pub.at

ÖFFNUNGSZEITEN Di-Sa: ab 18:00 Uhr

FASSBIER Guinness, Kilkenny, Zipfer Märzen, Gösser, Kaltenhauser Bernstein, Starobrno, Edelweiss Hell, Edelweiss Dunkel, Radler

FLASCHENBIER New Castle Brown Ale, Fuller's London Pride, Heineken, Guinness Hop House 13, Lindemans Kriek, Zipfer Pale Ale, Hofbräu Kaltenhausen 1475 Pale Ale, Brew Dog Punk IPA, Brew Dog Dead Pony Ale, O'Hara's IPA, O'Hara's Irish Red Ale, O'Hara's Irish Stout, Desperados, Zipfer Hell, Edelweiss Alkoholfrei

LOKAL Heinz Schauberger hat das seit 1998 bestehende „Old Irish Pub“ behutsam renoviert – es ist nun Treffpunkt junger Fans der irischen Trinkkultur (mehr als 100 verschiedene Whiskys stehen zur Auswahl), aber auch ältere Gäste haben hier offensichtlich Spaß. Wer dazu gehören will, kleidet sich schwarz – entsprechende Merchandise ist ebenfalls erhältlich. Jeden dritten Mittwoch im Monat „open stage“, jeden Freitag ist „Burgertime“. 30 Plätze im Lokal, 20 Plätze an der Bar, 20 im Schanigarten.

WEBERBRÄU

4910 Ried im Innkreis, Weberzeile 1, +43/7752/80296
www.weberbraeu.at

ÖFFNUNGSZEITEN Restaurant: Mo, Di, Do, Fr 10:00 bis 23:00 Uhr, Mi 10:00 bis 19:00 Uhr, Sa 10:00 bis 18:00 Uhr; Bar: Mo, Di, Do, Fr 10:00 bis 24:00 Uhr, Mi 10:00 bis 19:00 Uhr, Sa 10:00 bis 18:00 Uhr Sonn- & Feiertage geschlossen

FASSBIER Weberbräu - Hausbier, Rieder UrEcht, Rieder Naturtrüb, Rieder Weisse Hell, Rieder Weisse Dunkel, Rieder Zwickl Dunkel, Saisonbier vom Fass, ein Bier des Monats

FLASCHENBIER Rieder Pils, Rieder Schwarzmann, Rieder Honigbier (Saisonbier – so lange der Vorrat reicht), Rieder India Pale Ale, Rieder Kürbiskernbier (saisonal), Rieder Weißbierbock, Rieder Edelbock, Arcobräu Mooser Liesl, Hirter Bio-Hanfbier, Freistädter Rotschopf, Stiegl-Hausbier Hopfenlager, Wildshut Bio Hopfenherz, Wildshut Sortenspiel, Lindemans Cassis, Liefmans Fruitesse, Schloss Eggenberg Samichlaus, Boon Kriek, Wildwuchs Fastmoker Pils, Wildwuchs Broid New England IPA, Pfesch Dunkles Bier, Wenzl Stammtischhopfen, Uttendorf Pils, Stift Engelszell Benno

LOKAL Modern gestaltete Gaststätte im Shopping Center Weberzeile, in gewisser Weise das Aushängeschild der Brauereigenossenschaft Ried. Besonders auffallend, dass auch Spezialitäten anderer Brauereien auf der Karte zu finden sind – und dass alle Biere ausführlich kommentiert sind. Im unteren Bereich, der mit Biertanks dekoriert ist, überwiegt der Bar-Charakter (und ein großer Kühlraum ist auch für Craftbiere eingerichtet), im Obergeschoss befindet sich der Restaurantbereich (90 Personen) mit modern interpretierter Hausmannskost, ein extra Claudi-Stüberl für bis zu 45 Personen, im Erdgeschoss eine gemütliche Bar mit Biercocktail-Angebot. Als Pauschalen gibt es einen Hopfingen Bierbummel oder den etwas umfangreicheren Kulinarischen Bierbummel.

Weber Bräu

ROHR IM KREMSTAL

SCHUPF'N

4532 Rohr im Kremstal, Oberrohr 10, +43/7258/7073
www.schupfn.at

ÖFFNUNGSZEITEN Di-Do: 11:00 bis 15:00 Uhr, Fr-So: 11:00 bis 22:00 Uhr

FASSBIER Schupf'n Naturtrüb (Zwicklspezialität aus dem Hause Zipfer), Gösser Gold, Gösser Naturgold, Ennstaler Weisse (Brauerei Schladming), saisonal Oktoberbier, Weihnachtsbock

FLASCHENBIER Einige Craftbiere, Edelweiss Alkoholfrei

LOKAL Die Kulti- und Genusswirte Silke und Reinhard Guttner haben einen ehemaligen Schupfn (der Scheune des gegenüber liegenden Bauernhauses) 1998 zu einer rustikal wirkenden Gaststätte eingerichtet – das wurde 2023 von den Kultiwirten mit der Auszeichnung „Kultiwirt des Jahres" belohnt. Hier wird in letzter Zeit auch immer mehr Craft Bier ausgeschenkt – ein eigener Kühlschrank mit Glasfront macht das wechselnde Angebot transparent. Zentral angelegt die Bierbar und das Buffet. Auf der Speisekarte mit Produkten ausschließlich aus der Region findet sich auch ein Braumeistergulasch (Rindsgulasch im Schupfnbräusaft „angesetzt"), dazu gibt es im Jänner die Bierwochen: Zwicklbiersuppe, Rostbraten im Zwiebel-Malzbierrahm, Pils-Käsespätzle und Karpfen im Bierteig – anschließend dazu Bierpunsch und Bierbowle. Und das ganze Jahr über gibt es das bierige Käseangebot aus der nahen Stiftskäserei Schlierbach. Dazu gehörige „Schupf'n Alm" für Feiern bis 20 Personen (Selbstversorger). 80 Sitzplätze im Lokal, 30 Plätze an der Bar, 80 Sitzplätze im Garten.

ROHRBACH

B34 – Essen | Trinken | Feiern

B34 – ESSEN | TRINKEN | FEIERN

4150 Rohrbach, Stadtplatz 34a, +43/7289/21301
www.b34.at

ÖFFNUNGSZEITEN Di-Do: 10:00 bis 00:00 Uhr, Fr-Sa: 10:00 bis 2:00 Uhr

FASSBIER b34 Premium Bräu (Eigenmarke), Schlägl Urquell, Hofstetter Granit, Gösser Zwickl Hell

FLASCHENBIER Andechser Weißbier Hell, Gösser Naturweizen, Edelweiss Weizen, Desperados, Heineken, Schlägl Roggen Gold, Schlägl Heimat, Hofstettner Mühlviertler Bio Pale Ale, 57brewery Schmieröl Golden Ale, Brew Age Hopfenauflauf, Brew Age Affenkönig, Brewdog Punk IPA

LOKAL Aufgrund eines Brandes im Frühjahr 2019, bei welchem das Restaurant Bertlwieser's zerstört wurde, startete Michael Bertl-wieser 2020 mit einem neuen Namen und einem neuen Design-Konzept neu durch – seine Bierkompetenz ist geblieben, wenn auch die Bierkarte deutlich kürzer ist als früher. Dafür hat er Tische eingerichtet, an denen man Fünf-Liter-Fässchen selbst zapfen kann. Zu essen gibt es lokale Spezialitäten wie Leinöl-Erdäpfel. 70 Plätze im Lokal.

LANDGASTHOF DORFNER

4150 Rohrbach, Stadtplatz 25, +43/7289/4332
www.gasthof-dorfner.at

ÖFFNUNGSZEITEN Mo-Do: 8:00-11:30 und 18:00-22:00 Uhr, So & Feiertage: 8:00-11:30 Uhr

FASSBIER Schlägler Urquell, Schlägler Stifter-Bier, Schlägler Bio Roggenbier, Schlägler Kristall

FLASCHENBIER Schlägler Malz, Schlägler Pils, Andechser Weizen

LOKAL Familiäres, sehr bierorientiertes Wirtshaus im Mühlviertler Hopfenanbaugebiet – direkt gegenüber vom Rathaus in Rohrbach. Auf den Tischen finden sich Aufsteller mit einem Tischgebet, das Kruzifix hängt an der Wand, alles sehr authentisch. Die Wirtin Erni Zippusch ist nicht nur in der katholischen Frauenbewegung engagiert, sie organisiert auch Verkostungen, zeigt Brauereivideos und serviert Trebernbrot und Mühlviertler Bierschnitzel. 70 Sitzplätze im Lokal, 150 im Garten.

RUTZENHAM BEI SCHWANENSTADT

ZUM ALFONS

4690 Rutzenham bei Schwanenstadt, Bergern 2, +43/7673/2442
www.zum-alfons.at

ÖFFNUNGSZEITEN Mi - So ab 16:00 Uhr

Zum Alfons

FASSBIER Alfons Märzenbier, Alfons Weizenbier, Alfons Radler, Alfons Bockbier (saisonal)

FLASCHENBIER Alfons Rum Ale, Alfons Whisky Ale, Rieder Märzen, Rieder Alkoholfrei

LOKAL Auf den ersten Blick ein Bauernhof wie viele andere, auf den zweiten ein gut besuchtes Ausflugslokal. Wenn man aber eintritt, eröffnet sich eine völlig neue Welt des Biergenusses. Die Wirtsleute Alfons und Dorothe, die den Betrieb – der 2001 oberösterreichisches Bierlokal des Jahres war – seit mehr als 20 Jahren immer mit guter Laune führen, haben sich darauf spezialisiert, die Gäste mit lustigen Aktionen zu unterhalten: Und weil es so viel Spaß macht, hat Alfons ein ganzes Souvenirshop aufgebaut, in dem es unter anderem den hauseigenen Bier-Honig, Bier-Essig und selbst geräuchertes Fleisch gibt – aber er hat auch schon 36.000 Teddybären an seine Gäste verkauft. Denn das Haus ist sehr kinderfreundlich, es hat sogar ein eigenes Spielzimmer für kleine Gäste und eine Kletterwand. Sehenswert auch der zum Gastgarten ausgebaute Innenhof mit teils überdachten Lauben, die im Herbst und Winter sogar beheizt werden können – übrigens gibt es hier auch eine Fotovoltaikanlage mit 150 Quadratmetern Fläche. 180 Sitzplätze im Lokal und auch im Garten.

SANKT GEORGEN AM WALDE

BRATL-BRÄU

4372 Sankt Georgen am Walde, Markt 13, +43/7954/2203
www.bratl.at
ÖFFNUNGSZEITEN Mi-Sa: 7:30-13:30 Uhr, 16:30-23:00 Uhr, So: 8:00-15:30 Uhr

Bratl-Bräu

FASSBIER Bratl Bräu Hell, Bratl Bräu Spezial, Radler
FLASCHENBIER Freistädter Ratsherrntrunk, Freistädter Rotschopf, Freistädter Bio-Zwickl, Freistädter Pegasus, Hofstetter Granit Bier, Wieselburger Stammbräu, Schlossgold
LOKAL Dieses Haus schafft es, bodenständige Mühlviertler Gastlichkeit mit gediegener Bierlokalatmosphäre zu verbinden. Der Braugasthof Sengstbratl verfügt nicht nur über eine kleine Brauerei, die gerne vorgeführt wird, sondern auch über eine angeschlossene Fleischerei, die auch die Zutaten für die bierigen Speiseangebote liefert. Einmal im Monat Brauerstammtisch mit Verkostung rarer Biere. 150 Sitzplätze im Lokal, 30 an der Bar, 70 Sitzplätze im Garten.

SANKT GEORGEN AN DER GUSEN

LONGHORN SALOON

4222 Sankt Georgen an der Gusen, Mauthausener Straße 76, +43/7237/5354
www.longhorn-saloon-texas.at
ÖFFNUNGSZEITEN Mo-Mi: 10:00 bis 00:00 Uhr, Do: 10:00 bis 14:00 Uhr, Fr-So: 10:00 bis 00:00 Uhr
FASSBIER Zipfer Urtyp, Puntigamer Panther
FLASCHENBIER Guinness (Dose), Corona, Kaiser Fasstyp, Zipfer Drei, Kilkenny, Desperados, Erdinger Weißbier, Edelweiss
LOKAL Dieses Country-Lokal in texanischem Stil könnte, so wie es ist, tatsächlich auch in den USA funktionieren. Vorwiegend männliche Gäste (Biker und Reiter sind willkommen), Livemusik an Freitagen im Sommer – und immer wieder neue Ideen für Feste, etwa ein Western-Halloween. 34 Plätze im Lokal, 16 an der Bar, 62 im Garten.

Longhorn Saloon

SANKT GEORGEN IM ATTERGAU

ATTERGAUHOF

4880 Sankt Georgen im Attergau, Attergaustraße 41
+43/7667/6406
www.attergauhof.at
ÖFFNUNGSZEITEN Mo-So: 10:00 bis 23:00 Uhr
FASSBIER Gösser, Hirter, Zipfer
FLASCHENBIER saisonale Craftbiere, Edelweiss Weißbier
LOKAL Dass es sich hier um ein gestandenes Bierlokal handelt, sieht man gleich: An den Wänden hängen Bilder mit Wirtshausszenen, an die hölzerne Decke hat ein Künstler wohl schon vor sehr langer Zeit Bierkrüge, Hopfenranken und Getreideähren gemalt. Die unkomplizierte SAS-Bar hat Kultstatus in der Region, es gibt sie seit bald 50 Jahren und sie ist an den Abenden von Freitag und Samstag geöffnet. Zu anderen Zeiten empfiehlt sich das Restaurant mit guter Bierpflege und freundlicher Bedienung. 28, Sitzplätze in der Gaststube, 40 im Stüberl, 22 in der Lounge, bis zu 200 Plätze im Blauen Saal und 50 Sitzplätze auf der Garten-Terrasse.

SANKT MARTIN IM INNKREIS

HOFWIRTSHAUS

4973 Sankt Martin im Innkreis, Diesseits 10, +43/650/9869138
www.facebook.com/people/Hofwirtshaus-St-Martin/100057609333028/

ÖFFNUNGSZEITEN Mo: 11:00 bis 14:00 Uhr, Di-Fr: 11:00 bis 14:00 Uhr, 17:00 bis 1:00 Uhr, Sa: 17:00 bis 1:00 Uhr, So: 11:00 bis 14:00 Uhr

FASSBIER Arcobräu Urfass, Arcobräu Zwickl, Arcobräu Weißbier

FLASCHENBIER Arcobräu Mooser Liesl, Arcobräu Hefeweißbier Dunkel, Arcobräu Hefeweißbier Alkoholfrei, Arcobräu Urfass Alkoholfrei

LOKAL Sehr eindrucksvolles altes Wirtshaus mit modernem Interieur und einer sehr einladenden, zentralen Bar. Im Sommer jeden Donnerstag ab 18:00 Uhr Grillabend. Von Oktober bis Weihnachten jeden Sonntag großes Wildbuffet, im September gibt es Bier-Schnaps-Bratl mit kommentierter Bierverkostung. 140 Plätze, 30 an der Bar, Garten: 80 Sitzplätze.

SANKT STEFAN-AFIESL

STEFANSPLATZERL (EHEM. MAYRWIRT)

4170 Sankt Stefan-Afiesl, St. Stefan am Walde 36, +43/7216/4407
www.stefansplatzerl.at/wirtshaus/

ÖFFNUNGSZEITEN Mi-Do: 8:00-14:00 Uhr; Fr: 8:00-00:00 Uhr (Themenabende), Sa-So & Feiertag: 8:00 bis 17:00 Uhr.

FASSBIER Freistädter Ratsherrntrunk, Freistädter Bio-Zwickl, Schlägl Kristall, Radler

FLASCHENBIER Freistädter Märzen, Freistädter Pegasus, Freistädter Rotschopf, Freistädter Junghopfen Pils, Freistädter Imperator, Steffinger Lepus Bräu, Hofstettner Granit Bier, Hofstettner Honigbier, Schlägl Roggen Gold, Schlägl Stifter Bier, Franziskaner Hell, Franziskaner Alkoholfrei, Zwettler Luftikus

LOKAL Am nördlichen Rand der kleinen Ortschaft St. Stefan (auf halbem Weg zwischen Haslach und Afiesl) liegt ein stattliches Gasthaus, das lange als „Mayrwirt" bekannt war und als solcher auch im Bierguide gelistet wurde. Im Jahr 2020 wurde das Haus auf Initiative der Gemeinde als integrativer Betrieb neu gestaltet und ist nun ein gastliches Begegnungszentrum für die Bürgergenossenschaft: Menschen mit Behinderung beweisen sich hier als freundliche und kompetente Gastgeber. Das Haus mit dem nach zwei Seiten offenen Kamin und der Terrasse mit dem legendären Fernblick vom Großen Priel bis zum Watzmann ist weiterhin ein Aushängeschild der Mühlviertler Bierkultur. Weil das nahe Haslach Standort einer Ölmühle ist, sind die Leinöl-Erdäpfel die angesagte kulinarische Rarität – eine Spezialität der Mühlviertler Küche. Angeschlossen ist auch ein Kaufmannsladen als lokaler Nahversorger. 90 plus 25 Sitzplätze im Lokal, Terrasse (mit Kinderspielplatz): 40 Plätze, 120 im Gastgarten.

SANKT ULRICH I. MÜHLKREIS

HOPFENSTUB'N AM HOPFENERLEBNISHOF

4120 Sankt Ulrich i. Mühlkreis, Pehersdorf 7, +43/664/2342641
www.hopfenerlebnis.at

ÖFFNUNGSZEITEN Do-Fr: 16:00 bis 00:00 Uhr, Sa-So: 15:00 bis 00:00 Uhr

Hopfenstub´n am Hopfenerlebnishof

FASSBIER Hofstettner Märzen, Schlägler Kristall, Freistädter Bio Zwickl

FLASCHENBIER Hofstettner Granit Bier, Hofstettner Honigbier, Hofstettner Granitbock, Hofstettner Saphir, Schlägler Roggenbier, Freistädter Junghopfen-Pils, Neufeldner Hopferl, Schlägler Heimat Bio-Bier, Neufeldner Mühlviertler Weisse, Andechser Weißbier, Freistädter Ratsherrntrunk, Eggenberger Freibier,

LOKAL Die passend zum Thema dekorierte Hopfenstub'n ist viel mehr als einfach eine Museumsschänke für das 2005 eröffnete Museum des Hopfenerlebnishofs: Es ist ein Gasthaus, in dem Familie Allersdorfer die Vielfalt des Mühlviertler Biers zelebriert. Es ist immer ein Vergnügen, mit den Wirtsleuten und Hopfenbauern über Gott und die Welt, das Mühlviertel und das Bier zu plaudern. Zu essen gibt es herzhafte Imbisse mit regionalen Zutaten (Erdäpfelkas, Kochkas, Speckjause). 55 Sitzplätze in der Hopfenstubn, 20 in der Blockhütte, 70 im Gastgarten.

SCHÄRDING

KAPSREITER STADTWIRT

4780 Schärding, Knörleinweg 1, +43/7712/2828
www.kapsreiter-stadtwirt.at

ÖFFNUNGSZEITEN Mo-Di: 10:00 bis 00:00 Uhr, Do-So: 10:00 bis 00:00 Uhr

FASSBIER Kapsreiter Landbier Hell, Baumgartner Märzen, Baumgartner Zwickl Hell, Baumgartner Zwickl Dunkel, Baumgartner Weizen Hell, Baumgartner Gartenradler, eine saisonale Bierspezialiät

FLASCHENBIER Kapsreiter Landbier Hell, Baumgartner Pils, Baumgartner Weizen Dunkel, Baumgartner Baunti, Baumgartner Weizen Alkoholfrei, Baumgartner Alkoholfrei Naturtrüb

LOKAL Das ehemalige Bräustüberl der Kapsreiter Brauerei firmiert nach Wiederbelebung der Marke wieder als Kapsreiter Lokal – das Kapsreiter-Logo wurde mit jenem des Stadtwirt verschmolzen. Sowohl die Kapsreiter- als auch die Baumgartner-Biere kommen aus der benachbarten Baumgartner Brauerei. Schon 1868 wurden im Kellergebäude an dieser Stelle Bier und Branntwein ausgeschenkt, der heutige Bau geht auf das Jahr 1912 zurück. Helles, freundliches Lokal mit kleiner Schank gegenüber dem Eingang. Im März 2017 kam der Baumgartner Stadtwirt in neue Hände. Die Küche bietet Wirtshausklassiker, regionale Spezialitäten und legt den Fokus auf Steaks, z.B. mit Salaten mit Bierdressing verfeinert. 345 Sitzplätze in zwei Räumen, 15 an der Bar, 120 im Garten.

Kapsreiter Stadtwirt

WIRTSHAUS ZUR BUMS'N

4780 Schärding, Denisgasse 8, +43/7712/3061
www.bumsn.at

ÖFFNUNGSZEITEN Mo - Sa 9:00 bis 00:00 Uhr, Sonn- und Feiertag Ruhetag

FASSBIER Baumgartner Märzen, Baumgartner Weizen Hell, Baumgartner Zwickl Hell, Baumgartner Zwickl Dunkel, Baumgartner Gartenradler, saisonal Bockbier

FLASCHENBIER Baumgartner Pils, Baumgartner Weizen Dunkel, Baumgartner Weizen Alkoholfrei, Baumgartner Alkoholfrei Naturtrüb, Baunti Lager

LOKAL Dem Namen „Bums'n' haftet nichts Unanständiges an. Er ist jahrhundertealt und erklärt ein kleines Detail früherer Bierführerarbeiten: Die Bierfässer wurden vom Rossgespann abgeladen und über den leicht abschüssigen Boden in die Gaststube gerollt. Am mächtigen Schanktresen „bumsten" die Fässer an und kamen so zum Stillstand. Das heutige Lokal stammt aus dem Jahr 1930, wurde 1996 sorgfältig renoviert und der Garten erweitert: Mehr denn je ist es Aushängeschild der 1609 gegründeten Baumgartner Brauerei. Über dem Jäger-Stammtisch hängt ein Ast mit der Inschrift „Mögen die Jäger noch so lügen – dieser Ast lässt sich nicht mehr biegen." Braumeisterstüberl 20 Plätze, Gambrinuskeller 100 Plätze, Gaststube 80 Plätze, Bürgerstüberl 50 Plätze, Gartenstüberl 40 Plätze, Hopfengarten 150 Plätze, Schanigarten 85 Plätze.

Wirtshaus zur Bums'n

SCHALCHEN

GASTHAUS BRÄU

5231 Schalchen, Hauptstraße 25, +43/7742/3006, +43/664/5364501
www.gasthausbraeu.at

ÖFFNUNGSZEITEN Di: 10:00 bis 14:00 Uhr, Mi: 10:00 bis 23:00 Uhr, Fr-Sa: 10:00 bis 23:00 Uhr, So: 9:00 bis 15:00 Uhr

FASSBIER Stiegl-Goldbräu, König Ludwig Weizen Hell und Dunkel

FLASCHENBIER Stiegl-Zwickl, Stiegl-Sport Weisse, Stiegl-Freibier, Baumgartner Export, Baumgartner hell

LOKAL Schön renoviertes Gasthaus der Familie Weinbrenner mit kleinem Biergarten und gepflegtem Stiegl Bier. Der Ofentisch stellt hier den Stammtisch dar – und es gibt eine große Zahl von Stammtischgesellschaften, die sich hier daheim fühlen. Außerdem trifft man sich am Samstag vormittags zur „11-Uhr Konferenz" und sonntags zum traditionellen Frühschoppen. 120 Plätze im Lokal, 100 im Biergarten.

HOFGENUSS WOIGARTLBRÄU

5231 Schalchen, Oberharlochen 6, +43/660/3473494
www.woigartlbraeu.at
ÖFFNUNGSZEITEN Mi-Fr: 14:00 bis 22:00 Uhr, Sa: 12:00 bis 22:00 Uhr, So: 10:00 bis 22:00 Uhr
FASSBIER Woigartl Kellerbier, Woigartl Weißbier Hell, Woigartl Weißbier Dunkel
FLASCHENBIER Woigartl Summer Pale Ale
LOKAL Das Woigartlbräu ist ein in einem Nebengebäude eines Bauernhofs eingerichtetes kleines Lokal, in dem das hauseigene Bier – in drei Standardversionen und immer wieder auch als kreativer Sondersud von Alexander Schiemer – ausgeschenkt wird. Dazu gibt es ein kleines Speisenangebot. Immer wieder Aktionen rund ums Bier – etwa zum Weltfrauentag, an dem die Beziehung von Frauen und Bier erörtert wird. Den Namen haben Brauerei und Brauereiausschank vom benachbarten Wollgarten, in dem die Mutter des Brauereibesitzers ihr Geschäft für Wolle und Filz betreibt und in einer originalen Jurte auch Woll-Seminare abhält.

SCHIEDLBERG

BRAUHOF GOLDBERG

4521 Schiedlberg, Weichstettenstraße 119, +43/7251/592 oder +43/699/17251592
www.brauhof-goldberg.at
ÖFFNUNGSZEITEN Di-Sa: 16:00 bis 00:00 Uhr, So: 14:00 bis 22:00 Uhr
FASSBIER Hausgebrautes Goldberger Helles, Goldberger Weisse, Goldberger Dunkles, Goldberger Alt
LOKAL Im Juni 2004 errichtete Gasthausbrauerei in ehemaligen Stallungen eines Bauernhofs – gleich beim Hereinkommen stößt man auf die Brauanlage. An dieser braut Claus Mayr, ein sehr um die Bierkultur bemühter Diplombiersommelier. Eindrucksvolle Gewölbearchitektur, großer Gastgarten und Kinderspielplatz. Und neben-

an ist ein Wald Hochseilgarten sowie ein Segway-Verleih. 70 Sitzplätze im Lokal, 150 Sitzplätze im Garten, 10 Plätze an der Bar.

SCHILDORN

WIRT Z'EBERSAU

4920 Schildorn, Ebersau 40, +43/7754/8334
www.wirtzebersau.at
ÖFFNUNGSZEITEN Mo-So: 8:00 bis 00:00 Uhr
FASSBIER Zipfer Märzen, Zipfer Radler, saisonal Oktoberbräu
FLASCHENBIER Bei Feiern gibt es bis zu 20 verschiedene Flaschenbiere, Gösser Zwickl, Weihenstephaner, Zipfer Hell, Zipfer Drei, Weihenstephaner Weißbier Hefetrüb, Weihenstephaner Weißbier Alkoholfrei, Gösser Stifts-Zwickl Hell, Gösser Stifts-Zwickl Dunkel (saisonal)
LOKAL Manfred und Annemarie Lindbauer führen dieses 1901 erbaute rustikale Landgasthaus seit 1987. Wirtin Annemarie steht selbst am Herd (berühmt sind ihre Brat- und Surspeckknödel) und Manfred kümmert sich um das Wohl der Gäste. So wurde der „Wirt z'Ebersau" zu einem „Speiselokal mit Wirtshauskultur" entwickelt – seine urige Gaststube diente schon oft als Kulisse für Fernsehbeiträge. Täglich Mittagsmenü, jeden Mittwoch gibt es ein Frühstücksbuffet je nach Saison. Sonntagsangebote (Wild- und Entensonntage ab Oktober) und auf Vorbestellung „Bradl in der Rein". Im gesamten Lokal 120 Sitzplätze, auf der Terrasse / im Garten ca. 50 Sitzplätze.

SCHÖRFLING AM ATTERSEE

ZENZ'N STUBN

4861 Schörfling am Attersee, Marktwaldstraße 19
+43/7662/3494
www.zenznstubn.com
ÖFFNUNGSZEITEN Sept. bis Juni: Mi-Sa: 11:00 bis 21:00 Uhr, So: 11:00 bis 20:00 Uhr; Juli und August: Di-Sa: 11:00 bis 23:00 Uhr, So: 10:00 bis 22:00 Uhr
FASSBIER Eggenberger Hopfenkönig Pils, Eggenberger Naturtrüb
FLASCHENBIER Eggenberger Urbock, Eggenberger Freibier, Eggenberg Medium, Die Weisse Hell/Dunkel/Bock, König Ludwig Dunkel, König Ludwig Weißbier Hell/Dunkel
LOKAL Im Tiroler Stil mit Kachelofen eingerichtetes gemütliches Bierlokal mit zwei Wintergärten und Sommerterrasse, jeweils mit herrlichem Blick über den Attersee. Die Chefin Frau Helga kocht gutbürgerliche Schmankerln. Lokal: ca. 50 Plätze, Wintergarten: ca. 40 Plätze, Panorama-Veranda: ca. 50 Plätze, Sonnenterrasse: ca. 70 Plätze.

SCHWANENSTADT

ZIGEUNERWIRT SCHWANENSTADT

4690 Schwanenstadt, Einwarting 8, +43/7674/62845
ÖFFNUNGSZEITEN Mo-Mi: 17:00 bis 00:00 Uhr, Do: 10:00 bis 14:00 Uhr, 17:00 bis 00:00 Uhr, So: 17:00 bis 00:00 Uhr
FASSBIER Zipfer Doppelgold, Zipfer Drei
FLASCHENBIER Weihenstephan, Edelweiss Alkoholfrei
LOKAL Sehr beliebtes Ausflugslokal. Der Betrieb wurde 1962 von Franz und Ernestine Wolfsteiner gegründet und im Jänner 2000 von ihrer Tochter Karin Schatzl übernommen. Das Bier lagert hier in einem natürlichen, in den Berg gegrabenen Keller. Ca 70 Sitzplätze im Lokal, im Garten ca. 120 Sitzplätze und im neu renovierten Salettl. Ca. 50 Sitzplätze.

SCHWERTBERG

MÜHLVIERTLER HOF – GASTHOF GEIRHOFER

4311 Schwertberg, Hauptstraße 10, +43/7262/61262
www.gasthof-geirhofer.at
ÖFFNUNGSZEITEN Mi-Sa: 9:00 bis 00:00 Uhr, So: 9:00 bis 16:00 Uhr
FASSBIER Zipfer Urtyp, Linzer Bier, Freistädter, Weihenstephaner Weizen, ein Saisonbier
FLASCHENBIER Guinness, Edelweiss Alkoholfrei
LOKAL In der Mühlviertler Stube dieses 1965 gegründeten Gasthofs bildet ein alter Eichenstammtisch den Kern der urigen Wirtshausstube. Im angeschlossenen Restaurant „Gwölb" kann man saisonale Speisen aus der traditionellen österreichischen Küche

sowie internationale Schmankerl genießen. Die Betreiberfamilie Geirhofer ist vom Waidwerk fasziniert – daher landet während der Wildwochen im Herbst oft selbst erlegtes Wild auf dem Teller. 120 Sitzplätze im Restaurant, 80 im Garten.

SCHWERTBERGER BRÄU

4311 Schwertberg, Aisttalstraße 17, +43/660/3763644
www.schwertberger-braeu.at

ÖFFNUNGSZEITEN Ganzjährig Di-Fr (ausgenommen Feiertage) ab 15:00 Uhr.

FASSBIER Schwertberger Bräu Helles und Dunkles, saisonale Biere, Spezialbiere

FLASCHENBIER Schwertberger Bräu Helles und Dunkles, saisonale Biere, Spezialbiere

LOKAL Gemütliches Braustüberl im Zentrum von Schwertberg, in dem man bei einem gepflegten Glas Bier über die Vorzüge des Gerstensaftes und vieles andere mehr philosophieren und die Produkte der Brauerei Schwertberger Bräu käuflich erwerben kann. Zu den Bieren werden auch Speisen und Snacks angeboten (z.B. Kistenbratlsemmel, Maurerforelle, diverse Würste, deftige Weckerl etc.). Gerne kann das Braustüberl (auch außerhalb der normalen Öffnungszeiten) für Gruppenveranstaltungen wie z.B. Geburtstagsfeiern, Weihnachtsfeiern, Bierseminare etc. gebucht werden. Bei den Speisewünschen ist man sehr flexibel und bemüht, die Wünsche der Gäste zu erfüllen. 30 Sitzplätze und zahlreiche Stehplätze an der großen Theke, 30 Sitzplätze im Gastgarten. Geöffnet ganzjährig Dienstag - Freitag ab 15:00 Uhr.

STEINBACH AM ATTERSEE

Bierschmiede

BIERSCHMIEDE

4853 Steinbach am Attersee, Seefeld 56, +43/664/5486321
www.bierschmiede.at, www.facebook.com/bierschmiede.at

ÖFFNUNGSZEITEN Do-Sa: 17:00 bis 23:00 Uhr

FASSBIER Bierschmiede Werkstück Märzen, Meisterstück Pils, Rotglut Altbayrisch Dunkel, Weißglut Weißbier, Funkenflug Honigbock, Bierschmiede Funkerl Leichtbier

FLASCHENBIER Bierschmiede Zunder Rauchbier, Bierschmiede Hammer Baltic Porter, Amboss Imperial Stout

LOKAL Ca. 16 verschiedene Biere, davon 10 ganzjährig verfügbar, braut Mario Scheckenberger jedes Jahr – darunter ein Dörrzwetschkenbier (mit Dörrzwetschken aus einer traditionellen Dörrhütte). Und natürlich sein „Meisterstück", jenes Pils, mit dem er die höchste Auszeichnung beim European Beer Star erbraut hat. Scheckenberger ist langjähriger Profi im Biergeschäft, er war für das Marketing einiger der bekanntesten österreichischen Biere zuständig. Im Juli 2015 eröffnete er dann auch den eigenen Ausschank, der umgehend als „Bier & Käse"-Lokal vom Bierguide ausgezeichnet worden ist. Scheckenberger braut seine mehrfach ausgezeichneten Biere direkt in der Braustub'n mit offenem Kamin. Neben dem Sudkessel kann man durch Glas auch direkt in den Gärkeller blicken – feinstes Biererlebnis mit allen Sinnen. Die Zutaten für die Jausenkarte kommen ausschließlich vom Bauern, Käsern oder Fleischhauereien in der Region. 50 Sitzplätze im Lokal, 70 im Gastgarten.

STEYR

Knapp am Eck

KNAPP AM ECK

4400 Steyr, Wehrgrabengasse 15, +43/7252/76269
www.knappameck.at

ÖFFNUNGSZEITEN Di-Sa: 11:00 bis 14:00 Uhr, 18:00 bis 23:00 Uhr

FASSBIER Poldi Bier (Kleinbrauerei von Leopold Schmidthaler in Erlenbrunn), Zipfer Urtyp, Schladminger Bio Zwickl, Schladminger Schneeweisse

FLASCHENBIER König Ludwig Dunkel, Edelweiss Alkoholfrei

LOKAL Schon seit rund drei Jahrzehnten betreibt Familie Klement dieses Schmuckstück von einem Wirtshaus im Wehrgrabenviertel von Steyr, das nun von Jürgen Klement geführt wird. Es sieht heute historischer und gleichzeitig schmucker aus als je zuvor, der angenehm strukturierte Garten wirkt fast wie ein privater Rückzugsbereich für die Gäste. Mehrfache Auszeichnungen als „Kultiwirt des Jahres" – und eine Küche, von der das Falstaff-Magazin anerkennend schreibt, dass die Steyrer sich glücklich schätzen dürften, dass es so ein Juwel noch gibt. 80 Sitzplätze im Lokal, 5 bis unendlich Plätze an der Bar, 120 Sitzplätze im Garten.

SCHWECHATERHOF

4400 Steyr, Leopold Werndlstraße 1, +43/7252/53067
www.schwechaterhof.at
ÖFFNUNGSZEITEN Di: 16:00 bis 23:00 Uhr, Mi-Sa: 10:00 bis 23:00 Uhr, So: 10:00 bis 14:00 Uhr

Schwechaterhof

FASSBIER Schwechater Hopfenperle, Schwechater Zwickl, Schwechater Wiener Lager, Budweiser Budvar, Weihenstephaner Hefetrüb, Schlägl Stifterbier
FLASCHENBIER Österreich: Die Weisse, Gösser, Brew Age, Loncium, Gusswerk, Schlägl, Birol, BrauSchneider, Kaltenhausen, Kiesbye Bierkulturhaus, Stift Engelszell, BEVOG, Schleppe, Hofstetten; Deutschland: BRLO, Riedenburger Riegele Frau Gruber Sudden Death, Crew Republic, Heller (Schlenkerla), Flügge; Polen: Broear STU Mostów; Spanien: Basqueland, Garage; England: Samuel Smith, Thornbridge, Big Drop, Vault Schottland Brewdog; Irland: Kilkenny; Dänemark: Mikkeller; Estland: Põhjala; Niederlande: Jopen; Frankreich: Piggy Brewing; Belgien: St. Bernardus, Huyghe, Lindemans; USA: Sierra Nevada.
LOKAL Der Schwechaterhof führt den Namen der Schwechater Brauerei im eigenen Logo, das 1805 gegründete Wirtshaus war nämlich von 1889 bis 1961 im Besitz der Brauerei Schwechat – dass man hier perfekt gezapftes Schwechater Zwickl bekommt, überrascht also nicht. Aber Wolfgang Pötzl – er führt den Familienbetrieb in dritter Generation – macht mehr daraus. Er ist Biersommelier und hat sich auf heimische Craft-Biere (die kleinen Flaschen durchaus zu zivilen Preisen) spezialisiert. Gemütliche Stuben, uriger Biergarten mit Kastanienbäumen und Bierbar zeigen: Hier steht das Bier im Mittelpunkt. Und wenn man genau schaut, findet man auch eine Sammlung historischer Bierkrüge und eine Kollektion von Modellen von Bier-Lkws. Es gibt auf Vorbestellung eigene Bierzapf-Programme und Bierverkostungen mit Biersommelier Wolfgang Pötzl und Bierkeeper Johannes Siegmund für Gäste. Jeden Monat Aktionen rund ums Bier. Mit dem Barbarabieranstich – inklusive Schwerttanz und Knappenumzug am Hauptplatz – wird traditionell der Weihnachtsmarkt eröffnet. Und zur Adventzeit stehen auch bis zu einem Dutzend Bockbiere auf der Karte. 250 Sitzplätze im Lokal, 20 an der Bar, 150 im Garten.

THE IRISH

4400 Steyr, Gleinker Gasse 14, +43/7252/7119612
www.theirish.eu
ÖFFNUNGSZEITEN Mi-Do: 17:00 bis 00:00 Uhr, Fr-Sa: 17:00 bis 01:00 Uhr, So: 16:00 bis 22:00 Uhr

The Irish

FASSBIER Guinness, Kilkenny, Kaltenhausen 1475 Pale Ale, Kaltenhausen Bernstein, Zipfer Urtyp, Birra Moretti, 3 x Biere von Next Level Brewing (wechselnd)
FLASCHENBIER Vollsortiment von Next Level Brewing, Schwechater Zwickl, Gösser Dunkles Zwickl, Wieselburger Stammbräu, Kaiser Goldquell, Weihenstefan Hefetrüb, Heineken, Rieder Weisse, Rieder Schwarzmann, Brewdog 4 Sorten (wechselnd), Anchor 3 Sorten (wechselnd), O'Hara's Irish Stout, O'Hara's Irish

Pale Ale, O'Hara's Irish Red Ale, Porterhouse, Bäckelar Brewery Sölsch, Brewdog Punk IPA, Elvis Juice, Dead Pony
LOKAL Dino Kargers Gäste fühlen sich wie uralte Freunde (einige sind es auch). Freunden empfiehlt man schon mal ein Bier, das sie noch nicht kennen – etwa ein Craftbier von Next Level oder ein Sölsch aus Sölden. Innerhalb kürzester Zeit erwarb sich nicht nur das Bierangebot, sondern auch die Burger-Karte einen legendären Ruf. Die Burger kann man sich in einer großen Auswahl an Optionen und Beilagen, auch mit der eigens kreierten Bier-Maroni BBQ Sauce, individuell zusammenstellen. „Burger-Wildwochen" im Herbst. Auch wurde das Sortiment an hausgemachten, mit Bier zubereiteten Saucen erweitert. Regelmäßig Feste und Aktionen rund ums Bier. In der Kuriositäten-Sammlung gibt es auch rare Sammlerstücke wie falsch etikettierte Exklusivflaschen zu bestaunen. Für den gesellschaftlichen Teil stehen eine Steeldart Scheibe und eine große Sammlung an Brett-, Karten- und Würfelspielen zur Verfügung. 100 Sitzplätze im Lokal, 14 an der Bar.

THE RED ROOSTER

4400 Steyr, Blumauergasse 2, +43/699/12334095
www.theredrooster.stadtausstellung.at
ÖFFNUNGSZEITEN Di-Do: 19:00 bis 00:00 Uhr, Fr-Sa: 19:00 bis 1:00 Uhr
FASSBIER Freistädter Ratsherrntrunk, Starobrno
FLASCHENBIER Hofstetter Granit, Freistädter Bio Zwickl, Freistädter Rotschopf, Freistädter Pegasus, Gusswerk Schwarzes Schaf Stout, Gusswerk Nicobar IPA, Bierol Mountain Pale Ale, Andechser Hefeweizen Hell
LOKAL Das Motto der Wirtsleute Monika und Eugen Slapak lautet: „Music & Beers": Dementsprechend spielt neben Blues, Funk, Jazz, Americana und Rock'n'Roll in diesem Lokal Bier die Hauptrolle. Stammgäste bringen an jedem zweiten Dienstag (in geraden Wochen) eigene Vinyl-Scheiben mit und legen auf – so kann man manche lange nicht mehr gehörte Raritäten hören. Unregelmäßig Live-Auftritte und Pub Quiz. 40 Plätze im Lokal, 5 an der Bar, 50 im Garten (bei Konzerten mehr).

TIMELKAM

BART

4850 Timelkam, Linzer Straße 18, +43/676/9502312
www.bart.co.at
ÖFFNUNGSZEITEN Do: 19:00 bis 00:00 Uhr, Fr-Sa: 19:00 bis 4:00 Uhr
FASSBIER Guinness, Eggenberger Märzen, wechselndes Spezialbier
FLASCHENBIER Velkopopovický Kozel Hell, Velkopopovický Kozel Dunkel, Kilkenny, Franziskaner Kellerbier, Franziskaner Weißbier, Hoegaarden, Desperados, Tegernseer Hell, Trumer Pils, Hirter Bio Hanfbier, Benediktiner Hell, Schneider Weisse TAP 5, Bierschmiede Meisterstück Pils, Sol, Brew Dog Punk IPA, Hacker Pschorr, Guinness Hop House 13, St. Peter's Whisky Beer, Samuel Smith Strawberry
LOKAL Neben der üblichen Gesichtsbehaarung steht Bart für eine alternative Bar im Herzen von Timelkam mit alternativer Musik, Konzerten von lokalen bis internationalen Independent Bands. Überraschend, dass es hier eine kleine Karte mit belgischen Bieren gibt – und Barpersonal, das sich damit auskennt. Kleine, feine, saisonal abgestimmte Speisekarte. 15 Plätze an der Bar, 50 im Lokal.

TRAUN

SCHLOSS TRAUN

4050 Traun, Schlossstraße 8, +43/7229/668822
www.schlosstraun.at
ÖFFNUNGSZEITEN Mo-Sa: 11:00 bis 00:00 Uhr, So: 11:00 bis 16:00 Uhr
FASSBIER Stiegl-Pils, Stiegl-Paracelsus Bio Zwickl
FLASCHENBIER Stiegl-Weisse Naturtrüb, Stiegl-Freibier, Stiegl-Weisse Alkoholfrei
LOKAL Ambitionierter Kulturbetrieb und angenehme Gastronomie mit kreativer Küche auf höchstem Niveau und tollem Service. Regelmäßige Frühschoppen, Oster-, Weihnachtsmarkt, Konzerte, Ausstellungen. Im Lokal hängt ein Lobgedicht auf das Trauner Bier – „Des Bier dort is bei Gott a Traum / Goldgelb mit am weissen Schaum." 80 Sitzplätze im Lokal, 90 im Saal, 5 an der Bar, 100 im Garten.

Schloss Traun

SUDHAUS TRAUN

4050 Traun, Madlschenterweg 7, +43/7229/21109
www.sudhaus-traun.at
ÖFFNUNGSZEITEN Mo-Do: 16:00 bis 00:00 Uhr, Fr: 14:00 bis 00:00 Uhr, Sa: 16:00 bis 00:00 Uhr

Sudhaus Traun

FASSBIER Trauner Spezial, Dunkles, Weißbier, Spezial Naturtrüb, Dunkles Naturtrüb, Bockbier
FLASCHENBIER Trauner Spezial, Trauner Dunkles
LOKAL Im Sudhaus von Traun spiegeln sich Tradition und Moderne nicht nur im Gebäude, sondern auch im Verkostungsraum wider. Alte Ziegelwände, schwere, handgearbeitete Tische und Bänke, dazu eine moderne Schank und das Sudhaus, welches nur durch eine Glasscheibe vom Verkostungsraum getrennt ist. Seit März 2017 wird das Lokal von Robert Mader geführt – auch ihm ist es ein Anliegen, Bierliebhaber zu erreichen, welche auf der einen Seite regionales Bier unterstützen und das Bier naturbelassen und als Naturprodukt zu schätzen wissen. 60 Sitzplätze, 200 im Garten.

TUMELTSHAM

GASTHOF STRASSER – WIRT IN ESCHLRIED

4910 Tumeltsham, Eschlried 3, +43/7750/3410
www.gasthof-strasser.com
ÖFFNUNGSZEITEN Mo-Di: 8:00 bis 00:00 Uhr, Do-So: 8:00 bis 00:00 Uhr
FASSBIER Zipfer, Weihenstephaner Weizen
FLASCHENBIER Heineken, Weihenstephaner Dunkel
LOKAL Gemütliches Wirtshaus mit nettem Schankraum und einem sehr schönen Biergarten. Restaurant: 60 Sitzplätze, großer Festsaal: 240, kleiner Saal: 60, Gastgarten: 180 Plätze.

SCHACHINGER

4910 Tumeltsham, Walchshausen 5, +43/7750/3223
www.gh-schachinger.at
ÖFFNUNGSZEITEN Mi-Fr: 16:00 bis 23:00 Uhr; Sa: 11:00 bis 14:00 Uhr, 16:00 bis 23:00 Uhr; So: 10:00 bis 14:00 Uhr
FASSBIER Baumgartner Märzen, Baumgartner Weizen, Baumgartner Zwickl Naturtrüb, Radler
FLASCHENBIER Baumgartner Weizen Dunkel, Baumgartner Weizen Alkoholfrei, Schlossgold, Zwickl Alkoholfrei
LOKAL Musikantenwirtshaus (Senior- und Juniorchef sind selber Musikanten) in der kleinen Ortschaft Walchshausen vier Kilometer nördlich von Ried im Innkreis. Sehr bodenständig, mit freundlichen Wirtsleuten und schönem Gastgarten. Hausgemachte Innviertler Spezialitäten und Bierschmankerln. 100 Sitzplätze, 20 an der Bar, Garten: 60 Sitzplätze. 12

UTTENDORF

BRAUGASTHOF VITZTHUM

5251 Uttendorf, Nr. 25, +43/7724/2508-24
www.braugasthof-vitzthum.at
ÖFFNUNGSZEITEN Mo-So: 9:00 bis 23:00 Uhr
FASSBIER Uttendorf Export, Uttendorf Kellerbier, Uttendorf Weißbier Hell, saisonal Uttendorfer Zwickl Bock
FLASCHENBIER Uttendorf Märzen, Export, Pils, Falstaff, Dunkler Bock, Weißbier Hell u. Dunkel, Leichtbier Hell, Premium
LOKAL Dieses stattliche Bräuhaus mit seiner urigen Gaststätte ist ein geschätztes und nunmehr auch geschütztes Kulturgut: Im Jahr 2018 wurde der Familie Vitzthum, die den Betrieb seit 1906 führt, die Plakette „Bleibende Werte für's Innviertel" verliehen. Der Betrieb der Brauerei ist noch wesentlich älter: Jedenfalls ist er seit 1600 als Brauerei urkundlich belegt, das Gasthaus mit dem Gründungsjahr 1721 erhielt 1835 sein heutiges Aussehen – und den schönen Arkadenhof. Die ausgetretene steinerne Schwelle am Eingang belegt, dass schon Generationen von Bierliebhabern darüber gegangen sein müssen. Die Diplombiersommeliers Mathias und Regina Vitzthum haben die einfache Einrichtung belassen, wie man sie seit Jahrzehnten kennt – die Gasthausküche ist bodenständig, in der jeweiligen Saison gibt es Wildgerichte. Ca. 150 Plätze im Lokal und 50 im Innenhof. 6

VÖCKLABRUCK

BIER REVIER

4840 Vöcklabruck, Bahnhofstraße 4-8, +43/676/5447736
www.facebook.com/bierreviervoecklabruck
ÖFFNUNGSZEITEN Mi-So 19:00 bis 2:00 Uhr und vor jedem Feiertag geöffnet.
FASSBIER Augustiner, Zipfer
FLASCHENBIER Bäckelar Brewery Sölsch, Stiegl-Goldbräu, Guinness (Dose), Guinness Hop House 13, Kilkenny, Heineken, Grimbergen Double, Sol, Desperados, Murauer, Budweiser Budvar, Edelweiss Hofbräu, Obertrumer Original, Augustiner Hell, Maisel's Hefeweizen
LOKAL Kleine Bierbar mit gepflegtem Fassbier und einigen nicht

alltäglichen Flaschenbieren – deren Angebot immer wieder wechselt. Am Wochenende gibt es ein wechselndes Angebot wie Bratl, Ripperl oder Schweinsbratenwrap – dies wird auf der Website und über die WhatsApp-Gruppe angekündigt. Und – gegen Vorbestellung wird gekocht, was gewünscht wird! Und immer wieder Feste – etwa zum Nationalfeiertag.

FRUHSTORFER „DAS WIRTSHAUS AM RANDE DER STADT"

4850 Vöcklabruck, Oberthalheim 6, +43/7672/72834
www.fruhstorfer.at
ÖFFNUNGSZEITEN Mo: 10:00 bis 14:00 Uhr, 16:30 bis 23:00 Uhr, Di: 10:00 bis 14:00 Uhr, Mi-Fr: 10:00 bis 14:00 Uhr, 16:30 bis 23:00 Uhr, So: 10:00 bis 14:00 Uhr, 16:30 bis 23:00 Uhr

Fruhstorfer „Das Wirtshaus am Rande der Stadt"

FASSBIER Hofbräu München Original, Zipfer Märzen, Hausbier - Fruhstorfers Hopfentropfen, Saisonal abwechselnd: Kellerbier, Bräu am Berg Bock, Obertrumer Original
FLASCHENBIER Breite stilistische Vielfalt, vom Hofbräu München Dunkel über den Rieder Weißbierbock, vom Trumer Pils zum Kisbyes Waldbier, vom Samuel Smith Imperial Stout zum Eggenberg Samichlaus Barrique sowie einer großen Auswahl an Trappisten- und Abteibieren.
LOKAL Alteingesessener, stattlicher Gasthof mit mehrfach prämiertem, windgeschütztem Gastgarten. Diplom-Biersommelier Karl Fruhstorfer – er stammt aus einer früheren Brauerfamilie – macht Craft Bier auch jenen Gästen schmackhaft, die bisher nur das Zipfer aus der nahen Großbrauerei getrunken haben. Die Familie Fruhstorfer ist erblich vorbelastet: sie hat früher selber eine Brauerei betrieben. Im Herbst 2016 wurde der Bierkeller „Die Hopfengrotte" eröffnet, wo bis zu 100 verschiedene Biere lagernd sind. Bierverkostung ab 8 bis 12 Personen, 6 Biere mit Speisenbegleitung, Bierstacheln und viel Information rund um's Bier. Ein „Männerfrühstück" in der Hopfengrotte (beeinhaltet ein Fass Bier zum Selberzapfen, ½ Liter Schnaps sowie ein Bratl) wird ebenso geboten. 50 Plätze in der Gaststube, 110 im Speisesaal, 200 im Gastgarten.

Gasthaus Six

GASTHAUS SIX

4840 Vöcklabruck, Dörflstraße 20, +43/660/3485713
+43/699/10051397
www.gasthaus-six.at
ÖFFNUNGSZEITEN Do-Fr: 16:00 bis 00:00 Uhr, Sa-So: 11:00 bis 00:00 Uhr
FASSBIER Weihenstephan Hefetrüb, Zipfer Märzen, Zipfer Kellerbier, Kaltenhauser Bernstein, Schlossgold, Zipfer Limetten Radler
FLASCHENBIER Zipfer Doppelgold, Reinighaus Jahrgangspils, Oktoberbier, Bierschmiede Rotglut, Affligem Double, Gusswerk Black Sheep und Nicobar IPA, Kiesbye's Waldbier, Jörger Weisse Hell, Jörger Weisse Dunkel, Weihenstephan Weizen Alkoholfrei, Edelweiss Alkoholfrei, Desperados, saisonal Bockbier
LOKAL Dieses auch mit dem Navi nicht ganz leicht zu findende Gasthaus nördlich der Stadt erreicht man am Besten, wenn man den Weg nach dem Altmannsberg nimmt. Belohnt wird man mit großer Bierkompetenz – die Bierkarte ist gut kommentiert, Nachfragen beantwortet ein ausgebildeter Biersommelier. Schöner Biergarten (Kastanien und Nussbäume), der einen tollen Blick über Vöcklabruck und bis hin zum Traunstein bietet. Bodenständige Kost (Bratl in der Rein, Erdäpfelkas, Kürbiskernlaibchen mit Kohlrabisauce) zu fairen Preisen. Hinter dem Haus befindet sich der Schießstand der Bogenschützen. 100 Sitzplätze im Lokal, 120 Plätze im Garten.

VILLAGE HILL IRISH PUB

4840 Vöcklabruck, Bahnhofstraße 12, +43/676/9132008
www.villagehill.at
ÖFFNUNGSZEITEN Mi-Sa: 18:00 bis 1:00 Uhr

Village Hill Irish Pub

FASSBIER Guinness, Guinness Hop House 13, Kilkenny, Trumer Märzen, Budweiser, ein Gastbier
FLASCHENBIER O'Hara's Irish Pale Ale, O'Hara's Irish Red Ale, Kozel Dark, Kozel Hell, Trumer Zwickl, Wildbräu Helles, Schneider Weisse, Benediktiner Weißbier, König Ludwig Weißbier Dunkel, Brewdog Punk IPA, Guinness Hop House 13, Köstritzer Schwarzbier, Corona, Desperados, ein Gastbier
LOKAL Den Landlords dieses Pubs merkt man die Liebe zu Irland und zu einem gepflegten Bier an: Auf dem Dörflberg, halbwegs zwischen Bahnhof und Altstadt von Vöcklabruck, haben sie im Herbst 2018 dieses erste Irish Pub der Bezirkshauptstadt aufgesperrt: In einem ehemaligen Gasthaus wurden drei rustikale Räume im irischen Stil eingerichtet. Sportübertragungen und gelegentliche Live-Musik gehören zum Pflichtprogramm, wer mutig ist, bestellt eine Irish Car Bomb – und bekommt Guinness, Whiskey und Baileys zum Versenken. Die Küche bietet irisches Pub-Food, auf Bestellung aber auch die Hausmannskost des Hausruckviertels. 65 Plätze im Lokal, 30 an der Bar und 40 auf der Terrasse.

VORCHDORF

GASTHAUS HINTERREITNER

4655 Vorchdorf, Eggenberg 4, +43/7614/6254
www.ghhinterreitner.at
ÖFFNUNGSZEITEN Di-Sa: 10:00 bis 14:00 Uhr, 17:00 bis 00:00 Uhr
FASSBIER Bierschmiede Rotglut, Schloss Eggenberg Märzen, Schloss Eggenberg Naturbursch Bio Zwickl, Saisonbiere (Weihnachtsbock),
FLASCHENBIER Eggenberg Urbock, Eggenberg Samichlaus, Bierschmiede Dörrzwetschke, Eggenberg Freibier Alkoholfrei, Die Weisse Salzburg, Lindemans Kriek
LOKAL Sehr bemühte Küche, die sich am Bier orientiert, wobei die Bodenhaftung nie verloren geht. Herr Hinterreitner erzählt stolz, dass die meistverkauften Speisen in seinem Haus jene sind, die tatsächlich Bier enthalten: „Zu den wichtigsten Bierrezepten gehören unser Eggenberger Bierfleisch, der Schweinslungenbraten nach Brauherrenart (mit Grammelkräuterfülle) und auch unsere überbackene Bierpalatschinke." Unter der Bierpalatschinke muss man sich übrigens eine Fleischpalatschinke (das Haus war einmal die zum Schloss gehörende Fleischerei) vorstellen – und zum Nachtisch gibt es Birnen mit Samichlaus-Sabayon. Zwei Räume mit je 30 Sitzplätzen, Gastgarten: ca. 30 Plätze.

HOFTAVERNE ZIEGELBÖCK

4655 Vorchdorf, Lambacher Straße 8, +43/7614/6335
www.hoftaverne.at; www.facebook.com/HoftaverneZiegelbo-eck/?locale=de_DE
ÖFFNUNGSZEITEN Mo-Fr: 8:00 bis 00:00 Uhr, So: 8:00 bis 16:00 Uhr; Sa auf Anfrage ab 50 Personen geöffnet.

Hoftaverne Ziegelböck

FASSBIER Eggenberg Hopfenkönig, Eggenberger Naturtrüb, Eggenberger Festbock trüb (saisonal), Wildschütz (Herbst), Sommerfrisch (Sommer), Dunkel (Winter), Weißbier saisonal wechselnd
FLASCHENBIER Eggenberger Märzen, Eggenberg Urbock, Eggenberg Samichlaus, Eggenberger Spezial Dunkel, König Ludwig Weißbier Dunkel, Erdinger Urweisse, Engelszell Benno Trappistenbier, Rieder IPA, CulturBrauer Austrian Lager, Bierschmiede Meisterstück, Kiesbye's Waldbier 2018, Gusswerk Glutenfrei Lager, Birra Moretti
LOKAL Bereits seit Ende des 16. Jahrhunderts gilt diese historische Hoftaverne als Hort ländlicher Gastlichkeit – die Hoftaverne ist ein gelungenes Beispiel für die zeitgemäße Adaptierung eines ländlichen Großgasthofs. Hier findet sogar jeden Freitag ein Bauernmarkt statt! Und wenn man einmal zu viel getrunken hat – in den oberen Stockwerken ist ein für die gebotene Qualität ausgesprochen günstiger Hotelbetrieb. Gastraum: 70 Sitzplätze, Eckstüberl: 40, oberes Stüberl: 50, Versammlungs- und Hochzeitssaal: 200, 10 Plätze an der Bar, 40 im Garten.

WALDING

WIRT Z'WALDING

4111 Walding, Raiffeisenplatz 9, +43/7234/82308, wirt-walding.at
ÖFFNUNGSZEITEN Mi-So ab 9:00 Uhr

FASSBIER Gösser Zwickl, Baumgartner Zwickl Hell, Kaiser Premium
FLASCHENBIER Baumgartner Weizen, Baumgartner Weizen Alkoholfrei, Zipfer Drei, Gösser Naturgold
LOKAL Ländlich-rustikales Gasthaus mit barock-klassizistischer Fassade aus dem späten 18. Jahrhundert – im Kern geht das Haus auf das Eschelbergsche Pflegamt aus dem 16. Jahrhundert zurück. Im Vorhaus steht ein Modell des Anwesens, das im vorigen Jahrzehnt auch eine eigene kleine Brauerei hatte, die aber inzwischen wieder stillgelegt wurde. Die Fleischspeisen auf der Karte kommen aus eigener Schlachtung. Weißwurst mit Bierweckerl, Schweinsschnitzel in Bierkruste. Mehrere Stüberln mit insgesamt 275 Sitzplätzen, Biergartl: 60 Plätze.

WALDNEUKIRCHEN

ZUR HOHEN LINDE

4594 Waldneukirchen, Hohe Linde Straße 13, +43/7257/7034
www.hohelinde.at
ÖFFNUNGSZEITEN Do-Sa: 10:00 bis 00:00 Uhr
FASSBIER Zipfer Märzen, Gösser Naturradler, ein Monatsbier
FLASCHENBIER Edelweiss Hefetrüb, Erdinger Weißbier
LOKAL Schon 1880 wurde die „Seidlhuberlinde" erstmals erwähnt, später wurde das von zwei hochaufragenden Linden flankierte Gebäude zu einer Jausenstation und dann zum Wirtshaus umgebaut. Der jüngste Umbau von 2021 hat eine breite Glasfront gebracht, die im Sommer komplett geöffnet werden kann – so dass man auch drinnen beinahe „draußen" sitzt und den Blick ins Steyrtal genießen kann. Ein Baumstamm mit Bohrungen in die entsprechenden Richtungen dient als Orientierungshilfe, damit man die Gipfel des Pyhrngebirges identifizieren kann. Im März und April gibt es jeweils donnerstags „Bratl in der Rein".120 Plätze im Lokal, 10 an der Bar, 120 im Garten.

WARTBERG AN DER AIST

DA DINGHOFER – MEI WIAZ'HAUS

4224 Wartberg an der Aist, Hauptstraße 35, +43/7236/2362
www.dinghofer.at
ÖFFNUNGSZEITEN Mo: 8:00 bis 00:00 Uhr, Do-Sa: 8:00 bis 00:00 Uhr, So: 8:00 bis 15:00 Uhr
FASSBIER Zipfer Urtyp (Tank), Gösser Dunkles Zwickl, Kaltenhauser Bernstein, Weihenstephaner Hefeweizen, Gösser Naturradler
FLASCHENBIER Kaiser Märzen, Freistädter Märzen, Kaiser Doppelmalz, Spezialitätenwochen (Speisekarte)
LOKAL Der Rüstbaum im Wirtshaus von Hermine und Gerhard Dinghofer trägt die Jahreszahl 1672 – eine Erinnerung an die ursprüngliche „kleine Taverne zu Hagenberg". Das Zipfer Urtyp wird aus einem 1000 Liter Tank gezapft. Räumlichkeiten: Gaststub'n 60 Personen, Panoramastub'n 90 Personen, Aiststub'n 50 Personen, Wenzelsstub'n 80 Personen, Himmelstiag'n 150 Personen, Gastgarten 130 Personen. Eigene „Dingi-Bar", die nur zu speziellen Events geöffnet wird.

WAXENBERG

HOFTAVERNE ATZMÜLLER

4182 Waxenberg, Nr. 9, +43/7217/6080
www.hoftaverne-atzmueller.at
ÖFFNUNGSZEITEN Mi-Fr: 11:00 bis 14:00 Uhr und ab 17:00 Uhr, Sa: 11:00 bis 23:00 Uhr, So: 10:00 bis 15:00 Uhr
FASSBIER Hofstettner Mühlviertler Bio Bier, Granitbier, Arco Bräu Weißbier Hell, Kübelradler, Hofstettner Kübelbier
FLASCHENBIER Eggenberg LeichtSinn Medium, Arcobräu Weißbier Alkoholfrei, Clausthaler

LOKAL Dieser bodenständige Landgasthof mit Mühlviertler Bierspezialitäten aus der Brauerei Hofstetten wurde 2005 völlig renoviert – ohne seinen Charme zu verlieren. Über 350 Jahre Tradition als Gastwirtschaft. Das vorwiegend aus Familienmitgliedern bestehende Küchen- und Servierpersonal ist stets bemüht, seinen Gästen im Sinne von Adalbert Stifters Mahnung „Pflicht des Wirtes ist, den Gast zu pflegen" kulinarische Leckerbissen, zubereitet aus Produkten der heimischen Landwirtschaft, zu bieten. Bierkulinarium – 5-gängiges Menü, alles mit Bier oder zum Thema Bier gekocht, dazu 5 verschiedene Biersorten zum Verkosten. 250 Sitzplätze im Lokal, 10 an der Bar, 50 Sitzplätze im Garten.

WEISSENKIRCHEN

WIRTSHAUS IN FREUDENTHAL

4890 Weißenkirchen, Freudenthal 7, +43/7684/60638
www.freudenthal.cc
ÖFFNUNGSZEITEN Mo: 11:00 bis 00:00, Mi-So: 11:00 bis 00:00 Uhr

FASSBIER Märzenbier von Bräu am Berg, Römerbräu Märzen
FLASCHENBIER Bräu am Berg Weißbier Hell und Dunkel, saisonal Römerbräu Grenzbock
LOKAL Das Freudenthal war einmal ein Zentrum der lokalen Glasindustrie – und das heutige Wirtshaus begann seine Existenz 1848 als Postamt, schon zwei Jahre später war es aber auch schon eine Gaststätte. Heute ist es als Ausflugsziel beliebt, weil es im selben Gebäude ein Glasmachermuseum gibt. Speisen: Bradl in der Rein, deftige Jausen, Wildgerichte. Diverse Musikveranstaltungen (Klassik, Volksmusik ...). 80 Sitzplätze im Lokal, 200 im Garten.

WELS

BAUER'S BIERQUELLE

4600 Wels, Salzburger Straße 145, +43/7242/67251-0
www.bauer-wels.at
ÖFFNUNGSZEITEN Mo-Fr: 10:00 bis 14:00 Uhr, 16:30 bis 23:00 Uhr
FASSBIER Gösser Spezial, Zipfer Drei, Bad Reichenhaller Bürgerbräu Braumeister/Hefeweizen, Bockbier
FLASCHENBIER Wieselburger Spezial, Gösser Stiftsbräu
LOKAL Die Bierquelle ist der „ländliche" Gösser-Wirt von Wels – seinem Gastgarten hat Josef Bauer den „Pepi Stadl" als Ausweichquartier hinzugefügt. Der „Pepi-Stadl" wurde aus teils 100 Jahre altem Stadlholz neu errichtet. Die Wirtsfamilie Bauer führt den traditionellen Gastbetrieb bereits seit dem Jahr 1965. Zu essen gibt es im Ganzen gebratenes Spanferkel oder im Ganzen gebratenen Riesentruthahn, der vor den Augen der hungrigen Gäste tranchiert wird. Einmal im Jahr gibt es eine Bierwoche, in der ausschließlich mit Bier gekocht wird, ebenso werden dabei auch zusätzliche Biersorten angeboten. Die rustikal eingerichtete Gaststube (140 Sitzpätze) und der Bierzapftisch zum Selberzapfen laden zu einem gemütlichen Aufenthalt ein. Besonders für urige Feiern bietet sich der dem Gastgarten (216 Sitzplätze) angeschlossene – im Sommer und Winter benützbare – „Pepi-Stadl". Für Feiern im Pepi-Stadl wird Reservierung empfohlen (70 Sitzplätze).

BLACK HORSE INN

4600 Wels, Salzburger Straße 53, +43/676/6700312 oder +43/650/3663253
www.blackhorseinn.at
ÖFFNUNGSZEITEN Di-Do: 17:00 bis 2:00 Uhr, Fr-Sa: 17:00 bis 4:00 Uhr, So: 17:00 bis 00:00 Uhr
FASSBIER Hirter, Freistädter Ratsherrntrunk, Rieder India Pale Ale, Guinness, Velkopopovický Kozel, Kilkenny, Rieder dunkles Zwickl, ein Monatsbier
FLASCHENBIER Freistädter Bio Zwickl, Freistädter Rotschopf, Kozel Dunkel, Hofstettner Honigbier, Rieder Dunkel, Beck's Lemon, Hacklberg Weizenbier, Rieder helle und dunkle Weisse, Franziskaner, Hacklberg Alkoholfrei, Kilkenny, Newcastle Brown Ale, Rieder IPA, Freistädter Lager, Freistädter Black Bock
LOKAL Familiäres Pub, sehr freundliche Bedienung, das auch die Craft Biere kundig empfiehlt. Täglich ein frisch gekochtes Menü. Uriger Gastgarten mit Kastanien, der noch daran erinnert, dass das Black Horse früher das Gasthaus zum Schwarzen Rössl war. 70 Plätze, 15 an der Bar, 120 Plätze im Garten. 28

FRANCIS

4600 Wels, Maria-Theresia-Straße 51, +43/7242/93965720
www.francis-wels.at
ÖFFNUNGSZEITEN Mo-Do: 11:00 bis 23:00 Uhr, Fr: 11:00 bis 00:00 Uhr
FASSBIER Eggenberger Hopfenkönig Pils, Eggenberg Naturbursch Bio Zwickl, Saisonbier je nach Verfügbarkeit
FLASCHENBIER Erdinger Urweisse
LOKAL Dieses Lokal kombiniert geschickt eine Bar, in der man ungezwungen ein After-Work-Bier genießen kann, mit einem Spitzenrestaurant (das zudem preiswerte Mittagsmenüs bietet). Jeden Frühling öffnet das Francis seine großzügige Terrasse mit Holzboden und großen Sonnenschirmen.

GASTHAUS HOFWIMMER – WIRT Z'THAN

4600 Wels, Vogelweiderstraße 166, +43/7242/46697
www.gasthaus-hofwimmer.at

ÖFFNUNGSZEITEN Fr-Di: 10:00 bis 00:00 Uhr, So: 10:00 bis 15:00 Uhr

FASSBIER Wieselburger Spezial, Zipfer Pils, Schladminger Schneeweiße, Schladminger Bio Zwickl, Zipfer Limettenradler

FLASCHENBIER Welser Bier, Edelweiss Alkoholfrei

LOKAL Aus einem ehemaligen Bauernhaus (seit 1463) entwickelte sich vor 125 Jahren ein gestandenes Landgasthaus, das Mitglied der Kultiwirte, des Genussland Österreich und mit dem AMA-Gastrosiegel ausgezeichnet ist. Hausgemachte Blunzen und Surbraten, Backhendl, Gerstlrisotto oder einfach a guate Palatschink'n mit selbagmachta Marmelad sind die Leibspeisen vieler Stammgäste. Wert wird nicht nur auf Regionalität, sondern auch auf das Bier gelegt – sowohl vom Fass als auch in Form von saisonalen Spezialbieren. Ebenso findet das Bier immer wieder Einzug in Tagesgerichten. Besonders erwähnenswert ist die Schmankerlroas durch's Joar – 2 Wochen jeden Monat mit kulinarischen Themenschwerpunkten. 250 Sitzplätze, 100 im Garten.

GÖSSERBRÄU WELS

4600 Wels, Kaiser-Josef-Platz 27, +43/7242/60460
www.goesserbraeu.at

ÖFFNUNGSZEITEN Mo-So: 10:00 bis 00:00 Uhr

Gösserbräu Wels

FASSBIER Gösser Spezial, Gösser Stifts-Zwickl Dunkel, Stiftsbräu Dunkel, Weihenstephan Hefetrüb, Gösser Naturgold, Gösser Naturradler Zitrone

FLASCHENBIER Gösser Stifts-Zwickl Hell, Gösser Naturweizen, Kaltenhausen 1475 Pale Ale, Edelweiss Weizen Alkoholfrei

LOKAL Bier kann man hier „genießen wie ein Braumeister" – so verspricht es die Inschrift über der Schank, hinter der das Gösser aus dem im Keller gekühlten Tank gezapft wird. Hier wird auf Wunsch eine „langsame Halbe" gezapft, und der Wirt Hans-Jörg Wanik verspricht: „In diesem traditionell gastlichen Haus findet man alles, was Körper und Seele einfach gut tut." Das Gösserbräu ist schlechthin das Traditionsgasthaus in Wels, sehr stilgerecht mit alter Gösser-Werbung und alten Fotos von der Brauerei und von der Stadt Wels dekoriert. Die Geschichte des Hauses geht auf das 16. Jahrhundert zurück, im Eingangsbereich dokumentierte Ausgrabungen verweisen aber auch auf römerzeitliche Funde auf demselben Grundstück. Im 19. Jahrhundert gab es hier auch eine Brauerei (Würzburger Brauerei) – an ihrer Stelle entstand einer der schönsten Biergärten des Landes. Im Dezember „Gösser Advent." Da das Haus auch ein Hotel ist, kann man komfortabel übernachten, neuerdings auch in Appartments im Erdgeschoss. Ca. 300 Sitzplätze in den Gaststuben, im Garten ca. 600.

Obermairs' Wirtshaus

OBERMAIRS' WIRTSHAUS

4600 Wels, Wimpassinger Straße 100, +43/7242/45689
www.gasthaus-obermair.at

ÖFFNUNGSZEITEN Mi-Sa: 10:00 bis 00:00 Uhr, So: 10:00 bis 16:00 Uhr

FASSBIER Linzer Original, Gösser Gold, Gösser Dunkles Zwickl, Weihenstephaner Weißbier, Gösser Naturradler

LOKAL Das Haus stammt aus dem späten 19. Jahrhundert, und der Hausname „Unterbäck z' Wimpassing" erinnert daran, dass es früher eine Backstube war. 2006 renoviert und neu eröffnet. Die Speisenangebote sind saisonal ausgerichtet und die Zutaten werden von den regionalen bäuerlichen Erzeugern geliefert. Ebenso wird die Bierkarte saisonal abgestimmt, Craftbiere wechseln immer je nach Jahreszeit und werden mit der Küche nach deren Schwerpunkten abgestimmt (Oktoberfest-Schmankerlwochen,

Wildwochen, Fischwochen, Spargel- und Frühlingsgemüse, Salate und Jausen im Sommer ...). Schöner Gastgarten mit Kastanienbäumen am Grünbach – und im Advent gibt es originale Stubenmusik. 200 Plätze im Lokal, 12 an der Bar, 140 im Garten.

S' GERSTL

4600 Wels, Freiung 9-11, +43/7242/351500
www.sgerstl.at
ÖFFNUNGSZEITEN Frühjahr / Sommer: Di-Fr ab 11.30 Uhr, Sa ab 16.00 Uhr; Herbst / Winter: Di-Sa ab 16.00 Uhr

S' Gerstl

FASSBIER Welser Original, s'Gerst hell, s'Gerstl Weizenbier
FLASCHENBIER 4710 GPA, Gusswerk Black Sheep, Grieskirchner Pils, Insel Saison, La Trappe Quadrupel , Hoegaarden Blanche, La Chouffe Golden Ale, Brew Dog Punk IPA
LOKAL Das ehemalige Gerstl-Bräu heißt nunmehr „s'Gerstl", hat eine komplette (und gut kommentierte) Bierkarte bekommen und sich wieder im Welser Nachtleben etabliert. Die Wiederaufnahme des Braubetriebs erfolgte im September 2016 – das im Haus gebraute Bierangebot wird durch klug gewählte Craftbiere anderer Brauereien ergänzt – manche stehen nicht auf der Karte, Nachfragen kann lohnen. 160 Sitzplätze, Garten: 80 Sitzplätze.

WEYREGG AM ATTERSEE

KAISERGASTHOF & GELI'S

4852 Weyregg am Attersee, Weyregger Straße 75
+43/7664/2202-0
www.kaisergasthof.at
ÖFFNUNGSZEITEN Mo-So: 9:00 bis 00:00 Uhr
FASSBIER Zipfer Märzen, Trumer Pils, Weihenstephaner, Gösser Radler
FLASCHENBIER Edelweiss Dunkel, Salzburger Weisse, Zipfer Drei
LOKAL Liebevoll dekoriert mit k.u.k. Exponaten (etwa eine Wetterstation von 1890) ist der Kaisergasthof ein nostalgisches Schmuckstück, das sogar Aufnahme in den Oberösterreichischen Museumsführer fand und von Alfred Komarek literarisch gewürdigt wurde. Jeden Sonntag klassischer Frühschoppen. 117 Sitzplätze, Meierei (Stadl): 350 Sitzplätze für spezielle Feste, Schanigarten: ca. 35 bis 50 Sitzplätze, Strandgarten: 60 Sitzplätze. Angeschlossen ist auch das Geli's – ein Szene-Lokal mit mediterranem Flair und Panoramablick zum See, ca. 65 Plätze (inkl. Plätze an der Bar).

WILDSHUT

STIEGL-GUT WILDSHUT – ÖSTERREICHS ERSTES BIERGUT

5120 Wildshut, Wildshut 8, +43/6277/64141
www.biergut.at
ÖFFNUNGSZEITEN Mo 17:00 bis 22:00 Uhr, Di-So & Feiertage 10:00 bis 22:00 Uhr
FASSBIER Wildshut Frischebiere
FLASCHENBIER Wildshut Frischebiere, Wildshut Reifespezialitäten, Stiegl-Paracelsus Bio-Zwickl, Stiegl-Paracelsus Glutenfrei, Stiegl-0,0% Freibier
LOKAL Öffentliche Anreise wird ausdrücklich empfohlen: Wildshut ist eine eigene Station der Salzburger Lokalbahn – von hier sind es nur wenige Minuten zum Biergut. Stiegl-Chef Heinrich Dieter Kiener hat hier landwirtschaftliche, ökologische und brautechnische Kompetenz zusammengeführt – und natürlich erweist sich Stiegl auch als guter Gastgeber. Der bierige Krämerladen ist der zum „ersten Biergut Österreichs" gehörige Bierausschank. Hier werden ausschließlich Bio-Lebensmittel, die selbst angebaut oder von ausgewählten Partnern aus der näheren Umgebung bezogen werden, zu regionalen und saisonalen Schmankerln verarbeitet. Auch der Hopfen für die vor Ort gebrauten Bio-Biere wird am Biergut angebaut und das (Brau-)Wasser kommt aus dem eigenen Brunnen. Und jenseits der Straße liegt ein alter Brauereikeller, in dem mit Reifebieren experimentiert wird.

Stiegl-Gut Wildshut – Österreichs erstes Biergut

WINDISCHGARSTEN

BRAUGASTHOF MISTELBERGER

4580 Windischgarsten, Hauptstraße 6, +43/7562/5251
www.braugasthof-windischgarsten.at
ÖFFNUNGSZEITEN Mi-Sa: 9:00 bis 22:00 Uhr, So: 9:00 bis 14:00 Uhr

FASSBIER Freistädter Pils, Murauer Steirergold, Velkopopovický Kozel, Gösser Dunkles Zwickl, Gösser Märzen, HeDu-Bier, Starobrno
FLASCHENBIER Freistädter Bio Zwickl, Freistädter Black Bock, Freistädter Pegasus, Gösser Zwickl, Rieder Pale Ale, Rieder Honigbier, Rieder Kürbiskernbier (saisonal), Rieder Naturtrüb, Rieder Weisse, Stiegl-Paracelsus Glutenfrei
LOKAL Die ehemalige „Fruwirttaverne" aus dem Jahr 1500 ist ein uriges, traditionell eingerichtetes Gasthaus mit vielen Gewölben, wo ab 1662 Bier gebraut wurde. Die ehemalige Brauerei gehörte ab 1904 der Familie Mayr in Kirchdorf, die schließlich auch den Kirchdorfer Braubetrieb einstellen musste. Gepflegt wird hier die sonntägliche Stammtischkultur, ab 14:00 Uhr ist damit allerdings Schluss. Die Speisekarte enthält nun viele mit Bier zubereitete Spezialitäten – wobei die Zutaten aus ökologsichem Anbau kommen. Neu auf der Karte sind das Backhendl, die original Innviertler Knödeln in der Kanone serviert sowie verschiedene herzhaft zubereitete Salatvariationen. Im Lokal finden 100 Gäste einen Sitzplatz, 10 Plätze stehen an der Bar zur Verfügung und im Garten 50 Sitzplätze.

KEMMET-BRÄU & GASTHOF GOLDENE SONNE

4580 Windischgarsten, Hauptstraße 22, +43/7562/20066
www.kemmet.at
ÖFFNUNGSZEITEN Mo-So: 9:00 bis 00:00 Uhr
FASSBIER Kemmet Bräu Hell und Dunkel, König Ludwig Weißbier, Eggenberger Märzen
LOKAL Dieser prächtig gestaltete Gasthof geht in seinen ältesten Teilen auf das Jahr 1530 zurück – und hat immer wieder neue Trends aufgegriffen: So gab es hier erst Pferdehandel, dann eine (auch nicht mehr bestehende) Tankstelle, während des Zweiten Weltkriegs wurde die Lamperie mit neuen Schnitzereien verziert. Im Jahr 2001 wurde eine Brauanlage installiert und die einzelnen Gästezimmer gewinnen dadurch an Charme, dass jedes einem eigenen Thema gewidmet ist. Leider wirkten bei unserem letzten Besuch die Biere etwas unfrisch. 97 Plätze im Lokal, 20 an der Bar, 80 im Garten.

ZIPF

ZIPFER BRAUHAUS

4871 Zipf, Zipf 22, +43/7682/20380
www.brauhaus-zipf.at
ÖFFNUNGSZEITEN Di-Fr 10:30 bis 22:00 Uhr, Sa 16:00 bis 22:00 Uhr, So & Feiertage 10:00 bis 20:00 Uhr, Mo Ruhetag
FASSBIER Zipfer Kellerbier, Zipfer Doppelgold, Zipfer Märzen (frisch ohne Kohlensäure), Zipfer Urtyp, Zipfer Drei, Zipfer Limettenradler, saisonal Stefanibock, Oktoberbräu, Edelweiss Gamsbock
FLASCHENBIER Zipfer Hell, Edelweiss Dunkel, Zipfer Pils, Desperados
LOKAL Anlässlich des 150-Jahr-Jubiläums der Zipfer Brauerei wurde 2008 ein ganz moderner Brauhaustyp errichtet, der durch seine Gliederung besonders elegant wirkt. Gegenüber vom früheren Braugasthof wurde eine sehr schöne, mit modernster Zapftechnik ausgestattete Bar mit freundlichem, flinken Service eingerichtet. Da gibt es etwa auch Churchill (einen Drink aus Campari und Pils) sowie Weißbiertestarossa (Weißbier mit Himbeermark). Zwischen dem neuen Brauhaus und der altehrwürdigen Brauerei befindet sich ein Biergarten, wie er sein soll – dort gibt es jeweils an Donnerstagen Kellerbier. 180 Sitzplätze im Lokal, 20 an der Bar. Im historischen Gastgarten finden 1.200 Personen Platz, auf der Terrasse des neuen Brauhauses 110.

ZWETTL AN DER RODL

PLATZHIRSCH

4180 Zwettl an der Rodl, Marktplatz 8, +43/660/5560410
www.facebook.com/people/Platzhirsch-Zwettl/100078636586727/
ÖFFNUNGSZEITEN Mi-Sa ab 17:00 Uhr

Platzhirsch

FASSBIER Linzer Bier, Zipfer
FLASCHENBIER Freistädter Märzen, Desperados, Corona, Heineken, Edelweiss Hefetrüb, wechselndes Craftbier-Angebot
LOKAL Ein riesiges Wandbild eines Hirschen ziert die Wand gegenüber der Bar dieses Lokals auf dem Marktplatz von Zwettl an der Rodl. Freundliches und bierkundiges Personal sorgt dafür, dass das Bier sauber und schön gezapft wird. Auf einem Schild fanden wir als Ergänzung den Spruch: „The best beers are the ones we drink with friends." Stimmt. Man wird hier auch gerne zum Freund. Da kann man dann auch Tischfußball spielen. 40 Plätze im Lokal, 8 Plätze an der Bar

SALZ BURG

256
SALZBURGS BIERLOKAL DES JAHRES

LOFER

KRAMEREI

5090 Lofer, Lofer Nr. 26, +43/660/5578766
www.bar-lofer.at

ÖFFNUNGSZEITEN Juni bis September von 11:00 bis 24:00 Uhr und Oktober bis Mai 15:00 bis 24:00 Uhr

FASSBIER Stiegl-Goldbräu

FLASCHENBIER Grimbergen Blond, Jever Pilsener, Astra Urtyp, Trumer, BOMBrewery Triporteur Full Moon 12, La Trappe Quadrupel , Kasteel Barista Chocolate Quad, Chimay Grande Réserve, Duvel, Lupulus Blanche, Westmalle Tripel, Leffe Brune, Franziskaner Dunkel, Fuller's London Pride, Brasserie Lefebvre Barbar, Gusswerk Nicobar IPA, Houblon Chouffe, Brew Age Alphatier, Corona Extra, Velkopopovický Kozel Dunkel, Augustiner Edelstoff, Schönramer Hell, Stiegl Goldbräu, Oude Geuze Boon, Augustiner Bräustübl Märzen, Bevog Tak, Bosteels Kwak, Stift Engelszell Nivard und viele andere Spezialitäten

LOKAL Diese kleine Bierbar liegt an einem schönen, brauhistorisch interessanten Platz im Zentrum von Lofer, unmittelbar neben dem Gebäude der 1547 gegründeten und 1926 an Stiegl verkauften Brauerei (heute ein Hotel). Stiegl ist auch eines von zwei Bieren, die hier vom Fass zu haben sind. Aber Kenner kommen eher nicht wegen des Fassbiers, sondern wegen der hervorragenden Auswahl an Flaschenbieren. Die Karte kann sie gar nicht alle auflisten - ein großer verglaster Getränkekühlschrank ermöglicht anzuschauen, was gerade zu haben ist. Natürlich gibt es da auch bekannte Lager- und Weizenbiere, der Schwerpunkt liegt allerdings auf belgischen Starkbieren und auf österreichischen Craftbieren, von denen einige sonst kaum in der Gastronomie zu finden sind. Und manche Rarität wird auch von Freunden aus dem Ausland mitgebracht, da ist aber dann nur eine einzige Flasche verfügbar. Eines der gekühlten Regale ist für die persönlichen Schätze des Lokalbetreibers Martin Fuchs reserviert Er lagert dort Einzelflaschen besonderer Craftbiere ein – und holt sie zu kommentierten Verkostungen mit besonderen Gästen hervor. 20 Sitzplätze im Lokal, 6 Plätze an der Bar, 15 im Sitzplätze Schanigarten.

ADNET

PRIESTERWIRT – GASTHAUS ZUM STEINBRUCH

5421 Adnet, Adnet 46, +43/6245/80923
www.priesterwirt.at
ÖFFNUNGSZEITEN Mo: 9:00 bis 14:00 Uhr, 17:00 bis 23:00 Uhr, Do-Sa: 9:00 bis 14:00 Uhr, 17:00 bis 23:00 Uhr, So: 9:00 bis 14:00 Uhr

Priesterwirt – Gasthaus zum Steinbruch

FASSBIER Kaiser Märzen, Kaltenhauser Kellerbier, Edelweiss Hefetrüb, Radler
FLASCHENBIER Edelweiss Hefeweizen Alkoholfrei
LOKAL Wolfgang Felder hat dieses schmucke Gasthaus aus dem Jahr 1880 dem Namen „Zum Steinbruch" entsprechend mit viel Adneter Marmor ausgestattet. Dass das Haus seit 1919 ein Familienbetrieb ist, sorgt ebenso für hohe Kontinuität wie die Stammtischrunden, die sich hier treffen – auch Kutschenfahrten zu den Adneter Steinbrüchen werden angeboten. 140 Plätze.

ALTENMARKT IM PONGAU

MARKTERWIRT – DER ALPENBIERWIRT

5541 Altenmarkt im Pongau, Marktplatz 2, +43/6452/5420
www.markterwirt.at
ÖFFNUNGSZEITEN Mo-So: 8:00 bis 00:00 Uhr
FASSBIER Stiegl-Goldbräu, Stiegl-Paracelsus Bio Zwickl, Stiegl-Weisse
FLASCHENBIER Franziskaner Hefeweizen Hell, Franziskaner Hefeweizen Dunkel, Hacker Pschorr Münchner Kellerbier, Pinzgau Bräu Zwickl und Weizen, Pinzga' Pale Ale, Stiegl-Columbus Pale Ale, Murauer Black-Hill, Stift Engelszell Benno, Stiegl Hausbiere 0,7 l, König Ludwig Dunkel, Murauer Preisel&Bier, Wochta Jungfernsprung Märzen, Wochta Kupfergeist Alt Wiener Lager, Wochta Gletschergoaß, Wochta Arlgeist Weizen, Wochta Klammgeist Bockbier, Wochta Wolfsblut Pale Ale, wechselnde Monatsbiere
LOKAL Dieses Lokal ist schon seit neun Jahrhunderten das „erste Haus am Platz", seit 1528 ist die „Taffern zu Altenmarghkt" belegt, jedenfalls seit September 1529 wird hier ausgeschenkt. Bis ins 19. Jahrhundert war der Markterwirt die einzige konzessionierte Gastwirtschaft in Altenmarkt, auf der Gästeliste findet sich auch Kaiser Franz Joseph. Sehr schöne alte Wirtsstube – sie ist die älteste Gaststube der Region – mit einer beachtlichen Sammlung alter Biergläser und Krügeln – dazu eine kleine, aber feine Auswahl an Craftbieren. Kleine Bierverkostungen mit jeweils drei Bieren, große Bierverkostung mit Speisenbegleitung nach Absprache. Gruppen können sich ein Fünfliterfass auf dem Holzbock an den Tisch bringen lassen. Insgesamt ca. 250 Sitzplätze in mehreren Stuben, 100 Plätze im Gastgarten.

Markterwirt – Der Alpenbierwirt

ANIF

HUSARENWIRT

5081 Anif, Aniferstraße 14, +43/6246/72354
www.facebook.com/Husarenwirt
ÖFFNUNGSZEITEN Do-Di: 10:30 bis 15:00 und 17:30 bis 23:00 Uhr
FASSBIER Puntigamer ‚das Bierige', Kaltenhauser Kellerbier, Schönramer Dunkel, Puntigamer Panther, Stiegl Zwickl, Kaltenhauser Bock, Kaiser Weißbierbock, Gösser Zwickl, Kaltenhauser Maronibier, Schönramer Gold
FLASCHENBIER Schönramer Weißbier, Franziskaner dunkles Weißbier, Murauer Märzen, saisonal: Schönramer Weihnachtsbier, Schönramer Saphir-Bock, Stiegl Bock
LOKAL Sehr traditionelles Wirtshaus mit einer Gaststube aus dem

18. Jahrhundert – vom Salzburger Hauptbahnhof mit der Buslinie 25 gut erreichbar. Stammtischrunden und Kartenrunden, Hausmusik, Ballveranstaltungen und Hochzeiten, wie sie früher waren. Weil Klaus Bankhammer ein Bierliebhaber ist, sorgt er nicht nur für Zapfkultur, sondern auch dafür, dass bierige Speisen auf die Karte kommen. Zum Beispiel Flachgauer Bierfleisch, Biersuppe und Apfelspalten in Bierteig. 48 Plätze, 180 bis 200 Plätze im Saal, 80 im Schanigarten.

FRIESACHER EINKEHR

5081 Anif, Brunngasse 6, +43/6246/8977
www.friesacher.com
ÖFFNUNGSZEITEN Mo-So: 17:00 bis 1:00 Uhr

Friesacher Einkehr

FASSBIER Augustiner Märzen (Holzfass), Augustiner Märzen (KEG), Trumer Pils, Stiegl-Paracelsus Zwickl, Tegernseer Hell, Weihenstephaner Weißbier, Guinness, Gösser Naturradler
FLASCHENBIER Stiegl-Hausbiere 0,7 l, Hofbräu Kaltenhausen 1475 Pale Ale, Stiegl-Columbus Pale Ale, Duvel Blond, König Ludwig Weißbier Hell, Franziskaner Hefeweißbier Alkoholfrei, Die Weisse Hell & Dunkel, Libertine Black Ale, Eggenberg Urbock 23°, Ayinger Celebrator, Die Weisse Jubilator, Blanche de Namur, Aventinus, Aventinus Eisbock, Eggenberg Doppelbock, Brew Dog Punk IPA, Forstner Triple 22, Hoegaarden Wit Blanche, Gulden Draak, Eggenberg Samichlaus Classic, La Chouffe Blonde, Chimay Bleue, Bavaria's Best Imperial Stout, Gusswerk Horny Betty, Stiegl-Hell
LOKAL Sehr gepflegtes historisches Wirtshaus, das ganz auf das Bierthema ausgerichtet ist. Jeden Abend wird ein Holzfass angeschlagen, dazu kommt ein wohlausgewogenes (und wechselndes) Angebot regionaler und internationaler Spitzenbiere vom Fass. Wirklich einzigartig ist aber der Bockbier-Keller, in dem die Familie Friesacher eine Auswahl an Jahrgangs-Bockbieren gesammelt hat. Küchenchef Bernhard Hauser kocht dazu traditionelle Wirtshausgerichte – wer aber lieber auf 180 °C heißen Lavasteinen am Tisch grillen will, findet ein Angebot an Lammkotelettes, Garnelen, Schweinsfilet oder Ochsenlende. 120 Sitzplätze, 15 an der Bar, 150 im Garten.

KAISERBAR

5081 Anif, Salzachtal Bundesstraße 135, +43/6246/8920
www.kaiserhof-anif.at/de/kaiserbar
ÖFFNUNGSZEITEN Mo-Do: 16:00 bis 00:00 Uhr, Fr: 16:00 bis 1:00 Uhr
FASSBIER Kaiser Märzen, Schladminger Bio Zwickl, Kaltenhausen 1475 Pale Ale
FLASCHENBIER Einstök, Affligem, Hoegaarden, Gulden Draak, Crew Republic Drunken Sailor, Gusswerk Nicobar, ca. 40 verschiedene Flaschenbiere
LOKAL Im Kaiserhof wurde eine Bierbar eingerichtet, die sich durchaus an internationalen Maßstäben messen lassen kann. Hinter der Bar steht ein Biersommelier, der die angebotenen Flaschenbiere genau kennt und beschreiben kann, genau das richtige Ambiente für den Einstieg in die Craftbier-Szene und eine Gelegenheit zum Fachsimpeln für die Fortgeschrittenen. Für Liebhaber von Craft & Creativbieren bietet die Kaiserbar nach Voranmeldung Bierverkostungen, über 40 verschiedene Kreativbiere, Highland Burger & Flammkuchen. Übernachtungsmöglichkeit im Hotel Kaiserhof.

ANTHERING

RAGGEI-BRÄU - HAUSBRAUEREI RAGGINGER

5102 Anthering, Acharting 32, +43/6223/20396 oder +43/664/2001795
www.raggei.at
ÖFFNUNGSZEITEN Mi-Fr: ab 17:00 Uhr, Sa: ab 16:00, (ca. ab Mai ab 12:00 Uhr), So: an ausgewählten Tagen geöffnet – diese werden auf der Homepage bekanntgegeben.
FASSBIER Dinkelbier, Weizenbock, Untergärige: Kellerbier, Schwarzbier, Vollmond Moorbier, Zwickl, Jubiläumsmärzen, Haunsbergbock, Bockbiere: Fastenbock, Maibock, Weihnachtsbock, Maunzteuflbock, Rupertigold, Doppelbock, Kreativbiere: Hanfbier, Kukuruzbier, Roggengold, Heublumenbier, Augustiner im Steinkrug
FLASCHENBIER Augustiner, Clausthaler, Erdinger Alkoholfrei

LOKAL Die 1999 gegründete Hausbrauerei Ragginger (300-Liter-Sudwerk) wurde im Jahr 2010 als Brewpub des Jahres ausgezeichnet. Man erreicht sie von Salzburg aus mit der Lokalbahn, von der Station Acharting muss man sieben Minuten Gehweg rechnen. Es erwartet einen ein gemütliches Altbausalettl, ein Hausbergstüberl, Wintergarten und ein uriges Bräustüberl sowie ein schattiger Gastgarten. An der Karte merkt man, dass hier Bauern mit Gespür für Besonderes am Werk sind: Kistensauspezialitäten wie Bierbratl, Ripperl in da Rein mit Erdäpfel, Knödel und Speckkrautsalat. In den Weißbierweckerln wird Malz und Hopfen verbacken. Das junge und engagierte Küchenteam verwöhnt die Gäste immer wieder mit besonderen Schmankerln und speziellen Biergerichten. Jeden Monat ein Musikantenstammtisch, Bierkabarett, zweimal jährlich die Bratlgeiger mit ihren Wienerliedern, dazu Bratl a da Rein sowie verschiedene Veranstaltungen mit Livemusik. Bar mit Biercocktails und guten irischen und schottischen Single Malt Whiskies. 70 Plätze im Salettl, 30 im Haunsbergstüberl, 10 im Bräustüberl und 15 an der Bar, 80 Sitzplätze im Garten.

BAD GASTEIN

EDEN'S PUB

5645 Bad Gastein, Karl-Heinrich-Waggerl-Straße 16
+43/6434/20760
www.salzburgerhof.com/eden-pub-bad-gastein.html
ÖFFNUNGSZEITEN Wintersaison
Mo-So: 17:00 bis 1:00 Uhr

Eden's Pub

FASSBIER Guinness, Kilkenny, Fuller's London Pride, Heineken, Foster's, Trumer Pils
FLASCHENBIER Corona, Paulaner Hefeweißbier
LOKAL Eden's Irish Pub ist die Bar des Hotel Eden – das seinerseits wieder zum benachbarten Salzburger Hof gehört. Sehr internationales Publikum, sehr weltgewandtes Personal, das diese Gäste bedient, als ob alle Stammgäste wären. Regelmäßig Live Musik in einer typisch englisch-irischen Pub-Atmosphäre. 50 Plätze im Lokal, 15 an der Bar.

BAD HOFGASTEIN

SCHMARANZBRÄU

5630 Bad Hofgastein, Wieden 52, +43/6432/671940
www.biobauernhof-gastein.com
ÖFFNUNGSZEITEN Mo-Sa: 15:00 bis 00:00 Uhr

Schmaranz Bräu

FASSBIER Eigenbräu Helles und Dunkles Weizenbier, Dinkelbier, saisonal Fastenbier, Saisonbiere
LOKAL Ein unscheinbares altes Bauerngehöft entpuppt sich beim näheren Hinsehen als gastliche Rauchkuchl. „Gerscht'n g'schnittn" wurde am Schmaranzgut schon vor Jahrhunderten, und vom selbst gebrauten Bier zu besonderen Anlässen spricht man heute noch. Damals wurde das Bier im 480 Jahre alten Kehrerhaus gebraut – und 1996 hat es Markus Viehauser als erste Bio-Weißbierbrauerei Salzburgs wiederbelebt. Natürlichkeit ist ein Leitmotiv von Brauerei und Küche, vieles kommt vom eigenen Hof, speziell die Butter und der Käse. 35 Sitzplätze, Garten: 60 Sitzplätze.

BAD VIGAUN

LANGWIES GENUSSHERBERGE

5424 Bad Vigaun, Langwies 22, +43/6245/8956
www.langwies.at
ÖFFNUNGSZEITEN Mo-Fr: ab 16:00 Uhr, Sa & Feiertag geöffnet ab 10:00 Uhr
FASSBIER Kaiser Märzen, Kaltenhauser Kellerbier, Kaltenhauser Bernstein, Gösser Naturradler, Hofbräu Hefeweißbier, Trumer Pils, Kaltenhauser Original, saisonal Bockbier
FLASCHENBIER Kaiser Doppelmalz, Schlossgold
LOKAL Dieses komfortable und familiär geführte Hotel (gegründet 1903) hat eine schöne, moderne Bar, die in ansprechendem Kontrast zum ländlichen Charakter des Hauses steht. Eigene Landwirtschaft. Jeden letzten Montag im Monat Musikantenstammtisch, Salzburger Wirtshauskultur, Bauernherbst-Wirt des Jahres 2004. Bierfleisch, ofenfrischer Schweinsbraten in Malzbiersaft, Zwetschken in Bierteig gebacken mit Zimtschaumsauce. 120 Sitzplätze, 50 Plätze an der Bar, Garten: 100 Sitzplätze.

BERGHEIM

FRANZ DER WIRT

5101 Bergheim, Dorfstraße 35, +43/662/452124-70
www.franz-bergheim.at/der-wirt
ÖFFNUNGSZEITEN Mo-Fr: 11:00 bis 23:00 Uhr, Sa: 17:00 bis 23:00 Uhr

Franz der Wirt

FASSBIER Franz Zwickl Hell/Dunkel (Hausbier), Franz Weizenbier, Trumer Pils, Stiegl-Goldbräu, Stiegl-Radler Grapefruit
FLASCHENBIER Die Weisse Original, Die Weisse Alkoholfrei, Die Weisse Dunkel, Stiegl-Columbus Pale Ale, Stiegl-Freibier
LOKAL Dieses Dorfwirtshaus der weit verzweigten Familie Gmachl hat sich im Lauf der letzten Jahre zu einem Kultbetrieb rund ums Bier entwickelt. Weil seit fünf Generationen stets ein Gmachl-Familienmitglied mit dem Vornamen Franz die Gastronomie hier führt, bekam die Gmachl Dorfstube 2013 den neuen Namen „Franz – Der Wirt". 2015 wurde das Lokal von der Stiegl-Brauerei zum Salzburger Bierwirt des Jahres erkoren, 2016 kam dann noch eine eigene Brauerei (5 Hektoliter Caspary-Sudwerk) dazu. Spektakulär ist die von Architekt Franz Kirchmayr mit heimischen Hölzern gestaltete zentrale Bar, an der flink und freundlich gezapft wird. Im Frühjahr 2018 schloss Franz Gmachl seine Ausbildung zum Dipl. Biersommelier bei Axel Kiesbye ab. Und das Essen zum Bier passt auch, schließlich ist eine Metzgerei angeschlossen: Bergheimer Bratwurst, Maishendl, Leberkäs. Preiswerte Mittagsmenüs. 90 Plätze im Lokal, 25 an der Bar.

ISI-BRÄU

5101 Bergheim, Bäckerstraße 3, +43/699/17220531
www.isi-braeu.at
ÖFFNUNGSZEITEN Mo-Fr: 11:00 bis 23:00 Uhr
FASSBIER Kellertrübes Zwickl (Hausbier), Saisonbiere, diverse Bockbiere
LOKAL Wenn Bockbier ausgeschenkt wird – ab 11. November – können sich vor diesem kleinen, von außen an ein Einfamilienhaus erinnernden Lokal Schlangen von Fans bilden. Den Ausschank gibt es seit 1958. Er wurde 1987 von Helmut Brunner übernommen, der seit 2001 eigenes Bier braut – 2013 hat sein Bruder das Lokal übernommen und führt es in gleicher Qualität weiter. Einfache Einrichtung, einfaches Buffet. 40 Plätze im Lokal, 40 im überdachten Garten.

BISCHOFSHOFEN

ORTNERS – DAS ORIGINAL

5500 Bischofshofen, Alte Bundesstraße 4, +43/6462/32978
www.ortners.at
ÖFFNUNGSZEITEN Mi-Sa: 11:30 bis 14:30 Uhr und 17:30 bis 21:30 Uhr, So-Di: geschlossen
FASSBIER Trumer Pils, Guinness
LOKAL Seit 2001 bewährt sich dieses sehr schön gestaltete Restaurant (Fisch- und Grillgerichte sind die Spezialitäten) mit großer Bar und sehr guter Bierpflege als Treffpunkt von Bischofshofen. 75 Sitzplätze.

BRUCK AN DER GLOCKNERSTRASSE

KOHLSCHNAIT

5662 Bruck an der Glocknerstraße, Niederhof 3, +43/6545/6112
www.kohlschnait.at
ÖFFNUNGSZEITEN Fr-So: 11:00 bis 22:00 Uhr
FASSBIER Kohlschnait Kellerbier, Dunkles Weizen, Helles Weizen, saisonale Bockbiere
LOKAL Familie Eder betreibt auf ihrem Bergbauernhof einen rustikalen Biergasthof, in dem eigene Produkte (neben Bier auch Brot und Speck) angeboten werden. Der Hof ist nicht ganz leicht zu finden, hilfreich ist es, sich an der Beschilderung zur Rodelbahn zu orientieren, die im Winter auch von der Familie Eder betrieben wird (beschneit, 3 km lang). Seit dem Jahr 2013 ist Robert Eder diplomierter Biersommelier. Direkt vor der Hütte befindet sich eine Snowtubingbahn (im Winter), im Sommer ein Kinder-Spielplatz mit Abenteuer-Spielgeräten. Zu den Attraktionen gehört eine Bogensportanlage mit naturgetreu nachgebildeten 3D Tieren und ein Motorsäge-Museum. Spektakulär ist die Show, die die Hunde liefern, wenn sie die Schafe von der Weide in den Stall treiben. 100 Plätze, 30 im Garten.

ZACHERL BRÄU – „BAUER & WIRT"

5671 Bruck an der Glocknerstraße, Glocknerstraße 14
+43/6545/7242
www.zacherlbraeu.at
ÖFFNUNGSZEITEN Di-Sa: 16:00 bis 00:00 Uhr, So: 10:00 bis 13:00 Uhr, 16:00 bis 00:00 Uhr
FASSBIER Zacherlbräu Naturtrüb (Brauerei Kaltenhausen), Kaiser Märzen
FLASCHENBIER Zacherlbräu Naturtrüb, Kaiser Doppelmalz

LOKAL In den ehemaligen Brauereikellern sind heute traditionell eingerichtete Wirtshausstuben und eine Schnapsbrennerei untergebracht. Die frischen Zutaten aus der eigenen Landwirtschaft und dem Küchenkräutergarten beflügeln die Küche. Übrigens gibt es hier auch Jungpferdefleisch wie z.B. Zacherls Rosswurst und Pferdelandjäger. Auch ein Salzburger Bierfleisch mit Kaiser Doppelmalz steht auf der Karte, das ganz besonders gut zum Bier passt – das wurde schon mit einer Gault-Millau-Haube ausgezeichnet. 80 Plätze, Garten: 120 Plätze.

EBEN IM PONGAU

KOHLER'S PUB

5531 Eben im Pongau, Dorfplatz 71, +43/664/5413945
www.facebook.com/KohlersPub
ÖFFNUNGSZEITEN Mo - Sa ab 17:00 Uhr geöffnet

Kohler's Pub

FASSBIER Stiegl-Goldbräu, Stiegl-Weisse, Radler, ein wechselndes saisonales Bier
LOKAL Kohler's Pub ist eine kleine, sehr freundliche Bar im Zentrum von Eben. Gute Bierpflege. Christian Kohler sorgt als Sportfreund dafür, dass Fans wichtige Fußballspiele live mitverfolgen können (bei Schönwetter im Gastgarten). 30 Sitzplätze im Lokal, 9 Plätze an der Bar.

ELIXHAUSEN

DIE SOLIDE ALM

5161 Elixhausen, Weichenbergstraße 1, +43/662/230215
www.solide-alm.at
ÖFFNUNGSZEITEN Mo-Sa: 10:00 bis 00:00 Uhr
FASSBIER Stiegl
FLASCHENBIER Stiegl-Pils, Stiegl Freibier
LOKAL Der Klassiker von Hubert von Goisern hat diesem, auf Hüttengaudi und einfaches, doch wohlschmeckendes Essen und ordentliche Bierpflege spezialisierten Lokal an der Straße von Salzburg nach Obertrum den Namen gegeben. Familie Zipperer sorgt auch dafür, dass immer wieder Live-Bands auftreten.

EUGENDORF

AM HOCHFUCHS

5301 Eugendorf, Schwaighofen-Bergweg 2, +43/6225/8289
www.hochfuchs.at
ÖFFNUNGSZEITEN Mi-Do: 15:00 bis 23:00 Uhr, Fr-So: 9:00 bis 23:00 Uhr
FASSBIER Stiegl-Goldbräu, Stiegl-Weisse, Radler
FLASCHENBIER Trumer Pils, Trumer Hopfenspiel, Trumer Zwickl, Franziskaner Hefeweizen Hell, Franziskaner Hefeweizen Dunkel, Franziskaner Alkoholfreies Weizen, König Ludwig Dunkel, Eugendorfer Genussbier (Hofbräu Kaltenhausen), Stiegl-Freibier
LOKAL Neu eingerichtetes Lokal mit schönem Blick auf das Salzkammergut. Ca. 110 Sitzplätze in verschiedenen Bereichen.

HOLZNERWIRT

5301 Eugendorf, Dorf 4, +43/6225/8205
www.holznerwirt.at
ÖFFNUNGSZEITEN Di-Sa: 7:00 bis 00:00 Uhr, So: 7:00 bis 16:00 Uhr
FASSBIER Zipfer Märzen, Gösser Naturradler
FLASCHENBIER Bitburger Pils, Kaiser Doppelmalz, ‚Die Weisse' aus Salzburg Naturtrüb und Alkoholfrei, Erdinger Hefeweizen Hell, Erdinger Hefeweizen Dunkel
LOKAL Stattlicher Gasthof im Zentrum von Eugendorf, dessen Wurzeln auf das Jahr 1389 zurückgehen und der seit 1590 als Gastwirtschaft (damals „Obertaverne") belegt ist. Holznerwirt heißt das Haus, seit es 1698 von Michael Holzner gekauft wurde. Seit 2014 heißt der Wirt Gerhard Martin Schönbauer – und er pflegt nicht nur die Tradition, sondern auch das Bier liebevoll. Sehr schöner Biergarten. 120 Plätze im Lokal, 130 im Gastgarten.

Holznerwirt

FAISTENAU

BRAMSAU-BRÄU

5324 Faistenau, Bramsaustraße 36, +43/6228/2566
www.bramsau-braeu.at
ÖFFNUNGSZEITEN Mi-Sa: ab 15:00 Uhr, So & Feiertag: ab 11:30 Uhr, Mo-Di: Ruhetag

FASSBIER Bockbier im Advent, Bramsau-Bräu Kellerbier, saisonale Spezialbiere, Herbstbier, Jedermannbier, Schwarzbier
LOKAL Mehrere Bereiche in einem großen, schön gegliederten Gastraum, der auch Gruppen separat Platz bietet. Bei der Einrichtung wurden altes Holz und alte Ziegel aus der k.u.k. Monarchie verwendet und neu aufpoliert. Ab 15 Uhr warme Küche (Spezialität Bierbrauerpfandl, dazu selbst gebackenes Holzofenbrot, Biergulasch, Schweinsbraten im Biersaftl, Ripperl auf Bestellung) – die im Jahr 2002 eingerichtete moderne Brauanlage ist in einem Nebenraum und kann mittwochs um 17.00 Uhr oder auf Anfrage besichtigt werden. Der über drei Ebenen verteilte Biergarten ist von Natur umgeben, der Ausblick einmalig und das Klima auch: Ein Lindenbaum spendet Schatten, für die Kinder gibt es einen Abenteuerspielplatz, da können die Eltern in Ruhe ihr Bier genießen. Ca. 90 Sitzplätze im Lokal, 180 Plätze im Gastgarten.

FLACHAU

Ema's Pub

EMA'S PUB

5542 Flachau, Flachauerstraße 275, +43/6457/31950
www.emaspub.at
ÖFFNUNGSZEITEN Sommer: Mi-Sa ab 19:00 Uhr – mit Gastgarten-Betrieb; Winter: Mo-So ab 16:00 Uhr – bei Bundesliga-Spielen auf SKY: mit Spielbeginn geöffnet.
FASSBIER Guinness, Paulaner, Gösser
FLASCHENBIER Heineken, Kilkenny, American Bud, Desperados, Corona, Hacker Pschorr, Stiegl, Stiegl-Columbus Pale Ale
LOKAL Seit rund einem Vierteljahrhundert eine verlässliche Quelle für gut gezapftes Guinness. Lange Bar linkerhand, Videoscreen für Fußballübertragungen (gelegentlich wird deshalb auch früher aufgesperrt) und immer wieder Live-Konzerte. 100 Plätze im Lokal, 20 an der Bar, 45 im Garten vor dem Lokal.

FLACHAUER GUTSHOF & MUSISTADL

5542 Flachau, Pichlgasse 15, +43/6457/31980
www.flachauer-gutshof.at
ÖFFNUNGSZEITEN Mo-So: ab 11:00 Uhr
FASSBIER Ottakringer Helles, Null Komma Josef
LOKAL Das über 435 Jahre alte Bauernhaus und der 220 Jahre alte Stall des Flachauer Gutshof schaffen ein einmaliges Ambiente: Entstanden aus traditioneller, österreichischer Handwerkskunst, vereint mit regionaler und moderner Gastronomie. Oft Livemusik im „Musistadl". Besonders gepflegte Zapfkultur – und mehrere Mitarbeiterinnen, die sich der Käsekultur verschrieben haben. 35 Sitzplätze beim Bauernschmied, 350 im Musistadl, 120 im Atelier, 200 an der Bar, 500 im Gastgarten.

Paularei

PAULAREI

5542 Flachau, Flachauer Straße 353, +43/6457/2205804
www.paularei.at
ÖFFNUNGSZEITEN Mo-So: 11:30 bis 1:00 Uhr
FASSBIER Trumer Pils, Erdinger Urweisse, Radler
FLASCHENBIER Obertrumer Märzen, Erdinger Alkoholfrei
LOKAL Die Paularei gehört zum Hotel Matteo und könnte in jedem amerikanischen Tourismusort Furore machen – aber mit seiner spezifisch österreichischen Ausprägung (inklusive einer Bibliothek voll mit Büchern zur Geschichte der Fotografie) und dem charmanten Service ist es doch wieder sehr heimelig. Die Küche ist offen und einsehbar, die Räume hoch und das Mobiliar im Retrostyle, was sich wohltuend von der allgegenwärtigen „Alpenidylle" abhebt. Apropos Alpenidylle: Wir bekamen den Tipp, auch das Gasthaus „Alter Neuwirt", das vom selben Unternehmen betrieben wird, aufzusuchen – dort findet man ebenso gut gezapftes Trumer Pils in entsprechendem Ambiente. Allerdings war dieses Lokal zu Redaktionsschluss dieser Ausgabe geschlossen. 120 Plätze, 15 an zwei Bars.

GOLDEGG

ZUM BIERFÜHRER

5622 Goldegg, Hofmark 19, +43/6415/20300
m.facebook.com/people/Zum-Bierf%C3%BChrer/100063578680457/?locale=de_DE
ÖFFNUNGSZEITEN Mi: ab 17:00 Uhr, Do-Sa: 11:00 bis 23:00 Uhr, So: 9:00 bis 19:00 Uhr

FASSBIER Trumer Original, Stiegl-Goldbräu, Stiegl-Weisse
LOKAL Rund eine Million Euro ließ sich Seipp Schellhorn den Erwerb des Traditionsbetriebs kosten – er investierte zudem in die Küche und sorgte dafür, dass alles so aussieht, als wäre hier immer schon alles an seinem Platz gewesen: Die dezente Stukkatur an der Decke ebenso wie die dunkle Lamperie, das Kreuz im Herrgottswinkel (in jeder Stube einer!) ebenso wie die geschnitzte Bierführer-Darstellung gegenüber der Schank. An einer Wand hägt auch noch eine Fotografie von „Johann Bürgler, Bierführer, geb. 19.11.1863, gest. am 1.2.1953". Das Gasthaus zum Bierführer ist damit wieder zu einem Vorzeigebetrieb für traditionelle Biergastronomie geworden, allerdings mit feinerer Küche als früher. 65 Sitzplätze in drei Stuben.

Zum Bierführer

GOLLING

GOLDENE TRAUBE

5400 Golling, Markt 3-4, +43/6244/4320-0
www.goldene-traube.at
ÖFFNUNGSZEITEN Ruhetage: So Abend und Montag
FASSBIER Kaiser Märzen, Edelweiss
FLASCHENBIER Edelweiss Dunkel, Schlossgold
LOKAL Der Gasthof „Goldene Traube" ist ein mittelalterliches Gebäude und in der 4. Generation in Familienbesitz. „Jeder ist bei uns willkommen. Wir schaffen mit unserer Gaststube eine Atmosphäre, in der sich jeder wohlfühlen kann", verspricht der Wirt – und serviert unter anderem Salzburger Bierfleisch. 120 Sitzplätze, Schanigarten: 20 Sitzplätze.

HALLEIN

BRÄUSTÜBL KALTENHAUSEN

5400 Hallein, Salzburger Straße 67, +43/6245/80233
www.braeustuebl.at
ÖFFNUNGSZEITEN Mo-So: 10:00 bis 23:00 Uhr
FASSBIER Moastabräu, Kaltenhauser Original, Kaltenhauser Kellerbier, Kaltenhauser 1475 Pale Ale, Kaiser Märzen, Kaltenhauser Bernstein, Edelweiss Hofbräu Hefetrüb, Gösser Naturradler
FLASCHENBIER Kaiser Doppelmalz, Edelweiss Dunkel, Edelweiss Alkoholfrei, saisonale Kaltenhauser Kreativbiere
LOKAL Das Bräustübl des Hofbräu Kaltenhausen (Salzburger Bierlokal des Jahres 2021) schafft die Balance zwischen Bodenständigkeit (Kaltenhausen ist immerhin die älteste Brauerei Salzburgs) und Moderne. Im Lokal glänzt das kupferne Sudwerk und man sitzt unter den alten Wandmalereien. „Vom kühlen Bier und guten Speck bringen mich zehn Ross nicht weg", steht auf einer. Also bleiben und kosten. Die Bierkarte ist besonders liebevoll gestaltet. Neben regionaler Wirtshausküche gibt es auch köstliche Jausenschmankerl. Für größere Veranstaltungen steht das historische Ruperti Gwölb zur Verfügung (ca. 200 Sitzplätze) und bei warmen Temperaturen ein Gastgarten/Innenhof. Ganz im Zeichen der Bierkultur werden auch Brauereiführungen, Bierverkostungen und Braukurse angeboten.

Bräustübl Kaltenhausen

BRÜCKENWIRT HALLEIN-RIF

5400 Hallein, Brückenwirtweg 3, +43/6245/76194
www.brueckenwirt-hallein.at
ÖFFNUNGSZEITEN Mo: 10:00 bis 23:00 Uhr, Do-So: 10:00 bis 23:00 Uhr
FASSBIER Kaiser Märzen, Kaltenhauser Bernstein, Weihenstephaner Hefeweizen, Stiegl-Paracelsus Bio Zwickl, Gösser Naturradler, saisonal: Edelweiss Gamsbock, Oktoberbier

FLASCHENBIER Kaiser Doppelmalz, Kaiser Märzen, Edelweiss Dunkel, Weihenstephan Alkoholfrei, Gösser Naturgold
LOKAL Einfaches Landgasthaus an der Salzachtalbundesstraße auf halbem Weg zwischen der Stadt Salzburg und Hallein, eigene Busstation der Salzburger Buslinie 170. Die vielen Stammgäste schätzen den Biergarten – und das gute Preis-Leistungs-Verhältnis. Salzburger Bierfleisch, Rindszunge in Schwarzbiersauce. 180 Sitzplätze, Gastgarten mit Kastanienbäumen: 120 Plätze.

Gasthaus Hager

GASTHAUS HAGER

5400 Hallein, Salzachtalstraße 10, +43/6245/70592
www.gasthaus-hager.at
ÖFFNUNGSZEITEN Mo-Fr: 10:00 bis 21:30 Uhr, So: 9:30 bis 14:00 Uhr
FASSBIER Kaiser Märzen, Kaltenhauser Bernstein, Kaltenhauser Kellerbier, Edelweiss Hefeweizen, ein Saisonbier
FLASCHENBIER Edelweiss Weißbier Dunkel, saisonal Bockbier
LOKAL Gemütliches Gasthaus mit uriger alter Gaststube und schönem Kachelofen, auf dem – je nach Bedarf – Lesebrillen oder Scheuklappen bereitliegen. Freundliches Service, die gutbürgerliche Küche bietet unter anderem mit Bier zubereitete Speisen wie Schweinsbraten mit Bier aufgegossen oder Bierfleisch, aber auch internationale Highlights, die in den hinteren Stuben bei gedecktem Tisch genossen werden können. 120 Sitzplätze im Lokal, 120 Sitzplätze im Garten.

HOHLWEGWIRT

5400 Hallein, Salzburgerstraße 84, +43/6245/824150
www.hohlwegwirt.at
ÖFFNUNGSZEITEN Di: 18:00 bis 22:00 Uhr, Mi-Sa: 16:00 bis 22:00 Uhr, So: 12:00 bis 14:00 Uhr
FASSBIER Brauerei Sigl: Trumer Pils, Stiegl Bio Zwickl, Radler - Zwickl mit Orangeade, Original Stieglbock, Stiegl Herbst-Gold
FLASCHENBIER Wieninger Hefeweißbier Dunkel, Weißbier naturtrüb Premium, Trumer Freispiel, Wieninger Guidobald Dunkel
LOKAL Rustikales Bierlokal und von Falstaff und Gault Millau ausgezeichnetes Restaurant. Johannes Kronreif, Moar der Brauerei Kaltenhausen, hat den jetzigen Gasthof Hohlwegwirt am 23. September 1874 gekauft – und seither ist das Lokal, bei dem seinerzeit noch ein Kramerladen und eine k.u.k. Poststelle dabei waren, in Familienbesitz. Empfehlenswert ist unter anderem das Salzburger Bierfleisch in Dunkelbiersauce sowie die Fischspezialitäten, die mit passendem Bier angeboten werden. Außerdem werden im Gasthof Hohlwegwirt Bierverkostungen abgehalten. 100 Sitzplätze im Lokal, Terrasse: 24 Sitzplätze, Garten: 30 Sitzplätze.

STADTKRUG

5400 Hallein, Bayrhamerplatz 10, +43/664/88107605
www.stadtkrug-collection.at
ÖFFNUNGSZEITEN Mo: 10:00 bis 00:00 Uhr, Mi-So: 10:00 bis 00:00 Uhr
FASSBIER Stiegl-Goldbräu, Benediktiner Weißbier, Stiegl-Radler Zitrone Naturtrüb
FLASCHENBIER Franziskaner Weißbier Hell, Benediktiner Weißbier Dunkel, Benediktiner Weißbier Alkoholfrei, Hacker Pschorr Kellerbier, Stiegl-Columbus Pale Ale, Tegernseer Hell, Corona
LOKAL Freundliches Lokal in zentraler Lage. Regionale Küche mit modernem Einschlag – und dazu Biere vorwiegend aus Salzburg und Bayern.

HALLWANG

SANTA FÉ

5300 Hallwang, Wiener-Bundesstraße 7, +43/662/665824
www.santafe.at
ÖFFNUNGSZEITEN Di-Do: 17:00 bis 1:00 Uhr, Fr-Sa: 17:00 bis 2:00 Uhr

Santa Fé

FLASCHENBIER Puntigamer Panther, Wieninger Hell (Bügelflasche), Die Weisse, Corona, Schwechater Zwickl, Wieselburger Stammbräu, Gösser Naturradler, Weihenstephan Alkoholfrei, Gösser Naturgold, Viola Bionda, Viola Rossa, Viola Numerotre Pale Ale
LOKAL Seit Jahren gut etablierte „Show"-Bar mit mexikanischer Küche (Santa-Fé-Steak vom Austria BIO-Weidebeef), auch die

Ensaladas und Fajitas erfreuen sich hoher Beliebtheit. Monatliche Specials und typische Bar-Snacks runden das Angebot ab. Öfters Veranstaltungen. 150 Sitzplätze, 40 an der Bar, Garten: 100 Sitzplätze.

HOF BEI SALZBURG

DAS GENUSSWERK

5322 Hof bei Salzburg, Römerstraße 3, +43/6229/39777
www.brauhaus-gusswerk.at

ÖFFNUNGSZEITEN Di: 16:00 bis 22:00 Uhr, Mi-Sa: 11:00 bis 22:00 Uhr, So: 11:00 bis 18:00 Uhr

FASSBIER Edelguss, Weizenguss, Gusswerk Jakobsgold, ‚Stone & Iron' Steinbier, Austrian Amber Ale/Nicobar IPA, ein zusätzliches saisonales Bier (z.B Winter-Steinbier oder CITRA-Beach)

FLASCHENBIER Glutenfrei Lager, Rhabarber-Radler Glutenfrei, Das Schwarze Schaf Stout, Die schwarze Kuh, Austrian Amber Ale, Nicobar IPA, Horny Betty, Dies Irae, Krinnawible, Eisbergbock, Die ALTE (Schwarze) Kuh (fassgereift), saisonal: Citra Beach, Winter-Steinbier, Festguss, Red Ale, Pils, Jakobsgold Alkoholfrei, Papagena Cider, Steiner Bio-Weißbier alkoholfrei, Brew Age Hopfenauflauf, Brew Age Malzstraße, Brew Age Dunkle Materie, Brew Age Affenkönig, Brew Age Chicxulub Stout, Brew Age Alphatier, Brew Age Nussknacker, Brew Age Bienenstich (saisonal), Rodauner Strizzi

LOKAL Seit 2007 der Trendsetter im Craftbier-Markt. Mehrfach im Bier Guide als Lokal und für die Bierkreationen ausgezeichnet. Auch Kurier-Kolumnist Florian Holzer nennt das Brauhaus Gusswerk an der Spitze seiner „Top 5 Craft Beer Lokale auf dem Land". Die Küche bietet österreichische, regionale Speisen, großteils Bio – denn genau wie beim Bier stehen auch in der Küche die Nachhaltigkeit und das Bewusstsein für die Umwelt im Vordergrund. Gruppen ab sechs Personen können ein Bratl in der Rein buchen. Das Lokal dient auch als Biershop für die beim Gusswerk gebrauten Biere. 40 Plätze im Lokal, 12 an der Bar.

KAPRUN

HILBERGER'S BEISL

5710 Kaprun, Wilhelm-Fazokas-Straße 12, +43/6547/7246
www.hilberger.at

ÖFFNUNGSZEITEN Mo: 16:00 bis 00:00 Uhr, Mi-So: 16:00 bis 00:00 Uhr

FASSBIER Trumer Pils, Trumer Zwickl, Hofbräu Traunstein Weisse, Trumer Naturradler

FLASCHENBIER Pinzga' Pale Ale, Die Weisse Salzburg Hell/Dunkel, saisonal Die Weisse Bock, Pinzga' Phönix, Pinzga' Zwickl , Pinzgau Bräu Weizen Hell, Die Bio Weisse Hell Glutenfrei

LOKAL Seit 1996 wird dieses heimelig-rustikale Lokal auf hohem Niveau betrieben. Auf der Karte stehen herzhafte steirische Schmankerl, die nach alten Rezepten und mit Pinzgauer Zutaten zubereitet werden. Prominent vertreten ist das Bier aus der nahen Pinzga-Brauerei. 60 Sitzplätze im Lokal, 12 Plätze an der Bar, 30 im Garten.

KITSCH & BITTER

5710 Kaprun, Wilhelm-Fazokas-Straße 7b, +43/6547/8663
www.kitschundbitter.at

ÖFFNUNGSZEITEN Mo-Sa: 17:00 bis 2:00 Uhr

Kitsch & Bitter

FASSBIER Trumer Pils, Maisel's Weisse

FLASCHENBIER Heineken, Corona, Desperados, Maisel's Dunkel

LOKAL Eckpunkt des Kapruner Bermudadreiecks. Gemütliches Stimmungslokal mit zentraler Bar und freundlicher Bedienung. Große Auswahl an Pizzen und Pastagerichten – und wer mag, kann auch aus einer großen Weinkarte wählen. 120 Sitzplätze, 50 Stehplätze, im Garten 100 Plätze.

KRIMML

ANTON WALLNER BRÄUSTÜBERL

5743 Krimml, Oberkrimml 118, +43/6564/7295-0
www.krimml.com

ÖFFNUNGSZEITEN Fr-Mi ab 16:00 Uhr. Warme Küche von 16:00 bis 21:00 Uhr.

FASSBIER Helles und Dunkles Krimmler Märzen, Helles und Dunkles Krimmler Weizen, Krimmler Dreikorn, Krimmler Zirbenbier, saisonal Fest- und Weizenbock
FLASCHENBIER Alle Biersorten auch zum Mitnehmen
LOKAL Uriges Bräustüberl mit langer Bar und viel hellem Holz im Untergeschoß des Gästehaus Waltl, an dem im Sommer dekorativ Hopfen hochrankt und für bierige Stimmung im Garten des Bräustüberls sorgt. Das Anton Wallner Bräu wurde 2008 gegründet, nachdem Manfred Opresnik die Ausbildung zum Diplom-Biersommelier gemacht hat. Den Namen für seine Brauerei nahm er vom Gastwirt Anton Wallner, der am Hinterlehen-Gut in Krimml geboren wurde und sich als Kampfgefährte von Andreas Hofer im Befreiungskrieg von 1809 gegen Bayern und Franzosen hervorgetan hat. Er zeichnete sich mit seinen Schützen in den Kämpfen um den Pass Lueg besonders aus. Von ihm ist auch das Motto der kleinen Brauerei übernommen: Man will frei und unabhängig brauen. Dabei wagt sich Opresnik auch an ungewöhnliche Bierkreationen wie ein Apfelbier. Spezialität der Küche: knusprige Backhendl! Bierkulinarium und Brauereiführung mit Jause nach Voranmeldung. 45 Sitzplätze im Lokal, 16 Plätze an der Bar.

LEOGANG

ASITZ BRÄU

5771 Leogang, Pirzbichl 21, +43/6583/8246-4550
www.asitzbraeu.com
ÖFFNUNGSZEITEN Mo-So: 9:00 bis 16:30 Uhr

Asitz Bräu

FASSBIER AsitzBräu (aus der Brauerei Falkenstein), Franziskaner Hefeweisse, Gösser Naturradler
FLASCHENBIER AsitzBräu (aus der Brauerei Falkenstein), Corona, Kaiser Märzen, Franziskaner Hefeweizen Dunkel
LOKAL Brauhausatmosphäre für eine gemütliche Einkehr oder für ganz besondere Veranstaltungen: Das Asitz Bräu, eine ehemalige Schihütte, wurde auf drei Ebenen mit historischem Brauhaus-Equipment eingerichtet und versteht sich als Europas höchstgelegenes Braumuseum. Die unzähligen Brauhausgeräte sind liebevoll restauriert, inmitten befindet sich der Mälzereiturm. Geboten wird eine original Brauhausküche und Bier aus der ältesten Brauerei Osttirols, der Gösser-Braustätte Falkenstein bei Lienz. 2018 wurde ein neuer Balkon errichtet. 500 Sitzplätze in den Stuben, 500 Plätze auf der Sonnenterrasse.

LOFER

KRAMEREI

5090 Lofer, Lofer Nr. 26, +43/660/5578766
www.bar-lofer.at
ÖFFNUNGSZEITEN Mo-So: 14:00 bis 00:00 Uhr

Kramerei

Krämerei
THE PLACE TO BE(ER)!

FASSBIER Stiegl-Goldbräu
FLASCHENBIER Cantillon, Jever Pilsener, Astra Urtyp, Trumer, BOMBrewery Triporteur Full Moon 12, La Trappe Quadrupel , Kasteel Barista Chocolate Quad, Chimay Grande Réserve, Duvel, Lupulus Blanche, Westmalle Tripel, Leffe Brune, Franziskaner Dunkel, Fuller's London Pride, Brasserie Lefebvre Barbar, Gusswerk Nicobar IPA, Houblon Chouffe, Brew Age Alphatier, Co- rona Extra, Velkopopovický Kozel Dunkel, Augustiner Edelstoff, Schönramer Hell, Stiegl Goldbräu, Oude Geuze Boon, Augustiner Bräustübl Märzen, Bevog Tak, Bosteels Kwak, Stift Engelszell Nivard und viele andere Spezialitäten.
LOKAL Bierlokal des Jahres, siehe Seite 256.

MARIA PLAIN BEI SALZBURG

GASTHOF MARIA PLAIN

5101 Maria Plain bei Salzburg, Plainbergweg 41, +43/662/4507010
www.mariaplain.com
ÖFFNUNGSZEITEN Mi-So: 11:00 bis 21:00 Uhr

Gasthof Maria Plain

FASSBIER Stiegl-Goldbräu, Stiegl-Hell, Stiegl-Radler Grapefruit
FLASCHENBIER Stiegl-Pils, König Ludwig Dunkel, Stiegl-Freibier
LOKAL Ein stattlicher Gasthof in unmittelbarer Nachbarschaft der Wallfahrtskirche von Maria Plain. Das ursprüngliche Haus war ein Meierhof aus dem frühen 16. Jahrhundert und gehörte dem Begründer der Plainer Wallfahrt, dem Baron Rudolf v. Grimming. Schon im Jahre 1654 wird die Familie Moßhammer als „Bestand-Wirt" genannt und es wird bis heute in der 15. Generation als Traditionshaus geführt. Zur Tradition gehört auch seit 1830 die patentierte Original Moßhammer's Plainer Bratwurst. Am besten zu einem Bier auf der sehr schönen Terrasse zu genießen. Ca. 150 Sitzplätze im Restaurant, 180 in zwei Sälen, ca. 300 im Kastaniengarten/windgeschützte Terrasse.

MAUTERNDORF

GASTHOF WEITGASSER

5570 Mauterndorf, Markt 106, +43/6472/7366
www.gasthof-weitgasser.at
ÖFFNUNGSZEITEN Mo-Fr 11:30 bis 14:00 Uhr und 17:00 bis 21:00 Uhr, Sa 11:30 bis 15:00 Uhr und 17:00 bis 21:00 Uhr, So 11:30 bis 15:00 Uhr und 17:00 bis 20:00 Uhr
FASSBIER Murauer Märzen, Murauer Hefeweizen, Gösser Gold, Stiegl-Goldbräu
FLASCHENBIER Murauer Doppelmalz, Erdinger Hefeweizen Hell, Erdinger Hefeweizen Dunkel, Mühltaler (lokales Bier aus Mauterndorf), Corona, Franziskaner Alkoholfrei, Stiegl-Freibier
LOKAL Ehemaliger Braugasthof, 1651 unter dem adelig klingenden Namen „Hofstatt an der Eden bei der Docken" erbaut. Seit 1701 ist an dieser Stelle ein Wirtshaus belegt, ab 1745 wurde auch gebraut. Gaststube mit Gewölbe und Kachelofen. Der Wirt kocht selbst: Lungauer Schöpsenbratl, Martinigansl im November. Und übernachten kann man hinter den dicken Mauern besonders gemütlich: Die Zimmer sind mit liebevoll restaurierten alten Möbeln eingerichtet. Ca. 130 Sitzplätze im Lokal, 60 im Garten. In der Nebensaison ist der Gasthof am Nachmittag geschlossen.

MICHAELBEUERN

KELLNEREI

5152 Michaelbeuern, Michaelbeuern 2, +43/650/5206010
www.kellnerei-michaelbeuern.at
ÖFFNUNGSZEITEN Mi-Do: 16:00 bis 23:00 Uhr, Fr-Sa: 11:00 bis 23:00 Uhr, So: 10:00 bis 21:00 Uhr
FASSBIER Augustiner Bräu
FLASCHENBIER Franziskaner Weißbier Hell, Trumer Pils
LOKAL Die Stiftskellnerei Michaelbeuern hat seit 2022 einen neuen Pächter: Ingo Zick versucht, mit regionaler Küche und dem Bier von Augustiner Salzburg einen bodenständigen Betrieb zu führen. Die Kellnerei hat einen sehr eindrucksvollen Kastaniengarten mit Blick auf die in unmittelbarer Nähe befindliche Benediktinerabtei. Das Salzburger Augustiner Bräu wird hier traditionsgerecht in Steinkrügen serviert – an sonnigen Sonntagen kann es im Garten eng werden. 100 Sitzplätze im Lokal, 6 Sitzplätze an der Bar und 80 Sitzplätze im Gastgarten.

NEUKIRCHEN AM GROSSVENEDIGER

SCHWEINI'S

5741 Neukirchen am Großvenediger, Marktstraße 64
+43/6565/6204
www.facebook.com/saustark.schweinis
ÖFFNUNGSZEITEN Mo-So: 14:00 bis 00:00 Uhr

Schweini's

FASSBIER Trumer Pils, Radler, HB Traunstein Gockl Weisse, HB Traunstein Weißbier Alkoholfrei
FLASCHENBIER Schweinis Helle, La Chouffe Blonde, Hoegaarden, Leffe Brune, Duvel, Corona, Guinness (Dose)

LOKAL Im Zeichen des geflügelten Schweins wird diese einladende Bar (der Tresen nimmt einen Großteil des Lokals ein) betrieben. Schön gezapftes Pils und eine erfreuliche Auswahl an Flaschenbieren. 20 Plätze im Lokal, 20 an der Bar, 20 im Garten.

NIEDERNSILL

GASTHOF KRÖLL

5722 Niedernsill, Steindorf Au 5, +43/6548/8230
www.gasthof-kroell.at
ÖFFNUNGSZEITEN Mo & Do ab 15:00 Uhr, Fr-Sa, So & feiertags ab 9:00 Uhr geöffnet.

FASSBIER Zipfer Märzen, Zipfer Pils, Edelweiss, Oktoberbräu
FLASCHENBIER Zipfer Märzen, Zipfer Urtyp, Edelweiss
LOKAL „Wirtshaus mit Herz" für Einheimische und Gäste. Als „Gastwirt Nationalpark Hohe Tauern" hat sich Ralf Kröll ganz traditionellen und saisonellen Gustostückerln und vielen beliebten „Pinzgauer Schmankerln" verschrieben. Die Zutaten für diese Gaumenfreuden stammen aus der heimischen Landwirtschaft. Ausgezeichnet mit der Schaumkrone der BrauUnion-Bierakademie. Im Herbst Bierfleisch auf der Karte. 150 Plätze im Lokal, Garten: 70 Plätze.

OBERTRUM

BRAUGASTHOF SIGL

5162 Obertrum, Dorfplatz 1, +43/6219/7700
www.braugasthof-sigl.at
ÖFFNUNGSZEITEN Mo: 11:00 bis 00:00 Uhr, Do-Sa: 11:00 bis 00:00 Uhr, So: 9:00 bis 18:00 Uhr
FASSBIER Trumer Pils, Trumer Märzen, Trumer Hopfenspiel, Erdinger Urweisse, Zwickl, Trumer Herbstbier
FLASCHENBIER Trumer Hopfenernte, Trumer Imperial, Obertrumer Original, CulturBrauer Austrian Lager, Kiesbye's Tau & Waldbier, Schönramer Bayrisch Pale Ale, Insel Kreide, Insel Baltic Stout, Ayinger Celebrator, Theresianer Vienna Lager, Erdinger Dunkel, Erdinger Alkoholfrei
LOKAL Vielleicht der Inbegriff eines ländlichen Brauereigasthofs gegenüber der Brauerei: prächtiges altes Gemäuer und einer der schönsten Kastaniengastgarten des Landes. Der Gastraum ist an sich schon eine Sehenswürdigkeit. Im Gastgarten wird seit dem Sommer 2020 das unfiltrierte Obertrumer Original frisch aus den originalen Holzfässern von früher gezapft – bei den Holzfässern handelt es sich noch um original alte Fässer, die früher in der Brauerei im Einsatz waren. Zum eigentlichen Bierangebot kommen noch kommentierte Verkostungen in Kooperation mit der Trumer Welt, auf Wunsch auch gepaart mit passenden Speisen, dazu. Und weil es einen so schönen großen Veranstaltungssaal gibt, wird einmal pro Monat ein Bierkabarett geboten – unter anderem mit Seppi Neubauer, Reinhard Nowak oder Marco Pogo. Im Gastgarten spielt im Sommer die Trachtenmusikkapelle Obertrum auf. Zum Mitnehmen gibt es selbstgemachte Köstlichkeiten und Trumer Bier aus dem im Jahr 2020 eingerichteten Braugasthofladen.In der Gaststube finden 80 Personen Platz, Kirschstube: 40 Personen, Knechtstube: 30 Personen, Saal: 300 Personen, Gastgarten: ca. 300 Personen.

RADSTADT

ROAD HOUSE

5550 Radstadt, Hoheneggstraße 1, +43/676/4564344
www.facebook.com/pages/Pub-Bar-Road-House
ÖFFNUNGSZEITEN Mo-Do: 17:00 bis 1:00 Uhr, Fr-Sa: 17:00 bis 3:00 Uhr
FASSBIER Gösser, Puntigamer, Weihenstephan, Guinness
FLASCHENBIER Foster's, Heineken, Schlossgold
LOKAL DasRoad House in Radstadt ist ein Music-Pub, das seit 2019 unter Führung von Petar Zlatic frisch durchstartete. Gelegentlich Live-Musik.

STEGERBRÄU

5550 Radstadt, Schernbergstraße 14, +43/6452/4313
www.stegerbraeu.at
ÖFFNUNGSZEITEN Mo-Di: 11:00 bis 00:00 Uhr, Do-So: 11:00 bis 00:00 Uhr
FASSBIER König Ludwig Weißbier, Stegerbräu Hausbier, Puntigamer
FLASCHENBIER Stegerbräu, Gösser Naturgold
LOKAL Eindrucksvoller ehemaliger Braugasthof – der Braubetrieb selbst wurde bereits im Jahr 1896 eingestellt. Der ehemalige „Brausaal" beherbergt heute eine modern gestaltete Bar, durch die man in den Biergarten gelangt. Dieser ist einer der schönsten weit und breit – er wurde über den mittelalterlichen Stadtmauern hinter dem Hotel errichtet und bietet eine tolle Aussicht auf das gewaltige Massiv der Radstädter Tauern. Schade, dass am Abend schon sehr zeitig Schluss ist. 180 Sitzplätze im Lokal, 30 Plätze an der Bar, 70 Sitzplätze im Garten.

RAURIS

LANDGASTHAUS WEIXEN

5661 Rauris, Seidlwinkelstraße 114, +43/6544/6437
www.weixen.at
ÖFFNUNGSZEITEN Di-So: 11:30 bis 24:00 Uhr

Landgasthaus Weixen

FASSBIER Weixbier Hell, Weixbier Dunkel, Weixbier gemischt
FLASCHENBIER Pinzgau Bräu Weizen Hell, Stiegl-Paracelsus Glutenfrei, Franziskaner Alkoholfrei, Pinzgau Bräu Non Promillo
LOKAL Seit 1976 ein ruhig gelegenes Speise- und Ausflugslokal mit eigenen Fischteichen, großem Kinderspielplatz, Streichelzoo mit verschiedensten Tieren (Lamas!) und seit Sommer 2003 einer eigenen Hausbrauerei. Biersommelier und BierIG-Mitglied Daniel Brandstätter hat den Familienbetrieb 2007 übernommen. Zahlreiche Spezialitäten wie zum Beispiel fangfrische Forellen sowie Gerichte vom heimischen Wild (speziell Gamsbraten, der mit Bier zubereitet wird, aber auch Mufflon) und sogar ein eigenes Speiseeis in verschiedenen Sorten wird angeboten. 75 Sitzplätze im Lokal, 3 an der Bar, 80 Sitzplätze im Garten.

SAALFELDEN

GASTHOF HUBERTUS

5760 Saalfelden, Bachwinkl 23, +43/664/2118198
www.gh-hubertus.at
ÖFFNUNGSZEITEN Do-So: ab 17:00 Uhr
FASSBIER Palfen Craftbier - Helles, Palfen Craftbier Rotes, Palfen Craftbier Weizen, Palfen Lassing
FLASCHENBIER Palfen Craftbier
LOKAL Dieser Gasthof ist der Ausschank der Palfen-Brauerei, die sich im Keller des Hauses befindet. Das Bier fließt direkt aus den Lagertanks im Keller in die Zapfsäulen des Lokals. Wirt Reinhard Riedlsperger, der das Haus 2015 übernommen und renoviert hat, ist passionierter Brauer, seine untergärigen Craftbiere werden auch im Rahmen von Verkostungen angeboten. Die Terrasse bietet einen schönen Blick hinüber zur Bergwelt der Hohen Tauern, im Innenbereich dominiert helles Holz, im Winter steht ein Kamin bereit. Riedlsperger ist passionierter Fischer und Jäger und bietet je nach Saison frisch zubereitete Fisch- und Wildspezialitäten an. Das Haus bietet auch vier sehr hell eingerichtete Ferien-Appartments an. 45 Sitzplätze, 20 im Gastgarten.

PUB FICTION

5760 Saalfelden, Lofererstraße 44, +43/664/1810388
www.pubfiction.at
ÖFFNUNGSZEITEN Di-Sa: 17:00 bis 4:00 Uhr, So: 17:00 bis 2:00 Uhr
FASSBIER Gösser Märzen, Schwechater Wiener Lager, Edelweiss Hofbräu, Guinness
FLASCHENBIER Zipfer Märzen, Schladminger Bio Zwickl, Kaiser, Edelweiss Weißbier Dunkel, Hacker Pschorr Helles, Bayreuther Hell, Heineken, Corona, Desperados, Zipfer Hell Alkoholfrei
LOKAL Erfrischend jugendliche Bierbar mit heller Einrichtung und fröhlichem Personal. Happy Hour Dienstag bis Freitag von 18.00 bis 20.00 Uhr mit speziellen Angeboten. Zur Unterhaltung gibt es Darts und Billard. 45 Plätze im Lokal, 16 an der Bar, Terrasse: 50.

SALZBURG

ACADEMY BAR

5020 Salzburg, Franz-Josef-Straße 4, +43/662/875797
www.academy-salzburg.at
ÖFFNUNGSZEITEN Mo-Fr 16:00 bis 00:00 / 2:00 Uhr, Sa 18:00 bis 2:00 / 4:00 Uhr, So geschlossen.
Gastgarten bis 00:00 Uhr

Academy Bar

FASSBIER Schönramer Hell, Brauton - Back from Space Pale Ale, Trumer Hopfenspiel, Schönramer Dunkel, Brauton - Welcome to Kookoo Island
FLASCHENBIER Schönramer Weißbier, Schönramer Gold, Schönramer Dunkel, Schönramer Surtaler Leicht, Schönramer Bayrisch Pale Ale, Schönramer Pils, Schönramer Imperial Stout, Obertrumer Original, Heinz vom Stein alkoholfreies Bio Bier
LOKAL Eine nach Eigendefinition „nicht ganz unpolitische Bar", in der es öfters Live-Acts gibt. Witzige Sprüche begleiten einen schon vor dem Lokal – etwa das ans Fenster geschriebene Thomas-Bern-

hard-Zitat, dass er „auf alles gehört und nichts befolgt" habe. Das Brauton-Bier gibt es hier vom Fass, die Werbung dafür kommt aus der im selben Haus untergebrachten Werbeagentur. 54 Plätze im Lokal, 25 außen.

ALCHIMISTE BELGE

5020 Salzburg, Bergstraße 10, +43/660/6815725
www.alchimiste-belge.at
ÖFFNUNGSZEITEN Mo-So: 17:00 bis 1:00 Uhr

Alchimiste Belge

FASSBIER Verhaeghe Pils, 4 abwechselnd bespielte Zapfanlagen
FLASCHENBIER Stets wechselnde belgische (Stark)Biere, etwa Owa Yuzu Lambic, Chimay, Delirium Tremens, Duchesse de Bourgogne, Duvel, Floris, Gulden Draak, La Chouffe Houblon IPA, Malheur Bière Brut, Mongozo, Orval, St. Bernardus, St. Luis, Rochefort, Westmalle, Boon Geuze Mariage Parfait, Hoegaarden Blanche, Lindemans Oude Geuze, Lupulus
LOKAL Unglaublich, wie viel Bier in dieser kleinen Bar fließt – und wie gut jedes einzelne davon gepflegt ist! Der diplomierte Biersommelier Dirk Baert aus Belgien hat sich zu einem echten Salzburger gemausert und mit dem Alchimiste Belge ein viel beachtetes (und in diesem Guide bereits 2012 als Bierlokal des Jahres ausgezeichnetes) Zentrum der Starkbierkultur geschaffen. Von der Vielfalt belgischer Biere – allein die Zahl der jährlich gebrauten Weihnachtsbiere übersteigt 500 – kann man in einem einzigen Lokal allerdings immer nur eine Auswahl bieten. Die Auswahl beim Alchimisten ist besonders gut getroffen – und sie wird ergänzt um Biere der Eigenmarke Nocksteiner, gebraut als Collaboration etwa mit Kaltenhausen, Ried und Van Steenberge. 35 Plätze an der Bar.

ALTER FUCHS

5020 Salzburg, Linzergasse 47-49, +43/662/882022
www.alterfuchs.at
ÖFFNUNGSZEITEN Mo-Di: 11:45 bis 23:00 Uhr, Do-So: 11:45 bis 23:00 Uhr
FASSBIER Wieninger Bräufass Hell, Wieninger Weißbier Hell, Wieninger Zwickl, Wieninger Guidobald Dunkel, Wieninger Radler Zitrone, Orange, Holler
FLASCHENBIER Wieninger Weißbier Dunkel, Wieninger Weißbier Alkoholfrei, Wieninger Helles Alkoholfrei, Wieninger Wuiderer Märzenbock, Wieninger Gschpusi Heller Bock, Festbiere nach Saison
LOKAL Der Alte Fuchs war schon im Jahr 2003 in diesem Guide Salzburger Bierlokal des Jahres – Touristen und Einheimische schätzen den Charakter dieses sensibel modernisierten Stadtwirtshauses. In letzter Zeit hat sich das Bierangebot – von Wieninger in Teisendorf – stark verbreitert. Das reicht von Radlervariationen über Dunkles Exportbier aus dem Steinkrug bis zum kaltgehopften Märzenbock aus der Großflasche. 80 Plätze im Lokal, 10 Plätze an der Bar, 30 Plätze im Gastgarten, im Innenhof ca. 45 Plätze.

BÄRENWIRT

5020 Salzburg, Müllner Hauptstraße 8, +43/662/422404
www.baerenwirt-salzburg.at
ÖFFNUNGSZEITEN Mo-So: 11:00 bis 23:00 Uhr
FASSBIER Augustiner Bräu Salzburg Märzenbier, saisonal Festbock
FLASCHENBIER Augustinerbräu München Weißbier, Augustiner Fastenbier, Augustiner Bockbier, Clausthaler
LOKAL Der Augustiner Braumeister Johannes Höplinger ist Stammgast in diesem unscheinbaren, von außen sehr einfach wirkenden Wirtshaus, dessen Reiz sich erst erschließt, wenn man in das wohnliche Stiegenhaus tritt. Hier kann man Bier trinken und schauen, was sich sonst abspielt: Da werden köstliche Speisen vorbeigetragen, Biernachschub ist auch gesichert, und wenn man diesen Verlockungen nicht widerstehen kann, geht man eben in eine der Stuben, um zu speisen. Dies übrigens mit einem wunderschönen Ausblick auf die Salzach. Gelegentlich gibt es hier auch Bierverkostungen. Ca. 100 Sitzplätze, Terrasse: ca. 50 Sitzplätze.

Beer Lounge Salzburg

BEER LOUNGE SALZBURG

5020 Salzburg, Schwarzstraße 10, +43/660/2602785 oder +43/660/2602784
www.beerlounge.at
ÖFFNUNGSZEITEN Mo-So: 17:00 bis 2:00 Uhr

FASSBIER Stiegl-Goldbräu, Stiegl-Weisse Naturtrüb, Stiegl-Paracelsus Bio Zwickl, Stiegl-Radler Zitrone Naturtrüb, saisonale Bierspezialitäten: Stiegl-Herbstgold (Sept.-Okt.), Stiegl-Pils
FLASCHENBIER Pilsner Urquell, Chimay Bleue, Franziskaner Weißbier Dunkel, Huyghe - Delirium Nocturnum, Guinness, Saison Dupont, Carlsberg, Salitos, Hacker Pschorr Kellerbier, Duvel Moortgart, Hoegaarden Blanche, Hoegaarden Rosée, Leffe Blonde, Westmalle Tripel, Lupulus Blanche, La Trappe Quadrupel , Lindemans Kriek, Rochefort 6, Orval, Camba Hop Gun, Camba Summer Ale, Theresianer Wit, Samuel Smith Imperial Stout, Fuller's London Pride, Birra del Borgo - My Antonia, Brew Dog Punk IPA, Camba Black Lager, Saisonal wechselnde Bierkarte
LOKAL Es gibt Leute, die hier hergehen und einfach „ein Bier" bestellen. Sie wissen nicht, was ihnen dabei entgeht: Die gut kommentierte Karte listet 50 bis 60 internationale (Craft-)Biere, Stiegl-Klassiker und -Spezialitäten. Im hinteren Bereich findet man Darts und Billard. Sky Sports Bar. 70 Plätze im Gewölbe, 15 auf der Galerie.

BIERHEURIGER

5020 Salzburg, Gaisbergstraße 20, +43/662/641315
www.bierheuriger.at
ÖFFNUNGSZEITEN Mo-So: 11:00 bis 23:00 Uhr

Bierheuriger

FASSBIER Hausbier - Stiftungsbräu aus Erding, Erdinger Urweisse, Starobrno, Trumer Pils, Kaltenhauser Bernstein, Gösser Zwickl, ein Monatsbier
FLASCHENBIER Pinzga' Pale Ale, Erdinger Dunkel, ein Monatsbier (Craftbier)
LOKAL Manuel Schwaighofer ist Biersommelier und hat in den vergangenen Jahren sein Bierangebot deutlich verbreitert. Das Lokal hat sich in der Umgebung gut etabliert, das Personal ist freundlich und bierkundig. Vorteilhaft: Die Strukturierung der Räume sorgt dafür, dass es auch dann nicht zu laut wird, wenn es voll ist. Exklusiv gibt es das Hausbier aus der Regensburger Stiftungsbrauerei, serviert im gekühlten Steinkrug, auch das Salzburger Startup Brauton ist gut vertreten. Auf der Speisekarte, u.a.: „Wirtshaus. Tapas" – kleine, aber feine Schmankerl zum Bier sowie täglich ab 12:00 Uhr die größte Ripperl-Auswahl Salzburgs. 160 Sitzplätze, 40 Plätze an der Bar, im Garten 210 Plätze.

BOUTIQUE-GASTHOF UEBERFUHR

5026 Salzburg, Ignaz-Rieder-Kai 43, +43/660/8700035
www.ueberfuhr.at
ÖFFNUNGSZEITEN Mi-Do: 17:00 bis 23:00 Uhr, Fr-So: 12:00 bis 23:00 Uhr

Boutique-Gasthof Ueberfuhr

FASSBIER Stiegl-Goldbräu, Stiegl-Paracelsus Bio Zwickl, Stiegl-Radler Zitrone, Franziskaner Weißbier Hell
FLASCHENBIER Die Weisse, Franziskaner Weißbier Dunkel, Stiegl-Pils, Stiegl-Columbus Pale Ale, Wildshut Sortenspiel, saisonale Bierspezialitäten, ‚Die Weisse' Alkoholfrei
LOKAL Dieser Boutique-Gasthof hat seit 2018 eine neue Führung, die einen Schwerpunkt auf die gehobene Küche legt. Vom Gastgarten gibt es einen schönen Blick auf die Festung. Die bemühte Küche bietet immer wieder mit Bier zubereitete Speisen. Stube: 40 Sitzplätze, im Stüberl mit Kachelofen: 50, Saal: 85, Garten: 130.
20

BRAURESTAURANT IMLAUER

5020 Salzburg, Rainerstraße 14, +43/662/877694
www.imlauer.com/braurestaurant-imlauer
ÖFFNUNGSZEITEN Mo-So: 11:00 bis 23:00 Uhr
FASSBIER Stiegl-Goldbräu, Stiegl-Pils, Stiegl Spezial, König Ludwig, Stiegl leicht
LOKAL Gehobenes Brauereirestaurant im Hotel Imlauer Bräu. Die Bar Pilskanzlei ist ein gelungenes Beispiel für eine bierig orientierte Hotelbar – hier gibt es auch Lady Pils und einen Pils-Cocktail. Im Restaurant (gegen Vorbestellung) Salzburger Bierfleisch, Salzburger Bierbretzensuppe, Braumenüs mit Schwarzbiersauce. Sehr schöner Biergarten, 25 Sitzplätze in der Pilskanzlei, 400 in diversen Sälen des Restaurants, 20 an der Bar, 200 im Garten.

CELTIC SPIRIT IRISH PUB

5020 Salzburg, Priesterhausgasse 22, +43/676/4464493
www.irishpubsalzburg.com
ÖFFNUNGSZEITEN Mo-So: 17:00 bis 4:00 Uhr
FASSBIER Trumer Märzen, Kilkenny Red Ale, Stiegl-Columbus Pale Ale, Obertrumer Zwickl
FLASCHENBIER Brew Dog Punk IPA, Brewdog Elvis Juice, O'Hara's IPA, Nocksteiner Pils, Kozel Hell und Dunkel, ‚Die Weisse' Hell und Dunkel, Trumer Pils, Sigls, Crabbies Ginger Beer, Woif-Biere
LOKAL Sehr authentisch wirkendes Irish Pub, Motto: „There is no such thing as strangers, only friends who haven't met yet".

DER WEISERHOF BEI JULES

5020 Salzburg, Weiserhofstraße 4, +43/662/872267
www.weiserhof.at
ÖFFNUNGSZEITEN Mo-Fr 11:30 bis 14:30 Uhr und 17:30 bis 22:00 Uhr

Der Weiserhof bei Jules

DER WEISERHOF bei Jules

FASSBIER Gösser Märzen, Puntigamer Panther, Kaltenhauser Bernstein, Reininghaus Jahrgangspils, Gösser Naturradler, ein saisonales Bier
FLASCHENBIER Gösser Naturgold, Gösser Naturradler, Gösser Stifts-Zwickl Hell, Weihenstephan Hefetrüb, Weihenstephan Alkoholfrei, Gösser Stifts-Zwickl Dunkel
LOKAL Der Weiserhof war schon 2009 Salzburger Bierlokal des Jahres, also bevor ihn Julian Grössinger übernommen hat. Dieser hat als Partner der Kaltenhauser Brauerei (der ältesten Brauerei im Land Salzburg) die hohe Bierkultur beibehalten, dabei aber das 1948 erbaute Schmankerlwirtshaus hinter dem Bahnhof zu neuen kulinarischen Höhen geführt. Der italienische Blog „Reporter Gourmet" listet ihn unter den drei besten Restaurants der Stadt. Grössingers Speisekarte bietet „Heimatverbundene und bodenständige Gerichte mit Geschichte aus Salzburg und dem Alpenraum" sowie saisonale Spezialitäten. Sein freundliches Motto lautet: „Kommt hungrig. Geht glücklich." Sehr schöner Biergarten mit flottem Service. Unter den saisonalen Bieren findet sich gelegentlich ein mährisches Starobrno oder ein Oktoberbier. 80 Sitzplätze im Lokal, 10 Plätze an der Bar, im Garten 90 Plätze.

Die Weisse / Sudwerk Bar

DIE WEISSE / SUDWERK BAR

5020 Salzburg, Rupertgasse 10, +43/662/872246
www.dieweisse.at
ÖFFNUNGSZEITEN Mo-Sa: 17:00 bis 00:00 Uhr
FASSBIER Die Weisse Original, Die Weisse Hell, Die Weisse Dunkel, Salzburger Hell (Märzen), Trumer Pils, saisonal Die Weisse Fasten
FLASCHENBIER Die Bio Weisse Glutenfrei, Die Weisse Hell (der Klassiker), Die Weisse Dunkel, Die Weisse Alkoholfrei, saisonal Die Weisse Bock
LOKAL Die Weisse hat eine gestandene Biertradition, seit 2017 übrigens nicht mehr ausschließlich mit Weizenbier: Brauereichef Felix Gmachl hat sich an ein Salzburger Helles herangewagt und macht damit größeren Brauern erfolgreich Konkurrenz. Man merkt dem Serviceteam an, wie gern es Gastgeber für ganz Salzburg ist – und mehrmals im Jahr neue Bierkreationen anbietet. Aus der Küche des Hauses kommen Weißbiersuppe mit Speck und Schweinskotelett im Weißbiersaftl. Immer wieder spannend ist das Erlebnis, wie sich die sehr unterschiedlich gestalteten Bereiche dieses Lokals im Lauf eines Abends wandeln und gemütliches Hocken und ausgelassenes Feiern auf relativ engem Raum nebeneinander Platz finden. 300 Sitzplätze in der Ausschank, 100 in der Sudwerk Bar (ab 18.00 Uhr geöffnet), Gastgarten: 300 Plätze.

PROMOTION

AUF EIN BIER IN DIE BRAUEREI
7 TAGE DIE WOCHE GEÖFFNET

Die Stiegl-Brauwelt in Salzburg ist ein absolutes Muss für Bierliebhaber und all jene, die neugierig auf die Welt des Bierbrauens sind. Die Erlebniswelt bietet eine spannende Produktionsführung, bei der Besucher einen Einblick in den Brauprozess und die 530 Jahre alte Geschichte der Brauerei erhalten. Und damit das Gelernte auch gleich probiert werden kann, gibt es während der Führung drei verschiedene Stiegl-Biere zu verkosten.
Nach der Führung können Gäste die frisch gezapften Bierspezialitäten in einem der drei Gastronomie-Bereiche genießen. Ein Blick in die Speisekarte verrät außerdem eine breite Palette an köstlichen Gerichten der typisch österreichischen Küche.

Stiegl-Brauwelt
SALZBURG

STIEGL-BRAUWELT
5020 Salzburg, Bräuhausstraße 9 | **TEL** +43 50 1492-1492 | **WEB** www.brauwelt.at

FUXN – SALZBURGER VOLKSWIRTSCHAFT

5020 Salzburg, Vogelweiderstraße 28, +43/662/265514
www.fuxn.at
ÖFFNUNGSZEITEN Di-Sa: 10:00 bis 00:00 Uhr

Fuxn – Salzburger Volkswirtschaft

FASSBIER Fuxn Volksbier, Trumer Pils, Tegernseer Hell, Schönramer Weißbier, Original Budweiser, Bier der Saison
FLASCHENBIER Augustiner Edelstoff, Tegernseer Spezial, Tegernseer Dunkel, Gusswerk Schwarze Kuh, Liefmans Fruitesse, Sierra Nevada, Brew Dog Punk IPA, Gusswerk Jakobsgold Alkoholfrei, Erdinger alkoholfreies Weißbier, Duvel Moortgart
LOKAL Seit fünf Jahren hat diese „Salzburger Volkswirtschaft" die Salzburger Gastrozone entscheidend bereichert. Ein schönes altes Gebäude – das Fuchsengut im Stadtteil Schallmoos – wurde modern ausgestattet. Der Biergarten ist eine Klasse für sich, und Wanderhühner & Minischweine gibt's auch – sympathisch! Auch eine Schnellladestation für E-Autos ist auf dem Parkplatz vorhanden! 250 Plätze im Lokal, 250 im Garten.

GABLERBRÄU

5020 Salzburg, Linzergasse 9, +43/662/88965
www.gablerbrau.at
ÖFFNUNGSZEITEN Mo: 14:00 bis 22:30 Uhr, Do-So: 14:00 bis 22:30 Uhr
FASSBIER Hausbier, Gösser Märzen, Kaltenhauser Bernstein, Gösser Naturradler, Edelweiss Hofbräu
FLASCHENBIER Edelweiss Dunkel, Die Original Weisse
LOKAL Das Gablerbräu war eine der ältesten Brauereien Salzburgs, 1429 wurde erstmals ein „Pirprew" namens Peter Zeysar erwähnt. Im ehemaligen Stammhaus dieser Brauerei gibt es nun ein Bierangebot vom Kaltenhausener Bernstein bis zum Gösser Zwickl vom Fass – und einen Biercocktail (Gösser mit Crème de Cassis). Österreichische Küche, modern interpretiert. Markantes Interieur mit Glasmalereien, Wappenstube mit bedeutenden Holzschnitzarbeiten von Carl Mayr (1875-1942). Beliebter Schanigarten in der neuen Flaniermeile Cornelius-Reitsamer-Platz mit aufsehenerregenden architektonischen Akzenten (Wasserspielen). 160 Plätze im Lokal, 100 im Schanigarten.

Glorious Bastards

GLORIOUS BASTARDS SALZBURG

5020 Salzburg, Europastraße 1, +43/662/442151
www.glorious-bastards.at/salzburg
ÖFFNUNGSZEITEN Mo-Sa: 11:30 bis 00:00 Uhr
FASSBIER Raschhofer Spezialitäten
FLASCHENBIER Raschhofer PS Pils, Schwarzweiss Weissbier Dunkel, Trumer Pils, Trumer Hopfenspiel, Thalheim Pils, Stiegl-Paracelsus Glutenfrei, Corona, Hoegaarden Blanche, Leffe Blonde, Gusswerk Austrian Amber Ale, O'Hara's Irish Red Ale, Brew Dog Dead Pony Pale Ale, Brew Dog Punk IPA, Bierol Mountain Pale Ale, Brew Age Affenkönig, Engelszell Benno und weitere Bierspezialitäten.
LOKAL Das 2019 eröffnete Glorious Bastards – am Standort des ehemaligen Raschhofers Rossbräu im Europark – vereinigt die Konzepte von Pizza-Guru Guido Medeot aus Italien, BBQ-Ikone Kasper Stuart aus Amsterdam und den Bierspezialitäten der Innviertler Brauerei Raschhofer. Im Lokal werden die drei selbsternannten Bastarde „The Baker", „The Butcher" und „The Brewer" genannt. Frisch vom Fass gibt es 14 verschiedene Bierspezialitäten. Sehr gutes Angebot zu sehr fairen Preisen – Spezialitätenwochen mit bierigen Speisen, saisonale Feste zu Halloween, Erntedank, Sommerfest. Hotspot bei Fußballübertragungen auf riesigen Leinwänden in HD. Terrasse mit Blick auf den Gaisberg, Maria Plain und den Untersberg. 150 Sitzplätze im Lokal, 10 Plätze an der Bar, auf der Terrasse 350 Sitzplätze.

GOLDENE KUGEL

5020 Salzburg, Judengasse 3, +43/662/2653820
www.goldene-kugel.at
ÖFFNUNGSZEITEN Mo-So: 11:00 bis 00:00 Uhr
FASSBIER Augustiner München Lagerbier Hell, Augustiner Edelstoff, Augustiner dunkles Vollbier
FLASCHENBIER Augustiner Pils, Augustiner Weißbier Hell, Erdinger Weißbier Dunkel, Erdinger Weißbier Alkoholfrei, Clausthaler
LOKAL In dieses detailverliebt restaurierte historische Gasthaus ist im Frühjahr 2017 das Ehepaar Bankhammer als neue Wirtsleut' eingezogen. Mitgebracht haben sie die eigene gastronomische Erfahrung aus dem Bräustüberl in Berchtesgaden, Brezen (ebenfalls aus Bayern) und die Vorliebe des gelernten Fleischhauers Walter Bankhammer für Würste. Biergeschichtlich interessant ist, dass das im Jahr 1327 erstmals urkundlich erwähnte Haus von 1472 bis 1869 das Guglbräu oder Kuglbräu beherbergte, so benannt nach den ersten bekannten Eigentümern Hanns und Dorothea Gugler. Der Tapezierer Franz Pfanzelter errichtete 1905 das heute so einladend wirkende Geschäftsportal in sezessionistischen Formen für das damals bereits nicht mehr als solches betriebene Gasthausgebäude. Diesem Jugendstilportal – das einzige seiner Art in Salzburg – verdankt das Haus seine markante äußere Erscheinung. 280 Plätze in verschiedenen Stuben.

Goldene Kugel

GOODMAN'S DINER

5020 Salzburg, Schallmoser-Hauptstraße 8, +43/662/870265
www.goodmans.at
ÖFFNUNGSZEITEN Mo: 17:00 bis 22:00 Uhr, Do: 17:00 bis 22:00 Uhr, Fr-So: 12:00 bis 22:00 Uhr
FASSBIER Stella Artois Lager, Starobrno, Hoegaarden Witbier, Pale Ale (Hausbier)
FLASCHENBIER American Bud, Sierra Nevada, Kona Big Wave, Flying Dog Raging Bitch IPA, Kona Longboard Lager, Guinness, Anchor Steam Beer, Coors Lager, Sam Adams Lager, Einstök Toasted Porter, Steamworks Pale Ale, Gulden Draak Dark Ale , Hofbräu Kaltenhausen Pale Ale
LOKAL Craft Bier Lokal im Stil eines American Diner. Alle großen amerikanischen Feste wie Halloween, Thanksgiving und Independence Day werden hier gefeiert. Typisch amerikanisch ist auch die Speisekarte (NY Club Sandwich, Philly Cheesesteak, Cesar Salad, Surf & Turf sowie alle Burger-Varianten) – und ebenso das stets freundliche Service, das die große Bierauswahl kundig kommentieren kann. Auch schön: Das Hoegaarden gibt es hier frisch gezapft aus dem Halbliterglas. 45 Sitzplätze im Lokal, 4 Plätze an der Bar, 25 im Garten.

Goodman's Diner

KRIMPELSTÄTTER

5020 Salzburg, Müllner Hauptstraße 31, +43/662/432274
www.krimpelstaetter.at
ÖFFNUNGSZEITEN Di-Sa: 11:00 bis 23:00 Uhr
FASSBIER Augustiner (vom benachbarten Müllner Bräu)
FLASCHENBIER Augustiner Weißbier (von Augustiner München)
LOKAL Dieses 1548 gegründete Wirtshaus punktet mit gepflegtem Augustiner Bier aus der benachbarten Brauerei – und mit Öffnungszeiten, die einem frisch gezapften Augustiner schon vor dem Aufsperren des Bräustübls nebenan bieten. Angenehm traditionelle Stimmung, gediegene Einrichtung und bodenständige Küche. Jeden zweiten Donnerstag Musikertreffen. 203 Plätze im Lokal, 210 Plätze im Garten.

KUGLHOF

5020 Salzburg, Kugelhofstraße 13, +43/662/832626
www.kuglhof.at
ÖFFNUNGSZEITEN Di-Sa: 11:00 bis 23:00 Uhr
FASSBIER Stiegl-Goldbräu, Stiegl-Hell, Stiegl-Paracelsus Bio-Zwickl, Stiegl-Columbus 1492 Pale Ale, Stiegl-Pils, Stiegl-Weisse, Velkopopovicky Kozel Dunkel, Stiegl-Grapefruit Radler
FLASCHENBIER Monatsbiere der Stiegl-Brauwelt, Wildshut Frischebiere
LOKAL Der traditionsreiche Kuglhof steht seit 2013 unter der Führung von Cornelia Stöllinger und Peter Preslmayer – und die Wirtsleute achten darauf, dass die Traditionen hier hochgehalten werden. Auf Vorbestellung gibt's auch Bierbrat'l mit mitgebratenen Erdäpfeln, Knödel und Speck-Krautsalat. 120 Sitzplätze im Lokal, 160 im Garten.

KULTURWIRTSHAUS URBANKELLER

5020 Salzburg, Schallmooser Hauptstraße 50, +43/662/870894
www.urbankeller.com
ÖFFNUNGSZEITEN Mo: 17:00 bis 00:00 Uhr, Mi-Sa: 17:00 bis 00:00 Uhr, So: 12:00 bis 00:00 Uhr

Kulturwirtshaus Urbankeller

FASSBIER Stiegl-Goldbräu, Stiegl-Weiße, Schönramer Helles, Stiegl-Paracelsus Bio Zwickl, Gusswerk Bio-Steinbier
FLASCHENBIER Stiegl-Weisse Alkoholfrei, Gusswerk Bio-Pils, Stiegl-Columbus, Franziskaner Weißbier Dunkel, Gusswerk Jakobsgold
LOKAL Der im Jahr 2017 stilsicher renovierte und neu designte Urbankeller atmet viele Jahrhunderte gelebte Biertradition. Die alten Gewölbe dienten einst den Salzburger Brauereien als Bierlager, seit 2009 wird das vom Brauhaus Gusswerk exklusiv für den Urbankeller gebraute, preisgekrönte Bio-Steinbier serviert. Bierliebhaber schätzen das große Angebot in den verschiedenen Themen-Locations Wirtshaus, Restaurant und Design-Bar im Eisturm: Im Urbankeller steht „grenzenloser" Biergenuss aus Salzburg und Bayern auf dem Programm. Schon 2013 und 2016 wurde der Urbankeller zum Salzburger Bierlokal des Jahres gewählt. Die Küche des ersten biozertifizierten Wirtshauses der Stadt Salzburg spannt den Bogen von der Salzburger Traditionsküche bis hin zu veganen Gerichten und präsentiert sich „frisch, regional, biologisch": Die Speisen und Getränke bestehen zum überwiegenden Teil aus biologischen, regional bezogenen Rohstoffen. Zahlreiche Kulturevents und Veranstaltungen im und rund um den Urbankeller machen das Haus zum Treffpunkt für kulinarische und kulturelle Erlebnisse und Begegnungen.

KURVENWIRT

5020 Salzburg, Bergerbräuhofstraße 41, +43/664/2726412
ÖFFNUNGSZEITEN Di-Fr: 9:00 bis 22:00 Uhr, Sa-So: 9:00 bis 20:00 Uhr
FASSBIER Schönramer Weißbier, Schönramer Hell
FLASCHENBIER Schönramer Pils, Löwenbräu Alkoholfrei
LOKAL Otto Schörghofer hat den Kurvenwirt von einem Fernfahrertreff zu einem Neighbourhood-Pub für die Beschäftigten der Umgebung heranwachsen lassen. Schörghofers soziale Ader hat ihn ebenfalls populär gemacht. Sitzplätze im Lokal ca. 30, 70 im Saal und im Garten ca. 50 Sitzplätze.

MÜLLNER BRÄUSTÜBL – AUGUSTINER BRÄU KLOSTER MÜLLN

5020 Salzburg, Lindhofstraße 7, +43/662/431246
www.augustinerbier.at
ÖFFNUNGSZEITEN Mo-Fr: 15:00 bis 23:00 Uhr, Sa-So: 14:30 bis 23:00 Uhr

Müllner Bräustübl – Augustiner Bräu Kloster Mülln

FASSBIER Augustiner Märzenbier, saisonal: Fastenbier, Bockbier
FLASCHENBIER Augustiner Märzenbier, Fastenbier, Bockbier
LOKAL Die von den Salzburgern gern verwendete Bezeichnung „Bräustübl" ist eine bescheidene Untertreibung: Das Müllner Bräu ist Österreichs größte Biergaststätte – und bietet in der warmen Jahreszeit einen der schönsten Biergärten der Republik. Das Bier – seit über 400 Jahren in der auf neuesten technischen Stand gebrachten Brauerei vor Ort gebraut – wird von Rainer Herbe und seinen 35 Mitarbeiterinnen und Mitarbeitern ausschließlich direkt aus Holzfässern in Steinkrüge gezapft und serviert. Die meisten Gäste holen sich das Bier aber lieber selbst an der Schank – denn das Erlebnis, beim Zapfvorgang zuzuschauen, will sich kaum jemand entgehen lassen. Die 249 Stammtischgesellschaften haben heute 3300 Mitglieder – mehr als vor der Corona-Pandemie. Und für jedes Mitglied gibt es jeweils einen Stammtischpass mit Vergünstigungen im ganzen Haus. Der Schmankerlgang bietet eine feine regionale Speisenvielfalt als ideale Begleitung zum Bier. 1.100

Sitzplätze in 5 Sälen aus verschiedenen Epochen, 1.300 Sitzplätze unter mehr als 35 Kastanienbäumen im Gastgarten.

MURPHY'S LAW IRISH PUB

5020 Salzburg, Gstättengasse 33, +43/650/8428824
www.facebook.com/pages/category/Pub/Murphys-Law-Salzburg-39490714823

ÖFFNUNGSZEITEN Mo-Fr: 14:00 bis 2:00 Uhr, Sa-So: 11:00 bis 2:00 Uhr

FASSBIER Murphy's Irish Stout, Guinness, O'Hara's Irish Red Nitro, O'Hara's Pale Ale, Egger Premium, Egger Zwickl, Velkopopovický Kozel

FLASCHENBIER O'Hara's Leann Follain, O'Hara's Irish Stout, O'Hara's Double IPA, O'Hara's 51st State IPA, O'Hara's Session IPA, Stella Artois, Peroni, Salzburger Hell, Stift Engelszell Benno, Die Weisse Hell, Benediktiner Weißbier, Thalheim Märzen, Thalheim Pils, St. Peter's Best Bitter, Samuel Smith's Nut Brown Ale

LOKAL Das „Murphy's Law" ist eigentlich eine nach dem Luftfahrttechniker Edward A. Murphy benannte Regel, dass alles, was schiefgehen kann, auch schiefgehen wird. Auf dieses Lokal kann diese Regel aber nicht angewendet werden – im Gegenteil: Hier geht kaum je etwas schief. Der Landlord Brian O'Connor ist freundlich und bemüht, jedem das passende Bier zu empfehlen. Besonders beliebt sind die Übertragungen von „Live-Sport-Events", wobei neben den Spielen der englischen „Premier League" auch Spiele aus den internationalen europäischen Bewerben gezeigt werden. Ca. 50 Sitzplätze im Lokal, 30 Stehplätze an der Bar, 20 im Garten (April bis Oktober).

RASCHHOFER'S ROSSBRÄU HERRNAU

5020 Salzburg, Alpenstraße 48, +43/662/626444
www.rossbraeu.at

ÖFFNUNGSZEITEN Mo-Sa: 11:30 bis 00:00 Uhr, So: 11:30 bis 22:00 Uhr

FASSBIER Raschhofer IPA, Rossbräu Zwickl Bier, Rossbräu Spezial Bier, Rossbräu Kutscher Bier, Raschhofer Weißbier Hell, Radler

FLASCHENBIER Raschhofer Weißbier Dunkel, Raschhofer Bockbier, Raschhofer Lager, Raschhofer Lebenskünstler Wit, Raschhofer Roter Engel Red Ale, Raschhofer Musenkind Porter, Raschhofer Silberpfeil Pale Ale, Trumer Hopfenspiel

LOKAL Dieses in einem Einkaufszentrum eingerichtete Brauwirtshaus hat sich zu einem der Craft Beer Schwerpunkte der Stadt gemausert – mit IPA vom Fass! Passend zu einer besonderen Auswahl an Craftbieren werden auch kulinarische Leckerbissen von zünftig bis stylisch geboten, die Betreiber rühmen sich, das beste Schnitzel und die besten Burger anzubieten. Und wer sich durchkosten will, bestellt einen Bierkranz mit jeweils sechs Bieren. An Montagen der warmen Jahreszeit ist ab 18 Uhr Grillabend „all you can eat" mit Livemusik. Hotspot bei Fußballübertragungen in HD auf riesigen Leinwänden. Ca. 250 Sitzplätze, 60 an der Bar, im Garten mit Schirmbar: 350 Sitzplätze. ✕

S'KLOANE BRAUHAUS IN KASTNER'S SCHENKE

5020 Salzburg, Schallmooser Hauptstraße 27, +43/662/871154
www.kastnersschenke.at
ÖFFNUNGSZEITEN Mo-Fr: 17:00 bis 00:00 Uhr
FASSBIER 's Guate Weizenbier, 's Guate Gerstel
LOKAL Das 1889 erstmals erwähnte Botenwirtshaus „Bruckbacher" hat seit 1998 eine Brauanlage der Firma Fleck – und stünde die nicht am Ende des großen Schankraums, würde man sich des rustikalen Ambientes wegen eher beim Heurigen wähnen. Es gibt nämlich ein eher für Weinlokale typisches Buffet – und das passt sehr gut zum Weizenbier. Schmankerl wie Ochsenlende vom Grill, selbstgemachtes Bier-Trebern-Brot oder Apfelradln in Bierteig. 115 Sitzplätze, 25 Stehplätze in der Brauerei, Gastgarten: 110 Sitzplätze, im Garten mit Laube: 40 Sitzplätze.

s'Kloane Brauhaus in Kastner's Schenke

SCHNAITL PUB

5020 Salzburg, Bergstraße 5 - 7, +43/660/3834441
www.facebook.com/Schnaitlpub/?locale=de_DE
ÖFFNUNGSZEITEN Mo-Sa: 18:00 bis 2:00 Uhr
FASSBIER Schnaitl Original, Schnaitl Naturtrüb, Schnaitl Dunkel, Radler Hell und Dunkel
FLASCHENBIER Sämtliche Flaschenbiere der Brauerei Schnaitl, Guinness, Corona, Desperados, Brew Dog Punk IPA
LOKAL Music-Pub mit interessanten grünen Lichteffekten, Pool-Billard und Tischfußball. Gediegene Bar aus dunklem Holz, biertypische Speisekarte. ✕

SHAMROCK IRISH PUB

5020 Salzburg, Rudolfskai 12, +43/662/841610
www.shamrocksalzburg.com
ÖFFNUNGSZEITEN Mo: 12:00 bis 2:00 Uhr, Di-Sa: 12:00 bis 4:00 Uhr, So: 12:00 bis 2:00 Uhr
FASSBIER Guinness, Zipfer Märzen, Kilkenny, Edelweiss, Augustiner
FLASCHENBIER Heineken, Weihenstephan Weißbier, Corona, Desperados, Wieselburger, Zipfer Limettenradler, Schlossgold
LOKAL Das Shamrock war 1995 das erste Irish Pub der Landeshauptstadt und setzt nach wie vor auf Unterhaltung. Hinter der in irischem Grün gefassten Glastüre tritt man in ein lautes, vor allem von jungen Leuten frequentiertes Pub mit guter Bierpflege. Es gibt jeden Tag Livemusik und Karaoke – wenn nicht gerade ein Sportevent übertragen wird. 150 Stehplätze.

Sternbräu & Bierstube zum Braumeister

STERNBRÄU & BIERSTUBE ZUM BRAUMEISTER

5020 Salzburg, Griesgasse 23, +43/662/842140
www.sternbrau.com
ÖFFNUNGSZEITEN Mo-So: 9:00 bis 00:00 Uhr
FASSBIER Sternbier (hauseigenes Naturtrübes), Gösser Braufrisch, Kaltenhauser Bernstein, Edelweiss Hofbräu, Gösser Naturradler
FLASCHENBIER Original Weisse (Salzburg), Edelweiss Dunkel
LOKAL Die Bierstube zum Braumeister in diesem größten Gastro-Komplex Österreichs erinnert an die reiche Tradition des Sternbräu: Es gehörte ab 1411 zu den mehr als einem Dutzend Brauereien in der Salzburger Altstadt. Der Braubetrieb wurde in den 1950er-Jahren nach Kaltenhausen verlegt. Ein Teil der Ausstattung – Braumeisterstube und Bürgersaal – stammen aus dem Jahr 1926, wurden aber komplett renoviert. In diesen Räumen funktioniert auch das Service besser als in den anderen Bereichen, wo man teilweise lange warten muss. Traditionelle „althergebrachte" Schmankerl, wie ein Krenfleisch oder ein Fiakergulasch treffen auf Hausspezialitäten wie die Sternbräu-Bratwurst nach eigenem Rezept oder ofenfrischen Schweinsbraten. Das hauseigene Sternbier, wiederbelebt in der Spezialitäten-Manufaktur Hofbräu Kaltenhausen, kann auch im 6er-Tragerl mitgenommen werden. ✕

STIEGL-BRAUWELT

5020 Salzburg, Bräuhausstraße 9, +43/50/1492-1492
www.brauwelt.at
ÖFFNUNGSZEITEN Mo-So: 10:00 bis 00:00 Uhr

Stiegl-Brauwelt
SALZBURG

FASSBIER Stiegl-Hell, Stiegl-Goldbräu, Stiegl-Paracelsus Bio Zwickl, Stiegl-Paracelsus Glutenfrei, Stiegl Pils, Stiegl-Radler Zitrone, Stiegl-Weisse, Stiegl Sport-Weisse, Stiegl-Radler Grapefruit, Stiegl-Columbus Pale Ale, Stiegl-Saisonbier, Stiegl-Hausbier aktuell, Stiegl-Freibier Alkoholfrei
FLASCHENBIER Stiegl-Paracelsus Glutenfrei, Stiegl-Hausbier saisonal, Stiegl-Freibier und Sport-Weisse, Wildshut Frischebiere
LOKAL Vielleicht das stimmungsvollste Brauwirtshaus Europas: Im Gemäuer der ehemaligen Mälzerei und Energiezentrale der Stiegl-brauerei wurde 2007 die Stiegl-Braugastronomie eröffnet, die direkt an die Brauerei und das Bier-Museum angeschlossen ist. Es gibt auch außerhalb des Museums ansehnliche Belege für die ehemalige Nutzung zu sehen. In der Paracelsusstube ist eine sehenswerte hölzerne Decke integriert, die früher im Direktionszimmer verborgen war. Und die Bierbar „Stieglitz" im ehemaligen Maschinenhaus ist ein Verkostungszentrum, in dem die diplomierten Biersommeliers täglich die Gäste beraten. Zudem gibt es einen Saal, in dem es an jedem dritten Sonntag im Monat einen musikalischen Frühschoppen gibt. Degustationsmenüs, welche das perfekt zur Speise passende Bier beinhalten. Das Menü wird nach saisonalem und regionalem Angebot gestaltet. Jedes Jahr zum „International Beer Day" lockt der Biergarten der Brauwelt mit einem großen Sommerfest. 150 Sitzplätze im Bräustüberl, 80 in der Paracelsus-stube, 250 im Veranstaltungssaal, 200 im Garten.

STIEGL-KELLER

5020 Salzburg, Festungsgasse 10, +43/662/842681
www.restaurant-stieglkeller.at
ÖFFNUNGSZEITEN Mo-Fr: 11:30 bis 22:00 Uhr, Sa-So: 11:00 bis 11:00 Uhr
FASSBIER gesamtes Stiegl-Sortiment sowie eine Auswahl an internationalen Bieren
FLASCHENBIER gesamtes Stiegl-Sortiment sowie eine Auswahl an internationalen Bieren
LOKAL Die erste Erwähnung von Gastronomie an dieser Stelle datiert von 1426 – 66 Jahre vor Gründung der Stiegl-Brauerei. Im Spätmittelalter hat „Thomann der Koch" an der Leiten gegen das Hochschloss seinen Betrieb etabliert. Als die Feste Hohensalzburg im 19. Jahrhundert ihre militärische Bedeutung verloren hat, hat hier die Stieglbrauerei eine touristisch höchst attraktive Nachnutzung geschaffen: Erst zog für einige Zeit der Lagerkeller der Brauerei ein, dann kam die heute ganzjährig geöffnete Gaststätte dazu. Ihre Säle sind auch eine außergewöhnliche Veranstaltungslocation. Auf Vorbestellung gibt es auch ganze Menüfolgen mit bierigen Speisen und entsprechenden Bierspezialitäten. Der Gastgarten bietet den schönsten Blick auf den Salzburger Dom und die Altstadt. Zum Kennenlernen wird hier auch ein Probier-Brettl mit drei, sieben oder 14 verschiedenen Seiterl Stiegl-Bier angeboten. Ca. 650 Sitzplätze, 50 an der Bar, im Gastgarten ca. 1.000 Sitzplätze.

Stiegl-Keller
SALZBURG
– Betrieben von Gassner Gastronomie –

SZENE LOKAL

5020 Salzburg, Anton Neumayr Platz 2, +43/662/276515
szene-lokal.at

ÖFFNUNGSZEITEN Mo-Do: 11:00 bis 00:00 Uhr, Fr-Sa: 11:00 bis 2:00 Uhr, So: 11:00 bis 00:00 Uhr

FASSBIER Trumer Pils, Erdinger Urweisse, Obertrumer Original, Sigl's Zitronenradler

FLASCHENBIER Trumer Hopfenspiel, Raschhofer Silberpfeil Pale Ale, Raschhofer Musenkind Porter, Raschhofer Lebenskünstler Wit, Corona, Erdinger Weißbier Alkoholfrei, Trumer Freispiel

LOKAL In einem ehemaligen Kino, wo es schon seinerzeit das „Café 21" mit den ersten Hamburgern der Stadt gegeben hatte, wurde dieses – nicht ganz zufällig an die Glorious Bastards erinnernde – Lokal eingerichtet. Hier liegt der Fokus aber stärker auf Burgergerichten und Hot Pots, eher auch auf Cocktails und deutlich weniger auf der Biervielfalt. Aber das Bier ist gut, die Stimmung ebenso.

Szene Lokal

THE COFFEE & BOOZE

5020 Salzburg, Linzer Gasse 48, +43/660/2602785
www.beerlounge.at/coffee-and-booze

ÖFFNUNGSZEITEN Mo-So: 14:30 bis 1:00 Uhr

FASSBIER Starobrno, Schladminger Bio Zwickl, Puntigamer

FLASCHENBIER Budweiser Budvar, Pilsner Urquell, Velkopopovický Dunkel, Wieselburger Märzen, Wieselburger Dunkel, Grolsch, Reininghaus Jahrgangspils, Guinness Stout (Dose), Heineken, Veltins, Edelweiss Weizenbier Hefetrüb, Weihenstephan, Kaltenhauser Original, Kaltenhauser Kellerbier, Kaltenhauser Spezialbiere, Bosteels Kwak, Leffe Blonde, Köstritzer Schwarzbier, La Trappe Dubbel, Chimay Grande Réserve, Duvel, Rochefort, Desperados

LOKAL Ungewöhnliche Bier- (und Wein- und Kaffee-) Bar im Hotel Krone. Das Lokal befindet sich in einem Gebäude, das 1361 einem „Chlampfenschmied" als Werkstatt diente. 1512 wurde im Nebenhaus einer der sieben Brunnen der Salzburger Altstadt errichtet. Ein Hotel gibt es am Standort seit 1920. Und die Bar? Die überrascht mit einem Bierangebot, das in einem beleuchteten Kühlschrank präsentiert wird.

THE SALZBURG WHISKEY MUSEUM – IRISH PUB

5020 Salzburg, Lederergasse 6, +43/660/6666261
www.salzburgwhiskeymuseum.com

ÖFFNUNGSZEITEN Mo-Sa: 18:00 bis 2:00 Uhr, So: 18:00 bis 1:00 Uhr

The Salzburg Whiskey Museum – Irish Pub

FASSBIER Guinness, Pilsner Urquell, Kilkenny Red Ale, Newcastle Brown Ale, Trumer Zwickl, Stiegl-Columbus 1492 Pale Ale

LOKAL Kleine, heimelig-düstere Bar mit einem dahinter anschließenden Verkostungsraum, in dem es tatsächlich etliche Whiskey-Raritäten aus der Sammlung von Chris O' Shea gibt. Selbstverständlich ist auch die Bierpflege gut – und wer gerne Guinness und Whiskey kombiniert, ist in diesem etwas versteckten Lokal an der richtigen Adresse. 30 Plätze an den Tischen, 10 an der Bar.

TRUMEREI

5020 Salzburg, Strubergasse 26, +43/662/2654-32
www.trumerei.at

ÖFFNUNGSZEITEN Mo-Fr: 11:30 bis 00:00 Uhr

FASSBIER Trumer Pils, Trumer Hopfenspiel, Trumer Märzen, Erdinger Urweisse

FLASCHENBIER Theresianer Vienna Lager, Die Weisse, Erdinger Dunkel, Hoegaarden, BrauSchneider Hanfbier, Huyghe Delirium Tremens, Brew Dog Dead Pony Pale Ale, Woif - Oids Troad Pale Ale, Brew Age Alphatier IPA, BrauSchneider IPA, Schloss Eggenberg Samichlaus, Erdinger Pikantus Weizenbock, Leffe Blond, Les 3 Fourquets Lupulus, Stift Engelszell Gregorius, St. Peters Old-Style Porter, Samuel Smith Imperial Stout, Kiesbye's Waldbier und viele andere Spezialitäten

LOKAL Am Stadtwerk, gleich bei der S-Bahnstation Altstadt-Mülln, haben die beiden gebürtigen Salzburger Aleksander Joncic und Werner Fünfleitner die Trumerei von der Trumer Privatbrauerei gepachtet. Im Vordergrund des kulinarischen Angebots bleiben Regionalität und lokale Erzeuger, jedoch gepaart mit internationalen und asiatischen Einflüssen. Das Bier kommt wie bisher aus dem Hause Trumer und vielen kleinen Craftbier-Brauereien. Man kann das Bier vor Ort verkosten, aber auch im Shop käuflich erwerben. 110 Plätze im Lokal, 140 im begrünten Gastgarten.

ZIPFER BIERHAUS

5020 Salzburg, Sigmund Haffner Gasse 12 (= Universitätsplatz 19)
+43/662/840745
www.zipfer-bierhaus.com

ÖFFNUNGSZEITEN Di- Fr; 11:00 bis 23:00 Uhr, Sa: 10:00 bis 23:00 Uhr. August: Di-Fr 11:00 bis 24:00 Uhr, Sa: 10:00 bis 24:00 Uhr. Dezember: Di-Do: 11:00 bis 23:00 Uhr, Fr: 11:00 bis 24:00 Uhr, Sa: 10:00 bis 24:00 Uhr

FASSBIER Zipfer Urtyp, Zipfer Kellerbier Naturtrüb, Mischbier, Weihenstephaner Weizen Hefetrüb, Kaltenhauser Bernstein (Jänner – September), Kaltenhausen Ruperti-Märzen (Bayrischer Bierstil) – im September, Oktoberbier (September – November), Winterbock, Gösser Naturradler

FLASCHENBIER Zipfer Märzen, Weihenstephan Weizen Dunkel, Kaiser Doppelmalz, Schwechater Zwickl, Monatsbier (Craftbier)

LOKAL Wolfgang Amadeus Mozarts geliebte Schwester Nannerl wohnte vom 28. Oktober 1801 bis zu ihrem Tode am 29. Oktober 1829 in diesem aus dem 14. Jahrhundert stammenden Haus – aber damals gab es noch keinen Bierausschank, der kam erst 1875 dazu. Der Betrieb, der seit 1907 den Namen „Zipfer-Bierhaus" trägt, wird von einem Biersommelier geführt, der auch Verkostungen anbietet. Es ist eines der wirklich unverfälschten Bierlokale im Zentrum – eine klassische „Bierschwemme" im historischen, jagdlich dekorierten Gewölbe und einem großen Speisesaal mit denkmalgeschützter und kunstgeschnitzter Holzdecke. Der offene Bierausschank mit Sitz- und Stehplätzen befindet sich in der Bierschwemme. Viele Gäste schätzen, dass der Wirt auch Biere verschiedener Sorten gemischt als „Mischbier" anbietet. Und gelegentlich gibt es rare Craftbiere wie Kiebye's Waldbier. Ca. 150 Plätze im Innenbereich, ca. 50 im Schanigarten auf dem Universitätsplatz.

Zipfer Bierhaus

ZUM FIDELEN AFFEN

5020 Salzburg, Priesterhausgasse 8, +43/662/877361
www.fideleraffe.at

ÖFFNUNGSZEITEN Di-Sa: 17:00 bis 00:00 Uhr

FASSBIER Trumer Pils, Die Weisse Hell, saisonale Biere wie das Trumer Herbstbier, Weihnachtsbock etc.

FLASCHENBIER Trumer Hopfenspiel, Trumer Hopfenernte, Trumer Imperial, Brew Age Affenkönig, Die Weisse Dunkel

LOKAL Das seit 1978 bestehende, traditionsbewusste Wirtshaus liegt im Herzen der Stadt Salzburg und war zunächst eine reine Pilsbar. In den letzten Jahren ist das Bierangebot allerdings breiter geworden, inzwischen gibt es auch eine kleine Craftbierauswahl. Die Küche bietet regionale und saisonale Schmankerl, die mit ausgesuchten Zutaten traditionell zubereitet werden. Es findet sich auch „Bieriges" auf der Karte, wie das Salzburger Bierhendl in dunklem Bier geschmort. 65 Sitzplätze und 40 Stehplätze im Lokal, im Garten 60 Sitzplätze.

SANKT GILGEN

Batzenhäusl

BATZENHÄUSL

5340 Sankt Gilgen, Schmalnau 1, +43/6227/2356
www.batzenhaeusl.com

ÖFFNUNGSZEITEN Fr-Mo ab 17:00 Uhr (Juli – August keine Ruhetage). Jeden ersten und dritten „Wirtshaus-Sonntag" auch von 11:30 bis 14:00 Uhr geöffnet.

FASSBIER Augustiner Bräu Helles

FLASCHENBIER Augustiner Edelstoff, Augustiner Weißbier, Rieder Weisse Alkoholfrei, Rieder Weisse Dunkel, Stiegl-Freibier

LOKAL Stattlicher Gasthof – 1603 von Rosina Patzerin als „Patzerheisl" gegründet – in grüner Umgebung. Gut gezapftes Augustiner im Gastgarten. Die Küche ist berühmt für die Zubereitung fangfrischer Fische. 80 Sitzplätze im Lokal und 80 im Gastgarten.

SANKT JOHANN IM PONGAU

PLATZL

5600 Sankt Johann im Pongau, Hauptstraße 20, +43/6412/41923
www.platzl.cc

ÖFFNUNGSZEITEN Di-Sa: 10:00 bis 3:00 Uhr

FASSBIER Gösser Märzen, Gösser Zwickl Naturtrüb, Gösser Na-

turradler, Weihenstephaner Hefeweizen Hell
FLASCHENBIER Kaiser Doppelmalz, Schlossgold, Edelweiss Weizen Hell, Edelweiss Alkoholfrei
LOKAL Modern gestaltetes Restaurant mit überglaster Terrasse, schöner Bar und günstigen Tagesgerichten. 90 Plätze im Lokal, 15 an der Bar, 120 auf der Terrasse.

SANKT MICHAEL IM LUNGAU

CAFÉ MANDL

5582 Sankt Michael im Lungau, Marktstraße 10, +43/6477/7134
ÖFFNUNGSZEITEN Mo-Sa: 8:30 bis 18:00 Uhr
FASSBIER naturtrübe Biere, dunkle Biere – wechselt wöchentlich
FLASCHENBIER Weiblbier, Mandlbier
LOKAL Kleines, familiär geführtes Café, das sich seit 2014 mit zwei eigenen Bieren selbst versorgt. Im Lungau ist es damit zu einem Geheimtipp geworden.

Café Mandl

LUNGAUER STUB'N IM HOTEL WASTLWIRT

5582 Sankt Michael im Lungau, Poststraße 13, +43/6477/7155-0
www.hotel-wastlwirt.at
ÖFFNUNGSZEITEN Mo-So: 7:30 bis 10:00 Uhr, 18:00 bis 00:00 Uhr
FASSBIER Wastlbräu, Gösser Märzen, Edelweiss Hofbräu
FLASCHENBIER Gösser Naturgold, Edelweiss Alkoholfrei
LOKAL Sebastian Baier hat das Hotel & Restaurant Wastlwirt – bereits in der 6. Generation in der Familie – im Herbst 2017 von seinem Vater Rudi Baier übernommen. Das seit 1499 bestehende Wirtshaus serviert heute sein eigenes Wastlbräu und traditionelle Gerichte aus regionalen Produkten mit modernem Touch. 1745 wurde dem Wastlwirt von Maria Theresia für „immerwährende Zeiten die Wirtsgerechte" verliehen. Im 19. Jahrhundert befand sich hier eine Brauerei, die dem Haus auch noch heute seinen Namen gibt. Ein Treffpunkt für Genießer und Gourmets ist die täglich geöffnete Rauchkuchl, in der die Gerichte auf offenem Feuer frisch vor den Augen der Gäste zubereitet werden. 140 Sitzplätze in den Lungauer Stub'n mit 50 Sitzplätzen im gemütlichen Gastgarten. 50 Sitzplätze im Hotelrestaurant mit 25 Sitzplätzen auf der Sonnenterrasse.

STOFFLERWIRT

5582 Sankt Michael im Lungau, Hutterstraße 11, +43/6477/8293
www.stofflerwirt.at
ÖFFNUNGSZEITEN Mo-So: 7:00 bis 22:00 Uhr
FASSBIER Murauer Märzen, Murauer Hefeweizen
FLASCHENBIER Murauer Pils, Murauer Pale Ale, Murauer Bockbier, Murauer Hoamat Weiße, Aventinus Eisbock, Val-Dieu Tripel, Nice Chouffe, Rochefort 10° Trappistenbier, Lindemans Gueuze, Lindemans Kriek, Rodenbach, saisonal Murauer Weizenbock und weitere Spezialitäten.
LOKAL Der Stofflerwirt hat sich durch ein breites Angebot an Bieren und durch den Besuch von Schulungen eine beachtliche Bierkompetenz aufgebaut – das ist im Jahr 2020 auch mit der Auszeichnung als Salzburger Bierlokal des Jahres gewürdigt worden. Das Lokal ist mit hellem Holz gestaltet, an den Wänden hängen Fotos von St. Michael in der ersten Hälfte des 20. Jahrhunderts – man sieht einen der ersten Pkw und einen Lastwagen, den „Katschberg-Schlepper". An den Wänden stehen flotte Bauernweisheiten: „Der eine acht's, der andere belacht's – was macht's?" oder „Eine Weile Nichtstun braucht keine vertane Zeit zu sein". Also setzen wir uns hin und tun eine Weile nichts – außer ein Bier aus der auf dem Tisch stehenden Karte zu bestellen und es zu genießen. Keine vertane Zeit! Und natürlich kann man hier auch gut essen und eine passende Bierempfehlung dazu bekommen – oder man bestellt sich eine Verkostung mehrerer Spezialitäten. 120 Sitzplätze im Lokal, 30 im Gastgarten. 70

Stofflerwirt

SCHWARZACH IM PONGAU

BRÄUSTÜBERL SCHWARZACH – SEINERZEIT

5620 Schwarzach im Pongau, Brauhausgasse 2
+43/660/7077508
www.bräustüberl-schwarzach.at
ÖFFNUNGSZEITEN Sommer: Mo-So: 10:00 bis 22:00 Uhr, Winter: Mi-Fr: 16:00 bis 22:00 Uhr, .Sa, So: 10:00 bis22:00 Uhr

Bräustüberl Schwarzach – Seinerzeit

FASSBIER Schwarzacher Kellerbier hell und dunkel, Gemischtes, Hopfengold, Murauer Radler
FLASCHENBIER Murauer Hoamat Weiße, Teisnacher Weisse Hell, Teisnacher Weisse Dunkel, Franziskaner Weißbier, Erdinger Weizen Alkoholfrei, Stiegl-Freibier
LOKAL Die Brauerei – gegründet 1843 von Fürst Friedrich Schwarzenberg, geschlossen im Jahr 2008 – war seinerzeit bekannt für ihr Tauerngold-Bier. Das Bräustüberl wurde 2017 nach langem Leerstand von der Familie Lindinger renoviert und wieder eröffnet. Die Brauerei Schwarzach wurde 2020 reaktiviert und braut nun wieder selbst. Die Speisekarte ist mit regionalen Schmankerln und herzhaften Gerichten gespickt. Samstag, Sonn- und Feiertag gibt es -frischen Schweinsbraten, der mittlerweile sehr berühmt ist. Die traditionelle Einrichtung wurde erhalten und somit wird man von einem Ambiente „wie damals“ empfangen. Auch der Gastgarten wurde im damaligen Stil wieder saniert und lädt im Sommer zum Draußensitzen ein.

SEEKIRCHEN

GASTHAUS KOTHÄUSL

5201 Seekirchen, Schöngumprechting 29, +43/6212/7198
www.kothaeusl.at
ÖFFNUNGSZEITEN Mo-Di: 9:00 bis 23:00 Uhr, Mi: 9:00 bis 15:00 Uhr, Fr: 9:00 bis 00:00 Uhr, Sa: 9:00 bis 23:00 Uhr, So: 10:00 bis 16:00 Uhr
FASSBIER Trumer Pils, Trumer Märzen, Josef Pernetstätter Bock
FLASCHENBIER Erdinger Urweisse, Erdinger dunkles Weizen
LOKAL Das Gasthaus Kothäusl ist ein einfaches Einkehrgasthaus an der Mattseer Landesstraße, dessen Chef sich sehr um das Bier bemüht – das steckt inzwischen auch das Personal an, das sich ebenfalls sehr anstrengt. Eines der wenigen Lokale, das das Märzenbier der Brauerei Sigl aus Obertrum ausschenkt. Aus der Küche ist die Spezialität der „gemischte Knödelteller“. 80 Sitzplätze, Schanigarten: 15 Sitzplätze.

LANDGUT GASTHOF FISCHTAGGING

5201 Seekirchen, Fischtagging 8, +43/6212/2328
www.gasthof-fischtagging.at
ÖFFNUNGSZEITEN Mo-Di: 10:00 bis 14:00 Uhr und 17:00 bis 00:00 Uhr, Fr: 16:00 bis 00:00 Uhr, Sa-So & Feiertag: 10:00 bis 00:00 Uhr
FASSBIER Zipfer, Schönramer Weißbier
FLASCHENBIER Trumer Pils, Stiegl-Weisse
LOKAL Schon der Schriftsteller Carl Zuckmayr (Autor des „Hauptmann von Köpenick“) wusste diese Adresse zu schätzen. Spezialitäten vom hauseigenen Hochlandrind wie Filet- oder Lady-Steak, Burgunderbraten. Hausgemachte Knödelspezialitäten.

SIEZENHEIM

BRAUGASTHOF ALLERBERGER

5072 Siezenheim, Doktorstraße 1, +43/662/85027020
www.braugasthofallerberger.at
ÖFFNUNGSZEITEN Do-Sa: 16:00 bis 24:00 Uhr (werktags werden zu Mittag kleinere Speisen serviert), So: 11:00 bis 22:00 Uhr,
FASSBIER Allerberger Märzen Hell, Allerberger Märzen Dunkel, Allerberger Weizen, Saisonbiere aus der eigenen Brauerei
FLASCHENBIER Unertl Weißbier Alkoholfrei, Stiegl-Freibier
LOKAL Prächtiger Landgasthof mit einer ins 13. Jahrhundert zurückgehenden Geschichte. Das jetzige Haus wurde 1724 als Jagdschloss erbaut (das Stiegenhaus ist noch so erhalten) – mit mehreren Stüberln, die alle sehr dezent renoviert wurden. Die Hausbiere werden in traditioneller Handwerkskunst im Haus (genauer genommen: in einem Nebengebäude) gebraut, in der Regel drei Biersorten: Helles Märzenbier, Weizenbier und verschiedene Saisonbiere. Letztere gibt es unter anderem als Bauernherbstbier, Pale Ale, Stout und Honigbier. Der Hausherr Andreas Allerberger ist nicht nur Bierbrauer, sondern bewirtschaftet auch eine eigene Jagd

in den Rauriser Alpen. Daher sind die besonderen Spezialitäten Wildgerichte. Das Wild stammt aus dem eigenen Revier, wird vom Wirt sorgsam ausgewählt und zerlegt, die Küche verarbeitet beste Zutaten von den umliegenden Bauern. 60 Plätze im Gastzimmer, bis zu 50 Sitzplätze im Kellerstüberl und 40 im Jägerstüberl, bis zu 300 im Garten. 50

KAMML

5072 Siezenheim, Brückenstraße 5, +43/662/850267
www.kamml.com
ÖFFNUNGSZEITEN Mo-Sa: 9:00 bis 00:00 Uhr
FASSBIER Stiegl-Goldbräu, Stiegl-Paracelsus, Stiegl-Hell
FLASCHENBIER Stiegl-Weisse, Franziskaner Hell/Dunkel
LOKAL Stattlicher Gasthof im Zeichen des Kamels, der heute noch mit Pferdewagen von der Stiegl-Brauerei beliefert wird. Sympathisch: Hier wird der Radler nicht vorgefertigt, sondern frisch mit Sprite gemixt. 150 Plätze, 90 im Garten.

STROBL

Das Wirtshaus in der alten Post

DAS WIRTSHAUS IN DER ALTEN POST

5350 Strobl, Ischlerstraße 1, +43/664/5174332
www.daswirtshaus.at
ÖFFNUNGSZEITEN Mi-Fr: 16:00 bis 23:00 Uhr, Sa: 12:00 bis 00:00 Uhr, So: 10:00 bis 21:00 Uhr
FASSBIER selbst gebraute Strobler Biere
FLASCHENBIER Erste Wolfgangseer Braugesellschaft - Strobler Weizen, Augustiner Weißbier, Unertl Weisse Dunkel, Trumer Pils, Freistädter Bio Zwickl, Augustiner Edelstoff, Augustiner Dunkel
LOKAL „Biertrinken ist wichtig" – das steht auf einem der Bierkrüge in diesem Haus – und dürfte überhaupt als Motto durchgehen. Heller Holzboden, helle Holzdecke, grüner Kachelofen – dazwischen moderne Möbel, freundliches Service („Bierträger" genannt), Speisekarte mit regionalen Spezialitäten. Die Bierkarte wechselt öfter, aber die „Bierträger" wissen Bescheid.

TAMSWEG

GAMBSWIRT & MAIEREI

5580 Tamsweg, Marktplatz 5, +43/6474/2337
www.gambswirt.at
ÖFFNUNGSZEITEN Mo-Sa: 9:00 bis 23:00 Uhr, So: 9:00 bis 22:00 Uhr
FASSBIER Murauer Gold
FLASCHENBIER Biere der Brauerei Murau
LOKAL Ein neu herausgeputztes Traditionshaus, erstmals unter dem Namen Gambs im Jahre 1717 erwähnt, als ein Herr Johann Gambs durch Erlag von 12 Gulden das Bürgerrecht erhalten hat. Familie Maier hat das Haus 1950 erworben und immer weiter ausgebaut. Sie hat viele moderne Stilmittel eingesetzt, dabei aber auch alte Elemente eingebaut. Angeschlossen sind mehrere Gastro-Bereiche und ein Taxiunternehmen. Die Maierei ist dabei die Vertreterin einer modernen Bierbar-Kultur. Insgesamt 130 Plätze.

GELLNWIRT

5580 Tamsweg, Marktplatz 12, +43/6474/6092
www.gellnwirt.at
ÖFFNUNGSZEITEN Mo-Di: 9:00 bis 23:00 Uhr, Do-Sa: 9:00 bis 23:00 Uhr, So: 9:00 bis 15:00 Uhr
FASSBIER Murauer Steirergold, Murauer Märzen, Murauer Radler, Mühltaler hell
FLASCHENBIER Paulaner Hefeweizen Hell, Paulaner Hefeweizen Dunkel, Murauer Weißbier, Murauer Märzen, Murauer Doppelmalz, Erdinger Hefeweizen, Schneider Weisse
LOKAL Traditionelles Wirtshaus im Zentrum mit zwei einfachen Gaststuben, einem nobleren Restaurantbereich und einem Schanigarten rund um einen Kastanienbaum auf dem Marktplatz. Gegründet wurde es schon vor 1430, der Name Gellnwirt stammt von der Besitzerfamilie Gell, die hier 1627 aktiv war. Im Familienbesitz der Familie Gruber ist es seit 1897. Im Keller ist ein Bierpub eingerichtet. Gaststube: 80 Sitzplätze, Gastgarten: 100 Sitzplätze.

UTTENDORF IM PINZGAU

GRÖFLER

5723 Uttendorf im Pinzgau, Metzgerbichl 15, +43/664/2112407
groefler.members.cablelink.at
ÖFFNUNGSZEITEN Mo-Sa: 10:00 bis 00:00 Uhr, So: 9:00 bis 00:00 Uhr
FASSBIER Stiegl, Franziskaner Weizen, Stiegl-Weisse
FLASCHENBIER Franziskaner Weißbier, Heineken, König Ludwig Dunkel, Corona, Desperados
LOKAL Das Gröfler liegt direkt im Zentrum von Uttendorf, eine gemütliche Lounge mit schöner Terrasse und offener Feuerstelle. Das Café wurde im Dezember 2011 renoviert. 140 Sitzplätze im Lokal (in 2 Räumen), 70 Sitzplätze auf der Terrasse.

ZELL AM SEE

PINZGA BRÄU AM SEE

5700 Zell am See, Esplanade 4-6, +43/6542/788
www.pinzgabraeu.at
ÖFFNUNGSZEITEN Mo-So: 11:00 bis 17:00 Uhr
FASSBIER Bräu am See Kellerbier, Bräu am See Weizen, Stiegl-Goldbräu
FLASCHENBIER Stiegl-Weisse Alkoholfrei, Stiegl-0,0, Stiegl-Radler 0,0
LOKAL Das Pinzga Bräu in Zell am See ist eine klassische Gasthausbrauerei mit hohem technischem Anspruch im Komplex des Grand Hotels von Zell am See. Valentin Klien, Sohn des Hotelchefs Wilfried Holleis, braut auf einer ins Lokal integrierten Sudanlage von Kaspar Schulz ein Kellerbier und ein Hefeweizen. Sehr schöner Garten am See mit einem Hundertwasser-Brunnen – und die Saisoneröffnung im Gastgarten beginnt immer mit dem Maibaum-Aufstellen. Das Bier ist auch von der klassischen 0,5 Liter Mehrweg-Bügelflasche bis zum 5 Liter Fass auf Vorbestellung erhältlich. 50 Sitzplätze im Lokal, 120 Sitzplätze im Gastgarten – davon sind 30 Plätze überdacht.

SPORTSTÜBERL

5700 Zell am See, Dreifaltigkeitsgasse 7, +43/6542/7760
www.hotel-lebzelter.at
ÖFFNUNGSZEITEN Mo-So: 11:00 bis 23:00 Uhr
FASSBIER Zipfer Urtyp
FLASCHENBIER Edelweiss Hefetrüb, Edelweiss Hofbräu
LOKAL Eine kleine, mit vielen Skisport-Devotionalien eingerichtete Bar im Ortszentrum – ein gelegentlich sehr voller Treffpunkt auch für internationale Gäste. Kein Wunder, das altehrwürdige (erste Erwähnung 1482!) Hotel Lebzelter ist ein beliebtes Quartier gerade auch für Skisportler. 15 Sitzplätze, Bar: 30, Garten: 10. 🛏95

VILLA CRAZY DAISY

5700 Zell am See, Salzmannstraße 8, +43/6542/72526
www.crazy-daisy.at
ÖFFNUNGSZEITEN Mo-So: 10:00 bis 00:00 Uhr
FASSBIER Hofbräu Traunstein/Traunstein Weisse, Guinness
FLASCHENBIER Hofbräu Traunstein, Heineken, Corona
LOKAL Im Zentrum von Zell am See gelegene Bar, die an einer zentralen Theke Biere aus Traunstein ausschenkt. Im ersten Stock ist eine Musicbar und ein Balkon, von dem man bis zum See sieht.

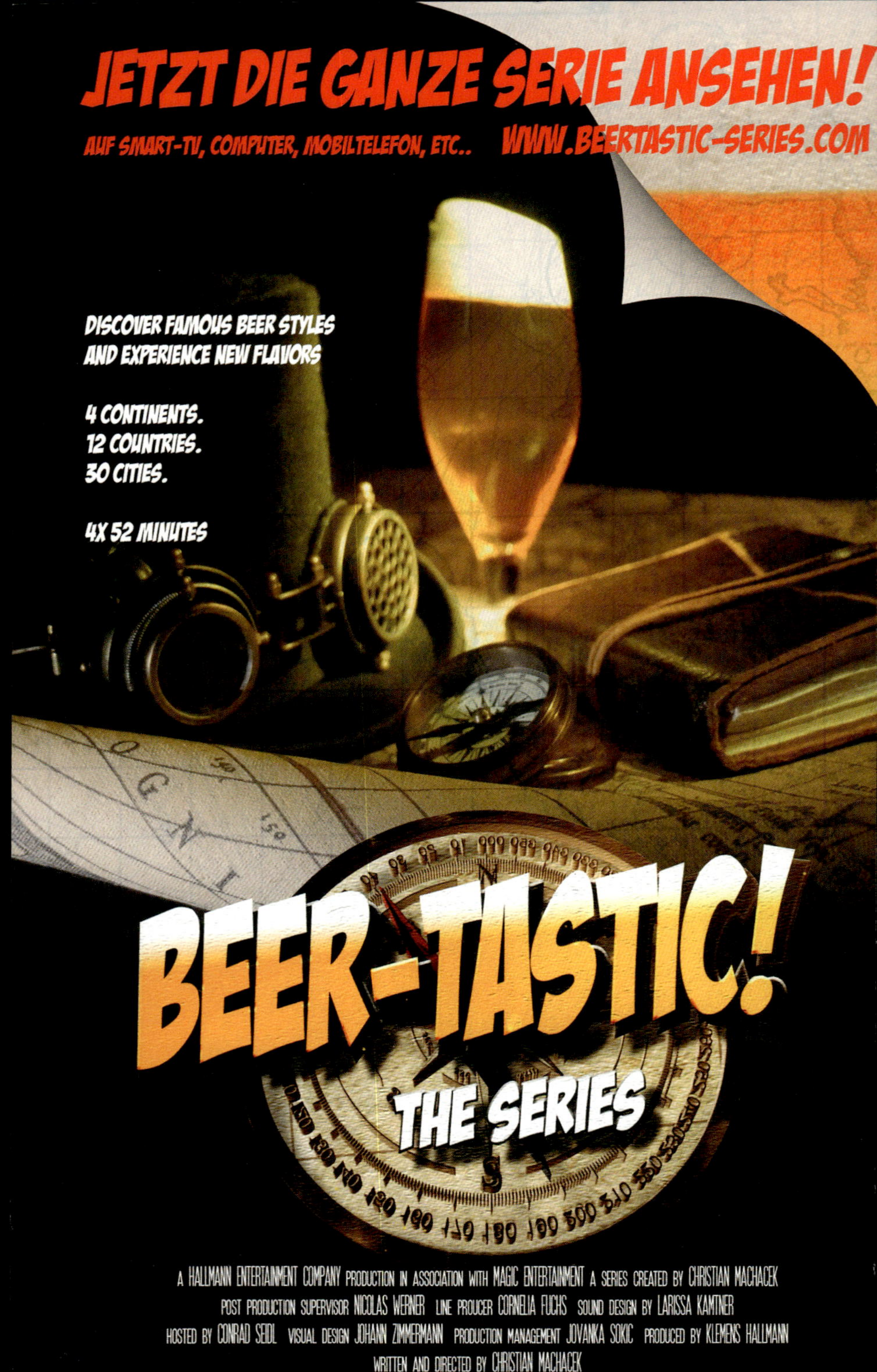
JETZT DIE GANZE SERIE ANSEHEN!
AUF SMART-TV, COMPUTER, MOBILTELEFON, ETC..
WWW.BEERTASTIC-SERIES.COM
DISCOVER FAMOUS BEER STYLES
AND EXPERIENCE NEW FLAVORS
4 CONTINENTS.
12 COUNTRIES.
30 CITIES.
4X 52 MINUTES
BEER-TASTIC!
THE SERIES
A HALLMANN ENTERTAINMENT COMPANY PRODUCTION IN ASSOCIATION WITH MAGIC ENTERTAINMENT A SERIES CREATED BY CHRISTIAN MACHACEK
POST PRODUCTION SUPERVISOR NICOLAS WERNER LINE PROUCER CORNELIA FUCHS SOUND DESIGN BY LARISSA KAMTNER
HOSTED BY CONRAD SEIDL VISUAL DESIGN JOHANN ZIMMERMANN PRODUCTION MANAGEMENT JOVANKA SOKIC PRODUCED BY KLEMENS HALLMANN
WRITTEN AND DIRECTED BY CHRISTIAN MACHACEK

STEIERMARK

STEIERMARKS BIERLOKAL DES JAHRES

GRAZ

VINTAGE BAR

8010 Graz, Jakoministraße 7, +43/699/81895129
www.vintage-bar.at

ÖFFNUNGSZEITEN Di-Do: 17:00 bis 22:00 Uhr, Fr-Sa: 17:00 bis 00:00 Uhr

FASSBIER Hirter Privat Pils, Rieder UrEcht

FLASCHENBIER Puntigamer „das bierige" Bier, Budweiser Budvar, Rieder Weißbier, Hirter Morchl, Rieder Honigbier, Kiesbyes Waldbier - Wachauer Auwald, Bevog Kramah IPA, Bevog Baja Oatmeal Stout, Bevog Tak Pale Ale, Loncium/Bierol - Call me Baby Cold Pale Ale, Hofstettner Granitbier, Front Man - Dry hopped helles Lager, Tom & Harry - Wüds Püs Pils , Next Level Jail Break

LOKAL Die Vintage Bar ist ein kleines, feines Lokal, das nach einer Renovierung 2021 zu einer Anlaufstelle für Bierfans geworden ist. Maria Moldovan-Resch versteht Vintage als „alt, aber gut und hervorragend – wir wollen diese Werte hochhalten und das spiegelt sich auch in der Bar wider. Die Einrichtung ist vintage und könnte so auch in der Altstadt von Triest oder Verona zu finden sein." Sie ist eine sehr herzliche Gastgeberin, die es im Lauf von inzwischen acht Jahren geschafft hat, eine Stammkundschaft aufzubauen, die sich in den vergangenen Jahren immer weiter an besondere Biere heranführen hat lassen. Viele waren anfangs selbst vom Hirter Bier überfordert, schließlich ist Puntigamer die erste Erwartung, die Biertrinker an ein Grazer Lokal haben. Behutsam hat Maria ihre Gäste aber an andere Geschmackswelten gewöhnt – mit einem breiten Angebot an österreichischen Craftbieren. Weitere limited Editions gibt es fast immer auf Anfrage – denn meistens ist etwas Besonderes im Kühlschrank! Und an jedem Dienstag ist Vinyl-Abend: Dann werden Vintage-Platten aufgelegt und die Gäste sind eingeladen, eigene Vinyls mitzubringen. Im Lokal stehen 30 Sitzplätze zur Verfügung, an der Bar 10 Sitzplätze, und im Garten 10.

AFLENZ KURORT

HOTEL POST KARLON

8623 Aflenz Kurort, Mariazeller Straße 10, +43/3861/2203
www.hotelpostkarlon.at
ÖFFNUNGSZEITEN Mo-So: 8:30 bis 23:00 Uhr

Hotel Post Karlon

FASSBIER Stiegl-Pils, Gösser Zwickl, Kaltenhauser Bernstein, Starobrno, Gösser Zwickl Dunkel (im Sommer)
FLASCHENBIER Stiegl Hefeweizen, Stiegl-Hefeweizen Alkoholfrei, Gösser Naturgold, Stiegl-0,0% Freibier
LOKAL Diese Hofstatt beherbergte seit dem späten 14. Jahrhundert den Kirchenfleischhauer, seit 1784 gehört das Haus der Familie Karlon – zusammen mit dem Kirchgassenschneiderhaus, das 1883 dazu erworben wurde. Die alten Gewerbe gibt es nicht mehr, aber einen eindrucksvollen Deckenbalken aus dem Jahr 1544, der der Gaststube Charakter verleiht. Weitere Dekorationen weisen auf einen alten Ausschank von Pilsner Kaiserquell und Reininghaus-Bier, auf die Volksmusik, auf die Jagd und erwartungsgemäß auch auf die Post hin. In der mit viel Holz gestalteten Gaststube mit Holzvertäfelung, Kachelofen und Holzdecke wird viel Wild serviert – der Koch ist selber Jäger. Eine Besonderheit sind die 4 Romantikzimmer des Hotels, wovon 3 im ländlichen Stil gehalten sind und eines im Jugendstil aus der Schule von Otto Wagner. 140 Sitzplätze im Lokal, 50 Sitzplätze im Garten.

AIGEN IM ENNSTAL

GUT PUTTERERSEEHOF

8943 Aigen im Ennstal, Aigen 13, +43/3682/20371
www.puttererseehof.at
ÖFFNUNGSZEITEN Mi-So 12:00 bis 22:00 Uhr, Mo, Di Ruhetag.
FASSBIER selbst gebrautes Hausbier, saisonal wechselnd, Gösser
FLASCHENBIER Die Salzburger Weisse, Die Salzburger Weisse Dunkel, Weihenstephaner Weißbier, Weihenstephaner Weißbier Alkoholfrei, Wieninger Lagerbier Dunkel (Bügelflasche), Loncium Royal Dark Stout, Loncium Carinthipa, Die Weisse Jubilator
LOKAL Der Puttererseehof ist ein etwas abseits vom Dorfzentrum gelegener Gasthof mit angeschlossener Landwirtschaft und Hotelbetrieb, in dem viele Petri-Jünger absteigen. Das ergibt ein Landwirtshaus mit hohem Anspruch: Hier kommt ländliche Idylle mit Kulinarik (viele Produkte stammen vom eigenen Bauernhof und die Fische aus dem Putterersee, der seit 200 Jahren der Familie Dornbusch gehört) zusammen. Der Wirt ist Biersommelier und braut auch gelegentlich selbst.

Gut Puttererseehof

ALTAUSSEE

SCHNEIDERWIRT

8992 Altaussee, Altaussee 19, +43/3622/72117
www.gh-schneiderwirt.at
ÖFFNUNGSZEITEN Mo: 10:00 bis 22:00 Uhr, Mi-So: 10:00 bis 22:00 Uhr

FASSBIER Gösser Märzen, Gösser Zwickl
FLASCHENBIER Gösser Stiftsbräu, Weihenstephaner Weißbier
LOKAL Originales und originelles Wirtshaus im Eigentum der örtlichen Feuerwehr, auch Treffpunkt der eigenen, im Jahr 1859 gegründeten Schützengesellschaft – zahlreiche Gedenk-Scheiben. Der Schneiderwirt ist damit ein Traditionsgasthaus, wie es im Buch steht: Schweinsbraten, Geselchtes mit Kraut und Knödel, das sind nur einige der Gerichte, mit denen die „Schneiderwirtin" Barbara Seitz ihre Gäste bei bester Laune hält. Einmal in der Woche gibt es Weißwurst mit Bierbrezn. 60 Sitzplätze im Lokal, Sommergarten: ca. 50 Sitzplätze, davon etwa 30 überdacht.

Schneiderwirt

BAD GAMS

WESTSTEIRISCHER HOF
8524 Bad Gams, Müllegg 40, +43/3463/2134
www.weststeirischerhof.at
ÖFFNUNGSZEITEN Mo: 10:00 bis 00:00 Uhr, Do-Sa: 10:00 bis 00:00 Uhr, So: 10:00 bis 20:00 Uhr
FASSBIER Gösser Gold, Hausbier (Brauerei Löscher in Flamberg)
FLASCHENBIER Edelweiss Hefeweizen, Puntigamer Märzen, Reininghaus Pils, Schlossgold
LOKAL Seit dem Jahr 1986 ein im Grünen gelegener Weingasthof mit ambitionierter, betont steirischer Küche. Der Wirt kocht selbst. Hat die Bierkultur als Gegengewicht zum Wein entdeckt und mit den Löscher-Bieren Raritäten auf der Karte. Herbst-Bierfest mit Schlachtbuffet und Kommentierung durch den Braumeister. Bierfeste im Gastgarten, Bockbierfest mit Live-Musik und Bierschmankerlbüffet. 120 Sitzplätze im Lokal, 20 Plätze an der Bar, 60 Sitzplätze im Garten.

BAD MITTERNDORF

PETERWIRT
8983 Bad Mitterndorf, Bad Mitterndorf 68, +43/3623/2597
www.peterwirt.com
ÖFFNUNGSZEITEN Mo-So: 15:00 bis 00:00 Uhr
FASSBIER Peterwirtsbräu
LOKAL Gasthof-Pension mit einem mit viel Holz und Ziegeloptik eingerichteten Bräustüberl. Zum Bier gibt es Brotzeiten und, damit man das Bier nicht so trocken runterwürgen muss, auch Schnäpse. Und wer ausgiebig gefeiert hat, kann beim Peterwirt auch übernachten.

BAD RADKERSBURG

BEVOG TAPROOM
8490 Bad Radkersburg, Gewerbepark B Nr. 9, +43/3476/4154313
www.bevog.com/de/pages/taproom
ÖFFNUNGSZEITEN Di-Sa: 11:00 bis 18:00 Uhr
FASSBIER aktuelle Bevog-Bier
FLASCHENBIER Bevog-Sortiment
LOKAL Im Jahr 2020 hat die Bevog-Brauerei ihren Taproom zu einem regulären Ausschank ausgebaut: Kleine Bar, kleiner Biergarten vor der Brauerei, Das Sudhaus ist gleich nebenan – und einige der Kunstwerke, die die Bevog-Etiketten zieren, hängen im Original an der Wand. Man kann alle Biere – darunter auch Restbestände der oft in ganz kleiner Auflage hergestellten Sondersude – kosten. Viele Biere kann man als 0,1-Liter Kostprobe bestellen.

Bevog Taproom

BRUNNENSTADL
8490 Bad Radkersburg, Fehringerstraße 14, +43/3476/3710
www.brunnenstadl.at
ÖFFNUNGSZEITEN Di - So ab 10:00 Uhr, Mo geschlossen, außer an Feiertagen
FASSBIER Gösser Gold
FLASCHENBIER Puntigamer „das bierige" Bier, Gösser Stiftsbräu Dunkel, Edelweiss Weizenbier Hefetrüb, Bevog Deetz
LOKAL Familie Stoisser betreibt dieses bodenständige und dennoch sehr gepflegte Lokal mit dem schönen Garten seit mehr als einem Vierteljahrhundert. Serviert werden steirische Spezialitäten wie Klachlsuppe, Heidensterz und „aufgesetzte Henne" (ein gefülltes Brathendl auf mitgebratenen Rosmarinerdäpfeln).

KAISER VON ÖSTERREICH

8490 Bad Radkersburg, Langgasse 1, +43/3476/40750
www.kaiservon.at
FASSBIER Murauer Gold
FLASCHENBIER Bevog Tak Pale Ale
LOKAL Familiär geführtes Thermenhotel in Nachbarschaft des Grenzübergangs und des Mur-Radwegs. Im Gastraum dieses seit der Mitte des 19. Jahrhunderts immer wieder stilvoll renovierten Hauses ist eine eindrucksvolle Wandmalerei mit Darstellung der Stadt und ein alter Kachelofen. Dies bekommen zum Zeitpunkt des Redaktionsschlusses allerdings nur Hausgäste zu sehen.

XPRESSO

8490 Bad Radkersburg, Hauptplatz 5, +43/3476/40380
www.xpresso.at
ÖFFNUNGSZEITEN Mo-Do: 10:00 bis 22:00 Uhr, Fr-Sa: 8:30 bis 23:00 Uhr, So: 11:00 bis 21:00 Uhr
FASSBIER Puntigamer Panther, Bevog Deetz Golden Ale
FLASCHENBIER Bevog Tak Pale Ale, Bevog Baja Oatmeal Stout, Bevog Kramah IPA, Bevog Buzz Hazy IPA, Birra Moretti, Franziskaner Hefeweizen Hell, Corona, Gösser Naturgold
LOKAL Mitten am Hauptplatz von Bad Radkersburg – unmittelbar hinter der Pestsäule – liegt dieses moderne Espresso. Es ist kein typisches Bierlokal, es hat aber eine Bierauswahl, an dem sich viele andere Cafés ein Beispiel nehmen können. Und es ist ein idealer Platz, der Biervielfalt der regionalen Bevog-Brauerei in der Bezirkshauptstadt etwas näherzukommen.

BIRKFELD

TRADITIONSWIRTSHAUS GALLBRUNNER

8190 Birkfeld, Waisenegg 78, +43/3174/4410
www.gallbrunner.at
ÖFFNUNGSZEITEN Mi - So ab 9:00 Uhr.
FASSBIER Joglland Hoamatbräu Hell, Joglland Hoamatbräu Dunkel, Bernstein, Bier der Saison
FLASCHENBIER Puntigamer, Gösser Naturgold
LOKAL Selbstgebrautes Joglland Hoamatbräu und traditionelle Wirtshauskultur mit Schmankerln wie dem Schweinsbraten aus der Rein, der mit z´sammglegte Knödel serviert wird, oder Grubenkraut und Nudeltascherl. Ausgezeichnet mit einer Gault Millau Haube. Übernachtungsmöglichkeit im „Troadkasten".

BREITENFELD AN DER RITTSCHEIN

BREITENFELDERHOF ZUR RIEGERSBURG

8313 Breitenfeld an der Rittschein, Breitenfeld 20
+43/664/2520470
www.breitenfelderhof.com
ÖFFNUNGSZEITEN Mi: 10:00 bis 21:00 Uhr, Fr-Sa: 10:00 bis 21:00 Uhr, So: 9:00 bis 14:00 Uhr
FASSBIER Puntigamer Panther, Hofbräu Traunstein Fürstenquell, Hofbräu Traunstein Spezial Weißbier, Gösser Radler, ein Bier des Monats
FLASCHENBIER Hofbräu Traunstein Weißbier Dunkel, Hofbräu Traunstein Altbayrisch Dunkel, Guinness Hop House 13
LOKAL Breitenfeld an der Rittschein – wo ist das bitte? Der nach seinem Ort benannte Gasthof, der 2021 Steirisches Bierlokal des Jahres war, hat daher die Ergänzung „Zur Riegersburg" in den Namen aufgenommen. Denn dann weiß man gleich, dass man hier in einer Genussregion erster Klasse ist. Und da gehört dazu, dass die Schokoladenmanufaktur Zotter mit dem Essbaren Tiergarten, die Vulcano Schinkenmanufaktur, die Schnaps- und Essigmanufaktur Gölles und vor allem die Craftbrauerei Noom in unmittelbarer Nähe sind. Der Wirt Thomas Zalud gibt gerne Tipps für Besichtigungen (dass dabei die Riegersburg selbst stets genannt wird, liegt auf der Hand) und schickt die sportlicheren seiner Gäste auf den Riegersburger Genussweg wandern. 50

BRODINGBERG

STEIRISCH URSPUNG NEUWIRTH

8200 Brodingberg, Brodersdorfstraße 85, +43/3117/5171
www.steirischursprung.at
ÖFFNUNGSZEITEN Mi-Fr: 16:00 bis 00:00 Uhr, Sa: 12:00 bis 21:00 Uhr, So: 11:30 bis 13:30 Uhr

FASSBIER Buchweizen Bier, Dinkelbier, Honigbier, Gerstenbier
FLASCHENBIER Buchweizen Bier, Dinkelbier, Honigbier, Kürbiskernbier
LOKAL Stattliches Gebäude, das eine seltsame Mischung aus Gaststätte und Museum darstellt – nach eigener Definition „das schrägste Hotel Österreichs". In der Braustube kommt das selbst gebraute Bier direkt mit Eigendruck vom Lagerkeller zur Schank. Barbereich mit urigem offenen Kamin, eine 200 Jahre alte Holztramdecke und ein Kupferbraukessel schaffen eine heimelige Atmosphäre. Im angeschlossenen Hotel gibt es auch ein Bierbad. Ca. 120 Sitzplätze, 50 im Gastgarten mit dem größten Bienenstock der Welt.

BRUCK AN DER MUR

Gasthof zur Post – Restaurant Riegler

GASTHOF ZUR POST – RESTAURANT RIEGLER

8600 Bruck an der Mur, Koloman Wallisch-Platz 11
+43/3862/54904
www.restaurant-riegler.at
ÖFFNUNGSZEITEN Di-Sa: 9:00 bis 23:30 Uhr
FASSBIER Bernstein-Hausbier, Gösser Gold, Gösser Naturgold, Weihnachtsbock
FLASCHENBIER Gösser Stiftsbräu, Murauer Weißbier
LOKAL Familiär geführtes Schmankerlwirtshaus am Stadtplatz von Bruck, der nach dem Februarkämpfer Koloman Wallisch benannt ist. Das Haus ist seit dem 16. Jahrhundert Gastwirtschaft, 1552 war hier sogar ein Elefant zu Gast. Ausgezeichnet als „gute steirische Gaststätte" mit eindeutigem Schwerpunkt auf der lokalen Küche, passend zum Bier. Um dieses kümmert sich der Chef persönlich, er erklärt den Gästen gern, wie man sein von Ottakringer gebrautes Hausbier bewusst genießt. Die Happy Hour ist hier schon am Vormittag (9:00 bis 11:00 Uhr). Zum Oktoberfest gibt es Löwenbräu Wiesenbier aus dem Maßkrug mit Weißwurst, süßem Senf und Brezn. 200 Plätze in verschiedenen Stuben, je 15 an zwei verschiedenen Bars (eine davon mit eindrucksvollem Angebot von 60 Sorten Whisky), 25 Plätze im Wintergarten, 50 auf der Sonnenterrasse mit Murblick.

LONDON PUB-CAFÉ

8600 Bruck an der Mur, Wiener Straße 51, +43/676/5048023
www.london-pub.at
ÖFFNUNGSZEITEN Mo-Fr: 9:00 bis 23:00 Uhr, Sa: 10:00 bis 23:00 Uhr

London Pub-Café

FASSBIER Trumer Pils, Gösser Gold, Radler
FLASCHENBIER Puntigamer, Weihenstephaner Weißbier, Guinness
LOKAL Seit über einem Vierteljahrhundert gibt es dieses gediegene Pub etwas außerhalb des Stadtzentrums. Und den Weg ist es jedenfalls wert: viel dunkles Holz, große Bar und frische Blumen. Erstaunlicherweise kein Angebot an Ales und Stouts – dafür ist das Pils gut gezapft und die Bedienung gibt einem das Gefühl, willkommen zu sein. 30 Plätze im Lokal, 15 an der Bar.

DEUTSCH GORITZ

CABALO

8483 Deutsch Goritz, Deutsch Goritz 16/3, +43/3474/70536
www.cabalo.at
ÖFFNUNGSZEITEN Mo-Sa: 9:00 bis 00:00 Uhr, So: 9:00 bis 13:00 Uhr
FASSBIER Gösser Gold, Starobrno Altbrünner Gold
FLASCHENBIER Reininghaus Jahrgangspils, SOL mexican beer, Astra Rotlicht, Unertl Weiße, Egger Hopf'n'Roll, Bevog Deetz, Bevog Tak Pale Ale, Bevog Kramah IPA, Bevog Helles Export Spezial, wechselnde, limitierte Spezialitäten von Bevog
LOKAL Diese Cafe-Bar-Lounge betreiben Hermine Ertl und Jürgen Hödl als Treffpunkt für Jung und Alt. Zum Bier gibt's Flammkuchen nach Elsässer Rezept (aber wie alles hier mit regionalen Zutaten), Pizza und Baguette. 40 Plätze, 5 an der Bar, 45 im Gastgarten.

DEUTSCHLANDSBERG

LARINI CAFÉ BAR

8530 Deutschlandsberg, Hauptplatz 36, +43/664/4040908
www.larini.at
ÖFFNUNGSZEITEN Mo-Do: 7:00 bis 22:00 Uhr, Fr: 7:00 bis 23:00 Uhr, Sa: 8:00 bis 23:00 Uhr

FASSBIER Trumer Pils
LOKAL Nette kleine Bar im Zentrum von Deutschlandsberg, dekoriert mit großformatigen Bildern.

THERESAS – EINE ART GASTHAUS

8530 Deutschlandsberg, Kirchengasse 4, +43/3462/39182
www.facebook.com/theresas.at
ÖFFNUNGSZEITEN Mo-Fr: 11:30 bis 14:00 Uhr und 17:00 bis 23:00 Uhr, Sa: 17:00 bis 23:00 Uhr, Sonn- und Feiertage geschlossen.

Theresas – Eine Art Gasthaus

FASSBIER Trumer Pils, Trumer Märzen, Paracelsus Bio-Zwickl
FLASCHENBIER Lasko Pivo, Köstritzer Schwarzbier, Trumer Freispiel (alkoholfrei)
LOKAL Originelles Gasthaus, das über seinen Wein-Schwerpunkt nicht auf die Biervielfalt vergisst. Saisonal und regional orientierte Küche.

EGGERSDORF

NIEDERLEITNERS SCHÖCKLLANDHOF

8063 Eggersdorf, Rabnitzstraße 25, +43/3117/2279
www.schoeckllandhof.at
ÖFFNUNGSZEITEN Mo-Sa: 8:00 bis 23:00 Uhr, So: 8:00 bis 21:00 Uhr
FASSBIER Puntigamer Panther, Weihenstephaner Weißbier, Gösser Naturgold, Puntigamer Saisonbiere, Birra Moretti ‚Blade'
FLASCHENBIER Weihenstephaner Hefeweißbier Trüb, Puntigamer Märzen, Gösser Stiftsbräu, Wieselburger Stammbräu
LOKAL Großer, familienfreundlicher Gasthof mit heller Bar, an der das Puntigamer liebevoll gezapft wird. Von der BrauUnion gab es dafür auch mehrere Auszeichnungen. Die Küche bietet traditionelle Wirtshausküche, saisonale Schmankerln und Pizza aus dem Holzofen. Angeschlossen sind eine 4-Platz-Tennishalle, Fitnessstudio sowie Gymnastikraum. Ca. 200 Plätze, 70 im Gastgarten.

EISENERZ

BRÄUSTÜBERL EISENERZ

8790 Eisenerz, Flutergasse 5, +43/3848/2335
www.dorfwirt.at/steiermark/dorfwirte/leoben/gasthof-braeustberl.html
ÖFFNUNGSZEITEN Di, Do-Sa: 10:00 bis 23:00 Uhr, So: 10:00 bis 17:00 Uhr, Montag, Mittwoch und jeden letzten Sonntag im Monat Ruhetag.
FASSBIER Forstauer Bio Gesäusebier, Puntigamer, Gösser Gold, Gösser Zwickl Naturtrüb, Gösser Naturradler, Gösser Naturgold
FLASCHENBIER Weihenstephaner Weizen, Gösser Stiftsbräu Dunkel
LOKAL Schöner Altstadtgasthof am Fuße des Erzbergs, in dem sich die lokale Bevölkerung trifft – allein schon wegen der Einrichtung (Stammtisch der Bergmusik Eisenerz, viele Jagdtrophäen) sehenswert. Gut gezapftes Bier. Dorfwirtaktionen je nach Jahreszeit. 70 Plätze im Lokal, 30 im mit alter Lamperie ausgestatteten Extrazimmer, 30 Sitzplätze im Garten.

Bräustüberl Eisenerz

FRIESACH BEI PEGGAU

THOMAHAN

8114 Friesach bei Peggau, Grazer Bundesstraße 15
+43/3127/41555
www.thomahan.at
ÖFFNUNGSZEITEN Mo-Fr: 9:00 bis 23:00 Uhr, Feiertag: 11:00 bis 20:00 Uhr

FASSBIER Puntigamer, Gösser Zwickl, Weihenstephaner, Gösser Radler, Gösser Naturgold
FLASCHENBIER Puntigamer, Gösser Stiftsbräu Dunkel
LOKAL Seit 1709 Gasthof, seit 1955 im Familienbesitz. Gemischtes Publikum – der Generaldirektor sitzt neben dem Lagerarbeiter – und alle genießen die preiswerten Mittagsmenüs. Saisonal bietet die Küche Bierbratl. 110 Sitzplätze im Lokal, 20 an der Bar, 80 im Gastgarten.

Tomahan

FÜRSTENFELD

DIE AKTE
8280 Fürstenfeld, Stadt-Zug-Platz 3, +43/664/9830940
www.dieakte.at
ÖFFNUNGSZEITEN Mo-Sa: 17:00 bis 5:00 Uhr
FASSBIER Starobrno, Puntigamer, Gösser Zwickl, Gösser Märzen
FLASCHENBIER Erdinger Weizen Hell, Guinness, Trumer
LOKAL Kleines Lokal mit großer, um zwei Ecken führender Bar, die sehr stilvoll mit Tartans dekoriert ist. Wolfgang Niederl führt das Haus mit Einfühlungsvermögen für die Gäste, die Bierberatung verdient besonderes Lob. Erstaunlich, wie es hier auf beschränktem Platz gelingt, immer wieder Kulturveranstaltungen unterzubringen. Wenn sonst nichts los ist, kann man kostenlos Darts spielen – oder einfach der nicht zu lauten, aber sehr guten Musik zuhören. Ca. 40 Plätze im Lokal, 20 im Schanigarten.

FÜRSTENBRÄU
8280 Fürstenfeld, Hauptstraße 31, +43/3382/55255-0
www.fuerstenbraeu.at
ÖFFNUNGSZEITEN Di-Sa: 10:00 bis 00:00 Uhr
FASSBIER Fürstenbräu Hell und Dunkel, Fürstenbräu Zwickl Hell, Ottakringer Helles, Schneider Weisse, ein Saisonbier
FLASCHENBIER Fürstenbräu Märzen, Clausthaler, Eders Bio Ale
LOKAL Das Fürstenbräu mit seiner zentralen Salm-Brauanlage hinter der Bar und mehreren Nebenräumen, in denen sich mehrere Stammtischrunden treffen, ist eine Institution in der oststeirischen Bierszene. Die Küche bedient sowohl den traditionellen als auch den modernen Geschmackssinn mit regionalen Produkten und kreativen Mittagsmenüs. Große Beliebtheit hat der Flaschenverkauf des Fürstenbräu erlangt – von 0,33 bis zur imposanten 3 Liter Flasche reicht das Sortiment. 130 Plätze in mehreren Stuben, 25 an der Bar, 50 Plätze im Biergarten.

GAMS BEI HIEFLAU

FORSTAUERS BRAUHAUS GESÄUSE
8922 Gams bei Hieflau, Gams 150, +43/676/5104561
www.forstauer.at
ÖFFNUNGSZEITEN Mi-So 10:30 Uhr bis Schluss
FASSBIER Forstauers XeisBier Märzen, Forstauers Xeis Weisse, Forstauers Steirisch-Bayerisches Hefeweizen, saisonal: Pils, Bockbier, Oktoberbock ...
FLASCHENBIER Gösser Naturgold, Franziskaner Weißbier Alkoholfrei
LOKAL Ein weitgehend auf Bio-Produkte aus der Region fokussiertes Gasthaus im Naturpark Steirische Eisenwurzen. Die Familie Schmiedberger führt auch einen Bio-Bauernhof und ein Kleinwasserkraftwerk. Für das Bier aus der hauseigenen Brauerei kann man einen Bierpass kaufen und damit inflationsbedingten Preiserhöhungen ein Schnippchen schlagen. Es gibt auch zwei Ferienhäuser und eine Ferienwohnung, wenn man gleich länger bleiben will. 200 Sitzplätze, 50 im Gastgarten.

Forsthauers Brauhaus Gesäuse

GLEISDORF

LAURENZIBRÄU

8200 Gleisdorf, Hauptplatz 3, +43/3112/36795
www.laurenzibraeu.at
ÖFFNUNGSZEITEN Mo: 10:00 bis 14:00 Uhr, Di-Fr: 10:00 bis 21:00 Uhr, Sa: 9:00 bis 21:00 Uhr, So: 10:00 bis 16:00 Uhr
FASSBIER Laurenzi Bräu „das Helle", Laurenzi Bräu „das Dunkle", Laurenzi Bräu „das Mischbier", Laurenzi Bräu „der Radler"
LOKAL Ursprünglich ein „Kirchenwirt" mit traditionellen Wurzeln, seit 2013 umgestaltet zu einer Gasthausbrauerei. Von der alten Ausstattung geblieben ist hingegen der historische Linde-Kühlschrank, der für sich genommen schon eine Sehenswürdigkeit ist. Auch die Verbindung zur Kirche bleibt: Die Stadtpfarrkirche von Gleisdorf ist dem Heiligen Laurentius geweiht – der seinerseits wieder ein Schutzpatron der Mälzer ist. In den letzten Jahren ist neben dem Bier auch der Restaurantbetrieb berühmt geworden. 25 Plätze in der Gaststube, 60 im Extrastüberl, 60 im Gastgarten.

GRATKORN

DAS BEISL

8101 Gratkorn, Grazer Straße 66, +43/3124/23714
ÖFFNUNGSZEITEN Mo-Fr: 7:45 bis 21:00 Uhr
FASSBIER Reininghaus Pils, Starobrno Altbrünner Gold, Reininghaus Radler, ein Monatsbier
FLASCHENBIER Puntigamer „das bierige" Bier, Wieselburger Schwarzbier, Edelweiss Naturtrüb, Edelweiss Alkoholfrei
LOKAL Hermann Prietl war schon 1998 Landesmeister der damals von Kaiser ausgeschriebenen Zapfkaiser-Meisterschaft. Sein Beisl ist der Treffpunkt für die lokale Bevölkerung, die sich hier zum Plaudern und Kartenspielen trifft. 25 Plätze im Lokal, 5 an der Bar.

THE HUNGRY HEART – FUSION BAR & RESTAURANT

8101 Gratkorn, Dr.-Karl-Renner-Straße 1, +43/3124/21803
thehungryheart.at/hungry-heart-gratkorn
ÖFFNUNGSZEITEN Di-Sa: 11:00 bis 22:00 Uhr
FASSBIER Andechser Hell, Andechser Spezial Hell, Andechser Weißbier, Hirter Morchl, Ottakringer Bio Zwickl
FLASCHENBIER Brew Age Alphatier, Brew Age Dunkle Materie, Brew Age Affenkönig, Wimitz Pale Ale, Wimitz Weizenbock, Liefmans Fruitesse, Tom & Harry Drunken Cat, Tom & Harry Sweet Milk Stout und weitere Bierspezialitäten von Bevog und anderen Kleinbrauereien.
LOKAL Mehr noch als im Thirsty Heart und im Hungry Heart in Graz steht in diesem Lokal die Küche im Mittelpunkt. Im geräumigen, mit vielen Pflanzen dekorierten Restaurantbereich und auf der großen Terrasse kann man gemütlich speisen – teilweise mit Blick auf die Show-Küche. Diese ist authentisch amerikanisch geprägt – abseits von Burgern und Junkfood. Freundliches und bierkundiges Personal hilft, bei der Auswahl auf der kleinen Karte und der langen Bierliste eine Kombination nach eigenem Geschmack zu finden. Aber es ist auch okay, einfach „auf ein Bier" hereinzukommen. Bierrestaurant des Jahres, siehe Seite 109.

The Hungry Heart – Fusion Bar & Restaurant

THE HUNGRY HEART BAR & RESTAURANT

VICTORIA PUB

8101 Gratkorn, Brucker Straße 6, +43/664/9911397
www.englishpub.at
ÖFFNUNGSZEITEN Di-Sa: 16:00 bis 00:00 Uhr
FASSBIER Hausbier, Guinness
FLASCHENBIER Budweiser, Corona, Heineken, Weihenstephaner, Kilkenny, Wieselburger Stammbräu, Augustiner Edelstoff
LOKAL Ein Klassiker der steirischen Barszene. Das Ambiente gleicht einem britischen Wohnzimmer, ausgestattet mit englischem Teppich, Lederbänken, Clubsesseln und vor allem einer anheimelnden Bar, hinter der Sabine Dengg eine freundliche und zuvorkommende Gastgeberin ist. Immer wieder Gastbiere außerhalb der Karte. 100 Sitzplätze, zwei Terrassen: 40 und 60 Plätze.

GRATWEIN-STRASSENGEL

HOTEL-RESTAURANT FISCHERWIRT

8112 Gratwein-Straßengel, Bahnhofstraße 40, +43/3124/51276
www.hotel-fischerwirt.com
ÖFFNUNGSZEITEN Di-Fr: 6:30 bis 23:00 Uhr, Sa: 7:30 bis 23:00 Uhr

FASSBIER Edelweiss Weizenbier, Puntigamer Panther, Hausbier, Gösser Zwickl, Schladminger
FLASCHENBIER Puntigamer Märzen, Gösser Stiftsbräu Dunkel
LOKAL Der gut 300 Jahre alte Hotel-Gasthof am Rand von Gratwein wurde Anfang 2011 behutsam neu gestaltet, vom Gwölb gibt es nun die Variante „gwölb 2.0" (geöffnet von Oktober bis Mai ab 17:00 Uhr). Sehr unterschiedliche Stüberln, die 1911 eingerichtete altdeutsche Stube etwa ist Ottokar Kernstock gewidmet. Auch der Garten mit der aus einem Baum gewachsenen Bar ist ein Schmuckstück, lädt zum Grillen ein (jeweils Do/Fr). Engagiert und herzlich betreibt die Familie Reinprecht ihr Haus, das seit fast 70 Jahren in Familienbesitz ist. 400 Sitzplätze, Bar: 35, Garten: 130.

GRAZ

BAR 28

8010 Graz, Gartengasse 28, +43/664/4282828
de-de.facebook.com/pages/category/Pub/Bar28-1663209273892459
ÖFFNUNGSZEITEN Mo-Fr: 11:00 bis 2:30 Uhr, Sa-So: 17:00 bis 2:30 Uhr
FASSBIER Murauer, Budweiser, Guinness Stout, Kaltenhausen 1475 Pale Ale, Radler
FLASCHENBIER Heineken, Birra Moretti, SOL mexican beer, Corona, Bayreuther Hell, Erdinger Weißbier, Erdinger Urweisse, Puntigamer, Gösser Naturgold, Gösser Naturradler
LOKAL Gut besuchtes Nachbarschaftslokal mit einem Schanigarten gegenüber der Alten Technik mit sehr freundlicher und bierkundiger Bedienung. Halbrunde Theke im ersten Raum, ruhigeres, gediegenes Hinterzimmer mit dunkler Lamperie. Und ein Partykeller, in dem es auch oft Live-Auftritte gibt. 60 Sitzplätze.

Bierbaron – Das Original

BIERBARON – DAS ORIGINAL

8020 Graz, Heinrichstraße 56, +43/316/321510
www.diebausatzlokale.at/bierbaron
ÖFFNUNGSZEITEN Mo-Do: 11:00 bis 00:00 Uhr, Fr-Sa: 11:00 bis 1:00 Uhr, So: 11:00 bis 00:00 Uhr
FASSBIER Starobrno, Gösser Märzen, Gösser Zwickl, Gösser Stiftsbräu, Guinness, Puntigamer
FLASCHENBIER 13 bis 15 Biersorten, z.B. Schladminger, Edelweiss, Wieselburger, Kaiser, Heineken, ein Bier des Monats
LOKAL Dieses Bierlokal ist nicht nur eine Grazer Legende: Der Name ist inzwischen so populär, dass der weltberühmte Brickskeller nahe dem Dupont Circle in Washington DC ebenfalls auf Bier-Baron umbenannt wurde. Die Bierqualität in Graz passt wie eh und je, auch wenn die Auswahl in Washington deutlich größer ist. Die Bedienung ist jung und motiviert, die Speisen werden nach dem bewährten Bausatz-System erstellt. Allerdings muss man damit rechnen, dass das zurückhaltend ausgeleuchtete Lokal am Abend ziemlich voll wird – es ist eine der populärsten „Watering Holes" in der Nähe der Karl Franzens Universität. Überdachter Innenhof, Gastgarten. 180 Plätze, auf der Terrasse: 60.

Brau 32

BRAU 32

8010 Graz, Leonhardstraße 32, +43/664/9193232
www.facebook.com/Brau32
ÖFFNUNGSZEITEN Di-Sa: 17:00 bis 00:00 Uhr
FASSBIER Ottakringer Zwickl, Guinness, Schladminger Bio Zwickl, Wieselburger, Schladminger Bio Bier, Puntigamer, Stiegl Pils, Paulaner, Murauer, Kaltenhausen Original, Budweiser, Hirter Morchl, Trumer Pils, Stella Artois, Reininghaus Jahrgangspils
FLASCHENBIER Augustiner Edelstoff, Heineken, Corona Extra, Augustiner Hell, Bayreuther Hell, Guinness Hop House 13
LOKAL Traditionsreiches Bierlokal, das 2018 mit neuer Biervielfalt neu aufgestellt wurde, wobei viel vom alten Charme auch unter neuem Namen erhalten geblieben ist. Interessant: Hinter der Bar befindet sich eine Schautafel, auf der viele Bierstile genau erklärt werden, auch wenn nicht alle dieser Stile auf der Karte zu finden sind. Die Küche ist halb mexikanisch, halb steirisch aufgestellt. 150 Sitzplätze im Lokal, 10 an der Bar, 60 im Garten.

BRAUHAUS PUNTIGAM

8055 Graz, Triesterstraße 361, +43/316/297100
www.brauhaus-puntigam.co.at
ÖFFNUNGSZEITEN Di-Sa: 10:00 bis 23:00 Uhr
FASSBIER Puntigamer Panther, Gösser Zwickl, Gösser Naturradler, Reininghaus Pils, Edelweiss Hefeweizen Naturtrüb, Gösser Stiftsbräu Dunkel, Gösser Naturgold

FLASCHENBIER Heineken, Edelweiss Alkoholfrei
LOKAL Rustikale Bierstube mit Veranstaltungssälen (behindertengerechte Einrichtung) unmittelbar an die legendäre Brauerei angeschlossen, was für frischestes Bier der Marken Puntigamer, Reininghaus und Heineken garantiert. Im einladenden Biergarten mit Kastanienbäumen gewinnt man Abstand zur Hektik, die an der vielbefahrenen Straße draußen herrscht. Speisen wie Brauhausgulasch, Braumeistersalat, Kürbiscremesuppe, außerdem vegetarische Menüs und täglich wechselnde bodenständige Speisen. 268 Sitzplätze im Lokal, 1150 im Veranstaltungsbereich, 10 Plätze an der Bar, im Garten: 520 Sitzplätze.

BROT & SPIELE

8020 Graz, Mariahilferstraße 17, +43/316/715081
www.brot-spiele.com
ÖFFNUNGSZEITEN Mo-Fr: 10:00 bis 2:00 Uhr, Sa,So und Feiertag: 12:00 bis 2:00 Uhr

Brot & Spiele

FASSBIER Augustiner Edelstoff, Brewdog Punk IPA, Gösser Naturradler, Gösser Zwickl, Guinness, Hirter 1270, Leffe Blonde, Puntigamer Panther, Starobrno, Weihenstephaner Hefeweizen, Kilkenny, ein wechselndes Saisonbier
FLASCHENBIER Über 130 Biere aus aller Welt
LOKAL Tankbier von Puntigamer und Kühlschränke mit internationalem Angebot – unter anderem von Brew Dog, Shepherd Neame, Insel Brauerei, einigen der besten belgischen Brauereien sowie etliche österreichische Biere. 2005 gab es schon die Auszeichnung als steirisches Bierlokal des Jahres in diesem Guide, wobei es sich eigentlich um mehrere Lokalkonzepte in unterschiedlichen Räumen (etwa eine Sportsbar und ein Billard-Raum) handelt. Es gibt hervorragende Steaks sowie eine Vielzahl an Burgern – auch für Vegetarier. Sympathisch: Das Unternehmen unterstützt Sozialprojekte in Nepal und in Togo. Und viermal in der Woche gibt es Bier-Aktionen „Trink 3, zahl 2" – an Sonntagen gilt das für Weihenstephaner, an Montagen für Puntigamer, an Dienstagen ist Guinness dran, am Mittwoch Starobrno. Das Brot & Spiele bietet ca. 230 Plätze in den verschiedenen Räumen und Bars, sowie während der Sommersaison ca. 50 Sitzplätze im Gastgarten.

CENTRAAL

8020 Graz, Mariahilferstraße 10, +43/664/88468700
www.centraal.at
ÖFFNUNGSZEITEN Mo-Do: 10:00 bis 00:00 Uhr, Fr-Sa: 10:00 bis 2:00 Uhr, So: 10:00 bis 00:00 Uhr
FASSBIER Puntigamer Panther (Tank oder Fass), Lasko Pivo, Starobrno, Radler mit Puntigamer Panther
FLASCHENBIER Puntigamer Märzen, Lasko Pivo, Gösser Märzen, Gösser Stiftsbräu Dunkel, Augustiner Edelstoff, Augustiner Bräu Helles, Tegernseer Hell, Ayinger Bräuweisse, Gratzer Johann, Gratzer Ludwig, Gratzer Hermann, Gratzer Diana, Tom & Harry - Wüds Püs Pils , Tom & Harry Drunken Cat, Tom & Harry Sweet Milk Stout, Stiegl Paracelsus glutenfrei, Gusswerk Jakobsgold
LOKAL Gleich neben dem Kunsthaus ist dieses gemütliche Bierlokal zu finden: Eine große Bar, dunkle Lamperie und moderne Kunst an den Wänden schaffen eine wohnliche Atmosphäre. 50 Plätze im Lokal, 20 an der Bar, 60 im Garten.

CHEERS

8020 Graz, Josefigasse 22, +43/316/443072
www.cheers-graz.at
ÖFFNUNGSZEITEN Mo-Sa: 15:00 bis 00:00 Uhr, So: 17:00 bis 00:00 Uhr
FASSBIER Lend Ale (selbst gebraut), Lend IPA, Flamberger Hausbier, Brew Age, Puntigamer, Starobrno, Schladmiger Bio Zwickl, Reininghaus Jahrgangspils, Gösser Spezial, Gösser Stifts-Zwickl Hell, Guinness, Guinness Hop House 13, Augustiner Edelstoff, Tegernseer Spezial, Andechser Hell, König Ludwig Weißbier Hell, König Ludwig Weißbier Dunkel, Karlovacko
FLASCHENBIER Große Auswahl an in- und ausländischen Bieren, z.B. König Ludwig Weißbier, Weihenstephaner, Gösser Spezial, König Ludwig Dunkel, Jever, Lasko Pivo, San Miguel, Birra Moretti, Guinness Hop House 13, Kilkenny, Fullers London Pride, Corona, Heineken, Grolsch, Desperados, Leffe Blonde, Budweiser, Velkopopovický Kozel Pilsner Urquell, Brew Age Fructosaurus, Brew Age Nussknacker, Flamberger Stout, Flamberger Weizen
LOKAL Dieses modern eingerichtete kleine Ecklokal in der Volks-

gartenstraße bietet mit 18 Zapfhähnen eine große Auswahl mit steirischem Craftbier-Schwerpunkt – unter anderem das selbst gebraute Lendbier. Die Verwandtschaftsverhältnisse der Bierstile werden auf einer wandfüllenden Landkarte dargestellt – wobei „Cheers" im Zentrum steht. Zur bierigen Stimmung trägt auch bei, dass etwa die Kleiderhaken aus Zapfhähnen gestaltet sind. Das Speisen-Angebot ist in letzter Zeit ausgeweitet worden, so gibt es jetzt Gulasch, Chili con Carne, Gemüsecurry, diverse Würstel. All das immer von einer freundlichen Bedienung angeboten. Jeden Dienstag Pub-Quiz. 20 Plätze im Lokal, 10 an der Bar.

Continuum

CONTINUUM

8010 Graz, Sporgasse 29, +43/316/815778
www.diebausatzlokale.at/continuum
ÖFFNUNGSZEITEN Mo-So: 17:30 bis 2:00 Uhr
FASSBIER Puntigamer, Starobrno, Weihenstephaner Weizen, Gösser Stiftsbräu
FLASCHENBIER Gösser Märzen, Murauer Märzen, Heineken, Desperados, Wieselburger Stammbräu, Gösser Naturgold
LOKAL Zeitgeistiges Lokal mit weichen Diwanen und einer eleganten Bar. Und als „Bausatzlokal" bietet es auch die in Graz beliebten selbst zusammengestellten Speisen (der Schwerpunkt liegt hier bei Burgern, Grill und Waffeln). Freitag und Samstag ist Party-Abend mit lokalen DJs. 70 Sitzplätze im Lokal, 12 Sitzplätze an der Bar, einige elegante Stehtische im Garten.

DAS EGGENBERG

8020 Graz, Eggenberger Allee 49, +43/316/225698
www.das-eggenberg.at
ÖFFNUNGSZEITEN Mo-Sa: 8:00 bis 00:00 Uhr, So: 8:00 bis 22:00 Uhr
FASSBIER Thalheim Märzen, Thalheim Pils, Thalheim Radler
FLASCHENBIER Tegernseer Hell, Augustiner Edelstoff, Rothaus Tannenzäpfle, Bud Light, Corona, Erdinger Weißbier
LOKAL Edel-Pizzeria mit einem beeindruckenden roten Pizza-Ofen, viel hellem Holz und Thalheim-Bier. Motto: „Die besten Worte beginnen mit A – Amore, Apizza, Abier und A Freundschaft ... alles, was man zum glücklich sein braucht."

DIE SCHERBE

8020 Graz, Stockergasse 2, +43/316/760654
www.scherbe.com
ÖFFNUNGSZEITEN Mo-Sa: 9:00 bis 1:00 Uhr, So: 9:00 bis 00:00 Uhr
FASSBIER Murauer Pils, Gratzer Naturbier Johann, Union Pivo
FLASCHENBIER Lasko Pivo, Augustiner Bräu Helles, Augustiner Weißbier, Eule Koffeinbier, Murauer Doppelmalz, Gusswerk Jakobsgold Alkoholfrei, Murauer, Union Grapefruit Radler
LOKAL Schöne, große Bar mit freundlicher Bedienung. Im Keller oft Live-Bands zu hören – zu ebener Erde gibt's ein Bücherregal für Bookcrosser.

ECKHAUS15

8010 Graz, Rechbauerstraße 15, +43/664/1151515
www.facebook.com/Eckhaus15-100533338690519/
ÖFFNUNGSZEITEN Mo-Do: 11:00 bis 00:00 Uhr, Fr: 11:00 bis 4:00 Uhr, Sa: 17:00 bis 4:00 Uhr
FASSBIER Murauer, Budweiser, Stiegl-Columbus Pale Ale, Stiegl-Paracelsus Bio Zwickl, Augustiner, Guinness Stout, Puntigamer, Kaltenhauser IPA, Birra Moretti L' Autentica
FLASCHENBIER Heineken, Birra Moretti, Puntigamer, Reininghaus Doppelmalz, Spaten, Peroni, Erdinger, Erdinger Urweisse
LOKAL Stimmungsvolles Studentenlokal bei der Alten Technik mit interessanten Snacks: Pizza-Puzzle, Toast-Puzzle, Salat-Puzzle. Lange Theke, viele Cocktails – unter anderem Speed-Beer mit Red Bull. Sehr bemühtes Personal, auch die Bierpflege ist einwandfrei. 60 Sitzplätze, 20 an der Bar.

Eckhaus15

ESCHENLAUBE

8010 Graz, Glacisstraße 63, +43/316/810457
www.eschenlaube.at
ÖFFNUNGSZEITEN Di-Sa: 12:00 bis 1:00 Uhr
FASSBIER Puntigamer Panther (Tank), Starobrno, Guinness, Kilkenny, Gösser Zwickl Hell, Gösser Zwickl Dunkel, Radler
FLASCHENBIER Gösser Stiftsbräu Dunkel, Gösser Märzen, Edelweiss Alkoholfrei, Weihenstephaner Weizen, Gösser Naturgold
LOKAL Eigentlich erstaunlich, dass dieses Lokal vielen Graz-Besuchern als „Geheimtipp" gilt – dabei ist es alteingesessen und in

Nachbarschaft der Oper sogar ziemlich zentral gelegen. Die Eschenlaube war ursprünglich im Jahr 1795 als Pferdestall erbaut worden. Im Jahr 1858 wurde das kleine Gebäude erstmals ein Gasthaus. Es entwickelte eine große Tradition, die nach einer gründlichen Renovierung zur Einrichtung dieses Lokals im Mai 2005 führte. Nun zelebriert man hier Bier und internationale Küche (z.B. nordafrikanische, italienische und französische Speisen). Immer wieder Veranstaltungen, samstags meist Livemusik – und wechselnde Ausstellungen. Besonders schöner, romantischer Garten. 95 Sitzplätze im Lokal, 30 Plätze an der Bar, 100 Sitzplätze im Garten.

Feinkost Mild

FEINKOST MILD

8010 Graz, Stubenberggasse 7, +43/660/1226699
www.feinkostmild.at
ÖFFNUNGSZEITEN Di-Sa: 17:00 bis 00:00 Uhr
FASSBIER Puntigamer, Starobrno, Schladminger Bio-Zwickl, Reininghaus Jahrgangspils, Gösser Zwickl Dunkel, AleFried
FLASCHENBIER Eule Koffeinbier, Astra Rotlicht, Astra Urtyp, Augustiner Hell, Augustiner Edelstoff, Kaltenhausen Pale Ale, Starobrno, Lasko Pivo, Gratzer Johann, Hofbräu Gratzer Trude, Gratzer Hermann, Gratzer Diana, steirische Ales diverse Sorten
LOKAL Aus einem ehemaligen Feinkostgeschäft – schon der Großvater des heutigen Besitzers betrieb hier 1956 einen Feinkostladen, das alte Geschäftsschild ist heute ein vielbestauntes Dekorationsstück – wurde 2015 ein moderner Sandwich-Club gestaltet. Auffallend ist das Bemühen um die regionale Biervielfalt – die Spezialitäten werden aus speziellen Gläsern von Spiegelau ausgeschenkt. 15 Sitzplätze, 15 Stehplätze an zwei Bars, 25 Plätze im Schanigarten.

FLANN O'BRIEN

8020 Graz, Paradeisgasse 1, +43/316/829620
www.flannobrien.at
ÖFFNUNGSZEITEN Mo-Do: 11:00 bis 1:00 Uhr, Fr-Sa: 11:00 bis 2:00 Uhr, So: 17:00 bis 00:00 Uhr
FASSBIER Flann's House Beer (Ottakringer Helles), Flann's House Beer Special (Ottakringer Spezial), Thalheim Märzen, Hofbräu Traunstein Helles, Budweiser Budvar, Ottakringer Pils, Ottakringer Bio Zwickl, Ottakringer dunkles Zwickl, Erdinger Urweisse, Brauwerk Big Easy IPA, Kilkenny Red Ale, Guinness Stout
FLASCHENBIER Augustiner Edelstoff, Hirter Pils, Obertrumer Bio Zwickl, Astra Rotlicht, Desperados, Grieskirchner Dunkel, Erdinger Hefeweizen Dunkel, Erdinger Hefeweizen Alkoholfrei, Null Komma Josef, Eule Koffeinbier, Gusswerk ‚Zum Wohl' Glutenfrei, Brauwerk Sunbeam Blonde, La Chouffe Golden Ale, Hollows & Fentimans Ginger Beer, Bevog Kramah, Brew Age Alphatier, Brauwerk Red Impact Sauerbier, Brauwerk Black & Proud Porter, Gusswerk Schwarze Kuh, Brew Age Rampensau IPA Alkoholfrei
LOKAL Das Flann O' Brien ist das größte Irish Pub von Graz. Es heißt nach einem irischen Nationaldichter (mit bürgerlichem Namen Brain O'Nolan) – und über der Bar steht die bekannteste Zeile aus O'Briens „The Workmans Friend", dessen Refrain lautet: „A pint of plain is your only man." Schon 2013 war diese typisch irische Bar Bierlokal des Jahres – und sie ist mit einer wechselnden Craftbier-Liste (sechs Craftbiere vom Fass, acht aus der Flasche) inzwischen noch attraktiver geworden. Die Craftbiere werden aus dem Craftmaster-Glas von Rastal angeboten. Angeboten werden auch Pairings von Jameson Whiskey und Craftbieren. All das ist sehr authentisch gemacht, die gesamte Einrichtung stammt aus Irland. Solides Pub-food (Irish Stew!) zu fairen Preisen, sogar der Fisch für Fish 'n' Chips kommt aus Galway Bay. Immer wieder Livemusik. Ca. 300 Plätze.

GLÖCKL BRÄU

8010 Graz, Glockenspielplatz 2-3, +43/316/814781
www.gloecklbraeu.at
ÖFFNUNGSZEITEN Mo-Sa: 9:00 bis 22:00 Uhr, So: 9:00 bis 17:00 Uhr
FASSBIER Glöckl Bräu aus dem Holzfass, Glöckl Zwickl, Reininghaus Pils, Schneider Weisse, Saisonbiere wie Maibock, Gambrinus, Sommer- / Winterbier
FLASCHENBIER Gösser Stiftsbräu, Augustiner Edelstoff, Wieselburger Schwarzbier, Schneider Aventinus Eisbock, Gösser Naturgold, Schneider Weisse TAP 3 Alkoholfrei, Gösser Naturradler, Bayreuther Hell, Weihenstefan Hefetrüb, ein Bier des Monats
LOKAL Das Glöckl Bräu wird von der Brauerei Puntigam exklusiv für die Familie Grossauer gebraut und aus dem Holzfass gezapft. Apropos anzapfen: Wenn die Glocke läutet, bedeutet das, dass ein neues Fass angeschlagen wird. Die Grossauers sind hervorragende Gastgeber, alle Biere werden mit Expertise auf der Karte erklärt. Sie schauen auch darauf, dass im Glöckl Bräu immer etwas los ist – so wird etwa für den Mai eines der wenigen Maibock-Biere Österreichs gebraut. Frühstück von 9:00 bis 11:00 Uhr, Weißwurstsaktion täglich bis 12:00 Uhr, Grillhendl immer sonntags ab 12:00 Uhr. 160 Sitzplätze im Lokal, 30 an der Bar im Erdgeschoß. 170 Sitzplätze im Schanigarten.

GÖSSER BRÄU GRAZ

8010 Graz, Neutorgasse 48, +43/316/829909
www.goesserbraeugraz.at
ÖFFNUNGSZEITEN Mo-Mi: 11:00 bis 22:00 Uhr, Do-Sa: 11:00 bis 00:00 Uhr, So: 11:00 bis 22:00 Uhr

Gösser Bräu Graz

FASSBIER Gösser Braufrisch, Gösser Spezial, Gösser Mischbier, Gösser Zwickl Hell, Gösser Zwickl Dunkel, saisonale Spezialitäten wie Oktoberbräu, Winterbock
FLASCHENBIER Gösser Gold, Gösser Stiftsbräu, Gösser Naturweizen, Gösser Naturgold, Edelweiss Alkoholfrei
LOKAL Diplombiersommelier Robert Grossauer von der Grazer Gastronomen-Familie führt „die Gösser", wie sie liebevoll von den Grazern genannt wird, seit 2005. Beim Betreten der Gösser sieht man gleich die imposante Bar mit der Kupferhaube aus dem ehemaligen Sudhaus von der Brauerei Göss. Traditionell bestellt man ein „Spezial von oben", so nennen die Steirer ihre langsame Halbe. Kulinarisch ist die Gösser bekannt für das Gulasch und Riesenschnitzel. Am Wochenende empfiehlt man das saftige steirische Backhendl mit Erdäpfelsalat. Brauhausbrunch mit Harmonikaspieler. Braufrisch (Gösser Gold) Happy Hour täglich von 16:00 bis 18:00 Uhr. Bierfesttermine unter www.goesserbraeugraz.at 400 Sitzplätze im Lokal, 40 an der Bar, 150 im Biergarten. ✂

HOPS CRAFT BEER PUB

8010 Graz, Prokopigasse 14, +43/650/3502596
www.facebook.com/pg/HopsGraz
ÖFFNUNGSZEITEN Mo-Di: 18:00 bis 00:00 Uhr, Mi-Sa: 18:00 bis 1:00 Uhr
FASSBIER Starobrno Lager, Bierol Mountain Pale Ale, Brew Age Alphatier New England IPA, Brew Age Lazy Summer Heisl, Brewdog Punk IPA, One Eyed Jock - Gallus IPA, One Eyed Jock - Glasgow Kiss Amber Ale, Tosta Falsche Witwe Imperial Stout, Brew Age Fructosaurus
FLASCHENBIER Bayreuther Hell, Wieselburger Stammbräu, Kobersdorfer Honigbier, Leffe Blonde, Pinzga' Zwickl, Samuel Adams Boston Lager, BRLO IPA, BRLO Mriya IPA, Bierol The Padawan Pale Ale, Brewdog Elvis Juice, de Molen - Water & Fuur IPA, Crew Republic 7:45 Escalation, Lagunitas, Omnipollo Zodiak IPA, O'Hara's IPA, Sierra Nevada Tropical IPA, O'Hara's Irish Red Ale, Brew Age Chicxulub Oatmeal Stout, Crew Republic Roundhouse Kick Imperial Stout, Loncium Royal Dark Stout, Maximus Diesel Stout, Samuel Smith Imperial Stout, Thornbridge Cocoa Wonderland, Thornbridge Market Porter, De Molen - Op & Top, Einstök White Ale, Loncium Gailtaler Weisse, Pinzgau Bräu Weizen Hell
LOKAL Zugegeben: Das Lokal, das Bierlokal des Jahres 2022 war, zu finden, ist eine Aufgabe für sich, auch wenn es nur wenige Meter vom Grazer Hauptplatz liegt. Von dort aus erreicht man es durch ein Durchhaus, geht dann rechts die Mauer entlang, bis es nicht mehr weiter geht. Und dann ist da wiederum rechterhand eine kleine Türe. Diese also führt dann geradewegs in ein Ziegelgewölbe mit einer der bestsortierten Craftbierbars Österreichs. Oder weiter in einen Arkadenhof mit Biergarten. Es ist ratsam, die Karte zu konsultieren, weil das Angebot an den zwölf Zapfhähnen und aus dem wohlsortierten Kühlschrank ständig wechselt – und auch deshalb, weil die Karte die Biere ausführlich in klar verständlichem Englisch kommentiert. Viele Biere kommen aus Graz und Umgebung, einige aus der mit dem Lokal verbundenen One Eyed Jock Brewery in Graz. Die Biere werden teilweise in feinen Kristallgläsern serviert. Mehrmals im Monat Quiz und Open Mic Night. 80 Plätze im Lokal, 10 an der Bar.

Hops Craft Beer Pub

KIRBY'S AMERICAN KITCHEN

8010 Graz, Paulustorgasse 1, +43/316/810927
www.kirbysburgers.at
ÖFFNUNGSZEITEN Mo-Sa: 12:00 bis 23:00 Uhr
FLASCHENBIER Bevog Kramah, Loncium Hell, Gusswerk Nicobar IPA, Bierol The Padawan Pale Ale, Bevog Rudeen, Bevog TAK, Kona Fire Rock, Lambic Beer, Orval Trappist Ale, Steamworks Jasmine IPA, Steamworks Killer Cucumber, O'Hara's Irish Pale Ale, Kona Fire Rock APA, Birra del Borgo - My Antonia, Kiuchi Brewery - Hitachino Nest White Ale, Tiny Rebel Brewing - Cwtch, Anchor Steam Beer, Anderson Valley Boot Amber Ale, Brooklyn East India Pale Ale, Sierra Nevada Pale Ale, Stone IPA

LOKAL Der kurze Weg vom Hauptplatz in die Sporgasse hinauf lohnt – vor allem, wenn man etwas Hunger mitbringt. Denn im Kirby's wird nicht nur eine beachtliche Craftbier-Auswahl angeboten, es wird auch eine breite Burger-Auswahl geboten. Das ist an sich nicht mehr ungewöhnlich, daher lohnt es, auch die anderen Angebote der Karte zu studieren und sich durchzukosten. Apropos Karte: Es ist der Karte nicht zu entnehmen, welche Biere vom Fass und welche von der Flasche kommen – da hilft nur Nachfragen. Aber das ist ohnehin sinnvoll, denn das Personal berät freundlich und kundig. So kann man auch erfahren, dass der Lokalname nach dem Namen des Hundes der Betreiber gewählt wurde. 30 Sitzplätze im Lokal, acht Plätze an der Bar.

Kirby's American Kitchen

LANDHAUSKELLER

8010 Graz, Schmiedgasse 9, +43/316/830276
landhauskeller.at
ÖFFNUNGSZEITEN Mo-Sa: 12:00 bis 1:00 Uhr
FASSBIER Puntigamer Panther, Reininghaus Jahrgangspils
FLASCHENBIER Heineken, Edelweiss Hefeweizen Hell, Desperados, Gösser Naturgold, Gösser Naturradler
LOKAL Gutbürgerliches Wirtshaus, das einerseits die „gute Stube" von Graz darstellt, andererseits aber auch einlädt, einfach auf ein Bier an die Schank zu kommen. Und das alles seit 1561. Nach einem Pächterwechsel und Umbau offeriert das Team regionale Schmankerln. Der Restaurantbereich wurde durch einen Barbereich ergänzt. Cocktailbar mit internationalem Konzept, Club Katze Katze.Keller. Restaurant: 130 Sitzplätze, ca. 60 an der Bar, ca. 120 Sitzplätze im Garten.

MOLLY MALONE

8010 Graz, Färbergasse 15, +43/316/813085
www.diebausatzlokale.at/molly-malone
ÖFFNUNGSZEITEN Mo-Fr: 11:00 Uhr bis 2:00 Uhr; Sa-So & vor Feiertagen: 11:00 Uhr bis 04:00 Uhr.
FASSBIER Reininghaus, Starobrno, Villacher, Heineken, Guinness, Guinness Hop House 13
FLASCHENBIER Puntigamer, Gösser Märzen, Gösser Stiftsbräu, Wieselburger, Schladminger Bio Zwickl, Bayreuther Hell, Weihenstephan Hefeweisse, Gösser Naturgold, Gösser Naturradler, Guinness Hop House 13, SOL mexican beer, Desperados
LOKAL Das Molly Malone ist ein Klassiker unter den Grazer Irish Pubs. Eröffnet im Jahr 1998, musste es 2019 zusperren. Aber die Rettung nahte mitten in der Corona-Pandemie, als das Molly Malone von den Betreibern der Bausatz-Lokale (Sägewerk, Continuum, Propeller etc.) in ihre Kette eingegliedert wurde. Das hat der Stimmung und der Bierqualität nicht geschadet – und ein beim jungen Publikum beliebtes Speisenangebot geschaffen. Darts Tournament jeden letzten Montag im Monat.

Molly Malone

O'CAROLAN'S

8010 Graz, Badgasse 2, +43/316/828791
www.ocarolans.at
ÖFFNUNGSZEITEN Mo-So: 19:00 bis 4:00 Uhr
FASSBIER Guinness, Kilkenny, Murphy's Irish Stout, Trumer Pils, Starobrno, Radler
FLASCHENBIER Heineken, Corona, Stella Artois, Newcastle Brown Ale, Desperados, Grolsch, Paulaner Hefe-Weißbier, Karlovacko, Augustiner Edelstoff, O'Haras Irish Pale Ale, Kozel Premium, Kozel Dark, Gösser Naturradler, Beck's Blue
LOKAL Obwohl (oder vielleicht weil?) dieses Pub zu den kleinsten Irish Pubs Österreichs zählt, ist dieses unscheinbare Lokal sehr authentisch. Es ist stets gut besucht und beeindruckt seit mehr als 20 Jahren mit einer Auswahl, wie man sie sonst vergeblich sucht, es ist das einzige Irish Pub in Graz, das Murphy's Stout zapft. 2013 war das O'Carolan's das steirische Bierlokal des Jahres im Bierguide. Es lohnt übrigens, am Donnerstag zu kommen, da gibt es, was die Iren einen „Boilermaker" nennen: Ein Pint of Guinness und dazu einen Jameson Whisky. Ca. 30 Sitzplätze und 20 an der Bar.

O'RIGINAL IRISH PUB

8010 Graz, Schönaugasse 5, +43/316/835919
www.irishpub-graz.at
ÖFFNUNGSZEITEN Mo-Fr: 12:00 bis 2:00 Uhr, Sa-So: 16:00 bis 2:00 Uhr
FASSBIER Guinness, Kilkenny, Trumer Pils, Murauer Steirergold, Murphy's Stout, Laurenzi Bräu

FLASCHENBIER Astra Urtyp, Augustiner Edelstoff, Fuller's London Pride, Fuller's Golden Pride, Newcastle Brown Ale, Gösser Märzen, Puntigamer, Wieselburger Stammbräu, Heineken, Corona extra, Desperados, Paulaner Weißbier, Gösser Naturgold
LOKAL Seit 1998 ein Fixstern der steirischen Pub-Szene. Neuübernahme im März 2012 durch Wirt Fabian Alexander. Original Beer Garden, komplett überdacht im Innenhof mit Bildschirm für diverse Sport Live Events. Die Pub Music Night, die nach Saison wöchentlich oder alle 14 Tage donnerstags stattfindet, bietet vor allem lokalen Nachwuchsbands die Möglichkeit, sich einem breiteren Publikum zu präsentieren. Die Bierpflege lässt leider zu wünschen übrig, was dem Personal offensichtlich nicht bewusst ist. 100 Plätze, 30 Plätze im Schanigarten.

O'SULLIVANS

8010 Graz, Grazbachgasse 42, +43/650/3406270
www.facebook.com/pg/osullivansgraz
ÖFFNUNGSZEITEN Mo: 18:00 bis 00:00 Uhr, Di-Do: 18:00 bis 1:00 Uhr, Fr-Sa: 18:00 bis 2:00 Uhr
FASSBIER Guinness, Kilkenny, Starobrno, Gösser, Radler
FLASCHENBIER Corona, Erdinger Weißbier, Gösser Stiftsbräu, Gösser Naturgold, Lasko Pivo, O'Hara's Irish Red Ale, O'Hara's IPA, Puntigamer, Wieselburger, diverse Craftbiere
LOKAL „Sully's" ist ein 2016 gegründetes Irish Pub, in dem jeder jeden zu kennen scheint. Obwohl der Laden recht klein ist, gibt es immer wieder Liveauftritte. Gelegentlich werden auch Biere nach Flann O'Sullivans Rezepten aus der One Eyed Jock Brewery in Graz angeboten – auch die Biere der 2019 gegründeten Noom-Brauerei in Riegersburg finden öfter hierher. 40 Plätze im Lokal, Bar: 5.

POSAUNE

8010 Graz, Zinzendorfgasse 34, +43/316/327073
www.diebausatzlokale.at/posaune
ÖFFNUNGSZEITEN Mo-So: 10:00 bis 2:00 Uhr
FASSBIER Starobrno, Puntigamer Panther, Weihenstephaner, Gösser Stiftsbräu
FLASCHENBIER Gösser Märzen, Murauer, Wieselburger Stammbräu, Heineken, Gösser Naturgold
LOKAL Studentenkneipe in der Nähe der Karl Franzens Universität, etwas laut, aber das Bier wird auch spätnachts noch sorgsam gezapft. Und man kann hier recht preiswert Jacket Potatoes, Pizza, Toast und Salat essen: Dafür gibt es – wie auch im Bierbaron – einen Bausatzzettel, auf dem man die gewünschten Zutaten ankreuzen kann. 60 Plätze.

PROPELLER IM SCHUBERTHOF

8010 Graz, Zinzendorfgasse 17, +43/316/225053
www.diebausatzlokale.at/bausatz/propeller/r
ÖFFNUNGSZEITEN Mo-So: 11:00 bis 1:00 Uhr
FASSBIER Puntigamer, Starobrno, Weihenstephaner, Radler (mit Zitrone, Kräutern, Fanta, Cola, Himbeer oder Soda)
FLASCHENBIER Gösser Märzen, Schladminger Bio Zwickl, Wieselburger Stammbräu, Heineken, Desperados
LOKAL Im Schuberthof gab es schon seit urdenklichen Zeiten ein Studentenlokal – zuletzt ist es unter den Mantel der in Graz populären Bausatzlokale geschlüpft. Man kann sich also sein Essen selbst zusammenstellen. Die Stimmung in diesem angenehm hellen Lokal ist weiterhin gut, auf großen Bildschirmen gibt es Sportübertragungen, ohne dass dabei der Ton zu laut aufgedreht wird. Die Bierauswahl ist aber merklich zurückgegangen. 150 Plätze im Lokal, 50 an den Bars, 200 im Garten.

Restaurant & Biergarten Schlossberg

RESTAURANT & BIERGARTEN SCHLOSSBERG

8010 Graz, Am Schlossberg 7, +43/316/840000
www.schlossberggraz.at
ÖFFNUNGSZEITEN Mi-Do: 17:00 bis 00:00 Uhr, Fr-Sa: 11:00 bis 00:00 Uhr, So: 11:00 bis 17:00 Uhr
FASSBIER Gösser, Heineken
FLASCHENBIER Schladminger Schneeweisse, Gösser Naturradler, Gösser Naturgold, Almradler, Heineken, Gösser Stiftsbräu
LOKAL Es gibt kaum einen Platz, der einen besseren Ausblick auf die Grazer Altstadt bietet als die Fernberger-Bastei mit ihrer Gastronomie – im Winter von der großzügig verglasten Bar, im Sommer aus dem prächtigen Biergarten. Und leicht zu erreichen ist dieser von der Familie Grossauer (die mit Gösser Bräu und Glöckl-Bräu enorme Bierkompetenz aufgebaut hat) geführte Betrieb ja auch: Er liegt gleich bei der Bergstation der Standseilbahn. 300 Plätze im Lokal, 400 im Biergarten.

RUDOLF – EIN ERLEBNIS

8020 Graz, Eggenberger Allee 91, +43/316/581334
www.rudolf-brau.com
ÖFFNUNGSZEITEN Mo-So: 10:00 bis 22:00 Uhr
FASSBIER Rudolf Hausbier (Märzen), Rudolf Zwickl, Rudolf Hefeweizen

FLASCHENBIER Edelweiss Weizenbier Dunkel, Heineken
LOKAL Gut etabliertes Bierlokal in der Nachbarschaft von Schloss Eggenberg mit bemühtem Personal. Vor allem wird auf die richtige Zapftemperatur und auf gepflegtes Einschenken geachtet. Das Ambiente fordert direkt auf, sich ein Time-out zu nehmen und einfach den Abend zu genießen. 400 Sitzplätze im Lokal, 150 im Garten, 100 an der Bar.

Rudolf – Ein Erlebnis

S'BIERGARTL

8010 Graz, Schönaugasse 41, +43/316/839928
www.sbiergartl.at
ÖFFNUNGSZEITEN Mo-Fr: 10:00 bis 23:00 Uhr
FASSBIER Weihenstephaner, Hausbier, Schladminger Bio Zwickl, Puntigamer, mitunter ein Bier des Monats
FLASCHENBIER Puntigamer, Kaiser Doppelmalz, Gösser
LOKAL Wirtshaus, in dessen Kühlschrank sich immer wieder Spezialitäten außerhalb der Karte finden. Die Küche bietet österreichische Schmankerl und unter der Woche ein Menü auf Buffetbasis. Im Herbst gibt es ein Oktoberfestbier vom Löwenbräu München. Ca. 70 Plätze im Lokal, ca. 80 im Gastgarten.

SUDHAUS & SCHALANDER

8054 Graz, Weblinger Straße 10, +43/316/2695700
www.sudhaus.at
ÖFFNUNGSZEITEN Mo: 15:00 bis 22:00 Uhr, Di: 16:00 bis 22:00 Uhr, Mi-Do: 15:00 bis 22:00 Uhr, Fr: 12:00 bis 22:00 Uhr
FASSBIER Sudhaus Das Erste Kellerbier Hell, Sudhaus Das Altsteirische Vollbier Dunkel, Sudhaus Das India Pale Ale Roggen IPA
LOKAL Im Frühjahr 2018 eröffneter Vorzeige-Betrieb des Brauereigeräte- und Laborausrüstungs-Herstellers Anton Paar. Von Montag bis Donnerstag ist das Sudhaus tagsüber das Betriebsrestaurant der Firma Anton Paar. Ab 16:00 Uhr öffnet das Lokal für alle Gäste, die hier die „bestkontrollierten" Craftbiere des Landes kosten und die Sudhaus-Gerichte genießen wollen. Das Sudhaus wurde im Jahr 2019 als „Mikrobrauerei des Jahres" ausgezeichnet. Das Restaurant & Brauerei bietet 250 Sitzplätze in mehreren Bereichen inklusive einer Terrasse im Erdgeschoß und einer Dachterrasse mit weiteren 80 Sitzplätzen.

THE DUBLIN ROAD

8010 Graz, Abraham-a-Santa-Clara-Gasse 2, +43/660/3862140
www.thedublinroad.at
ÖFFNUNGSZEITEN Di-Sa: ab 18:00 - „till late"
FASSBIER Guinness Stout, Guinness Hop House 13, Kilkenny Red Ale, Reininghaus Jahrgangspils, Starobrno, Schladminger Märzen, Schladminger Bio Zwickl, Radler
FLASCHENBIER Augustiner Edelstoff, Tegernseer Hell, Wieselburger Stammbräu, Heineken, Puntigamer, O'Hara's IPA, Brewdog Punk IPA, Samuel Smith Chocolate Stout, Samuel Smith Organic Pale Ale, Edelweiss Hefetrüb, Gösser Stiftsbräu
LOKAL Mark und Martina Farrelly haben dieses Irish Pub, das den üblichen angestaubten Flohmarkt-Schnickschnack weglässt und stattdessen irische Bierkultur pur bietet, im Jänner 2018 eingerichtet. Gelegentlich Live-Auftritte. Die Bierauswahl geht über das übliche Guinness-Kilkenny-Angebot hinaus, es gibt auch österreichische und irische Craftbiere im wechselnden Angebot. 80 Sitzplätze im Lokal, 30 im schönen Hinterhof.

THE HUNGRY HEART

8020 Graz, Mariahilfer Straße 23, +43/676/4117573
www.thehungryheart.at
ÖFFNUNGSZEITEN Di-Do: 11:00 bis 14:00 Uhr und 16:00 bis 22:00 Uhr, Fr: 11 bis 14:00 Uhr und 16:00 bis 00:00 Uhr, Sa: 16:00 bis 00:00 Uhr

The Hungry Heart

FASSBIER Insgesamt immer 5 bis 9 wechselnde Spezialitäten, darunter ein Hausbier, welches limitiert von Alefried für The Hungry Heart und die Bierboutique gebraut wird.
FLASCHENBIER Insgesamt immer 5 bis 9 wechselnde Spezialitäten, alle Biere von Bevog, Augustiner Hell, Augustiner Edelstoff, quartalsweise Spezialitäten von Alefried
LOKAL Streetfood-Grill in einem winzigen Lokal. Das Essen passt, die Bierauswahl entspricht dem, was der Chef gerade aufgetrieben hat – und das kann manchmal recht spannend sein, weil er ein großer Craftbier-Fan ist. Eigene Sude von Alefried.

THE PUB AT MARIAHILFERPLATZ

8020 Graz, Mariahilferplatz 20, +43/316/773030
www.facebook.com/thepubgraz
ÖFFNUNGSZEITEN Di-Mi: 17:00 bis 00:00 Uhr, Do-Sa: 17:00 bis 2:00 Uhr, So: 17:00 bis 00:00 Uhr
FASSBIER Pub Beer, Guinness, Puntigamer, Gösser Dunkles Zwickl, Heineken, Starobrno, Kilkenny, Newcastle Brown Ale, Edelweiss, Reininghaus
LOKAL Im Sommer 2012 neu geschaffenes Lokal im Annenviertel: Jürgen Gläser hat am Mariahilferplatz ein britisches Pub mit langer Theke, Dartboard (gratis an Dienstagen) und einem regelmäßigen Pub-Quiz (jeweils Donnerstag um 19:30 Uhr) eingerichtet. 80 Plätze an der Bar, 70 im Schanigarten.

THE THIRSTY HEART

8010 Graz, Albrechtgasse 4, +43/660/9109625
www.facebook.com/TheThirstyHeartGraz/?locale=de_DE
ÖFFNUNGSZEITEN Di-Sa: 16:00 bis 00:00 Uhr

The Thirsty Heart

FASSBIER The Thirsty Heart Housebeer, Andechser Spezial Hell, Hirter Morchl, Wimitz Weizen, ein wechselndes Sortiment von 6 lokalen und internationalen Craft Bieren
FLASCHENBIER Sehr spezielles, wechselndes Craft Bier-Angebot, u.a. von Alefried, Bierol, Brew Age, Bevog, Collabs, Crew Republic, The Bruery und Next Level – aber auch Klassiker wie Schneider Weisse oder Andechser.
LOKAL Diese Craftbier-Bar hat internationales Format und war daher zwei Jahre nach ihrer Gründung steirisches Bierlokal des Jahres 2020: Philipp Carstanjen und Kevin Page haben einen Steinwurf vom Hauptplatz entfernt eine Bar mit dem nötigsten Mobiliar und einer großzügigen Bierkarte ausgestattet. Hatten sie vordem in der Mariahilferstraße mit dem noch viel kleineren „The Hungry Heart" das Essen in den Vordergrund gestellt, so wurde hier der Bierauswahl der Vorzug gegeben. Es gibt Nachos als perfekte Unterlage für einen ungetrübten Biergenuss. 30 Plätze im Lokal, 24 im Schanigarten.

TWO BROTHERS IRISH PUB

8010 Graz, Trauttmansdorffgasse 3, +43/676/7351909
www.facebook.com/officepubgraz
ÖFFNUNGSZEITEN Di-Do: 18:00 bis 1:00 Uhr, Fr-Sa: 18:00 bis 2:00 Uhr, So: 15:00 bis 23:00 Uhr

Two Brothers Irish Pub

FASSBIER Murauer, Murauer Pils, Budweiser, Augustiner Hell, Kilkenny, Guinness
FLASCHENBIER Heineken, Bayreuther Hell, Erdinger Weißbier, Erdinger Urweisse, Gösser Märzen
LOKAL Das 2Brothers Pub (bis 2021: The Office Pub) ist ein großes, von den beiden Iren Sean und Marty geführtes Pub in der Grazer Innenstadt mit Wuzzler, Pool Billard, Dart und Großbild TV für Sportübertragungen. Diverse events: Montag Spiele-Nacht, Dienstag Quiz-Nacht, Mittwoch Erasmus-Nacht, Donnerstag Beat the Boss Quiz. 200 Plätze im Lokal, 40 Plätze in der Bar.

VINTAGE BAR

8010 Graz, Jakoministraße 7, +43/699/81895129
www.vintage-bar.at
ÖFFNUNGSZEITEN Di-Do: 17:00 bis 22:00 Uhr, Fr-Sa: 17:00 bis 00:00 Uhr
FASSBIER Hirter Privat Pils, Rieder UrEcht
FLASCHENBIER Puntigamer „das bierige" Bier, Budweiser Budvar, Rieder Weißbier, Hirter Morchl, Rieder Honigbier, Kiesbyes Waldbier - Wachauer Auwald, Bevog Kramah IPA, Bevog Baja Oatmeal Stout, Bevog Tak Pale Ale, Loncium/Bierol - Call me Baby Cold

Pale Ale, Hofstettner Granitbier, Front Man - Dry hopped helles Lager, Tom & Harry - Wüds Püs Pils , Next Level Jail Break
LOKAL Bierlokal des Jahres, siehe Seite 288.

WIRTSHAUS GRAZ

8010 Graz, Bahnhofgürtel 89, +43/316/714300
www.3goldenekugeln.at
ÖFFNUNGSZEITEN Mo-Mi: 10:00 bis 22:00 Uhr, Do-Sa: 10:00 bis 23:00 Uhr, So: 10:00 bis 22:00 Uhr
FASSBIER Puntigamer, Starobrno, Radler, Saisonbier vom Fass, Bier des Monats
FLASCHENBIER Murauer Märzen, Wieselburger Stammbräu, Edelweiss Weizenbier, Edelweiss Weizenbier Alkoholfrei, Saisonbiere
LOKAL Gegenüber vom Hauptbahnhof und neben dem Hotel Europa liegt einer der 14 Betriebe unter dem Dach der „3 Goldenen Kugeln“. Schöne kleine Bar, der Bereich rundherum ist in der Art eines Indoor-Gartens gestaltet. Witzig die Karte, auf der genau 26 Positionen aufgelistet sind, die im Preis enthalten sind (unter anderem die anteilige Lohn- und Kirchensteuer, die Kammerabgabe und die Sozialversicherung) - daher die Formel „Für Ihren Besuch bedanken sich das Finanzamt, die Gemeinde und der Wirt“. 140 Sitzplätze im Lokal, 14 an der Bar, 30 Sitzplätze im Garten.

ZU DEN 3 GOLDENEN KUGELN – DIE ERSTE KUGEL

8010 Graz, Heinrichstraße 18, +43/316/361636
www.3goldenekugeln.at
ÖFFNUNGSZEITEN Mo-So: 11:00 bis 22:00 Uhr
FASSBIER Puntigamer, Starobrno, Radler, Weihenstephan Hefeweizen, Saisonbiere
FLASCHENBIER Murauer Märzen, Wieselburger Stammbräu, Edelweiss Weizenbier, Gösser Naturgold, Schlossgold
LOKAL Die Familie Stangl hat hier 1996 den inzwischen mehrfach erfolgreich weiterentwickelten Leitspruch „Groß – Gut – Günstig“ in einem alten Gastbetrieb erstmals neu umgesetzt. Im Jahr 1998 ergänzte man den originalen Standort um einen urigen Bierkeller, in dem bereits zahlreiche Geburtstagsfeiern und Sponsionen gefeiert wurden. Außerdem waren die Kugeln in der Heinrichstraße eines der ersten Lokale in Graz, in dem Sportmeisterschaften live auf einer Leinwand gezeigt wurden. Noch heute gehören Fußball-Übertragungen zu den beliebtesten Veranstaltungen des Jahres. 120 Sitzplätze, 5 Plätze an der Bar.

ZU DEN 3 GOLDENEN KUGELN – AM RIESPLATZ

8010 Graz, Riesplatz 1, +43/316/346665
www.3goldenekugeln.at/filiale/graz-riesplatz
ÖFFNUNGSZEITEN Mo-Fr: 8:30 bis 20:00 Uhr, Sa-So: 10:00 bis 20:00 Uhr
FASSBIER Puntigamer, Starobrno, Weihenstephan Hefeweizen, Saisonbier vom Fass, Radler, Bier des Monats
FLASCHENBIER Murauer Märzen, Wieselburger Stammbräu, Edelweiss Weizenbier, Gösser Naturgold, Schlossgold
LOKAL Die 3 Goldenen Kugeln stellen eine sehr steirisch geprägte Systemgastronomie dar, die klassische Wirtshausatmosphäre – Kachelofen, rustikale Beleuchtung, an diesem Standort sogar ein ziemlich komplettes altes Küferwerkzeug – mit modernen Elementen verbindet. So bekommt man ein breites Schnitzelangebot (das Steirer-Cordon ist eine getestete und für sehr gut befundene Spezialität) und stets schön gezapftes Bier. Eine Kreidetafel hinter der Schank verspricht, dass stets ein Lächeln dazuserviert wird. Klappt fast immer. 100 Plätze plus Extrazimmer für bis zu 40 Personen.

Zu den 3 Goldenen Kugeln am Riesplatz

ZUR ALTEN PRESS

8020 Graz, Griesgasse 8, +43/316/719770
www.zuraltenpress.at
ÖFFNUNGSZEITEN Mo-Fr: 11:30 bis 23:00 Uhr, Sa: 11:30 bis 15:00 Uhr
FASSBIER Budweiser, Puntigamer Panther
FLASCHENBIER König Ludwig Hefeweißbier, König Ludwig Dunkel, Augustiner Edelstoff, Schlossgold, Gösser Naturgold
LOKAL Traditionswirtshaus in der Murvorstadt, der Südtirolerplatz ist um´s Eck: urig-deftig das Mobiliar, urig-deftig auch das Speisenangebot (Kernöleierspeis mit Speck & Liebstöckl) – aber es gibt auch Verfeinerungen wie in Bier geschmorte Schweinsbackerl mit Lauchgemüse und geräuchertem Erdäpfelpüree. 100 Plätze, Garten: 50 Plätze.

HARTBERG

ZUM BRAUHAUS

8230 Hartberg, Wiener Straße 1, +43/3332/62210
www.brauhaus.co.at
ÖFFNUNGSZEITEN April – Dezember: Di-So ab 7:30 Uhr; Jänner – März: Di-Sa ab 7:30 Uhr, So 7:30 bis 14:00 Uhr
FASSBIER Hausbier, Reininghaus Pils, Gösser Stiftsbräu Dunkel, Gösser Zwickl, Schladminger Bio Schnee-Weisse, Mischbier

LOKAL Dieses unmittelbar am Hauptplatz gelegene Haus kann als Aushängeschild der BrauUnion gelten. Sehr bemühte Bierpflege, bodenständige Küche und ein extrem freundlicher Service. Das Haus wurde bereits 1720 als Gasthof erwähnt, es war im 19. Jahrhundert eine Brauerei. Seit 1979 wird das Hartberger „Brauhaus" in fünfter Generation von Werner und Karoline Großschedl geführt. 180 Plätze im Lokal, 25 an der Bar, 60 im Garten.

HENGSBERG

BACHERLWIRT

8411 Hengsberg, Schrötten 5, +43/699/11887917
www.bacherlwirt.com
ÖFFNUNGSZEITEN Fr-So: 10:00 bis 22:00 Uhr
FASSBIER Rudolf Hausbier (Märzen)
FLASCHENBIER Puntigamer, Heineken, Edelweiss Hofbräu, Desperados, Gösser Naturgold
LOKAL Eine „Genuss-Tankstelle" der besonderen Art. Im „Rudi's Stadl" heißt es „Feiern - Tanzen - Guat essen" (200 Sitzplätze). Im Café/Restaurant gibt es neben steirischen Weinen auch Nelati-Eis, hausgemachte Torten und Salzburger Nockerl. Der Gastgarten lädt danach bei einem kühlen Bier zum Entspannen ein (100 Sitzplätze).

KIRCHENWIRT – GASTHOF SCHUCHLENZ

8411 Hengsberg, Hengsberg 16, +43/3185/2207
ÖFFNUNGSZEITEN Mo-Di: 10:00 bis 22:00 Uhr, Mi-Do: 10:00 bis 14:00 Uhr, Fr-Sa: 9:00 bis 22:00 Uhr, So: 9:00 bis 20:00 Uhr
FASSBIER Puntigamer Panther, Reininghaus Jahrgangspils, Heineken, Gösser Dunkles Zwickl, Gösser Naturgold
FLASCHENBIER Puntigamer Märzen, Gösser Stiftsbräu, Edelweiss Hefetrüb, Desperados
LOKAL Schöner Gasthof im Ortszentrum – Familie Bernhardt bietet bodenständige Küche zum fachmännisch gezapften Bier. Und für den kleinen Hunger gibt es Bierbrezen. Ca. 150 Plätze im Lokal, ca. 40 im Gastgarten.

HOF BEI STRADEN

DORFWIRT PUXAMÜHLE

8345 Hof bei Straden, Hof 34, +43/3473/8260
www.dorfwirt.at/dorfwirte/puxamuehle.html
ÖFFNUNGSZEITEN Mo: 8:00 bis 20:00 Uhr, Do-Sa: 8:00 bis 20:00 Uhr, So: 8:00 bis 16:00 Uhr
FASSBIER Reininghaus Jahrgangspils, Gösser Naturradler
FLASCHENBIER Reininghaus Doppelmalz, Erdinger Naturtrüb
LOKAL Das an der B 66 zwischen Bad Gleichenberg und Bad Radkersburg gelegene Dorfwirtshaus von Elisabeth Pock wurde bereits 1999 von der „Kleinen Zeitung" als schönster Biergarten und im Jahr 2001 als beliebtestes Lokal des Bezirks ausgezeichnet. Deftige Speisen (Backhendl, Kürbisspezialitäten, Heidensterz, Schwammerlsuppe) und Karpfen aus eigener Zucht. 200 Sitzplätze im Lokal, und 50 Sitzplätze im Gastgarten. 25

KALSDORF BEI GRAZ

HOTEL RESTAURANT MEYER

8401 Kalsdorf bei Graz, Bahnhofstraße 45, +43/3135/52410
www.restaurant-meyer.at
ÖFFNUNGSZEITEN Mi-Sa: 11:00 bis 22:00 Uhr, So: 11:00 bis 16:00 Uhr
FASSBIER Reininghaus Jahrgangspils, Puntigamer Panther, Zipfer Limettenradler
FLASCHENBIER Edelweiss, Gösser Stiftsbräu, Gösser Naturgold
LOKAL Modern ausgestaltete Gaststätte gegenüber vom Bahnhof von Kalsdorf, schöner Gastgarten und gepflegtes Reininghaus-Pils – mit diesem Nobel-Bier ist das Hotel Meyer überhaupt der umsatzstärkste Wirt in der Steiermark. 150 Plätze in zwei Räumen, 5 an der Bar, 100 im Garten.

KAPFENBERG

SCHICKER

8605 Kapfenberg, Grazer Straße 9, +43/3862/22612
www.schicker-kapfenberg.at
ÖFFNUNGSZEITEN Di-Sa: 9:30 bis 14:30 Uhr, 17:00 bis 23:00 Uhr

Schicker

FASSBIER Gösser Spezial, Schladminger Bio Zwickl, Starobrno
FLASCHENBIER Weihenstephaner Hefetrüb, Gösser Naturgold, ein kleines wechselndes Craft Bier Sortiment
LOKAL Je nachdem, durch welche Tür man das Lokal betritt, kommt man entweder zuerst in eine gemütliche Bar oder in eine wohlsortierte Vinothek. Dahinter gibt es ein Kaffeehaus und ein Restaurant – aber der Barbereich ist das eigentliche Herzstück des Lokals: Hier kann man auch in größeren Gruppen zu einem gepflegten Pils zusammenfinden. 100 Plätze im Lokal, 40 an der Bar, 40 im Schanigarten direkt am Fluss.

KOBENZ BEI KNITTELFELD

RAINER'S

8723 Kobenz bei Knittelfeld, Marktplatz 2, +43/3512/83853
www.gasthaus-rainers.at
ÖFFNUNGSZEITEN Mi-So: 10:00 bis 22:00 Uhr
FASSBIER Hirter 1870, Puntigamer, Gösser Naturradler, Weihenstephaner, Schladminger Bio Zwickl, Thalheimer Bier
FLASCHENBIER Edelweiss Weizen, Edelweiss Alkoholfrei, Gösser Zwickl, Gösser Stiftsbräu Dunkel, Heineken
LOKAL Seit drei Jahrzehnten ein Klassiker in der Ortschaft Kobenz im Murtal an den Ausläufern der Niederen Tauern. Kombiniert Bar, Pizzeria (Mittwoch ist Pizzatag mit speziellen Aktionspreisen, Donnerstag Ripperl-Tag) und lokale Spezialitäten. 55 Sitzplätze, 60 Sitzplätze im hellen Wintergarten, 60 Sitzplätze im schattigen Gastgarten, 140 Sitzplätze im Saal.

KÖFLACH

KUNST & KULTURCAFÉ

8580 Köflach, Bahnhofstraße 6, +43/664/5037208
www.reinisch-gasthof.at/cafe
ÖFFNUNGSZEITEN Mo-Sa: 8:00 bis 22:00 Uhr

Kunst & Kulturcafé

FASSBIER Gösser Gold, Puntigamer Panther, Starobrno, Reininghaus Jahrgangspils
FLASCHENBIER Corona, Birra Moretti, Weizen, Weihenstephaner, Heineken, Gösser Stiftsbräu, Schlossgold
LOKAL Ein von Gottfried Kumpf designter Elefant weist den Weg zu diesem sehr trendig gestalteten Ableger des Restaurant Reinisch – mit angeschlossener Schauküche und Salateria. 60 Sitzplätze im Lokal, 20 an der Bar, 40 Sitzplätze im Garten.

TURM PIZZERIA

8580 Köflach, Rathausplatz 5, +43/3144/2992
www.stubalmbrauerei.at/turm
ÖFFNUNGSZEITEN Mo-Do: ab 16:00 Uhr, Fr: ab 10:00 Uhr, Sa-So & Feiertag: geschlossen
FASSBIER Stubalm Naturbräu Dunkel, Stubalm Naturbräu Hell, eine wechselnde 3. Spezialität – im Sommer Stubalm Weizen
FLASCHENBIER Puntigamer, Corona extra, Desperados, Heineken Lager, Edelweiss Hefetrüb, Schlossgold
LOKAL Diese Pizzeria liegt etwas abseits vom Hauptplatz – und der Besuch lohnt vor allem wegen des vom Chef selbst gebrauten Stubalm-Bieres. Sehr große, kommunikative Bar, freundliche Bedienung. 80 Plätze im Lokal, 20 an der Bar.

Turm Pizzeria

LANDL

GASTHOF ESCHAU

8923 Landl, Palfau 102, +43/3638/274
www.gasthof-eschau.at
ÖFFNUNGSZEITEN Mo: 10:00 bis 20:00 Uhr, Do-So: 10:00 bis 20:00 Uhr
FASSBIER Gösser Gold, Gösser Naturradler
FLASCHENBIER Gösser Stifts-Zwickl Hell, Gösser Märzen, Gösser Stiftsbräu Dunkel, Edelweiss Hefetrüb, Edelweiss Alkoholfrei
LOKAL Der Name Eschau wurde 1391 erstmals urkundlich erwähnt – und im alten Gemäuer findet man unter anderem eine Sammlung historischer Türschlösser. Aus einer Taverne und Pferdewechselstelle entstand im Laufe der Zeit der Gasthof in seiner jetzigen Form mit gemütlichen Stuben – und statt hoch zu Ross kommt man heutzutage bevorzugt per Fahrrad (E-Bike-Ladestation!) oder Motorrad hierher. Seit 1969 ist der Gasthof im Besitz der Familie Rainer, welcher seit 2013 in 3. Generation weitergeführt wird und sich rühmt, „das beste Gösser im Salzatal" zu zapfen.

LANG

DAS OFFENBERG

8403 Lang, Stangersdorf-Gewerbegebiet 110, +43/3182/5205070
www.das-offenberg.at
ÖFFNUNGSZEITEN Mo-Do: 8:00 bis 23:00 Uhr, Fr-Sa: 8:00 bis 00:00 Uhr
FASSBIER Thalheim Märzen, Thalheim Pils, Thalheim Radler

FLASCHENBIER Augustiner Edelstoff, Tegernsee Hell, Bud Light, Corona, Erdinger Weißbier, Erdinger Weißbier Alkoholfrei
LOKAL Im Frühjahr 2023 eröffnetes Pizza- und Burger-Lokal zwischen der Autobahnanschlussstelle Lebring und dem ÖAMTC-Fahrtechnikcenter. Mit Bier aus der Thalheimer Brauerei – und vielen Bildern von freundlichen Affen an den Wänden. Samstag gibt es Brunch.

LANGENWANG

WIRTSHAUS IM WINTERGARTEN HOTEL KRAINER

8665 Langenwang, Grazer Straße 12, +43/3854/2022
www.hotel-krainer.com
ÖFFNUNGSZEITEN Di-Sa: 11:30 bis 14:00 Uhr, 18:00 bis 21:00 Uhr
FASSBIER Reininghaus Jahrgangs Pils, Tom & Harry Brewing Maiwipferl Zwickl, Puntigamer Panther
FLASCHENBIER Californian Moonshine - Mürztaler CBD Hanfbier, Gratzer Hermann, Gösser Stifts-Troad, Hofbräu Kaltenhausen 1475 Pale Ale, Weihenstephaner Hefetrüb, Edelweiss Alkoholfrei
LOKAL Dieses Haus bietet eine breite Palette von Gastronomietypen unter einem Dach: Im Wintergarten ist ein modernes Wirtshaus mit ebensolchem Speisenangebot (moderne Wirtshausküche, österreichische Wirtshausklassiker, Pasta), im Restaurantbereich ein Haubenlokal und dazu noch eine große, gut bestückte Konditorei. In den unterschiedlichen Bereichen werden unterschiedliche Biere angeboten, wobei Andreas Kaiser für das Gourmetrestaurant ein eigenes Maiwipfelbier als Aperitiv anbietet – es wird von den Wanderbrauern Tom&Harry bei der Brauerei Gratzer hergestellt. Allein dieses Bier würde einen Besuch hier rechtfertigen, es ist allerdings nur vom Frühsommer bis in den Winter erhältlich, wenn es aus ist, ist es aus, dann muss auf die frischen Wipfel der kommenden Saison gewartet werden. 150 Plätze in unterschiedlichen Bereichen.

LANNACH

ORANGE

8502 Lannach, Radlpaßstraße 10, +43/3136/83244
www.facebook.com/pages/Orange-Lannach/103902993004767
ÖFFNUNGSZEITEN Mo-Do: 8:00 bis 23:00 Uhr, Fr-Sa: 8:00 bis 2:00 Uhr, So: 15:00 bis 22:00 Uhr
FASSBIER Puntigamer
FLASCHENBIER Wieselburger Stammbräu, Heineken, Corona, Desperados, Heineken 0,0, Gösser Naturgold
LOKAL An einer Ausfallstraße gelegene Bar mit Pool-Billard und Wuzzlern, die bei der örtlichen Jugend sehr beliebt ist. Lange, elegante Bar und ein Gastgarten mit Möbeln in welcher Farbe? Erraten: Orange. 50 Sitzplätze im Lokal, 10 Plätze an der Bar, 20 Sitzplätze im Garten.

LEIBNITZ

Big Ben & The Shamrock

BIG BEN & THE SHAMROCK

8430 Leibnitz, Hauptplatz 3, +43/3452/73414
www.facebook.com/BigBen.Shamrock.Leibnitz
ÖFFNUNGSZEITEN Do-Sa: 18:00 bis 2:00 Uhr
FASSBIER Puntigamer, Guinness
FLASCHENBIER Wieselburger Stammbräu, Weihenstephaner, Kilkenny, Corona, Heineken, Desperados, Budweiser, Augustiner Hell, Augustiner Edelstoff, Puntigamer, Lasko Pivo
LOKAL Wenn man über die Treppe in den ersten Stock kommt, findet man sich unmittelbar in einem ziemlich authentischen englischen Pub, auch wenn es kein englisches Real Ale vom Fass gibt. Die Bar ist lang und dominiert den Raum, man kann sich aber auch an die Tische zurückziehen. Nette Dekoration – etwa eine alte Mercedes-Schreibmaschine und viele alte Film-Stills. Das angrenzende Irish Pub (mit anderen Öffnungszeiten) hat die Bar am gegenüberliegenden Ende. 70 Sitzplätze im Big Ben, weitere 60 im Shamrock.

CABASSO SPORTS BAR

8430 Leibnitz, Wasserwerkstraße 42a, +43/664/99887977
www.facebook.com/people/Cabasso-Sports-Bar/100027949436396/
ÖFFNUNGSZEITEN Mo-Do: 16:00 bis 23:00 Uhr, Fr-Sa: 16:00 bis 1:00 Uhr, So: 14:00 bis 22:00 Uhr
FASSBIER Puntigamer, Starobrno, Radler, eine Bierspezialität
FLASCHENBIER Puntigamer, Wieselburger Stammbräu, Wieselburger Schwarzbier, Augustiner Edelstoff, Heineken, Corona, Desperados, Lasko Pivo, Budweiser, San Miguel, Weihenstephaner Hefe Hell, Weihenstephaner Hefe Dunkel, Ayinger Bräuweisse, Stiegl-Columbus, Bevog Tak, Brewdog Punk IPA, Guinness Draught, Kilkenny, Einstök Icelandic White Ale, Leffe
LOKAL Das Cabasso ist eine Institution in Leibnitz – jahrelang war

es ein viel besuchtes Café und Musik-Pub am Leibnitzer Hauptplatz. Im Februar 2020 wurde alles zusammengepackt und drei Kilometer weiter als Sportsbar wieder eröffnet. Der Stil hat sich kaum verändert, auch wenn nun alles etwas mehr Sportbezug hat. Die Verbindung zur Musikszene ist ebenfalls geblieben und Inhaber Thomas Agrinz ist weiterhin ein guter Gastgeber.

LEOBEN

ARKADENHOF – GASTSTÄTTE SCHWARZER ADLER

8700 Leoben, Hauptplatz 11, +43/3842/42074
www.arkadenhof.at, www.facebook.com/arkadenhof
ÖFFNUNGSZEITEN Mo-Sa: 10:30 bis 22:00 Uhr, So: 10:30 bis 21:00 Uhr

Arkadenhof – Gaststätte Schwarzer Adler

FASSBIER Gösser Zwickl Hell, Gösser Zwickl Dunkel, Gösser Stiftsbräu, Gösser Spezial, Gösser Naturgold, Gösser Gold
FLASCHENBIER Weihenstephaner Hefeweißbier Hell, Weihenstephaner Hefeweißbier Dunkel, Weihenstephaner Hefeweißbier Alkoholfrei, Gösser Naturgold, Gösser Naturradler, Affligem Blond
LOKAL Der „A-Hof", wie die viele Leobner das Traditionslokal nennen, ist die älteste Brauereigaststätte Leobens, im Jahr 1550 am Hauptplatz erbaut: Hausherr Max Klarmann hütet hier auch mit Stolz die historische Zunfttruhe der Bierbrauer. Auf Vorbestellung gibt es das „Bierkulinarium", ein viergängiges Menü mit entsprechender Bierbegleitung – nicht zu verwechseln mit dem Biermenü! Das „Biermenü' hat hier Kultstatus, es besteht aus einem korrekt gezapften Gösser Gold und einem langsam gezapften Gösser Spezial (vier bis fünf Zentimeter hohe Schaumkrone!). Einige Gäste rufen mit dem Handy schon von der Autobahn aus an, um sich das rituell gezapfte Spezial vorab zu bestellen. Saisonal gibt es Bockbier und im Dezember auch das zu Ehren der Schutzpatronin der Bergleute gebraute Barbara-Bier. An bierigen Speisen werden die Gösser Biersuppe, der Bierrostbraten und manchmal Früchte in Bierteig serviert – und mittags gibt es ein Lunch-Buffet, das besonders von Studiosi der Montan-Uni geschätzt wird. Der Arkadenhof wurde bereits 2009 zum Österreichischen Bier- und Käselokal gekürt. 150 Sitzplätze, 20 Plätze an der Bar, im Gastgarten ca. 80 Sitzplätze. (ca. 100 Betten im Hotel Kongress. Nächtigungsmöglichkeit im Gösser-Zimmer, dem ersten Hotelzimmer Österreichs mit einer integrierten Bierzapfanlage. www.hotelkongress.at).

CAFÉ AM SCHWAMMERLTURM

8700 Leoben, Homanngasse 11,
www.facebook.com/Cafe-Schwammerlturm-965697686810443
ÖFFNUNGSZEITEN Mo-Do: 13:00 bis 22:00 Uhr, Fr-Sa: 13:00 bis 2:00 Uhr
FASSBIER Ottakringer Rotes Zwickl, Ottakringer Dunkles, Pinzga' Pale Ale, Barbarafestbier, Forbidden Fruit - Green Gold Brewing , Freistädter Ratsherrntrunk
FLASCHENBIER Gusswerk Schwarze Kuh, Gusswerk Schwarzes Schaf Stout, Erzbräu Marillenbier, Erzbräu Bio Dirndlbier, Leon Dark Ale, Augustiner Bräu Helles, Augustiner Edelstoff, Schneider Weisse TAP 1, Schneider Weisse TAP 5, Schneider Weisse TAP 6, Schneider Weisse Tap 7, Gusswerk Jakobsgold und immer wieder Sonderbiere
LOKAL Das winzige, mit einem Lift erreichbare Café unter der Kuppel des historischen Schwammerlturms wird seit September 2015 von Peter Kanitsch geführt – einem Bierkenner, der immer wieder auf Bierfestivals nach neuen, innovativen Brauereien Ausschau hält. Daher gibt es immer wieder Craftbiere von unterschiedlichen Brauereien vom Fass. Immer wieder erscheinen neue Biere auf dem Bildschirm, der die aktuelle Fassbierkarte darstellt – wobei unter anderem auch die exklusiv importierten Biere der Green Gold Brewery aus dem slowenischen Hopfenanbaugebiet auftauchen. Das nach Peters Rezept gebraute „Tower Ale" kommt jetzt von Hans Peter Hochstaffls Pinzgau-Bräu. Viel internationales Publikum – und Einheimische, die sich bei den immer wieder angesetzten Verkostungsrunden von Peter über Basics der Bierkultur informieren lassen und sich dann auch an Kostproben jenseits des Lagerbiers herantrauen. Etwa 40 Sitzplätze auf zwei Ebenen im Lokal, 4 Plätze an der Bar und weitere 8 Sitzplätze auf dem Balkon.

MCMULLENS IRISH PUB

8700 Leoben, Langgasse 9

FASSBIER Guinness, Kilkenny, Guinness Hop House 13, Schladminger Bio Zwickl, Gösser, Puntigamer
FLASCHENBIER Weihenstefan Hefetrüb, Heineken, Wieselburger Stammbräu, Gösser Zwickl, Gösser Naturgold, Heineken 0,0
LOKAL Im März 2023 eröffnetes Schwesterlokal der etablierten McMullens Pubs in Villach und Klagenfurt. Hier handelt es sich um ein tief ins Haus hineinführendes Gewölbe, gleich rechts neben dem Eingang ein kleines Podium für Live-Auftritte, daneben eine beachtliche Sammlung von Dauben verschiedener Whiskyhersteller – auch der Whisky hat hier also ein Quartier, Fanclub inklusive. Linker Hand dann eine lang gezogene Bar, an der irisches und steirisches Bier gezapft wird. Chris O'Shea sowie Linda und Julian Mullen bieten auch Verkostungen und Food Pairings an. Eine kleine Karte mit typisch irischen Tellergerichten ist geplant. 40 Sitzplätze im Lokal, Bar: 30.

PUB O' CINO

8700 Leoben, Hauptplatz 11, +43/3842/42074
www.pubocino.at, www.facebook.com/pubocino
ÖFFNUNGSZEITEN Mo-Sa: 16:00 bis 5:00 Uhr, So: bis 00:00 Uhr
FASSBIER Gösser Gold, Bier der Saison
FLASCHENBIER Insgesamt gibt es knapp über 50 verschiedene Flaschenbiere, wie z. B. Gösser Märzen, Murauer Märzen, Hirter Märzen, Puntigamer, Wieselburger Stammbräu, Stiegl Goldbräu, Trumer Pils, Kaltenhauser Pale Ale, Beck's, Heineken, Budweiser, Pilsner Urquell, Kilkenny, Corona, Desperados, Karlovacko, San Miguel, Peroni, Astra Rotlicht, Efes, O'Haras Pale Ale, Kirin, Singha, Gulden Draak, Duvel, unterschiedliche Weißbiere u.v.m.
LOKAL Max Klarmann hat in seinem Arkadenhof dieses auf jüngeres Publikum ausgerichtete Bierspezialitätenlokal eingerichtet – nach mehr als 20 Jahren ist es ein etablierter Teil der steirischen Bierszene. Die Einrichtung ist typisch bierig, Neben den diversen Märzenbieren gibt es auch belgische Spezialitäten – selten findet man das Duvel so schön eingeschenkt wie hier. Alle Mitarbeiter sind auf die Erklärung der Bierspezialitäten geschult. Immer wieder pfiffige Marketing-Aktionen – so kann man jeweils am Sonntag gegen Vorweis einer aktuellen Bus- oder Bahnkarte ein Freibier bekommen. 40 Plätze im Lokal, 20 an der Bar, 40 im Garten.

STEHBEISL

8700 Leoben, Peter Tunner-Straße 11, +43/676/9272233
www.facebook.com/stehbeisl.leoben
ÖFFNUNGSZEITEN Mo-Fr: 15:00 bis 23:00 Uhr, Sa: 18:00 bis 23:00 Uhr
FASSBIER Schwarzacher Kellerbier, Wimitz Bräu, Gösser Gold
FLASCHENBIER Wimitzer Weisse, Wimitzer IPA, Wimitzer Bio Pils
LOKAL Das „Steh" ist eine gemütliche Bar mit fairen Preisen und einer beachtlichen Bierauswahl. Beliebt vor allem bei studentischem Publikum. Wie der Name schon sagt: Drinnen gibt es mehr Steh- als Sitzplätze, draußen ist ein kleiner Schanigarten. Immer wieder Gastbiere, und zur Stärkung – während man etwa den Fußballübertragungen zusieht – gibt es gelegentlich deftige Kost.

LEOBEN-GÖSS

GÖSSERBRÄU – BRAUHAUS RESTAURANT

8700 Leoben-Göss, Turmgasse 3, +43/3842/28530
www.goesserbraeu-leoben.at
ÖFFNUNGSZEITEN Mo-Di: 11:00 bis 22:00 Uhr, Do-So: 11:00 bis 22:00 Uhr
FASSBIER Gösser Gold braufrisch aus dem Frischetank, Gösser Spezial, Gösser Stifts-Zwickl, Gösser Stiftsbräu Dunkel, Gösser Stiftsbräu, Gösser Naturweizen, Reininghaus Jahrgangspils, Gösser Naturradler, Gösser Naturgold, ein Saisonbier
FLASCHENBIER Gösser Märzen, Edelweiss Alkoholfrei
LOKAL Michael Rath hat 2021 diesen Vorzeigebetrieb gegenüber von der Gösser Brauerei übernommen. Das GösserBräu war schon Steirisches Bierlokal des Jahres 2009, ist für die Bier&Food-Pairings bekannt und rückt vor allem wegen des jährlichen Bockbieranstichs und des Barbarabier-Ausschanks ins Zentrum der regionalen Aufmerksamkeit. „Gefeiert und getrunken wurde im Gösser Bräu häufig, mit Ballveranstaltungen, Faschingsfesten und Vorträgen in den großzügigen Räumlichkeiten, der lauschige Gastgarten wurde es zur Bühne für Jazzkonzerte", schreibt Wolfgang Gaube in der „Steirischen Woche". Plätze: Speisesaal 120, Abteistüberl 30, Schank 40, Festsaal 220, Gastgarten 120.

LEUTSCHACH

BRAUEREI LEUTSCHACH

8463 Leutschach, Schillerplatz 3, +43/699/10438749
www.diebrauerei.com
ÖFFNUNGSZEITEN Mo-So: 10:00 bis 18:00 Uhr, Di Ruhetag – Bierabholung möglich; Sept. & Oktober kein Ruhetag, November-Dezember: Mi-Mo: 10:00 bis 18:00 Uhr

FASSBIER RossNatur, Ginsengdrache, Maronibier
FLASCHENBIER RossNatur, Ginsengdrache, Weinbier, Ginbier, Pale Ale, saisonale Biere
LOKAL Die Brauerei Leutschach ist Erlebnisbrauerei und Bierlokal bzw. Gasthaus, das mitten im steirischen Hopfenland liegt. Eigentlich sollte es nur eine kleine Produktionsstätte sein, in der auch Brauseminare abgehalten werden, sie hat sich dann aber zu einem Treffpunkt des gesamten Ortes entwickelt – und wenn jemand im Haus ist, dann wird auch mal außerhalb der offiziellen Öffnungszeiten ausgeschenkt. 40 Plätze im Lokal, 25 im Garten.

LANG-GASTHOF TSCHEPPE

8463 Leutschach, Hauptplatz 6, +43/3454/246
www.langgasthof-tscheppe.at
ÖFFNUNGSZEITEN Mo-Di: 9:00 bis 22:00 Uhr, Fr-So: 9:00 bis 22:00 Uhr

Lang-Gasthof Tscheppe

FASSBIER Reininghaus Jahrgangspils, Gösser Gold, Gösser Naturradler, Gösser Zwickl
FLASCHENBIER Puntigamer Märzen, Gösser Stiftsbräu, Edelweiss, Gösser Naturgold
LOKAL Lang-Gasthof heißt dieser Landgasthof, weil er angeblich der längste (auf einem schmalen Grundstück weit nach hinten reichende) Gasthof der Steiermark ist. Hinten ist der Hotelbereich mit einem der Region entsprechenden Hopfenangebot: Die Bierbäder werden hier mit Leutschacher Hopfen in einem Holzbottich bereitet – der Hopfen als Badezusatz unterstützt die Entspannung ebenso wie das dazu gereichte Hausbier. Vorne ist eine gemütliche Gaststube. Im August Aktionsprogramm „Weinbauer trifft Bierbrauer": Es wird mit Bier und Wein gekocht! 60

MARIAZELL

BRAUHAUS MARIAZELL – GIRRER BRÄU

8630 Mariazell, Wiener Straße 5, +43/3882/25230
www.bierundbett.at
ÖFFNUNGSZEITEN Mi-Fr: 11:00 bis 14:00 Uhr, 17:00 bis 22:00 Uhr, Sa: 11:00 bis 22:00 Uhr, So: 11:00 bis 14:00 Uhr
FASSBIER Mariazeller Gold, Mariazeller Alt
FLASCHENBIER Reininghaus Jahrgangspils, Gösser Naturgold
LOKAL Hannes Girrer hat hat schon Craftbier gebraut, als man diesen Begriff in Europa noch gar nicht gekannt hat: Er hat 1996 die ehemalige Mariazeller Brauerei wiederbelebt und rundum eine Bier-Erlebnisgaststätte eingerichtet: In der ältesten Hausbrauerei der Steiermark gibt es seit 2017 das „Mariazeller Alt" als Erinnerung an die alte Brauerei, die von der Mitte des 16. Jhds. bis 1888 bestanden hat: stockdunkel – obergärig – herb, serviert im klassischen „Brauerstutzen", einer alten Glasform, die etwas an alte Teegläser erinnert. Bei den Pilgern kommt Girrers wie ein Museum eingerichtete Braustube gut an, die Gaststube hat den historischen Charakter seit den 30er-Jahren beibehalten. Die Schank neben den Sudkesseln und dem Gärkellerfenster lässt einen Blick auf das gärende Bier zu. Die Küche bietet regionale Schmankerl, die Käsekultur ist sehr ausgeprägt! 62 Plätze. 4

MARKT HARTMANNSDORF

Gasthof Gruber

GASTHOF GRUBER

8311 Markt Hartmannsdorf, Hauptstraße 112, +43/3114/2277
www.gasthof-gruber.at
ÖFFNUNGSZEITEN Mo: 7:00 bis 22:00 Uhr, Do-Sa: 7:00 bis 22:00 Uhr, So: 7:00 bis 17:00 Uhr
FASSBIER Hermax Hell, Puntigamer, wechselnde Sondersude
FLASCHENBIER Hermax Spezial Dunkel, Hermax Bio Hanf, Bevog
LOKAL Siegfried Gruber hat in seinem Traditionsgasthaus – Familienbetrieb seit 1896 – einen Schwerpunkt mit steirischer Bierkultur gesetzt. Das Hausbier kommt von der nahen Hermax-Brauerei, eine weitere Leitung ist für das saisonale Hermax-Bier reserviert. Meist ist aber auch eine gute Auswahl anderer Craft Biere zu haben, auch wenn das lokale Publikum da wenig nachfragt. Die Küche ist steirisch ausgerichtet, ambitioniert und erfreulich erschwinglich. Das Speiseeis kommt aus eigener Produktion, es wird unter anderem mit Kernöl und gehackten Kürbiskernen angeboten, ideales Pairing zu einem Imperial Stout! 120 Plätze in mehreren Räumen, vier an der Bar, 15 im Schanigarten.

MELLACH

MURBERGSTUB'N

8072 Mellach, Murbergstraße 252, +43/3135/82208
www.murbergstubn.at
ÖFFNUNGSZEITEN Mi-Sa: 11:00 bis 00:00 Uhr, So: 10:00 bis 16:00 Uhr
FASSBIER Puntigamer, Gösser Zwickl, Gösser Naturradler, eine Bierspezialität
FLASCHENBIER Weihenstephaner Weißbier, Gösser Stiftsbräu
LOKAL Rustikales, urig-gemütliches Lokal, das 2001 an der Abzweigung zum Ortsteil Dillach errichtet wurde. Die Küche bietet traditionelle Hausmannskost, hausgemachte Pizzen und Saisonales. Übrigens: Am Samstagvormittag gibt es auf dem Parkplatz vor dem Lokal einen Bauernmarkt. 80 Sitzplätze im Lokal, 20 Plätze an der Theke, 30 Plätze im Garten.

MÜRZZUSCHLAG

HOTEL-RESTAURANT WINKLER

8680 Mürzzuschlag, Stadtplatz 3, +43/3852/42000
www.hotel-winkler.at
ÖFFNUNGSZEITEN Mo-Fr: 7:00 bis 22:30 Uhr, Sa: 8:00 bis 13:00 Uhr (Samstag nur Kaffehausbetrieb, keine Küche), Sonn- und Feiertag Ruhetag
FASSBIER Herzog Hausbier, Gösser Märzen
FLASCHENBIER Puntigamer, Gösser Stiftsbräu Dunkel, Edelweiss Hefeweizen, Edelweiss Hefeweizen Alkoholfrei
LOKAL 2005 hat die Familie Winkler dieses moderne Hotel mit der langen Bar und dem feinen Restaurantbetrieb neu errichtet und ihm einen bierigen Charakter gegeben. Sehr gute Bierpflege und freundliche Bedienung.

Hotel-Restaurant Winkler

MURAU

BIER APOTHEKE

8850 Murau, Anna-Neumann Straße 34, +43/664/88435887
www.murauerbier.at/bierapotheke
ÖFFNUNGSZEITEN Di-Sa: 16:00 bis 22:00 Uhr
FASSBIER Biere der Brauerei Murau
FLASCHENBIER Biere der Brauerei Murau
LOKAL Aus der ehemaligen Salvator Apotheke ist 2018 eine neue Stätte der Begegnung zum Thema Bier im Zentrum der Bierstadt Murau geworden. Nicht nur im Herzen der Stadt, sondern auch, laut Aufzeichnungen, im ältesten Gebäude der Bierstadt wird Bier aus Apothekergefäßen (aber nicht zu Apothekerpreisen) ausgeschenkt. Die Murauer Bierapotheke hat auch einen Shop, in dem apothekentypische Produkte gekauft werden können. Von Bierseifen, Biersalzen, Biergeeles, Shampoos, Salben, Lotions bis hin zu Trebernkissen und Tees – alles mit Brauereiprodukten zubereitet.

BRAUHAUS ZU MURAU

8850 Murau, Raffaltplatz 17, +43/3532/2437
www.brauhaus-murau.com
ÖFFNUNGSZEITEN Mo-So: 11:00 bis 24:00 Uhr, kein Ruhetag

Brauhaus zu Murau

FASSBIER Murauer Märzen, Murauer Pils, Murauer Zwickl, Murauer Doppelmalz, Murauer Weißbier, Murauer Stout, Murauer Pale Ale, saisonal Murauer Bock / Weizen Bock / Hoamat Weiße
FLASCHENBIER Murauer Hoamat Weiße, Murauer Kräuterradler, Murauer Black-Hill, Murauer HM Radler, Murauer Preisel&Bier, Murauer Zitro&Bier, Murauer Alkoholfrei, Erdinger Alkoholfrei
LOKAL Fritz Wassermann hat diesen altehrwürdigen Ausschank der Murauer Brauerei im Jahr 2019 frisch herausgeputzt: Die neue Innenausstattung des Brauhauses, die Errichtung eines neuen Biergartens sowie auch das kulinarische Angebot wurden darauf ausgelegt, ein typisches Brauhaus mit österreichischer Traditionsküche und mit regionalen Schmankerln zu sein. Der Bierpflege wurde ein besonderes Augenmerk gewidmet. So werden im Sommer die Gläser vorgekühlt, die Glaskultur wird auch durch spezielle Gläser für die in der benachbarten Brauerei gebrauten Sondersude betont. Die Küche bemüht sich, mitzuhalten, auf Bestellung gibt es ein Braumeistermenü ab 10 Personen, das mit Bier zubereitet wird. Darüber hinaus werden auf Vorbestellung Bierverkostungen angeboten – diese werden u.a. von der Wirtin und Diplom-Biersommelière Waltraud Dullnigg durchgeführt. 130 Sitzplätze im Lokal, im Saal 150 Plätze, 150 Plätze im überdachten Gastgarten.

HOTEL GASTHOF LERCHER

8850 Murau, Schwarzenbergstraße 10, +43/3532/2431
www.hotel-restaurant-lercher.at
ÖFFNUNGSZEITEN Fr-Mi ab 8:00 Uhr
FASSBIER Murauer Märzen, Murauer Dunkel, Murauer Pils, Murauer Hoamat Weizen / Murauer Pale Ale im Wechsel, Null Komma Josef
FLASCHENBIER Erdinger Alkoholfrei, Murauer Pils Alkoholfrei
LOKAL Die Familie Lercher führt dieses sehr bierorientierte Hotel mit ausgesuchter Gastfreundschaft und auf hohem kulinarischen Niveau. 2019 wurde im Rahmen der „Global Beer"-Initiative vor dem Hotel eine „Lange Tafel" mit einem Biermenü geboten. Im Normalbetrieb gibt es gepflegtes Bier aus der nahen Murauer Brauerei - stets mit einem freundlichen Lächeln serviert. Die große zentrale Bar ist Treffpunkt für Bierfreunde aus der Umgebung, es gibt mehrere Stuben und einen kleinen Schanigarten. 120 Plätze im Lokal, 22 im Schanigarten.

NEUMARKT

ZUM BRÄUER

8820 Neumarkt, Hauptplatz 34, +43/3584/2275
de-de.facebook.com/people/Gasthaus-zum-Br%C3%A4uer-Gasthaus-Seidl/100057393470365
ÖFFNUNGSZEITEN Mo - Mi, Fr - So ab 9:00 Uhr, Do Ruhetag
FASSBIER Murauer
FLASCHENBIER Murauer, Clausthaler
LOKAL Der Name von Hermine Seidls Gasthaus verweist darauf, dass hier einmal eine bäuerliche Brauerei war – das hiesige Bier war kein bürgerliches, in metallenen Braukesseln gebrautes, sondern ein „unzünftig' gebrautes Steinbier. Das braute man hier bis 1906, das Kontingent wurde damals an den Schafferhof in St. Marein verkauft, da die Hektoliterausstöße zu gering waren. In den fünfziger Jahren gab es in Neumarkt durchwegs nur Gösser Bier, das Bierkartell zwang dann in den sechziger Jahren die Neumarkter, geschlossen zu Reininghaus zu wechseln. Seit vielen Jahren aber kommt das Bier beim Bräuer aus Murau. Die Zutaten für die bürgerlich-regionale Küche stammen von bäuerlichen Betrieben aus dem Naturpark Grebenzen. Ca. 110 Plätze in mehreren Stuben, Gastgarten in den Arkaden mit 40 Sitzplätzen.

OBDACH

GROGGERHOF

8742 Obdach, Hauptstraße 23, +43/3578/2201
www.groggerhof.at
ÖFFNUNGSZEITEN Mi-Sa: 7:00 bis 14:00 Uhr, 17:30 bis 23:00 Uhr
FASSBIER Gösser Gold
FLASCHENBIER Gösser Naturgold
LOKAL Alteingessener Einkehrgasthof – früher von Fuhrwerkern vor Passieren des Obdacher Sattels gern frequentiert. Von der alten Geschichte zeugt noch die Fassadengestaltung und die Zirbenstube mit alter Lamperie, in die heimatverbundene Sinnsprüche eingearbeitet sind. In diesem familiär geführten Haus – seit 375 Jahren in Familienbesitz – kümmert sich der Chef mit steirischer Herzlichkeit um das Wohl der Gäste. 180 Plätze in vier Stuben.

Groggerhof

OBERWÖLZ

OBERER BRÄUER

8832 Oberwölz, Stadt 10, +43/3581/8385
www.oberer-braeuer.at
ÖFFNUNGSZEITEN Mo-So: 8:00 bis 23:00 Uhr
FASSBIER Gösser Gold, Weihenstephan Weißbier, Gösser Radler
FLASCHENBIER Gösser Naturgold, Weihenstephan Alkoholfrei
LOKAL Die Gaststätte am Hauptplatz der kleinen Stadt Oberwölz wirkt einladend, wenn man Glück hat, dann trifft man dort auf örtliche Musiker – die haben 2012 sogar einen Jodler „Da Bräuer" komponiert. Die Tradition dieses von Barbara und Sepp Wohleser als musikantenfreundliche Gaststätte geführten Hauses lässt sich bis ins Jahr 1749 zurückverfolgen, als Wolfgang Weegmayr hier tatsächlich eine Brauerei betrieb. Gebraut wurde damals mit Wasser aus dem oberen Platzbrunnen. Ca. 200 Plätze, Kellerbar: 40, Garten: 40 Plätze.

PISCHELSDORF

GASTHOF WACHMANN

8212 Pischelsdorf, Romatschachen 55, +43/3113/2387
www.gasthof-wachmann.com
ÖFFNUNGSZEITEN Do&Sa:ab 14:00 Uhr, So&Feiertag 8:00 Uhr bis 12:00 Uhr
FASSBIER Wieselburger Spezial, ein Saisonbier
FLASCHENBIER Puntigamer Märzen, Bevog Deez, Bevog Ond, Bevog Kramah, Bevog Baja, Bevog TAK, Birra Messina, Edelweiss Weizenbier Alkoholfrei, saisonal auch Dangl Bier, Hermax ...
LOKAL In exponierter Lage mitten in den Weinbergen (und ohne Navi für Ortsunkundige schwer zu finden) versucht Mario Wach-

mann, mit Craft Bieren einen Gegenpol zum omnipräsenten Rebensaft zu schaffen. Das Bierangebot wechselt immer wieder, und spezielle Events werden geboten wie Brausilvester, Bierverkostungen – ebenso gibt es Menüs mit Bierbegleitung (auf Vorreservierung) – ebenfalls auf Vorreservierung ein knuspriges Backhendl. Sonst nur kleine Speisekarte. 90 Plätze, 8 an der Bar, 50 im Garten.

PÖLLAU

CRAFT BEER PUB – INSELTOWN

8225 Pöllau, Prätis 3, +43/3335/4555
www.inseltown.at
ÖFFNUNGSZEITEN Mi-Sa: 17:00 Uhr bis 00:00 Uhr, So: 11:30 Uhr bis 00:00 Uhr

Craft Beer Pub – Inseltown

FASSBIER Stiegl-Goldbräu, Stiegl Columbus 1492 Pale Ale, Inseltown Hausbier (Zwickl), Stiegl-Christkindl, Velkopopovicky Kozel Dunkel, jeweils eine saisonale Spezialität
FLASCHENBIER Kisbyes Waldbier Holzbirne, Insel Kreide, Bevog Rudeen, Gratzer Johann, BrauSchneider Hanfbier, Gratzer Trude, Stift Engelszell Gregorius, Schneider Aventinus Eisbock, Wildshut Sortenspiel, Wildshut Malzreigen, Stiegl Sport-Weisse, Lindemans Kriek
LOKAL Inseltown ist eine von Thomas und Karin Heschl geschaffene gastronomische Erlebniswelt nördlich von Pöllau – und das Craft Beer Pub deren 2018 vom Lokalausstatter Koll gestaltete neueste Ergänzung. Blickfang ist neben der Bar der große, zentral angeordnete Hochtisch mit einem schwenkbaren Schenkel. Die Biere kommen aus dem Stiegl-Umfeld und aus kleinen steirischen Brauereien. Dass das Thema Bier mit Engagement und Kompetenz gelebt wird, beweist die äußerst informative, originell gestaltete Bierkarte, die immer wieder wechselt. Als kulinarische Begleiter werden hochwertige Burger-Kreationen serviert. 50 Plätze, Bar: 12.

GASTHOF HUBMANN

8225 Pöllau, Herrengasse 21, +43/3335/2267
www.gasthofhubmann.at
ÖFFNUNGSZEITEN Di-Sa: 9:00 bis 00:00 Uhr, So: 9:00 bis 16:00 Uhr
FASSBIER Gösser Zwickl, Puntigamer Panther, Gösser Radler
FLASCHENBIER Puntigamer Märzen, Edelweiss Hefeweizen Alkoholfrei, Edelweiss Hefetrüb, Gösser Naturgold, Schlossgold
LOKAL Gemütlicher Gasthof, der nach einer Wanderung zur Einkehr einlädt. Ob im Dorfstadl, im Gastzimmer oder im Stüberl. 230 Plätze im Dorfstadl, 12 im Stüberl, insges. 48 in den beiden Extra-Zimmern, 40 an der Bar und 36 auf der Terrasse.

PRUGGERN

LANDGASTHOF BIERFRIEDL

8965 Pruggern, Pruggern 30, +43/3685/22206
www.bierfriedl.at
ÖFFNUNGSZEITEN Mo: 9:00 bis 00:00 Uhr, Mi-So: 9:00 bis 00:00 Uhr
FASSBIER Schladminger
FLASCHENBIER Schladminger Bio Zwickl, Schladminger Schnee Weisse, Edelweiss Alkoholfrei, Gösser Stiftsbräu
LOKAL Familie Perhab betreibt im Ennstal am Fuß des Skigebiets Galsterberg ein gestandenes Wirtshaus – die nahe Brücke ist Nachfolgerin jenes Flussübergangs, der in früher Zeit dem Ort den Namen „Prukkaren" eingetragen hat. Gute Bierpflege und steirische Küche: u.a. auch Bier-Kasnockn. Die Ennstaler Kassuppe gilt als legendär. Auszeichnung als „Gute steirische Gaststätte." 120 Plätze im Lokal, 30 im Gastgarten.

PÜRGG-TRAUTENFELS

GASTHAUS KRENN

8951 Pürgg-Trautenfels, Pürgg 11, +43/3682/22274
www.gasthauskrenn-puergg.at
ÖFFNUNGSZEITEN Mi-Do: 16:00 bis 22:00 Uhr, Fr-So: 11:00 bis 22:00 Uhr
FASSBIER Thalheim Pils, Thalheim Märzen, Gösser Zwickl, Gösser Naturradler, saisonal Schladminger Ennstaler Weißbier, Trumer Herbstbier
FLASCHENBIER Thalheim Pils, Thalheim Märzen, Thalheim Radler
LOKAL Kleines, traditionelles Gasthaus, erstmals urkundlich im 14. Jahrhundert als Taverne erwähnt – und ein schlecht geheim zu haltender „Geheimtipp" unter Biergartlern. 60 Sitzplätze im Lokal, 8 Plätze am „Stammtisch", 40 Sitzplätze im Garten.

ROTTENMANN

KOFLER BRÄU IM HOTEL KOFLER

8786 Rottenmann, Hauptstraße 4, +43/3614/2225
www.hotelkofler.at
ÖFFNUNGSZEITEN Mo-Do: 11:00 bis 14:00 Uhr, 18:00 bis 22:00 Uhr, Sa-So: 11:00 bis 14:00 Uhr, 18:00 bis 22:00 Uhr
FASSBIER Kofler-Bräu Kellergold, Kofler Bräu Schwarzer Graf,

Kofler-Bräu Starkbier
FLASCHENBIER Kofler-Bräu Kellergold, Kofler-Bräu Starkbier, Kofler-Bräu Schwarzer Graf, Kofler-Bräu Mandarina, Kofler-Bräu Schneeweißchen Hefeweizen, Gösser Naturgold
LOKAL Bürgerlicher Gasthof, dessen Wirt Harald Kofler in der ehemaligen Fleischhauerei braut. Im Restaurant werden österreichische Spezialitäten regionaler Herkunft angeboten. 50 Sitzplätze im Lokal, im romantischen Gastgarten 20 Sitzplätze eingebettet, in der Altstadt von Rottenmann.

SALLA

GASTHAUS ZUR KATZBACHBRÜCKE
8592 Salla, Gaberlstraße 6, +43/3147/216
ÖFFNUNGSZEITEN Mo-Sa: 7:00 bis 00:00 Uhr
FASSBIER Puntigamer Panther
LOKAL Entzückendes, idyllisch gelegenes Wirtshaus an der Straße zum Gaberl. Kleine Gaststube, in der freundlich bedient wird, ebenso kleiner Garten. 12 Plätze im Lokal, drei an der Bar, 12 im Garten.

SANKT GEORGEN OB MURAU

KREISCHBERG ECK
8861 Sankt Georgen ob Murau, Kreischbergstraße 15
+43/3537/444
www.kreischberg-eck.at
ÖFFNUNGSZEITEN Sommer: täglich ab 11:00 Uhr, Mi Ruhetag
Winter: Mo-Fr ab 14:00 Uhr, Sa-So ab 11:30 Uhr, Mi Ruhetag

Kreischberg Eck

FASSBIER Murauer Märzen, Murauer Doppelmalz, Hausbier
FLASCHENBIER Murauer Weißbier Hell, Murauer Hoamat Weiße
LOKAL Gemütliches, mit viel Holz gestaltetes Gasthaus am Fuße des Kreischbergs mit zentraler Theke, an der auch die persönlichen Krüge der Stammgäste befestigt sind. Neben den Spezialitäten der heimischen Brauerei Murau wird österreichische Küche angeboten. Gekocht wird viel mit Bier, und das schmeckt man auch. Im Sommer lockt die sonnige Terrasse zum Verweilen, und das Beste ist: Das Haus ist leicht mit der Lokalbahn zu erreichen. 75 Sitzplätze im Lokal, 70 Plätze auf der Terrasse.

SANKT STEFAN IM ROSENTAL

ANNI'S GASTHAUS
8083 Sankt Stefan im Rosental, Mureckerstraße 18
+43/3116/81322
www.facebook.com/AnnisGasthaus
ÖFFNUNGSZEITEN Mo: 9:00 bis 1:00 Uhr, Do-Sa: 9:00 bis 1:00 Uhr, So: 9:00 bis 15:00 Uhr
FASSBIER Puntigamer, Gösser Zwickl, saisonal: Zipfer Urtyp, Oktoberbräu
FLASCHENBIER Gösser Zwickl, Schlossgold
LOKAL Ein für seine Küche (Fischspezialitäten) bekanntes Wirtshaus, Mitgliedsbetrieb der steirischen Dorfwirte. Immer wieder Aktionen mit Bier, jährlich Oktoberfest. 120 Plätze, Bar: 25.

SCHLADMING

Kirchenwirt

KIRCHENWIRT
8970 Schladming, Salzburger Straße 27, +43/3687/22435
www.kirchenwirt-schladming.com
ÖFFNUNGSZEITEN Mo-So: 11:00 bis 22:00 Uhr
FASSBIER Schladminger Märzen, Schladminger Schnee Weisse
FLASCHENBIER Schladminger Bio Zwickl, Gösser Stiftsbräu Dunkel, Reininghaus Doppelmalz, Schlossgold
LOKAL Familiär geführtes, gemütliches Wirtshaus an der Schmalseite des Hauptplatzes – genau genommen zwischen der katholischen und der evangelischen Kirche und daher der erste ökumenische Kirchenwirt Österreichs. Im üppig jagdlich und mit bäuerlicher Kunst dekorierten Restaurant befindet sich eine interessante Sammlung von Bierkrügen und eine Reliefdarstellung einer alten Steinbierbrauerei: Tatsächlich befand sich an dieser Stelle wohl bis 1875 eine solche. Bürgerliche Küche, zivile Preise – auch für Übernachtungen. Gasthof: 250 Sitzplätze, Garten: 30. 30

STADTBRÄU
8970 Schladming, Siedergasse 89, +43/664/5179620
www.stadtbraeu-schladming.at
ÖFFNUNGSZEITEN Di-So: 11:00 bis 22:30 Uhr
FASSBIER Schladminger Märzen, Schladminger Bio Zwickl, Schl-

adminger Schnee Weisse, Gösser Stifts-Zwickl Dunkel, Gösser Naturradler, ein Saisonbier vom Fass
FLASCHENBIER Edelweiss Dunkel, Edelweiss Alkoholfrei
LOKAL Als Schwalbenbräu war dieses Lokal eine der ersten Gasthausbrauereien in der Steiermark. Nachdem der Braubetrieb eingestellt worden ist, wurde das Lokal optisch auf den neuesten Stand gebracht (das winzige Sudwerk dient nun als Dekoration). Das Bier kommt jetzt vor allem aus der Schladminger Brauerei, die Karte ist von steirischer Küche geprägt, das Service sehr locker und freundlich. Ca. 80 Sitzplätze im Lokal, 20 an der Bar, Garten: ca. 40 Sitzplätze.

SZENARIO

8970 Schladming, Parkgasse 69, +43/3687/23748
www.szenario.cc
ÖFFNUNGSZEITEN Mi-Do: 21:00 bis 1:00 Uhr, Fr-Sa: 21:00 bis 6:00 Uhr
FASSBIER Schladminger Märzen
FLASCHENBIER Heineken, Stiegl-Pils, Desperados, Corona, Maisel's Hefeweizen, Clausthaler
LOKAL „Schladming is a drinking town with a skiing problem". Dieses Schild im Szenario zeigt, dass es hier um Spaß geht – es ist eine Bar, in die man zum Trinken kommt (obwohl es auch etwas zu essen gibt). Viele alte emaillierte Werbetafeln und Nummernschilder an den Wänden. Einmal jährlich findet die bei den Gästen beliebte Schlagerparade statt. 40 Sitz- und 20 Stehplätze.

SEIERSBERG

MARY ANN

8054 Seiersberg, Feldkirchnerstraße 15, +43/316/289151
www.mary-ann.at
ÖFFNUNGSZEITEN Mo-Do: 11:00 bis 23:00 Uhr, Fr: 11:00 bis 1:00 Uhr, Sa: 18:00 bis 1:00 Uhr
FASSBIER Puntigamer, Budweiser, Guinness, Radler
FLASCHENBIER Puntigamer, Murauer, Wieselburger Stammbräu, Heineken, Corona, Budweiser, Kilkenny, Erdinger Hefeweizen
LOKAL Mary Ann' Annemarie Stampler hat dieses Pub in der Nähe der Shopping City Seiersberg im englischen Stil eingerichtet – aber es gibt auch jährlich ein Oktoberfest, bei dem es richtig boarisch zugeht. Neben Guinness und Kilkenny gibt es auch eine Auswahl an irischen und schottischen Whiskys.

THÖRL

HUBINGER

8622 Thörl, Etmißl 25, +43/3861/8114
www.hubinger.com
ÖFFNUNGSZEITEN Mi-Sa: 8:00 bis 23:00 Uhr, So: 8:00 bis 16:00 Uhr
FASSBIER Gösser Zwickl Dunkel, Gösser Spezial, Reininghaus Jahrgangspils
FLASCHENBIER Puntigamer ‚das bierige Bier', Edelweiss Hefetrüb, Gösser Naturgold, Gösser Märzen, Californian Moonshine - Mürztaler CBD Hanfbier
LOKAL Die Anfahrt in dieses etwas abgelegene Seitental lohnt sowohl kulinarisch – die Küche wurde mehrfach ausgezeichnet – als auch vom bierigen Erlebnis her: An der kleinen Bar wird mit besonderer Aufmerksamkeit gezapft und der Wirt ist besonders stolz auf die Bierkultur. Die sei hier mehr gefragt als im weinlastigen Süden der Steiermark. Deshalb gibt er auch immer wieder kleinen Brauern die Chance, mit ihren Flaschen vertreten zu sein. 60 Sitzplätze im Lokal, 5 an der Bar, 60 im Gastgarten.

TRIEBEN

TRIEBENER HOF

8784 Trieben, Trieben 5, +43/3615/2234, +43/676/6041834
www.triebenerhof.at
FASSBIER Gösser Gold, Gösser Zwickl
FLASCHENBIER Gösser Naturgold, Weihenstephaner Hefeweizen
LOKAL Alteingesessener Gasthof, seit fünf Generationen von der Familie Klarmann geführt. Die Gasträume sind mit viel Holz ausgestattet, das Extrazimmer mit Zirbenholz. Gastzimmer 40 Plätze, Extrazimmer 30 Plätze, im Gastgarten 50 Plätze.

WEISSKIRCHEN

K.U.K. - WIRTSHAUS TAVERNE

8741 Weisskirchen, Judenburgerstraße 13, +43/3577/82255
www.kuk-wirtshaus.at
ÖFFNUNGSZEITEN Mi-Sa: 11:00 bis 14:00 Uhr, 17:30 bis 21:30 Uhr, So: 11:00 bis 17:30 Uhr

K. u. K. - Wiirtshaus Taverne

FASSBIER Stiegl-Goldbräu, König Ludwig Weißbier
FLASCHENBIER Gösser Märzen, König Ludwig Dunkel
LOKAL Ein ausgesprochen gastfreundliches Haus mit langer Tradition: Seit der Gastwirt Jako Zänggl 1606 das Gebäude gekauft hat, ist hier ein gastronomischer Betrieb belegt. Heute ist es eine gediegene ländliche Taverne mit großer, zentraler Bar und freundlicher Bedienung, die auch noch spätabends köstliche steirische Brotzeiten zuzubereiten imstande ist. Küchenchef Johann Bauer hat sich auch eine Gault-Millau-Haube erkocht. 55 Sitzplätze im Lokal, 10 Plätze an der Bar, 50 Sitzplätze im Garten.

WEIZ

DEJA VU 2.0

8160 Weiz, Rathausgasse 3, +43/660/2474120
www.facebook.com/dejavuWeiz
ÖFFNUNGSZEITEN Mi-So: 11:00 bis 22:00 Uhr
FASSBIER Puntigamer Panther
FLASCHENBIER Puntigamer ‚das bierige Bier', Corona, Heineken
LOKAL Große, weit schwingende Bar mit ein paar Tischen und einer großen Terrasse im Kunsthaus – ein Platz zum „sehen und gesehen werden". Und wenn einen der Hunger packt: Die Pizze gehen weit über das übliche Angebot hinaus.

JUPP – THE IRISH PUB

8160 Weiz, Dr.-Karl-Widdmann-Straße 4, +43/3172/3360 oder +43/664/99466237
www.irishpub-weiz.at
ÖFFNUNGSZEITEN Di-Fr ab 16:00 Uhr, Sa ab 18:00 Uhr, So-Mo Ruhetag.
FASSBIER Gösser Gold, Paulaner, Guinness, Kilkenny
FLASCHENBIER Puntigamer, Murauer, Murauer Dunkel, Augustiner Hell, Corona, Desperados, Heineken
LOKAL Großes Irish Pub mit langer Bar, einigen Tischchen und einem Billardtisch im Erdgeschoß. Weitere Billardtische gibt es im ersten Stock. 70 Plätze im Lokal, 40 an der Bar.

WUNDSCHUH

BIERBOTSCHAFT HERZOG

8142 Wundschuh, Ponigler Straße 52, +43/676/3530560
www.bierbotschaft.at
ÖFFNUNGSZEITEN Do-Sa 10:00 bis 22:00 Uhr, So & Feiertage 10:00 bis 17:00 Uhr
FASSBIER Herzog Biere, ein Saisonbier
FLASCHENBIER Herzog Biere, Trappistenbiere aus Belgien, Gösser Naturgold, saisonale Biere
LOKAL Anita Herzog hat ihre Bier-Karriere als Biersommelière begonnen und eine Mikrobrauerei auf ihrem Bauernhof eingerichtet. Die ist dann aber zu klein geworden, also hat sie eine größere Brauanlage in diesem prächtig hergerichteten Gebäude eingerichtet und so ihren Traum verwirklicht. Bei mehr als 60 Bierspezialitäten, vom Damenbier über Fruchtbiere, Kaffee- und Chilibier bis Ginbier, wird Geschmacksvielfalt in der Bierbotschaft erlebbar. Sohn Richard kocht mit regionalen und natürlichen Zutaten, Sohn Hannes braut auf der neuen Anlage, die prominent in den Bau integriert wurde. Die Bierbotschaft bietet auch Bierverkostungen an. Als ideal erweist sich der große Brausaal für diverse Veranstaltungen. 60 Plätze in der Gaststube, 120 im Brausaal, 130 im großen grünen Garten.

ZEUTSCHACH

DER SEIDL – IHR BRAUWIRT

8820 Zeutschach, Zeutschach 7, +43/3584/2440
www.brauwirtseidl.at
FASSBIER Hirter Märzen, Hausbier Dunkel, Hausbier Halbdunkel, Hefeweizen
FLASCHENBIER Hirter Pils, Hirter Märzen, Schlossgold, Hausbier
LOKAL In idyllischer Lage zwischen St. Lambrecht und Neumarkt in der Steiermark liegt das Dorf Zeutschach, wo ein seit 1385 bestehendes Haus als Dortwirtshaus mit eigener Brauerei dient. Den Klimawandel spürt man hier im Naturpark Grebenzen schon lange, daher hat Robert Seidl (nicht mit dem Autor dieses Guides verwandt) im ehemaligen Skikeller eine einfache Brauanlage eingerichtet. Solide Hausmannskost wird hier serviert, dazu ein bernsteinfarbenes Hausbier. Man kann im Haus oder in einer Ferienwohnung übernachten, ein Teil der Räume ist barrierefrei gestaltet. 120 Sitzplätze, 10 Plätze in der Braustuben-Bar, Terrasse: 50 Plätze. 8

GASTRO.NEWS
by culinarius
DEAL
Das ganze Jahr lang kulinarische Events genießen.
Jetzt entdecken!
www.gastro.news/deals

VON **A** WIE ABSAM BIS **Z** WIE ZELL AM ZILLER

TIROL

TIROLS BIERLOKAL DES JAHRES

SCHWOICH

BIER LOKAL DES JAHRES TIROL

BIEROL TAPROOM & RESTAURANT

6334 Schwoich, Sonnendorf 27, +43/660/5490045
www.bierol.at

ÖFFNUNGSZEITEN Do-Fr: 17:00 bis 00:00 Uhr, Sa-So: 11:00 bis 00:00 Uhr

FASSBIER alle Bierol-Biere

LOKAL Man kennt das von den Navis im Auto: „Wenn möglich, bitte wenden." Hier steht die Aufforderung aber über dem Ausgang – und man würde sich wirklich gerne umdrehen und noch einmal an die Bar gehen. Da gibt es nämlich Craftbiere, die inzwischen weltberühmt sind. Dabei hat dieses Lokal eine erstaunliche Karriere hinter sich: 2004 wurde es in einem ehemaligen Kuhstall als Gasthausbrauerei „Stöfflbräu" eingerichtet und war als solche bereits Tiroler Bierlokal des Jahres in diesem Guide. Zehn Jahre später war die Brauanlage unter dem neuen Namen „Bierol" zur Craftbiermarke aufgestiegen. Entsprechend wurde der „Bierol Taproom & Restaurant" zum modernen Bierlokal amerikanischen Stils eingerichtet und das Craftbierangebot um gehobene Küche ergänzt. Frisch gezapftes Craftbier aus acht Hähnen, feinste, regionale Küche, die seit 2019 mit einer Gault & Millau Haube ausgezeichnet wird: „Die Gerichte sind teilweise so schräg, dass man schon weit fahren müsste, um ähnlich ausgefallene Teller zu bekommen. Schweinsbauch mit Tiroler Kola, Störkaviar zur Kalbszunge, ein sensationelles Beuscherl und als Dessert ein neapolitanisch inspirierter „Baba au rhum", lautetete damals die Begründung der Auszeichnung. Und 2023 wächst der Betrieb noch weiter: Zum Taproom kommt noch ein weiterer Tasting Room – und auch die Brauerei wird technisch neu aufgestellt. Im Haus gibt es auch eine kleine Brennanlage. 50 Plätze innen, 50 Plätze im Garten.

ABSAM

GASTHOF EBNER

6067 Absam, Karl Zanger Straße 17, +43/5223/57923
www.gasthofebner.at

ÖFFNUNGSZEITEN Mi-Do: 16:00 bis 00:00 Uhr, Fr-Sa: 9:00 bis 00:00 Uhr, So: 9:00 bis 22:00 Uhr
FASSBIER Ebner Gold (Hausbier), Franziskaner Weißbier, Zipfer
FLASCHENBIER Zipfer Märzen, Gösser Naturgold
LOKAL Dieser Gasthof ist seit 1930 in Familienbesitz. Die Verbindung zum Brauen findet sich in der Speisekarte. So gibt es mit speziell auf das selbst gebraute Bier abgestimmte Speisen wie z.B. Bandnudeln mit Pilzen in Biersauce oder auch Besonderes wie Bierbrot, Bieressig etc. Insgesamt gibt es 115 Sitzplätze aufgeteilt auf 3 Stuben im Innenbereich, im Gastgarten mit Kastanienbäumen ca. 80 Sitzplätze. Auf Anfrage werden Bier- und Destillat-Führungen und Verkostungen mit und ohne Verpflegung durchgeführt.

ACHENKIRCH

ALPIN - GRÜNDLER'S GENIESSER-WIRTSHAUS

6215 Achenkirch, Seestraße 35, +43/5246/6800
www.kulinarikhotel-alpin.at

ÖFFNUNGSZEITEN Mo: 8:00 bis 23:00 Uhr, Do-So: 8:00 bis 23:00 Uhr, Di-Mi Ruhetag

Alpin - Gründler's Genießer-Wirtshaus

FASSBIER Zillertal Pils, Zillertal Weißbier Hell
FLASCHENBIER Zillertal Weißbier Dunkel, Zillertal Radler Naturtrüb, Zillertal Dunkel, Zillertal Schwarzes, Zillertal Granat Barley Wine, Paulaner Weißbier Alkoholfrei, Zillertal Tyroler - Imperial Zwickl, Zillertal Pils
LOKAL In der malerischen Umgebung der Tiroler Berge und des Achensees wird man in Gründler's Geniesser-Wirtshaus in einem sehr familiären Ambiente herzlich willkommen geheißen. Die Küche bietet internationale und Tiroler Spezialitäten und wurde mit dem „Bewusst Tirol"-Award 2021 ausgezeichnet. Die von Armin und seinem Sohn Alexander Gründler, welche mit 4 Gault-Millau-Hauben ausgezeichnet wurden, verwendeten Produkte stammen zum Großteil von örtlichen Produzenten und das Bier kommt aus der nahen Zillertaler Brauerei, mit der die Familie Gründler seit 1986 eng zusammenarbeitet. 60 Sitzplätze im Lokal und 60 Sitzplätze auf der Terrasse.

AMPASS

RÖMERWIRT

6060 Ampass, Römerstraße 13, +43/512/345449
www.roemerwirt.at

ÖFFNUNGSZEITEN Di-Sa 11:00 bis 14:00 Uhr und 17:00 bis 23:00 Uhr, So 9:00 bis 16:00 Uhr
FASSBIER Zillertal Märzen, Gösser Zwickl, ein saisonales Bier
FLASCHENBIER Clausthaler, Gösser Naturradler, Zillertal Weißbier Hell, Zipfer Märzen
LOKAL Bürgerliches Gasthaus mit großem Gastgarten, Zirbenstube. Mit Bier gekochte Speisen: Blunzentascherl in Biervinaigrette, Tiroler Bierschaumsuppe, Schweinsbraten in Biersauce, Verhackertes Lamm in Bierteig (zum Einsatz kommen nur frische Produkte, die teilweise von den heimischen Bauern stammen). 100 Sitzplätze im Lokal, 60 Sitzplätze im Gastgarten mit altem Baumbestand und auf der Terrasse, Kinderspielplatz.

AURACH

HALLERWIRT

6371 Aurach, Oberaurach 4, +43/5356/64502
www.hallerwirt.at

ÖFFNUNGSZEITEN Mi-So: 11:30 bis 23:00 Uhr
FASSBIER Huber Bräu Biere - St. Johanner Original, Augustinus, Tiroler Hefeweizen, Huberbräu Meisterpils, Huberbräu Zwickl
FLASCHENBIER Tiroler Hefeweizen Dunkel, Huber Meisterpils, Huber Hefeweizen Hell/Leicht/Alkoholfrei, Clausthaler
LOKAL Gasthaus seit 1785 in einem der größten und ältesten Holzblockhäuser im Raum Kitzbühel – steht unter Denkmalschutz und kommt auch immer wieder im Fernsehen vor (etwa bei SoKo Kitzbühel). Der Name Hallerwirt geht auf die Hallerischen Ahnen von 1665 zurück. Österreichische Küche, teilweise gibt es Produkte aus

der eigenen Landwirtschaft, hier wird die Rinderrasse Jochberger Hummeln weitergezüchtet und bei Bedarf zu schmackhaften Speisen zubereitet. Je 90 Sitzplätze im Lokal und im Saal, 10 Plätze an der Bar, Terrasse: 50 Sitzplätze.

AXAMS

WEISS BAR RESTAURANT

6094 Axams, Sylvester-Jordan-Straße 1, +43/5234/67036 oder +43/664/4124986
www.facebook.com/restaurantweiss/?locale=de_DE
ÖFFNUNGSZEITEN Mo: 10:00 bis 00:00 Uhr, Mi-Do: 10:00 bis 00:00 Uhr, Fr-Sa: 10:00 bis 2:00 Uhr, So: 10:00 bis 00:00 Uhr

Weiss Bar Restaurant

FASSBIER Zipfer Märzen, Weihenstephan Weizen Hell, Gösser Radler
FLASCHENBIER Trumer Pils, Weihenstephan Dunkel, Gösser Zwickl, Zipfer Hell, Heineken, Desperados
LOKAL Wenn man in dieses Lokal kommt, empfängt einen zunächst eine moderne Bar, an der Zipfer gut gezapft wird. Und dann muss man sich entscheiden: Es gibt einen modernen Restaurantbereich und eine gemütliche mit hellem Holz getäfelte Stube, die man in einem so modernen Bau gar nicht erwarten wüde. Kulinarisch geboten werden vorwiegend Schmankerl aus heimischer Küche, vom Wirt Roland Riedmüller persönllich zubereitet, definiert als „österreichische Küche mit mediterranem Hauch." Er empfiehlt, den Aufenthalt in seinem Lokal zum „kulinarischen Kurzurlaub" zu nutzen. 30 Plätze an der Bar, je 35 in den beiden Restaurant-Bereichen.

BERWANG

HOTEL THANELLER – STADL BRÄU

6622 Berwang, Rinnen 38, +43/5674/8150
www.hotelthaneller.at
ÖFFNUNGSZEITEN Mo-So: 10:00 bis 00:00 Uhr
FASSBIER Stadl-Bräu Hell/Dunkel/Weizen
FLASCHENBIER Stadl-Bräu Hell/Dunkel/Weizen, Erdinger Weißbier Alkoholfrei, Schlossgold
LOKAL Urige Gasthausbrauerei, zu der Gäste busweise aus dem benachbarten Bayern anreisen. Die Ansprüche der bayerischen Biertrinker sind eine Garantie dafür, dass das Bier durchwegs okay ist. Man kommt aber nicht nur wegen des Bieres: Hier geht es um die Verbindung von Bier und Volksmusik. Die Wirts-Familie Zobl hat selber viele Musiker hervorgebracht und schafft es seit Jahren, eine bierige Stimmung zu vermitteln. Dazu kommt, dass der angeschlossene Beherbergungsbetrieb sich inzwischen zu einem tollen 4Sterne-Wellness-Hotel gemausert hat. 280 Sitzplätze im Stadl, Restaurant: 260 Sitzplätze im Lokal, 25 Plätze an der Bar, im Garten 50 Sitzplätze.

GOING

LANZENHOF

6353 Going, Dorfstraße 16, +43/5358/3534
www.lanzenhof.at
ÖFFNUNGSZEITEN Di-Sa ab 17:00 Uhr
FASSBIER Huberbräu Meisterpils, Huberbräu Weizenbier, Huberbräu Dunkelbier
FLASCHENBIER Huber Weizenbier leicht, Huber Weizenbier dunkel, Clausthaler, Franziskaner alkoholfreies Weißbier
LOKAL Tradition und Gemütlichkeit stehen in den original gestalteten Holzstuben dieses im Jahr 1627 erstmals erwähnten Hauses hoch im Kurs. Es handelt sich um ein Hotelrestaurant mit feiner Küche und Tiroler Brauchtum. Gleichzeitig ist es aber auch ein richtiges Wirtshaus, das auch die Leute aus der Nachbarschaft zu schätzen wissen. Ortsansässige Bauern, wie zum Beispiel der Bichlbauer oder der Heisingerbauer, garantieren als Lieferanten für einwandfreie Fleischqualität bei Blutwurstgröstl, Kalbshax'n oder Schöpsernem vom Tiroler Steinschaf, die Traditionsbrauerei Huber aus St. Johann liefert die passenden Biere dazu. Wenn im Sommer dann in Going die traditionellen Handwerkskunstmärkte stattfinden, sind die ofenfrischen Schweinshax'n beim „Lanzen" besonders gefragt. 80 Sitzplätze im Lokal, 7 Plätze an der Bar, 35 Sitzplätze im Garten. 30

HAIMING

OILERS 69

6425 Haiming, Bundesstraße 9, +43/5266/87410
www.oilers69.com
ÖFFNUNGSZEITEN Di-Fr: 17:00 bis 22:00 Uhr, Sa: 11:00 bis 22:00 Uhr, So: 11:00 bis 17:00 Uhr
FASSBIER Fohrenburger, Maisel's Weisse, Radler
FLASCHENBIER Stiegl, Miller, Corona, Einhorn, Guinness, Heineken, Budweiser, Desperados, Anheuser Busch - American Bud, Fohrenburger Alkoholfrei, Maisel's Weisse Alkoholfrei
LOKAL Originelles, 2008 eröffnetes Lokal, das an eine Service Station aus einem amerikanischen Roadside-Movie erinnert. Ein

Rundgang durch dieses Roadhouse ist wegen des stylischen Ambientes lohnend, fast fühlt man sich in ein Auto-Museum versetzt, an jeder Ecke ist etwas zu entdecken. Amerikanische Speisekarte.

HALL IN TIROL

AUGUSTINER BRÄU KELLER IM GOLDENEN ENGL

6060 Hall in Tirol, Unterer Stadtplatz 5, +43/5223/54621-0
www.goldener-engl.at
ÖFFNUNGSZEITEN Mo-Do: 10:30 bis 23:30 Uhr, Fr-Sa: 10:30 bis 00:00 Uhr, So: 10:30 bis 22:00 Uhr
FASSBIER Augustiner helles Vollbier, Augustiner dunkles Vollbier, Augustiner Edelstoff
FLASCHENBIER Augustiner Weizen, König Ludwig dunkles Weizen, Erdinger Hefeweizen Alkoholfrei
LOKAL Das Hotel und Restaurant Goldener Engl, ein „Historic Hotel of Europe", ist geprägt von einer langen Geschichte, die ihren Beginn um 1300 hat, als die Stadtmauer von Hall errichtet und ausgebaut wurde. Die mehr als 700 Jahre alten Mauern zeugen noch heute davon, dass dieses Hotel ein geschichtsträchtiger Ort ist. Und wer zur Toilette geht, findet dort Reste eines jahrhundertealten Klobretts, die sich in einer Latrine erhalten haben – wunderliche Dinge, die die Archäoligie zutage fördern kann! Der Augustiner Bräu Gewölbekeller mit seiner langen Bar und der freundlichen Bedienung bietet rund 100 Sitzplätze im Hauptrestaurant und 35 im Bierverlies.

Augustiner Bräu Keller im Goldenen Engl

HOLZGAU

STRICKERS DORF-ALM

6654 Holzgau, Nr. 71, +43/5633/5586
www.dorfalm.com
ÖFFNUNGSZEITEN Mo: 18:00 bis 1:00 Uhr, Mi-So: 18:00 bis 1:00 Uhr
FASSBIER Eigenbier - Stricker Hell, Stricker Dunkel, Stricker Weizen, saisonal Stricker Bock
FLASCHENBIER Kaiser Fasstyp, Duvel, Schlossgold
LOKAL Dieser imposante Holzbau beherbergt seit 1996 ein familiär geführtes, rustikales Erlebnislokal mit Getränkeschwerpunkt und der erwartbaren Mischung von Oldies, Volks- und Après-Ski-Musik. Zum Essen gibt's Bierbrezen, Toast, Braujause und manchmal Spareribs. Zudem gibt es seit Herbst 2008 eine eigene Hausbrauerei mit einer Dreher-Anlage, die inzwischen in ein (ebenso rustikales, aber innen technisch gut ausgestattetes) Nebengebäude verlegt wurde. Auf Anfrage gibt es auch Verkostungen und Brauereiführungen in diesem Braustadel. 80 Sitzplätze im Lokal, 12 an der Bar.

IGLS

Ägidihof

ÄGIDIHOF

6080 Igls, Bilgeristraße 1, +43/512/377108
www.aegidihof.at
ÖFFNUNGSZEITEN Mo: 9:00 bis 23:00 Uhr, Do-So: 9:00 bis 23:00 Uhr
FASSBIER Zillertal Pils
FLASCHENBIER Zillertal Märzen, Zillertal Das Schwarze, Clausthaler, Paulaner Hefe Hell, Paulaner Hefe Dunkel
LOKAL Renommierter Landgasthof und Hotel aus dem Jahr 1600, sehr gepflegte Stuben mit viel Holz. Serviert wird unter anderem Schweinsbraten in Biersauce. 100 Sitzplätze im Lokal, 40 Sitzplätze im Garten.

INNSBRUCK

ADLERS BAR

6020 Innsbruck, Brunecker Straße 1, +43/512/563100
www.adlers-innsbruck.com
ÖFFNUNGSZEITEN Mo-So: 8:00 bis 00:00 Uhr
FASSBIER Zipfer Urtyp, Weihenstephaner Weizen Hell
FLASCHENBIER Bayreuther Hell, Weihenstephan Dunkel, Brewdog Elvis Juice, Weihenstephan Alkoholfrei, Gösser Naturgold
LOKAL Vielleicht der schönste Aussichtspunkt von Innsbruck: Hoch über der Stadt ist diese Hotelbar im obersten Stockwerk eine Sehenswürdigkeit für sich. Bei Tag strahlend hell, abends bunt beleuchtet. Perfektes Service - und eine für eine Hotelbar bemerkenswert gute Bierauswahl. 60 Plätze im Lokal, 20 an der Bar.

INNSBRUCK

BIERFABRIK TAPROOM

6020 Innsbruck, Viaduktbögen 25, +43/664/5138558
www.bierfabrik.at
ÖFFNUNGSZEITEN Mo: 16:00 bis 00:00 Uhr, Mi-Do: 16:00 bis 00:00 Uhr, Fr-Sa: 16:00 bis 2:00 Uhr, So: 16:00 bis 00:00 Uhr

Bierfabrik Taproom

FASSBIER Bierfabrik Innsbrucker Lager, Bierfabrik Bernstein Spezial, Bierfabrik Easy Rider
LOKAL Unter dem Bahnbogen mit der Nummer 25 in der Ing. Etzel Straße sind ein kleines Sudhaus und eine lange Bar eingezogen (der Gär- und Lagerkeller ist im benachbarten Bogen). „Fabrik" ist dafür ein wenig hochgegriffen – aber die Biere erfüllen durchaus die Erwartungen. Braumeister Michal setzt auf seine tschechischen Erfahrungen beim Lagerbier, braut aber auch ein gutes Pale Ale. Immer wieder gibt es kleine Konzerte, im Sommer wird es rückseitig einen kleinen Gastgarten geben.

BIERSTINDL – KULTURGASTHAUS

6020 Innsbruck, Klostergasse 6, +43/512/580000
www.bierstindl.eu
ÖFFNUNGSZEITEN Mi-So: 11:00 bis 23:00 Uhr
FASSBIER Augustiner Vollbier Hell
FLASCHENBIER Augustiner Edelstoff, Augustiner Weißbier, Augustiner Dunkel, Augustiner Pils, Erdinger Weißbier Alkoholfrei, Clausthaler, saisonale Spezialitäten der Augustiner Brauerei
LOKAL Kulturgasthaus mit großem Biergarten im südlichen Stadtteil Wilten am Fuß des Bergisel. Mit der ersten urkundlichen Erwähnung 1641 einer der ältesten Betriebe in diesem Guide – 2014 frisch renoviert und mit seiner Open-Air-Bühne wieder dem Publikum zugänglich gemacht. Dies ist eine Leistung der Edith-Haberland-Wagner-Stiftung, die als Haupteigentümerin der Augustiner Brauerei in München auch kulturelle Aufgaben übernimmt. Der Name Bierstindl dürfte sich auf einen der ersten Wirte namens Augustin Nocker, vulgo „Stindl", zurückführen lassen. Die Inneneinrichtung wurde teilweise nach Originalentwürfen des 19. Jahrhunderts wiederhergestellt – besonders sehenswert der Saal mit der Bühne und der Schankbereich. 520 Plätze im Lokal, 200 im Biergarten.

BIERWIRT

6020 Innsbruck, Bichlweg 2, +43/512/342143
www.bierwirt.com
ÖFFNUNGSZEITEN Mo-Fr: 16:30 bis 23:00 Uhr
FASSBIER Tiroler Bier (Hausbrauerei Baumgartner), Stiegl-Goldbräu, Erdinger Urweisse, Clausthaler, Radler
FLASCHENBIER Zillertaler Gamsbock, Zipfer Märzen
LOKAL Der Bierwirt ist ein originales, aufwendig renoviertes Tiroler Wirtshaus aus dem 16. Jahrhundert mit einer schönen Bar, wo sich im Herrgottswinkel gleich unter dem Kruzifix eine geschnitzte Figur eines Bierwirtes befindet. Sehr freundliches Service. Gemütliche Bauernstube, eleganter Speisesaal. Bierige Spezialitäten wie die Alpbachtaler Biersuppe finden sich immer wieder auf der wechselnden Speisekarte oder Schmankerl wie die Bierwirt Tris – Schlutzkrapfen, Kartoffelblattl'n und Zillertaler Kaskrapfen mit Sauerkraut. 250 Sitzplätze im Lokal, 20 Plätze an der Bar, Garten: 120 Plätze.

BRETTERKELLER

6020 Innsbruck, Viller Berg 1, +43/664/3962401
www.gasthaus-bretterkeller.at
ÖFFNUNGSZEITEN Mo: 10:00 bis 22:00 Uhr, Di-So: 10:00 bis 00:00 Uhr
FASSBIER Zipfer Märzen, Gösser Naturradler
FLASCHENBIER Zipfer Märzen, Gösser Zwickl, Weihenstephaner Hefeweißbier Hell, Weihenstephaner Hefeweißbier Dunkel, Weihenstephaner Alkoholfrei, Zipfer Hell Alkoholfrei, Gösser Naturradler
LOKAL Kleine, abgelegene, aber überraschend gut besuchte Bierbar am Innsbrucker Stadtrand. Das könnte an den preiswerten und schmackhaften Tiroler Gerichten liegen. 25 Plätze im Lokal, 4 an der Bar.

Burenwirt „Zum Heurigen"

BURENWIRT „ZUM HEURIGEN"

6020 Innsbruck, Dorfgasse 9, +43/650/9830016
www.facebook.com/pages/Burenwirt/356404061112514
ÖFFNUNGSZEITEN Mo: 16:00 bis 00:00 Uhr, Do-Sa: 16:00 bis 00:00 Uhr, So: 10:00 bis 00:00 Uhr

FASSBIER Zipfer Urtyp, Gösser Naturweizen, alle 2 Monate eine wechselnde Spezialität, z.B. Starobrno
FLASCHENBIER Zipfer Märzen, Reininghaus Jahrgangspils, Edelweiss Dunkel, Wieselburger Schwarzbier, Bayreuther Hell, Bierol Stegi Pale Ale
LOKAL Dieses im nördlichen Stadtteil Hötting gelegene Gasthaus pflegt einen einfachen, unkomplizierten Stil in einem urigen alten Ambiente – und gilt (auch wenn es sich dem Namen nach um einen „Heurigen" handelt) als guter Platz, ein Bier in fast ländlicher Umgebung und doch in der Stadt zu genießen. Was nur Insider wissen, weil es nicht an die große Glocke gehängt wird: Beim Burenwirt gibt es auf Nachfrage auch Craftbiere. Marcus „Stegi" Stegmayr und der aus Belgien stammende Innsbrucker Craftbier-Guru Robby Haesebrouck haben etwa bei Bierol ein „Stegi" Bier entwickelt, das es hier (ziemlich exklusiv) aus der Flasche gibt. Die dazu servierten Speisen sind deftig und wohlschmeckend. 100 Plätze in drei Stuben.

DOLLINGER

6020 Innsbruck, Haller Straße 7, +43/512/267506
www.dollinger.at
ÖFFNUNGSZEITEN Mo-Sa: 11:30 bis 23:00 Uhr
FASSBIER Zipfer Märzen, Gösser Stifts-Zwickl Hell, Weihenstephan Hefeweizen Hell, Zipfer Radler, Gösser Naturradler
FLASCHENBIER Zipfer Märzen, Weihenstephaner Dunkel, Wieselburger Schwarzbier, Guinness Stout
LOKAL In diesem aufgrund der auffälligen roten Fassade weithin sichtbaren Dreisternhotel befindet sich eine große Bierbar, an der der Chef selber für die Bierpflege zuständig ist. Alle Biere sind auf der Karte gut beschrieben. 60 Plätze, Bar: 35, Gastgarten: 80.

ELFRIEDE

6020 Innsbruck, Herzog-Friedrich-Straße 11, +43/677/64400149
www.elfriede.cc
ÖFFNUNGSZEITEN Mo-So: 10:30 bis 1:00 Uhr
FASSBIER Obertrumer Märzen, Obertrumer Original, Trumer Pils, Wildbräu Weisses Hell, Wildbräu Grandauer Festbier, Radler
FLASCHENBIER Trumer Zwickl, Wildbräu Dunkle Weisse, Bierol Mountain Pale Ale, Birra Moretti, Schneider Weisse Alkoholfrei
LOKAL Das Elferhaus war jahrzehntelang eines der führenden Bierlokale Österreichs – und nicht nur wegen der Nachbarschaft zum Goldenen Dachl ein touristischer Hotspot. Im Jahr 2021 ist die traditionsreiche Bar völlig entkernt und in einem zeitgemäßen Design neu aufgebaut worden. Unter dem Namen Elfriede bietet sie nun einen Ankerpunkt der Trumer Pilskultur in Tirol (und Trumer Märzen gibt es in Tirol sonst kaum irgendwo), ergänzt um typisch bayerische Biere aus Grafing (ebenfalls sehr exklusiv) und regionales Craftbier. Stammgäste haben hier ihren eigenen Bierkrug im Regal stehen. Die Bedienung ist freundlich, das Essen (in relativ kleinen Portionen) schmackhaft. 50 Plätze im Lokal, 20 im Schanigarten.

GASTHAUS ANICH

6020 Innsbruck, Anichstraße 15/ Fallmerayerstraße 8
+43/512/570450
www.stift-wilten.at/de/index/48-gasthaus-anich
ÖFFNUNGSZEITEN Mo-Sa: 9:00 bis 00:00 Uhr
FASSBIER Tiroler Bier/Privatbrauerei Baumgartner, Zillertal Pils
LOKAL Eines der ältesten „echten" Gasthäuser der Innenstadt ist dieses zum Stift Wilten gehörende Lokal, das seit einigen Jahren von Familie Kleewein als Gasthaus Anich geführt wird – mit liebenswürdigen Anklägen an die gute alte Zeit, als die Suppe noch bei Tisch in den Suppenteller geleert wurde. Gelungene Mischung aus traditionellen Bauernstuben und modernen architektonischen Noten. Bemühtes Service und gute Bierpflege. Mittags gibt es preiswerte Menüs – da ist Reservierung empfohlen! 50 Sitzplätze.

Glorious Bastards Innsbruck

GLORIOUS BASTARDS INNSBRUCK

6020 Innsbruck, Egger-Lienz-Straße 118, +43/512/319192
www.glorious-bastards.at/innsbruck
ÖFFNUNGSZEITEN Mo-Do: 11:30 bis 23:00 Uhr, Fr-Sa: 11:30 bis 00:00 Uhr
FASSBIER Raschhofer Pegasus, Raschhofer Vollblut Zwickl, Raschhofer Marengo Weißbier Hell, Italian Stallion American Amber, Crazy Horse Witbier, Black Beauty Porter, Mustang Chesnut Blonde, Unicorn Pale Ale, Marwari IPA, Kutscher Leichtbier, Centaurus Radler, PS Pils, SchwarzWeiß Weißbier Dunkel
FLASCHENBIER Trumer Pils, Trumer Hopfenspiel, Thalheim Pils, Aventinus Eisbock, Stiegl Paracelsus Glutenfrei, Stiegl Wildshuter Sortenspiel, Corona, Eggenberg Samichlaus, Hoegaarden und viele in- und ausländische Spezialitäten
LOKAL Das Glorious Bastards am Standort der bekannten Soulkitchen vereinigt die Kompetenz und die Konzepte von Pizza-Guru Guido Medeot aus Italien, BBQ-Ikone Kasper Stuart aus Amsterdam und den Bierspezialitäten der Innviertler Brauerei Raschhofer. Im Lokal werden die drei selbsternannten Bastarde als „The Baker", „The Butcher" und „The Brewer" gefeiert. Frisch vom Fass gibt es 14 verschiedene Bierspezialitäten. Sonntags-Brunch von 9:00 bis 13:00 Uhr (rechtzeitig reservieren!). Übrigens wurde Soulkitchen vom Fachmagazin „Rolling Pin" 2021 als bester gastronomischer Arbeitgeber ausgezeichnet. 120 Plätze im Lokal, 60 im Garten.

GÖSSER'S

6020 Innsbruck, Adolf-Pichler-Platz 3, +43/512/572629
www.goessers.at
ÖFFNUNGSZEITEN Mo-Do: 9:00 bis 1:00 Uhr, Fr-Sa: 9:00 bis 2:00 Uhr
FASSBIER Gösser Gold, Weihenstephaner Hefeweizen, Gösser Stiftsbräu, Gösser Zwickl Naturtrüb, Guinness Hop House 13, Gösser Naturradler, saisonal: Oktoberbräu
FLASCHENBIER Heineken, Guinness Stout, Desperados, Corona, SOL mexican beer, Weihenstephaner Weizen Alkoholfrei
LOKAL Zentraler Treffpunkt für Innsbrucks Bierfreunde: Dieses in den Rathausgalerien gelegene Lokal ist beispielhaft für die moderne Seite der Gösser-Marke. Es verfügt über eine eindrucksvolle 15 Meter lange Bar aus Eichenholz. Kreative, feine Hausmannskost. Und es gibt eine lange Cocktailkarte. Freitags und samstags legt ein DJ ab 22:00 Uhr Hits von den 60er-Jahren bis heute sowie Hausmusik auf. 100 Sitzplätze, im Garten: 110 Sitzplätze.

INNSIDE PILSPUB IM HOTEL MONDSCHEIN

6020 Innsbruck, Mariahilfstraße 6, +43/512/2278460
www.innside.at
ÖFFNUNGSZEITEN Mo-So: 18:00 bis 00:00 Uhr

Innside Pilspub im Hotel Mondschein

FASSBIER Zillertal Pils
FLASCHENBIER Stiegl-Goldbräu, Zillertal Weißbier Hell, Franziskaner Weißbier Hell, Hirschbräu Holzar Bier, Zillertal Schwarzes, Zillertal Bio Zwickl Naturtrüb. POP UP – Saisonale Spezialbiere: Schäffler Bräu Winterzauber, Schäffler Bräu Pils, BIO Härle Naturpils, Hirter Pils, Budweiser Budvar, Zillertal Gauderbock, Thorbräu Hopfenzauber Real Pale Ale, Kilkenny, Spezialbiere vom Brauhaus Gusswerk
LOKAL Jenseits der Innbrücke, nur wenige Schritte von der Altstadt, fügt es sich in die traditionelle älteste Häuserzeile von Innsbruck ein. Die Bar zeigt sich mit gemauertem Ziegelgewölbe und Granitsäulen aus der Höttinger Brekzie sowie sehr viel Holz sehr biertypisch. Die Bedienung ist freundlich und zapft gekonnt – wenn auch nur eine Sorte vom Fass. Dafür gibt es immer wechselnde POP UP – Saisonale Spezialbiere aus der Flasche. Da finden sich Pils- und Spezialbiere von kleinen regionalen Brauereien aus Tirol und aus dem Allgäu oder Craftbiere genauso wie große Marken. Gelegentlich werden die alten Gemäuer von live Blues und Jazz erfüllt. 80 Plätze im Lokal, 20 an der Bar, 40 im Extraraum.

KAPUZINER

6020 Innsbruck, Kaiserjägerstraße 4a, +43/512/585810
www.facebook.com/kapuziner6020
ÖFFNUNGSZEITEN Mo-Fr: 11:00 bis 23:00 Uhr
FASSBIER Ottakringer Helles, Ottakringer Citrus Radler, Brauwerk Big Easy IPA, Ottakringer Rotes Zwickl
FLASCHENBIER Augustiner Bräu Helles, Augustiner Edelstoff, Tegernseer Hell, Budweiser, Paulaner Weizen Hell und Dunkel
LOKAL Samir El Mangalify ist ein perfekter Gastgeber und bemüht sich sehr um das in Tirol sonst nicht so häufig anzutreffende Ottakringer, das hier mit besonderer Sorgfalt gezapft wird. Der Kapuziner ist auch die beste Quelle für die Brauwerk-Biere aus Ottakring in Innsbruck: Er liegt gegenüber dem Sowi-Gelände. Damit ist das Kapuziner auch ein Fixpunkt im Innsbrucker Studenten- und Künstlerleben. Innen ist die Bar künstlerisch ausgestaltet: warme Farben und damit die richtige Stimmung für Biergenuss. Immer wieder interessante Gastbiere. Ausgezeichnet als Tiroler Bierlokal des Jahres 2006. 50 Sitzplätze, 15 an der Bar, im Garten: 60.

KATER NOSTER

6020 Innsbruck, Leopoldstraße 7, +43/699/11223383
www.katernoster.com
ÖFFNUNGSZEITEN Mo-Do: 15:00 bis 1:00 Uhr, Fr-Sa: 15:00 bis 2:00 Uhr, So: 15:00 bis 1:00 Uhr
FASSBIER Schneider's Helles Landbier
FLASCHENBIER Meckatzer Hell, Erdinger Urweisse, Erdinger Dunkel, Rothaus Tannenzäpfle Pils, Trumer Pils, Obertrumer Original Zwickl, Bierol Mountain Pale Ale, Meckatzer Weiss-Gold Alkoholfrei
LOKAL Seit 2017 gibt es diese weitläufige Bar mit dem schrägen Namen, der sich vom gestaltenden Architekturkollektiv „Krater Fajan" ableitet, das wiederkehrende Stilelemente (wie eben in einem Paternoster-Aufzug) verwendet hat. Schon im ersten Jahr gab es 88 Punkte im Falstaff Café Guide, weil die Location tagsüber

mehr Kaffeehausatmosphäre, nachts aber definitiv mehr Bargefühl vermittelt. Gut gezapftes Schneider-Bier aus dem Karmeliten Bräu in Straubing. 100 Plätze, zusätzlicher Keller für Events.

Kater Noster

KRAHVOGEL

6020 Innsbruck, Anichstraße 12, +43/512/580149
www.krahvogel.com
ÖFFNUNGSZEITEN Mo-Do: 10:00 bis 23:30 Uhr, Fr-Sa: 10:00 bis 1:00 Uhr
FASSBIER Wieselburger Spezial, Bürgerbräu Tiroler Helles, Mohrenbräu Spezial, Kaltenhauser Bernstein, Zwickl, Gösser Stiftsbräu Dunkel, Weihenstephan Hefetrüb, Guinness, Hoegaarden, Guinness Hop House 13, Gösser Naturradler
FLASCHENBIER Stella Artois, American Bud, Leffe Brune, Heineken, Zipfer Märzen, Wieselburger Stammbräu, Budweiser Budvar, Hirter Privat Pils, Tegernseer Hell, Trumer Pils, Bierol The Padawan Pale Ale, Tiroler Bier
LOKAL Seit Jahrzehnten eine Top-Adresse für gutes und nicht alltägliches Bier im Westen Österreichs – 2021 neu übernommen und mit viel Engagement neu belebt. Die lange Bar erleichtert die Kommunikation. Das Krahvogel verdiente sich schon im Jahr 2000 den ersten Platz im Bierguide für das Land Tirol. Am Nachmittag kann man hier sehr entspannt sitzen, abends ist es eher voll und gelegentlich laut – ab und zu gibt es hier Livemusik. 150 Plätze, kleiner Innenhof-Garten und Schanigarten auf der Anichstraße: 40.

RÖSSL BAR

6020 Innsbruck, Kiebachgasse 8, +43/512/583057-0
www.roessl.at
ÖFFNUNGSZEITEN Mo-Sa: 8:00 bis 00:00 Uhr, So: 10:00 bis 22:00 Uhr
FASSBIER Vilser Bergbräu Hell, Zillertal Weißbier
FLASCHENBIER Zillertal Das Schwarze, Bäckelar Brewery Sölsch, Zillertal 517 Dinkel-Weizen, Zillertal Granat Barley Wine, Zillertal Gauder Steinbock
LOKAL Für die Rössl-Bar wurden in dem 1410 erstmals erwähnten Hotelbau alte Gewölbe freigelegt, die seit 1600 dem Gastgewerbe gedient haben. Die Rössl-Bar zeichnet sich durch besondere Gediegenheit und durch ein sehr freundliches Service aus. Die Biervielfalt ist auf das Vilser Bier beschränkt, für das die Rössl-Bar quasi die Botschaft in der Landeshauptstadt darstellt. 50 Plätze, Bar: 5.

STIEGL-BRÄU

6020 Innsbruck, Wilhelm-Greil-Straße 25, +43/512/575310
www.stiegl-braeu-innsbruck.at
ÖFFNUNGSZEITEN Mo-Do: 11:45 bis 00:00 Uhr, Fr-Sa: 12:45 bis 00:00 Uhr

Stiegl-Bräu

Stiegl-Bräu
INNSBRUCK

FASSBIER Stiegl-Goldbräu, Stiegl-Hell, Stiegl-Paracelsus Bio Zwickl, Stiegl-Spezial, Stiegl-Weisse Naturtrüb, Stiegl Pils, Stiegl-Freibier Alkoholfrei, Stiegl Sport-Weisse, Stiegl-Radler Zitrone, Original Stieglbock (Nov.-Dez.)
FLASCHENBIER Stiegl-Columbus Pale Ale, Stiegl-Paracelsus Glutenfrei, Stiegl-Radler Grapefruit, Stiegl-0,0% Freibier, Stiegl-0,0% Zitrone, Stiegl-Radler Himbeere, Stiegl-Hausbier saisonal, Stiegl Hausbier, Wildshut Frischebiere
LOKAL Seit den 1930er-Jahren ist dieses Lokal schräg gegenüber vom Landhaus das Aushängeschild der Stieglbrauerei in Innsbruck, seit 2012 untersteht es direkt der Brauerei. Daher gibt es hier eine gut kommentierte Bierkarte und ein einladendes Ambiente sowohl für ein Bier „zwischendurch" als auch als Speiselokal, in dem die bodenständige Küche und das breit gefächerte Bierangebot gut zusammenspielen. Im Bräustüberl wird Hausmannskost serviert, während im Stieglitz, der Bierbar, unter anderem kreative Biercocktails auf der Karte stehen. 170 Plätze, Garten: 60.

STIFTSKELLER

6020 Innsbruck, Stiftgasse 1, +43/512/570706
www.stiftskeller.eu

ÖFFNUNGSZEITEN Mo-Di: 10:00 bis 23:00 Uhr, Do-So: 10:00 bis 23:00 Uhr

FASSBIER Augustiner Edelstoff, Augustiner Vollbier Hell, Augustiner Vollbier Dunkel

FLASCHENBIER Augustiner Pils, Augustiner Weißbier

LOKAL 1765 wurde in diesem Anbau der Hofburg ein adeliges Damenstift zum Gedenken an Franz Stephan von Lothringen eingerichtet, Heiligenfiguren erinnern daran, dass das Stift in den oberen Stockwerken immer noch besteht. Der Gaststättenbereich in den ehemaligen Stallungen wurde 1930 von Clemens Holzmeister geschaffen – nach einem Umbau 2021 erstrahlt das Lokal in neuem Glanz. Der Stiftskeller ist ein Aushängeschild des Münchner Augustinerbräu, ausgezeichnet als Tiroler Bierlokal des Jahres 2009. Deftige alpine Kost, Holzmöbel und Augustiner Bierkrüge (die man als Souvenir kaufen kann) sorgen für den bierigen Teil des Ambientes. Sonntag Mittag gibt es Augustiner Helles vom Holzfassl solange der Vorrat reicht, saisonal gibt es auch das Oktoberfestbier, Maximator und das helle Bockbier. 800 Plätze in verschiedenen Sälen, 200 im Garten. Neu seit Februar 2023 ist die „Tiroler Stubn" mit 20 Plätzen.

Stiftskeller

THE GALWAY BAY

6020 Innsbruck, Kaiserjägerstraße 4, +43/512/251541
www.thegalwaybay.com

ÖFFNUNGSZEITEN Mo-Fr: 17:00 bis 1:00 Uhr, Sa: 15:00 bis 1:00 Uhr, So: 17:00 bis 00:00 Uhr

FASSBIER Guinness, Kilkenny Red Ale, Augustiner Bräu Helles , Weihenstephaner Weißbier, Kinnegar Scraggy Bay IPA, Kinnegar Devils Backbone Amber Ale

FLASCHENBIER Kinnegar Scraggy Bay IPA, Kinnegar Limeburner Pale Ale , Kinnegar Devils Backbone Amber Ale, Kinnegar Rustbucket Rye Ale, Kinnegar Crossroads IPA, Kinnegar Yannaroddy Porter, Kinnegar White Rabbit Session White IPA, Stiegl Goldbräu, Tegernseer Hell, Corona, Desperados, Heineken, Weißbier Dunkel

LOKAL Ein Klassiker unter den österreichischen Irish Pubs - neuerdings mit einem wechselnden Angebot an irischen Craftbieren, zum Beispiel von der Kinnegar Brewery in Letterkenny, Co. Donegal. Obwohl es bei Sportübertragungen (Bundesliga, English Premiership, Rugby Union, NFL, Six Nations Rugby) oft recht gedrängt und hektisch zugeht, ist die Grundstimmung sehr gemächlich - das Personal strahlt Ruhe aus und serviert professionell. Jeden Donnerstag gibt es in der Kellerbar eine Open-Mic-Night, an Freitagen und Samstagen kann der Keller für Parties reserviert werden. An Montagen ist Pub Quiz. 60 Sitzplätze, 28 Plätze an der Bar.

THE SHAKESPEARE

6020 Innsbruck, Ing.-Etzel-Straße 80, +43/699/19174953
www.facebook.com/shakespeare.innsbruck

ÖFFNUNGSZEITEN Mi-Do: 17:00 bis 1:00 Uhr, Fr-Sa: 17:00 bis 3:00 Uhr, So: 17:00 bis 00:00 Uhr

The Shakespeare

FASSBIER Guinness, Zipfer Märzen

FLASCHENBIER Guinness Hop House 13, WieselburgerStammbräu, Heineken, Kilkenny, O'Hara's Irish Pale Ale, O'Hara's Irish Red Ale, Mc Mallow, Auxburg City Brewery - Santa Muerte, Thorbräu Celtic, Schneider Weisse, Paulaner Weizenbier

LOKAL In einem der Viaduktbögen unterhalb der Bahnstation Innsbruck Messe befindet sich seit mehr als einem Vierteljahrhundert dieses kleine, sehr gemütliche Pub im englischen Stil, wo man auch zu später Stunde freundlich bedient wird. Viele Schilder von verschiedenen Biermarken und anderen Getränken zieren die Wände. Im Lokal selbst gibt es einen „Raum im Raum", der über eine Stiege erreichbar ist und etwa 25 Leuten Platz bietet. Die Musik ist in angenehmer Lautstärke und mehrmals im Monat (meist Freitag) gibt es live Musik. Samstag ist Karaoke-Abend. 50-60 Plätze, 8 an der Bar.

TIROLER BIER HALLE

6020 Innsbruck, Egger-Lienz-Straße 3a, +43/664/2346839
www.tirolerbier.at/gastro.html

ÖFFNUNGSZEITEN Mo-Sa: 15:00 bis 23:00 Uhr

FASSBIER Biere von Tiroler Bier
FLASCHENBIER Biere von Tiroler Bier
LOKAL Bierausschank im Industrial-Style – gleich an der Produktionsstätte. Erinnert ein wenig an Brewery-Taps in den USA. Und das Bier ist selbstverständlich besonders frisch. Passend zum Bier gibt es Schmankerl wie Weißwürste, St. Johanner, Brezen mit Aufstrich, Flammkuchen und Baguette, Mittwoch ist Rippelen-Tag.

Tiroler Bierhalle

TRIBAUN

6020 Innsbruck, Museumstraße 5, +43/660/6027330
www.tribaun.com
ÖFFNUNGSZEITEN Mo-Sa: 18:00 bis 1:00 Uhr
FASSBIER Bierol The Padawan Pale Ale, Bierol/Basqueland Let's go Bananas, Bierol Let's talk about Thiols, Orca Brau Crow, Eastside Six Heaven, Tribaun Truuli Peak, Schlossbrauerei Stein Helles, Batzen Bräu Porter, Tribaun Pizza Lager, Tribaun Current Affairs, Tribaun Kalashnik-hop Mosaic, Eastside Bimba Mia, Cantina Filippi Soave Natur
FLASCHENBIER Lindemans Gueuze, Lambic Beer
LOKAL Robby Haesbrouck ist gebürtiger Belgier, hat in Salzburg das Alchimiste Belge mit aufgebaut und ist mit dem Tribaun ein Verfechter der Tiroler Bierkultur geworden. An der 15 Meter langen Schank werden 20 sonst schwer erhältliche Biere gezapft, wobei österreichische und süddeutsche Kleinbrauereien im Vordergrund stehen. Die jeweilige Bierauswahl kann man am Bildschirm ablesen, das Angebot wechselt auch im Lauf des Abends, wenn gerade wieder ein Fass leer getrunken ist. Auf Facebook oder der Website findet man eine App, damit man „in real time" sehen kann, was gerade gezapft wird. Besonders erwähnenswert ist auch die Auswahl an Gueuze und Lambics. Der Innsbrucker Bierexperte Markus Stegmayr lobt auch das kulinarische Angebot: „Seit der Wiedereröffnung nach dem Lockdown hat der Craftbier-Tempel deutlich aufgerüstet. Sowohl die Mini-Kaspressknödel als auch die Pizza schmeckten hervorragend. Hausgemacht, frisch, hochwertig." Live-Musik an Dienstagabenden. Jeden Sonntag Pubquiz. Angeschlossen ist auch ein Shop-Bereich für Biere zum Mitnehmen (wer die Flaschen im Lokal trinken will, zahlt einen kleinen Aufpreis). 100 Plätze im Lokal, 25 an der Bar, 40 Sitzplätze im Gastgarten.

WOHNZIMMER

6020 Innsbruck, Fürstenweg 5, +43/664/4500192
wohnzimmer.bar
ÖFFNUNGSZEITEN Fr-Sa: 16:00 bis 2:00 Uhr
FASSBIER Kaltenhauser Bernstein, Innsbrucker Bierfabrik Local Lager, Bürgerbräu Tiroler Helles, Bierol The Padawan Pale Ale
FLASCHENBIER Bayreuther Hell, Weihenstephan Weißbier Hell und Dunkel, Desperados, ein Bier des Monats
LOKAL Von der Uni über die Innbrücke und dann am ersten Eck links: So kann man dieses gemütliche Studentenlokal nicht verfehlen. Es hat eine kleine Bar, etwas ungewöhnlich zusammengestellte Sitzmöbel und eine ähnlich ungewöhnliche Dekoration mit einer riesigen Wandkarte, die „Das Reich Karls des Großen" zeigt – sehr gesamteuropäisch!

ZAPPA – MUSIC BAR

6020 Innsbruck, Rechengasse 5, +43/699/10105180, +43/699/15810570
www.zappa.at
ÖFFNUNGSZEITEN Mo-So: 18:00 bis 2:00 Uhr

Zappa – Music Bar

FASSBIER Goldfassl Pils, Ottakringer Bio Zwickl, Augustiner Hell
FLASCHENBIER Mohren Spezial, Hirter Privat Pils, Hacker Pschorr Helles, Augustiner Edelstoff, 16er Novarock Seidl (Spezialabfüllung), Mohren Pfiff, Guinness Stout (Dose), Corona, Desperados, Franziskaner Premium Naturtrüb, Maisel's Weisse
LOKAL Das Zappa ist eine Studentenkneipe in einer musikdurchfluteten Kellerbar, erreichbar durch einen Hauseingang beim Internationalen Studentenhaus. Monatlich gibt es ein neues Hausbier von Stiegl, mit dem jeweiligen Austrinken am Monatsletzten – und wer bei der letzten Bestellung des jeweiligen Stiegl-Hausbieres (Jänner = Lagerfeuer) dabei ist, bekommt jeweils 1 x 0,75 l Flasche Hausbier (Lagerfeuer) zum Mitheimnehmen. Die Flaschenbierauswahl kann sich sehen lassen – sie ist weit größer als die gedruckte Bierkarte zeigen kann, daher am Besten nach Craftbier fragen. Hier ist jeden Tag etwas los, z.B. Montag ist Spieleabend, Donnerstag Zappa Kick-off, am Freitag ist Crazy Friday. Diverse Feste wie das Rocktoberfest. Und wer Stammgast ist, bekommt eine Zappa Member Card. 100 Plätze, Bar: 10.

ISCHGL

FIRE & ICE BAR/LOUNGE

6561 Ischgl, Silvrettaplatz 4, +43/5444/5918
www.facebook.com/bar.ischgl/?locale=de_DE
ÖFFNUNGSZEITEN Mo-So: 12:00 bis 3:00 Uhr
FASSBIER Stiegl Pils, Augustiner Hell, Franziskaner Hefeweizen
FLASCHENBIER Beck's, Heineken, Corona, Desperados
LOKAL Après-Ski-Bar auf mehreren Ebenen, freundliche Bedienung an der Bar, gut gezapftes Augustiner Bier aus München. Abends ziemlich voll.

Golden Eagle Pub

GOLDEN EAGLE PUB

6561 Ischgl, Kirchenweg 19, +43/699/13201112
www.golden-eagle.at
ÖFFNUNGSZEITEN Ende November bis Anfang Februar: Mo-So 16:00 bis 1:00 Uhr; von Anfang Februar bis Anfang Mai von 17:00 bis 1:00 Uhr; Ende Juni bis Anfang September: Mo-So 20:00 bis 2:00 Uhr
FASSBIER Löwenbräu Lager, Hirter Pils, Guinness Stout, Kilkenny, Franziskaner, Stella Artois
FLASCHENBIER Gösser Zwickl Naturtrüb, Wieselburger (Bügelflasche), Wieselburger Schwarzbier (Bügelflasche), Stiegl, Erdinger Dunkel, Erdinger Alkoholfrei, Beck's, Heineken, Stella Artois, Leffe Blonde, Leffe Brune, Duvel Moortgart, Westmalle Dubbel, Westmalle Tripel, Corona, Desperados, Franziskaner, Orval, Kaiser Fasstyp, Brewdog Punk IPA, Tegernseer
LOKAL Das Golden Eagle Pub liegt im Zentrum von Ischgl unterhalb der Kirche. Seit vier Jahrzehnten „die" Musik- und Bierbar von Ischgl. Kann abends recht laut werden, aber das ist oft das, was die Gäste unter „gemütlich" verstehen. Die Öffnungszeiten sind saisonabhängig. Das Team um Klausi und Christine serviert immer gutes Bier – und das Publikum weiß zu schätzen, dass es hier auch Trappistenbier (zwei Sorten von Westmalle), böhmisches Pilsner, bayerisches Weißbier und natürlich irisches Stout (das Motto: „A Guinness A Day Keeps The Doctor Away", hängt an der Wand) gibt.

TROFANA ALM

6561 Ischgl, Nr. 266, +43/5444/600600
www.trofana-alm.at
ÖFFNUNGSZEITEN Mo-So: 15:00 bis 00:00 Uhr
FASSBIER Kaiser Premium, Edelweiss Hofbräu, Gösser Naturradler, Veltins Pils
FLASCHENBIER Edelweiss Dunkel, Kaiser Doppelmalz, Heineken
LOKAL Hier herrscht uriger Tiroler Stil der Art: „Die erste Pflicht der Musensöhne ist, dass man sich ans Bier gewöhne" oder mit erogenen Fürbitten der Art: „Hopfen und Malz erleichtern die Balz, Gott erhalt's." Die Mitarbeiter des Hauses haben eine spezielle Schulung in Sachen Bier. Ca. 300 Sitzplätze im Lokal.

KIRCHDORF IN TIROL

GASTEIGER JAGDSCHLÖSSL

6382 Kirchdorf in Tirol, Gasteiger Straße 57, +43/5352/64532
www.jagdschloessl.at
ÖFFNUNGSZEITEN Mo-So: 11:00 bis 23:00 Uhr

Gasteiger Jagdschlössl

FASSBIER Huber Bräu Original
FLASCHENBIER Huber Bräu, Tiroler Hefeweizen
LOKAL Viersternehotel mit gehobener Küche und dem Anspruch, das Bier aus der regionalen Brauerei Huber in St. Johann in entsprechender Qualität zu kredenzen. Wildspezialitäten aus dem eigenen Revier und der Kaiserjagd. Im Lokal stehen 60 Sitzplätze zur Verfügung.

GRIESNERALM

6382 Kirchdorf in Tirol, Kaiserbachtal 6, +43/5352/64443
www.griesneralm.com
ÖFFNUNGSZEITEN Mo-So: 7:00 bis 00:00 Uhr
FASSBIER Huber Bräu Original, Tiroler Hefeweizen
FLASCHENBIER Huber Bräu Dunkel
LOKAL Dieses auf 1.024 Meter Seehöhe gelegene Ausflugslokal war bei Redaktionsschluss durch einen Brand beschädigt. Die gemütlichen Gaststuben sollten aber bis Sommer 2023 wiederhergestellt sein. 200 Plätze innen, 200 auf der Terrasse.

KITZBÜHEL

FRANZ BAR & CAFE

6370 Kitzbühel, Bichlstraße 22, +43/664/4598191
www.franz-bar.at
ÖFFNUNGSZEITEN Di-Do: 10:00 bis 22:00 Uhr, Fr-Sa: 10:00 bis 00:00 Uhr

Franz Bar & Cafe

FASSBIER Stiegl-Hell
FLASCHENBIER Stiegl-Weisse, Tegernseer Hell, Stiegl-Freibier, Stiegl-Radler, Schneider Weisse Alkoholfrei, Brew Age Hopfenauflauf, Brew Age Hazy Brett IPA, Brew Age Dunkle Materie, Bierol Flüssiges Brot, Bierol Mango Possum, Bierol The Padawan Pale Ale, Bierol El Patron, Trumer Hopfenspiel, Wilde Gams, Brewdog Punk IPA, Hoegaarden Wit Blanche, Duchesse de Bourgogne, Inselbrauerei Baltic Ale, Insel Baltic Stout
LOKAL In einem ehemaligen Supermarkt ist 2019 dieser multifunktionale Betrieb eingezogen, der 2021 dann auch gleich Tiroler Bierlokal des Jahres war. Er bietet einen im Shabby-Chic eingerichteten Sitzbereich, viele Versatzstücke aus früheren Zeiten sorgen für einen gemütlichen Eindruck: Da steht eine alte Juke-Box, an den Wänden hängen Platten, die Sofas sind renovierte Einzelstücke aus den 1970er-Jahren und nur die Bierwerbung ist ganz aktuell von Bierol. Dann kommt man zur Bar, an der man genau ein Fassbier bestellen kann, nämlich das Stiegl-Hell. Dieses wird gut gezapft, da schaut der Wirt schon selbst drauf. Aber er verweist auch auf die Getränkekarte, die etliche craft-bierige Überraschungen (saisonal auch etwas außerhalb der Karte) bereithält, dazu exquisite Snacks, hausgemachte Bagel, Bruschetta und Pulled-Pork-Wrap. Der Wirt hat viel Gastronomieerfahrung: Er ist gelernter Diplomsommelier, hat im Weinhandel gearbeitet und kennt seine Heimatstadt gut - seine Familie hilft im Betrieb mit (es gibt auch „Mamas Kuchen"), man fühlt sich wirklich gleich daheim. 50 Plätze im Lokal, 20 an der Bar und 35 auf der Terrasse.

HAGSTEIN

6370 Kitzbühel, Hagsteinweg 95, +43/5356/65216
www.gasthof-hagstein.at
ÖFFNUNGSZEITEN Mo-So: 11:00 bis 21:00 Uhr
FASSBIER St. Johanner Original
FLASCHENBIER Erdinger Weißbier, Huber Weisses Original/Leicht
LOKAL Ausflugsrestaurant über Kitzbühel gelegen mit Blick auf Hahnenkamm und Hohe Tauern, mit urigen Bauernstuben. Eigene Landwirtschaft und Metzgerei, fallweise gibt's Bierkraut oder Spanferkel in Biersauce. 140 Sitzplätze im Lokal, Terrasse: 140 Sitzplätze.

HUBER-BRÄUSTÜBERL

6370 Kitzbühel, Vorderstadt 18, +43/5356/65677
ÖFFNUNGSZEITEN Mo-Sa: 9:00 bis 23:00 Uhr, So: 10:00 bis 23:00 Uhr
FASSBIER Huber Bräu Hell, Huber Bräu Augustinus
FLASCHENBIER Huber Bräu Weizenbiere, saisonal Huber Bock
LOKAL Ein einfaches Tiroler Wirtshaus ohne Schnickschnack (wie man ihn sonst in Kitzbühel häufig findet) – imposante Steinsäule im Gastraum, nette Bedienung an der Schank. 80 Sitzplätze im Lokal, 40 davor im Schanigarten.

THE LONDONER

6370 Kitzbühel, Franz Reisch Str. 4, +43/5356/71428
www.facebook.com/Londonerkitz
ÖFFNUNGSZEITEN Mitte Dezember bis April: Mo-So 16:00 bis 4:00 Uhr; Mitte Mai bis Mitte Dezember: Fr-So 20:00 bis 4:00 Uhr
FASSBIER Stiegl-Goldbräu
FLASCHENBIER Stiegl-Pils, Heineken, Corona extra, Erdinger, Beck's, Beck's Lemon, Guinness
LOKAL Ein Pub, in dem stets Partystimmung herrscht – und in dem Gäste wie Personal tatsächlich englisch sprechen. Es wurde 1976 vom englischen Musikmanager und Clubbesitzer Rik Gunnell (in seinen Londoner Lokalen verkehrten Louis Armstrong, The Who und die Rolling Stones) und seiner Tiroler Gattin Edith gegründet. Seit Riks Tod im Jahr 2007 wird das Lokal mit demselben Elan weitergeführt – ab und zu machen sich Skistars einen Spaß daraus, hier als Kellner auszuhelfen! 80 Sitzplätze, 30 an der Bar.

KUFSTEIN

BRÄUSTÜBERL KUFSTEIN

6330 Kufstein, Oberer Stadtplatz 5a, +43/676174406523
www.braeustueberl-kufstein.at
ÖFFNUNGSZEITEN Mo-Sa: 10:00 bis 14:30 Uhr, 17:00 bis 23:00 Uhr
FASSBIER Alle Biere vom Hofbräu München
FLASCHENBIER Alle Biere vom Hofbräu München
LOKAL Das ehemals zur Egger Brauerei gehörende Bräustüberl ist nunmehr der Ankerpunkt des Hofbräuhaus München in Kufstein. Das Bayern-Thema wird aber nicht exzessiv inszeniert – der lokale Bezug soll auch durch die traditionelle Wirtshausküche erhalten bleiben. Was typisch für die Hofbräuhaus-Lokale ist: der Bierkrug-Safe mit reservierten Krügen für den Bürgermeister und den Pfarrer. Montag bis Samstag gibt es Frühschoppen mit Weißwürsten. 75 Sitzplätze im Lokal, 120 Plätze im Gastgarten.

PURE-LOUNGE

6330 Kufstein, Marktgasse 20, +43/650/6482564
pure-lounge.eatbu.com
ÖFFNUNGSZEITEN Di-Do: 16:00 bis 00:00 Uhr, Fr-Sa: 16:00 bis 1:00 Uhr, So: 16:00 bis 00:00 Uhr
FASSBIER Egger Pils, Hofbräu Münchner Weisse
FLASCHENBIER Heineken, Desperados, Corona, Hofbräu Schwarze Weisse, Hofbräu Weisse Alkoholfrei
LOKAL Bar nahe dem Inn-Ufer – beliebt vor allem bei jungem Publikum, das gerne dem schön gezapften Egger Bier zuspricht. Farbenfroh leuchtende Bar und großer Außenbereich.

PURLEPAUS

6330 Kufstein, Unterer Stadtplatz 18, +43/5372/63633
www.purlepaus.at
ÖFFNUNGSZEITEN Mi-So: 11:00 bis 23:00 Uhr
FASSBIER Zipfer Märzen, Guinness, Zwickl, Maisel & Friends Pale Ale, Hofbräu Hefeweißbier
FLASCHENBIER Hofbräu Weißbier Dunkel, Hofbräu Vollbier Hell
LOKAL Schönes Restaurant am Fuße der mächtigen Festung Kufstein. Der Name Purlepaus leitet sich von der Eroberung Kufsteins durch Kaiser Maximilian (der „der letzte Ritter", aber auch „der erste Kanonier" genannt wird) her: 1504 brachte er die Geschütze Weckauf und Purlepaus in Stellung, die die Festungswälle durchbrachen. Heute geht es friedlicher zu – es gibt zwei Speisesäle, wo man zu vernünftigen Preisen essen kann, und die Bedienung ist auch besonders freundlich. Regionale Spezialitäten, herrlicher Flammkuchen und Steaks im Angebot. Besonders beliebt sind die Grillkugeln für 2 Personen. Schöner kleiner Gastgarten mit Kastanienbäumen auf dem Stadtplatz. Immer wieder belgische Bierspezialitäten als Gastbiere. 80 PSitzplätze im Restaurant, 80 Plätze im Garten.

LANDECK

GREIF

6500 Landeck, Marktplatz 6, +43/5442/62268
www.gasthof-greif.at
ÖFFNUNGSZEITEN Mo-So: 7:00 bis 00:00 Uhr
FASSBIER Starkenberger Gold Lager, Starkenberger Dunkel
FLASCHENBIER Starkenberger Gold Lager, Starkenberger Dunkel, Fohrenburger, Franziskaner Weizen, Erdinger Weizen
LOKAL Diesen schönen Gasthof ziert ein ebenso schöner schmiedeeiserner Ausleger mit dem namensgebenden Greif – die Stube mit dem Stammtisch ist ebenso schön und die Bedienung freundlich (der neuere Anbau ist nicht ganz so schön, er beherbergt dafür eine schöne, große Gaststube. Der Gasthof ist offenbar bei örtlichen Stammtischrunden ebenso beliebt wie bei Bikern, die hier einen idealen Stützpunkt für Ausflüge in die bergige Umgebung finden. 90 Sitzplätze, 20 Plätze im Vorgarten.

MR. JOHN'S

6500 Landeck, Malserstraße 82, +43/5442/61053
www.johns.at
ÖFFNUNGSZEITEN Mi-Do: 17:00 bis 00:00 Uhr, Fr-Sa: 17:00 bis 4:00 Uhr, So: 17:00 bis 00:00 Uhr
FASSBIER Zipfer Märzen, Gösser Radler, wechselnde Craftbiere
FLASCHENBIER Zipfer Märzen, Corona, Desperados, Heineken, wechselnde Craftbiere

LOKAL Eine moderne Bar im Erdgeschoß, dahinter ein heimelig-verwinkeltes Lokal mit viel Holz- und Ziegeloptik. Es vermittelt etwas Western-Flair („Colts bitte an der Bar abgeben") und bietet eine amerikanisch inspirierte Küche: Baked-Potato-Variationen, Burger, mexikanische Spezialitäten und natürlich Steaks. Partys am Wochenende.

Mr. John's

LANS

GASTHOF WALZL

6072 Lans, Dorfstraße 56, +43/512/370380
www.gasthof-walzl.at
ÖFFNUNGSZEITEN Mo-So: 8:00 bis 00:00 Uhr
FASSBIER Zillertal Pils, Zillertal Das Schwarze, Zillertal Märzen, Trumer Pils
FLASCHENBIER Zillertal Märzen, Erdinger Hefe Hell und Dunkel, Clausthaler, Lindemans Kriek, Zillertal Gauder Steinbock
LOKAL Gasthof der gehobenen Klasse mit einer in hellem Holz gestalteten Bar und entsprechend stimmungsvollen Zirbenholz-Stuben. Unter dem Portrait von Andreas Hofer hängt der gestickte Spruch „Tirol – Glaube, Heimat, Vaterland." In der Jagdsaison sorgen der Wirt Johannes Jennewein und sein Vater Josef dafür, dass immer frisches Wildfleisch von Hirsch, Reh oder Gämse auf den Teller kommt. Bei der Hausmannskost wird überall Bier oder Bierschaum verwendet – etwa beim Spanferkel in Biersauce. 130 Sitzplätze im Lokal, 150 im Festsaal, 15 an der Bar, 60 Sitzplätze im Garten.

LEUTASCH

ZUR BRÜCKE

6105 Leutasch, Burggraben 257, +43/5214/6930 oder 6275
www.zurbruecke-leutasch.com
ÖFFNUNGSZEITEN Mo: 9:00 bis 23:00 Uhr, Do-So: 9:00 bis 23:00 Uhr
FASSBIER Mittenwalder Helles
FLASCHENBIER Erdinger Weißbier, Erdinger Schwarze Weisse, Zipfer, Warsteiner, Kaltenhausner Kellerbier, Mittenwalder Jäger dunkel, Mittenwalder Weihnachtsbock, Löwenbräu Alkoholfrei
LOKAL 2004 renoviertes, frei stehendes Gasthaus mit langer Theke und zwei Stuben, alles mit viel Holz gestaltet. Aus der Küche kommen mehrere mit Bier zubereitete Speisen, etwa Bierschnitzel oder Eisparfait mit Bockbier. Ausgezeichnet von der Tiroler Wirtshauskultur. 50 Plätze, 8 an der Bar, 50 im Garten.

LIENZ

ADLERSTÜBERL

9900 Lienz, Andrä-Kranz-Gasse 7, +43/4852/62550
adlerstueberl.at
ÖFFNUNGSZEITEN Mo-Mi: 9:30 bis 23:30 Uhr, Fr-So: 9:30 bis 23:30 Uhr

Adlerstüberl

Adlerstüberl

FASSBIER Gösser Märzen, Gösser Zwickl, Edelweiss Hefetrüb
FLASCHENBIER Gösser Stiftsbräu Dunkel, Gösser Naturgold, Gösser Naturradler, Edelweiss Weizenbier Alkoholfrei
LOKAL Mitten im Zentrum von Lienz liegt dieses alteingesessene Restaurant. Die gutbürgerliche Küche hat im Adlerstüberl schon seit 1742 Tradition. Bereits damals war es für die Bauern und Händler aus Osttirols Tälern quasi Pflicht, auf ein Gulasch und Bier im Adlerstüberl einzukehren. In gemütlichen Stuben wird von freundlichem Personal vornehmlich traditionelle Tiroler Kost serviert, während des Sommers auch im Biergarten. Regelmäßige kulinarische Wochen mit speziellen Gerichten. 100 Sitzplätze im Lokal, 60 Sitzplätze im Garten.

BRAUGASTHOF FALKENSTEIN

9900 Lienz, Pustertaler Straße 40, +43/4852/62270 oder +43/699/10522311
www.brauereiwirt.at
ÖFFNUNGSZEITEN Küche Mo, Do, Fr 11:30 bis 14:00 Uhr und 18:00 bis 21:00 Uhr, Sa 11:30 bis 21:00 Uhr, So 11:30 bis 17:00 Uhr.

Braugasthof Falkenstein

BRAUGASTHOF Falkenstein ★★★ RESTAURANT

FASSBIER Falkenbräu Gösser Zwickl, Gösser Märzen, Gösser Naturradler, Bockbier, Oktoberbier, Reininghaus Jahrgangs Pils, ein Spezialbier
FLASCHENBIER Österreichische und internationale Bierspezialitäten im gut sortierten Bierkühlschrank.
LOKAL Das Bräustüberl der hier ansässigen Brauerei Falkenstein liegt an der Ausfallstraße von Lienz nach Sillian – und wird von lokalen Gästen ebenso wie von durchreisenden Südtirol-Touristen gern besucht. Wirt Artur Wieser ist Diplombiersommelier und hält national und international kommentierte Bierverkostungen ab – daher hat sich das Bierangebot weit über das der BrauUnion hinaus verbreitert. Als Spezialität der Küche wird ein Carpaccio vom gebeizten Hirschrücken angeboten, ebenso wie 4gängige Überraschungs-Biermenüs. Das umfangreiche Angebot an internationalen Bierspezialitäten hat dem Braugasthof 2013 den Titel als „Tiroler Bierlokal des Jahres" eingetragen. Für Gäste mit einem E-Fahrzeug ist eine Ladeinfrastruktur für alle Modelle vorhanden. 220 Sitzplätze im Lokal. Das neue Biergartl, das Gösser Wursthaus, ist überdacht und beheizt und bietet 40 Gästen im Freien Platz.

GÖSSERBRÄU IM ALTEN RATHAUS

9900 Lienz, Johannesplatz 10, +43/4852/72174
www.goesserbraeu-lienz.at
ÖFFNUNGSZEITEN Di-Sa: 9:00 bis 00:00 Uhr
FASSBIER Gösser Falken Märzen, Stiftsbräu, Edelweiss, Gösser Zwickl Naturtrüb/Dunkel, Kräuter Radler, Bier des Monats
FLASCHENBIER Heineken, Gösser, Edelweiss Hefetrüb Dunkel, Zipfer, Desperados, Gösser Naturgold
LOKAL Dieses Haus war schon Kaserne und Verwaltung der Tiwag, Rathaus und Musikschule – aber als modern gestaltetes und mit Gösser gebrandetes Bierlokal hat es seine wahre Bestimmung gefunden. Das Gösser Bräu ist gleichermaßen Bar, Restaurant und Gasthof, In-Treff und Bierlokal. Sehr ambitioniert nach wie vor die Küche von Chefkoch Erwin Ganeider, der mit Bier zubereitete Speisen wie Bierschaumsuppe mit Pofesen, Bierbratl oder Schokolade-Bieramisù bietet. 140 Sitzplätze im Lokal, 30 Plätze an der Bar, 100 Sitzplätze im Garten.

MATREI IN OSTTIROL

MÜLLER'S BIERSCHÄNKE

9971 Matrei in Osttirol, Lienzer Straße 4, +43/4875/6550
www.facebook.com/muellersbierschaenke
ÖFFNUNGSZEITEN Mi-Sa: 16:30 bis 00:00 Uhr
FASSBIER Stiegl, Murauer, Gösser Falkenbräu, Gösser Zwickl Falkenbräu
FLASCHENBIER Gösser Falkenbräu, Gösser Stiftsbräu, Zipfer, Stiegl, Heineken, Franziskaner Hefe hell und dunkel, Desperados, Beck's, Beck's Blue
LOKAL Der Wirt Harry hat das Talent, jeden seiner Gäste spüren zu lassen, dass er oder sie etwas Besonderes ist – und er erinnert sich auch sehr langer Zeit an den einen oder anderen Touristen, der hier seine Abende verbracht hat. Vor einigen Jahren hat er diese Gäste mit einer besonderen Spezialitätenkompetenz und einer mehr als 40 Einträge umfassenden Bierkarte beeindruckt – weit und breit war die Bierschenke das einzige Lokal, in dem es Hannen Alt gegeben hat. Das gibt es inzwischen nicht mehr, aber ein Werbespiegel erinnert noch daran. Überhaupt gibt es in diesem Lokal viel bierige Dekoration – in einer allgemein alpinen Atmosphäre. Was es übrigens nicht gibt, sind Krügelgläser: Entweder man bestellt frisch gezapfte 0,3 Liter vom Fass oder man wird auf Flaschenbier verwiesen. 50 Sitzplätze im Lokal, 20 Plätze an der Bar, Garten: 20 Plätze.

MAYRHOFEN

NEUE POST

6290 Mayrhofen, Hauptstraße 400, +43/5285/621310
www.neue-post.at
ÖFFNUNGSZEITEN Küche Mo-So 11:00 bis 21:00 Uhr

FASSBIER Zillertal Pils, Zillertal Weißbier, Zillertal Radler Naturtrüb, Erdinger Urweisse
FLASCHENBIER Zillertal Radler Naturtrüb, Zillertal Schwarzes, Zillertal Dunkel, Brewdog Punk IPA, Brewdog Dead Pony, Die Bergbrauer Bio-Naturtrüb, Die Bergbrauer Bio-Weizen, Granat Premium Barley Wine, Zillertal 517 Dinkel-Weizen, Erdinger Brauhaus Helles Lager
LOKAL Gastfreundschaft und Gottvertrauen haben dieses Haus zu einem der Top-Betriebe im Tiroler Tourismus gemacht – und in der Eingangshalle wird dieses Gottvertrauen eindrücklich durch einen dort ausgehängten Haussegen ausgedrückt: „Lege deinen Segen auf unser Lachen und Weinen, auf unsere Arbeiten und Feiern!" Im Haus gibt es auch eine Hauskapelle mit prunkvoller Kunst und einer alten Orgel, der Herrgottswinkel in der Stube ist eine Selbstverständlichkeit. Aber zum Weltlichen: Die frisch renovierte „Neue Post" wurde im Jahr 2022 als Tiroler Bierlokal des Jahres ausgezeichnet – für Tiroler Gastfreundschaft und eine Bierkompetenz, die ihresgleichen sucht. Das hängt natürlich auch mit der Lage wenige Kilometer südlich der Zillertaler Brauerei zusammen, aus der einige der hier ständig auf der Karte stehenden (und treffend beschriebenen) Biere kommen. Eine gute Gelegenheit, etwa den Barley Wine Granat als Begleiter zum herzhaften regionalen Essen auszuprobieren. Es gibt aber auch ein paar internationale (Craft-) Biere – und wer noch etwas mit nach Hause nehmen möchte, kann auch an der Rezeption noch einige Bier-Raritäten kaufen. ✕
🛏150

Neue Post

SCOTLAND YARD PUB

6290 Mayrhofen, Scheulingstraße 372, +43/664/4418265
www.scotlandyard.at
ÖFFNUNGSZEITEN Mo-So: 16:00 bis 23:00 Uhr
FASSBIER Fat Cat Lager (House Beer), Guinness, Zipfer, Stiegl, Benediktiner Hell, Benediktiner Weißbier, Kilkenny, Stella Artois, Franziskaner Weißbier
FLASCHENBIER Heineken, Corona, Desperados, Franziskaner Dunkel, Stiegl, Franziskaner Alkoholfrei, Beck's Blue
LOKAL Von außen eine Jahrhundertwende-Villa, innen ein durch und durch gemütliches Pub mit zentralem Barbereich und einer durch die Architektur bedingten Strukturierung. Gepflegtes Bier und heimelige Atmosphäre, englisch angehaucht (Dartboard ohne Elektronik-Firlefanz). Nette Mädels im Service zapfen hier zügig und „nicht pilsmäßig", das überzeugt selbst die deutschen Bierbanausen aller Altersschichten. Im Winter gibt es Mittwoch und Sonntag Live Musik, Donnerstag und Freitag mit DJ. Am Wochenende wird eher härtere Musik geboten, am frühen Abend wird es aber durchaus gemütlich angegangen. 90 Sitz- und Stehplätze, 30 Sitzplätze im Wintergarten.

NEUSTIFT IM STUBAITAL

Dorfpub

DORFPUB

6167 Neustift im Stubaital, Dorf 15, +43/660/2171809
www.dorfpub.at
ÖFFNUNGSZEITEN Mo-Do: 17:00 bis 1:00 Uhr, Fr-Sa: 17:00 bis 2:00 Uhr, So: 17:00 bis 1:00 Uhr
FASSBIER Löwenbräu Hell, Erdinger
FLASCHENBIER Stiegl-Pils, Stiegl-Columbus Pale Ale, Stiegl-IPA, Brewdog Dead Pony Club, Bierol Mountain Pale Ale, Bierol Going Hazelnuts, Stiegl-Paracelsus Zwickl
LOKAL Internationale Bar mit deutschem Bier-Schwerpunkt. 280 Sitzplätze im Lokal, 50 Plätze an der Bar, 70 Plätze im Garten.

STERNDERL

6167 Neustift im Stubaital, Dorf 17, +43/676/4718320
ÖFFNUNGSZEITEN Mo-So: 14:00 bis 2:00 Uhr
FASSBIER Hofbräu Traunstein Helles, Hofbräu Traunstein Weizen
FLASCHENBIER Hofbräu Traunstein Pils, Bock Hell und Dunkel, Powder Dog, Tingvalla, Born to Ski,
LOKAL Ernst Holzknecht hat diese urige Hütte („dem Land Tirol die Treue") zu einem Treffpunkt der Bierkultur gemacht – schon die Kombination des Hellen mit den angebotenen Speckspezialitäten der Metzgerei Stern lohnt den Weg. Aber es kommt noch besser: Es gibt ausgesuchte Craftbiere aus Schweden und ein Flöff-Glühbier aus Deutschland. 15 Plätze im Lokal, fünf an der Bar.

VOLDERAUHOF

6167 Neustift im Stubaital, Volderau 7, +43/5226/2617
www.facebook.com/people/Volderauhof/100054398774666
ÖFFNUNGSZEITEN Di-So: 12:00 bis 21:00 Uhr
FASSBIER Zipfer Märzen, Weihenstephan Weizen, Gösser Radler
FLASCHENBIER Wieselburger Schwarzbier
LOKAL Man muss schon ziemlich weit hinein ins Stubaital fahren, um dieses Schmuckstück von einem Wirtshaus zu besuchen. Aber es lohnt nicht nur wegen des gepflegten Bieres – als Draufgabe gibt es eine freundliche Bedienung und ein eindrucksvolles Landschaftsbild mit Gletscherblick. Man darf nicht überrascht sein, dass man hier geduzt wird, aber in einem 600 Jahre altem Gasthaus 1128 Meter über dem Meeresspiegel, passe einfach kein „Sie", meint der Wirt Gernot (Volderauer heißt er mit Nachnamen, aber den verwendet man hier eben nicht).

Volderauhof

OBERNDORF IN TIROL

PENZINGHOF

6372 Oberndorf in Tirol, Penzingweg 14, +43/5352/62905
www.penzinghof.at
ÖFFNUNGSZEITEN Do-Mo 12:00 bis 14:00 Uhr und 18:00 bis 21:30 Uhr
FASSBIER Stiegl-Goldbräu, Stiegl-Paracelsus Bio-Zwickl, Huber BräuTiroler Hefeweizen, Gindu - Gin Style IPA
FLASCHENBIER Huber Tiroler Hefeweizen Dunkel, Stiegl-Wildshut Sortenspiel, Stiegl-Pils, Stiegl-Freibier, Huber Bräu Weißbier „Das Alkoholfreie", Hofstettner Granitbier, saisonale Gastbiere
LOKAL Modernes Hotel, in dem sich Familie Lindner seit 1969 immer mehr der Bierkultur gewidmet hat. Der 2020 als Tiroler Bierlokal des Jahres ausgezeichnete Betrieb ist eines der Aushängeschilder der Brauerei Huber aus dem nahen St. Johann – es werden aber auch immer wieder andere Biere auf die wechselnde Bierkarte genommen. So findet man gelegentlich das Mohrenbräu aus Dornbirn und etliche Biere der Brauerei Wildshut. Das Hotel zeichnet sich dementsprechend auch durch seine gute Küche und durch ein breites Käseangebot aus – der Bierkäse kommt aus der eigenen Käserei, auch sonst kommen viele Zutaten vom eigenen Hof oder von einem der umliegenden Bauernhöfe. Sehenswert ist nicht nur der Ausblick von der Terrasse (der Wilde Kaiser wirkt zum Greifen nah), auch im Haus gibt es einiges zu sehen, etwa einen imposanten, aus einem riesigen Eichenstamm geschnittenen Tisch, der als der „längste Tiroler" gilt. 120 Sitzplätze im Lokal, 50 in der Lounge, 50 auf der Terrasse. 120

Penzinghof

OBERTILLIACH

GASTHAUS UNTERWÖGER

9942 Obertilliach, Dorf 26, +43/4847/5221
www.hotel-unterwoeger.at
ÖFFNUNGSZEITEN Mo-So: 9:00 bis 21:30 Uhr
FASSBIER Gösser Märzen, Edelweiss Hefetrüb
FLASCHENBIER Gösser Stiftsbräu, Gösser Märzen, Schlossgold
LOKAL Sepp Lugger ist ein Meister am Zapfhahn, sein etwa 300 Jahre altes Lokal ist auf einheimische Gäste ausgerichtet– wer von weiter her kommt, wird herzlich (mit Urlaub am Bauernhof und eigenen Ferienwohnungen) aufgenommen. 150 Plätze im Lokal, 40 im Garten.

ÖTZTAL-BAHNHOF

POLEPOSITION

6430 Ötztal-Bahnhof, Ötztaler Höhe 8, +43/664/88104176
www.poleposition.tirol/cafe-bar.html
ÖFFNUNGSZEITEN Di-So: 9:00 bis 22:00 Uhr
FASSBIER Stiegl-Goldbräu, König Ludwig Weißbier, Stiegl-Radler
FLASCHENBIER Corona, König Ludwig Dunkel, Bäckelar Brewery Sölsch, König Ludwig Weizen Alkoholfrei, Stiegl-0,0% Freibier
LOKAL Kulinarischer – und bieriger – Boxenstopp auf dem Weg durch das Inntal oder beim Abzweigen ins Ötztal: Man muss nicht Motorsport-Fan sein, um hier einzukehren, aber wenn man es tut, dann wird man es mit ziemlicher Sicherheit. Das Lokal ist ganz auf das Thema zugeschnitten (schließlich ist ein Auto- und Motorrad-Showroom und eine Kfz-Werkstatt angeschlossen).

PERTISAU

KARLWIRT

6213 Pertisau, Golfplatzstraße 1, +43/5243/5206
www.hotelkarlwirt.at
ÖFFNUNGSZEITEN Mo-So: 8:00 bis 23:00 Uhr
FASSBIER Achensee Bier Hell, Achensee Bier Weizen, Saisonbiere verschiedener Brauereien
FLASCHENBIER Gösser Stiftsbräu, Edelweiss dunkles Weizen, Reininghaus Pils; Verkauf Achensee Biere zum Mitnehmen
LOKAL Behutsam gewachsene Tradition, eine familiäre Atmosphäre und eine mehr als 200 Jahre bewährte Gastlichkeit. Die Karte reicht von der deftigen Tiroler Hausmannskost bis zu den Leckerbissen der internationalen und vegetarischen Küche, dazu das Achensee Bier, das es exklusiv im Karlwirt (und dem dazugehörigen Langlaufstüberl, wo auch die Brauerei steht) gibt. Was die Sache besonders macht: Weil die Familie Rupprechter auch Beziehungen zur Käserei im Alpbachtal hat, gibt es die Gelegenheit, Bier und Käse fachkundig kombiniert präsentiert zu bekommen. 250 Sitzplätze im Lokal, insgesamt 50 Sitzplätze auf der Terrasse.

PRÄGRATEN AM GROSSVENEDIGER

GASTHAUS GROSSVENEDIGER

9974 Prägraten am Großvenediger, St Andrä 3, +43/4877/5205
www.gasthaus-grossvenediger.at
ÖFFNUNGSZEITEN Mo-So: 9:00 bis 00:00 Uhr

Gasthaus Grossvenediger

FASSBIER Geigenseer Märzen, Geigenseer Zwickl, Hirter 1270, Trumer Pils
FLASCHENBIER Gösser Märzen, Gösser Zwickl, Maisel's
LOKAL Gottfried Steiner wurde im A la Carte 2022 ausgezeichnet und ist Genuss Wirt des Jahres 2015/16 in Tirol. Tiroler Bergküche, deftig und mit viel Liebe zum Bier zelebriert – aber auch leichte Küche mit Kärntner Låxn (einer delikaten Seeforelle) und vielen frischen Kräutern.

RATTENBERG

BRAUHAUS RATTENBERG

6240 Rattenberg, Bienerstraße 84, +43/5337/63870
www.brauhaus-rattenberg.at
ÖFFNUNGSZEITEN Von Mai bis September: Mi-Mo: 10:00 bis 22:00 Uhr / Di Ruhetag; von Oktober bis April: Mi-So: 10:00 bis 14:00 und 17:00 bis 22:00 Uhr; (für Gruppen gerne auch an den Ruhetagen geöffnet)
FASSBIER Original Rattenberger Spezialbier, Märzen von der Kristallbrauerei Alpbach
FLASCHENBIER Kristallbrauerei Alpbach Dunkles Weißbier
LOKAL Ehemalige Mittelstandsbrauerei und spätere Gasthausbrauerei, die das Brauen allerdings schon lange eingestellt hat – zu wenig Zeit, zu wenig Kapazität, sagt der Wirt. Das Bier kommt daher aus der Kristallbrauerei im nahen Alpbach. Dazu deftige Tiroler Küche und eine beachtliche Käseauswahl (aus der Natursennerei Reith im Alpbachtal), hausgemachter Bierlikör, Bierbrand und Bieressig. 120 Sitzplätze im Lokal, 20 Plätze an der Bar, 150 im Garten.

Brauhaus Rattenberg

DUN AENGUS IRISH PUB

6240 Rattenberg, Hassauerstraße 71, +43/660/8128720
www.facebook.com/dun.aengus.5/?locale=de_DE
ÖFFNUNGSZEITEN Di-Do: 16:00 bis 00:00 Uhr, Fr-Sa: 16:00 bis 1:00 Uhr
FASSBIER Zipfer Märzen, Guinness
FLASCHENBIER Kilkenny, Hofbräu Weißbier Hell, Hofbräu Weißbier Dunkel, Stiegl-Weisse, Stiegl-Radler
LOKAL In einem beeindruckenden alten Gewölbe ist dieses populäre Irish Pub entstanden, das in dieser Form wohl auch auf der Grünen Insel stehen könnte. Diverse monatliche Veranstaltungen, z.B. Pub-Quiz oder St.-Patrick's-Day-Party mit Parade, Livemusik, einer Pipes-and-Drums-Band (Dudelsackspieler), Irish Breakfast und vielem mehr oder das Irish Pub Special Dinner mit einem 4-Gänge-Menü und Getränkebegleitung, passend zu einem bestimmten Thema ...

PLATZBRÄU

6240 Rattenberg, Südtiroler Straße 14, +43/5337/62443
www.platzbraeu.at
ÖFFNUNGSZEITEN Mo-So: 9:00 bis 21:00 Uhr
FASSBIER Augustiner, Augustiner Hefeweizen Hell
FLASCHENBIER Augustiner Edelstoff, Augustiner Dunkel
LOKAL Historisches Gebäude mit Brauerwappen und Lamm im Hauszeichen. Es liegt gegenüber dem Geburtshaus der Tiroler Volksheiligen Notburga – sie ist die Patronin der Trachtenträger und Dienstmägde, was ihr besondere Sympathie des Bierpapstes einbringt. Im Platzbräu wird man gut mit Münchner Augustiner Bier versorgt. Auch dieses hat ja eine kirchliche Vorgeschichte. Das Platzbräu hatte (allerdings 500 Jahre nach der Heiligen) auch einmal eine Wirtin namens Notburga – 1809 überreichte sie den Stadtschlüssel den heranrückenden Franzosen, woraufhin Rattenberg vor Plünderung und Zerstörung beschützt wurde. Ebenfalls historisch ist der Kachelofen im Haus, der mit einem Brauerwappen verziert ist und von der Wirtin stolz hergezeigt wird. 80 Plätze in mehreren Stuben, 50 im Gastgarten in der Fußgängerzone.

REUTTE

PIANOKELLER

6600 Reutte, Untermarkt 16, +43/5672/64706
www.facebook.com/pg/Pianokeller
ÖFFNUNGSZEITEN Mo-Do: 18:00 bis 1:30 Uhr, Fr-Sa: 19:00 bis 2:30 Uhr
FASSBIER Kaiser Märzen, Franziskaner Hefe Weißbier
FLASCHENBIER Heineken, Guinness, Franziskaner Kristallweizen, Franziskaner Dunkel, Desperados, Corona Extra, Efes
LOKAL Gemütliches Pub in einem mächtigen Gewölbe im Herzen von Reutte. Veranstaltungen rund ums Jahr, ob Konzerte, Quiznights (meist Freitag) oder einfach ein netter Abend mit Billard.

Pianokeller

STEH

6600 Reutte, Untermarkt 33, +43/5672/71133
www.steh.at
ÖFFNUNGSZEITEN Mi-Do: 7:15 bis 00:00 Uhr, Fr-Sa: 7:15 bis 2:00 Uhr, So: 14:00 bis 22:00 Uhr
FASSBIER Stiegl-Goldbräu, Zillertal Märzen, Franziskaner Hefeweizen Hell
FLASCHENBIER Franziskaner Hefeweizen Leicht, Franziskaner Kristallweizen, Franziskaner dunkles Weizen, Warsteiner, Desperados, Heineken, Wieselburger, Miller Genuine Draft
LOKAL Ein kleiner Vorgarten und ein relativ großes Lokal laden an der Einfahrt zum verkehrsberuhigten Zentrum von Reutte zum Biergenuss ein: Drinnen empfängt einen eine zentrale Bar, zudem ein überraschend großer Bereich mit Sitzgelegenheiten und (dem Lokalnamen gerecht werdend) Stehtischen. Hinten gibt es auch einen rot bespannten Billardtisch. An den Wänden viele alte Musikinstrumente. Ca. 120 Sitzplätze im neu renovierten Lokal, 90 auf der neu errichteten Terrasse.

Zum Mohren

ZUM MOHREN

6600 Reutte, Untermarkt 26, +43/5672/62345
www.hotel-mohren.at
ÖFFNUNGSZEITEN Mo-Sa: 17:00 bis 1:00 Uhr
FASSBIER Hacker Pschorr Weisse, Kaiser Premium, Zipfer Drei, Mohrenbräu
FLASCHENBIER Zipfer Pils, Kaiser Märzen, Kaiser Doppelmalz
LOKAL Unter den Hotels das erste Haus am Platz – und tatsächlich eine frühere Brauerei „Zum Mohren" (im Museum Grünes Haus findet man noch ein Wirtshausschild von 1728). Man ist sich dieser Tradition bewusst, die Bierpflege ist entsprechend. Sehr gelungen auch die Kombination des modernen Hotelbereichs mit den älteren Elementen. Fast meint man in ein Museum geraten zu sein, wenn man im Haus auf eine alte Nähmaschine oder ein großes Kruzifix stößt. Ein viel kleineres hängt im Herrgottswinkel der Gaststube. 120 Sitzplätze im Lokal, 7 an der Bar.

SANKT ANTON

ALIBI

6580 Sankt Anton, Dorfstraße 78, +43/664/5425417
www.stantonalibi.com
ÖFFNUNGSZEITEN Mo-So: 16:00 bis 2:00 Uhr

FASSBIER Zipfer Märzen, Weihenstephan Weißbier, Guinness
FLASCHENBIER Heineken, Corona, Desperados, Fuller's London Pride, Graf Anton Helles Vollbier, Graf Anton Gold Spezial
LOKAL Gemütliches, am späteren Abend lautes Pub, dekoriert mit einer Bierflaschensammlung. Der Wirt ist sehr bieraffin, das Alibi wegen der Bierauswahl bei internationalen Gästen beliebt. 40 Plätze, 16 im Garten.

MOOSERWIRT

6580 Sankt Anton, Moos 108, +43/5446/3588
www.mooserwirt.at
ÖFFNUNGSZEITEN Mo-So: 11:00 bis 20:00 Uhr
FASSBIER Fohrenburg 1881, Erdinger Weißbier, Stiegl, Egger Radler
FLASCHENBIER Erdinger Urweisse, Erdinger Hefeweizen Dunkel, Tegernseer Hell, Corona, Beck's Pils, Beck's Gold
LOKAL Im Jahr 2000 völlig erneuert und laut Eigendefinition die „wahrscheinlich schlechteste Skihütte der Alpen". Aber das ist Understatement. In der Bier-Akademie der BrauUnion wird gemunkelt, dass das Lokal den größten Bierumsatz pro Quadratmeter in Österreich aufweist. Und nach einem Lokalaugenschein ist man geneigt, diesen Gerüchten Glauben zu schenken. Zwischen Dezember und Ende März ist die Hütte (bzw. bei Schönwetter auch die Terrasse) jedenfalls fast täglich brechend voll. Das hat nichts mit etwaigen Diskontpreisen zu tun: „Billig sind wir sicherlich nicht." Die regionaltypische Küche der Anfangsjahre hat den Geschmack der Holländer und Engländer nicht wirklich getroffen. Heute kann man dafür auch bei Chicken Wings und Hamburgern glücklich werden. 150 Sitzplätze, 1000 Sitzplätze im Schnee.

Pub 37

PUB 37

6580 Sankt Anton am Arlberg, Im Gries 4, +43/5446/30261
www.pub37.at
ÖFFNUNGSZEITEN Mo-So: 14:00 bis 23:00 Uhr
FASSBIER Mohrenbräu Spezial, Mohren Pale Ale, Die Weisse, Guinness, Kilkenny
FLASCHENBIER Die Weisse Dunkel, Fuller's India Pale Ale, Fuller's London Pride, Corona
LOKAL Ein Klassiker im Nachtleben von St. Anton: Klein, aber umso bemühter. Gute Bierpflege. 35 Plätze im Lokal (oder waren es 37?).

SANKT JOHANN IN TIROL

ANGERER ALM

6380 Sankt Johann in Tirol, Almen am Kitzbüheler Horn 5
+43/5352/62746
www.angereralm.at
FASSBIER Huber Tiroler Hefeweizen, Huber St. Johanner Märzen Spezial, Huber Radler
FLASCHENBIER Huber Pils, Huber Tiroler Hefeweizen Dunkel, Szigeti Premium Beer
LOKAL Annemarie Foidl ist Präsidentin des Sommelierverbandes und führt die älteste Hütte in St. Johann auf 1300 Metern unkompliziert, aber auf hohem kulinarischen Niveau. Urige Stube mit Kachelofen und offenem Kamin. Dabei werden eigene Produkte und solche von umliegenden Bauern verarbeitet. Neben einem mehrgängigen Menü am Abend gibt es auch die Möglichkeit zu frühstücken mit selbstgebackenem Bauernbrot und Milch von den hauseigenen Kühen. Mitgliedsbetrieb der Qualitätsunion „Tiroler Wirtshaus", tagsüber bodenständiges Wirtshaus, am Abend kreative internationale Küche, etwa Bierparfait, Bierbratl, Biersuppe. 100 Sitzplätze im Lokal, auf der Terrasse 100 Sitzplätze.

Egger's

EGGER'S

6389 Sankt Johann in Tirol, Hauptplatz 12, +43/5352/62380
www.cafeeggers.at
ÖFFNUNGSZEITEN Di-Sa: 8:00 bis 18:00 Uhr
FASSBIER Egger Premium, Huber Hefeweizen Hell, Egger Radler
FLASCHENBIER Huber Hefeweizen Alkoholfrei, Egger Zisch
LOKAL Das Egger's erinnert daran, dass die gleichnamige Familie nicht nur in der Holzverarbeitung bedeutend ist, sondern auch eine lange Biertradition hat. Auch wenn Egger Bier heute nicht mehr in Tirol, sondern in Unterradlberg gebraut wird, ist die Verbindung

stark. Daher wurde 2010 dieses Lokal – tagsüber mehr Café, abends mehr Bar – eigens für Egger Biere eingerichtet. Neben den Egger Bieren auf der Karte und dem Hefeweizen der lokalen Brauerei Huber bekommt man hier auch Sondersude von Egger wie das Hopf 'n Roll. 40 Plätze im Lokal, 20 Plätze an der Bar, 20 im Schanigarten.

GASTHOF MAUTH

6380 Sankt Johann in Tirol, Hauptplatz 7, +43/5352/62242
www.gasthof-mauth.at
ÖFFNUNGSZEITEN Mo-So: 7:30 bis 00:00 Uhr
FASSBIER Huber Original
FLASCHENBIER Huber Weizen Hell, Huber Weizen Dunkel, Huber Doppelmalz, Huber Hefeweizen Alkoholfrei, Clausthaler
LOKAL Der Gasthof Mauth hat eine bis ins Jahr 1693 zurückreichende Geschichte, in der Hauschronik wird betont, dass hier früher nur Bier und Branntwein ausgeschenkt werden durfte: „In St Johann und überhaupt in Tirol ging man früher zum Bierwirt oder Fratschler. Man traf sich, trank zusammen das eine oder andere Bier, man genoss die Unterhaltung und erhielt die neuesten Informationen. Wer als Bierwirt oder Fratschler sein Geld verdienen wollte, der musste auch einen guten Leumund haben und drauf achten, dass ‚kein Gesinde verkehre und Ehr und Zucht nicht vergössen' (sic!) werde." Ein Treffpunkt für Freunde vom lokal gebrauten Huber Bier – und den im Haus gemachten Würsten – eine historische Wurstmaschine aus der vorletzten Jahrhundertwende ist im Gastzimmer ausgestellt.

GASTHOF ZUM DAMPFL

6380 Sankt Johann in Tirol, Hauptplatz 1, +43/5352/20706
www.dampfl.at
ÖFFNUNGSZEITEN Mo-Do 11:00 bis 23:00 Uhr, Fr 9:30 bis 24.00 Uhr, Sa 16:00 bis 24:00 Uhr, Feiertage 11:00 bis 22.00 Uhr

Gasthof zum Dampfl

FASSBIER Augustiner Edelstoff, Augustiner Vollbier Hell
FLASCHENBIER Augustiner Pils, Augustiner Weißbier, Augustiner Dunkel, König Ludwig dunkles Weizenbier, Egger Zisch
LOKAL Das Dampfl ist ein stattliches Wirtshaus im Zentrum der Marktgemeinde. 2019 wurde es neu auf die Linie der Augustiner Biere ausgerichtet und wirkt daher ein wenig als Brücke nach Bayern. Sehr traditionelle Architekturelemente (das Haus stammt aus dem frühen 18. Jahrhundert) wurden mit einer modernen Bar kombiniert. Während man in der Stube gemütlich essen kann, trinkt man an der Bar mit Ausblick auf das Geschehen am Hauptplatz. Im Juli/August gibt es jeden Mittwoch Augustiner Edelstoff aus dem Holzfass.

GRANDER SCHUPF

6380 Sankt Johann in Tirol, Winkl-Schattseite 6, +43/5352/63925
www.granderschupf.at
ÖFFNUNGSZEITEN So-Do 9:00 Uhr bis 17:00 Uhr, Fr-Sa 9:00 Uhr bis 21:00 Uhr, in den Ferienzeiten verlängerte Öffnungszeiten

Grander Schupf

FASSBIER Egger Premium, Huber St. Johanner Original, Tiroler Hefeweizen Hell & Dunkel, Radler, Huber Bräu
FLASCHENBIER Tiroler Spezial, Huber Leichtes Weißbier, Erdinger Urweisse, Erdinger Weizen Alkoholfrei
LOKAL Rustikal nach alten Bauernhausvorbildern errichtetes Almgasthaus (900 m), vermeidet geschickt den Kitsch und bietet dafür eine moderne Küche, einen selbst gekästen Käse und volkstümliche Musik. 250 Plätze, 30 an der Bar, auf der Terrasse: 200 Sitzplätze.

HUBERBRÄU TURMSTÜBERL

6380 Sankt Johann in Tirol, Brauweg 4, +43/5352/6222115
www.huberbraeu.at
ÖFFNUNGSZEITEN Mo-So: 11:00 bis 22:00 Uhr
FASSBIER Huber Bräu Spezial, Huber Bräu St. Johanner Zwick'l, Tiroler Hefeweizen Hell & Dunkel, Huber Bräu Augustinus, Huber Bräu Das Dunkle, Huber Bräu Radler
FLASCHENBIER St. Johanner Engerl, Die Leichte Weisse, Hefeweizen Alkoholfrei, Egger Zisch (alkoholfrei-isotonisch)
LOKAL Alles echt, alles Tirol – verspricht (und hält) Brauereichef Günther Huber. Das ungewöhnlichste Braugasthaus Österreichs

wurde am 8. November 1959 auf einem Turm oberhalb des Sudhauses in 27 Meter Höhe eröffnet – die Aussicht ist toll. Wer richtigen Durst mitbringen will, nimmt die Treppe, die anderen den Lift. Freundliche Bedienung – und eine Karte, auf der deftige Speisen als „Wellnessgerichte" empfohlen werden. Alles wohlschmeckend – und reichlicher, als man es mit normalem Hunger verputzen könnte. Brauhausteller (Schweinsbraten, Schweinshax'n, Semmelknödel, Sauerkraut und feines Biersaftl), Bierkäse vom Lafferhof. 70 Sitzplätze im Lokal, außerdem 8 Stehplätze und 30 Sitzplätze auf der Terrasse.

Kochbar

KOCHBAR

6380 Sankt Johann in Tirol, Wieshoferstraße 11, +43/5352/22231
www.kochbar.tirol
ÖFFNUNGSZEITEN Di-Sa: 9:30 bis 14:00 Uhr, 17:00 bis 23:00 Uhr
FASSBIER Huber Bräu Spezial, Huber BräuTiroler Hefeweizen
FLASCHENBIER Clausthaler, Schneider Weisse Dunkel, Franziskaner Hefeweizen Alkoholfrei, Huber Bräu Radler
LOKAL Lukas Michenthaler und Sarah Scheuringer haben im Dezember 2018 das „Chez Pauline" übernommen und es zu einer Bar mit Schwerpunkt auf Fine Food umgestaltet. Die Biere kommen von der lokalen Brauerei, auch die Zutaten zu den Speisen werden überwiegend regional beschafft. 24 Sitzplätze im Lokal, 15 Sitzplätze an der Bar sowie 30 Sitzplätze im Gastgarten.

MICHI'S BAR

6380 Sankt Johann in Tirol, Kaiserstraße 1 – Hotel Fischer
+43/5352/62332
www.hotel-fischer.com
ÖFFNUNGSZEITEN Mo-Sa ab 15:00 Uhr
FASSBIER Huber Bräu St. Johanner Original, Huber Bräu Tiroler Hefeweizen
FLASCHENBIER Huber Bräu Meisterpils, Huber Bräu Augustiner, Huber Bräu Tiroler Hefweweizen Hell und Dunkel, Huber Bräu Alkoholfreies Weißbier, Franziskaner Weißbier
LOKAL Michi's Bar im Hotel Fischer ist ein beliebter Treffpunkt für die lokale Szene. Der spezielle Drink: Tiroler Hefeweizen im Sektglas mit einem Schuss Aperol. 40 Sitzplätze im Lokal, 40 Plätze an der Bar, 6 Sitzplätze im Garten. 25 Plätze in der angeschlossenen Lobby und 35 im Tiroler Stüberl.

SCHWENDT

MAIRWIRT

6385 Schwendt, Dorfstraße 17, +43/5375/2777
www.mairwirt.at
ÖFFNUNGSZEITEN Mo-Di: 11:00 bis 14:00 Uhr, 17:30 bis 00:00 Uhr, Do-So: 11:00 bis 14:00 Uhr, 17:30 bis 00:00 Uhr
FASSBIER selbstgebrautes Moa-Bier Naturtrüb, Moa-Weisse, Stiegl-Goldbräu
FLASCHENBIER König Ludwig Dunkel, König Ludwig Weißbier Dunkel, König Ludwig Weizen Alkoholfrei, Schlossgold
LOKAL In der Gasthausbrauerei herrscht eine „entschleunigte" Welt – gemütlich, ruhig und mit Herz für's Wesentliche. Sie liegt im Ortskern von Schwendt, der idyllischen Ferienoase im Kaiserwinkel – gleich hinter dem Haus kann man schöne und aussichtsreiche Wanderungen beginnen. Seit Mai 2011 gibt es eine Schaubrauerei, gebraut wird regelmäßig donnerstags. Ca. 150 Plätze im Lokal, 40 im Garten.

SCHWOICH

BIEROL TAPROOM & RESTAURANT

6334 Schwoich, Sonnendorf 27, +43/660/5490045
www.bierol.at
ÖFFNUNGSZEITEN Do-Fr: 17:00 bis 00:00 Uhr, Sa-So: 11:00 bis 00:00 Uhr

Bierol Taproom & Restaurant

FASSBIER alle Bierol-Biere
LOKAL Bierlokal des Jahres, siehe Seite 322.

SEEFELD

BRÄUKELLER GRILL & VEGGIE IM HOTEL KLOSTERBRÄU

6100 Seefeld, Klosterstraße 30, +43/5212/2621-168
www.klosterbraeu.com
ÖFFNUNGSZEITEN Mo-So: 12:00 bis 22:00 Uhr

Bräukeller Grill & Veggie im Hotel Klosterbräu

BRÄUKELLER
GRILL & VEGGIE
HOMEMADE BEER / STEAKS / GARDEN PRODUCTS

FASSBIER Sigi's Weizen (Helles Weizen), Bubi's Märzen, AIP.is (Pils), wechselnde Saisonbiere
FLASCHENBIER hauseigenes Champagnerbier (mit Champagner-Hefe vergoren), Augustiner Bräu Helles, Augustiner Weißbier, Gösser Stiftsbräu Dunkel, Franziskaner Weißbier, Zipfer Alkoholfrei, Erdinger Weizen Alkoholfrei, Stiegl-Paracelsus glutenfrei
LOKAL Eines der schönsten familiengeführten Hotels der Tiroler Alpen und eine wiederbelebte Braugeschichte: Mit dem Gründungsjahr 1516 hat dieses Haus etwas mit dem bayerischen Reinheitsgebot (erlassen am 23. April 1516) gemeinsam. Und tatsächlich war das Klosterbräu bereits während der Zeit des Augustiner Klosters (gegründet 1516, aufgehoben 1785) weit über die Landesgrenzen hinaus für seine Biere bekannt. Zwischen den zwei Weltkriegen wurde die Brauerei stillgelegt und 2014 nach 80 Jahren wieder belebt und 2022 erweitert. Regelmäßig werden zusätzlich saisonale Biere angeboten wie z.B. Weihnachtsbier, Sommerbier oder auch das Karwendelirium. Seit über 200 Jahren ist das Haus im Besitz der Familie Seyrling, die jährlich großzügig renoviert und so Tradition und Moderne auf einzigartige Weise verbindet. Auf der Speisekarte des Bräukellers befinden sich nicht nur Steak und Burger. Über 50 Prozent vegane-vegetarische Gerichte bereichern die Kulinarik. Großzügig ist auch das Angebot, dass die Hausgäste am Bier-Brunnen im Saunabereich Freibier zapfen können. 50 Sitzplätze im Lokal, 10 an der Bar, 60 in der Loggia.

SÖLDEN

BÄCKELARWIRT

6450 Sölden, Dorfstraße 125, +43/5254/2183
www.baeckelarwirt-soelden.at
FASSBIER Sölsch Weißbier, Radler
FLASCHENBIER Sölsch Bike Republic, Sölsch Weißbier Alkoholfrei
LOKAL Sehr schönes Drei-Sterne-Superior-Hotel in Sölden, an das im Jahr 2020 eine Brauerei angeschlossen wurde – deren Hauptprodukt ist das „Sölsch". Das ist ein Bier, das Sölden im Namen trägt – ähnlich wie das Kölsch Köln im Namen hat. Auch sonst ist die Ähnlichkeit mit dem Bier der Domstadt nicht unbeabsichtigt.

JATI – BURGER BAR & CRAFT BEER

6450 Sölden, Dorfstraße 11, +43/664/93059771
www.jati.at
ÖFFNUNGSZEITEN Mo-So: 15:00 bis 1:00 Uhr
FASSBIER Sölsch, Brewdog Punk IPA, Crew Republic Drunken Sailor, Hefeweizen, Einstök White Ale, Tegernseer Hell, Bevog Tak Pale Ale
FLASCHENBIER Fuller's London Pride, Brewdog Dead Pony, Brewdog Elvis Juice, O'Hara's Irish Stout, Schneider Aventinus, Birra del Borgo - ReAle, Gutmann Hefeweizen, Huyghe - Delirium Tremens, Thornbridge Cocoa Wonderland
LOKAL Das JaTi ist Söldens Craftbier-Bar – eingerichtet in einer ehemaligen Schusterwerkstätte, aus der noch etliche Versatzstücke als Dekoration erhalten geblieben sind. Der Name setzt sich aus den jeweils ersten beiden Buchstaben der Vornamen der Söhne des Betreibers, Jack und Tim zusammen – aber das nur nebenbei. Die Hauptsache hier ist natürlich das Bier, entsprechend umfangreich und gut kommentiert ist die Bierkarte, auch vom Personal bekommt man treffende Beschreibungen und Empfehlungen zu den Bieren. Das JaTi ist das einzige Restaurant in Sölden und Umgebung, das Bowls, Veganes, Glutenfreies und Biobeef-Burger anbietet. 50 Plätze in drei Räumen, 14 an der Bar.

WERKSTATT SÖLDEN

6450 Sölden, Gemeindestraße 2, +43/5254/20222
www.werkstatt-soelden.ws
ÖFFNUNGSZEITEN Mo-Fr 15:00 bis 23:30 Uhr, Sa-So 11:30 bis 23:30 Uhr
FASSBIER Fohrenburger Jubiläum
FLASCHENBIER Bäckelar Brewery Sölsch, Fohrenburger Weizen, Wieselburger, Maisel's Weisse Dunkel, Guinness, Corona

LOKAL Ein Lokal aus der Kette der Werkstatt-Lokale, die in Westösterreich ein Motorsport-Flair vermitteln.

TARRENZ

STARKENBERGER SCHLOSS-STUBE

6464 Tarrenz, Griesegg 1, +43/5414/66201-23
www.starkenberger.at/gasthaus.html
ÖFFNUNGSZEITEN Mi-So: 11:00 bis 20:00 Uhr
FASSBIER Starkenberger GoldLager, Starkenberger HeimatBier
FLASCHENBIER Starkenberger GoldLager, Starkenberger HeimatBier, Starkenberger GoldSpezial Hell, Starkenberger GoldSpezial Dunkel, Starkenberger Schloss Pils, Starkenberger Bio-Perle, Starkenberger Festbock, Starkenberger NaturRadler
LOKAL Das Schloss mit der Brauerei, der sehenswerten Biermythos-Ausstellung und den frisch herausgeputzten Schloss Stuben liegen nur eine Minute von der Bundesstraße entfernt, sind aber nicht nur mit dem Auto erreichbar, sondern auch Anlaufstelle etlicher Wanderwege. Schöne Ausflugsmöglichkeiten zum geschichtsträchtigen Schloss (das Gespenst wurde allerdings seit fast 200 Jahren nicht mehr gesehen) und zum Starkenberger See. Unkomplizierter, bemühter Service und ein netter Biergarten. Christina & Alex Martin bieten eine regionale kulinarische Vielfalt. 80 Plätze im Lokal, 100 im Rittersaal, 80 auf der Gartenterrasse.

TUX

DORFBAR RATSCHKATHL

6293 Tux, Lanersbach 456b, +43/5287/87783115
www.annodazumal.at
ÖFFNUNGSZEITEN Mo-Sa 15:00 bis 23:00 Uhr

FASSBIER Stiegl-Pils, Stiegl-Weisse, Stiegl-Radler Naturtrüb, saisonal: Stiegl-Herbstbock, Wildshut Frischebiere
FLASCHENBIER Stiegl-Hell, Stiegl-Pils, Stiegl-Paracelsus Bio-Zwickl, Franziskaner Dunkel, Wildshut Frischebiere, Stiegl-Monatsbiere, Stiegl-Faux Pas, Stiegl-Sonnenkönig, Zillertal Märzen, Stiegl-Columbus Pale Ale, verschiedene Sorten Tux 1280 und viele mehr
LOKAL Mit der Ratschkathl haben Michaela und Stefan Dengg im Jahr 2010 sowohl für die Ortschaft Lanersbach als auch für das eigene Chaletdorf „Anno Dazumal" ein nostalgisch angehauchtes Wirtshaus geschaffen, in dem sowohl Feriengäste als auch Einheimische miteinander ratschen können. „Deine Ohren kommen ganz auf ihre Kosten", versprechen die Wirtsleute. Im Sommer gibt es ausgewählte Imbisse zu Bier, Bockbieranstich im Herbst, Après-Ski von Dezember bis April. Das Bierangebot geht über das anderer Stiegl-Wirte deutlich hinaus, es gibt auch Biere der regionalen Mittelstandsbrauerei und von der höchstgelegenen Craftbierbrauerei Österreichs aus der selben Ortschaft. Die Mitarbeiter sind für professionelles Zapfen ausgezeichnet worden, es gibt auch immer wieder kombinierte Bier- und Käseverkostungen und ganz neu: schöne Tischfässer für alle Biersorten für gesellige Runden. 45 Sitzplätze im Lokal, ca. 15-20 Plätze an der Innenbar, ca. 10 Plätze an der beheizten Außenbar und 30 Sitzplätze auf der Terrasse. 🛏40

UNTERPERFUSS BEI INNSBRUCK

BRANGER ALM

6175 Unterperfuß bei Innsbruck, Unterperfuß, +43/5232/2209
www.brangeralm.at
ÖFFNUNGSZEITEN Mo-So: 11:00 bis 00:00 Uhr

Branger Alm

FASSBIER Branger Bräu Märzen, Branger Bräu Weizentrüb
FLASCHENBIER Branger Bräu-Biere
LOKAL Das rustikal eingerichtete Wirtshaus der Branger Alm (die übrigens leicht erreichbar im Inntal liegt und hoch oben in den Bergen erwandert werden muss) war ursprünglich nur Verpflegungsstation für den Campingplatz der Familie Hörtnagl. Es ist mit seiner 1993 eingerichteten Brauanlage inzwischen aber selbst ein Ausflugsziel geworden. An Freitagen und Samstagen stehen Tanzabende auf dem Programm. 300 Sitzplätze im Lokal, Garten: 200 Sitzplätze.

VIRGEN

PANZL-BRÄU

9972 Virgen, Virgental Straße 85, +43/7874/5240
www.osttirolurlaub.at/?fbclid=IwAR1ZWEVmFDJEIX-RILz-cpRV90rrENga37H5AgYQMJqK9i7WUSBtA7rT52EQ
ÖFFNUNGSZEITEN Mo-So: 10:00 bis 00:00 Uhr

Panzl-Bräu

FASSBIER Panzl Märzen (Sondersud vom Falkenbräu in Lienz)
FLASCHENBIER Weihenstephaner, Schlossgold
LOKAL Hier in Virgen war tatsächlich von 1720 bis 1914 eine Brauerei. Die heutigen Wirtsleute vom Panzl-Bräu brauen aber nicht selbst, sondern kooperieren mit der Brauerei Falkenstein. 110 Sitzplätze im Lokal, 10 Sitzplätze an der Bar und insgesamt 40 Sitzplätze im Garten. ✕ 🛏40

VOMP

HURRY CURRY

6134 Vomp, Josef-Heiß-Straße 48, +43/681/81969514
www.hurrycurry.at
ÖFFNUNGSZEITEN Mo-Fr: 11:00 bis 14:00 Uhr, 17:00 bis 21:00 Uhr
FASSBIER Stubbacher Braukunst Biere
LOKAL Ursprünglich meinten wir: Ein Fast-Food-Lokal hat im Bierguide normalerweise nichts zu suchen. Wir waren ja vor allem wegen der vom bayrischen Chef Robert Holzleitner in der „1. Vomper Privatbrauerei" gebrauten „Stubbacher Braukunst"-Biere, die hier exklusiv ausgeschenkt werden, da. Im Lauf der Jahre hat sich das Lokal schön weiterentwickelt, Fast Food gibt es immer noch und mittags wird es ziemlich eng, denn da gehen in einer Stunde 60 Essen über den Tresen, also jede Minute ein Schnitzel oder eine

Currywurst mit Pommes Frittes oder ein Riesen-Burger. Mehr Zeit fürs Bier ist dann ab 17:00 Uhr. In dem gemütlichen, urigen Lokal kann man sich sogar ein 30 Liter Fass bestellen und mit Freunden ganz gemütlich Seidel für Seidel selber zapfen. Die Bierspezialitäten kann man auch in 0,33-Liter-Flaschen mit nach Hause nehmen. 30 Plätze im Lokal.

WÖRGL

LONG PIPE

6300 Wörgl, Salzburger Straße 32, +43/660/9666666
www.facebook.com/people/Long-Pipe/100063696714044/
ÖFFNUNGSZEITEN Mo-Do: 9:00 bis 1:00 Uhr, Fr-Sa: 9:00 bis 2:00 Uhr, So: 13:00 bis 1:00 Uhr
FASSBIER Zipfer Märzen, Weihenstephaner Hell, Hirter Märzen
FLASCHENBIER Corona, Desperados, Heineken, Zipfer Urtyp, Weihenstephaner Dunkel, Anheuser Busch - American Bud
LOKAL Im Obergeschoß des M4-Shoppingcenters gelegen. Modern und bierig eingerichtet mit Stehtischen. Sehr nette und flinke Bedienung, leider bescheidene Bierauswahl. 100 Sitzplätze im Lokal, 80 Plätze an der Bar.

ZELL AM ZILLER

HOTEL BRÄU

6280 Zell am Ziller, Dorfplatz 1, +43/5282/2313
www.hotel-braeu.at
ÖFFNUNGSZEITEN Mo-So 11:30 bis 14:00 Uhr und 17:30 bis 21:00 Uhr
FASSBIER Zillertal Pils, Zillertal Weißbier
FLASCHENBIER Zillertal Tyroler - Imperial Zwickl, Zillertal Tyroler - Imperial Hell, Zillertal Märzen, Zillertal Weißbier Dunkel, Zillertal Dunkel, Zillertal Schwarzes, Zillertal Gauder Bock (saisonal), Zillertal Gauder Steinbock (saisonal), Zillertal Weißbierbock (saisonal)
LOKAL Das erste Haus am Platz – schräg gegenüber dem Stammhaus der 1500 gegründeten Brauerei, deren Produktion inzwischen aus dem dicht verbauten Gebiet hinaus verlegt worden ist. Das Hotel ist ein gepflegter Brauereiausschank, er gehört ja auch derselben Familie. Hervorragende Küche, die mit vielen Gerichten aufwartet, die zu den Bierspezialitäten passen und teilweise mit Bier verfeinert werden. Sehr bemühtes Personal. 110 Plätze in mehreren Stuben, 40 im Garten.

FÜR ECHTE
Grillmeister:innen
frastanzer
ECHTE BIERKULTUR DIE VERBINDET.
frastanzer
s'klenne
UNSER GRÖSSTES BIER
UNSER LIEBLINGSBIER.
Das perfekte Verhältnis von Aroma- und Bitterhopfen sorgt für ein bieriges Geschmacksverhältnis. Mit diesem Geschmack ist das frastanzer s'klenne eines der Lieblingsbiere unter den frastanzer Bier-Fans. Und eines ist sicher: s'klenne goht immer!

VORARLBERG

350
VORARLBERGS BIERLOKAL DES JAHRES

RANKWEIL

TAUBE

6830 Rankweil, Ringstraße 1, +43/5522/44211
www.taube-rankweil.at

ÖFFNUNGSZEITEN Mo-Fr: 14:00 bis 00:00 Uhr, Sa: 10:00 bis 00:00 Uhr, So: 10:00 bis 23:00 Uhr

FASSBIER Frastanzer Gold, Frastanzer Kellerbier, Frastanzer s'Bio, Frastanzer Bio s'Dunkle, Frastanzer Naturadler Zitrone, Schneider Weisse Original, Schneider Helle Weisse

FLASCHENBIER Langer Spezialitätenkatalog

LOKAL Das rund 200 Jahre alte Gasthaus Taube wurde von der Brauerei Frastanz als Braugaststätte wiederbelebt – und das mit einer Energie, die man vielen anderen Lokalen wünschen würde. Das beginnt bei der Optik: Alte Elemente das Baus wurden geschickt mit den neuen Komponenten wie der neuen Schank kombiniert. Apropos Schank: Am Zapfhahn hängen bevorzugt die Biere der Brauereigenossenschaft Frastanz. Diese werden perfekt gezapft – sämtliche Mitarbeiter sind speziell zum Thema Bierausschank geschult worden. Und darüber hinaus gibt es ein Flaschenbierangebot, das seinesgleichen sucht. Damit man als Gast eine Chance hat, sich in diesem Angebot zurechtzufinden, gibt es eine Bierkarte in Form eines gebundenen Buches – eine ganze Seite mit kompetenter Beschreibung des jeweiligen Bieres. Das macht auch Lust, an den jeweils am ersten Donnerstag im Monat angebotenen Craftbier-Stammtischen mit Biersommeliers teilzunehmen. Oder sich etwas mit nach Hause zu nehmen: Eine Vielfalt an Bieren kann im hausinternen Bottleshop erworben werden. Zu erwähnen ist auch der schöne Biergarten und die regelmäßig stattfindenden Spezialitätenwochen, bei denen etwa Sauerbiere promotet werden. 130 Plätze in mehreren Stuben, 60 Plätze im Garten.

AU

UR-ALP

6833 Au, Bundesstraße 533, +43/5515/25192
www.ur-alp.at
ÖFFNUNGSZEITEN Di-Do: 9:00 bis 22:00 Uhr, Fr-Sa: 9:00 bis 00:00 Uhr, So: 9:00 bis 22:00 Uhr
FASSBIER Brauerei Egg Spezialbier, Franziskaner Weizen
FLASCHENBIER Mohren Spezial, Mohren Pfiff, Mohren Pale Ale, Franziskaner Weizen Dunkel, Franziskaner Weizen Alkoholfrei
LOKAL Natürlich wirkt die Dekoration dieses Lokals ein wenig überladen – überall dominiert altes Holz, die Deko besteht aus altem Bauerngerät und Musikinstrumenten. Kein Wunder, denn dieses sehr rustikal gestaltete Lokal liegt an der Bregenzerwald-Bundesstraße von Au nach Schoppernau – man nennt diese Straße nicht zu Unrecht die „Käsestraße". Und entsprechend ist auch die Speisekarte gestaltet – Käseliebhaber finden hier Käserahmsuppe, Ziegenkäseecken mit Basilikumpesto, gebackenen Bergkäse, Käsefondue und natürlich die Käsknöpfle mit geschmälztem Zwiebel. Immer wieder Musikveranstaltungen – „Thekentanz auf eigene Gefahr", warnt ein Schild. Mit Naturlädele (Hochalpkäse, Speck, Kaminwurzen, Hirschschinken), Käsekeller, einladender Gartenanlage, großem Kinderspielplatz und großem Busparkplaz auch ideal für Feiern jeglicher Art, was 2019 die österreichische Braumeistertagung hierher gelockt hat. 240 Sitzplätze im Lokal, 2 x 20 Plätze an der Bar, 100 Sitzplätze im Garten.

BEZAU

GASTHOF HIRSCHEN

6870 Bezau, Platz 40, +43/5514/2382
www.hirschen-bezau.at
ÖFFNUNGSZEITEN Mo-Di: 8:00 bis 00:00 Uhr, Do: 16:00 bis 00:00 Uhr, Fr-So: 8:00 bis 00:00 Uhr
FASSBIER Egger Spezial, Franziskaner Weißbier
FLASCHENBIER Mohrenbier, Egger Spezial
LOKAL Drei traditionell eingerichtete gemütliche Gaststuben, gutbürgerliche österreichische und internationale Küche. Das Service ist sehr freundlich und hilfsbereit, die Bierpflege sehr gut. Ca. 60 Sitzplätze im Restaurant, 60 Sitzplätze im Gastgarten mit Pavillon.

BLUDENZ

KOHLDAMPF & SUDKESSEL-BAR

6700 Bludenz, Werdenbergerstraße 53, +43/5552/65385
www.fohren-center.at/de/kohldampf/aktuelles.html
ÖFFNUNGSZEITEN Di-Do: 16:00 bis 23:45 Uhr, Fr: 14:00 bis 1:00 Uhr, Sa: 11:00 bis 1:00 Uhr, So: 11:00 bis 23:45 Uhr
FASSBIER Fohrenburger Jubiläum, Fohrenburger Kellerbier, Fohrenburger Dunkles, Fohrenburger Weizen, Fohrenburger Radler
FLASCHENBIER Fohrenburger Oberländer, Heineken, Desperados, Corona, SOL mexican beer
LOKAL Ein Bier unmittelbar gegenüber der Fohrenburg-Brauerei genießen – dazu lädt der schöne mit Kastanienbäumen bepflanzte Biergarten ein. Und das früher als Wirtshaus zur Fohrenburg oder Nova Bräu bekannte Lokal erstrahlt als Brauereiwirtshaus Kohldampf seit Juni 2012 in neuem Glanz. Angeschlossen ist die Sudkessel-Bar mit den gleichen Öffnungszeiten. Freundliches Personal. An den letzten beiden Septemberwochenenden gibt es ein Oktoberfest – Details unter www.ozapft.at. 80 Plätze im Restaurant, 60 im Stüble, 100 in der Sudkesselbar, 250 im Biergarten.

REMISE

6700 Bludenz, Raiffeisenplatz 1, +43/5552/62448
www.cafe-remise.at
ÖFFNUNGSZEITEN Di-Fr: 11:00 bis 00:00 Uhr, Sa: 10:00 bis 00:00 Uhr
FASSBIER Frastanzer Helles, Frastanzer Bio Kellerbier, Franziskaner Weizen, Radler süß/sauer
FLASCHENBIER Corona, Franziskaner Alkoholfreies Weizen
LOKAL Der schöne Gastgarten und die nostalgische Außenhaut der Remise machen sie zum Fixstarter in diesem Guide. Schüler, Studenten und Künstler beleben die Bar, in der es auch oft Live-Veranstaltungen und Präsentationen bildender Kunst gibt. 45 Plätze im Lokal, 5 an der Bar, 200 im Garten.

BREGENZ

Gösser Bräu Bregenz

GÖSSER BRÄU BREGENZ

6900 Bregenz, Anton-Schneider-Straße 1, +43/5574/424670
www.goesserbregenz.at
ÖFFNUNGSZEITEN Mo-Mi: 11:00 bis 22:00 Uhr, Do-Sa: 11:00 bis 24:00 Uhr, So: 11:00 bis 22:00 Uhr
FASSBIER Gösser Gold, Gösser Zwickl Hell, Gösser Zwickl Dunkel, Edelweiss Weizen, Gösser Naturradler
FLASCHENBIER Birra Moretti, Heineken, Schladminger Sepp,

Edelweiss Weizen Dunkel, Kilkenny, Heineken 0,0%, Edelweiss Weizen Alkoholfrei, saisonale Bierspezialitäten
LOKAL Das Gebäude des Gösserbräu atmet Biergeschichte: 1641 wurde es zum ersten Mal als „zum Schwanen" erwähnt, 1945 zog das Gösser Bräu ein. Seit 2021 ist wieder alles anders: Das Restaurant Freischwimmer brachte urbanen Schwung ins Haus – gleichzeitig wurde der bierige Charakter durch eine Bar unterstrichen, an der man gleich beim Hereinkommen freundlich begrüßt wird. An dieser Bar kann man auch untertags ein Bier bekommen – links geht es weiter in den Restaurantbereich, rechts zur eigentlichen Gösserbar und zur historischen Zirbenstube aus dem Jahr 1890. Kleiner Schanigarten. 300 Plätze in den unterschiedlichen Gastro-Bereichen.

GOLDENER HIRSCHEN – BIERBAR

6900 Bregenz, Kirchstraße 6, +43/5574/42815
www.hotelweisseskreuz.at/goldener-hirschen
ÖFFNUNGSZEITEN Wirtshaus: Di-Sa 11:00 bis 22:00 Uhr, So & Mo Ruhetag; Bierbar: Di-Do 11:00 bis 24:00 Uhr, Fr-Sa 11:00 bis 1:00 Uhr, So & Mo Ruhetag

Goldener Hirschen - Bierbar

FASSBIER Hirschen Bier (bayrisch dunkel), Mohrenbräu Spezial, Erdinger Urweisse, Guinness, 2 laufend wechselnde Fassbiere
FLASCHENBIER Mohrenbräu Pilsner, Trumer Hopfenspiel, Mohrenbräu Pale Ale, Aecht Schlenkerla Rauchbier, Die Weisse Hell glutenfrei, Kilkenny, Erdinger Pikantus, Insel Kreide, Insel Surfers Summer Ale
LOKAL Derzeit eines der besten Bierlokale jenseits des Arlbergs: Hubert Kinz ist Biersommelier und hat gemeinsam mit der Mohrenbrauerei das dunkle Hirschen-Bier wiederbelebt. Im Lokal dominieren dunkles Holz und prächtige gußeisene Säulen, die die helle Decke tragen. Das Service ist ausgesprochen freundlich und bringt auch gerne mehrere Kostgläser, wenn sich eine Gruppe eine Flasche teilen will. Auf Anfrage Degustationen mit Diplom-Biersommelier Hubert Kinz, es werden auch mehrmals im Jahr Biermenüs bzw. Speisenempfehlungen mit passendem Bier angeboten (z.B.: Adventzeit, Ostern und saisonale Aktionswochen wie Wild, Schlachtwoche, Spargel etc.).Besonderer Hinweis: Von Mai bis September gibt es jeden 1. Samstag im Monat Live Musik vor der Bar (bei schönem Wetter).40 Plätze im Lokal, 8 an der Bar und 15 auf der kleinen Terrasse. Gemütlicher, neu gestalteter Biergarten im Innenhof mit ausreichend Sitzplätzen.

KESSELHAUS BAR & RESTAURANT

6900 Bregenz, Mariahilfstraße 29, +43/5574/21507
www.kesselhausbregenz.at
ÖFFNUNGSZEITEN Mo-Di: 11:00 bis 14:00 Uhr, Mi-Fr: 11:00 bis 14:00 Uhr, 17:00 bis 22:00 Uhr, Sa: 17:00 bis 22:00 Uhr
FASSBIER Egger Spezial (aus dem Bregenzerwald)
FLASCHENBIER Egger Dunkel (aus dem Bregenzerwald), Wälderle, Zwickl, Franziskaner Weizen, Beck's Blue
LOKAL Mediterranes Restaurant im ehemaligen Heizhaus der Schoeller-Wolle Fabrik mit einer modernen Messing Bar. Stets gut besucht und Bier-Liebhaber kommen entweder bei einer tollen Bar-Atmosphäre oder auch in romantischer Zweisamkeit während eines Abendessens voll auf ihre Kosten. Restaurant: 60 Sitzplätze, Bar: 35 Sitzplätze, Garten: 55 Sitzplätze.

KORNMESSER

6900 Bregenz, Kornmarktstraße 5, +43/5574/54854
www.kornmesser.at
ÖFFNUNGSZEITEN Di-So: 9:00 bis 00:00 Uhr
FASSBIER Augustiner Lager Hell, Augustiner Maximator (nur in der Fastenzeit vor Ostern)
FLASCHENBIER Augustiner Edelstoff, Augustiner Dunkel, Augustiner Weißbier, Clausthaler, Augustiner Maximator (nur in der Fastenzeit vor Ostern)
LOKAL Ein klassisches Bierlokal mit klassischem Biergarten unter Kastanien: So präsentiert sich das Kornmesser-Haus, ein im Jahr 1720 als Wohnhaus des Barockbaumeisters Franz Anton Beer errichteter Bau. Dieser diente einige Zeit der Marktaufsicht („Kornmesser") als Büro, später wurde er Gasthaus. Der ursprüngliche Gastraum wurde bei der Restaurierung durch die Münchner Augustiner Brauerei 2005 wieder in den Originalzustand zurückversetzt und der Nebenraum stilistisch angepasst. Die Speisekarte bietet „g'hörige" Gasthausküche und Klassiker zum Augustiner Bier.

PETRUS

6900 Bregenz, Anton-Schneider-Straße 11, +43/664/4369457
petrus-bregenz.at
ÖFFNUNGSZEITEN Di-Sa: 9:00 bis 00:00 Uhr

Petrus

FASSBIER Petrus Blond (Brauerei De Brabandere)
FLASCHENBIER La Trappe Blonde, La Trappe Dubbel, Frastanzer Bio-Bier, Chimay Triple, Hoegaarden, Chimay Bleu, Delirium Tremens, Orval, Oude Geuze Boon, Lindemans Pecheresse, Lindemans Kriek, Westmalle Triple, Kwak, Duvel, La Chouffe Golden Ale, Leffe Brune, Leffe Blonde
LOKAL An der Adresse des 1957 geschlossenen Gasthaus Tötsch wurde diese „Brasserie" eingerichtet, die auch in Berlin als Künstlercafé, in Brüssel als Biercafé und in Paris wohl als Champagnerbar durchgehen würde. Der Boden ist mit dezent gemusterten Fließen belegt, wie man sie um die Jahrhundertwende in vielen Lokalen, aber auch in den Eingangsbereichen von Wohnungen und Villen fand. Und es gibt belgisches Bier – Petrus Blond aus Harelbeke in Flandern – vom Fass. Und zwar schon zum Frühstück, das hier besonders zelebriert wird. Die Küche lehnt sich ein wenig an die kulinarischen Erfahrungen der Besitzer Ursula Hillbrand und Peter („Petrus") Brattinga an: Moules Frites und Kaninchen in Biersauce zählen zu den Klassikern. Das Restaurant oder den ersten Stock kann man auch für private Feiern mieten.

VIVA CANTINA MEXICANA & BAR

6900 Bregenz, Seestraße 7, +43/5574/42288
www.cantina.at
ÖFFNUNGSZEITEN Mi-So: 17:00 bis 3:00 Uhr
FASSBIER Mohren Kellerbier Naturtrüb, Meckatzer Helles Hefeweizen
FLASCHENBIER Corona, Sol, Negra Modelo, Pacifico, Farny Kristallweizen, Meckatzer Urweizen, Meckatzer Weiss-Gold, Trumer Pils, Heineken, Mohren Pfiff, Mohren Kellerbier
LOKAL Christoph Wellinger hat hier 1995 ein sehr ambitioniertes mexikanisches Restaurant eingerichtet mit Schauküche und einer breiten, gut passenden Bierauswahl. Schöner Palmengarten mit traumhaftem Sonnenuntergang über dem Bodensee. 150 Sitzplätze im Lokal, 180 im Garten.

WUNDERBAR

6900 Bregenz, Bahnhofstraße 4, +43/5574/47758
www.wunderbar.at
ÖFFNUNGSZEITEN Mo-Do: 11:00 bis 3:00 Uhr, Fr-Sa: 10:00 bis 4:00 Uhr, So: 12:00 bis 3:00 Uhr
FASSBIER Mohren Spezial, Weihenstephaner Weizen
FLASCHENBIER Clausthaler Extraherb, Beck's Blue
LOKAL Café-Bar mit kleinen Tischchen und angenehmer Bar sowie einem Gastgarten zum Sehen und Gesehen werden. Hier ist man stolz darauf, dass hier eines der ersten WLANs in Vorarlberg eingerichtet wurde. Wer wirklich wenig Bier trinken will, bestellt einen „Zickenpfiff", also 0,1 Liter. 45 Plätze im Lokal, Bar: 8, Garten: 35.

Wunderbar

DOREN

GASTHOF ADLER

6933 Doren, Kirchdorf 9, +43/5516/2014
www.adler.co.at
ÖFFNUNGSZEITEN Mi-Do: 16:00 bis 00:00 Uhr, Fr: 11:30 bis 13:30 Uhr, 16:00 bis 00:00 Uhr, Sa-So: 10:00 bis 00:00 Uhr
FASSBIER Meckatzer Weiss-Gold, Meckatzer Weizen, saisonal Meckatzer Zwickl
FLASCHENBIER Mohren Spezial
LOKAL Seit 1795 bestehender, gemütlicher Gasthof mit Gästen aus dem Dorf und der Umgebung. Die eigene Bio-Landwirtschaft – eine alte Bregenzerwälder Bauernwirtschaft mit bekannter Braunviehzucht, kann auch besichtigt werden. Mitglied der Käsestraße Bregenzerwald. 70 Sitzplätze im Lokal, 40 im Garten.

DORNBIRN

21 CAFEHAUS

6850 Dornbirn, Marktstraße 21, +43/5572/386159
www.cafe21.at
ÖFFNUNGSZEITEN Mo-Sa: 8:00 bis 00:00 Uhr, So: 14:00 bis 22:00 Uhr

FASSBIER Mohrenbräu, Trumer Pils, König Ludwig Weißbier
FLASCHENBIER Maximus Pandora „Dutch Pale Ale", Maximus Brutus „American Amber Lager", Maximus Highhops IPA, Maximus Stout 6, Corona, Erdinger Alkoholfrei
LOKAL Eine verlässliche Adresse für ein gepflegtes – und in Vorarlberg sonst schwer zu findendes – Trumer Pils: Dieses Lokal schafft es seit zwei Jahrzehnten, sich mit kleinen Namensänderungen quasi laufend neu zu erfinden, mal als Café, mal als Sushi-Lokal oder auch als Tapas-Bar – in letzter Zeit wieder mehr mit Bier-Schwerpunkt und sogar einigen raren Craftbieren aus der niederländischen Maximus-Brauerei. 50 Plätze im Lokal, 100 im Schanigarten.

21 Cafehaus

BIERLOKAL
6850 Dornbirn, Marktstraße 12, +43/5572/53850
www.bierlokal.at
ÖFFNUNGSZEITEN Mo-Fr: 11:00 bis 23:00 Uhr
FASSBIER Mohren Spezial, Mohren Naturtrübes Kellerbier, Erdinger Weißbier Hell, Mohren Pale Ale
FLASCHENBIER Mohren Gambrinus, Erdinger Weißbier Dunkel, Erdinger Weißbier Alkoholfrei, Clausthaler
LOKAL Dieses zentral gelegene Lokal war schon eine Druckerei, einige Jahre lang auch eine Brauerei. Jeden Freitag werden die beliebten Kässpätzle serviert. Das Restaurant im ersten Stock wurde im Jänner 2017 neu renoviert und bietet saisonale Speisen. 160 Plätze im Lokal, 34 an der Bar, 100 im Garten.

FREI
6850 Dornbirn, Marktstraße 2, +43/664/4003135
www.frei-cafe-bar.at
ÖFFNUNGSZEITEN Mo-Mi: 9:00 bis 00:00 Uhr, Do: 9:00 bis 1:00 Uhr, Fr-Sa: 9:00 bis 3:00 Uhr
FASSBIER Trumer Pils
FLASCHENBIER Mohren Kellerbier, Erdinger Weißbier, Erdinger Alkoholfrei, Augustiner Edelstoff, Mohren Pale Ale
LOKAL Das im Herbst 2015 in unmittelbarer Nachbarschaft zum Roten Haus eröffnete Lokal will Freiraum für ein Ambiente mit einem Gespür für das Detail schaffen. Und das mit einem fein ausgewogenen Sounderlebnis, denn am Abend wird die Bar zum Club – die Vorarlberger Szene hat den Laden jedenfalls gut angenommen. Man futtert gesund (täglich Mittagsmenü) und kommt auch zum Sehen und Gesehenwerden. 80 Plätze im Lokal, 20 davor.

MARKTSCHENKE ALBERT
6850 Dornbirn, Moosmahdstraße 4, +43/664/3501842
www.facebook.com/albertdornbirn
ÖFFNUNGSZEITEN Mi-Sa: 17:00 bis 1:00 Uhr, So: 17:00 bis 00:00 Uhr
FASSBIER Mohren Spezial, Augustiner Hell
FLASCHENBIER Corona, Erdinger Hefeweizen, Budweiser Lager
LOKAL Rustikale Bierbar mit schön gezapftem Augustiner. Für die Dekoration wurden Dutzende alte Blechschilder und ein paar Filmplakate aufgehängt – viel Holzoptik und eine freundliche Bedienung. 10 Plätze an der Bar, 20 an Stehtischen.

MR. FRENCH
6850 Dornbirn, Marktplatz 10, +43/5572/398222
mrfrench.at
ÖFFNUNGSZEITEN Mo-Fr: 10:00 bis 23:00 Uhr, Sa: 9:00 bis 23:00 Uhr, So: 10:00 bis 23:00 Uhr
FASSBIER Mohren Spezial, Weihenstephaner Hell, Craftbiere
FLASCHENBIER Mohren Kellerbier, Clausthaler, Bierspezialitäten
LOKAL Modern gestaltetes Bistro, das mit einer Auswahl an Craftbieren beeindruckt und sich als Kommunikationslokal versteht – gleich im Jahr 2016 schaffte der Mr. French es, Vorarlberger Bierlokal in Conrad Seidls Bierguide zu werden. Auf einer großen Tafel werden die jeweils erhältlichen Bierspezialitäten mit Herkunftsangabe angeschrieben. Die Speisekarte bietet bis 22 Uhr Speisen zum und mit Bier, wie z.B. Bierschaumsuppe mit Schwarzbrotwürfel und Speckstreifen, Garnelen im Bierteig, Biergulasch. Die Craftbiere werden in 0,2-Liter-Einheiten im Teku-Pokal angeboten. 40 Plätze im Lokal, 18 an der Bar, 18 im Vorgarten.

SUNNY JAMES IRISH PUB
6850 Dornbirn, Marktplatz 12, +43/664/5335902
sunnyjames.pub
ÖFFNUNGSZEITEN Di-Sa: 18:00 bis 2:00 Uhr
FASSBIER Guinness, O'Hara's Irish Stout, Kilkenny, Guinness Hop House 13, Brewdog Punk IPA, Heineken, Fohrenburger, Mohrenbräu
FLASCHENBIER Corona, Heineken 0,0, Guinness 0.0
LOKAL Sehr authentisch wirkendes Pub im Souterrain eines kleinen Einkaufszentrums. Sehr lange Bar. An Wochenenden bei Live-Konzerten oft sehr voll.

TIVOLI
6850 Dornbirn, Lustenauerstraße 43, +43/650/3216800
www.tivoli-dornbirn.at
ÖFFNUNGSZEITEN Mi-Do: 19:00 bis 00:00 Uhr, Fr-Sa: 19:00 bis 2:00 Uhr

FASSBIER Guinness, Fohrenburger
FLASCHENBIER Kilkenny Red Ale, Corona Extra, Maisel's Pale Ale, Maisel's Weisse „Original", Maisel's Hefeweizen Dunkel
LOKAL Das Tivoli ist 2021 in den ehemaligen Gasthof Schwanen übersiedelt. Es gibt zwei kleine Gasträume, in denen Guinness gepflegt ausgeschenkt wird. Wirt Manfred Miesel hat damit Erfahrung, er war nach eigenem Bekunden der erste Gastronom, der in Vorarlberg Guinness vom Fass anbieten konnte. Zudem gibt es einen größeren, gänzlich auf Guinness gebrandeten Saal für Veranstaltungen und einen kleinen Biergarten.

FELDKIRCH

BRAUGASTSTÄTTE LÖWEN TISIS

6800 Feldkirch, Dorfstraße 28, +43/5522/84242
www.loewen-tisis.at
ÖFFNUNGSZEITEN Mi-Sa: 16:00 bis 00:00 Uhr, So: 11:30 bis 15:00 Uhr

Braugaststätte Löwen Tisis

FASSBIER Frastanzer s'Bio, Frastanzer Bio Kellerbier, Frastanzer Ice Kellerbier, Frastanzer Gold, Frastanzer Bio s'Dunkle, Schneider Weisse, Schneider Weisse Original
FLASCHENBIER Frastanzer s'Honig, Frastanzer Hoppy, Hoppebräu Wuida Hund, Hoppebräu Wuide Hehna, Hoppebräu Vogelwuid, Panülerbräu Pale Ale, Schneider Aventinus Eisbock, Oude Geuze Boon, BRLO Berliner Weisse, Pöhjala - Meri, Boon Kriek, Ödipus Swingers, BRLO Berlin Jam
LOKAL „Treten Sie ein, sonst verhungern wir beide", grüßt der Wirt dieses gastlichen Lokals mit dem außerordentlich freundlichen und bierkundigen Personal. Es war bereits 2019 Bierlokal des Jahres. Im Angebot sind traditionell österreichische Küche und Bierspezialitäten (nicht nur aus der nahen Frastanzer Brauerei, sondern auch von anderen Klein- und Mittelstandsbrauern). Neben gemütlichen Gaststuben und einem der schönsten Gastgärten in Feldkirch, bietet diese Braugaststätte der Brauerei Frastanz im historischen Löwensaal Platz für rund 130 Personen. 20 Sitzplätze im „Roten Stüble", 30 in der „Gartenstube" und 90 Sitzplätze im Saal. Im Gastgarten haben ca. 120 Personen Platz.

BRAUGASTSTÄTTE RÖSSLEPARK

6800 Feldkirch, Rösslepark 1, +43/5522/76543
www.roesslepark.at
ÖFFNUNGSZEITEN Di-Sa: 10:00 bis 00:00 Uhr
FASSBIER Rössle Park Kellerbier, Frastanzer s'Bio, Frastanzer Gold, Frastanzer Bio s'Dunkle, Schneider Weisse, Frastanzer Ice Kellerbier, Frastanzer Naturtrüber Zitronenradler
FLASCHENBIER Bierol Mountain Pale Ale, Hoppebräu Wuida Hund, Einstök White Ale, Hollows Ginger Beer, Einstök Toasted Porter, Thornbridge Cocoa Wonderland, Boon Kriek, Huyghe Delirium Tremens, O'Haras Irish Red Ale, laufend wechselndes Sortiment
LOKAL Seit 1999 verbinden sich hier Brauhauskultur (eine ausrangierte Sudpfanne vermittelt gleich beim Eintreten das entsprechende Gefühl) und moderne Architektur mit viel Harmonie. Neben dem Tagesgeschäft mit schmackhaften Mittagsmenüs und vielen heimischen und internationalen Bierspezialitäten unterstützt das Team die Kunden professionell bei der Vorbereitung, Organisation und Durchführung diverser Veranstaltungen. Weiters ist der Rössle Park für seine Live-Veranstaltungen bekannt: Bei Live-Konzerten oder beim sportlichen Public Viewing ist die Braugaststätte meist bis auf den letzten Platz gefüllt. Gut kommentierte Spezialkarte mit wechselnden Craftbieren, darunter auch limited editions. Bierhalle: 80 Sitzplätze, Stube: 80 Sitzplätze, Schenke/Bar: 25 Plätze, Biergarten: 120 Plätze.

Braugaststätte Rösslepark

DOGANA

6800 Feldkirch, Neustadt 20, +43/5522/75126
www.dogana.com
ÖFFNUNGSZEITEN Di-Do: 8:30 bis 00:00 Uhr, Fr-Sa: 8:30 bis 1:00 Uhr
FASSBIER Frastanzer Gold Spezial, Frastanzer Bio Kellerbier, Frastanzer Bio s'Dunkle, Schneider Weisse TAP 1 Weizenbier, Guinness Draught
FLASCHENBIER La Trappe Blonde, Craftbier des Monats
LOKAL Das Dogana befindet sich in einem um 1400 errichteten Zollhaus – und daher hat es auch seinen Namen, denn Dogana ist

das italienische Wort für Zoll. Vorne Café, hinten Bar – und überall eine spürbare Liebe zum Bier. Das Restaurant im 1. Stock des Hauses bietet frische saisonale Gerichte, die Bierkarte ist gut kommentiert und bietet wechselnde Craftbiere vom Fass sowie überraschenderweise mehrere alkoholfreie Biere. Ca. 90 Plätze, 12 an der Bar.

JAMES COOK

6800 Feldkirch, Alberweg 2a, +43/5522/27267
www.facebook.com/jamescooktosters
ÖFFNUNGSZEITEN Mo-Do: 14:00 bis 1:00 Uhr, Fr-Sa: 10:00 bis 1:00 Uhr
FASSBIER Mohren Spezial, Mohren Kellerbier, Augustiner Edelstoff, Fohrenburger Oberländer Urbier
FLASCHENBIER Crew Republic Drunken Sailor (IPA), Fuller's London Pride, König Ludwig Hefeweißbier, Trumer - SIGLs Jokerbier, Einstök White Ale, Guinness Draught, Fohrenburger Braumeister Dunkel, Anheuser Busch - American Bud, Leikeim Steinbier
LOKAL Roland Gruber führt das kleine Dorflokal des Feldkircher Stadtteils Tosters im Länderdreieck Österreich-Schweiz-Liechtenstein. Er hat die Tradition „Weigh the Anchor, Hoist the Sails" wiederbelebt. Zur Vermittlung des „Seefahrer-Feelings" gehört sowohl das spezielle Ambiente als auch die etwas „knarrige" Einrichtung. Wechselnde internationale Bierspezialitäten und eine treue Stammkundschaft, die auch fremde „Seeleute" gern an Bord begrüßt. 45 Sitzplätze im Lokal und außerdem 35 Sitzplätze im Garten..

Shamrock

SHAMROCK

6800 Feldkirch, Zeughausgasse 7a, +43/650/9708265
www.shamrock-feldkirch.at
ÖFFNUNGSZEITEN Mo-Do: 18:00 bis 2:00 Uhr, Fr-Sa: 18:00 bis 4:00 Uhr, So: 18:00 bis 2:00 Uhr
FASSBIER Fohrenburger Jubiläum, Guinness, Kilkenny, Augustiner Lager, Edelweiss Hofbräu, Gösser Zwickl, Schwechater Zwickl, O'Hara's Irish Pale Ale, Bierspezialität
FLASCHENBIER New Castle Brown Ale, Wieselburger Stammbräu, Heineken, Desperados, Corona, Franziskaner Hefeweizen Hell, Aventinus Weizendoppelbock, Leffe Brune, Foster's, Frastanzer s'klenne, O'Hara's Irish Pale Ale, O'Hara's Double IPA, Clemens Special, Gauloise Blonde, Gauloise Brune, Hereford Pale Ale, Budweiser
LOKAL Dieses kleine, aber sehr gemütliche Irish Pub hat schon eine lange Tradition in der Vorarlberger Bierszene – es ist 2007 an die Stelle einer schon länger bestehenden Bierbar gerückt und wurde damals gleich zum Bierlokal des Jahres gewählt. 26 Sitzplätze, 60 Stehplätze, Garten: 12 Sitzplätze.

GARGELLEN

GASTHOF-PENSION WULFENIA

6787 Gargellen, Alpbellaweg 55b, +43/5557/6126
www.wulfenia-montafon.com
ÖFFNUNGSZEITEN Mo-So: 8:00 bis 22:00 Uhr

Gasthof-Pension Wulfenia

FASSBIER Triple B (Bachmanns Bernstein Bier)
FLASCHENBIER Riohombre Triple B , Riohombre Black Baelt Baltic Porter, Riohombre 1402 Weizenbock, Riohombre Dopamine Pale Ale, Riohombre Manfruit IPA, Lagunitas IPA, Einstök - Wee Heavy, Chimay Bleue, Frastanzer s'Honig, Delirium Tremens, Panülerbräu Quadrupel, Fohrenburger Weizen, Edelweiss Dunkel, Edelweiss Gamsbock, Gösser Märzen
LOKAL Manfred Bachmann, ein Diplom-Biersommelier mit jahrelanger Erfahrung bei einem großen Brauereiunternehmen, hat dieses kleine, aber feine Gasthaus renoviert und dabei ganz auf Bier gesetzt: An der neuen Theke findet man einen Kühlschrank, in dem neben dem ohnehin schon beachtlichen Standardangebot stets ein paar Raritäten zu finden sind – seit 2022 kommen einige davon auch aus der hauseigenen Cerveceria Riohombre. Zu jedem Menü gibt es eigene Bierempfehlungen – und oft auch komplette Biermenüs. Bei den Hausgästen (die den Großteil des Publikums ausmachen) sind die kommentierten Bierverkostungen und die Auswahl der „Biere der Woche" besonders beliebt. Ab und zu werden auch Gastbiere vom Fass angeboten. 30 Plätze im Lokal.

GÖFIS

CONSUM GÖFIS

6811 Göfis, Kirchstraße 4, +43/5522/25979
www.consum.at
ÖFFNUNGSZEITEN Di-Fr: 16:00 bis 00:00 Uhr, Sa: 10:00 bis 00:00 Uhr
FASSBIER Frastanzer Gold, Frastanzer Kellerbier, Sternbräu Dunkel
FLASCHENBIER König Ludwig Weißbier Hell und Dunkel, Corona, Franziskaner Weißbier, Craftbiere
LOKAL Am Dorfplatz von Göfis im Zentrum gelegenes Kommunikationszentrum, das neben diversen Veranstaltungen auch Treffpunkt für Vereine ist. Geboten wird Hausmannskost und saisonale Spezialitäten wie Steakwochen, Pilzwochen oder Wildpret. Schöner Gastgarten mit Windschutz und einem 50 m² großen, wasserdichten Schirm.

GORTIPOHL

DIANA'S SCHNITZELSTÖBLI

6791 Gortipohl, Blendolmaweg 87, +43/5557/20100
ÖFFNUNGSZEITEN Mo-Di: 12:00 bis 23:00 Uhr, Fr-So: 12:00 bis 23:00 Uhr

Diana's Schnitzelstöbli

FASSBIER Zipfer Urtyp, Zipfer Limettenradler, Edelweiss Hofbräu, Gösser Dunkles Zwickl
FLASCHENBIER Zipfer Pale Ale, Wieselburger Schwarzbier, Edelweiss Dunkel (Bügelflasche)
LOKAL Das Lokal ist etwas abgelegen – man muss von der Hauptstraße abbiegen und ein immer schmäler werdendes Sträßchen entlangfahren. Wenn man glaubt, dass man ganz falsch wäre, kommt wieder ein Wegweiser und es geht weiter, hin zu einem urigen, einsam gelegenen Blockhaus. Mit einer Auswahl an 14 verschiedenen Schnitzeln, von gebacken über natur bis gefüllt, dazu 8 bis 10 Biere mit Empfehlung zu jeder Schnitzelspezialität, wird das Schnitzelstöbli seinem Namen mehr als gerecht! Frische Fische, Hax'n und Spareribs gibt es auf Vorbestellung, durchgehend warme Küche bis 21:00 Uhr. 70 Sitzplätze im Lokal, 70 im Garten.

HOHENEMS

KOHLDAMPF

6845 Hohenems, Lustenauerstraße 112, +43/664/2100668
www.kohldampf.at
ÖFFNUNGSZEITEN Mo-Do: 17:00 bis 22:00 Uhr, Fr: 17:00 bis 23:00 Uhr, Sa: 16:00 bis 23:00 Uhr, So: 15:00 bis 22:00 Uhr

Kohldampf

FASSBIER Fohrenburger Jubiläum, Fohrenburger Weizen, Fohrenburger Kellerbier, Fohrenburger Radler
FLASCHENBIER Heineken, Corona, Desperados, Budweiser, Guinness
LOKAL Zwei große Kupferkessel, die durch Kupferröhren verbunden sind, sind der erste Blickfang, wenn man in das Cineplexx-Kinocenter kommt: Das Kohldampf ist hier die größte Bar, die dem Bierfreund zur Verfügung steht, und das Biermotiv wird im Retro-Fabrik-Stil „trendig, erdig, bierig" konsequent durchgehalten. 150 Sitzplätze auf mehreren Ebenen im Lokal, 200 an der Bar.

LANDGASTHOF HIRSCHEN

6845 Hohenems, Marktstraße 56, +43/5576/72345
www.landgasthof-hirschen.at
ÖFFNUNGSZEITEN Mo-Fr 11:00 bis 14:00 Uhr und 17:00 bis 00:00 Uhr, Sa 16:30 bis 00:00 Uhr, So & Feiertag geschlossen
FASSBIER Mohren Spezial, Mohren Kellerbier
FLASCHENBIER Weihenstephan Weizen und Warsteiner Alkoholfrei
LOKAL Traditionsreicher, aber modern gestalteter Gasthof im Zentrum von Hohenems. Große verglaste Veranda, schönes steinernes Gewölbe, kleine Bar mit perfektem Service – so aufmerksam wird man wirklich selten bedient. Und die Speisen sind perfekt zum Bier. 100 Plätze im Lokal.

LECH AM ARLBERG

HÛS NR. 8

6764 Lech am Arlberg, Omesberg Nr. 8, +43/5583/33220
www.hus8.at
ÖFFNUNGSZEITEN Täglich 11:00 bis 1:00 Uhr
FASSBIER Stiegl, Paulaner, Trumer Pils, Omes Arlbeer
FLASCHENBIER Clausthaler

LOKAL Das kleine „Hûs Nr. 8' am Ortseingang war einst das achte in Lech erbaute Haus. Das rustikale Walserhaus, das im Jahr 1760 erstmals urkundlich erwähnt wurde, wurde im Jahr 1997 nach einer 6-monatigen Bauzeit in seiner Ursprünglichkeit erhalten und in ein Restaurant (Spezialitäten: Walser Blutwurstgröstl und Filets vom „heißen Stein" am Tisch gegrillt) umgebaut. Als In-Treff kristallisierte sich die Bar heraus, die sowohl bei den Einheimischen wie auch bei den Gästen sehr beliebt ist – ausgeschenkt wird auch das Omes-Bier aus der gegenüberliegenden Brauerei im Hotel Gotthard. 50 Plätze an Tischen, 15 an der Bar. ✕

Old Bakery – Omes Bräu – Hotel Gotthard

OLD BAKERY – OMES BRÄU – HOTEL GOTTHARD

6764 Lech am Arlberg, Omesberg 119, +43/5583/3560-0
www.gotthard.at; www.omes
ÖFFNUNGSZEITEN Mo-So: 08:00 bis 18:00 Uhr
FASSBIER Omes Arlbeer, Omes Bayrisch Helles, Omes Weizenbier, Omes Pale Ale
FLASCHENBIER Omes Arlbeer, Omes Bayrisch Helles, Omes Weizenbier, Omes Pale Ale in der 0,33 l und 0,75 l Flasche
LOKAL Das Hotel Gotthard ist ein eindrucksvolles Hotel-Restaurant auf höchstem Niveau (****S) – auf ein noch höheres Niveau deutet nur der Name des im Haus gebrauten Omes-2557-Bieres an: Das Omeshorn ist quasi der Hausberg von Lech, 2557 Meter hoch. Das Hotel Gotthard liegt mitten in Lech, also rund 1.100 Meter tiefer. Und noch einmal einen Stock tiefer gelegen ist die Braustätte. Sie liegt in der ehemaligen Bäckerei – Hotel- und Brauereichef Clemens Walch ist gelernter Bäcker. Die Brauerei ist nicht nur darauf eingerichtet, dass man viel durch die Glaswände sehen kann, sie wurde auch gleich mit einem der schönsten Verkostungsräume Österreichs ausgestattet: Hier in der „Old Bakery" kann man an einem riesigen massiven Naturholztisch verkosten, was das Haus zu bieten hat – zusätzlich zum Bier etwa auch regionale Schnäpse, hausgerbrannten OMES Gin, Käse und hausgetrockneten Speck. Zu ebener Erd' gibt es die klassische „Lecher Stube", in der helles Holz dominiert und wo man zu regionaler Küche natürlich ebenfalls alle Omes-Biere genießen kann – und zwar aus schönen Teku-Verkostungsgläsern. Und wenn Clemens Zeit hat, erklärt er gerne alle seine Aktivitäten. 18 Sitzplätze in der Old Bakery, 80 Sitzplätze im Restaurant,60 Plätze im Garten. In der Wintersaison ist zusätzlich noch das „Junge Restaurant" Theo für „kulinarische Wanderlust" mit internationalen trendigen, jungen Gerichten und natürlich einem frischen OMES Bier geöffnet. ✕ 🛏 193

LOCHAU

BRAUEREIGASTHOF REINER

6911 Lochau, Hofriedenstraße 1, +43/5574/44222
www.reiner-lochau.at
ÖFFNUNGSZEITEN Mo: 11:00 bis 13:30 Uhr, 17:00 bis 00:00 Uhr, Mi-So: 11:00 bis 13:30 Uhr, 17:00 bis 00:00 Uhr
FASSBIER Reiner Bier, Gösser Märzen, Meckatzer Weizen, Radler
FLASCHENBIER Meckatzer Gold, Meckatzer Urweizen
LOKAL Traditionsreicher ehemaliger Brauereigasthof im Zentrum von Lochau. Ursprünglich wurde das Haus als Gerichtsgebäude Hofrieden errichtet und von 1789 bis zur Aufhebung der Landstände im Jahre 1808 auch als solches verwendet. Mindestens seit der Übernahme durch die Familie Reiner 1860 bis 1978 war hier dann ein Brauereibetrieb. Bei der Renovierung 2007 hat die Künstlerin Andrea Neumeister die Gästezimmer ausgestaltet. 100 Sitzplätze im Lokal, 80 im Gastgarten. ✕ 🛏 12

LUSTENAU

FRÄNKIS

6890 Lustenau, Widum 19, +43/664/5915985
www.facebook.com/pg/fraenkislustenau
ÖFFNUNGSZEITEN Do: 17:00 bis 2:00 Uhr, Fr: 19:00 bis 2:00 Uhr, Sa: 17:00 bis 2:00 Uhr

Fränkis

FASSBIER Guinness, Wieserbräu
FLASCHENBIER Corona, Astra Urtyp, Clausthaler
LOKAL Das Nobody's Pub ist 2017 von Frank Hämmerle übernommen und behutsam erneuert worden – etwa mit einem großen Wandgemälde im Billardraum. Billard, Darts, Tischfußball, Konzerte und natürlich der Barbetrieb – das Konzept hinter dem Nobody wurde im Wesentlichen weitergeführt: einfache Möblierung, einfache Bierauswahl, gute Stimmung.

GASTHOF MEINDL

6980 Lustenau, Hofsteigstraße 15, +43/5577/82586
www.gasthof-meindl.at
ÖFFNUNGSZEITEN Mi-Sa: 16:00 bis 00:00 Uhr, So: 7:30 bis 22:00 Uhr

Gasthof Meindl

FASSBIER Mohren Spezial, 2 Leitungen nach Verfügbarkeit: verschiedene Creativbiere der Mohrenbrauerei oder auch internationale Biere
FLASCHENBIER Mohrenbräu Gambrinus, Mohrenbräu Pilsner, Mohrenbräu Pale Ale, Mohrenbräu Kellerbier, Weihenstephaner Hefeweißbier, König Ludwig Dunkel, Trumer Hopfenspiel, Lindemans Framboise, Brewdog 5 A.M. Saint, Westmalle Tripel, Rochefort 10° Trappistenbier, Brewdog Dead Pony, Brewdog Punk IPA, Gusswerk Schwarze Kuh, CulturBrauer Austrian Lager, Stone Brewing - Arrogant Bastard Ale, Collabs Domrep Pils
LOKAL Dieser 1952 gegründete Gasthof liegt etwas abgelegen etwa einen Kilometer nördlich vom Lustenauer Zentrum entfernt – aber der Weg lohnt definitiv. Zwar gibt es nur ein Bier vom Fass (typischerweise eine der Spezialitäten vom Mohrenbräu), aber der junge Wirt Thomas Bösch bemüht sich umso mehr um die Flaschenbierauswahl, die ihresgleichen sucht. Einige der Biere sind mehr oder weniger exklusiv nur beim Meindl erhältlich – und wer im Haus übernachtet, bekommt sein Wunschbier als Schlummertrunk aufs Zimmer. Immer wieder Spezalitätenwochen mit besonderen Küchenschwerpunkten und entsprechenen Beer-Pairings. 95 Plätze im Lokal, 90 im Gastgarten.

ZWICKERIA

6890 Lustenau, Kirchstraße 1, +43/5577/22575
www.zwickeria.at
ÖFFNUNGSZEITEN Mo-Di: 9:00 bis 14:00 Uhr, Mi-Do: 9:00 bis 14:00 Uhr, 18:00 bis 23:00 Uhr, Fr-Sa: 9:00 bis 14:00 Uhr
FASSBIER Wieserbräu, Mohrenbräu
FLASCHENBIER Wieserbräu Fränkis Spezial, Wieserbräu Exportbier, Clausthaler
LOKAL Helle Bier- und Café-Bar am Blauen Platz im Lustenauer Zentrum. Frank „Fränki" Hämmerle ist gelernter Koch, der nach seinen Lehr- und Wanderjahren in seine Heimatstadt zurückgekommen ist und viel Leben in dieses schmale (und mit entsprechend langer Bar ausgestattete) Lokal gebracht hat. Er hat mit dem Wieser Bräu auch ein eigenes, ehemals in Lustenau gebrautes Bier wiederbelebt – in einer Vitrine findet man Exponate von früher. Man kann dieses bei Fohrenburg gebraute Wieserbräu Spezial auch im 6er-Tragerl für daheim mitnehmen.

MELLAU

METZGERSTÜBLE

6881 Mellau, Übermellen 295, +43/664/4118337
www.metzgerstueble.at
ÖFFNUNGSZEITEN Mo: 10:00 bis 2:00 Uhr, Do-So: 10:00 bis 2:00 Uhr
FASSBIER Mohrenbräu Kellerbier, Radler, Hefeweizen
FLASCHENBIER Mohren Spezial, Heineken, Corona, Desperados
LOKAL Modern gestaltete Bierbar direkt am Mellenbach. Vor dem langgestreckten Gebäude ein kleiner Außenbereich mit schönem Ausblick auf die umliegenden Berge und das Dorf. 30 Plätze im Lokal, 15 auf der Terrasse.

RANKWEIL

GLASHAUS

6830 Rankweil, Alemannenstraße 49, +43/664/2221128
glashaus-rankweil.at
ÖFFNUNGSZEITEN Mo-Fr: 17:00 bis 1:00 Uhr
FASSBIER Härle Gold, Trumer Pils, Sternenbräu Dunkel, Radler
FLASCHENBIER Leikeim Steinbier, Mohren Spezial, Härle Dunkle Weisse, O'Hara's Irish Pale Ale, O'Hara's Irish Stout, Beck's Blue
LOKAL Gerhard Peters Glashaus ist eine gut besuchte Bar im Gewerbepark von Rankweil. Es gibt in kleinen Portionen serviertes „Soul Food" – drei dieser kleinen Portionen, die man beliebig zusammenstellen kann, entsprechen der Menge, die man in anderen Lokalen als Hauptgang serviert bekäme. Man kann aber auch einfach auf ein Bier hereinkommen – das kommt aus Obetrum oder vom Sternbräu (gebraut in Tettnang).

MARKTPLATZ

6830 Rankweil, Bahnhofstraße 11, +43/5522/45063
www.marktplatz-rankweil.at
ÖFFNUNGSZEITEN Mo-Fr: 8:00 bis 23:00 Uhr, Sa: 9:00 bis 23:00 Uhr, So: 9:00 bis 22:00 Uhr
FASSBIER Fohrenburger Jubiläum, Fohrenburger Weizen
FLASCHENBIER Fohrenburger Kellerbier, Fohrenburger Dunkel, Corona
LOKAL Modernes Bistro im Zentrum von Rankweil – mit Bierangebot vom Frühstück (speziell am Wochenende) bis spät in die Nacht. Sehr angenehmer Terrassenbereich abseits vom Autoverkehr. 90 Sitzplätze im Lokal, 120 im Gastgarten.

RANKWEILER HOF

6830 Rankweil, Ringstraße 25, +43/5522/44113
www.rankweiler-hof.com
ÖFFNUNGSZEITEN Mi: 16:00 bis 00:00 Uhr, Do-So: 11:00 bis 00:00 Uhr
FASSBIER Frastanzer Edelhopfiges Spezialbier, Frastanzer Bio Kellerbier, Schneider Weisse
FLASCHENBIER Frastanzer s'Dunkle, Hoppebräu Wuidsau, Hoppebräu Wuide Hehna
LOKAL Dieser 1890 gegründete Traditionsbetrieb wird seit über 40 Jahren von der Familie Vith mit sehr viel persönlichem Einsatz geführt. Erwähnenswert ist die Gaststubendecke, die unter Denkmalschutz steht und über 300 Jahre alt ist. Urig-gemütliche Stimmung, wenn die Hausmusik aufspielt. Sehr großer Gastgarten im Herzen Rankweils. Auf der Karte: Biersuppe, Spanferkel in Altbiersauce und Apfelküchle in Bierteig. 70 Sitzplätze, 10 an der Bar, Garten: 150 Plätze.

Taube

TAUBE

6830 Rankweil, Ringstraße 1, +43/5522/44211
www.taube-rankweil.at
ÖFFNUNGSZEITEN Mo-Fr: 14:00 bis 00:00 Uhr, Sa: 10:00 bis 00:00 Uhr, So: 10:00 bis 23:00 Uhr
FASSBIER Frastanzer Gold, Frastanzer Kellerbier, Frastanzer s'Bio, Frastanzer Bio s'Dunkle, Frastanzer Naturadler Zitrone, Schneider Weisse Original, Schneider Helle Weisse
FLASCHENBIER Frastanzer Cold Keller, Frastanzer s'klenne, Frastanzer s'Honig, Sternbräu Phönix, Sternbräu Lager, Schneider Weisse Alkoholfrei, Hoppebräu Helles, Hoppebräu Bock, Riegele Commerzienrat, Bayreuther Hell, Dupont Moinette, BRLO Berlin Jam, Boon Kriek, St. Peter's Best Bitter
LOKAL Bierlokal des Jahres, siehe Seite 350.

WERKSTATT RANKWEIL

6830 Rankweil, Langgasse 116, +43/5522/84422
www.werkstatt-rankweil.ws
ÖFFNUNGSZEITEN Mo-Sa: 8:00 bis 00:00 Uhr, So: 9:00 bis 22:30 Uhr
FASSBIER Fohrenburger, ein Spezialbier
FLASCHENBIER Fohrenburger Weizen Hell und Dunkel, Corona, Heineken, Guinness, Fohrenburger Alkoholfrei
LOKAL Direkt bei den Autobahnauf- und -abfahrten von Feldkirch Nord und Rankweil – auf 1.200 m² Café und Restaurant. 250 Sitzplätze, 500 Stehplätze, 150 Plätze auf den Terrassen.

RIEZLERN

BAR 57 IM RIEZLER HOF

6991 Riezlern, Walserstraße 57, +43/5517/53770
bar57-riezlerhof.business.site
ÖFFNUNGSZEITEN Di-Sa: 17:00 bis 1:00 Uhr, So: 17:00 bis 00:00 Uhr
FASSBIER Stiegl-Pils, Stiegl Gold Spezial, Egger Spezial, Warsteiner Premium, Post Hefeweizen
FLASCHENBIER Heineken, Beck's, Beck's Lemon, Corona, Desperados, Meckatzer Gold, Schneider Weisse Dunkel, Augustiner Bräu Helles, Köstritzer Schwarzbier
LOKAL Die Bar 57 ist das einzige auf Bier orientierte Lokal im Kleinwalsertal – und daher ein beliebter Treffpunkt. Internationale Gäste treffen sich hier auch mit dem lokalen Publikum, um Sportereignisse auf den Großbildfernsehern zu verfolgen. Aus der Küche gibt es einfache kleine Snacks, die in die Jahreszeit passen. Bis 21 Uhr kann man auch Speisen aus der Karte des Riezler Hofs bekommen. 120 Plätze im Lokal, 60 im Garten, 30 an der Bar.

RÖTHIS

RÖSSLE RÖTHIS

6832 Röthis, Rautenastraße 28, +43/5522/44308
www.roessle.at
ÖFFNUNGSZEITEN Mo-Fr: 11:00 bis 13:45 Uhr, 18:00 bis 22:00 Uhr
FASSBIER Frastanzer s'Bio, Schneider Weisse TAP 1 Weizenbier
FLASCHENBIER Frastanzer Bio s'Dunkle, Schneider Weisse TAP 7 Original, Einstök Toasted Porter, Einstök White Ale, Trumer Hopfenspiel, Frastanzer limitierte Edition (nach Verfügbarkeit)
LOKAL Im Familienbetrieb in 5. Generation werden im Restaurant regionale und tagfrische Produkte der heimischen Landwirtschaft geboten. Festsaal: Platz für bis zu 70 Personen, Gaststube: Platz für 36 Personen, Barbereich: 16 Plätze, Gastgarten: 60.

SANKT GALLENKIRCH

BRUNELLAWIRT

6791 Sankt Gallenkirch, Garfreschastraße 382a, +43/5557/22210
brunellawirt.at
ÖFFNUNGSZEITEN Mo: 9:00 bis 17:30 Uhr, Di: 9:00 bis 22:00 Uhr, Mi: 9:00 bis 17:30 Uhr, Do: 9:00 bis 22:00 Uhr, Fr: 9:00 bis 17:30 Uhr, Sa: 9:00 bis 22:00 Uhr, So: 9:00 bis 17:30 Uhr
FASSBIER Stiegl

FLASCHENBIER Edelweiss Hefeweizen, Edelweiss Hefeweizen Alkoholfrei, weitere Bierspezialitäten
LOKAL Großes Almwirtshaus auf 1.485 Metern Höhe, erreichbar (unter anderem) mit dem Doppelsessellift der Garfreschabahn. Man kann sich hier bei Bier und deftiger Hausmannskost stärken – oder abendliche Parties feiern. 400 Quadratmeter nach Bedarf auch überdachbare Sonnenterrasse mit beeindruckendem Blick in die Bergwelt des Montafon.

Brunellawirt

SCHRUNS

ASTORIA (PUB-BAR)
6780 Schruns, Kronengasse 2, +43/5556/75900 oder +43/650/3385882
www.astoria-apartments.at
ÖFFNUNGSZEITEN Di-Sa: 17:00 bis 1:00 Uhr
FASSBIER Zipfer Urtyp
FLASCHENBIER Zipfer Pils, Edelweiss
LOKAL Bar mit sehr langem Tresen direkt am Wasser neben dem Kulturhaus von Schruns mit Tischfußball, Darts, Billard, Airhockey und Computerspielen. Happy Hour zwischen 18:00 und 20:00 Uhr. Ca. 85 Sitzplätze im Lokal.

MOBAR
6780 Schruns, Bahnhofstraße 19, +43/664/1506444
ÖFFNUNGSZEITEN Mo-Do: 18:00 bis 1:00 Uhr, Fr-Sa: 18:00 bis 2:00 Uhr, So: 18:00 bis 1:00 Uhr
FASSBIER Maisel's Weisse, Fohrenburger Jubiläum
FLASCHENBIER Heineken, Budweiser, Birra Moretti, Corona
LOKAL Schöne Bar mit guter Stimmung im ehemaligen Bahnhofsgebäude von Schruns. 40 Sitzplätze im Lokal, Bar: 15, Garten: 30.

ONEWAY PUB
6780 Schruns, Batloggstraße 5, +43/664/1506444
montafun.at/oneway
ÖFFNUNGSZEITEN Di-Sa ab 18:00 Uhr
FASSBIER Guinness Draught, Budweiser, Fohrenburger Weizen
FLASCHENBIER Wieselburger, Maisel's Pale Ale, Maisel's Weisse Alkoholfrei, Fohrenburg Oberländer, Fohrenburger Stiftle
LOKAL Das One Way ist eine irisch angehauchte Bar (gut gezapftes Guinness), in der der kulinarische Schwerpunkt auf die Burger gelegt wird. Man kann Darts oder Tischfußball spielen. Jeden Freitag gibt es Live-Auftritte von den unterschiedlichsten Musikern (Eintritt frei!), sonst wird Musik der 1970er- bis 1990er-Jahre gespielt. 50 Sitzplätze im Lokal.

STUBEN AM ARLBERG

WILLI'S
6762 Stuben am Arlberg, Stuben 13b, +43/5582/717
www.willis-stuben.at
ÖFFNUNGSZEITEN Mi-So ab 16:00 Uhr
FASSBIER Stiegl Märzen, Dinkelacker Pils, Fohrenburg Weizen, Stiegl Radler
FLASCHENBIER Maisel's Hefeweizen Dunkel, Maisel's Kristall Hefeweizen, Stiegl Columbus, Guinness
LOKAL Mitten im Dorf gelegen bietet das Willi's ab 16 Uhr verschiedenste Skifahrer-Leckerbissen mit bekannten Ski-Hits, toller Stimmung und flotter Bedienung. Willi's ist bekannt für Pizze und Spareribs. SkilehrerInnen-Bar. Darts und kostenloses WLAN. 30 Sitzplätze im Lokal, 42 Sitzplätze im Garten, 10 an der Bar.

Willi's

SULZ

LÖWEN PUB
6832 Sulz, Müsinenstraße 32, +43/5522/44316
www.loewensulz.at
ÖFFNUNGSZEITEN Mo-Sa ab 16:30 Uhr
FASSBIER Fohrenburger Jubiläum, Fohrenburger Dunkles, Fohrenburger Weizen, Budweiser Budvar
FLASCHENBIER Fohrenburger Kellerbier, Anheuser Busch, Heineken, Flying Dog, Anchor California Lager, Leffe Blonde, Guinness (Dose), Liefmans Kriek, Newcastle Brown Ale, Crew Republic Drunken Sailor, Crew Republic Munich Easy, O'Hara's Irish Stout, Einstök White Ale, Duvel Moortgart, Sierra Nevada, Kona Longboard Lager, Rogue - Dead Guy Ale, Wychwood Brewery - Hobgoblin, Hoegaarden Wit Blanche, Blanche de Namur, Brewdog

Punk IPA, Craftbiere, Maisel's dunkles Weizen, Well's Bombardier , Tiny Rebel Fubar, Brouerij TiJ Columbus
LOKAL Dieses einfache Gasthaus wurde 2016 gekonnt zu einem Craftbierlokal weiterentwickelt – von denselben Betreibern, die schon 2011 mit dem Billy's Pub eine Auszeichnung als Bierlokal des Jahres errungen haben. Gute bierige Stimmung und kundige Beratung im Hinblick auf die Biere. Und wenn man ausführlich gekostet hat: Im Haus gibt es auch eine kostengünstige Übernachtungsmöglichkeit. 120 Sitzplätze im Lokal, Bar: 60, Garten: 70. 44

SULZBERG

ALPENBLICK

6934 Sulzberg, Dorf Nr. 12, +43/5516/2217
www.alpenblick.co.at
ÖFFNUNGSZEITEN Mo-Di: 11:00 bis 21:00 Uhr, Fr-So: 11:00 bis 21:00 Uhr
FASSBIER Mohren Pils, Hefeweißbier Postbrauerei Weiler
FLASCHENBIER Mohren Spezial, Leichtes Hefeweizen Postbrauerei Weiler, Clausthaler, Erdinger Hefeweizen Alkoholfrei
LOKAL Wir befinden uns hier auf knapp über 1.000 Meter an einem der schönsten Aussichtsplätze Vorarlbergs, wo direkt am Dorfplatz dieses urtümliche und nett renovierte Gasthaus liegt. Traditionsreicher Gasthof mit eigener Brot- und Kuchenbäckerei. In diesem Haus wurde 1860 eine kleine Käserei eingerichtet, und dieser Käse hat den Grundstein für den Erfolg der Käsestraße gelegt. Heute gilt diese als touristische Sensation. Speisekarte mit österreichischen Spezialitäten. 120 Sitzplätze, Garten: 180 Sitzplätze.

THÜRINGEN

BLU-THU

6712 Thüringen, Walgaustraße 68, +43/5550/339940
www.blu-thu-restaurant.at
ÖFFNUNGSZEITEN Mo-So: 10:00 bis 23:00 Uhr
FASSBIER Fohrenburger, Radler süß / sauer
FLASCHENBIER Fohrenburger, Fohrenburger Weizen, Corona
LOKAL An der Gemeindegrenze zwischen BLUdesch und THUeringen liegt eine OMV-Tankstelle – und oben drauf dieses schöne, bierorientierte Restaurant mit seiner einladenden Sonnenterrasse (die im Winter einen Wintergarten darstellt). An Donnerstagen und Freitagen im Sommer gibt es Spezialitäten aus dem Smoker. 48 Plätze im Lokal 10 an der Bar, 40 auf der Terrasse.

WARTH

WALSERSTUBE – LIEBLINGSPLATZ

6767 Warth, Bregenzerwaldstraße 60, +43/5583/3557
www.walserstube.at
ÖFFNUNGSZEITEN Mo-So: 7:00 bis 22:00 Uhr
FASSBIER Fohrenburger Jubiläum, Radler
FLASCHENBIER Maisel's Hefeweizen, Weizen Dunkel
LOKAL Mit viel hellem Holz gestaltete, moderne Hotelbar in bester Lage mit Blick weit hinein ins Lechtal. Sehr bemühte Bierpflege.

ZWISCHENWASSER

STERNA

6835 Zwischenwasser, Hauptstraße 12, +43/699/10071837
ÖFFNUNGSZEITEN Di-Fr: 15:00 bis 23:30 Uhr, Sa: 15:00 bis 00:00 Uhr

Sterna

FASSBIER Sternbräu Lager Hell, Sternbräu Dunkel, Waldhaus Pils, Härle Gold, ein Bier des Monats, eine saisonale Bierspezialität
FLASCHENBIER Sternbräu Phönix, Clemens Spezial, Göller Rauchbier, Leikeim Steinbier, Härle Lager Hell, Schussenrieder No 1, Rothaus Tannenzäpfle, Augustiner Edelstoff, Augustiner Hell, Leikeim Pilsner, Härle Leichte Weisse, Härle Dunkle Weisse, Clemens Weißbier, Berliner Weisse, Bavik Wit Beer, Kasteel Rouge, Kasteel Donker, Orval, Chimay, De Brabandere Dangerousse, Petrus Tripel, Petrus Nitro Choco Cherry, Petrus Red, Samuel Smith Chocolate Stout, O'Hara's Irish Pale Ale, Egger IPA, Frastanzer s'Honig, Tettnanger Keller-Pils, Tettnanger Seeweizen und wechselnde Bierspezialitäten.
LOKAL Nach zwei Jahren, die Gunther Wetzels Sternbräu im Engel in Götzis untergekommen ist, ist der „Sterna"-Wirt im Frühjahr 2022 wieder näher an den früheren Standort in Rankweil gerückt. Bierbegeisterung und Biervielfalt sind dabei mitübersiedelt: Immer wieder stehen neue Biere auf der Karte – sehr oft solche, die man in Österreich sonst nicht bekommen kann. Familie Wetzel unterhält nämlich seit Jahrzehnten gute Verbindungen in den süddeutschen Raum, wo sich ja derzeit (craft-)biermäßig viel tut. Auch das Sternbräu wird im Lohnbrauverfahren im Nachbarland gebraut. Die Biere genießt man in einem Ambiente, das an die frühen 1980er-Jahre erinnert – man fühlt sich gleich ein paar Jahre jünger, wenn man in der großen Stube oder im Garten davor Platz nimmt. Und eine gute Busanbindung gibt es auch, so dass man nach dem Bierverkosten sicher heimkommt. 100 Sitzplätze im Lokal, ca. 60 im Biergarten.

BUDWEISER
Budvar
TANK
LAGER
FRESH FROM THE
REPUBLIC OF BEER

WIEN

WIENS BIERLOKAL DES JAHRES

9. BEZIRK

BIER LOKAL DES JAHRES WIEN

DAS GRU

1090 Wien, Rögergasse Ecke / Stroheckgasse, +43/650/7613168
dasgru.at

ÖFFNUNGSZEITEN Mi-Do: 18:00 bis 1:00 Uhr, Fr-Sa: 20:00 bis 2:00 Uhr

FASSBIER Zaungast Weißbier Honig-Lavendel, Rodauner Strizzi, Alefried Super Casual Beer, Brew Age Alphatier New England IPA, Das aktuelle Craftbier vom Fass ist an der Theke angegeben

FLASCHENBIER Schneider's Helles Landbier, Tegernseer Spezial, Augustiner Hell, Weitra Hadmar, Tilmans Das Helle, Starkenberger Schloss Pils, Trumer Pils, Schneider Weisse, Unertl Weiße, Obertrumer Zwickl, König Ludwig Dunkel, Zwettler Radler , Trumer Freispiel, Tilmans Mit Ohne alkoholfrei, Bierkanter - Owl Eyes on Black , Lervig Sour Suzy

LOKAL Unweit des Franz Josefs Bahnhofs befindet sich hinter einer türkisen Tür in einem Souterrain dieses kultige Bierlokal. Kommt man die Treppe herunter, findet man mehrere miteinander verbundene Räume, unter deren weiß getünchten Gewölben ein Wuzzler und ein Dartboard, einige Spiele, großflächige Wandmalereien und jede Menge Figuren von Tauben auf die Besucherinnen und Besucher warten. Die Betreiber mögen Tauben. Und Bier. Das hat sich über die Jahre so entwickelt – von einem einfachen Klublokal mit langen Öffnungszeiten, in dem es eben „auch" Bier (von Anfang an immerhin auch Tegernseer) gegeben hat, zu einem Schwerpunkt der Wiener Craftbierszene. Am Zapfhahn hängen immer wieder andere Biere, auch in den Kühlschränken findet sich, was Stefan auf seinen Reisen so findet und für den Barbetrieb organisieren kann. Und er kann das auch gut verkaufen, was da gerade im Programm ist – auch an Leute, die eigentlich kein Bier mögen. Bestellt ein Gast einen weißen Spritzer, fragt er behutsam nach, ob die Bestellung nicht mit einem ähnlich spritzigen Bier ersetzt werden dürfe. Und wenn der Gast geht, hat sich für ihn eine neue Geschmackswelt eröffnet. 60 Sitzplätze im Lokal, 6 an der Bar.

1. BEZIRK

1516 BREWING COMPANY

1010 Wien, Schwarzenbergstraße 2, +43/1/9611516
www.1516brewingcompany.com
ÖFFNUNGSZEITEN Mo-So: 10:00 bis 2:00 Uhr
FASSBIER 1516 Hausbiere
FLASCHENBIER Super Bock Alkoholfrei
LOKAL „Europe's finest brewpub" war schon mehrfach Treffpunkt des noblen „Bier Convent International", wenn dieser in Wien getagt hat. Es überrascht immer wieder mit neuen Bierkreationen und mit einem ständig wechselnden kulinarischen Angebot: Seit 2019 erscheint etwa regelmäßig „Pork Belly and Kimchi Pancake" auf der Karte – einmal gab es dazu sogar ein Kimchi-Porter. An der Brauanlage mit Blick auf das Haus der Musik haben schon der damalige technische Direktor von Diageo (Guinness), Christian von der Heide, der Präsident des Bundes der Baumeister, Günther Seeleitner (Hofbräu Kaltenhausen) und der amerikanische Microbrewery-Star Bill Covaleski (Victory Brewing Company) gebraut – von Covaleski stammt auch das Rezept für den Hop Devil. Seit einigen Jahren gibt es gelegentlich auch im Holzfass gereifte Biere – zu einem unschlagbaren Preis. Wegen des amerikanischen Ambientes und der entsprechenden Küche ist die 1516 Brewing Company zum sozialen Mittelpunkt der Englisch sprechenden Community in Wien geworden. Craftbier gibt es hier auch zum Take-Away – gefüllt in Halbliter- und Fünfliter-Dosen. Großer Gastgarten vor dem Lokal, lange Bar im Erdgeschoß, Restaurant im Obergeschoß. 140 Sitzplätze im Lokal, Garten: 100 Sitzplätze, 35 Plätze an zwei Bars.

1516 Brewing Company

AERA – DAS LOKAL

1010 Wien, Gonzagagasse 11 / Ecke Werdertorgasse
+43/676//844260270
www.aera.at
ÖFFNUNGSZEITEN Mo-Sa: 10:00 bis 1:00 Uhr, So: 10:00 bis 00:00 Uhr
FASSBIER Gösser Gold, Starobrno, Schwechater Zwickl, Gösser Radler mit Almdudler, Saurer Radler
FLASCHENBIER Wieselburger Gold, Weihenstephaner Hefeweißbier, Velkopopovický Dunkel, Edelweiss Alkoholfrei
LOKAL Seit 1989 ein klassisches Künstler- und Studentenlokal mit hohen Räumen im Textilviertel. Im Kulturkeller finden Live-Konzerte (Jazz, Soul, Funk, Blues, Rock, Metal) ebenso Kabarett und Klein-Theaterproduktionen statt. Große Frühstückskarte – über 80 Speisen werden bis 23:00 Uhr angeboten. 90 Sitzplätze im Lokal, lange Bar mit 20 Plätzen, 60 im Schanigarten.

Aera – Das Lokal

BEIM CZAAK

1010 Wien, Postgasse 15, +43/1/5137215
www.czaak.com
ÖFFNUNGSZEITEN Mo-Sa: ab 17:00Uhr
FASSBIER Schwechater Hopfenperle, Kaiser Doppelmalz, Schladminger Märzen, Wieselburger Spezial, Schwechater Zwickl, Starobrno
FLASCHENBIER Zipfer Urtyp, Edelweiss Hefetrüb
LOKAL So viel Gelassenheit, wie dieses kleine Lokal ausstrahlt, auch wenn eine ganze Gruppe durstiger Gäste hereinströmt, ist ziemlich einzigartig: Alle bekommen in guter Zeit ein gut gezapftes Bier. Kein Wunder, man ist gewohnt, dass die Bierliebhaber hierherkommen, um unverfälschte Wiener Beislatmosphäre in der Innenstadt zu finden. Hervorragende Bierkultur, ausgezeichnet bereits mit der „Schaumkrone 1996". Zweimal im Jahr Speisekarte rund ums Bier. Küche bis 23:00 Uhr. 68 Sitzplätze, 8 an der Bar, Garten: 55 Sitzplätze.

BERMUDA BRÄU

1010 Wien, Rabensteig 6, +43/1/5322865
www.bermuda-braeu.at
ÖFFNUNGSZEITEN Di-Do: 15:00 bis 00:00 Uhr, Fr-Sa: 15:00 bis 1:00 Uhr
FASSBIER Ottakringer Helles, Ottakringer Citrus Radler, Ottakringer Rotes Zwickl, Ottakringer dunkles Zwickl, Paulaner Hefeweisse, Budweiser
FLASCHENBIER Augustiner Edelstoff, Corona
LOKAL Vor Weihnachten geht der gelernte Wiener Punsch trinken, um sich und sozialen Einrichtungen etwas Gutes zu tun. Wenn er ins

Bermuda Bräu geht, hat er es noch besser: Er kann Bier trinken und gleichzeitig das Kinderhospiz Sterntalerhof unterstützen. Zwei Bierbars, mehrere Gasträume und ein kleiner Schanigarten. Die Wiener Küche – das Bermuda-Team will sich mit Fiakergulasch, Spareribs oder Bauerngröstl als kulinarisches Herz des Bermuda-Dreiecks profilieren – ist ganz auf Bier abgestimmt. Zum perfekten Service gehört auch die Ausrichtung von Veranstaltungen. Im 1. Stock: 130 Sitzplätze, Erdgeschoß: 60 Sitz- und viele Stehplätze, im Schanigarten: 100 Plätze.

Bettelstudent

BETTELSTUDENT

1010 Wien, Johannesgasse 12, +43/1/5132044
www.bettelstudent.at

ÖFFNUNGSZEITEN Mo-Do: 11:00 bis 00:00 Uhr, Fr-Sa: 11:00 bis 2:00 Uhr, So: 11:00 bis 00:00 Uhr

FASSBIER Studentenbräu, Ottakringer Bio Zwickl, Ottakringer dunkles Zwickl, Ottakringer Rotes Zwickl, Budweiser, Ottakringer Citrus Radler, Paulaner Hefeweizen

FLASCHENBIER Augustiner Edelstoff, Hirter Privat Pils, Murauer Pils, Trumer Pils, Null Komma Josef, Paulaner Hefeweißbier Alkoholfrei, Corona, Wieselburger Stammbräu, Franziskaner Hefeweißbier, Schneider Weisse Original

LOKAL Wiens erste Bier-Edelkneipe zeigt sich auch nach drei Jahrzehnten als Fixpunkt in diesem Teil der Innenstadt – mit sehr bieriger Einrichtung, viel Kupfer und Stammgästen, die irgendwie Teil des Lokals zu sein scheinen. Das Studentenbier kommt vom Rabenbräu im Burgenland und wird zur Happy Hour (Mo-Fr 15.30 bis 17.30) verbilligt ausgeschenkt. Die Küche bietet heimische und internationale Spezialitäten, mittags ein 3-gängiges Menü. 250 Sitzplätze, 80 an der Bar, 60 im Garten.

BIER & BIERLI

1010 Wien, Operngasse 12, +43/1/5850368
bierundbierli.eatbu.com

ÖFFNUNGSZEITEN Mo-So: 11:30 bis 23:30 Uhr

FASSBIER Gösser Märzen, Kaltenhauser Bernstein, Hirter Privat Pils, Starobrno, Schwechater Wiener Lager, Schwechater Zwickl, Edelweiss

FLASCHENBIER Wieselburger Gold, Wieselburger Stammbräu, Wieselburger Schwarzbier, Stiegl Goldbräu, Gösser Stiftsbräu, Gösser Naturgold, Edelweiss Weizen Alkoholfrei, Pilsner Urquell, Heineken, Fuller's London Pride, Corona Extra, Desperados, Guinness

LOKAL Bierige Stimmung, wie man sie vor zehn oder 15 Jahren noch mit der Lupe hätte suchen müssen. Damals hätte man so ein Lokal schlichtweg für eine Sensation gehalten: Eine mit Bierdeckeln, Bierwerbung und einer großen Bierdosensammlung dekorierte Bierbar in unmittelbarer Nachbarschaft der Oper war damals schwer vorstellbar. Heute ist man das schon gewohnt. Das schmälert die Leistung aber nicht: Bier & Bierli darf immer noch als ein solides Bierlokal mit einer soliden Speisekarte (Bierbegleiter wie gebackener Emmentaler oder Cheeseburger) gelten. Aber heutzutage würde man sich wohl das eine oder andere Craftbier auf der Karte wünschen. 160 Sitzplätze im Lokal, 50 im Gastgarten.

Bier & Bierli

BIERADIES

1010 Wien, Judenplatz 1, +43/1/5356611
www.bieradies.co.at

ÖFFNUNGSZEITEN Mo-Sa: 11:00 bis 00:00 Uhr, So: 11:00 bis 23:00 Uhr

FASSBIER Hausbier, Villacher Märzen, Villacher Dunkel, Villacher Pils, Villacher Zwickl, Villacher Radler, Weihenstephan Hefetrüb, Bier der Saison

FLASCHENBIER Schleppe No. 1 Pale Ale, Gösser Naturradler, Gösser Naturgold, Villacher Hugo

LOKAL Bierlokal nach bewährtem Kärntner Rezept in unmittelbarer Nachbarschaft des Verwaltungsgerichtshofs – lange Bar, kleine Tischchen. Mitten auf dem Judenplatz liegt der Biergarten im Schatten des Lessing-Denkmals – ein schöner Platz für ein schnelles Bier in der Innenstadt. Oder auch für ein, zwei weitere. 70 Sitzplätze, 15 Plätze an der Bar, 60 im Gastgarten.

BIERGARTL IM STADTPARK

1010 Wien, Johannesgasse 33, +43/699/11176465
www.biergartlimstadtpark.com/de
ÖFFNUNGSZEITEN März bis Oktober: Mo-So 10:30 bis 23:00 Uhr. Die Öffnungszeiten und Sperrstunde können aufgrund der Außentemperaturen variieren.
FASSBIER Budweiser, Ottakringer Wiener Original, Grieskirchner Dunkel, Trumer Pils, Ottakringer Citrus Radler
FLASCHENBIER Augustiner Lager Hell, Schneider Weisse Original, Corona, Gusswerk Zum Wohl Glutenfrei, Trumer Freispiel
LOKAL Ein Biergarten in innerstädtischer Lage – am Rand des Stadtparks, in Nachbarschaft des Johann-Strauß-Denkmals, des Wienflusses und des Kursalons: Man würde vermuten, dass hier alles von Touristengruppen überlaufen sein würde. Ist es aber nicht. Stattdessen findet man eine moderne Lounge für Stadtmenschen und zwei Biergärten mit exzellenter Bierpflege (schön gezapftes Trumer Pils) und freundlich-flinkem Service. Das hat dem Lokal mehrfache Auszeichnungen als beliebtester Biergarten der lokalen Bevölkerung eingetragen. Wer es bayerisch mag, kann Münchner Biere aus der Flasche bekommen. Das Speisenangebot und die Bierempfehlung sind dagegen typisch wienerisch. Verständlicherweise hat das Biergartl nur von März bis Oktober geöffnet.

BILLABONG

1010 Wien, Parkring 4, +43/1/5121008
www.billabong.at
ÖFFNUNGSZEITEN Mo-So: 10:30 bis 1:00 Uhr
FASSBIER Foster's, Ottakringer Wiener Original, Ottakringer Helles, Ottakringer Rotes Zwickl, Pilsner Urquell, Newcastle Brown Ale, Brew Age Hopfenauflauf Pale Ale, Augustiner Edelstoff
FLASCHENBIER Budweiser, Guinness (Dose), Bayreuther Hell, Corona, Stella Artois, Velkopopovický Kozel Dunkel, Hirter Privat Pils, Leffe Blonde, Die Weisse, Gutmann Hefeweizen, Paulaner Hefeweizen Hell, Brew Age Alphatier IPA, Brew Dog Punk IPA, Brewdog Dead Pony, Coopers Sparkling, Coopers Pale Ale, Brew Age Rampensau IPA Alkoholfrei, Null Komma Josef, Gastbiere
LOKAL Sehr authentische „Watering Hole" (also eine Tränke, in der es vor allem Bier gibt) gleich beim Luegerplatz. Schnelles Service, ausgefallene Biere und sportbegeistertes Publikum. Ca. 70 Sitzplätze im Lokal, 50 im Garten.

BITZINGER'S WÜRSTELSTAND

1010 Wien, Albertinaplatz, +43/664/88622428
www.bitzinger-wien.at
ÖFFNUNGSZEITEN Mo-Di: 8:00 bis 3:00 Uhr, Mi-Sa: 8:00 bis 4:00 Uhr, So: 9:00 bis 2:00 Uhr
FLASCHENBIER Ottakringer Wiener Original, Ottakringer Helles, Ottakringer Citrus-Radler, Wieselburger Gold, Gösser Märzen, Augustiner Edelstoff, Murauer Märzen, Schneider Weisse, Zwettler Dunkles, Budweiser, Hirter Privat Pils, Ottakringer XVIer, Null Komma Josef
LOKAL Würstelstand bei der Albertina, der für eine solche Institution ungewöhnliche Bierpflege zeigt. Am Würstelstand sind alle gleich. Nie zeigt sich das besser als in der Nacht des Opernballs, bei der der Kiosk am Albertinaplatz jährlich von Fernsehteams aus aller Welt belagert wird. Hier kommen Prominenz, Bühnenarbeiter, Einsatzkräfte und Demonstranten des Opernballs friedlich zusammen. An diesem Würstelstand ist samstags der Weißwursttag – mit original Weißwurstsenf, Laugenbrezel und Weißbier wird die bayrische Köstlichkeit (wie es die Tradition will) bis zur Mittagszeit serviert.

BOCKSHORN IRISH PUB

1010 Wien, Naglergasse 7, +43/1/5329438, +43/676/4201342
www.bockshorn.at
ÖFFNUNGSZEITEN Mo-So: 16:00 bis 2:00 Uhr
FASSBIER Guinness, Murphy's Stout, Murphy's Irish Red, Kilkenny, Guinness Hop House 13, Stiegl-Goldbräu, Trumer Pils, Starobrno
FLASCHENBIER Augustiner Edelstoff, Augustiner Hell, Stiegl Weisse, Gösser Naturradler, Gösser Naturgold
LOKAL Ziemlich versteckt in einer Seitengasse der Naglergasse findet man seit 1991 das älteste Irish Pub von Wien – klein, sehr viel Stammpublikum, sehr viel Atmosphäre: An der Decke hängt eine Sammlung von Wasserkrügen, auf der Bar steht eine Lampe mit der Figur eines Pfefferfressers, wie er von Guinness zeitweise in der Werbung verwendet worden ist. Liebevolle Pflege der irischen Zapfkultur mit „Shamrock" (Kleeblattzeichnung auf jedem Guinness Stout). Grosses Whisk(e)y Sortiment mit wechselnden Angeboten (Malt of the Month). Ca. 35 Plätze, 20 an der Bar.

1. BEZIRK

BOGSIDE INN

1010 Wien, Landesgerichtsstraße 18, +43/1/4096490
www.bogside.at
ÖFFNUNGSZEITEN Mo-Do: 17:00 bis 2:00 Uhr, Fr-Sa: 17:00 bis 4:00 Uhr
FASSBIER Guinness Stout, Murphys Irish Red, Bogside Lager, Murauer, Trumer Pils, Stiegl Goldbräu, Schremser Zwickl
FLASCHENBIER Wieselburger Gold, Stiegl Weisse, Murauer Dunkel, Hirter Privat Pils, Heineken, Corona, Stiegl Freibier
LOKAL Studentisch anmutendes Kellerlokal gegenüber vom Landesgericht mit bemühter Zapfkultur. Die Bierpreise sind moderat, zudem gibt es jeden Montag das Bier des Monats im Angebot. 60 Sitzplätze im Lokal, 15 Plätze an der Bar.

BURG.RING1

1010 Wien, Burgring 1, +43/1/5811393
burgring.at
ÖFFNUNGSZEITEN So-Mo 10:00 bis 21:00 Uhr, Di-Sa 10.00 bis 1:00 Uhr
FASSBIER Reininghaus Pils, Schladminger Bio Zwickl
FLASCHENBIER Schwechater Wiener Lager, Weihenstephaner Hefeweißbier, Hirter Morchl, Gösser Naturradler Zitrone, Gösser Naturgold, Schleppe No. 1, Hofbräu Kaltenhausen 1475 Pale Ale
LOKAL Ecklokal mit Blick auf Kunsthistorisches Museum, Hofburg, Burggarten und die Ringstraße. Breites Angebot an Frühstück und Wiener Küche. 70 Plätze im Lokal, 20 im Schanigarten.

Champions Sports Bar

CHAMPIONS SPORTS BAR

1010 Wien, Parkring 12a (Marriott), +43/1/515188901
www.champions-vienna.com
ÖFFNUNGSZEITEN Mo-Fr: 12:00 bis 00:00 Uhr, Sa-So: 13:00 bis 00:00 Uhr
FASSBIER Zipfer Urtyp, Ottakringer Zwickl, Pilsner Urquell, Stiegl Weisse, Gösser Spezial, Ottakringer Rotes Zwickl, Heineken, Stiegl Columbus 1492 Pale Ale, Ottakringer Helles, Guinness, Stiegl Pils, Kaltenhauser Kellerbier, Radler
FLASCHENBIER Corona Extra, Weihenstephan Weißbier, Heineken, König Ludwig Dunkel, American Bud, Heineken 0,0%
LOKAL Diese Sportsbar am Eck des Hotel Marriott ist ein Aushängeschild der österreichischen Bierkultur in amerikanischem Gewand: Biere von drei konkurrierenden österreichischen Brauunternehmen am Zapfhahn zu haben, ist an sich schon eine Besonderheit. Noch besser: Es ist ein Pale Ale dabei, womit die Champions Bar die Breite des österreichischen Angebots dokumentiert. Dazu noch ein internationaler Touch auf der Bierkarte, alles stets schön serviert – von freundlichem und flinkem Personal: Barman Patrick schafft die Balance zwischen Professionalität und Wiener Schmäh. Gelungen ist auch die Optik: Seit dem Facelifting 2019 wirkt diese Bar noch eine Spur amerikanischer, auf 24 großen Bildschirmen kann man aktuelles Sportgeschehen vom American Football über Fußball und Eishockey bis zum Skisport verfolgen. Vor allem in der Pause zwischen den Sportereignissen lässt es sich gemütlich plaudern sowie herzhaft amerikanisch essen: Burger, Steaks und vieles mehr. 140 Plätze im Lokal, 30 im Schanigarten.

Crossfield's Australian Pub

CROSSFIELD'S AUSTRALIAN PUB

1010 Wien, Maysedergasse 5, +43/1/24100-230
www.crossfield.at
ÖFFNUNGSZEITEN Mo-Do: 11:30 bis 1:00 Uhr, Fr-Sa: 11:30 bis 2:00 Uhr, So: 11:30 bis 00:00 Uhr
FASSBIER X-Field Lager, Fosters Lager, Ottakringer Zwickl, Kakadu Ale (rotes Zwickl), Ayers Rock Red oder Black, ein Monatsbier
FLASCHENBIER X-Field IPA, Coors Lager, Miller Genuine Draft, Coopers Pale Ale, Leffe Blonde, Corona Extra, Brewdog Punk IPA, Tegernseer Hell, Augustiner Edelstoff, Velkopopovický Kozel Hell, Budweiser Premium, Budvar Dark Lager, Guinness Stout, Schneider Weisse, Weihenstephaner Hefeweizen
LOKAL Das Crossfield's (benannt nach der Betreiberfamilie Querfeld) bietet eine gute Balance zwischen solider, erwartbarer Pub-Küche und Überraschendem: Hier konnte man hier schon Heuschrecken und Mehlwürmer auf der Karte und dem Teller finden, als diese anderswo für Schadinsekten gehalten wurden – womit man einem aktuellen Food-Trend um viele Jahre voraus war. Ähnlich beim Bier: Neben dem Erwartbaren – Fosters gilt in Europa immer noch als Inbegriff des australischen Bieres – gibt es hier

eine recht gute Auswahl moderner Craftbiere. Das Ambiente ist seit 1997 zeitlos-authentisch – Australien-Fans trinken hier Bier im Dekor einer australischen Opalmine, für ganz Durstige werden die Fassbiere auch in einem 1,5l-Pitcher oder einer Zapf-Säule serviert. Im Keller gelangt man in den noch „rohen" Bergstollen. Alligatoren, Büffel und Kängurus schauen von den Wänden herab. Als Gastbier gibt es gelegentlich auch Sude von Next Level. Jeden Montagabend ab 20 Uhr „Trivia Night" mit einem zum Kult gewordenen Quiz in englischer und deutscher Sprache. 110 Sitzplätze inklusive Bar, Schanigarten: 14 Sitzplätze.

Delirium Café

DELIRIUM CAFÉ

1010 Wien, Passauer Platz 2
paddysco.at
ÖFFNUNGSZEITEN Mo-So: 17:00 bis 2:00 Uhr
FASSBIER Brouwerij Huyghe: Delirium Tremens, Delirium Red, Delirium Argentum, Delirium Campus, Mongozo Mango; Stella Artois, Boon Kriek, La Guillotine, La Chouffe Houblon, Palm Amber Ale, Blanche de Bruxelles
LOKAL Dies ist nun der dritte Anlauf, in Wien ein Delirium Café einzurichten – die erste Location war in der Kurrentgasse, dann fand die Marke der belgischen Huyghe-Brauerei mit ihrem rosa Elefanten in den Kellergewölben des Dick Mack's Unterschlupf und nun ist der belgische Bierschwerpunkt in die Räume der früheren Beer Street (Wiener Bierlokal des Jahres 2018) und der kurzlebigen Chicago Deep Pot Pizza Company eingezogen. Dadurch gibt es zwei große Bars, an denen bevorzugt belgisches Bier gezapft wird – darunter einige sehr alkoholreiche Beispiele für belgisches Starkbier. Vor allem an Wochenenden wird das Angebot gut angenommen. 200 Plätze auf drei Ebenen, 40 im Schanigarten.

DICK MACK'S IRISH PUB

1010 Wien, Marc-Aurel-Straße 7, +43/676/7068124
paddysco.at/dick-macks
ÖFFNUNGSZEITEN Mo-So: 20:00 bis 4:00 Uhr
FASSBIER American Bud, Stella Artois, Corona, Guinness
FLASCHENBIER American Bud, Franziskaner Weissbier, Löwenbräu Radler, Tegernseer Hell, Velkopopovický Kozel, O'Hara's IPA, O'Hara's Red Ale, Beck's Blue
LOKAL Dieses Lokal hieß ursprünglich Doyle's, es wurde 2007 von Billy Reddy übernommen. Hinter dem schmalen Gasseneingang verbirgt sich ein tief gestaffelter, sehr typisch irischer Barbereich, mit 660 m² das größte Irish Pub der Bundeshauptstadt. Zwei Billard-Tische und sechs Wuzzler sorgen für zusätzlichen Spaß und Unterhaltung. Sportübertragungen über neun Flatscreen TVs. Sehr viel junges Publikum. Ca. 400 Sitzplätze auf mehreren Ebenen, ca. 20 Plätze an der Bar.

EINSTEIN

1010 Wien, Rathausplatz 4, +43/1/4052626
www.einstein.at
ÖFFNUNGSZEITEN Mo-Do: 9:00 bis 00:00 Uhr, Fr-Sa: 9:00 bis 2:00 Uhr, So: 9:00 bis 00:00 Uhr
FASSBIER Wieselburger Gold, Starobrno, Schwechater Zwickl, Kaiser Doppelmalz, Weihenstephaner, Gösser Naturradler
FLASCHENBIER Wieselburger Stammbräu, Heineken, Desperados, Gösser Naturgold
LOKAL Das Einstein war bei seiner Gründung ein Vorreiter der Bierkultur und Biervielfalt. Leider ist die Karte im Laufe der Jahre völlig in den Mainstream gewechselt – Craftbier scheint unbekannt zu sein. Aber dem studentischen Publikum gefällt's, das Schwechater Zwickl wird gekonnt gezapft. Und Frühstück gibt es ganztägig, man ist ja schließlich Nachbar der Universität. 250 Sitzplätze, 30 an der Bar, Garten: 120 Plätze.

Falco's

FALCO'S

1010 Wien, Schwarzenbergplatz 3, +43/1/7107066
www.nigrum-montis.at
ÖFFNUNGSZEITEN Mo-Do: 8:30 bis 00:00 Uhr, Fr: 8:30 bis 1:00 Uhr, Sa: 10:00 bis 1:00 Uhr, So: 10:00 bis 00:00 Uhr
FASSBIER Hausbier Helles Märzen, Hausbier Zwickl, Paulaner Weisse Hell, ein saisonales Bier
FLASCHENBIER Ottakringer Wiener Original, Budweiser
LOKAL Auf halbem Weg zwischen Konzerthaus und Musikverein hat die Gastronomen-Familie Pollischansky ein Lokal errichtet,

das ganz der Erinnerung an den 1998 verstorbenen Musiker Falco (Hans Hölzel 1957-98) gewidmet ist: Viele Deko-Objekte nehmen Bezug auf dessen Karriere – Merchandise ebenso: Falco-Mozartkugeln gibt es für eingefleischte Fans ebenso wie Falco-Bier in Literflaschen mit Falco-Signatur. 150 Plätze in zwei Räumen mit zwei Bars.

FLADEREI SALZGRIES

1010 Wien, Salzgries 15, +43/1/5325704
www.fladerei.com
ÖFFNUNGSZEITEN Mo-Sa: 11:00 bis 2:00 Uhr, So: 17:00 bis 2:00 Uhr
FASSBIER Hausbier Pils, Zwickl, Dunkles, Schladminger Märzen, Starobrno, Edelweiss Hefetrüb
FLASCHENBIER Weihenstephaner Hefeweißbier, Paulaner Hefe-Weißbier, Aventinus, Wieselburger Stammbräu, Hacker Pschorr
LOKAL Die Lokale der Fladerei sind aus den Schwesterbetrieben des Kolar-Beisls hervorgegangen – und sind wie die Vorgänger-Lokale für die Fladen (täglich in anderen Varianten und immer preiswert) bekannt. Und für das Zwickl-Bier (wie die anderen Eigenmarken von der BrauUnion), das hier in Weizenbier-Gläsern ausgeschenkt wird. Gilt als Tradition, das Personal ist jedenfalls sehr stolz darauf und dem Geschmack tut das keinen Abbruch. 130 Plätze.

Flanagans Irish Pub Vienna

FLANAGANS IRISH PUB VIENNA

1010 Wien, Schwarzenbergstraße 1-3, +43/1/5137378
www.flanagans.at
ÖFFNUNGSZEITEN So-Do: 10:00 bis 2:00 Uhr, Fr-Sa: 10:00 bis 4:00 Uhr, So: 10:00 bis 2:00 Uhr
FASSBIER Guinness, Kilkenny, Galway Hooker IPA, Hirter 1270, Ottakringer Wiener Original, Stiegl Goldbräu, Wieselburger Gold, Murauer, Trumer Pils, Stella Artois, Stiegl Paracelsus, Ottakringer Helles, Velkopopovický Kozel, Heineken, Brewdog Punk IPA
FLASCHENBIER Budweiser, Heineken, Corona, Erdinger, Stiegl-Hell, Brew Age Hopfenauflauf, Erdinger Alkoholfrei
LOKAL Das Flanagans war ein Pionier unter den Irish Pubs in Wien – als es 1996 eröffnet wurde, war diese Ecke der City ziemlich ausgestorben. In dem Vierteljahrhundert, in dem hier nun Guinness (und etliches anderes Bier) mit gleichbleibendem Bemühen gezapft wird, ist das Viertel richtig trendig geworden. Was auffällt, ist die Authentiziät, die das Lokal ausstrahlt. Eigentümer Alan Field hat die Einrichtung des Lokals in Irland aus dem Pub Flannerys im Dörfchen Churchtown im County Cork zusammengestellt. Die Küche ist vor allem mittags preiswert. Ab und zu gibt es Live-Konzerte und Sportübertragungen auf Großleinwand. Hier gibt es auch einen großen Bücherkasten, aus dem man gratis bei Bookcrossing registrierte Bücher entnehmen kann – vorausgesetzt, man registriert die Entnahme dann auf der Website von www.bookcrossing.com. Typisches Breakfast Samstag und Sonntag – bei Bestellung einer Bloody Mary gibt's einen Preisnachlass. 130 Sitzplätze im Lokal, 100 im Schanigarten, 60 an der langen Bar.

GOLSER BIER & WEIN BAR – BEI DER OPER

1010 Wien, Mahlerstraße 13, +43/664/88345156
www.pannonisch.at
ÖFFNUNGSZEITEN Mo-Fr: 16:00 bis 00:00 Uhr
FASSBIER Golser Premium (helles Märzen), Golser Rotgold (Wiener Lager), Golser Bio Zwickl, Golser Bio Weißbier, Golser GriaZeich Pale Ale
FLASCHENBIER Golser Bullig (heller Bock), Golser Kästensud (Maronibier), Golser Radler Naturtrüb, Golser Bio Nullerl
LOKAL Kulinarisch ist dieses Lokal quasi eine burgenländische Botschaft in Wien: Das Lokal ist eine 2014 eröffnete Dependance der 2007 gegründeten Brauerei in Gols, die Bedienung ist bierkundig und gastfreundlich. Bierkarten mit Sommelier-Beschreibungen erklären die aktuellen, saisonal wechselnden Spezialitäten. Neben den Golser Bieren werden auch Weine der Burgenländischen Winzerschaft angeboten, und auf der Speisekarte stehen Burgenländische Spezialitäten wie z.B. Blutwurst mit Kren vom „Blunznweltmeister" Julius Meiringer oder Hammerfleisch vom Tschürz (das ist Rohschinken aus den Hammen, dem Schlögel des Schweins). 35 Plätze im Lokal, 6 an der Bar.

GOLSER BIER & WEIN BAR IN DER RIEMERGASSE

1010 Wien, Riemergasse 4, +43/664/88345150
www.pannonisch.at
ÖFFNUNGSZEITEN Mo-Freitag: 16:00 bis 24:00 Uhr
FASSBIER Golser Premium (helles Märzen), Golser Bio Weißbier, Golser Rotgold (Wiener Lager), Golser Bio Zwickl, Golser GriaZeich Pale Ale
FLASCHENBIER Golser Bullig (heller Bock), Golser Kästensud (Maronibier), Golser Radler Naturtrüb, Golser Bio Nullerl
LOKAL Eine 2020 eröffnete kulinarische Botschaft des Burgenlands, powered by Golser Bier: Bierkarten mit Sommelier-Beschrei-

bungen erklären die aktuellen, saisonal wechselnden Spezialitäten. Es gibt auch ein Probierbrett mit fünf verschiedenen Bieren zum Kosten. Neben den Golser Bieren werden auch Weine der Burgenländischen Winzerschaft angeboten, und auf der Speisekarte stehen Burgenländische Spezialitäten, etwa Weisswürschtl vom Mangalitzaschwein mit Brezn und Biersenf. 35 Plätze im Lokal, 6 an der Bar, 20 im Garten.

Gösser Bierklinik

GÖSSER BIERKLINIK

1010 Wien, Steindlgasse 4, +43/1/5337598
www.goesser-bierklinik.at
ÖFFNUNGSZEITEN Mo-So: 12:00 bis 23:00 Uhr

FASSBIER Gösser Spezial, Gösser Stiftsbräu Dunkel, Gösser Zwickl, Reininghaus Pils, Schladminger Märzen, Starobrno, Gösser Radler, saisonal: Gösser Bock

FLASCHENBIER Gösser Märzen, Edelweiss Weizenbier, Wieselburger Stammbräu, Heineken, Gösser Naturgold

LOKAL Wer ein Original-Altwiener Bierhaus sucht, ist in der Steindlgasse am Rande des „Goldenen Quartiers" goldrichtig: Die Gösser Bierklinik ist mit ziemlicher Sicherheit die älteste noch in Betrieb befindliche Gaststätte Wiens: Das Haus blickt auf eine jahrhundertelange Tradition zurück. 1406 erstmals urkundlich erwähnt, findet es schließlich 1683 mit Johann Steindl seine bis heute währende Bestimmung. Im Schankbereich gibt es noch das, was der Wiener als Bierschwemme kennt. Man kommt gern auf ein, zwei Krügel herein, ohne unbedingt zum Essen bleiben zu müssen. Und rund um die Schank funktioniert auch das Service angemessen schnell. 250 Sitzplätze.

GUSTL BAUER

1010 Wien, Drahtgasse 2, +43/1/5335889
www.gustlbauer.com
ÖFFNUNGSZEITEN Mi-Sa: 12:00 bis 16:00 Uhr

FASSBIER Reininghaus Pils, Gösser Märzen, Schladminger Bio-Zwickl

FLASCHENBIER Kaiser Doppelmalz, Weihenstephan Hefeweisse

LOKAL Seit Mitte 2017 hat der neue Eigentümer das seit 1937 bestehende Wiener Traditionslokal übernommen und auf Vordermann gebracht. Stammlokal der Wiener Bürgermeister z. B. Helmut Zilk (1927-2008). Typischer Wiener Schanigarten, urwienerisch auch die Speisen: ausgelöstes Backhenderl, Kalbsrahmgulasch, geröstete Leber. Montag bis Freitag Mittagsmenüs. 90 Plätze im Lokal sowie 40 im Garten.

ILONA STÜBERL

1010 Wien, Bräunerstraße 2, +43/1/5339029
www.ilonastueberl.at
ÖFFNUNGSZEITEN Di-So: 11:30 bis 22:00 Uhr

Ilona Stüberl

FASSBIER Zipfer Urtyp

FLASCHENBIER Soproni Világos, Soproni Démon (Schwarzbier), Kaiser Doppelmalz, Edelweiss Hefetrüb, Gösser Naturgold

LOKAL Es ist unglaublich, was Maria Fodor und ihr Team hier auf nur 90 Quadratmetern (plus einem auch im Winter geöffneten Gastgarten) leistet: authentische ungarische Küche, Gastfreundschaft sowie stets eine große Portion Optimismus nur 30 Schritte von der Pestsäule entfernt. Das Ilona Stüberl ist seit 1957 ein einzigartiger Anlaufpunkt für gute und preiswerte ungarische Küche in Wien – es ist Anziehungspunkt für Gäste aus der ganzen Welt, die Speisekarte ist in 10 Sprachen übersetzt – und seit ein paar Jahren gibt es auch einen Eigenimport von ungarischem Bier! 30 Sitzplätze im Lokal, 25 Sitzplätze im Schanigarten.

JOE'S PUB & PIZZA 🍺🍺🍺🍺

1010 Wien, Judengasse 9, +43/676/5606780
www.joes-pubandpizza.at

ÖFFNUNGSZEITEN Mi-Do: 18:00 bis 01:00 Uhr, Fr-Sa: 18:00 bis 3:00 Uhr, So: 18:00 bis 1:00 Uhr

FASSBIER Wieselburger Märzen, Gösser Zwickl, Starobrno, Reininghaus Jahrgangspils, Guinness, Brewdog Elvis Juice

FLASCHENBIER Birra Moretti, Heineken, O'Hara's Stormburst IPA, Gusswerk Glutenfrei Lager, Weihenstefan Hefetrüb, Schleppe Märzen, Guinness Hop House 13, Sol, Sierra Nevada Pale Ale, Brewdog Punk IPA, Brewdog Hazy Jane, Bevog Buzz Hazy IPA, Bevog Nitro Coconut, Bevog Haze out of the Space

LOKAL Im ehemaligen Sally's wurde die alte Möblierung und Lamperie belassen, aber ein zusätzlicher Pizzaofen installiert – und man fühlt sich fast wie in einem jener US-Lokale, die seit Jahrzehnten Pizza und Craftbier anbieten. Und zwar auf sehr hohem Niveau: Die Pizze sind durchwegs sehr gut und für den Standort auch durchaus wohlfeil. Sehr erfreulich: Auf der Speisekarte wird zu jeder Pizza (anderes Essen gibt es nicht) eine Bierempfehlung gegeben, darunter auch Biere aus der sehr umfangreichen Craftbier-Karte. Das Fassbier-Angebot ist ein wenig BrauUnion-lastig – dass man da auch ein klassisches Weizenbier dazunehmen könnte, ist aber offenbar niemandem eingefallen. Vielleicht will man auch keine klassischen Weizenbier-Gläser hinstellen. Dafür gibt es zu jedem der Craftbiere ein passendes Kristallglas von Spiegelau. 50 Plätze im Lokal, 40 im Schanigarten. ✕

Kolar-Beisl

KOLAR-BEISL 🍺

1010 Wien, Kleeblattgasse 5, +43/1/5335225
www.kolar-beisl.at

ÖFFNUNGSZEITEN Mo-Sa: 11:00 bis 1:00 Uhr, So: 13:00 bis 1:00 Uhr

FASSBIER Pils (Hausbier), Zwickl, Dunkles, Schladminger Märzen, Starobrno, Weihenstephan Hefetrüb

FLASCHENBIER Paulaner Weisse, Schneider Weisse, Schladminger Bio Zwickl, Murauer Märzen, Aventinus Weizenbock, Wieselburger Stammbräu (Bügelflasche), Hacker Pschorr, Velkopopovický Kozel Dunkel, Gösser Naturgold, Edelweiss Alkoholfrei

LOKAL In diesem Haus befand sich einst der bekannte Keller „Zum steinernen Kleeblatt", in dem Mozart verkehrt haben soll – und hier wurde dann auch das Kolar-Stammhaus eingerichtet. Seit den späten 1980er-Jahren berühmt für diverse Fladen, gefüllt mit Tomatensauce, Sauerrahm, Ei, Pute, Knoblauchtopfen – und auch mit Nutella, Topfen und Nüssen. Stets gute Bierpflege – wobei das Hausbier (ein Schwechater Zwickl) aus unerfindlichen Gründen im Weizenbierglas serviert wird. Ca. 120 Plätze, Schanigarten: ca. 80 Plätze. ✕

Krah-Krah

KRAH-KRAH 🍺🍺🍺🍺

1010 Wien, Rabensteig 8, +43/1/5338193
www.krah-krah.at

ÖFFNUNGSZEITEN Mo-Do: 11:00 bis 00:00 Uhr, Fr-Sa: 11:00 bis 2:00 Uhr, So: 11:00 bis 23:00 Uhr

FASSBIER Krah Hausbier, Stiegl-Pils, Budweiser, Grieskirchner Dunkel, Trumer Pils, Ottakringer Rotes Zwickl, Schneider Weisse, Ottakringer Bio Pur, Radler, eine wechselnde Bierspezialität

FLASCHENBIER große Auswahl an heimischen (etwa: Brew Age Nussknacker, Weitra Bräu, Obertrumer Original, Zwettler 1890, Mohren Spezial, Gusswerk Edelguss, Jörger Weisse, Der Belgier Saison) und internationalen (etwa: Kloster Andechs Weißbier, Augustiner Edelstoff, Aventinus Eisbock, La Chouffe) Spezialitäten

LOKAL Seit mehr als vier Jahrzehnten der Dreh- und Angelpunkt des Bermuda-Dreiecks: Zu Beginn der 1980er-Jahre war es eine Sensation, als der Informatiker Sepp Fischer dieses Lokal gegründet hat, um den Wienern Biervielfalt nahe zu bringen. Damals nämlich gab es in den Lokalen stets nur Biere von einer einzigen Brauerei – und hier konnte man plötzlich Biere aus Oberösterreich und Bayern finden. Weizenbier war noch eine Seltenheit, Sepp Fischer brachte es nach Wien. Unter der sensiblen Führung der Familie Salchenegger ist das Krah-Krah noch heute ein Aushängeschild der Wiener Bierkultur, die Patina unterstreicht diesen Anspruch noch – und nach und nach sind auch ein paar Biere eingezogen, die nicht dem Mainstream der 1980er entsprechen. Immer nette Bedienung. Hausmannskost, Bieraufstrichbrote, Happy Hour von Mo-Fr 15:30 bis 17:30 Uhr. 80 Sitzplätze und viele Stehplätze, Schanigarten: 40 Sitzplätze. ✕

LUGECK

1010 Wien, Lugeck 4, +43/1/5125060
www.lugeck.com
ÖFFNUNGSZEITEN Mo-So: 11:30 bis 00:00 Uhr
FASSBIER Lugeck Spezial, Ottakringer Zwickl, Schneider Weisse TAP 1 Weizenbier, Schremser Bio Naturparkbier
FLASCHENBIER Breites stilistisches Angebot von Birra Messina Cristalli di Sale über den Eggenberger Samichlaus, den Wiener Bubi, den Rodauner Strizzi und Brauwerk Native Tongue bis zur Horny Betty vom Gusswert und dem Bevog Baja Oatmeal Stout
LOKAL Hinter dem Gutenbergdenkmal am Lugeck hat die Familie Figlmüller im geschichtsträchtigen Regensburger Hof im Jahr 2014 dieses moderne Wirtshaus eingerichtet. Von Anfang an hat es sich nicht nur mit modern interpretierter Wiener Küche, sondern auch mit einer herausragenden und auf der Karte kundig kommentierten Bierauswahl profiliert. Die Figlmüller-Brüder Hans und Thomas wollten das noble City-Publikum auf den Craft Bier Geschmack bringen – und das funktioniert auch nach Jahren noch perfekt. Die Biere der Craft Bier Karte werden stilgerecht im Teku-Pokal serviert, das Personal ist freundlich und kompetent.

MAGAZIN

1010 Wien, Riemergasse 14, +43/1/5127787
magazin-riemergasse14.at
ÖFFNUNGSZEITEN Mo-Sa: 11:30 bis 23:00 Uhr, So: 11:30 bis 22:00 Uhr
FASSBIER Budweiser Budvar, Zwettler Pils, Zwettler Zwickl
FLASCHENBIER Paulaner Hefeweizen Hell, Grieskirchner Dunkel, Clausthaler, Gösser Naturgold, Paulaner Alkoholfrei
LOKAL Das ehemalige „3 Hacken Magazin" firmiert seit 2020 schlicht als „Magazin" und präsentiert sich mit der bewährten Crew weiterhin als Vinothek und Feinkostladen (Marmeladen, Öle, eingelegte Früchte). Familie Zawadil bietet Wienerische Küche (jeden Samstag und Sonntag ab 12.00 Uhr gefülltes Spanferkel) und eben nicht nur die große Weinauswahl, sondern auch eine beachtliche Bierkultur. 100 Sitzplätze, Schanigarten: 50 Plätze.

MAMA & DER BULLE

1010 Wien, Schellinggasse 5, +43/1/5123449
www.mamaundderbulle.at
ÖFFNUNGSZEITEN So-Mi: 12:00 bis 23:00 Uhr, Do-Sa: 17:00 bis 00:00 Uhr
FASSBIER Mama Kraft Helles, Mama Kraft Die Herzdame, Mama Kraft Wit Bull
FLASCHENBIER saisonale Brauwerk Spezialitäten
LOKAL Hier hat es ein geschickter Innenarchitekt geschafft, ein Lokal im Industrie-Stil einzurichten – teilweise unverputzt wirkende Wände, grob wirkendes Holz an der Bar – und gleichzeitig das Ganze gemütlich wirken zu lassen. Eine alte Juke-Box verstärkt den nostalgischen Charakter, aber die Bildschirme, auf denen abwechselnd die Steak-Angebote angepriesen werden, versichern, dass man im 21. Jahrhundert ist. Dies auch biermäßig: Zur fleischlastigen Kost passt das Big Easy IPA und natürlich auch das Porter aus der Flasche. 70 Plätze im Lokal, 12 an der Bar.

Mama & der Bulle

MAMA & DER BULLE
- FLAT IRON STEAK & BURGER -

MAMA KRAFT BAR

1010 Wien, Himmelpfortgasse 24, +43/1/5124580
www.mamakraft.at
ÖFFNUNGSZEITEN Di-Do: 17:00 bis 00:00 Uhr, Fr-Sa: 17:00 bis 1:00 Uhr
FASSBIER Mama Kraft Helles, Mama Kraft Die Herzdame, Mama Kraft Wit Bull, Brauwerk High Five Pale Ale, Brauwerk Big Easy IPA, Brauwerk Black & Proud Porter
FLASCHENBIER Gusswerk Glutenfrei Lager, Stiegl Sport-Weisse, Null Komma Josef, Brew Age Rampensau IPA Alkoholfrei
LOKAL Familie Huth hat gleich neben Mama & der Bulle einen Keller zur Mama Kraft Bar ausgebaut. Man geht rund um die moderne Brauanlage hinunter an eine schön angelegte, ebenso moderne Bar. Hinten rechts ist ein Bierkrug-Tresor, in dem man sich um 99 Euro pro Jahr in eines der 70 Schließfächer einmieten kann – wer möchte, kann dann mit einer „Kraftkarte" selbst am Bierbrunnen zapfen und dabei auch noch 20 Prozent sparen. Auf der Karte findet sich unter anderem der belgische Klassiker „Moules & Bier" (eine Spezialität, die nur mittwochs serviert wird). Und eine „Goldene Stunde" (die erste Stunde ab 17 Uhr) mit billigerem Bier gibt es auch. 50 Plätze im Lokal, 10 an der Bar.

MAMA ROYAL MODERN KEBAB & GRILL BY HUTH

1010 Wien, Schellinggasse 6, +43/1/5128128
www.www.mamaroyal.at
ÖFFNUNGSZEITEN Mo-Mi: 12:00 bis 23:00 Uhr, Do-So: 12:00 bis 00:00 Uhr

Mama Royal Modern Kebab & Grill by Huth

FASSBIER Mama Kraft Helles, Mama Kraft Die Herzdame, Mama Kraft Wit Bull, Budweiser Budvar Original Lager
FLASCHENBIER Brauwerk Big Easy IPA, Brauwerk Black & Proud Porter, Gusswerk Glutenfrei Lager, Budweiser Budvar Alkoholfrei, Brew Age Rampensau IPA Alkoholfrei, Ottakringer Citrus-Radler
LOKAL Nach dem jüngsten Relaunch präsentiert sich dieses Grillhaus mit orientalischer Orientierung. Die Wände mit Graffitis und Neon-Schriftzugen, wie „Mit Liebe und scharf" schaffen eine einladende Atmosphäre. Die Stars der Craft Beer Szene passen perfekt zu den ebenso perfekt zubereiteten Steaks, zu den „Modern Kebabs" und den Mezze. Mamas Lunch Mo-Fr bis 15.00 Uhr. Auffallend schön gemacht ist auch die Bierkarte, in der die Biere attraktiv abgebildet und kundig beschrieben werden. Halbjährlich wechselnde 4 Fassbiere und 20 Craftbiere. 60 Plätze im Lokal, 25 im Garten.

MEL'S CRAFT BEER DINER

1010 Wien, Wipplinger Straße 9, +43/676/7068124
www.paddysco.at
ÖFFNUNGSZEITEN Mo-So: 11:00 bis 2:00 Uhr
FASSBIER Bevog Kramah IPA, Stella Artois, Muttermilch - Bitta von Tresen, Huyghe Delirium Argentum, Bevog Lemur Leaf Frog Oatmeal IPA, Franziskaner Weißbier, Mikkeller West Coast IPA, Sierra Nevada Pale Ale, Huyghe Delirium Noel, Bevog Rudeen Black IPA, La Chouffe Houblon, Beavertown Bloody'Ell, Novo Brazil Brewing - Momo Haze, Huyghe Delirium Red, Crew Republic Drunken Sailor, Omnipollo Zodiak IPA, O'Hara's Leann Follain Extra Stout, Einstök Winter Ale, Bevog Orange Bellied Parrot IPA, Novo Brazil Brewing - San Diego Mango IPA, Muttermilch - Wiener Bubi, Bevog Lola Sour Ale, Flying Monkeys - Live Transmission Milkshake IPA, O'Haras Irish Red Ale
FLASCHENBIER über 200 wechselnde Craftbiere
LOKAL Gegenüber der böhmischen Hofkanzlei ist dieses Craftbier-Lokal entstanden – es ist nach kurzer Zeit zu einem Eckpfeiler der Bierkultur rund um den Judenplatz geworden. Große Auswahl, kompetentes Service hinter der Bar. Das Speisenangebot ist auf Burger (darunter auch den Pesto Portobello), Pulled Pork Sandwich, Tartines und anderes Barfood spezialisiert. Die Preise entsprechen der Innenstadtlage. 60 Sitzplätze im Lokal. 20 Plätze an der Bar.

MOLLY DARCY'S

1010 Wien, Teinfaltstraße 6, +43/1/5332311
www.mollydarcys.at
ÖFFNUNGSZEITEN Mo-Do: 14:00 bis 00:00 Uhr, Fr-Sa: 14:00 bis 2:00 Uhr
FASSBIER Guinness, Kilkenny, Heineken, Starobrno, Schwechater Zwickl, Wieselburger Gold, Radler
FLASCHENBIER O'Hara's Irish Stout, O'Hara's IPA, O'Hara's Irish Red Nitro, Brewdog Punk IPA, Hofstettner Kübelbier, Fuller's London Pride, Weihenstephan Weißbier Hell und Dunkel, Heineken, Corona, Gösser Naturgold
LOKAL Molly Darcy war eine legendäre Lokalgröße in Cork, berühmt für ihr Motto „Yesterday is history, tomorrow is a mystery, so make the most of today". Das in ihrem Namen eingerichtete Original Irish Pub war eines der ersten von Guinness gebrandeten Pubs in Europa und in seiner zurückhaltenden Eleganz das bedeutendste in Wien. Drei miteinander verbundene Barräume, insgesamt stehen 2 Videowalls und 3 Flatscreens für Sportübertragungen zur Verfügung. Studenten der nahen Uni gehen hier ebenso her wie Redakteure des Standard. Gelegentlich Live-Musik – portraitiert auf www.bierpapst.tv, montags Pub Quiz. Ca. 150 Plätze, 20 an der Bar.

Paul und Anna

PAUL UND ANNA

1010 Wien, Johannesgasse 23, +43/1/5124567
www.paulundanna.at
ÖFFNUNGSZEITEN Mo-So: 11:00 bis 00:00 Uhr
FASSBIER Wieselburger Gold, Schwechater Zwickl, Kaiser Doppelmalz, Starobrno, Paulaner Hefeweißbier

FLASCHENBIER Wieselburger Stammbräu, Heineken Premium Lager, Hacker Pschorr Kellerbier, Corona, Gösser Naturgold
LOKAL Mahsa Danesh-Müllner hat dieses großzügig angelegte Bierlokal im Herbst 2022 in die unmittelbare Nachbarschaft des ebenfalls von ihr übernommene Kultlokal Bettelstudent gesetzt. Das Konzept ist strikt auf Bier und Burger (darunter auch fleischfreie Optionen) orientiert, auf der Wochenkarte gibt es dann mehr oder weniger deftige Klassiker, wobei bei den Zutaten auf Regionalität gesetzt wird. Eine lange Bar lädt ein, beim Zapfen zuzuschauen, die klaren Linien der Inneneinrichtung werden durch überraschende Details durchbrochen, der mächtige Longhorn-Schädel an der Wand des Nebenraums ist jedenfalls eindrucksvoll. 150 Plätze im Lokal, 15 an der Bar. ✕

Pfiff & Co.

PFIFF & CO

1010 Wien, Kärntner Straße 10 (Kärntner Durchgang)
+43/1/9948855
ÖFFNUNGSZEITEN Mo-Do: 10:30 bis 00:00 Uhr, Fr: 10:30 bis 2:00 Uhr, Sa: 10:30 bis 00:00 Uhr, So: 11:30 bis 00:00 Uhr
FASSBIER Trumer Pils, Stiegl-Goldbräu
FLASCHENBIER Stiegl-Goldbräu, Stiegl-Weisse, Stiegl-Paracelsus, König Ludwig Dunkel, Hirter Pils, Stiegl-Freibier
LOKAL In diesem kleinen, aber feinen Bierlokal neben der Loos-Bar scheint die Zeit stehengeblieben zu sein: Musik aus den 1970er-Jahren, perfekt gezapftes Pils und eine freundliche Bedienung. Sehr familiär, viele Stammgäste – und an der Wand der nette Spruch: „Auch Männer haben Gefühle – Durst zum Beispiel". Es werden Feste (Halloween, Gschnas, Krampus, Oktoberfest etc.) sowie Karaoke Abende veranstaltet. 40 Sitzplätze, Bar: 10, im Schanigarten direkt auf der Kärntner Straße: 55 Plätze.

PFUDL

1010 Wien, Bäckerstraße 22, +43/1/5126705
www.gasthauspfudl.com
ÖFFNUNGSZEITEN Di-Sa: 12:00 bis 00:00 Uhr, So: 12:00 bis 17:00 Uhr
FASSBIER Murauer, Grieskirchner, Ottakringer Gold Fassl Spezial, ein Saisonbier
FLASCHENBIER Grieskirchner Dunkel, Murauer Hefeweizen
LOKAL Altwiener Traditionsbetrieb, der seit 1922 besteht – mit bewährt bodenständiger Wiener Küche (Tafelspitz, Beuschel, Kalbswiener und zum Nachtisch Kaiserschmarrn und Apfelstrudel) im gepflegten Ambiente. Die Kellner bringt nichts aus der Ruhe, sie servieren flink und sind imstande, die saisonal wechselnden Biere auch in englischer Sprache treffend zu beschreiben. Der Schanigarten in der Postgasse ist einer der schönsten seiner Art. 45 Sitzplätze im Gastraum, 70 im Kellerstüberl, 70 im Gastgarten. ✕

PHILOSOPH BIER.BAR.BEISL

1010 Wien, Judengasse 11, +43/1/5354532
www.facebook.com/Philosophwien
ÖFFNUNGSZEITEN Mo-Do: 16:00 bis 2:00 Uhr, Fr-Sa: 16:00 bis 4:00 Uhr, So: 16:00 bis 2:00 Uhr

Philosoph Bier.Bar.Beisl

FASSBIER Ottakringer Hell, Ottakringer Wiener Original, Ottakringer Rotes Zwickl, Ottakringer Bio Zwickl, Ottakringer Goldfassl Dunkel, Bruckners Erzbräu - Ötscher Pils, Schneider Weisse, Brew Age Chicxulub Oatmeal Stout, eine wechselnde Bierspezialität
FLASCHENBIER Murauer Märzen, Stiegl-Goldbräu, Villacher Märzen, Schremser Zwickl, Augustiner Edelstoff, Hacker Pschorr Kellerbier, Tegernseer Spezial, Die Weisse, Astra Rotlicht, Erzbräu Bio Springbock, Erzbräu Schwarzer Graf, Null Komma Josef, Edelweiss Alkoholfrei, Ottakringer Citrus-Radler, Der Belgier Saison, Der Belgier Honey I Love You, Bevog Kramah, Brew Age Hopfenauflauf, Brew Age Alphatier, Brew Age Dunkle Materie, Brew Age Affenkönig, Brew Age Fructosaurus, And Union Friday IPA, And Union Saturday Lager, And Union Sunday Pale Ale
LOKAL Kleine, intime Bar im Bermudadreieck mit guter Bierauswahl und einem herzlichen Service. Biere sind auf der Karte gut beschrieben, wer Spirituosen will, findet diese ebenfalls auf der Karte. Lange Bar, netter kleiner Sitzplatz am Fenster für jene, die „sehen und gesehen werden" für wichtig halten. 20 Plätze an der Bar, 15 im hinteren Bereich.

RINDERWAHN

1010 Wien, Weihburggasse 3, +43/1/5120996
www.rinderwahn.at
ÖFFNUNGSZEITEN Mo-So: 12:00 bis 23:00 Uhr
FASSBIER Gösser Spezial, Gösser Stifts-Zwickl Hell, Paulaner Hefeweißbier
FLASCHENBIER Guinness Extra Stout, Reininghaus Jahrgangspils
LOKAL „Der Wahnsinn kennt bei uns keine Grenzen", wirbt dieses Lokal in unmittelbarer Nähe der Kärntner Straße augenzwinkernd für seine „Burger aus bestem Stall". Und dazu lässt die Familie Huth im Rinderwahn (weiterer Standort am Naschmarkt „Burgerkiosk") Biere aus der Ottakringer Brauerei servieren – vor allem die Craftbierschiene passt gut zum Fleisch. Und für Vegetarier steht noch ein Spruch an der Wand: „Rinder fressen Gras: Vegetarisch voll korrekt". 70 Plätze im Lokal.

ROO BAR

1010 Wien, Hegelgasse 8, +43/664/2452002
www.roobar.at
ÖFFNUNGSZEITEN Mo-Do: 17:00 bis 2:00 Uhr, Fr-Sa: 17:00 bis 4:00 Uhr, So: 17:00 bis 2:00 Uhr

Roo Bar

FASSBIER Wieselburger Spezial, Starobrno, Guinness
FLASCHENBIER Brewdog Punk IPA, Brewdog Jack Hammer, Brewdog Elvis Juice, Victoria Bitter, Coopers Pale Ale, Coopers Sparkling, Heineken, Corona Extra, Augustiner Bräu Helles, Hollows & Fentimans Ginger Beer, Edelweiss Hefetrüb, Tegernseer Helles, Schwechater Zwickl
LOKAL Der Spruch an der Türe macht nachdenklich: „You can't drink all day if you don't start in the morning." Stimmt, aber hier geht es erst am späten Nachmittag los. Da kommt man in ein typisches Aussie-Pub mit freundlicher Bedienung und fröhlichem Publikum. Jeden Montagabend Pub-Quiz mit Kathie.

SALZAMT

1010 Wien, Ruprechtsplatz 1, +43/1/5335332
www.salzamt-wien.at
ÖFFNUNGSZEITEN Mo-So: 17:00 bis 2:00 Uhr
FASSBIER Velkopopovický Kozel, Ottakringer Goldfassl Pils
FLASCHENBIER Velkopopovický Kozel Dunkel, Schneider Weisse
LOKAL Ruben Turner ist ein sehr bier-kompetenter Gastgeber im Salzamt, das seinen Namen auf eine an dieser Stelle bis 1824 bestehende Salz-Steuerbehörde zurückführt. Das Lokal ist einer der Fixpunkte des Wiener Bermudadreiecks: Der Architekt Hermann Czech hat 1983 mit der sachlich-nüchternen Einrichtung – weiß gedeckte Tische mit Wiener Kaffeehausstühlen und über die ganze Saallänge hingezogenen Holzbänken – einen Klassiker geschaffen, der das Haus zum Treffpunkt der Szene hat werden lassen. Gepflegtes böhmisches Bier zu k.u.k.-Speisen und moderner Küche. Sitzplätze: ca. 80, Schanigarten vor der Ruprechtskirche: ca. 50 Sitzplätze.

Salzamt

SPARKY'S

1010 Wien, Goldschmiedgasse 8, +43/1/5336155
www.sparkys.at
ÖFFNUNGSZEITEN Mo-Do: 10:00 bis 00:00 Uhr, Fr-Sa: 10:00 bis 2:00 Uhr, So: 10:00 bis 00:00 Uhr
FASSBIER Heineken, Schwechater Zwickl, Schladminger Märzen, Guinness, ein monatlich wechselndes Spezialbier
FLASCHENBIER Puntigamer Panther, Wieselburger Stammbräu, Wieselburger Dunkel, Edelweiss Alkoholfrei, Edelweiss Hefetrüb, Edelweiss Dunkel, Gösser Naturgold, Heineken, Heineken 0,0%, Gösser Stifts-Zwickl Dunkel, Gösser Naturradler Zitrone, Zipfer Limetten Radler, Desperados, Sol
LOKAL Restaurant mit Bar, mit amerikanisch-internationaler Küche, mit auffallend freundlichem Service – und ein angenehmer Platz, auch spätabends noch ein Bier zu genießen. Besitzerin ist seit 2016 Julia Wehofschitsch. Werner Wehofschitsch ist stolz auf den 0,7-Liter-Bierausschank im Yard-Glas, das extra für ihn angefertigt wurde. Ca. 20 Sitzplätze in der Bar, 190 Sitzplätze im Restaurant, die sowohl nur zum Biergenuss als auch zum Essen einladen, und 100 Sitzplätze im schattigen Schanigarten.

STADTBODEN

1010 Wien, Krugerstraße 8, +43/1/5121637
www.stadtboden.at
ÖFFNUNGSZEITEN Mo-Mi: 10:00 bis 00:00 Uhr, Do-Sa: 10:00 bis 1:00 Uhr, So: 10:00 bis 00:00 Uhr

Stadtboden

STADTBODEN
WIENER BIERBAR

FASSBIER Ottakringer Wiener Original, Budweiser, Ottakringer Rotes Zwickl, Stadtboden BPA (Belgian Pale Ale), Weihenstephan Hefeweizen, Bierol The Padawan Pale Ale, Brew Age Chicxulub Oatmeal Stout, 2 Wechselleitungen
FLASCHENBIER Sehr gute, breite und kommentierte Auswahl, zum Beispiel: Gutmann Hefeweizen, Einstöck White Ale, Blanche de Namur, Bevog Baja Oatmeal Stout, Left Hand Milk Stout, Porterhouse Oyster Stout, Next Level Brewing Five O' Clock, Der Belgier Saison, St. Bernardus Abt 12, BRLO Berliner Weisse, Rodenbach Grand Cru, Boon Kriek, Edge Brewing Apassionada, Orval, Brooklyn Lager, Muttermilch Wiener Bubi, Bierol El Patron, Tegernseer Hell, Brewdog Gluten Free Punk
LOKAL Der Stadtboden ist eines der Aushängeschilder der Wiener Bierkultur: Nur einen Steinwurf von der Kärntner Straße entfernt, wird eine kluge Mischung an Traditionellem und Zeitgeistigem geboten: Das Original Wiener Kalbsschnitzel wird von Einheimischen und Gästen ebenso geschätzt, wie die Flammkuchen und Burger, die auch als Variante des Mittagsmenüs angeboten werden – dazu eben in dem einen Fall das Wiener Lager aus Ottakring, im anderen ein Craftbier (da gibt es eine so breite Auswahl, dass in diesem Guide nicht alle genannt werden können). Betreiber Georg Jordan hat aus Ottakring nicht nur die Standardbiere, sondern auch die Craftbiere des Brauwerk Wien in die Innenstadt geholt. Der Service macht einer City-Bar alle Ehre – und wenn sich jemand durchkosten will: Ein Tragerl mit elf – je nach Wunsch gefüllten – Pfiffgläsern wird zum Fixpreis angeboten. Zudem gibt es gelegentlich – vom Spitzensommelier Clemens Kainradl kommentierte – Bierverkostungen. 70 Sitzplätze, 45 im Gastgarten.

STADTGRABEN

1010 Wien, Naglergasse 13, +43/660/8079494
stadtgraben.at
ÖFFNUNGSZEITEN Mo-Sa: 11:00 bis 23:30 Uhr
FASSBIER Ottakringer Helles, Ottakringer Bio Zwickl, Budweiser
FLASCHENBIER Ottakringer Wiener Original, Ottakringer Dunkles Zwickl, Schneider Weisse Hell, Null Komma Josef
LOKAL Jahrzehntelang war dieses Biergewölbe mit Granitsäulen, viel Holzdekoration und sehr freundlichem Service als „Hopferl“ bekannt – 2021 wurde es wegen der Lage am hier noch zu spürenden Rand des Römerlagers Vindobona in „Stadtgraben“ umbenannt. Die hohe Qualität ist jedenfalls geblieben – und die Küchenleistungen sind sind sogar besser geworden. Der Schwerpunkt der Bierkarte liegt auf denen aus Ottakring und Budweis – mit leider geschrumpfter Auswahl. Ca. 50 Sitzplätze, Schanigarten: ca. 40 Plätze.

The Look Bar

THE LOOK BAR

1010 Wien, Salzgries 17, +43/676/7068124
paddysco.at/the-look-bar
ÖFFNUNGSZEITEN Mo-Sa: 20:00 bis 4:00 Uhr
FASSBIER American Bud, Stella Artois Lager, Corona
FLASCHENBIER American Bud, Franziskaner Weißbier, Stiegl, Tegernseer Hell, Velkopopovický Kozel, O'Hara's Irish Red Ale, O'Hara's IPA, Beck's Blue, Löwenbräu Radler
LOKAL Internationales Pub im Textilviertel: Ziemlich junges, studentisches und zu einem auffälligen Teil englischsprachiges Publikum, das hier um wenig Geld amerikanisches Budweiser oder Corona trinkt und sich bei Pool Billard, Tischfußball oder Sportübertragungen vergnügt.

WIENER STADTBRÄU

1010 Wien, Graben 29a, +43/1/5335000
www.stadtbraeu.at
ÖFFNUNGSZEITEN Mo-So: 16:00 bis 00:00 Uhr

Wiener Stadtbräu

WIENER STADTBRÄU

FASSBIER Hausbier (Mischung Dunkles mit Schwechater Zwickl), Ottakringer Wiener Original, Schwechater Zwickl, Kaiser Doppelmalz, Edelweiss Weizenbier

FLASCHENBIER Budweiser, Heineken, Hirter Privat Pils, Hirter Märzen, Gösser Spezial, Wieselburger Stammbräu, Franziskaner Kellerbier, Hacker Pschorr Münchner Kellerbier, Paulaner Hefeweißbier, La Chouffe Golden Ale, Stiegl-Columbus Pale Ale, Stiegl Gaudi Radler, Gösser Naturgold, Stiegl Saison-Hausbiere

LOKAL Das Wiener Stadtbräu im Keller des Chattanooga, das mit viel Ziegeloptik sehr authentisch wirkt, greift die Stadtbräu-Marke des ehemaligen Brauhauses der Stadt Wien in Rannersdorf auf. Dementsprechend dominieren die Biere der BrauUnion, die seinerzeit die Stadtbräu-Marke Steffl übernommen hat. Seit einigen Jahren weht unter Isabella und Michael Funk „frischer Wind ins Haus" und Köche aus der Haubengastronomie sorgen für eine gehobene Küche. Das Schwechater Zwickl wird schön gezapft und von freundlichen Kellnerinnen serviert. Craftbiere gibt es inzwischen auch, diese bevorzugt von der Stiegl-Brauerei in Wildshut. Das soll gesund sein, kann man einem lustigen Schild an einer der Wände entnehmen: „Lieber an der Theke steh'n, als in die Apotheke geh'n." Fixtermine sind die Jazzabende, die jeden Dienstag Livemusik in allerbester Qualität bieten. Sonntagstanz, montags 5-Uhr Tee, donnerstags ein Mal im Monat Wiener Lieder. Happy Hour täglich von 16:00-18:00 Uhr – jedes Bier um den halben Preis. Eintritt immer frei, Musikspende erbeten. 260 Sitzplätze, 70 im gesonderten Bräustüberl.

ZATTL

1010 Wien, Schottengasse 2, +43/1/5337262
www.zattl.at
ÖFFNUNGSZEITEN Mo-Sa: 11:30 bis 00:00 Uhr

FASSBIER Pilsner Urquell ‚unpasteurisiert', Velkopopovicky Kozel Dunkel, Stiegl-Paracelsus, Stiegl-Radler Grapefruit, König Ludwig Weißbier

FLASCHENBIER Stiegl-Hell, Stiegl-Columbus Pale Ale, Stiegl-Gipfelstürmer, Stiegl-Freibier, König Ludwig Weizen Alkoholfrei, Stiegl „Czecha Tant" Böhm. Pils, Stiegl-Hausbier saisonal

LOKAL Das Aushängeschild von Pilsner Urquell in der Wiener Innenstadt mit dem wahrscheinlich schönsten Innenstadt-Biergarten Österreichs, der schon 2010 vom Bierguide als Österreichs Biergarten des Jahres ausgezeichnet wurde. Das Pilsner Urquell kommt aus einem Tank im Keller, in den es direkt (und durchgehend gekühlt) aus der Brauerei in Pilsen geliefert wird. Gelegentlich gibt es „Pilsner Holzfass-Events", bei denen zu Live-Musik eine unfiltrierte Version des Urquell aus dem Holzfass ausgeschenkt wird. Sehr gute Bierpflege auch beim Pale Ale von Stiegl, eine alle 14 Tage wechselnde Spezialitätenkarte und eine kleine, aber stimmige Mittagskarte zeichnen den Bar- und Restaurantbereich aus. 200 Plätze im Lokal, 20 an der Bar, 200 im Garten.

ZU DEN 3 HACKEN

1010 Wien, Singerstraße 28, +43/1/5125895
www.zuden3hacken.at
ÖFFNUNGSZEITEN Mo - Sa: 11:30 - 23:00 Uhr

FASSBIER Augustiner München Lagerbier Hell, Augustiner Edelstoff

FLASCHENBIER Augustiner Dunkel, Augustiner Weißbier, Augustiner Pils, Andechser Weißbier Alkoholfrei, Null Komma Josef

LOKAL Die „Drei Hacken" sind ein Traditionswirtshaus im besten Sinne: In den historischen Gasträumen tafelten einst illustre Gäste wie Franz Schubert, Moritz von Schwind und Johann Nestroy, der die „3 Hacken" sogar in einem seiner Couplets erwähnte. Seit dem Sommer 2020 ist hier das Augustinerbräu München mit seinen Bieren eingezogen – und eben nicht nur mit dem Bier: Die Philosophie der Münchner Brauerei besagt, dass gepflegte Gastlichkeit am besten in perfekt renoviertes Ambiente passt. So wurde die Einrichtung aus den 20er-Jahren des 20. Jahrhunderts schön herausgeputzt und der Schankbereich mit klarer Bier-Ausrichtung gestaltet. Die Küche ist weiterhin wienerisch (mit kleinen Ergänzungen wie dem fränkischen Schäufla) und das Bier hervorragend gezapft 100 Sitzplätze, Schanigarten: 60 Plätze.

ZUM HOLUNDERSTRAUCH

1010 Wien, Schreyvogelgasse 3, +43/1/5359075
www.holunderstrauch.at
ÖFFNUNGSZEITEN Mo-Fr: 11:00 bis 00:00 Uhr

ZUM HOLUNDER STRAUCH

FASSBIER Schwechater Hopfenperle, Zipfer Pils, Schwechater Zwickl, saisonale Bierspezialitäten
FLASCHENBIER Schwechater Wiener Lager, Hubertus Märzen, Hubertus Dunkel, Gutman Hefeweizen mit Flaschengärung, Gösser Naturradler, Gösser Naturgold, Edelweiss Alkoholfrei, Leopoldauer Brauhandwerk Biere, Rodauner Biermanufaktur Biere
LOKAL Das 1937 mit Weinschwerpunkt gegründete Lokal gegenüber dem Dreimäderlhaus ist inzwischen ein auch durch internationale Publikationen bekannter „Geheimtipp" – dennoch verirren sich nur selten Touristen in den kleinen Schankraum und den nicht viel größeren, urgemütlichen Bierkeller. Das Stammpublikum besteht aus Gewerkschaftern, Journalisten, Studenten und Arbeitern – und diese Stammgäste nennen „ihr" Lokal eher „Hollerbusch" als „Zum Holunderstrauch". Dieses typisch wienerische Beisl hat eine Bierkultur, die als vorbildlich gelten muss. Das beginnt bei der Bierauswahl (Zipfer Pils, Leopoldauer), setzt sich über das perfekte Zapfen bis zum kompetenten Service fort. Gerhard Müller holt auch immer wieder rare Biere aus Kleinbrauereien als Gastbiere. Und er hat eine perfekte Versorgung mit frischen Weinviertler Zutaten für seine Wiener Beislküche. 70 Plätze, 5 an der Bar, 18 im Schanigarten.

ZUM LEUPOLD

1010 Wien, Schottengasse 7, +43/1/533938112
www.leupold.at
ÖFFNUNGSZEITEN Mo-So: 10:30-24:00 Uhr
FASSBIER Schwechater Hopfenperle, Schwechater Zwickl
FLASCHENBIER Kaiser Doppelmalz, Edelweiss Alkoholfrei, Gösser Radler, Gösser Naturgold
LOKAL Familie Leupold betreibt nur einen Steinwurf von der Uni entfernt ein vielschichtiges Lokal, das im vorderen Bereich eine schön „bierige" Stimmung an der Bar vermittelt, dann in ein Gasthaus und schließlich ins Restaurant Kupferdachl für größere und kleinere Feiern und Veranstaltungen übergeht – im Jahr 2011 gab es die Auszeichnung als Bierlokal des Jahres. Vor dem Lokal gibt es einen breiten Schanigarten unter einer Markise, ein paar Schritte weiter das „Brunnengartl", ein Mini-Biergarten unter einem großen Stadtbaum. Das alles macht das Leupold zu einem Herzeigebetrieb der Schwechater Brauerei. Seit die Familie Leupold 1952 das früher als „Mitzkos Restaurant" bekannte Lokal übernommen hat, ist man hier auf eine klassische, gutbürgerliche Küche spezialisiert – schon Bundeskanzler Julius Raab feierte hier die Unterzeichnung des Staatsvertrags. Der Erfolg ist unter anderem in der Kontinuität beim Personal begründet. Dieses wird in Sachen Bier ständig weitergebildet, ab und zu braut es sogar einen eigenen Sud. Studenten und Geschäftsleute schätzen die schnell servierten Tellergerichte ebenso wie das Gratis-WLAN. 320 Sitzplätze im Lokal, Bar: 30 Plätze, Schanigärten: 220 Sitzplätze.

ZUM Leupold
DAS WIENER RESTAURANT

2. BEZIRK

ALTES JÄGERHAUS

1020 Wien, Freudenau 255, +43/1/7289577
www.altes-jaegerhaus.com
ÖFFNUNGSZEITEN Do-So: 10:00 bis 22:30 Uhr
FASSBIER Trumer Pils, Budweiser
FLASCHENBIER Paulaner Hefeweizen, Beck's Alkoholfrei
LOKAL Eingebettet in den „grünen" Wiener Prater liegt das ehemalige Gesinde- und Stallungshaus des Kaiserhauses – daran erinnern auch die im Haus aufgehängten Portraits der im 19. Jahrhundert als „singende Fiaker" bekannten Kutscher Josef Bratfisch und Karl Mayerhofer. Seit mindestens 1899 dient das Haus aus Restauration. Im Jahr 2004 wurde es von Thomas Pilcs neu übernommen und renoviert. Spezialität des Hauses ist der Braten im Ganzen im Schwarzbiersaftl oder das pikante Rahmgulasch vom Schweins-Backerl. Man kann aber auch einfach auf ein Bier vorbeikommen. Bei Redaktionsschluss stand das Alte Jägerhaus vor einer Neuübernahme. 160 Sitzplätze im Lokal, 200 Sitzplätze im Garten.

AM NORDPOL 3

1020 Wien, Nordwestbahnstraße 17, +43/1/3335854
www.amnordpol3.at
ÖFFNUNGSZEITEN Mo-Fr: 17:00 bis 23:30 Uhr, Sa-So: 12:00 bis 23:30 Uhr

Am Nordpol 3

FASSBIER Velkopopovický Kozel Hell, Velkopopovický Kozel Dunkel, Jezek Hell, Jezek Dunkel
FLASCHENBIER Weitra Hadmar, Budweiser Budvar, Augustiner Hell, Die Weisse, Gusswerk Jakobsgold Alkoholfrei, Tschöams Wiener Wunder
LOKAL Den Namen hat dieses gemütliche Lokal von der Adresse an der Ecke zur Nordpolstraße 3. Prager Kuttelflecksuppe, Knödel aller – aber vor allem: böhmischer – Art und dazu das Jezek-Bier aus Iglau in einem wiedererweckten Wiener Beisl mit altem Parkett und Stutzflügel. 60 Plätze im Lokal, Stüberl für 30 Personen. Schöner Schanigarten für 90 Personen.

BRENDL – KAFFEESIEDEREI BIER- UND WEINAUSSCHANK

1020 Wien, Kleine Sperlgasse 1a, +43/699/18251926
www.facebook.com/BrendlBar
ÖFFNUNGSZEITEN Mo-Do: 17:00 bis 1:00 Uhr, Fr-Sa: 17:00 bis 2:00 Uhr, So: 17:00 bis 1:00 Uhr
FASSBIER Schnaitl Original, Schnaitl Naturtrüb, Schnaitl Hefeweisse, Uttendorfer Pils, Uttendorfer Premium, Freistädter Ratsherrntrunk
FLASCHENBIER Wieselburger Stammbräu, Zwettler Radler
LOKAL Die auffallend gute Bierpflege, das Bemühen um Zapfkultur und eine kundige Beratung machten das Brendl mit seinem kulinarischen Oberösterreich-Schwerpunkt bereits 2012 zum Wiener Bierlokal des Jahres. In dem 200 Jahre alten Gewölbe im Herzen des Karmeliterviertels, Ecke Kleine- und Große Sperlgasse, gibt es immer wieder Gastbiere, etwa das Ötscher Pils vom Erzbräu. Auf der Speisekarte steht die legendäre Brendl-Semmel (mit Schweinsbraten und Kren) sowie andere bodenständige Snacks. 50 Plätze im Lokal, 20 im Garten.

Burger's Bar

BURGER'S BAR

1020 Wien, Vorgartenstraße 204, +43/1/2392722
burgersbar.at
ÖFFNUNGSZEITEN Mo-So: 11:00 bis 23:00 Uhr
FASSBIER Stella Artois, American Bud, Leffe Blonde, Franziskaner Kellerbier, Hoegaarden
FLASCHENBIER Spaten, Leffe Brune, Corona, American Bud, Franziskaner Weißbier, Beck's Blue, Löwenbräu Radler
LOKAL An einer Ecke vom Elderschplatz befindet sich dieses auf Burger in allen Größen und Variationen sowie Wraps und anderes Fingerfood spezialisierte Lokal. Es ist mit kunstvoller Graffitti und viel Industrieoptik dekoriert – und es gibt schön servierte Biere aus dem Programm von AB-Invbev. 40 Plätze im Lokal.

CROWN AND SWORD

1020 Wien, Obere Augartenstraße 72, +43/690/10262780
www.crownandsword.at
ÖFFNUNGSZEITEN Di-Sa: 17:00 bis 1:00 Uhr
FASSBIER Guinness, Kilkenny, Wieselburger, Ottakringer Rotes Zwickl
FLASCHENBIER Wieselburger Stammbräu, Edelweiss Hefetrüb, Hirter Privat Pils, Heineken, Gösser Naturgold
LOKAL Das Crown and Sword ist ein unprätentiöses – und gerade dadurch ziemlich typisches – Irish Pub schräg gegenüber vom Konzertsaal der Wiener Sängerknaben. Das Besondere an dem Lokal ist, dass es Heimstätte des An Sporran Darts Club ist, dessen Spieltage hier Dienstag, Mittwoch und Donnerstag sind. An den anderen Tagen können sich alle Gäste an den Dartboards versuchen.

DAS CAMPUS

1020 Wien, Welthandelsplatz 1, +43/1/7297420
www.dascampus.at
ÖFFNUNGSZEITEN Mo-Do: 11:00 bis 22:00 Uhr, So: 9:00 bis 14:00 Uhr
FASSBIER Campus Hausbier (Ottakringer Spezial), Ottakringer Rotes Zwickl, Ottakringer Helles Zwickl, Budweiser
FLASCHENBIER Tegernseer Hell, Augustiner Edelstoff, Schneider Weisse, Stiegl-0,0% Freibier
LOKAL Der Welthandelsplatz ist der zentrale Platz des Campus der WU – dort hat vor zehn Jahren als erstes Lokal am Campus „Das Campus" eröffnet. Es ist ein Studentenlokal amerikanischer Prägung – sehr unkompliziertes Design (sogar die Biergläser entsprechen amerikanischen Pub-Bechern) und freundliche Bedienung. Mittags gibt es ein Menü zu studentenfreundlichen Preisen, zudem Burger, Flammkuchen, Ripperln. 150 Plätze auf unterschiedlichen Ebenen, etliche in gemütlichen Logen, aus denen man das Treiben im Lokal überblicken kann.

DAS GEHSTEIG

1020 Wien, Schmelzgasse 14, +43/1/2123000
www.gehsteig.at
ÖFFNUNGSZEITEN Mo-Sa: 17:00 bis 1:00 Uhr, So: 17:00 bis 00:00 Uhr
FASSBIER Velkopopovický Kozel Premium Lager, Velkopopovicky Kozel Dunkel, Pilsner Urquell, Stiegl-Paracelsus, Stiegl-Columbus Pale Ale, ein wechselndes saisonales Bier
FLASCHENBIER Augustiner Edelstoff, Tegernseer Hell, Schwechater Zwickl, Gutmann Hefeweizen, Bayreuther Hell, Stiegl-0,0%, Brew Dog Punk IPA, Muttermilch Wiener Bubi, Samuel Smith Chocolate Stout, Anchor Porter, Sierra Nevada Torpedo
LOKAL Freundliches Kulturbeisl mit sehr kleiner Speisekarte: Weil Lorenz Mang, einer der Inhaber, aus dem Innviertel kommt, gibt es etwa Innviertler Erdäpfelkäse und Omas Gulasch, aber auch Neapoletanischen Melanzani-Auflauf. Der Schwerpunkt des Bierangebots liegt auf dem Fassbier, sagt Laurin Mellem. Pilsner Urquell ist hier immer frisch, das Craftbierangebot dagegen musste eingeschränkt werden, damit die Biere nicht alt werden. Oft Live-Musik. Ca. 60 Sitzplätze, Schanigarten: ca. 20 Plätze, Bar: 10.

EINFAHRT CAFÉ BAR

1020 Wien, Haidgasse 3, +43/1/9426886
www.einfahrt.wien
ÖFFNUNGSZEITEN Mo-Fr: 10:00 bis 1:00 Uhr, Sa: 8:00 bis 1:00 Uhr, So: 8:00 bis 23:00 Uhr

Einfahrt Café Bar

FASSBIER Schremser Premium, Schremser Kellerpils
FLASCHENBIER Franziskaner Hefeweißbier, Schremser Roggenbier, Gusswerk Weizenguss, Brew Age Dunkle Materie, Brew Age Affenkönig, Gusswerk Jakobsgold Alkoholfrei
LOKAL Stylisches Café im 2. Bezirk, bietet verschiedene Frühstücksarten, u.a. das Lieblingsfrühstück des Schriftstellers Robert Menasse sowie orientalische Spezialitäten und Tagesgerichte. Einzigartig: Auf der Karte befinden sich „feine Fische aus der Dose". Es liegen etliche Zeitungen auf – um der Bezeichnung als „Café" Rechnung zu tragen. Und es gibt auch einen kleinen Gastgarten.

GASTHAUS HANSY

1020 Wien, Heinestraße 42 (direkt am Praterstern)
+43/1/2145363
www.hansy-braeu.at
ÖFFNUNGSZEITEN
FASSBIER Hansy Helles, Traunsteiner Dunkel, Ottakringer Rotes Zwickl, Schremser Premium
FLASCHENBIER Hofbräu Traunstein Weißbier Hell, Gusswerk Jakobsgold Alkoholfrei, Schremser Radler Naturtrüb
LOKAL Ein Lokal wie aus einer anderen, besseren Zeit – es ist seit 1930 in Familienbesitz. Hier speisen Familien, trinken biedere Familienväter ihr Bier und träumen von einer Ära, als der Praterstern noch keine Verkehrshölle war. Ca. 80 Plätze in der Gaststube, 60 im Extrazimmer, 120 im Gastgarten.

GASTHAUS MÖSLINGER

1020 Wien, Stuwerstraße 14, +43/1/7280195
www.gasthausmoeslinger.at
ÖFFNUNGSZEITEN Mi-Sa: 12:00 bis 22:00 Uhr, So: 12:00 bis 21:00 Uhr

Gasthaus Möslinger

Gasthaus Möslinger
1. Wiener AMA GenussWirt

FASSBIER Schremser Zwickl, Schremser Doppelmalz, Schremser Kellerpils, Weitra Hadmar, Schremser Pils, Zwettler Original, Schremser Premium, Schremser Bio Roggen, saisonale Spezialitäten
FLASCHENBIER Weitra Schwarzes, Schremser Hanfbier, Die Weisse Glutenfrei, Schremser Bio Naturtrüb, Enkidu Grantscherben, Enkidu Pleampl, Enkidu Samtgoscherl, Enkidu Schani Rotbier, Zwettler Saphir, Schremser Vienna I.P., Zwettler Luftikus
LOKAL Unweit vom Wiener Prater bildet das Gasthaus Möslinger seit 1989 den kulinarischen Ankerpunkt des Stuwerviertels. Im Gasthaus Möslinger findet man herzhafte, traditionell österreichische Küche mit tiefen Waldviertler Wurzeln. Das kulinarische Erbe Österreichs sowie die Genuss Regionen Österreich spielen dabei eine große Rolle. Im Jänner 2018 wurde das Gasthaus Möslinger an den Sohn, Roman Taudes, übergeben. Unter seiner Führung werden neue kulinarische Genüsse und Angebote geboten – unter anderem auch besondere Craftbiere. Und das Alte wird klug bewahrt – was auch durch eine eindrucksvolle Sammlung alten Hausrats und einige schön gerahmte, sonst wohl längst vergessene Wertpapiere dokumentiert wird. 130 Sitzplätze im Lokal, 12 Plätze an der Bar, 36 Sitzplätze im Garten.

LEOPOLD

1020 Wien, Große Pfarrgasse 11, +43/1/2182281
www.restaurant-leopold.at
ÖFFNUNGSZEITEN Mo-Mi: 11:00 bis 00:00 Uhr, Do-Sa: 11:00 bis 1:00 Uhr, So: 10:00 bis 00:00 Uhr
FASSBIER Leopold Hausbier (von Zwettler), Trumer Pils, Weitra Hadmar, Zwettler Zwickl, Gemischtes, Radler
FLASCHENBIER Grieskirchner Dunkel, Die Weisse
LOKAL Behutsam modern gestaltetes Ecklokal mit langer Bar und kompetentem Service. An speziellen Tagen (Programmaushang) erlebt man zudem Themenabende mit kulinarischem Schwerpunkt, Live-Musik und anderen Künstlern. An Werktagen gibt es ein Mittagsmenü, mit einer vegetarischen Alternative. 100 Plätze im Lokal, 40 an der Bar und 80 im Schanigarten vor der Kirche.

LUFTBURG – KOLARIK IM PRATER

1020 Wien, Waldsteingartenstraße, Prater 128, +43/1/7294999
kolarik.at/luftburg
ÖFFNUNGSZEITEN Mo-Do: 16:00 bis 23:00 Uhr, Fr-So: 11:00 bis 23:00 Uhr

Luftburg – Kolarik im Prater

FASSBIER Fohrenburger Hofbier, Grieskirchner Dunkel, Schladminger Zwickl, Radler Fohrenburger & Kräuterlimonade
FLASCHENBIER Ottakringer Bio Zwickl, Schladminger Bio Weizen, Weitra Hadmar, Kobersdorfer Märzen, Loncium Kellerbier, Gusswerk Zum Wohl Glutenfrei, Gusswerk Jakobsgold Alkoholfrei
LOKAL Seit mehr als drei Jahrzehnten steht die Luftburg nicht nur für Gastlichkeit, sondern auch für Nachhaltigkeit – bei den regionalen Zulieferern für die Küche funktioniert das so perfekt, dass die Luftburg 2021 das größte voll-zertifizierte Bio-Restaurant der Welt wurde: Da gibt es Bio-Surstelze, Ripperln vom Lavastein und ein umfangreiches vegetarisches Angebot. Und das funktioniert klarerweise auch im Bierbereich. Dafür sorgt nicht nur das gemeinsam mit der Brauerei Fohrenburg entwickelte und exklusiv für die Luftburg gebraute helle Fohrenburger Braumeister Bio-Hofbier, sondern auch das Angebot einer gesamten Bierreise durch Österreich – mit neun Bio-Bieren aus neun Bundesländern. Wer sich selbst am Bierzapfen versuchen will, reserviert einen der Bierzapftische im Gastgarten. Ein innovatives Beschattungs-

system mit Nebelsprühanlage sorgt an heißen Tagen für Schatten und bietet an kühleren oder regnerischen Tagen den perfekten Schutz. 350 Sitzplätze im Lokal, 12 Plätze an der Bar, Garten: 750 Sitzplätze.

NESTROY

1020 Wien, Weintraubengasse 7, +43/1/5811346
www.gasthausnestroy.eu
ÖFFNUNGSZEITEN Mo-Fr: 10:30 bis 22:00 Uhr

Nestroy

Nestroy
GASTHAUS & BIERGARTEN

FASSBIER Augustiner Edelstoff, Schremser Märzen, Weitra Helles, Hirter Herbstcult, saisonale Spezialitäten: Paulaner Oktoberfestbier, Zwettler Zwickl, Schremser Bock, Ottakringer Wiener Original
FLASCHENBIER Stiegl-Goldbräu, Budweiser Budvar, Hirter Morchl, Grieskirchner Dunkel, Hofbräu Traunstein Hefeweisse, Schneider Weisse Tap 7, Andechser Hefeweizen, Erdinger Weißbier Alkoholfrei, Stiegl-Freibier, Schremser Radler Zitrone
LOKAL Wiener Traditionsgasthaus unmittelbar an der U-Bahnstation Nestroyplatz. Hans Stöckl betreibt seit Jänner 2003 dieses feine Wirtshaus – und schenkt hier exklusiv das Hirter 1270 als Zwicklbier aus. Auf der Speisekarte stehen Wirtshausklassiker wie Gefüllte Paprika, Gulasch, Wiener Backhendl gibt's ebenso wie saisonell abgestimmte Tagesgerichte, etwa ein hervorragendes Eierschwammerl-Risotto. Stöckl hält es mit dem vom Theatermacher Johann Nepomuk Nestroy entlehnten Motto: „Die feinsten Fasan- und Austernesser gehn dann und wann wohin auf Knödl und a G'selcht's!" 80 Sitzplätze im Lokal, 5 Plätze an der Bar, 80 Sitzplätze im Garten.

PRATERWIRT

1020 Wien, Praterstraße 45/3, +43/676/4182444
praterwirt.com
FASSBIER Budweiser
FLASCHENBIER Hofbräu Traunstein Hefeweisse, Budweiser Alkoholfrei
LOKAL Im Frühjahr 2022 ist in einem ehemaligen Libro-Markt gleich neben der St. Johann Nepomuk-Kirche ein weiteres Aushängeschild der Budweiser Brauerei entstanden: Der Praterwirt hat den zumindest zweitbesten Ausschank des Bieres aus Budweis, mit großen Ausschanktanks, vorgekühlten und vorgeschwemmten Gläsern und minimalem Zapfdruck, was für ein besonders schönes und mildes Ergebnis sorgt. Das Interieur ist zweckmäßig-modern – statt auf Schnickschnack wird auf freundliches Service und gutes Essen geachtet. Einige der wichtigsten Zutaten kommen aus der angeschlossenen Fleischerei von Max Klaghofer, deren Auslage in der Praterstraße gleich Appetit auf das Essen macht: Das Beef Tartar ist unerreicht, es gibt sechs verschiedene Steaks, Wurzelfleisch und gebackenen Kalbskopf, gesurtes Schnitzel und Altwiener Backfleisch. Aber auch die Würste und der Leberkäse sind nicht zu verachten.

SCHWEIZERHAUS

1020 Wien, Prater 116, +43/1/7280152-0
www.schweizerhaus.at
ÖFFNUNGSZEITEN 15. März bis 31. Oktober täglich von 11:00 bis 23:00 Uhr
FASSBIER Budweiser Budvar, Budweiser Dark Lager, Grieskirchner Dunkel, Erdinger Urweisse, Ottakringer Rotes Zwickl, Budweiser Radler, Budweiser Budvar Nealko (alkoholfrei)
FLASCHENBIER Murauer Märzen, Augustiner Helles, Schneider Hefe-Weisse, Schneider`s LoveBeer, Ottakringer Wiener Original, Jever Pilsener, Liefmans Fruitesse, Gusswerk Nicobar IPA, Baladin Birra Nazionale, Gusswerk Glutenfrei Lager, Erdinger Weißbier Alkoholfrei, Obertrumer Original
LOKAL Seit 1920 wird das Schweizerhaus von der Familie Karl Kolarik geführt, die Geschichte reicht aber viel weiter zurück. Die Vorläuferlokale hießen „Zur Tabakspfeife", „Zum Russischen Zaren" und „Schweizer Meierei". Den ältesten Beleg für die Existenz des Schweizerhauses fand der historisch versierte Journalist Herbert Lackner in einem Bericht der damals berühmten Reiseschriftstellerin Mary Wortley Montagu, die 1716 hier war. Die feine Dame trank in der Hütte der Schweizer Jagdtreiber allerdings kein Bier, sondern Holundersaft. Spätestens seit der Wiener Weltausstellung 1873 ist das Schweizerhaus aber die Anlaufstelle für Bierkultur in Wien – 1926 brachte Karl Kolarik, der Großvater des

heutigen Geschäftsführers, das original Budweiser Budvar Bier nach Wien. Dieser Großvater, ein gelernter Fleischer, bescherte den Wienern die ersten Rohscheiben (wie die Kartoffelchips im Prater heißen), einen Wurstomat für heiße Würste und eine Radi-Schneidemaschine. Weltweiten Ruhm genießt das Lokal mit seinem 1.400 Personen fassenden Biergarten aber für seine „Original Schweizerhaus Stelze" vom Grill – es gibt kaum einen Tisch, an dem nicht eine davon bestellt wird. Daneben gibt es ein Angebot, das sowohl in seiner Wiener Spielart überzeugen kann, als auch den böhmischen Einfluss mit Znaimer Rindsgulasch und Powidltascherln aufrecht erhält. Dies alles natürlich in Handarbeit und ohne Geschmacksverstärker zubereitet. Das Schweizerhaus hat saisonbedingt vom 15. März bis 31. Oktober 2023 geöffnet. 750 Plätze in den Gasträumen, 1.400 im Garten.

Tachless

TACHLES – DAS KULTURCAFÉ

1020 Wien, Karmeliterplatz 1, +43/1/2120358
cafe-tachles.at

ÖFFNUNGSZEITEN Mo-Do: 16:00 bis 00:00 Uhr, Fr-Sa: 16:00 bis 1:00 Uhr
FASSBIER Murauer Steirergold, Zywiec, 100 Blumen Wiener Lager
FLASCHENBIER Budweiser, Tyskie, Murauer Doppelmalz, Mohrenbräu Spezial, Murauer Weisse, Murauer Zitro&Bier, Guinness
LOKAL „Tachles", der Name dieses Szene-Beisls, steht in der hebräischen Sprache für Zielorientierung und für offenes, zielorientiertes Sprechen. Die Küche ist polnisch orientiert, man bekommt den Kraut-Eintopf Bigos und natürlich die gefüllten Teigtaschen (Pierogi) – und das Bier aus der altösterreichischen (inzwischen in den Heineken-Konzern eingegliederten) Saybusch-Brauerei kommt hier unter dem Markennamen Zywiec vom Fass.

WULFISCH

1020 Wien, Haidgasse 5, +43/1/9461875
www.wulfisch.at

ÖFFNUNGSZEITEN Mo-Fr: 11:00 bis 20:00 Uhr, Sa: 10:00 bis 18:00 Uhr
FLASCHENBIER Astra, Jever, Flensburger Pils, Jever Fun
LOKAL Hamburgisch geprägtes Fischlokal beim Karmelitermarkt. Es gibt ostfriesische Krabben, Fischbrötchen, Wraps und anderes hanseatisches „Zeugs" zu essen. Dazu Flaschenbier aus Norddeutschland, darunter die Kultmarke Astra, aber leider kein Weizen, das wohl besser zu vielen der Fische passen würde, aber eben nicht norddeutsch ist. 10 Plätze im Lokal, 10 im Schanigarten.

ZUM FRIEDENSRICHTER

1020 Wien, Obere Donaustraße 57, +43/1/2144875
www.zum-friedensrichter.at

ÖFFNUNGSZEITEN Mo-Fr: 15:00 bis 23:00 Uhr
FASSBIER Weitra Das Helle
FLASCHENBIER Budweiser, Gusswerk Horny Betty, Gusswerk Jakobsgold Alkoholfrei, Andechser Hefeweizen Hell, Theresianer Wiener Lager, Augustiner Edelstoff
LOKAL Ein Wiener Beisl, wie es im Buche steht: Klassiche Schank mit Eisschrank, Thonet-Sesseln und einen einfachen Bereich mit kargen Tischen im ersten Raum. Dort steht auch der schöne Spruch: „Hebt die Becher, all ihr Lieben, schenkt der Freude Raum und Zeit, spürt den Puls des vollen Lebens, hoch lebe die Gemeinsamkeit!" Zwei weitere Restaurant-Räume mit feinerer Einrichtung, wo regionale und saisonal angepasste Küche, Fassbier aus dem Waldviertel sowie ausgewählte Flaschenbiere serviert werden. 70 Sitzplätze im Lokal, 15 im Schanigarten.

ZUR LEGENDE

1020 Wien, Wolfgang-Schmälzl-Gasse 22/1, +43/677/62334732
www.facebook.com/pages/category/Bar/Caf%C3%A9-Zur-Legende-106204677446942

ÖFFNUNGSZEITEN Mi: 18:00 bis 00:00 Uhr, Do-Sa: 18:00 bis 2:00 Uhr
FASSBIER Grieskirchner Märzen, Grieskirchner Dunkel
FLASCHENBIER Grieskirchner Pils, Trumer Original, Augustiner Edelstoff, Tegernseer Helles, Unertl Weiße
LOKAL Ein Vorarlberger Gastronom und ein Hausruckviertler Bier – keine schlechte Kombination, wenn sich das in einer legendären, wunderbar nostalgisch angehauchten Bar zwischen Prater und Max Winter Platz triff. Die rot gestrichenen Wände, der mit Mosaiksteinchen dekorierte Tresen und das Beleuchtungskonzept erinnern an amerikanische Bars um 1960 oder ihre Hamburger Pendants aus derselben Epoche. Bitte nichts ändern! 30 Plätze im Lokal, 10 an der Bar, 30 im Schanigarten.

3. BEZIRK

AMON

1030 Wien, Schlachthausgasse 13, +43/1/7988166
www.amon.at

ÖFFNUNGSZEITEN Di-Sa: 10:00 bis 22:00 Uhr, So: 10:00 bis 16:00 Uhr

DAS SCHWEIZERHAUS IM PRATER UND SEINE LIEBE ZU BUDWEIS

BIER-GEHEIMNISSE EINES WIENER ORIGINALS

Es ist der gastronomische Anziehungspunkt für die Wienerinnen und Wiener. Die Rede ist vom Schweizerhaus im Prater, das als kulinarisches Wahrzeichen nicht aus der Stadt wegzudenken ist. Schon seit den 1920er-Jahren trägt der Traditionsbetrieb die Handschrift von Familie Karl Kolarik. Die Wirtsleute prägen die geschichtsträchtige Gaststätte inzwischen in dritter Generation.

Konsequent wird hier das kulinarische Erbe der Altwiener und südböhmischen Küche gepflegt. Den vielen Köstlichkeiten – allen voran der knusprigen Schweizerhaus Grillstelze – gibt das Original Budweiser Budvar vom Fass unverzichtbares Geleit. Ein Jahrhundert hindurch wird es im Schweizerhaus bereits ausgeschenkt, und zwar immer noch auf die althergebrachte, dreistufige Zapf-Weise.

In der Ruhe liegt Geschmack

Es ist eine Freude, den geschickten Schweizerhaus-Mitarbeitern an der Schank dabei zuzusehen, wie sie jedes Krügerl mit einem wunderschönen Schaumhauberl krönen. Zwischen drei und sechs Minuten geben sie jedem Exemplar Zeit, damit es durch „Vorschank", „Hauptschank" und „Nachschank" Perfektion erlangt. Durch dieses traditionelle Zapfen per Hand in drei sorgfältigen Arbeitsschritten verfestigt sich die Kohlensäure zur wunderschönen Haube und macht das köstliche Budvar für durstige Bierliebhaber so herrlich bekömmlich, wie es sein soll.

Die „Hausmarke" aus Budweis wird im Schweizerhaus immer ihren besonderen Stellenwert behalten. Vor zwei Jahren ist auch alkoholfreies Budweiser vom Fass dazugekommen. Und weil Tradition und Innovation im Schweizerhaus Hand in Hand gehen, kommen auch Fans von Spezialbieren nicht zu kurz: Ein feines Sortiment an ausgewählten Craftbieren will ebenfalls verkostet werden. Dieses bunte Bierangebot wird für jede Saison aufs Neue abwechslungsreich zusammengestellt. Wohl bekomm's!

Saison von 15. März bis 31. Oktober,
täglich von 11.00 bis 23.00 Uhr geöffnet

Schweizerhaus

SCHWEIZERHAUS
2., Prater 116 | **TEL** +43/1/728 01 52 | **MAIL** info@schweizerhaus.at | **WEB** www.schweizerhaus.at

FASSBIER Amon's Hausbier (Brauerei Zwettl), Zwettler Original 1890, Golser Rotgold
FLASCHENBIER Golser Weißbier, Erdinger Weißbier Alkoholfrei, Golser Nullerl Alkoholfrei
LOKAL Von außen eine Gaststätte mit modernem Anstrich, von innen eine moderne Weinbar mit guter Küche – aber auf das Bier ist weiterhin Verlass. Hadschi Bankhofer versichert, dass er es hier am liebsten auf dem Heimweg trinkt. Auch die Top-Produkte der Lieferanten vom Amon, besonders der Biobauern, kann der Gast mit nach Hause nehmen. 230 Sitzplätze, davon im Wintergarten 60 Sitzplätze und im Saal 120 Sitzplätze, Gastgarten: 75 Plätze.

BIERTEUFL

1030 Wien, Ungargasse 5, +43/1/7126503
www.bierteufl.at
ÖFFNUNGSZEITEN Mo-Fr: 11:00 bis 00:00 Uhr, Sa: 17:00 bis 00:00 Uhr
FASSBIER Bierteufl Märzen, Bierteufl Zwickl, Weihenstephaner Weißbier Naturtrüb, Augustiner Edelstoff, Starobrno, Schwechater Zwickl, Trumer Pils, Weitra Bräu Hell, Zwettler Dunkles, Gösser Naturradler, ein Saisonbier vom Fass
FLASCHENBIER Das Angebot reicht vom regionalen Bier (etwa: Weitra Hadmar, Zwettler Kuenringer Festbock, Ottakringer Wiener Original) über nationale Spezialitäten (Hirter 1270, Hofstettner Kübelbier, Stiegl-Paracelsus) zu internationalen Marken (Löwenbräu Original, Erdinger Weißbier, Bayreuther Hell, Birra Moretti, American Bud, Budweiser, Corona und andere) und zu echten Geschmacksbomben wie Jopen Northsea IPA, Chimay Rouge, St. Bernardus Abt 12
LOKAL Beethoven schrieb in diesem Haus (es hieß damals „Zur schönen Sklavin") seine neunte Symphonie. Seit drei Jahrzehnten ist das Lokal ein verlässlicher Treffpunkt für Bierfreunde, die sich jenseits des gewöhnlichen Angebots durchkosten wollen. In einer alpin angehauchten Hütten-Atmosphäre sind im Lauf der Zeit immer mehr internationale Spezialitäten eingezogen. Das Speisenangebot ist eher konservativ, passt aber gut zu den kräftigen Bieren. 190 Sitzplätze im Lokal, 15 Plätze an der Bar, 60 Sitzplätze im Garten.

COOPER'S NO. 1

1030 Wien, Rennweg 68, +43/664/88471240
www.coopersno1.at
ÖFFNUNGSZEITEN Mo-Sa: 16:00 bis 2:00 Uhr, So: 16:00 bis 00:00 Uhr
FASSBIER Guinness, Kilkenny, Budweiser, Murauer, Augustiner Edelstoff, Ottakringer Rotes Zwickl
FLASCHENBIER Stiegl-Hell, Heineken, Corona, Franziskaner Weizen, Grieskirchner Dunkel, Stiegl-Radler, Beck's Blue
LOKAL International aufgestelltes (und offensichtlich gern von internationalem Publikum besuchtes) Pub. Das Bier ist gut gepflegt und wird freundlich serviert. Auch in ungewöhnlichen Variationen: Black & Tan (Guinness und Kilkenny) kennt man ja, auch Black Velvet (in der „armen" Version mit Cider) ist geläufig – überrascht wird man aber von Bloody Paddy, das ist die wohlschmeckende Mischung von Guinness und Kirschsaft. 90 Plätze im Lokal.

DREIER

1030 Wien, Juchgasse 23, +43/1/7133259
www.3er.at
ÖFFNUNGSZEITEN Mo-Fr: 7:00 bis 00:00 Uhr, Sa-So: 8:00 bis 00:00 Uhr

Dreier

CAFE 3er RESTAURANT

FASSBIER Weitra Bräu Hell, Zwettler Original 1890, Zwettler Zwickl, Guinness, Erdinger Hefeweißbier, Zwettler Radler Zitrone, ein Saisonbier
FLASCHENBIER Wieselburger Gold, Gösser Märzen, Zwettler Dunkles, Null Komma Josef
LOKAL Seit Jahrzehnten hat sich das Dreier als klassisches Bierlokal des dritten Bezirks etabliert – die dunkle Lamperie und die Zapfanlage gleich gegenüber vom Eingang lassen einen an einen vornehmen Bierausschank des frühen 20. Jahrhunderts denken. Umso frischer ist das Bier: Das Dreier ist ein Ankerpunkt der Waldviertler Bierkultur, die Biere kommen aus Zwettl und Weitra. Preiswerter Mittagstisch. 120 Plätze im Lokal, 90 im Gastgarten, 8 an der Bar.

GMOAKELLER

1030 Wien, Am Heumarkt 25, +43/1/7125310
www.gmoakeller.at
ÖFFNUNGSZEITEN Mo-Sa 11:00 bis 00:00 Uhr

Gmoakeller

FASSBIER Trumer Pils, Ottakringer Zwickl, Velkopopovický Kozel
FLASCHENBIER Gutmann Weizen, Grieskirchner Dunkel, Clausthaler extra herb, Trumer Hopfenspiel, Schleppe No1 Pale Ale, Theresianer Vienna Lager, Riegele Commerzienrat Lager, Hoegaarden Blanche, Rieder IPA, Hofstettner Witbier, Hofstettner Granit Amber Ale, Trumer Herbstbier, Velkepopovický Kozel, Riegele IPA Liberis Alkoholfrei, Die Weisse Alkoholfrei, Rodauner Gigerl, Bierschmiede Meisterstück, Raschhofer Lebenskünstler Witbier
LOKAL 1858 im vom k.u.k. Hofbaumeister Anton Ölzelt (1817-1875) geschaffenen frühhistorischen Ensemble eingerichtetes Wirtshaus. Es ist ein typisch wienerisches Lokal mit guter Bierpflege und einer in den letzten Jahren umfangreicher gewordenen Bierkarte. Dem Namen zum Trotz ist es kein Keller im eigentlichen Sinne, das Lokal liegt jedoch tiefer als die viel befahrene Fahrbahn am Heumarkt. Bei der Eröffnung nannte man das Restaurant noch habsburgtreu „Zum Kronprinzen" – Kronprinz Rudolf soll tatsächlich hier seine Mary Vetschera getroffen haben. Ab 1940 wurde der Name „Golser Gmoa Keller" benutzt. Der Parkettboden und die Thonetsessel sind hier ebenso stilbildend wie die Speisekarte, die viele Schmankerl bietet, die sonst schwer zu finden sind. Dieser Guide geizt bekanntlich mit Superlativen, aber das Markscheibenbrot und das dazu gereichte Trumer Pils sind schlicht sensationell! Besonders frequentiert ist der Gmoakeller nach Konzerten im Konzerthaus, Stammgäste eilen schon beim Schlussapplaus hinüber. 150 Sitzplätze im Lokal, 5 Plätze an der Bar, 70 Plätze im Gastgarten und jetzt auch noch 80 im neu ausgebauten Keller.

LANDSTEIN

1030 Wien, Landstraßer Hauptstraße 132, +43/1/7130108
www.landstein.at
ÖFFNUNGSZEITEN Di-Sa: 17:00 bis 00:00 Uhr
FASSBIER Hirter Privat Pils, Hirter Kellermeister Bio Zwickl
FLASCHENBIER Spezialitäten aus aller Welt, etwa aus Belgien, Dänemark, Deutschland, Frankreich, Großbritannien, Italien, Mexico, Neuseeland, Niederlande, Norwegen, Schweden, Slowakei, Spanien, Ungarn, Tschechien oder USA.
LOKAL An der Ecke der Steingasse befindet sich der Ausschank des Weinhandels Zarbach, der sich bemüht, auch die Biervielfalt auf hohem Niveau zu halten: Auf der Karte finden sich gelegentlich echte Raritäten. Die Küche zeigt hohes Niveau, das Mittagsmenü ist dennoch leistbar. Da darf es dann schon ein edles (und teureres) Importbier dazu sein. 70 Plätze, 15 an der Bar, 40 auf der Terrasse.

MARX BIER UND MEHR

1030 Wien, Franzosengraben 3, +43/1/7969944
www.marxgastro.wien
ÖFFNUNGSZEITEN Mo-Fr: 11:00 bis 00:00 Uhr, Sa: 12:00 bis 22:00 Uhr
FASSBIER Ottakringer Helles – das Hausbier, Ottakringer Zwickl, Ottakringer Zwickl Rot, Ottakringer Schnitt, Budweiser helles Lager, Ottakringer dunkles Zwickl
FLASCHENBIER Stiegl-Goldbräu, Paulaner Hefeweißbier, Null Komma Josef, Schneider Weisse Alkoholfrei, ein Bier des Monats
LOKAL Für Nichtwiener vorausgeschickt: Der Name hat nichts mit dem Autor des „Kapital", sondern vielmehr mit dem Heiligen Markus zu tun, der der Gegend seinen Namen gegeben hat. Mitten im Industriegebiet von Sankt Marx im dritten Bezirk ist das Marx ein außergewöhnliches Lokal, in dem sich in gemütlicher Atmosphäre die Konzepte von Lounge und Bar einerseits und Restaurant mit zwei Räumen andererseits bestens vereinen. Für Sportbegeisterte, die bei Großereignissen nichts versäumen möchten, ist mit einem Großbildschirm hinter der Bar vorgesorgt. 180 Sitzplätze im Lokal, 100 Sitzplätze im Garten.

Mickey Finn's Irish Pub

MICKEY FINN'S IRISH PUB

1030 Wien, Ungargasse 67, +43/680/3340027
www.mickeyfinns.at
ÖFFNUNGSZEITEN Mo-Sa ab 18:00 Uhr
FASSBIER Guinness, Puntigamer, Schladminger, Schwechater Zwickl, Starobrno, Der Belgier Belgian Pale Ale
FLASCHENBIER Sehr umfangreiches Angebot an britischen (etwa Thornbridge Shelby Peaky Blinders, St. Peters Old-Style Porter, Brewdog Elvis Juice), irischen (O'Hara's Irish Red Ale, O'Hara's

Leann Follain) und belgischen (Delirium Red, St. Bernardus Tripel, Van Steenberge Piraat) Ales, tschechischen Lagerbieren sowie Bieren aus der Craftbierszene

LOKAL Dieses große Ecklokal nahe der Rudolfsstiftung mit viel dunklem Holz, nacktem Ziegelwerk und sehr schön bieriger Dekoration wurde nach und nach zu einem richtigen Irish Pub weiterentwickelt. Es gibt eine lange Bar, eine lange Karte mit einer für ein Irish Pub außergewöhnlich großen Craftbierauswahl – und kurze Wartezeiten auf freundlich serviertes Bier. Jeden Montag Pub Quiz und jeden Freitag und Samstag Live Musik/Jam Session. 70 Plätze im Lokal, 20 im Schanigarten.

SALM-BRÄU

1030 Wien, Rennweg 8, +43/1/7995992
www.salmbraeu.com

ÖFFNUNGSZEITEN Mo-So: 11:00 bis 23:30 Uhr

FASSBIER Salm Bräu: Helles, Märzen, Pils (nach historischem Rezept), Böhmisches Gemischtes, Weizen, Bock (Weihnachten + Ostern), ein Spezialbier

LOKAL Das Lokal beim Unteren Belvedere ist das Aushängeschild der Familie Welledits, die seit Jahrzehnten erfolgreich Salm-Braueanlagen in die ganze Welt exportiert und auf der anderen Seite des Parks im Belvederestöckl ein weiteres Prestigeobjekt eröffnen konnte: Hier im Stammhaus gibt es einen Bierausschank auf zwei Etagen (der Keller war einmal Weinkeller des Wiener Bürgermeisters), Biedermeiergarten. Deshalb sind hier auch viele Stammgäste zu finden. 280 Sitzplätze im Lokal, weitere 100 im Garten.

SOFIENWIRT

1030 Wien, Kegelgasse 19 (Ecke Seidlgasse), +43/1/9205824
www.sofienwirt.at

ÖFFNUNGSZEITEN Mo-Fr: 11:00 bis 22:00 Uhr

FASSBIER Hubertusbräu Keltenbier, Hubertus Lager

FLASCHENBIER Grieskirchner Weizenbier, Hubertus Dunkel, Hubertus Herrnpils, Clausthaler

LOKAL Gemütliches Ambiente in einem urigen Wiener Wirtshaus. Hausmannskost und Wiener Küche vom Chef persönlich gekocht, saisonale Spezialitäten und vegetarische Gerichte. 80 Sitzplätze im Lokal, Extrazimmer (für 30 und 15 Personen), 36 Sitzplätze im erweiterten Schanigarten.

STADTWIRT

1030 Wien, Untere Viaduktgasse 45, +43/1/7133828
www.stadtwirt.at

ÖFFNUNGSZEITEN Mo-Fr: 11:00 bis 00:00 Uhr

FASSBIER Ottakringer Original, Ottakringer Zwickl, Gösser Märzen, ein Bier des Monats

FLASCHENBIER Ottakringer Dunkles, Ottakringer Pils, Schneider Weisse, Gösser Naturgold, Gösser Naturradler

LOKAL Eine kulinarische Institution im 3. Bezirk – schöne Wirtshauskultur, feine Küche (der Wirt steht selber am Herd), leider beschränkte Bierauswahl. 110 Plätze im Lokal, Garten: 30.

STÖCKL IM PARK

1030 Wien, Prinz Eugen-Straße 25, +43/1/7965050
www.stoecklimpark.at

ÖFFNUNGSZEITEN Mo-So: 11:30 bis 23:30 Uhr

FASSBIER Stöckl Wiener Helles 1924, Stöckl Pils, Stöckl Weizen, Stöckl Böhmisch G'mischtes, Stöckl Märzen

FLASCHENBIER Gösser Naturgold

LOKAL Wiederbelebung des lange Jahre leer stehenden Belvedere-Stöckls, in das eine moderne Brauanlage eingebaut wurde – zudem wurde ein modernes Bierlokal eingerichtet und der schöne Garten revitalisiert. Die Familie Welledits zeigt hier, wie man einen Biergarten jenseits der Humpftata-Atmosphäre betreiben kann. Und Indoor wurde eine geschickte Mischung aus moderner Barararchitektur und Versatzstücken aus alter Braugeschichte (inklusive eines historischen Steuerpults) gefunden. Als Bierenthusiast würde man sich zwar über eine größere Vielfalt an Spezialitäten freuen, doch Walter Welledits winkt ab: Als Brauanlagen-Hersteller sind ihm viele Experimentalsude untergekommen, die zwar gut gelungen sind, aber beim Publikum nicht angekommen sind. Biergarten und Bierlokal wenden sich daher explizit an Biertrinker, die gängige Biere dem Experiment vorziehen. Von Montag bis Freitag zwischen 14:00 und 16:00 Uhr gibt's Weisswurst mit Original Händlmaier Senf, eine Laugenbreze und eine 1/2 Stöckl Bier. 250 Sitzplätze im Lokal, 400 im Garten.

Stöckl im Park

The Church Pub

THE CHURCH PUB

1030 Wien, Radetzkystraße 3, +43/660/7869968
www.the-church.at
ÖFFNUNGSZEITEN Mo-Do: 18:00 bis 2:00 Uhr, Fr-Sa: 18:00 bis 4:00 Uhr
FASSBIER Guinness, Holy Blond und Holy Red aus Tschechien
FLASCHENBIER Gutmann Hefeweizen, Tegernseer, Augustiner Bräu Helles, Wieselburger Stammbräu, Brew Dog Punk IPA, Corona
LOKAL Gary Scott hat in diesem Ecklokal am Anfang der Radetzkystraße ein uriges Pub eingerichtet, in dem man überall auf Kunstwerke trifft, selbst auf den Toiletten. Es gibt eine kleine Bühne, auf der meist an Freitagen Musik gemacht wird. Gary bietet ein wechselndes Bierangebot, darunter meist auch ein Bier von der ungarischen Rotburger Brauerei. Und im Sommer gibt es Pub Food im Innenhofgarten.

THE GOLDEN HARP LANDSTRASSE

1030 Wien, Erdbergstraße 27, +43/1/7151393
www.goldenharp1030.at
ÖFFNUNGSZEITEN Mo-Do: 16:00 bis 1:00 Uhr, Fr-Sa: 16:00 bis 2:00 Uhr, So: 16:00 bis 00:00 Uhr
FASSBIER Hausbier, Guinness, Kilkenny, Starobrno
FLASCHENBIER Brewdog Punk IPA, O'Hara's Irish Pale Ale, Heineken, Wieselburger Stammbräu, Schwechater Zwickl, Weihenstephaner, Kaiser Doppelmalz, Schlossgold
LOKAL Pompös gestaltetes Victorian Style Pub in einem ehemaligen Kaffeehaus. Sehr üppige Dekoration, sehr freundliche Bedienung und preisgünstige Mittagsangebote. An den Wänden hängen Weltkugeln und alte Geigen sowie viele alte Bücher und Bilder aus vergangenen Zeiten. In der Wintersaison Pub-Quiz. 120 Plätze im Lokal, 10 an der Bar, 20 im Schanigarten.

THE OAK

1030 Wien, Rennweg 95, +43/1/2955382
theoak1030.at
ÖFFNUNGSZEITEN Mo-Fr: 11:00 bis 00:30 Uhr, Sa: 15:00 bis 00:00 Uhr, So: 13:00 bis 23:00 Uhr
FASSBIER Stiegl-Goldbräu, Velkopopovický Kozel Premium Lager, Starobrno, Stiegl-Paracelsus, Guinness, Pilsner Urquell, Schremser Vienna I.P., Murphy's Irish Red, Puntigamer Panther, Stiegl-Columbus Pale Ale
FLASCHENBIER Schneider Weisse, Stiegl-Hell, Corona, Velkopopovický Kozel Dunkel, O'Hara's IPA, Stiegl-Freibier
LOKAL Auch nach dem Abgang von David O'Connor, der dieses Lokal von 2011 bis 2019 geprägt hat, bleibt das Lokal ein guter Vertreter der Gastropub-Kultur: Es bietet außer vorzüglichen Fish 'n' Chips auch irischen Räucherlachs mit hausgemachtem Soda Bread, Austern und saisonal angepasstes, gehobenes Pub-Food an. Von Oktober bis April wird ein traditioneller Sunday-Roast angeboten. Wöchentliche Specials. Und ein gemütlicher Kamin. 40 Plätze. 25 an der Bar.

The Oak

THE RED LION

1030 Wien, Löwengasse 6,
+43/1/9674065 oder +43/676/5605353
www.redlion-vienna.at
ÖFFNUNGSZEITEN Mo-Fr: 18:00 bis 00:00 Uhr, Sa 12:00 bis 00:00 Uhr, So 12:30 bis 00:00 Uhr. Die Öffnungszeiten hängen von den Live- Fussballspielen im TV ab.
FASSBIER Stiegl-Goldbräu, Guinness, Velkopopovický Kozel Premium Lager
FLASCHENBIER Stiegl-Goldbräu, Stiegl Weisse, Hirter Privat Pils, Murauer Märzen, Kilkenny, Gaffel Kölsch, Fuller's London Pride
LOKAL Im Jahr 2013 neu übernommenes, ziemlich britisch wirkendes Neighbourhood-Pub – ohne besonderen Schnickschnack, aber ähnlich wie die Arbeiter-Pubs in England. Da gibt es Toast, Würstel und verschiedenes „Barfood". Zur Pub-Atmosphäre gehören Steel-Dart, Pool-Billard, Tischfußball und Sky-Sportübertragungen. Und sogar eine Bibliothek mit englischsprachigen Titeln. Ein eigener Partyraum soll ein jüngeres Publikum anlocken – hier muss man reservieren. 30 Sitzplätze im Lokal, 20 an der Bar, 32 im Schanigarten.

WEISSGERBER STUBE IM SÜNNHOF

1030 Wien, Landstraßer Hauptstraße 28, +43/1/71671514
www.weissgerberstube.at
ÖFFNUNGSZEITEN Mo-Sa: 11:30 bis 23:00 Uhr, So: 11:30 bis 17:00 Uhr

Weissgerber Stube im Sünnhof

FASSBIER Puntigamer Panther, Gösser Spezial, Schwechater Zwickl, Gösser Stiftsbräu Dunkel, Weihenstephaner Weißbier Naturtrüb, Gösser Naturradler Zitrone
FLASCHENBIER Reininghaus Jahrgangspils, Weihenstephan Weißbier Hell und Dunkel, Weihenstephaner Alkoholfrei
LOKAL Als in den 1980er-Jahren der Sünnhof, ein Baujuwel aus der Biedermeierzeit, stilgerecht renoviert und mit einem Hotel ausgestattet wurde, wurde auch dieser Bierausschank im Altwiener Stil eingerichtet. Sieht aus, als ob er schon immer da gewesen wäre. 80 Sitzplätze im Lokal, 10 Plätze an der Bar, 70 Sitzplätze im Garten.

WIRTSHAUS HERLITSCHKA

1030 Wien, Traungasse 1, +43/660/9997007
www.herlitschka.wien
ÖFFNUNGSZEITEN Mo-Do: 12:00 bis 23:00 Uhr, Fr: 12:00 bis 00:00 Uhr, Sa: 17:00 bis 00:00 Uhr, So: 12:00 bis 23:00 Uhr
FASSBIER Budweiser, Budweiser Dunkel, Schremser Premium, Ottakringer Rotes Zwickl
FLASCHENBIER Grieskirchner Dunkel, Murauer Märzen, Franziskaner Weißbier, Murauer Radler, Null Komma Josef
LOKAL Wienerischer geht es kaum mehr. Im Wirtshaus Herlitschka in der Traungasse steht Ryan Reyes am Herd und schafft den Spagat zwischen Tradition und Moderne, indem er vegane Speisen ebenso bietet wie Wiener Küche (zum Beispiel Salon Beuschel, Fiakergulasch, Alt Wiener Zwiebelrostbraten und Liwanzen). Das Team von Florian Kops hat auch sonst alles parat, was ein echtes Wiener Wirtshaus zu bieten hat, bierige Küche (Bier-Knoblauchcremesuppe) und freundlich Schmäh führende Kellner inklusive. Der Historische Flaschenzug-Kühlraum ist etwas Besonderes. 140 Sitzplätze im Lokal, an der Bar 8 Plätze, 40 Sitzplätze im Innenhofgarten.

4. BEZIRK

AMACORD

1040 Wien, Rechte Wienzeile 15, +43/1/5874709
www.amacord-cafe.at
ÖFFNUNGSZEITEN Mo - So 11:30 bis 24:00 Uhr
FASSBIER Puntigamer Panther, Velkopopovický Kozel, Guinness extra Stout
FLASCHENBIER Schwechater Zwickl, Schneider Weisse
LOKAL Amacord ist ein seit dem Jahr 1987 am Naschmarkt etabliertes Szenelokal – intellektuelles, alternatives Publikum, sehr angenehme Musik mit Jazz, Blues und World Music. 45 Sitzplätze im Lokal, 30 Plätze an der Bar, 40 Sitzplätze im Garten.

Café Nest

CAFÉ NEST

1040 Wien, Operngasse 25, +43/676/7707700
www.cafenest.at
ÖFFNUNGSZEITEN Mo-Fr: 17:00 bis 00:00 Uhr
FASSBIER Starobrno
FLASCHENBIER Tegernseer Hell, Astra Rotlicht, Gutmann Hefeweizen, Rieder IPA, Schremser Vienna IP, Edelweiss Alkoholfrei, Gösser Zitronenradler, saisonale Bierspezialitäten
LOKAL Dieses Lokal im Vintage-Look (die Möbel stammen teilweise aus dem Caritas-Laden) wurde 2014 im von Franz Gessner 1936 errichteten Art-Deco-Gebäude an der Ecke zur Margaretenstraße eingerichtet – es hat sich zunächst auf Craft Biere spezialisiert, deren Auswahl ist allerdings inzwischen geschrumpft.

FLADEREI MITTERSTEIG

1040 Wien, Mittersteig 2a / Hugo-Wiener Platz, +43/1/5851931
www.fladerei.com
ÖFFNUNGSZEITEN Mo-Fr: 11:00 bis 00:00 Uhr, Sa-So: 15:30 bis 00:00 Uhr
FASSBIER Pils (Hausbier), Dunkles, Zwickl, Starobrno, Schladminger Märzen, Schladminger Schnee Weisse
FLASCHENBIER Weihenstephaner Hefeweißbier, Gutmann Hefeweizen Hell, Weihenstephan Weizen Hell, Aventinus Weizenbock,

Tegernseer Hell, Paulaner Hefeweißbier, Wieselburger Stammbräu (Bügelflasche), Sol, Heineken 0,0%, Zipfer Hops Maracuja
LOKAL Fast Food at it's best: In der Fladerei hat man sich – in Nachfolge des Kolar – auf die gefüllten Brotteig-Taschen konzentriert. Passen sehr gut zum Bier (das Zwickl ist ein Schwechater, allerdings in ein Weizenbierglas gezapft), werden jeden Tag in anderen Varianten angeboten und sind preiswert. Dazu kommt, dass hier ein sehr freundliches Team am Werken ist – und es eine kleine Bibliothek gibt, in der etliche alte Bücher auf Leser warten, die sich mit der Frakturschrift nicht allzu schwer tun. 90 Plätze im Lokal, 10 Plätze an der Bar (mit Blick auf den Ofen, in dem die Fladen gebacken werden), 40 Plätze im Schanigarten.

FOUR BELLS – IRISH PUB

1040 Wien, Schleifmühlgasse 2, +43/1/5854785
www.fourbells.at
ÖFFNUNGSZEITEN Mo-Do: 16:00 bis 1:00 Uhr, Fr-Sa: 16:00 bis 3:00 Uhr, So: 18:00 bis 22:00 Uhr

Four Bells – Irish Oub

FASSBIER Schladminger Märzen, Schwechater Zwickl, Starobrno, Schleppe No. 1 Pale Ale, Guinness, Kilkenny
FLASCHENBIER Sowohl nationale (unter anderem: Linzer Bier Original, Schleppe No. 5 Porter, Muttermilch Wiener Bubi, Brew Age Affenkönig) als auch internationale (Bayreuther Hell, Bernard Czerny Lezak, Liefmans Kriek Cuvée Brut) Biere in breiter Auswahl.
LOKAL Das Four Bells ist in den letzten Jahren etwas heller und freundlicher geworden, die Kompetenz für Burger ist geblieben, die günstigen Preise für die frisch zubereiteten Burger und Baskets am Sonntag und die tägliche Happy Hour von 16 bis 17 Uhr sind ebenso Institutionen wie der Pub Quiz an Montagen. Außerdem überträgt das Four Bells regelmäßig Fußballspiele, Champions League wie auch österreichische Bundesliga, im Nebenraum steht ein Tischfussballtisch und ein Dartautomat. 100 Sitzplätze im Pub, 95 Sitzplätze in der Pub-Lounge. 45 Sitzplätze im Garten, 50 Plätze an der Bar.

GASTWIRTSCHAFT ROHRBÖCK „AM RILKEPLATZ"

1040 Wien, Rilkeplatz 7, +43/1/5866177
www.gastwirtschaftrohrboeck.com
ÖFFNUNGSZEITEN Mo-Do: 10:15 bis 23:00 Uhr, Fr: 10:15 bis 15:00 Uhr
FASSBIER Starobrno, Puntigamer Panther, Edelweiss Weizen
FLASCHENBIER Puntigamer Märzen, Gösser Märzen, Gösser Stiftsbräu, **LOKAL** Sehr uriges Wiener Beisl – freundliche, flinke Bedienung und ein von alter Werbung geprägtes Ambiente. Stammlokal des Autors und Journalisten Martin Haidinger. 25 Plätze, 8 an der Schank.

JOHNNY'S PUB

1040 Wien, Schleifmühlgasse 11, +43/1/5871921
www.johnnys-pub.at
ÖFFNUNGSZEITEN Mo-Mi: 16:00 bis 2:00 Uhr, Do-Fr: 16:00 bis 4:00 Uhr, Sa: 13:00 bis 4:00 Uhr, So: 16:00 bis 2:00 Uhr
FASSBIER Guinness, Kilkenny, Johnny's Lager (Brauerei Raschhofer), Starobrno, Stiegl-Paracelsus, Stiegl-Columbus 1492 Pale Ale, Brew Age Hopfenauflauf Pale Ale, Pilsner Urquell, Murauer, Fuller's London Pride
FLASCHENBIER Corona, Stella Artois, Velkopopovický Kozel Hell, Velkopopovický Kozel Dunkel, Newcastle Brown Ale, Brew Age Alphatier, Gösser Naturgold
LOKAL Vor allem wegen der langen Öffnungszeiten eine Institution im Freihausviertel. Das Pub-Quiz findet jeden Dienstag um 19:00 Uhr statt. Neben diversen „Baskets" gibt es eine Auswahl an Burgern, 50 Sitzplätze im Lokal, 40 Sitzplätze im Schanigarten.

POINTERS

1040 Wien, Resselgasse 5, +43/1/5047345
pointers.at
ÖFFNUNGSZEITEN Mo-Fr: 12:00 bis 1:00 Uhr, Sa: 15:00 bis 1:00 Uhr
FASSBIER Stiegl-Goldbräu, Stiegl-Paracelsus, Stiegl-Columbus 1492 Pale Ale, Budweiser, Guinness
FLASCHENBIER Augustiner Lager, Stiegl-Hell, Murauer Märzen, Stiegl-Weisse, Budweiser Dark, Kilkenny, Beck's Blue
LOKAL Von zwei Südafrikanern gegründetes modernes Studentenlokal in einem Gewölbe zwischen der technischen Universität und deren Bibliothek. Lange Bar, hinter der gut gezapft wird, ein paar Tische mit bunten Sesseln. Jeden Donnerstag Pub Quiz, regelmäßige Treffen der niederländischen Community in Wien und viele Fußball-, Football- und Rugby-Übertragungen. 40 Plätze im Lokal, 8 an der Bar, 30 im Schanigarten.

SCHLAWIENER

1040 Wien, Preßgasse 29, +43/677/62953854
www.schlawiener.wtf
ÖFFNUNGSZEITEN Mo-Sa: 17:00 bis 00:00 Uhr
FASSBIER Schladminger Märzen und Bio Zwickl, Trumer Pils

FLASCHENBIER Freistädter Junghopfenpils, Obertrumer Zwickl, Weihenstephan Weizen, Trumer Freispiel
LOKAL Diese Location hatte in den vergangenen Jahren unter verschiedenen Namen eine ordentliche Bier-Kompetenz entwickelt. Jetzt hat es sich etwas mehr auf Speisen und Weinbegleitung verlegt – die Bierpflege ist aber nach wie vor tadellos. 40 Plätze im Lokal, 8 an der Bar.

SCHLUPFWINKEL
1040 Wien, Kleine Neugasse 10, +43/1/5866822
www.schlupfwinkel.at
ÖFFNUNGSZEITEN Mo-Sa: 17:00 bis 1:00 Uhr
FASSBIER Zwettler Original, Zwettler Zwickl, Velkopopovický Kozel Hell, Velkopopovický Kozel Dunkel, Radler, Gemischtes
FLASCHENBIER Budweiser, Zwettler Stiftsbräu, Hirter Privat Pils, Franziskaner Weißbier, Zwettler Luftikus
LOKAL Draußen lockt ein Schild „Das beste Beisl der Stadt ... oder der Welt! Mit dem besten Bier der Welt! Wer es nicht glaubt, muss hereinkommen und sich selbst überzeugen!" Okay, haben wir gemacht: Wir fanden ein gemütliches Souterrainlokal mit linker Prägung, die an den Postern und den Aufklebern in der Toilette deutlich abzulesen ist. Wir trafen: Einen Augustin-Verkäufer, der mit den Leuten geplaudert hat und etliche Zeitungen losgeworden ist. Viele Gäste, die zum Essen gekommen sind. Und wir waren an einer kleinen Bar, an der man schön sitzen und das tatsächlich sehr gut gezapfte Bier trinken kann. 85 Sitzplätze im Lokal, Schanigarten: 36 Sitzplätze.

TRINITY IRISH BAR
1040 Wien, Rilkeplatz 3, +43/1/2266866
trinityirishbar.com
ÖFFNUNGSZEITEN Di-Do: 16:00 bis 00:00 Uhr, Fr-Sa: 16:00 bis 2:00 Uhr
FASSBIER Guinness, Murphy's Irish Stout, O'Hara's Leann Follain Extra Stout, Kilkenny, O'Haras Irish Red Ale, Next Level Brewing Local Hero Pale Ale, Brewdog Punk IPA, Guinness Hop House 13, Gösser Märzen, Trumer Pils, Stella Artois, Augustiner Edelstoff, Schwechater Zwickl, Palm Amber Ale
FLASCHENBIER Weihenstefan Hefetrüb, Heineken, Sol, Gösser Radler, Beck's Blue
LOKAL Großes International Pub im TU-Viertel mit exquisitem Design, das von der Irish Pub Company entwickelt worden ist. Die Namensgebung ist an die Heilige Dreifaltigkeit angelehnt – weil im Namen der Trinity eine irische Geheimorganisation gegen das Böse in der Welt kämpfen soll. Wenn man aber durch die sehr authentisch wirkenden Flügeltüren ins Innere des Lokals kommt, dann mag man gar nicht mehr an irgendetwas Böses denken: Hier gibt es dunkle Holzvertäfelung, altmodische Buntglasfenster und drei reich verzierte Bars, an denen Bier gepflegt gezapft wird – die Ausschankfässer sind in einem Kühlhaus vorgekühlt. Das Service ist freundlich und die Größe des Etablissements stellt sicher, dass jede und jeder seinen Platz in der Nähe einer der Bars finden kann. Neben der Bierauswahl gibt es auch eine umfangreiche Cocktailkarte mit eigens für dieses Lokal entwickelten Kreationen.

Trinity Irish BAr

VÝTOPNA
1040 Wien, Rechte Wienzeile 21/1, +43/676/3958944
www.vytopna.at/de/branch/wien-naschmarkt
ÖFFNUNGSZEITEN Mi-Do: 17:00 bis 23:00 Uhr, Fr-So: 11:00 bis 23:00 Uhr
FASSBIER Starobrno Bitr, Vytopna KOKS Lager, Vytopna MAZUT Jubiläumsbier, Vytopna Pantograph IPA, Vytopna Hybrid E3
FLASCHENBIER Brewdog Elvis Juice, Brewdog Punk IPA, Brewdog OW Cosmic Strawberry&Vanilla, Kona Longboard Lager, Anderson Valley Heelch O'Hops, Anderson Barney Stout, Huyghe Delirium Tremens, Van Steenberge Piraat, La Trappe Blonde, Sierra Nevada Torpedo, Samuel Smith Strawberry, Samuel Smith Apricot, Samuel Smith Oatmeal Stout, Fuller's London Pride, Fuller, Stone Brewing - Go to IPA, Kirin Ichiban
LOKAL Das Mutterhaus dieses originellen Lokals steht in Prag am Wenzelsplatz und das Konzept „Meat & Beer On Rails" funktioniert auch in Wien: Ein ausgeklügeltes System von Kleinbahnen bringt das Bestellte an den Platz – und zwar in sehr guter Qualität, sowohl was Bier als auch was das Fleisch betrifft. Die kleinen Züge lassen das Kind im Manne jubeln und gleich noch etwas bestellen!

WIENER WIRTSCHAFT

1040 Wien, Wiedner Hauptstraße 27-29, +43/1/22111364
www.wienerwirtschaft.com
ÖFFNUNGSZEITEN Mo-Sa: 11:30 is 15:00 Uhr, 18:00 bis 23:00 Uhr
FASSBIER Ottakringer Wiener Original, Ottakringer Bio Zwickl, Ottakringer Rotes Zwickl
FLASCHENBIER Ottakringer Goldfassl Dunkel, Die Weisse Hell
LOKAL Wirtschaft lässt verschiedene Assoziationen zu – man denkt eben nicht nur an Gastwirtschaft, sondern vielleicht auch an die Gesamtheit der Ökonomie. An deren Geschichte erinnert die Dekoration in der „Wiener WIrtschaft": An den Wänden findet man Beispiele der grafisch sehr schön gestalteten Notgeldscheine der 1920er-Jahre sowie einige noch schönere Nonvaleurs (Aktienmäntel längst nicht mehr bestehender Unternehmen). Das Lokal bietet in moderner Wirtshausatmosphäre traditionelle Wiener Küche und Klassiker zum schön gezapften Ottakringer, wie z.B. Salonbeuschel, glacierte Kalbsleber oder Kalbsrahmgulasch. 60 Sitzplätze im Lokal, 10 an der Bar, 20 im Schanigarten.

5. BEZIRK

BEAVER BREWING COMPANY 1050

1050 Wien, Schönbrunnerstraße 98, +43/677/63746235
www.beaverbrewing.at
ÖFFNUNGSZEITEN Di-Do: 17:00 bis 23:30 Uhr, Fr-Sa: 17:00 bis 00:30 Uhr, So: 17:00 bis 23:00 Uhr

Beaver Brewing Company 1050

FASSBIER Lake Lager, Kveik Farmhouse Pale Ale, Happy Trails Pale Ale, Sunny Day IPA, Il Capo Bavarian Weißbier, Fireside Smoked Porter
FLASCHENBIER Brew Age Alphatier, Brew Age Affenkönig, Brew Age Kurfürst Hollerkopf, Storchenbräu Weizen
LOKAL Ausschank der Beaver Brewing Company aus dem 9. Bezirk. Zentrale, großzügige Bar, hinter der die jeweils im Ausschank befindlichen Biere ausgeschildert sind – und kompetentes Service, das die unterschiedlichen Biere erklären kann. Zu ebener Erde gibt es neben der Bar einen Restaurantbereich, im Keller einen Partyraum.

BIEROMETER 2

1050 Wien, Margaretenplatz 9, +43/1/9557933
www.bierometer.at
ÖFFNUNGSZEITEN Mo-So: 11:00 bis 00:00 Uhr
FASSBIER Budweiser, Murauer Steirergold, Hirter Pils, Stiegl-Goldbräu, Hacker Pschorr Münchner Kellerbier Anno 1417, Grieskirchner Dunkel, Murauer Radler
FLASCHENBIER Hirter Kellermeister, Grieskirchner Märzen, Paulaner Hefeweizen, Murauer Weizen Dunkel, Heineken, Corona, Gusswerk Austrian Amber Ale, Next Level Local Hero, Brew Age Affenkönig, La Chouffe Golden Ale, Murauer Black-Hill, Murauer 11/11 hopfengestopft, Beck's Blue
LOKAL Bierlokal in klassischer Ziegeloptik im Zentrum von Margareten – an den Wänden hängen alte Fotografien des Bezirks. Angenehmes Ambiente, deftige Speisen (Cordon-Platte, Bratwürste, Blunzngröstl) und ein schöner, fast südländisch wirkender Schanigarten mitten auf dem Platz. Einige Craftbiere aus der Flasche unterstreichen die Bierkompetenz. 100 Sitzplätze, Schanigarten: 50 Plätze.

GERGELY'S

1050 Wien, Schlossgasse 21, +43/1/5440767
www.gergelys.at
ÖFFNUNGSZEITEN Di-Sa: 18:00 bis 00:00 Uhr
FASSBIER Margaretner (Eigenmarke aus der Iglauer Brauerei), Zwettler Original, Zwettler Zwickl
FLASCHENBIER Franziskaner Weißbier, Zwettler Dunkel
LOKAL Der viereckige „Niedere Hof", in dem sich dieses Lokal befindet, wurde im Volksmund aufgrund seiner imposanten Erscheinung schon seit Jahrhunderten „Schlossquadrat" genannt, obwohl es nie ein Schloss an dieser Stelle gegeben hat. Der Bau, der zwei Türkenbelagerungen überstanden hat, ist ein Zeugnis der Wiener Stadtgeschichte und diente als Ausgangspunkt für die Besiedlung der damaligen Vorstadt.Stefan Gergely hat sein 1990 eingerichtetes „Bierbeisl mit Richtung auf studentisches Publikum" im Jahr 2006 einem sympathischen Face-Lifting unterzogen, ein paar der Biere auf der Karte ausgetauscht, aber den freundlichen Charakter (insbesondere im Biergarten im Innenhof) beibehalten. Interessant ist das markante Gewölbe aus dem 14. Jahr-

hundert. Feine Küche mit Zutaten aus ökologischem Anbau und erstklassigen Steaks. 60 Sitzplätze im Lokal, 20 Plätze an der Bar, Garten: 90 Sitzplätze, davon sind 70 Plätze überdacht.

POLT BAYRISH PUB

1050 Wien, Schönbrunner Straße 66, +43/699/17187154
polt.wien
ÖFFNUNGSZEITEN Mo: 17:00 bis 00:00 Uhr, Di-Do: 17:00 bis 2:00 Uhr, Fr: 18:00 bis 2:00 Uhr, Sa: 17:00 bis 1:00 Uhr
FASSBIER Paulaner Weißbier, Chiemseer Hell
FLASCHENBIER Schneider Weisse, Augustiner Hell, Tegernseer Hell, Flensburger Pils, Paulaner Weißbier Alkoholfrei
LOKAL Der Name Polt bürgt für bayerische Urigkeit – und die bietet der gebürtige Erdinger Bernhard Prockl in seinem bayerischen Bierlokal, in dem jeder Tisch nach einem Münchner Stadtteil benannt ist. Die Biere kommen (fast alle) aus Bayern, im Herbst gibt es auch den Erdinger Weizendoppelbock Pikantus vom Fass. Dazu Weißwürste, Leberkäse, Brezen – aber keine übertriebene „Hmpftata-Stimmung". 20 Plätze im Lokal, 15 im Schanigarten.

Polt Bayrish Pub

RUPP'S

1050 Wien, Arbeitergasse 46, +43/1/5452284
www.rupps.at
ÖFFNUNGSZEITEN Mo-Sa: 18:00 bis 2:00 Uhr
FASSBIER Budweiser Budvar, Schladminger Märzen, Guinness, Kilkenny und jeweils ein Bier des Monats
FLASCHENBIER rund zwei Dutzend verschiedene – vom Weitra Hadmar über die Schladminger Schnee-Weisse bis zum Brauwerk Black & Proud Porter und dem Hopfenschwinger Pale Ale
LOKAL Allerlei alte Medien – Bücher, Radio- und Fernsehapparate – prägen den ersten Eindruck des von Rupert Hutter 1991 eingerichteten Pub. Man spielt hier gerne – eine Reihe von Brett- und Kartenspielen liegen bereit, es gibt auch Dartboard und Wuzzler. Aus der Küche gibt es etliche vegetarische/vegane Angebote (etwa Chili sin Carne, veganes Gulasch, veganes Wienerschnitzel, diverse Burger ...), von der Bar neben gepflegtem Guinness mehr als 1.000 Sorten Whisk(e)y. Wechselnde Monatsbiere und ein kleines Craftbier-Angebot. 45 Sitzplätze, 20 Plätze an der Bar.

SILBERWIRT

1050 Wien, Schlossgasse 21, +43/1/5444907
www.silberwirt.at
ÖFFNUNGSZEITEN Mo-So: 12:00 bis 00:00 Uhr
FASSBIER Das Margaretner (Eigenmarke), Zwettler Original, Zwettler Zwickl
FLASCHENBIER Zwettler Dunkles, Franziskaner Weißbier
LOKAL Der als „Schlossquadrat" bekannte Gebäudekomplex am Margaretenplatz datiert zurück bis in das 14. Jahrhundert, die Gastwirtschaft wurde 1786 gegründet. Stefan Gergely erneuerte die Tradition, ohne sie zu verraten. Backhendl steht im Zentrum des kulinarischen Angebots – aber es gibt auch ein wachsendes Angebot innovativerer Speisen (Cordon bleu alla Toscana) und viele Bio-Angebote, darunter Kranzbratwurst vom Waldviertler Schwein. Der Garten, der als einer der schönsten Innenhöfe aus der frühen Neuzeit gilt, ermöglicht einen ruhigen und relativ kühlen Gastronomiebetrieb auch an heißen und hektischen Sommertagen. Jeden Sonntag Mittag wird ofenfrischer Schweinsbraten serviert. 85 Sitzplätze, 6 an der Bar, Garten: 120 Sitzplätze.

TAPETE BAR

1050 Wien, Zentagasse 14, +43/1/9664346
de-de.facebook.com/tapete.bar
ÖFFNUNGSZEITEN Mo-Sa: 18:00 bis 00:00 Uhr
FASSBIER Velkopopovický Kozel Hell
FLASCHENBIER Rothaus Tannenzäpfle, Jever Fun, BOKU Bier, Storchenbräu, Schalken Bio Zwickl, Schalken East Coast IPA, Quartiermeister Pils, Quartiermeister Weizen, alle aktuellen Ten. Fifty Biere
LOKAL Die namensgebende Tapete findet man nur in zwei Ecken dieses großzügig angelegten Lokals, dessen Wände viel rohen Verputz und stellenweise das nackte Ziegelgemäuer in scharfem Kontrast zur properen Decke und den Lustern zeigen. Großes Bemühen um kleine und kultige Brauereien – mit häufig wechselndem Angebot. Man kann zum Verkosten auch drei Flaschen- oder Dosenbiere zum Fixpreis bestellen. Dazu gibt es Happen für den kleinen Hunger. Großleinwand – an manchen Sonntagen wird extra für die Tatort-Übertragung geöffnet. 90 Plätze im Lokal, 35 im Schanigarten.

THE BLACK SHEEP

1050 Wien, Kettenbrückengasse 7, +43/660/4739157
theblacksheep.at
ÖFFNUNGSZEITEN Di-Do: 16:00 bis 1:00 Uhr, Fr-Sa: 16:00 bis 2:00 Uhr, So: 16:00 bis 00:00 Uhr
FASSBIER Guinness, Starobrno, Schladminger Bio-Zwickl, Kilkenny
FLASCHENBIER Wieselburger Stammbräu, Weihenstephan Hefeweisse, Brew Age Hopfenauflauf, Gusswerk Das schwarze Schaf, Gösser Naturgold, Gösser Naturradler

LOKAL Dieses mit modernen und traditionellen Elementen gestaltete „International Pub" an der Ecke zur Schönbrunner Straße war lange Zeit eines der Golden Harp Lokale. Jetzt wieder ohne Kette, aber mit langer Bar, angenehmer Stimmung und gewohnt guter Bierpflege. Im Hinterzimmer zwei Billardtische – und natürlich ein Dartboard. Jeden Donnerstag um 18 Uhr Pubquiz. 60 Plätze im Lokal, 30 Plätze an der Bar, kleiner Schanigarten.

The Black Sheep

THE LITTLE STAGE

1050 Wien, Ramperstorffergasse 66, +43/1/5442690
www.anstalt5.at

ÖFFNUNGSZEITEN Mo-Sa: 17:00 bis 2:00 Uhr, So: 17:00 bis 1:00 Uhr

FASSBIER Trumer Pils, Trumer Zwickl, Guinness, Budweiser Budvar, Raschhofer Classic

FLASCHENBIER Paulaner Hefeweizen, Wieselburger Gold, Corona, Jever, Gösser Naturgold, Beck's Blue

LOKAL Ein Fixpunkt der Lokalszene im fünften Bezirk mit stets gut gezapftem Trumer Pils. Der Name des Lokals stammt von einer acht Quadratmeter kleinen Bühne für Kleinstveranstaltungen. Manfred Szendi hat eine Schiebewand eingebaut, die vom Lokal bei Bedarf einen rund 60 Quadratmeter großen Partyraum abtrennt. Gelegentlich findet man hier Bücher zum Bookcrossing, auch wenn es keine offizielle OBCZ (Official Book Crossing Zone) ist. Ca. 100 Sitzplätze, Bar: 15, Schanigarten: 30.

WALDVIERTLERHOF

1050 Wien, Schönbrunner Straße 20, +43/1/5863512
www.waldviertlerhof.at

ÖFFNUNGSZEITEN Mo-Sa: 11:00 bis 23:00 Uhr

FASSBIER Zwettler Märzen, Zwettler Saphir, Ottakringer Zwickl, Weitra Hadmar, eine saisonale Bierspezialität

FLASCHENBIER Zwettler Dunkel, Gutmann Hefeweizen, Augustiner Edelstoff, Schneider Weisse TAP 3 Alkoholfrei, Clausthaler

LOKAL Ein sehr wienerisches Lokal (mit sieben verschiedenen Stuben), das Waldviertler Spezialitäten aus Küche und Bierkeller bietet. Dazu immer wieder auch eine Bierspezialität wie den Weizenbock vom Gutmann. Seit Jänner 2015 wird der Waldviertlerhof von Alexander und Sebastian Laskowsky betrieben. Beide konnten sich in den letzten 15 Jahren einen Namen mit Wiener Wirtshauskultur machen. Der eine als Besitzer des legendären Gmoakeller (so wie der Waldviertler Hof im Jahr 1842 gegründet), der andere als Pächter von Gelbmanns Gaststube (seit 1872). Ofenfrisches Jungschweinsbratl mit Waldviertler Knödel, gebratene Erdäpfel-Grammelroulade oder Waldviertler Fleischkrapfen passend zum Bier. 250 Plätze, 250 im Biergarten.

6. BEZIRK

AMMUTSØN

1060 Wien, Barnabitengasse 10, +43/664/4799130
de-de.facebook.com/pg/Ammutson

ÖFFNUNGSZEITEN Mo-Do: 16:00 bis 2:00 Uhr, Fr: 16:00 bis 4:00 Uhr, Sa: 14:00 bis 4:00 Uhr, So: 14:00 bis 00:00 Uhr

FASSBIER ständig wechselndes Angebot an 12 Zapfhähnen

FLASCHENBIER ca. 70 wechselnde Craftbiere

LOKAL Die Biere von Bierol sind fester Bestandteil des Bierangebots, es gibt aber ein ständig wechselndes Angebot an Spezialitäten. Da lohnt es gar nicht, die Bierkarte zu drucken. Was an den zwölf Zapfhähnen gerade im Ausschank ist, wird auf einem Monitor neben der Bar angezeigt. Und zwar mit allen Informationen, die so dazugehören, von der Herkunft über den Bierstil bis zum Alkoholgehalt. „Proud to be independent" ist das Motto – und das Programm, denn es sollen ausdrücklich nur Biere unabhängiger Kleinbrauereien ausgeschenkt werden. Im Flaschenbierbereich gibt es ausschließlich Lambics – in den speziell hierfür aufgestellten Kühlschränken gibt es über 40 verschiedene Sorten dieser Sauerbiere, z.B. mit Trauben, Pfirsich, Himbeeren oder Kirschen. Es gibt aber auch Varianten ohne Frucht.

Down Under Aussie Pub

DOWN UNDER AUSSIE PUB

1060 Wien, Magdalenenstraße 32, +43/1/5857330
www.downunder.at

ÖFFNUNGSZEITEN Mo-Do: 17:00 bis 1:00 Uhr, Fr-Sa: 17:00 bis 2:00 Uhr, So: 17:00 bis 00:00 Uhr

FASSBIER Trumer Pils, Foster's Lager, Ottakringer Rotes Zwickl, Guinness, saisonale Biere von Ottakringer
FLASCHENBIER Wieselburger, Corona, Desperados, Victoria Bitter, Coopers Pale Ale / Sparkling Ale, Newcastle Brown Ale, Rieder IPA, Černá Hora Alkoholfrei, Gösser Märzen, Franziskaner Weißbier, Grieskirchner Dunkel, O'Hara's Irish Pale Ale, Heineken
LOKAL Australische Atmosphäre in Wiener Kellergewölbe-Wärme ergibt ein trendiges Bierabendlokal mit Livemusik. Immer wieder Events mit Australien-Bezug und täglich von 18.00 bis 19.00 Happy Hour. Ca. 80 Plätze, Kellerraum: ca. 80 Plätze, 20 Plätze an der Bar.

Dublin

DUBLIN

1060 Wien, Gumpendorfer Straße 93, +43/664/4744989
www.dublin-vienna.at
ÖFFNUNGSZEITEN Mo-Do: 16:00 bis 1:00 Uhr, Fr: 16:00 bis 2:00 Uhr, Sa: 17:00 bis 2:00 Uhr, So: 17:00 bis 1:00 Uhr
FASSBIER Dublin Lager, Starobrno, Heineken, Schwechater Hopfenperle, Guinness, Kilkenny
FLASCHENBIER Heineken, Wieselburger, Gösser Märzen, Gösser Dunkel, Schwechater Zwickl, Weihenstephaner, Puntigamer, Fuller's London Pride, Desperados, Newcastle Brown Ale, Gösser Radler, Gösser Naturgold, Schleppe No. 1 Pale Ale, Schleppe No. 3 Imperial IPA, Guinness Hope House 13 Lager
LOKAL Dieses großzügig angelegte und opulent im klassischen viktorianischen Stil dekorierte Pub ist seit rund zehn Jahren ein Fixpunkt unter den Irish-Pubs der Stadt. Gut gezapftes Guinness und traditionelles Pub-Food vom Ofenkartoffel bis zu recht aufwendig gemachten Burgern. Jeden Sonntag um 19 Uhr Pub Quiz. 50 Plätze im Lokal, 10 an der Bar.

FREIRAUM

1060 Wien, Mariahilfer Straße 117, +43/1/5969600
www.freiraum117.at
ÖFFNUNGSZEITEN Mo: 8:00 bis 22:00 Uhr, Di-Do: 8:00 bis 00:00 Uhr, Fr-Sa: 8:00 bis 2:00 Uhr, So: 8:00 bis 22:00 Uhr
FASSBIER Freiraum Lager, Trumer Pils, Schwechater Zwickl, Weihenstephaner Weißbier, Gösser Naturradler
FLASCHENBIER Corona, Brew Age Alphatier, Brewdog Punk IPA, Kaltenhausner Kellerbier, Weihenstephaner Alkoholfrei
LOKAL Der von Sascha Adzic, Christoph Wagner und Wolfgang Jappel konzipierte Freiraum sieht sich als ein kulinarisches „Multiple Choice"-Lokal – aber die lange Bar lädt vor allem zum Biergenuss ein – weil da gut gezapft und freundlich bedient wird. Ein Café auf zwei Ebenen, eine riesige Cocktailbar und eine Pizzeria. Insgesamt sechs verschiedene Restaurant- und Loungebereiche. Ca. 300 Sitzplätze im Lokal, 30 Plätze an der Bar, 24 Sitzplätze im Garten.

K & K BIERKANZLEI

1060 Wien, Windmühlgasse 20, +43/676/4144157
ÖFFNUNGSZEITEN Mo-Do: 12:00 bis 21:00 Uhr
FASSBIER Murauer Märzen, Hirter Pils, Svijanský Máz 11%
FLASCHENBIER Wieselburger Gold, Paulaner Hefeweizen
LOKAL Das Kaiserlich-Königliche trägt dieses altwiener Beisl sehr zu Recht im Namen: An den Wänden hängen Bilder von Kaiser Franz Joseph und Kaiser Karl, von dessen Gattin Zita und von anderen Mitgliedern der hohen Familie. Zudem mehr oder weniger alte Tafeln mit nostalgisch angehauchter Werbung mit Bezug zu den alten Kronländern - sowie eine kleine Bibliothek mit einschlägigen Titeln. Einfache Beislküche, preiswerte Menüs - und Grammel-Pogatscherln, die einen perfekten Begleiter zum gut gezapften Bier darstellen. 35 Plätze im Lokal, 5 an der Schank

KAISERWALZER 2.0

1060 Wien, Esterhazygasse 9, +43/1/5857723
www.kaiserwalzer.at
ÖFFNUNGSZEITEN Mo-Fr: 16:00 bis 23:00 Uhr, Sa-So: 12:00 bis 23:00 Uhr

Kaiserwalzer 2.0

FASSBIER Velkopopovický Kozel Hell, Pilsner Urquell, Stiegl-Columbus 1492 Pale Ale, Stiegl-Paracelsus
FLASCHENBIER Velkopopovický Kozel Dunkel, Stiegl-Weisse, Stiegl-Freibier
LOKAL Durch einen großen, in dieser Form innerhalb des Gürtels seltenen Alt Wiener Gastgarten mit einigen Tischen kommt man in ein nostalgisch angehauchtes Lokal, das viel altösterreichischen Charme versprüht. Hier hat alles Stil – auch die freundlichen

Kellner, die Pilsner Bier und Gerichte der traditionellen Wiener Küche servieren. Von Mai bis inklusive September gibt es Spezialitäten vom originalen US BBQ Smoker. Bis zu 120 Sitzplätze im Lokal,150 Sitzplätze im Gastgarten.

KÄNGURUH

1060 Wien, Bürgerspitalgasse 20, +43/1/5973824
www.kaenguruh-pub.at
ÖFFNUNGSZEITEN Mo-Do: 17:00 bis 1:00 Uhr, Fr-Sa: 17:00 bis 2:00 Uhr

Känguruh

FASSBIER Der Belgier Saison, Enkidu Dulliöh Hanfbier, Hofstettner Kübelbier, Storchenbräu Märzen, Velkopopovický Kozel, Zaungast Weißbier Honig-Lavendel, wechselnde Bierspezialität
FLASCHENBIER neben einer der breitesten belgischen Bierkarten (vom Boon Geuze Mariage Parfait bis zum Duvel Tripel Hop ist so ziemlich alles dabei, was Rang und Namen hat) gibt es eine Auswahl der Top-Produkte der heimischen (Alefried, Brauton, Brew Age, Illegal Brewing) und internationalen (Birra del Borgo, Crew Republic, Insel) Kreativbierszene
LOKAL Das Känguruh überrascht jedes Mal mit neuen und interessanten Bieren, die Fredi Greiner teilweise exklusiv importiert – mit gut 200 verschiedenen Bieren und Biercocktails hat das Känguruh das vielfältigste Bierangebot Wiens, auch im Hinblick auf die Bierstile. Ähnlich einer Tages-(Speise)karte werden immer wieder neue Biere angeboten – wenn etwas ausgetrunken ist, ist bald gleichwertiger Ersatz da. Ein besonderer Schwerpunkt sind die belgischen Biere, von denen neben Klassikern wie Boon Mariage Parfait, Rodenbach Grand Cru oder Westmalle Tripel immer auch ein paar ausgefallene Beispiele vorhanden sind. Auch die stark verbesserte Auswahl, die von österreichischen Mikrobrauereien geboten wird, schlägt sich inzwischen in der Bierkarte nieder. Die Speisekarte wurde stark erweitert und bietet u.a. Salate, diverse Hauptgerichte, Pasta und Pizzen. Schanigartenbetrieb von 1. April bis 30. September. 51 Sitzplätze im Lokal, 15 Plätze an der Bar, 22 Sitzplätze im Garten.

LAUREL LEAF IRISH PUB

1060 Wien, Theobaldgasse 15, +43/1/5856865
www.laurel-leaf.at
ÖFFNUNGSZEITEN Mo-Di: 15:00 bis 00:00 Uhr, Mi-Do: 15:00 bis 1:00 Uhr, Fr-Sa: 15:00 bis 3:00 Uhr, So: 17:00 bis 00:00 Uhr
FASSBIER Guinness Stout, Kilkenny, Schleppe No 1 Pale Ale, Starobrno, Schwechater Zwickl, Wieselburger
FLASCHENBIER Wieselburger Stammbräu, Schladminger Bio Zwickl, Wieselburger Schwarzbier, Edelweiss Hefetrüb, Desperados, Heineken, Früli Premium Strawberry Beer, Schwechater Wiener Lager, Schleppe Imperial IPA, St. Peters Cream Stout, Guinness Hop House 13, Heineken 0,0%
LOKAL Großzügig angelegtes Irish Pub mit langer Bar und fünf Billard-Tischen, Wuzzler und Dart-Automaten im hinteren Bereich. Partys und Veranstaltungen zum St. Patrick's Day. Verbesserungswürdige Zapfkultur: Bier wurde aus mehreren Gläsern zusammengeschüttet. Mo-Fr Mittagsmenüs. Ca. 85 Sitzplätze, 14 an der Bar, ca. 22 im Schanigarten.

SALZBERG

1060 Wien, Magdalenenstraße 17, +43/1/5816226
www.restaurantsalzberg.com
ÖFFNUNGSZEITEN Mo-Fr: 16:00 bis 00:00 Uhr, Sa: 9:00 bis 2:00 Uhr, So: 9:00 bis 00:00 Uhr
FASSBIER Weitra Helles, Weitra Hadmar, Zwettler Zwickl, Zwettler Saphir, Budweiser
FLASCHENBIER Stiegl-Goldbräu, Gusswerk Weizenguss, Gusswerk Horny Betty, Tennents Scottish Stout, Trumer Pils, Hirter Morchl, Die Weisse, Augustiner Edelstoff, Gusswerk Zum Wohl, Budweiser Nealko, Beck's Blue
LOKAL Es lohnt immer, im Salzberg zu schürfen – und das bereits seit einem viertel Jahrhundert. Neben den Bierkennern kommen auch die Weinkenner auf ihre Kosten – ideal für die Einkehr mit Begleitungen, die nicht so bierorientiert sind. Was das Pech einer solchen Begleitung wäre, denn die Bierpflege ist ausgezeichnet hier. Ein großer Stehbereich lädt die besonders Durstigen ein, dazu gibt es ein gemütliches Restaurant für die Hungrigen und ein „Wohnzimmer" mit Lederbänken für die Entspannungsliebenden. Im Oktober gibt's jeweils zwei Wochen Bauernherbst mit Trumer Herbstbier. Ca. 90 Sitzplätze, Bar: ca. 20 Plätze, Schanigarten: ca. 70 Sitzplätze.

TIMO'S LIVING ROOM

1060 Wien, Bürgerspitalgasse 18, +43/1/5952437
de-de.facebook.com/timoslivingroom
ÖFFNUNGSZEITEN Di-Do: 19:00 bis 1:00 Uhr, Fr-Sa: 19:00 bis 2:00 Uhr
FASSBIER Pilsner Urquell, Velkopopovický Kozel
FLASCHENBIER Bierschmiede Meisterstück, BrauSchneider Hanfbier, Brew Age Dunkle Materie, Erzbräu Single Malt Ale, Der

Belgier Saison, Next Level Brewing Lemon Thyme

LOKAL Timo's Living Room ist der Vorreiter unter den bierorientierten Cocktailbars: Das Schwesterlokal des benachbarten belgisch orientierten Känguruh bietet eine Vielzahl an Bier-basierten Cocktails. Über 50 davon stehen zur Auswahl – zusätzlich zu klassischen Cocktails ohne Bier. Und wer es pur mag, hält sich an gut gezapftes Pilsner Urquell. Dazu gibt es Antipasti, Salate, Pasta und Pizzen. 34 Sitzplätze im Lokal, 14 an der Bar. 22 Plätze im Schanigarten (April bis September).

WIND & MILL'S

1060 Wien, Gumpendorfer Straße 50, +43/1/9719935
www.windmills.at
ÖFFNUNGSZEITEN Mo-Sa: 17:00 bis 2:00 Uhr
FASSBIER Guinness extra Stout, Kilkenny, Stiegl-Goldbräu, Hirter Privat Pils, Zipfer Helles, Radler
FLASCHENBIER Budweiser Budvar, Budweiser Dark, Erdinger Hefetrüb, Hirter 1270, Stiegl-Paracelsus, Tsingtao Beer, Heineken, Foster's, Desperados, Corona, Heineken 0,0%
LOKAL Sehr gut gestyltes Irish Pub – dekoriert mit einer großen Bibliothek, vielen Bierkrügen und jeder Menge Guinness-Werbung. Der Name leitet sich von der Location ab: Das Lokal liegt an der Einmündung der Windmühlgasse in die Gumpendorfer Straße.

7. BEZIRK

Backbone Irish Pub

BACKBONE IRISH PUB

1070 Wien, Burggasse 100a, +43/1/5229579
www.backbone-irishpub.com
ÖFFNUNGSZEITEN Mo-So: 17:00 bis 2:00 Uhr
FASSBIER Stiegl-Goldbräu, Guinness, Kilkenny
FLASCHENBIER vom Augustiner Edelstoff zum Tegernseer Hell, vom La Chouffe Golden Ale bis zur Gusswerk Horny Betty reicht die klug zusammengestellte Auswahl.
LOKAL Auch wenn in diesem Irish Pub vorwiegend deutsch gesprochen wird: Das Backbone ist schon allein wegen seiner Einrichtung – sehr lange Bar – ein guter Vertreter des Lokaltyps und man kann sich direkt wie in Irland fühlen. Noch besser: Es gibt eine Bierkarte, auf der die Craftbiere auch gut erklärt werden – das wiegt auch das eher bescheidene Angebot an Fassbieren auf. Der Cider, der aus dem „Poor Man's Velvet" mit Guinness hergestellt wird, ist Magners vom Fass. 100 Sitzplätze im Lokal, 25 im Garten.

BENJAMIN FANCY BAR & GRILL

1070 Wien, Kaiserstraße 121, +43/1/4380083
www.benjamin-grill.at
ÖFFNUNGSZEITEN Mo-So: 17:00 bis 00:00 Uhr
FASSBIER Schwechater Hopfenperle, Schwechater Zwickl, Schwechater Wiener Lager
FLASCHENBIER Weihenstephan Weizen, Tegernseer
LOKAL Andreas Flatscher ist Ende 2022 an die Kaiserstraße zurückgekehrt – im Benjamin (ehemals Flatschers Bistro) hat er eine „Burgeria" eingerichtet, mit der er sich an jüngeres Publikum wenden will. Es gibt hier auch Beyond Meat Burger und vor allem eine einladende Bar, an der das Schwechater Zwickl schön gezapft wird. 40 Plätze im Lokal, 10 an der Bar, 20 im Schanigarten.

BLUE BOX

1070 Wien, Richtergasse 8, +43/1/5227048
www.bluebox.wien
ÖFFNUNGSZEITEN Mo-Sa ab 11:00 Uhr, So ab 17:00 Uhr
FASSBIER Velkopopovický Kozel Premium Lager, Stiegl-Hell, Stiegl-Paracelsus
FLASCHENBIER Tegernseer Hell, Augustiner Hell, Bayreuther Hell, Hirter Pils, Rothaus Tannenzäpfle Pils, Mohrenbräu, Schwechater Zwickl, Die Weisse, Velkopopovický Kozel Dunkel, Stiegl-Freibier
LOKAL Die Blue Box war eines der ersten „Szene"-Lokale in Wien, 1986 diente es als Kulisse für Niki Lists Kultfilm „Müllers Büro" – und bis heute hat es nichts von seinem Charme verloren – sondern durch den relativ großen Schanigarten sogar noch dazugewonnen.

BRANDAUER IM GERNGROSS

1070 Wien, Mariahilfer Straße 42-48, 5. Stock, +43/1/5222225
www.bierig.at
ÖFFNUNGSZEITEN Mo-So: 10:00 bis 23:00 Uhr
FASSBIER Brandauers Hausbier (Zwettler), Brandauers Zwickl (Zwettler), Zwettler Dunkles, Zwettler Saphir, Weitra Hadmar, Weitra Das Helle, Schneider Weisse, Zwettler Radler, saisonale Spezialitäten der CulturBrauer aus ganz Österreich
FLASCHENBIER Tegernseer Hell, Stiegl-Goldbräu, Zwettler Lager, Zwettler Kuenringer Bock, Zwettler Luftikus
LOKAL Es lohnt, den Lift zu nehmen, um in dieses über der Mariahilferstraße im 5. Stock des Kaufhauses Gerngroß gelegene Bierrestaurant zu gelangen. Auf 500 Quadratmetern werden auch nach dem Ladenschluss in den unteren Etagen Biere in gewohnter Brandauer-Qualität serviert. Das Restaurant ist vollklimatisiert. Besonders empfehlenswert ist ein sommerlicher Besuch auf der

Balkonterrasse zur Kirchengasse oder der mit Blickrichtung Gürtel und Aussicht auf die Mariahilfer Kirche. Der Brandauer im Gerngroß hat sich der Präsentation der Biere der CulturBrauer verschrieben, alle zwei Monate gibt es ein wechselndes Bier einer heimischen Mittelstandsbrauerei vom Fass. Jeden Sonn- und Feiertag findet von 10.30 Uhr bis 15.00 Uhr ein umfangreicher Brunch mit einem reichhaltigen Buffet mit warmen Gerichten (Rindsgulasch, Braten am Hozbrett) statt. Party-Bierzapftische zum Selberzapfen. 250 Sitzplätze im Lokal und 150 Outdoor-Sitzplätze.

CAFE 7STERN

1070 Wien, Siebensterngasse 31, +43/699/152 361 57
www.7stern.net

ÖFFNUNGSZEITEN Di-Do: 10:00 bis 23:00 Uhr, Fr-Sa: 10:00 bis 00:00 Uhr, So: 10:00 bis 18:00 Uhr

FASSBIER Pilsner Urquell, Velkopopovický Kozel Dunkel, Brew Age Hopfenauflauf Pale Ale, Radler

FLASCHENBIER Schneider Weisse, Velkopopovický Kozel Hell, Schneider's Helles Landbier, Tegernseer Hell, Obertrumer Zwickl, Peroni Libera Alkoholfrei

LOKAL Der rote Stern hier ist Programm: Dieses Lokal hat eine klar internationalistische Atmosphäre, es ist ein Treffpunkt und Veranstaltungslokal der Wiener linken Szene. Daher gibt es im 7*Stern Konzerte, Lesungen, Theater, Poetry Slams, Kabarett, Workshops und Diskurs. Das 7*Stern Wohnzimmer ist für 99 Personen zugelassen (aktuelle Sitzplatzkapazität: 50 Sitzplätze), bietet eine kleine Bühne (2×4 Meter), eine Anlage für Live Musik und eine eigene Bar. Das Personal ist sehr bierkundig und das Bier entsprechend gut serviert.

Cafe 7Stern

CENTIMETER AM SPITTELBERG

1070 Wien, Stiftgasse 4 / Ecke Siebensterngasse
+43/1/470060642
www.centimeter.at

ÖFFNUNGSZEITEN Mo-So: 10:00 bis 00:00 Uhr

FASSBIER Centimeter Hausbier (von Stiegl), Starobrno, Murauer Steirergold, Hofbräu Traunstein Dunkles, Budweiser Budvar, Schneider Weisse, Schladminger Bio Zwickl, ein saisonales Bier

FLASCHENBIER Wieselburger Gold, Stiegl-Goldbräu, Puntigamer, Ottakringer Helles, Hirter Märzen, Trumer Pils, Weitra Hadmar, Stiegl-Paracelsus Glutenfrei, Corona Extra, Brew Age Affenkönig IPA, La Chouffe, Schneider Weisse Original, Augustiner Weißbier, Franziskaner Weißbier, Paulaner Hefeweißbier Dunkel

LOKAL Das Centimeter-Konzept ist seit Jahren bewährt – aber mit der Einführung eines kleinen, aber sinnvoll zusammengestellten Craftbier Angebots zu fairen Preisen ist es noch besser geworden. Diese Centimeter-Location ist quasi der Eingang zum Spittelberg-Viertel – und mancher bleibt gleich hier hängen. Sehr lange Bar, Steh- und normale Tische. Die Küche entspricht dem bewährten Centimeter-Konzept, groß, schmackhaft und zu günstigen Preisen. Auch für große Gruppen ist gesorgt, die „Scheibtruhe Mist für die große Gruppenmampferei", „Das Schwert" oder Spare Ribs in drei Variationen sorgen für die richtige Unterlage beim Bier-Verkosten. 198 Sitzplätze im Lokal + 15 Barplätze, 60 Sitzplätze im Schanigarten.

Centimeter am Spittelberg

DAS BIERO

1070 Wien, Neubaugasse 57, +43/1/5227418
www.facebook.com/DasBiero

ÖFFNUNGSZEITEN Mo-Fr: 17:00 bis 2:00 Uhr, Sa-So: 18:00 bis 2:00 Uhr

FASSBIER Starobrno, Guinness Stout, Birra Moretti, Kaltenhauser Bernstein, ein Bier des Monats

FLASCHENBIER Kilkenny Red Ale, Eggenberg Urbock 23°, Velkopopovický Kozel Dunkel, Hirter Morchl, Schremser Hanfbier, Schwechater Zwickl, O'Hara's Irish Stout, Brew Dog Punk IPA, Brewdog Elvis Juice, Stiegl-Paracelsus Glutenfrei, Muttermilch Wiener Bubi, Zipfer Urtyp, Pilsner Urquell, Trumer Pils, Hirter Privat Pils, Gutmann Hefeweizen Hell, Weihenstephaner, Franziskaner Hefe-Weißbier Naturtrüb, Tegernseer

LOKAL Ein alteingesessenes Bierlokal, dessen Angebot allerdings sehr gut aktualisiert worden ist. Im „Institut for Bierologie und Hektoliteratur" werden vor allem mitteleuropäische Biere angeboten – in der Flasche gibt es gleich mehrere bayerische Helle (und gelegentlich das Bayreuther Helle als „Bier des Monats") sowie ein

Wiener Lager aus der nahen Muttermilch Brewery. Zudem ein Stout vom Fass und eines aus der Flasche sowie etliche Ales. Saisonal wird das Angebot oft deutlich breiter, etwa, wenn ein paar Bockbiere auf die Karte kommen. 60 Plätze im Lokal, 8 an der Bar.

Das Biern

DER FUCHS UND DIE TRAUBEN

1070 Wien, Kandlgasse 16, +43/1/2313917
www.derfuchsunddietrauben.com

ÖFFNUNGSZEITEN Mo-Mi: 17:00 bis 00:00 Uhr, Do-Sa: 17:00 bis 1:00 Uhr

FASSBIER Bayreuther Hell

FLASCHENBIER Gösser Märzen, Schwechater Zwickl, Schneider Weisse, Rodauner Strizzi Wiener Lager, Brewdog Punk IPA, Bevog Tak Pale Ale, Orval, La Chouffe Golden Ale, Gösser Naturgold

LOKAL Die Mailadresse weist darauf hin, wenn man sich's beim Lokalnamen nicht ohnehin gedacht hat: Fuchs und Trauben erinnern an die Äsop-Fabel von dem Fuchs, dem die Trauben zu hoch hängen, worauf er beschließt, dass ihm diese ohnehin zu sauer wären. Als Bierfreund kommt man in diese leider viel zu laute Tapas-Bar aber ohnehin nicht wegen der Trauben (bzw. des Rebsaftes), sondern wegen der vernünftigen Auswahl an Flaschenbieren – oder wegen des Hellen der Bayreuther Bierbrauerei, das es hier vom Fass gibt. Und wegen der Tapas, die halt gut zum Bier passen. 40 Plätze im Lokal, 25 im Schanigarten.

DIE BURGERMACHER

1070 Wien, Burggasse 12, +43/699/11589599
www.dieburgermacher.at

ÖFFNUNGSZEITEN Di-Fr: 17:00 bis 23:00 Uhr, Sa: 12:00 bis 23:00 Uhr, So: 12:00 bis 22:00 Uhr

FASSBIER Obertrumer Original, wechselnde Spezialitäten von Brew Age

FLASCHENBIER Riedenburger Martha Krieger Spitzenpilsner, Aecht Schlenkerla Rauchbier, Freistädter Pegasus, Brew Age Hopfenauflauf, 20 wechselnde Bierspezialitäten

LOKAL Die Burgermacher wollen „zeigen, dass ein Burger viel mehr sein kann als ein Stück Fleisch zwischen zwei Brotscheiben. Alles was wir selbst machen können, machen wir auch selbst." Und das machen sie in dem kleinen, stets mehrmals am Abend ausreservierten Lokal auch gut. Sensationell ist aber der Flaschenkühlschrank, in dem sich stets mehr als zwei Dutzend unterschiedlicher Biere finden. Im Lokal 30 Sitzplätze.

FLATSCHERS

1070 Wien, Kaiserstraße 113-115, +43/1/5234268
www.flatschers.at

ÖFFNUNGSZEITEN Mo-So: 17:00 bis 00:00 Uhr

FASSBIER Flatschers Hausbier (Ottakringer), Ottakringer Bio Pur, Ottakringer Bio Zwickl, Ottakringer Rotes Zwickl

FLASCHENBIER Schneider Weisse, Corona, Ottakringer Dunkel

LOKAL Dass das Flatschers einige Jahre lang ohne den Namensgeber auskommen musste, hat ihm nicht gut getan. Die hochfliegenden Pläne von Igor Nesterenko, mit zwei Gasthausbrauereien (Laurenz 4 und Wieden Bräu) seine Unternehmensgruppe mit Craftbier zu versorgen, sind gescheitert – und von der früheren Bierauswahl ist auch nichts geblieben. 2022 hat sich Nesterenko aus der Gastro-Szene verabschiedet. Andreas Flatscher ist zurückgekommen und versucht, die verloren gegangene Bierkompetenz wiederherzustellen. An dieser Adresse mit der Ottakringer Brauerei als Partner, in der nahen Burgeria Benjamin ist die Schwechater Brauerei vertreten.

Flatschers

GLACIS BEISL

1070 Wien, Breite Gasse 4, +43/1/5265660
www.glacisbeisl.at

ÖFFNUNGSZEITEN Di: 17:00 bis 00:00 Uhr, Mi-So: 12:00 bis 00:00 Uhr

FASSBIER Glacis Hausbier (von der Mikrobrauerei Lisak aus Mähren), Schloss Eggenberg Hopfenkönig, Schloss Eggenberg Naturbursch Bio Zwickl, Obertrumer Original

FLASCHENBIER Schloss Eggenberg Dunkel / Radler / Freibier, Der Belgier, 6Beers Brewing Company, König Ludwig Dunkel, 6 Beers Brewing Darkside of the Porter, 6 Beers Brewing Bohémian Lager, 6 Beers Brewing High'n Dry Champagner-Bier, Chimay Pères Trappistes Grande Réserve

LOKAL Wiener Gastronomieinstitution, die seit der Integration in das Museumsquartier ziemlich stylisch wirkt. Die Einrichtung nimmt die Tradition eines echten Wiener Beisls auf: Dunkles Holz kombiniert mit absinthgrünen Resopaltischplatten und ein Gussterrazzo-Boden prägen den Gesamteindruck. Sehr flinkes und bemühtes Service, das sich um die Bierkultur annimmt: Das Glacis Beisl ist einerseits Ankerpunkt der Brauerei Schloss Eggenberg in Wien, andererseits auch Aushängeschild der kleinen 6 Beers Brewing Company in Breitenfurt bei Wien. Einladende Schank, Wintergarten. Extrastüberl. 165 Plätze im Lokal, 20 an der Bar, 180 im Garten.

GOLDEN HARP IRISH PUB WIEN-NEUBAU

1070 Wien, Schottenfeldgasse 3, +43/665/65869662
www.goldenharp1070.at
ÖFFNUNGSZEITEN Mo: 15:30 bis 00:00 Uhr, Di-Sa: 15:30 bis 2:00 Uhr, So: 15:30 bis 00:00 Uhr
FASSBIER Hausbier (Puntigamer), Guinness, Kilkenny, Guinness Hop House 13, Starobrno
FLASCHENBIER Wieselburger Stammbräu, Weihenstephan Hefeweisse, Schwechater Zwickl, Heineken, Kaiser Doppelmalz, Brewdog Punk IPA, Desperados, O'Hara's Irish Pale Ale, Heineken 0,0%
LOKAL Irish Pub „just off Mariahilferstraße" – also ein idealer Ort, um nach dem Shoppen einzukehren. Die Stimmung ist so irisch wie in den anderen Golden Harp Pubs der Stadt, die Bedienung freundlich, das Bier gut gezapft. Pub Quiz jeden Donnerstag um 19:30 Uhr. 50 Plätze im Lokal, 10 an der Bar.

HEFENBRÜDER

1070 Wien, Zieglergasse 42, +43/1/9409400
www.hefenbrueder.at
ÖFFNUNGSZEITEN Geöffnet nur bei Gruppenreservierungen
FASSBIER An den zahlreichen Hähnen hängen oft spannende Biere, beim unregelmäßigen Betrieb ist aber nicht mehr sicher, was gerade da ist. Gesehen unter anderem: Commerzienrat Privat von Riegele, Ur The Wurst Pale Ale von Browar Stu Mostów, de La Senne Stouterik oder das Peanut Butter Milk Stout von Left Hand Brewing.
FLASCHENBIER Auch hier lohnt die Nachfrage nach der aktuellen Auswahl – bisher gab es unter anderem Mikkeller Visions Lager, Orval, La Trappe Dubbel, Next Level Indiana Juice und Einstök Icelandic White Ale
LOKAL 2020 waren die Hefenbrüder Wiens Bierlokal des Jahres – an der alten Adresse in der Mariahilferstraße. 2021 sind die Hefenbrüder in die Räume des ehemaligen „Brickmakers" eingezogen. Das Konzept, alles zusammenzuführen, was mit Hefe zu tun hat („unsere Pizzen sind Kompositionen und einzigartig") wurde beibehalten – was allerdings nicht klappt, ist die Rekrutierung von Personal. Obwohl von Rolling Pin als Top-Arbeitgeber ausgezeichnet, finden die Betreiber zu wenig Personal. Seit Februar 2023 wird immer nur dann geöffnet, wenn eine größere Gruppe reserviert. Dann aber können alle kommen, die gerade Zeit haben. 120 Plätze im Lokal, 30 im Schanigarten.

KRITERIUM

1070 Wien, Lindengasse 1, +43/1/5224280
www.kriterium.at
ÖFFNUNGSZEITEN Mo-Sa: 11:00 bis 22:30 Uhr
FASSBIER Velkopopovický Kozel Premium Lager, Stiegl-Goldbräu, Stiegl-Paracelsus
FLASCHENBIER Velkopopovický Kozel Dunkel, Stiegl-Weisse, Corona, Stiegl-Radler Zitrone und Grapefruit, Stiegl-Freibier
LOKAL Einfaches Wirtshaus mit guter Bierpflege gegenüber der Stiftskaserne, daher günstige Mittagsmenüs. 100 Plätze im Lokal, 15 im Schanigarten.

Kriterium

OBEN

1070 Wien, Urban Loritzplatz 2a, +43/670/6012789
www.oben.at
ÖFFNUNGSZEITEN Mo-Fr: 10:00 bis 23:00 Uhr, Sa: 9:00 bis 23:00 Uhr, So: 10:00 bis 15:00 Uhr
FASSBIER Weitra Hell, Zwettler Zwickl
FLASCHENBIER Zwettler Dunkles, Weitra Hadmar, Zwettler Luftikus, Gusswerk Weizenguss, Gusswerk Edelguss, Brew Age Alphatier IPA, Brew Age Hopfenauflauf
LOKAL Bar am „oberen" Ende der Treppe zur Hauptbibliothek, was einen schönen Ausblick über den Gürtel in Richtung Favoriten garantiert. Freundliches Personal serviert Bier sachkundig – mittags gibt es preiswerte Menüs und sonntags einen Brunch. Und am Abend wirkt es besonders urban, wenn man über die Lichter der Stadt schauen kann. 70 Sitzplätze, 14 an der Bar.

PLUTZER BRÄU

1070 Wien, Schrankgasse 2, +43/1/5261215
www.plutzerbraeu.at
ÖFFNUNGSZEITEN Mo-Fr: 16:00 bis 00:00 Uhr, Sa-So: 11:30 bis 00:00 Uhr

FASSBIER Velkopopovický Kozel Premium Lager, Velkopopovický Kozel Dunkel, Pilsner Urquell, Brew Age Eierbär , Velkopopovický Kozel Gemischtes, Stiegl-Paracelsus

FLASCHENBIER Stiegl-Hell, Hirter Privat Pils, Weitra Hadmar, Franziskaner Weißbier Hell, Franziskaner Weißbier Alkoholfrei, Illegal Brewing Wiener Lager, Leopoldauer Brauhandwerk Leopoldauer Weihnachten Rotes Lager, Woif Stiawoscha, Stiegl-Columbus Pale Ale, Brew Age Alphatier, weitere wechselnde Sorten an Craft Beer in eigenem Kühlschrank, Stiegl-Freibier

LOKAL Der Name dieser Szenegastronomie hat seinen Ursprung darin, dass man am Spittelberg im 18. Jahrhundert Bier in Plutzern, also großen, bauchigen Tongefäßen ausgeschenkt hat. Als das Spittelbergviertel vor drei Jahrzehnten wiederbelebt wurde, wurden auch Pläne für eine Brauerei gewälzt, die ein „Plutzerbier" brauen sollte – die Brauerei wurde zwar nie realisiert, wohl aber dieses Bierlokal, das im Laufe der Zeit etliche Face-Liftings erfahren hat. Unter dem Management von Andreas Hoppel ist es nun ein Biertempel auf der Höhe der Zeit: Das Kozel-Bier fließt aus dem Tank – in einer sonst weit und breit nicht zu findenden Qualität. Jeden Mittwoch Pubquiz, Monatliche Events (Infos auf Homepage & Facebook) und Mietlocation für Veranstaltungen jeder Art. 450 Sitzplätze, Schanigarten: 100 Sitzplätze, 30 an der Bar. ✗

Plutzer Bräu

SHAMROCK VIENNA

1070 Wien, Kirchengasse 3, +43/660/5566599
www.shamrock-vienna.at

ÖFFNUNGSZEITEN Mo-Do: 18:30 bis 00:00 Uhr, Fr: 18:30 bis 2:00 Uhr, Sa: 15:15 bis 2:00 Uhr

FASSBIER Shamrock Lager (Schwechater), Starobrno, Kaltenhauser Kellerbier, Schladminger Bio Zwickl Guinness Stout, Murphy's Red Ale

FLASCHENBIER Unter anderen: Augustiner Helles, BrauSchneider Pilsner, Obertrumer Original, Fuller's London Pride, Bevog Who Cares Editions, Next Level Jail Break, Arrogant Bastard und viele andere.

LOKAL Einige Jahre lang war dieses Lokal in zwei Bereiche geteilt und hieß „Shamrock & The Dogstar". Inzwischen ist die große Craftbierbar im oberen Lokalteil wieder abgebaut worden – geblieben ist ein gemütliches Irish Pub. Besonders attraktiv ist, dass Teile der Einrichtung offenbar aus einer Kirche stammen, hölzerne Kanzel inklusive. Sehr freundliche Leute hinter der Bar. Ca. 85 Sitzplätze, 10 weitere an der Bar.

Shebeen

SHEBEEN

1070 Wien, Lerchenfelder Straße 45, +43/676/4240288
www.shebeen.at

ÖFFNUNGSZEITEN Mo-Do: 16:00 bis 2:00 Uhr, Fr: 16:00 bis 4:00 Uhr, Sa: 15:00 bis 4:00 Uhr, So: 15:00 bis 00:00 Uhr

FASSBIER Guinness, Guinness Hop House 13, Wieselburger, Weihenstephan Hefeweizen, Reininghaus Jahrgangspils, Starobrno, Schladminger Bio Zwickl

FLASCHENBIER Tegernseer Helles, Zwettler Dunkles

LOKAL Dieses Lokal prägt die Wiener Pubszene seit mehreren Jahrzehnten. Sein Name stammt aus Südafrika: Shebeen bezeichnet dort einfache Lokale der einheimischen Bevölkerung. Die Umgangssprache ist hier vorwiegend Englisch. Die Biere sind entsprechend international, ebenso die Küche, die einen stark amerikanischen Einschlag hat (sonntags Brunch). Die Musik (Weltmusik, Ska, Pop) ist etwas laut – dafür gibt es einen zusätzlichen Partykeller. Gratis-WLAN. 90 Plätze, Bar: 20, Garten im Innenhof: 60 Plätze. ✗

SIEBENSTERN-BRÄU

1070 Wien, Siebensterngasse 19, +43/1/5238697
www.7stern.at

ÖFFNUNGSZEITEN So-Di 11:00 bis 22:00 Uhr, Mi-Sa 11:00 bis 23:00 Uhr

FASSBIER 7Stern Wiener Helles, 7Stern Wiener Dunkles, 7Stern Märzen, 7Stern Hanfbier, 7Stern Chilibier, 7Stern Weizen, saisonal: India Pale Ale, Rauchbier, Bockbiere

LOKAL Bevor man noch in das geräumige erste Brewpub Österreichs kommt, geht man an zwei Wänden voller Auszeichnungen und Presseclippings aus der ganzen Welt vorbei: Hier wird Bierkultur zelebriert! Mit dem Pale Ale wurde 1999 die wichtigste Gasthausbrauerei-Innovation geschaffen, das hat die Bierkultur in Wien auf den amerikanischen Geschmack eingestimmt. 2003 hat das India Pale Ale einen neuen Meilenstein gesetzt – dieses Bier wird immer wieder als Monatsbier angeboten und zeigt den Weg zu einer modernen Bierkultur in einem traditionellen Umfeld auf. Für den Verkauf über die Gasse gibt es einen Verkaufsautomaten mit 0,5l pfandfrei. 250 Plätze, Garten: 160 Plätze, 30 an der Bar.

THE DUKE PUB

1070 Wien, Spittelberggasse 17A, +43/1/9900232
www.dukepub.at

ÖFFNUNGSZEITEN Mo-Fr: 17:00 bis 2:00 Uhr, Sa-So: 15:00 bis 2:00 Uhr

FASSBIER Duke's Lager (Velkopopovický Kozel), Pilsner Urquell, Guinness, Kilkenny, Murauer, ein Spezialbier

FLASCHENBIER Hirter Pils, Franziskaner Hefeweizen, Grolsch, Heineken, Fuller's London Pride, Newcastle Brown Ale, Corona, Velkopopovický Kozel Dunkel, Augustiner, Tegernseer

LOKAL Ein Eckpub, wie man es sich wünscht: Gepflegtes Bier, freundliche Bedienung und stets gute Stimmung. Dazu Whiskys ohne Zahl, genossen fachsimpelnderweise am besten direkt an der Bar, während in den allgegenwärtigen 4 Flach-TVs Premiere Sport flimmert. Zum Genuss gibt es Chicken Wings, Cheeseburger und Duke-Toast. 100 Sitzplätze im Lokal.

8. BEZIRK

ACHTUNDZWANZIG TAPROOM

1080 Wien, Schlösselgasse 28, +43/1/4022241
achtundzwanzig.business.site

ÖFFNUNGSZEITEN Mo-Do: 16:00 bis 00:00 Uhr, Fr: 16:00 bis 2:00 Uhr, Sa: 17:00 bis 2:00 Uhr

FASSBIER Brew Age Helles, Brew Age Hopfenauflauf Pale Ale, Brew Age Alphatier New England IPA, Brew Age Chicxulub Oatmeal Stout, Brew Age Affenkönig, Brew Age Fructosaurus

FLASCHENBIER Brew Age Vollsortiment

LOKAL Das „8undzwanzig" (wie es auf der Karte geschrieben wird) ist als Bar schon viele Jahre etabliert, seit 2020 fungiert es als Taproom von BrewAge. Gleich hinter der Tür grüßt die überdimensionale Figur des Affenkönig – Leitfigur der ausdrucksstarken BrewAge Biere. Gezapft werden regelmäßig saisonale Biere und limitierte Auflagen sowie Gastbiere befreundeter Brauer. Für alle, die es gerne smooth mögen, wurde eine Nitro Leitung installiert. Und weil Brew-Age eine so breite Bierpalette hat, wird auf die lange Flaschenbierliste verwiesen – da sind die diversen Holz- und Fassknacker ebenso wie der Affenkönig zu finden. 20 Plätze, Bar: 8.

AVALON KULTUR

1080 Wien, Pfeilgasse 27, +43/1/9425365
www.avalonkultur.at
ÖFFNUNGSZEITEN Mo-Fr: 17:00 bis 2:00 Uhr, Sa: 18:00 bis 2:00 Uhr

Avalon Kultur

FASSBIER Schremser Premium, Weitra Das Helle, Schremser Zwickl, Radler, Bier der Saison (etwa das Brown Ale vom Bräuhaus 1050)
FLASCHENBIER Tegernseer Hell, Gutmann Hefeweizen Hell, Gutmann Hefeweizen Dunkel, Weitra Hadmar, Zwettler Dunkles, Zwettler Export Lager, Zwettler Luftikus, BrauSchneider IPA, Brauwerk Session IPA
LOKAL Ein Eckbeisl – viele Jahrzehnte als „Zum Oid-Wiener" und dann als „Waldviertler Eck" bekannt – mit neuem Schwung. Es gibt immer noch Waldviertler Bier und auch Waldviertler Speisen in den schön gestalteten Gasträumen: Die Lamperie zeigt Jugendstil-Muster, alte Schautafeln könnten aus einer Waldviertler Dorfschule stammen. Das nun als „Kunst- und Genusslokal Avalon" firmierende Gasthaus, in dem der Waldviertler Kulturverein Avalon seit 2014 immer wieder kleine Konzerte, Lesungen und Verkostungen veranstaltet, strahlt eine besondere Heimeligkeit aus und bringt immer wieder Biere aus kleinen Brauereien (Schnaitl, Next Level, BrauSchneider, 100 Blumen etc.) an den Zapfhahn. Zwei- bis dreimal im Monat gibt es auch ein Pubquiz. Sympathisch: es liegen Zeitungen und Magazine auf, es gibt diverse Spiele und ein Bücherregal zum Büchertausch. 50 Plätze im Lokal, sechs an der Bar, 50 im Schanigarten.

BLAUENSTEINER – ZUR STADT PARIS

1080 Wien, Josefstädter Straße 4, +43/1/4051467
gastwirtschaft-blauensteiner.eatbu.com
ÖFFNUNGSZEITEN Mo-So: 11:00 bis 22:30 Uhr
FASSBIER Hubertus Lager Classic, Hubertus Keltenbier
FLASCHENBIER Die Weisse, Hubertus Radler, Trumer Freispiel
LOKAL In diesem Eckhaus war schon immer ein Wirtshaus, früher sogar mit eigener Fleischerei – die Bezeichnung „Zur Stadt Paris" bekam es von Franz Blauensteiner in den 1950er-Jahren. Der damalige Wirt hatte im Krieg in Frankreich gedient und wollte mit dem Lokal einen Gegenpol zu den damals verschlafenen Beiseln des Bezirks setzen. Im zweiten Zimmer erinnert noch ein uraltes Plakat an die Hotel-Pension Blauensteiner in Gars („Fernruf: Gars 86"). Eine kleine Schank und ein paar einfache Tische in zwei Räumen – hier wird hervorragende Wiener Küche serviert (das Wiener Schnitzel ist ebenso empfehlenswert wie das Herz). Interessante, leise Hintergrundmusik aus den 70er-Jahren. 40 Plätze.

CENTIMETER BEIM RATHAUS

1080 Wien, Lenaugasse 11, +43/1/470060641
www.centimeter.at
ÖFFNUNGSZEITEN Mo-So: 10:00 bis 00:00 Uhr
FASSBIER Centimeter Hausbier (von Stiegl), Starobrno, Budweiser Budvar, Schladminger Bio Zwickl, Hofbräuhaus Traunstein Dunkel, Schneider Weisse, ein saisonales Bier
FLASCHENBIER Ottakringer Helles, Weitra Hadmar, Hirter Märzen, Trumer Pils, Stiegl-Goldbräu, Puntigamer, Wieselburger Gold, Stiegl-Paracelsus Glutenfrei, Corona, La Chouffe, Brew Age Affenkönig, Augustiner, Franziskaner Hefeweißbier, Paulaner Hefeweizen Dunkel, Stiegl-Freibier
LOKAL Das älteste und erste Centimeter – ein Klassiker des Altwiener Grätzels hinter dem Rathaus und in unmittelbarer Nachbarschaft des Kabarett Niedermair: Große, zentrale Bar. Centimeterbrote, die den Lokalnamen prägen, werden von einem jungen, vorwiegend studentischen Publikum verzehrt. Im Sommer findet man einen gemütlichen Gastgarten. 120 Plätze + 20 Barplätze im Erdgeschoß, 145 im Kellergeschoß, im Gastgarten 35 Plätze, im Juli und August zusätzliche 30 Plätze.

CHELSEA MUSICPLACE

1080 Wien, Lerchenfelder Gürtel / U-Bahnbögen 29-30
+43/1/4079309
www.chelsea.co.at
ÖFFNUNGSZEITEN Mo-So: 18:00 bis 4:00 Uhr
FASSBIER Gösser Märzen, Wieselburger Zwickl, Zipfer Urtyp, Starobrno, Guinness, Kilkenny
FLASCHENBIER Fuller's London Pride, O'Hara's Irish Red Ale, Wieselburger Gold, Newcastle Brown Ale, Tegernseer Hell, Weihenstephaner Hefeweißbier, Heineken, Corona Extra
LOKAL Seit Mitte der Neunzigerjahre existiert mitten am Gürtel (Höhe Pfeilgasse) diese Institution der Wiener Rock-Konzertszene mit gutem Craft Bier-Angebot. Das Chelsea besteht aus vier U-Bahnbögen, wobei zwei Bögen als Konzertraum und zwei als Clubraum genützt werden. Im Sommer ist auch ein Schanigarten angegliedert. In den Konzerträumen finden etwa 250 Besucher Platz, bei den Wochenend-Dj-Partys circa 400 Gäste. Bei diesen Events gibt es auch einen Dancefloor. Happy Hour sonntags 16:00 bis 17:00 Uhr. 250 Stehplätze im Lokal, 200 Plätze im Schanigarten.

DAS LANGE PUB UND BEISL

1080 Wien, Lange Gasse 29, +43/1/4085141
www.daslange.at
ÖFFNUNGSZEITEN Mo-Sa: 18:00 bis 2:00 Uhr, So: 18:00 bis 00:00 Uhr
FASSBIER Puntigamer Panther, Mohren Pilsner, Radler
FLASCHENBIER Gösser Märzen, Schwechater Zwickl, Schneider Weisse, Ottakringer Dunkel, Guinness, Zipfer Drei, Clausthaler
LOKAL In der Lange Gasse 29 steht ein Haus, das Ödön von Horvath in „Geschichten aus dem Wienerwald" als Kulisse für seine stille Straße im achten Bezirk diente, und seit mehr als 40 Jahren ist das Lange an dieser Adresse als Lokal für Studenten, Künstler und Intellektuelle, Arbeiter, Angestellte jeden Alters offen. Eine Wand ist mit Veranstaltungsplakaten dekoriert, eine andere mit uralten Deix-Karikaturen. Jeden Dienstag ab 18:00 Uhr wird im Lange ein spezielles Fass Bier angeschlagen. Zum Spezialbier gibt es noch Schmankerln aus der Küche.

Das Lange Pub und Beisl

FROMME HELENE

1080 Wien, Josefstädter Straße 15, Ecke Lange Gasse 33
+43/1/4069144
www.frommehelene.at
ÖFFNUNGSZEITEN Mo-So: 11:00 bis 23:00 Uhr
FASSBIER Reininghaus Pils, Starobrno, Puntigamer Märzen, Ottakringer Helles, Schladminger Bio Zwickl, Helenenbräu (Ottakringer Rotes Zwickl), Kaiser Doppelmalz, Weihenstephaner Hefetrüb, Radler
LOKAL Seit fast 50 Jahren besticht das gemütliche Restaurant mit Wiener und internationaler Küche. Vogelkeller (Gewölbekeller aus dem 18. Jahrhundert) und ruhigem Biedermeier-Gastgarten im Innenhof, jeweils für 70 bis 80 Gäste.

GÜRTELBRÄU

1080 Wien, Stadtbahnbögen 24/25, +43/1/4024195
www.guertelbraeu.at
ÖFFNUNGSZEITEN Mo-Do: 11:30 bis 2:00 Uhr, Fr: 11:30 bis 3:00 Uhr, Sa: 18:00 bis 3:00 Uhr, So: 18:00 bis 00:00 Uhr
FASSBIER Tegernseer Hell, Weitra Hell, Ottakringer Rotes Zwickl, Ottakringer Dunkles, Schneider Weisse
FLASCHENBIER Murauer Märzen, Weitra Hadmar, Corona Extra, Null Komma Josef, Spezialitäten von Next Level Brewing
LOKAL Zwei Stadtbahnbögen sind die architektonische Grundlage dieses Lokals – eine ausführliche Geschichte dazu findet man in der Getränkekarte. Beim Hereinkommen trifft man auf eine kleine Bierbar mit viel Holz und Kupfer und nettes Personal mit ausgeprägter Bierkompetenz – das sorgt für eine interessante bierige Stimmung, die ein wenig an vergleichbare Lokale unter den Berliner Stadtbahnbögen erinnert. Die Bierauswahl ist von Ottakringer geprägt, es gibt aber auch Weitraer und Tegernseer – sowie seit einiger Zeit auch Craftbiere unabhängiger Brauereien wie Next Level. Dazu passende bierige Speisen, die in einer Art „Indoor-Biergarten" unter einem großen Baum serviert werden. Etwas laute Musik (speziell an Freitagen, da gibt's alles von Oldies bis Hüttengaudi), aber an Stimmung und Bier gibt's nichts zu meckern. Und zweimal am Tag gibt's sogar eine Happy Hour – von 15 bis 17 Uhr gibts Ottakringer zum halben Preis, von 17:30 bis 18:30 Uhr gibts dann ganze Brote zum halben Preis. Ca. 80 Plätze, ca. 30 im vorderen und ca. 50 im hinteren Bereich an der Bar, 80 Plätze im Garten am Außengürtel.

Gürtelbräu

HEIDENKUMMER

1080 Wien, Breitenfelder Gasse 18, +43/1/4059163
heidenkummer.at
ÖFFNUNGSZEITEN Mo-Fr: 11:00 bis 23:00 Uhr
FASSBIER Gösser Märzen, Reininghaus Jahrgangspils, Piestinger Schneeberglandbier, Schleppe Zwickl, Schwechater Zwickl
FLASCHENBIER Gösser Märzen, Gösser Stiftsbräu Dunkel, Original Budweiser, Gösser Naturradler, Die Weisse Alkoholfrei
LOKAL Die seit drei Generationen von derselben Familie geführte Eckkneipe Heidenkummer zeichnet sich durch gemütliche Gestaltung in dunklem Holz und die Dekoration mit viel Kunst aus. Auch gibt es eine kleine Sammlung von Bierkrügen und über der Theke hängen auch ein paar alte Bierwerbe-Tafeln. Neben einem täglich wechselnden Mittagsmenü gibt es eine Karte mit Wirtshausklassikern und eine ausführliche Tageskarte. 85 Plätze im Lokal, 25 im Schanigarten davor.

MILES SMILES JAZZ CAFÉ

1080 Wien, Lange Gasse 51, +43/1/4059517
www.miles-smiles.at
ÖFFNUNGSZEITEN Mo-Do: 20:00 bis 2:00 Uhr, Fr-Sa: 20:00 bis 4:00 Uhr
FASSBIER Zwettler Pils, Radler
FLASCHENBIER Zwettler Dunkel, Zwettler Zwickl, Hirter Pils, Hirter Morchl, Schneider Weisse Original, Schneider Aventinus, Weitra Hadmar, Guinness (Dose), Beck's Blue
LOKAL Das Miles Smiles gibt es seit 1981 für ein sehr gemischtes Publikum von Menschen, die Jazzmusik und gepflegtes Bier schätzen. Angenehm schummerige Atmosphäre und eine Vitrine mit Gedenkstücken und Jazzliteratur. 38 Sitzplätze im Lokal, 10 Plätze an der Bar, 16 Plätze im Garten.

Polkadot

POLKADOT

1080 Wien, Albertgasse 12, +43/1/4074125
www.polkadot.at
ÖFFNUNGSZEITEN Mo-Do: 19:00-1:00 Uhr, Fr-Sa: 19:00-3:00 Uhr
FASSBIER Zipfer Märzen, Hirter Pils, Ottakringer Rotes Zwickl, eine wechselnde Bierspezialität
FLASCHENBIER Wieselburger Gold, Murauer Märzen, Tegernseer Spezial, Guinness, Kilkenny, Weitra Schwarzes, Raschhofer Zwickl, Hoegaarden Blanche, Franziskaner Weisse Hell/Dunkel, Astra Rotlicht, Desperados, Gösser Naturgold, Schalken OPA Ottakring Pale Ale, Schremser Vienna I.P., Brauwerk Session IPA, Loncium Carinth IPA, Crew Republic Drunken Sailor, Brew Age Hopfenauflauf, La Chouffe, Duvel, Schleppe No. 3
LOKAL Polkadots sind die Bezeichnung für ein Muster aus einfarbiger Fläche und darauf (regelmäßig) angeordneten Punkten in einer anderen Farbe. Seit Herbst 2014 wurde dieses populäre Studentenlokal in der Albertgasse zu einer „Alternative Music Bar for Students, Travelers and Awesome People" umgestaltet. Viele Parties – und dem Trend der Zeit entsprechend auch viel Craftbier. Eine der Bierleitungen wird ständig mit aktuellem Bier bespielt – etwa dem eigenen Polkadot-Bier, das im Ottakringer Brauwerk eingebraut wurde und es im Bierguide unter die Bierinnovationen des Jahres 2017 geschafft hat. Ca. 80 Sitzplätze und 30 Stehplätze.

PRINZ FERDINAND

1080 Wien, Bennoplatz 2, +43/1/4029417
www.prinzferdinand.at
ÖFFNUNGSZEITEN Mo-Sa: 11:30 bis 23:30 Uhr, So: 11:30 bis 22:00 Uhr
FASSBIER Schremser Premium, Schremser Zwickl
FLASCHENBIER Schremser Doppelmalz, Tegernsee Hell, Die Weisse, Beck's Blue
LOKAL Ein „Edelbeisel" in einem reizenden Biedermeierhaus, mit Wohnzimmeratmosphäre in den drei Bierstüberln und einem stimmungsvollen Gastgarten – von der FAZ unter die besten Beiseln der Welt gereiht. Variationsreiche Speisekarte. 80 Sitzplätze im Lokal und 70 Sitzplätze im Garten.

THE LONG HALL

1080 Wien, Florianigasse 2, +43/1/2951080
thelonghall.at
ÖFFNUNGSZEITEN Mo-Do: 14:00 bis 1:00 Uhr, Fr: 14:00 bis 2:00 Uhr, Sa: 10:00 bis 2:00 Uhr, So: 10:00 bis 1:00 Uhr

The Long Hall

FASSBIER Velkopopovický Kozel (Tank), Velkopopovický Kozel Dunkel, Pilsner Urquell, Guinness, Franziskaner Weißbier, Hoegaarden, Leffe Blonde, Ottakringer Rotes Zwickl, Brew Age Alphatier New England IPA, Stiegl Columbus 1492 Pale Ale, Stiegl-Paracelsus, Stiegl-Goldbräu, ein Monatsbier
FLASCHENBIER Tegernseer Hell, Augustiner Hell, Augustiner Edelstoff, Spaten Münchner Hell, Peroni, Brew Age Barley Wine, Brew Age Black IPA, Brew Age Raspberry Sour, Bosteels Karmeliet Tripel, Stella Artois, Budweiser, Corona, Zwettler Radler
LOKAL Seit 2019 ist in „The Long Hall" ein hervorragendes Beispiel für ein „International" Pub eingezogen – wobei es hier nicht nur die irischen Klassiker aus dem Hause Diageo gibt, sondern auch das tschechische Kozel aus Großpopowitz als Tankbier und die belgischen Biere Leffe und Hoegaarden von AB-Inbev. Karl Burke hat das Lokal nach einer seiner Lieblingsbars in Dublin benannt – wegen der langen Bar ist der Name auch quasi aufgelegt. Die Dekoration ist zwar an den internationalen Anspruch angepasst, es finden sich aber liebenswerte Erinnerungsstücke an das Vorgän-

gerlokal Adam. Das Personal ist freundlich, bierkundig und englischsprachig – 2021 war „The Long Hall“ Wiener Bierlokal des Jahres. 250 Plätze im Lokal, 200 im Gastgarten.

Tunnel

TUNNEL

1080 Wien, Florianigasse 39, +43/1/9904400
www.tunnel-vienna-live.at
ÖFFNUNGSZEITEN Mo-Sa: 9:00 bis 2:00 Uhr, So: 9:00 bis 00:00 Uhr
FASSBIER Stiegl-Goldbräu, Schladminger Sepp, Schwechater Wiener Lager, Starobrno
FLASCHENBIER Wieselburger, Stiegl-Paracelsus, Hirter Privat Pils, König Ludwig Dunkel, Edelweiss Hefetrüb
LOKAL Den Tunnel gibt es an dieser Location schon seit Jahrzehnten – er war für Generationen von Studenten das Stammlokal, weil es hier eine gediegene Bierauswahl zu fairen Preisen und zwei Speisekarten gibt: einmal „aus Wien und Umgebung“ mit durchaus überraschenden Angeboten (Vanilleeis mit Kernöl) und ein zweites Mal international von der Andalusischen Kichererbsen-Bohnensuppe bis zu Polnischen Pierogi. Das Ambiente ist leger, junge Leute kommen zum Kartenspielen und natürlich zum Musikhören. Es gibt regelmäßig Live-Auftritte, etwa von Maria Bill, der Wiener Tschuschenkapelle und dem Kollegium Kalksburg. 180 Plätze auf drei Ebenen, 40 im Schanigarten. 8

U.S.W. – BEISL UND MEHR

1080 Wien, Laudongasse 10, +43/664/4945182
www.uswbeisl.com
ÖFFNUNGSZEITEN Mo-Do: 18:00 bis 2:00 Uhr, Fr-Sa: 18:00 bis 4:00 Uhr
FASSBIER Zwettler Original, Velkopopovický Kozel Dunkel, Radler
FLASCHENBIER Stiegl-Hell, Stiegl-Weisse, Tegernseer Hell, Zwettler Radler, Muttermilch Wiener Bubi, Brewdog Punk IPA, Bevog Tak Pale Ale, Brew Age Alphatier IPA, Jever Fun
LOKAL Dieses mit historischen Emailletafeln alter Bierwerbung dekorierte Lokal ist seit 1980 eine Institution des 8. Bezirks, das Wohnzimmer von Künstlern, Intellektuellen, Originalen. Regelmäßig Veranstaltungen, Konzerte, Kabarett, Lesungen, jeden Mittwoch Quizabend, jeden Sonntagabend eine spezielle Speise gratis, Hausmannskost, Fladen, wechselnde Gerichte, großer Partyraum für geschlossene Gesellschaften, Buffet, Catering, technisches Equipment (2 Sony-Videobeamer, 2 Leinwände, Mikrofon, 16-Kanal-Powermischpult, Boxen, Musikanlage), Couch, Bühne. 100 Sitzplätze, 40 an der Bar, 40 im Garten.

VERDE 1080

1080 Wien, Josefstädter Straße 27, +43/1/4051329
www.verde1080.at
ÖFFNUNGSZEITEN Mo-Fr: 11:00 bis 18:00 Uhr
FASSBIER Andechser Hell
FLASCHENBIER Spezialabfüllungen in Sondergrößen
LOKAL Stefan Kreidl ist ein vorzüglicher Koch und Gastgeber – zudem hat er ein Talent, einen Feinkostladen zu führen. Lange hat er sich dort auch den Bierspezialitäten gewidmet: „Wir haben den Weg geebnet, jetzt gibt es sie aber anderswo billiger, da kann ich nicht mehr mit“, sagt er unumwunden. „ich will niemanden enttäuschen, daher hat er gebeten, seine Wirtshaus-Greisslerei aus der Liste der Top-Bierlokale zu nehmen. Empfehlenswert ist das Verde 1080 aber weiterhin – denn Stefan hat der Bierliebe natürlich nicht abgeschworen und hat immer noch das eine oder andere gute Bier auf Lager.

WILDLING

1080 Wien, Laudongasse 8, +43/664/1059789
www.wildling-foods.at
ÖFFNUNGSZEITEN Mi-Do: 17:00 bis 23:00 Uhr, Fr-Sa: 17:00 bis 00:00 Uhr
FASSBIER BrauSchneider Helles, BrauSchneider Pils, BrauSchneider Zwickl, Wildling Radler
FLASCHENBIER BrauSchneider Weißbier, BrauSchneider Brown Ale, BrauSchneider Session Pale Ale, BrauSchneider Emmerbier, BrauSchneider Imperial Oak Bock 29
LOKAL Restaurant mit Sinn für Nachhaltigkeit, großem vegetarischem Angebot und Bieren von BrauSchneider. Im Backstein-Gewölbe finden gelegentlich Verkostungen der BrauSchneider-Biere, kombiniert mit Tapas statt. 80 Plätze, Schanigarten mit 40 Plätzen.

ZUR BÖHMISCHEN KUCHL

1080 Wien, Schlösselgasse 18, +43/1/4025731
www.zurboehmischenkuchl.at
ÖFFNUNGSZEITEN Mo-Sa: 11:00 bis 15:00 Uhr, 17:30 bis 22:00 Uhr
FASSBIER Pilsner Urquell, Velkopopovický Kozel Hell, Velkopopovický Kozel Dunkel, Radler
FLASCHENBIER Budweiser, Stiegl-Freibier
LOKAL Wie der Name schon sagt: Das Restaurant der Familie Zavadil setzt auf die Rezepte der Kronländer Böhmen und Mähren – und das seit Jahrzehnten mit Erfolg. Als Deko dienen alte Fotos,

alte Häferl, alte Flaschen und sogar alte Bügeleisen. 80 Plätze im Lokal, 25 im Schanigarten.

9. BEZIRK

BEAVER BREWING COMPANY 1090

1090 Wien, Liechtensteinstraße 69, +43/677/61012253
www.beaverbrewing.at
ÖFFNUNGSZEITEN Mo-Do: 16:30 bis 23:30 Uhr, Fr-Sa: 12:00 bis 00:30 Uhr, So: 12:00 bis 22:00 Uhr

Beaver Brewing Company 1090

FASSBIER Motueka Golden Ale, Jackalope Hoppy Sour Ale, Happy Trails Pale Ale, Sunny Day American IPA, 5 Amigos American IPA, Kveik Farmhouse Pale Ale, Big Lake Lager, Boltzmann Constant Hoppy Saison, Wandering Aengus Black IPA
FLASCHENBIER Brew Age, BrauSchneider, Der Belgier, Storchenbräu, wechselnde Gastbiere
LOKAL Ende 2015 eröffnetes Brewpub, das einem alten Gastronomiebetrieb – erwähnt in Doderers Strudlhofstiege, dann lange Zeit als Chinese geführt – frisches, amerikanisch angehauchtes Leben gegeben hat. Kleine zentrale Bar, an der es auch gute Beratung zu den Bieren gibt. Diese kommen großteils aus der eigenen Brauerei im Keller, einige von anderen Craft Brauern. Man kann auch aus kleinen Tastern kosten, was gerade im Angebot ist. Und: Spektakulär ist der Infusion Tower, der es ermöglicht, den Bieren noch einmal zusätzliches intensiveres Aroma zu verpassen. Zum Beispiel ein Porter mit frisch gerösteten Kaffeebohnen, ein IPA mit frisch geschnittenen Grapefruitscheiben oder ein Lager mit Zitronenmelisse & Zitronenzeste. Das Essen dazu ist herzhaft mit einer Auswahl an typisch amerikanischen Gerichten. Abends kann es hier richtig voll werden, da kommen viele amerikanische Ex-Pats. Wer zum Bierkosten kommen will, ist am Nachmittag sicher besser bedient. Interessantes Gastbierangebot – vom hellen hopfigen Lager bis zum hochprozentigen fassgereiften Barleywine ist alles dabei. Und am Wochenende ist früher geöffnet für ein amerikanisches Frühstück mit Pancakes, Waffles, Scrambled Eggs und was das Herz sonst noch begehrt. Neu im Angebot sind Craftbeer&Whisky Pairings – jeweils am letzten Donnerstag im Monat (beschränkte Teilnehmerzahl, Reservierung erforderlich!) 80 Plätze im Lokal, 15 an der Bar.

BIERHEURIGER ZUM GANGL

1090 Wien, Alser Straße 4, Hof 1, +43/1/4091994
www.facebook.com/zum.gangl
ÖFFNUNGSZEITEN Mo-Do: 9:00 bis 00:00 Uhr, Fr-Sa: 11:00 bis 00:00 Uhr, So: 11:00 bis 22:00 Uhr
FASSBIER Weitra Märzen, Zwettler Pils, Zwettler Zwickl, Zwettler Dunkles, Zwettler Gemischtes, Zwettler Radler
FLASCHENBIER Kapsreiter Landbier Hell, Tegernseer Hell, Weitra Hadmar, Schneider Weisse, Clausthaler
LOKAL Biertreff im Alten AKH, der auch größere Gruppen flink und kompetent bedient – sowohl was die Auswahl gepflegt gezapfter Biere, als auch was die Qualität der Speisen betrifft. 250 Sitzplätze im Lokal, Galerie (für Feiern) 100 Sitzplätze im Lokal, 500 im Gastgarten.

CHARLIE P'S PUB & KITCHEN

1090 Wien, Währinger Straße 3, +43/1/4097923
www.charlieps.at
ÖFFNUNGSZEITEN Mo: 15:00 bis 1:00 Uhr, Di-Do: 15:00 bis 2:00 Uhr, Fr: 15:00 bis 3:00 Uhr, Sa: 12:00 bis 3:00 Uhr, So: 12:00 bis 1:00 Uhr
FASSBIER Ottakringer Helles, Ottakringer Wiener Original, Ottakringer Bio Zwickl, Brauwerk Big Easy IPA, Madra Rua Nitro Red Ale (exklusiv von der Brauerei Gusswerk gebraut), Cúla Búla Pale Ale (exklusiv von Drunken Unicorn gebraut), Budweiser, Leffe Blonde, eine saisonale Bierspezialiät
FLASCHENBIER Augustiner Bräu Helles, Augustiner Edelstoff, Schneider Weisse, Tegernseer Hell, Paulaner Hefeweißbier, Ottakringer Pils, Leffe Brune, Stella Artois, Brauwerk Native Tongue, Brauwerk Hellberry Red IPA, Brauwerk Sunbeam Blonde, Drunken Unicorn Paradise Sun, Gusswerk Citra Beach, Gusswerk Bio Nicobar IPA, Gusswerk Austrian Amber Ale, Fuxx IPA, Blanche de Bruxelles, Lindemans Kriek, Gusswerk Bio Steinbier, Gusswerk Horny Betty, Duvel Moortgart, La Chouffe Houblon IPA, Westmalle Dubbel
LOKAL Dieses Pub ist eine Wiener Institution, die einfach nicht sterben durfte. Als der bisherige Betreiber im Sommer 2019 Pleite gegangen ist, ist daher die Ottakringer Brauerei eingesprungen und hat das Charlie P's gerettet. Kurz danach wurde es mit geändertem Angebot wieder eröffnet. Es erfreut sich nach wie vor großer Beliebtheit beim studentischen Publikum – mit acht großformartigen TV-Schirmen ist das Lokal auch eine der bedeutendsten Sports-Bars der Stadt. Am Sonntag gibt es ein Pub-Quiz und an den meisten Tagen der Woche legt in der Cellar Bar ein DJ auf.

CLASH

1090 Wien, Fluchtgasse 9, +43/1/9224830
www.clash.at
ÖFFNUNGSZEITEN Mo-So: 18:00 bis 1:00 Uhr
FASSBIER Hirter Pils, Hirter 1270, Schladminger Bio Zwickl, ein Bier des Monats
FLASCHENBIER Hirter Morchl, Zillertal Schwarzes, Raschhofer Zwickl, Budweiser, Wieselburger Stammbräu, Trumer Pils, Murauer Märzen, Weitra Hadmar, Tegernseer Spezial, Corona, Die Weisse, Brew Age Hopfenauflauf, Guinness Extra Stout, Gösser Naturgold, Erdinger Hefeweizen Alkoholfrei, ein Bier des Monats
LOKAL Wohnlich eingerichtetes Ecklokal – alte Stehlampen und sogar eine kleine Bücherwand sorgen für ein heimeliges Gefühl. Bedeutende Fußballspiele werden übertragen, gelegentlich Live-Konzerte (von den Gästen werden freie Spenden erwartet). In den Sommermonaten gibt es auf beiden Seiten des Lokals einen Schanigarten.

DAS GRU

1090 Wien, Rögergasse Ecke / Stroheckgasse, +43/650/7613168
dasgru.at
ÖFFNUNGSZEITEN Mi-Do: 18:00 bis 1:00 Uhr, Fr-Sa: 20:00 bis 2:00 Uhr
FASSBIER Zaungast Weißbier Honig-Lavendel, Rodauner Strizzi, Alefried Super Casual Beer, Brew Age Alphatier New England IPA, Das aktuelle Craftbier vom Fass ist an der Theke angegeben.
FLASCHENBIER Schneider's Helles Landbier, Tegernseer Spezial, Augustiner Hell, Weitra Hadmar, Tilmans Das Helle, Starkenberger Schloss Pils, Trumer Pils, Schneider Weisse, Unertl Weiße, Obertrumer Zwickl, König Ludwig Dunkel, Zwettler Radler, Trumer Freispiel, Tilmans Mit Ohne alkoholfrei, Bierkanter Owl Eyes on Black , Lervig Sour Suzy
LOKAL Bierlokal des Jahres, siehe Seite 366.

Das Gru

DAZWISCHEN

1090 Wien, Pramergasse 21, +43/1/9257609
dazwischen-wien.at
ÖFFNUNGSZEITEN Di-Sa: 11:30 bis 20:00 Uhr
FLASCHENBIER Aecht Schlenkerla Rauchbier, Astra Rotlicht, Bernard Celebration Lager, Browar Stu Mostów, Enkidu Schani Rotbier, Enkidu Dulliöh Hanfbier, Next Level Local Hero, Pöhjala Marshmellow Island Imperial Porter, Rodauner Gigerl, Schneider Landbier, Spaten Münchner Hell, Tiny Rebel Tropica Alkoholfrei
LOKAL Auf den ersten Blick ist das ein Schnellimbiss: „The Sandwich Spot", lautet die Selbst-Definition des Lokals von Darrin McCowan, der seine Erfahrungen in den Delis von Chicago im Herbst 2022 nach Wien transferiert hat. Es geht hier aber eben nicht nur um Sandwiches und Hot Dogs (die auf selbst gebackenem Brot serviert werden), sondern auch um eine Bierauswahl, wie sie das hippe Servitenviertel verdient hat. Rund 20 wechselnde Biere – und eben nicht nur Märzen aus unterschiedlichen Brauereien – sind im gläsernen Kühlschrank vertreten, ideale Begleiter zum Gourmet-Imbiss.

FLADEREI BERGGASSE

1090 Wien, Berggasse 12, +43/1/3100243
www.fladerei.com
ÖFFNUNGSZEITEN Mo - Fr 11:00 bis 24:00 Uhr, Sa 17:00 bis 24:00 Uhr, So 17:00 bis 22:00 Uhr

Fladerei Berggasse

FASSBIER Pils, Zwickl, Dunkles, Schladminger Märzen, Starobrno, eine wechselnde Bierspezialität
FLASCHENBIER Weihenstephaner Hefeweißbier, Paulaner Hefe-Weißbier, Schneider Weisse, Aventinus Weizenbock, Wieselburger Stammbräu (Bügelflasche), Tegernseer Hell, Augustiner Hell
LOKAL Auch in dieser Fladerei-Location gibt es Fast Food at it's best: Hier hat man sich auf die gefüllten Brotteig-Taschen konzentriert. Diese passen sehr gut zum Bier, werden jeden Tag in anderen Varianten angeboten und sind preiswert, was den Studenten an den nahe gelegenen Universitätseinrichtungen gerade recht kommt. Das Hausbier-Zwickl erweist sich als Schwechater Zwickl, seltsamerweise wird es im Weizenbierglas kredenzt, was dem Geschmack aber keinen Abbruch tut. 75 Plätze im Lokal, 8 Plätze an der Bar.

9. BEZIRK

HIGHLANDER BREWPUB

1090 Wien, Sobieskiplatz 4, +43/1/3152794
www.the-highlander.at
ÖFFNUNGSZEITEN Mo-So: 11:00 bis 00:00 Uhr
FASSBIER Highlander Stout, Highlander Märzen, Highlander Lager
FLASCHENBIER Wieselburger Stammbräu, Egger Märzen, Beck's
LOKAL Am Rande des neunten Bezirks am Sobieskiplatz liegt das Bierlokal mit eigener Brauerei „The Highlander" – nur wenige Schritte von der Volksoper entfernt. Das ehemalige Irish Pub bedient die auf Guinness eingeschworenen Gäste seit dem Jahr 2000 mit einer eigenen Version eines Bieres im irischen Stil. Zur Weihnachtszeit gibt es auch ein kräftiges Bockbier. Der Garten, der praktisch in der Mitte des Sobieskiplatzes unter einer alten Platane liegt, ist besonders sehenswert. 95 Sitzplätze, 10 an der Bar, Partykeller, Schanigarten: 110 Sitzplätze. ✕

ISAAC'S PUB

1090 Wien, Schubertgasse 13, +43/1/8908084
www.isaacs.at
ÖFFNUNGSZEITEN Mo-Do: 16:00 bis 2:00 Uhr, Fr: 16:00 bis 3:00 Uhr, Sa: 15:00 bis 3:00 Uhr, So: 15:00 bis 00:00 Uhr

Isaac's Pub

FASSBIER Isaacs Lager (Hausbier), Stiegl-Goldbräu, Pilsner Urquell, Stiegl-Paracelsus, Hirter Märzen, Stella Artois, Trumer Pils, Guinness, Newcastle Brown Ale, Velkopopovický Kozel Hell, Velkopopovický Kozel Dunkel, Stiegl Columbus 1492 Pale Ale, Stiegl-Weisse
FLASCHENBIER Guinness Hop House 13, Augustiner Edelstoff, König Ludwig Dunkel, Corona, Leffe, Desperados, Spaten, Obertrumer Zwickl, wechselnde Sorten im Programm.
LOKAL Recht authentisch gemachtes Schwesterlokal des Irish Pub Johnny's, montags gibt es ein Pubquiz, freitag steht Bingo auf dem Programm und Karaoke auf Anfrage. Und wer nicht nur Bier trinken will, kann hier auch ausgezeichnete Burger vom Lavasteingrill essen. Für Sportfans gibt es ein breites Angebot auf 2 Leinwänden und 5 Fernsehern. Neben Fussball, American Football kann man auch Tennis, Basketball und alle anderen Sportevents schauen. Saisonal bietet eine zusätzliche Bierleitung zusätzliche Bierspezialitäten – und was hier gezapft wird, hat stets gute Qualität. Ca. 80 Sitzplätze, 40 im Garten. Und dazu gibt es noch einen Partykeller.

PAPPALA PUB

1090 Wien, Währinger Gürtel, U Bahn-Bogen 156 + 157
+43/1/3102217
www.pappalapub.at
ÖFFNUNGSZEITEN Mo-Do: 17:00 bis 2:00 Uhr, Fr-Sa: 19:00 bis 4:00 Uhr, So: 19:00 bis 00:00 Uhr
FASSBIER Guinness, Stiegl-Hell, Brew Age Hopfenauflauf Pale Ale, Stiegl-Paracelsus Bio-Zwickl, Schleppe Hausbier
FLASCHENBIER Obertrumer Zwickl, Raschhofer Zwickl, Maisel's Weisse, Tegernseer Helles, Zillertal Pils, Grieskirchner Dunkel, Stiegl Weizen, Zwettler Export, Martha Krieger Spitzenpils, Schremser Vienna IP, Raschhofer Lebenskünstler Witbier, Theresianer Pale Ale, Stone Brewing Ruination, Bevog Kramah IPA, Brew Age Affenkönig IPA, Brew Age Alphatier IPA, Brew Age Eisknacker, Heineken, Corona, Brew Age Bienenstich, Mohren Spezial, wechselnde Craftbiere
LOKAL Dieses am späteren Abend recht laute Lokal in den Stadtbahnbögen der U6 ist quasi das Wohnzimmer der Studenten der Universität für Bodenkultur – wenn man Glück hat, bringen die jungen Leute auch Musikinstrumente mit und spielen auf. Freundliche Stimmung, freundliche Bedienung. SKY/DAZN Sportübertragungen. 70 Plätze im Lokal, 20 an der Bar, 40 im Schanigarten.

Pappala Pub

SÄGEWERK

1090 Wien, Währinger Straße 21, +43/1/9422489
www.diebausatzlokale.at
ÖFFNUNGSZEITEN Mo-So: 11:00 bis 2:00 Uhr
FASSBIER Gösser, Starobrno, Weihenstephaner, Puntigamer
FLASCHENBIER Wieselburger Stammbräu, Augustiner Edelstoff, Gösser Stiftsbräu, Schladminger Bio Zwickl, Gösser Naturgold
LOKAL Die bei Grazer Studenten seit zwei Jahrzehnten beliebten Bausatzlokale haben 2017 im Wiener Studentenviertel (Ecke Lackierergasse) einen stylisch gestalteten Ableger bekommen: Kernidee ist, dass man nach Lust und Laune Burger, Pizze, Salate, Toasts und Pfandln zusammenstellen kann, indem man ankreuzt, wonach einem der Appetit steht. Dazu gibt es freundlich servierte Biere aus dem Hause BrauUnion – und eine Dekoration, die dem Namen entsprechend aus Sägen und Emailleschildern besteht. In einem Nebenraum steht ein Dart-Automat. 70 Plätze im Lokal, 15 an der Bar. ✕

SHANTERS – THE PUB

1090 Wien, Liechtensteinstraße 104-106, +43/677/63243684
www.facebook.com/shantersthepub
ÖFFNUNGSZEITEN Mo-Do: 16:30 bis 2:00 Uhr, Fr-Sa: 16:30 bis 4:00 Uhr, So: 16:30 bis 2:00 Uhr
FASSBIER Guinness Stout, Starobrno, Wieselburger Gold, Kilkenny Red Ale, Budweiser
FLASCHENBIER Wieselburger Stammbräu, Edelweiss Hefetrüb, Heineken
LOKAL Das ehemalige „Tam O'Shanters" hat seit 2021 einen neuen Namen – aber im Wesentlichen dasselbe Angebot, das man hier gewohnt war: Irish-schottisches Flair, gepflegtes Guinness und öfters Sportübertragungen. Ab und zu Konzerte und Parties (etwa zu Halloween). 40 Plätze im Lokal, 50 im Schanigarten unter den Bäumen in der Althanstraße.

SOLO PIZZA E BIRRA

1090 Wien, Altes AKH, Alserstraße 4, +43/1/4029182
www.solopizza.at
ÖFFNUNGSZEITEN Mo-So: 11:00 bis 23:00 Uhr
FASSBIER Birra Moretti, Puntigamer Panther, Schwechater Zwickl, Starobrno, Kaltenhauser Botschaft Wiener Lager, Kaltenhauser Botschaft India Pale Ale, Kaltenhauser Botschaft Stout, Gösser Naturradler, Heineken 0,0%
FLASCHENBIER Birra Messina, Birra Ichnusa, Birra del Borgo ReAle, Birra Moretti La Biancha, Gusswerk Zum Wohl Glutenfrei, Gusswerk Rhabarber Radler, Bevog Helles Export Spezial, Browar Stu Mostów Berliner Weisse Strawberry, Garage Soup IPA, Brewdog Punk IPA, Brew Age Affenkönig, Weihenstephan Hefeweisse
LOKAL 23 Jahre lang war in der ehemaligen Anstaltsapotheke des Alten AKH das Universitäts-Bräuhaus untergebracht – dann wurde das Lokal durchgängig modernisiert: Die alten Holzbalken und die Wände wurden schwarz gestrichen, dann großflächig bemalt. Interessanterweise wirkt das Lokal jetzt heller und freundlicher. Die Pizze sind aus Natursauerteig, das Hauptbier kommt von Moretti aus Italien – was für einen sehr authentischen Gesamteindruck sorgt. Wie schon in den letzten Jahren des Uni-Bräu (das niemals selbst gebraut hat), kommen die meisten Biere von der BrauUnion – einige aus der Kaltenhauser Botschaft in Wien-Fünfhaus. Dass zudem einige Craftbiere in die Kühlschränke gefunden haben, ist ebenfalls ein Pluspunkt. 200 Plätze im Lokal, bis zu 500 im Hof des Universitätscampus. ✕

Solo Pizza e Birra

SPEAKEASY PUB

1090 Wien, Hebragasse 9, +43/650/7713751
www.pub-speakeasy.at
ÖFFNUNGSZEITEN Mo-Fr: 9:00 bis 1:00 Uhr
FASSBIER Starobrno, Zipfer Urtyp, Wieselburger, Guinness, Kilkenny
FLASCHENBIER Edelweiss Hefetrüb, Gösser, Kaiser Doppelmalz
LOKAL Ein gemütliches irisch dekoriertes Pub gegenüber vom St. Anna Kinderspital – aber die Küche ist eher wienerisch: Leberknödelsuppe, Schweinsschnitzel und Eiernockerl machen dem traditionellen Irish Stew und den Fish & Chips gehörig Konkurrenz. Zum schlanken Bierangebot kommt eine deutlich größere Whiskykarte. Cool: Vor dem Lokal steht gelegentlich ein alter Transit-Bus, der für sich genommen schon eine Sehenswürdigkeit ist. Und, noch origineller: Jeden Tag wird ein anderes Bier verbilligt abgegeben, Guinness-Fans merken sich den Montag vor. Und wer Stammgast wird, kann mit einer abgestempelten Karte bei einer monatlichen Verlosung ein Fahrrad gewinnen. 50 Sitzplätze im Lokal, 8 Plätze an der Bar. ✕

STATT-BEISL IM WUK

1090 Wien, Währinger Straße 59, +43/1/4087224
www.statt-beisl.info
ÖFFNUNGSZEITEN Mo-Di: 12:00 bis 00:00 Uhr, Mi-Fr: 12:00 bis 2:00 Uhr, Sa: 17:00 bis 2:00 Uhr

FASSBIER Brew Age Dunkle Materie IPA, Bierkanter It's all Good Man, Newcastle Brown Ale, Thornbridge Jaipur, Bevog Tak Pale Ale, O'Hara's Irish Stout, Zipfer Märzen, Piestinger Schneeberglandbier, Bernard Bohemian Czech Lager, Kaltenhauser Kellerbier, Schremser Pils

FLASCHENBIER Große Bandbreite an Marken und Stilen – vom Beavertown Gamma Ray über den Arrogant Bastard von Stone, Bevogs Buzz Hazy IPA und Hoegaarden Wit zum Bayreuther Hell, Schremser Vienna IP und dem Aecht Schlenkerla Rauchbier. Von Flügge gibt es das Fränk Maracuja Sauerbier, von Brlo die Berliner Weisse und von Rodenbach deren Grand Cru – und viele andere, sogar alkoholfreies Craftbier von Brew Age.

LOKAL Das Statt-Beisl hat sich aus der Alternativkultur- und Besetzerszene der 1980er-Jahre herausentwickelt – das heutige „Werkstätten- und Kulturzentrum" WUK war zunächst eine Lokomotivfabrik, wurde dann 1884 bis 1980 als Schulgebäude des TGM genutzt, anschließend besetzt und schließlich hochoffiziell als Kulturzentrum eingerichtet. Das Statt-Beisl hat noch einen kleinen Hauch dieser alternativen Kulturgeschichte, es hat sich in den letzten Jahren aber vor allem zu einer Hochburg der Craftbier-Szene entwickelt. Elf Zapfhähne mit sehr unterschiedlicher Biervielfalt und Flaschenbiere, die man auch nicht in jedem Supermarkt finden kann. Immer wieder Speisen mit Bier gekocht auf der Wochenkarte, wie Burger mit IPA-Sauce, Cheesecake mit Sauerbiergelee oder eine Cheddar-Stout-Suppe. 120 Sitzplätze im Lokal, 30 an der Bar, 150 im Gastgarten.Wegen Generalsanierung des Hauses ist das Statt-Beisl ab Mitte April bis Anfang Oktober 2023 geschlossen!

STIEGL-AMBULANZ

1090 Wien, Uni-Campus Altes AKH, Alser Straße 4, +43/1/4021150
www.stiegl-ambulanz.com

ÖFFNUNGSZEITEN Mo-Do, So: 08:30 bis 24.00 Uhr, Fr und Sa: 08:30 bis 01:00 Uhr

FASSBIER Stiegl-Goldbräu, Stiegl-Hell, Stiegl-Paracelsus Bio Zwickl, Stiegl- Weisse Naturtrüb, Stiegl-Pils

FLASCHENBIER Stiegl-Columbus Pale Ale, Stiegl-Hausbiere saisonal, Stiegl-Radler Zitrone/Grapefruit, Stiegl Sport-Weisse, Stiegl-Freibier, eine Auswahl an Internationalen Bieren

LOKAL Inmitten eines der schönsten Biergärten Wiens – in einer spätbarocken Parkanlage angelegt – bietet die ehemalige Ambulanz des historischen Allgemeinen Krankenhauses mehr als bloß „kulinarische Erstversorgung". Vielmehr kann man hier Salzburger Bierkultur in Reinform erleben – etwa in der gemütlichen Salzburger Stube oder am offenen Kamin der Lounge. Der Gastgarten ist übrigens nicht nur im Sommer Anlaufpunkt für Gruppen, die hier ihr After-Work-Bier genießen. Im Advent gibt es nämlich in dem großen Hof einen Adventmarkt und die Stiegl-Ambulanz ist mir einer Alm dabei. Regelmäßig gibt es neue Bier-Sorten zu entdecken, welche Tradition mit modernem Brauhandwerk kombinieren. Großer Saal 160 Sitzplätze, Salzburger Stube 100 Sitzplätze, Lounge 50 Sitzplätze, Barbereich 24 Sitzplätze und Stehplätze an der Bar, im Garten 700 Sitzplätze.

Stiegl-Ambulanz

Stiegl
Gasthaus
am Campus
Ambulanz

THE GOLDEN HARP ALSERGRUND

1090 Wien, Alserbachstraße 37, +43/676/7606496
www.goldenharp1090.at

ÖFFNUNGSZEITEN Mo-Fr: 11:00 bis 00:00 Uhr, Sa-So: 12:00 bis 00:00 Uhr

FASSBIER Hausbier, Guinness, Guinness Hop House 13, Kilkenny, Starobrno

FLASCHENBIER Heineken, Zipfer Urtyp, Desperados, Sol, Wieselburger Stammbräu, Schwechater Zwickl, Weihenstephaner, Kaiser Doppelmalz, Fuller's London Pride, O'Hara's Irish Pale Ale, Brewdog Punk IPA, Edelweiss Alkoholfrei, Heineken 0,0%

LOKAL Wahrscheinlich das eleganteste der Golden Harp Pubs befindet sich zwischen Franz Josefs Bahnhof und der U-Bahnstation Friedensbrücke. Die Location – das ehemalige Cafe Rundfunk – beeindruckt nicht nur durch die schiere Größe, sondern auch durch eine große Bibliothek: Man hat sich bemüht, mit der großzügig mit Ledersofas möblierten Lounge eine „gute Stube" einzurichten. Die Library kann auch für private Feiern gemietet werden. Serviert werden Burger, Schwarzbrottoasts, Steaks, Fish & Chips. 120 Plätze im Lokal.

ZUM ROTEN BÄREN

1090 Wien, Berggasse 39, +43/1/3176150
www.zumrotenbaeren.at
ÖFFNUNGSZEITEN Di-Sa: 18:00 bis 00:00 Uhr
FASSBIER Černá Hora Hora Lezak (Helles), Schremser Premium, Zwickl
FLASCHENBIER Cerna Hora Velen (Weizen), Cerna Hora Forman (Alkoholfrei), Černá Hora Granát, Puntigamer, Lobkowicz
LOKAL Hier kann man zu tschechischem Bier gut und preiswert essen, die Küchentradition des roten Bären umspannt die alte Monarchie: gegrillte Fleischlaberln, Altwiener Backfleisch in Bioqualität, slowenischer Vorspeisenteller mit Sterz, polnische Pierogi und Rinderschmorbraten mit Butternudeln. Das kleine, eng bestuhlte Lokal hat auch aufgrund des freundlichen Service einen heimeligen, fast familiären Charakter, vielleicht auch wegen der Stamnmkundschaft von der benachbarten Kriminalpolizei und dem Verteidigungsministerium. Bis vor einigen Jahren hieß das Lokal noch „Zum Braunen Bären" – was politisch irgendwie gar nicht mehr geht. Der neue Betreiber wechselte die Farbe des Tiers in Rot – das Aushängeschild des Lokals heißt angeblich Leonid. 50 Sitzplätze im Lokal, 15 im Schanigarten.

ZUR GOLDENEN KUGEL

1090 Wien, Lazarettgasse 6, +43/1/4058363
www.zurgoldenenkugel.at
ÖFFNUNGSZEITEN Mo-Fr: 11:00 bis 23:00 Uhr
FASSBIER Budweiser, Trumer Pils, Hirter Morchl, Zwickl, ein Monatsbier saisonal wechselnd
FLASCHENBIER Andechs Hefeweißbier, Erdinger Alkoholfrei
LOKAL Zwischen Altem und Neuem AKH liegt dieser Fixpunkt der Wiener Restaurantszene, der lagebedingt viele Ärzte zu seinen Stammgästen zählt. Lamperie aus dunklem Holz, kleine Bar, nettes Personal: hervorragende Bierpflege garantiert. 80 Sitzplätze im Lokal, 7 Plätze an der Bar, 14 im Gastgarten und 12 im Schanigarten.

10. BEZIRK

BIEROCHS

1100 Wien, Raaber Bahn Gasse 12, +43/1/6031675
www.facebook.com/pages/Bierochs
ÖFFNUNGSZEITEN Mo-Fr: 17:00 bis 1:00 Uhr
FASSBIER Budweiser, Hirter, Stiegl
FLASCHENBIER Wechselnde Auswahl an ca. 50 Flaschenbieren
LOKAL Der Bierochs war schon ein Bierbeisl, als es diesen Begriff noch nicht gegeben hat – und das hat sogar der englische Guardian anerkannt. Er beschrieb im Februar 2020 den Bierochs als eine der besten Bars in der Umgebung eines europäischen Großbahnhofs: „About 15 minutes' walk south from the Hauptbahnhof." Mitten in Favoriten, nur eine Minute Fußweg von der U-Bahnstation Keplerplatz entfernt, geht man durch ein in ein altes Bierfass eingelassenes Türchen in ein Souterrain-Gewölbe. Dort begrüßt einen rechterhand eine kleine Bar, links stehen ein paar Tische – alles dezent beleuchtet und ideal für einen bierigen Abend gestimmt. Die Chefin und ihre Mitarbeiterinnen sind immer freundlich und bierkundig. Ca. 90 Sitzplätze im Lokal, 8 an der Bar.

BIERPARK HUTSCHN BRÄU

1100 Wien, Laaer Wald 222, +43/1/6885422
hutschn-braeu.at
ÖFFNUNGSZEITEN Mo-So: 9:00 bis 22:00 Uhr
FASSBIER Hutschn Bräu
LOKAL Ernst Hrabalek, der aus Wien-Favoriten stammt und mit seiner Eisengießerei bekannt und erfolgreich geworden ist, steckt hinter der Aufwertung des Böhmischen Praters mit vielen nostalgisch angehauchten Attraktionen. Das Hutschn-Bräu ist eine der größten – auch wenn der schön ausgestattete Garten einige Anlaufschwierigkeiten zu bestehen hatte und 2023 ein neues Gastro-Team bekommen hat: Das nach Bio-Standards gebraute Bier kommt aus dem eigenen Brauhaus, das stolz hinaus in den Garten blitzt. Und im Dezember gibt es eine eigene Attraktion mit dem sehr stimmigen Weihnachtsmarkt, auf dem ein Bier-Punsch ausgeschenkt wird, der wirklich gut nach Bier schmeckt. 220 Sitzplätze im Innenbereich, 750 Sitzplätze im Außenbereich. Saisonbetrieb März-September.

Bierpark Hutschn Bräu

BIERSTADL IM BÖHMISCHER PRATER

1100 Wien, Laaer Wald 218a, im Böhmischen Prater
+43/1/6892300
www.bier-stadl.at
ÖFFNUNGSZEITEN Mo-So 10:00 bis 23:00 Uhr
FASSBIER Budweiser, Hirter, Grieskirchner Dunkel, Gemischtes
FLASCHENBIER Budweiser, Hirter, Paulaner Hefeweißbier
LOKAL Eines der typischen Bierlokale im böhmischen Prater, einfache Gaststube, sehr netter Biergarten unter Eichen – und die für die Location passenden Speisen vom Grillhenderl über die Cevapcici bis zu den Spareribs, die als Spezialität des Hauses gelten. Viel lokales Publikum, das unter der Woche die preiswerten Mittagsmenüs genießt. An Wochenenden kann der Betrieb manchmal hektisch werden, da muss man auf das (übrigens immer schön gezapfte) Bier leider länger warten.

BRÄUHAUS TEN.FIFTY

1100 Wien, Absberggasse 27, +43/650/2158959
www.tenfifty.at
ÖFFNUNGSZEITEN Di-Fr 17:00 bis 23:00 Uhr und an jenen Wochenenden, an denen in der Brotfabrik Wien Veranstaltungen stattfinden.

Bräuhaus Ten.Fifty

BRÄUHAUS TEN.FIFTY.

FASSBIER Alle aktuellen Ten.Fifty Biere
FLASCHENBIER Alle aktuellen Ten.Fifty Biere
LOKAL Ursprünglich in der Bräuhausgasse in 1050 Wien gegründet (daher der Name Ten.Fifty), ist die Microbrewery des Jahres 2022 in das ehemalige Maschinenhaus der Ankerbrotfabrik nach Favoriten gezogen. In der Brotfabrik wird nun eine breite Vielfalt an Bieren gebraut, darunter auch untergäriges Kellerbier und das Pils „Favorite(n)". Der Schwerpunkt liegt aber klar im obergärigen Bereich. Simon Latzer und Martin White schenken manche Sude nur im Taproom aus, ein Besuch hier lohnt einerseits wegen des Ambientes mit viel Ziegeloptik und den vielen Galerien in der Nachbarschaft; andererseits, weil man hier immer Leute trifft, mit denen man kundig über Bier reden kann. Meist ist auch einer der Chefs anwesend – Feedback zu den Bieren hören sie gerne. Speisen gibt es keine, allerdings werden Pizze auf Bestellung von der nahen „Pause am Berg" zugestellt. Tagsüber und an den meisten Wochenenden ist der Taproom geschlossen, allerdings steht an Wochentagen ein Food-Truck auf dem Vorplatz der Brauerei – da kann man zum Lunch auch die eine oder andere Dose aus dem Bräuhaus bekommen. 60 Plätze auf zwei Ebenen, 30 im Hof vor der Brauerei.

CAMPUS BRÄU

1100 Wien, Wiedner Gürtel 1, +43/1/7691589
www.campusbraeu.at
ÖFFNUNGSZEITEN Mo-Fr: 11:30 bis 00:00 Uhr
FASSBIER Stiegl-Goldbräu, Stiegl-Paracelsus, Velkopopovický Kozel Hell, Zwettler 1890, Velkopopovický Kozel Dunkel, Stiegl-Radler Zitrone
FLASCHENBIER Stiegl-Weisse, Stiegl-Hell, Franziskaner Dunkel, Hirter Privat Pils, Stiegl-Columbus 1492, Stiegl-Gipfelstürmer
LOKAL Eines der Aushängeschilder der Stiegl-Brauerei, klug mit Bieren anderer Marken ergänzt: Das Campus-Bräu ist ein amerikanisch angehauchtes Bierlokal auf dem Campus der Erste Bank (das ist dort, wo früher der Südbahnhof war). Zum After Work Beer aus den umliegenden Bürotürmen kann es gelegentlich ziemlich voll werden. 255 Plätze im Lokal, 20 an der Bar.

DAS COLUMBUS

1100 Wien, Columbusplatz 6, +43/1/6042303-20
www.dascolumbus.at
ÖFFNUNGSZEITEN Mo-Sa: 9:00 bis 00:00 Uhr, So: 9:00 bis 23:00 Uhr
FASSBIER Ottakringer Helles, Hausbier (Ottakringer Rotes Zwickl), Ottakringer Dunkles, Ottakringer Wiener Original, Ottakringer Zwickl, Paulaner Weißbier, saisonale Spezialbiere
FLASCHENBIER Stiegl-Pils, Stiegl-Columbus Pale Ale, Augustiner Lager Hell, Augustiner Edelstoff, Tegernseer Hell, Heineken
LOKAL Über die Jahre hat sich dieses freundlich gestaltete Bierlokal zu einer Favoritner Institution entwickelt und hat sich 2017 durch eine Fusion mit dem Café nebenan nicht nur räumlich vergrößert, sondern auch seinen Namen in „Das Columbus" geändert. Sehr freundliches Service, das sich auch bemüht, die Biere zu erklären. Eine Craftbier-Karte sowie Food Pairing Events sind in Kooperation mit dem Brauwerk in Planung. Dafür gibt es (dem

Namen des Lokals gerecht werdend) das Columbus Pale Ale von Stiegl. 121 Plätze im Lokal, 12 an der Bar, bis zu 300 in den Schanigärten vor dem Columbuscenter.

Das Columbus

DER RINGSMUTH

1100 Wien, Johannitergasse 1, +43/1/6031835
www.der-ringsmuth.at
ÖFFNUNGSZEITEN Di-Sa: 11:30 bis 23:00 Uhr
FASSBIER Hausmarke - der Ringsmuth, Zipfer Pils, Saisonbier
FLASCHENBIER Edelweiss Hofbräu, Schlossgold
LOKAL Direkt hinter dem Hauptbahnhof ist noch lange nicht Endstation – zumindest kulinarisch gesehen. Aus einem unscheinbaren Ecklokal in Favoriten wurde vor mehr als zehn Jahren „Der Ringsmuth", in dem ein ehemaliger Koch vom Steirereck groß aufkocht – aber auch die Arbeiter vom Bahnhof und dem Sonnwendviertel bewirtet. Etwa mit Erdäpfel-Grammelknödeln mit warmem Spitzkrautsalat. Gault Millau ist das eine Haube wert. 80 Plätze.

MABEL'S NO 90

1100 Wien, Laxenburger Straße 90, +43/1/6045397
www.mabels.at
ÖFFNUNGSZEITEN Mo-Sa: 8:00 bis 2:00 Uhr, So & Feiertag: 14:00 bis 23:00 Uhr
FASSBIER Mabel's Housebeer, Guinness Stout, Budweiser Budvar, Trumer Pils, Zwickl Naturtrüb, Newcastle Brown Ale
FLASCHENBIER Augustiner Hell, Brew Dog Punk IPA, Corona, Desperados, Fuller's London Pride, Heineken Premium Lager, Hirter Morchl, Hirter Privat Pils, Schneider Weiße, Wieselburger Stammbräu, Gusswerk Jakobsgold Alkoholfrei, Schneider Weisse Alkoholfrei, Brew Age Alphatier IPA, Brewdog Punk IPA, Hofstettner Granit, Lagunitas, Mongozo Coconut, Obertrumer Original
LOKAL Dieses gemütlich eingerichtete Pub hat sich bereits 2005 den Titel des Wiener Bierlokals des Jahres erworben. Der Schwerpunkt hat sich – bei weiterhin guter Bierpflege – inzwischen aber mehr auf Cocktails verlagert. Aber es gibt auch eine kleine Auswahl an Craftbieren aus der Flasche. Ca. 80 Plätze im Lokal, 15 an der Bar 30 im Schanigarten.

MEIXNER'S GASTWIRTSCHAFT

1100 Wien, Buchengasse 64, +43/1/6042710
www.meixners-gastwirtschaft.at
ÖFFNUNGSZEITEN Mo-Sa 11:30 bis 22:00 Uhr
FASSBIER Reininghaus Jahrgangspils 2021, Starobrno Altbrünner Gold, Schwechater Zwickl, saisonal Schwechater Winterbock
FLASCHENBIER Hofbräu Traunstein Weißbier Hell, 100 Blumen Brotbier, Der Belgier Honey I Love You, Hofbräu Traunstein Weißbier Alkoholfrei, Gösser Naturgold
LOKAL Wahrscheinlich das beste Restaurant im zehnten Bezirk – wobei nicht nur die Küche, sondern auch die Getränkeauswahl weit über dem in Wien erwartbaren Niveau liegen. Karl Meixner ist ein exzellenter Weinkenner, setzt aber auch immer wieder spannende Biere auf die Karte – dieses Bierangebot brachte ihm 2014 die „Bierkrone" des Gault Millau ein. Auf der Speisekarte unter anderem Frischlingsrücken in Bockbiersauce mit Brezenknödel, im Frühjahr Innereien vom Kitz – und sehr gepflegte, gereifte Käse. 120 Sitzplätze, 5 an der Bar. Innenhofgarten: 40 Sitzplätze.

Meixner's Gastwirtschaft

OBERLAAER DORF-WIRT

1100 Wien, Liesingbachstraße 75, +43/1/6887663
www.dorf-wirt.at
ÖFFNUNGSZEITEN Jänner – April: Mo-Mi 10:00 bis 15:00 Uhr, Do-Sa 10:00 bis 22:00 Uhr, So 10:00 bis 20:00 Uhr; Mai – Dezember: Mo-So 10:00 bis 22:00 Uhr
FASSBIER Puntigamer Panther, Schwechater Zwickl, Starobrno, Gösser Naturradler
FLASCHENBIER Gösser Märzen, Kaiser Doppelmalz, Edelweiss
LOKAL Schon vor 1899 trafen sich die Oberlaaer gerne im damaligen Mandel-Gasthaus – heute wird es von den Familien Braunsteiner und Mötzl geführt. Und seit 2017 kommen neben den Stammgästen auch immer mehr Besucher aus der Innenstadt, weil Oberlaa ja nun an die U-Bahn angebunden ist. Veranstaltungen und Themenabende wie „Rund um den Fisch" im Fasching, Lamm in der Osterzeit, Kürbis zum Herbstfest und natürlich das „Ganslessen" um Martini sowie Bier-Stacheln im Jänner. Die meisten Produkte bezieht die Wirtin Monika Mötzl aus der unmittelbaren Umgebung, so auch das Schwechater Bier. Und wer keine Lust zum Kochen hat,

kann sich das Wirtshausessen einfach mit nach Hause nehmen. Gemütlicher Gastgarten mit viel Ziegeloptik unter großen Linden und Ahornbäumen. 90 Plätze, 130 im Garten.

PAUSE AM BERG

1100 Wien, Laaer-Berg-Straße 67-69/2, +43/1/8907697
www.facebook.com/pauseamberg
ÖFFNUNGSZEITEN Di-Fr: 10:00 bis 00:00 Uhr, Sa-So: 11:00 bis 00:00 Uhr

Pause am Berg

FASSBIER Gösser Spezial, Schwechater Zwickl, Starobrno
FLASCHENBIER Heineken, Desperados, Edelweiss Weizenbier
LOKAL Im Halbstock eines Hochhauses auf dem Laaer Berg liegt diese Pizzeria, deren Name weder die Kompetenz in Sachen Pizza noch in Sachen Bier erkennen lässt. Zum Ersteren: Hier werkt ein Pizzabäcker aus Neapel – es gibt rote und weiße Pizze und jede Woche eine neue Kreation. Dazu gut gezapftes Bier von der Brau-Union – Schwechater Zwickl erweist sich bei den meisten Gerichten als die ideale Kombination. Das Lokal selbst ist rustikal eingerichtet und hat eine kleine Bar, wenn man nur auf eine Bier-Pause vorbeikommen will. 35 Sitzplätze im Lokal, 4 an der Bar, 15 auf der Terrasse.

SCHNAUZER & BEAGLE

1100 Wien, Hasengasse 56, +43/664/99853823
www.schnauzerbeagle.com
ÖFFNUNGSZEITEN Mi-Fr: 17:00 bis 23:00 Uhr, Sa: 11:00 bis 17:00 Uhr
FASSBIER Schnauzer & Beagle-Sortiment
FLASCHENBIER Schnauzer & Beagle-Sortiment
LOKAL In der Nähe vom Matzleinsdorfer Platz liegt dieser Ausschank der gleichnamigen Brauerei, die sich auf kreative Biere mit australischem Einschlag spezialisiert hat. William Melling & John Melling sind beide Hundefreunde, was die Namensfindung nahegelegt hat. Sehr kleiner Taproom – aber dafür haben die Betreiber auch Zeit, mit den Gästen zu plaudern.

THE GOLDEN HARP FAVORITEN

1100 Wien, Favoritenstraße 95, +43/676/7818691
goldenharp1100.at
ÖFFNUNGSZEITEN Mo-Sa: 8:00 bis 2:00 Uhr, So: 9:00 bis 00:00 Uhr
FASSBIER Guinness, Kilkenny, Guinness Hop House 13, Starobrno
FLASCHENBIER Gösser Märzen, O'Hara's Irish Pale Ale, Brewdog Punk IPA, Heineken, Desperados, Sol, Corona, Wieselburger Stammbräu, Schwechater Zwickl, Weihenstephan, Kaiser Doppelmalz
LOKAL Der Favoritner Ableger der Golden Harp-Kette wurde im Frühjahr 2023 neu übernommen, soweit man sieht, hat sich aber nichts geändert. Das Lokal befindet sich zwischen der U-Bahnstation Keplerplatz und dem Viktor Adler Markt. Hier findet man so viel irische Stimmung, wie man an dieser Location eben vermitteln kann: Die Arbeitssprache ist Deutsch und die eindrucksvolle Büste über der Bar zeigt keinen irischen Dichter, sondern den Engländer William Shakespeare. 100 Plätze im Lokal, 15 an der Bar.

The Golden Harp Favoriten

URBAN'S LOUNGE

1100 Wien, Antonie-Alt-Gasse 2/1/10A, +43/1/2087012
urbans.wien
ÖFFNUNGSZEITEN Mo-So: 11:30 bis 23:00 Uhr
FASSBIER Zwettler Original
FLASCHENBIER Stiegl-Paracelsus, Zwettler Dunkles, Stiegl-Weisse Naturtrüb, Budweiser, Wieselburger
LOKAL Im neuen Sonnwendviertel hinter dem Hauptbahnhof gibt es erstaunlich wenig Gastronomie, Herr Amer hat hier mit seiner Urban's Lounge schon fünf Jahre Lang Pionierarbeit geleistet, ehe das Lokal mit der D-Wagen-Station davor auch an die Innenstadt angeschlossen worden ist. Es bietet eine mediterran geprägte, aber mit österreichischer Tradition gut kombinierte Küche in kosmopolitischem Flair – wir hatten unter anderem eine eindrucksvolle Eierschwammerl-Pizza und ein Eierschwammerl-Gulasch. Jeden Samstag und Sonntag Brunch von 11.30 bis 15.00 Uhr und an jedem ersten Sonntag im Monat Brunch mit live Jazz-Band. Sehr freundliches Personal, angenehmes Ambiente mit Blick auf den Helmut Zilk Park. 60 Plätze im Lokal, 30 im Schanigarten, 6 Plätze an der Bar.

WIRTSHAUS „ZUM NEPOMUK"

1100 Wien, Troststraße 60, +43/1/6077142
www.nepomuk.at
ÖFFNUNGSZEITEN Mo-Sa: 10:00 - 22:00Uhr, Sonn- & Feiertage: 10:00 - 16:00 Uhr
FASSBIER Nepomuks Hausbier (Stadtbräu von Zwettler), Trumer Pils, Saisonbier (je nach Jahreszeit immer wechselnd)
FLASCHENBIER Grieskirchner Dunkles, Schneider Weisse, Gösser, Wieselburger, Zwettler Luftikus
LOKAL Das Wirtshaus „Zum Nepomuk" wurde von Roland Schachinger 2002 übernommen, renoviert und 2003 neu eröffnet. Seit 2013 wird es von Sohn Dominik geführt. Im Laufe der Zeit wurde das Lokal modernisiert und die Speisekarte angepasst. So finden sich z.B. Waldviertler Schnitzel und Fiakergulasch neben Tomahawk Steak vom Donaulandschwein auf der Karte, um die Lücke zwischen traditionellem Wiener Wirtshaus und modernem Restaurant zu schließen. 170 Sitzplätze, an der Schank 30, 40 im Schanigarten.

ZUM WERKELMANN

1100 Wien, Laaer Wald 218, +43/1/6887106
www.werkelmann.at
ÖFFNUNGSZEITEN Mo-Fr: 11:00 bis 23:00 Uhr, Sa-So: 10:00 bis 23:00 Uhr
FASSBIER Puntigamer, Gösser Stiftsbräu Dunkel, Puntigamer Zwickl, Puntigamer Radler
FLASCHENBIER Bürgerbräu Weizen
LOKAL Der Werkelmann verfügt über einen der schönsten Biergärten von Favoriten: Am Eingang sieht man die Henderl auf dem Grill, im Garten ist man in einer eigentümlich schwebenden Stimmung zwischen der Urigkeit des Böhmischen Praters und der relativen Ruhe des Laaer Waldes. Die heutige Gastwirtsfamilie (deren Sammlung an Drehorgeln, mit denen jährlich ein Fest stattfindet, dem Lokal auch den Namen gegeben haben) hat das Lokal 1987 renoviert und pflegt die Tradition: Wolfgang Geissler nimmt gelegentlich eine der Drehorgeln zur Freude der Gäste in Betrieb. Sonntags wird Böhmische Blasmusik aufgespielt, Termine auf Anfrage. 120 Plätze im Lokal, 60 im Garten.

11. BEZIRK

BIER & BIER

1110 Wien, Simmeringer Hauptstraße 100, Ekazent Top 401
+43/1/7437949
www.bierundbier.wien
ÖFFNUNGSZEITEN Mo-Sa: 9:00 bis 22:00 Uhr, So und Feiertag geschlossen
FASSBIER Wieselburger Spezial, Budweiser, Guinness Surger, ein monatlich wechsendels Gastbier
FLASCHENBIER Gösser Märzen, Wieselburger Gold, Hirter Privat Pils, Wieselburger Schwarzbier, Gösser Stiftszwickel Hell, Wieselburger Stammbräu, Lösch-Zwerg Kellerbier, Zipfer Urtyp, Freistädter Ratsherren Premium, Rothaus Tannenzäpfle Pils, Velkopopovicky Kozel, Stiegl Gold, Paulaner Hefeweißbier Naturtrüb, Gösser Naturgold
LOKAL Dieses kleine Bierlokal im Zentrum Simmering ist ein Beleg dafür, dass das Rauchverbot in der Gastronomie Verbesserungen gebracht hat – nun stehen die Raucher draußen auf der belebten Simmeringer Hauptstraße oder auf der Terrasse – und im Lokal selbst kann man sich besser auf das Bier konzentrieren. Und das lohnt – aus dem Zapfhahn fließt neben Wieselburger Spezial und Budweiser auch ein Gastbier. In der gutgemachten Karte warten zusätzlich mehr als 20 Österreichische und internationale Spezialitäten die dort auch noch detailliert erklärt werden: Auf mehr als einem Dutzend Zeilen wird einem etwa die Grande Reserve von Chimay nahegebracht. Darüber hinaus ein Angebot von Großflaschen 0,75l bis zur 3l Doppelmagnum und saisonale Biere. Das alles wird von einer sehr freundlichen Kellnerin serviert. Insgesamt eine sehr wienerisch-unprätentiöse Stimmung. 40 Plätze im Lokal, 10 auf der Terrasse.

Bier & Bier

BIER & BIER

GASTHAUS STERN

1110 Wien, Braunhubergasse 6, +43/1/7493370
www.gasthausstern.at
ÖFFNUNGSZEITEN Mi-Sa: 11:00 bis 23:00 Uhr, So: 11:00 bis 16:00 Uhr
FASSBIER Hausbier, Ottakringer Wiener Original, Ottakringer Bio Zwickl, Augustiner Edelstoff

FLASCHENBIER Die Weisse Hell, Ottakringer Dunkles, Null Komma Josef, Die Weisse Alkoholfrei, Ottakringer Radler
LOKAL Ein bodenständiges Gasthaus, das Kultstatus erreicht hat: Die Kellner ausgesucht höflich, die Küche ausgesucht gut – und die Biere ausgesucht gepflegt. Das Falstaff-Magazin schrieb vom „Wiener Wirtshaus-Wunder", der Kurier empfahl, „auf ein Wildschwein in den elften Hieb" zu fahren – weil nämlich der Chef Christian Werner auch selber jagen geht. Es gibt Ottakringer Bier – und immer wieder auch Fassbier aus der Augustiner Brauerei in München.

Hopfen &Malz

HOPFEN & MALZ

1110 Wien, Kaiser-Ebersdorfer-Straße 277, +43/1/7692473
www.hopfenundmalz.at
ÖFFNUNGSZEITEN Mo-Sa: 11:00 bis 23:00 Uhr, So: 11:00 bis 21:00 Uhr
FASSBIER Puntigamer Helles, Starobrno, Schwechater Zwickl, Kaiser Doppelmalz, Radler
FLASCHENBIER Wieselburger Stammbräu, Edelweiss Weizenbier, Gösser Naturgold, Heineken
LOKAL Als „Arkadenhof" 1998 hier entstanden, steht das „Hopfen & Malz" seit über 25 Jahren im Herzen von Simmering. Es gibt hier gemütliche „Kachelofenatmosphäre", die auch mit der Neuübernahme im Herbst 2017 gleich geblieben ist. Serviert werden Klassiker aus der Österreichischen Küche, wie z. B. die selten gewordene „Fledermaus", Palatschinken mit Powidl-Mohnfülle, Spareribs sowie verschiedene Brote. Draußen großer Garten mit vielen Kastanien, der eher an einen Heurigen als an einen Biergarten erinnert. Ca. 90 Plätze, großer Wintergarten (auch beheizt) 80, im Garten mit Kastanienbäumen ca. 140 Plätze, großer Wintergarten (auch beheizt) 80, im Garten mit Kastanienbäumen ca. 140 Plätze.

SIMMERINGER BIER- UND KULTURSCHMANKERL

1110 Wien, Simmeringer Hauptstraße 152, +43/1/7677958
www.kulturschmankerl.at
ÖFFNUNGSZEITEN Mo-Sa: 10:00 bis 22:00 Uhr, So: 10:00 bis 16:00 Uhr
FASSBIER Gösser Braufrisch (Tank), Gösser Zwickl, Gemischtes
FLASCHENBIER Gösser Märzen, Wieselburger Gold, Edelweiss Hefetrüb, Kaiser Doppelmalz, Gösser Naturgold
LOKAL Eines der Lieblingslokale des Verlags – und auch immer wieder vom Bezirksblatt als beliebtestes Lokal des Bezirks ausgezeichnet: Nur 250 Schritte von der Endstation der U3 Simmering liegt dieses Vorstadtgasthaus, das früher unter der Bezeichnung „Zum guten Tropfen" bekannt war. Wochentags gibt es mehrere Menüs, Abends oft Musik- und Kabarett-Veranstaltungen im Keller. Das Gösser kommt aus dem 500-Liter-Tank – der Wirt schaut selbst auf die Leitungspflege. Im Hof befindet sich ein ruhiger Innengarten.

SIMMERINGER BIERGARTL

1110 Wien, Geiselbergstraße 41, +43/1/7491700
www.biergartl.at
ÖFFNUNGSZEITEN Mo-Fr: 9:00 bis 23:00 Uhr, So: 10:00 bis 22:00 Uhr
FASSBIER Murauer Gold, Stiegl-Goldbräu, Weitra Hadmar, Hirter Privat Pils, Budweiser
FLASCHENBIER Murauer Doppelmalz, Murauer Märzen, Murauer Weisse, Schneider Weisse, Paulaner Hefeweisse, Heineken, Pschorr Hefeweisse, Hirter Radler, Beck's Blue
LOKAL Das Simmeringer Biergartl war schon Vorreiter der Biervielfalt, als ähnliche Lokale nur die Biere von einer einzigen Brauerei im Angebot hatten. Es ist ein von außen unscheinbares, innen sehr gemütliches Beisl, es bietet viel Lokalkolorit und bierige Dekoration, gute Bierpflege, freundliche Bedienung. Und vier Weizenbiere findet man auch nicht auf jeder Bierkarte – hier schon! 50 Sitzplätze, 15 an der Bar.

SIMMERINGER LANDBIER

1110 Wien, Simmeringer Hauptstraße 50, +43/1/7494254
www.facebook.com/simmeringer.landbier/?locale=de_DE
ÖFFNUNGSZEITEN Di-So: 11:00 bis 23:00 Uhr
FASSBIER Simmeringer Landbier Helles (Ottakringer), Stiegl-Goldbräu, Ottakringer Rotes Zwickl, Ottakringer Dunkles, Pilsner Urquell, Gösser Märzen
FLASCHENBIER Wieselburger Stammbräu, Paulaner Hefeweizen Hell, Heineken, wechselnde Craftbiere
LOKAL Modern gestaltetes Pub mit großer Bar und typischen Angeboten aus der Wiener Küche, wie z.B. knusprig gegrillte Stelze. Sehr nettes Personal. 110 SPlätze, 40 im Garten, 30 an der Bar.

12. BEZIRK

BIERSTÖCKL

1120 Wien, Hetzendorfer Straße 79, Areal Schloss Hetzendorf
+43/1/8032134
www.bierstoeckl.at
ÖFFNUNGSZEITEN Di-Sa: 11:00 bis 22:00 Uhr, So: 11:00 bis 17:00 Uhr

FASSBIER Gösser Märzen, Starobrno, Gösser Zwickl Hell, Gösser Naturradler
FLASCHENBIER Wieselburger Gold, Schladminger Märzen, Puntigamer, Reinighaus Jahrgangspils, Gösser Stiftsbräu, Heineken, Weihenstefan Hefetrüb, Weihenstephan Dunkel
LOKAL Ein altes Schlössl mit einem modernen Bierlokal: Die mit hellen Tischen und dunklen Sessel möblierten Stuben frequentieren Prominente aus TV, Medien und Theater, die Schülerinnen und Schüler der Modeschule Hetzendorf und sogar deren Eltern.Das Bierstöckl bietet eine Küche, die der bierigen Tradition durchaus entgegenkommt – und ergänzt sein Angebot durch wechselnde Monatsbiere, etwa vom Schwarzbräu. Das Boutiquehotel Paccassi ist unmittelbar angeschlossen. 100 Plätze im Lokal, 25 Plätze an der Bar und 200 im Biergarten mit altem Baumbestand. ✕

GASTHAUS STAFLER

1120 Wien, Ehrenfelsgasse 4, +43/1/8156235
www.stafler.at
ÖFFNUNGSZEITEN Di-Sa: 17:30 bis 23:00 Uhr
FASSBIER Weitra Hadmar, Weitra Helles
FLASCHENBIER Franziskaner Hefeweizen Hell, Fohrenburger Ohne, Zwettler Zitronenradler, Murauer Märzen
LOKAL Das ehemalige Weinhaus Wunsch, nahe an der Schönbrunner Straße gelegen, hat sich seit Ende des vorigen Jahrzehnts zu einem vielbeachteten Ankerpunkt Südtiroler Gastronomie in Wien entwickelt. Das Stafler veranstaltet jeden Samstag ab 17.00 Uhr ein traditionelles Südtiroler Törggelen (Brauch, in geselliger Runde eine Mahlzeit einzunehmen). Dazu gehören Spezialitäten wie Eisacktaler Speckjausn, Schlutzkrapfen und diverse Knödelspezialitäten, Hauswürste mit Kraut, Plattln mit Kraut, Schwarzplentene Torte und Eisacktaler Festtagskrapfen. Und natürlich gebratene „Keschtn" (oder Maroni wie der Wiener sagt). ✕

Gaststätte „Zur Fabrik"

GASTSTÄTTE „ZUR FABRIK"

1120 Wien, Gaudenzdorfer Gürtel 73, +43/1/8155450
www.diefabrik.co.at
ÖFFNUNGSZEITEN Mo-Fr: 11:30 bis 23:00 Uhr
FASSBIER Puntigamer Panther, Stiegl-Goldbräu, Schwechater Zwickl, Murauer, Budweiser
FLASCHENBIER Gösser Märzen, Gösser Stiftsbräu Dunkel, Weihenstephaner Hefetrüb, Gösser Naturgold, Stiegl-0,0%
LOKAL 1998 eingerichtetes Biergasthaus mit einladender Bar, eingerichtet in einer 1908 gegründeten ehemaligen Textilfabrik am Gürtel. Das alte Gewölbe wurde liebevoll im Industrie-Stil hergerichtet, der Innenhof hat einen besonders schönen, teilweise mit Glas überdachten Garten mit viel Backsteinromantik. Gute Bierpflege und freundliches Service. Im Hinterhaus befindet sich ein charmantes Hotel. 110 Sitzplätze, Garten: 70 Sitzplätze. ✕ 🛏75

GIERSTERBRÄU

1120 Wien, Gierstergasse 10, +43/1/8100162 oder +43/664/1433374
www.giersterbraeu.com
ÖFFNUNGSZEITEN Mo-So: 10:00 bis 00:00 Uhr

Giersterbräu

FASSBIER Giersterbräu Wiener Original Hausbier Lager, Gierstebräu Hausbier Dunkel, Budweiser Hell, Ottakringer Rotes Zwickl
FLASCHENBIER Paulaner Hefeweizen, Hubertus Pils
LOKAL Das Giersterbräu braut zwar nicht selber, sein Name erinnert aber an den ehemaligen Gaudenzdorfer Bürgermeister und Brauhausbesitzer Josef Leopold Gierster. Dessen im 19. Jahrhundert wegen ihrer günstigen Preise (Lage außerhalb der Wiener Verzehrsteuergrenze) Brauerei befand sich einige Blocks weiter. Das Giersterbräu präsentiert sich nach einer Neuübernahme 2015 als gutbürgerliches Lokal mit freundlichem Personal – der Gastgarten allein ist einen Besuch wert. 62 Plätze im Lokal, 120 im Garten.

OTTO

1120 Wien, Altmannsdorfer Straße 101, +43/1/8047650
www.biergasthof-otto.at
ÖFFNUNGSZEITEN Mo-Sa: 11:00 bis 23:00 Uhr, So: 11:00 bis 22:00 Uhr
FASSBIER Ottakringer 12er, Ottakringer Zwickl, Ottakringer Wiener Original, Ottakringer Rotbier, Ottakringer Dunkles, Murauer Märzen, Schneider Weisse, Budweiser, 12er-Radler, Zwickl-Radler, Schneider-Weisse-Radler

FLASCHENBIER Stiegl-Pils, Trumer Pils, Paulaner Weißbier Hefetrüb, Murauer Märzen, Kapsreiter Landbier Hell, Hirter Morchl, Corona, Heineken, Schneider Weisse TAP 3 Alkoholfrei, Erdinger Alkoholfrei, Brauwerk Native Tongue, Brauwerk Sunbeam Blonde, Brauwerk Black & Proud Porter, Brauwerk Hellberry Red IPA, Lindemans Kriek, Brauwerk Avalanche Double IPA
LOKAL Einer der schönsten Biergärten Wiens – und ein Bierlokal, das auch nach vielen Jahren immer noch eine moderne, bierige Stimmung mit viel Kupfer und Holz vermittelt. Effizienter, freundlicher Service – selbst wenn das Lokal wieder einmal zum Bersten voll ist. Im Hintergrund: Jazzmusik, Sonntag: live. 200 Sitzplätze im Lokal, Bar: 20 Garten: 250 Sitzplätze.

Soft Rock Café

SOFT ROCK CAFÉ

1120 Wien, Meidlinger Hauptstraße 36, +43/699/19085363
www.softrock.at
ÖFFNUNGSZEITEN Mo-Fr: 8:00 bis 00:00 Uhr, Sa-So: 9:00 bis 00:00 Uhr
FASSBIER Hausbier, Guinness, Kilkenny, Starobrno, Murauer, Ottakringer Rotes Zwickl
FLASCHENBIER Heineken, Corona, Desperados, Wieselbuger Gold, Gösser Märzen, Schwechater Zwickl, Weihenstephan Weißbier, Paulaner Weißbier Hefetrüb, Żywiec, Tyskie, Budweiser
LOKAL Dieses Ecklokal ist in vielfacher Hinsicht überraschend: Da ist zunächst der Name – hatte man da nicht etwas von Hard Rock im Hinterkopf? Tatsächlich wird hier aber leichter Pop gespielt. Und dann die Bierauswahl – auch diese überrascht an diesem Ort. Die Bedienung ist sehr freundlich und offenbar mit den Stammgästen gut bekannt. 20 Plätze im Lokal, 10 an der Bar, 15 im Schanigarten in der Fußgängerzone.

STRASSER-BRÄU

1120 Wien, Schönbrunner Straße 253, +43/1/8120023
www.strasserbraeu.at
ÖFFNUNGSZEITEN Mo-Fr: 11:30 bis 23:00 Uhr
FASSBIER Strasser Bräu (rotes Zwickl von Ottakringer), Velkopopovický Kozel Premium Lager, Velkopopovický Kozel Dunkel, Löwenbräu, Stiegl-Hell, Stiegl-Paracelsus, Radler, saisonale Spezialitäten
FLASCHENBIER Ottakringer Wiener Original, Stiegl-Goldbräu, Stiegl-Columbus Pale Ale, Stiegl-0,0%
LOKAL Nach Methoden der traditionellen Chinesischen Medizin gekochte Speisen zum Bier? Was ungewöhnlich klingt, schmeckt höchst interessant und wird hier mit besonderer Freundlichkeit serviert. Zunächst geht man durch einen relativ schmalen Eingang entlang einer freundlichen, hellen Bar ins Innere dieses modern, aber immer noch gemütlich gestalteten Bierlokals, wo man natürlich nicht nur Exotisches wie Insekten-Burger, sondern auch durchaus bodenständige Küche bekommt. Wer speisen will, sollte reservieren. 90 Sitzplätze im Lokal, 70 Sitzplätze im Garten, 15 Plätze an der Bar.

THE GOLDEN HARP MEIDLING

1120 Wien, Meidlinger Hauptstraße 82, +43/1/9921674
www.goldenharp1120.at
ÖFFNUNGSZEITEN Mo-Sa: 9:00 bis 2:00 Uhr, So: 10:00 bis 2:00 Uhr

TheGolden Harp Meidling

FASSBIER Guinness, Kilkenny, Guinness Hop House 13, Puntigamer, Starobrno
FLASCHENBIER O'Hara's Irish Pale Ale, Brewdog Punk IPA, Fuller's London Pride, Gösser Märzen, Wieselburger Gold, Żywiec, Wieselburger Stammbräu, Heineken, Schwechater Zwickl, Desperados, Weihenstephan, Kaiser Doppelmalz, Heineken 0,0%
LOKAL Dieses Lokal der Golden Harp Kette ist tatsächlich in gleichem Maße Kaffeehaus wie Irish Pub. Es ist ein beliebter Treffpunkt der Nachbarschaft – die Meidlinger sind sehr freundliche und umgängliche Menschen. Wer als Fremder kommt, ist innerhalb weniger Minuten zum Freund geworden, der geduzt und als Gesprächspartner geschätzt wird. Die Pub-Atmosphäre kommt aber nicht zu kurz: Hinter der Bar gibt es eine Shakespeare-Büste und an den Wänden uralt wirkende Weltkarten, Stadtansichten, Segelschiffmotive und alte Guinness-Werbung sowie einige vollgerammelte Bücherborde. 50 Plätze im Lokal, 10 an der Bar, 30 im Schanigarten.

13. BEZIRK

BRANDAUER'S SCHLOSSBRÄU

1130 Wien, Am Platz 5, +43/1/8795970
www.bierig.at
ÖFFNUNGSZEITEN Mo-So: 10:00 bis 00:00 Uhr
FASSBIER Brandauers Hausbier (Zwettler Pils), Brandauers Zwickl (Zwettler Zwickl), Zwettler Dunkles, Zwettler Saphir, Weitra Hadmar, Zwettler Radler, Weitra Das Helle, Saisonbier der CulturBrauer
FLASCHENBIER Tegernseer Hell, Stiegl-Goldbräu, Zwettler Lager, Zwettler Kuenringer Bock, Zwettler Luftikus
LOKAL In unmittelbarer Nachbarschaft des Schönbrunner Schlossparks befindet sich am unteren Ende der Maxinggasse dieser verlässliche Platz für wienerische Bierkultur und Salzburger Küche (Pinzgauer Kaspressknödel, Wild und Weiderind aus dem Pongau). Thomas Brandauer aus Werfenweng hat den biedermeierlichen Tanzsaal und den davor liegenden Biergarten zur Wende in dieses Jahrhundert mit Millionenaufwand stilgerecht renoviert – man spaziert durch eine schönbrunngelbe Toreinfahrt, sitzt unter den Kastanienbäumen oder an der Bar, die allein rund 80 Gästen Platz bietet. Das Schöne am Garten ist der Laubengang, in dem man auch bei Regenwetter trocken sitzen und Biergartenstimmung tanken kann. Sehr sympathisch: Die Speise- und Getränkekarte ist einer viermal jährlich erscheinenden Hauszeitung, „s' bierige Blattl", beigelegt – in dieser schreiben auch die Mitarbeiter über ihre Erfahrungen bei Arbeit und Freizeit. Ca. 400 Sitzplätze, Biergarten: ca. 480 Plätze.

BRANDAUER'S BIERSTUBE

1130 Wien, Am Platz 5, +43/1/8770011
www.bierig.at
ÖFFNUNGSZEITEN Mo-So: 17:00 bis 2:00 Uhr
FASSBIER Brandauers Hausbier (Zwettler Pils), Brandauers Zwickl (Zwettler Zwickl), Zwettler Dunkel, Zwettler Saphir, Weitra Hadmar, Schneider Weisse, Weitra Das Helle, Zwettler Zitronenradler
FLASCHENBIER Tegernsee Hell, Stiegl-Goldbräu, Zwettler Lager, Zwettler Kuenringer Bock, Freistädter Junghopfenpils, Del Borgo My Antonia, Stiegl-Columbus Pale Ale, Schleppe No. 1, Thornbridge Jaipur, Crew Republic 7:45 Escalation, Brewdog Elvis Juice, Crew Republic - Hop Junkie Session IPA, Maisel & Friends Stefans India Ale, Pöhjala Must Kuld Porter, Forstner Dry Stout, Pinzga Weizen Hell, Der Belgier Saison, Bosteels Karmeliet Tripel, La Trappe Blonde, Boon Kriek, Samuel Smith Strawberry , Brew Age Nussknacker, Gusswerk Horny Betty, Brew Age Eisknacker, Brewdog Nanny State, Zwettler Luftikus, Schneider Weisse Alkoholfrei
LOKAL Brandauer's Schlossbräu und Brandauer's Bierstube sind zwei recht ungleiche Geschwister – was sich in den Öffnungszeiten, dem Bierangebot und natürlich auch dem Publikum niederschlägt: Craftbier-Geeks biegen gleich beim Eingang zum Schlossbräu rechts in die neue Bierstube. Hier finden sie eine breite Auswahl an gepflegtem Craftbier aus Kleinbrauereien – die Bierleitungen werden oft mit anderen Bieren belegt, daher sind die hier gelisteten Biere nur als Beispiel zu verstehen. Zum Bier werden die selben Speisen serviert wie im Schlossbräu.

Das Alt

DAS ALT – IRISH PUB HIETZING

1130 Wien, Altgasse 18, +43/664/99124962
www.facebook.com/DasAltHietzing
ÖFFNUNGSZEITEN Mo-So: 16:00 bis 2:00 Uhr
FASSBIER Zwettler Pils, Budweiser, Ottakringer Rotes Zwickl, Guinness, eine saisonale Bierspezialiät
FLASCHENBIER Murauer Märzen, Tegernseer Hell, Kilkenny, Corona
LOKAL Wenn man in dieses Lokal kommt, könnte man wirklich meinen, in Irland angekommen zu sein: Man steht vor einer langen Bar, die fast die gesamte Breite des Lokals einnimmt – es gibt aber auch ein paar Tische, an denen man gemütlich sitzen kann. Dahinter: Etliche schön gerahmte historische Zeitungsseiten und in einem Nebenzimmer steht ein Billardtisch. Speziell an Wochenenden kann es hier sehr gedrängt wirken – daher: früh kommen, freundlich bedient werden, Bier genießen! Ca. 100 Sitzplätze im Lokal, 20 im Gastgarten.

WALDTZEILE

1130 Wien, Speisinger Straße 2, +43/1/8045394
www.waldtzeile.at
ÖFFNUNGSZEITEN Di-Sa: 11:30 bis 23:00 Uhr, So: 11:30 bis 16:00 Uhr
FASSBIER Stiegl-Spezial, Stiegl-Paracelsus, Stiegl-Weisse Naturtrüb (im Sommer), Weitra Hadmar, Hirter 1270, wechselnde Saisonbiere
FLASCHENBIER Stiegl Sport-Weisse, Zwettler Dunkles
LOKAL Unmittelbar an der 1860 eingerichteten Bahnstation Speising befindet sich dieses Alt-Wiener Juwel: 1591 wurde es als eines der 27 Häuser von Speising gezählt. Aus dem Jahr 1609 stammt eine Urkunde, die belegt, dass hier Wein ausgeschenkt wurde. Im 20. Jahrhundert war das Gasthaus unter dem Namen der Familie Schlusche bekannt, zeitweise auch als „Zum Braunen Hirschen".

Familie Sturrus hat das Traditionsgasthaus mit originaler Jahrhundertwende-Einrichtung als „Waldtzeile" ins 21. Jahrhundert geführt: Alte Öfen, Jugendstillampen, alte Schank und Kühlung, Gewölbekeller und eine Dachterrasse mit Bar für 2 Fassbiere nach Wunsch. 2009 war die Waldtzeile Biergarten des Jahres. Auch Trauungen mit Holzbierfass-Anstich durch das Brautpaar sind hier möglich. 350 Sitzplätze im Lokal, 240 Sitzplätze im Garten. ✂

WAMBACHER 🍺🍺🍺

1130 Wien, Lainzer Straße 123, +43/1/8048366
www.wambacher.co.at
ÖFFNUNGSZEITEN Do -Mo und an Feiertagen: 11:00 bis 00:00 Uhr

Wambacher

FASSBIER Wambachers Spezial, Ottakringer Rotes Zwickl
FLASCHENBIER Weitra Hadmar, Schwechater Wiener Lager, Die Weisse Hell, Schremser Doppelmalz, Rodauner Strizzi, Rodauner Gigerl, Der Belgier Honey I Love You, Der Belgier Saison, Zwettler Saphir Pils, Tragweiner Bio Pils, Tragweiner Hopf'n Foppa, Brew Age Affenkönig, Muttermilch Bitta Von Tresen, Trumer Hopfenspiel, Obertrumer Bio-Radler, Stiegl-Freibier
LOKAL Ursprünglich ein weinlastiges Heurigen-Restaurant, das als solches schon 170 Jahre auf dem Buckel hatte. Aber seit der gelernte Diplom-Biersommelier Simon Masek das Lokal im Herbst 2020 übernommen hat, gibt es hier ein umfangreiches Bierangebot (Motto: „Unser Bier gibt Craft"), das auch noch in den passenden feinen Gläsern präsentiert wird. Masek stammt aus der Gegend, er war schon als Kind beim Wambacher zu Gast – und hat ihn nach Jahren als Kellner und Mitarbeiter bei der BrauUnion von Josef Engelmayr übernommen. Die Böden wurden abgeschliffen und die Wände bekamen neue Farbe, die alte Schank wurde liebevoll herausgeputzt – alles so, dass der ursprüngliche Charakter des Hauses erhalten geblieben ist. Für Kontinuität sorgt auch die Speisekarte und das Küchenteam rund um Patricia Urbanek-Glaubacker. 150 Sitzplätze im Lokal, 300 im Garten. ✂

14. BEZIRK

BIER KEISSLER 🍺

1140 Wien, Keißlergasse 18/1, +43/681/81488943
bierkeissler.at
ÖFFNUNGSZEITEN Mo-Fr: 13:00 bis 22:00 Uhr
FASSBIER Hütteldorfer Bernstein Lager, Gablitzer - Egon Schiele, Schremser Premium
FLASCHENBIER Hütteldorfer Bernstein Lager, Hütteldorfer Grüne Weisse, Gablitzer Egon Schiele , Gablitzer Original, Gablitzer Rosenbier, Gablitzer Whiskey Stout, Schremser Märzen, Schremser Zwickl, Schremser Doppelmalz, Schremser Vienna IP, Schremser Bio Roggen, Schremser Naturpark Radler
LOKAL Kleines Getränkefachgeschäft mit moderner Möblierung, das von den Bezirksbewohnern aber rasch als lokales Pub angenommen wurde. Hier gibt es kleine Speisen zum hauptsächlich von der Gablitzer Brauerei gebrauten Bier (gut kommentierte Karte) und immer wieder kleine Feste und einen Pubquiz. 30 Plätze im Lokal. Bier-Schanigarten mit 30 Sitzplätzen

Bier Keissler

BREITENSEER BIERGARTL

1140 Wien, Huttengasse 1, +43/1/9854770
www.breitenseer-biergartl.at
ÖFFNUNGSZEITEN Mo-Fr: 11:00 bis 23:00 Uhr
FASSBIER Schremser Pils, Freistädter Bio Zwickl, Budweiser Lager, Hofbräu Traunstein Helles, Hofbräu Traunstein Dunkles, Schremser Zwickl, wechselnde Monatsbiere
FLASCHENBIER Hofbräu Traunstein Weißbier Hell, 100 Blumen 1010, Brew Age Hopfenauflauf, Gusswerk Jakobsgold Alkoholfrei, Hofbräu Traunstein Radler, Corona, Desperados
LOKAL Eine verlässliche Quelle für Bier aus der Braukommune in Freistadt. Besonders im Sommer ist der namensgebende, mit Bäumen bestandene Biergarten vor dem Lokal an der Kreuzung zur Breitenseer Straße sehr beliebt. Aber auch das Interieur ist ansprechend: Hier gibt es eine nette Sammlung von Bierwerbetafeln zu sehen. Deftige Wiener Küche, Samstag Stelzentag ab 17:00 Uhr und immer wieder Monatsbiere. 70 Sitzplätze, 10 an der Bar, 70 Sitzplätze im Gastgarten.

GASTHAUS PESCHTA

1140 Wien, Bahnhofstraße 28, +43/1/9144247
www.gasthaus-peschta.at
ÖFFNUNGSZEITEN Mo-Fr: 9:00 bis 23:00 Uhr
FASSBIER Gösser Märzen, Gösser Dunkles, Starobrno, Hütteldorfer Bräu
FLASCHENBIER Hütteldorfer Bräu, Gösser Märzen, Weihenstefan Hefetrüb, Hütteldorfer Grüne Weisse, Gösser Naturgold
LOKAL Thomas Peschta betreibt dieses Ecklokal gegenüber vom Bahnhof Hütteldorf in vierter Generation. Seit 2016 wird hier wieder das Bier der ehemaligen Hütteldorfer Brauerei ausgeschenkt – es kommt nunmehr aus der Gablitzer Brauerei, das exklusiv bei Peschta und Prilisauer ausgeschenkt wird. Seit 2020 gibt es auch eine „Grüne Weisse“, ein mit Hallertauer Blanc gebrautes Weizenbier, dessen Name sich vor allem Rapid-Fans erschließen wird. Die Tage, an denen die Rapid spielt, sorgen laut einem Bericht der ÖGZ für 15 Prozent des Umsatzes beim Peschta. Die Küche bietet herzhafte Spezialitäten der Wiener Küche mit Fokus auf saisonale Schmankerln und hausgemachte Spezialitäten, an den Abenden auch eine moderner gekochte „Abendspezialität“. 80 Plätze im Lokal, 60 im Gastgarten.

MEDL-BRÄU

1140 Wien, Linzer Straße 275, +43/1/9144340
www.medl-braeu.at
ÖFFNUNGSZEITEN Di-Sa: 10:00 bis 00:00 Uhr
FASSBIER Medl-Bräu Märzen, Helles, Dunkles, Radler, Weizen (Sommer), Festbock (saisonal)
LOKAL Johann Medls Gasthausbrauerei ist in den 30 Jahren seit der Gründung im Jahr 1989 zu einer Institution geworden – leicht kitschig dekoriert und keine großen Experimente in Küche und im Bierkeller. Das danken die Stammgäste vom Bauarbeiter bis zum Minister. 180 Sitzplätze im Lokal, im Gastgarten stehen 150 Sitzplätze zur Vefügung.

PRILISAUER RESTAURANT & BIERSCHANK

1140 Wien, Linzer Straße 423, +43/1/9793228
www.prilisauer.at
ÖFFNUNGSZEITEN Mi: 16:00 bis 23:00 Uhr, Do-Sa: 11:00 bis 23:00 Uhr, So: 11:00 bis 17:00 Uhr

FASSBIER Gösser, Budweiser, saisonal wechselnd: Hütteldorfer Bräu exklusiv bei Peschta, Prilisauer & Rieglerhütte, im Frühling/Sommer: Zwickl Pils, Herbst/Winter: Bernstein Märzen
FLASCHENBIER Zipfer Urtyp, Kaiser Doppelmalz, Edelweiss Hefetrüb, saisonal Hütteldorfer Bräu der Gablitzer Brauerei (handgebraut), Schlossgold, Gösser Naturgold
LOKAL Wirtshaustradition seit 150 Jahren in der fünften Generation. Saisonale und regionale Spezialitäten (Rettet den Hirtenspieß im Jänner, Fischwochen im Februar, Osterspezialitäten, Steirische Wochen und Bärlauch im März/April, Maibock, Spargel, im Juli/August Steinpilze und Eierschwammerl, Kürbis im September, Wildgerichte im Herbst, Martiniganslim November) stehen unter dem Motto: „Respekt vor den Jahreszeiten“ sowie einige Bierschmankerl-Klassiker wie z.B. Fiakergulasch. 114 Sitzplätze im Lokal, im Garten (mit schönen Altwiener Kastanien) gibt es 60 Sitzplätze.

THE TWINS PUB

1140 Wien, Hütteldorfer Straße 299, +43/676/6800730
www.facebook.com/pages/Twins-Pub/166632863385519
ÖFFNUNGSZEITEN Mo-So: 16:00 bis 2:00 Uhr

FASSBIER Heineken Premium Lager, Schladminger Märzen, Starobrno, Guinness Stout

FLASCHENBIER Wieselburger Stammbräu, Bayreuther Hell, Weihenstephan Hefetrüb, Desperados, Sol, Heineken 0,0%

LOKAL Originalgetreues Irish Pub mit langer, heimelig düsterer Bar – 12 ausgewählte Sorten Whiskey lassen so manches Whiskeyherz höherschlagen! Themenpartys (Halloween, St. Patrick's Day), Karaoke. Im Hinterzimmer kann man Poolbillard und Darts spielen, im Schanigarten auf aus Paletten gezimmerten Holzbänken sitzen. 89 Plätze im Lokal, 12 im Schanigarten.

VELOBIS

1140 Wien, Johnstraße 1-3/Linzerstraße 2, +43/1/7863980
www.velobis.com
ÖFFNUNGSZEITEN Mi-Fr: 15:00 bis 22:00 Uhr, Sa-So: 9:30 bis 16:00 Uhr

Velobis

VELOBIS
Radeln – Kulinarik – Kultur

FASSBIER Hirter Privat Pils, Hirter Herbstcult, Brew Age Alphatier New England IPA

FLASCHENBIER Hirter Morchl, Lammsbräu Bio-Bier (glutenfrei), Riedenburger Glutenfrei, Gutmann Hefeweizen, Brewdog Dead Pony, Pöhjala Kosmos NEIPA, Einstök Toasted Porter, Brewdog Hazy Jane, Kasteel Rouge, Samuel Smith Chocolate Stout, Bevog Hazy IPA, Bosteels Karmeliet Tripel, Stu Mostow American IPA, Bierol Mountain Pale Ale, Next Level Local Hero, Gusswerk Steinbier, Schleppe No. 1 Pale Ale, Zillertal Pils, Loncium Schwarze Gams, Brew Age Eierbär, Schleppe Imperial IPA, Gusswerk Jakobsgold Alkoholfrei

LOKAL Hinter dem Technischen Museum findet man diese schräge Kombination aus einem Fahrradladen und einem Bistro – es gibt eine kleine Bierbar, eine gut sortierte Karte für Mittag- und Abendessen (hausgemachtes Fladenbrot!) und sogar einen netten kleinen Innenhofgarten. Das Bierangebot wechselt 2x im Jahr, mindestens ein Craft Bier ist immer am Zapfhahn, und es gibt immer mindestens 30 verschiedene Sorten an Flaschenbieren. 42 Plätze im Lokal, ca. 25 im Innenhofgarten und bis zu 200 Stehplätze.

15. BEZIRK

BIERIGER

1150 Wien, Schweglerstraße 37, +43/1/7896606
www.bieriger.at
ÖFFNUNGSZEITEN Mo-So: 10:00 bis 00:00 Uhr

FASSBIER Bierigers Hausbier, Schwechater Wiener Lager, Wieselburger Spezial, Schladminger Märzen, Schwechater Zwickl, Starobrono Gold, Kaiser Doppelmalz, Weihenstephan Hefetrüb, Gösser Märzen, Gösser Naturradler

FLASCHENBIER Puntigamer Panther, Gösser Märzen, Gösser Naturgold

LOKAL Der Heurige unter den Wiener Bierlokalen – dekoriert mit einer riesigen Weinpresse über der Bar – ist schon als Brandauer eine Institution geworden und. Die Speisekarte bietet deftige Klassiker, darunter auch Pinzgauer Kaspressknödel als Erinnerung an die Brandauer-Küche. Bis zu 300 Plätze, Bar: 30, 80 im Saal (für Feiern), im Garten 200 Sitzplätze.

BRAUHOF WIEN FÜNFHAUS – KALTENHAUSER BOTSCHAFT

1150 Wien, Mariahilferstraße 156-158, +43/1/8924000
www.brauhof-wien.at
ÖFFNUNGSZEITEN Mo-So: 12:00 bis 23:00 Uhr

FASSBIER Kaltenhauser Botschaft Zwickl, Kaltenhauser Botschaft Wiener Lager, Kaltenhauser Botschaft India Pale Ale, Kaltenhauser Botschaft Stout, Kaltenhauser Botschaft Bockbier, Schwechater Hopfenperle, Starobrno, Reininghaus Jahrgangs Pils

FLASCHENBIER Mehrere Dutzend Biere aus unterschiedlichen Stilrichtungen – etwa: Muttermilch Bitta Von Tresen, Sierra Nevada Pale Ale, Browar Stu Mostow IPA, Bevog Rudeen, Raschhofer Musenkind, Samuel Smith Chocolate Stout, Blanche de Namur, Schneider Aventinus Eisbock, Grimbergen Blond, Rodenbach Alexander etc.

LOKAL Der Brauhof Wien ist ein Großprojekt, um dem 15. Bezirk wieder seinen Status als Brauereizentrum zurückzugeben. Zur Erinnerung: Im 19. Jahrhundert lag diese Gegend noch vor dem

Linienwall, Bier war also billiger als innerhalb der Stadt. Und das nutzten viele Brauer, um in Fünfhaus nicht nur ihre Produktion, sondern auch große Bierhallen anzulegen. Mit deren Dimensionen kann es die 2019 eröffnete Kaltenhauser Botschaft durchaus aufnehmen, es wird hier wieder gebraut und ausgeschenkt. Dass dies mit der Kaltenhauser Marke der BrauUnion verbunden ist, leuchtet ein, Martin Simion ist in beiden Betrieben Braumeister. Und er sorgt auch dafür, dass hier eine besonders breite Bierkultur gelebt wird: Anders als in den meisten Brewpubs gibt es hier ein breites Angebot an Bieren, die weder im Haus noch in Kaltenhausen gebraut worden sind, sondern bei Brew Age, Bevog oder auch bei Rodenbach in Belgien oder Pöhjala in Estland. Im selben Komplex gibt es auch ein Zentrum für Bierseminare und ein Seminarhotel. 200 Sitzplätze im Lokal, 200 im Biergarten.

BRAUHUND

1150 Wien, Schweglerstraße 48, +43/664/1029208
www.brauhund.com
ÖFFNUNGSZEITEN Mo-Sa: 17:00 bis 2:00 Uhr, So: 16:00 bis 23:00 Uhr
FASSBIER Starobrno, Schwechater Zwickl, To Ol, Brew Age, Bevog Tak Pale Ale, Crew Republic Drunken Sailor, Thornbridge Brewery
FLASCHENBIER Weihenstephan Hell & Dunkel, Tegernseer Helles, Brauwerk Session IPA, Brewdog Punk IPA, Brewdog Sam Saint Red Ale, Loncium Schwarze Gams, Loncium Royal Dark Stout, Wieselburger, Desperados, Beer up glutenfrei, Collabs Brewery Domrep Pils, Erdinger Weizen Alkoholfrei, Gastbiere
LOKAL Am neuen, im Frühjahr 2019 bezogenen, Standort ist diese große Craftbierbar gut etabliert – ein großer Kühlschrank zeigt die Vielfalt, eine lange Bar lädt dazu ein, diese auch zu verkosten. Im Barbereich gibt es viel Kunst zu sehen und über allem strahlt die stolze Abwandlung des Spruchs „in God we trust" zu „in beer we trus". Nettes, sachkundiges Service (die Leute kennen die Biere gut). Das Speisenangebot ist bescheiden, es orientiert sich ein wenig an der Herkunft der Betreiber aus Vorarlberg. Daher gibt es an manchen Sonntagen eine „Käsknöpfle-Partie". 20 Plätze an der Bar, 50 an Tischen, 30 im Schanigarten.

GASTHAUS QUELL

1150 Wien, Reindorfgasse 19, +43/1/8932407
www.gasthausquell.at
ÖFFNUNGSZEITEN Mo-Fr: 11:00 bis 00:00 Uhr
FASSBIER Hirter Morchl, Hirter Zwickl, Pilsner Urquell, Cerná Hora
FLASCHENBIER Erdinger Weißbier, Budweiser, Murauer Märzen, Beck's Blue
LOKAL Das „Quell" in der Reindorfgasse ist eines der ältesten urwienerischen Wirtshäuser und war einst Stammsitz von Ostbahn-Kurtis „Schmetterlingen". 2004 von Eduard Peregi neu übernommen, wird dort heute gekonnt und mit frischem Wind (vor allem was die Speisekarte betrifft) die Tradition des alten „Quell" fortgeführt: Wirtshausklassiker mit kräftigem Augenzwinkern. 110 Sitzplätze im Lokal , 50 Sitzplätze im Garten.

GOLDEN HARP MAISELMARKT

1150 Wien, Johnstraße 69, +43/1/7863961
www.goldenharp1150.at
ÖFFNUNGSZEITEN Mo-Sa: 7:00 bis 2:00 Uhr, So: 7:00 bis 00:00 Uhr
FASSBIER Hausbier, Guinness, Guinness Hop House 13, Kilkenny, Starobrno
FLASCHENBIER O'Hara's Irish Pale Ale, Fuller's London Pride, Brew Dog Punk IPA, Heineken, Gösser Märzen, Desperados, Corona, Sol, Wieselburger Stammbräu, Schwechater Zwickl, Weihenstephaner, Kaiser Doppelmalz
LOKAL Schräg gegenüber vom Maiselmarkt liegt diese große Filiale der Golden Harp Pubkette. Besondere Attraktion ist eine Ritterrüstung mitten im Lokal, rundherum gemütliche Lehnsessel. 90 Plätze im Lokal, 12 an der Bar, 18 im Schanigarten.

HAWIDERE

1150 Wien, Ullmannstraße 31, +43/664/1508429 (ab Mittag)
www.hawidere.at
ÖFFNUNGSZEITEN Mo-Do: 16:00 bis 00:00 Uhr, Fr-Sa: 16:00 bis 2:00 Uhr, So: 16:00 bis 00:00 Uhr

Hawidere

FASSBIER Die Fassbiere wechseln monatlich (14 Zapfhähne)
FLASCHENBIER Die Flaschenbiere wechseln 2x pro Jahr. Aus über 40 Flaschenbieren und folgenden Kategorien werden 1 – 8 Biere pro Biertstil angeboten: Ale & Pale Ale, Amber & Red Ale, IPA, Session, Imperial & Black IPA, Wit & Weizenbier, Belgian Ale, Pils, Porter, Stout & Imperial Stout, Trappistenbier, Lager, Märzen Helles, Barley Wine, Sour, Lambic & Experimental Sour, Spezialitätenbier, Zwickl, Dunkles.
LOKAL Dieses Lokal ist ein Vorreiter der Wiener Craftbier-Szene, der Schwerpunkt der Bierauswahl liegt auf österreichischen Bieren von unabhängigen Brauereien. Abgerundet wird das Biersortiment von Bierspezialitäten ebenso unabhängiger ausländischer Braue-

reien. Es ist auch eine Beer-Engine vorhanden, so kann auch Cask Ale korrekt gezapft werden. Regelmäßig finden Bierkulturabende und Verkostungen mit der Diplom Biersommelière des Hauses statt, die auch erste Braufrau der hauseigenen Collabs Brewery mit dem Flaggschiff „Domrep Pils" ist. 30 Burger-Variationen stehen für Fleischliebhaber, Vegetarier und Veganer zur Auswahl. Hier wird auch gerne mit Bier gekocht: Der Signature Dish des Hauses, der Hawidere Burger, wird mit Domrep Pils zubereitet, der Smoky Craft Burger mit dem Geselchten von Rodauner. 100 Plätze im Lokal, 20 an der Bar, 100 im Garten.

Heidinger's Gasthaus

HEIDINGER'S GASTHAUS

1150 Wien, Selzergasse 38, +43/1/9859911
www.heidingers.at
ÖFFNUNGSZEITEN Mo: 17:30 bis 22:00 Uhr, Di-Fr: 11:30 bis 14:30 Uhr, 17:30 bis 22:00 Uhr
FASSBIER Schladminger Märzen, Hainfelder Dunkles, Schwechater Zwickl, Weihenstephaner Weizenbier, Rodauner Strizzi, Gösser Naturradler und drei wechselnde Biersorten, z.B. das Haselbräu-Bier aus der kleinen Wirtshausbrauerei Haselböck in Münichreith im Waldviertel.
LOKAL Unweit des Meiselmarktes bzw. der U-Bahnstation Johnstraße befindet sich ein Wiener Beisl wie aus dem Bilderbuch, das nach dem Befund von Gastrokritiker-Kollegen Herbert Hacker einer „aussterbenden Gattung" angehört, weil es nicht auf edel tut und nicht aufgemotzt kocht. Holzvertäfelung, altes Mobilar, eine von Robert Heidinger geführte bodenständige Küche (gebackenes Gulasch!), freundliche Bedienung und ein gepflegtes Schwechater Zwickl (oder ein Biobier aus Schladming). Berühmt für die Martinigansln, zu denen es dann auch Bockbier gibt. Immer wieder interessante Gastbiere von sehr kleinen Brauereien, etwa vom Haselbräu, das am Ostrong im südlichen Waldviertel gebraut wird! 65 Sitzplätze im Lokal, 30 Sitzplätze im Gastgarten.

HOLLEREI

1150 Wien, Hollergasse 9, +43/1/8923356
hollerei.at
ÖFFNUNGSZEITEN Mo-Sa: 11:00 bis 23:00 Uhr
FASSBIER Grieskirchner Pils
FLASCHENBIER Gusswerk Wiener Lager, Brew Age Hopfenauflauf, Hirter Hanfbier, Grieskirchner Dunkle Weisse, Null Komma Josef
LOKAL Ein mit seiner alten Schank klassisch aussehendes Wirtshaus, das sich allerdings auf den zweiten Blick als gehobenes Restaurant der vegetarischen Ausrichtung erweist. Sehr freundliches und kompetentes Service und bemühte Bierpflege. Reservierung empfohlen. 35 Plätze.

MARIAHILFERBRÄU

1150 Wien, Mariahilfer Straße 152, +43/1/8974749
www.mariahilferbrau.com
ÖFFNUNGSZEITEN Di-Fr: 15:00 bis 00:00 Uhr, Sa-So: 12:00 bis 23:00 Uhr
FASSBIER Stiegl-Goldbräu, Stiegl-Columbus 1492 Pale Ale, Ottakringer Wiener Original, Ottakringer Zwickl Rot, Velkopopovický Kozel, Stiegl-Paracelsus, Stiegl-Weisse, König Ludwig Dunkel, ein Monatsbier saisonal wechselnd
FLASCHENBIER Hirter Privat Pils, Stiegl-Sport Weisse
LOKAL Wenn man beim Mariahilferbräu hereinkommt, sieht man vor der Bar einen großen Amethyst, darüber so etwas wie einen Hausaltar, auf dem die Gottesmutter mit dem Kind steht. Insgesamt handelt es sich um kein echtes „Bräu", dafür gibt es in diesem großen Ecklokal eine untypisch große Bierauswahl – gelegentlich auch Craftbier, etwa von der Tschöams-Brauerei. Auffallend ist die freundliche und kompetente Bedienung, die kundig über das Angebot informiert. Das an dieser Stelle seit 2001 bestehende Bierlokal (Vorläufer waren seit 1870 unter anderem ein Kaffeehaus und ein Tanzlokal) pflegt die Traditionen der hausgemachten Wiener Küche und setzt auf saisonale, frisch zubereitete Spezialitäten, z.B. gebackene Hühnerleber oder Schinkenfleckerl. Seit 2010 mit dem österreichischen Umweltzeichen ausgezeichnet. Ca. 150 Sitzplätze im Lokal, 12 an der Bar, 70 Sitzplätze im Schanigarten.

MIKES 1150

1150 Wien, Neubaugürtel 27, +43/1/9569847
www.mikes.at
ÖFFNUNGSZEITEN Mo-Fr: 7:00 bis 1:00 Uhr, Sa-So: 9:00 bis 1:00 Uhr
FASSBIER Reininghaus Pils, Schladminger Bio Zwickl, ein Bier des Monats
FLASCHENBIER Wieselburger Stammbräu, Corona, Heineken, Gösser Stiftsbräu, Weihenstephaner Weizen, Heineken 0,0%
LOKAL Das Mikes 1150 ist eine modern eingerichtete Bar am Urban Loritz Platz mit guter Bierpflege und freundlichen Leute. Happy Hour gibt es hier nicht beim Bier, sondern bei den Speisen – wochentags zu Mittag auf die ganze Karte und 16:00 bis 18:00 Uhr ist Burger-Time. 80 Sitzplätze im Lokal, 15 Plätze an der Bar, 50 Sitzplätze im Garten.

REINWEIN

1150 Wien, Reindorfgasse 10, +43/699/19411204
www.reinwein.wien

ÖFFNUNGSZEITEN Mo-Mi: 15:00 bis 1:00 Uhr, Do-Sa: 15:00 bis 2:00 Uhr, So: 15:00 bis 23:00 Uhr

FASSBIER Schremser Premium, Bevog Tak Pale Ale, Radler

FLASCHENBIER Mehrere Dutzend Biere unterschiedlicher Stilrichtungen – vom Alefried Fladerant über das Anchor Liberty Ale, die Holy Gose aus Anderson Valley und das Gamma Ray von Beavertown bis zum Boon Kriek, dem Brewdog Punk IPA und dem Bosteels Karmeliet Tripel. Da sind wir aber erst bei den ersten beiden Buchstaben des Alphabets und haben noch gar keine Weisse, kein Stout und kein Saison erwähnt.

LOKAL Anders als der Name vermuten lässt, gibt es hier nicht nur Wein. Vielmehr ist 2015 eine kleine (37 Quadratmeter!), gemütliche Kombination aus Vinothek und Bierbar zwischen Mariahilfer und Sechshauser Straße entstanden – mit vielen Craft Bieren aus der Flasche. Charmant sind auch die mit nostalgischen Pin-ups geschmückten Wände der Herrentoilette. 26 Plätze an der Bar, 16 im Schanigarten.

SCHUTZHAUS ZUKUNFT

1150 Wien, Auf der Schmelz, +43/1/9820127
www.schutzhaus-zukunft.at

ÖFFNUNGSZEITEN Mo-So: 9:00 bis 00:00 Uhr

FASSBIER Ottakringer Helles, Ottakringer Zwickl, Budweiser

FLASCHENBIER Ottakringer Helles Lager, Ottakringer Dunkel, Schneider Weisse, Null Komma Josef, Radler

LOKAL Mitten in der großen Schrebergartenanlage liegt diese typisch Ottakringer Gaststätte, die weit mehr als der kulinarische Nahversorger der Kleingärtner ist. Die Stadtzeitung Falter jubelte: „Hier knirscht der Kies" – und nannte die Zukunft den „Prototyp aller Schutzhäuser". Besuche hier haben bei eingesessenen Wienern Kultstatus – und der Biergarten ist besonders schön, der Service auch bei größerem Andrang noch bemüht und effizient, und die Konzert- und Kabarett-Veranstaltungen sind ein beliebter Fixpunkt für Interessierte. 450 Plätze im Lokal, bis zu 1.000 im Garten. ✕

STADTHALLENBRÄU

1150 Wien, Vogelweidplatz 1, +43/676/4946470
stadthallenbraeu.at

ÖFFNUNGSZEITEN Mo-So: 11:00 bis 00:00 Uhr

FASSBIER Wieselburger Gold, Wieselburger Zwickl, Starobrno, Villacher Hausbier, Reininghaus Pils, Paulaner Märzen, saisonales Hausbier

FLASCHENBIER Edelweiss Hefetrüb, Heineken, Guinness, Guinness Hop House 13, Kaltenhauser Original, Kaltenhausen 1475 Pale Ale, Bayreuther Hell, Schleppe No. 3 Imperial IPA, Heineken 0,0%, Gösser Radler

LOKAL Gemütliches Bierlokal in direkter Nachbarschaft zur Wiener Stadthalle. Hier sind auch größere Gruppen willkommen. Coole Posterwand von vergangenen Konzerten, Antiquitäten, hängende Bibliothek, Vollholzmobiliar und ausgefallene Portraits von diversen Rockstars prägen die gemütliche Atmosphäre. Sehr freundliches Stamm-Servicepersonal. 150 Plätze im Lokal, zwölf Meter lange Bar. Schanigarten straßenseits vor dem Lokal, Gastgarten im ruhigen Innenhof mit Überdachungsmöglichkeit. ✕

Stadthallenbräu

16. BEZIRK

BIEROSOPHIE

1160 Wien, Gablenzgasse 60a, +43/664/5333628
www.bierosophie.at

ÖFFNUNGSZEITEN Mi-Sa: 11:30 bis 23:00 Uhr, So: 11:30 bis 20:00 Uhr

FASSBIER Budweiser Budvar Original Lager, Hackl Bräu Spezial, Schneider's Helles Landbier, Zwettler Saphir Pils, Zwettler Stadtbräu Zwickl, Ottakringer dunkles Zwickl, Ottakringer Rotes Zwickl

FLASCHENBIER Brauwerk Big Easy IPA , Brauwerk Black & Proud Porter, Brauwerk Avalanche Double IPA, Schneider Weisse Aventinus Eisbock, Die Weisse Bio Glutenfrei, Hirter Bio-Hanfbier, Zwettler Stiftsbräu, Zwettler Luftikus, Schneider Weisse Alkoholfrei, Brew Age Rampensau IPA Alkoholfrei

LOKAL Biergarten des Jahres, siehe Seite 104.

BLUNZENSTRICKER

1160 Wien, Ottakringer Straße 71, +43/1/4857849
www.blunzenstricker.at
ÖFFNUNGSZEITEN Di-Fr: 16:00 bis 23:00 Uhr, Sa: 12:00 bis 23:00 Uhr, So: 12:00 bis 21:00 Uhr
FASSBIER Ottakringer Helles, Ottakringer Wiener Original, Ottakringer Bio Pur, Ottakringer Zwickl, Ottakringer Rotes Zwickl, Brauwerk Big Easy IPA, Ottakringer Pils, Budweiser
FLASCHENBIER Schneider Weisse, Schneider Landbier, Augustiner Edelstoff, Trumer Pils, Tegernseer Hell, Bayreuther Hell
LOKAL Traditionelles Ambiente und die richtige Mischung aus Bier- und gehobenem Speiselokal. Die Bierkarte, „Blunznpost" genannt, kommentiert die Bier-Klassiker ausführlich, bietet aber nur Traditionelles. Traditionell auch die Küche: Deren Schwerpunkt liegt, wie der Name andeutet, auf der Blunzn, also der Blutwurst. Es gibt Blunzenknödel mit Rotkraut, Blunzenburger, Blunzengröstl und gebackene Blunzen mit Rösti. Aber auch Nicht-Blunzen-Begeisterte finden auf der umfangreichen Speisekarte das eine oder andere Schmankerl: Jeden Donnerstag gibt's Backhendl, Freitag ist Fisch-Tag und in der Spargelsaison gibt es Spargel-Cordon-Bleu. Und dazu immer einen Scherz. Etwa den Hinweis auf der Karte: „In Bierwurst ist übrigens gar kein Bier enthalten. Sie heißt nur so. Bei der Blutwurst verhält es sich ähnlich: Blutwurst enthält auch kein Bier." 130 Plätze im Lokal, 28 im Garten.

BRAUWERK TAPROOM

1160 Wien, Ottakringer Platz 1, +43/1/49100-5480
www.brauwerk.wien
ÖFFNUNGSZEITEN Do-Fr: 17:00 bis 22:00 Uhr
FASSBIER Brauwerk-Biere
LOKAL Das Brauwerk ist die Craftbierbrauerei, die gewissermaßen aus dem Schatten der Ottakringer Brauerei herausgetreten ist. Als klassische Tower-Brewery, in der die Arbeitsabläufe von oben nach unten angeordnet sind, hat sie im Erdgeschoß einen Taproom, der an den beiden Tagen vor dem Wochenende als kleiner Treffpunkt für Menschen mit großem Bierinteresse dient. An anderen Tagen ist das Brauwerk nur nach Vereinbarung zu besuchen. Insgesamt 20 Plätze an der Bar.

DIE VÖLLEREI

1160 Wien, Brunnengasse 69 (Eingang Yppenplatz)
+43/1/9426537
www.facebook.com/VoellereiWien
ÖFFNUNGSZEITEN Mo-Fr: 17:00 bis 00:00 Uhr
FASSBIER Frastanzer, Schwechater Zwickl, ein Craftbier, das nach jedem Fass wechselt
FLASCHENBIER Freistädter Ratsherrntrunk, Gutmann Hefeweizen, Craftbiere, Jever Fun
LOKAL Diana Fritz hat das frühere Café Engelmaier zu einem gerade wegen seiner Urtümlichkeit trendigen Wirtshaus gemacht und feierte im März 2022 das fünfjährige Bestehen. Hier wird nicht nur gut gekocht, es gibt auch Frastanzer Bier. Das Lokal kann exklusiv für Veranstaltungen gemietet werden. 32 Plätze im Lokal, 45 im Gastgarten.

GELBMANNS GASTSTUBE

1160 Wien, Wilhelminenstraße 62, +43/1/4861599
www.gelbmanns.at
ÖFFNUNGSZEITEN Di-Sa: 11:00 bis 23:00 Uhr

FASSBIER Ottakringer Bio Pur, Ottakringer Bio Zwickl (Ottakringer Bock im Dezember), Ottakringer Wiener Original, Paulaner Rotes Zwickl, saisonal Ottakringer Braumeister Spezial
FLASCHENBIER Schneider Weisse, Schneider Weisse TAP 3 Alkoholfrei, Ottakringer Dunkles, Ottakringer Null Komma Josef, Augustiner Edelstoff, Brauwerk Craft Beer Nr. 1 Blonde, Nr. 2 Pale Ale, Nr. 3 Porter
LOKAL Ein typisch wienerisches Wirtshaus, Stammbetrieb der Familie Laskowsky, die auch dem Gmoakeller und dem Waldviertler Hof neues Leben eingehaucht hat. In dem 1873 erbauten, ebenerdigen Gebäude pflegt Alexander Laskowsky seit eineinhalb Jahrzehnten die „Wiener Beisl"-Kultur mit gehobener Küche und einem reichhaltigen Bierangebot – die Ottakringer Brauerei ist ja nur einen Steinwurf entfernt, sie liefert auch regelmäßig „Braumeister Spezial", die legendären Sondersude aus dem Team von Braumeister Tobias Frank. 90 Plätze im Lokal, 70 Sitzplätze im Garten.

GÖSSER BRÄU 1160

1160 Wien, Thaliastraße 125a, +43/1/4922148
goesserbraeu1160.at
ÖFFNUNGSZEITEN Mo-So: 10:00 bis 23:00 Uhr
FASSBIER Gösser Braufrisch, Gösser Spezial, Gösser Stiftsbräu, Gösser Stifts-Zwickl Hell, Gösser Stifts-Zwickl Dunkel, Gösser Naturweizen, Weihenstephaner Weißbier, Schladminger, Gösser Naturgold, Starobrno sowie saisonale Bierspezialitäten.
FLASCHENBIER Gösser Märzen, Heineken Premium Lager, Sol, Hofbräu Kaltenhausen 1475 Pale Ale
LOKAL Ankerpunkt der steirischen Bierkultur in Ottakring, deftiges Essen: Von Montag bis Freitag steht ein Mittagsmenü mit Suppe oder Salat zur Auswahl, wöchentlich wechselnde Spezial- und Saisonkarte. Ca. 220 Sitzplätze, im Garten ca. 80.

PLACHUTTAS GRÜNSPAN

1160 Wien, Ottakringer Straße 266, +43/1/4805730
www.gruenspan.at
ÖFFNUNGSZEITEN Mo-So: 11:00 bis 23:30 Uhr

Plachuttas Grünspan

FASSBIER Grünspan Hausbräu (von Ottakringer), Ottakringer Pils, Ottakringer Schnitt, Ottakringer Zwickl Rot, Ottakringer Dunkles, Innstadt Weißbier
FLASCHENBIER Null Komma Josef
LOKAL Mario Plachutta hat sich mit diesem mit der Straßenbahnlinie 2 leicht erreichbaren, gehobenen Vorstadt-Beisl, in dem man die gewohnte Plachutta-Qualität zu volkstümlichen Preisen bekommt, einen lang gehegten Wunsch erfüllt: Ein ehemaliges Heurigenlokal wurde aufwendig umgebaut und vor allem mit einem der schönsten Biergärten Österreichs ausgestattet – das brachte 2003 die Auszeichnung als Biergarten des Jahres im Bierguide. Der Name Grünspan bezieht sich auf Alan Greenspan, den ehemaligen Präsidenten der Federal Reserve, der es Plachutta besonders angetan hat. Mittagsmenü von Mo-Fr, außer an Feiertagen, von 11:00 bis 14:00 Uhr. 290 Sitzplätze, an der Bar 21, im Garten 600 Sitzplätze.

SCHWARZER RABE

1160 Wien, Ottakringer Straße 180, +43/1/4861177
www.rabenbraeu.at
ÖFFNUNGSZEITEN Mo-So: 16:00 bis 1:00 Uhr

Schwarzer Rabe

FASSBIER Rabenbräu® (ein bernsteinfarbener Sondersud von Villacher), Starobrno, Schladminger Bio Zwickl, Guinness extra Stout, Schremser Premium, Radler
FLASCHENBIER Schremser Roggenbier, Velkopopovický Kozel Dunkel, Franziskaner Hefeweizen, Schneider Aventinus Weizenstarkbier, Wieselburger Stammbräu, Weitra Hadmar, Gösser Märzen, Gösser Naturgold, Gösser Naturradler, Beck's Blue
LOKAL Dieses alte Wiener Vorstadtgasthaus wurde 1905 unter Heinrich Schallmeyer eröffnet und war in den 1990er-Jahren sogar zum Brewpub ausgebaut worden. Bereits im Jahr 2000 hat der Bierguide den „Black Raven" zum Bierlokal des Jahres erkoren. Der Lockdown im Jahr 2021 wurde genutzt, um das Lokal behutsam – unter Erhaltung des alten Kachelofens und des Charakters eines Nachbarschafts-Lokals – zu renovieren. Umfangreiches Whisky-Angebot, Whiskyverkostungen mit Vortrag jeden dritten Samstag im ungeraden Monat. Jeden dritten Montag im Monat „all you can eat" Ripperlessen, Rabenquiz jeden Freitag ab 19:30 Uhr. 80 Sitzplätze, 15 bis 20 Stehplätze.

17. BEZIRK

BIERRAUM

1170 Wien, Wattgasse 52, +43/1/8904280
bierraum.at
ÖFFNUNGSZEITEN Mo-So: 11:00 bis 00:00 Uhr

Bierraum

FASSBIER Bierraum-Hausbier (Zwettler Märzen), Zwettler Zwickl, Zwettler Saphir Pils, Weihenstephaner Weißbier, Bernard Bohemian Czech Lager, Sierra Nevada Pale Ale, Bevog Tak Pale Ale, Zwettler Black Magic (Jän.-April), Weitra Hadmar (Sept.-Okt.), Zwickl Bockbier (Nov.-Dez.)
FLASCHENBIER Muttermilch Wiener Bubi, Zwettler Lager, Collabs Domrep Pils, Muttermilch Bitta Von Tresen, Bayreuther Hell, Zwettler Dunkles, Gutmann Hefeweizen Hell, Birra del Borgo Cortigiana, Boon Kriek, Hollows Ginger Beer, Wild Beer Pogo, Hofbräu Kaltenhausen 1475 Pale Ale, Brewdog Punk IPA, De Molen Vuur & Vlaam IPA, Tiny Rebel Tropicana IPA, Flying Dog Easy Session IPA, Crew Republic Drunken Sailor, Pöhjala Öö, O'Hara's Irish Stout
LOKAL Dieses Ecklokal war, kaum eröffnet, schon ein Fixpunkt der Wiener Craftbierszene, ausgezeichnet als Wiener Bierlokal des Jahres 2019: Der Bierraum ist eine schön gestylte Bar, in der man ganz einfach ein Zwettler trinken kann – oder eben eines der Craftbiere, die zum Teil aus sehr kleinen Brauereien kommen. Zum Beispiel aus der Wiener Muttermilch-Brauerei oder der estnischen Pöhjala Brauerei. Das alles zu sehr fairen Preisen und bei Öffnungszeiten, die auch erlauben, einen frühmorgendlichen Bierdurst zu stillen. An Wochenenden gibt es ein eigenes Frühstücksangebot – unter anderem mit einer Hangover Pfanne, zu der das Hausbier empfohlen wird. Denn auf der Speisekarte sind bei allen Spesen auch Bierempfehlungen dabei. 60 Plätze, fünf an der Bar.

DAS JETZT

1170 Wien, Parhamerplatz 16, +43/1/4857680
www.dasjetzt.at
ÖFFNUNGSZEITEN Mo: 17:00 bis 1:00 Uhr, Di-Do: 17:00 bis 2:30 Uhr, Fr-Sa: 17:00 bis 4:00 Uhr, So: 17:00 bis 1:00 Uhr
FASSBIER Velkopopovický Kozel Hell, Cerna Hora Granat (Dunkles), Gösser Märzen, Kilkenny Irish Ale, Siebzehna Hopfertes
FLASCHENBIER Wieselburger Gold, Bayreuther Hell, Obertrumer Original Zwickl, Schwechater Zwickl, Schneider Weisse Hell, Gutmann Weizen Dunkel, Rothaus Tannenzäpfle, Stiegl-Freibier, Riegele Weisse Alkoholfrei, ein Flaschenbier der Woche
LOKAL Gemütliches, mit Künstlerplakaten dekoriertes Lokal in einem ebenerdigen Kutscherhaus. Es gibt zwei Bars (an der kleineren davon gibt es die spezielleren Biere) und ein paar Nebenräumen für gemütliches Zusammensitzen. Nach Eigendefinition „Zufluchtsort für Schüler, Studenten und sonstige geschätzte helle und wache Köpfe von Ottakring bis Gersthof". Man kann hier auch spielen – ein Billardtisch steht ebenso bereit wie ein Flipper, ein Wuzzler und diverse Brett- und Kartenspiele. Und ab 22 Uhr sorgt ein DJ für passende Musik. Interessant: Auf der Karte wird auf „die letzte Eisenbahn" hingewiesen, also die letzten Öffi-Verbindungen, um sicher wieder heimzukommen. 100 Plätze im Lokal, 15 an den Bars, 50 im Garten.

Das Jetzt

DER BRANDSTETTER

1170 Wien, Hernalser Hauptstraße 134, +43/1/4864625
www.derbrandstetter.at
ÖFFNUNGSZEITEN Mo-Fr: 11:00 bis 23:00 Uhr, Sa: 16:00 bis 23:30 Uhr, So: 11:00 bis 21:00 Uhr
FASSBIER Villacher Märzen, Pilsner Urquell, Velkopopovický Kozel Hell, Velkopopovický Kozel Dunkel, Obertrumer Zwickl

FLASCHENBIER Franziskaner Hefetrüb, Gösser, Wieselburger, Villacher, Gösser Naturgold, Gutmann Weizen Alkoholfrei
LOKAL Das „Wein- und Bierhaus zum Alsegg" strahlt noch viel von der Atmosphäre der Mitte des 20. Jahrhunderts aus. Die Einrichtung des heute als Brandstetter bekannten Beisls ist großteils original erhalten. Das Lokal selbst wurde Ende des 19. Jahrhunderts erstmals als Zinterhof gegründet und diente über viele Jahrzehnte nicht nur als Wirtshaus, sondern darüber hinaus als wichtiger Treffpunkt im Bezirk und gleichzeitig wichtigster Nahversorger. Heute überzeugt es durch die zentrale Schank und das Bierangebot, original Wiener Küche – sowie durch sehr günstige Preise für gute Qualität. 70 Plätze im Lokal, 20 im Schanigarten.

DIE SCHWEIGER

1170 Wien, Hernalser Hauptstraße 212, +43/660/2808221
www.dieschweiger.at
ÖFFNUNGSZEITEN Mo-Fr: 16:00 bis 00:00 Uhr
FASSBIER Černá Hora Hora Lezak (Helles), Cerna Hora Granat (Dunkles), Schladminger Bio Zwickl, Kaltenhausen Original, Siebzehna Hopfertes, Brew Age Affenkönig
FLASCHENBIER Der Belgier Saison, Der Belgier Honey I Love You, Der Belgier Blonde, Schleppe No. 1, Brewdog Vagabond Pale Ale, Loncium Austrian Amber Lager, Muttermilch Wiener Bubi, Gutmann Hefeweizen, Augustiner Edelstoff, Rothaus Tannenzäpfle, Riegele Alkoholfrei, Fuller's London Pride
LOKAL Herr Schweiger hat hier jahrzehntelang ein international viel beachtetes Bierbeisl geführt – sogar der legendäre Bierautor Michael Jackson hat es in mehreren Büchern erwähnt. 2019 wurde es vom Team des nahen Brandstetter übernommen und dieses führt die Hernalser Institution mit Hingabe weiter. Das Bier kommt aus der mährischen Brauerei Cerna Hora (Schwarzenberg), dazu passt der pikante Leberkäse. 35 Plätze, im Veranstaltungsraum im Keller, der für alle Anlässe von Junggesellenabend bis zur Beerdigung angeboten wird ca. 30 Sitzplätze im Lokal, 10 an der Bar, Garten: 20 Plätze.

SCHUTZHAUS AM SCHAFBERG

1170 Wien, Czartoryskigasse 190-192, +43/1/4792279
www.schutzhaus-schafberg.at
ÖFFNUNGSZEITEN Mi-Sa: 12:00 bis 23:00 Uhr, So: 10:00 bis 22:00 Uhr
FASSBIER Schladminger Bio Zwickl, Schladminger Märzen
FLASCHENBIER Edelweiss Weizen Hell, Edelweiss Weizen Dunkel, Schwechater Wiener Lager, Gösser Naturgold
LOKAL Das 1923 eröffnete Schutzhaus der Kleingartenanlage „Schafbergsiedlung" in der verlängerten Klampfelberggasse hat sich unter anderem als Szenetreff (das allererste Konzert vom Ostbahn-Kurti) einen Namen gemacht. 2009 neu übernommen, bietet es nunmehr eindrucksvolle Küche und gepflegte Biere. 200 Plätze, 12 an der Schank, 120 im Garten.

THE GREEN ROOM

1170 Wien, Hernalser Hauptstraße 56, +43/660/9410015
www.facebook.com/pg/The-Green-Room-Vienna-210976599847301
ÖFFNUNGSZEITEN Mo-So: 18:00 bis 2:00 Uhr
FASSBIER Guinness, Ottakringer Helles, Schremser IPA, Weitra Helles, Ottakringer Radler
FLASCHENBIER Augustiner Edelstoff, Tegernseer Hell, Kilkenny Red Ale, Gastbiere
LOKAL Kleines Pub ohne unnötigen Schnickschnack. Monatlich ein „Beer of the Month". Besonders sympathisch: Eine kleine Handbibliothek für die, die gerade keinen Gesprächspartner haben – wobei das nicht oft vorkommen dürfte. 35 Plätze im Lokal.

The Green Room

18. BEZIRK

ANTON FRANK

1180 Wien, Gymnasiumstraße 25, +43/1/4781436
www.facebook.com/Anton-Frank-Das-Lokal-3146775355 70728/
ÖFFNUNGSZEITEN Mo-So: 17:00 bis 2:00 Uhr
FASSBIER Ottakringer Helles, Ottakringer Zwickl, Ottakringer Rotes Zwickl, Ottakringer Dunkles, Innstadt Passauer Weisse
FLASCHENBIER Ottakringer Wiener Original, Ottakringer Pils, Augustiner Hell, Augustiner Edelstoff, Budweiser, Schneider Weisse
LOKAL Seit mehr als einem Vierteljahrhundert wird das Anton Frank von Thomas Komarek mit viel Einsatz und Liebe als gehobenes studentisches Café mit Snacks und Hausmannskost geführt. Das Lokal besticht durch eine besonders lange Holzbar (15 Meter lang) und sein nüchternes Ambiente – im Krimi „Quoten Killer" spielt eine der Schlüsselszenen hier. Unter anderem finden Live-Auftritte und regelmäßig Vernissagen verschiedenster Kunstrichtungen statt. Unter der Woche Jazz, sonntags klassische Musik. Mittwoch Klavierabend. 120 Plätze.

CENTIMETER BEI DEN STADTBAHNBÖGEN

1180 Wien, Währinger Gürtel 1 / Ecke Jörgerstraße
+43/1/470060647
www.centimeter.at
ÖFFNUNGSZEITEN Mo-So: 10:00 bis 00:00 Uhr

FASSBIER Centimeter Hausbier (von Stiegl), Starobrno, Murauer Steirergold, Budweiser Budvar, Hofbräu Traunstein Dunkles, Schneider Weisse, Schladminger Bio Zwickl, ein saisonales Bier
FLASCHENBIER Wieselburger Gold, Puntigamer, Stiegl-Goldbräu, Ottakringer Helles, Hirter Märzen, Trumer Pils, Weitra Hadmar, Stiegl-Paracelsus Glutenfrei, Corona extra, La Chouffe, Brew Age Affenkönig, Franziskaner Hefeweisse, Augustiner Weißbier
LOKAL Das Centimeter-Lokal am unteren Ende der Jörgerstraße – unmittelbar gegenüber der U-Bahnstation Alserstraße (U6) – setzt die Tradition des österreichischen Familienbetriebes fort. Auch hier findet man, wie in den anderen drei Centimetern in Wien, das typische Angebot: viel Essen um wenig Geld und eine ordentliche Bierauswahl. Das Angebot hat sich um ein original Holzfass zum Selberanstechen (inkl. Urkunde für den Gast) und saftige Beef Ribs erweitert. 278 Plätze im Erdgeschoß und Kellergeschoß, + 12 Barplätze im Erdgeschoß), im Innenhof-Gastgarten 80 Plätze, Partykeller im Kellergeschoß.

Centimeter in Gersthof

CENTIMETER IN GERSTHOF

1180 Wien, Gersthofer Straße 51, +43/1/470060646
www.centimeter.at
ÖFFNUNGSZEITEN Mo-Do: 8:30 bis 00:00 Uhr, Fr-Sa: 8:30 bis 1:00 Uhr, So: 8:30 bis 00:00 Uhr
FASSBIER Centimeter Hausbier (von Stiegl), Starobrno, Murauer Steirergold, Hofbräu Traunstein Dunkles, Ottakringer Zwickl, Budweiser Budvar, Schladminger Bio Zwickl, Schneider Weisse, ein Saisonbier
FLASCHENBIER Wieselburger Gold, Puntigamer, Stiegl-Goldbräu, Ottakringer Helles, Hirter Märzen, Trumer Pils, Weitra Hadmar, Stiegl-Paracelsus Glutenfrei, Corona extra, Brew Age Affenkönig IPA, La Chouffe, Franziskaner Weißbier, Augustiner Weißbier
LOKAL Hier hängt der Himmel über der Bar voller Brezen: In den Centimeter-Lokalen weiß man, wie man bierige Stimmung schafft! Der Gersthofer Zweigbetrieb liegt quasi gegenüber der S-Bahnstation Gersthof – es wird bemüht gezapft und freundlich serviert. Das Lokal ist auf zwei Ebenen aufgeteilt, in beiden Stockwerken findet sich eine Bar. Zu dem reichlichen Bier- und Speisenangebot sind neue Burger-Variationen hinzugekommen, zwei davon vegetarisch. Nach einem Umbau/Renovierung mit neuen Gastgartenmöbeln und einer wetterfesten Markise mit integrierten LEDs zeigen die großen Auslagenscheiben, die sich wie bei einem Wintergarten öffnen lassen, in Richtung Gastgarten. So hat man auch im Gastgarten volles Bierlokalfeeling. Und ja: Die Brezen sind nicht nur als Dekoration vorhanden – sie werden auch frisch mit Aufstrichen serviert. 117 Plätze + 10 Barplätze im Erdgeschoß, 190 Plätze im Obergeschoß, im Gastgarten 60 Sitzplätze.

NA-NOG IRISH PUB

1180 Wien, Anastasius-Grün-Gasse 6, +43/676/5747870
www.nanog.at
ÖFFNUNGSZEITEN Mo-Sa: 18:00 bis 2:00 Uhr
FASSBIER Stiegl-Goldbräu, Guinness Stout, Kilkenny, Budweiser, Stiegl-Columbus Pale Ale, Stiegl Radler
FLASCHENBIER Stiegl-Paracelsus, Stiegl-Goldbräu, Franziskaner Hefeweizen Hell, Franziskaner Hefeweizen Dunkel, Hirter Privat Pils, Murauer, Budweiser, Velkopopovický Kozel Hell, Velkopopovický Kozel Dunkel, Stiegl Freibier
LOKAL In einem alten Bierlokal (die uralte Aufschrift am Eingang und ein noch älteres Foto erinnern ebenso wie der alte Eiskasten daran) wurde dieses Irish Pub eingerichtet, das das „Land der Jugend" – dafür steht der Begriff „Na-nÓg" in der reichen irischen Fabel- und Märchenwelt – im Namen trägt. Aber die Dekoration wurde an das irische Thema angepasst – etwa mit Erinnerungsstücken an sonst schon vergessene Motorsportereignisse. Sehr jugendlich ist das Publikum und sehr fußballbegeistert (an manchen Abenden werden mehrere verschiedene Spiele gleichzeitig übertragen, Sky Sports macht es möglich!), es gibt einen Wuzzler und mehrere Dart-Boards. Montags Pub Quiz ab 18:30 Uhr, donnerstags Dart Turnier ab 19:30 Uhr.

Na-Nog Irish Pub

TRABANT

1180 Wien, Dittesgasse 3, +43/1/8900041
www.facebook.com/CafeTrabant
ÖFFNUNGSZEITEN Mo-Do: 18:00 bis 00:00 Uhr, Fr-Sa: 18:00 bis 1:00 Uhr

FASSBIER Schremser Premium, Schremser Zwickl
FLASCHENBIER BOKU Bier, Muschicraft, Augustiner Hell, Augustiner Edelstoff, Schremser Doppelmalz Dunkel, Schneider Weisse, 100 Blumen Wiener Lager, Gusswerk Jakobsgold Alkoholfrei
LOKAL Der ehemalige Standard-Kollege Simon Moser hat diese kleine Bar sehr gemütlich eingerichtet (alte Ziegelmauern und Kaminofen inklusive!) und sich bemüht, hier besondere Biere anzubieten – etwa die Raritäten aus der Braugruppe der Universität für Bodenkultur. Zu Essen gibt es Flammkuchen.

Trabant

ZUM GEMÜTLICHEN WEINHAUSER

1180 Wien, Gentzgasse 125, +43/677/63730417
www.zum-weinhauser.at
ÖFFNUNGSZEITEN Mo: 16:00 bis 22:30 Uhr, Do-Fr: 16:00 bis 22:30 Uhr, Sa-So: 11:00 bis 22:30 Uhr
FASSBIER Golser Premium, Golser Bio Zwickl, Golser Weizen, Golser Rotgold, Golser Limetten-Zitronen Radler, ein wechselndes saisonales Bier
FLASCHENBIER Zipfer Urtyp, Wieselburger Gold, Murauer Märzen, Golser Nullerl Alkoholfrei
LOKAL Schön renovierte urwiener Gaststätte – seit 1917 in der Familie – mit großer Biertradition. Und einer typisch Wiener Speisekarte (Chefin Claudia zeichnet dafür verantwortlich), die Schmankerln zu vernünftigen Preisen anbietet. 90 Sitzplätze, 5 an der Bar und 80 im Schanigarten.

19. BEZIRK

BRANDAUER'S BIERBÖGEN

1190 Wien, Heiligenstädter Straße 31, +43/1/3676869
www.bierig.at
ÖFFNUNGSZEITEN Di-So: 10:00 bis 23:00 Uhr
FASSBIER Brandauers Hausbier (Zwettler Pils), Brandauers Zwickl (Zwettler Zwickl), Zwettler Dunkel, Zwettler Saphir, Weitra Hadmar, Weitra Das Helle, Schneider Weisse
FLASCHENBIER Tegernseer Hell, Stiegl-Goldbräu, Zwettler Original, Zwettler Lager, Zwettler Kuenringer Bock, Freistädter Junghopfenpils, Schleppe No.1 Pale Ale, Crew Republic Hop Junkie Session IPA, Forstner Dry Stout, Der Belgier Saison, Boon Kriek
LOKAL Seit einem Jahrzehnt ein Fixpunkt der Bierkultur in Döbling: Thomas Brandauer hat in vier ehemaligen Stadtbahnbögen der früheren Gürtellinie (gleich gegenüber der U-Bahn-Station Spittelau) dieses großzügig gestaltete Bierlokal eingerichtet. Der Bierguide hat es bereits 2009 zum Wiener Bierlokal des Jahres erkoren. In einem der Bögen befindet sich eine große Bar, in den Obergeschoßen sind loungeartige Bereiche zum gemütlichen Sitzen untergebracht. Die Bierbögen sind und bleiben das „Flagship"-Lokal der Zwettler Brauerei in Wien, es gibt inzwischen aber auch eine Reihe von Craftbieren. Sehr löblich ist, dass diese in der Getränkekarte ausführlich erklärt werden. Noch löblicher: Die Speise- und Getränkekarte ist einer viermal jährlich erscheinenden Hauszeitung, „s' bierige Blattl", beigelegt – in dieser schreiben auch die Mitarbeiter über ihre Erfahrungen bei Arbeit und Freizeit. Party-Bierzapftische zum Selberzapfen. Sehr sympathisch! 300 Sitzplätze im Lokal, 40 an der Bar, 300 im Garten.

FIGLS

1190 Wien, Grinzinger Straße 55, +43/1/3204257
www.figls.at
ÖFFNUNGSZEITEN Mo-So: 11:30 bis 23:00 Uhr

Figls

FASSBIER Figls Hausbier, Figls Spezial (Tank), Ottakringer Rotes Zwickl, Budweiser Original, Null Komma Josef, Ottakringer Radler
FLASCHENBIER Sehr umfangreiche und gut kommentierte Bierkarte, darauf unter anderem das Cristalli di Sale von Birra Messina, das Wiener Bubi von der Muttermilch Brewery, der Samichlaus vom Schloss Eggenberg, der Rodauner Calafati, das Brew Age Alphatier, das Gusswerk Nicobar und das Brauwerk Black & Proud Porter
LOKAL Seit 2004 ist dieses Wirtshaus der Familie Figlmüller ein verlässlicher Platz für Biergenuss im sonst weinseligen Grinzing – die Bierkarte verrät die Handschrift von Sepp Wejwar, der sie vor einigen Jahren kundig um Import- und Craftbiere bereichert hat. Sehr schön dekoriertes Lokal mit langer Bar, hinter der viel Kupfer blitzt und einem Kamin mit offenem Feuer. Die Küche bietet neben

dem berühmten Wiener Schnitzel auch Speisen, die mit Bier zubereitet werden – wie etwa Schweinsbraten mit Bierkümmelsaft. 220 Plätze im Lokal, 300 Plätze im Gastgarten.

FISCHER BRÄU

1190 Wien, Billrothstraße 17, +43/1/3695949
www.fischerbraeu.at
ÖFFNUNGSZEITEN Mo-So: 16:00 bis 00:00 Uhr
FASSBIER Fischer Helles, Ottakringer Pils, ein saisonales Bier aus eigener Poduktion
FLASCHENBIER Augustiner Edelstoff, Budweiser Budvar, Grieskirchner Export Dunkel, Franziskaner dunkles Weißbier, Paulaner Weisse, Hacker Pschorr Kellerbier, Beck's Blue
LOKAL Diese älteste, 1985 vom Bier-Pionier Sepp Fischer gegründete Wiener Gasthausbrauerei, wird seit 2021 von Johann Diglas jun. geführt. Bieriges Aushängeschild ist das Helle, aber es werden immer wieder auch Spezialitäten gebraut, etwa ein Narrensud für die Faschingszeit. So bleibt dieses Brewpub weiter an der Spitze der österreichischen Bierkultur. Dort ist es schon recht lange: Unter anderem wurde es vom Bierguide als Brewpub des Jahres 2002 und von der „Kampagne für Gutes Bier" als Stammtischlokal des Jahres 2005 ausgezeichnet – alle Auszeichnungen sind an den Wänden ausgehängt. Und wem das alles noch nicht reicht: Die Serviererinnen gehören zu den hübschesten und freundlichsten in Österreich. Bier-Happy-Hour täglich von 16:00 bis 17:00 Uhr. Ca. 180 Sitzplätze, 40 Plätze an der Bar, 30 in einem neu gestalteten Extrazimmer. Garten: ca. 240 Plätze.

Fischer Bräu

S'PFIFF

1190 Wien, Rathstraße 4, +43/1/4402720
www.s-pfiff.at
ÖFFNUNGSZEITEN Mi-Sa: 11:30 bis 22:00 Uhr, So: 11:30 bis 17:00 Uhr
FASSBIER Stiegl-Goldbräu, Stiegl-Hell, Stiegl-Paracelsus, Hirter Privat Pils, Weitra Helles
FLASCHENBIER König Ludwig Dunkel, Stiegl-0,0% , Stiegl-Gaudi Radler Grapefruit, ein Saisonbier
LOKAL Die Stiegl-Brauerei hat Michaela Huber 2023 als Wiener Bierwirtin des Jahres ausgezeichnet. Sie hat vor eineinhalb Jahrzehnten einem ehemaligen Heurigen in Neustift mit Bierkultur neues Leben eingehaucht. Das Lokal ist in modern-rustikalem Stil sehr hell gehalten, helles Holz an der Decke und weiße Wände – und dazu kontrastierend die dunklen Sitzmöbel. Die Bar ist einladend, die Steh- und Sitztische ebenso. Die Küche verbindet Schmankerl aus der Wiener Küche und traditionelle Hausmannskost, wie etwa Fiakergulasch, Altwiener Tafelspitz, Rieslingkalbsbeuschl, original Wiener Schnitzel mit saisonalen Spezialitäten wie knusprige Ganseln, Spargel, Eierschwammerl oder einen köstlichen Matjeshering. 220 Sitzplätze im Lokal, 12 an der Bar, 150 im Gastgarten.

s'Pfiff

SHAKES BIERPUB & RESTAURANT

1190 Wien, Muthgasse 56, +43/1/2760160
www.shakes.at
ÖFFNUNGSZEITEN Mo-Fr: 8:00 bis 23:00 Uhr
FASSBIER Wieselburger, Zipfer Pils, Starobrno, Gösser, Guinness
FLASCHENBIER Kilkenny, Heineken, Corona, Budweiser, Gösser Märzen, Edelweiss Hefetrüb, Gösser Naturgold
LOKAL Ziemlich authentisch gestaltetes, allerdings durchgehend deutschsprachig geführtes Irish Pub zwischen der U-Bahnstation Heiligenstadt und dem neuen Bezirkszentrum. Außen eine großflächig verglaste Fassade, innen eingerichtet, als wäre man irgendwo auf dem Land in Irland. Ist man aber nicht. Die Bierkarte wird – neben dem Guinness – von Produkten der BrauUnion geprägt, das Zipfer Pils sticht dabei positiv hervor und wird in guter Qualität gezapft. 40 Plätze rund um die Bar, weitere 30 im Obergeschoß.

20. BEZIRK

Brigittenauer Stadl

BRIGITTENAUER STADL

1200 Wien, Griegstraße 1-3, +43/1/3749202
www.brigittenauerstadl.at
ÖFFNUNGSZEITEN Di-Fr: 10:00 bis 23:00 Uhr, Sa-So: 10:00 bis 00:00 Uhr
FASSBIER Grieskirchner Dunkel, Zwettler, Murauer Steirergold, Budweiser, Ottakringer Rotes Zwickl
FLASCHENBIER Hirter Privat Pils, Murauer Weisse, Beck's Blue
LOKAL Seit mehr als zwei Jahrzehnten ein gastronomisches Highlight am äußersten Ende des 20. Bezirks (Endstation der Buslinie 5A) – und gleichzeitig der größte gastronomische Betrieb der Brigittenau. Er lockt vor allem im Sommer mit einem schönen Biergarten. Für die familiäre Atmosphäre sorgt die Familie Piringer. Lavasteingrill im Sommer. 350 Sitzplätze (Saal für 160 Personen), 15 Plätze an der Bar, Garten: 350 Sitzplätze.

GASTHAUS KOPP

1200 Wien, Donaueschingenstraße 28, +43/1/3304392
www.gasthaus-kopp.at
ÖFFNUNGSZEITEN Mi-So: 10:00 bis 23:00 Uhr
FASSBIER Gösser, Schwechater Zwickl
FLASCHENBIER Gösser Märzen, Hirter Pils, Edelweiss Hefeweizen, Wieselburger Stammbräu, Zipfer Urtyp, Gösser Naturgold
LOKAL „Der Kopp" ist ein urwienerisches Wirtshaus an der Ecke zur Donaueschingenstraße – seit sieben Jahrzehnten in Familienbesitz. Aus dieser Zeit dürfte das Gemälde im ersten Raum stammen, auf dem ein von Pferden gezogener Schwechater Bierwagen vor der Gastwirtschaft Franz Kopp dargestellt ist. Hier wird der Anspruch hochgehalten, wie früher „bodenständig, gemütlich und der Haus-

mannskost die Treue haltend" für die Gäste da zu sein. Traditionelle Küche, urige Einrichtung, bemühte Kellner – wenn man ein wienerisches Wirtshauserlebnis sucht, ist man hier genau richtig. 80 Plätze im Lokal, 20 im Schanigarten.

Gasthaus Kopp

HOFER'S GASTHAUS

1200 Wien, Stromstraße 19, +43/676/4729470
www.hofersgasthaus.com
ÖFFNUNGSZEITEN Mo-Fr: 11:00 bis 23:00 Uhr
FASSBIER Zwettler Original, Zwettler Zwickl
FLASCHENBIER Zwettler Dunkel, Zwettler Luftikus und Radler
LOKAL Anfang 2023 sind Daria und Markus Hofer mit ihrem Gasthaus ins ehemalige „Fähnrichs" an der Ecke zur Leithastraße (einer Sackgasse, wo sich auch der kleine Schanigarten befindet) eingezogen. Das Bier kommt weiterhin von Zwettler, die Küche hat einen Tiroler Einschlag und das Ambiente ist von hellem Holz geprägt.

ZUM NUSSGART'L

1200 Wien, Vorgartenstraße 80, +43/1/3325125
www.nussgartl.at
ÖFFNUNGSZEITEN
FASSBIER Ottakringer Wiener Original, Stiegl-Goldbräu, Budweiser, Ottakringer Rotes Zwickl, Hirter Privat Pils
FLASCHENBIER Schneider Weisse, Ottakringer Dunkles, Wieselburger Stammbräu, Stiegl, Ottakringer Zitronen Radler, Null Komma Josef
LOKAL Das Nussgart'l ist ein klassisches Wiener Beisl, das nach und nach modernisiert worden ist. Im kleinen namensgebenden Gartl – hier stehen tatsächlich zwei Nussbäume – und dem Lokal werden zum gut gezapften Bier sowohl eine breite Palette an vegetarischen Gerichten als auch fast schon in Vergessenheit geratene Wirtshausklassiker angeboten: Hier finden sich ein Salonbeuscherl oder Niernd'ln ebenso auf der Karte wie eine Walnuss-Polenta mit Waldpilzen, Heidelbeeren und gehobeltem Grana. Weiters bietet dieses liebevoll renovierte, aber noch immer den Charme der „Guten Alten Zeit" versprühende Eckbeisl auch klassische Schmorgerichte wie zum Beispiel Lammstelze, Kalbsbackerl oder auch eine klassische Rindsroulade.

21. BEZIRK

BIRNERS STRANDGASTHAUS

1210 Wien, An der oberen Alten Donau 47, +43/1/2715336
www.gasthausbirner.at
ÖFFNUNGSZEITEN Sommersaison: Mo-Fr: 10:00-23:30 Uhr, Sa-So: 9.00-23:30 Uhr; Wintersaison: Mo-Fr 10:00 bis 22:00 Uhr, Sa-So & Feiertag 9:00-22:00 Uhr
FASSBIER Schwechater Hopfenperle, Kaiser Doppelmalz, Wieselburger Spezial, Gösser Naturradler
FLASCHENBIER Gösser Märzen, Wieselburger Stammbräu, Schwechater Zwickl, Weihenstephaner Hefeweißbier
LOKAL Es gehört zu den sehenswerten Kuriositäten Wiens, wie hier die flinken Kellner mit Bier und Speisen auf dem Tablett die Straße queren, um auch die Gäste auf der Strandterrasse am Ufer der Alten Donau zu bedienen. Wirklich attraktiv ist vor allem der Garten. In der kälteren Jahreszeit gibt es im Gasthaus Birner attraktive kulinarische Angebote in Form von Heringsschmaus, Wildbuffet, Ganslessen u.s.w. sowie verschiedenste Kabarets. Ca. 100 Plätze, Strandterrasse: ca. 100 Plätze.

BRÜNNER'S

1210 Wien, Brünner Straße 190, +43/1/2900200
www.bruenners.at
ÖFFNUNGSZEITEN Mo-So: 11:30 bis 22:00 Uhr

Brünners

FASSBIER Gösser Märzen, Starobrno, Schwechater Zwickl, Gösser Naturradler
FLASCHENBIER Wieselburger Gold, Wieselburger Stammbräu, Kaiser Doppelmalz, Edelweiss Hefetrüb, Gösser Naturgold
LOKAL Nettes, mit viel Holz gestaltetes Bierlokal. Motto: „Trinken ist ein Bedürfnis, Bier eine Kultur!" Neben der bierigen Dekoration mit alter Bierwerbung und Bildern der guten alten Zeit fallen der große Kinderspielbereich – Spielzimmer mit Klettergarten + Rutsche, extra Fernsehzimmer, separater Bereich zum Legobauen – auf. Täglich wechselndes Menü, saisonale Wochen, laufend neue

Empfehlungskarten. Das Personal ist sehr freundlich, kennt die Stammgäste und ist bemüht (und erfolgreich darin!), kleine Probleme sofort zu lösen. 120 Sitzplätze im Lokal (Rollstuhl gerecht), Garten: 100

DA GIOVANNI

1210 Wien, Russbergstraße 76, +43/1/2929455
www.da-giovanni.at
ÖFFNUNGSZEITEN Mo-So: 10:00 bis 22:00 Uhr
FASSBIER Hirter Privat Pils, Hirter Morchl, ein Monatsbier
FLASCHENBIER Zwettler Zwickl, Weizenbier, Clausthaler
LOKAL Mit dunklem Holz und hellem Metall modern gestaltete Pizzeria mit kleinem Barbereich. Dort wird oft ein Gastbier aus dem mährischen Cerna Hora ausgeschenkt. 160 Plätze im Wintergarten, 12 an der Bar. 90 im Garten.

Jedlersdorfer Alm

JEDLERSDORFER ALM

1210 Wien, Jedlersdorfer Platz 36, +43/1/2901717
www.jedlersdorferalm.at, www.almrausch21.at
ÖFFNUNGSZEITEN Mo-Do: 11:00 bis 23:00 Uhr, Fr-Sa: 11:00 bis 00:00 Uhr, So: 11:00 bis 23:00 Uhr
FASSBIER Puntigamer Märzen, Schwechater Zwickl, Starobrno, Kaiser Doppelmalz, Gösser Märzen, Gösser Naturradler
FLASCHENBIER Wieselburger Gold, Weihenstephan Hefetrüb
LOKAL Nur wenige Meter von der lauten Brünnerstraße wähnt man sich hier in einem richtig ländlichen Bereich: Kleine Gasserln, große Gärten. Und seit 2013 eine Almhütte – „die Großstadtalm" steht über dem Hintereingang in der Baumergasse. Man kann die Dekoration kitschig finden – aber viel treffender müsste man sie als stimmig beschreiben: alte Kuhglocken, alte Schlitten, alte Sensen, alte Heugabeln und ein eisenbeschlagenes einzelnes Wagenrad. Und alte Trachtenkleidung – hindrapiert, als ob gleich die Oma oder der Opa käme, sie wieder anzuziehen. Im Restaurant und im Biergarten gibt's kulinarische Schmankerln und gepflegten Biergenuss. Sehr effizientes und freundliches Service Veranstaltungen, wie z. B. Almauftrieb, Nacht in Tracht. 350 Plätze im Lokal. 150 Plätze im Innengarten und weitere 50 Plätze im vorderen Gartenbereich.

JONAS

1210 Wien, Franz Jonas Platz 11, +43/676/4017496
www.jonas-lokal.at
ÖFFNUNGSZEITEN Mo-Fr: 8:00 bis 00:00 Uhr, Sa: 9:00 bis 00:00 Uhr, So: 9:00 bis 23:00 Uhr
FASSBIER Schladminger Märzen, Schladminger Bio Zwickl, ein wechselndes saisonales Bier
FLASCHENBIER Heineken, Kaiser Doppelmalz, Weihenstephan Hefetrüb, Desperados, Corona, Gösser Naturgold
LOKAL Das vielleicht urbanste Lokal von Floridsdorf, schöne Bar und gute Auswahl an Speisen von Antipasti bis Wok-Gerichte. 120 Plätze im Lokal, 15 an der Bar, 120 auf der Terrasse.

Kadlez Grillhaus in der Hopfengasse

KADLEZ GRILLHAUS IN DER HOPFENGASSE

1210 Wien, Hopfengasse 8-12, +43/1/2783352
www.kadlez-hopfengasse.com
ÖFFNUNGSZEITEN Di-Sa: 17:00 bis 00:00 Uhr
FASSBIER Stiegl-Paracelsus, Murauer Steirergold, Trumer Pils, Schnitt, Radler, Kadlez Saisonbier
FLASCHENBIER Gusswerk Weizenguss, Grieskirchner Dunkel, Gusswerk Jakobsgold Alkoholfrei, Null Komma Josef
LOKAL Die Kadlez-Bierkutschn in der Floridsdorfer Hauptstraße hat im Sommer 2014 zugesperrt und ist in die Hopfengasse (in die Nähe der ehemaligen St. Georgs Brauerei) gezogen. Es ist ein modern gestaltetes Lokal, in dem Hausherr Christian Schneider die transdanubische Craft Bier Szene versorgt. Wie der Name andeutet, gibt es alles vom Grill, was man sich nur vom Grill wünschen kann. Mit der Zeit ist der Garten auch zu einer beliebten Location für Hochzeiten geworden. 90 Sitzplätze im Lokal, 30 Plätze an der Bar, 100 Sitzplätze im Garten.

NACHBARN

1210 Wien, Prager Straße 4, +43/1/9613401
www.nachbarn.wien
ÖFFNUNGSZEITEN Mi-So: 11:00 bis 22:00 Uhr
FASSBIER Pilsner Urquell, Velkopopovický Kozel Dunkel
FLASCHENBIER Augustiner Weißbier, Gösser Märzen/Naturgold
LOKAL Pilsner Urquell wird hier wie in vielen tschechischen Lokalen

in mehreren Varianten angeboten und gezapft, als ob man gerade selbst in Pilsen wäre. Dazu Speisen nach Rezepten aus Böhmen und von anderen Nachbarländern – so funktioniert das Konzept der Nachbarn auf der Prager Straße. Natürlich kann man einfach „auf ein Bier" vorbeikommen, aber da entgeht einem etwas! Und: Neuerdings hat das Lokal den lange ersehnten Schanigarten bewilligt bekommen.

Schabanack

SCHABANACK

1210 Wien, Leopoldauer Platz 90, +43/1/2584696
www.schabanack.com
ÖFFNUNGSZEITEN Di-Sa: 11:00 bis 23:00 Uhr, So: 11:00 bis 22:00 Uhr
FASSBIER Hofbräu Traunstein Fürstenquell Export Hell, HB Altbayrisch Dunkel, HB Weissbier Spezial Edition, HB 1612er Zwickl Hell
FLASCHENBIER Hirter Privat Pils, Wieselburger Gold, HB Weißbier Alkoholfrei, Gösser Naturgold
LOKAL Einkehrgasthof aus dem 19. Jahrhundert, mit unterschiedlichen Bereichen: In den vorderem Räumen dominiert der Charakter eines Bierlokals, ausgestattet mit uralten Versatzstücken aus Kinderzimmern, Feuerwehrhelmen und teilweise dunkler Lamperie. Weiter hinten und im Garten dominieren Heurigenbänke. Biergarten mit einem über 100 Jahre alten Kastanienbaum. Sehr bemühte Bierpflege. Käsewochen in der zweiten Aprilhälfte. 150 Plätze, 150 im teilweise überdachten Garten.

STIX'S SCHLEMMER ECK

1210 Wien, Prager Straße 165, +43/1/2715215
www.stix-gastro.at/stix-gastronomie-schlemmer-eck
ÖFFNUNGSZEITEN Mo-Sa: 10:00-22:00 Uhr; 1.10. – 30.4.: So 9:00-17:00 Uhr, 1.5. – 30.9.: So 9:00 bis 20:00 Uhr
FASSBIER Zwettler Pils, Zwettler Zwickl, Zwettler Dunkel
FLASCHENBIER Weitra Bräu Helles, Zwettler Export Lager, Zwettler Weizenbier, Zwettler Radler, Murauer Zitro&Bier, Zwettler Original, Beck's Blue
LOKAL Gelegentlich etwas lautes Restaurant mit doppelt gewölbtem Partykeller. Täglich wechselnde Menüs, saisonale Wochen, laufend neue Empfehlungskarten. Spielplatz und Spielzimmer, 120 Sitzplätze im Lokal (Rollstuhl gerecht), 70 im Keller. 10 Plätze an der Bar, 150 Plätze im Garten, bis 80 im Partykeller.

WIRTSHAUS AM WASSERPARK

1210 Wien, Freytaggasse 1/14, +43/1/9601677
www.wirtshausamwasserpark.at
ÖFFNUNGSZEITEN Mi-Sa: 10:00 bis 22:00 Uhr
FASSBIER Stiegl-Goldbräu, Stiegl-Paracelsus
FLASCHENBIER Stiegl-Weisse, Gösser Märzen, König Ludwig Dunkel, Stiegl-Grapefruitradler, Stiegl-Freibier
LOKAL Unscheinbares Gemeindebau-Gasthaus an der dem Wasserpark zugewendeten Ecke des Paul-Speiser-Hofs, der im Jahr 1930 errichtet wurde. Angenehme Wirtshausatmosphäre, freundlich servierte Wiener Küche, gute Bierpflege (Biergläser mit Branding des Lokals) und ein Gastgarten mit viel Grün. 70 Plätze im Lokal, 40 im Garten.

22. BEZIRK

DONAUBRÄU

1220 Wien, Donauturmplatz 1, +43/1/2633572
www.donaubraeu.at
ÖFFNUNGSZEITEN Fr-So: 11:30 bis 22:00 Uhr
FASSBIER Turmbier, Kaiser Doppelmalz, Reininghaus Jahrgangspils, Schladminger Schnee-Weisse
FLASCHENBIER Kuchlbauer Turmweisse, Heineken, Wieselburger Stammbräu, Gösser Naturgold
LOKAL Am Fuß des Donauturms ist im Frühjahr 2019 dieser große Gastronomiebetrieb eingerichtet worden. Das Interieur ist in dunklen Holztönen gehalten, ein besonderer Blickfang sind die einzigartigen Kunstwerke von Nicola Verlato, einem italienisch-amerikanischen Künstler des Surrealismus. Seine Werke zeigen „gefallene Engel" und man muss nach oben schauen, um sie zu bewundern, denn sie finden sich hinterleuchtet an der Decke des Pavillons. Auch die Bar darf als Kunstwerk gelten: Sie ist ein Designobjekt aus Kupfer und Glas, mit durch Licht in Szene gesetzte Flaschen. Das Schönste ist aber der Biergarten, der unmittelbar unter Wiens höchstem Wahrzeichen, dem Donauturm, liegt. 200 Plätze im Lokal, 430 im Biergarten.

JUSSI

1220 Wien, Langobardenstrasse 121, +43/1/2801181
www.jussi.wien
ÖFFNUNGSZEITEN Mo-Fr: 11:30 bis 22:00 Uhr, Sa-So: 9:00 bis 22:00 Uhr
FASSBIER Schladminger Bio-Zwickl, Starobrno, Murauer Pils, Jussi's Hausbier
FLASCHENBIER Corona, Stella Artois, König Ludwig Dunkel, Weihenstephaner Hefeweißbier, Gösser Naturgold

LOKAL In unmittelbarer Nachbarschaft der Gärtnerei Kalch, die dem Gastgarten ein besonderes Flair gibt, befindet sich dieses feine Restaurant. Die Innenarchitektür erinnert ein wenig an alte Handwerksbetriebe, das Service ist flott und freundlich. Das Hausbier ist ein vollmundiges Gemischtes, das ab Brauerei so kommt, wie der Kellner versichert.

NAPOLEON

1220 Wien, Kagraner Platz 33, +43/1/24100420
www.napoleon.wien
ÖFFNUNGSZEITEN Di-So: 11:30 bis 23:00 Uhr
FASSBIER Napoleon Hausbier (Ottakringer Spezial), Ottakringer Bio Pur, Ottakringer Bio Zwickl, Ottakringer Rotes Zwickl, Ottakringer Dunkles, Budweiser, Ottakringer Wiener Original
FLASCHENBIER Schneider Landbier, Erdinger Urweisse, Brauwerk Black & Proud Porter, Brauwerk Native Tongue, Brauwerk Hellberry Red IPA, Null Komma Josef, Erdinger Weißbier Alkoholfrei
LOKAL Viele Jahre war der „Bierfreihof" eine Institution in Kagran, dann stand er einige Zeit leer – um nach der Corona-Pandemie unter Leitung der Familie Querfeld großartig wiederaufzuerstehen. Die Einrichtung schwankt in den einzelnen Räumen zwischen urig und elegant, es gibt sogar einen neu gesetzten Kachelofen. Der Gastgarten nennt sich selbst den schönsten von ganz Kagran (uns fällt auch kein schönerer ein, also wird was dran sein). Und ab und zu gibt es Biertastings (unter anderem verschiedende alkoholfreie Biere) sowie Workshops. 200 Plätze in verschiedenen Räumen auf zwei Etagen, 200 Plätze im Garten.

Napoleon

POZI'S

1220 Wien, Eßlinger Hauptstraße 2, +43/1/7741342
www.pozis.at
ÖFFNUNGSZEITEN Di-Sa: 10:00 bis 23:00 Uhr
FASSBIER Wieselburger Gold, Kaiser Doppelmalz, Leopoldauer Brauhandwerk Wiener Lager, ein saisonales Bier
FLASCHENBIER Gösser Märzen, Wieselburger Gold, Heineken Premium Lager, Weihenstefan Hefetrüb, Guinness Stout, Bayreuther Hell
LOKAL Kleines Ecklokal mit großer Küche und sehr herzlichem Service. Die Biere kommen hier vorwiegend von der BrauUnion, aber an der Saisonbier-Leitung hängt immer ein Bier einer Kleinbrauerei – etwa vom lokalen Leopoldauer Brauhandwerk. Jeden Sonntag „Brat'l-Zeit wie Seinerzeit", jedes Jahr Ende September wird Brausilvester gefeiert und dreimal im Jahr wird ein Bierpong-Turnier veranstaltet! 50 Plätze im Lokal, 15 an der Bar, 45 im Garten.

Roter Hiasl

ROTER HIASL

1220 Wien, Biberhaufenweg 228, +43/1/2807122
www.roterhiasl.at
ÖFFNUNGSZEITEN Winter: Mo-Do 11:00 bis 15:00 Uhr, Fr-Sa 11:00 bis 22:00 Uhr, So 11:00 bis 20:00 Uhr; Sommer: Mo-So 11:00 bis 22:00 Uhr
FASSBIER Hiasl Bräu Helles, Schremser Premium, Ottakringer Rotes Zwickl, Erdinger Urweisse, Ottakringer Citrus Radler
FLASCHENBIER Augustiner Lager Hell, Ottakringer Dunkles
LOKAL Die 1862 von Matthias Turnovsky gegründete Traditionsgaststätte in der Lobau hat mit Roland Reisinger seit 2009 einen neuen Chef, der 2012 begonnen hat, ein eigenes, sehr mildes Bier zu brauen. Bemühte Bierpflege in einer urwienerischen Beisl-Atmosphäre. Bier kommt hier auch in den Speisen zum Einsatz wie z.B. bei der Braumeisterpfanne – ein gegrilltes Schweinskarree im Speck-Zwiebel-Biersaftl, beim Brauhausschmaus – Geselchtes, Spanferkel, Würstel, Breznknödel und Bierkraut oder beim Hausbierbraten – Spanferkelrollbraten im Biersaftl mit Breznknödel und Bierkraut. Mehrmals im Jahr finden Veranstaltungen mit Live Musik, Hüttengaudi, Spanferkelessen, Oktoberfest u.s.w. statt. Und sogar für Hunde steht ein eigenes Hundemenü bereit!

SALOON DONAU ZENTRUM

1220 Wien, Wagramer Straße 79 Brückenebene, +43/1/2034595
www.saloon.co.at
ÖFFNUNGSZEITEN Mo-Do: 11:00 bis 23:00 Uhr, Fr-Sa: 11:00 bis 1:00 Uhr, So: 11:00 bis 23:00 Uhr
FASSBIER India Draft, India Unfiltered (Schwechater Zwickl), Heineken, Weihenstephaner, Gösser Stiftsbräu Dunkel, Gösser

Naturradler, Wiener Lager, Muttermilch Bitta von Tresen
FLASCHENBIER Heineken, Sol, Wieselburger Stammbräu, Desperados, Bevog Tak Pale Ale, Anchor Steam Beer, Brewdog Punk IPA, Früli Premium Strawberry Beer, Sierra Nevada Pale Ale
LOKAL Wiens größter Western-Saloon liegt verkehrsgünstig an der U-Bahnstation Kagran. Er ist mit viel Holz im Stile eines Goldgräber-Lokals des 19. Jahrhunderts im Land der unbegrenzten Möglichkeiten eingerichtet – und könnte sich mit seinem Angebot durchaus auch jenseits des großen Teichs sehen lassen – immerhin zwei der Flaschenbiere sind aus Kalifornien. Freitags, samstags und jeden ersten Mittwoch im Monat gibt es live Country-Musik ab 20.30 Uhr sowie Line-Dance-Kurse. Die Speisekarte bietet sowohl amerikanische- als auch Tex-Mex-Küche mit einem vielfältigen Angebot von Steaks und Spare Ribs über Burger bis hin zu Fingerfood. Und wie es sich für einen Saloon gehört, gibt es auch einige Whiskys. Highlight ist im Sommer die Gartenterrasse mit 200 Sitzplätzen und Wassernebelsprühanlage, die an heißen Tagen für Abkühlung sorgt.

Saloon im Doauzentrum

STERNBERG1220

1220 Wien, Industriestraße 65, +43/1/2022878
www.sternberg1220.at
ÖFFNUNGSZEITEN Di-Sa: 11:30 bis 23:00 Uhr, So: 11:30 bis 22:00 Uhr
FASSBIER Ottakringer Helles, Ottakringer Wiener Original, Budweiser, Ottakringer Zwickl, Ottakringer Rotes Zwickl, Ottakringer dunkles Zwickl
FLASCHENBIER Paulaner Hefeweißbier, Paulaner Alkoholfrei
LOKAL Ein Klassiker unter den Wiener Bierlokalen – bereits 2005 von Conrad Seidl als „Biergarten des Jahres" ausgezeichnet – profiliert sich unter neuer Führung einen Hauch moderner. Dabei gelingt es, mit wienerischer Küche und dem Ottakringer Bierangebot die Bodenhaftung zu bewahren. Und: Man kann hier durchaus auch nur „auf ein Bier" hereinkommen. Es bleibt eher nicht bei einem einzigen. Sehr freundliches und flexibles Servierpersonal. 200 Plätze im Lokal, 120 im Biergarten.

ZUR ALTEN KAISERMÜHLE

1220 Wien, Fischerstrand 6, +43/1/2633529
www.kaisermuehle.at
ÖFFNUNGSZEITEN Mo-So: 11:30 bis 23:00 Uhr

Zur alten Kaisermühle

FASSBIER Gösser Märzen, Starobrno, Schwechater Zwickl, Gösser Stiftsbräu Dunkel, Weihenstephaner Hefetrüb, Gösser Naturradler
FLASCHENBIER Muttermilch Bitta Von Tresen, Schwechater Wiener Lager, Schleppe No. 3, Gösser Spezial, Gösser Naturgold
LOKAL Dieses im Jahr 1893 im so genannten „Franz-Josephs-Land" eröffnete Lokal mit dem großen Gastgarten an der Alten Donau ist 2018 völlig renoviert worden. Überarbeitet und ausgeweitet wurden dabei auch die Speise- und die Weinkarte. Und die Bierkarte kann mit diesem Angebot durchaus mithalten: In Spiegelau-Gläsern von den BeerLovers werden mehrere Pale Ales und IPAs, Wiener Lager, Weizenbiere und sogar mehrere alkoholfreie Biere angeboten. Sehr bemühtes und bierkundiges Personal. Gezapft wird zügig und dennoch mit stabilem Schaum. 100 Sitzplätze im Lokal, 5 Stehtische im Garten, 350 Sitzplätze im Garten.

23. BEZIRK

DER STASTA

1230 Wien, Lehmanngasse 11, +43/1/8659788
www.stasta.at
ÖFFNUNGSZEITEN Mo-Sa: 7:00 bis 23:00 Uhr
FASSBIER Reininghaus Jahrgangs Pils, Kaiser Premium, Schwechater Zwickl
FLASCHENBIER Edelweiss Naturtrüb, Rodauner Strizzi Wiener Lager, Rodauner Gigerl, Edelweiss Alkoholfrei, Gösser Naturgold
LOKAL Vor 50 Jahren konnte man im Lokalführer „Preiswert leben in Wien" lesen, was heute noch gilt: „Solange es in Liesing Wirtshäuser wie den Stasta gibt, braucht es einen um diesen Außenbezirk nicht bange zu sein ... Wir haben uns vom ersten Besuch an als Stammgäste gefühlt." Natürlich ist das Lokal inzwischen behutsam modernisiert worden, aber Küche und Personal sind immer noch vorbildliche Beispiele dafür, wie man ein Traditionsgasthaus führen kann. Dazu schrieb Falstaff-Chefredakteur Herbert Hacker

2019: „Ein Bilderbuchwirtshaus, das sich nie von irgendwelchen Moden beeinflussen hat lassen. Mit anderen Worten: eine gastronomische Institution ohne Ablaufdatum." Zum perfekt gezapften Bier wird eine Tageszeitung angeboten. Der Gastgarten mit altem Kastanienbestand, einer kleinen Weinlaube und einem Biotop zeigt, dass wir hier schon ganz am Stadtrand sind. 80 Plätze im Lokal, 100 im Gastgarten.

GASTHAUS KOCI

1230 Wien, Draschestraße 81, +43/1/6155626
www.koci.wien
ÖFFNUNGSZEITEN Mo-So: 10:00 bis 23:00 Uhr

Gasthaus Koci

FASSBIER Pilsner Urquell, Gösser
FLASCHENBIER Velkopopovický Kozel Premium, Velkopopovický Kozel Dunkel, Gösser Märzen, Wieselburger Gold, Grieskirchner Export Dunkel, Paulaner Hefeweizen Hell, Stiegl-Goldbräu, Mu-rauer Märzen, Gösser Naturradler, Gösser Naturgold
LOKAL In Inzersdorf ist das Koci ein Begriff – aber seit 2021 kann man es völlig neu herausgeputzt erleben. Dabei haben sich die Veränderungen länger angekündigt: Anfang 2016 übernahm ein Wachauer Köche-Duo und belebte das Alt-Wiener Lokal und putzte zunächst den attraktiven Biergarten heraus. Das Essen ist gut und preiswert.

GÖSSER SCHLÖSSL

1230 Wien, Geßlgasse 4a, +43/1/8874567
www.goesserbraeuwien.at/gosser-schlossl
ÖFFNUNGSZEITEN Mo-So: 8:00 bis 22:00 Uhr
FASSBIER Gösser Braufrisch, Gösser Spezial, Gösser Stifts-Zwickl Dunkel, Gösser Stifts-Zwickl Hell, Gösser Stiftsbräu, Schladminger Bio-Zwickl, Starobrno, Weihenstephaner Hefetrüb, Gösser Naturgold, saisonale Biere
FLASCHENBIER Gösser Märzen, Gösser Naturweizen, Heineken Premium Lager, Bayreuther Hell, Zipfer Meisterwerke Pale Ale, Hofbräu Kaltenhausen 1475 Pale Ale, Schleppe No. 3 Imperial IPA, Guinness Hop House 13, Kilkenny Red Ale
LOKAL Zwei Biergärten – einer straßenseitig und einer auf den benachbarten Park hin orientiert – und dazwischen eine verglaste Lounge, in der es eine moderne Bierbar gibt, zeichnen dieses bierige Gasthaus aus. Kern des Gebäudes ist allerding das 1883 bis 1885 von Anton Ritter von Oelzelt errichtete Schlössl, das zeitweise als Kaffeehaus und dann als Bierhaus Mauer gedient hat. Seit einigen Jahren wird es als Gösser-Lokal geführt, es gibt braufrisches Bier aus dem Tank. Wer mit dem eigenen Auto anreist, findet in der hauseigenen Tiefgarage immer einen Parkplatz. Ca. 200 Sitzplätze, Rittersaal: ca. 80 Sitzplätze, Biergarten: ca. 300 Plätze, Bar: 30.

LIESINGER BRÄU

1230 Wien, Breitenfurter Straße 372 – Riverside/Top 110
+43/1/8653549
liesinger-braeu.metro.rest
ÖFFNUNGSZEITEN Mo-Fr: 9:00 bis 21:00 Uhr, Sa: 9:00 bis 19:00 Uhr, So: 10:00 bis 16:00 Uhr

Liesinger Bräu

FASSBIER Liesinger Bräu (Schwechater Zwickl), Gösser Märzen, Starobrno, Gösser Naturradler, Saisonbier z.B. dunkles Zwickl
FLASCHENBIER Wieselburger Gold, Wieselburger Stammbräu, Edelweiss Naturtrüb, Gösser Dunkel, Gösser Naturgold
LOKAL Wo heute das Riverside-Center steht, war der historische Standort der Liesinger Brauerei. Man kann aber hier immer noch ein gepflegtes Bier genießen – an der Bar oder im Indoor-Biergarten. Es gibt häufig Sportübertragungen – und wer mit dem Auto da ist, kann zwei Stunden gratis parken.

ZU DEN 3 LINDEN

1230 Wien, Atzgersdorfer Straße 161, +43/1/8044115
www.restaurant-zu-den-drei-linden.at
ÖFFNUNGSZEITEN Mo-So: 9:00 bis 23:00 Uhr
FASSBIER Budweiser, Schremser
FLASCHENBIER Zipfer Urtyp, Kaiser Doppelmalz, Wieselburger, Gösser Märzen, Edelweiss Weizen Hefetrüb, Gösser Naturgold
LOKAL Ehemaliger Ausflugsgasthof, jetzt von dichter verbautem Gebiet umgeben. Sehr schöner Biergarten, preiswertes Essen und gut gezapftes Bier. 100 Sitzplätze im Lokal, 90 im Garten.

H

I

J

BIER GUIDE 2023

HERAUSGEBER	Conrad Seidl, Germanos Athanasiadis
AUTOR	Conrad Seidl
REDAKTIONELLE KOORDINATION	Marion Kaiser
GRAFIK	Alexandra Denk
DIGITALE VERARBEITUNG	Oliver Werbach
COVERFOTO	Günter Menzl
FOTOS	Robert Altendorfer (S. 73), Atelier Jutta (S. 129/Bucher), Bierol (S. 15), BrauUnion (S. 81), Luigi Caputo (S. 260), Florian Egger/Bierol (S. 21), Alexandra Einiger (S. 10), Fotostudio Wurst (S. 259/Schmaranz), David Johansson (S. 84, 344/Klosterbräu), Christoph Kerschbaum (S. 45), Andreas Lindorfer (S 390), Christian Lintner (S. 177/Flieger), Philipp Lipiarski/Luftburg Kolarik (S. 384), Mathias Lixl/lixl.com (S. 58), Günter Menzl (S. 7), Udo Mittelberger (S. 86), Julia Mühlberger (S. 251/Gösserbräu), Paul Ott (S. 308), PantherMediabogdan.hoda (S. 102), PlaTo (S. 332/Gasteiger), Scheinast (S. 70), Martina Siebenhandl (S. 384/Möslinger), Somansky Photography/Somosi Tamás (S. 122/Pltz), V!ima Werbeagentur (S. 376/Mama), Valentin Weinhäupl (S. 74/Die Weisse), www.marko.photo (S. 434/Na-Nog); Archiv, Conrad Seidl, beigestellt

VERLAGSLEITUNG GUIDES	Michael Stein
ASSISTENZ DER VERLAGSLEITUNG	Viktoria Wölfel
ANZEIGENLEITUNG	Günter Konecny
ANZEIGEN	Thomas Parger
MARKETING UND VERTRIEB	Alexandra Otto
ONLINEREDAKTION	a.otto@medianet.at
MEDIENINHABER	MN Anzeigenservice GmbH, 1110 Wien, Brehmstraße 10/4. Stock Tel.: +43/1/919 20-0, Fax: +43/1/919 20-2231, www.medianet.at
DRUCK & BUCHBINDER	Bösmüller Print Management GesmbH & Co. KG, 2000 Stockerau
VERTRIEB	Medienlogistik Pichler-ÖBZ GmbH & Co KG, IZ-NÖ Süd, Straße 1, Obj. 34, 2355 Wr. Neudorf
BESTELLUNG	www.bier-guide.net
COPYRIGHT	© 2023 by MN Anzeigenservice GmbH
ISBN	978-3-903254-62-6
VERKAUFSPREIS	19,90 Euro

 Wir sind bemüht, den Bier Guide ständig - online und in print - aktuell zu halten. Die Informationen in diesem Guide wurden nach bestem Wissen und Gewissen erhoben. Wenn Details unkorrekt oder aufgrund inzwischen eingetretener Änderungen - insbesondere infolge der Covid-19-Krise - überholt sein sollten, bedauern das Autor und Verlag. Gleichzeitig danken wir allen, die mit ihren Berichten aus Konsumentensicht den Bier Guide zu aktualisieren helfen. Sollten Sie Anmerkungen oder Fragen zu Daten und Bildern haben, steht Ihnen die Redaktion unter guides@medianet.at gerne zur Verfügung.

Bier Guide   Bierpapst